别桥镇志

别桥镇志编纂委员会　编

上

方志出版社
Publishing House of Local Records

图书在版编目(CIP)数据

别桥镇志/别桥镇志编纂委员会编. -- 北京：方志出版社，2021.9
ISBN 978-7-5144-4838-2

Ⅰ.①别… Ⅱ.①别… Ⅲ.①乡镇-地方志-溧阳 Ⅳ.①K295.35

中国版本图书馆CIP数据核字（2022）第014819号

别桥镇志

编　　者：别桥镇志编纂委员会
责任编辑：刘珊
出 版 者：方志出版社
地址　北京市朝阳区潘家园东里9号（国家方志馆4层）
邮编　100021
网址　http://www.zgfzcb.cn
发　　行：方志出版社图书营销中心
电话（010）67110500
经　　销：各地新华书店
印　　刷：溧阳市金宇包装印刷有限公司
开　　本：889×1194　1/16
印　　张：66.25
字　　数：1541千字
版　　次：2021年9月第1版　2021年9月第1次印刷
印　　数：0001～3000册
ISBN 978-7-5144-4838-2　定价：396.00元（上、下册）

《别桥镇志》编纂委员会

2013 年

名誉主任：唐洪祥

主　　任：赵　明

副 主 任：史志伟　宋益华　景茂松　张　荣　葛燕华

委　　员：王　敏　祁　峰　童林坤　王春光　管　琴

陈青春　钱立宇　范志中　缪丽娟

2020 年

名誉主任：姚觉成

主　　任：高　洁

副 主 任：黄玉明　宋益华　葛燕华

委　　员：汤科华　祁　峰　秦　磊　王春光　陈青春

钱立宇　梁锦芳　缪丽娟

镇审稿领导

姚觉成　孙　斌　高　洁　黄玉明　宋益华　景茂松　王伟峰

范卫平　彭洪伟　罗　君　吴洪亮　葛燕华　管文彪　陈　烨

范志中　蔡金龙　唐洪祥　芮子遐　史志伟　赵　明　张　荣

陈志达　翟德明　杨国平　潘荣福　柳建平

《别桥镇志》编纂人员

主　　　编：葛燕华
执 行 主 编：李阿才
编　　　纂：李阿才　陈建荣
撰　　　稿：李阿才　陈建荣　史国强　龚志新　姜柏清　孙银生
图 片 摄 影：虞志军　缪丽娟

《别桥镇志》审定、批准出版单位和人员

终 审 单 位：溧阳市地方志办公室

终 审 人 员：臧秀娟　杜仁彬　黄　静　孙渊灿　莫　俊

董文博　殷国富　袁　杰

验 收 单 位：溧阳市地方志办公室

审 核 单 位：常州市地方志办公室

批准出版单位：别桥镇人民政府

别桥镇行政区划图

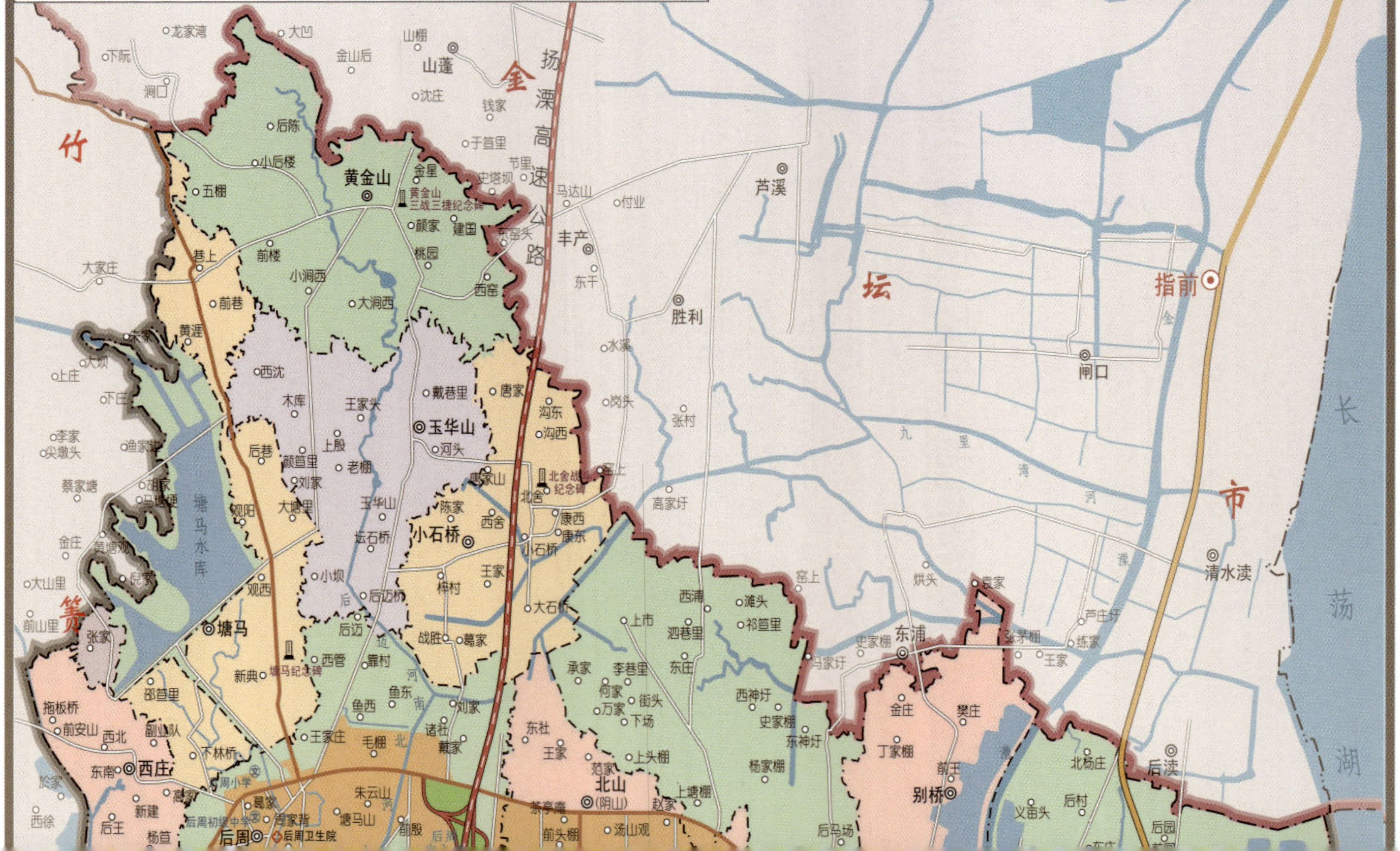

金
坛
市
竹
篑
长
荡
湖
扬
溧
高
速
公
路
九
里
湾
河
塘马水库
黄金山
玉华山
小石桥
塘马
西庄
后周
北山
(阴山)
别桥
东浦
指前
芦溪
胜利
丰产
山蓬
闸口
清水渎
后渎
黄金山三战三捷纪念碑
北金战纪念碑
塘马纪念碑
后周初级中学
后周卫生院
龙家湾
大凹
下阮
洞口
金山后
山棚
沈庄
钱家
于笪里
节里
史塔坝
马达山
付业
东留头
东干
后陈
小后楼
五棚
金星
颜家
建国
桃园
巷上
前楼
小涧西
大涧西
西窑
大家庄
前巷
黄涯
宋家
大坝
上庄
下庄
西沈
木库
王家头
戴巷里
唐家
沟东
沟西
上殿
河头
老棚
后巷
颜笪里
刘家
玉华山
大塘里
观阳
坛石桥
陈家
西舍
北舍
康西
康东
小坝
后迈桥
王家
梓村
大石桥
战胜
葛家
后迈
西管
靠村
新典
观西
张家
部笪里
副山队
下林桥
拖板桥
前安山
西北
东南
於家
西徐
新建
后王
杨笪
葛家
周家巷
周小学
朱云山
塘马山
王家庄
毛棚
鱼东
鱼西
诸社
戴家
刘家
东社
王家
范家
茅亭庵
前头棚
汤山观
赵家
上头棚
上塘棚
承家
何家
万家
李巷里
街头
下场
上市
西浦
迎巷里
东庄
滩头
祁笪里
西神圩
史家棚
东神圩
杨家棚
后马场
水溪
岗头
张村
窑上
高家圩
马家圩
史家棚
烘头
袁家
芦庄圩
练家
弘茅棚
金庄
樊庄
丁家棚
前王
北杨庄
义亩头
后村
后园
李家
尖墩头
渔家
蔡家塘
胡家
马塘梗
金庄
黄塘观
大山里
前山里
阮家

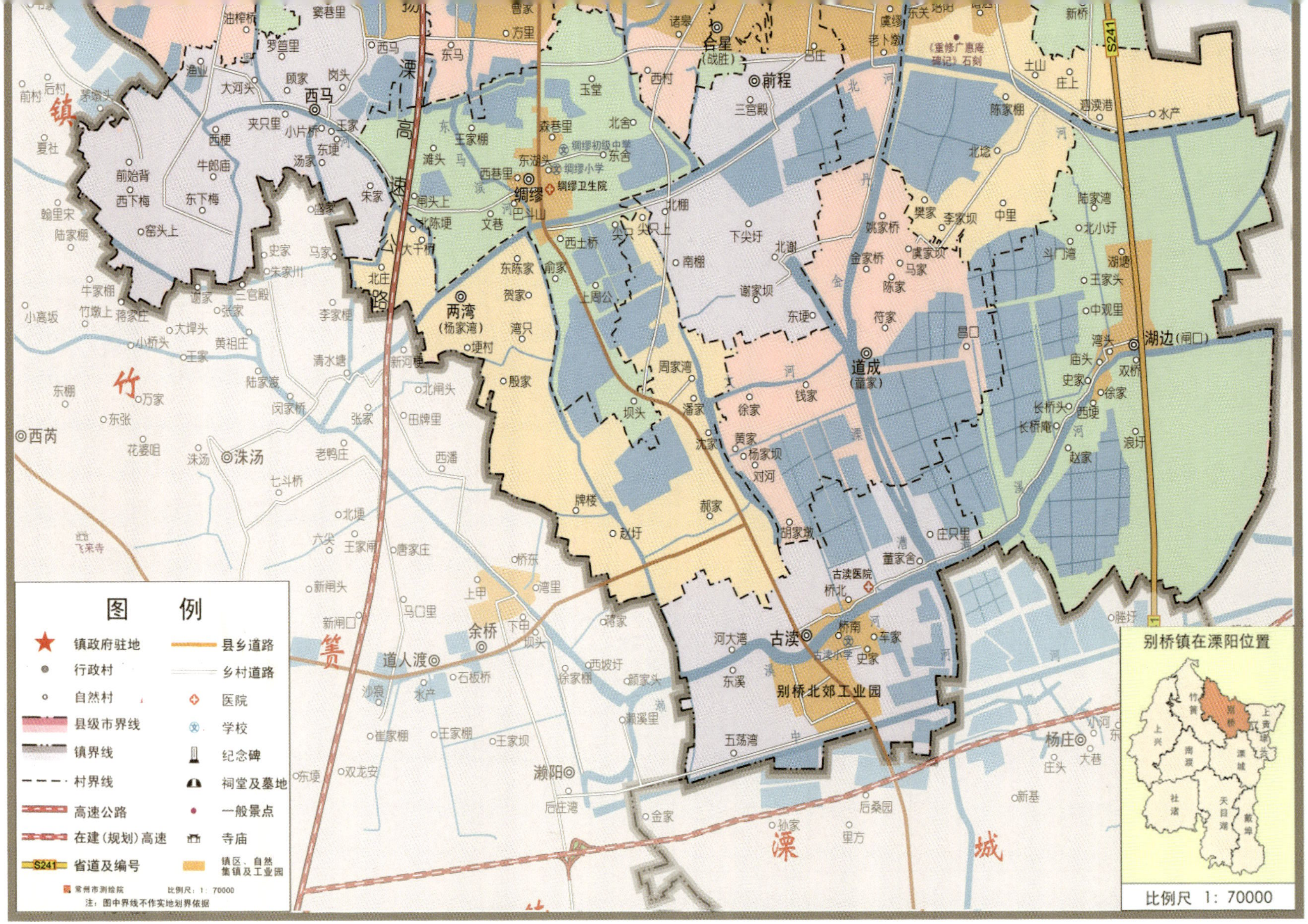

审图号：苏S（2011）151号码　2013年02月

中華民國十四年八月製印

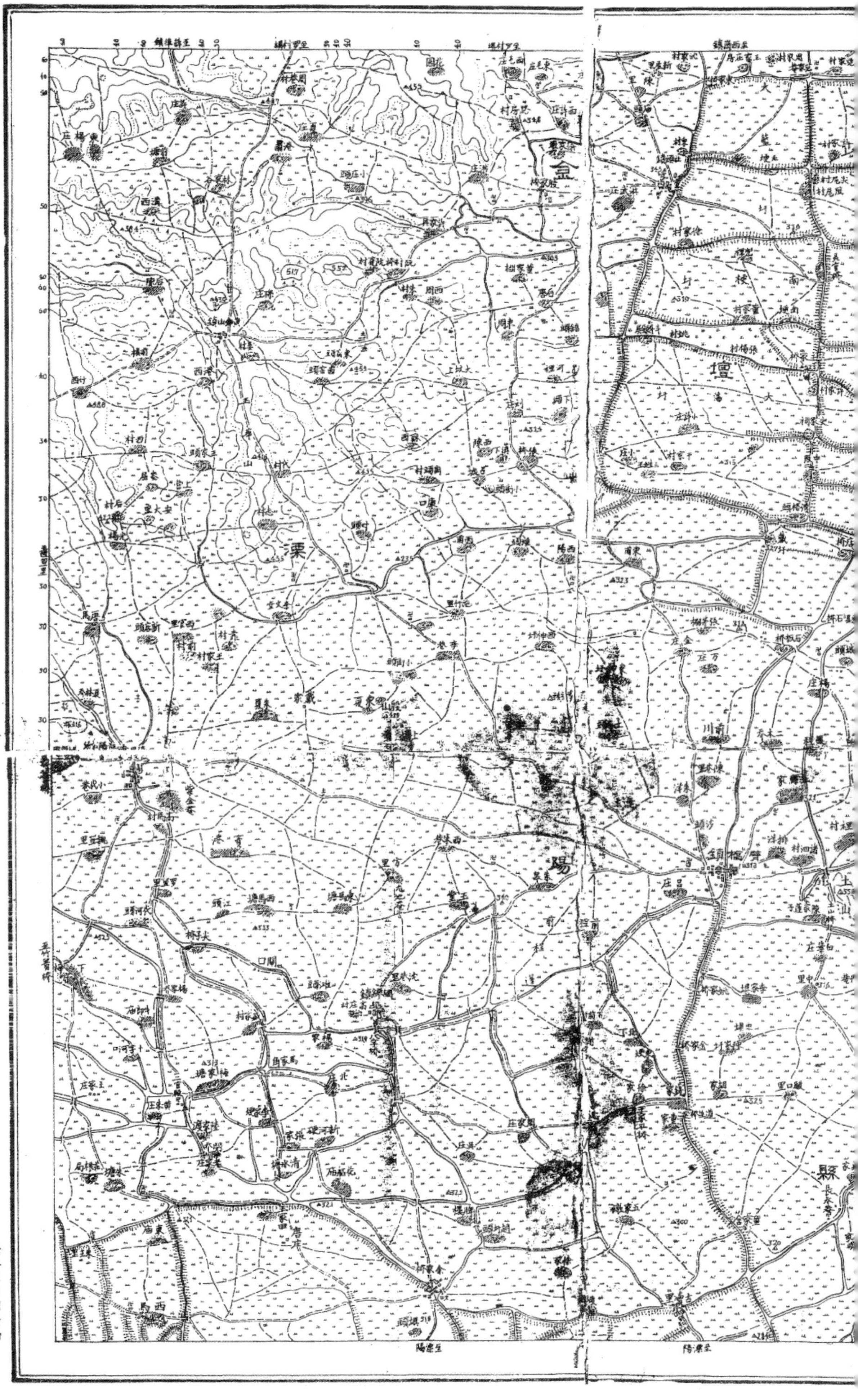

浙江陸軍測量局

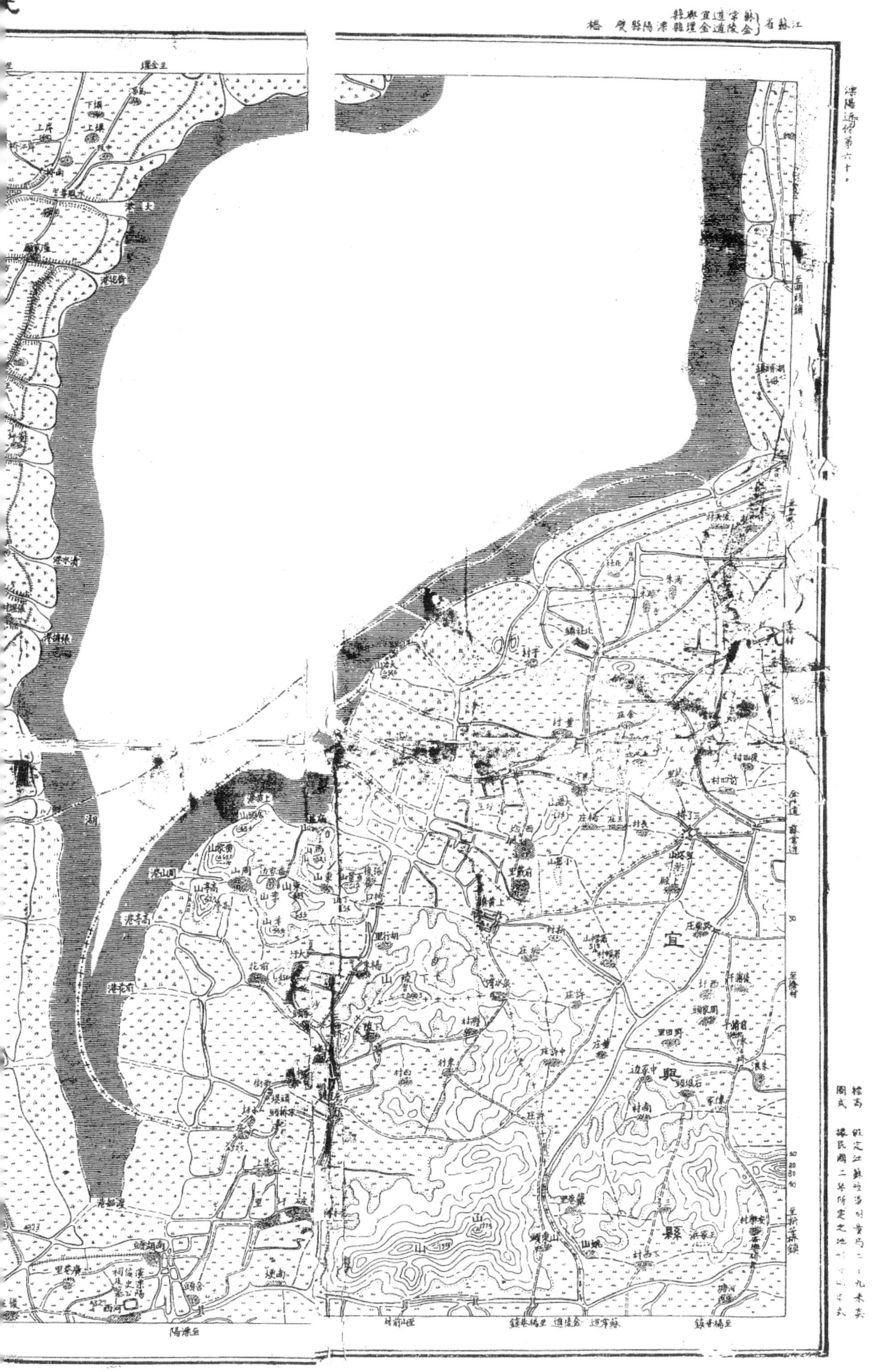

民国 14 年（1925 年）的别桥地图（溧阳档案馆收藏）

長塘湖有晉宋間戰事五湖之一也
咸和舟軍泰始水砦久矣承平湖山一尉

《清代嘉庆县志》长荡湖图

别桥镇行政服务中心

1	2	3
4	5	

1．别桥镇老镇标
2．别桥镇行政服务中心
3．集镇鸟瞰
4．一龙公园
5．水乡别桥

1. 教育文体设施
2. 居民小区
3. 别桥新镇区
4. 稻梦空间

1	3	4	5
2		6	

1．玛瑙竹叶依门石
2．一龙井
3．马一龙楷书石刻
4．马一龙书广慧庵碑文（部分）
5．马一龙画像
6．淳化阁帖石刻（部分）

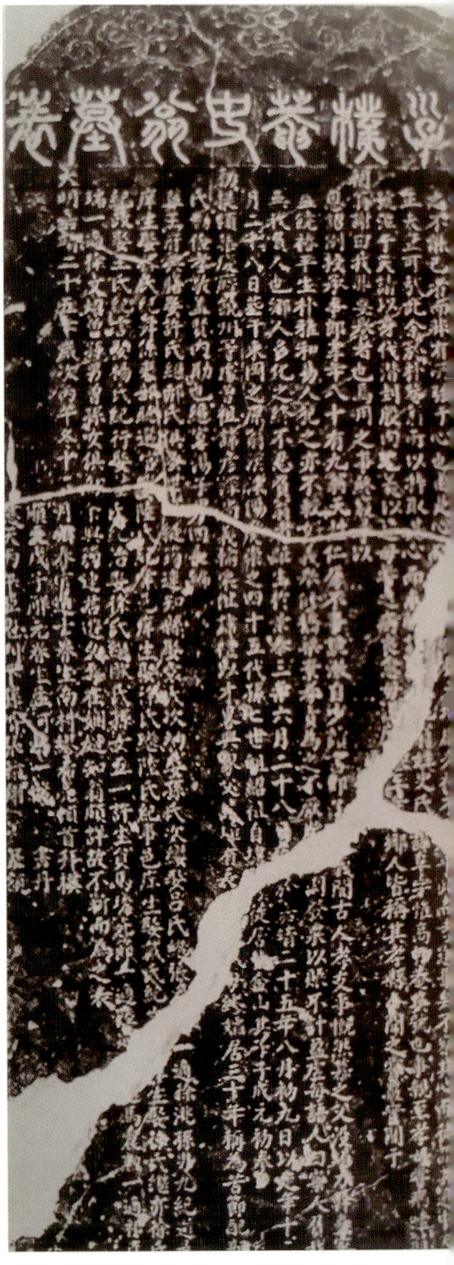

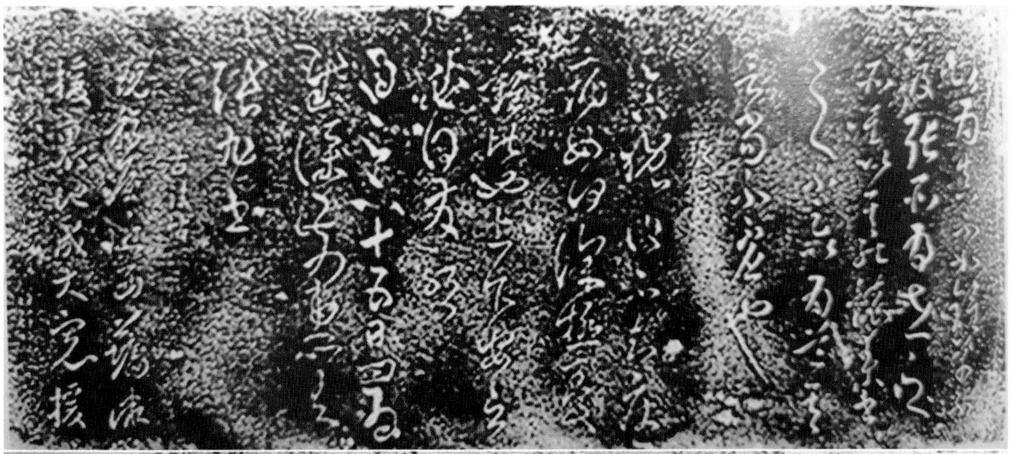

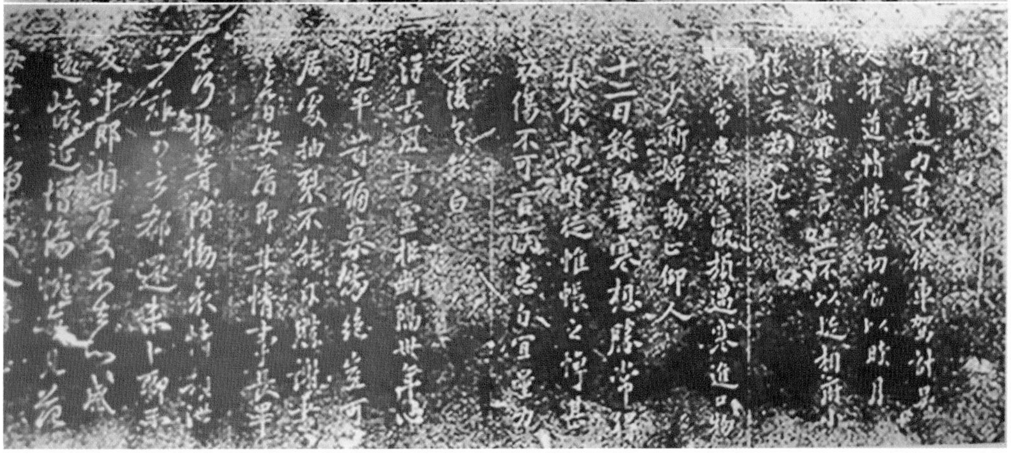

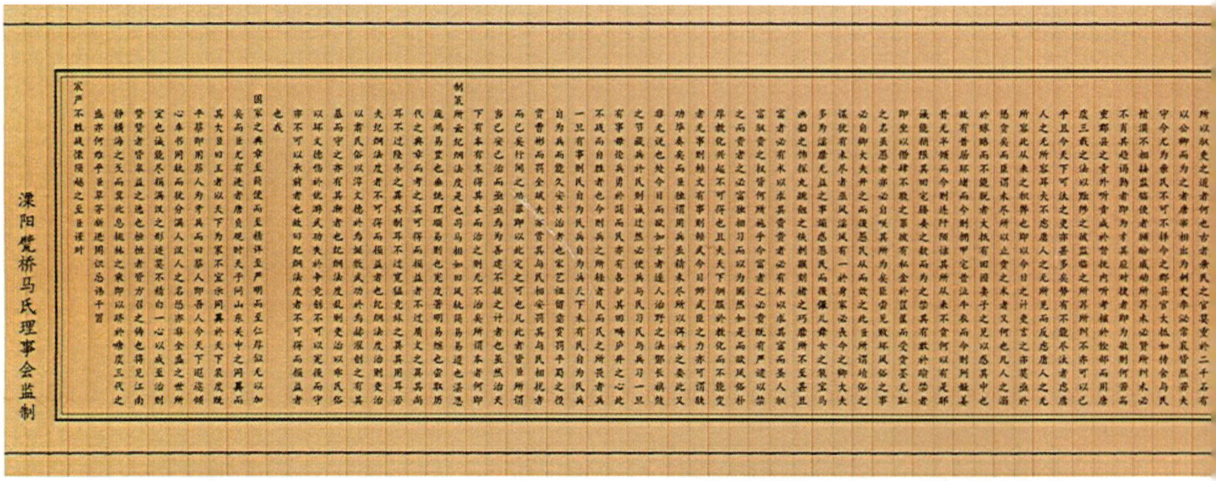
溧阳梵桥马氏理事会监制

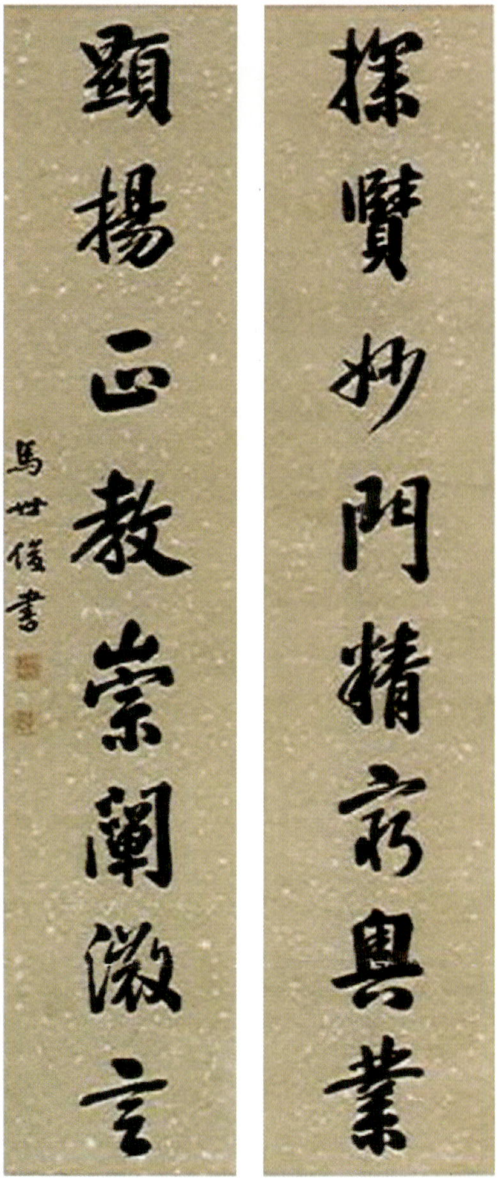
探賾妙門精究奥業
顯揚正教崇闡微言
馬世俊書

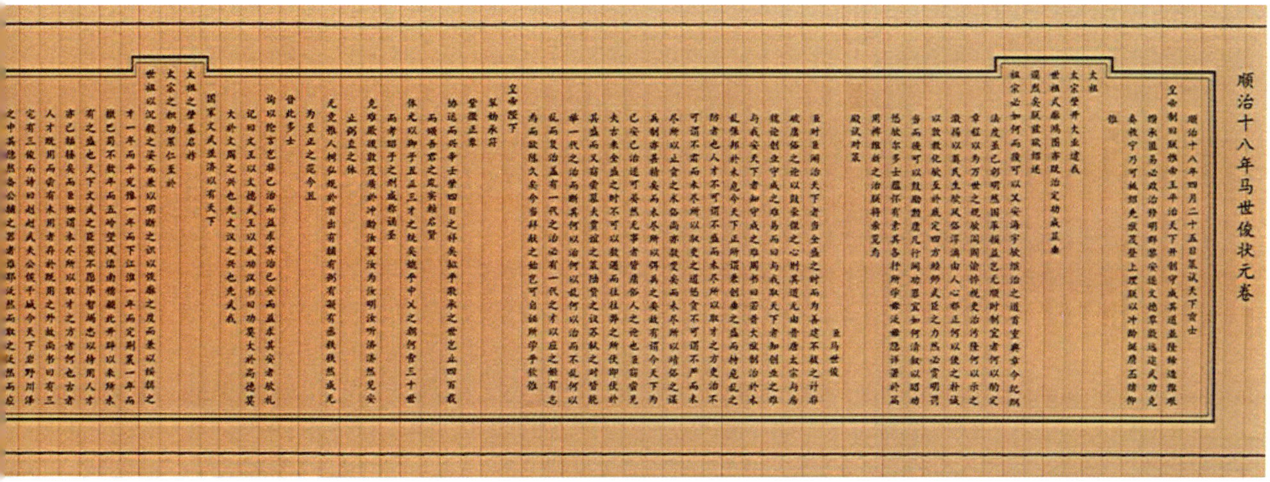

1

2　3

1. 马世俊状元卷
2. 马世俊书画
3. 状元马世俊

1	2	5
3	4	6

1. 罗忠毅
2. 廖海涛
3. 黄金山三战三捷纪念碑
4. 新四军六师十六旅指战员在塘马进行刺杀训练
5. 民国 30 年（1941 年）7 月，新四军六师十六旅指导队（摄于戴巷小学前）
6. 民国 30 年（1941 年）10 月 12 日，新四军十六旅一部在塘马召开新四军成立 4 周年纪念大会军民联欢合影

塘马战斗纪念广场

1	2	3	4
5		6	

1．1973 年 3 月别桥重建罗忠毅、廖海涛烈士墓
2．纪念塘马战斗 50 周年
3．塘马烈士陵园
4．西山罗忠毅、廖海涛英烈墓
5．塘马战斗纪念广场
6．后周小学英雄中队交接仪式

江苏力乐集团

溧陽建設集團

1	3
	4
2	5

1. 江苏力乐集团
2. 溧阳建设集团
3. 江苏新华机电设备制造有限公司
4. 江苏省首届电梯安装维修工职业技能竞赛在别桥举办
5. 江苏山湖电缆有限公司

1	2	3
	4	

1. 江苏金久集团科技有限公司
2. 远大住工生产车间
3. 宇亿电子生产车间
4. 永武钢构工程——2500 立方米高炉上料系统制作安装

1. 常州市宏豪制钢有限公司
2. 江苏富民新材料有限公司
3. 江苏鑫林钢铁有限公司

二〇一四年度
明星企业
中共常州市委
常州市人民政府
二〇一五年二月
FM
江苏富民新材料有限公司
富民
JIANGSUFUMIN NEW MATERIAL CO.,Ltd

江苏省钢铁行业协会
JIANGSU IRON AND STEEL INDUSTRY ASSOCIATION
常务理事单位
(NO. JSGT2017-04-006)
单位名称：江苏鑫林钢铁有限公司
授予：江苏鑫林钢铁有限公司
全国质量金质奖
二〇一七年九月
品质决定发展

1	2	3
4		5

1. 无人机展示厅
2. 溧阳市宏达电梯培训有限公司
3. 无人机试飞基地
4. 汉和航空
5. 中国溧阳别桥无人机产业园

中国·溧阳无人机产业园 试飞基地
NRIST

中国溧阳无人机产业园

1	2	3
	4	

1. 溧阳市海斌农机合作社
2. 秸秆还田
3. 水稻机械植保
4. 平原沃野

1	4
2	
3	

1. 省级特色田园乡村塘马村
2. 黄金山村千亩晚樱
3. 浪圩古村石铺巷道
4. 塘马水库晚霞

1	2	
3	4	5

1．美田集市
2．长荡湖渔歌
3．现代高效设施农业
4．塘马村“我家自留地”农业增收项目
5．白芹种植基地

我家自留地

1	4	5
2		
3	6	7

1．20 世纪 50 年代民房
2．20 世纪 60 年代民房
3．20 世纪 70 年代民房
4．20 世纪 80 年代民房
5．20 世纪 90 年代民房
6．21 世纪初民房
7．21 世纪 10 年代民房

1	2		6	7
	3		8	9
	4		10	
	5			

1．水车
2．掼桶
3．犁
4．耖
5．耙
6．独轮车
7．草鞋、草鞋扒头
8．纺车、竹椅
9．竹摇篮
10．竹坐车、木暖桶、木脚盆

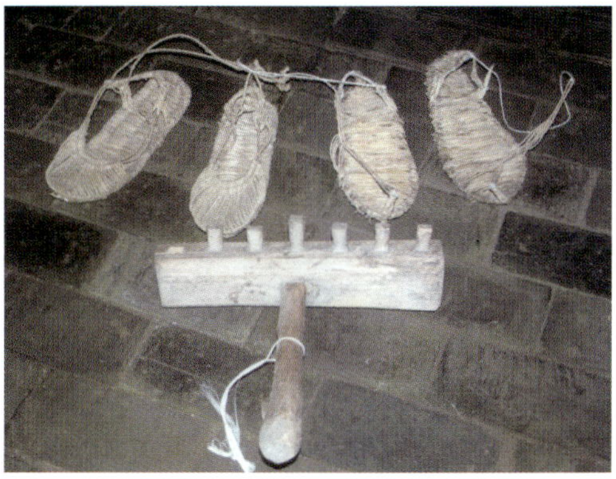

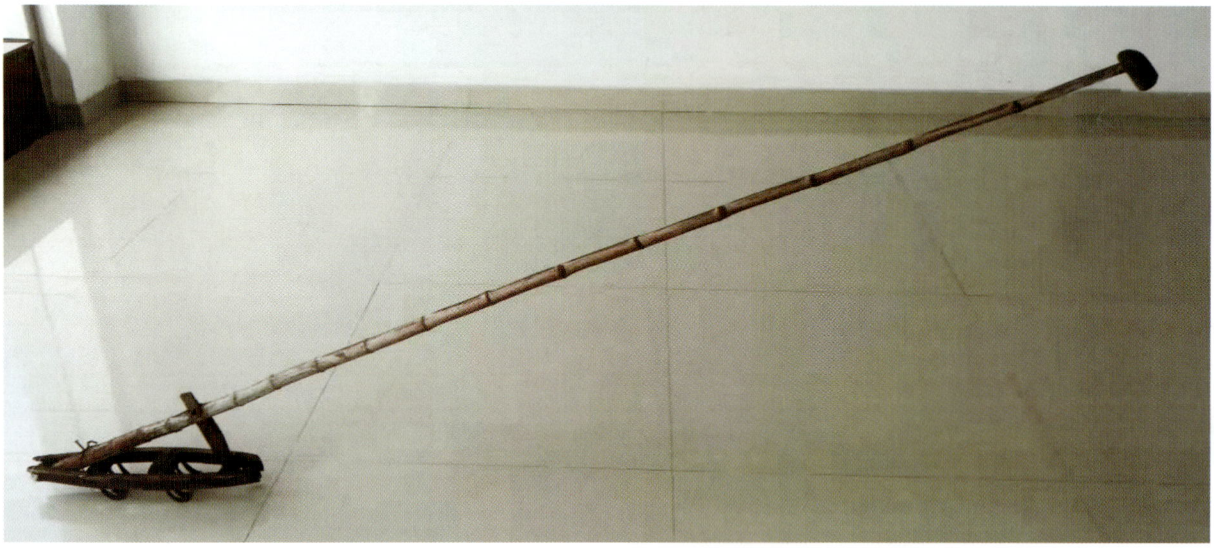

1		4	6
			7
2	3	5	8

1. 乌头
2. 电动脱粒机
3. 石磨
4. 桅灯（左）、美孚灯（右）
5. 脚炉、汤婆子
6. 秧板凳
7. 撒网
8. 收获

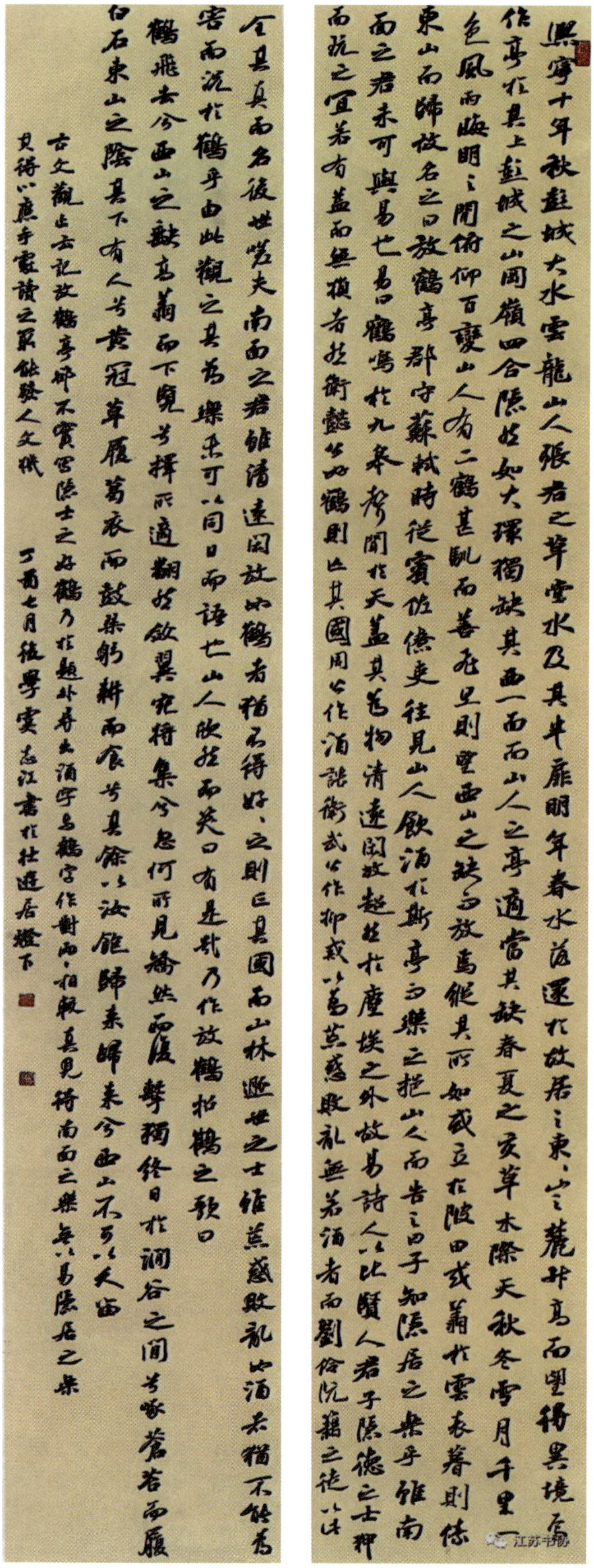

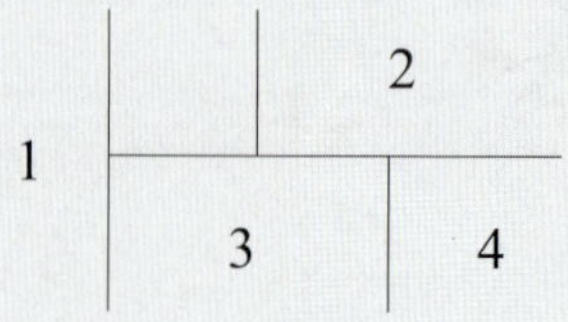

1. 虞志江书法·放鹤亭记
2. 阮荣春·长荡湖来雁
3. 刘志庆著作
4. 阮荣春·长荡湖忆旧

1941
刘志庆 著
廖海涛传

月是故乡明

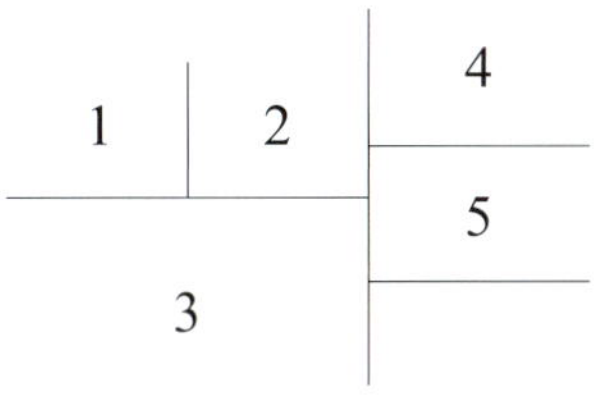

1. 别桥龙灯
2. 乡村中秋晚会
3. 送戏下乡
4. 太平马灯表演
5. 庙会

善心慧行
润泽生命

享受有温度的教育
溧阳市别桥初级中学

1	4
2	5
3	6

1. 溧阳市别桥中心幼儿园
2. 溧阳市绸缪小学
3. 溧阳市别桥初级中学
4. 溧阳市别桥中心小学
5. 溧阳市后周小学
6. 溧阳市后周中学

1. 别桥镇综合文化服务中心
2. 别桥体育馆
3. “别桥原乡”国际半程马拉松赛
4. 全民健身篮球赛
5. 梅花桩舞狮表演

全民健身与奥运同

1. 别桥客运站
2. 别桥交管所
3. 别桥镇村公交
4. 扬溧高速公路别桥段
5. 别桥大桥
6. 20 世纪 90 年代的丹金溧漕河别桥段水上运输
7. 别桥镇人行桥
8. 丹金溧漕河别桥集镇段

出口 87
后周
Houzhou
别桥
Bieqiao

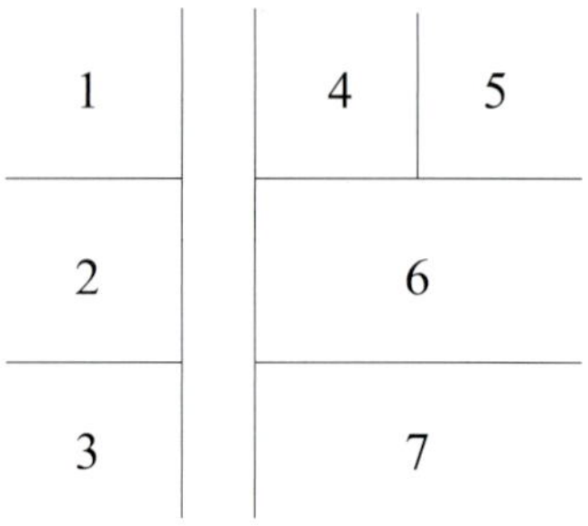

1．新石器时代石凿（观阳出土）
2．新石器时代石凿（后周出土）
3．新石器时代石锛（马家出土）
4．西周时期铺首铜环（别桥收购站）
5．西周时期原始瓷缸（玉华山出土）
6．战国时期铜剑（别桥砖瓦厂出土）
7．战国时期铜戈（别桥收购站）

1．汉代时期弦纹灰陶罐（古渎出土）
2．宋代时期水盂（别桥砖瓦厂出土）
3．宋代时期白瓷盖罐（别桥砖瓦厂出土）
4．宋代时期漆奁（别桥砖瓦厂出土）

1	3	4	
2		5	6

1．宋代时期青瓷酒盅（别桥砖瓦厂出土）
2．宋代时期铜烛托（别桥砖瓦厂出土）
3．宋代时期铜香瓶（别桥砖瓦厂出土）
4．宋代时期铜酒壶（别桥砖瓦厂出土）
5．宋代时期白瓷贝器罐（别桥砖瓦厂出土）
6．宋代时期青瓷酒盅（别桥砖瓦厂出土）

1	4	
2	5	6
3	7	8

1．宋代时期带柄铜镜（别桥砖瓦厂出土）
2．宋代时期铜镂空鸡心饰件（别桥砖瓦厂出土）
3．宋代时期鸡心铜饰件（别桥砖瓦厂出土）
4．宋代时期鎏金发簪（别桥砖瓦厂出土）
5．宋代时期银手镯（别桥砖瓦厂出土）
6．宋代时期金发簪（别桥砖瓦厂出土）
7．宋代时期骨耳坠（别桥砖瓦厂出土）
8．宋代时期金发钗（别桥砖瓦厂出土）

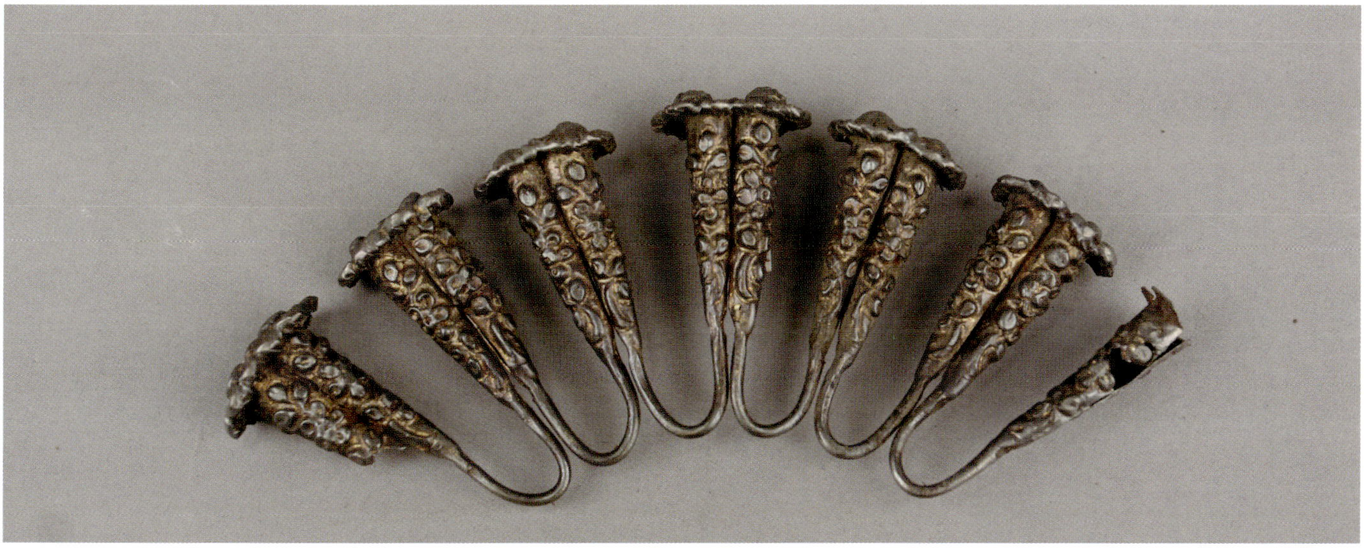

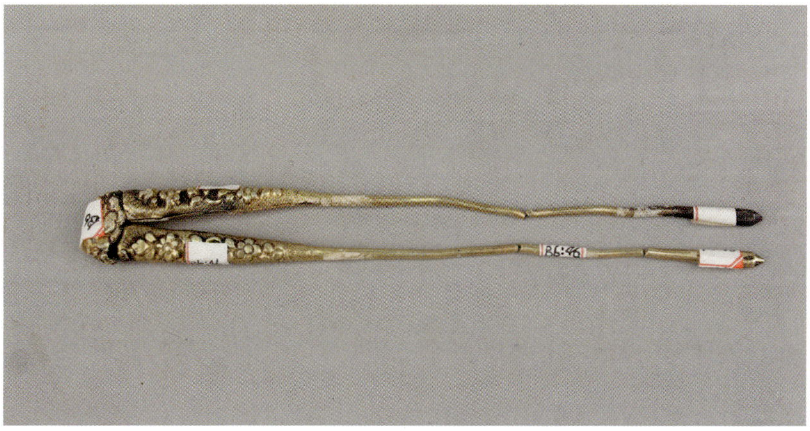

1	4
2	5
3	

1．明代时期铜花瓶（诸泗出土）
2．清代时期耳坠（别桥砖瓦厂出土）
3．东晋时期琥珀辟邪（别桥砖瓦厂出土）
4．明代时期铜盘（诸泗出土）
5．清代时期铜矛（湖边出土）

序

志者，一方之史籍，一地之重典也。修志付梓乃采录前代、实述当时、鉴戒后世之事。《别桥镇志》印刷出版，赫然问世，堪称别桥一大盛事。

昌明盛世，修志乃兴。史志者，所以“弥纶天地，概括古今”，以地为纲，而载三才。故编修史志是我国优秀的历史文化传统，是“承前启后、继往开来，服务当代、泽被后世”的千秋大业。志书作为一种地方公共文化产品，其产生历程是艰难和复杂的。《别桥镇志》广征博采，洗伐选练，翔实而系统地记载别桥数千年来的沧桑历程，记叙新中国成立后的发展历史，尤其是中共十一届三中全会以来，别桥镇改革开放的丰硕成果和巨大变化，据此，别桥几千年的承嬗离合之迹略可睹矣。志书指导思想正确，符合现行党的政策、法律法规，结构规范，脉络清晰，具有鲜明的时代和地方特色，是一部自然与社会、政治与经济、风土与人情、历史与现实完美结合的镇情书，是别桥地区首部乡镇志。该志出版，必将发挥其“资治、存史、教化”的功能，成为促进别桥经济社会发展的重要地情资料，给今人和后人留下一份弥足珍贵的精神财富。

别桥钟灵毓秀、人杰地灵，底蕴深厚的吴楚文化孕育着自强不息的别桥文明。回眸镇志所述的数千年历史，就是一幅世代奋斗、兴衰荣辱的画卷。隋末永世县令疏浚泾渎（丹金溧漕河），“运甓为基、架石为桥”，谓之甓桥，桥西逐成街市。别桥人民以勤劳朴素、智慧贤良的民风，埋头苦干、开拓奋进的精神，创造出别桥水乡独特的文明历史，千年古镇在历史的长河中成为状元福地、红色革命老区、现代新型小城镇。新中国成立后，在历届党委、政府的努力下，一代又一代别桥人艰苦拼搏、砥砺奋进，特别是改革开放后，经济有了长足的发展。2007年，镇行政区划调整以来，别桥镇的决策者和全镇人民从容面对宏观经济形势下的复杂变化，以“创百亿强镇、建现代新镇、塑文化名镇”总揽全局，坚持科学发展、加快发展、和谐发展，统筹推进各项工作，完成“十二五”规划确定的主要目标和任务，成功实现“洼地崛起、跨越发展”的战略目标，综合实力显著提高，镇村面貌改观，生态环境优美，人民生活幸福，文化事业繁荣，铸就了别桥历史上亘古未有的辉煌。

历史证明，只有在实践中创造出辉煌的成就，才能在志书中留下灿烂的华章。当前，别桥镇正站在一个新的历史起点，发展优势日益彰显，朝着建设江南水乡最具活力的明星小镇目标阔步迈进，我们需要以史为镜、以志为鉴，认真汲取实践经验，进一步理清发展思路，抢抓发展机遇，加快发展步伐，牢记初心使命，建设至善别桥。

“千日耕耘终不悔，一朝志成人憔悴”，7年的辛苦工程，《别桥镇志》编撰人员科学严谨、倾心尽力、默默奉献，付出了大量心血，全镇各村、各单位部门积极配合、大力支持，党委、政府感谢所有参与志书编修的各界人士，你们为别桥人民办了一件功不可没的好事，向关心、支持、帮助修志的专家、学者、社会贤达、同仁们表示衷心的感谢！

“治天下者以史为鉴，治郡邑者以志为鉴。”习近平总书记曾说：“要马上了解一个地方的重要情况，就要了解它的历史。了解历史的可靠方法就是看志，这是我的一个习惯。”希望广大党员干部能认真阅读、深入研究这本“彰往昭来，稽前鉴后”的地方志书，更好地了解别桥的昨天，全面把握别桥的今天，豪情满怀地在别桥这片古老而年轻的土地上谱写出更加辉煌的明天！

中共溧阳市别桥镇委员会书记

溧阳市别桥镇人民政府镇长

2020 年 5 月

凡 例

一、本志以马克思列宁主义、毛泽东思想、邓小平理论、“三个代表”重要思想、科学发展观、习近平新时代中国特色社会主义思想为指导，坚持历史唯物主义和辩证唯物主义的观点，记述别桥镇的历史和现状，力求做到思想性、科学性和资料性相统一，突出时代特点和地方特色。

二、本志上限不限，尽量追溯到事物的发端；下限至2013年12月，大事记、图照延至2017年12月，个别事项记述至事物的终结。

三、本志地域范围以现今行政区划范围为主。1961年9月划归邻近乡镇的部分，简要记述至划出之时。为保持事物的完整性，与现区域相关的内容也择要收录。

四、本志采用述、记、志、传、图、表、录7种体裁，采用篇章节目体式。篇下设章，章下设节，部分节下设条目，部分条目设子目、支目，全志共设25篇125章。

五、本志人物传略收录别桥镇现域历史名人和已故的对社会有突出贡献或较大影响者，在别桥现域内牺牲的革命烈士；人人物简介收录籍贯为别桥现域或是在别桥工作过做出较大贡献的在世人物。收录标准，副地市（副厅）及以上党政干部，大校军衔及以上干部、二等及以上功臣称号者，具有正高职称的专业技术人员，先进个人为省级及以上各种荣誉称号者，劳动模范、“五一劳动奖章”获得者、“三八红旗手”为地市级及以上的，省级及以上政府认定的企业家。人物传略、人物简介以人物的出生年月排序，烈士英名录以别桥镇现境原5个乡镇习惯顺序为序。

六、本志时间表述，1949年9月30日前用朝代（民国）纪年括注公元纪年。新中国成立前后以1949年10月1日为界。志中的“现”“今”均指2013年。

七、本志中组织机构、法律法规、文件、会议等专有名称，在首次使用时用全称，并括注规范简称，第二次出现一般用简称。中国共产党江苏省委员会、江苏省人民政府分别简称“省委”“省政府”；中共溧阳市（县）委员会、溧阳市（县）人民政府分别简称“市委”“县委”“市政府”“县政府”；中共别桥镇（公社、乡）委员会、别桥镇（乡）政府简称“镇（公社、乡）党委”“镇（乡）政府”。本镇的地名以溧阳市地名管理部门命名认定的名称为准，涉及古地名时括注今地名。

八、本志计量单位原则上以国务院1984年2月27日颁布的《关于我国实行统一法定计量单位的命令》为准，历史上不宜换算者按习惯沿用记述。

九、本志采用的统计数据，以市（县）、镇（乡、公社）统计资料为准，未列入统计范围的，采用业务部门及其主管部门提供的统计数据。

十、本志所用资料全部来自档案、年鉴、党史、文史、方志、宗谱、书刊、口碑及相关部门和单位的文献档案，并加以鉴别核实，为节省篇幅，均不注明出处。

总目录

上册目录

第一篇　建置区划

第二篇　集镇　行政村

第三篇　自然环境

第四篇　人　口

第五篇　国土资源管理

第六篇　镇村建设

第七篇　交通运输

第八篇　邮政　电信

第九篇　水　利

第十篇　农　业

第十一篇　工　业

第十二篇　建筑与房地产业

总 述

别桥镇位于溧阳市北部，东滨长荡湖，南与溧城镇毗连，西和竹箦镇接壤，北邻金坛市指前镇、薛埠镇，自古就是溧阳、金坛水上交通之咽喉，守镇广通道（镇江—广德）之门户。

境域地理坐标北纬 31° 29′ 27″～31° 37′ 35″，东经 119° 21′ 27″～119° 27′ 22″，处于亚热带和温暖带的过渡地带，属季风气候。温和湿润，四季分明，日照充足，雨水充沛，无霜期 224 天左右，适宜农作物生长，物产之饶，甲于他镇。区域地形呈五边形，地势西北高而东南低，西北部黄金山一带，属丘陵高地，其余 80% 境域属洮湖平原圩区。地面高程（吴淞基面）为 4 ～ 7 米。2013 年，镇域面积 128.5 平方千米。辖原湖边、古渎、绸缪、后周、别桥 5 个集镇，2 个居委会，18 个行政村。全镇有 23494 户，总人口 70231 人，人口密度每平方千米 546.54 人，拥有耕地 6582.8 公顷，人均 0.094 公顷。主要民族为汉族，另有 28 个少数民族，人口 281 人。

商末，地属句（gōu，下同）吴，春秋时属吴国，战国时属越。秦始皇二十六年（前 221 年），实行郡县制，建溧阳县，今别桥境属溧阳县。三国、西晋时，今别桥境迭属永平县、永世县、平陵县。南朝宋元嘉九年（432 年），平陵并入永世、溧阳二县，今别桥境属溧阳县。隋开皇十二年（592 年），今别桥境属永世县。隋大业十二年（616 年），永世县令达奚明，疏浚泾渎（现丹金溧漕河），“运甓为基，架石为桥”，甓（别）桥之名由此始。唐武德三年至唐天复三年（620 ～ 903 年），复归溧阳县。北宋太平兴国年间（976 ～ 984 年），溧阳设 17 乡，别桥、湖边、古渎、绸缪属来苏、允定乡，后周属允泰乡，直至元、明两代。清嘉庆年间（1796 ～ 1820 年），别桥、湖边、古渎、绸缪属永定区，后周属允泰区。清宣统二年（1910 年），溧阳设 3 市 4 乡，今别桥境属来苏乡，后周属永安市（现南渡镇）。民国时期，今镇境迭属来苏乡、别桥区、第八区、第二区（别桥）、第三区（竹箦）、绸缪区署管辖。民国 30 年（1941 年）6 月至民国 34 年（1945 年）10 月，后周、绸缪、阴山、下梅、古渎属溧阳抗日民主政府后周抗日民主区政府管辖。

民国 38 年（1949 年）4 月 24 日，境内解放。5 月，溧阳县设 7 区，别桥、湖边、古渎、绸缪属别桥区，后周属竹箦区。1950 年 3 月，溧阳设 10 区 98 个乡（镇），别桥区管辖别桥、后周、道成、湖边、诸里、古渎、前王、石桥、绸缪等乡，现域的西沈、下梅属竹箦区。1956 年，溧阳设 8 区 40 个乡（镇），别桥镇境属别桥、竹箦两区。1957 年，溧阳设 22 个乡（镇），今别桥属别桥、后周两乡。1958 年 9 月，成立别桥、后周人民公社（时称跃进人民公社）。1961 年 8 月，新建湖边、古渎、绸缪 3 个人民公社。1983 年 9 月，5 个人民公社恢复乡建制。1985 年，别桥、湖边、古渎、绸缪 4 乡属别桥区工委，后周乡属上兴区工委。同年 6 月，别桥乡撤乡建镇。1992 年 9 月，湖边乡并入别桥镇。1993 年 12 月，后周乡撤乡建镇。2000 年

1月，古渎、绸缪乡撤销，建立绸缪镇。2007年3月，别桥、绸缪、后周3镇合并为新的别桥镇，形成今镇境域。镇政府设在兴城西路168号。

平原沃野　蕴含古代文明

别桥地区气候优越。西北部少量丘陵，东南大片平原沃野，水源丰盛，植被葱郁，为人类提供了得天独厚的生存繁衍的条件。6000～5000年前，境内已有先人定居，从事农耕渔猎，形成村落。

20世纪80年代，现域内出土的新石器时代的石锛、石凿、石器，选材考究。玉华山出土的西周时期原始瓷缸，造型精美。境内古人类生活遗址随处可见。2005年4月，在小石桥村沟西发掘西周早期土墩墓，发现西周时期的陶器和原始瓷盏。诸多土墩墓中出现原始瓷器、陶器，制作精致，花色品种繁多，纹饰精美，闪现着古代文明的光芒。西周时期的铺首铜环，战国时期的铜戈、铜剑，铸造工艺和艺术鉴赏价值更是古代文明的象征。大批宋代的器皿、铜镜、盅匙碗盘、盂瓶货币、首饰玉珮，铸彩镂金，质地丰富多彩，美轮美奂。

历代达官贵族、文人墨客在别桥地区建庙宇，造楼阁，竖牌坊，镌碑帖，营墓穴，如广惠庵，幽栖观，白龙道院，明南京国子监司业马一龙墓，清翰林院修撰侍读马世俊墓，永定乡谏垣坊，职掌丝纶坊，金马玉堂坊，黄堂别驾坊，永恩坊，后周葛家宗祠，古渎周家湾吕家宗祠，形成独特的人文景观。

古仁人贤士钟情境内的秀川沃土，眷恋鱼米之丰。晋朝元帝时南海太守马训，迁居西庄；北宋靖康年间（1126～1127年）的保义郎王郭，择居樊庄；南宋建炎年间（1127～1130年）的右迪功郎石思义，选择玉堂安家。他们建住宅，造别业，以德孝义文教化子孙，造福桑梓。明代进士南京国子监司业马一龙留恋青山绿水，在玉华山构筑馆舍，造八角亭，“山围四面如城郭，水绕孤亭在图画。未翦春萝花自发，欲沽美酒鸟先呼”。仿照古制建造祠堂，重建尊经阁。唐、宋、元、明、清的著名文人，他们咏叹长荡湖，赞吟独秀山、玉华山，歌咏友情。

明成化、弘治年间（1465～1505年），街道依河傍水而建，拱桥流水，船声欸乃。河岸建造天平楼，水拥茶楼；街道向东西伸延，突显水乡小镇风貌。1966年以后，多次疏浚拓宽丹金溧漕河，古镇古景旧貌换新颜。

状元福地　沉积人文渊薮

千年古镇别桥，钟灵毓秀，文化源远流长，人文渊薮。自宋至清，兴教设塾，蔚然成风。境内出过状元1人，进士28人，明清举人28人，清末秀才21人。明代举人虞国儒、进士吕昌期分别纂修《溧阳新志》《续修严州府志》。清顺治十八年（1661年）状元马世俊，诗词丹青著作流芳百世；马一龙辞官侍母定居玉华山，居馆舍著述，其《农说》成为古代农学思想扛鼎之作；

马从谦与马一龙叔侄同享盛名，著作20余卷；马世俊之子马宥著作10多卷。民国时期别桥涌现出学者王平陵，童氏眼科传人童广儒，近代历史学家、文学家、教育家缪钺。

新中国成立后，别桥境内涌现出党政军界领导（高级干部）、科教文卫界专家70余人。中共地方组织早期负责人、新四军干部陆平东、沈啸森；出生入死于疆场的陈国昭、魏宏、滕金海；中国工程院院士程顺和，国际知名生物分子簇研究专家、现代“茶叶之父”王志远，获美国“青年科学家总统奖”的葛力明，国际密码学与信息安全专家郑玉良，与邓稼先等在一起从事核武器研究38年的史求深，国际光学和生物医学专家王瑞康，中共第十五届、十六届中央委员，吉林省委原书记王云坤，全国政协副主席马培华；文化艺术界知名人士、各行各业专家，乃至体育世界冠军不胜枚举。还有6人享受国务院特殊津贴。他们立身、立业、立言、立论，著述极丰。

彪炳千秋　挺起民族脊梁

别桥自古虽非军事要地，但也是兵家必争之地。民心刚勇，崇义尚武，富于历史正义感和反抗精神。

20世纪20年代，军阀混战，盗匪肆虐，境内大的村庄自发组织大刀会，以防匪防盗，保境安心。别桥一带农民纷纷依附大刀会，与国民党政府展开针锋相对的抗捐抗租斗争。抗战时期，大刀会成员在别桥地区随时参战，抗击日伪军。民国20年（1931年），境内10余个村庄组建抗日自卫队，保家护院，守望相助，一方有警，各自卫队相互呼应支援。民国30年（1941年），后周区抗日民主政府所辖的阴山、上市村民成立民兵游击小组，配合新四军抗日。

民国10年（1921年）后，别桥境内是中共党员在溧阳早期活动的主要地区之一，也是新四军在苏南抗日的主要阵地。在20多年的革命风云中，别桥人民与日本帝国主义、国民党反动军队进行不屈不挠的斗争，挺起了民族的脊梁。有记载的抗日、反顽战斗有18次，造就了战事频仍的历史沧桑。后周魏笪村的王竹平、王永廉、王明、王亮，于民国27年～34年（1938～1945年）先后为国捐躯，群众称之“一门四英烈”。陆平东（后周小石桥村人，担任中共溧阳县委书记、中共路南特委副书记、中共苏南区委敌工部部长兼任新四军十六旅敌工委员会主任、中共茅山地委宣传部部长等职）经历了“皖南事变”和成立新四军江南指挥部等重大事件，为建设苏南抗日根据地做出重大贡献。抗战胜利后，为打败国民党反动派解放全中国做出积极贡献。新四军六师干部、华东野战军干部魏宏一生参加孟良崮战斗、淮海战役、渡江战役等9次重大战役。新四军十六旅指战员在塘马进行刺杀训练，谭震林在戴巷小学为连以上干部作当前形势与任务报告。江渭清、欧阳惠林、钟国楚、王直、王胜、朱彪、朱辉、乐时鸣、许彧青、诸葛慎等人都在后周留下战斗的身影。

民国30年（1941年）5月中旬，在谭震林、罗忠毅直接指挥下，在境域西北的新四军十六旅灵活机智地展开对敌斗争，取得黄金山的三战三捷。同年11月28日，新四军在苏南抗击日军最悲壮的塘马战斗打响。战斗中，罗忠毅、廖海涛等270余名指战员壮烈牺牲。

在抗日战争、解放战争、抗美援朝战争、对越自卫反击战中，境内共有117位青年把生命贡献给祖国和人民。

励精图治　打造经济强镇

农业发展态势良好。境内农业生产历史久远，四五千年前的先人们，就从事种植、捕鱼，饲养家畜。三国时，孙吴屯田于此，开渎筑埭，兴修水利，别桥成为膏腴兼倍的富庶之地，享有“江南鱼米之乡”美称。东汉、三国时，境内农民有栽桑养蚕之习。清代至民国蚕桑事业甚为发达，抗战前进入鼎盛时期，农户还具备蚕茧缫丝技术。直至新中国成立，以农业为主、栽桑养蚕为副的生产格局未被打破。20世纪50年代，蚕桑业衰退。60～90年代，栽桑养蚕得以恢复和发展。

1949年前，农业生产落后。新中国成立以后，经过土地改革、农业合作社、人民公社等运动，变革生产关系，解放生产力，境内农民大力兴修水利，修圩筑坝、建造水库、扩耕修田，改变耕作制度，选育推广良种。1960年，皇圩电力排灌站建成后，境内陆续兴建电力灌溉站、圬工泵站，灌溉实现了机电化。2013年，境内有135座口径10吋以上泵电力排灌站，灌溉面积76153亩。20世纪60～70年代，开展平整土地、格田成方的农田基本建设，全境90%以上农田得以改造成为稳产高产良田。2000年后，建设标准农田。农业机械化逐年提高。2013年，耕作全部机械化，三麦播种机424台，水稻插秧机324台，收割机17台，渔业机械9207台。

中共十一届三中全会后，境内农村经济体制进行改革，推行家庭联产承包责任制，并逐年发展和完善，提高了生产力，促进了农村经济的发展。

80年代中后期，全镇优化农业结构，发展多种形式的农业适度规模经营，形成农、林、牧、副全面发展格局。90年代，政府把农业放在优先的战略地位，强化对农业和农村的领导，围绕农业增效、农民增收的目标，加强对农业的投入，农业生产综合水平得到全面提高，农业经济稳定发展，推进以高质、优质、高效为目标的农业产业结构调整。在确保粮食稳定增产和人均占粮超千斤的前提下，扩大经济作物种植面积，养殖业结构中，水产养殖成为优势产业，并发展生猪家禽养殖。

2000年后，加快转变产业发展方向，朝着现代化农业前行，提升农业规模化、科技化、产业化水平，推动农业现代化进程，高效农业、高效设施农（渔）业、生态农业、休闲观光农业、品牌农业呈良好发展态势，科技兴农步伐加快。2013年，水稻总产量为43832吨，三麦10402吨，油菜籽5724吨，农业产值29284万元，水产品总产量20118吨，产值58001万元。

居民生活全面步入小康。2013年，全镇居民拥有洗衣机、电冰箱各19360台，空调18040台，吸油烟机13420台，微波炉16060台，热水器19360台，彩色电视机21560台，电脑8140台，摩托车9600辆，电动自行车17258辆，汽车2640辆。有别墅375套，楼房115878间，砖瓦平房4923间，农村人均居住面积为53.03平方米。全镇人均纯收入17188元，人均消费支出14249元（农民消费支出人均13575元）。年末，居民储蓄存款达5.09亿元，人均存款 8201 元。

工业经济持续高速发展。清光绪年间（1875 ～ 1908 年），油坊、砻坊、粉坊在境内出现，至今有 130 多年。民国 17 年（1928 年），耀华电灯公司创办，出现机械动力。民国 19 年（1930 年），溧阳工业发展布局开始由县城向别桥等乡镇延伸。别桥有粮油加工业、铁木竹手工业。抗日战争中，这些工业被破坏殆尽。直至 1949 年，别桥镇工业仍恢复乏力，极其薄弱。新中国成立后，境内工业从农具厂起家。1956 年，原溧城镇振兴米厂迁至别桥，成了境内工业发展的里程碑。20 世纪 60 年代，工业发展缓慢，仅有砖瓦厂、水泥制品厂、地毯厂、粮油加工厂等社、队企业兴起。1975 年，社办企业 32 家。1979 年增加社、队（村）企业 58 家。是年，全镇工业总产值是 581 万元。80 年代，境内工业开始崛起，逐步壮大发展。羊毛衫、丝绸、轧钢行业，电子电器、电缆、工程机械制造、汽车配件制造、化工等工业异彩纷呈。1989 年，乡镇企业有 61 家，工业总产值 3127.74 万元，年产值 100 万元以上的企业 18 家；村办企业 73 家，总产值 3455.7 万元。1995 年后，境内乡镇企业逐步转变为民营企业，对企业的各项管理和产业产品结构进行调整，原有的优势产业集中度提高，金属冶金和加工业成为第一大工业行业，工程机械仍能保持优势。1995 年，全镇工业总产值为 11.77 亿元，占工农总产值的 90.12%。2000 万元产值的企业有 4 家。

2000 年后，乡镇工业进入快车道。2007 年，镇区划调整以后，别桥镇以工业强镇为战略措施，创百亿镇为目标，培育、壮大优势企业，发展新兴产业，建设发展北山工业园和北郊工业园，一大批规模企业如雨后春笋般出现在别桥这块大地上。2007 年，全镇销售收入 2000 万元以上的企业有 26 家，1 亿元以上的有 5 家。工业总产值 26.24 亿元，是 1995 年的 2.23 倍。

2012 年，加大投入和招商引资的力度，围绕产业特点，依托两大工业园的发展平台，确立以有利于结构调整、产业升级和节能减排为目标的招商方向，注重大项目、好项目的引进。是年，引进各类型项目 20 多个，结转项目 1 个，其中投资 3000 万元以上的 14 个。镇内工业形成良性滚动发展格局，确保投资及经济增长的可持续发展。全镇工业企业销售收入 2000 万元以上的有 43 家，工业总产值 105 亿元，市委、市政府授予别桥镇“工业百亿镇”称号。

2013 年，别桥镇工业经济仍以北山、北郊工业园两个发展平台为载体，形成通用航空、绿色建筑材料、冶金及工业型材、装备制造及电梯为主导的四大产业体系。工业总产值 97.8 亿元，是 2007 年的 3.72 倍。销售收入 95.38 亿元。销售收入 2000 万元以上的工业企业 50 家，销售收入超亿元的 30 家。

商贸经济快速稳步增长。20 世纪 80 ～ 90 年代，别桥镇境内的商贸服务以供销合作社和合作商店为主。1994 年，别桥、绸缪、后周 3 个集体商业（合作商店）购销总额为 2300 万元。1996 年，现境内的原 5 个供销社商品零售总额为 2016 万元。商业经营机制改革后，以乡村集镇为阵地，实施“万村千乡市场工程”为重点载体的农村商贸流通渠道，建立新型的农村市场流通网络，个体工商户迅速兴起，涌现出一批商业超市、卖场。2013 年，全镇社会商品消费品销售总额 34.6 亿元，有各类个体商业户 1547 户。经济的持续快速稳步发展，为别桥的财力增长奠定了厚实的基础。2013 年，全镇财政总收入 2.16 亿元，地区生产总值（GDP）33.06 亿元，人均 4.71 万元。全社会固定资产投资 24.29 亿元，实际利用外资 3312 万美元。

勠力同心　建设新型集镇

集镇的形成、扩展，与境内经济发展程度和人民生活水平紧密相连。

隋朝末年，永世县令疏浚泾渎（丹金溧漕河），架石为桥，谓之甓桥，后人变甓桥为别桥。乡民聚居泾渎两岸，遂成街道。明成化年间，两次疏浚泾渎，水运畅通，两岸居者与日俱增，别桥西形成街市。明成化、弘治年间（1465～1505年），街市、商贸日趋兴旺。民国2年（1913年），邮柜出现在别桥集镇。民国5年（1916年），创办小学校。民国17年（1928年），耀华电灯公司给集镇带来光明，轮船途经别桥。民国25年（1936年），镇广公路建成通车。集镇面积约0.27平方千米，集镇功能尚局限于溧金河西岸至虞缪村这一方寸之地，商店货铺、酒肆茶楼骈阗街道两旁。文化娱乐设施仍限于茶馆兼办书场，医疗场所仅有几家个体中医，游手好闲之人浪迹街头巷尾。抗日战争后，集镇弥合战争疮痍，再次兴起。别桥集镇虽历史悠久，但发展缓慢。

绸缪集镇也在明朝末年渐成小街道。后周在清嘉庆年间（1796～1820年）称后周步，后来改称后周镇。民国时期，商铺兴盛，开设邮柜，成为溧阳县城西部山地货和平原圩区物资交流中心。

新中国成立后，别桥集镇百业俱兴，供销社、信用社、联合诊所、邮政代办所、文化站、戏院、粮油加工厂、农具厂、中小学及集镇相应配套设施相继开办或完善，集镇基本功能不断扩大。先后3次疏浚拓宽丹金溧漕河，拆建别桥大桥。后周集镇拓浚后周河，集镇建设迅速发展。

1988年，别桥集镇建设速度加快，桥东建成镇中街，集镇功能增强。20世纪90年代初，拓宽旧街道，铺浇沥青路，依托上上线，建成商业大街。兴城东路纵横10条道路（街道）拉开集镇框架，工业、文化、商业、住宅四大区域形成格局。1995年3月，被建设部列为50个小城镇建设试点镇，政府以此为契机，加快建设步伐，建成“七纵二横”的骨干街道和主干道路。2004年5月，被命名为江苏省卫生镇。2007年，被评为常州市新型小城镇。

2007年3月，镇区划调整，镇党委、政府决策“繁荣桥东老镇区、开发桥西新镇区”，实施《溧阳市别桥镇总体规划（2009～2020）》。2013年，建设成“九纵三横”的骨干街道和主干道路，以中心街、兴城西路两条主干道路的新镇区，有40多个部门、机构、单位迁建或建成。商品房小区、安置房小区也纷纷建成。一个多功能、农村城市化、城乡一体化的新型小城镇基本形成。绸缪集镇，整齐的楼房撑起宽阔的商业街，两家花园式的集团企业坐落在集镇南北两端，欧式花园小区宜人居住。后周集镇呈现出布局合理、街道宽阔、民居考究、商业繁荣的崭新镇容。

别桥镇已成为国家生态镇、国家环境优美镇、江苏省重点中心镇、江苏省文明乡镇、江苏省科技先进乡镇。全镇人民生活方式和生活观念正在发生深刻的嬗变。

崇尚文化　发展社会事业

在大力发展社会生产力、推动物质文明建设的同时，别桥镇教育、文化、卫生、体育事业全面协调发展。

20 世纪 50 年代，别桥镇有俱乐部、文化站。2004 年，文化站改称文化体育工作站。2009 年被评为江苏省优秀文化体育站、江苏省全民健身活动先进单位。2013 年，跻身于全国一级文化体育工作站的行列。2007 年建造的文化中心大楼，建筑面积 1080 平方米，内设 8 个活动场所。是年，各村建立“农家书屋”，共藏书 31000 余册。市（县）级非物质文化遗产具有鲜明的地域文化特征，有 1 个省级、4 个市（县）级文物保护单位。境内有广播电视站 3 个。2013 年，全镇数字电视用户 14550 户。“浪圩古村文化”“金马玉堂文化”等 8 张旅游名片分布全镇。政府不断增强文化惠民的承载力，丰富人民精神文化生活，让全镇人民共享文化发展成果。

围绕“群众身边的组织、群众身边的场地、群众身边的活动”，不断完善公共体育服务体系，改善群众的健身环境，开展群众体育健身活动。舞青狮、跳马灯、舞龙灯等民间传统体育活动得以传承和发展，篮球、乒乓球、棋类等群众性体育活动普遍开展。别桥镇体育代表队在市（县）全运会上多次获农民部比赛团体总分第一名。2013 年 12 月 20 日建成的体育馆，造型独特新颖，馆内设施先进，功能齐全。镇村、单位建篮球场 33 个、健身路径 25 套、健身广场 18 处、乒乓球台 9 张。

别桥地区的教育源远流长，有志人士创办私塾。民国 5 年（1916 年），县第四高等小学（别桥小学）创办。1998 年，别桥镇中心小学从大庙（广惠庵）原校址迁建桥东诸泗村东。2012 年，再次易地新镇区中心街，新建别桥中心小学，现代化教育设施齐全，硬件环境均按江苏中小学教育技术装备一类标准配置。现代化的中心幼儿园建在小学南侧。2013 年，进行教育资源整合，调整学校布局。境内有中心小学 1 所，单列完全小学 2 所，九年制实验学校 1 所，初级中学 2 所，在校学生 2813 人，中小学校职工 350 人。新中国成立至 2013 年年底，从全镇走出具有大学本科以上学历者 1294 人。

境内有 3 所卫生院，其中 1 所为一级卫生院，医疗设施先进，有卫技人员 108 名。17 个社区卫生服务站，19 名合格乡村医生。全镇每千人拥有卫技人员 2.24 人。别桥中心卫生院是“江苏省示范乡镇卫生院”。

随着城乡一体化建设的推进，交通、通信、电力等基础设施日臻完善。境内有过境高速公路（扬溧高速）11.2 千米，城北道口设在后周；过境省级公路（S241）7.14 千米；县级公路 39.1 千米，县城至 4 个集镇均通市镇公交车；镇村公路 92.19 千米，开通 8 条镇村公交车线路。

2013 年，境内有邮政支局、所 3 个，有电信支局 4 个。1994 年，实施电话交换程控化，线路传输数字化，实现电话通信全覆盖。2013 年，固定电话用户 1.35 万户，移动电话用户 46298 部，普及率为 64.02/ 百人；宽带用户 3900 多户，网络电视用户 1900 多户。

2013 年，境内有 35 千伏、110 千伏、220 千伏变电所各 1 座。企业、各部门安装变压器 169 台，总容量 266315 千伏安。全镇用电总量 5.3359 亿千瓦时。

1988 年后，湖边、古渎、绸缪、别桥、后周陆续建造水厂。2004 年并入万顺自来水厂有限公司，日供水能力 2 万立方米，6.18 万人受益。2012 年 12 月，实行村村通自来水，自来水入户率达 98%。

别桥镇是溧阳北部重要大镇，属茅山革命老区，历史文脉厚重，红色基因鲜明，特殊的区位决定了别桥镇人民特殊的使命和责任。2016 年 5 月 26 日，中共别桥镇第十六次代表大会提出全力建设“开放融合、重商崇文、务实自强、赶超一流的至善别桥”的奋斗目标，是别桥镇在新的历史起点上建设别桥的新蓝图。

大事记

清末以前（1911 年前）

新石器时代

约 6000 年前，后周观阳唐头、别桥马家一带已形成村落，先祖使用石凿、石锛等石器工具，从事生产、生活。

商

商末（约前 12 世纪），别桥地属句吴。

周

周简王元年（前 585 年），吴王寿梦建立吴国，别桥地属吴。

周元王三年（前 473 年），越王句践灭吴，别桥地属越。

周显王三十六年（前 333 年），楚威王灭越，别桥地属楚。

秦

秦王政二十六年（前 221 年），置溧阳县，别桥地属溧阳县。

三国

三国东吴黄武元年（222 年），废溧阳县建制，设永平县，别桥地属永平县。

晋

西晋武帝太康元年（280 年），司马炎灭吴，改永平县为永世县，别桥地属永世县。

西晋惠帝永兴元年（304 年），置平陵县，别桥地属平陵县。

南北朝

南朝宋文帝元嘉九年（432 年），别桥地属永世县。

隋

隋文帝开皇九年（589 年），别桥地属溧阳县。

隋文帝开皇十二年（592年），别桥境地属永世县。

隋炀帝大业十二年（616年），永世县令达奚明疏浚泾渎河，建甓桥。

唐

唐高祖武德三年（620年），别桥地属溧阳县。

宋

北宋太平兴国年间（976～984年），别桥现境地属来苏、允定、允泰乡。

南宋咸淳六年（1270年），境内大旱。

宋代建广惠庵。

元

元世祖至元十四年（1277年），溧阳县升为溧州。十五年（1278年）改为溧阳府。十六年（1279年）改为溧阳路。二十八年（1291年）革路存县。元贞二年（1296年）改为溧阳州。别桥境先后隶属溧州、溧阳府、溧阳路、溧阳县、溧阳州。

明

洪武二年（1369年），溧阳州改为溧阳县，别桥境属溧阳县。

洪武二十年（1387年），境内大旱，六月大雨。

建文三年、四年（1401年、1402年），地震，飞蝗遍野。

弘治十四年（1501年）十月十七日，地震。十八年（1505年）九月十六日，又地震。

嘉靖二十七年（1548年），马家村建“一龙井”，井栏内刻有马一龙字迹。

嘉靖三十一年（1552年），重修广惠庵，并立重修广惠庵碑，马一龙撰写碑文。

嘉靖四十年（1561年），境内发大水，七月地震。

万历十五年（1587年），连降大雨，造成水灾。溧阳县令潘大复修建皇甫圩（皇圩）。

万历十七年（1589年），溧阳县令李光祖又重筑皇甫圩（皇圩）。

万历二十五年（1597年），知县李光祖领导百姓加筑皇圩堤岸8000米，建造石闸24座。

万历四十三年（1615年），肃王府拟重刻《淳化阁帖》，甓桥虞氏上呈所藏拓本。

天启二年（1622年）十二月二十三日，地震。

崇祯十一至十四年（1638～1641年），连年大旱，湖底裂开，飞蝗遍野。

崇祯十七年（1644年），为滞蓄涧水灌溉，在后周集镇北后周河上建永利石闸（亦称永和石闸）。

明代，在独秀山（土山）建白龙道院。

明代，马一龙著《农经》（也称《农说》）《游菱山题壁》《玉华山游艺集》等，马从谦撰《竹湖遗稿》等，吕昌期修编《续修严州府志》，虞国儒纂修《溧阳新志》。

清

顺治十八年（1661 年），马家村人马世俊获廷试一甲第一名，高中状元。

康熙三年（1664 年），重修皇圩，立有《重修皇圩堤塍碑记》，且刻圩堤禁款 7 条，石碑高 2 米。

康熙六年（1667 年），溧阳设 13 乡 16 区，永定区有甓桥镇，永泰区有后周埠。

康熙十八年（1679 年）十二月二十六日傍晚，县境内发生 5.5 级地震，别桥地区受灾。

康熙年间（1662 ～ 1722 年），筑董家舍桥。筑起石垛，架木为桥。

乾隆四年（1739 年），万善庵申报上官招僧住持，知县吴学濂给以“入不二门”的匾额。

乾隆四十年（1775 年），重建董家舍桥。

嘉庆元年（1796 年），重建甓，改为平石桥。

嘉庆十一年（1806 年），别桥建汛地一处。

嘉庆年间（1796 ～ 1820 年），溧阳有 16 个区、16 个镇和步，甓桥镇属永定区，后周步属永泰区。

道光十年（1830 年）十月十二日 17 时，发生 5 级地震，别桥有震感。

道光二十六年（1846 年）六月二十七日夜，大风，有红光自北向南，响声隆隆，流星象雨一样落下，地大震。

道光二十九年（1849 年）夏，连绵下雨，以致成灾，田麦皆淹没，两月水退，圩乡人民闹饥荒。

咸丰十年（1860 年）四月，太平军大本营设在溧城镇南门外，在浪圩、别桥驻防。

同治八年（1869 年），重建甓桥，为单孔石拱桥。

光绪十五年（1889 年）九月，连续阴雨 40 天，酿成水灾，田间禾苗被淹，旱地作物受损。

光绪十七年（1891 年），别桥汛地撤销。

光绪二十二年（1896 年）夏，境内发生水灾；秋，闹旱灾。

光绪二十六年（1900 年），谢家坝虞氏宗祠创办私塾。

光绪三十年（1904 年）夏，境内旱灾严重。

光绪三十一年（1905 年），境内一些知名人士积极筹办学堂，马家休享堂创办私塾。

光绪三十二年（1906 年），发生水灾，县东北圩区围堤溃决，淹没田地近千亩。

光绪三十四年（1908 年），后周西下梅创办私塾。

宣统元年（1909 年），皇圩破于高带处，圩田全部被淹，二月有余，水未尽退。受灾民众四出求生，秋深疫作，惨不可状。

宣统二年（1910 年），撤区制改市乡制，全县设 3 市 4 乡，别桥现境大部属来苏乡，后周地属永安市（南渡）。

清末，后周西庄马家祠堂创办私塾。后周小学（永泰学堂）创办。

中华民国时期

民国元年（1912年）

2月，中华民国临时政府宣布废除陋习：女人不准包小脚，男人不准留辫子。当时境内人士纷纷响应，设专人剪辫子。

8～9月，溧阳设市、乡自治公所，下设图运。别桥属来苏乡自治公所，有114图。后周属永安市（南渡）自治公所。

湖塘村史家祠堂创办湖塘小学。浪圩村开办一所国民学校，设1个复习班，4个年级，有学生30多名。

民国2年（1913年）

前王村王氏宗祠敦睦堂创办槐荫小学。

境内遭风、虫灾等。

别桥、后周集镇设邮柜。

民国3年（1914年）

6～7月，雨量少，持续干旱。

皇圩道成大闸建成。

民国4年（1915年）

疏浚丹金溧漕河、扁担河、诸里河、拖板桥河。

民国5年（1916年）

秋，别桥镇创办七年制完全小学，后改称县立第四高等小学。

民国7年（1918年）

别桥元丰油坊首创机器生产。

民国9年（1920年）

夏，境内遭受大水灾。

民国10年（1921年）

道成童氏眼科贝壳眼药参加南洋华侨举办的劝业会展览获奖状，成品眼药进入上海四大公司经销。

民国 12 年（1923 年）

皇圩破于三官荡，籽粒无收，是年大闹饥荒。

民国 13 年（1924 年）

6～10 月，久无透雨，禾苗枯焦，田地龟裂，旱情严重。

别桥开办仁裕茧行。

民国 15 年（1926 年）

绸缪村瓦匠花裕福，应邀参加中山陵的建造。

皇圩破于道成以北大埂。全圩除高田禾苗微小生长，其余低洼田全部被淹，损失较大，民众外出求生。

民国 16 年（1927 年）

2 月，宜兴地震，波及别桥。

通商轮船公司成立，开通溧阳丹阳客运航班，途经董家舍、别桥。

溧阳改市，乡自治公所为市乡行政局制，别桥属永苏乡行政局，后周属永安市行政局。

民国 17 年（1928 年）

10 月上旬，别桥、上兴埠一带参加大刀会的农民，在共产党的影响和支持下开展抗租反霸斗争。溧阳县政府急调商团县卫队奔赴出事地点。此时，300 余名农民趁城防空虚，持刀矛、农具直扑县城，占领县城达 6 小时。国民党县长、警察局长潜逃。

是年，别桥创办耀华公司，安装 26.82 千瓦柴油发电机组一台，白天碾米加工，晚上机器发电供集镇商家和居民照明。

是年，别桥史洪元创办面粉厂，引进一些小型机器生产。

是年，大通汽船公司创设，经营溧阳至丹阳的客运、货运，途经董家舍、别桥。

民国 18 年（1929 年）

2 月 16 日，国民党政府颁布《度量衡法》。别桥境域实行规定标准制：长度以公尺为单位，重量以公斤为单位，容量以公升为单位。

6 月，重颁县组织法，废市乡行政局，县以下建立区乡（镇）公所，乡下设闾、邻，建立别桥区、竹箦区（后周属之）。

民国 19 年（1930 年）

是年，别桥狄顺昌精制的“金刚脐”糕点，在全国食品竞赛展览会上获奖。

是年，乡人募捐重建别桥大桥，架宽原砂石3块，并加固两岸石垛。

是年，溧阳实行区、乡、闾邻制，别桥设镇，镇公所设别桥，属八区，湖边亦属八区。后周属九区。

民国20年（1931年）

2月，古渎敦本堂创办姜家小学堂。

5月，国民党中央银行发行“关金券”。

夏，境内发生罕见的洪涝灾害，圩堤全部破漫，圩乡尽成泽国。

民国21年（1932年）

浪圩茧行（土灶）开办。抗战胜利后，取名“龙溪茧行”。

溧阳长途电话交换分所架设溧阳至别桥、南渡至后周等乡镇的电话线路，在别桥、后周设乡镇电话交换所。

民国22年（1933年）

县政府征工疏浚扁担河、诸泗河、古渎河。

吕庄村首创筑戽水垛，用戽水机提水灌溉。

民国23年（1934年）

6～8月，雨水奇少，空前旱灾。全境河道干涸，田地龟裂，禾苗枯竭，触火即焚。洮湖仅见一线水沟。农户十室八空，自尽者日有所闻。农民生计艰难，多以草根、观音粉（一种白色嫩石粉）充饥。

民国24年（1935年）

3月5日至5月，征工疏浚绸缪河，投资数万元，受益田园数万亩。

3月9日，省建设厅征工疏浚三官殿至长荡湖河段，长15.9千米，3月15日开工，5月23日竣工。

5月，根据《清查户口编组保甲章程》，国民党县政府撤并区、乡（镇），废闾邻制，实行保甲制，设6个区。第二区驻别桥，辖别桥镇独秀乡、湖西乡、浪圩乡、古渎乡等22个乡镇。第三区驻竹箦，辖竹箦镇北山乡、后周乡、绸缪乡、阴梓乡等18个乡镇。

是年，湖边乡境内流行霍乱病，死亡人数甚多。

是年，国民党政府实施国民劳动服务制，溧阳县政府于第三区征集民工，以劳动服务疏浚拖板河，并在魏笪里筑腰坝，另开引河长1.5千米。

民国25年（1936年）

春，镇广公路开始兴建。10月16日，溧阳段竣工，自别桥马家村至城郊方笪村，全长19.5千米，完成土方9.8万立方米。支出经费21.9053万元（当时币值）。镇、丹、金、溧长途汽车公司经营金坛至溧阳客运，途经别桥。

是年，虞氏家族整修《淳化阁帖》所有石刻，共有完整者42石，碎石73石，连同《跋淳化阁帖》《珍藏淳化阁帖》3石，共118石，分上下六层，用水泥嵌于祠堂屋东、南、西三面墙上。

民国26年（1937年）

春，皇圩兴工修筑圩围40余日。圩堤平均加高45厘米，堤圩宽增至95厘米，底脚加宽1.3米，完成土方5万余立方米。

10月，日军60余人乘汽艇自县城到别桥，日军首次入侵别桥乡。

12月，别桥耀华电灯公司被日本侵略军烧毁。

是年，绸缪集镇上街的范家祠堂创办后周区绸缪初级小学。

是年，湖边称洮西乡，隶属第二区（别桥区）管辖。古渎属第二区永西乡。

民国27年（1938年）

1月，苏浙皖三省边区游击司令谢升标部一大队驻防于别桥集镇。同年，国民党六十师180旅359团3营驻于马家至别桥集镇一带。

6月，组织抗日游击队活动于下梅一带的王竹平（魏笪里村人，一门四英烈之一）从外地回到魏笪里村上，被乔装打扮的土匪诱至村后，枪杀身亡。

民国28年（1939年）

2月19日，皇圩北小圩进水，全圩被淹。

3月23日，驻金坛薛埠的日伪军300余人进犯别桥，被新四军击退。24日，日伪军水陆两路再犯别桥，其陆路敌军被击溃，毙伤10余人，水路敌人全歼。

3月27日，国民党军队与日军展开别桥遭遇战，击毙日军4人，生俘1人。

3月，国民党六十七师119旅397团1个营驻别桥。

3月，国民党六十三师、四十师在黄金山一带构筑阵地防线工事。

4月8日，黄金山战斗发生。国民党六十七师379团1营毙伤日军20余人，日军溃退到薛埠地区。

5月，中共后周区委员会成立，辖后周、绸缪、阴梓、古渎等乡，朱义根任书记。

5月，中共梓村、诸社党支部建立。

7月，古渎榉树脚下村、牌楼党支部建立。

8月1日，发生黄金山之战。国民党六十三师187团1营毙伤日军30余人，日军溃退。

8月10日，国民党军队与日军打响别桥保卫战，击毙日军200余人，其中军官8人。

9月18日，黄金山协同反击战打响。国民党六十三师187团与进犯黄金山的日军600余人展开激战，后经新四军挺2纵队4团协同国民党军队反攻，将日军击溃。

11 月，中共溧阳中心县委成立，小石桥人陆平东任书记，领导溧阳县委和溧高县委。

是年，第二区区公所建立区大队，有士兵 30 余人，驻别桥集镇。

民国 29 年（1940 年）

4 月，中共地下党在浪圩村发展党员 15 人，成立浪圩党支部。

6 月 22 日，夜，溧水洪篮埠日伪军 400 余人会同金坛日伪军 700 余人，向后周、上沛、竹箦进犯。国民党四十师 119 团伏击来犯之敌，粉碎日伪军的进攻和掠夺，截获被抢劫的粮食和物资，击毙日军数十人，生俘 3 人。

7 月 19 日，第三战区游击总指挥部制定统制粮食办法，设交易公所，别桥、后周为军米采购地点。

8 月 19 日，国民党四十四师 120 团与日军步兵 600 余人、骑兵 100 人开展黄金山战斗，毙伤日伪军 30 余人。

是年，龙卷风摧毁斗门湾三公庙房屋 6 间和民房 4 间。前程村遭龙卷风袭击，两棵 2 ～ 3 人可合抱的大树连根拔起，吹离原地 10 余丈（35 米），茅屋被掀 10 余间。

民国 30 年（1941 年）

5 月初，新四军六师 16 旅西退溧阳，克上沛，逼别桥，国民党军四十师逃入溧阳县城。

5 月中旬，新四军六师师长谭震林在戴巷小学召开连以上干部大会。谭震林在会上作当前形势与任务的报告，成为著名的戴巷会议。

5 月 21 ～ 24 日，新四军六师 16 旅在师长谭震林和旅长罗忠毅的指挥下，击退国民党军四十师和挺进队的 3 次进攻，取得黄金山反顽斗争的三战三捷。

5 月，新四军六师 16 旅移驻玉华山、黄金山一带。

6 月，苏皖区党委开办青年训练班，第一期在后周区的戴巷开学，由王建婴、张直、孙石负责。罗忠毅、欧阳惠林、王直曾到训练班讲课。

11 月初，苏皖特委在后周戴巷村召开第一次委员会议。

11 月，新四军六师 16 旅旅部和中共苏皖区党委、溧阳县委、县政府机关驻塘马。

11 月 28 日，发生塘马战斗。

是年，国民政府在前程设第四粮食收纳库，后周设第十粮食收纳库。

民国 31 年（1942 年）

2 月 15 日，日军为阻止国民党军队六十三师的追击，用地雷炸毁湖边的双桥，并烧毁附近房屋 100 余间，打死平民 6 人。

3 月，后周区抗日民主政府动员组织辖区内妇女做军鞋，支援抗战。

5 月，后周区抗日民主政府根据苏南行署颁布的土地条例，在辖区内开始土地登记。

是月，新四军地下党党员史之保到湖塘村宣传减租减息。

7月，王永廉任后周区区中队队长，后被国民党顽军杀害于前马荡。

8月29～31日，发生蝗灾，湖边境内晚秋作物损失严重。

9月29日，别桥土山据点的日军到绸缪一带抢粮，游击小组组长蒋志健带领几名队员途中阻击，打伤日军10多人，蒋志健为掩护群众而牺牲。

11月28日，县民主政府在前村召开纪念塘马战斗一周年大会，缅怀抗日英烈，号召各界一致抗日。

民国32年（1943年）

1月25日，驻扎在别桥镇的日军300余人，携炮2门向国民党挺进军2纵队杨庄阵地进犯，双方激战2小时，日军被击退，击毙日军12人。

6月7日，后周区区长沈啸森带领一批群众给在后周乡下梅村休整的新四军48团送粽子、猪肉、军鞋等慰劳品。

10月，后周区抗日民主政府在辖区内领导农民开展减租减息运动。

是年，盘踞土山的日军下乡到浪圩“扫荡”，实行“三光政策”，烧毁房屋200余间，烧死80多岁的老人2人，打死百姓8人，抢去衣物、禽畜不计其数。

民国33年（1944年）

6月18日，驻后周玉华山的日伪军到阴山村一带扰攘，溧阳县长徐公鲁带领县警卫连在新四军某连的支援下，打垮敌人，俘虏伪军10人，缴获机枪1挺、步枪8支，余敌逃走。

6月18日、20日，新四军46团配合县民主政府警卫连分别在后周和上兴埠击败汪伪军，共毙敌20余人，俘虏50余人。

6月22日清晨，驻罗村坝伪军约300人向北舍村进犯。溧阳警卫连80人与敌激战数小时，击毙伪军20余人，俘70余人。

8月，后周区抗日民主政府设区大队，有联防队员20多人。

是月，湖塘小学从湖塘村史家祠堂迁至阮家祠堂，成为一所完全小学。

9月28日早晨，驻别桥土山的日军20多人到绸缪街烧杀抢掠，新四军十六旅46团与日军激战1个多小时，歼灭日军10余人。

12月，中共溧阳县委在后周区塘马村举办第二期党训班，对党的基层干部进行党的基础知识教育，县委组织部部长徐玉彰主持。

是年，隶属于后周区抗日民族政府阴梓（阴山）乡的上市村成立游击小组。

民国34年（1945年）

2月，湖边地区地下党员倪功勤等人发动群众筹军粮3000余斤，做军鞋100余双，慰劳天目山战斗的战士。

6月22日，驻罗村坝伪军到小石桥一带抢粮，徐明、许荣柏、朱成法率县警卫营趁机袭击，俘虏敌人70余人，击毙伪连长1人，缴获轻机枪3挺、步枪70余支、小炮1门及其他军用品。

7月，湖边地区的苗金和、郑留保等10余人参加新四军。

8月，抗日民主政府发行江淮银行、江南银行印刷的地方“抗币”。

是月，浪圩成立洮西乡政府。

8月15日，日军宣布无条件投降。9月15日，境内人民集会，以多种形式庆祝抗日战争胜利。

11月15日，溧阳县民主政府最后一批干部奉命随新四军驻溧阳部队北撤。王明、王亮乘坐的中安轮在长江不幸沉没，英年早逝。北撤前，县民主政府为维护人民利益和“抗币”信用，奉命以黄金购买物资，回笼“抗币”。

是年，溧阳县设7区、44乡、11镇。别桥区（第二区）辖别桥镇、洮西乡等10个乡（镇），下有93保、1064甲；后周乡、绸缪乡属竹箦区（第三区），下有26保、287甲。

民国35年（1946年）

春，皇圩成立水利委员会，呈请善后救济总署苏宁分署拨得面粉20吨，工赈修堤。浪圩呈请救济未获示复，圩民自修，奈经费不足，工程仅及其半。

4月，别桥、后周设义诊所，以施诊为主。

7月、9月，淫雨为灾，低洼之田尽成泽国。

8月，后周乡西马村人张小南，原华东野战军4纵12师36团1营1连战士，在陇海路运河车站战斗中立功，获“战斗英雄”称号。

9月，在后周创办私立永泰中学，董事长陆一勺，校长狄炳坤。1950年停办。

9月8日，江苏省商会会员代表大会开幕，别桥镇商会代表陈恕出席。

是年，别桥年丰油坊恢复生产。

是年，溧阳县设立田赋粮食管理处，在别桥设办事处，办理册籍管理、造串、征收等工作。

民国36年（1947年）

2月，皇圩水利委员会向中国农民银行贷款250万元，又按田摊筹100万元，购买18.4千瓦和36.8千瓦（25马力和50马力）柴油机、水泵各2台（套），用于农田排灌。

夏，洪涝灾害，圩区淹。

10月，国民党政府重新组建乡镇体制，全县并为4个区署、22个镇，设立绸缪区署，别桥镇、绸缪乡、后周乡属之。

是年，恢复地方电话交换所，别桥、后周设电话交换站。

民国37年（1948年）

是年，国民党溧阳县政府实行议会制，别桥镇设镇议会。

是年，县民主政府武工队、地方青年积极开展革命活动，张贴标语，散发传单，揭露国民党顽固派阴谋，宣传中共政策，别桥地区筹集粮草，支援解放军南下。

民国38年（1949年1～9月）

年初，别桥、后周邮柜改称邮政代办所。

4月24日（农历3月28日），别桥地区解放。

4月26日，苏南行政公署成立，设常州专区，溧阳县、别桥境内属常州专区。

5月7日，中共别桥区委建立，驻地别桥集镇。湖边称永成乡。县公安局设别桥派出所。1950年5月撤销。

7月1～16日，3次暴雨，田间积水1.5尺，最深3尺，低洼圩区禾苗淹死。

9月，永成乡改称洮西乡。

中华人民共和国时期

1949年（10～12月）

10月1日，别桥现境内各界群众纷纷集会，庆祝中华人民共和国成立。

10月，别桥建立税务所、中国人民银行别桥营业所。

10月20日，全县土地登记结束。

11～12月，别桥境内开展减租和中华人民共和国成立后第一次粮食秋征工作，在别桥设区粮食支库。

12月，洮西乡改称湖边乡。

1950年

2月，诸里乡在别桥集镇东关（桥东）首创消费合作社。

2月，别桥地区开展宣传《中华人民共和国婚姻法》（草案）。

3月，别桥集镇成立别桥镇工会、别桥区俱乐部。

上半年，中国新民主主义青年团别桥区委员会成立。

6～10月，别桥地区雨水少，丘陵山区旱情严重。

7月26日，中国粮食公司溧阳办事处在别桥设立粮食购销营业所。

10月，根据《溧阳县关于镇压反革命工作的执行计划（草案）》，别桥区部署镇压反革命运动。

10月，别桥区境内的别桥、后周、道成、湖边、诸里、前王、古渎、石桥、绸缪等乡，成立乡农民协会。

10月，土地改革运动在诸里乡、古渎乡逐步推开。12月，别桥区全面开展土地改革运动。

11月，别桥区成立土改法庭，对群众揭露出来的恶霸地主和破坏土地改革的不法地主进行审判。1951年10月撤销。

11月5日，古渎设邮政代办所。

12月3日，后周乡匪首陈金华纠集地主王锁伦、王锁芳等极端反动分子组织“青年义勇护国军”，抢杀干部、民兵数人。反革命暴动发生后，县委指示县公安局组织力量抓捕匪徒。至中旬，抓捕匪特7人，被劫的3支步枪、1支短枪也全部缴回。

12月，原国民党国民代表大会代表、苏南行政公署总务主任、别桥乡斗门湾村人张为公因抗交公粮被县政府关押。25日上午，原国民党别桥乡乡长张云海煽动四五千人前往别桥区政府闹事。县委闻讯，派出县宣传部部长高膺、公安局局长许舫洲率领40多名干部和独立营战士赶到别桥集镇平息事件。事后，张为公和张云海被依法枪决。

是年，进行户口民主改革，废除保甲制。别桥、后周组建建筑合作小组（生活服务社）。

是年，响应“抗美援朝、保家卫国”的号召，别桥地区有29名青年参加中国人民志愿军。至1954年，共有151名青年参加中国人民志愿军。

1951年

1月1日，开始废除150市斤为1石的虚单位，改为100市斤为1担的实单位。

3月8日，湖边乡召开妇女大会，宣传《中华人民共和国婚姻法》。

3月，以诸里乡消费合作社为基础，成立别桥区供销合作社。

5月，组建别桥区人民武装部。

6月16日，别桥区及辖区乡干部参加县委召开的区乡干部扩大会议，部署颁发土地证工作。10月底，别桥区所有乡颁发土地证工作结束。

7月6日起，境内普降大雨。11日开始，连降3天暴雨225.3毫米，几万亩农田受灾。

10月22日，湖边乡第一个临时党支部成立，谢敖齐任临时党支部书记。

11月20日，湖边乡有26名青年参加中国人民志愿军。

秋，湖边乡建立第一个马家保常年性互助组。

是年，别桥区别桥联合诊所建成，狄进堂任所长。

是年，别桥区境内乡、村先后建立治保委员会和监督改造小组，对地主、富农、反革命、坏分子（简称“四类分子”）实行监督改造。

1952年

1月，溧阳县工商业联合会别桥办事处筹备委员会成立。

2～3月，春雪连绵，为历史同期所罕见，三麦（小麦、大麦、元麦）、油菜受灾。

3月3日，别桥工商界第一次代表会议召开，溧阳县工商业联合会别桥办事处正式成立，朱庆寿任主任。

6月起，别桥区内的国家行政事业单位正式工作人员、公办教职工享受公费医疗待遇。

6月，别桥区农村成立互助组860个。

7月，因入夏少雨，后周丘陵地区塘坝干涸，水稻因缺水难以栽插。

10月，别桥区俱乐部改建为别桥区文化站。

1953年

3月，别桥区开展“贯彻婚姻法运动月”活动。别桥区及所辖12个乡成立民主妇女联合会。

6月24日夜起至7月初，别桥地区连降暴雨，后周等地雨量尤大，圩田受灾面积大。

7月1日，境内开始第一次全国人口普查。1954年3月结束。

7月，天气晴热少雨，后周丘陵地区塘坝干涸，支河、港汊断流，饮水无源，受旱农田面积甚大。

10月29日，别桥区及下辖乡的干部参加县委召开的会议，听取传达党在过渡时期的总路线、总任务。会后，在区范围内开展宣传总路线、总任务的活动。

12月，别桥地区全面贯彻执行粮食统购统销政策。

是年，湖边乡成立信用合作社。

是年，别桥区电话总机与别桥邮政代办所合并，开办长途电话业务。

1954年

3月，别桥区12个乡分别召开第一届人民代表大会。

春，湖塘农业初级合作社首告成立。

5月1日，中国人民银行溧阳支行别桥营业所开始收兑“抗币”。

5月17日至7月底，先后降雨66天，雨量981.5毫米。6月雨日19天，7月雨日25天。雨量之大，时间之长，历史罕见。湖边、古渎圩区水堤相平，白浪滔天。绸缪乡戴秧圩洪水漫溢入圩，淹没农田近千亩。皇圩北小圩荡老倒潭处圩堤裂缝，有倒塌之险，道成桥堤段出现严重坍裂。别桥区组织千余人抢险队伍，调集抽水机数十台、木制水车数百部，日夜排水。

6月，别桥集镇建造别桥剧院。竣工后首场演出是金坛群星锡剧团的《龙凤呈祥》。

8月，前王乡组建信用合作社，樊庄农业初级合作社成立。

9月，别桥地区按国家政策对棉花实行统购，棉布、棉花凭票定量供应。

12月，别桥邮政代办所改建为别桥邮电营业处。

12月20日，别桥镇区人民政府改为区公所。

1955年

1月，大雪积深至25厘米，奇寒。17日，最低气温零下17℃，河港封冻，树上结冰。

2月，别桥区供销社召开社会员代表大会。

3月1日，发行新的人民币（简称新币），同时回收现行的人民币（简称旧币），旧币1万元兑换新币1元。

3月，别桥区中心粮油管理所在别桥集镇成立。

4月，别桥集镇的小商小贩进行合作社试点。

5月4日，皇圩圩堤加固工程竣工，完成土方10.2万立方米。

7月，国家机关工作人员由供给制改为工资制。

8月25日，别桥地区贯彻执行粮食“定产、定购、定销”的“三定”政策，对非农业人口实施居民粮分等定量、工商行业用量按户定量、牲畜饲料用粮分类定量的粮油供应制度。

8月，开展《中华人民共和国兵役法》宣传教育，首次实行义务兵役制。

11月1日，市场开始使用“全国通用粮票”和“江苏省地方粮票”。

下半年，以樊庄农业初级合作社为基础，成立五星农业高级合作社。

是年，别桥邮电营业处改建成别桥邮电支局。

1956年

1月，别桥区对私营工商业和个体手工业的社会主义改造全面展开。

3月12日，后周乡青龙洞水库动工新建，1972年划归金坛县管理。

3月，古渎乡建立党总支委员会。

3月，调整乡镇区划，别桥区公所辖别桥乡（诸里乡、前王乡、绸缪乡大部分并入）、古渎乡（湖边乡、道成乡并入）、泓口乡、杨庄乡。后周乡（下梅乡并入）、西沈乡（石桥乡并入）划归竹箦区，别桥区的班竹乡的濑溪里、西坡圩划入前马乡。

4月，别桥乡建立党总支委员会。马家村建立第一个农村党支部。

5月2日，金坛县社头区湖荡乡的园上自然村划归别桥乡管辖。

6月，常州航运管理局溧阳营业站在别桥设立代办站，溧阳至丹阳轮船通航，途经董家舍、道成桥、别桥。

6月8～10月，连续降雨116.6毫米，低洼圩区受洪涝灾害。

7月，别桥区境内开展《1956年到1967年全国农业发展纲要（草案）》宣传月活动。

8月1～2日，台风袭击，极大风速28米/秒。

9月22～24日，境内降暴雨203.3毫米，受涝面积大。

10月，溧城公私合营振兴米厂迁至别桥，改称溧阳县别桥第一米厂。

10月30日，别桥区中心粮油管理所汪鸿鑫赴北京，出席全国粮食系统先进工作者代表大会。

11月，别桥、古渎、后周乡相继召开第二届人民代表大会。

是年，别桥通有线广播。邮电支局开始增设电话、电报通信业务。

是年，别桥联合诊所迁至集镇西关“理堂”内，成立别桥区别桥联合诊所。

是年，别桥区成立高级农业合作社43个。

1957年

春，境内农业合作社组织开展整风整社运动。

5月，中国新民主主义青年团改称为中国共产主义青年团。

6月下旬，根据兵役局布置，别桥区对民兵武器进行检查修理、调整，7月上旬上报检查情况。民兵手中使用的轻机枪、加拿大自动枪、冲锋枪、汤姆式卡宾枪一律上交。

7月1～3日，特大暴雨袭击，河流水位激增到5.5米。10日，镇江地区防汛防旱指挥部从金坛调度排涝抽水机28台，取道长荡湖时，深夜遭受飓风袭击，轮、机四散。次日清晨，随机人员将残留5艘机船随轮船拖往溧阳，途经湖边村时，百余名农民下河拦阻，强行拖走先行用之排涝。

7月下旬至8月中旬，撤区并乡，全县调整为22个乡镇，置设别桥乡（湖边乡、古渎乡、绸缪乡并入）、后周乡。

8月29日，别桥乡成立民兵团。

8月，古渎、绸缪、后周邮电代办所改称邮电所。

8月，中共别桥乡、后周乡委员会分别召开第一次代表大会，成立乡党委。

9月9日，乡民主妇女联合改称乡妇女联合会。

10月30日，党政机关、群众团体、文教卫生界、工商界分批开始整风学习。年底前，整风运动转入反右派斗争，别桥乡、后周乡有13人（9名教师）被错划成“右派分子”。

11月中旬，别桥、后周两乡47名青年应征入伍。

12月，别桥河两岸驳岸倒塌，县人民政府集中民工600余人，疏浚20天通航。

冬，废原周渎河，新开土山河上段，与丹金溧漕河相连接。

是年，建立后周乡卫生院。

1958年

3月，后周乡创办后周农业中学。

4月，别桥区供销社改为乡商店。古渎设供销店。

4月，溧阳县“麻风村”在别桥乡陆家湾村建立，1960年迁移他地。

4月，别桥乡、后周乡先后召开第三届人民代表大会。

4月24日，撤销区中心粮油管理所，以乡为单位建立别桥、后周粮油管理所。取消粮食“三定”政策，改为下达包干任务。

5月17日，别桥木业社获省人委锦旗。

5～8月，未下透雨，后周丘陵地区塘坝干涸，大面积农作物受灾。

6月，镇江专区轮船运输公司溧阳营业处开通溧阳至别桥航班。

7月17日，后周乡成立八一国营农场，由原上庄等9个农业生产合作社合并而成。

8月25日，别桥境内开始对由国家定量供应粮食的城镇居民确定为非农业户（供应户）、农村户口为农业户。

8月，创办别桥、后周初级中学。

9月15日，成立政社合一、工农商学兵为一体的别桥、跃进（后周）人民公社。

9月，乡卫生院改为别桥公社、后周（跃进）公社医院。

10月，乡商店下放给人民公社，改为别桥、后周公社（跃进）供销社。

到11月2日止，别桥、后周（跃进）人民公社村村办食堂、托儿所，大队办幼儿园。

12月3日后，别桥、后周（跃进）公社境内学校贯彻执行党的“教育为无产阶级政治服务，教育与生产劳动相结合”的教育方针。

12月19日，别桥公社诸里中队李和林赴北京出席全国农业社会主义建设先进单位代表会议，诸里中队获国务院颁发的农业先进单位奖状。

12月，别桥、后周（跃进）公社分别召开三级干部会议，贯彻八届六中全会精神和《关于人民公所若干问题的决议》。

冬，皇圩全圩堤加高增厚。

是年，别桥公社成立工商联、创办水泥厂（1960年停办），成立抽水机站；后周（跃进）公社兴办电器厂。

是年，别桥、后周建立民办文化站，铁、木、竹生产合作社办成公社农具厂。

1959年

2月，完成第一次土壤普查。

4月5日，镇江地委书记陈云阁、军分区司令员杨世忠，在县领导陪同下到别桥祭扫罗忠毅、廖海涛烈士墓。

6月27日，后周人民公社上阮、西杨庄两个生产大队划归金坛县管辖。

上半年，《文汇报》对后周农中勤俭办学、教学劳动双丰收的情况做长篇报道。

8月3日，中共别桥公社委员会、后周公社委员会召开第二次党员代表会议。

11月，别桥、后周两公社53名青年应征入伍。

12月，塘马水库大坝土方工程开工，后周公社2000余名民工投入施工。翌年5月合龙蓄水。

是年，境内入春少雨，河床水浅。7～12月未下透雨，塘坝干涸，支河、小港断流。

1960年

1月1日，实行衡量单位改革，改每市斤16两制为10两制。

4月，民办教师队伍整顿，1958年后来自农村的劳动力全部动员回家参加农业生产。

5月12日，别桥初中教师丛茂泉、诸泗村吕达富出席江苏省文教群英会。

5月中旬，别桥小学被评为江苏省先进集体，受到省人民政府的嘉奖。

6月上旬，前程村遭龙卷风袭击，一棵大树被吹倒，茅屋掀翻5间。

7月7日、12日、13日，后周公社遭狂风暴雨、冰雹袭击，吹倒房屋90多间，吹坏房屋500多间，农作物损失严重。

7月23日后，以反贪污、反浪费、反官僚主义（新“三反”）为中心的整风运动在别桥、后周公社开展。

11月，别桥、后周社、队开展反对共产风、浮夸风、命令风、瞎指挥风、干部特殊化风（简称“五风”）的整风整社运动。

12月27日至翌年1月15日，公社、大队、生产队干部参加县四级干部大会，学习贯彻中共中央《关于农村人民公社当前政策问题的紧急指示信》（即12条），纠正“大跃进”、人民公社化运动中以高指标、瞎指挥、浮夸风和共产风为标志的“左”的错误。

12月，在皇圩的陆家湾建成别桥地区第一座电力排灌站，相继又建造浪圩电力排灌站。

冬，开放集贸市场。

1961年

5月7日后，别桥、后周公社贯彻《农村人民公社工作条例（草案）》（即60条），进一步纠正农业方面的偏差。

6月6日，中共别桥区工作委员会建立。

6月，重建别桥区人民武装部，以区建立公安特派员工作组，特派员分驻各公社。

7月，入夏以来持续少雨，后周丘陵地区旱情严重，塘坝干涸，水稻脱水面积万余亩。

8月25日，经镇江专区批准，别桥公社分成别桥、湖边、古渎、绸缪4个人民公社。

10月，人民银行县支行在绸缪公社试点，恢复以公社为单位建立信用社。

11月，湖边、古渎、绸缪成立供销社，别桥、后周乡商店复称供销社。

11月，设立别桥区中心财政管理所。

12月15日，根据中共中央《关于改变农村人民公社基本核算单位问题的指示》精神，逐步实行“三级所有、队为基础”的新体制。翌年1月12日，别桥、湖边、古渎、绸缪、后周公社所有大队均实行以生产队为核算单位。

12月，别桥、湖边、古渎、绸缪、后周公社分别召开第四届人民代表大会。

是年，别桥、后周公社建立交通管理站。1962年7月撤销。

是年，撤销公社民办文化站，保留别桥公办文化站。

是年，湖边推行联圩并圩，建设皇圩联圩，总面积1361公顷；寿申圩联圩，总面积528.2公顷。

是年，建造土山、古渎电力灌溉站。

1962年

2月17日，县委召开甄别工作会议，决定首先在别桥公社试点，在取得经验的基础上，在全县39个公社分批全面展开党员、干部甄别工作。

3月，别桥、湖边、古渎、绸缪、后周公社出现麻疹流行和脑脊髓、脑膜炎流行。

5月，湖边公社医院组建成立。

7月4～6日，连降大雨217毫米，最大雨量330毫米，圩田、散滩田被淹。

7月26～27日，又降暴雨，并受台风边缘影响，境内受涝面积甚大，积水0.3米～0.5米，少数圩田遭洪水漫堤。

9月5～7日，境内又遭第三次台风（14号）、暴雨袭击，风力7～8级，平均降雨131毫米，圩区受灾严重，有房屋倒坍。

9月11日上午7时20分，道成圩埂北段昌口闸漏水造成决口，皇圩894.47公顷土地顷成泽国，损失粮食126.5万千克，倒塌房屋148间。27日完成堵口复堤，10月18日积水排完。

9月，别桥区中心粮油管理所成立，管辖别桥、湖边、古渎、绸缪粮油购销站。后周粮油购销站隶属竹箦区中心粮油管理所。建立别桥区供销社。

11月8日，别桥建立食品收购站。

是年，建造桥西、川圩、金家桥、皇圩西、渎北、东舍等电力排灌站。

是年，后周玉华山新建湾东坝，库容5.1万立方米。黄金山兴建后陈坝，库容10万立方米；大头坝，库容7.1万立方米。

1963年

3月5日，《人民日报》发表毛泽东“向雷锋同志学习”的题词。嗣后，别桥、湖边、古渎、绸缪、后周公社组织开展多种形式的学雷锋活动，中小学掀起学雷锋的热潮。

4月，中共别桥、湖边、古渎、绸缪、后周公社委员会分别召开第三次党员代表大会，选举产生公社党委会。

4～5月，别桥、湖边、古渎、绸缪、后周公社相继召开第五届人民代表大会。

4月，经溧阳县人民委员会批准成立塘马水库管理所，为全民所有制事业单位。

是月，成立别桥区机电排灌管理站。

10月22日，根据县委《关于处理超过范围的自留地的指示》的精神，别桥境内规定社员自留地、饲料地、开荒地合起来一般可占生产队耕地面积的5%～10%，最多不能超过12%，超过部分归生产队。

冬，新建皇圩、寿申圩各一座3米启闭大闸。

是年，别桥区建立民间兽医站。

1964年

3月，别桥公社广播放大站恢复。湖边、古渎、绸缪、后周建立广播放大站。

是月，别桥、湖边、古渎、绸缪、后周公社农村开展面上社会主义教育运动。运动后期5个公社64个大队成立贫下中农协会（简称“贫协”），生产队建立贫协小组。

4月30日，经县委批准，修建后周大桥，修建后的后周大桥为混凝土桥，长8.35米，宽3.7米。

5月18日，开始第二次全国人口普查，7月底结束。

9月，创办湖边农中。

11月，上海市、无锡市、溧城镇278名知识青年、城市居民来湖边公社7个大队插队落户。

12月，疏浚土山河。

是年，绸缪公社组织民工拓浚后迈支河（戴家田至阴山），全长1.4千米，完成土方27万立方米。

是年，溧阳县人民政府在塘马战斗的主战场王家庄修建了后周革命烈士纪念塔。

1965年

2月始，别桥、湖边、古渎、绸缪、后周公社广泛开展“农业学大寨”运动，历经十年。

6月，干旱严重，水稻栽插缺水。

7月22日，塘马水库出现最低水位——干涸。

8月19～23日，遭台风暴雨袭击，降雨257.3毫米，旱涝急转，农作物受涝面积巨大。

8月，后周农中发展为农业高中，境内共创办绸缪等8所农中。

12月12日，别桥、湖边、古渎、绸缪、后周公社分别召开第六届人民代表大会。

是年，别桥供销社建立战备盐库，储存战备盐4986吨。1988年撤销。

1966年

3月上旬，丹金溧漕河别桥段疏浚工程施工，北起界牌桥，南至董家舍，全长10.5千米。由别桥、湖边、古渎、绸缪4个公社4000余名民工投入施工，完成土方19万立方米。

4月1日，别桥境内执行江苏省统计局、江苏省纺织工业厅、江苏省商业厅发出的《关于在针棉织产品中淘汰“打”“罗”计量单位同时改变包装的通知》。

4月4日，镇江地委批准设立别桥派出所。

4月，别桥、湖边、古渎、绸缪、后周公社全面开展以“清政治、清经济、清思想、清组织”为主要内容的社会主义教育运用（简称“四清”）。社教分团进驻5个公社，社教工作队进驻各大队和企事业单位。

4月，县轮船公司改溧阳至别桥航班为溧阳至后周航班，途经绸缪、别桥。

6月，入夏少雨遭受大旱，支河、港汊断流。

8月，别桥境内中小学建立“红卫兵”组织，代替了学校中原有的学生组织。在中共中央《关于无产阶级文化大革命的决定》（即“5·16”通知）下达后，别桥境内开展“文化大革命”运动。

9月，别桥、湖边、古渎、绸缪、后周5个公社每个大队选送1名学员到县在果园举办的二年制半农半医训练班学习，学习结束后成为各大队的赤脚医生。

10月24日，别桥、后周等初中选派“红卫兵”代表50余人赴北京参加毛泽东主席的接见“红卫兵”活动。

12月10日，北河全线拓浚，余桥清水塘村至长荡湖，别桥等18个公社3.7万名民工投入施工。

是年，重建别桥大桥，改平石桥为钢筋混凝土拱桥，命名为“红桥”。

1967年

2月，古渎公社九连圩兴建全县第一座圬工泵排涝站。

6月至8月中旬，大旱，水稻缺水灌溉。

是年，湖边农具厂建立。县粮食局批准，湖边公社在双桥村建造库容140万斤的仓库10间。

1968年

4月27日，别桥人民公社革命委员会成立。

5月9日，古渎人民公社革命委员会成立。

5月18日，后周人民公社革命委员会成立。

5月20日，别桥区工委革命领导小组成立。

5月31日，绸缪人民公社革命委员会成立。

7月，华东局组织717名干部、职工来湖边公社中里大队召开大放“三水一绿”（水浮莲、水葫芦、水花生，绿萍）、大办“三百场”（百头猪场、百头羊场、百头兔场）现场会。

9月，别桥初级中学办成完中，绸缪农中改办成初级中学。

10月，湖边人民公社革命委员会成立。

冬季，别桥公社组织民工为水产大队围滩造田400余亩。

年末至翌年初，别桥、湖边、古渎、绸缪、后周公社的各大队相继建立大队卫生室，实行合作医疗。

是年，重建董家舍大桥，为三孔双曲拱桥。

1969年

4月，别桥区民间兽医站撤销。建立别桥、湖边、古渎、绸缪、后周公社兽医站。

4月19日，县革命委员会决定将塘马水库委托后周公社管理。1973年2月收归水电局管理。

5月，林彪反革命集团大搞个人崇拜，别桥地区出现“早请示、晚汇报、中对照”的形式主义活动。

5月20日，县防汛抗旱指挥部选择别桥等9个供销社定点储备防汛木材、铅丝、草包。

6月，别桥、湖边、古渎、绸缪、后周公社成立农业技术推广站，大队设农技员，形成三级农科网。

6月10日，县革命委员会生产指挥组下拨经费2000元，整修大桥至石场150多米、剧院至镇工会60多米的街道和下水道。

7月1～17日，连降暴雨，河水高涨，别桥地区受涝面积数万亩，有民房倒塌。

10月7日，别桥公社政法小组改为派出所，属溧阳县公安局派出机构。

10月，别桥公社接受一批常州市下放插队的知识青年。

11月，别桥区工委撤销。原区机电排灌管理站由人民公社管理，改称人民公社水利机电管理站。至1992年，别桥、湖边、古渎、绸缪、后周公社均建立水利机电管理站。

是年，兴建别桥川圩苏排四型圬工泵站。

是年，春冬两次征兵，别桥境内5个公社共有131名青年应征入伍。

1970年

3月12日，别桥、湖边、古渎、绸缪、后周遭大风雪灾害，建筑、交通遭受破坏为历史罕见。

5月14日，别桥、湖边公社开始贯彻执行溧阳、金坛两县革命委员会颁布的《关于加强长荡湖水产资源系列保护的联合通知》。

7月12～17日，普降暴雨300毫米左右，圩田被淹。

8月，别桥地区推行七年制（小学五年、初中二年）教育，有15所完小增办初中班。

10月，境内水稻发生稻飞虱特大危害，水稻减产六成，出现绝收田块。

10月12日，经镇江专区革命委员会党的核心小组批准，中共后周人民公社委员会建立。

10月15日，别桥地区5个供销社改称商业购销社。

10月22～25日，别桥、湖边、古渎、绸缪、后周公社生产队长以上干部参加县革命委员会在周城公社召开的四级干部会议，学习贯彻全国北方农业会议精神。会后，5个公社掀起更大规模的“农业学大寨”的群众运动。

12月，别桥、湖边、古渎、绸缪、后周公社开展“一打三反”（打击现行反革命，反对贪污浪费、反对行贿受贿、反对投机倒把）的运动。

是年，湖边增设邮电代办所。

1971年

春，湖边、后周公社成立电影放映队。

1月，中共别桥公社委员会建立，同时召开党员大会，选举产生11名委员组成的党委会。

1月18日，别桥公社共青团代表大会召开，选举产生11人组成的新一届公社团委。

4月，中共湖边公社委员会建立，并召开党员大会。

6月，中共古渎、绸缪公社委员会建立，并分别召开党员大会。

6～8月，晴热少雨，干旱严重，支河小港大多断流，别桥地区受旱面积上万亩。

7月，县革命委员会决定在别桥土山创办矿校，学制两年，招收两个班100名学生。

8月21日，中共中央发布《关于继续实行粮食征购任务一定五年》的通知，别桥粮食征购任务由“一定三年”改为“一定五年”。

9月26日，中共后周公社委员会召开党员大会。

9月底，23号台风过境，最大风速17米/秒。

9月，后周初中办成完中，招收高一新生。

10月16～18日，别桥、湖边、古渎、绸缪、后周公社大队以上干部参加县委召开的三级干部大会，听取传达毛泽东主席亲自批发的中共中央文件，即有关林彪反革命集团事件的问题。11月初，传达到群众，别桥等5个公社广大干部群众纷纷集会，声讨和批判林彪反革命集团的罪行。

10月，战胜村“群风”篮球队代表别桥公社参加县农民篮球赛，获冠军。

是年，各公社建立兽医站，设立公社财政管理所。

是年，后周公社兴建葛家电力灌溉站，拆除后周集镇北永和石闸，并按电灌引水要求，沿后周河下段的涧沟拓浚延伸至下林桥，延伸1.7千米。

是年，建造杨笪桥，为石拱桥。

1972年

1月，古渎初中与古渎小学合并，称古渎中小学。

2月，中共别桥、湖边、古渎、绸缪、后周公社委员会分别召开党员大会，依据党章关于“党的基层组织，每年改选一次”的规定，改选公社党委。

6月，湖边粮油管理所建立。

8月，别桥砖瓦厂建成投产。

是年，别桥老集镇西关大街建造供销社营业楼，两层建筑面积3660.5平方米。别桥农具厂开始制造45千克和65千克两种空气锤。

是年，县轮船公司开通的溧阳至后周航班，改为杨巷至后周航班。

是年，拓浚后迈河小坝至大石坝段3.5千米。

1973年

1月25日，别桥、湖边、古渎、绸缪、后周商业购销站恢复为供销社。

2月10日至3月5日，县人武部在别桥公社设民兵训练点，对民兵进行训练，参加别桥民兵训练点训练的有90多人。

2月，湖边公社创建湖边初中，校址在闸口村和湖塘村中间的前庵。

3月，溧阳县革命委员会为别桥培阳村的罗忠毅、廖海涛两位烈士的墓碑重新撰写碑文。

3～4月，中共别桥、湖边、古渎、绸缪、后周委员会先后召开第四次党代会。

4月1日开始，县组织完中校长45人，到别桥、后周中学，检查学校教育革命和贯彻“五七”指示精神的情况。

4～6月，别桥、湖边、古渎、绸缪、后周公社先后召开共青团代表大会，选举产生新一届公社团委。

6月，别桥、湖边、古渎、绸缪、后周恢复妇女联合会，大队同时建立妇委会。

6月，贯彻执行“自愿报名、群众推荐、领导批准、学校复审”的高等学校招生办法。

7月，别桥地区中小学开展向“反潮流英雄”张铁生学习，大造“闹而优则仕”“交白卷”是英雄的舆论，煽起一股否定文化学习的歪风。

8月下旬，因伏、秋晴热少雨，后周丘陵地区农田受害严重。

9月，后周农中并入后周中学，称为后周中学分校；古渎初中与古渎小学分设。

11月17日，邮政、电信合并。设溧阳县别桥邮电分局、绸缪邮电所、后周邮电所、古渎邮电所。

冬，拓浚拖板桥河，岔河口至拖板桥河道5千米，1974年1月竣工，完成土方19.5万立方米。

1974年

1月，别桥地区中小学组织学习“马振扶公社中学事件”通报，（即中共中央〔1974〕5号文件）。

3月，开展批林（彪）批孔（子）运动，至1975年6月底运动告一段落。

4月22日8时29分17秒，上沛地区发生5.5级地震，烈度为6～7度。绸缪、后周公社遭6度震灾破坏，别桥、湖边、古渎公社均受影响。

9月，绸缪初级中学与绸缪小学合并，称为绸缪中小学。

10月，别桥、湖边、古渎、绸缪、后周公社分别召开第二次贫下中农代表大会。

11月，别桥公社组织民工在马家村新开马家河，西起丹金溧漕河，东至长荡湖。

12月，别桥公社建立电影放映队。

是年春冬，湖边公社在皇圩开挖前进、团结、胜利3条内河及寿申圩中心河1条。

是年冬，塘马水库翻建加固工程开工。切开大坝，重挖隔水墙，放大坝坡，建筑块石护坡。翌年春竣工。国家先后补助工程款32.1万元。水库上升为中型水库。

冬，后周公社组织民工开挖东胜至诸社的南北河，长2.9千米，完成土方2.7万立方米。

1975年

5月，县委、县革命委员会设立古渎工作片，9月，改称别桥工作片，工作片区域为别桥、湖边、古渎、绸缪、余桥公社。

是月，湖边、古渎、绸缪、后周建立民办文化站。

6月20日至7月5日，连降大雨300毫米，河水高涨，圩区一度受涝面积上万亩。

8月，绸缪公社电影放映队成立。

9月，湖边中学增设高中班。

10月，古渎公社电影放映队成立。

12月21～26日，县委在湖边公社召开县、公社、大队三级干部大会，进一步贯彻落实全国“农业学大寨”会议精神。与会人员利用晚上时间参加皇圩前进河水利工程劳动，完成土方4000多立方米。

冬，县委组织“农业学大寨”工作队到别桥、湖边、后周公社5个大队，开展党的基本路线教育，促进“大学大批促大干”。

是年，别桥邮电大楼在集镇东关大街建成。

是年，黄金山组建大队电影放映队。

1976年

1月8日，别桥、湖边、古渎、绸缪、后周公社人民群众沉痛悼念中共中央副主席、国务院总理、全国政协主席周恩来逝世。

1月，著名教育家斯霞到后周小学听课、调研、传授教育经验。

1～3月，塘马烈士陵园异地重建，改建后的烈士陵园5米见方，建有高11米的烈士塔，塔上镌刻塘马战斗简介和罗忠毅、廖海涛两烈士生平简介。

3月，别桥公社复设交通管理站。

5月12日开始，对湖边公社、别桥公社临长荡湖芦滩普查钉螺，未发现钉螺。

7月6日，别桥地区人民悲痛悼念朱德委员长逝世。

9月9日，中共中央主席毛泽东逝世，别桥、湖边、古渎、绸缪、后周5个公社人民停止一切娱乐活动，各部门、各单位均降半旗、设灵堂、献花圈，以寄哀思。18日下午，人民群众佩戴黑纱、白花，分别集会悼念，收听中央召开的毛泽东主席追悼大会实况广播。

10月下旬，别桥、湖边、古渎、绸缪、后周公社分别召开干部群众大会，庆祝粉碎江青反革命集团。

10月，中共别桥、湖边、古渎公社委员会分别召开第六次党员代表大会。

10月开始，先后建立湖边、古渎、绸缪、后周公社人武部。

11月，中共后周公社委员会第六次党员代表大会召开。

12月15日，别桥、湖边、古渎、绸缪公社0.5万名民工参加镇江地区太湖西规划中的重点工程之——中河拓浚工程，突击20天，完成施工任务。

12月20～23日，别桥地区5个公社贯彻中共中央〔1976〕24号文件，全面开展批判、声讨江青反革命集团罪行的活动。

是年，湖边公社建筑站承建湖北省石埝电厂的砖混结构六层住宅楼，获得成功。

是年，别桥、湖边、古渎、绸缪、后周公社实行社队联办合作医疗制度。

是年，古渎公社建立交通管理站。

1977年

1月，溧金公路（省道241）复建工程动工。1981年竣工通车。

2月26日，镇江地区防汛防旱指挥部发出通知，增设塘马水库雨量站。

4月，绸缪公社建立交通管理站。

9月5日，35千伏别桥变电所建成投运。

9月11日凌晨至晚上10时，第8号台风过境，风力10级，伴有暴雨。

9月26日，县农田基本建设指挥部在别桥公社设立别桥片分指挥部，部署结合秋种，以开挖田间一套沟为秋冬农田水利建设的第一项任务。

11月13日至12月4日，后周公社组织民工拓浚后周河下林桥至新民村大片桥河段，长4.6千米，完成土方13万立方米。

冬，湖边公社组织民工4000人疏浚闸口河（丹金溧漕河至长荡湖），全长4.8千米。古渎公社联合余桥公社疏浚古渎河（竹箦河至丹金溧漕河），全长3.8千米。

1978年

1月2日，县委、县革委会组织别桥、湖边、古渎、绸缪4个公社民工疏浚丹金溧漕河的别桥至中河口段，2月初竣工。全长7.5千米，完成土方33.38万立方米。竣工后达国家六级航道标准。

1月5日，别桥、湖边、古渎、绸缪、后周公社水利机电站改成农业机械管理站。

3月，湖边公社成立交通管理站，后周公社复设交通管理站。

春，在别桥、湖边公社境内的长荡湖芦滩进行查钉螺工作。在湖边公社的马凤洞滩发现钉螺，面积为1万平方米，随即组织人员用药物浸杀灭螺。

7月，别桥地区出现高温天气，平均气温33.6℃，7日最高气温38.5℃。

8月7日，后周经阴山至绸缪6.5千米的公路开工建设。

10月，湖边邮电代办所改建为湖边邮电所。

10月27日，别桥、湖边、古渎、绸缪、后周公社境内初中、小学恢复“中国少年先锋队”组织，“红小兵”组织随之消失。

1～10月，历史罕见大旱，连续300天未下透雨，降雨量仅582毫米。丹金溧漕河水位下降至2.19米，塘马水库干涸见底。受害面积12.3万余亩，52个生产队人畜饮水困难，农田无收或半收。

11月，溧阳县落实农村基层干部政策工作在别桥公社开始试点。

12月28日，别桥成立房地产管理所。

12月，县委、县革委会组织别桥、后周等13个公社的民工开挖竹箦引河。

12月，重建董家舍桥为桁架拱桥。

是年，开展“实践是检验真理的唯一标准”的宣传教育活动。

1979年

1～3月，遵照中共中央关于对已经改造好的绝大多数“四类分子”（即地主、富农、反革命分子、坏分子）摘帽的指示，别桥、湖边、古渎、绸缪、后周公社共为882名“四类分子”摘帽或纠错。

2月26日至3月2日，别桥地区5个公社的公社、大队、生产队干部参加县委召开的四级干部大会，学习贯彻中共十一届三中全会公报和《农业发展若干问题的决定（草案）》《中共中央关于加快农村人民公社工作条例（试行草案）》，揭开了农村改革的序幕。

6月1日，恢复中共别桥区工作委员会。

7月9日18时57分23秒，上沛地区发生6级中强度地震，震中烈度为8度。湖边、古渎、绸缪、后周受灾比较严重，古渎周家湾3队死亡1人。别桥地区5个公社共重伤26人，轻伤246人。

12月，根据中央有关指示精神，别桥地区5个公社“右派”摘帽工作结束。1957年反右派斗争中划为“右派分子”的13人（别桥8人、后周5人）都得到实事求是的纠正。

冬，古渎、绸缪两公社联合拓浚扁担河（古渎河—北河），长度7.3千米。

1980年

1月13～25日，县人武部在别桥民兵训练点，对别桥地区5个公社新任民兵连、排长89人进行为期12天的集训。

3月，别桥、湖边、古渎、绸缪、后周5个公社开始第二次土壤普查工作。

3月，共青团别桥公社委员会第十次代表大会召开。

4月25日，湖边公社共青团第十次代表大会召开。

5月2日，南方13省、市代表到别桥公社绿萍放养现场观摩放萍、用萍情况。

5月，共青团诸里大队支部荣获江苏省先进团支部称号，团支书方志新出席团省委召开的先进代表会议。

6月20日，别桥公社马家村出土新石器时代石锛一件。

7月1日，别桥、湖边、古渎、绸缪、后周设立中国农业银行营业所。

7月14日，别桥公社的诸里、联星、土山及湖边公社的中里、湖塘等12个大队的芦苇发生以中华稻蝗为主的蝗虫危害。至15日，6300多亩芦苇受害，其中1200多亩芦叶全部被虫吃光。土山大队10亩黄豆、5亩水稻也被全部吃掉。经两天突击，蝗虫被扑灭。

7月20日傍晚7时许，遭9级台风袭击，别桥公社的下尖圩、谢家坝、前程、马家大队受灾严重，古渎公社的赵圩、郝家、古渎大队有民房被吹倒、损坏。

是月，诸里至别桥集镇的公路建成，全长1.05千米。

8月1～23日，连降大雨，总雨量达340毫米，相当于常年同期的5倍，圩田受涝。

8月，别桥、湖边、古渎、绸缪、后周公社内的小学“戴帽”初中停办，小学学制改为六年；古渎初中的高中停办，初中学制改为三年。

9月，溧阳县人民政府将后周中学分校恢复为溧阳县后周农业中学。

10月8日，古渎、后周公社分别召开第十次共青团代表大会。

10月，绸缪乡建立文化中心。

冬，后周公社组织民工拓浚牛郎庙河（竹箦河—拖板桥河），长度1.75千米。

是年，根据中央〔1980〕75号文件精神，别桥地区5个公社农村开始实行不同形式的农业生产责任制。

是年，溧阳开始进行“地甲病”的调查工作，确定别桥地区有“地甲病”流行。翌年，开始供应碘盐。

1981年

1月1日，实施新《中华人民共和国婚姻法》。

5月1日下午4时，冰雹骤降。

5月8日，湖边公社第七届人民代表大会召开，公社革委会改称公社管理委员会。

5月，别桥地区5个公社农机管理站分拆为水利、农机、用电管理站。

5月，别桥、湖边、古渎、绸缪、后周公社农村推行包产到户（家庭联产承包）责任制。

6月下旬，春夏持续干旱，河水低落，后周丘陵地区塘坝水库干涸，农田受旱面积大。

6月29日，县决定在西山兴建溧阳县西山烈士陵园。1983年10月24日，陵园落成举行迁墓仪式，将罗忠毅、廖海涛两烈士的坟墓从别桥培阳村迁到陵园。

7月1日，恢复别桥区中心粮油管理所，下辖别桥、湖边、古渎、绸缪、前马、余桥公社粮管所。后周粮管所隶属竹箦区中心粮油管理所领导。

7月23～24日，别桥公社第七届人民代表大会召开，公社革命委员会改为公社管理委员会。

7月，成立别桥区供销合作社。

8月28日，古渎公社第七届人民代表大会召开，公社革命委员会改为公社管理委员会。

8月，绸缪中学高中班停办。

9月1～2日，后周公社第七届人民代表大会召开，公社管理委员会取代公社革委会。

9月8～9日，古渎公社第七届人民代表大会召开，公社管理委员会取代公社革委会。

12月15日，别桥、湖边、古渎、绸缪、后周公社1万多民工参加丹金溧漕河南段拓浚工程。

年底，溧金公路（241省道）竣工正式通车，城镇公交车开通别桥。

1982年

3月25日，“《淳化阁帖》石刻”被公布为江苏省第三批文物保护单位。

4月10日，后周公社第七次党员代表大会召开。

4月，推行承包合同制度。别桥、湖边、古渎、绸缪、后周公社将承包户年度生产计划、国家征购任务、集体提留和收益分配等项目，以合同形式载入《承包合同经济手册》，落实到农户。

4月，下放知识青年全部陆续回城、就业，别桥地区5个公社的上山下乡安置办公室撤销。

7月1日，进行第三次全国人口普查。别桥、湖边、古渎、绸缪、后周公社共有18455户，71883人。

7月10～28日，境内连遭大雨、暴雨袭击，降雨400～450毫米，是历史上罕见的一次特大洪涝灾害，农田被淹，公路中断，街道浸水，工厂停工。

8 月 14 日，别桥区、古渎公社夏熟粮、油生产大幅度增产，受到县委、县政府表彰。

9 月，别桥、湖边、古渎、绸缪、后周公社设建房（规划）办公室。

1983 年

1 月 27 ～ 30 日，别桥公社诸里大队第 11 生产队队长出席江苏省召开的农业先进单位表彰大会，并被评为省农业劳动模范。

4 月 26 ～ 27 日，先后遭暴风雨袭击，三麦、油菜大面积倒伏。

4 月，公社设合作经济经营管理站。

5 月下旬，改政社合一为政社分设体制。至 8 月 10 日，建立别桥、湖边、古渎、绸缪、后周乡人民政府。以大队建立行政村，生产队为村民小组。5 个乡建立 62 个村民委员会、602 个村民小组。

5 月 28 日，别桥公社第七次党员代表大会召开。

6 月 1 日，公社民政办公室开始办理婚姻登记。2004 年 4 月 1 日终止，改由市民政局婚姻登记处办理。

6 月 24 ～ 27 日，境内连降 3 次大雨，总雨量 300 毫米，圩田淹没，后季稻秧田受损，公路路面冲坏。

7 月 14 日，别桥群乐饭店出售病死的牛肉，造成 49 人食后中毒事件，饭店停业 4 天整顿消毒。

7 月 25 日，湖边公社第七次党员大会召开。

7 月 29 日，古渎公社第七次党员大会召开。

8 月 2 ～ 7 日，后周乡农民在防治水稻病虫害时，先后发生 66 人农药中毒、1 人死亡事件。

8 月，湖边中学高中班停办。

是月，古渎乡农村经济经营管理站被农牧渔业部农村经济经营管理总站授予先进集体称号。

下半年，后周乡巷上小学教师罗金保被评为全国优秀班主任，获金质奖章。全县教育系统重点宣传罗金保事迹。

10 月，小石桥村左金保和衣跳入河中，奋力救起驾驶拖拉机售粮的李兆华等 4 人。

11 月，别桥、湖边、古渎、绸缪、后周乡开展土地资源调查工作，至 1987 年 4 月结束。

冬，后周乡组织民工疏浚下梅河（竹箦河—下梅村），全长 2 千米。

是年，别桥、湖边、绸缪、古渎乡成立成人教育中心学校。湖边、古渎乡相继成立文化中心。

1984 年

1 月 17 ～ 19 日，境内普降大雪，降雪量 54.3 毫米，是新中国成立以来最大的一次雪灾，造成交通、供电、邮电、广播、线路全部中断，有房屋倒坍。

3 月，别桥乡被江苏省军区评为基层民兵武装管理先进单位。

4月，别桥、湖边、古渎、绸缪、后周乡成立殡葬改革领导小组，全面推行火化，废除棺木土葬。

是月，后周小学少先队建立罗忠毅中队、廖海涛中队，王直将军受聘两中队校外辅导员。

6月1日，溧阳县人民法院别桥法庭对外办公，2000年12月撤销。

6月13～14日，境内暴雨连降，雨量280～330毫米。农田淹没，内涝面积大，工厂停产，交通中断。

6月，乡水利、农机管理站合并为水利农机站。

7月，别桥、湖边、古渎、绸缪、后周乡分别召开第八届人民代表大会。

7月22日，省水利厅组织部分大专院校教授、专家和有关市县工程技术人员到湖边乡闸口、双桥电力排灌站进行泵站节能技术改造试验研究成果的验收鉴定。经复测，数据可靠，方法和精度符合规定要求。一致认为，具有推广价值。

8月，在别桥地区5个乡7～14岁中小学生中开展地甲病普查后，别桥、古渎、绸缪、后周乡划为地甲病区。

11月，县司法局率先在后周乡试办法律服务所。

11月，全国泵站节能节水会议的代表100余人，专程到闸口、双桥试点站参观。

是年，后周乡建筑安装工程公司承建上海市烘漆厂，被评为上海市优质工程。

是年，别桥、湖边、古渎、绸缪、后周乡所有民办教师进行考核整顿，合格者颁发任用证。

1985年

1月，别桥乡法律服务所成立。

2月24日，后周乡观阳唐头村出土新石器时代石凿一件，被溧阳县文化馆馆藏。

3月7日，根据县人民政府《关于1985年度粮食合同定购办法的通知》，别桥地区取消粮食定购，实行合同定购。

5月19日，后周乡玉华山出土西周时代原始瓷缸一件，被溧阳县文化馆馆藏。

6月29日，经省人民政府批准，别桥乡撤乡建镇，实行镇管村体制。

6月，后周中学被省体委、教育厅命名为江苏省田径传统项目学校。

9月10日，别桥、湖边、古渎、绸缪、后周乡（镇）分别召开会议，庆祝第一个教师节，表彰先进教育工作者，党委、政府组织开展慰问教师活动。

12月，后周乡观阳村调解委主任罗小毛连续被评为省、市、县调解先进个人。

是年，县汽车运输公司开通至绸缪的农村公共汽车。

是年，别桥供销社糕饼坊制作的苏式“金腿月饼”，先后获常州市、江苏省供销系统月饼质量评比同类产品第三名。

是年，别桥镇、后周乡建立文化中心，后周乡还创办文化站图书室。

1986年

1月16日，后周、绸缪乡被江苏省民政厅确定为茅山革命老根据地乡镇。

春，县卫生防疫部门组织74人对别桥、湖边境内长荡湖芦滩逐块进行普查、复查、抽查，未发现钉螺。

5月，复查湖边乡中小学生地甲病情况，也被划为地甲病区。是年，别桥地区中小学生开始口服碘油丸。

6月，县汽车运输公司开通古渎、后周的公交车。

6月，乡镇设立土地建设办公室。

7月，别桥成立工商联联络组，联系别桥镇、湖边乡、绸缪乡、古渎乡、余桥乡的会员。

9月16日、17日、27日、28日，古渎乡、湖边乡、别桥镇、后周乡分别召开第八次党员代表大会。9月17日，绸缪乡召开第七次党员代表大会。

11月29日，别桥区工作委员会撤销，建立别桥区巡视组，下辖别桥镇、湖边乡、古渎乡、绸缪乡。后周乡隶属竹箦区巡视组领导。

12月31日，江苏省公安厅批准设立后周派出所。

12月，别桥地区5个乡镇邮政营业所开始办理邮政储蓄业务。

是年，县委、县人民政府举行黄金山反顽战斗45周年座谈会。

是年，后周小学少先队获全国少先队好队长“大雁奖”。

1987年

3月26～27日，古渎乡第九届人民代表大会召开。

3月28日，别桥镇第九届人民代表大会召开。

4月2日，后周乡第九届人民代表大会召开。

4月3日，绸缪乡第九届人民代表大会召开。

4月25日，湖边乡第九届人民代表大会召开。

5月，别桥、湖边、绸缪、后周乡镇分别召开第七次妇女代表会议。

7月2～8日，连降大雨，溧金河水位涨5.5米，圩区农田受涝严重。

7月21日，古渎乡第九次妇女代表大会召开。

7月，湖边乡、古渎乡、绸缪乡相继成立法律服务所。

8月8日，供销社青年职工祁小明追擒盗贼，其事迹被县宣传部等9个单位评为1986～1987年度精神文明十佳好事之一。

8月，湖边乡建筑安装工程公司经理金训华被全国集体建筑企业协会评为优秀企业家。

8月，推行居民身份证制度。翌年12月，别桥、湖边、古渎、绸缪、后周乡镇16周岁以上居民领取第一代居民身份证。

8月，后周小学（田径）被命名为常州市传统项目学校。

11月9日，江苏省公安厅批准成立湖边、古渎、绸缪派出所。

11月，古渎乡建筑安装工程公司在上海承建上海音像馆业务楼工程竣工，经上海市建管处检验为“全优工程”。

是年，别桥镇刘志新、狄平川两人代表溧阳县参加常州农民中国象棋赛，获得团体冠军。同年，又代表常州市参加江苏省农民中国象棋赛，再获团体冠军，刘志新获个人冠军。

是年，绸缪乡诸皋篮球队获溧阳县“丰收杯”农民篮球赛冠军，至此，在1985、1986、1987年中连夺三冠。

1988年

1月6日，别桥、后周丝织地毯厂提供的图案，在沙河水库召开的上海市畜产品进出口分公司出口丝织地毯图案选样会议上分获一等奖和二等奖。

3月，溧阳县人民保险公司在别桥镇、湖边乡、古渎乡、绸缪乡、后周乡设立保险服务所。1997年撤销。

3月29日，经贸部政策研究所周亚仙和省委、省政府办公厅、省经贸委、常州市政府、市外经委等有关人员一行7人走访别桥丝织地毯厂，了解乡镇企业出口创汇有关政策问题。

4月～10月，别桥镇体育代表团在溧阳县第一届运动会农民部比赛中获团体总分第一名。

4月，别桥华林手套厂创办投产。1989年，改名为常州华林轻工业有限公司，成为外商与大陆合资经营企业。

5月7日，别桥区巡视组撤销。

5月19日，撤销别桥区中心粮管所，建立别桥粮油管理所。

5月28日，共青团别桥镇第十二次代表大会召开。湖边、古渎、绸缪、后周乡相继召开共青团第十二次代表大会。

6月25日，绸缪乡钢窗厂的32毫米钢窗，同时通过由省建委委托常州市建委组织的省级技术鉴定和生产许可证初审。

6～8月，晴热少雨，后周丘陵地区塘坝干涸，河水枯浅，电源紧缺，受旱农田上万亩。

7月，别桥镇、湖边乡、古渎乡、绸缪乡、后周乡设立计划统计站。

8月22日，溧阳县第一个村级计划生育协会组织在别桥镇园上村成立。

9月，别桥米厂生产的“独秀”牌标准一等晚粳米被商业部、江苏省评为优质产品。

10月，别桥建成溧阳县第一电缆厂，2001年12月更名为江苏山湖电缆有限公司。

10月，溧阳县别桥绢纺厂建成投产，1998年4月，更名为常州市华丰集团有限公司。

10月，别桥地区5乡镇设立水利管理服务站。

12月上旬，后周、绸缪两乡组织1000余名民工疏浚后周河的大片桥至杨家湾1.1千米的河段，浚河取土建设标准化圩堤，中旬完工，完成土方3.5万立方米。

12月，别桥地区5个乡镇成立土地管理所。

是年，古渎乡郝家小学的复式教学，被国家教委认定为1988年全国性复式教学研讨活动点。

是年，淮安市建造周恩来纪念馆，后周桩机人彭金生承揽纪念馆基础桩机工程，并保质保量完成任务。而后，后周打桩机工程队足迹遍布苏南大地，后周乡成为享有盛誉的“华夏桩机第一乡”。

1989年

4月10日，户粮工作结束，别桥地区5个乡镇648人办理户口“农转非”。

5月29日，后周乡新民村种粮大户唐永尧举行机播秧现场会。

9月8日，别桥镇第九次党员代表大会召开。

9月14日，绸缪乡召开第八次党员代表大会。

9月18日，古渎乡、后周乡分别召开第九次党员代表大会。

10月17日，溧阳县中等学校国防教育经验交流会在别桥镇召开，常州4区3县人武部政委、教育局局长、宣传部宣传科科长和溧阳县各中学校长近百人参加会议，溧阳县县长王家富出席会议并讲话。

10月20日，湖边乡召开第九次党员代表大会。

是年，刘志新、狄平川代表江苏省参加全国第二届农民中国象棋赛，获团体第五名。

是年，别桥镇广播放大站利用卫星接收器开通境内有线电视。

是年，（原）别桥镇通过六年制义务教育检查验收。

1990年

2月17日24时左右，后周粮管所供应站发生一起盗窃案件，供应员办公桌两个抽屉被撬开，窃走全国粮票、江苏粮票59.95千克、侨汇粮券310.5千克、侨汇油券30.9千克。

3月23日，湖边乡第十届人民代表大会召开。

3月26日，别桥镇第十届人民代表大会召开。

3月30日，古渎乡第十届人民代表大会召开。

3～4月，别桥镇、湖边乡、古渎乡、绸缪乡、后周乡第十届人民代表大会第一次会议选举产生了人大常务主席。

4月7日，绸缪乡、后周乡第十届人民代表大会召开。

5月，别桥镇现境内客运水路航线全部停运。

4月26～29日，茅山革命老区后周乡、绸缪乡党委书记、乡长参加省委书记沈达人在溧阳调研农村工作的座谈会，听取对溧阳当前工作提出的要求。

7～8月，久旱少雨，塘坝干涸，农田受旱。

7～11月，第四次全国人口普查，别桥、湖边、古渎、绸缪、后周5乡镇共有22744户，74035人。

8月31日午后至9月1日中午，遭受8级强台风，普降暴雨，房屋屋面被吹掀。

9月，别桥镇通过九年制义务教育合格镇验收。

10月，别桥、湖边、古渎、绸缪、后周5个乡镇建立党的纪律检查委员会。

11月11日，上海口岸丝毯剪花技术进修班在别桥镇举办开学典礼，县长王家富到会致贺。

12月8日，溧阳召开撤县设市庆祝大会，溧阳市成立。别桥、湖边、古渎、绸缪、后周5乡镇直属溧阳市管辖。

12月30日，粮食合同订购改为国家订购。

是年，湖边乡闸口小学的《复式课堂结构改革实验》获省教育委员会组织的教育教学研究优秀成果二等奖。

是年，在原别桥镇开展地甲病情检测，别桥地区在校中小学生普服碘油丸。

是年，省际线路别桥至南京长途客运班车开通，途经后周，每日往返2班。

1991年

5月28日，别桥、湖边、古渎、绸缪、后周5个乡镇首次与市政府签订《乡镇建设工作目标责任书》。

6月中旬至7月中旬，连续两次特大暴雨，降雨量达961毫米，引发了历史上罕见的洪涝灾害。别桥洪水位6.18米，绸缪洪水位6.22米，后周洪水位6.32米，塘马水库水位过10.78米。别桥南北东圩7月5日决口破圩，淹没面积1160亩，70户农户、250人遭受洪涝灾害。别桥3.5万伏变电所受淹，20多米高压线电线杆严重倾斜。夏粮损失41%，水稻田受涝面积巨大，经济损失上亿元。市委、市政府组织有关部门的工作人员由市领导带队奔赴别桥灾区，帮助和组织群众抗灾自救。时任常州市委书纪陈玉英和溧阳市市长王家富到两湾村观察险情。

7月2日上午8时55分，陈巷村芮科平驾驶三卡在镇广线1007千米处与高淳制药厂一辆解放—141型大货车逆向相撞。三卡内9名乘客5人死亡、2人重伤、2人轻伤，溧阳市成立事故处理协调小组处理这起特大交通事故。

9月，湖边乡闸口小学复式课堂教学录像向亚太地区转播。翌年，在中央电视台教育二频道播放。

11月28日，市委、市政府举行纪念塘马战斗50周年活动。常州市委、省委党史工办、常州市委党史工办领导等到溧阳参加纪念活动，凭吊罗忠毅、廖海涛两烈士墓。

1992年

1月，别桥镇、湖边、古渎、绸缪、后周乡成立乡（镇）经济实业总公司。

是月，别桥地区5个乡镇开展农村社会主义思想教育活动，5月中旬结束。

2月2日，绸缪乡33名致富能手捐款83180元，浇筑绸缪通往市区的黑色路面。

4月，湖边派出所撤销。

5月14～17日，河北省涿州市党政代表团访问溧阳，到别桥镇参观访问。

7～8月，入夏以来，持续高温，气温大于35℃以上达18天，出现历史上少有的“空梅”，后周地区水源枯竭，8月5日，塘马水库干涸。群众饮水困难，农田受旱面积大，出现了1950年后少有的严重干旱。

8月29日，省人民政府批准，湖边乡建制撤销，并入别桥镇。9月中旬，区划调整工作完成，原湖边乡的各机构、单位并入别桥镇的相应机构、单位。

9月下旬，受19号台风影响，水稻大面积倒伏，并有房屋受损。

10月12日，中共后周乡委员会第十次党代会召开，选举袁志平为党委书记。

10月13日，中共绸缪乡委员会第九次党代会召开，选举朱三保为党委书记。

10月18日，中共别桥镇委员会第十次党员代表大会召开，选举朱小庚为党委书记。

10月19日，中共古渎乡委员会第十次党员代表大会召开，选举吴学群为党委书记。

11月20日，别桥、古渎、后周乡镇民工参加西山河拓浚工程，月底竣工。

是年，别桥镇体育代表团参加市第二届运动会农民部比赛，获团体总分第一名。

1993年

1月9日，别桥镇、绸缪乡分别召开第十一届人民代表大会，张跃庆当选别桥镇镇长，狄保龙当选绸缪乡乡长。

1月11日，古渎乡第十一届人民代表大会召开，车庆华当选古渎乡乡长。

1月13日，后周乡第十一届人民代表大会召开，吴春喜当选后周乡乡长。

3月10日，华林轻工业有限公司马山华当选江苏省人民代表大会代表。

3月20日起，别桥、古渎、绸缪、后周4乡镇启动农村房产管理登记发证工作。

3月26日，别桥镇团委召开第十三次共青团代表大会。

4月1日，全面放开粮油收购、销售价格。

5月11日，原新四军16旅组织科科长、福州军区原副政委王直将军（1984年受聘担任后周小学罗忠毅、廖海涛少先队中队校外辅导员）到后周小学看望全体师生，并赠送了自己撰写的《忠于信念》一书和创作的山水国画作品。

7～12月，别桥、古渎、绸缪、后周4个乡镇农村合作基金会相继成立。至2001年，全部消盘关闭工作。

8月，别桥广播电视站通过光缆传输信号开通有线电视。

11月26日，省工商联秘书长韩慈昌来别桥考察华林轻工业有限公司。

11月，别桥地区4个乡镇建立农村社会养老保险服务所。

12月11日，经省政府批准，后周乡撤乡建镇。翌年1月8日，后周镇正式建立。

是年，湖边乡闸口小学阮道金被评为全国优秀教师。

1994年

5月，1987年创建的溧阳绸缪机械厂改名为江苏省溧阳市汽车座椅调角器总厂。2011年11月更名为江苏力乐汽车部件股份有限公司。

6月13日，别桥镇经市委、市政府各套领导班子联席会决定为卫星镇。

7～8月，持续高温少雨，梅雨量不足常年之半，超过35℃以上高温天数25天，塘坝干涸，支河小港基本断流。全镇受旱严重，后周地区农田无水可灌，人民群众生活用水困难。

8月，江苏省民营科技型企业江苏省新华机电设备制造有限公司在别桥镇创办。

9月27日，别桥镇划定基本农田保护区试点工作，通过常州市土地利用总体规划领导小组办公室鉴定验收。

9月28日，国家税务局别桥税务所和地方税务局别桥税务所成立。

11月，中共江苏省委原书记、原中顾委委员江渭清到后周小学看望全体师生，为学校亲笔题写校名，并为“罗忠毅中队”“廖海涛中队”队旗书写队名。

11月，战胜村人高海玉在济南举行的全军射击比赛中获女子10米移动靶冠军。

12月5日，后周卫生院妇产科医生张彩英被国家计生委、卫生部评为计划生育万例手术无事故先进个人。

是年，别桥、绸缪、后周开通程控交换机，开始使用程控电话。

是年，原别桥镇被江苏省文化厅命名为省第二批群众文化先进乡镇。

是年，别桥镇卫生院被常州市卫生局批准为第一批一级甲等医院。

是年，乡镇妇女联合会主任改称妇女联合会主席。

是年，湖边长桥村人史敏荣获第十一届戏剧“梅花奖”和上海戏剧“白玉兰奖”。

是年，绸缪乡农科站被江苏省农业厅评为农业调查基点先进集体。

1995年

1月，开展基本农田保护区划定工作，5月结束。别桥、古渎、绸缪、后周4个乡镇共划定基本农田保护面积6965.75公顷。

3月，别桥镇被列为建设部500个小城镇建设试点镇。

5月30日，市私营企业家、省人大代表、华林轻工业有限公司董事长马山华当选全国工商联企业联谊会理事。

是月，现役军人、战胜村人高海玉在安徽合肥举行的华东射击比赛中获得女子移动靶冠军；11月下旬，在昆明举行的全国射击比赛中再获女子移动靶冠军。

6月，绸缪乡企业主马金保出资40万元，铺筑新民村到绸缪集镇长3000多米的混凝土镇村道路。

8月26日上午8时30分，溧阳市化工六厂（古渎乡）一台1000升反应锅在生产过程中发生爆炸后引起火灾。当场死亡1人、烧伤1人，后抢救无效死亡。厂房及周围设备受到不同程度的毁坏，损失较大。

8月，后周中学高中停办。

10月6日，中共绸缪乡委员会第十次党员代表大会召开，选举李永生为乡党委书记，王和福为纪委书记。

10月11日，中共古渎乡委员会第十一次党员代表大会召开，选举张跃庆为乡党委书记，潘荣福为纪委书记。

10月18日，中共别桥镇委员会第十一次党员代表大会召开，选举陈兰生为镇党委书记，史许兴为纪委书记。

10月20日，中共后周镇委员会第十一次党员代表大会召开，选举袁志平为镇党委书记，殷春华为纪委书记。

10月28日，别桥镇商会第一届会员代表大会召开，别桥商会成立，选举产生别桥商会第一届理事会。

是年，后周广播电视站安装卫星接收线，开通12个频道。

是年，后周镇卫生院被常州市卫生局确定为第二批一级甲等医院。

1996年

1月12日，别桥镇第十二届人民代表大会召开，选举潘国民为镇长、吴春喜为人大主席。

1月16日，古渎乡第十二届人民代表大会召开，选举沈国仁为乡长、吴福庚为人大主席。

是日，绸缪乡第十二届人民代表大会召开，选举童建平为乡长、车庆华为人大主席。

1月22日，后周镇第十二届人民代表大会召开，选举程卫星为镇长、袁志平为人大主席。

3月5日，别桥镇政府收到了全国小城镇建设服务中心寄来的“网点资格证书”，别桥镇正式进入全国小城镇建设服务网络。

4月，别桥镇人民政府刻立“侵华日军暴行别桥遇难同胞”纪念碑，后周镇人民政府刻立“黄金山战斗”纪念碑。

5月，别桥镇、古渎乡、绸缪乡、后周镇成立红十字会。

6月6日，经市政府批准，别桥镇建立专职消防队。

7月2日，后周镇王志林为重建塘马烈士陵园捐款15万元。

7月，由于汛期中降雨时间长而集中，河水水位上涨，低洼圩区受涝。15日，塘马水库水位达10.18米，坝脚6处严重渗水，坝基土体软化长210米，经紧急抢险及追降水位，险情得以控制。

7～8月，别桥、后周、古渎、绸缪4乡镇开展全国基本单位普查工作。

9月15日，古渎乡遭受龙卷风、冰雹袭击，最大冰雹直径约5厘米，30分钟降雨达58毫米，风力10级以上，损失大。别桥、绸缪、后周受狂风暴雨影响，水稻大面积倒伏。

9月17日，塘马烈士陵园修建工程开工。10月18日，举行新烈士陵园落成仪式。

12月，别桥镇文化站被评为全国群众文化先进集体。

是年，绸缪乡广播电视站安装卫星接收天线，开通12个频道。

1997年

2月19日，邓小平逝世，别桥地区4个乡镇人民群众自发以各种方式深切悼念。25日群众收看、收听邓小平追悼大会实况转播。

6～7月，梅雨量少，天气持续干旱，别桥水位比1994年大旱的最低水位还低0.06米，支河小港断流，别桥遭遇历史上罕见的抗旱抢栽水稻的局面。

7月16日，别桥、古渎、绸缪、后周的党委宣传委员统一改称为宣传统战委员。

8月，后周农中撤销停办。

9月6日，别桥中心小学三年级学生战胜村人周俊为抢救溺水同学英勇献身。省少工委、常州市人民政府、常州市见义勇为基金会以及溧阳市少工委、团市委、市教委先后授予周俊为见义勇为好少年、见义勇为小英雄、见义勇为积极分子、优秀少先队员等称号。1998年12月，江苏省人民政府批准周俊为革命烈士。

9月28日，常州市市长孟金元、副市长陈伯鹏到别桥镇“三高一优”示范区——湖塘千亩丰产方察看水稻秋熟长势。

10月16日，常州市委书记虞振新考察别桥镇的工业生产情况。

10月，国家体委授予别桥镇“全国群众体育先进集体”荣誉称号。

11月15日，市委、市政府召开溧阳武进重点乡镇领导座谈会，别桥镇与横山桥镇党委书记就乡镇经济发展进行深入探讨。

11月，别桥敬老院与湖边敬老院合并，称别桥镇敬老院。

12月5日，别桥地区各选区选民直接选举市人大代表。

是年，别桥、古渎、绸缪、后周4个乡镇完成22897户农户宅基地登记工作，共颁发“集体土地建设用地使用证”22897本。

1998年

1月1日，《溧阳市城乡居民最低生活保障暂行办法》开始在别桥、古渎、绸缪、后周4乡镇实施。

2月，马山华当选江苏省第九届人民代表大会代表。

3月10日，后周镇第十三次共青团代表大会召开，选举产生新一届共青团后周镇委员会。

3月20日11时09分到17时48分，别桥地区降阵性冰雹，最大冰雹直径9厘米，并有寒潮来袭，三麦、油菜受灾严重。

7月30日，后周镇现役军人徐辉被公安部评为“全国边防、消防部队和警卫系统优秀班长”。

8月28日，别桥、古渎、绸缪、后周4个乡镇部署第二轮土地续包，将承包期限延长30年，并颁发土地承包经营权证书。

8月，别桥中学高中部停办。

9月3日，邮政、电信分营，成立别桥镇邮政支局，后周镇、古渎乡、绸缪乡邮政所。9月18日，4个乡镇分别成立电信支局。

9月28日，古渎乡第十二次党代会召开，选举潘国民为党委书记、陈德明为纪委书记。

9月29日，绸缪乡第十一次党代会召开，选举李永生为党委书记、王和福为纪委书记。

10月8日，省人大常委会副主任凌启鸿教授等21名著名水稻栽培专家到溧考察，视察了别桥等地水稻丰产示范方。

10月9日，中共别桥镇委员会第十二次党员代表大会召开，选举陈兰生为党委书记、史许兴为纪委书记。

10月16日，中共后周镇委员会第十二次党员代表大会召开，选举袁志平为党委书记、殷春华为纪委书记。

10月18日，后周镇各行政村党支部进行换届选举。

10月，战胜村人高海玉获亚洲军人运动会射击冠军。

10月起，别桥、绸缪、后周三镇对百岁以上老人实行长寿补贴金，每人每月100元。

11月，后周镇南北河水利整治工程开始。

年底，别桥中心小学异地重建，新校址位于诸泗村东。

是年，别桥镇敬老院先后被评为“常州市文明敬老院”“江苏省文明敬老院”。

是年，别桥镇、古渎乡、绸缪乡、后周镇分别建立劳动管理服务所。

是年，别桥电信支局开通宽带接入互联网业务。

1999年

1月4日，绸缪乡第十三届人民代表大会召开，选举石阿荣为乡长、车庆华为人大主席。

1月7日，古渎乡第十三届人民代表大会召开，选举潘荣福为乡长、吴福庚为人大主席。

1月8日，别桥镇、后周镇第十三届人民代表大会召开，选举陈志达为别桥镇镇长、吴春喜为人大主席；选举程卫星为后周镇镇长、袁志平为人大主席。

3月，别桥、古渎、绸缪、后周4个乡镇颁发农户土地承包经营权证书19829本，承包土地5237.4公顷。

4月19日，后周镇第五届村民委员会换届选举工作结束。

6月，别桥镇试行小城镇户籍制度改革。至2004年，1137人“农转非”。

6～7月，梅雨期长达44天，降雨28天，雨量集中，河道水位超历史纪录，塘马水库超汛期控制水位，遭遇重大洪涝灾害，农田被淹没，乡村公路中断，电力、通讯线路损坏。

9月2日，后周乡第十二次妇女代表大会召开。

9月，乡村两级医疗机构（卫生院、卫生室）实行一体化管理。别桥、古渎、绸缪、后周重新布局村卫生室 19 个。

12 月 28 日，省政府批准，古渎乡并入竭缪，竭缪撤乡设镇，实行镇管村体制。2000 年 1 月，区划调整工作结束。古渎乡原机关、单位相应并入竭缪镇。

12 月 31 日，别桥镇作为全省户改扩大试点单位，通过改革户籍登记制度、改革户籍准迁制度和加强户籍规范管理，符合条件的 2240 人进入小城镇安家落户。

12 月，别桥镇水产养殖站被江苏省水产局命名为江苏十佳水产技术推广服务站。别桥镇农业技术推广站站长戴富庆被评为全国农业技术推广先进工作者。

同月，江苏省溧阳市汽车座椅调角器总厂厂长马金保出资 30 万元修筑危堤的先进事迹被评为 1999 年度常州市十佳好事之一。

是年，别桥、古渎、竭缪、后周 4 个乡镇基本完成乡镇改制工作，实行不同形式的产权制度改革。

是年，别桥镇、竭缪乡、后周镇通过常州市和江苏省教育现代化验收。

2000 年

1 月 13 日，别桥、竭缪、后周镇电力管理站改制为别桥、竭缪、后周供电所，实行城乡电力一体化管理。

1 月，别桥镇被江苏省总工会评为 1999 年度“江苏省工会工作模范乡镇”。

4 月，在黄金山发现马一龙于明嘉靖二十五年（1546 年）为承事郎史朴菴撰写墓志铭楷书石刻。

6 月 29 日，江苏省溧阳市汽车座椅调角器总厂的“力乐”牌 LGB 型华调角器获“江苏省乡镇企业名牌产品”称号。

6 月，古渎派出所撤销。

6 月，企业离退休人员养老金全部实行社会化发放。

7 月 1 日，第五次全国人口普查工作开始，普查结果显示别桥、竭缪、后周 3 个镇共 22007 户、65185 人。

7 月 6 日，别桥镇马家村“一龙井”被公布为市（县）级文物保护单位。

7 月 21 日，后周镇通过省级卫生镇验收合格。

9 月，在市委、市政府部署下，别桥、竭缪、后周 3 个镇组织机关、党员干部观看反腐倡廉影片《生死抉择》，开展反腐倡廉系列教育活动。

9 月至翌年 12 月，整治丹金溧漕河别桥集镇段。完成河道清淤土方 5.5 万立方米，兴建浆砌块石挡墙 405 米，浆砌块石 2835 立方米。拆除原别桥老集镇大桥，兴建别桥人行桥和公路大桥。

11 月，别桥镇、竭缪镇、后周镇事业单位（不含教育、卫生系统）进行机构改革和人事制度改革，翌年 3 月结束。各镇事业单位机构由 15 个调整为 6 个，在职编制人员由 167 人减缩到 120 人，并实行全员聘任制和岗位聘任制。

2001年1月1日起，现别桥域内实施《溧阳市城镇职工基本医疗保险制度实施办法》，从2001年1月1日起，取消公费医疗和劳保医疗制度，其人员全部参加城镇职工基本医疗保险。

是年，重建董家舍大桥。

2001年

1月，别桥、绸缪、后周镇党委准备用两年时间，在党员、干部中开展“三个代表”（即中国共产党始终代表中国先进生产力的发展要求、代表中国先进文化的前进方向、代表中国最广大人民的根本利益）重要思想教育活动。

2月26日，常州市副市长周亚瑜、溧阳市副市长王庆生参加别桥镇“三个代表”重要思想学教活动领导班子民主生活会。

3月19日，别桥幼教中心被省教委评定为江苏省示范性实验幼儿园。

3月21日，中央电视台第七频道到后周镇采访退伍老兵。

5月15日，别桥、绸缪地区遭受龙卷风、冰雹袭击，有民房吹坏，农作物受灾，经济损失达1000多万元。

5月16日，溧阳市人民政府批准别桥镇28个行政村调整为16个行政村，绸缪镇20个行政村调整为9个行政村，后周镇17个行政村调整为8个行政村。

6月，别桥镇党委被评为溧阳市“六好”镇党委（好班子、好队伍、好路子、好制度、好作风、好格局）。

7月18日，别桥镇马家村“玛瑙竹叶依门石”被公布为市（县）级文物保护单位。

9月28日，省政府颁布《关于全面推进粮食购销市场改革的实施意见》，“一取消三放开”政策实施，粮食全面实行购销市场化。

9月，在行政村党组织换届选举中，全部推行“两推一选”（即党内推荐、群众推荐、党内选举）。

9月，市人武部与别桥镇特困儿童于文签订结对帮扶协议，为他完成九年制义务教育支付全额学费。

9～10月，别桥、绸缪、后周三镇进行第六届村委会换届选举。

10月29日，中共别桥镇委员会第十三次党员代表大会召开，选举陈志达为党委书记、潘田庆为纪委书记。

11月2日，中共后周镇委员会第十三次党员代表大会召开，选举周建彬为党委书记、石东明为纪委书记。

11月3日，中共绸缪镇委员会第十二次党员代表大会召开，选举朱洪伟为党委书记、张云逸为纪委书记。

11月6日，北河二期拓浚工程开工，别桥境内西起杨家湾，东至长荡湖港口，全长13.1千米，工程总土方310多万立方米，全部采用机械施工。绸缪、别桥两镇共拆农户、厂房147户，面积13008平方米，挖压废土地2468.17亩。

11月8日，镇江市新四军暨茅山抗日根据地研究会组织150余名新四军老战士，重返抗日战地，祭扫塘马战斗烈士陵园。纪念仪式在溧阳西山烈士陵园罗忠毅、廖海涛墓前隆重举行。

11月24日，常州市新四军历史研究会40位老战士专程到后周镇当年塘马战斗战场及西山烈士陵园凭吊。

12月，溧阳市第一电缆厂企业改制，更名为江苏山湖电缆有限公司，并被省科委评定为江苏省民营科技企业。

是年，别桥、绸缪、后周3个镇进行税费改革。

2002年

1月3日，后周镇第十四届人民代表大会召开，选举王洪明为镇长、郑建新为人大主席。

1月6日，别桥镇第十四届人民代表大会召开，选举翟德明为镇长、石阿荣为人大主席。

1月7日，绸缪镇第十四届人民代表大会召开，选举潘荣福为镇长、吴法林为人大主席。

5月，后周小学“罗忠毅中队”“廖海涛中队”被省少工委命名为全省第一批英雄中队。

7月31日，常州市第二次农村少数民族扶贫工作会议在溧阳召开，与会人员实地参观了江苏省少数民族后周养羊生产示范基地。

8月29日，别桥、绸缪、后周3个镇党委书记、镇长在市委、市政府的组织下，到常州监狱参加警示教育活动。

10月，别桥、绸缪、后周3个镇分别召开第十三次妇女代表大会，选举产生第十三届妇女联合会。

11月，别桥、绸缪、后周镇3个镇分别建立司法所。

12月10日，溧阳市汽车座椅调角器总厂被认定为省高新技术企业。

12月13日，省教育厅、省体育局领导到别桥中心小学参加江苏省软式排球运动培训点的授牌仪式。

12月，别桥初级中学创建成江苏省示范初中。

是年，别桥镇社区教育中心主持的淡水养殖基地被授予省级和常州市“农科教结合示范基地”称号。

2003年

4月4日，别桥、绸缪、后周3个镇人民政府和所属卫生院分别组建“非典”防治工作领导小组和防治小组，下旬开展“非典”防控工作。3个镇未出现“非典”疫情。12月，3个镇卫生院被市委、市政府评为抗击“非典”先进集体。

4月8～10日，按照中央部署，省委和常州市委的要求，别桥、绸缪、后周3个镇开展保持共产党员先进性教育活动，3199名党员参加这次活动，8月底结束。

4月，别桥、绸缪、后周3个镇分别建立劳动保障服务所。

5月，建设绸缪精细化工集中区，规划总面积2.15平方千米。2011年，更名为北郊工业园。

7月，前王村人、市公安局交巡警大队交警王东浩被评为全国优秀人民警察。

11月，乡镇文化站与广播站分开。

12月24日，市政府组织召开农村公路建设现场会，100多名与会代表参观后周镇镇村公路建设现场及已建设完毕的部分农村道路。

12月，诸皋村人滕春芳家庭3人赴北京参加由全国妇联、宣传部、中央电视台文艺部联合举办的《神州大舞台•家家展风采》节目录制，滕春芳家庭获该栏目第8期第一名。次年3月，中央电视台第三频道分期播放他们的表演。

是年，市粮食购销有限公司对基层粮库进行处置，所有机构全部取消，别桥地区仅留后周收购点。

是年，古渎建造三益桥，属永久性桥梁。溧后公路沥青混合路面全线通车。

2004年

1月1日起，别桥、绸缪、后周三镇开始实行新型农村合作医疗保险制度。

4月1日，全市婚姻登记工作由市民政局婚姻登记处集中办理，别桥、绸缪、后周的婚姻登记点于3月31日终止办理。

4月13～14日，水利部太湖流域管理局会同省水利厅在天目湖召开塘马水库除险加固工程初步设计审查会，塘马水库派员参加会议。

4月21日，市政府印发《关于实施农业税免征政策的通知》，从1月1日起，全市实行农业税调低税率和免征政策，调减税率后的应征农业税税额由市、镇两级财政承担。同时，实行水稻直补政策，按水稻实种面积每亩补贴20元，6月15日开始发放。

4月，别桥镇成立城建监察中队。

5月9日，别桥、绸缪、后周3个镇开展第一次全国经济普查工作。

5月21日晚上，遭受冰雹、大风、雷暴袭击，对夏熟作物尤其是油菜籽造成较大损失。

5月，别桥镇被江苏省爱卫会评定为江苏省卫生镇。

6月，别桥中心小学被省教育厅确定为江苏省实验小学。

6月，古渎医疗门诊部改制为民营医院。

7月16日出梅至8月16日，一直以晴热、高温天气为主，平均降水仅32毫米，比历史同期少八成，水稻、旱作物受灾严重。

7月，别桥、绸缪、后周文化站更名为文化体育工作站。

8月，别桥、绸缪、后周3个镇分别成立社会矛盾纠纷调解中心。

8月31日，塘马水库除险加固工程前期工作全面启动。9月，该项工程被列为国家补助资金项目。11月19日，一期工程（坝体部分）开始施工。

9月26日，中共绸缪镇委员会第十三次党员代表大会召开，选举潘荣福为党委书记、陈德明为纪委书记。

9月26日，中共后周镇委员会第十四次党员代表大会召开，选举柳建平为党委书记、石东明为纪委书记。

9月28日，中共别桥镇委员会第十四次党员代表大会召开，选举陈志达为党委书记、潘田庆为纪委书记。

10月，邀请江苏省人民医院眼科专家在别桥镇卫生院为20多名白内障患者免费施行手术。

12月，别桥、绸缪、后周三镇进行第七届村委会换届选举。

是年，沥青混凝土二级公路上上公路建成通车。境内该公路段西起西庄行政村的王家村，东至241省道。

2005年

1月，诸皋村人滕春芳一家3口再次赴京参加中央电视台《神州大舞台·全国魅力家庭秀》表演，获优胜奖。同年9月，常州电视台为其制作的专题片《心中有爱》先后在常州电视台、江苏电视台、美国斯科拉电视台、欧洲有线电视网播出。

1月，别桥镇、绸缪镇被常州市委、市政府授予“2004年度常州市社会治安安全镇”称号。

2月3日，《被征地农民基本生活保障试行办法》在别桥、绸缪、后周3个镇开始实行。

2月，江苏省委、省政府决定从2005年起免征农业税费及其附加（含农业特产税及附加）。是年，别桥、绸缪、后周3个镇共免征557.25万元。

2月，湖边小学整体并入别桥中心小学。

4月13～25日，南京大学、市文管办联合组成的考古队抢救性发掘后周镇小石桥村沟西的一座西周早期土墩墓。按照从上到下、从晚期至早期逐层揭露的方法先后发掘4个地层，发掘面积175平方米，底径15米，高约2米，发现西周时期灰陶罐、陶盆、陶鼎、原始瓷盏各1件，以及大量回纹碎陶片。第四地层发现两排16个柱洞，呈东北西南走向，间距1.8米，性质、用途不明。

4月，塘马水库除险加固一期工程竣工，并通过省水利厅组织的质量验收。

5月，后周中心小学被省教育厅确认为江苏省实验小学。

是月，别桥镇开始社区矫正工作，属于江苏省第一批试点乡镇之一。

6月4日，由上海宏博投资管理有限公司董事长石建极先生投资兴办的绸缪“石林生态园”工程项目签约。

6月中旬，梅雨量35毫米，是多年平均的14%，丘陵地区遭遇1978年以来历史同期严重干旱。20000多人饮水、水稻灌溉受威胁。

6月，江苏三益科技有限公司生产的2，4，6—三碘—5—氨基间苯二甲酸被认定为国家重点新产品，填补了国内的空白。该公司还被评定为江苏省民营科技企业。

8月，别桥镇派出所被公安部命名为二级派出所。

8月，马家北杨庄村人陆凤鸣被评为全国优秀教练员。

9月6日，别桥、绸缪、后周三镇开始对农村部分计划生育家庭实施奖励扶助政策。

9月20日，别桥、绸缪、后周三镇机关全面推行公务用车制度改革。

9月28日，后周塘马水库除险加固二期工程开工建设。

10月15～18日，原籍别桥镇马家村，青海省人民政府副省长、民建中央副主席、民建青海省委主委、全国政协委员马培华携夫人李琅到别桥马家村看望同宗亲友。

10月，别桥、绸缪、后周三镇开展残疾人普查登记工作，3个镇残疾人员共1829人。

11月，别桥交通管理所称运输管理所，增挂运政稽查中队牌子。

12月，别桥、绸缪、后周镇16周岁以上居民换发第二代身份证。

是年，在境内初中推行中学生“防控知识”教育。

是年，常州市装饰建材协会爱心成员与后周黄金山小学14位贫困学生结对，向他们捐款捐物3万元。

是年，别桥镇被确定为常州市天宁区战时城市人口疏散地域。

是年，共有5次台风影响境内，其中影响最严重的是8月6日早晨至7日4时的“麦莎”台风，8～9级大风，极大风速21.3米/秒，并伴有大到暴雨。

2006年

1月1日起，在稳定水稻直补政策的同时实行粮食综合补贴，水稻每亩补贴15元，小麦每亩补贴10元，油菜籽每亩补贴10元。

6月19日，塘马水库除险加固工程泄洪闸正式投入运行。

6月22日下午，别桥镇受到飑线袭击，突发强降水，并伴有8级大风，最大风速18米/秒，2小时最大降雨量50.4毫米。

7月1日，别桥、绸缪、后周三镇政府组织对参加2006年度新型农村合作医疗25周岁以上的农民免费进行一次健康体检。

8月22日，后周工商界第一次代表大会召开，后周商会成立。

8月31日下午2时许，两湾村一农户房屋遭雷击，房顶一角被雷击成一个大洞，家中电路、电器全部烧毁。

9月1日，别桥、绸缪、后周三镇开始实行免收义务教育阶段学校学生学杂费政策。

9月8日，绸缪工商界第一次代表大会召开，绸缪商会成立。别桥商会召开第二次会员代表大会，选举产生由16位代表组成的第二届理事会。

9月29日，存原别桥小学内的《重修广惠庵碑记》石刻被列为溧阳市级文物保护单位。

10月24日，战胜龙灯由溧阳市人民政府公布为第一批市级非物质文化遗产。

12月，后周退伍军人王海斌组建溧阳市海斌农机专业合作社。

是月，别桥、绸缪、后周三镇开展第二次农业普查。

是年，后周镇与北京航天育种研究中心合作建立航天种子推广基地，即后周镇生态农业科技示范园。

2007年

1月1日起，增加农资综合补贴，按原计税面积每亩补贴30元。

1月，2003年开工的扬溧高速公路建成通车，境内段北起小石桥行政村的唐家山村，南至西马行政村的滩头村。

2月21日，别桥镇成立环境卫生管理所。

3月17日，经省政府批准，别桥镇、绸缪镇、后周镇区域合并，建立新的别桥镇，辖33个行政村、3个居民委员会、598个村民小组。镇人民政府驻别桥镇培阳路。

3月24日，绸缪镇卫生院、后周镇卫生院改称绸缪卫生院、后周卫生院。

4月28日，别桥镇龙灯、后周小马灯参加溧阳市“欢天喜地闹阳春”等12项民族民间文化表演。

5月，后周敬老院并入古渎敬老院。

5月，共青团别桥镇第十七次代表大会召开，选举产生共青团第十七届别桥镇委员会。

5月，后周集镇、别桥镇土山村分别建造垃圾中转站，实施镇村垃圾统筹处理。

6月6日，别桥镇第十四次妇女代表大会召开，选举产生第十四届镇妇女联合会。

9月1日，别桥镇开始免收义务教育阶段学生课本费。

9月18日，国家环保总局华东督查中心对绸缪化工园区的整改情况进行检查。

9月，市教育局在原别桥第二小学校址创办溧阳市培智学校。2010年8月迁至溧城镇。

9～10月，别桥镇进行第八届村委会换届选举工作。

10月7～8日，台风“罗莎”外围和冷空气影响境内，降大雨，并伴有8级大风，水稻受灾。

11月28日，后周小学五（1）班被新四军江南指挥部纪念馆授予“罗忠毅、廖海涛”班铜匾。

12月8日，合并后的别桥镇第一届人民代表大会第一次会议召开，选举陆卫林为镇长、王玉林为人大主席。

是年，别桥镇评为常州市新型小城镇、江苏省体育先进镇。

是年，别桥集镇建设重大调整，集镇西移，实施政府制定的东起爱国路、西至公园路、南至新上上线、北到北环路，面积2.5平方千米的新镇区规划。

是年，别桥自来水厂改制，并入民营企业万顺自来水有限公司，水源改为塘马水库的水。

是年，别桥镇境内277个自然村均开通有线电视终端，共有用户13400户。

2008年

1月1日始，别桥镇境内年满60周岁、个人无养老保障收入、成年子女参加社会保险的城乡居民发放养老补贴，每人每月30元。

1月底至2月初，境内普降大到暴雪，道路结冰。2月2日积雪深度达34厘米。

1月29日，别桥镇被江苏省体育局命名为首批体育强镇。

2月18日，溧阳农村合作联社更名为溧阳农村合作银行，别桥、古渎、绸缪、后周信用社改称为支行。2009年12月31日，又改为江苏江南农村商业银行股份有限公司溧阳支行，别桥、绸缪、后周设立支行。

4月，绸缪小学六（2）班学生赵梅仙被评为“常州市十佳女孩”。

5月16日，后周小学幼儿园被评定为常州市示范幼儿园。

8月，时在市教育局工作的两湾行政村周家湾自然村人周雨明被评为江苏省特级教师。

9月，别桥镇开展经济普查工作。

10月，别桥镇完成第三次全国文物普查工作。查核古井12口、古墩墓12处、古石刻碑记7处、古遗址8处、文物113件。

12月28日，位于兴城西路168号的别桥镇行政服务中心（镇政府）大楼建成并投入使用。

是年，在扬溧高速公路后周道口附近建设北山工业园，初期规划总面积12平方千米。

是年，别桥标准化客运站在兴城西路79号建成。

2009年

1月1日，别桥镇开始实行居民基本养老保险制度。

1月14日，副省长何权到别桥镇前王村走访慰问五保老人、特困户。

2月22日，中共溧阳市委授予别桥镇党委2008年度“五个好”（即领导班子好、党员干部队伍好、工作机制好、发展业绩好、群众反映好）党委称号。

4月至10月30日，别桥镇代表队在溧阳市第六届运动会农民部比赛中获团体总分、奖牌总数第二名。

5月25日，常州市“双百万亩”工程建设现场推进会与会人员到别桥镇参观土地整治标准良田建设现场。

7月，北山交巡警中队成立，设在原后周镇政府办公大楼，2012年9月迁至原别桥派出所。

8月2日，经市政府批准同意别桥镇33个行政村调整为18个行政村。

8月18日，后周小马灯参加省旅游节开幕式文艺汇演。

8月，后周派出所撤销。

9月1日，古渎初中并入别桥初级中学。

9月10日，罗忠毅被评为100位为新中国成立做出突出贡献的英雄模范人物之一。

9月30日，塘马战斗烈士陵园被列为市（县）级文物保护单位。

9月，别桥中心小学史珍芳被评为全国优秀教师、全国中小学优秀班主任。

10月1日，别桥镇民间艺术“舞双龙”参加溧阳市第21届群众文化艺术周暨首届民间艺术节表演。10月2日，中央电视台《新闻联播》对此进行了报道。

10月18日，别桥镇体育代表队在溧阳市第六届运动会暨第三届全民健身节农民部民族体育项目比赛中获得桂冠。

10月，别桥镇劳动监察中队成立。

12月24日，别桥镇社区教育中心通过江苏省教育厅检查验收，成为省级乡镇社区教育中心。

12月，市人武部挂钩扶贫别桥镇阴山村，先后协调投入3万多元帮助村里筑桥铺路，改善环境。

是年，一期1000吨/日镇级污水处理厂和前王村、湖塘村日处理30吨的污水集中站投入运行。

是年，别桥镇文化体育工作站被评为“江苏省优秀文化体育工作站”，别桥镇被评为江苏省全民健身活动先进单位。

是年，《马一龙的故事》、“别桥镇双龙舞”、“下梅小马灯”、“别桥放荷灯”被公布为溧阳市第二批非物质文化遗产。

是年，开挖社头浜河，南接北河，西北到北山工业园区盛大码头，实施长度3.1千米，总土方60万立方米。

是年，境内开通230路、232路两条镇村公交线路。

2010年

1月1日，医疗机构实行新型农村合作医疗实时结报制度。至中旬，境内卫生院实时结报。

3月29日，境内18个行政村党支部换届选举工作结束，各村新一届党支部组成。

4月16日，位于别桥中学东面的金桥花园竣工，此为别桥集镇开发最早的住宅小区，占地面积6751平方米，建筑面积10716平方米，住宅70套。

5月28日，共青团别桥镇第十八次代表大会和共青团别桥镇第十八届委员会第一次全体会议召开，选举产生共青团别桥镇第十八届委员会。

6月2日，境内18个行政村第九届村民委员会换届选举工作结束，各行政村建立新一届村民委员会。

6月12日至8月31日，根据《溧阳市镇机构改革实施意见》，别桥镇机构进行改革，党政机构按照职能，归口设置：党政人大办公室、经贸发展办公室、农业发展办公室、村镇建设办公室、社会事务办公室5个综合办公室。设置监察室、共青团、妇联、工会，保留人民武装部。组建镇农业服务中心、镇经贸服务中心、镇村镇建设服务中心、镇社会事务服务中心、镇人力资源和社会保障服务中心。

6月，别桥镇招商局成立。

7月1日，第六次全国人口普查工作开始。普查结果显示，别桥镇总户数20270户，总人口53403人。

7月6日，江苏天盛工程机械有限公司和别桥镇政府举行项目投资签约仪式。

8月13日，极端最高气温39.8℃，创有气象记录的新高。

12月，黄金山村桃园自然村至竹箦镇陶庄万罗墩沥青公路开工建设。2011年5月竣工，总投资1400万元。

是年，后周行政村诸社村人芮留铭获江苏省运动会技巧比赛第二名和全国技巧冠军赛青少年组冠军。

是年，别桥镇成立农产品质量管理办公室，开展农业产品质量安全监督工作。2011年6月30日，改设为别桥镇农业产品质量安全监督管理站。

是年，江苏省金品生物科技有限公司在小石桥村进行铁皮石斛仿野生种植，2013年种植成功。

是年，别桥镇政府出台《塘马水库水源地生态环境保护五年规划实施意见》。

是年，别桥中心小学成立乡村学校少年宫，2012年6月被中央文明办授予“乡村学校少年宫”称号。

2011年

1月1日，境内开始实施《被征地农民社会保障办法》。

3月1日起，别桥镇80周岁以上老人享受尊老金，其标准为80～89周岁者，每人每月50元；90～99周岁者，每人每月100元；100周岁以上者，每人每月600元（含原发放的百岁老人长寿补贴300元）。

3月18日，中共别桥镇委员会第十五次党员代表大会召开，选举蔡金龙为党委书记、张荣为纪委书记。

3月23日，境内开展水利普查工作。

6月22日，中央电视台第七套《农业军事》栏目《粮安天下》专题节目播放溧阳市海斌农机合作社《靠保姆式服务赢得财富》的专题报道。

7月12日，别桥镇总工会第一届委员会第一次工会代表大会召开，范卫平当选镇总工会主席。

7月30日，别桥镇残疾人联合会第二次代表大会召开，景茂松当选镇残联主席。

8月6日，绸缪集镇欧式花园住宅小区竣工，占地面积6580平方米，建筑面积6000平方米，共有5幢5层楼，是绸缪集镇首个规模最大的居民住宅区。

9月21日，常州市教育局、农林局组成的专家组受省教育厅的委托，对别桥镇水产养殖站省级农科教结合示范基地进行复查。

9月，国家人口计生委人事司司长金小桃带领调研组到别桥镇世代服务中心考察。

9月，溧阳市首批中小学名师成长工作室（小学信息技术）在别桥中心小学成立。

11月28日，江苏省新四军和华中抗日根据地研究会、溧阳市委市政府共同主办纪念塘马战斗70周年活动，举行了《罗忠毅传》《廖海涛传》《血战塘马》《新四军在江南》等新书首发仪式，在塘马烈士陵园祭扫了塘马战斗烈士墓。

12月29日上午，塘马战斗亲历者、开国少将王直之子王东炎看望后周小学全体师生，并作了“革命精神代代相传”纪念塘马战斗70周年的报告。

2012年

2月16日上午，别桥镇召开“创百亿镇”动员大会，溧阳市委书记盛建良、副市长蔡金龙应邀出席大会。

3月2～3日，别桥镇第二届人民代表大会召开，选举芮子遐为镇长、强国民为人大主席。

4月28日，前程行政村下尖圩自然村人香港科技大学教授高福荣与江苏山湖电缆有限公司（别桥）合作。是年，高福荣团队科研项目获教育部高等学校自然科学一等奖。

5月，境内为农村65周岁以上老人免费体检，别桥、后周卫生院共体检老人11896人。

7月，别桥镇第十五次妇女代表大会召开，选举产生第十五届妇女联合会，黄优华当选妇联主席。

8月，绸缪派出所撤销。

8月7～9日，台风“海葵”过境，影响较大，出现大风暴雨天气，过程雨量为185.4毫米，24小时最大降雨量为138.3毫米，极大风速21.8米/秒，为9级大风。是年还有“苏拉”“达维”和“布拉万”“天秤”2次双台风过境，对农业生产和人民生活造成较为严重的影响。

8月31日，中共别桥镇委员会、别桥镇政府举行“双挂双促”活动仪式（即镇机关党组织、规模企业、行政村三者之间结对挂钩，以促进非公企业发展和促进新农村建设）。

10月16日，常州市委书记阎立到新华机电设备制造有限公司调研乡镇工业。

11月，别桥镇通过以常州市经信委牵头组织的创建“平安电力”示范乡镇验收。

12月29日上午，原新四军第六师十六旅政治部副主任、福建省武警指挥学院副院长、福建省新四军研究会会长、开国少将王直之子王东炎看望后周小学全体师生，并作了“革命精神代代相传”纪念塘马战斗70周年的报告。

12月，别桥中学按照82届校友杨粉娣的遗愿，设立“杨粉娣励志奖学金”。

12月，别桥镇被授予“国家环境优美镇”称号。

12月，绸缪行政村东马自然村人缪小福被中央文明办秘书局、中国文明网评为“中国好人”。

是年，别桥镇党委再获溧阳市“五好”镇党委殊荣。

是年，别桥镇被评定为常州市“信访先进单位”，全国社区教育示范乡镇。

是年，别桥镇被市委、市政府授予“工业百亿镇”称号。

是年，马家诸里村人李建卫被国务院评为全国粮食生产突出贡献农业科技人员（享受全国劳模待遇）。

2013年

1月25日上午，别桥镇召开“百亿镇”创建总结表彰大会，市委书记盛建良到会并讲话，副市长蔡金龙出席会议。

2月，别桥镇被国家环保局评为2010—2011年度国家级生态乡镇。

3月，塘马水库管理所被省水利厅评为全省水利系统先进集体。

3月6日，镇党委、政府领导一行5人赴宜兴和桥镇考察学习。

3月18日，溧阳市光彩事业促进会别桥镇分会成立。

4月11日，别桥镇共青团第十九次代表大会召开，选举第十九届团委。

4月28日，别桥集镇龙华苑住宅小区竣工，占地面积21272平方米，建筑面积25392.7平方米，住宅140套，店面房66间，是别桥集镇首个规模最大的居民住宅区。

5月，后周行政村诸社自然村人芮留铭在哈萨克斯坦亚洲技巧锦标赛上获成人组冠军。7月，被国家体育总局授予运动健将称号。

5月22日，别桥镇农村合作经济组织联合会第一届理事会召开。

6月17～18日，常州市纪委书记沈斌来到“三解三促”挂钩联系点别桥，深入村居田头，到群众中了解民情民意，化解社会矛盾，破解发展难题。

8月21日下午，省林业局造林处以蒋志新为领队的村庄绿化小组先后到争创省级绿化生态示范村的小石桥村和绿化提升村的周家湾、坛石桥、双桥等村检查验收。

夏，出现持续高温61天。7月平均35.9℃，8月平均36℃，8月10日为41.5℃。

9月25日，常州市人口计生委副主任杨晓春，溧阳市委副书记潘云芳、副市长唐华新等参观塘马村人口文化园和后周花园小区人口文化楼道。

9月，启动首轮《别桥镇志》编纂工作。

10月9日，境内18个行政村第十届村民委员会换届选举工作结束，产生新一届村民委员会。

10月10日，别桥镇被省文明委评为2010—2012年度“江苏省文明乡镇”。

10月23～24日，别桥镇创作的少数民族舞蹈《苗山情》，作为常州市代表队参加江苏省第二届少数民族文艺调演。

10月，丹金溧漕河“五改三”（五级航道改造为三级航道）高等级航道网的高标准化建设启动升级改造。

11月21日，塘马村获“常州市最美乡村人文奖”。

11月29日，别桥镇体育代表队在溧阳市第七届运动会暨第四届全民健身运动比赛中，列全市农民部奖牌总数第二名，并获体育道德风尚奖。

12月17日，塘马水库通过江苏省省级水利风景区专家评定，成为江苏省水利风景区。

是年，别桥镇卫生院创建成“省示范乡镇卫生院”，人力资源和社会保障服务中心被授予江苏省劳动监察“两网化”示范网络，别桥镇文化体育工作站被评为全国一级文化体育工作站。

2014年

1月，塘马行政村被江苏省农村工作领导小组授予“江苏省社会主义新农村建设示范村”

称号。

2月9日，溧阳市电梯商会在别桥镇成立。

4月4日，别桥镇党委、政府组织全体机关干部前往塘马烈士陵园祭扫烈士墓。

4月14日，镇党委、政府全体领导班子成员和中层干部赴水西村新四军江南指挥部纪念馆开展廉政教育活动。

5月15日上午，江苏省高级人民法院对别桥镇开展农民土地权益保护问题进行调研工作。

6月16日，由马里、埃塞俄比亚、肯尼亚、乌干达、赞比亚等10多个非洲国家一行18人组成的考察团到海斌农机专业合作社考察学习。

7月3日，常州市委常委、统战部部长张跃，常州市工商联副主席韩红卫带领常州市统战系统部分机关干部，到别桥镇小石桥村了解村级建设和脱贫致富情况，慰问困难群众。

7月10日，常州市副市长史志军率常州饮用水安全保障工作组到别桥万顺自来水有限公司水源现场勘察，对供水情况进行督查。

8月，位于新镇区中心街199号的新建别桥中心小学、别桥中心幼儿园建成使用。

8月29日，前程行政村谢家坝自然村人、中国女子游泳运动员沈铎，在南京举行的第二届世界青年奥运会上获6项冠军。9月21～24日，参加在韩国仁川举行的第十七届亚运会上再获女子游泳金牌4枚。

9月1日，在塘马战斗中牺牲的罗忠毅、廖海涛入选经党中央、国务院批准，民政部公布的第一批300名著名抗日英烈名录。

是月，投资1200多万元，总建筑面积3110平方米的别桥镇体育馆启用，实行全面对外开放，内有标准塑胶篮球场、羽毛球场、乒乓球场地等。

9月23日，由常州市委统战部、常州质量技术监督局等部门联合开展的“同心工程走基层，特色服务进园区”签约推进仪式在别桥镇举行。

9月25日，市委副书记、代市长蒋锋在市民政、老龄办等相关部门负责人以及别桥镇有关领导的陪同下，看望慰问别桥镇百岁老人阮来娣和小石桥村“老年关爱之家”的老人。

11月8～30日，别桥镇首届全民健身运动会在体育馆举行，来自各村、各单位的近200名选手参加了运动会。

11月，江苏省义务教育发展均衡县专校督察组到别桥中心小学督查指导。

12月28日，别桥新镇区湖西菜市场竣工，营业面积13000平方米。

12月，海斌农机专业合作社被评为“国家农民合作社示范社”和“全国三十佳优秀创新示范农机合作社”。

12月，在中国农业机械化发展论坛暨第五届“精耕杯”颁奖盛典海南博鳌论坛上，海斌农机专业合作社理事长王海斌作为全国唯一农民代表作《农业机械化对于粮食及农业生产带来的变革》报告。

是年，境内开展造血干细胞血样集中采集活动，成功进行造血干细胞采集17人。

是年，完成塘马战士烈士陵园改造工程。改造后的陵园占地面积 8000 平方米，纪念碑为方形宝塔顶，基座刻有塘马战斗经过，两侧分置罗忠毅、廖海涛烈士的事迹碑。

是年，商会大楼主体工程完工。大楼建筑面积 8000 平方米，总投资 2000 余万元。

2015 年

1 月 7 日，2015 年常州市文化、科技、卫生“三下乡”活动启动仪式暨首场惠民服务活动在别桥镇举行。常州市委常委、宣传部部长徐缨代表常州市委、市政府向别桥镇部分特困家庭赠送慰问金。

2 月 24 日，溧阳市电梯商会第一届年会在别桥镇召开，镇相关领导和溧阳市各电梯企业负责人 200 余人参加年会。

3 月 28 日，江苏省新四军研究会六师分会会长、开国少将林胜国之子林陵一行 20 余人到别桥镇开展祭扫塘马战斗英烈活动。

5 月 2 日，北京新四军华中抗日根据地研究会六师分会一行 4 人到别桥镇塘马村，在塘马战斗遗址采集泥土样本。

5 月 18 日，别桥籍运动员芮留铭在世界杯技巧比赛上获得冠军，这是溧阳第 4 个世界冠军。

6 月 11 日，与江苏理工学院共建的溧阳电梯产业研究院、江苏理工学院技术转移中心溧阳分中心在别桥镇挂牌成立。

7 月 9 日，中国民用航空华东地区管理局局长蒋怀宇一行对位于湖边行政村的江苏天目湖通用机场项目进行考察指导。

7 月 10 ～ 11 日，台风“灿鸿”过境影响别桥地区，最大风速 17.7 米 / 秒，并伴随强降雨。

7 月 16 ～ 18 日，别桥镇宏达电梯培训有限公司举行“江苏省首届电梯安装职业技能竞赛”，全省 45 家电梯单位 135 名选手参赛。

7 月 16 日，中共别桥镇委员批准镇东、马家两村党支部成立联合党总支部，下设镇东村、马家村 2 个党支部，其他 16 个村党支部升格成立党总支部，视各行政村实际情况，党总支部设 2 ～ 5 个党支部。

8 月 7 日，别桥镇团委和溧阳籍高校同学会的大学生们到两湾村胡家墩自然村抗战老兵胡润芝家中走访慰问。

8 月 10 日，别桥籍女子游泳队员沈铎与另外 3 名队友在第 16 届世界游泳锦标赛上获 4×100 米混合泳接力赛冠军。

8 月 14 日，别桥镇团委组织青年干部、大学生村官到南京参观侵华日军南京大屠杀遇难同胞纪念馆。

9 月 9 日，中组部人才计划专家姜肇国博士一行到别桥镇进行调研。镇党委书记唐洪祥、镇长赵明接见并向其介绍长荡湖综合开发建设等情况。

9 月 11 日，香港蓝源投资集团合伙人、高级副总裁孙青女士，江苏海杰航空装备有限公司总经理陈望一行到别桥镇调研无人机产业园建设情况。

9月12日，镇党委书记唐洪祥率领别桥镇党政领导班子成员及部分中层干部赴金坛区直溪、儒林镇参观考察，学习兄弟镇先进发展经验。

9月14日，镇党委书记唐洪祥率部分党政领导班子成员及部分中层干部赴宜兴张渚镇考察，学习张渚镇美丽乡村的建设经验。

9月19日，别桥籍运动员芮留铭在第九届亚洲技巧锦标赛上获成年男子组4人比赛冠军。

9月25日，市人大常委会代理主任周建明，副主任张艳、武宝林、马小其一行实地察看塘马水库，考察饮用水水源地保护工作，了解饮用水源管理、农村饮用水安全工程以及饮用水质量安全监管等情况。

10月19日，溧阳市第一架固定翼无人机在别桥无人机产业园试飞跑道起飞。该款无人机翼展超4米，巡航时间达10个小时，续航距离达1000千米。

10月，江苏天目湖通用机场项目获省发改部门核准建设。

11月1日，农业部农业机械化研究所所长陈巧敏、副所长梁建，农业部农业机械化研究所国家重点实验室主任薛新宇到别桥镇考察全国第一届农用无人机植保理论及技术培训班筹备工作情况。

11月2日，浙江嘉兴平湖九龙山航空俱乐部有限公司总经理侯波，副总经理李磊、毕卫东一行到别桥镇调研江苏天目湖通用机场建设情况。

11月3日，南京科技学院师生一行17人到别桥镇无人机产业园参观学习。

是日，海斌农机专业合作社来到市培智学校，开展“关爱特殊儿童，播撒阳光”活动，向学校捐赠当年新收大米500千克。

是日，市委书记蒋锋一行在别桥镇党政主要负责人陪同下，调研别桥镇经济社会发展情况，随后召开了座谈会。

11月11～15日，别桥镇举办全国首届农用无人机植保理论技术培训班，来自全国各省、直辖市、自治区从事农业管理工作的68名学员参加培训。

11月14日，中国工程院院士陈学庚及美国、澳大利亚、韩国等专家、学者到别桥镇无人机产业园试飞跑道，现场观摩全国农用植保系列无人机。

11月21日，中国社会科学院城市发展与环境研究所党委书记、中国城市经济学会常务副会长李春华一行4人到别桥镇调研。

11月24日，别桥镇党委书记唐洪祥、镇长赵明等赴南京科技职业学院考察交流。

12月28日，别桥中心小学教师马志刚应全国中小学教师继续教育网邀请，到北京录制“学科名师谈教育”讲座，时长3个小时。

是年，别桥镇通过省卫生镇复审。

是年，丹金溧漕河航道上整治桥梁金家桥、道成桥、董家舍大桥改造建成，别桥集镇段S341公路别桥大桥开工建造。

2016年

3月24日，绸缪村被命名为“江苏省生态村”。

4月3日，在福建莆田举行的第25届世界技巧锦标赛上，别桥籍运动员芮留铭和队友获得男子4人项目冠军。

5月17日，由市全民科学素质工作领导小组主办、市科学技术协会和别桥镇政府承办的第二十八届科普宣传周暨科普集市开幕式在别桥镇举行。市委副书记潘云芳出席开幕式并讲话。

5月25～26日，中共别桥镇委员会第十六次党员代表大会召开。姚觉成当选党委书记、吴洪亮当选纪委书记，选举出席溧阳市第十二次党代会代表21人。

5月，“别桥原乡”旅游区开始接待游客。

6月6日，北京飞利信应急通讯无人直升机联合研发中心、常州银鹰航空科技有限公司落户别桥无人机产业园。

6月22日，常州市委常委、统战部部长王成斌到别桥镇专访慰问部分困难党员。

6月25日，溧阳无人机产业园在别桥镇举行项目集中签约仪式，来自上海、成都、深圳等地多家国内知名无人机企业现场签约入驻产业园。中国无人机产业联盟、中国电子科技集团等单位还与园区签订战略合作协议，将共同致力于无人机产业的技术研发与市场推广。

是日，溧阳市“重大项目攻坚年”活动重点工业项目现场，督查组一行来到别桥镇，现场督查无人机产业园建设情况，蒋锋、徐华勤、周建明、狄立新等市四套班子领导参加督查活动。

6月下旬至7月上旬，境内雨日23天。6月22日、28日、7月1～3日出现3次暴雨过程，特别是7月1～3日出现历史少见的连续3天暴雨到大暴雨过程。别桥水位6.18米，塘马水库水位10.82米，均超历史最高水位。7月1日上午10:00～10:45，别桥镇受短时雷雨大风影响，共有48户农户房屋受损，其中后周村42户、合星村6户。低洼地区受灾，受灾群众上万人。

7月4日，蒋锋、狄立新、王耀庆等市领导来到别桥，实地察看汛情、灾情，安排部署抗洪抢险工作，走访慰问受灾群众和坚守在抗洪一线的干部群众。

是月，别桥镇举行抗洪救灾总结表彰大会。

8月10日，别桥籍国家女子游泳队队员沈铎在里约奥运会上获女子200米自由泳第5名。

8月22日，中国航天科工集团海鹰航空通用装备有限公司在别桥镇无人机产业园成立海鹰航空无人机产业应用示范中心。

8月，溧阳市耕渎庐文化产业有限公司董事长邵余福被评为“江苏好人（助人为乐）”。

9月，别桥镇被评为2013～2015年度江苏文明乡镇。

10月8日，境内18个行政村第十一届村民委员会和第六届居委会换届选举工作结束。18个行政村第十一届村民委员会成立，3个居委会新委员会组成。

10月15日，溧阳市在新四军江南指挥部纪念馆举行“纪念塘马战斗75周年”活动。来自北京、上海、江苏、福建等地新四军研究会、党史办有关负责人出席纪念活动。上午9时，与会人员到塘马烈士陵园哀悼先烈。举行“纪念塘马战斗75周年暨《塘马1941》《塘马之歌》首发式”。市委常委、宣传部部长张爱文到会并致词；后周小学罗忠毅、廖海涛中队少先队代表献词；新四军研究会代表，塘马战斗亲历者、开国少将王直之子王东炎分别讲话。《塘马1941》作者刘志庆畅谈著书的心路历程并向学生代表赠书。全体与会人员参观了王直将军的生平事迹展。

10月，在别桥新镇区兴城西路新建别桥初级中学。2018年4月份，别桥初级中学从原校址迁入上课。

10～11月，别桥镇举行第二届全民健身运动会，各行政村、企事业单位200余名体育爱好者参加。

11月19日，共青团别桥镇第二十次代表大会召开，选举产生第二十届共青团别桥镇委员会。

11月6日，常州市委常委、统战部部长韩九云视察别桥无人机产业园。

11月20日，别桥籍女子游泳名将沈铎在日本举行的亚洲游泳锦标赛上，取得了3金1银1铜的优异成绩，其中3项破赛会纪录。

12月3日，首届“原乡别桥七彩塘马”国际欢乐跑在塘马湿地公园举行。

12月18日，由溧阳市人民政府和中航出版传媒有限责任公司主办，别桥镇人民政府、溧阳无人机产业园和《无人机》杂志承办的2016中国无人机系统峰会在天目湖宾馆举行。

12月底，古渎村卫生室创建省级示范村卫生室，通过省级验收。

是年，别桥镇被评为江苏省和谐社区建设示范镇、常州市文明镇和常州市土地执法模范镇。

是年，后周杨笑卫梨膏糖制作技艺、浪圩龙溪庙会列入溧阳市非物质文化遗产名录。

2017年

1月3～4日，别桥镇第三届人民代表大会第二次会议召开，选举赵明为镇长、史志伟为人大主席。

1月12日，市委书记蒋锋来到别桥镇调研经济社会发展和党建工作情况，市委常委、市纪委书记毛建国参加调研活动。

1月15日，海斌农机专业合作社送展的“溧湖大米”在首届江苏优质稻米暨品牌杂粮博览交易会上获“江苏好大米”银奖。

2月23日，别桥镇召开2017年全镇工作攻坚动员大会。镇党委书记姚党成作“硬碰硬转型升级，实打实开局起步，发扬龙马精神，谱写至善别桥新篇章”的讲话。

2月，341省道别桥段投入建设。2018年6月13日验收通车。

5月9日，市委副书记、政法委书记邵钦华，市政协副主席、市政府党组成员陈波涛带队，对别桥镇“263”专项行动推进情况进行现场督查。

5月17日，市委书记蒋锋在别桥无人机产业园听取园区企业发展情况汇报。

5月19日，别桥籍运动员芮留铭在四川省汉源县举行的2017年全国技巧锦标赛暨青少年锦标赛上和队友获男子4人联合冠军。

6月13日，别桥镇第十六次妇女代表大会召开，选举狄云霞为镇妇联主席。

7月11日出梅后至29日，境内高温日数达18天，37℃的高温日为12天，25日极端气温达39.8℃。

8月8日，境内各行政村党组织设立纪律检查委员。

8月23日，塘马村成为江苏省特色田园乡村首批试点村庄。

9月4日，在第十三届全运会女子4×200米自由泳接力比赛中，别桥籍运动员沈铎与队友获此项比赛冠军。

9月20日，别桥镇总工会第二次代表大会召开，选举葛燕华为总工会主席。

9月23日，2017年第一届中国无人机对抗赛暨低空安全综合主题活动在别桥镇无人机产业园试飞基地举行。来自全国各地的无人机企业及相关应用产品企业、100多所高校无人机队伍参加了此次活动。

9月29日，市长徐华勤到别桥镇，调研乡村旅游公路建设情况。

10月20日，全国油菜生产全程机械化现场推进活动在别桥镇举办。农业部相关负责人，国家油菜产业技术体系部分岗位科学家，综合试验站站长，各省农机局相关负责人等参加活动。浙江、安徽、贵州等14省市代表到此考察取经。

10月，后周客运站建成使用。

11月1日23时43分，境内发生2.3级地震。

11月3日，海斌农机专业合作社理事长王海斌在北京参加全国人大立法委员会组织召开的《中华人民共和国农业机械促进法》颁布实施十周年座谈会并发言。次日，被农业部农产品加工局评为全国农村创业创新优秀带头人。

11月5日，由别桥镇人民政府主办、溧阳市长跑协会承办的2017年“别桥原乡·嘉宝莉杯”溧阳徒步大会在“别桥原乡”景区塘马湿地公园内举行，近1000名长跑、徒步爱好者参加了活动。

12月24日，由别桥镇人民政府主办、市长跑协会协办的“别桥原乡”国际半程马拉松比赛在别桥开跑。此次比赛吸引美国、肯尼亚及全国各地3500名选手参与。

第一篇

建置区划

有史以来，别桥地区的区划随着时（朝）代的演变在变化。

约公元前 12 世纪，别桥地区属句吴。商周时代，别桥地属吴、越、楚。秦代开始，别桥地区先后属溧阳县、永平县、永世县、平陵县。隋大业十二年（616 年），永世县县令达奚明疏浚泾渎大河，加固堤岸，架设桥梁，鼈桥之名由此始。唐武德三年至天复三年（620 ～ 903 年），复建溧阳县，永世之地并入，别桥地区隶属溧阳县。元、明、清时，溧阳县设区、乡，当时别桥境归属来苏乡、允泰乡、允定乡或永定区，后周属永泰区。

民国始，县设市、乡自治公所，别桥地区当时属来苏乡。民国 16 年（1927 年），改为市、乡行政局制，设闾邻制。民国 18 年（1929 年）废市、乡行政局，县以下建区、乡（镇）公所，乡以下又实行闾邻制，建立第二区（别桥区）、第三区（绸缪乡、后周乡属之）。民国 36 年（1947 年）10 月，设绸缪区署，别桥乡、绸缪乡、后周乡属之。

民国 38 年（1949 年）5 月 7 日，溧阳县人民政府成立，建立新的别桥区，至 1950 年 3 月，别桥区辖 12 个乡 82 个行政村，西沈乡、下梅乡 14 个行政村属竹箦区。1956 年，别桥区公所成立，辖别桥、湖边、古渎、绸缪 4 个乡。

1958 年 9 月，成立政社合一的人民公社。别桥人民公社包括别桥乡、湖边乡、古渎乡、绸缪乡，有 9 个生产大队，后周人民公社（时称跃进人民公社）有 6 个生产大队。1961 年 8 月，湖边、古渎、绸缪人民公社成立。1983 年 6 月，人民公社全部改为乡镇建制。

1985 年 6 月，别桥乡改为建制镇，实行镇管村体制。1990 年 12 月溧阳县撤县设市，别桥镇现境的 5 个乡镇属溧阳市管辖。湖边乡于 1992 年 9 月并入别桥镇，古渎乡于1999年12月并入绸缪镇。

2007年，全市乡镇区划调整，别桥镇、绸缪镇、后周镇合并为新的别桥镇，下辖33个行政村。2009年，别桥镇33个行政村调整为18个行政村，至2013年，别桥镇区划未变动。

随着别桥镇行政区划的调整，区域面积逐步扩大，区域地位和经济地位逐步提升，推动了别桥镇的经济发展，有利于农村的改革深入，有利于农村城市化建设，有利于人民生活的改善。至2013年，别桥已成为溧阳市的“北山重镇”“苏南名镇”。

第一章　建　置

第一节　历史沿革

别桥境内马家村、观阳村等地出土的新石器时代石锛、石凿证实，别桥现境地区早在距今6000～5000年前即有人类居住。

约公元前12世纪，太伯（周太王古公亶父的长子）避居江南，在蕃离（今无锡东南梅村）筑城定居，自号句吴，地称荆蛮，别桥地属之。

吴王寿梦元年（前585年），建立吴国，别桥地属吴。

周元王姬仁三年（前473年），越王句践灭吴，别桥地属越。

周显王三十六年（前333年），楚威王灭越，别桥地属楚。

秦王政二十四年（前223年），秦灭楚。二十五年（前222年），秦于原吴、越地置会稽郡，别桥地属之。二十六年（前221年），秦统一全国，推行郡县制，置溧阳县，别桥地属鄣郡溧阳县。

秦二世元年（前209年），项梁、项羽起兵反秦，称三楚，别桥地属楚。

汉五年（前202年），汉灭楚，别桥地属汉鄣郡溧阳县。

汉武帝元封二年（前109年），改鄣郡为丹杨郡，别桥地属丹杨郡溧阳县。

三国东吴黄武元年（222年），废溧阳县建制，分设屯田都尉和永平县，别桥地属永平县。

晋武帝太康元年（280年），司马炎灭吴，废溧阳屯田都尉，复置溧阳县。同时改永平县为永世县，别桥地属之。

晋惠帝永兴元年（304年），分永世县部分地区置平陵县，县治在平陵城（今南渡镇古城村），别桥地属平陵县。

南朝宋文帝元嘉九年（432年），废平陵县，其地分属溧阳、永世二县，别桥地属永世县。

隋文帝开皇九年（589年），隋灭陈，废永世县，其地并入溧阳县，别桥地属溧阳县。十二年（592年），复置永世县，别桥地属永世县。

隋炀帝大业十二年（616年），永世县令达奚明疏浚泾渎大河，在今别桥集镇段架设桥梁，鼈桥之名由此始。

唐高祖武德三年（620年），再废永世县，并入溧阳县，别桥地属溧阳县。

北宋太平兴国年间（976～984年），溧阳旧设30乡改为17乡，别桥境属允定、来苏、允泰乡。

元世祖至元十四年（1277年），升溧阳县为溧州。十五年（1278年）改为溧阳府。十六年（1279年）改为溧阳路。二十八年（1291年）革路存县。元贞二年（1296年）改为溧阳州。别桥境均属之。

明太祖洪武二年（1369年），改溧阳州为溧阳县，别桥境属之。

明穆宗隆庆初年（1567年），已有甓桥镇之名。

元、明及清初期，溧阳设13乡，别桥境仍属允（永）定、来苏、允（永）泰乡。

清康熙六年（1667年），溧阳设13乡16区，永定区有甓桥镇，永泰区有后周埠。

清嘉庆（1796～1820年）时，溧阳有16个区、16个镇和步，甓桥镇属永定区，后周步属永泰区。

清宣统二年（1910年），撤区制改市乡制，全县3市4乡，别桥现境大部分属来苏乡，后周属永安市（南渡）。

民国元年（1912年）8～9月，溧阳设立市（乡）自治公所，下设图运，来苏乡有111图，别桥隶属来苏乡自治公所，后周属永安市（南渡）自治公所。

民国16年（1927年）7月，全县改市（乡）自治公所为7个市（乡）行政局，别桥属来苏乡行政局，后周属永安市行政局。

民国18年（1929年）6月，溧阳废市（乡）行政局，设立9区，区下设乡（镇）公所，乡下设闾、邻，建立甓桥区（八区），下设甓桥镇，后周属竹箦桥区。

民国24年（1935年）5月，撤并区、乡（镇），废闾、邻制，实行保甲制，全县设6个区、127个乡（镇）、817保、8246甲。设甓桥区为第二区（辖甓桥镇、独秀乡、湖西乡、浪圩乡、皇成乡、古渎乡等22个乡镇）；后周乡、绸缪乡属第三区（竹箦桥区）。

民国28年（1939年），溧阳改设为7区、111乡、15镇，仍设甓桥区。

民国30年（1941年）6月，成立溧阳县抗日民主政府，后周区抗日民主政府也随之成立。

民国33年（1944年）6月，后周区抗日民主政府划分为两个区，以丹金溧漕河为界，河西为后周区，下辖后周乡、绸缪乡、阴梓（阴山）乡、下梅乡、古渎乡、余桥乡、濑阳乡；河东为洮南区。

民国34年（1945年），溧阳仍设7个区，下设44个乡、11个镇。甓桥区为第二区，辖甓桥镇、复兴乡、永福乡、永西乡、洮西乡、永德乡、永东乡、洮东乡、山下乡、宝寿乡10个乡（镇）。绸缪乡属第三区（竹箦区）。

民国36年（1947年），全县设7个区、36个乡镇（其中14个镇）、341保、4680甲。甓桥乡仍属第二区，后周镇、绸缪镇属第三区。是年10月，又将7区改为4个区署，下设22个乡镇，设立绸缪区署，甓桥镇、绸缪乡、永泰乡（后周）隶属绸缪区署。

民国37年（1948年）4月，撤销区署，乡（镇）直属于县。

民国38年（1949年）5月7日，溧阳县人民政府成立，设甓桥、南渡、上沛、竹箦、戴埠、社渚和城区7个区，22个乡（镇）。

1950年3月，全县增设到10个区、98个乡（镇）、629个行政村。甓桥乡、后周乡、道成乡、湖边乡、诸里乡、前王乡、古渎乡、绸缪乡、石桥乡属甓桥区，西沈乡、下梅乡属竹箦区。

1954年12月20日，甓桥区人民政府改为区公所。

1956年，撤小乡建大乡，全县划为8个区、40个乡（镇）。成立新的别桥区公所和竹箦区公所，别桥、古渎属别桥区，后周、西沈属竹箦区。是年，绸缪乡大部分划入别桥乡。5月2日，金坛县社头区湖荡乡的园上村划入别桥乡管辖。

1957年7～8月，撤区并乡，全县由8个区40个乡（镇）划为22个乡（镇），置设别桥乡、后周乡。

1958年9月，除溧城镇外，全县有21个乡（镇）建立政社合一的人民公社，别桥人民公社、后周人民公社（时称跃进人民公社）成立。

1959年6月27日，后周人民公社的上阮、西杨庄两个大队划归金坛县管辖。是年9月，别桥人民公社将渔民编为1个捕捞大队，1968年8月改名为水产大队。

1961年6月，别桥区工委成立。同年8月25日，别桥人民公社分成别桥、湖边、古渎、绸缪4个人民公社。

1983年6～9月，人民公社改为乡（镇）建制，全县设40个乡（镇）。

1985年，全县设6个区工作委员会，辖7个镇、33个乡，别桥乡、湖边乡、古渎乡、绸缪乡属别桥区工委管辖，后周乡属上兴区工委管辖。是年6月，经省政府批准，别桥乡改为建制镇，实行镇管村体制。

1986年，别桥区工委改为别桥区巡视组，下辖别桥镇、湖边乡、古渎乡、绸缪乡。后周乡归竹箦区巡视组管辖。

1990年12月8日，溧阳撤县设市，别桥镇、湖边乡、古渎乡、绸缪乡、后周乡5个乡镇直属溧阳市管辖。

1992年9月，湖边乡并入别桥镇。

1993年12月，后周撤乡设镇。

1999年12月，经江苏省人民政府批准，撤销古渎乡、绸缪乡，两乡区域设绸缪镇。

2007年3月，经省人民政府批准，原别桥镇、绸缪镇、后周镇合并为新的别桥镇。至2013年年末，别桥镇建制未有变动。

第二节　境　域

别桥镇位于溧阳市北部，地处北纬31°29′27″～31°37′35″，东经119°21′27″～119°27′22″。全镇总面积128.5平方千米。镇之东园上、诸里、土山、水产诸村与上黄镇之周山、前化隔长荡湖相望；东南以中河与溧城镇杨庄村石塘为界；其南古渎、横河与溧阳经济开发区、溧城镇相邻；西与竹箦镇之余桥、前马比邻；西北黄金山与金坛市社头镇罗村、薛埠、高家圩毗连；镇之北与金坛市指前镇接壤。其地南通苏杭，北靠金坛，东挹洮湖之清，西拥丫峰之秀。扼溧金水上交通之咽喉，为溧阳市北入之门户。

镇党委、镇政府设于新镇区兴城西路168号，南距溧阳县城18千米，北离金坛县城27千米。

第二章　行政区划

第一节　新中国成立前

元朝，乡以下的基层行政单位称“里”。如允泰乡设2个里，即上梅、下梅。明朝初期，各乡仍设里，来苏乡、绸缪乡有15个里，永（允）泰乡有12个里（下梅、西马、塘马），永（允）定乡有24个里（别桥、湖边、后周），桂寿乡有7个里（浪圩、双桥）。清朝仍是元、明旧制，设镇、步，永泰区有后周步，永定区有甓（别）桥镇。区以下设图运（相当于现今行政村），如永定区有樊川（樊庄）图、东庄里图、陈巷里图。清光绪至清末（1875～1911年），来苏区有37图，永泰区有9图，永定区有13图。湖塘、陆家湾一带称下维字图，浪圩、双桥一带称龙溪图，昌口一带称黄义图等。

据《(嘉庆）溧阳县志》记载：别桥属永定区、来苏区；后周步属永泰区；古渎部分村属永西区，湖边部分村属桂寿区。

永定区设图运53个、村96个。其以下村在别桥现境：闸口、中观、姚家村、金家桥村、镇龙村（北小圩)、湖塘村、王家村、厂口村（昌口里)、符家村、陈家圩、南溪村、虞家村（虞家坝)、道成桥村、徐家村、潘家村、东埂、牌楼村、沈家村、北谢、对河、斗门湾、中里、北堰、郝家、诸里、洙泗（诸泗)、培阳、虞缪、吕庄、前程、后村、马家村、陈巷、东庄、诸阳、小舍头、义亩头、白土、东西杨庄、樊家村、北杨庄、上塘、前梁村、后梁村、槎溪、诸皋、月塘（玉塘)、下尖圩、戴家村、上市、前王、后万村、考（靠）村里、王家村、东社、街头村、泗巷村、樊川（樊庄)、金庄、东神圩、西神圩、殷山（阴山)、谢家坝、西浦、梓村、李巷、祁笪里、涧西村、巷上、康口、黄金山村、前楼、颜笪、上殷、前殷、王家村、西沈、后陈、后瞟。

来苏区设图运37个、村63个。别桥现境以下村属来苏区：绸缪、南房、西房、周家村、潘家村、森巷。属永西区有东溪、古渎、河渎湾、董家舍、胡家墩。属桂寿区有湖头、浪圩、双桥、庙头、长桥。属崇来区有五荡湾。

永泰区设图运60个、村73个。别桥现境以下村属永泰区：下梅、文巷、东马、滩头、岗头、窦巷、西马、曹笪、魏笪、西庄、前安山村、邵笪、塘马、新店头、观杨（观阳)。

民国34年（1945年)，别桥区（第二区）下辖10个乡镇、93保、1064甲，隶属竹箦区（第三区）的绸缪乡下辖16保、176甲，后周乡下辖10保、111甲。

民国37年（1948年），别桥镇辖10保、146甲，绸缪乡辖9保、134甲，后周镇辖10保、144甲。

第二节 新中国成立后

1950年3月，别桥区辖别桥、后周、道成、湖边、诸里、古渎、前王、石桥、绸缪及班竹、夏庄、杨庄12个小乡78个行政村。现境内的西沈、下梅2个小乡14个行政村属竹箦区管辖。

1956年3月，撤小乡并大乡，别桥区原12个小乡中，湖边、古渎、道成及中里行政村合并为古渎乡；诸里乡、前王乡和绸缪乡的大部分并入别桥乡；班竹乡并入泓口乡；杨庄、夏庄两乡并入杨庄乡；下梅乡并入后周乡；绸缪乡的文巷、东马、杨家湾划入后周乡，后周乡划为竹箦区管辖；石桥乡并入西沈乡。1957年8月，西沈乡并入后周乡，古渎、绸缪、别桥三乡合并为别桥乡。

1958年9月，别桥人民公社成立，包括原别桥、湖边、古渎、绸缪4乡，辖9个生产大队（当时称管理区）73个生产队；跃进（后周）人民公社辖6个生产大队53个生产队。

1950年别桥区行政区划一览表

表1-2-1

乡名	行政村数（个）	行政村名称
别桥	6	别桥 前程 前程棚 谢家坝 下尖圩 诸皋
后周	7	后周 诸社 东胜 西马 靠村 葛家 新民
道成	9	北堰 中里 金家桥 钱家 李家坝 董家舍 童家 昌口 符家
湖边	4	湖塘 长桥 闸口 浪圩
诸里	6	马家 诸里 诸泗 培阳 土山 义亩
前王	7	前王 樊川 陈巷 西神圩 李巷 上市 槎溪
古渎	5	古渎 牌楼 周家湾 胡家墩 赵圩
绸缪	8	绸缪 东马 三星 东森 东社 玉溪 北新 西渚巷
石桥	6	颜家 梓村 小石桥 颜笪 戴巷 北舍
夏庄	7	夏庄 周家村 双牌 冯家 朱家埠 牛车垛 徐角
班竹	7	西坡圩 濑溪里 后班竹 增加圩 方里 西泗墩 五潭渡
杨庄	6	东杨庄 西杨庄 庄头 中段里 新舍 厚庄

1950年属竹箦区的两个乡行政区划一览表

表1-2-2

乡名	行政村数（个）	行政村名称
下梅	7	东下梅 西下梅 长河 魏笪 西庄 塘马 新店
西沈	7	黄金山 金山后 许庄 下阮 西杨庄 西沈 后陈

1958、1961 年别桥镇现境 5 个人民公社行政区划一览表

表 1-2-3

年份	公社名称	所辖大队名称
1958 年 9 月	别桥人民公社	第一生产大队（诸里）　第二生产大队（湖塘　闸口　中里） 第三生产大队（浪圩　双桥　长桥）　第四生产大队（古渎） 第五生产大队（符家）　第六生产大队（坝头）　第七生产大队（绸缪） 第八生产大队（阴山）　第九生产大队（别桥）
	后周（跃进）人民公社	第一生产大队（黄金山）　第二生产大队（玉华山　梓村　小石桥） 第三生产大队（后周　魏笪　靠村）　第四生产大队（西沈　塘马　观阳）　第五生产大队（新民　下梅）　第六生产大队（上庄　金庄）
1961 年 8 月	别桥人民公社	桥东　联星　土山　诸里　群星　马家　别桥　陈巷　前王　樊庄 前程　战胜　下尖圩　谢家坝　农场　合星　西浦　三村　上市　水产
	湖边人民公社	浪圩　双桥　闸口　湖塘　中里　符家　长桥
	古渎人民公社	古渎　东溪　道成　横河　对河　周家湾　郝家　赵圩　牌楼
	绸缪人民公社	坝头　绸缪　玉溪　诸皋　阴山　金星　东马　文巷　杨家湾
	后周人民公社	黄金山　和平　梓村　小石桥　西沈　大家庄　上庄　后周　靠村 诸社　西马　东胜　魏笪　新民　西庄　塘马　东下梅　西下梅　观阳

1961 年 8 月，别桥公社分为别桥、湖边、古渎、绸缪 4 个人民公社。别桥公社辖 20 个大队，湖边公社辖 7 个大队，古渎公社辖 9 个大队，绸缪公社辖 9 个大队，后周公社辖 19 个大队。

1982 年，别桥公社、古渎公社、后周公社所辖大队有所变动，分别管辖 18 个、11 个、17 个大队。

1983 年 6 月～ 9 月，别桥、湖边、古渎、绸缪、后周人民公社改为乡（镇）建制，大队改为村民委员会。

1983 年别桥、湖边、古渎、绸缪、后周乡行政区划一览表

表 1-2-4

乡名	村委会数（个）	村民委员会名称
别桥	18	培阳　水产　土山　诸泗　诸里　园上　马家　谢家坝　下尖圩 前程　战胜　别桥　陈巷　前王　樊庄　农场　合星　团结
湖边	7	浪圩　双桥　闸口　长桥　湖塘　中里　符家
古渎	11	古一　古二　董家舍　东溪　道成　横河　对河　周家湾　郝家 赵圩　牌楼
绸缪	9	坝头　绸缪　玉溪　诸皋　槎溪　阴山　东马　文巷　杨家湾
后周	17	后周　黄金山　玉华山　梓村　小石桥　西沈　观阳　塘马 西庄　靠村　诸社　东胜　西马　新民　下梅　魏笪　渔业

1985 年，别桥撤乡建镇，下辖 18 个村民委员会，湖边乡下辖 7 个村民委员会，古渎乡下辖 11 个村民委员会，绸缪乡下辖 9 个村民委员会，后周乡下辖 15 个村民委员会。

1985 年别桥镇、湖边、古渎、绸缪、后周乡行政区划一览表

表 1-2-5

镇乡	村民委员会名称	自然村名称
别桥镇	别桥	虞缪　北巷　老卜墩

续表 1-2-5

镇乡	村民委员会名称	自然村名称
别桥镇	培阳	培阳　东关　小桥头
	水产	水产
	土山	土山　庄上　泗渎港
	诸泗	诸泗　陈家棚
	诸里	诸里　新桥
	园上	东桥　前园　后园　庙头
	马家	马家　姜家　东庄　后村　义亩头　北杨庄
	谢家坝	谢家坝　北谢　东埂
	下尖圩	下尖圩　南棚　北棚
	前程	前程　三官殿　吕庄
	战胜	战胜
	陈巷	陈巷　小舍头　诸阳
	前王	前王　丁家棚
	樊庄	樊庄　金庄
	农场	五里亭　前马场　后马场　上塘棚
	合星	西神圩　东神圩　杨家棚　史家棚
	团结	上市　李巷　街头村　下场　东庄　西浦　泗巷　上头棚　万家 滩头　祁笪里　何家　承家　前梁　后梁
湖边乡	闸口	中观里　王家头　闸口
	浪圩	浪圩
	双桥	双桥　徐家　西埂　赵家
	长桥	长桥　湾头　庙头　史家　长桥庵
	湖塘	湖塘　北小圩　斗门湾　陆家湾
	中里	中里　北堰　李家坝　樊家
	符家	虞家坝　陈家　马家　符家　金家桥　姚家桥　昌口里
古渎乡	古一	车家　史家
	古二	姚家　村西头　榉树脚　河北
	董家舍	董家舍　庄只里
	东溪	东溪　五荡湾　河大湾
	道成	钱家　童家
	横河	潘郎　徐家　黄家
	对河	对河　杨家坝
	周家湾	周家湾　潘家　大沈家　尖只上
	郝家	郝家　小沈家　胡家墩
	赵圩	赵圩里　西房　南房
	牌楼	牌楼　殷家
绸缪乡	绸缪	东舍　森巷　北舍　东湖头　西巷里
	坝头	俞家　西土桥　坝头　五家庄　尖只
	玉溪	玉堂　巴斗山　上周共
	诸皋	诸皋　西村　董家棚
	槎溪	槎溪　东高头　上塘
	阴山	阴山　西诸巷　赵家　白土棚　东社　西高头　范家　王家　茶亭庵
	东马	幽栖观　东马　方里　滕家庄　曹夹　白土　吴家　施家

续表 1-2-5

镇乡	村民委员会名称	自然村名称
绸缪乡	文巷	滩头　文巷　王家棚　闸头上
	杨家湾	杨家湾　新河埂　湾只　东陈家　贺家　北陈埂　北庄
后周乡	后周	葛家　周家背　姜家
	黄金山	黄金山　颜家　西窑头　小涧西　后陈　前瞾　大涧西　五棚　桃园　金星　小后瞾　建国　西沈　王家头　木库　颜笪
	玉华山	玉华山　小坝　戴巷里　老棚　坛石桥　河头　后迈桥　前殷
	梓村	梓村　战胜　西舍
	小石桥	小石桥　康东　康西　北舍　唐家山　前塘　后塘　沟东　沟西　新村　王家　陈家　大石桥
	塘马	塘马　邵笪里　新典　张家　倪家　下林桥　观阳　巷上　前巷　后巷　黄涯　大塘头　观西
	西庄	西庄　新建　高家　杨笪里　王家　拖板桥　曼岗　前安山村
	靠村	靠村　王家庄　茅棚　渔东　渔西　后迈　西观里　朱云山　塘马山
	诸社	诸社　戴家　姜庄　前云　刘家
	东胜	周烈庵　东胜　毛家　王家棚　王家　西王　东头　东王　姚家
	西马	西马　窦巷里　南头　顾家
	下梅	东下梅　西下梅　前始背　窑头上　牛郎庙
	魏笪	魏笪　龙梢头　小桥头　小戴巷　高家　油榨桥
	渔业	—
	新民	东埂　岗头　罗笪里　大河头　朱家　汤家　尖只里　西埂　王家

1989 年，湖边乡的行政村调整为 9 个：浪圩、双桥、闸口、湖塘、中里、符家、金家桥、长桥、昌口，其他 4 个乡所辖行政村没有变化。

1992 年 9 月，湖边乡并入别桥镇，别桥镇辖 29 个行政村。1993 年 12 月，后周撤乡建镇，辖 17 个行政村。1999 年 12 月，古渎乡并入绸缪镇，绸缪镇辖 20 个行政村。

2001 年 5 月，别桥镇 29 个行政村撤并调整为 16 个行政村，绸缪镇 20 个行政村撤并调整为 9 个行政村，后周镇 17 个行政村撤并调整为 8 个行政村。

2001 年 5 月别桥、绸缪、后周镇行政区划调整情况一览表

表 1-2-6

镇名	调整后行政村名	调整前行政村名	镇名	调整后行政村名	调整前行政村名
别桥	镇东	培阳　诸泗	别桥	浪圩	浪圩　双桥
	诸里	诸里　园上		湖边	闸口　长桥
	土山	土山　水产		符家	符家　昌口　金家桥
	别桥	别桥　陈巷		马家	马家
	前王	前王　樊庄		湖塘	湖塘
	前程	前程		战胜	战胜
	伏申	下尖圩　谢家坝		中里	中里
	合星	合星　农场	绸缪	古渎	古一　古二　董家舍
	团结	上市　三村　西浦		道成	道成　对河　横河

续表 1-2-6

镇名	调整后行政村名	调整前行政村名
绸缪	周家湾	周家湾　郝家　赵圩
	杨家湾	杨家湾　牌楼
	绸缪	绸缪　文巷　玉溪　坝头
	皋溪	诸皋　槎溪
	东溪	东溪
	东马	东马
	阴山	阴山
后周	玉华山	玉华山　西沈
后周	小石桥	小石桥　梓村
	塘马	塘马　观阳
	西庄	西庄　魏笪
	后周	后周　诸社　东胜　靠村
	西马	西马　新民　渔业
	黄金山	黄金山
	下梅	下梅

2007 年 3 月，后周镇、绸缪镇、别桥镇合并，建新的别桥镇，下辖 33 个行政村、3 个居民委员会、598 个村民小组、277 个自然村。

2009 年 8 月，别桥镇的 33 个行政村再次撤并调整为 18 个行政村。至 2013 年年末，别桥镇行政村及区划未变。

2007 年别桥镇行政区划一览表

表 1-2-7

调整后行政村名	调整前行政村名
镇东　土山　诸里　马家　别桥　前程　战胜　伏申　前王　合星　团结　湖边　浪圩　湖塘　中里　符家　古渎　东溪　道成　周家湾　杨家湾　绸缪　东马　阴山　皋溪　黄金山　玉华山　小石桥　塘马　后周　西庄　西马　下梅	镇东　诸里　土山　别桥　前王　前程　伏申　合星　团结　浪圩　湖边　符家　马家　湖塘　战胜　中里　古渎　道成　周家湾　杨家湾　绸缪　皋溪　东溪　东马　阴山　玉华山　小石桥　塘马　西庄　后周　西马　黄金山　下梅
居委会	别桥　绸缪　后周

2009 年别桥镇行政区划一览表

表 1-2-8

调整后村名	调整前村名	调整后村名	调整前村名
湖边	湖边　湖塘　浪圩	两湾	周家湾　杨家湾
镇东	镇东　土山　中里	别桥	别桥　前王
马家	诸里　马家	绸缪	绸缪
道成	符家　道成	黄金山	黄金山
合星	战胜　团结　合星	玉华山	玉华山
北山	阴山　东马　皋溪	小石桥	小石桥
前程	前程　伏申	塘马	塘马
西马	西马　下梅	后周	后周
古渎	古渎　东溪	西庄	西庄
居委会	别桥　绸缪　后周		

第二篇

集镇　行政村

别桥镇现境内有别桥、绸缪、后周、湖边、古渎5个集镇。

别桥集镇历史悠久。隋大业十二年（616年），永世（溧阳）县令疏浚泾渎（丹金溧漕河）别（甓）桥段，在河上架桥，始称甓桥，就有民众沿河居住，并在河西岸开店经商。明成化、弘治年间（1465～1505年），先后两次疏浚泾渎，泾渎两岸居民与日俱增，物贸流通日繁，渐成街市。别桥地处溧阳北大门，苏南交通航运的主动脉丹金溧漕河上，农副产品丰富，商贸资源充足，成为溧阳北部商业重镇。清末至民国，别桥镇工业、商业繁荣。

1950年以后，集镇建设加快，学校、机关、企事业单位纷纷创办建立，集市更加繁荣。20世纪80年代，集镇发展向东拉开，构成了新的集镇。2007年，别桥集镇西移，形成面积2.5平方千米的新镇区。镇区内有“九纵三横”的骨干街道和主干道路。新镇区与老集镇相得益彰，设施功能齐全，交通便捷，市场日臻繁荣，常州市新型小城镇展示于溧阳的北大门。

绸缪、后周两集镇，早在明清时期就是独立的乡、步（埠）、镇，新中国成立后一直是乡、公社、乡、镇政府所在地。

后周集镇六朝时已有，北宋时称允（永）泰乡，清嘉庆时称后周步（埠），民国时称后周镇，民国36年（1947年）随永泰乡，属绸缪区署，是陆笪、竹箦等地山地货的交流中心。集镇上的永泰街繁华非凡，南货、百货、杂货、茶馆、饭店等商店生意兴隆，糖坊、油坊、茧行也办得兴旺。青石板街道上被独轮车啃下道道车痕。清朝末年，镇上创办永泰学堂，后又创办永泰中学，可谓是溧阳西北的文化之镇。20世纪70年代以后，后周集镇迅速发展，镇区范围扩大。1977年，拓浚后周河后，在河西岸修建长200米的镇新街。到90年代，又建成6条街道、8

条路、2条巷的新集镇。11层高的金马国际饭店成了集镇标志性建筑。镇区布局合理，交通便捷，市场繁荣，适宜居住。2007年，后周并入别桥镇后，集镇建设步伐加快。

绸缪集镇在清末民初，由村落逐渐形成街道。20世纪80年代，建成商业一条街（建设路），形成聚集金融、电信、邮政、文化中心等单位及230多家店铺的繁华核心街区。

湖边、古渎两集镇，2013年不再是乡（镇）政府所在地，发展缓慢，但仍显示出农村集镇的活力。

1950年，现境内的18个行政村，分别属别桥区的别桥、湖边、道成、古渎、绸缪、诸里、前王、后周、石桥乡及竹箦区的西沈、下梅乡。1958年9月，成立别桥人民公社（包括湖边、古渎、绸缪）和跃进（后周）人民公社，两公社分别辖9个和6个管理区（后改为生产大队）。1961年，有别桥、湖边、古渎、绸缪、后周5个人民公社，辖64个生产大队。1983年改公社为乡（镇）建制，5个乡辖62个村民委员会。1987年，5个乡（镇）辖54个村民委员会。1992年9月，湖边乡并入别桥镇。1999年12月，古渎乡并入绸缪镇。2001年，3个镇辖34个行政村。2007年3月，别桥、绸缪、后周三镇合并，辖33个行政村、3个居委会。2009年8月，辖18个行政村。至2013年年末未变。别桥镇辖18个行政村277个自然村。

第一章　集　镇

第一节　别桥集镇

别桥集镇东濒洮湖，碧波万顷；南邻濑水，通埠达沪；西拥丫髻山，青峰之秀；北靠金坛，县北出入之门户。

隋朝末年，“运甓为基，架石为桥”，称甓桥。民众沿河而居并开店经商，始有集镇雏形。新中国成立后，因“甓”与“别”谐音，为便于书写，遂改称别桥。

别桥集镇在丹金溧漕河两岸。丹金溧漕河历史上称泾渎。据《建康志·甓桥》下引祥符《润州图经》记载：“泾渎河港阔只有十步，春夏水深三尺，秋冬水深一尺。”春夏稍微多下几场雨，就积涝成灾。若连几日无雨，就显旱情。隋大业末年，永世县（溧阳县旧名）县令达奚明，疏浚泾渎后建桥。“甓甃两岸取其固”，架长石条为桥，称甓桥。乡民沿泾渎两岸而居，逐成街道，并有本地、外地人在街镇开店经商。

南宋绍兴年间（1131～1162年），宣议郎虞维（字敦素）为避战事，兄弟三人由丹徒黄泥坝迁至溧阳允定乡（别桥）定居，带领虞氏家族开荒种地、建房置田，繁衍子孙。

明正统年间（1436～1449年），山东缪氏先前南迁定居于上沛的分支，以及马、王、陈、史等其他姓氏的家族也陆续迁来别桥。缪氏后裔与虞氏家族和睦相处，同居泾渎西岸，村落逐渐扩大，村名取两家姓名，故叫虞缪村，紧辅别桥街。明成化、弘治年间（1465～1505年），溧阳知县靳璋与符观对泾渎先后两次加以疏浚，“潦则泄之，旱则引之，农皆德之”。水运通畅，使泾渎两岸居民与日俱增，物贸流通日繁，别桥西渐成街市。清嘉庆元年（1796年）别桥又重建，改成平石桥。此后，别桥街市、商贸日趋兴旺。

清咸丰十年（1860年），太平军与清军在江南一带争城夺池，战事频繁，殃及平民，百姓外逃，几乎殆尽。据《虞氏宗谱》记载，“虞氏十不四五”;《马氏宗谱》记载:“马氏十不及一”，人口锐减可见一斑。同治三年（1864年），太平天国运动失败，时局日趋稳定，外逃乡民返回，重建家园。后来河南、苏北客民相继迁来。清末至民国初，安徽（徽商）、温州人（胡氏先辈）相继来别桥开南货店、杂货店，当地商贾也先后在别桥开办茶馆、饭店、浴室、南货店、炒货店、糕饼店、锦货店（棉布）、稻米行等。

民国2年（1913年），集镇开设邮柜。民国5年（1916年），别桥镇创办七年制完全小学。民国17年（1928年），别桥吕伯雄与上海张景裕在北关（原农具厂旧址）开办耀华电灯公司，供集镇商家照明。是年，轮船由溧阳经别桥，北通金坛、丹阳。民国21年（1932年），别桥通电话。民国24年（1935年），兴建镇广公路，翌年建成通车，别桥设有车站。至此，别桥成为水陆两路码头。

民国初年，集镇设有国民党区公所、警察局分驻所、商会，是宜兴、金坛、溧阳及上黄、竹箦、指前、社头、杨巷等县乡交界处的商贸、物流集散地，成为洮湖西畔，溧阳北部地区的政治、经济、文化中心。由于时代的局限，别桥镇区还局限于西关大街和北关小街，街道全用青石板铺成，集镇面积约0.27平方千米。为防止土匪、强盗抢劫，于西关大街西端（原影剧院处）与别桥大桥东堍设有关门，到夜晚关闭东西关门。夜间更夫巡逻，保护商家。

集镇老街北侧有一幢“望夫楼”，建筑年代失考。缪氏一族人婚后感情甚笃。不久丈夫早逝，其妻怀念良深，在其家屋之后进楼上一方形三层楼，面积较小，北向，对其夫墓。每当风雨晨昏之际，思念缠绵之时，辄登楼呆望夫墓而饮泣。数十年如一日，迨其去世，族人因念该妇对夫之一往情深，遂保其楼，以示纪念。后人亦有登斯楼者，但心情各异。“望夫楼”于20世纪60年代拆除。

民国26年（1937年），日本全面发动侵华战争，别桥屡遭日本侵略军烧、杀、抢、掠，哀鸿遍野，啼哭之声耳不忍闻，有幸生者终日惶惶，实象之惨，诚亘古以来未有之浩劫。

抗日战争胜利后，外逃百姓逐渐回归，生活逐渐稳定，集市商贸逐渐恢复，市场越发繁荣。据溧阳县直辖别桥警察分驻所管理各业申请统计清册记载：民国35年（1946年），别桥集镇有经营鲜肉业7家、馒饼面馆业9家、豆食业9家、理发业5家、危险性爆炸性业8家、旅馆业2家、酒楼菜馆业2家，合计42家。另南货、百货、山地货、杂货、小吃、中药、棉布等店及油坊、槽坊、酱园、铁竹木等手工作坊，别桥集镇茶馆有7～8家。“天平楼”（楼与天齐平之意）茶馆颇有特色，两层小楼，建在别桥西

图2-1　别桥集镇新貌

埦南边，傍依丹金溧漕河。楼底层是杂货店、裁缝店，楼二层是烧饼店、茶馆。水拥茶楼，茶客依窗而坐，喝茶聊天，或临东窗沿河远眺，水面波光粼粼、帆影点点、百舸争流，时而清风扑面，桨声渔歌，余音袅袅；步西廊，远看巷街，人头攒动，黄发垂髫，悠闲自得。“天平楼”成了人们经商议事，谈家长里短，会亲朋好友，歇息休闲的好地方。

新中国成立后，别桥集镇桥西先后办起供销社、粮油管理站、粮油加工厂、农具厂、信用合作社、邮电局、戏院等。1951年，组建别桥联合诊所，1958年成立别桥人民公社卫生院。同年创办别桥初级中学。在别桥桥东先后开办生产资料门市部、收购站、食品店、南货店、豆腐坊等。

1985年，别桥撤乡建镇。1988年，集镇建设速度加快，拓宽东关老街，拆迁危旧老房300多间，建成一条长1300余米、宽36米的骨干街道，集镇功能逐渐增强。

1990～1992年，别桥集镇拓宽溧金公路至北巷、绢纺厂至镇政府的道路，并铺浇了柏油沥青路面，建成镇政府到医院、粮站、农贸市场的水泥道路，配套敷设集镇主要街道的窨井、排水道、自来水管。整顿集镇电力线路，主街道安装上路灯，新建农贸市场，完成了自来水厂二期工程。1992年10月，敬老院正式开院，邮电大楼开工建设。241省道至别桥公路桥（北）的公路拓宽到36米，全部浇筑成混凝土路面，形成商业大街（兴城东路），临街建造商业楼。1994年上半年，完成别桥2000门程控电话的建设。总投资130万元的36米兴城东路铺浇沥青路面。别后公路改造工程、36米宽的大道两旁的路灯及绿化带工程已全部竣工，10条道路（街）拉开集镇框架，形成工业、文化、商业、住宅四大区域格局。

1995年3月，别桥镇被列为建设部500个小城镇建设试点镇，结合创建省卫生镇，集镇建设步伐加快。陆续建成东西走向的镇东街、镇西街、镇中街、兴城东路、诸泗路，南北走向的北街、商品街、振兴路、马公路、培阳路、姜家路、爱国路，构成了“七纵五横”骨干街道和主干道路。路面宽8～36米不等，全部是沥青或混凝土路面，与镇广公路（241省道）、上上线（黄横二环线）相连接，开通常州、无锡、上海、南京、丹阳、镇江、扬州等陆路客运和货运。同时加强主街道两侧改造，增添环卫设施。

20世纪90年代，苏南干线航道之一丹金溧漕河集镇段已拓宽到60米，500吨以下的货船可靠岸装卸，货船直通常州、苏州、上海等城市港口。集镇段东西两岸各筑起405米的石驳堤坎，装饰了仿玉石护栏。人行大桥和公路大桥相隔约400米，横跨在河面上，夹湾碧波、南北遥望。入晚以后，两岸灯光闪烁，波光闪闪。

镇中街（别桥人行大桥至培阳村），别桥集镇老街道之一。20世纪80年代改建成水泥路面。几十年的风吹雨打，人踏车轧，路面坑洼不平、碎石遍地，晴天灰尘飞扬，雨天积水飞溅。2013年7月，镇党委、镇政府投资170余万元，把总长300米、宽19米的镇中街重新铺浇了沥青路面。在铺浇路面的同时，把“三线”（下水道、自来水管、移动电信线路）整

图2-2　别桥龙华苑

合配套、重新组合敷设。铺浇好的镇中街，两旁店面整齐划一，老街面貌焕然一新。

2007 年 3 月，绸缪、后周两镇并入别桥镇，别桥集镇发展迎来新机遇。镇党委、政府决定“繁荣桥东、开发桥西”，规划桥西从爱国路向西至公园路，南至新上上线（黄横二环线），北到北环路，长 2.3 千米，宽 1.1 千米，面积 2.5 平方千米，建设高标准别桥镇新镇区。经过几年的建设，新镇区建有东西走向北环路、兴城西路、中心街；南北走向的公园路、世俊路、应图路、奚明路、别溪路、淳化路、阁帖路、新华街、爱国路，“九纵三横”的骨干街道和主干道路。路（街）面宽 8 ～ 36 米，混凝土或沥青路面，与上上线（黄横二环线）、241 省道、扬溧高速相接。以中心街、兴城西路两条主干道的新镇区，已有行政、企业、工商、供电、医院、广电、学校、体育馆、公园、菜场等 40 多家部门机构和单位以及商品房小区、安置房小区落户。镇区建有 35 千伏变电所 1 座，坐落在丹金溧漕河别桥集镇段东岸、别桥公路大桥北侧。具备 6300 千伏安容量变压器，低压线路 1.87 千米，高压线路 49.403 千米，2 条 500 千伏交直流三峡输电线路。2007 年，别桥集镇用电总量达 7000 万千瓦时左右。万顺自来水厂日供水能力 2 万立方米，年供水量达 360.2 万立方米。2013 年，集镇自来水入户率达 98%。

集镇是别桥人民公社、别桥乡、别桥镇政府所在地，2013 年，集镇面积 5.83 平方千米，集镇居民 1.4 万人，有 1 个居民委员会。别桥集镇，新老镇区各具特色，建筑风格别具一格，设施功能完善，环境优美宜人，交通便利快捷，市场日臻繁荣。一个多功能、农村城市化、城乡一体化的新型小城镇已具雏形。是全国 500 家小城镇试点镇之一、国家生态镇、江苏省重点中心镇、江苏省科技先进乡镇、江苏省群众文化先进乡镇、江苏省卫生镇、常州市新型小城镇。

别桥集镇每年有两个传统物资交流节。春季农历三月十五至十七日称之“农节”，春耕伊始，集市主要交流耕畜、犁耙、农具等农用物资。秋季农历十月二十八日至三十日称之“商节”，集市主要交流鞋袜、衣帽、床、桌、橱、柜等生活用品。秋季的“商节”原为农历九月二十八日，因农事变化，改为十月二十八日。“农节”“商节”已延续了百年之久。集镇西端有一块石场，约 400 平方米，用数万块八五砖铺砌而成，成为集会、剧团演出、电影放映的场所。两个物资交流节均在石场及周围举行，每年要沸腾 6 天。别桥自隋大业十二年（616 年）“运甓为基，架石为桥”至今，具有 1000 多年历史，文化底蕴深厚。是明代南京国子监司业马一龙、清代顺治状元马世俊的故乡。现存闻名遐迩的省级保护文物明代石刻《淳化阁帖》，市级保护文物重修广惠庵碑、一龙井、竹叶玛瑙依门石。

第二节　绸缪集镇

绸缪集镇取名于“未雨绸缪”，位于溧阳市域偏北部，东距别桥集镇 3.5 千米，南与古渎相距 3.5 千米，西与后周集镇相距 5 千米，是茅山革命老区的一个集镇。明末清初，绸缪渐成村落，有乡民开店、设摊，清末民国初渐成小街道。民国 15 年（1926 年），绸缪瓦匠花裕福，曾应邀参加中山陵的建设。民国 26 年（1937 年），创办绸缪小学。民国 36 年（1947 年），国民党政府曾在绸缪设立绸缪区署。

新中国成立前夕，集镇建有学校、诊所。长150余米、宽6～8米的老街（现古绸街）两旁聚有茶馆4家，南货店4家，药店1家，商铺2家，饭店、小吃店4家，鲜肉铺1家。是竹箦、瓦屋山、后周等地的山地货、土特产，以及古渎、余桥、前马、别桥等水乡圩区的农副产品的集散地与中转站。

新中国成立初期，镇区设有邮政代办所，办有供销社、粮油管理所、信用合作社、医院（诊所）、粮油加工厂、农具厂等。集镇规模进一步扩大。

中共十一届三中全会以后，绸缪集镇建设速度加快。20世纪80年代初，在老街（古绸街）中段横向修了一条东西走向，总长350余米、宽20米的新街道（文明路）。新街道两旁商铺鳞次栉比，街道上人流熙熙攘攘。80年代溧后公路建成通车，途经绸缪集镇600余米。集镇建设过境公路商业街，名为建设路。建设路（商业街）的建成，拉开集镇建设的框架。此后20多年，集镇持续开发建设。至2013年，镇区东西走向的文明路、力乐路（寿茂路），南北走向的古绸街、建设路（溧后公路集镇段）、东湖路，构成“三纵二横”主干路街。建设南路东侧是力乐集团的老厂区，先后建成相连的是百货、副食、水果、杂货、农资、服装等商店，西侧是绸缪电力管理站办公大楼，中学教工宿舍住宅楼。电力管理站往北，街道旁十几家商店依次排列。建设北路东侧主要有欧式花园住宅区，中小学校和一些企业。西侧有商铺、药店、江南农村商业银行、建材商场、力乐集团新厂区及正在建设的绸缪最大的商场和娱乐场所。21世纪初，力乐集团开发欧式花园街，长350余米、宽25米的力乐路（寿茂路）是集镇最热闹繁华的街道。1997年，台湾台华贸易公司在绸缪集镇投资5000万元，创办溧华保健食品有限公司，翌年，“天目湖爱力幸”品牌大蒜酒进入上海市场。

集镇曾是绸缪公社、绸缪乡、绸缪镇政府所在地。2007年，绸缪并入别桥镇，绸缪集镇由绸缪村村民委员会管理。2013年，集镇常住人口0.65万人，日客流量0.25万人。建设路、文明路形成的十字街是繁华的核心街区，聚集着金融、电信、邮政、供电、文化中心等单位和230多家商店。2013年，集镇有幼儿园、实验学校、卫生院各1所。

第三节　后周集镇

后周集镇处于别桥地区边缘，南距溧阳市区18千米，东距别桥集镇7千米，北依塘马水库，扬溧高速自北向南从集镇东侧经过。

据传，六朝时期（265～587年）就有后周。村民选择地势较高的地方居住，高地南面称前周（舟），北面称后周（舟）。南宋时（1127～1279年）已有零散村落。后因故，前周渐冷落荒废。其间，罗村上阮（今金坛市薛埠镇上元村）葛氏卜居后周，蒋姓、戴姓也陆续到来。他们建房耕耘，繁衍后代，村落逐步扩大。明弘治年间（1488～1505年）属允泰。清嘉庆年间（1796～1820年）后周兴旺，称后周步，后为后周镇。

民国时，永泰街上聚有茶馆3家、理发店2家、南货店2家、百货店1家、杂货店2家、鲜肉铺2家、饭店3家、缝纫店、铁、木、竹器各1家，糖坊、油坊、粮行、茧行各1家。民国2年（1913

年）集镇开设邮柜。民国21年（1932年）通电话。国民党后周乡政府设在后周。抗日战争时期，中共后周区委、抗日民主后周区政府设在后周。集镇陆路通陆笪、竹箦，水路通溧阳县城，是溧阳县城西边山地货与平原圩区物资交流的中心。集镇每年清明有一个物资交流节，由来已久。

新中国成立初期，集镇相继办起供销社、信用合作社、粮油管理所、邮电代办所、生产资料门市部，办起粮油加工厂、农具厂，学校、医院、乡镇政府办公大院相继落成，文化和服务行业也有所发展，集镇面积扩大到0.3平方千米。

1977年11月13日，后周公社组织民工拓浚后周河，同时拓浚集镇段河道。拓浚河道带动集镇建设，河道拓浚完工后，后周河西修建一条长近200米的镇新街。翌年，在永泰街对岸（后周河河东）新建姜家新村。20世纪80年代初，先后新建棉花仓库、电影院。90年代陆续新建了邮政局、菜市场、自来水厂、黄金花园住宅小区。90年代，拉开3.25平方千米的新老集镇建设和改造。投入1300多万元，完成程控电话、有线电视、农贸市场等基础设施建设，中小学全面实行扩建改造。21世纪初，集镇又重新布局，搬迁菜市场，新建后周花园住宅区。连续多年的建设，形成了镇前、镇中、镇新、永泰、新兴6条街道，文化、镇东、迎宾、黄金山、观阳、塘马、北环、龙城8条路，葛家、供销2条巷的格局。

集镇交通便捷，上上线（黄横二环线）穿境而过，西通竹箦、上兴、南京，东通别桥、金坛、常州。沿路商业大楼林立。2004年建扬溧高速公路，溧北道口设在后周。"道口经济"给后周集镇带来新的活力。镇党委、政府聘请上海同济大学专家，以道口为中心，规划设计3平方千米的工业集中区，各路厂商纷至沓来，仅2005年，12家新办企业在工业集中区落户。

后周集镇历史悠久，是茅山革命老区的一个集镇，具有光荣的革命传统，是后周人民公社、后周乡、镇政府所在地。2007年3月，后周镇并入别桥镇，集镇日常事务由后周社区居委会管理。后周并入别桥镇后，集镇建设加速发展。2008年2月，溧阳市金鼎房产有限公司，投资6000多万元，在集镇新建了金马国际饭店，高11层，成为集镇标志性建筑。2013年，集镇常住人口0.65万人，日流动人口0.1万人。集镇八路六街两旁，商家、店铺林立，行政、学校、医院、金融、邮政、电信、文体活动室等部门镶嵌其间，后周集镇呈现出布局合理、环境优美、交通便捷、市场繁荣的景象。

图2-3　金马国际酒店

第四节　湖边集镇

1949年4月24日，湖边地区解放。5月，湖边地方新政权成立，取名永成乡，同年12月，更名为湖边乡，但没有集镇，乡政府设在双桥村义仓屋内。1956年3月16日，湖边乡并入古渎乡。1957 年 8 月，古渎乡并入别桥乡，湖边属别桥乡管辖。1961 年 9 月成立湖边人民公社，公社办公室设在湖塘村。公社党委选定闸口大河（原名钱阮港，也称濑溪河）北岸，东抵闸口村西，西至湾头村的一段皇圩圩埂边的开阔地带，规划、布局湖边集镇。1962 年 5 月，建立湖边公社卫生院，1967 年创办农具厂，分为铁、木、竹 3 个车间。1969 年 4 月，成立湖边公社兽医站。是年 6 月，组建湖边公社农业科技推广站。8 月，湖边分销站改为湖边供销社。1971 年，湖边建筑站建立。1972 年 6 月，建立湖边粮油管理站（含仓库、粮油加工厂）。1973 年 2 月，创建湖边中学。1975 年，建立湖边公社文化站。1978 年 3 月，设立湖边公社交通管理站。1978 年 10 月，原来的邮政代办改建成湖边公社邮电所。已形成小集镇雏形。供销社 4 个门市部前的街道，成为农贸集市场所。是周边村民的物资集散地和文化交流中心。

中共十一届三中全会后，湖边经济和社会文化事业发展较快。1981 年 11 月 1 日，镇广路（241 省道）正式通车，途经湖边集镇。湖边公社党委抓住机遇，重新规划和建设湖边集镇。1982 年开始，在闸（湖）口大桥北堍、公路西侧规划一条长 100 米、宽 12 米、东西走向的新街道。街道南边是饮食服务门市部、小吃店、超市、百货商店等；街道北侧有生产资料、五金门市部，公社行政三层高的办公大楼，小学、幼儿园等。粮站、医院、理发店、供销合作商店、药店等，相继落户公路东侧，形成“丁”字形的集镇街道。新街逐渐成为湖边村民销售农副产品、采购农用物资、添置生活必需品的核心街区。1988 年 2 月，湖边乡投资 30 多万元，打井并建造自来水厂。1992 年湖边并入别桥镇后，于 2004 年 11 月停产。

至 1992 年，集镇区域内有幼儿园、小学、初中、卫生院、粮油管理站各 1 所，小型超市 2 家，南百货商店 2 家，生产资料门市部 1 家，五金店 3 家，理发店 1 家，浴室 1 家，豆腐店 2 家，饭店、小吃店 3 家。别桥敬老院坐落在湖边集镇。

1992 年，湖边乡并入别桥镇，湖边集镇归湖边村民委员会管理。2013 年，湖边集镇（闸口村）常住人口 0.12 万人，原集镇区域内，有农贸市场、小型超市、南货商店、小吃店、理发店、农药化肥商店、医疗门诊部等。

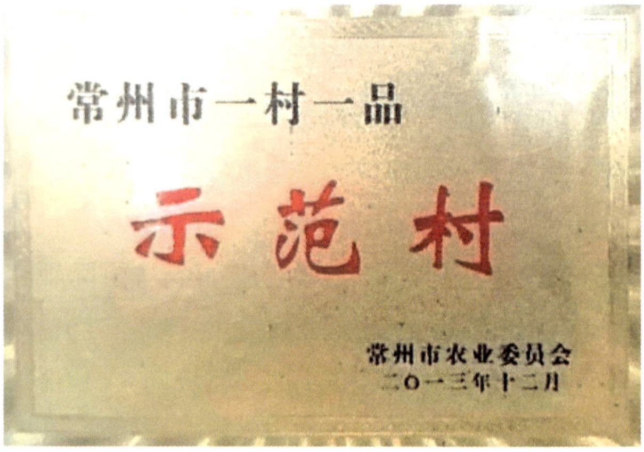

图2-4　2013年湖边村获“常州市一村一品示范村”称号

第五节　古渎集镇

古渎集镇位于濑溪河畔，东眺舟山，南见仙人山，西望瓦屋山，北视丫髻山，低洼圩区，是名副其实的锅底塘。宋开宝元年（968 年），先有古、王、牛，后有车、赵、杨六姓氏居住古渎。因到处是水，只能择高岗大埂定居。捕鱼度日，名曰鱼池埂。古姓最先居住此地，以姓命村名，后以水沟、河渠之意，故称古渎。

明末清初，古渎村已有较大规模，民国初期渐成街道。新中国成立前，在濑溪河南岸一条长 50 余米，宽约 8 米的老街上，开设茶馆 3 家，南货店 1 家，理发店 2 家，鞋店 1 家，杂货店 2 家，中药店 1 家，有木行、铁铺、竹器店。民国 20 年（1931 年）创办小学。

1961 年，成立古渎人民公社，公社办公机构设在古渎集镇，集镇办有信用合作社、供销合作社、邮政代办所、粮油管理所、生产资料门市部、农具厂、诊所、学校等。集镇农贸、供销繁荣，成为周边圩区农贸物资集散地和文化中心。1963 年，创办半耕半读的农业中学，1972 年改为古渎初级中学。

中共十一届三中全会后，农村经济日趋活跃，农贸市场越来越大，老街已不适应经济发展。古渎公社党委把集镇发展转移到育才路，依托古二村发展集市。20 世纪 80 年代中期，古渎乡把街镇搬迁到河南路。90 年代初，乡党委突破以村建镇的旧套路，把镇区新街建设在濑溪河北，东起观音桥，西至溧（阳）后（周）公路这一开阔地带，新建一条长 200 余米、宽 50 米的东西走向的新街道古渎路。在街北侧中部，又规划一条长 100 余米、宽 50 余米的横街菜场路。菜场路中端向北是兴欣路，与濑溪北路连接，形成四方形的集镇框架。主街道两侧排列着饲料店、杂货店、手机店、古渎大酒店、小吃店、渔需店等 30 多家商店，邮电所、文化中心、农科站、医院等服务性质的单位十多家。菜场路两旁店肆商铺，商品琳琅满目。早晨，赶时商贩忙摆摊，商家开门迎顾客，街道上人声喧哗，市场繁荣，商贸兴旺。1994 年 8 月，乡政府投资 500 多万元，建造自来水厂。1999 年，乡自来水厂与市自来水厂接轨，引用天目湖水，2008 年停产。

集镇原是古渎乡政府所在地。1999 年 12 月，古渎乡并入绸缪镇，镇区归古渎村委管理。2013 年，古渎集镇常住人口 0.13 万人，有幼儿园、小学、民营医院各 1 所，杂货店、小吃店、大酒店、渔需店等商店，与行政区划调整前相比有增无减。溧阳至竹箦、溧阳至后周的城乡公交车，途经古渎集镇。

第二章　行政村

第一节　别桥片

一、湖边村

【概况】 湖边村位于别桥镇东南部，距别桥集镇 5 千米。地面海拔（吴淞标高）平均 3.9 米，最高达 5 米。村境东濒长荡湖，南至溧城镇杨庄村塍圩自然村，西与道成村委阡陌相连，北抵北河，与泗渎港村、渔民新村隔河相望。241 省道由北向南穿越村域 4500 余米，115 路城乡公交车在村境内设多个站点。濑溪河（又名钱阮港、闸口大河）东西流贯，穿村而过，水陆交通十分便捷。抗日战争时期，湖边村域内是中国共产党活动频繁的地区之一。民国 29 年（1940 年）4 月，由中共地下党员董水根、史水林等在浪圩村发展 12 名中共党员，成立浪圩党支部，郑锁田任党支部书记。2010年，湖边村荣获常州市“关心下一代”工作先进村称号。2013年被评为“江苏省新农村建设”先进村、江苏省“新农村、新家庭计划”示范村。同年12月，被评为常州市“一村一品”示范村。

2013年，辖浪圩、闸口、湖塘、斗门湾、北小圩、陆家湾、史家、长桥、长桥庵、庙头、湾头、中观里、王家头、徐家、双桥、西埂、赵家17个自然村，57个村民小组，2056户6420人，其中女性2889人，劳动力3056人。全村共有姓氏145个，主要姓氏有马、史、谢、郑、阮、蒋、范、陈。村域总面积12.78平方千米，其中耕地338.9公顷，园地6公顷，其他用地748.04公顷，建设用地120.14公顷，未利用地65.33公顷。

【历史沿革】 宋元明时期，村域属允（永）定乡。清康熙四年（1665年）始，村域内庙头、湖头、浪圩、双桥、长桥等村属桂寿区；湖塘、斗门湾（旧县志：斗木湾）、北小圩（旧县志：镇龙村）、闸口、王家头（村）、中观里等村属永定区。光绪元年至清末（1875～1909年），村域内湖塘、斗门湾、北小圩、陆家湾、闸口、湖口、中观里等属永定区下维字图；浪圩、双桥、徐家、西埂、赵家等村属桂寿区龙溪里图；湾头、庙头、史家、长桥庵等属桂寿区的黄义图。宣统二年（1910年），湖边村域属来苏乡（别桥）。民国元年（1912年）沿清制，湖边村属来苏乡，乡公所设于别桥。民国20年（1931年），湖边境内的浪圩、双桥、徐家、西埂、赵家等划属浪圩乡；庙头、湾头、史家、长桥、长桥庵原属昌口乡，后又归浪圩乡管辖；湖塘、斗门湾、北小圩、陆家湾、闸口、湖口、中观里等村属湖边乡。民国26年（1937年），湖边称洮西乡，属第二区（别桥区）管辖。民国36年（1947年），湖边称德西乡，属第二区（别桥）管辖。民国38年（1939年）4月24日，湖边、别桥等地解放，12月更名为湖边乡。

1956年3月16日，湖边、古渎、道成三乡合并为古渎乡。1957年8月，别桥、古渎、绸缪三乡合并为别桥乡。1958年9月，别桥乡成立政社合一的人民公社，湖边、闸口、中里等村为第二生产大队。浪圩、双桥、长桥等村为第三生产大队。1961年8月，别桥公社又划分为别桥、湖边、古渎、绸缪4个公社。湖边公社管辖浪圩、闸口、湖塘、双桥、长桥、中里、符家7个大队。1983年5月，湖边公社又改制为湖边乡，原大队改为村民委员会。1989年湖边乡管辖浪圩、双桥、闸口、湖塘、中里、符家、金家桥、长桥、昌口9个村民委员会。1992年湖边乡并入别桥镇，原村民委员会改称行政村。2001年5月，浪圩与双桥合并为浪圩村；闸口与长桥合并为湖边村；符家、昌口、金家桥合并为符家村。2009年7月，湖边、浪圩、湖塘三村合并，定名湖边行政村，村委会驻地闸口村，村委办公室设在原闸口小学内，建筑面积350平方米。符家行政村划入道成行政村。

【村域建设】 2006～2013年，以“五化三有”（道路硬化、卫生洁化、村庄绿化、河塘净化、环境美化，有公共服务中心、有长效管理机制、有乡村文化）“三清一绿”（清垃圾、清粪污、清河塘，村庄绿化）为目标，整治村庄环境，开展社会主义新农村建设。湖边村整治村庄河塘5条（个），清淤57750立方米，工程决算造价30.05万元。共投入资金350余万元，浇筑宽度不等的村村通混凝土道路18600余米。建老年活动室3个、农家书屋80平方米，有图书3000余册；设健身场所5处、卫生室2个，建公厕45个、垃圾房（箱）95个，聘保洁员17人。

【经济发展】 湖边地区地形平整，一马平川，属于圩区，地势低洼。湖边行政村拥有皇圩（1474公顷）、寿申圩（528公顷）两大圩。“寿申圩、皇圩塘，遍地水汪汪，到处都是野鸭塘，十年就有九年荒。”皇圩土地肥沃、物产丰富。皇圩人自豪地说：“皇圩三年熟一熟，锅巴好盖屋，如果每年熟一熟，黄狗也可讨老婆。”可是新中国成立前，水利失修，十年九淹，圩区村民生活艰难。

新中国成立后，在共产党和人民政府的领导下，湖边公社连年修筑圩堤，彻底解决圩内水患。1972～1975年，整个皇圩统一规划，统一放样，平整土地，格田成方。按南北走向规划成长100米、宽20米、3亩一块的长方形田块，每片田一端开一条排灌两用沟，每隔200米筑一条机耕路，每隔1000米（按实际情况或需要定）开挖一条排灌河。共开挖南北流向的“排涝河”“胜利河”“团结河”“庙头中沟河”“辛田圩中沟河”“和尚圩中沟河”“湖塘上河”；东西流向的“三干河”“五一河”及“十字河”，共计10条排灌河，做到沟、渠、河配套，全圩河网化，把低洼圩田全部变成台子田，把每年亩产二三百斤都不保的低产田，改造成一年稻麦两熟的高产稳产的丰产田。2013年，湖边村粮食总产量3261吨，油菜籽396吨，农业总产值1005.84万元，村级集体收入316万元，农民人均收入17093元。

湖边村人充分利用长荡湖天然浅滩的地理优势和现有2500亩无公害水产养殖基地，因地制宜开发水产渔业资源，实行蟹、虾、鱼混养。全村水产养殖面积10200亩，全村2040户农户，水产养殖户达580户，其中100亩以上有18户，50～99亩有56户，20～49亩有315户。2013年，全村水产品总产量达3093吨，其中河蟹1528吨、青虾265吨、鱼1300吨，全年水产品总产值4562.4万元，成为特色水产养殖专业村。

2013年，全村有个体交通运输户35家，服务业5家，兼事商业批发零售2家，餐饮业3家，小型超市2家，个体户120户。

【教育卫生】 民国初年（1912年），浪圩村、湖塘村就开办国民学校。新中国成立后，湖边村域内有初级小学3所、完全小学2所，1973年2月创办湖边中学。20世纪80年代，湖边中心小学办幼儿园1所。至2013年，从村走出的大学本科以上学历107人。

湖边村社会事业也得到长足发展。20世纪70年代，村域内办有5所合作医疗室，2007年合并成2个卫生室，分别设在浪圩村原合作医疗室内和湖塘村。

【古村文化】“浪圩古村文化”是别桥镇精心打造的“八大文化旅游名片”之一。村域内浪圩村的郑姓、谢姓，湖塘的史姓、阮姓家族历史上都在本村建有宗祠。20世纪60年代，这些祠堂有的被改建成学校，有的改建成粮库，有的改建成办公用房，有的被拆毁。2005年，阮氏家族在湖塘村重新建造阮家祠堂“庆元堂”。2012年，史氏家族也重新建造史家祠堂“敬德堂”。2013年，马氏家族也在湖塘村新建马家祠堂“钟美堂”。湖塘村阮、史、马三姓都重修家谱。

二、镇东村

【概况】“独秀山秀山秀独，长荡湖丽湖荡长”这两句回文诗形象地揭示了别桥镇东地区独特的地理景观。

镇东村位于镇境东部，培阳、东关、小桥头、诸泗等自然村已与别桥集镇融为一体。东濒长荡湖，南与湖边行政村、道成行政村阡陌相连，西至丹金溧漕河，北与马家行政村接壤。241省道顺村东侧穿行1500余米，丹金溧漕河流经村域西侧2000余米，北河由西向东穿境而过。城乡公交115路、镇村公交230路、232路、252路车均在域内设有站点，水陆交通快捷方便。

2013年，辖诸泗、陈家棚、小桥头、培阳、东关、土山、庄上、泗渎港、水产、中里、北堰、樊家、李家坝13个自然村，37个村民小组，共1184户，总人口4078人，其中女性1939人，劳动力1748人。全村共有姓氏138个，主要姓氏有吕、陈、宋、王、李。村域总面积5.26平方千米，其中耕地182公顷，园地1.3公顷，林地0.18公顷，其他用地266.5公顷，未利用地26.4公顷。2004年获“江苏省卫生村”称号。

【历史沿革】 宋元明时期，村域属允（永）定乡。清嘉庆到光绪年间属永定区。民国19年（1930年），中里、北堰、李家坝等村属永福乡。民国24年（1935年）又改属洮西乡。诸里、诸泗、土山属独秀乡。1950年，北堰、中里、李家坝、土山、庄上、泗渎港、培阳、东关、小桥头、诸泗等村属诸里乡。1956年，撤销诸里乡，并为别桥乡，中里并入古渎乡。1958年9月，别桥乡建成别桥人民公社。土山、培阳、诸泗等村属第一生产大队，中里属第二生产大队。1961年，别桥公社分成4个公社后，又形成土山、桥东（培阳、东关）、联星（诸泗）大队。中里等村划归湖边公社，称湖边公社中里大队。1983年9月，改公社为乡（镇）建制，称湖边乡中里村民委员会，别桥乡土山、联星（诸泗）、桥东（培阳）、水产村民委员会。1992年，湖边乡并入别桥镇，村民委员会改称行政村。2001年，村级区划调整，培阳、诸泗合并称镇东村；水产、土山合并称土山村；中里为中里村。2009年，土山、中里并入镇东村，称镇东行政村，村委会设在别桥镇政府原办公大楼内。

【村域建设】 2006～2013年，村域内整治河塘6条（个），清淤79100立方米，工程决算造价355950元。村累计铺浇宽度不等的村村通混凝土道路6400米，安装路灯130盏。设老年俱乐部2个、健身广场4处;建农家书屋50平方米，有图书800册;建公厕18个、垃圾房（箱）65个，聘保洁员6人。

【经济发展】 村域内纯属圩区水乡，水产资源丰富，自然环境优美，土地肥沃，尽管缺乏有利农耕的排灌设施，但引水灌溉方便，农田粮食产量尚可。20世纪50年代前，村民以种田为生，东关有少数村民在集镇经商。土山、庄上、泗渎港村民都是从苏北逃荒而来，定居在长荡湖边。湖里出产鱼虾、芦苇，有微利可图。村民农闲之余下湖捕鱼、捉虾、割芦编织，艰难度日。从20世纪60年代至70年代末，历经数十年，村民兴修水利，至2013年，村境内有10座泵站（10吋以上口径），可排灌926多公顷农田，生产条件逐渐改善。1995年，镇东村溧金公路沿线的农田，拉框格方，建设吨粮田和高标准农田近千亩。2012年又建设标准农田数百亩，粮食产量逐年提高。2013年，镇东村生产粮食2194吨，油菜籽209吨，农业总产值489.67万元，水产品1199吨，产值1095.9万元。集体经济收入86万元，农民人均收入15000元。

新中国成立前，村民多数务农，极少数在集镇兼事商贸。镇东村临近别桥集镇，改革开放后，尤其是在1995年集镇建设东移至镇东村域内，给镇东村带来发展机遇，创办有水泥制品厂、地毯厂、羊毛衫厂、电子元件厂、橡胶厂等村级工业企业有8家。很多村民抓住商机，兴办副食品商品、馒头烧饼店、早餐店、酒店、干洗店、建材店等商贸服务业，经商户数53户。2013年，村兼事商品批发零售6家，餐饮业10家，个体交通运输50户，私营企业26家。2013年从事工业的劳力692人，建筑业劳力773人，服务业劳力363人。

【教育卫生】 民国前期，诸泗村就设有私塾，塾师是吕锦森先生。民国36年（1947年），诸泗村有别桥镇第一保国民学校，李家坝村有德西乡第十保（二）国民学校。1958 年 9 月，土山村创办完全小学，1970 年，中里村创办完全小学。20 世纪 70 年代初，中里小学曾附设初中班。别桥中心小学校以及幼儿园于 1999 年 8 月迁移至村境内的诸泗村东。培阳村、诸泗村、土山村、水产村、中里村各办一所医疗室。2001 年，中里自然村还设有一个卫生室。其他卫生室全部并入别桥卫生服务站。至 2013 年，全村有大学本科以上学历 88 人。

【历史遗存】 据旧县志记载，南唐都统使李雄的墓在县城北面的独秀山（土山）。明朝初年捡到断碑，移立南溪里。明朝初年建于土山腰的白龙道院，是一座道教庵观，后毁于战火。明代为吕充立黄堂别驾坊于独秀山（土山）。民国时，诸泗有吕义祠，为吕族祠堂。培阳村东、诸泗村北有石牌坊数座，20 世纪 50 年代前后拆除。

链接：日军在镇东村暴行

抗日战争时期，日本侵略军占领别桥。民国 30 年（1941 年），日军以一个中队的兵力，在土山上筑营房、碉堡。日军经常到周边村庄抢粮，烧杀抢掠、奸淫妇女，无恶不作，多次在土山屠杀新四军地方干部和无辜群众，老百姓深受其害。日军为防止国民党军队、游击队的打击，屡屡到周边村庄放火烧房，炸毁桥梁。

民国 28 年（1939 年）冬季的一个夜里，中共地下党人员秘密将陆家湾村后的溧金公路桥 8 根桥桩锯断。第二天，驻扎在土山上的日本鬼子发现后，就把泗渎港村民唐仁财抓去严刑拷打，要枪杀他。当时在日本据点里烧饭的伙夫老扣保，苦苦哀求，用性命担保，日军苦于缺少确凿证据，唐仁财才得以保命。

日本侵略军霸驻土山 3 年多，所作所为惨无人道，犯下滔天罪行。

三、马家村

【概况】 马家村位于镇境东北，距别桥集镇约 1 千米。东临长荡湖，西至丹金溧漕河，北与金坛市指前镇后渎村相邻，南与镇东村毗连。241 省道顺村域东侧由北往南穿行，丹金溧漕河村西流贯，水陆交通便利。2013 年有马家、义亩头、东庄、后村里、北杨庄、姜家棚、前园、后园、庙头、东桥、诸里、新桥 12 个自然村，31 个村民小组，1285 户 3730 人，其中女性 1890 人，劳动力 2046 人。全村共有姓氏 123 个，主要姓氏有陈、马、吕、史、刘、李。

图2-5　马家村牌坊

村域总面积 5.81 平方千米，其中耕地 223.2 公顷，园地 0.66 公顷，其他用地 247.2 公顷，建设用地 76.02 公顷，未利用地 44.5 公顷。2012 年，被评为“江苏省卫生村”。2013 年，获常州市“幸福家园”称号。

【历史沿革】 宋元明时期，村域属允（永）定乡。清嘉庆到光绪年间属永定区。民国元年（1912 年）属来苏乡，民国 16 年（1927 年）属别桥乡，民国 24 年（1935 年）属别桥镇，民国 36 年

（1947年）属别桥乡。1950年属诸里乡。1956年5月2日，原属金坛县社头区湖荡乡的园上村划归别桥乡管辖，是年8月，诸里、马家、园上归属别桥乡。1957年，成立诸里、群星、马家高级农业生产合作社。1958年9月属别桥人民公社第一生产大队，1961年改为马家大队、诸里大队，园上称为群星大队。1983年称别桥乡马家村民委员会、诸里村民委员会、园上村民委员会。1992年又改为行政村。2001年5月，诸里、园上两村合并，称诸里行政村，马家称马家行政村。2009年村级区划调整，马家、诸里两村合并，称马家行政村。2011年村投资79万元，在马家路东侧新建村委办公楼。

【村域建设】 1997～2013年，全村铺浇宽度不等的混凝土道路2000余米，沥青道路2000多米。开展“五化三有”“三清一绿”整治村庄环境建设新农村活动以来，村内安装路灯80盏，建老年活动室、图书室（图书1500册）、健身场所各1处。建公厕26个、垃圾房（箱）75个，聘保洁员4人。诸里自然村整治村庄河塘4条(个)，清淤19440立方米，工程决算造价87480元；马家自然村整治村庄河塘2条（个），清淤4700立方米，工程决算造价19270元。

【经济发展】 村境属平原圩区“鱼米之乡”，但新中国成立前，缺乏排灌设施，大部分田块靠车水或抽水机抽水灌溉，生产力低下，农耕衰微，民生艰难。新中国成立后，走上互助合作化道路，开始兴修水利，疏浚河道，兴建机电力排灌站，加固圩堤。1971年，别桥公社率先在马家大队开展格田成方的治田运动，统一放样，拆埂并丘，田块平整扩大，沟渠配套，排灌两便，利于农耕。又开挖马家河，连通丹金溧漕河与长荡湖。2000年前后又建设标准化农田，农业生产水平不断提高，粮食产量逐年增加。2013年，粮食总产1858吨，油菜籽178吨，农业总产值2448.4万元，养殖业总产值1732.5万元，集体经济收入69万元。村民兼事商品批发零售10家，个体交通运输8户。农民人均收入18372元。

【教育卫生】 清光绪三十一年（1905年）马敬培（厚之）等人在马家休享堂办私塾。宣统二年(1910年)，马家就办有完全小学1所。民国27年(1938年)东桥办有私塾。民国36年(1947年）在马家村马家祠堂开办别桥镇第三保国民学校，诸里在陈家祠堂开办别桥镇第二保国民学校。清代，园上就有私塾，在新中国成立前办完全小学1所，1985年并入诸里小学。1964年8月，诸里创办初级中学。1976年9月增设高中班（仅办一届），1978年停办。20世纪70年代，村境内办合作医疗室3所，2001年并入别桥卫生服务站。80年代完全小学附设幼儿园。至2013年，从村走出的本科学历以上93人。

【历史遗存】 明清时代，诸里村建有陈家祠堂，分东祠（乌龟祠堂）、中祠（中段祠堂）、西祠（石匠祠堂），还有吕家祠堂。新中国成立后，东祠改办小学，中祠改办中学。吕家祠堂1950年改为诸里乡政府办公室。万家祠堂被日本侵略军烧毁。园上吕家祠堂先是办私塾，后改办小学。

【人文荟萃】 马家村建有马家祠堂，抗日战争时期被日军烧毁。还有5处分支祠，在20世纪50年代有的被拆毁，有的改建成学校。据《马氏宗谱》所载，最早到别桥的马氏叫马秀夫(三十四世)，他入赘罗家，并改为罗姓，到其三十六世孙马子富时，反客为主，罗姓改为马姓，以姓氏命名村名，称为马家。马氏宗族，在别桥镇境内堪称望族。明清时期出了一些著名官宦，如马从谦、马性鲁、马一龙、马世俊等，有“一门五进士，两世四魁元”之誉。溧阳第四高等小学乃是马敬培（字厚之）创办。清宣统三年（1911 年），马敬培被皇帝赐恩贡匾额。马家村“金马玉堂”名人文化，是镇“八大文化旅游名片”之一。据清《（嘉庆）溧阳县志》记载：明清两朝溧阳县城和永定乡为马从谦、马性鲁、马一龙、马世俊等修筑 13 座牌坊，这些牌坊在 20 世纪 50 年代前后都被拆毁了。现存有市（县）级文物“竹叶玛瑙倚门石”“一龙井”。古迹“莲花瓣古井”、马家“永思坊”坊额、马家“西河门前埠头石坊”。2004 年，马氏家族在马家村又新建马家祠堂，为绸缪、上黄白塔、南渡、前马宋巷里、湖塘、西埂等地马氏家族分支的总祠，并在村前（南）建筑永思石牌坊一座，上面镌刻着“濑水科名冠玉堂，扶风勋业标铜柱”的楹联。村后（北）建“一龙寺”庙宇一座。

战斗英雄滕金海，诸里村人。1939 年参军并加入中国共产党，军职团长。参与孟良崮战役，以身掩护两名战士，被敌人炮弹炸伤，失去左臂。参加过抗美援朝战争。曾 1 次在劳动节、4 次在国庆节被邀登上天安门红台观礼。1968 年 8 月 2 日，以全军团以上优秀指挥员身份受到毛泽东的接见。

1958 年 12 月 19 日，别桥公社诸里中队获国务院奖状，李和林代表诸里中队赴北京参加全国农业社会建设先进单位表彰大会。

链接：日军在马家村暴行

民国 27 年（1938 年），日本侵略军占领别桥时，在集镇、马家、诸里，一路放火烧房，烧毁房屋不计其数。马家村、诸里村成为占据在土山的日本侵略军烧杀淫虏、无恶不作的场所。日军在义亩头村用刺刀戳死老人 3 人。

四、别桥村

【概况】 别桥村位于丹金溧漕河西岸，最北面的樊庄村与金坛指前镇相邻，南面是道成联圩和前程村，顺上上线向西与合星村相通。别桥村的虞缪、老卜墩、北巷、小舍头等村已与别桥集镇融为一体。东与马家村、镇东村隔丹金溧漕河相望。丹金溧漕河从北往南，顺村境东侧流过，上上公路（黄横二环线）穿越东西，村道、镇道贯通，与集镇共享交通优势。2013 年有虞缪、老卜墩、北巷、陈巷、诸阳、小舍头、前王、樊庄、金庄、丁家棚 10 个自然村，35 个村民小组，1361 户，总人口 3830 人，其中女性 1893 人，劳动力 1725 人。全村共有姓氏 168 个，主要姓氏有虞、缪、王、马。村域总面积 5.15 平方千米，其中耕地 215 公顷，园地 3.67 公顷，其他用地 244.1 公顷，建设用地 35.84 公顷，

图2-6　别桥村委

未利用地 11.63 公顷。

【历史沿革】 宋元明时期，村域属允（永）定乡。清嘉庆到光绪年间属永定区。民国元年（1912 年）属来苏乡（别桥），民国 24 年（1935 年）属第二区别桥镇，民国 36 年（1947 年）属第二区别桥乡，是年 10 月，属绸缪区署别桥镇。1950 年，虞缪、老卜墩、北巷、诸阳、小舍头等村属别桥区别桥乡，前王、陈巷、樊庄、金庄、丁家棚等村属别桥区前王乡，1956 年 3 月，属别桥区别桥乡。1957 年 8 月，属别桥乡，成立别桥、五星高级农业合作社。1958 年 9 月，成立别桥人民公社，属第九生产大队，1961 年，别桥公社分成 4 个公社后，分别为别桥大队、陈巷大队、前王大队、樊庄大队。1983 年 6 ～ 9 月，称别桥乡别桥村民委员会、陈巷村民委员会、前王村民委员会、樊庄村民委员会。1985 年，别桥设建制镇，村级单位未变，改称行政村。2001 年 5 月，陈巷并入别桥，称别桥行政村；樊庄并入前王，称前王行政村。2009 年 7 月行政村区划调整，前王村与别桥村合并为别桥镇别桥行政村，村委会设在原别桥中心小学内。

【村域建设】 2007 年，别桥村整治村庄河塘 5 条（个），清淤 20328 立方米，工程决算造价 87410 元；前王村整治村庄河塘 1 条（个），清淤 12000 立方米，工程决算造价 51600 元。2008 年，前王村整治村庄河塘 5 条（个），清淤土方 18900 立方米，工程决算造价 85050 元。2013 年，别桥村整治村庄河塘 7 条（个），清淤 20730 立方米，工程造价 93285 元。依据常州市、溧阳市关于建设社会主义新农村的文件，以“生产发展、生活宽裕、乡风文明、村容整洁、管理民主”为目标，开展村庄整治、建设。累计铺浇宽度不等混凝土道路 9650 米，安装路灯 90 盏。设老年活动室 3 处，农家书屋 2 个 96 平方米，有图书 20000 余册；建有健身广场 4 处、垃圾房（箱）35 个，公厕 13 个，聘保洁员 4 人。前王自然村设卫生室 1 所，2011 年被评为省级卫生村。2012 年，丁家棚自然村在新农村建设活动中，被评为常州市“三星级康居乡村”。

【经济发展】 村境属平原圩区，土地肥沃，相当一部分田块在道成联圩及门前垸、厘菜垸。新中国成立前，村民绝大多数务农，少数人在集镇兼事商贸或从事手工业。20 世纪 60 年代开始，村民逐年平整土地，格田成方，加固加高圩堤，改造圩田。兴修水利，新建机电排灌站，尤其是 1962 年桥西电力灌溉站的兴建，给村内农田的灌溉带来极大方便，农耕条件逐渐改善，农田旱涝保收，农民生产生活水平不断提高。90 年代后，由于镇区向西发展，虞缪、北巷、小舍头的田块被征用，作为集镇建设用地。2013 年粮食总产 2498 吨，油菜籽 185 吨，农村经济总收入 983 万元，集体收入 110 万元，农民人均收入 17780 元。

1980 年后，村民开始兴办企业、经商。2013 年，全村村级企业 6 家，经商农户 50 多户。其中，起步较早、当时颇有影响的位于陈巷自然村的华林手套厂，从一个工艺品厂的加工点发展成为与外商合资经营的手套企业。2000 年创办的溧阳自力缝制有限公司，是与韩国的合资企业，2013 年年产值 620 万元。

【古村文化】 虞缪、前王、樊庄等自然村，是镇内古村，文化底蕴深厚。明成化十一年（1475 年）进士、南京陕西道监察御史缪樗就是虞缪村人，他的儿子缪希亮，明嘉靖八年（1529 年）进士，在县知府行馆左面，为其父子立有“进士坊”。司业马一龙私谥为“贞孝先生”，是有名的孝子，尚书刘麟在他的墓碑上题刻为“皇明第一高士”。位于虞缪村的广惠庵（大庙），始建于宋朝，明嘉靖三十一年（1552 年）重修，立“重修广惠庵碑”，碑文即为马一龙撰写。据旧县志记载：

明朝初期共63人举荐，其中前王、樊庄王氏8人，任知县以上的官员6人。近代比较著名的有民国时期的作家王平陵（樊庄村人），曾任吉林省委书记的王云坤等。

明清时期，虞氏、缪氏、王氏在本村都建有宗祠。这些宗祠在20世纪50～60年代，有的被改建成学校，有的被改建成粮库，有的被改建成乡或村的办公用房。2011年以来，为保护好省级文物《淳化阁帖》，省、市准备修建《淳化阁帖石刻馆》并拟重建虞氏宗祠。前王村2009年重建王氏宗祠，竖立石牌坊；樊庄村于2011年重建王氏宗祠。虞、缪、王都续修宗族家谱。《淳化阁帖》石刻文化，是别桥镇精心打造的“八大文化旅游名片”之一。

从20世纪50年代开始，别桥村的群众文艺活动十分活跃，村民自发组织小剧团，演出群众喜闻乐见的戏曲节目，如《双推磨》《庵堂相会》《借东风》《珍珠塔》及曲艺等，在全县农村文艺汇演活动中有很大影响，直至2013年，还活跃在周边村。“龙灯”是别桥村的传统文艺活动，每逢春节、镇内重大活动，“龙灯”队给节日和活动增添喜庆和欢乐。

【教育卫生】 坐落在村域中的别桥小学创办于民国4年（1915年），开始为七年制完全小学。民国7年（1918年）改名为溧阳县第四高等小学，民国15年（1926年）更名为溧阳县别桥小学。民国36年（1947年）改称别桥镇第一中心保国民学校。前王完全小学改称别桥镇第二中心保国民学校。20世纪50～80年代，建有别桥、前王、樊庄3所完全小学。别桥小学、前王小学曾办成“戴帽子”初中（五年制小学，二年制初中。下同），3所完全小学开设幼儿班。70年代开始，村域内开设合作医疗室3所。至2013年，村中走出的大学本科以上学历的108人。

链接：日军在别桥村暴行

民国27年（1938年）4月18日，日本侵略军占领别桥，烧杀淫虏，丧尽天良。在集镇、马家、诸里等村同时放火烧房，连成一片火海，烧毁民房2000多间。别桥村的虞缪等自然村亦难免厄运。

国民党军队在别桥与日军抗击战曾有3次。民国28年（1939年）3月27日和8月10日，击毙溺死日军近400人。民国32年（1943年）1月25日，击毙日伪军12人。

民国34年（1945年）5月的一天清晨，占据在土山的日军到绸缪集镇骚扰，被传送情报的别桥小青年陈永福（在绸缪避难）发现，他一看情况紧急，顾不得个人安危，边跑边喊：“鬼子来啦，鬼子来啦！”通知群众转移。日军见状，十分恼怒，朝陈永福连开数枪，年仅17岁的陈永福中弹牺牲。

五、前程村

【概况】 前程村位于别桥镇境南，距别桥集镇2.8千米。东与别桥村接壤，南与道成村相连，西与两湾村为邻，北与合星村的战胜自然村阡陌相接。北河在村中穿流而过，村内主干道与对外公路贯通，镇村公交239路车在村中设有站点，水陆交通便利。至2013年，有前程、吕庄、三官殿、下尖圩、南棚、北棚、谢家坝、北谢、东埂9个自然村，22个村民小组，830户，总人口2566人，其中女性1440人，劳动力1336人。全村共有姓氏133个，主要姓氏有谢、马、虞。村域总面积5.21平方千米，其中耕地210.7公顷，园地0.7公顷，林地0.049公顷，其他用地247.7公顷，建设用地42.81公顷，未利用地19.03公顷。

【历史沿革】 宋元明时期，村域属允（永）定乡。清嘉庆至光绪年间属永定区。民国初年属来苏乡，民国16年（1927年）属别桥乡，民国24年（1935年）属第二区别桥镇。民国36年（1947年）初，前程村属第二区别桥乡；谢家坝村、下尖圩村属第二区永和乡，10月属绸缪区署别桥镇。1950年，前程村、谢家坝村、下尖圩村属别桥乡。1957年成立前程、伏星高级农业合作社。1958年9月属别桥人民公社第九生产大队。1961年，别桥公社分成4个公社后，组成前程大队、谢家坝大队、下尖圩大队。1983年改称别桥乡前程村民委员会、谢家坝村民委员会、下尖圩村民委员会。1985年，建别桥镇，村级组织未变，改称行政村。2001年，下尖圩、谢家坝两村合并，置伏申村以及前程村。2009年伏申村并入前程村，称别桥镇前程行政村，村委会设在前程自然村。

【村域建设】 2007～2013年，优化农村生态环境，全村整治村庄河塘26条（个），清淤土方112044立方米，工程决算造价501148元。开展“五化三有”“三清一绿”新农村建设，共投入200余万元，浇筑混凝土道路8000多米，村内安装路灯100多盏，有健身广场、村民俱乐部、老年活动室，建农家书屋50平方米，图书800余册，设垃圾房（箱）50个、公共厕所15个，有保洁员3人，并停办石灰厂。2013年荣获“江苏省卫生村”称号。

【经济发展】 村境属平原圩区，大部分农田在道成联圩内，稻麦两季，靠天收成。新中国成立前，村民占有少量土地，多数靠帮长工或种租田生活。那时缺乏水利设施及排灌设备，常受水旱灾害，村民收入微薄，民生困苦。20世纪70年代兴修水利，建机电排灌站，平整土地，格田成方，圩内开展“三分开、一控制”（内外分开、高低分开、排灌分开、控制内河水位）（下同）为目标的农田基本建设，农业生产设施改善，利于耕作。2007年度又建设标准化农田，村民收入逐步增加，粮食产量提高。2013年，粮食总产2745吨，油菜籽156吨。农业总产值1350万元，养殖业总产值6800万元，村集体收入36万元，村固定资产280余万元，农民人均纯收入13500元。前程村因地制宜发展村级企业。1972年，创办砖瓦厂，1998年办起石灰厂，还有私人企业仪表厂，为村民提供了半工半农的机会。到2013年，有私营企业2家，其他个体户50户，个体交通运输户60户。劳动力中有536人从事工业，449人从事建筑业，125人从事服务业。

【教育文化】 前程、谢家坝村是古老的村庄，清乾隆年间建筑的“三官殿”就是有力见证。清宣统年间（1909～1911年）谢家坝村就开办私塾1所。民国36年（1947年），前程村创办别桥镇第七保国民小学。1952年2月，前程小学办在明清时期建造的马家祠堂内。新中国成立前，谢家坝小学创办。1965年下尖圩初小创办。1971年拆除马家祠堂旧建筑改建前程小学新校舍。20世纪80年代初，前程小学、谢家坝小学附设幼儿班。1965～1985年，村境内有小学3所。人民公社时期，3个大队都有合作医疗室。至2013年，从村走出的大学本科以上学历68人。香港大学博士生导师高福荣是下尖圩人，扬州大学教授谢科进是谢家坝人。青奥会7枚游泳金牌、亚运会4枚游泳金牌获得者沈铎，祖籍就是东埂村。

21世纪初，谢家坝、北谢两个自然村的谢氏大姓一族，重修、续修《谢氏宗谱》。

六、合星村

【概况】 合星村位于兴城西路南、北两侧，前马场、五里亭等自然村已与新镇区融为一体。东邻别桥村，南与前程村毗邻，西靠北山工业园区，北与金坛市指前镇接壤。兴城西路直贯东西，上上线（黄横二环线）穿村而过，农村镇村公共汽车230路、232路、252路公交车在前马场、五里亭、上市路口设站，陆路交通方便快捷。2013年，有前马场、五里亭、后马场、上塘棚、战胜、西浦、滩头、祁笪里、东庄、泗巷、上市、前梁、后梁、万家、何家、承家、下场、李巷、街头、上头棚、东神圩、西神圩、史家棚、杨家棚24个自然村，其中前后马场在太平天国时，是官府放马场所，两村村民前辈大多是从司马光家乡（河南光山）逃荒过来。共有40个村民小组，1625户，总人口4881人，其中女性2390人，劳动力2684人。全村共有姓氏164个，主要姓氏有虞、王、朱、梁、杨、张、承、刘、孙。村域总面积8.06平方千米，其中耕地面积466公顷，园地5.73公顷，林地0.1公顷，其他用地234.8公顷，建设用地72.25公顷，未利用地29.6公顷。

【历史沿革】 宋元明时期，村域属允（永）定乡。清嘉庆到光绪年间属永定区。民国16年（1927年）属别桥乡，民国24年（1935年）属第二区别桥镇，民国36年（1947年）属第二区别桥乡。1950年，五里亭、前后马场、上塘棚、东西神圩、史家棚、杨家棚、上市、西浦、三村等村属前王乡，1956年归属别桥乡。1957年，五里亭、前后马场、上塘棚、东西神圩、史家棚、杨家棚为五星高级农业合作社，三村、西浦、上市成立红星高级农业合作社，战胜为战胜高级农业合作社。1958年9月属别桥人民公社第九生产大队。1961年，别桥公社分成4个公社后，组成农场、合星、三村、西浦、上市、战胜大队。1970年10月15日，三村、西浦、上市3个大队合并成团结大队。1983年9月，改人民公社为乡（镇）建制，称别桥乡农场村民委员会、合星村民委员会、战胜村民委员会、团结村民委员会。1985年别桥撤乡建镇，村级单位未变动，称为行政村。2001年5月，农场、合星两村合并为合星村。2009年7月，团结、合星、战胜3个行政村合并，称合星行政村。2013年在兴城西路北侧前马场村前投资250万元，建成村委办公室大楼。

【村域建设】 2007年后，合星行政村的原各个村与时俱进，紧跟农村生态环境建设的步伐，根据市政府《关于推进社会主义新农村村庄建设整治工程的实施意见》，开展社会主义新农村建设。至2012年，整治村庄河塘14条（个），清淤土方58600立方米，工程决算造价256560元。全村累计铺浇宽度不等混凝土道路13500米，整修战胜小桥、土桥、旺夹桥、万家桥。村内安装路灯60盏，建村民俱乐部2处、老年活动室2处、农家书屋40平方米，存书800余册；设有健身广场3处，卫生室2个，垃圾房（箱）68个，公厕18个，聘保洁员5人。

【经济发展】 村境内地多人稀，粮食产量低，人民公社时，村民学习大寨精神，改变农业生产环境，平整土地，因地制宜格田成方，开沟筑渠，从水车灌溉发展到电力灌溉，结束了靠天种田的历史。村域内土质较差，常年稻麦两熟或水稻一熟。村民奋力改变种植条件，大种绿肥，经过多年的努力，板浆白土的土质得以改良。20世纪70年代又建设规范化农田，沟渠配套，建设“双纲田”（800千克/亩）。实行农村生产承包责任制实行后，调整农业产业结构，加大标准化农田建设，建设水稻丰产方。2009年，建成标准农田6000余亩，粮食产量大幅度提高。

从农业生产中摆脱出来的村民，进入乡镇企业，外出承包工程、经商，收入逐年提高，楼房盖起来了，小汽车开进村了，公交车一直开到上市村。2013年，有962名劳动力从事工业，917人从事建筑业，216人从事服务业。2013年粮食总产5227吨，油菜籽403吨。农业经济总收入984万元，其中养殖业300多万元，农民人均收入15000元。

【教育卫生】 民国23年（1934年），上市村在梁家祠堂办完全小学。民国38年（1949年）9月，西神圩村办完全小学。20世纪60年代，战胜大队、农场大队相继办起村初级小学。1958年9月创办合星农中，1964年8月创办合星初级中学，1988年8月合星初中停办。20世纪90年代至21世纪初，村境内村小、完小相继并入别桥中心小学。人民公社时期，村境内有合作医疗室4所。至2013年，从村走出的大学本科以上学历53人。扬州大学教授朱国强是后马场村人，中国海洋大学食品科学与工程学院博士生导师梁平方是泗巷村人。

【历史人文】 清末民国初，上市村建有梁家祠堂，20世纪60年代拆除。上市村57号住宅前至今仍保存一口明代水井。战胜村龙灯2006年被列为溧阳市第一批非物质文化遗产。战胜篮球队曾风靡十多年，20世纪60～80年代屡屡参加县、乡农民篮球赛，多次获得冠军。1997年9月6日，战胜村就读于别桥小学三年级学生周俊（9岁）勇救落水儿童牺牲。1998年12月，省人民政府批准周俊为革命烈士。

抗日战争时期，村域内的上市村属后周区抗日民主政府阴梓（山）乡，是中国共产党早期活动地方，也是新四军活动频繁区。民国29年（1940年）春，上市村民梁虎保获悉日军集中3个中队的兵力，准备偷袭在别桥、社头一带招兵的新四军队伍，他不顾个人安危，步行几十里，把情报送到新四军江南指挥部，受到陈毅司令员的称赞，并热情招待他。民国33年（1944年），上市村游击小组侦探敌情，传递情报，为抗日做出贡献。

第二节　绸缪片

一、古渎村

【概况】 古渎村位于镇境南部，距别桥集镇12千米。东与湖边村隔丹金溧漕河相望，南与溧城镇方里村毗邻，西与竹箦镇濑阳村接壤，北与道成行政村、两湾行政村相连。中河、古渎河由西向东穿村而过，丹金溧漕河南北走向、横亘村境东侧3千余米。村镇公路贯通村组，水陆交通便捷。2013年，有董家舍、庄只里、桥北、桥南、车家、史家、东溪、河大湾、五荡湾9个自然村，35个村民小组，1268户，总人口4618人，其中女性2450人，劳动力2540人。全村共有姓氏171个，主要姓氏有姜、姚、史、车、董、王、陈、徐。村域总面积5.56平方千米，其中耕地224.6公顷，园地0.76公顷，林地1.35公顷，其他用地293.32公顷，建设用地30.9公顷，未利用地6.62公顷。

【历史沿革】 宋元明时期，村域属永西乡。清嘉庆年间属永西区。光绪年间，古渎、东溪、董家舍、河大湾等自然村属永西乡，五（乌）荡湾属崇来区。民国元年（1912年）属来苏（别桥）乡。民国24年（1935年）属第二区（别桥）古渎乡。民国26年（1937年）属第二区永西乡。民国34年（1945年）仍属第二区（别桥）永西乡。民国36年（1947年）年初属第二区（别桥）永和乡，10月属绸缪区署别桥镇，称古渎、东溪、五荡湾村。1950年，属别桥区古渎乡，村名沿用。1957年仍为古渎乡，成立古渎、东溪、赵圩、坝头等高级农业合作社，是年8月并入别桥乡。1958年9月，属别桥人民公社第四生产大队。1961年，古渎人民公社成立，组建成古渎、东溪、五荡湾大队。1974年，古渎大队分成古一大队（史家、车家）、古二大队（姚家、姜家）、古三大队（庄只里、董家舍）。1983年9月人民公社改乡（镇）建制，成立古渎乡古一、古二、东溪村民委员会。1999年12月，古渎乡并入绸缪镇，村名沿用。2001年，古一、古二、董家舍三村合并，称绸缪镇古渎行政村，还有东溪行政村。2007年3月，绸缪镇、后周镇并入别桥镇，行政村未变动。2009年7月，行政村区划再次调整，东溪并入古渎，称别桥镇古渎行政村。村委会办公室原在桥北新街，2013年搬迁到观音桥旁。

【村域建设】 2007～2013年，在农村生态环境建设中，整治村庄河塘27条（个），清淤土方38809立方米，工程决算造价173659元。2005年后，开展社会主义新农村建设活动，围绕“五化三有”“三清一绿”的目标，以公共服务中心建设、村庄道路建设为重点，推进村庄建设。共投入资金300多万元，铺浇混凝土道路16千米，整修桥梁3座，安装路灯92盏，建农民俱乐部1处、老年活动室9处、农家书屋80平方米，有图书3100册；设健身广场3处、卫生室1个、公厕22座、垃圾房（箱）86个，聘保洁员6人。

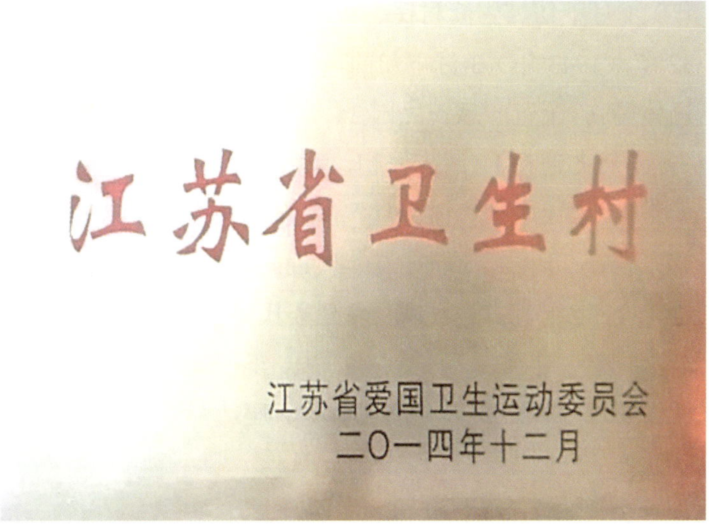

图2-7 2014年12月古渎村获“江苏省卫生村”称号

【经济发展】“古渎濑溪锅底塘，十年九年遭水殃，一年到头晒渔网，不是讨饭就逃荒。”在当地流传的这首歌谣，形象地反映古渎境内地势低洼，民生艰辛的惨象。古渎村的土地大部分在道成联圩及古渎联圩中，新中国成立前，没有水利设施，一到雨季，上游及四周客水全部流入低洼圩区，十年九淹收成微薄。村民迫于生计，利用河堤、高岗地种桑养蚕，少数人开槽坊（酿酒）、糖坊、油坊。东溪村民妇女织布，男人掸壁硝维持生计。新中国成立后，政府领导人民兴修水利，加固防洪圩堤，建设机电排灌站。20世纪60年代开始，种苕子等绿肥改变圩田土壤，平整土地，格田成方，把一熟田和荒田改造成稻麦两熟田。圩田内开展以“三分开、一控制”为目标的农田基本建设。1992年，开展低产田改造和吨粮田建设。1997年，古渎联圩在圩区综合改造低产田280余亩。农村改革开放后，古渎村村民利用紧靠集镇的优势，办厂经商，外出承包建筑工程。2013年，全村固定资产380万元，粮食总产2435吨，油菜籽348吨，农业总产值793万元，养殖业总产值1765万元，集体收入50万元，农民人均收入16180元。村民兼事商品批发零售12家，个体交通运输35户，餐饮业10家，服务业10家，其他个体户4户，私营企业4家。

【教育】 古渎小学创办于民国20年（1931年）2月，民国29年（1940年）更名为古渎初级小学，民国35年（1946年）发展为高级小学。民国36年（1947年），古渎里有永和乡中心国民学校，东溪村有永和乡第五保（一）国民学校，五荡湾有永和乡第五保（二）国民学校。20世纪50年代至2000年，村境内有4所小学。1972年村域内办起古渎初级中学。80年代初，创办幼儿园1所。至2013年，从村上走出的大学本科以上学历的有135人。

【革命传统】 抗日战争时期，古渎村姜洪才、姜坤生、姜荣金、姜志清秘密参加了中共地下党。古渎村民在地下党组织下把船沉在道成桥桥洞下，阻止、破坏日本小汽艇下乡扫荡，为抗战做出积极贡献。民国27年（1938年）4月初的一天，村民姚定保用锄头砸死日本小军曹。民国29年（1940年）7月的一天上午，东溪女村民孙秀珍机智掩护女干部。民国31年（1942年）1月下旬，古渎村民、中共地下党员姜洪才带领区大队25人，伏击伪军，保住公粮。民国32年（1943年）3月下旬的一天，古渎村民史芝山为保护3名新四军税务干部，被日伪军打得遍体鳞伤，奄奄一息。民国34年（1945年）2月，牌楼村民兵接应天目山反顽战役中52名伤员。

【历史遗存】 清末民初，古渎村有姜家二宗祠“思本堂”“敦本堂”；姚家二宗祠“永锡堂”“沁一堂”；史氏宗祠“树德堂”；车家宗祠“肃雍堂”；东溪村陈氏宗祠；五荡湾徐氏宗祠。这些家族宗祠在20世纪50～60年代期间，或办学校，或做粮库、办供销社，后逐渐拆毁或改建他用。进入21世纪，古渎村恢复新建姜氏宗祠“本一堂”；姚氏宗祠“永锡堂”；史氏宗祠“树德堂”；车家祠堂“肃雍堂”。姜、姚、史、车四大姓都有宗族家谱。村域内五荡湾自然村有桂花树一棵，树龄300年以上。现存清代古墓5座。

二、道成村

【概况】 道成村位于别桥镇南部，距别桥集镇11千米。东与湖边村紧邻，南与古渎村接壤，西与两湾毗邻，北与前程村连接。村因道成桥得名，桥初为道士募建木桥，故名。丹金溧漕河由北往南从姚家桥村穿流道成桥村2000余米，村内主干道与对外公路贯通，239路、252路镇村公共汽车直达符家、道成自然村，水陆交通便捷。2013年，有对河、杨家坝、钱家、童家、潘家、徐家、黄家、昌口里、金家桥、姚家桥、符家、虞家坝、马家、陈家14个自然村，34个村民小组，965户，总人口3200人，其中女性1504人，劳动力1432人。全村共有姓氏134个，主要姓氏有童、钱、潘、史、符、金等。村域总面积6.77平方千米，其中耕地面积195.45公顷，园地0.27公顷，林地0.82公顷，其他用地396.92公顷，建设用地50.72公顷，未利用地33公顷。

【历史沿革】 宋元明时期，村域属允（永）定乡。清嘉庆年间属永定区。宣统二年（1910年）属来苏乡（别桥）。民国元年（1912年）仍属来苏乡，民国16年（1927年）属别桥区，民国24年（1935年）国民党政府实行保甲制，属第二区（别桥区）。民国34年（1945年），道成、横河、符家、昌口里等村属别桥区永福乡。民国36年（1947年），道成、对河、符家属第二区（别桥）永和乡，昌口里、金家桥、姚家桥等村属第二区（别桥）德西乡，是年10月同属绸缪区署别桥镇，村名沿用。1950年属别桥区道成乡。1956年3月属别桥区古渎乡。1957年成立符家、道成、对河等高级农业合作社。1958年9月，成立人民公社，属别桥公社第五大队。1961年9月，道成、横河、对河属古渎人民公社，称道成、横河、对河大队，符家属湖边公社，称符家大队。1983年，人民公社改为乡（镇）建制，称湖边乡符家村民委员会、金家桥村民委员会、昌口村民委员会；古渎乡道成村民委员会、横河村民委员会、对河村民委员会。1992年，湖边乡并入

图2-8　道成桥

别桥镇，称别桥镇符家行政村、金家桥行政村、昌口里行政村。道成行政村、横河行政村、对河行政村仍属古渎乡，1999 年 12 月，古渎乡并入绸缪镇，称绸缪镇道成行政村、横河行政村、对河行政村。2001 年符家、金家桥、昌口里三村合并，称别桥镇符家行政村。道成、横河、对河三村合并，称绸缪镇道成行政村。2007 年 3 月，镇级行政区域调整，绸缪镇、后周镇并入别桥镇，称别桥镇道成行政村、符家行政村。2009 年行政村级区划再次调整，道成、符家合并成为道成行政村，村委会设在道成村。

【村域建设】 2007 ～ 2008 年，整治村庄河塘 10 条（个），清淤土方 33508 立方米。2006 ～ 2013 年，以创建“江苏省生态村”为抓手，整治村庄环境，建设新农村，完善镇村道路与公共设施配套建设。全村铺浇宽度不等的混凝土道路 18 千米，安装路灯 50 盏；建图书室 1 个，有图书 800 册；设村民健身广场 3 处、活动室 2 个、卫生室 1 个、公共厕所 3 座、垃圾房（箱）30 个，聘保洁员 2 人。

【经济建设】 道成行政村位于皇圩和道成联圩内，是全镇最低的地区，“河东水田皇圩荡，河西还有九连荡，荡呀荡，浪打浪，一年四季水汪汪”，素有“水乡”“泽国”之称。新中国成立前，没有水利设施，低洼田常靠天吃饭，60% 的低洼田常年处于常水位之下，一年一熟沤田多，生产力极其低下，粮食产量不高，农民生活艰难。20 世纪 50 年代起，党和政府领导农民兴修水利、修筑圩堤，并圩联圩，建设机电排灌站。道成村有植桑养蚕的传统，利用圩堤、河埂大力种植桑树，发展养蚕事业。1951 年，有桑田百余亩，养蚕 190 张。1964 年开始，改造低洼田，符家大队是全县 8 个样板之一，道成大队是地区、县、乡三级样板。圩田全部实现河网化，河、路、渠、沟全面配套，开展以“三分开、一控制”为目标的农田基本建设，圩堤达标建设，提升抵御水灾能力。70 年代进行低产田改造和吨粮田建设，一年一熟的圩田建设成稳产、高产的丰产田。80 年代后，农业产业结构调整，村民稻田养鱼，继而挖塘养鱼、养虾、养蟹，极大提高经济效益。符家、姚家桥、金家桥、虞家坝、昌口里等自然村，是传统的蔬菜种植村，蔬菜种植每亩利润 2 万～ 3 万元，培育茄子、番茄、辣椒等蔬菜秧苗，时间短、花工少、收入可观。2013 年，全村粮食总产 2553 吨，油菜籽 250 吨。农业总产值 766 万元，养殖业总产值 1132 多万元，集体收入 15 万元，农民人均收入 17000 元。投资 120 万元新建了村委会办公大楼，村固定资产 143 万元。全村 2289 个劳动力中，有 675 人从事工业行业，858 人从事建筑行业，315 人从事服务业行业。

【教育卫生】 道成村人童广儒，是童氏眼科初期著名传人，清康熙年间（1662 ～ 1722 年）在溧阳颇有名声。自制的“聚光珍珠散”“去腐解毒珠黄散”“祛阏生新推云散”“消翳除障磨翳丸”等眼药，驰名京沪各地，甚至远销南洋。民国 10 年（1921 年）参加南洋华侨举办的劝业会展览，获得奖状。后来的著名传人是童子旺。

民国36年（1947年），符家村有永和乡第六保（一）国民学校，道成村有永和乡第六保（二）国民学校，昌口里村有德西乡第十保（一）国民学校。道成桥桥东的西来庵，是一出家人四方化缘修建。大门向东，前殿大，设有菩萨和金刚，后排有许多神位。新中国成立后，改建为道成学校。1953年，扩充为完全小学。在“文化大革命”中将其房屋拆回村中，建成道成小学。1950～2000年，村域内有符家、道成2所完全小学。20世纪70年代初，符家小学曾附设初中班。1970～2001年，设合作医疗室6所。至2013年，从村走出的大学本科以上学历87人。

三、两湾村

【概况】 两湾村位于镇境西南，距别桥集镇7千米。东与道成村接壤，南与古渎村相邻，西与竹箦镇余桥村毗连，北接绸缪村。扬溧高速在村域西侧穿境而过，溧阳至绸缪县级公路南北穿越村域境内。村镇道路条条相通，村境北边紧邻北河，水陆交通便捷。2013年，有杨家湾、新河埂、东陈家、贺家、北陈埂、湾只、北庄、牌楼、殷家、周家湾、潘家、大沈家、尖只上、郝家、胡家墩、小沈家、西房、南房、赵圩里19个自然村，38个村民小组，1418户4200人，其中女性2080人，劳动力1500人。全村共有姓氏132个，主要姓氏有沈、吕、周、陈、郝。村域总面积7.91平方千米，其中耕地319.3公顷，园地1公顷，林地2.75公顷，其他用地382.2公顷，建设用地65.1公顷，未利用地22.1公顷。

【历史沿革】 宋元明时期，村域中的牌楼、沈家、郝家等村属永（允）定乡；南房、西房、周家村、潘家村等村属来苏乡；胡家墩等村属永西乡；北庄等村属永（允）泰乡。清嘉庆年间分别属永定区、来苏区、永西区、永泰区。民国24年（1935年），杨家湾、新河埂、贺家、北庄等村属第三区（竹箦区）绸缪乡，周家湾、郝家、赵圩、牌楼等村属第二区（别桥区），民国34年（1945年）属永西乡。1950年周家湾、郝家、赵圩、牌楼属别桥区古渎乡，杨家湾属别桥区后周乡。1956年3月，湖边乡并入古渎乡，组建成高级农业合作社。1958年9月属别桥公社第四大队和第七大队。1961年9月别桥、湖边、古渎、绸缪公社成立，周家湾、郝家、赵圩、牌楼大队属古渎公社，杨家湾大队属后周公社。1983年9月，公社体制改为乡镇体制，称古渎乡周家湾、郝家、赵圩、牌楼村民委员会，绸缪乡杨家湾村民委员会。1999年12月，绸缪设建制镇，古渎乡并入绸缪镇，各村民委员会改称行政村。2001年5月，周家湾、郝家、赵圩三村合并，称周家湾行政村；杨家湾、牌楼两村合并，称杨家湾行政村。2007年3月，绸缪、后周两镇并入别桥镇，称别桥镇周家湾行政村、杨家湾行政村。2009年行政村区划再次调整，周家湾，杨家湾两村合并，称两湾行政村。是年，村委投资58万元，在杨家湾村新建办公大楼。

【村域建设】 2007～2013年美化村庄环境，加强农村生态文明建设，整治村庄河塘26条（个），清淤土方87337立方米，工程造价结算392211元。以“五化三有”“三清一绿”为目标，加强基础设施、公益和文化卫生设施的建设。铺筑混凝土道路2万余米，安装路灯80余盏；建图书室60平方米，有图书800余册；设健身场所2处、卫生室1个；建公厕23座、垃圾房（箱）66个，配保洁员13人。

【经济发展】 村域平均海拔2.6米，是典型的低洼圩区。村域及土地大多处道成联圩内。

20世纪50年代前，低洼圩田十年九淹，全是一年一熟的沤田，收获甚微，民生贫苦。新中国成立后，村民加固加高圩堤，兴修水利，以“三分开、一控制”“河网化”的要求治理圩区农田，昔日的低洼圩田和一熟田均成为稻麦两熟田。改造低产田，建设标准化农田，粮食产量提高两倍。改革开放后，农村实行家庭联产责任承包制，村民更注重农田的基本建设，政府及有关部门积极支持茅山革命老区村庄水利基础设施建设，帮助村内修建高标准渠道，解决周家湾自然村700亩农田的灌溉排涝。革命老区的村庄面貌在改变，集体经济在壮大，村民收入逐年增加。生活不断改善。村民利用圩区水源优势，发展养殖业致富。经农业部审定，连续9年为绿色食品的中华鳖养殖场就在村域内。周家湾至东埂的排灌大河放养珍珠蚌，从1998年开始，有17年的历史。改革开放后，村民曾办起米厂、塑料颗粒子厂、铁粉厂、地毯厂、天平厂、拉丝厂、模具厂8家私人企业。由于市场原因，2013年有些厂停办。还有6户农户进入集镇经商，7户农户经营交通运输。2013年，全村粮食总产4276吨，油菜籽581吨，农业总产值1059万元，养殖业总产值4350万元，集体收入37万元，固定资产300余万元，农民人均收入18000多元。

【文化教育】 20世纪30年代，杨家湾村就开办私塾。民国36年（1947年）周家湾有永和乡第八保国民学校，牌楼村有永和乡第九保（一）国民学校，赵圩里有永和乡第九保（二）国民学校。50～80年代，村域内有牌楼、杨家湾两所村初级小学，郝家、赵圩、周家湾3所完全小学。1978年，赵圩、周家湾小学曾附设初中班。1980年，完全小学附设幼儿班。至2013年，从村走出的本科学历以上的有51人。

村域内的牌楼自然村有贞节牌坊一座，矗立在村东，是为明代朝廷官员的姑母而立，“文化大革命”期间被毁。赵圩自然村有明永乐年间皇帝朱棣为感谢老师下旨建造的“恩荣”牌坊，虽被损毁，但仍有石块遗存在原小学内。牌楼村的“跳大头”，类似“跳蟠神”的民间祭祀舞，在正月初一至正月十五活动，有18人参与，扮饰成《打渔杀家》中人物表演，“文化大革命”中停止。2009年创建的溧阳市耕渎庐农业文化园坐落在胡家墩自然村，展览销售艺术品，开发文化旅游，弘扬中华传统文化，引领展示正确的普世价值观，为构建和谐社会，为别桥镇的观光农业做出贡献。“耕渎庐”农业文化园，是别桥镇精心打造的“八大文化旅游名片”之一。

四、绸缪村

【概况】 绸缪村位于镇境中部偏西南，距别桥集镇6千米。东、南两面与两湾村接壤，西边与西马村毗连，北边紧邻北山村。溧后公路由南向北穿境而过，城乡公交车116路和232路、252路镇村公交车在村域内设多个公交站点。北河由西向东穿村而行，水陆交通顺畅便捷。绸缪行政村属茅山革命老区。2013年，有东舍、北舍、森巷、滩头、文巷、东湖头、西巷里、巴斗山、王家棚、闸头上、俞家、坝头、上周公、西土桥、尖只、玉堂、五家庄17个自然村，36个村民小组，1315户，总人口4397人，其中女性2145人，劳动力2664人。全村共有姓氏130个，主要姓氏有石、王、钱、孙、沈、陈、俞、蒋、姜。村域总面积6.48平方千米，其中耕地面积280.85公顷，园地面积0.73公顷，林地0.85公顷，其他用地293.76公顷，建设用地40.7公顷，未利用地30.6公顷。

【历史沿革】 绸缪村历史久远，清嘉庆《溧阳县志》记载：梁，招远将军、临川王国侍郎范云有住宅在绸缪村。迪功井：在玉塘（堂）村东，宋迪功郎石恩义用砖修造。宋元明时期村域中的绸缪、森巷等自然村属来苏乡，清嘉庆年间属来苏区。滩头、文巷、东湖头等自然村，宋、元、明时属允（永）泰区，清嘉庆年间属永泰乡。民国24年（1935年）属第三区（竹箦）绸缪乡，民国34年（1945年）仍属第三区（竹箦）绸缪乡。民国36年（1947年）属第三区绸缪镇，10月归绸缪区署绸缪乡管辖。1950年属绸缪乡的有坝头、文巷、玉溪（堂）、绸缪等村。1956年属绸缪乡，村名沿用，文巷归属后周乡。1958年9月成立别桥人民公社，坝头等村属第六生产大队，玉溪（堂）、绸缪等村属第七生产大队，文巷属跃进（后周）公社。1961年9月，成立绸缪人民公社，有坝头、绸缪、玉溪（堂）等大队，文巷仍属后周公社。1983年改称绸缪乡坝头、文巷、玉溪（堂）、绸缪村民委员会。1999年12月古渎并入绸缪，绸缪撤乡建镇，村民委员会改为行政村。2001年5月村级区划调整，坝头、文巷、玉溪（堂）、绸缪四村合并，称绸缪行政村，村委会驻地玉堂自然村。2007年，别桥、绸缪、后周三镇合并，称别桥镇绸缪行政村。

【村域建设】 2006～2013年开展村庄环境整治，实现“五化三有”“三清一绿”，建设社会主义新农村。全村浇筑宽度不等村村通的混凝土道路7060米（有关部门支持浇筑1600米），安装路灯215盏（有关部门支持安装30多盏）；有老年活动室2处，农家书屋80平方米，存书1000册；设健身广场2处、卫生室1个；建公厕8座、垃圾房（箱）60个，聘保洁员5人。2007年开始农村生态文明建设，至2012年，绸缪村整治村庄河塘9条（个），清淤土方29790立方米，工程造价决算133362元。

上海宏博投资管理有限公司董事长石建极，6岁离开绸缪移居上海，经过数十年苦心经营，成为上海知名实业家。创业有成的石建极眷恋桑梓，情系故里，2005年6月，他投资3000万元于家乡绸缪村，建成近300亩的“石林生态园”。

【经济发展】 村境内属平原圩区，农田在道成联圩、上下西川圩内，地势平坦。新中国成立前，没有排灌设施，全是望天田。连续几天大雨，圩堤低矮，难以抵御洪水，屡遭旱涝灾害，农民生活艰难。新中国成立后，土地归集体所有，联圩、并圩，格田成方，平整土地，加高圩堤，开展农田水利基本建设，建造电力排灌站，确保旱涝丰收，堪称“鱼米之乡”。1987年，开展标准圩堤建设。1992～1997年，又加固加高道成联圩及上下西川圩圩堤。2000年后，结合北河等河道拓浚、清淤复土筑堤，对圩堤重点险工及村基地段进行圩堤加固，建设标准圩堤。1995年起，建设高标准农田，以适应农业现代化的需求。2013年，常州市国检局帮扶村内东川圩建设码头，每年为村增加收入10万元；市住建委帮助村建设标准化厂房和综合楼，每年可获租金30万元。

改革开放后，绸缪村村民利用紧靠集镇的得天独厚的条件，纷纷进入乡镇企业工作，个人还办起小型工厂。2013年前，曾有锁厂、涂料厂等3家村办企业，有羊毛衫厂、粉末厂、电瓶厂、卫生用品厂等5家家庭工厂。全村有150人在集镇开店、在农贸市场从事蔬菜批发零售生意。

2013年，全村粮食总产3350吨，油菜籽604吨。农业总产值1755万元，养殖业总产值2630万元，村集体收入53万元，固定资产25万元，村民人均收入10865元。

【革命传统】 绸缪村是茅山革命老区村庄之一。抗日战争时期，村域内经常受日军、伪军的侵扰，绸缪村村民打击日军，做过不少有利抗日的事。民国29年（1940年）10月15日，为掩护新四军某部排长赵云，绸缪文巷村人张三保，被日军威逼利诱，严刑拷打，可他始终守口如瓶，救了赵云排长一命。民国31年（1942年）3月的一天凌晨，文巷村人王云财去田间干活，突然发现路边田间躺着因受重伤全身鲜血的新四军战士张志虎，王云财立即把他背回家，请医生治疗，留在家中养伤二十多天，张志虎伤愈归队。民国31年（1942年）9月29日，几十名日军扑到绸缪村抢粮，游击小组组长蒋志健，为掩护群众和游击队员撤退，他单独牵制敌人，被日军击中，英勇献身。民国32年（1943年）8月的一天深夜，抗日民主政府后周区萧森区长派一位干部来到坝头村草屋墩，将用腊纸和旧布包好的两包东西交给周恒吉，嘱咐他千万要保管好。一个多月后，才有一个干部来取，当这位干部看到这包着几扎钞票的两包原封没动，激动万分，再三表示感谢。民国33年（1944年）9月28日，绸缪村人后周区区大队长蒋廼健送情报被日军抓住，他宁死不屈，光荣牺牲。

图2-9 绸缪集镇

新中国成立后，玉溪（堂）村人周锁保，曾在昆明902部队当兵，1966年10月在云南边境援越抗美战斗中牺牲。

【教育卫生】 民国35年（1946年）8月，玉溪（堂）自然村创办别桥镇第八保国民学校。民国36年（1947年），绸缪建立绸缪乡中心国民学校。1950年9月，文巷村创办文巷完全小学。1977年，玉溪（堂）小学附设初中班。20世纪80年代初，村境内创办幼儿园1所。至2013年，从村走出的本科以上学历52人。20世纪70年代，村域内建办合作医疗室4所。2001年医疗卫生系统优化组合，合并到绸缪卫生保健服务站。

五、北山村

【概况】 北山村位于别桥镇中部，距别桥集镇5千米。东北面与合星村为邻，南与绸缪村接壤，西与后周村毗连。上上公路（黄横二环线）、兴城西路穿越东西，扬溧高速在村域西侧的白土、吴家、东马穿境而过，镇道、村道纵横相连。116路城乡公交车，230路、232路、252路镇村公交车在村境内设多个站点。2013年，有西诸巷、阴山、赵家、西高头、东社、白土棚、董家棚、幽栖观、东马、方里、滕家庄、曹夹、白土、吴家、施家、诸皋、西村、槎溪、东高头、上塘、俞家、王家、范家、茶亭庵24个自然村，42个村民小组，1462户，总人口4570人，其中女性2306人，劳动力2251人。共有姓氏181个，主要姓氏有殷、滕、王、李、万。村域总面积8.2平方千米，其中耕地474.43公顷，园地4.3公顷，林地1.34公顷，其他用地227.8公顷，建设用地73.96公顷，未利用地37.97公顷，草地0.05公顷。2012年获常州市老龄工作委员会颁发的“先进老年协会奖”及常州市“示范妇女儿童之家”、江苏省卫生村称号，2013年获江苏省依法治省领导小组认定的“民主法治示范村”、常州市人口和计划生育委员会认定的“常州市幸福家园”称号，东社、阴山、东马、滕家庄自然村成为江苏省二星级康居乡村。

【历史沿革】 宋元明时期，村域属允（永）定乡。清嘉庆至光绪年间属永定区，东马仍属永泰区。民国24年（1935年）属第二区（竹箦区）绸缪乡。民国30年（1941年）后周区抗日民主政府建立，成立阴梓（山）乡。民国34年（1945年）又属第三区（竹箦区）绸缪乡。民国36年（1947年），槎溪属别桥镇第九保，阴山、东马、诸皋、幽栖观等村属第三区绸缪镇。是年10月，属绸缪区署绸缪乡。1950年属别桥区绸缪乡。1957年成立别桥乡阴山、金星、诸皋等高级农业合作社，东马属后周乡。1958年9月属别桥人民公社第八生产大队，东马归属后周公社。1961年9月，成立绸缪公社，组成阴山、诸皋、金星大队和后周公社东马大队。1983年6月，称绸缪乡阴山、东马、金星、诸皋村民委员会。1999年，改为阴山、东马、金星、诸皋行政村。2001年诸皋、槎溪（金星）合并，称皋溪行政村。2007年3月，绸缪镇、后周镇并入别桥镇后，村名沿用。2009年7月，阴山、东马、皋溪三行政村合并，称北山行政村，村委会设在阴山自然村。因盛大新材料有限公司建设的需要，西高头自然村于2010年7月开始拆迁，至2013年年末，33户农户已拆迁24户，尚剩9户。

【村域建设】 2007～2013年，以“五化三有”“三清一绿”为目标，整治村庄环境、美化村庄、建设公共服务事业。整治村庄河塘26条（个），清淤土方80751立方米，工程决算造价202952元，还原河塘的清澈水环境。累计铺浇宽度不等的混凝土道路30千米，整修西石桥、方里桥两座。建有村民健身场所5处、老年活动室2个、卫生室2个、农家书屋50平方米，有图书800余册；村内安装路灯300多盏；建公厕23座、垃圾房（箱）210个，聘保洁员8人。

【经济发展】 村域全境地势平坦，属洮湖平原圩区。以稻麦（油菜）两熟为主。新中国成立前，没有排灌设施，土质差，缺乏耕作技术，粮食产量低。20世纪70年代起，按照江苏省建设旱涝保收、高产稳产农田标准，开展以“改土治水”为中心的农田基本建设，进行平整土地，格田成方，路、沟、渠统一配套，利于农耕。90年代至2007年，继续实施高标准农田建设，东马、阴山建设高标准农田万余亩，农田单位面积产量500千克以上。

20世纪60年代，阴山村就创办起窑厂。1993年，村民王小生开始养殖七彩山鸡，2013年，全年饲养2万多羽七彩山鸡。2007年，别桥集镇西移后，阴山村利用公路交叉的优势，开店经商。2006年成立的颇有影响的海斌农机合作社就在村域内。村域内有2009年建成投运的变电所、2011年建成的加油站、2010年建成的别桥派出所等。诸皋村编织竹丝帽箍已有200多年的历史。

2013年，全村粮食总产4456吨、油菜籽595吨，农业总产值1911万元，养殖业总产值1641万元，集体收入50余万元，全村固定资产原值500余万元，农民人均收入15238元。

【文化教育】 北山村历史悠久，诸皋自然村为别桥境内古村落之一，村上建有滕家祠堂，两进三间，两边有辅房。20世纪60年代拆毁，《滕氏宗谱》现存南京博物馆。阴山的幽栖观，梁代（502～557年）建造，为道教观。清嘉庆县志载：幽栖井，在幽栖观，石刻云“其味甘美，不减惠泉”。隐皇桥，一座小石拱桥，相传为汉光武帝刘秀避难之地。

北山村民很早就重视教育。民国36年（1947年），槎溪村建有别桥镇第九保国民学校，幽栖观有绸缪乡第三保国民学校，东社村有绸缪乡第九保（一）国民学校。明清时期东马村建有李家祠堂，1958年拆除建造阴山小学。槎溪李家祠堂，1956年改办金星小学。滕家庄幽栖观1952年开办东马完全小学。20世纪50～80年代，村境内有4所完全小学。1977年阴山、金星小学曾附设初中班。至2013年，从村走出的本科以上学历85人。

【革命传统】 抗日战争时期，村域内是中共地下党、新四军活动频繁地区之一。民国30年（1941年），后周区抗日民主政府在村域成立阴梓（山）乡，陈国昭任乡长，兼任阴山村党支部书记。地下党员有陶祥松、王福根、殷大龙、梁和生等，他们为抗日民主政府做了很多利于抗日的事情。民国32年（1943年）冬季的一天，抗日民主政府后周区区长萧森在阴山附近遭到敌军追捕，村民殷大龙见到后，立即把他藏在自家地窖里，萧区长终于脱险。民国33年（1944年）6月18日，驻玉华山的日伪军三四十人到阴山一带抢粮，在此地区活动的中共溧阳县长徐公鲁带领县警卫连，在新四军十六旅四十六团某连支援下，经半小时战斗，打垮这股敌人，俘虏敌军10人，缴获机枪1挺、步枪8支。

第三节　后周片

一、黄金山村

【概况】 黄金山村位于镇境西北，距别桥集镇14千米。东邻金坛市指前镇丰产村，南连玉华山村，西至塘马村，北与金坛市薛埠镇山篷村接壤，是别桥镇镇域地势最高的地区，其中五棚村海拔35.2米。清嘉庆年间《溧阳县志》记载：从青龙山往东南十五里，叫黄金山（雨后土色如金）。在县治北70里处。它旁边有黄鸟山，南面叫玉华山。村以山得名。村镇公路直通后周集镇，有3条村镇公路通往金坛市薛埠镇、指前镇，陆路交通便捷。2013年，辖黄金山、颜家、西窑头、小涧西、后陈、前畈、大涧西、五棚、桃园、小后畈、建国、金星12个自然村，24个村民小组，826户2197人，其中女性1016人，劳动力826人。共有姓氏156个，主要姓氏有王、张、陈、李、史。村域总面积6.68平方千米，其中耕地402.5公顷，园地77.46公顷，林地5.73公顷，其他用地103.61公顷，建设用地53.62公顷，未利用地25.85公顷。

【历史沿革】 宋元明时期，村域属允（永）定乡。清嘉庆至光绪年间（1796～1875年）属永定区。民国34年（1945年）属第三区（竹箦区）贤德乡。民国36年（1947年）属第三区（竹箦区）后周镇，是年10月属绸缪区署永泰乡。抗日战争时期，属抗日民主政府后周区政府。1950年属竹箦区西沈乡。1956年3月属竹箦区西沈乡，1957年8月撤西沈乡入后周乡，黄金山村归属后周乡。1958年9月，属跃进（后周）

图2-10　黄金山村

人民公社，组建生产大队。1961年，仍为后周公社黄金山大队。1982年为上兴区后周公社黄金山大队。1983年9月改称后周乡黄金山村民委员会，1985年属竹箦区后周乡黄金山村民委员会。1993年，后周撤乡置镇，称后周镇黄金山行政村。2007年3月，后周、绸缪并入别桥镇，称别桥镇黄金山行政村，村委会设在原黄金山小学内。

【村域建设】 根据建设社会主义新农村的要求，以“五化三有”“三清一绿”为目标，开展村庄整治，建设文化公益事业。至2013年，整治村庄河塘11条（个），清淤土方16048立方米。投入250多万元铺浇宽度不等的混凝土道路13500余米。村内安装路灯8盏；建村民俱乐部1处、老年活动室1处、农家书屋80平方米，有图书5000册；设健身广场3处、卫生室1个、垃圾房（箱）38个、公厕16个，聘保洁员2人。

【经济发展】 村域属北山丘陵区，全境低岗冲田相间，易旱易涝。新中国成立前，漫坡荒芜，旱灾频发，作物灌溉靠天下雨，或利用水车从少量水塘提水灌溉，缺乏抵御自然灾害的能力，靠天吃饭，收成微薄，村民生活艰辛，有些自然村见不到一块砖、一片瓦，吃的是山芋和香瓜。新中国成立后，20世纪50～60年代，村民整治塝地、冲田，冲上筑库（塘），冲下以冲为向，开挖一条沟，结合配置渠路，修塘筑坝，扩大就地拦蓄，促进农业生产。合作化时，生产关系改变，并小塘为大塘，改浅塘为深塘，有的把冲闲田“筑牢（涝）水”，作为来年插秧用水。塝地、岗塝间开挖截水沟，使岗塝分开，并选凹造塘，就地利用径流和回归水，塝坡地修筑为水平梯田。1962年，兴建后陈坝，总库容为10万立方米，建造黄金山电力灌溉站，而后又修建大头坝、西石桥坝。1970年以后，又建造黄金山一级、二级提水站。村内农田灌溉呈现自流灌溉和机电灌溉，水车提水的历史结束，望天田减少。至2013年，村内有10吋以上口径的电力灌溉站4座，具备350公顷的灌溉能力。

20世纪70年代，在改造塝地冲田外，还平整土地，格田成方，建成水平梯田。治丘治冲，扩塘开沟，改造低产田。2007年前后，开展标准化农田建设，种植环境大为改善，基本做到旱有水、灌有渠、机有道、田方整。2013年，与周边村共同建成千亩设施农业基地。

改革开放以后，村民调整农业产业结构，种棉花，种西瓜，种药材，棉农陈彩娣曾获溧阳市棉花生产高产奖。2000年前后，黄三根带领几十户农户利用贫瘠的1000多亩丘陵岗地发展药材种植，经济效益比种粮食高出几十倍。2013年，村内建成规模性的花卉苗木基地，常年向外提供数十种花木苗种，成为别桥镇的主导产业。金山种养合作社草鸡存栏6000羽。全村有私营企业2家，个体交通运输户1户，服务业2家，个体户33个。

2013年，全村粮食总产3898吨，油菜籽341吨，农业总产值1478.08万元，工业总产值118万元，养殖业总产值45.5万元。村集体收入27万元，固定资产270万元，农民人均收入16054元。

【革命传统】 黄金山村是茅山革命老区。发生在村域的国民党军队与日本侵略军战斗的有3次：民国28年（1939年）4月8日、9月18日，民国29年（1940年）8月19日，共击溃日军1900余人。民国30年（1941年）5月中旬，5月22日、24日，新四军十六旅部队与国民党军队三战三捷，毙伤顽军团长以下290多人，俘虏20余人，缴获武器130多支、子弹1万余发。1996年4月，后周镇人民政府刻立“黄金山战斗纪念碑”。

【文化教育】 清末民国初，黄金山村在“涧生殿”开办私塾。民国35年（1946年）黄金山创办完全小学1所，民国36年（1947年）改建成后周镇第八保国民小学。新中国成立后，第八保国民学校改名为黄金山小学。1968年，五棚村创办初级小学1所，1991年并入黄金山小学。20世纪70年代末，黄金山小学曾附设初中班。至2013年，从村走出的大学本科以上学历53人。

二、玉华山村

【概况】“九月九日九老会，野蔬野饭野人家。远来何处白衣酒，同醉此时黄菊花。岁到雪霜见松柏，春如桃花自繁华。”明代进士马一龙《九日与南村诸老登玉华山》是这样吟诵玉华山的。

玉华山村位于镇境西北部，距别桥集镇12千米。东与小石桥行政村接壤，南与后周村毗连，西与塘马村相接，北与黄金山村为邻。镇村公路村村相通，陆路交通便捷。2013年有玉华山、小坝、戴巷里、老棚、坛石桥、河头、后迈桥、前殷、西沈、王家头、木库、颜笪里12个自然村，20个村民小组，786户，总人口2246人，其中女性1086人，劳动力1216人。共140个姓氏，主要姓氏有王、李、张。全村土地总面积4.98平方千米，其中耕地284.06公顷，园地50.5公顷，林地2.17公顷，其他用地96.01公顷，建设用地52.4公顷，未利用地12.93公顷。

【历史沿革】 宋元明时期，村域属允(永)定乡。清嘉庆至光绪年间属永定区。民国24年(1935年）属第三区（竹箦区）后周乡。民国36年（1947年）属第三区（竹箦区）后周镇，是年10月属绸缪区署永泰乡。1950年，西沈等村属竹箦区西沈乡，玉华山、戴巷里等村属别桥区石桥乡。1957年8月属后周乡，成立高级农业生产合作社。1958年9月属跃进（后周）人民公社，组建生产大队，1961年属后周公社和平大队、西沈大队。1983年人民公社改为乡（镇）建制，置西沈村民委员会、玉华山村民委员会。2001年5月，玉华山、西沈合并称玉华山行政村。2007年3月，绸缪镇、后周镇并入别桥镇，成为别桥镇玉华山行政村。2008年3月，村投资25万元在村中心地点建造300平方米的村委办公楼。

【村域建设】 2007年，在农村生态文明建设中，整治村庄河塘26条（个），清淤土方47935立方米，工程决算造价214783元。2005～2009年改造修建了后迈桥、高胜桥、前云桥、老棚桥、小坝桥。至2013年，全村共铺浇村村通混凝土道路10.2千米；安装路灯75盏；建村民俱乐部1处、老年活动室1处、农家书屋80平方米，有图书1000余册；设健身广场1处、卫生室1个，公共厕所25座、垃圾房（箱）52个，聘保洁员2人。

【经济发展】 村域属北山丘陵区。岗冲起伏，高低错落，环境相对闭塞。落寞的丘陵岗地、零星的水面，农田灌溉，望天下雨，或利用水车从少量水塘提水，易遭旱灾。土质多为粘盘黄棕壤中的黄白土、板浆白土等，土层较薄，不利农耕，阶地较多，没有抵御自然灾害的能力，农业生产无可靠保障。村民利用岗地山坡种植花生、山芋、南瓜、棉花，涧沟低洼处种植芋头等粗杂粮，收入虽微，尚能充饥度日。新中国成立后，村民筑坝蓄水，傍丘修田，兴修水利，以蓄为主，治理丘陵，修塘筑坝，就地拦蓄。合作化时，又进行水塘挖淤，大小塘合并，修复旧塘旧坝，利用冬闲田“筑牢（涝）水”。1962年，兴建湾东坝，总库容为8万立方米。接着又兴建叫虾坝和王家头坝，建造玉华山电力灌溉站。20世纪70年代，又建造小坝一级提水站和西沈二级提水站。农田依靠水坝自流灌溉和电力灌溉，减少望天田，改变生产条件，粮食产量不断提高。至2013年，村内有5座10吋以上口径电力灌溉站，拥有254公顷的灌溉能力。

在解决农田灌溉的同时，改造农田，建设标准化农田。解决丘田、塝冲、山圩的水三分开，岗塝间开撇水沟，截断山水直接入田，引入水坝。冲田沿冲两侧开截水沟，撇除坡水和截断地下水。灌排渠根据地形而挖筑。坡地改梯田，依据地形、土层确定田向和田块大小，兼顾陡坡和塝坡，田埂不过高，埂下开截水沟。结合深翻改土，保留熟土层，做到蓄水保水。1971年后，又开展农田基本建设，拉框格方，改造低产田，实施吨粮田建设，一直持续到80年代。2013年，与周边村共同建成千亩设施农业基地。

农村家庭联产承包责任制实行后，村民调整农业产业结构，种果树、种棉花、种茶叶。20世纪90年代，村民开始创办村级企业和私人企业，如弹簧厂等。2013年，与黄金山村联合建立3000多亩的苗木基地，种满广玉兰、桂花、枫树等20多个花木品种，常年向外提供花卉苗木，有“花木之村”之美誉。江苏华能墙材有限公司坐落在坛石桥村。村有苗木合作社、长毛兔合作社、农地股份合作社。

2013年，全村粮食总产3176吨，油菜籽174吨，农业总产值3630万元，养殖业总产值68万元，花木总产值250万元，工业总产值2000万元，集体经济收入106万元，农民人均收入18560元。

【革命传统】 玉华山村是茅山革命老区之一。民国30年（1941年）5月中旬，新四军第六师在戴巷小学召开连以上干部会议，谭震林作了当前形势与任务的报告，这就是载入新四军史册的“戴巷会议”。5月21日，苏南第六行政专员公署和保安司令部在戴巷成立。6月，苏皖区党委第一期青年培训班在戴巷开学。11月初，苏皖特委在戴巷召开第一次委员会议，决定委员分工，进行分区领导。民国32年（1943年）6月13日，中共地下工作者邵其康召集玉华山村李锁生等11人，在后迈桥开会，当夜除掉日寇在后周乡特工队长曹长观。抗日战争、解放战争期间，村域内村民组成较为复杂，有新四军、中共地下党，有伪军、土匪，有潜伏的国民党特务。新中国成立后，伪军、土匪、特务都被人民政府以法惩办。

【文化教育】 玉华山历史悠久，明朝寻甸府知府马性鲁、国子监司业马一龙的墓都在玉华山。马一龙生前在玉华山挖洞厅、筑草庐，并写有《玉华山小洞天记》《九日与南村诸老登玉华山》《于玉华山筑八角亭》等诗篇。1985年12月，西周时代的原始瓷缸在这里出土。

新中国成立前戴巷里就创办小学，民国36年（1947年）改办为后周镇第六保国民学校，第九保国民小学办在王家头村。1958年，玉华山村创办完全小学。1967年，小坝村创办初级小学，1986年并入玉华山小学，2005年，玉华山小学并入后周小学。至2013年，从村走出的大学本科以上学历44人。

三、小石桥村

【概况】 小石桥村位于镇境西北部，距别桥集镇8千米。东北面与金坛市指前镇丰产村毗邻，南与后周村诸社自然村接壤，西与后迈村、玉华山村相接，扬溧高速由北往南穿境而过，距溧北道口（后周道口）2000余米。村内主干道与对外公路贯通，村通组、组相通，陆路交通便捷。2013年，有大石桥、康东、康西、小石桥、前塘、北舍、后塘、沟东、沟西、沟西新村、王家、陈家、梓村、战胜、西舍15个自然村，26个村民小组，798户2381人，其中女性938人，劳动力1125人。共122个姓氏，主要姓氏有李、张、马、葛、潘、邵、刘、黄、徐、唐、梁、周等。村域总面积4.5平方千米，其中耕地249公顷，园地33.94公顷，林地0.9公顷，其他用地106.91公顷，建设用地46.1公顷，未利用地12.5公顷。2005年，获常州市“民主法治示范村”称号。2006年，获常州市“关心下一代先进村”称号。2010年，获江苏省“康居示范村”称号。2011年，获常州市“示范妇女儿童之家”称号。2011年度，被评为“江苏省卫生村”。2012年，获常州市“廉政示范点”。

图2-11 小石桥村

【历史沿革】 宋元明时期，村域属允（永）定乡。清嘉庆至光绪年间属永定区。民国24年（1935年）属第三区（竹箦区）后周乡。民国36年（1947年）属第三区（竹箦区）后周镇，10月归属䌷缪区署永泰（后周）乡。1950年属别桥区石桥乡，1956年归竹箦区后周乡管辖。1957年8月间，属后周乡，成立高级农业合作社。1958年9月属跃进（后周）人民公社，组建生产大队。1961年属后周人民公社小石桥、梓村大队。1983年9月为后周乡小石桥村民委员会、梓村村民委员会。1985年属竹箦区后周乡，成立小石桥村民委员会、梓村村民委员会。1993年，后周撤乡设镇，改称行政村。2001年5月，小石桥村、梓村村两村合并，称小石桥行政村。2007年3月，后周镇、䌷缪镇、别桥镇三镇合并，为别桥镇小石桥行政村，村委会设在梓村村。投资12余万元，把旧厂房改建成村委会办公楼。

【村域建设】 2007～2013年，开展以“五化三有”“三清一绿”为目标的新农村建设，改变村庄环境、建设公益事业。整治村庄河塘19条（个），清淤土方167611立方米，工程决算造价305253元。投入资金100多万元，铺浇村村通混凝土道路20.05千米，安装路灯75盏。建村民俱乐部75平方米、农家书屋80平方米，有图书3200册；设健身广场2个、卫生室1个，垃圾房（箱）38个、公共厕所6座，有保洁员3人。

【文化教育】 民国36年（1947年），梓村自然村开办后周镇第二保国民小学。1950年，小石桥村办初级小学1所，梓村办完全小学1所。20世纪70年代初，小石桥、梓村小学增设初中班、高中班，1984年停办。村域内办合作医疗室2所。80年代初，梓村小学附设幼儿班。至2013年，从村走出的大学本科以上学历的32人。

【经济发展】 村域属北山丘陵地区，地形复杂，高低错落，岗峦冲田相间，农田随自然地貌形成，高低不平，大小不一，形状各异，灌无渠，排无沟。土层薄，土质差，土地贫瘠，历史上多种自然灾害俱全，缺水易旱，农业生产没有保障，村民穷苦。新中国成立后，兴修水利，修塘筑坝，扩大就地蓄水，疏浚河道引水灌溉。20世纪70年代后，治理丘陵，开展农田基本建设，向山、水、田综合治理发展。开挖山冲一套沟，修了渠，筑了路。平整土地，丘田分开，塝冲分开，排灌分开，块田块水，不串不漫。改造冷浸田，农田格田成方，坡耕田改平行梯田，结合深翻，保留熟土层，种植绿肥，改变土质。又改造中低产田，做到旱有水，灌有渠，排有沟，机有道，田块方整。2000年开展高标准农田建设，提高单位面积产量。家庭联产承包责任制实施后，调整农业产业结构，扩种油菜，利用自身土地条件，种植树苗。2002年，溧阳市恒基苗木有限公司注册成立，种植花木40公顷。2002年培植“太空种子”，面积6.7公顷，2011年结束。2008～2009年，波尔羊养殖基地在唐家村东侧建立，饲养波尔羊200多只。2010年成立江苏全福牧业有限公司，家禽养殖基础8公顷，水面养殖70公顷。

中共十一届三中全会后，开始创办村级企业。1986年创办的砖瓦厂，到1989年有职工100多人，固定资产190万元，拥有多种生产设备，年产九五红砖1185万块，陶土129吨，水泥楼板1913块，总产值达194.4万元。2010年，江苏省金品生物科技有限公司在村内进行最为珍稀的名贵中药材铁皮石斛仿野生种植。2013年与塘马村共同建立千亩药材基地。

随着城市建设发展，村民抓住城市建设需要打桩、高层建筑需要安装电梯的机遇，到大城市承包打桩、安装电梯业务。2013年，有278个劳动力从事工业生产，882人从事建筑业，其中打桩业100多人，132人从事服务业。集体经济壮大，村民的钱袋子鼓起来了。2013年，全村粮食总产量1630吨，油菜籽231吨，农业总产值600余万元，养殖业总产值420万元，村固定资产50余万元，农民人均纯收入15000余元。

【革命传统】 作为茅山革命老区之一的小石桥村，是中国共产党在后周的早期活动地点，也是抗日战争时期新四军活动的地区之一。民国30年（1941年）2～5月，中共金溧宜中心县委第一任书记陆平东是战胜自然村人。王木金、邵其康、邵辉、王阿宝都参加了中共地下党，王阿宝任地下党支部书记。是年5月，邵辉等8人秘密打死汉奸工头蒋田松；6月地下党小学教员承浦严守秘密，被日军绑在玉华山大树上连刺九刀，壮烈牺牲；11月28日，王木金和其他几名地下党员，挑选48名身体好、觉悟高的群众，连夜护送24名伤员至目的地。民国32年（1943年）6月10日晚上，陆光裕、徐大芬夫妇冒险把新四军10名伤员送到安全地带。民国34年（1945年）6月22日，溧阳警卫连8队在北舍与伪军3个连300余人激战，击毙敌人20余人，俘虏70余人，缴获一批枪支弹药和军用品，创造了以少胜多的战例。

四、塘马村

【概况】 塘马村位于镇域西北部，坐落在塘马水库东南畔，距别桥集镇10千米。东与后周村、玉华山村接壤，南与后周村毗邻，西抵西庄村，北与黄金山村、竹箦镇阡陌相连。抗日战争时期，震惊江南的“塘马战斗”就发生在这片英雄的大地上。2008年通过“五化三有”创建验收，村内主干道全部用混凝土铺成，村通组、组相通，主干道与对外公路全面贯通，陆路交通便捷。2013年，有塘马、邵笪、新典、张家、倪家、下林桥、观阳、巷上、前巷、黄涯、大塘头、观西、后巷13个自然村，村民小组23个，845户2472人，其中女性1362人，劳动力1375人。全村共有姓氏158个，主要姓氏有刘、朱、杨、胡、蒋、万。村域总面积4.47平方千米，其中耕地254公顷，园地35.4公顷，林地4.38公顷，其他用地91.6公顷，建设用地45.24公顷，未利用地16.7公顷。2012年获“江苏省卫生村”称号。2013年获“江苏省三星级康居示范村”称号。

【历史沿革】 宋元明时期，村域属允（永）泰乡。清嘉庆至光绪年间仍属永泰区。民国元年（1912年）属来苏乡（别桥），民国24年（1935年）属第三区（竹箦区）后周乡。民国36年（1947年）属第三区（竹箦区）后周镇，是年10月属绸缪区署永泰乡（后周）。1950年属竹箦区下梅乡的有塘马、新典、观阳等村。1958年属跃进（后周）人民公社，组建生产大队。1983年改称后周乡塘马村民委员会、观阳村民委员会。1985年属上兴区后周乡，村名沿用。1986年属竹箦镇后周乡。1993年后周撤乡设镇，村民委员会改称行政村。2001年，观阳行政村并入塘马行政村，称后周镇塘马行政村。2007年3月，绸缪镇、后周镇并入别桥镇，称别桥镇塘马行政村。2010年村委会投资25万元，把塘马小学改建成村委会办公楼。办公楼（含场院）占地面积900多平方米，建筑面积350多平方米。

【村域建设】 2006～2013年，整治村庄河塘20条（个），清淤土方5.2万立方米。总投资250多万元，铺筑混凝土道路14.9千米（不含自然村内道路），安装路灯70盏。有村民俱乐部、老年活动室各1处；有农家书屋50平方米，图书500余册；设健身广场1处、卫生室1个，垃圾房（箱）52个、公共厕所6座，聘保洁员3人。

2013年8月，建造塘马人口文化园。以人口文化为主线，以雕塑为形式，结合当地的人文，体现人与自然、社会和谐发展的理念，宣传人口文化知识，构建幸福家园为主题，通过雕塑、文化长廊、宣传栏等表现手法，集知识、娱乐、教育，融休闲、观光、健身于一体，成为新农村建设中一道亮丽的风景线。雕塑包括“幸福塘马村”“塘马今昔”“劳动者之歌”“母子情”等11个部分。是溧阳市境内农村不多见的群众独特的休闲和文化空间。

图2-12 塘马村

2011～2013年，村委把创建“三星级康居乡村”与建设新居民点结合起来，借安置塘马水库有关建设拆村移民的机会，规划建设新居民点。居民点位于塘马水库泄洪闸的南面、泄洪河东岸，6排住宅楼，共34套住宅房，每套30～180平方米。新居民点，东与塘马老村相连，西依傍泄洪河大埂，村前是田野，村后是塘马水库。傍晚，站在新村西头的泄洪河大堤上，仰望天空，落晖缤纷，晚霞绚丽；远眺湖面，波光闪烁，苍苍茫茫；岸边水草，在水里轻轻摇曳。

【经济发展】 村域属丘陵平原过渡带，地势起伏、高低错落。整个村域地形为西北高、东南缓，易涝易旱，土质贫瘠，田地望天，无排灌设施，依赖水车从池塘提水灌溉，村民收入甚微。20世纪50年代，整治塘坝，疏浚支河水垛，开深水塘。有民谣：“上有塘马，下有西马，丫髻山上72个洼，洼洼归塘马。”马一龙曾复修盘龙堰，形成盘龙坝（塘马水库前身）。1959年12月，塘马水库大坝土方开工，1960年5月，大坝合龙蓄水，总库容为1182立方米，截蓄上游客水，自流灌溉下游农田。70年代，建黄涯二级提水站。90年代建新典、后巷等电力灌溉站。2000年前后，治理后河等镇村内河道，改变排灌条件，农田灌溉有渠，排涝有沟。2013年，村内有口径10吋以上泵站2座。从70年代开始，治丘治冲，三沟配套，平整土地，展开基本农田建设，增强抵御旱涝灾害的能力。又对中低产农田治理改造，建设高标准农田。农村改革开放后，村民调整农业产业结构，种棉花、种药材、种茶叶，后周茶厂建在观阳村。20世纪80～90年代，观阳村种桑养蚕十分兴旺，最多的年份曾有580余亩桑树，村上设有小蚕共育室。2013年与小石桥行政村共建千亩药材基地。

1986年，观阳村人敢为人先，购买后周乡第一台打桩机，组建打桩队，奔赴苏南大城市，承包建筑打桩。1000多人的观阳村，涌现出30多位打桩机老板，他们带领打桩机队，转战大江南北各大城市，经济效益颇丰。至2013年，仍有300多人在外从事打桩行业，拥有2000余台打桩机。

2013年，全村粮食总产2403吨，油菜籽150吨。农业总产值1004万元，养殖业总产值284万元，集体收入48万元，村固定资产120余万元，农民人均纯收入15360元。

【革命传统】 抗日战争时期，后周革命老区的人民和新四军等抗日队伍一起前赴后继，浴血奋战，英勇抗日。民国30年（1941年）11月28日，驻南京、句容、丹阳、金坛一带的日军南浦旅团3000余人，骑兵800余人，分三路袭击移驻塘马村的新四军十六旅旅部和中共苏皖区委、县政府机关，十六旅指战员与之激战终日，使1000多名机关、后勤人员、战士突围转移。此战歼灭日伪军四五百人，粉碎日寇妄想一举歼灭中共苏南党政军机关的迷梦。由于众寡悬殊，旅长罗忠毅、政委廖海涛等270余名指战员壮烈牺牲，这就是震惊大江南北的塘马战斗。战斗一打响，中共后周区委发动战场周边的党员，组织50多名群众，抢救、运送伤员。20世纪50年代，溧阳县政府建塘马战斗烈士陵园，立纪念碑。

【教育文化】 民国33年（1944年），新四军就在塘马村创建学校。民国36年（1947年）塘马村建有后周镇第三保国民小学。20世纪50年代至21世纪初，村域内有完全小学2所。20世纪70年代，塘马小学、观阳小学曾附设初中班，村域内办合作医疗室2所。80年代初，塘马小学附设幼儿班。至2013年，从村走出的大学本科以上学历91人。

塘马历史悠久，1985年2月，新石器时代的石凿在观阳唐头村出土。2013年，镇党委、镇政府精心打造的“八大文化旅游名片”，与塘马村相关的有两张：塘马革命烈士纪念园红色文化和塘马水库湿地文化。

五、后周村

【概况】 后周村环后周集镇，姜家、周家背、后周、王家庄与集镇融为一体，距别桥集镇8.5千米。东与北山村接壤，南与西马村相连，西边、西南面与西庄村为邻，北面及东北面与塘马、玉华山、小石桥村毗连。扬溧高速顺村东侧，由北向南穿境而过，并在诸社自然村、上上线（黄横二环线）旁设有道口，即溧北道口。东西走向的上上线、与南北走向的扬溧高速十字相交于诸社自然村。城乡公交116路，镇村公交228路、230路、233路、237路、248路、265路、289路站点在村域内密布，与集镇共享交通优势。塘马水库泄洪道、后周河与南北河穿村流淌。

图2-13　后周村委

2013年，有葛家、周家背、姜家、靠村、王家庄、渔东、渔西、后东、戴家、姜庄、前云、刘家、姚家、茅棚、后迈、西观里、朱云山、塘马山、诸社、西王、东王、东头、毛家、周烈庵24个自然村，36个村民小组，1485户，总人口4246人，其中女性2208人，劳动力2195人。全村共有姓氏117个，主要姓氏有王、葛、龚。村域总面积6.46平方千米，其中耕地399.81公顷，园地11.96公顷，林地2.2公顷，其他用地156.2公顷，建设用地65.83公顷，未利用地2.9公顷。

【历史沿革】 宋元明时期，村域中的后周等自然村属允（永）泰乡，清嘉庆年间属永泰区；诸社、靠（考）村等自然村宋元明时属允（永）定乡，清嘉庆年间属永定区。光绪年间靠（考）村、后迈、王家庄、前殷（云）等自然村属永定区，其他自然村所属无处考查。民国24年（1935年）属第三区（竹箦区）后周乡。民国36年（1947年）10月划归于绸缪区署永泰乡。1950年属别桥区后周乡。1956年3月属竹箦区后周乡，1957年8月撤区并乡，属后周乡，成立高级农业合作社。1958年9月，属跃进（后周）人民公社，建立生产大队。1961年，成为后周人民公社后周、诸社、靠村、东胜大队。1983年9月，改人民公社为乡（镇）建制，称后周乡后周村民委员会、诸社村民委员会、靠村村民委员会、东胜村民委员会。1985年属竹箦区后周乡，村名沿用。1993年后周撤乡建镇，村民委员会改称行政村。2001年，村级行政区划调整，后周、诸社、靠村、东胜四村合并，称后周行政村。2007年后周镇、绸缪镇并入别桥镇，称别桥镇后周行政村。原村委会设在镇前街11号，2013年搬迁到原后周镇政府办公楼内。

【村域建设】 2007～2013年，整治村庄池塘34条（个），清淤土方5.1万立方米，工程造价决算23万元。村铺浇水泥道路24.75千米，有农家书屋46平方米、图书1000余册，老年活动室1处，健身场所2处，卫生室1个，建公共厕所28个、垃圾房（箱）105个，聘保洁员4人。

【经济发展】 村域属平原圩区，地势东南平坦，西北略高，稍有起伏。土质差、土层薄，多为僵黄泥土、小粉白土，或青泥土。水稻栽插除靠水车提水外，大多田地望天种植。没有排灌设施，圩田常遭水患，高田又易遭干旱，不利农耕。从20世纪50年代农业合作化后，修渠挖沟，改造低产田。按照改造圩田的要求，规范化治理姜家圩、诸社圩等圩田，逐年加固加高圩堤。多次疏浚后周河、拖板桥河，开挖东胜至诸社的南北河。东胜联圩的建成，改变了周边圩田面貌。60年代兴建葛家、诸社等电力排灌站。90年代又建造靠村、前云、朱云山等电灌站。塘马水库建成后，又可利用水库水源自流灌溉。至2013年，村境内有10吋以上口径的泵站11座，具有714多公顷的农田排灌能力。

图2-14 后周集镇一角

20世纪70年代，开展平整土地，格田成方，开好大、中、小沟，布设渠路，组成新的灌排系统，掀起农田基本建设的热潮。2007年，结合土地管理，建设高标准农田，至2012年，建成68公顷高标准农田，与塘马村共同建立200公顷的优质稻米基地。中共十一届三中全会后，村民调整农业产业结构，种棉花、种花木，家庭培植食用菌。诸社村开挖鱼塘，养殖螃蟹、虾，王家庄种花木，靠村大棚蔬菜，还有农户种植葡萄。

80年代，村办企业有彩印厂、橡胶厂、丝毯厂、砂粉厂、网绳厂、服装厂、玉石加工厂、小五金加工厂等，成为溧阳市村办企业50个重点村之一。至2013年，仍有化工、地毯、车床、服装等工厂50多家。后周村民利用紧靠集镇的得天独厚的条件，纷纷在集镇开店经商，至2013年，有300多户农民经商。

随着改革开放的深入，村民不满足于“楼房、电话、三亩地，老婆孩子在一起。”老区人民抓住城市建设需要打桩、建高层住宅需要安装电梯的发展机遇，自置打桩机80多台。“农忙田里种麦稻，农闲城市赚钞票”，村民们在全国各大城市，承包打桩业务、电梯安装业务，后周被誉为“华夏桩机第一乡”和“电梯之乡”。集体经济壮大，农民家庭富裕了。2013年，全村粮食总产4548吨，油菜籽280吨，农业总产值2012万元，养殖业总产值1741万，农村经济总收入8559万元，集体收入85万元，农民人均收入18734元。

【教育】 民国36年（1947年），后周办有后周镇中心国民学校，诸社办有绸缪乡第九保（二）国民学校，靠村有后周镇第二保（二）国民学校。新中国成立后，诸社、靠村、东胜都创办完全小学。20世纪70年代末，诸社小学曾附设初中班。80年代初期，完全小学附设幼儿班，后周小学创办了幼儿园。70年代村境内先后办合作医疗室4所。至2013年，从村走出的本科以上学历64人。从东胜村走出的青年数学家葛力明，为美国新罕布什尔州立大学终身教授，中国科学院数学与系统科学研究员副院长，曾获美国总统数学成就奖。

【革命传统】 后周村是茅山革命老区之一。抗日战争时期，是抗日民主政府和新四军活动的主要地区。民国30年（1941年）11月28日，新四军十六旅与日本侵略军，从凌晨起，在塘马、王家庄等地激战终日，旅长罗忠毅、政委廖海涛以及270名战士牺牲在王家庄村南。溧阳县人民政府于1964年4月在烈士牺牲地兴建纪念塔和纪念碑。1996年异地重建。

六、西庄村

【概况】 西庄村位于别桥镇域西部，距别桥集镇10千米。东与后周村、塘马村毗连，南与竹篑镇中梅行政村隔河相望，北与竹篑镇上庄村的金庄村为邻。上上公路（黄横二环线）自西向东穿境而过，拖板桥河由村境西北入境，向东南流经4000多米，水陆交通便捷。2013年，有西庄、新建、高家、杨笪里、王家、拖板桥、副业队（曼岗）、魏笪、高家、油榨桥、小桥头、前安山、小戴巷、龙梢头14个自然村，21个村民小组，681户2135人，其中女性987人，劳动力1026人。全村共有姓氏72个，主要姓氏有马、王、魏、秦、肖、沈。村域总面积4.60平方千米，其中耕地239.92公顷，园地0.54公顷，林地1.99公顷，其他用地178.29公顷，建设用地55.86公顷，未利用地3.06公顷。

【历史沿革】 宋元明时期，村域属允（永）泰乡。清嘉庆至光绪年间属永泰区。民国元年（1912年）属来苏乡（别桥），民国18年（1929年）属竹篑区后周乡，民国24年（1935年）属第三区（竹篑区）后周乡，民国36年（1947年）属第三区（竹篑区）后周镇，是年10月属绸缪区署永泰（后周）乡。1950年属竹篑区下梅乡，下梅乡政府设在魏笪里。1956年3月属竹篑区后周乡。西庄村、魏笪村成立初、高级农业合作社。1957年撤区并乡属后周乡，村名沿用。1958年属跃进（后周）人民公社，成立生产大队，1961年属后周人民公社西庄大队、魏笪大队。1983年9月，改称后周乡西庄村民委员会、魏笪村民委员会。1985年属竹篑区后周乡，村名沿用。1993年后周撤乡建镇，改为行政村。2001年5月，西庄、魏笪两行政村合并，称西庄行政村。2007年3月，绸缪镇、后周镇并入别桥镇，称别桥镇西庄行政村，村委会设在西庄村1号。

【村域建设】 2007～2008年，整治村庄河塘16条（个），清淤3.46万立方米，工程决算造价16.1万元。村内进行以“五化三有”“三清一绿”为目标的新农村建设，至2013年，共投入资金480万元，浇筑水泥道路15千米；建设老年活动室1处、农家书屋50平方米，有图书800余册；修建健身广场1处，公共厕所3座、垃圾房（箱）45个，聘保洁员3人。

【经济发展】 村域属平原圩区。新中国成立前，农田土质差，土层薄，又没有排灌设施，栽插水稻秧，依靠水车在少量的水塘提水灌溉，大多数田地是望天田。圩田的圩堤低薄，缺乏抗洪能力，各种自然灾害俱全。多数农民靠种租田或打长工养家糊口。1950年以后，政府领导村民开沟筑渠，引水灌溉，修筑塘坝，疏浚河道（拖板桥河等），改善引排条件，加固加高圩堤，改造圩田，建造机电排灌站。2013年，村境内有10吋以上口径的泵站5座，具有380公顷农田的排灌能力。20世纪70年代，平整土地，格田成方，开展基本农田建设。2000年前后，开展高标准农田建设，种植环境大大改变，粮食产量逐年提高。

1980年后，村民逐步调整农业产业结构，扩种经济效益高的作物。2005年，华生大棚蔬菜专业合作社成立，分布在西庄、杨笪、高家、新建4个自然村，面积约33公顷，年产值400万余元。还办起地毯厂、砖瓦厂等村级企业。

2013年，全村粮食总产2115吨，油菜籽305吨，农业总产值440万元，养殖业总产值450万元，集体收入17万元，农民人均收入10510元。

【革命传统】 抗日战争时期西庄村是抗日民主政府和新四军主要活动地区之一。民国30年（1941年）11月28日早晨，村民陈桂生从接头人处得知陆笪来了一批日军，准备偷袭新四军十六旅旅部的消息，就急如星火一口气跑到旅部汇报，旅部立即作出应战的准备。魏笪村人王竹平、王永康、王明、王亮，均为革命献身，群众称之为“一门四英烈”。该村共产党员王志林在1996年捐资10万元重建塘马烈士陵园。

【文化教育】 西庄村历史悠久，唐代前西庄村称为西徐葛家，唐代之后称为后徐，之后又叫西庄头，民国期间叫西庄村。当年村里马氏宗祠托柱上有一对楹联：“汉代开宗伏波著接家声远，濑江遗业南平叶散施得长。”足以说明西庄村的历史（注：伏波指伏波将军马援；南平指南平公马训）。据《马氏宗谱》记载，其二十八世孙马彦通是西庄村的开宗鼻祖。时至今日，当年的马彦通的墓和墓碑，虽经千年风雨，依然立在西庄村的西边。别桥马家村的马氏，就是马彦通这一脉的后裔。新中国成立前，西庄村、魏笪村就创办学校，民国36年（1947年）有后周镇第四保国民学校办在西庄村。20世纪50年代村域内办有2所小学，20世纪末，小学全部并入后周小学。70年代，村有合作医疗室2个。至2013年，从村中走出的大学本科以上学历35人。

七、西马村

【概况】 西马村位于镇境西部，距别桥集镇9千米。东与北山村相接，南与两湾村相邻，西与竹箦镇前村村接壤，北与后周村阡陌相连。镇村公路，村组通达，陆路交通便捷。2013年，有西马、窦巷里、南头、王家、东埂、岗头、顾家、罗笪里、大河头、朱家、汤家、尖只里、西埂、水产、东下梅、西下梅、前始背、窑头上、牛郎庙19个自然村，41个村民小组，1251户，总人口3834人，其中女性1827人，劳动力2141人。共170个姓氏，主要姓氏有张、陈、吕、陶、王、童。村域总面积7.33平方千米，其中耕地361.63公顷，园地5.3公顷，林地1.66公顷，其他用地289.91公顷，建设用地59.7公顷，未利用地14.5公顷。

【历史沿革】 宋元明时期，村域属允（永）泰乡。元朝允泰乡有里（相当于村委）二，即上梅、下梅。清嘉庆年间属永泰区，宣统年间仍属永泰区。民国24年（1935年），下梅、前始背、窑头上、牛郎庙等自然村属第三区（竹箦区）绸缪乡第六保，西马、窦巷里、岗头等自然村属第三区（竹箦区）后周乡。民国36年（1947年）属第三区（竹箦区）后周镇，10月同属绸缪区署永泰乡（后周）。1950年，西马、窦巷里、岗头等自然村属别桥区后周乡，东下梅、西下梅等自然村属竹箦区下梅乡，1956年又归属竹箦区后周乡，成立初、高级农业合作社。1958年9月属跃进（后周）人民公社，组建成生产大队。1961年，成为西马、新民、下梅等大队。1983年改称后周乡西马村民委员会、新民村民委员会、渔业村民委员会、下梅村民委员会。1985年属竹箦区后周乡，村名沿用。1987年渔业村改称水产村。1993年后周撤乡建镇，村民委员会改为行政村。2001年5月，西马、新民、水产三村合并，称后周镇西马行政村。2007年3月，绸缪镇、后周镇并入别桥镇，称别桥镇西马行政村、下梅行政村。2009年7月，行政村区划调整，下梅行政村并入西马行政村，称西马行政村，村委会设在新民自然村。

【村域建设】 2006～2013年，开展村庄环境整治，创建“五化三有”“三清一绿”新家园，建设社会主义新农村。整治村庄河塘46条（个），清淤土方8.9万立方米，工程决算造价32.2万元。投入资金400多万元，浇筑水泥道路20.47千米，整修大片桥、跃进桥、顾家桥3座。安装路灯135盏，建老年活动室1个、农家书屋50平方米（图书800余册）、健身广场5处、卫生室1个，公共厕所21座、垃圾房（箱）64个，聘保洁员4人。

【经济发展】 村境内地势东北略高，西南平坦，属平原圩区。有 160 公顷农田的下梅圩 1 座，千亩以下的顾家圩、西安里圩等 4 座。有西马河、新民河等 8 条村级河流。20 世纪 70 年代开始，治理农田，高田格田成方，开沟修渠，布设机耕路，改造低、中产田，建设“双纲田”“吨粮田”。圩田按“三分开、一控制”的要求治理，加固加高圩堤，加强涵闸修建。多次疏浚西马河、新民河等村境河道，利于引排。60 年代就建成下梅等电力排灌站，90 年代又增建数座电灌站，至 2013 年，村内有 10 吋以上口径的泵站 6 座，具有 600 余公顷的排涝灌溉能力。2006 年前后，建设标准化农田，一直持续到 2013 年。建设千亩以上的高标准农田，大大改变了种植环境，旱涝保收，单位面积产量达到 600 千克左右。

家庭联产承包责任制落实后，村民逐步调整农业产业结构，扩种有经济效益的作物，发展特色农业经济。90 年代，下梅、新民等村办起水泥制品厂、地毯厂等企业。2013 年，全村粮食总产 4175 吨，油菜籽 459 吨。农业总产值 813.6 万元，养殖业总产值 3406 万元，农民人均收入 16716 元。村有兼事商品批发零售 18 家，个体交通运输户 15 户。

【革命传统】 作为茅山革命老区之一，抗日战争时期，村域内民众积极参加和支持抗日斗争。民国 29 年（1940 年）4 月，下梅村王菊妹送子参加新四军。民国 31 年（1942 年）5 月 1 日下梅村人蒋洪根带领大刀会 200 多人，砍杀日伪军时不幸阵亡。民国 35 年（1946 年）2 月 3 日，窦巷里村人后周农救会主任陈光和，被国民党竹箦区区长陈浩断尸六块，壮烈牺牲。后来英雄辈出，新民村人张小南民国 33 年（1944 年）参军，成为战斗英雄，民国 35 年（1946 年）8 月陇海路运河战斗中牺牲。西马村的吕云生，1976 年 3 月入伍，1979 年在对越自卫反击战中牺牲。

【文化教育】 清末民国初，西马村西头建有陈家宗祠，1963 年拆除祠堂。张家祠堂建在村西头，1973 年拆掉修建西马小学。民国 36 年（1947 年）下梅蒋家办有绸缪乡第六保（一）国民学校，下梅杨家办有绸缪乡第六保（二）国民学校，西马村也办有完全小学。1956 年，新民村创办初级小学。1998 年并入下梅小学。1976 年 9 月西马小学曾附设初中班。20 世纪 80 年代初，完全小学附设幼儿班。2003 年 9 月，下梅、西马小学停办。20 世纪 70 年代村境内办合作医疗室 4 所。至 2013 年，从村走出的大学本科以上学历 48 人。

西马村村民收藏雀杆石墩 2 个，石锁、石砝码各一个，下梅自然村有桂花树一棵，树龄 200 余年，栎树一棵，树龄 120 余年。古朴树 8 棵，树龄不详。

下梅村有清代古墓一座。据清嘉庆县志载：宋朝枢密副使马知节墓在窦巷，清代翰林院侍读马世俊墓在窦巷东门茔。

附：不再使用的自然村名及消失的自然村

【古渎行政村姚家自然村】 姚家以姓氏定村名，70 多户居民，20 世纪 70 年代时是 2 个生产队。21 世纪初，因村域规划调整，全村划归桥南村，故姚家自然村名，自此不再使用。

【古渎行政村村西头自然村】 因村在几个小村的最西边，故叫村西头。村西头原有 150 多户居民，20 世纪 70 年代是 6 个生产队。21 世纪初，因村域规划调整，全村划归桥南村，故村西头自然村村名自此不再使用。

【古渎行政村榉树脚自然村】 据传，村落旁有一棵硕大的榉树，村子就在树下，榉树脚村名由此而来。20世纪70年代有2个生产队，90多户居民。因建设发展需要，村域规划调整，全村划归桥北村，榉树脚村名自此不再使用。

【古渎新街】20世纪90年代规划建设的新街，约定俗成，故名新街。镇建设发展需要，村域调整，全村划归桥北村，故新街村名自此不再使用。

【北山行政村汤山观自然村】汤山观自然村，因村旁原有一寺观，名汤山观，村以观命名。汤山观村原有1个村民小组，20户居民，近100人。2008年，镇党委、镇政府开发建设北山工业园区，汤山观自然村位于北山工业园区规划内，村民迁至阴山村居住。汤山观自然村从此消失。

别桥镇自然村村名由来一览表

表2-2-1

村名		村名由来
行政村	自然村	
湖边	史家	以姓定村名
	长桥	明代万历年间，村前有一石柱木板桥，长120米，以桥定村名
	长桥庵	原村中有一庵曰“长桥庵”，以庵得村名
	庙头	该村头有一庙，故曰庙头
	湾头	闸口河、皇圩圩埂有个弯头，村正好在弯头上，故称湾头
	闸口	村西偏北处有一座闸，因闸取村名
	中观里	古代村前有一座观音庙，故称中观里
	王家头	以姓定村名
	徐家	以姓定村名
	双桥	据说该村以前曾有一桥，原桥毁后，在其西侧重建一桥，故称双桥
	西埂	该村坐落在寿申圩埂上，又在双桥村西边，故曰西埂
	赵家	以姓定村名
	浪圩	该村坐落寿申圩东埂，紧靠长荡湖，村长3华里，村落形态“弯弯曲曲”象条龙，故称龙溪里，又因长荡湖边白浪较大，在咸丰年间改名为浪圩村
	湖塘	明初时，该村因周围有“前头塘、小塘、长塘、盆匙塘、北头塘”五个塘，故称“五塘”，因临长荡湖，“五”与“湖”谐音，故更名为湖塘
	斗门湾	村子象虾子，村前有两条路象虾子须好斗，故称斗门湾
	北小圩	该村位于皇圩北面，原有一只小圩，故名北小圩。旧县志曾称“镇龙村”
	陆家湾	清咸丰年间，因兴化、泰州、高邮等地逃荒灾民落户在河湾边，共有“高、季、唐、纪、汪、庄”六姓，故得名陆家湾
镇东	诸泗	诸泗古代名“诸史”。因该村原为史氏姓族住地，明代吕氏迁来，住“诸史”北，称吕巷。后史姓绝，吕氏子孙向南移后，遂改“诸史”为诸泗
	小桥头	位于丹金溧漕河东岸，村头有一座小桥，因桥而得名，故称小桥头

续表 2-2-1

村名		村名由来
行政村	自然村	
镇东	东关	明清时期，别桥街在大街西头（影剧院处），原别桥大桥东堍设有关门。该村位于东关门东，故称东关。2013 年已成集镇区域
	培阳	该村位于小河北岸向阳处而得名，已与集镇融为一体
	陈家棚	该村旧时贫困，皆住茅棚，村民都姓陈，故称陈家棚
	土山	以山名为其村名
	庄上	庄上又名小村上，因其过去住户少，村落小，与附近村庄相对而言
	泗渎港	因村民定居在泗渎河北岸而得名
	渔民新村	其村三改其名，初定名捕捞大队，后改为水产大队，今定渔民新村
	中里	位于北堰、李家坝两自然村中间，故称中里
	北堰	早期该村位于北堤上而得名
	樊家	以姓氏定村名
	李家坝	村边有一座坝，全村是李姓，故称李家坝
马家	马家	以姓定村名
	义亩头	该村建在义田顶头，故称义亩头
	东庄	该村曾以董姓命名，后董姓绝，谐音东庄
	后村里	后村里原名后东庄，为了便于辨别两个村庄，故改后村里
	北杨庄	位于别桥镇最北边，与金坛交界，“北杨庄”之名，嘉庆县志、光绪县志皆有。由来无处考查
	姜家棚	原名姜姓聚居棚户区，但现有村民中已无姜姓，而其名未改，沿用至今
	前园	园上分南北前后两村，此村居南，故称前园
	后园	该村在前园之北（后），故称后园
	庙头	因靠庙定居（今庙已毁），故称庙头
	东桥	前园之东有桥，名东桥，此桥跨河两岸的村落，以桥命村名，故名东桥
	诸里	诸里原名诸吕。后因“吕”“里”谐音，遂改为诸里
	新桥	新桥原本是桥名，因村民居住新桥跨河两岸，村因桥而得名
别桥	老卜墩	此地原是墩子地，地势高，只可种蔬菜、萝卜等，后因罗姓定居此地，人们顺口喊“萝卜墩”，别桥方言“萝卜”称“老卜”，故称老卜墩，一直流传下来
	虞缪	取虞氏、缪氏为村名
	北巷	位于别桥集镇北端，故称北巷
	陈巷	原来以陈姓聚居成村成巷，因姓氏、因巷得名，现马氏最多
	诸阳	据传，太平天国前该村叫丁巷，因太平军杀人多，李姓村民把丁巷改为诸阳

续表 2-2-1

村名		村名由来
行政村	自然村	
	小舍头	原先是几户丁姓居住，因其村在别桥集镇北街头，故称小舍头
别桥	前王	古时前王称前川，为王氏聚居的村落，其村后樊庄村，亦系王氏家族，他们把“前川”称作前王，一直从俗沿称至今
	樊庄	樊庄，古代名后川，而后又改名樊川，为王氏宗族聚居村落，后川之称与当时前川（后称前王）相对而言，后改樊川，最后定名樊庄
	金庄	该村以金姓命名，金庄村为溧阳、金坛两地共有，村中自西向东为两地的分界线，北半部属金坛指前镇管辖，南半部属溧阳管辖。自古以来村中疆界分明
	丁家棚	最先为一丁姓搭棚定居，后子孙繁衍，渐成村落，故名丁家棚
前程	前程	据清嘉庆县志记载，今“前程”实系“前陈”。现村民陈氏很少，马、戴两姓最多
	吕庄	清嘉庆《溧阳县志》载：“虞庄”误为“吕庄”，至今以误为误，仍称“吕庄”，现该村大部分村民姓虞
	三官殿	村东南有一庙宇，内供奉着天官、地官、水官，故名“三官殿”，村以庙得名，现庙已毁，村仍沿袭旧称
	下尖圩	据传：在其未形成村落前，因低洼水泽，多产虾米、鲫鱼，“下尖圩”是“虾鲫鱼”的谐音。村落在伏申圩西北角处，因地势取名下尖圩
	南棚	因村落在下尖圩南边，故名南棚
	北棚	因村落在下尖圩北面，故名北棚
	谢家坝	村落在坝边，大部分村民姓谢，因姓氏、水坝而得名
	北谢	因其村在谢家坝村北面，村民大部分姓谢，故称北谢
	东埂	其村落东面紧靠伏申圩埂，故名东埂
合星	五里亭	该村处于旧时镇西大道五华里处，该地曾建有一亭，供路人憩息，该亭名“五里亭”，村以亭为名
	前马场	明代朱元璋建都南京，马队曾在此地放牧，后人称此地为马场里，在南的村落称前马场
	后马场	明代朱元璋建都南京，马队曾在此地放牧，后人称此地为马场里，在南的村落称前马场，在北的村落称后马场
	上塘棚	上塘棚地处原绸缪乡上塘村之西，原称西塘，1949 年后改名上塘棚，因与上塘村相依附
	战胜	原是前程村北面的六户苏北移民（太平天国时从苏北迁来），称“六家村”，后不断聚居成村落，称前程棚，1958 年改称战胜村
	西浦	“浦”字的字义是水边，迈灌河两岸有两个村落，偏东的名东浦（属金坛市），偏西的称西浦
	滩头	该村建在滩头上，故名“滩头”
	祁笪里	溧阳市有“三塘、四口、七十二笪”，用“笪里”冠以聚居氏族之姓为村名，“祁笪里”祁姓居多

续表 2-2-1

村名		村名由来
行政村	自然村	
合星	东庄	该村在上市村东边，故名东庄
	泗巷	传说：西周时，上市、滩头、泗巷一带是集镇，后被太平天国军队烧毁，泗巷是集镇中的一条巷，住的是道士，叫“士巷”，因“士”“泗”谐音，遂改叫泗巷
	上市	相传西周时该地曾经设过集镇，故名上市
	前梁	前梁、后梁是两个自然村，两村村民是梁姓同宗，前梁在南，故称前梁
	后梁	前梁、后梁是两个自然村，两村村民是梁姓同宗，后梁在北，故称后梁
	万家	以姓定村名
	何家	以姓定村名
	承家	以姓定村名
	下场	该村下首有一个广场故得名下场
	李巷	李巷俗称李巷里，是李姓氏族聚居之村落，故其村名冠以姓氏。但何时为巷，而不用村或庄，已无从查考
	街头	相传上市设过集市，该村原是上市街头，故得名
	上头棚	上市承家原居住地低洼常被水淹，为避水害，遂搬到高处（上头）搭棚居住，故称上头棚
	西神圩	据清嘉庆县志载：西神圩原名西神雨，考其并非圩区，用圩命名不当，可能是后人因“雨”“圩”谐音而误。考其出处，属无稽迷信之说，故不述
	东神圩	据清嘉庆县志载：东神圩原名东神雨，考其并非圩区，用圩命名不当，可能是后人因“雨”“圩”谐音而误
	史家棚	史家棚居住者为近代外来户，史姓，其祖定居后几代繁衍，渐成村落。旧时贫困，皆住茅棚，故呼其村史家棚
	杨家棚	杨家棚村民杨姓较多，其祖先为近代外来户，几代繁衍，遂成村落。旧时贫困，皆住茅棚，当地呼之曰“杨家棚”，久之成村名
古渎	董家舍	该村最早来定居的是一董姓外来户，开始搭窝棚作住宅，这是“舍”的来历，再冠上姓氏，称董家舍
	庄只里	清朝以后才有人到此地散居，人们称“庄子”，“子”“只”同音，又“只”、“则”谐音，也有人写成庄则里，实是庄只里
	桥北	因居住在濑溪河上的观音桥北岸，故称桥北
	桥南	因居住在濑溪河上的观音桥南岸，故称桥南
	车家	以姓定村名
	史家	以姓定村名
	东溪	村落西边的一条向南流的河道称东溪，因溪名命村名
	河大湾	古渎河道到村东向北拐弯，称河渎湾，“渎”“大”谐音，以河大湾为村名
	五荡湾	村子附近农田低洼，常有乌鸦来栖息。又由于村前河流到村东向南拐弯，这就是乌荡湾的由来。后人把“乌”写成“五”，一直沿用下来

续表 2-2-1

村名		村名由来
行政村	自然村	
道成	对河	对河也称对河史家，早先有小北堰之称。该村村向朝西，面对河流，故称对河
	杨家坝	杨家坝又称纽家坝，或称坝头村。该村坐落坝边，又一度以杨姓居多，称杨家坝。过去纽姓曾多于杨姓，又称纽家坝，对村名的称呼，曾出现过宗姓矛盾，所以去掉姓氏称坝头。现又称杨家坝
	钱家	以姓氏命村名
	童家	以姓氏命村名
	潘郎村	以潘家、郎氏两家姓氏为村名
	徐家	以姓氏命村名
	黄家	以姓氏命村名
	昌口里	皇圩中原有一个昌口荡，该村坐落在昌口荡西侧，故取名昌口里
	金家桥	以姓氏定桥名，以桥名定村名
	姚家桥	以姓氏定桥名，以桥名定村名
	虞家坝	以该村村民姓氏及村西有坝而取名
	马家	以姓氏定村名
	陈家	以姓氏定村名
	符家	以姓氏定村名
两湾	杨家湾	由杨氏家族居住在河湾上而得名
	新河埂	村建在新开河大埂上而得名
	东陈家	陈姓聚居在北河埂东而得名
	贺家	以姓氏定村名
	北陈埂	陈姓聚居在北河埂北而得名
	湾只	村建在圩埂弯侧上而得名
	北庄	村落在北河大堤北岸而得名
	牌楼	据传，明朝中期，村上出现一个贞妇，皇上为其建坊旌德。原度尊圩村名改为牌楼下，即今天的牌楼村
	殷家	以姓氏定村名
	周家湾	以周姓为主的村民聚居在河道拐弯的弯道处，叫“周家湾里”，称周家湾
	潘家	以姓氏定村名
	大沈家	大沈家，旧时曾称花广里，因同族沈姓同时分别聚居在两个村子，而该村较大，所以称大沈家
	尖只上	由于村子坐落在东川圩的北部尖子上，村以地形得名尖只上
	郝家	以姓氏定村名

续表 2-2-1

村名		村名由来
行政村	自然村	
两湾	胡家墩	以姓氏定村名
	小沈家	小沈家又名南头。因同族沈姓同时分别聚居在两个村子，而该村相对于大沈家村子较小，又在大沈家南边，因此而得名
	西房	该村居民为吕姓的一支族，聚住在赵圩村西部，因此习惯上称西房，对外则称赵圩西房
	南房	村名来自房族和聚居方位，该村村民聚居在赵圩村南部的吕姓族氏的一支房，因此习惯上称南房
	赵圩里	赵圩村最早聚居赵姓居民，圩田为赵姓农田，村子叫赵圩里，据《吕氏家谱》记述，吕氏来此村时，村子里有张、郑、施等姓居住。后来吕姓子孙繁荣，其他姓氏搬迁或消失。村名仍为赵圩里
绸缪	东舍	村坐落绸缪东，近代从苏北迁此，搭棚居住成村，故称东舍
	北舍	该村位于东社偏北，近代从苏北迁此，搭棚而居，渐成村落，故称北舍
	森巷	该村最初因树成行而得名“森行”，因“巷”“行”谐音，故一直沿续下来
	滩头	明初，该村坐落在河滩上，因地理位置而命村名
	文巷	原村上居住房屋排列成巷，设有私塾、学馆，有一定的文化氛围，故称文巷
	东湖头	明朝以前此地有一湖滩，刘伯温筑东坝后，水退地长，居民在此建立村落，因在湖滩东头，取名东湖头
	西巷里	该村位于绸缪集镇西边，因居住房屋排列成巷而得名
	巴斗山	因村坐落在像巴斗一样的小山旁而得名
	王家棚	以姓氏和最先村民居住地茅棚里而得名
	闸头上	村建立在一座大闸两旁，取名闸头上
	俞家	以姓氏定村名
	坝头	因村庄建在坝头上而得名
	上周公	该村村民姓氏较多，村名来由不详
	西土桥	早先村西有一座土木桥而取“西土桥”为村名
	尖只	该村建在北河南岸，有一条南北走向的支河通往村里，因无桥，东西两岸的村民往来不便。该村村民在支河北头筑了一道坝，这样支河口就成了“几”字形，因而得名“尖只”
	玉堂	玉堂原名玉溪、月堂，以塘形而得名。玉溪是历史上一直沿用的名称。该村主姓石，改玉溪为玉堂，意是石氏子孙满堂，以石比玉之意。后又改玉溪，现用村名玉堂
	五家庄	该村位于白云河北岸，与坝头隔河相望，因该村最初只有五户人家而取名五家庄
北山	西诸巷	村坐落槎溪村西，村中有巷，取名为西诸巷

续表 2-2-1

村名		村名由来
行政村	自然村	
北山	阴山	以殷姓和山得名殷山，后改称阴山
	赵家	以姓氏定村名
	西高头	村建在槎溪村西北高地上，命名西高头
	东社	相传，村上建有东观庙社，村西有诸社，故命名东社
	白土棚	该村散居在白土主村北边高地上，最初都是茅棚而命名
	董家棚	以姓氏定村名
	幽栖观	南朝梁代普通二年（521 年），建“观”，隐士幽栖伯升天后，“观”中道士以其称号，取名幽栖观。村由观得名
	东马	据传明代此地有放马场，村在放马场东，故名东马
	方里	因村里有一大方塘而得名
	滕家庄	以姓氏定村名
	曹夹	以姓氏定村名
	白土	以该村的土质属小粉白土而取名“白土”
	吴家	以姓氏定村名
	施家	以姓氏定村名
	诸皋	该村建在高墩上而得名，后雅化为诸皋
	西村	该村因位于诸皋西面而得名西村
	槎溪	该村地势低洼成溪，再加上两旁杂树丛生，故名“槎溪”，俗名“诸皋社头”
	东高头	因村基在槎溪村东北面的高地上，故命名为东高头
	上塘	上塘散居地在槎溪村东北的高田背上，旧时农田灌溉很不方便，村民为灌溉农田，人工开挖许多塘，因此得名上塘
	俞家	以姓氏定村名
	王家	以姓氏定村名
	范家	以姓氏定村名
	茶亭庵	原村头有一庵曰“茶亭庵”（今庵已毁），以庵名得村名
黄金山	黄金山	相传该山在雨后，像金子一样黄亮，因名。北宋时期，颜姓自句容耳山迁居此地。尔后诸姓陆续迁来定居，遂成自然村落，因山得名，故叫黄金山村
	颜家	以姓氏定村名
	西窑头	该村以窑命名，东边叫东窑头，西边叫西窑头
	小涧西	该村以涧为名。近代苏北迁移过来的人居住在此，叫涧西棚，现改为小涧西
	后陈	该村原名后城，因姓陈的较多，改为后陈

续表 2-2-1

村名		村名由来
行政村	自然村	
黄金山	前瞿	“瞿”是方言，意是冲田。该村以地理位置命名，住在冲田前，叫前瞿
	大涧西	该村以涧为名，村在涧的西边，又相对“小涧西”村子大些，故叫大涧西
	五棚	该村以前有大财主来此开荒，搭棚给帮工的人居住，并编号为“一棚、二棚、三棚、四棚、五棚”。村以“五棚”为名
	桃园	该村边以前是一片桃林，取名桃园
	小后瞿	在前瞿村后有一个小村，取名小后瞿
	建国	该村原名东司庵，新中国成立后改为建国
	金星	原村落只有几户人家，1958 年改为金星
玉华山	玉华山	据传此山石色似玉，因此得名。又传此山春有白花遍野，夏有寒泉清幽，秋有红叶似火，冬乃玉树升华，因名。清末民初，浙江温州李姓二兄弟辗转迁徙玉华山落脚，江阴华士龚姓迁来玉华山居住，逐渐形成自然村落，村在山旁，故名玉华山
	小坝	该村在后迈桥终点，有条小坝，取名小坝村
	戴巷里	该村自古为戴巷，取名戴巷村
	老棚	明末清初苏北移民到此搭草棚居住，故称老棚
	坛石桥	该村边有一座小桥叫坛石桥，村以桥名，叫坛石桥村
	河头	该村建在河的尽头，取名河头村
	后迈桥	该村北面有一座桥，叫后迈桥，村以桥命名，叫后迈桥村
	前殷	该村居民姓殷的较多，取名前殷
	西沈	该村在东湖（地名）西端，以姓氏命名为西沈
	王家头	以姓氏定村名
	木库	在东坝没筑前，这个村的所在地开设过木排行，所以取名木库
	颜笪里	以姓氏定村名
小石桥	大石桥	明朝年间建有一座大石桥，村民居住在此，村以桥得名
	康东	东坝没筑之前，此地是船只停靠的港口，谐音“康口”。而此村与金坛交界，在村域最东边，以前叫东庙上，因在康口东边，故叫康东
	康西	刘伯温没造东坝前，此地是船只停靠的港口，谐音“康口”，以前叫港口村，村在港口西侧，故称康西
	小石桥	明朝年间在此造两座石桥，一大一小，此村在小石桥旁，取名“小石桥”
	前塘	原来村中姓唐的多，叫唐家山村，1958 年“大跃进”开始后改称为前塘
	北舍	太平天国后，苏北移民在此搭棚而住，位于康口北面，取名北舍
	后塘	原名叫北山头，因在前塘北边，1958 年“大跃进”后改称后塘
	沟东	该村原名沟爬墩，因居长沟东边，1958 年改称沟东

续表 2-2-1

村名		村名由来
行政村	自然村	
小石桥	沟西	该村原叫沟爬墩，因居长沟西边，1958 年改称沟西
	沟西新村	2004 年，修建扬溧高速公路拆迁时新建的村落
	王家	以姓氏定村名
	陈家	原名银巷里，1958 年以姓氏定村名
	梓村	相传该村原有一棵梓树，便取名梓村
	战胜	该村卞姓为多，取名卞家。后为取消种族观念，改为战胜
	西舍	该村原来居住棚舍，故取名西舍
塘马	塘马	相传春秋时期，楚将伍子胥奔吴，随行马匹被楚平王追兵杀死于此地水塘，故名塘马。又传唐朝时，村旁池塘内发现一石马，村因此取名塘马
	邵笪	该村以笪字命名，姓邵的居多，取名邵笪
	新典	据说此村以前有一饭店叫新店，村以店命名，后写成“典”
	张家	以姓氏定村名
	倪家	以姓氏定村名
	下林桥	村边一座桥叫下林桥，以桥名定村名
	观阳	传该村因地势高，东西两边低，曾取名高村。后有秀才赴京赶考，夜宿高村。次日一早起来，看到一轮红日高升，便顺口吟了一首诗“凌晨独观阳，信步高岗上，京城遥遥远，无银何地住。”自此高村改名为观阳
	巷上	以前该村村民居住在树林里，树木成行，取名巷上
	前巷	该村原名巷上，因居住人口较多，村落向前延伸，故名前巷
	黄涯	此村以前是黄泥岗，有几户住在山下，故取名黄涯
	大塘头	该村地处张家大塘顶上，取名大塘头
	观西	村落在观阳西南部，取名观西
	后巷	该村原名巷上，因居住人口较多，村基向后延伸，故名后巷
后周	葛家	起初只有陆家坟，后葛姓的大户人家居住在此，取名葛家村
	周家背	原是周姓居住在此，地势较高，故取名周家背
	姜家	明洪武十八年（1385 年），明朝第一代皇帝说：有后周埠就有姜家村，故取名姜家村
	靠村	据传，靠村是古代选拔武状元考试的场所，因“靠”“考”谐音，写为靠村
	王家庄	以姓氏定村名
	渔东	东坝没筑之前，就有前舟和渔码头，在渔码头东面
	渔西	位于渔码头西面
	茅棚	据说很久之前居住在此的人家较穷，用茅草盖屋，故称茅棚

续表 2-2-1

村名		村名由来
行政村	自然村	
后周	后迈	太平天国时，此处是马家村，后马家灭亡，来了姓万的，“后万”谐音“后迈”，故流传至今
	西观里	太平天国时，据说这里有一戏馆，“戏馆”谐音“西观”，故称西观里
	朱云山	姓朱的大户人家居住在此，又相邻塘马山，以山取名朱云山
	塘马山	东坝未筑之前，溧阳一片汪洋，原村址是渔民的晾网山，后改名为塘马山
	诸社	原名朱谢，取两姓氏命名，后谐音诸社
	后东	因村庄坐落在诸社村后偏东处，故称后东
	戴家	以姓氏定村名
	姜庄	相传从前姜姓居住此地，太平天国时，姜姓灭亡，留下村庄，但姜庄村名一直延用至今
	前云	该村聚落形态象天上两片云，有上前云、下前云之分，命名为前云
	刘家	以姓氏定村名
	姚家	以姓氏定村名
	西王	该村原名王家棚，又位于大队部西边，故称西王
	东头	该村在东胜村最东边，命名为东头村
	东王	该村原名王家棚，与“西王”相对而称东王
	毛家	以姓氏定村名
	周烈庵	从前，这里有座尼姑庙，庙中有位周姓尼姑，她贫富不欺，终身未嫁，称为烈女，村以庙名，叫周烈庵
西庄	西庄	晋元帝时有马训任南海太守，曾随驾北征，马训原是陕西扶风郡移居该村，命名西庄
	新建	该村原名蔡家，由无锡、江阴迁来，新中国成立后改名新建
	高家	以姓氏定村名
	杨笪里	该村以笪为名，居民大部分姓杨，取名杨笪里
	王家	以姓氏定村名
	拖板桥	村前原有一木桥，桥上只有一块木板架在上面，取名拖板桥。以桥名定村名
	副业队	原名曼岗村，1958 年列为全公社副业队，留下副业队之名沿用至今
	魏笪	此村以笪为名，冠以姓氏，故称魏笪
	高家	以姓氏定村名
	油榨桥	相传该村东北有座油榨桥，以桥名定村名
	小桥头	村边有座小桥，故称小桥头村
	前安山	村东面有一座山叫前安山，以山名定村名

续表 2-2-1

村名		村名由来
行政村	自然村	
西庄	小戴巷	此村比戴巷村小，以姓氏命名，前面冠以小以示区别，故称小戴巷
	龙稍头	该村坐落在湾曲河尽头，习惯称龙稍头
西马	西马	该村原系放马场，人们称东边为东马，西边为西马。又传：随伍子胥投吴的五马之一被楚王追兵杀死于这里，故名西马
	窦巷里	该村居民原是狄、朱二姓，后二姓绝亡，外地迁来窦姓宗族，遂改为窦巷里
	王家	以姓氏定村名
	东埂	新民村有东、西两埂，东边的叫东埂
	岗头	因该村在高岗埂上，定名为岗头村
	顾家	以姓氏定村名
	罗笪里	该村在高岗上，罗姓多，故叫罗笪里
	大河头	村建在大河的尽头，称大河头
	朱家	以姓氏定村名
	汤家	以姓氏定村名
	尖只里	西大片三大圩，此村位于尖头上，叫尖只里
	西埂	此村有二埂，在西边的为西埂
	水产新村	1968 年 6 月溧阳渔民下放后周成立渔业大队。1987 年改为水产新村
	东下梅	下梅村以村中一条河为界，此村属东，称东下梅
	西下梅	下梅村以村中一条河为界，此村属西，称西下梅
	前始背	该村是下梅村基最高处，俗称“田鸡背”，取名前始背
	窑头上	该村原是一座小窑，取名窑头上
	牛郎庙	该村新中国成立前有一座庙，称牛郎庙，村以庙名
	南头	在新民村的最前头，故称南头

第三篇

自然环境

别桥镇位于溧阳市北部，地形呈较规则的五边形，东西宽度稍长于南北宽度，地势西北高而东南低。地面高程一般为吴淞 4 ～ 7 米，制高点在黄金山村委会所在地五棚村，高程为吴淞 35.2 米，最低点在道成村委会附近，高程为吴淞 2.8 米。

境内地貌呈丘陵、平原、圩区三种类型。北山丘陵地区面积 18.06 平方千米，洮湖平原圩区面积 110.44 平方千米。平原圩区地表坦荡，沟渠河港纵横，组成物质以湖积相为主，冲积和沼泽为辅，是全镇主要农业稳产高产基地。土壤有水稻土、黄棕壤、沼泽土 3 种，以水稻土为主，其中有 9 个土属、14 个土种，大多是微酸性至中性土壤，pH 值为 6 ～ 6.75，适宜各种农作物生长。

境内区域位于亚热带和暖温带过渡地带，属季风性气候，温和湿润，四季分明，冬夏两季长，春秋两季短。日照充足，雨水充沛。

水系属长江流域太湖水系。境内河道较多，形成平原圩区河网之经脉。干河有丹金溧漕河、北河、中河，主要支河有后周河、古渎河、拖板桥河等，村级河道 34 条。河道对泄洪、排水、引水、航运具有重要作用，且为乡镇经济开发之依托。镇境东边是“日出斗金、月出斗银”的长荡湖，盛产鱼虾、黄雀、螃蟹。清乾隆初年邑人史贻直曾题七绝一首，其中“青鱼黄雀白壳虾”的诗句，即指长荡湖特产。镶嵌在茅山革命老区的塘马水库库容 1182 万立方米，灌溉 8700 多亩农田，是一座以防洪、灌溉和供水为主，结合水产养殖的中型水库，造福于下游地区的人民。2013 年被评定为江苏省水利风景区。

适宜的气温、雨水、日照给境内形成两大植被：栽培林植被和湿生水生植被。木本类树木有 60 种 210 余个树种，植物有油料、淀粉、瓜果蔬菜植物等 7 类植物；

动物有哺乳类、鸟类、禽类等100多个品种。境内农民以种植粮食为主，每年是稻麦（菜）两季轮作。

受地质构造控制，境内地层有四组断裂，尤其是茅山东侧的活动断裂，造成历史和现今的多次地震活动。1979年7月9日，发生在上沛地区的6级地震，波及境内，房屋受损、倒塌32096间，伤亡人员274人。

地形特点导致别桥旱涝灾害多发，圩区受涝频繁。民国23年（1934年）的旱灾，给别桥人民带来灭顶之灾。1991年的特大洪涝再次威胁别桥地区，在市（县）、乡（镇）党委、政府的领导下，别桥人民抗灾自救，战胜灾害。2009年的台风“麦莎”，2012年的台风“海葵”伴随暴雨，尽管给农业生产和人民生活造成较严重的影响，但别桥人民落实防台措施，把损失降到最低程度。

第一章　地质　地貌

第一节　地　质

一、地层

境内地层，自古生代到新生代均有出露，自老至新出露的地层有：

【志留系中统坟头组（szf）】 主要分布于丫髻山东北麓，黄金山、玉华山一带。岩性较松软，抗蚀性弱，往往构成平缓的山坡和低平的地形。

【三叠系（T）】 主要是石灰岩系，别桥土山有分布。

【白垩系（K）】 以石灰岩和石英矿岩为主，多带棱角，由钙质、铁质和泥质胶结，富有钙质。主要分布在绸缪、塘马水库东侧范围内。

图3-1　塘马湿地

【第四系（Q）】 为新近200万年所形成的松散沉积物。大面积分布于丹金溧漕河沿岸和长荡湖泛滥地方。

二、构造

溧阳地区地质构造复杂，断裂活动比较频繁，地层从古生界、中生界到新生界都有露头，三大岩类中沉积岩主要分布在北山丘陵的茅山山脉。市境在大陆构造位置中属于扬子沿江（古生代—三迭纪）拗陷带江南古陆东北边缘的溧阳盆地，自中生代以来，发生了强烈的构造变动（印支和燕山运动）及频繁的岩浆侵入和喷溢，形成了许多南北向、北西向、北东向的断裂。如涂县—南京—溧阳断裂，射阳—茅山断裂及其所派的金坛—南渡断裂等，有些断裂带近年继承性活动强烈。正是断裂的继承性活动，导致溧阳及邻近地区发生了历史和现代的一系列地震活动。

第二节　地　貌

境内地貌受地质构造和岩石性质控制。西北部岩性较松软，抗蚀性弱，被侵蚀成平缓的山坡。断层存在的地方，小的凹陷所在成为山间盆地，境内东、南部属之。别桥镇现境大部分处于金坛—南渡较大的凹陷区域，成为宽阔坦荡的平原圩区。构成盆地（溧阳盆地）的中央，则成为更加宽广低洼的洮湖平原圩区。

别桥镇区域地形呈较规则的五边形，东西宽度稍长于南北宽度。地势西北高而东南低，西北部黄金山一带最高，属丘陵高地，其他境域属半平原半圩区。地面高程（海拔）一般为4～7米，制高点在黄金山村委会所在地五棚村附近，高程为35.2米；最低点在道成村委会附近，高程为2.8米。

一、地貌类型和分布

镇境内有丘陵、平原圩区地貌类型。

【西北部茅山丘陵地区】 地处茅山山地的南端东侧，就地层岩性和构造体系看，自北东到南西的丫髻山、瓦屋山、曹山、芝山等高丘山峰实属一个整体，统称茅山丘陵区。现境内的黄金山、玉华山、小石桥及塘马部分地区均属该区域，总面积约为18.06平方千米。

【洮湖平原圩区】 从溧阳市来看，主要分布在戴埠镇以北、南渡镇以东、别桥镇以南的广大地区。别桥镇现境的别桥、湖边、古渎、绸缪的全境及后周的大部分区域都是洮湖平原圩区，面积110.44平方千米。区内地势低洼，部分地面低于河道的常水位，但比降甚微。地面坦荡，沟渠纵横，河网密布，土质肥沃，组成物质以湖积相为主，冲积和沼泽相为辅，是全镇最主要的农业稳产高产基地。

二、主要山丘

【黄金山】 位于别桥镇后周北缘，距别桥集镇约9千米。旧志云：因雨后土色金黄，故名。

海拔 63.2 米，山北麓与金坛市薛埠镇罗村交界。经多年采石，山峰降至 40 米左右。

【土山】 古称独秀山，位镇之东，濒洮湖之滨。“千里平涛，一崇独秀”，与湖东诸山隔湖相对，为茅山余脉，湖光山色，为别桥之胜，古人曾多有吟咏。

历年来，山被开发，铁矿石、黄砂、石黄砂，蕴藏丰富。山虽无昔日之美姿，但却造福于民。

第二章 气 候

第一节 四季特征

别桥镇位于北半球亚热带和暖温带的过渡地带，属季风型气候，温和湿润，四季分明。冬夏两季长，春秋两季短，日照充足，雨水充沛，夏季雨热同期。无霜期 224 天左右，雷暴日约 29 天，年平均气温 15.7℃左右。

别桥镇四季划分一览表

表 3-2-1

	春 季	夏 季	秋 季	冬 季
时 间	3 月下旬 至 5 月下旬	6 月上旬 至 9 月中旬	9 月下旬 至 11 月下旬	12 月上旬 至次年 3 月中旬
天 数（天）	68	110	66	121
均 温（℃）	14.2	26.7	16.5	4

春季 冷暖空气交锋频繁，气温冷暖多变，有“一日赤膊三日缩头”的气候谚语。该季晴雨相间，常出现多变的阴湿天气，有“春天孩儿脸，一日变三变”之说。4 月开始，降水量明显增多，雨量 300 毫米，占年雨量的 27%。

夏季 受来自海洋暖湿的季风控制，高温多雨。6～7 月中旬为初夏，梅雨是其主要特征。别桥镇域内 6 月中旬入梅，7 月上旬出梅，25 天左右，年平均梅雨量 250 毫米。有的年份会遇到雨日集中，雨量过大，引发洪涝灾害。此期间云量多，日照少，气压低，形成潮湿、闷热、阴雨连绵的梅雨天气。梅雨期后进入盛夏，受到副热带高压控制，气温急剧上升，日照充足，天气晴热少雨，持续时间一般为 40 天左右，年极端最高气温在此期间出现，常形成“伏旱”天气，有“伏雨贵似油”之说。

秋季 冬夏季风此长彼消，初秋的 9、10 月仍保持夏令的余威，天气炎热，最高气温仍可达 37℃，俗称“秋老虎”。台风、雷暴雨和连绵阴雨等时有出现。10 月下旬进入深秋，冷空气南下，受冷空气控制，天气稳定少雨，昼暖夜凉，常有秋高气爽天气，俗称“十月小阳春”。随着气温变化，有时最早在10月底就有早霜冻，11月平均气温17.5℃。

冬季 受寒流的影响，形成低温、干燥天气。有时遇寒潮来袭，北风啸，气温急剧下降，出现严寒天气，1月全年最冷月，最低气温至零下7℃。该季节的晴天时常有霜冻现象，还会有降雪。冬季是全年降水量最少的季节，仅占全年雨量的12%。

第二节　气候要素

境内气候要素主要是日照、气温、霜、雪、雨量、蒸发等。

日照 别桥地区日照年平均时数2111.7小时，其中春季占20%，夏季占35%，秋季占25%，冬季占20%。1967年日照时数2361.2小时，最多；2002年最少，只有1513小时。2013年，日照时数1912.5小时。7、8两月是一年中日照最多的月份，而2月又为日照最短的月份，只有8月的二分之一。

气温 据1953～1985年记载，年平均温度15.4℃，1986～2007年，年平均气温16.23℃，2000～2007年平均气温皆在16.5℃以上。2007年平均气温为17.4℃，是溧阳有气象资料记录以来年平均气温最高的年份，气温升高趋势明显。2013年，年平均气温17.05℃，极端最高温度41.5℃，出现在8月10日。历史上极端气温最低零下17℃，出现在1955年1月7日。

气温的日变化，一天中有最高和最低两个极值。最低气温在日出前后，最高气温夏季在14～15时，冬季在13～14时。

霜期 初霜期平均出现在11月10日，最早10月22日（1979年）。终霜期3月20日，最晚4月19日（1962年）。平均霜期141天，最多177天，最少107天。2013年初霜日是11月18日，终霜日是3月10日，霜期113天。

雪期 境内常年平均在12月24日见初雪，最早是11月16日（1976年）。终雪期3月9日，最晚4月24日（1962年）。雪期平均76天，最多113天。1984年1月17～19日罕见大雪，地面积雪达37厘米。2013年初见雪日是1月3日，终雪日为3月10日，雪期虽有56天，但雪量很小。

雨量 1953～1990年，境内年平均降雨量1134毫米。1991～2005年，境内平均降雨量1043.9毫米。1954年年降雨量最多，达1708.7毫米，特大水灾的1991年年降水量也只有1627.4毫米。年降水量最少的1978年，降水量仅582毫米。历年平均雨日130天，1954年达168天。1986～2013年，日降雨量最大的在1987年8月25日，降雨量达147.2毫米。月降雨量最多是1999年6月，达547.6毫米。汛期（5～9月）历年平均降雨量563毫米，占年雨量的50%左右，2013年最多，达576.1毫米，1978年则出现“空梅”。汛期月降水最多的是1999年6月，达547.6毫米，最少是2004年7月，仅37.8毫米。

风 境内常年以偏东风（E风向）为主，秋末冬初偏西风出现的概率增多。年平均风速3米/秒，最大风速28米/秒。

蒸发 2010年全年蒸发量为790.4毫米，2011年为764.3毫米，2012年为800.2毫米，

2013 年为 848.8 毫米。蒸发量最少一般在 1 ～ 2 月，2010 年 2 月蒸发量只有 23.4 毫米；蒸发量最大在 7 ～ 8 月，2013 年 8 月蒸发量为 146.1 毫米。

2010 ～ 2013 年别桥镇天气情况一览表

表 3-2-2

年份	月份	气温（℃）					降水量（毫米）			日照时数（时）	霜期	雪期
		平均	平均		极端		总量	日最大量	日期			
			最高	最低	最高	最低						
2010	1	4	8.7	0.7	21.1	－6.1	448	186	31	1488	初日	初日
	2	6.3	10.4	3.3	25.4	2.4	1018	301	11	959		
	3	8.7	13.5	5.3	24.9	－2	1545	260	3	1298	11 月 11 日	12 月 15 日
	4	12.9	17.3	9.2	24.7	3.1	1239	327	1	1393		
2010	5	21.2	25.9	17.2	33.2	12.3	882	311	17	1653	终日	终日
	6	24.7	28.8	21.5	35.7	16.5	510	395	9	1221		
	7	28.8	33	25.6	37.7	23.3	2773	925	4	1481	3 月 30 日	2 月 14 日
	8	30.4	35	26.8	39.8	22.5	434	92	31	2455		
	9	25	28.9	22.3	36.7	14.4	957	269	14	1272	天数	天数
	10	17.4	21.9	14	26	6.2	352	119	24	1313		
	11	12.1	18	7.8	24.7	3.9	68	48	15	1779	133	62
	12	6.7	12.4	2.7	22.2	－3.2	355	171	12	1988		
2011	1	0.2	3.7	－2.7	7.3	－7.8	212	90	20	1407	初日	初日
	2	5.1	9.9	1.5	20.1	－3.1	273	105	10	1067		
	3	9	14.1	4.5	20.6	－0.9	397	161	21	1858	11 月 24 日	1 月 21 日
	4	16.6	22.7	11.5	35.2	3.7	241	87	3	2097		
	5	22.2	28.1	17.2	37.6	10.8	261	118	23	1929	终日	终日
	6	24.6	28.9	21.5	37	17	3889	861	18	652		
	7	28.9	32.7	25.8	37.6	21.9	1454	422	14	1273	3 月 14 日	2 月 16 日
	8	27.4	31.6	24.8	36.1	18.1	3637	580	10	1094		
	9	23.4	27.4	20.3	33.8	14.6	334	141	30	1476	天数	天数
	10	17.9	22.2	14.6	27.4	10	242	95	24	1366		

续表 3-2-2

年份	月份	气温（℃）					降水量（毫米）			日照时数（时）	霜期	雪期
		平均	平均		极端		总量	日最大量	日期			
			最高	最低	最高	最低						
2011	11	14.9	19.6	11.5	25.5	20	161	108	30	1143	112	27
	12	4.6	8.8	1.2	14.4	－5	255	121	7	1493		
2012	1	3.3	6.4	0.8	11.9	－5.2	554	127	28	840	初日	初日
	2	3.1	6	0.7	8.9	－4.6	943	244	22	833		
	3	9.1	13.2	5.7	26.1	－1.1	1419	223	15	1155	11月7日	12月26日
	4	18	23.5	13.3	29.9	6.5	1060	370	11	1844		
	5	21.7	26.5	17.3	32.8	14.9	944	281	8	1992	终日	终日
	6	25.5	29.3	22.5	35.1	17.7	155	94	26	953		
	7	29.8	34.2	26	38.2	22.1	1410	489	13	2275	4月10日	2月19日
	8	28.4	32.2	25.4	36	21.7	2529	1383	8	1822		
	9	22.7	26.8	19.5	31.8	12.2	786	426	9	1534	天数	天数
	10	18.3	23.1	14.4	27.4	8.6	424	175	27	1750		
	11	10.6	14.9	6.8	22.4	1	722	132	22	1688	155	56
	12	4.2	7.7	1.3	15.9	－5.1	837	170	15	1132		
2013	1	3.2	7.7	－1	16.5	－5.5	156	79	31	1094	初日	初日
	2	5.9	9.2	3.3	17.4	－4.1	1150	295	5	675		
	3	11.1	17.2	6.6	31	－0.9	625	164	22	1613	11月18日	1月3日
	4	15.8	21.8	10.5	32.2	28	568	143	6	1953		
	5	21.9	26.7	18.1	33.7	11.3	1823	662	16	1465	终日	终日
	6	24.7	28.5	21.6	37.5	15.9	1904	1026	7	1066		
	7	31.3	35.9	27.1	39.1	31	1739	773	6	2663	3月10日	3月10日
	8	31.2	36	27.4	41.5	21.7	1280	753	20	2388		
	9	24.1	28.1	20.7	33.3	14.9	838	218	14	1596	天数	天数
	10	18.4	23.2	14.4	30.1	7	951	397	8	1863		
	11	12.3	17.6	8.3	27.7	－1.6	155	76	24	1428	113	13
	12	4.7	10	7	18.6	－4.8	298	153	16	1321		

2010～2013年别桥镇梅雨期天气情况一览表

表 3-2-3

年份	入梅期	出梅期	天数（天）	降雨量（毫米）	年份	入梅期	出梅期	天数（天）	降雨量（毫米）
2010	6月17日	7月18日	31	281.8	2012	6月26日	7月18日	23	155.0
2011	6月14日	7月20日	37	399.3	2013	6月23日	7月8日	16	212.2

第三章　水系　水文

第一节　水　系

别桥镇全境河流均属长江流域太湖水系，又叫太湖流域南溪水系（古称荆溪水系）。境内东西向的有北河、中河，南北向的有丹金溧漕河。后周河为全境的排洪引水的骨干河道，汛时从西北两面汇集各支水，经洮湖、滆湖、宜兴西氿泄入太湖。中河、北河汇境内的西部、南部之水；丹金溧漕河纳境内北部、西部之水，后周河汇境内北部、西部之水。干旱时，由长江、太湖引水入境。

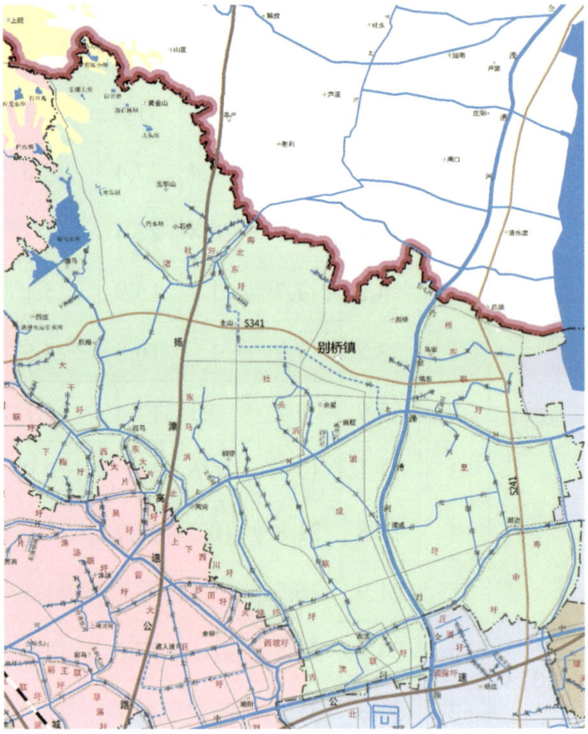

图3-2　别桥镇水系

一、主要河流

【丹金溧漕河】 古称泾渎。北起丹阳七里桥口，与江南运河（京杭运河南段）相接，全长66.9千米。经界牌桥入境，又经别桥、姚家桥、金家桥、道成桥、董家舍流至中河，境内长度12千米。河底高程0.5米，河底宽度15～20米。

【北河】 古时亦称濑水。西起上沛镇的东塘桥三叉河，自杨家湾入镇境，流经古渎、别桥、湖边东至黄泥港入长荡湖，全长26.45千米，镇境内12.9千米。河底高程0.5米，底宽20～27米。

【中河】 西起自庆丰老鹳咀南河的分水口，经南渡、新昌、前马，自古渎五荡湾村流入镇境，流过古渎至宜兴杨巷镇。镇境内与丹金溧漕河相交，全长29.2千米，境内长度2.5千米，河程高0.5米，河底宽20～27米。

【后周河】北起下林桥，经后周、新民村、杨家湾流入北河，境内长度 7.4 千米。

【古渎河】西起濑溪里，经古渎、董家舍、闸口流入长荡湖，境内长度 8.2 千米。

二、湖泊　水库

【长荡湖】又名洮湖，为苏南地区五大湖之一，在别桥镇东，距集镇约 3 千米，位于金坛与溧阳之间。平时水深 1.22 米，东西宽 5.6 千米，南北长 16 千米，总面积 90 平方千米，常年储水量 1 亿立方米。西部与茅山东麓河网相连，东部经湟里河、北干河等与滆湖相通，水系自西向东倾斜。别桥境内约 9.5 平方千米。

【塘马水库】位于镇境西部塘马村，后周河上游丘陵地区，集水面积 39.9 平方千米，总库容 1236 万立方米，主坝长 2086 米，顶宽 5 米，最高坝高 8.1 米。库区地势平坦，两侧为丘陵坡地。1959 年动工兴建，1962 年 5 月基本竣工，由邵笪、西沈、塘马之处凹地联成水库。原系镇江地区规划东坝引水总渠沿线等高水库之一，设计为小（1）型水库，后发展为中型水库。保护后周、绸缪、陆笪等地，防洪面积 2.14 平方千米，灌溉面积 2.8 万亩。现今已成为一座以防洪、灌溉、供水为主，给合水产养殖的中型水库，也是休闲旅游区。

图3-3　夕阳下的塘马水库

第二节　水　文

一、水位　流量

境内地表水位，以常年常水位为主。据报汛站资料记载，后周正常水位 3.3 米，最高洪水位 6.23 米，出现在 1991 年 6 ～ 8 月；警戒水位 4.5 米；最枯水位 2.8 米，出现在 1992 年。绸缪正常水位 3.3 米，最高洪水位 6.22 米，出现在 1991 年 6 ～ 8 月；警戒水位 4.5 米；最枯水位 2.8 米，出现在 1992 年。别桥正常水位 3.3 米，最高洪水位 6.18 米，出现在 1991 年 6 ～ 8 月；警戒水位 4.5 米；最枯水位 2.8 米，出现在 1992 年。塘马水库最高洪水位 10.78 米，出现在 1991 年 6 月 14 日；最枯水位出现在 1965 年 7 月 22 日、1966 年 8 月 30 日、1978 年 9 月 27 日、1992 年 8 月 5 日干涸。

别桥镇境内北河、丹金溧漕河平均最大流量 329 立方米 / 秒，平均最小流量—2.09 立方米 / 秒（倒流流量）。2004 年前，北河最大流量 84.5 立方米 / 秒（1982 年 7 月 20 日），最小流量 4.33 立方米 / 秒（1959 年 5 月 27 日）。2005 年，北河最大流量 66.8 立方米 / 秒，最小流量—5.62 立

方米 / 秒。2016 年北河最大流量 126 立方米 / 秒，丹金溧漕河最大流量 81.8 立方米 / 秒。

二、汛期

别桥境内汛期 5 月 1 日至 9 月 30 日，汛期雨量平水年（P=50%）是 550 毫米。其中梅雨时间 6 月 17 日至 7 月 12 日，梅雨量平均 252 毫米，1958 年、1978 年出现空梅。

三、水资源及水质

地表水和过境水是别桥境内可利用的主要水资源。平水年平均雨量 1130.6 毫米，平均蒸发量 1423.7 毫米。溧阳平原圩区水面积 109 平方千米，地表径流平水年 24104 万立方米，地下水资源 5490 万立方米。径流形成的水资源平水年 28594 万立方米。过境水主要是洮湖及谏壁翻水站补水入境。

2013 年，别桥境内水质测评，丹金溧漕河常年是＞Ⅴ，北河第三季度Ⅴ，其他 3 个季度＞Ⅴ。塘马水库水质为Ⅲ。

第四章　土　壤

第一节　类型与分布

土壤是人类赖以生存、发展的重要物质基础之一，既是最基本的生产资料，又是其他自然资源依存的基地。

根据 1980 年 3 月至 1984 年 4 月溧阳县第二次土壤普查资料，别桥镇现境原五乡镇土壤面积为 136471.7 亩。经论证，划分为水稻土、黄棕壤、沼泽地 3 个土类、9 个亚类、10 个土属、17 个土种。以水稻土为主，占 97.87%，黄棕壤土占 0.79%，沼泽土占 1.34%。别桥、湖边、古渎、绸缪、后周土壤类型主要有黄刚土、板浆白土、白土、黄白土、湖成白土、马肝土、黄泥土、乌栅土、青泥土、滩湖土 10 个土属。

1984 年别桥镇现境土壤普查分类面积分布表

表 3-4-1

土类	亚类	土属	土种	面积（亩）	占总土壤面积（%）	分布
黄棕壤	黏盘黄棕壤	黄刚土	死黄土 旱地黄白土	1080.0	0.79	后周北山缓丘的冈塝部位 五棚、后陈一带
水稻土	测渗型	板浆白土	小粉白土 板浆白土	4984.9	3.65	后周丘陵冈塝或冲田 黄金山、王家头一带

续表 3-4-1

土类	亚类	土属	土种	面积（亩）	占总土壤面积（%）	分布
水稻土	漂洗型	白土	淀煞白土	8969.8	6.57	别桥高平田或圩区高背田上市、祁笪、滩头、西神圩、东神圩
			白土	47080.8	34.50	境内平原圩区头进田
	淹育型	黄白土	黄白土	4549.5	3.30	后周西山丘陵冈塝部位　拖板桥
	渗育型	湖成白土	湖成白土	9194.4	6.70	湖边、别桥洮湖湖滨地区
	潴育型	马肝土	黄马肝土	300.0	0.22	北山丘陵地区的上冲田
			马肝土	3228.0	2.34	后周北山丘陵地区的中冲田塘马
		黄泥土	黄泥土	1632.4	1.20	洮湖湖西平田或圩区二进田
			灰黄泥土	19998.7	14.70	别桥、湖边、绸缪、古渎等平原圩区
			僵黄泥土	1030.2	0.75	后周的圩田高档田
	脱潜育型	乌栅土	乌泥土	27259.1	19.97	别桥、古渎、绸缪、湖边低洼的圩田
			乌栅土	4248.2	3.14	别桥、湖边部分圩田
	潜育型	青泥土	青泥条	1087.4	0.80	北山丘陵地区下冲田和少数排水不良的低塝田
沼泽土	沼泽土	滩湖土	滩湖土	1828.3	1.34	洮湖湖滨常年出露水面的芦滩地和新垦的滩田

1984 年别桥镇现境原五乡镇土壤类型量算面积统计表

表 3-4-2　　　　单位：亩、%

土类	亚类	土属	土种	别桥		湖边		古渎		绸缪		后周	
				面积	占比	面积	占比	面积	占比	面积	占比	面积	占比
合计土种面积				29567.7	100	19675.4	100	18797	100	17505	100	50926.6	100
黄棕壤	黏盘黄棕壤	黄刚土	死黄土	—	—	—	—	—	—	—	—	900.0	1.77
			旱地黄白土	—	—	—	—	—	—	—	—	180.0	0.35
沼泽土	沼泽土	滩湖土	滩湖土	235.0	0.79	1593.3	8.10	—	—	—	—	—	—
水稻土	漂洗型水稻土	白土	淀煞白土	5221.1	17.66	—	—	3748.7	19.94	—	—	—	—
			白土	10309.4	34.87	4232.0	21.51	—	—	11185	63.90	21354.4	41.93

续表 3-4-2　　单位：亩、%

土类	亚类	土属	土种	别桥		湖边		古渎		绸缪		后周	
				面积	占比	面积	占比	面积	占比	面积	占比	面积	占比
水稻土	淹育型水稻土	黄白土	黄白土	—	—	—	—	—	—	—	—	4549.5	8.93
	渗育型水稻土	湖成白土	湖成白土	2671.5	9.04	6522.9	33.15	—	—	—	—	—	—
	潴育型水稻土	马肝土	黄马肝土	—	—	—	—	—	—	—	—	300.0	0.59
			马肝土	—	—	—	—	—	—	—	—	3228.0	6.34
	潴育型水稻土	黄泥土	黄泥土	—	—	—	—	—	—	—	—	1632.4	3.21
			灰黄泥土	6347.5	21.47	—	—	—	—	4470	25.54	9181.2	18.03
			僵黄泥土	—	—	—	—	—	—	—	—	1030.2	2.02
	脱潜型水稻土	乌栅土	乌泥土	4783.2	16.18	6530.5	33.19	11956.8	63.61	1850	10.57	2138.6	4.20
			乌栅土	—	—	796.7	4.05	3091.5	16.45	—	—	360.0	0.71
	潜育型水稻土	青泥条	青泥条	—	—	—	—	—	—	—	—	1087.4	2.14
	侧渗型水稻土	板浆白土	板浆白土	—	—	—	—	—	—	—	—	1084.9	2.13
			小粉白土	—	—	—	—	—	—	—	—	3900.0	7.66

第二节　养分　等级

溧阳地区历史上就有土地分等分级，作为征收田赋、衡量土地生产力的价值根据，但这种等级划分大多依凭经验，带有很大的主观成分，缺乏科学依据。1984 年的土壤评级，是在土壤普查获得大量的各种数据基础上，将土壤环境条件、土体构造、土壤的理化性状，统一加以衡量，综合评定，用指数和的方法，分成若干级别，再对照地块划分等级。

1984 年别桥镇水田评级：

一级土壤 2035.3 亩。土地平整，无障碍层，土壤爽水性好，无渍害。冬季水位在 1 米以下；耕层厚度一般 15 厘米左右；有机质在 2.5% 左右；稳产高产，宜稻宜麦，亩产量 800 千克以上。

二级土壤 29773.7 亩。土地平整或不够平整，灌排条件好，土地能爽水；土壤肥力尚高，养分含量中等，有机质在 2% 左右；耕性较好，稻麦尚宜，亩产量 650 千克以上。

三级土壤 108283.9 亩。土地基本平整或不够平整，部分排灌不分，土壤爽水性较差，夏季渍害严重;土壤肥力中等，耕层有机质低于 2%;耕层较浅薄，稻好麦差或麦好稻差，慢发或后发。亩产量在 500 千克左右。

四级土壤 8391.5 亩。土地高低不平，灌排条件差，渍害较重。稻麦发棵都差，难发或早衰;土壤肥力较差，有机质在 1.5% 左右；耕层浅，半米土层或 30 厘米土层内出现障碍层；质地砂壤或黏土，保肥水性差，或者难以稀释，亩产量 450 千克左右。

五级土壤 79.2 亩。土地高低不平，水源短缺或地势低洼，渍害严重；土壤肥力低，有机质含量小于 1%；耕层极浅，仅 10 厘米左右，30 厘米内出现障碍层，稻麦僵苗不发，常年亩产在 400 千克左右。

1984 年别桥镇现境原五乡镇水稻土分级面积统计表

表 3-4-3　　单位：亩、%

乡名	水稻土总面积	Ⅰ级		Ⅱ级		Ⅲ级		Ⅳ级		Ⅴ级	
		面积	占比	面积	占比	面积	占比	面积	占比	面积	占比
别桥	29332.9	1135.2	3.87	9820.3	33.48	16555.5	56.44	1742.5	5.94	79.2	0.27
湖边	28082.1	63.1	0.35	6596.5	36.48	19603.5	53.11	1819.0	10.06	—	—
古渎	23797.0	—	—	2011.0	8.45	16993.0	71.41	4793.0	25.50	—	—
绸缪	17505.0	837.0	4.78	8654.0	49.44	7977.0	45.57	37.0	0.21	—	—
后周	49846.6	—	—	2691.7	5.40	47154.9	94.60	—	—	—	—

1984 年别桥镇现境原五乡镇土壤养分分析结果一览表

表 3-4-4

项目 \ 乡镇			别桥	湖边	古渎	绸缪	后周
样本数（个）			42	22	19	18	32
有机质（%）	分级	平均值	1.93	2.82	2.46	1.99	1.61
	1 级	＞ 3%	—	31.82	—	16.67	—
	2 级	2.5% ～ 3%	11.90	31.82	42.11	16.67	—
	3 级	2% ～ 2.5%	26.19	36.36	47.37	66.67	6.25
	4 级	1.5% ～ 2%	61.90	—	10.53	—	93.75
	5 级	＜ 1.5%	—	—	—	—	—
全氮（%）	分级	平均值	0.1213	0.1525	0.1185	0.1196	—
	1 级	＞ 0.2%	—	13.64	—	—	—

续表 3-4-4

项目 \ 乡镇			别桥	湖边	古渎	绸缪	后周
全氮（%）	2 级	0.15% ～ 0.2%	80.95	77.27	89.47	77.78	—
	3 级	0.125% ～ 0.15%	19.05	9.09	10.53	22.22	—
	4 级	0.1% ～ 0.125%	—	—	—	—	—
	5 级	＜ 0.1%	—	—	—	—	—
全磷 p_2o_5（%）	分级	平均值	0.0860	0.0761	0.0805	0.0815	0.0726
	1 级	＞ 0.15%	9.52	—	—	5.56	—
	2 级	0.125% ～ 0.15%	19.05	—	—	11.11	—
	3 级	0.1% ～ 0.125%	19.05	40.91	47.37	22.22	18.75
	4 级	0.075% ～ 0.1%	35.71	54.55	52.63	61.11	75.00
	5 级	＜ 0.075%	16.71	4.55	—	—	6.25
速效磷 p ppm	分级	平均值	14.38	2.45	7.49	7.57	3.43
	1 级	＞ 15%	11.90	4.55	5.26	5.56	3.13
	2 级	10% ～ 15%	28.57	4.55	10.53	11.11	—
	3 级	5% ～ 10%	45.24	36.36	59.09	33.33	40.63
	4 级	3% ～ 5%	14.29	54.55	15.79	50.00	56.25
	5 级	＜ 3%	—	—	—	—	—
速效钾 K ppm	分级	平均值	162.60	107.70	131.99	112.44	107.69
	1 级	＞ 200%	11.90	4.55	5.26	5.56	3.13
	2 级	150% ～ 200%	28.57	4.55	10.53	11.11	—
	3 级	100% ～ 150%	45.24	36.36	68.43	33.33	40.63
	4 级	50% ～ 100%	14.29	54.55	15.79	50.00	56.25
	5 级	＜ 50%	1	—	—	—	—
pH 值（水提）	分级	平均值	6.20	6.78	6.75	6.10	6.07
	1 级	6.5% ～ 7.5%	26.19	72.27	73.68	25.53	15.63
	2 级	6% ～ 6.5% 7.5% ～ 8%	33.33	9.09	26.32	17.65	37.50
	3 级	5.5% ～ 6% 8% ～ 8.5%	23.81	18.18	—	52.94	34.38
	4 级	5% ～ 5.5% 8.5% ～ 9%	16.67	—	—	5.88	12.50
	5 级	＜ 5%　＞ 9%	—	—	—	—	—

第三节 土种特征

死黄土 剖面黄棕色，质地重壤，酸性或微酸性，土质瘠薄，养分贫乏。植被山草或马尾松。主要分布在五棚、后陈一带。

旱地黄白土 表土色浅，灰白色，性状类似死黄土。种植山芋等旱作物。主要分布在后周北山缓丘的冈塝，五棚、后陈一带。

板浆白土 受水的侧渗和串灌的影响，黏粒被漂洗，表层就出现漂洗层，淀浆板结严重。灰白色，质地中壤，小块状结构，较紧，粉粒含量较高，植物根多，有红色锈斑，无亚铁反应。主要分布在黄金山、王家头一带。

小粉白土 受水的侧渗串灌影响，犁底层出现漂洗层。粗粉砂含量少于板浆白土，淀浆现象轻于板浆白土。耕层有机质和全氮都略高于板浆白土。耕性好，适耕期长，土壤肥力底，施肥见效快，但易脱力。施肥时应注意少吃多餐，多施有机肥。主要分布在黄金山、王家头一带。

淀煞白土 犁底层至表土出现漂洗层，质地轻壤至中壤，灰棕色。有淀浆板结现象，群众反映下田栽秧上来时用不着洗脚，通气孔隙度小。肥力低，是平原圩区最低的一个土种，作物扎根困难，易僵苗，产量低。主要分布在上市、祁笪、滩头、西神圩、东神圩。

白土 水稻土类中面积最大的一个土种。剖面以灰色为主，质地中壤至重壤。耕性好，适耕期长，保水保肥性能差，供肥性好，表现为前紧后松，发小苗不发老苗，作物根系不易深扎。水分下渗困难，导致表层会滞水。粉砂粒含量高，养分含量低。通过人为长期的施肥改土，可演变为鳝血白土变种。土色成灰棕色，结构好，无淀浆板结现象，无亚铁反应，为宜稻宜麦的当家田。主要分布在平原圩区头进田。

黄白土 剖面为黄灰色，上下两头较黏，中间较粉，质地中壤，耕层土质疏松，易耕作，结构差，易板浆，有机质含量低，缺磷缺钾，养分易分解，作物易早衰。主要分布在拖板桥一带。

湖成白土 为早期湖相沉积物，细砂和粗粉粒含量相当高，犹如漂洗层，有淀浆现象，棕灰色，质地中壤至轻壤，小块状结构，有鳝血斑，植物根多，无石灰反应，无亚铁反应，较松。生产性能与白土相仿，宜稻宜麦，易耕作。主要分布在湖边、别桥、洮湖湖滨地区。

黄马肝土 剖面为棕黄色，质地为中壤至重壤，犁底层出现铁、锰斑。块状结构，较松，植物根多，无亚铁反应，无石灰反应。宜稻宜麦两熟耕作。主要分布在北山地区的上冲田。

马肝土 土层深厚，质地均一，小块结构，中壤至重壤，有铁锰斑纹，剖面呈棕黄色。水肥条件好，营养范围大，有利作物生长。质地重壤偏黏；保肥性能好，一般发小苗较差，发老苗较好；适耕期短，耕作较困难。宜稻宜麦，稳产性好，属北山丘陵地区的上等田。主要分布在塘马一带。

黄泥土 剖面为黄灰色，土层深厚，质地均一，一般重壤，小块状结构，较松，有鳝血斑状，植物根多，无亚铁反应，无石灰反应。耕作程度难于白土，易于乌泥土。土壤通透性较好，表层软而不烂，松而不散，犁底层渗而不漏，耗水保肥性能好。施肥见效适中，保得住放得出，效益高，是生产性能和作物产量较为理想的一种土壤。主要分布在洮湖湖西平田或圩区二进田。

灰黄泥土 在水稻土中是全境内面积较大的一个土种，也是平原圩区的主要土种之一，剖面呈暗灰至青灰，质地黏重，无埋藏层。耕作较困难，适耕期较短，保水保肥性能好，黏粒含量高。养分释放慢，发老苗容易，发小苗困难，后力足，属冷性土。主要分布在别桥、湖边、绸缪、古渎等平原圩区。

僵黄泥土 质地黏重，黄棕色，质地中壤至重壤，表面僵硬，湿时粘连，干时裂缝，底土坚硬。耕性差，群众反映“干锄锄不动，湿锄四条缝”。作物难以扎根，发棵难，易僵苗，应增施有机肥料，尤其是秸秆还田。主要分布在后周的圩田高档田。

乌泥土 在水稻土中是全境内面积较大的土种之一。剖面灰褐色，棱块状结构，灰色胶膜明显，质地中壤至重壤。乌泥层乌黑有光泽，无结构。耕作较困难，适耕期短，通透性差，作物苗期生长较慢，生长后力足，亦属冷性土。主要分布在别桥、湖边、绸缪、古渎低洼的圩田。

乌栅土 剖面黑褐色，质地黏重，呈膏药状，黑而发亮，块状结构。耕性很差，难耕难种，适耕期短，旱时裂缝大，漏水漏肥，土体紧实，作物根系难以深扎，容重大，孔隙度大，通透性差。应抓紧空闲时间晒垡冻垡，以改善乌栅土通透性状。主要分布在别桥、湖边的部分圩田。

青泥条 剖面呈青灰色，有亚铁反应。质地黏重，耕作困难，适耕期短，地下水位高，通气不良，施肥见效慢，人称“吃得进、放不出”。常常产生硫化氢等有毒物质，影响作物根系生长。特别是有些地势相对低洼、三面高坎、没有排水降湿设施的田块，长期积水，形成冷浸田，因此三沟配套，开沟降湿，消除渍害是改良青泥条的关键措施。主要分布在北山丘陵地区下冲田和少数排水不良的低塝田。

滩湖土 剖面上部褐灰色，下部青灰色，有锈色斑纹。质地重壤土，亚铁反应明显。由于芦草枯枝落叶腐烂后覆盖于表土，有机质含量相当高。主要分布在洮湖湖滨常年出露水面的芦滩地和新垦的滩田。

第五章 植物 动物

第一节 植 物

一、植被分区

【栽培林植被区】 分布于塘马、黄金山、玉华山、扬溧高速与小石桥、北山、后周搭界区域，主要有香樟、桂花、红枫、国外松、茶、果、桑和低矮灌木苗圃等，面积9273亩。

【湿生水生植被区】 分布于塘马水库和长荡湖低洼滩荡与水面区域，主要植被有芦苇、茭草、菱、莲、野荸荠，黄丝草，睡莲草和各种藻类等。

二、类型

【树木】 据2007年林业资源普查，全镇木本树木共有60科、210余个树种。

2007年别桥镇主要树种科属分布一览表

表3-5-1

植物科名	植物名称	分布
松科	马尾松　雪松　五针松　国外松等	低山丘陵区和庭院绿化
樟科	香樟	全镇
杉科	水杉　池杉等	全镇
槭树科	红枫　鸡爪槭	低山丘陵区和庭院绿化
罗汉松科	罗汉松	低山丘陵区
悬铃木科	悬铃木（法国梧桐）	全镇
木樨科	桂花　女贞　茉莉　迎春花	庭院
梧桐科	青桐（梧桐）	街道、庭院
柏科	桧柏　扁柏　千头柏等	全镇
杨柳科	垂柳　杞柳等	村前宅后和河、塘边
榆科	榉树　白榆　朴树　青檀	全镇
木兰科	玉兰　广玉兰　白玉兰　含笑等	行道、庭院
蔷薇科	桃　梅　杏　李　苹果　梨　玫瑰　月季　枇杷　山楂　石榴　海棠	全镇
胡桃科	枫杨　山核桃	低山丘陵区
银杏科	银杏	全镇
苦木科	臭椿　黄楝	全镇
楝科	香椿　苦楝	全镇
黄杨科	黄杨木	庭院
大戟科	油桐　乌桕　秋枫　石栗	低山丘陵区
冬青科	枸骨　冬青	庭院
禾本科	毛竹　江竹　紫竹　什竹等竹类	低山丘陵区
鼠李科	枣树	全镇
豆科	皂荚树　合欢　紫荆　槐树　黄檀	低山丘陵区
芸香科	橘　金桔　枸桔等	低山丘陵区、庭院
大风子科	柞木	低山丘陵区
猕猴桃科	杨桃　猕猴桃	低山丘陵区

续表 3-5-1

植物科名	植物名称	分布
石榴科	石榴	庭院
柿树科	柿树	全镇
山矾科	白檀	低山丘陵区
玄参科	泡桐	全镇
茜草科	栀子花　六月雪	庭院
棕榈科	棕榈	庭院
腊梅科	腊梅	庭院
山毛榉科	板栗	低山丘陵区
桑科	湖桑　无花果等	全镇
山茶科	茶树　山茶　油茶等	低山丘陵区
铁树科	铁树	庭院
杜鹃花科	杜鹃花　乌饭树等	低山丘陵区、庭院

【油科植物】 乌柏籽、山胡桃、油茶籽、茶籽、油桐籽、芝麻等。

【纤维编织植物】 红麻、黄麻、葛藤、棉花、黄荆条、杞柳、胡子草、席草、棕榈等。

【淀粉植物】 红芋、白芋、山芋、马铃薯、栗类、藕、菱、荸荠、慈姑、葛根、橡子等。

【芳草植物】 花椒、乌饭草、香橼、薄荷、留兰香、茴香等。

【药用植物】 主要中草药有五味子、太子参、白芍、桔梗、红花、金银花、野菊花、益母草、枸骨、山楂、爬山虎、鱼腥草、何首乌、马齿苋、车前草、蒲公英、绞股蓝、凤仙花等。

【瓜果蔬菜】 西瓜、菜瓜、冬瓜、南瓜、黄瓜、丝瓜、甜瓜、桃、李、梨、杏、梅、柿、桔、石榴、葡萄、枇杷、花红、枣、桑果、无花果、草莓等;干果有板栗等;蔬菜有白菜、韭菜、大蒜、菠菜、苋菜、茄子、番茄、芥菜、莴苣、芹菜、雪里蕻、卷心菜、芫荽、葫芦、豇豆、扁豆、香葱、萝卜、胡萝卜、辣椒等;野生蔬菜有荠菜、马兰、野芹、枸杞藤、野金针、紫云花、野生菌类等。

【水生湿生植物】 席草、芦苇、蒿草、汗丝草、菱、茭白、水花生、水葫芦、浮萍、四叶萍、藻类等。

第二节　动　物

一、脊椎动物

【哺乳类】 牛、马、羊、猪、狗、猫、刺猬、豪猪、猪獾、野猪、狼、黄鼬（又称黄鼠狼）、草兔、家鼠、松鼠、草狐、豹猫、蝙蝠等。

【家禽】 鸡、鸭、鹅、鸽。

【鸟类】 候鸟有：鹧鸪、雁、野鸭、苦恶鸟、燕子、太平鸟、黄雀、黄鹂等。

留鸟有：白鹭、老鹰、鹌鹑、斑鸠、喜鹊、鸦雀、白头翁、八哥、麻雀等。

【鱼类】 鲤鱼、鲫鱼、鳊鱼、青鱼、草鱼、鲶鱼、鲢鱼、鳜鱼、黑鱼、黄鳝、白条、鳙鱼、河蟹、青虾等。

【两栖类】 肥螈、蟾蜍（癞蛤蟆）、蛙类等。

【爬行类】 乌龟、水龟、鳖、水赤链、赤链蛇、乌风蛇、蝮蛇、翠青蛇（竹青标或黄风蛇）、黑眉锦蛇、水蛇、壁虎等。

二、无脊椎动物

【动物类】 环节类：蚯蚓、蚂蟥。

软体类：螺蛳、田螺、钉螺、蜗牛、蛤蜊、珍珠贝、珠蚌、蜒蚰。

节肢类：蜈蚣、蜘蛛、水蜘蛛、蝎、白壳虾、青虾、龙虾、螃蟹、河蟹。

【昆虫类】 蝗虫、纺织娘、蚱蜢、蟋蟀、蝼蛄、蟑螂、白蚁、蜻蜓、蚕、萤火虫、天牛、金龟子、蚂蚁、胡蜂、蜜蜂、蚊、蝇、蝴蝶、蝉等。

第六章　自然灾害

第一节　地　震

溧阳受地质构造控制，境内地层有四组断裂，尤其是茅山东侧的活动断裂，造成历史和现今的多次地震活动。

据资料记载，自明建文三年(1401年)至1949年，溧阳境内发生地震7次，其中破坏性地震2次。

明建文三年（1401年）地震，飞蝗遍野。

明建文四年（1402年）地震，蝗遍野。

明嘉靖四十年（1561年）七月地震。

明天启二年（1622年）十二月二十三日地震。

清康熙十八年十月二十四日（1679年12月26日）乙卯酉时地震，震级为5.5级，黑气冲天，声如轰雷，震倒房屋，压死人民。

清道光十年九月初六（1830年10月12日）17时至23时，5级地震，震中在溧阳西。

清道光二十六年六月二十七日（1846年8月18日）夜，大风，有赤光自北而南，声隆隆若霆，流星陨如雨，地大震。

此外，外地地震波及境内9次。

新中国成立后，别桥镇境的西南面临近上沛地区发生2次破坏性地震。

1974年4月22日8时29分17秒，在上沛地区发生5.5级地震。震源深度约18千米，震中烈度为7度，极震区面积94.9平方千米。现境内的绸缪、后周达6度震害破坏，别桥、湖边、古渎均受波及影响。

1979年7月9日18时57分23秒，在上沛公社东张、东塘一带发生6.0级地震。震源深度12.6千米，震中烈度为8度。地震以后的五天时间内，震中地区发生余震404次，最大震级为4.8级。现境内的湖边、绸缪、古渎、后周受灾比较严重，别桥属轻灾区，仍出现墙裂缝、烟囱倒的情况。古渎公社周家湾3队社员周志兴在地震中当场死亡。

地震发生后，中国人民解放军南京部队、江苏省军区连夜派遣900余名指战员和省、地、市组织的医疗队支援灾区抗震救灾，恢复生产，重建家园。7月15日，中共中央、国务院又派遣以中共中央政治局委员、全国人大常委会副委员长乌兰夫为团长的中央慰问团到灾区考察灾情，慰问灾民和支援救灾的人民解放军、医务人员以及地震工作者。

省、县两级政府下拨五公社救灾款133.09万元和大批木材、钢材、水泥、毛竹等救灾物资。县物资局、民政局负责人到别桥公社马家大队督促抗震救灾款物落实到户的工作。

1979年别桥镇现境五公社地震灾情汇总表

表3-6-1

受灾情况			别桥	湖边	古渎	绸缪	后周	备注
房屋受损	合计（间）		9411	4702	5839	5391	6754	—
	倒塌	民房（间）	603	281	921	531	285	—
		集体房屋（间）	222	63	118	71	56	—
	部分倒塌	民房（间）	1751	170	546	352	500	—
		集体房屋（间）	505	149	187	163	221	—
	倾斜裂缝	民房（间）	5663	3523	3536	3506	5263	—
		集体房屋（间）	667	516	531	768	429	—
人员受伤	重伤（人）		4	5	5	8	6	其中，古渎死亡1人
	轻伤（人）		115	7	12	95	17	—
牲畜受损	死亡耕牛（头）		0	0	0	0	0	—
	死亡生猪	农户生猪（头）	1	4	6	6	1	—
		集体生猪（头）	11	0	9	11	0	—
水利设施受损	涵闸（座）		0	6	9	10	0	—

第二节 旱 涝

受季风影响，溧阳及镇境内的旱涝灾害集中发生在5～9月间。干旱出现明显带有季节变化，一般春旱较少，且程度轻，常见于伏旱、秋旱，旱情重。洪涝灾害集中发生在汛期，极少数年份也出现过春涝，主要是本地暴雨造成，各类地形均可发生洪涝灾害。别桥镇现境属洮湖平原圩区，大小圩有数十个，涝灾发生频繁。自东晋咸和四年（329 年）至 1990 年，溧阳发生有文字可考的水旱灾害 159 次（水灾 84 次，旱灾 64 次，水旱交替 11 次），这些水旱灾害中属重大灾害的有 25 次，其中重大洪涝灾害 17 次，重大旱灾 8 次。1991 ～ 2005 年的 15 年中，天气反常，出现水旱灾害 11 次，其中水灾 3 次，旱灾 5 次，水旱交替 3 次。

1392 ～ 1948 年别桥镇现境主要旱涝灾害一览表

表 3-6-2

年　份	灾害类别	灾情纪要
明洪武二十五年（1392 年）	旱	湖西大旱，水竭禾槁
明正统六年（1441 年）	洪涝	江水泛滥，东坝溃决，苏常各郡被大水所淹
明弘治七年 (1494 年)	洪涝	苏、松、常、镇等府大水
明嘉靖二年（1523 年）	旱	大旱，民多饥死
明嘉靖二十三年（1544 年）	旱	大旱，自六至九月不雨，洮湖生尘，禾谷不登
明嘉靖四十年（1561 年）	洪涝	大水，东坝决，五堰下注，太湖六郡全淹
明万历十六年（1588 年）	旱	大旱，太湖为陆地，河流绝，死者甚多
明崇祯十一年（1638 年）	旱	连岁大旱，洮湖圻见底，飞蝗遍野
明崇祯十三年（1640 年）	旱	连岁大旱，江河干涸，饿殍载道
清顺治七年（1650 年）	洪涝	大水
清康熙十八年（1679 年）	旱	大旱，三至八月未雨，河塘干涸，赤地无青
清康熙四十一年（1702 年）	洪涝	秋大水，圩田灾
清康熙四十七年（1708 年）	洪涝	秋洪水泛滥，漂荡民房
清雍正十二年（1734 年）	洪涝	夏秋大水，圩田灾
清乾隆二年（1737 年）	洪涝	秋大水，圩田灾
清乾隆五十年（1785 年）	旱	河港皆涸，有蝗走而不飞
清嘉庆十九年（1814 年）	旱	河水涸，大疫、大饥，饿殍载道
清道光三年（1823 年）	洪涝	夏秋连续大雨，平地水深数尺，禾苗淹没，房屋倒塌，民多溺死
清道光二十九年（1849 年）	洪涝	夏淫雨，田麦尽没，两月始平，水乡饥
清咸丰六年（1856 年）	旱	河港干涸，高低田俱灾，溧阳地生白毛，民饥
清光绪十四年（1888 年）	旱	地生草如毛，夏秋疫
清光绪三十二年（1906 年）	洪涝	大江南北大灾，圩乡淹，圩埂倒塌，乡内圩区一片泽国，颗粒无收，壮者远走他乡，老者转于沟壑
清光绪三十三年（1907 年）	洪涝	大水灾，灾情严重，民苦
清宣统元年（1909 年）	洪涝	夏，蛟雨兼并，大溪埂倒决，当冲之村舍，桥、闸，无不冲裂，圩田皆淹没，雨月有余，水未尽退，民四出求生，秋深疫作
民国 3 年（1914 年）	旱	六七月雨量少，续旱
民国 9 年（1920 年）	旱	夏雨少，大旱，农作物受损

续表 3-6-2

年　份	灾害类别	灾情纪要
民国 20 年（1931 年）	洪涝	圩堤破浸，一片汪洋，尽成泽国，禾苗被淹，秋收绝望，有民淹死，犬、羊、豕淹死不可胜计
民国 23 年（1934 年）	旱	空前旱灾，入夏后，百日无雨，全境河道干涸，田地龟裂，禾苗枯竭，触火即焚。洮湖仅见一线水沟。农户十室九空，自尽者日有所闻
民国 25 年（1936 年）	洪涝	六、七、八月雨量大，低田涝
民国 35 年（1946 年）	洪涝	七月、九月两次水灾，淫雨为灾，低洼之田尽成泽国，灾区数万黎民嗷嗷待哺，乡村十室九空
民国 37 年（1948 年）	洪涝	圩区淹

1949～2013 年别桥镇现境主要旱涝灾害一览表

表 3-6-3

年份	灾害类别	灾情纪要
1949	洪涝	7 月暴雨，田间积水 0.5 米左右，最深 1 米，低洼圩区禾苗淹死
1950	旱	6～10 月少雨，丘陵山区旱情严重
1951	秋大涝	7 月 11 日起，连降 3 天暴雨 225.3 毫米，圩区涝灾严重
1953	洪涝	6 月底 7 月初，连降大雨，引起山洪暴发，圩田受灾面积大
1954	特大洪涝	5～7 月淫雨连绵，降雨 1132 毫米，圩田尽没，稻麦失收。别桥区受灾严重，农田积水 1.5～3 尺，被水淹没的农作物无法抢收
1956	重大洪涝	6 月 8～10 日，连续降雨 116.6 毫米，低洼圩区受涝面积大。9 月 22～24 日又降暴雨 203.3 毫米，受涝面积更大
1958	大旱	5～8 月未下透雨，山丘区塘坝干涸，大面积农作物受灾
1959	大旱	入春少雨，河床水浅。7～12 月未下透雨，塘坝水库干涸，支河、小港断流
1960	洪涝	7 月 7 日、12 日、13 日三天，后周连遭暴雨、冰雹袭击
1962	洪涝	7～9 月先后 3 次暴风雨，7 月 4 日、5 日、6 日三日，连降大雨 217 毫米。最大雨量 330 毫米，圩田、散滩田被淹。9 月 11 日，皇圩决口，13470 亩土地的皇圩倾成泽国，损失严重
1965	洪涝	8 月 19～22 日，境内遭暴风雨袭击，1 小时降雨量 100 多毫米，农作物受涝面积巨大
1966	旱	入夏少雨，支河、港汉断流
1970	洪涝	7 月 12 日起，连续降雨 299.8～374 毫米，圩田被淹
1978	特大干旱	1～10 月，历史罕见大旱，总降雨量仅 541.6 毫米，河港断流，塘坝干涸，人、畜饮水困难。旱作物干枯，农田无收或半收
1980	洪涝	8 月 1～23 日，连降大雨，总雨量达 340 毫米，相当于常年同期的 5 倍
1982	洪涝	7 月 10～28 日，连遭大雨、暴雨袭击，降雨 400～450 毫米，发生历史上罕见的一次特大洪涝灾害，农田被淹，公路中断，房屋损坏，街镇积水，工厂浸水停产
1991	特大洪涝	短短一个月，连续两次遭受特大洪水袭击。第一次从 5 月 21 日至 6 月 19 日，降雨量 421 毫米，第二次从 6 月 30 日至 7 月 11 日，降水量 430 毫米，两次降雨量 850 毫米。圩田尽成泽国，鱼塘淹没，仓库进水，数百户农户受淹，涵洞、水闸、桥梁、水库受损，夏粮损失 41%，水稻田受涝面积巨大。3.5 万伏变电所受淹，20 多米高压线电线杆严重倾斜，经济损失上亿元

续表 3-6-3

年份	灾害类别	灾情纪要
1992	旱	6、7月，晴热、高温、少雨，出现历史上少有的“空梅”天气，两个月降水140毫米。7月降雨仅27毫米，出现新中国成立以来少有的严重干旱
1994	重大干旱	梅雨量不足常年之半，出梅后高温少雨，持续超35℃的高温天数25天，塘坝干涸，支河小港基本断流，全镇受灾严重，作物受损、水产受灾
1996	旱、涝	汛前受连续干旱影响，降雨少。汛中降雨时间长、集中，低洼圩区受涝。9月15日，风雨袭击严重，水稻倒伏面积大
1997	旱	“梅季”推迟，梅雨量少，夏种后，平原圩区久旱无雨，遭遇历史罕见的抗旱抢栽局面。别桥水站比1994年大旱的最低水位低0.06米，支河小港断流
1999	重大洪涝	梅雨时间长，梅期44天，降雨28天，河道水位超历史纪录，并持续时间长，塘马水库超汛期控制水位，农田被淹没，乡村公路中断，电力、通讯线路损坏
2004	旱	7月16日出梅至8月16日，一直以晴热、高温天气为主，平均降水量仅32毫米，比历史同期少八成，水稻、旱作物受灾
2005	旱	6月干旱，梅雨量35毫米，是多年平均的14%，丘陵地区遭遇1978年以来历史同期严重干旱。别桥2万多人口饮水、水稻灌溉受威胁

第三节　其他灾害

明成化十九年（1483年），正月大雪七日，树结冰。

明嘉靖三十九年（1560年），冬大雪，树上结冰，禽鸟多冻死。

明崇祯十四年（1641年），大雨雹，两夏无收。

清同治八年（1869年），六月大风发屋。

清光绪三年（1877年），风蝗，夏五月大风，发屋拔树木。

清光绪十八年（1892年），秋有蝗。

民国29年（1940年），龙卷风，摧毁斗门湾村三公庙6间房屋和民房4间。前程村遭龙卷风袭击，两棵二、三人合抱之大树连根拔起，吹离原地10余丈，茅屋被掀10余间。

民国31年（1942年）8月29日下午，北方飞来成群蝗虫，翌日上午尤多，湖边乡晚秋作物损失严重。

1953年8月26日，最高气温达39.2℃。

1955年1月，大雪，积雪达25厘米，1月7日奇寒，最低气温零下17℃。

1956年8月1～2日，台风袭击，极大风速28米/秒。

1960年初夏，前程村遭龙卷风袭击，风由北向南疾行，成一条线，瞬息即过，此次拔起大树1株，茅屋被掀5间。

1961年9～10月，台风过境。

1965年8月19～23日，遭台风暴雨袭击，降雨257.3毫米。

1970年3月12日，境内遭大风雪灾害，建筑、交通的破坏为历史罕见。是年9月，发生稻飞虱特大危害，绝大多数水稻减产六成，并出现绝收田块。

1971年8月25日，大风。9月底，23号台风袭击，最大风速17米/秒。

1977年9月12日、13日，台风过境。

1978年7月平均气温33.6℃，7月7日最高气温38.5℃。

1980年7月14日，别桥公社的诸里、联星、土山大队及湖边公社的中里、湖塘等12个大队的芦苇发现蝗虫危害，此次蝗虫灾害来势猛、分布广、密度大，到7月15日止，有6300多亩面积受害，其中严重的1200亩苇叶全部吃光，别桥土山大队10亩黄豆、5亩水稻也被全部吃掉。

1980年7月20日傍晚7时许，遭9级以上的台风袭击，别桥公社的下尖圩、谢家坝、前程、马家大队受灾严重。古渎公社的赵圩、郝家、古渎大队有房屋吹倒、损坏，电线杆、大树吹倒，早稻倒伏。

1981年5月1日下午4时左右，冰雹骤降；2日、10日两次遭大风。

1984年1月17至19日上午，境内普降大雪，总降雪量达54.3厘米，是新中国成立以来最大的一次雪灾。公路交通、供电、邮电、广播、线路全部中断，有房屋倒塌。

1990年8月31日，15号台风过境。

1991年12月30日，最低气温零下10.7℃。

2003年8月1日，最高气温达39.5℃。

2004年5月21日晚上，遭受冰雹、大风、雷暴袭击，冰雹直径10～15毫米，夏熟作物（尤其是油菜）造成较大损失。

2005年，共有5次台风影响境内，分别为0505号（海棠）、0509号（麦莎）、0513号（泰利）、0515号（卡努）、0519号（龙王）。其中，影响最严重的是0509号“麦莎”，于8月6日早晨至7日4时影响境内，出现8～9级大风，极大风速21.3米/秒，并伴有大到暴雨。

2006年6月22日下午，别桥受飑线袭击，突发强降雨，并伴有8级大风，最大风速18米/秒。

2006年8月31日下午2时许，绸缪镇两湾村一农户家中房屋遭雷击，房顶一角被雷击成一个大洞，家中电路、电器全部烧毁。

2008年1月底到2月初，境内降大到暴雪，道路结冰，2月2日雪深达34厘米。月最大雪深超过历史极值，长途班车、农公车、城市公交车全部停运。

2010年1月14日出现年极端最低气温零下6.1℃。全年出现35℃以上高温29天，其中8月份高温日数达18天，8月13日出现极端最高气温39.8℃。

2011年，全年出现35℃以上高温21天，其中5月竟出现高温日数4天，20日气温37.6℃。

2012年，受台风影响3次，分别为“苏拉”及“达维”双台风、“海葵”、“布拉万”及“天秤”双台风。8月7～9日的台风“海葵”的影响较大。台风过程中，出现大风暴天气，过程雨量185.4毫米。24小时最大降雨量138.3毫米，极大风速9级，达21.8米/秒。“海葵”带来的大风暴雨给农业生产和人民生活造成较为严重的影响。

2013年夏季出现持续高温天气61天，7月平均气温35.9℃，8月平均气温36℃，最高气温为41.5℃，出现在8月10日，创历史之最。

第四篇

人 口

别桥地区历史上，人口变动情况很少有明确记载。据民间宗谱载：明崇祯十七年（1644年），清兵入关，战事频发，人口大减。清咸丰、同治年间（1851～1874年），太平军与清军在境内发生多次激烈战事，民众陷于兵灾，百姓外逃几乎殆尽。民国26～34年（1937～1945年），境内屡遭日本侵略军烧、杀、抢、掠，大多民众逃难流落他乡。1950～1958年，社会从战乱年代进入和平时期，生活安定，经济恢复，医疗条件逐步改善，加之朝鲜战争的爆发，抗美援朝需要青壮年参军，在“人多议论多、热气高、力量大”的思想影响下，奖励多子女“光荣妈妈”，人口增长迅速，这一阶段为高出生率、高死亡率、高增长阶段。1959～1961年，由于三年自然灾害，粮食紧缺，人民生活艰苦，健康水平显著下降，这几年为低生育率、高死亡率、人口低增长阶段。1962～1977年，在党中央“调整、巩固、充实、提高”八字方针指引下，国内生产得以发展，经济得以恢复，人民生活条件逐步改善和提高，人口出生率回升，为高出生率、低死亡率、高增长阶段。从2000到2013年，为低生育、低增长阶段。

别桥地区人口结构随着经济发展在变化。在1950年前，别桥地区没有少数民族居住的记载。2013年，别桥镇境内有28个少数民族280多人居住，主要是外地妇女婚嫁境内，形成多民族的大家庭。从民国37年（1948年）到2013年，男女性别比基本合理。人口老龄化趋势加大，民国37年（1948年），别桥镇65～69岁的老年人267人，占人口总数的1.9%；70岁以上的老年人仅224人，占人口总数的1.6%。2013年，65岁以上的老人为11602人，占人口总数的16.52%，其中90岁以上的健在老人有356人，占总人口数的0.51%。接受教育程度，民国37年（1948

年)，别桥镇接受高等教育的仅22人（10人肄业)。至2013年，别桥镇接受高等教育（含大学专科）的人达2697人，占总人数的3.8%。

1965年开始，推行计划生育政策。1970年后，提倡“晚”（晚婚、晚育)、“稀”（2胎间隔4年以上)、“少”（1对夫妇生2胎）生育。1979年以后，乡镇加强计划生育的领导，提倡一对夫妇只生一个孩子，80%的夫妇领取了独生子女证。20世纪80年代，别桥镇现境内5个乡镇把计划生育纳入经济、社会发展规划，制定生产、生育双包合同和干部岗位责任制，在年终进行奖惩兑现。人口自然增长率下降，扭转人口增长失控的局面，人口增长纳入计划发展轨道。

人口和户籍发展呈现出户型逐趋小型化，人口老龄化，性别比逐趋合理，文化程度不断提高，职业从农业走向第二、第三产业，人口住居向城镇集中，构成了多民族、多籍贯的大家庭。

第一章　人口规模及分布

第一节　人口总量

民国34年（1945年）12月，第二区（别桥区）有普通户10858户、船户70户，共52500人。当时属第三区（竹箦区）的绸缪乡、后周镇有2829户12563人。

民国34年（1945年）别桥区（第二区）普通户、船户人口统计表

表4-1-1

乡　镇	普通户数（户）	船　户（户）	人口数（人）					
			小计	船户	男	船户	女	船户
别桥镇	1095	—	5717	—	3117	—	2600	—
复兴乡	1186	29	5915	29	3270	13	2645	16
永东乡	1535	—	7624	—	4208	—	3416	—
永德乡	1678	—	8780	—	4904	—	3876	—
洮西乡	960	—	4662	—	2543	—	2119	—
永福乡	1021	14	4753	14	2640	6	2113	8
永西乡	1495	—	6579	—	3624	—	2955	—
洮东乡	1218	27	5585	27	3039	15	2546	12
宝寿乡	670	—	2885	—	1584	—	1301	—
合　计	10858	70	52500	70	28929	34	23541	36

民国34年（1945年）绸缪乡、后周镇普通户、船户人口统计表

表 4-1-2

乡 镇	普通户数（户）	船 户（户）	人口数（人）		
			小计	男	女
绸缪乡	1503	5	6801	3772	3029
后周镇	1319	2	5762	3176	2586
合 计	2822	7	12563	6948	5615

民国36年（1947年）6月，第二区（别桥区）总户数为11920户，其中船户24户，总人口57029人，其中男性31398人，女性25631人。民国37年（1948年），别桥镇2344户，总人口14001人；绸缪乡1953户，总人口8345人；后周乡2147户，总人口10772人。

新中国成立后，人民政府重视人口管理。1951年11月，别桥区12个乡住户，属别桥现境内9个乡人口：湖边乡1130户3996人，诸里乡1029户3805人，别桥乡1394户4636人，前王乡1069户4031人，古渎乡1332户4956人，道成乡887户3178人，绸缪乡1170户4394人，石桥乡748户2720人，后周乡1145户3888人，共计9904户35604人，其中男性19292人，女性16312人。农业人口33848人，非农业人口1756人；在家人口34009人，外出人口1595人。另外还有夏庄、杨庄、班竹3个乡3727户13714人。1962年，别桥公社3903户15155人，湖边公社1705户7279人，古渎公社1604户6476人，绸缪公社1788户7252人，后周公社3840户15318人。

1964年7月底结束的第二次全国人口普查，别桥、湖边、古渎、绸缪、后周5个公社13074户54030人，其中女性26067人。

1982年7月1日第三次全国人口普查，别桥、湖边、古渎、绸缪、后周5个公社18455户71883人，其中女性34786人。

1990年7月1日第四次全国人口普查，别桥镇、湖边乡、古渎乡、绸缪乡、后周乡5个乡镇22744户74035人，其中女性36329人。

2000年11月1日第五次全国人口普查，别桥镇、绸缪镇、后周镇3个镇22007户65185人，其中女性33206人。

图4-1　2011年国家人口计生委人事司金小桃（中）在别桥调研

2007年，别桥镇总人口69662人。2008年，别桥镇24119户69912人，其中女性33969人。2009年，别桥镇23942户69574人，其中女性33881人。（均为户籍人口数）。

2010年7月1日第六次全国人口普查，别桥镇有20270户53403人，其中女性28271人。

2011年，别桥镇23740户69229人，其中女性34029人。2012年，别桥镇23630户70050人，其中女性34196人。2013年12月，

别桥镇现境23494户70231人，其中女性35714人。集镇人口21296人，乡村人口48935人。总人口比1962年增长36.42%，比2010年增长31.51%。暂住人口489人。（均为户籍人口数）。

1964～2010年别桥镇（含原5个公社、3个镇）五次全国人口普查户数、人数情况表

表4-1-3

年份	乡镇（公社）	总户数（户）	总人数（人）			
			小计	男	女	其中非农业户人口
1964	别桥公社	3876	15610	8101	7509	724
	湖边公社	1750	7620	3899	3721	45
	古渎公社	1661	6815	3608	3207	81
	绸缪公社	1817	7652	3966	3686	70
	后周公社	3970	16333	8389	7944	239
1982	别桥公社	5590	20281	10524	9757	781
	湖边公社	2517	10099	5114	4985	144
	古渎公社	2365	9368	4841	4527	193
	绸缪公社	2542	10406	5377	5029	178
	后周公社	5441	21729	11241	10488	361
1990	别桥公社	6814	21163	10775	10388	1591
	湖边公社	3152	10225	5115	5110	282
	古渎公社	2850	9651	4942	4709	354
	绸缪公社	3332	10823	5507	5316	406
	后周公社	6596	22173	11367	10806	798
2000	别桥镇	9390	28440	13895	14545	3239
	绸缪镇	5775	17180	8477	8703	919
	后周镇	6842	19565	9607	9958	1387
2010	别桥镇	20270	53403	25132	28271	4332

第二节 人口变动

从观阳唐头村于1985年2月出土的石凿证实，新石器时代晚期，人类就在别桥境内劳动、生息、繁衍。商周时，别桥、后周、观阳、玉华山一带多处已形成村落。句吴时期至元代，人口逐渐增多。元末明初，因战乱，人口减少。明崇祯十七年（1641年）清兵入关，渡江南下，战事频发、战火不息，人口大减。清代，时局稳定，老百姓休养生息，至嘉庆年间，现境人口增加较快。清咸丰、同治年间（1851～1874年），太平军与清军在溧阳境内发生多次激烈战事，民众陷于兵灾，遭太平军杀戮，百姓外逃几乎殆尽。复加天灾，田园荒芜，原有居民所留无几。据马氏宗谱载："十不及一"。虞氏宗谱载："十不及四五"。后来，河南、苏北等地客民陆续迁

来聚族而住，垦殖定居，人口逐渐增多。

民国 26 年（1937 年），日本全面发动侵华战争。12 月，溧阳沦陷，别桥屡遭日本侵略军烧、杀、抢、掠，人们或被屠杀，或避难流落他乡，加上国民党强拉壮丁，自然灾害又不断，人口骤减。民国 34 年（1945 年）8 月日本侵略军无条件投降，外逃百姓逐渐回归。

新中国成立后，社会稳定，生产发展，人民安居乐业，人口较为稳定。1954 年，别桥区湖边乡 1045 户 3951 人，诸里乡 962 户 3699 人，别桥乡 1340 户 5168 人，前王乡 1083 户 4008 人，道成乡 697 户 2766 人，古渎乡 1153 户 4278 人，绸缪乡 1240 户 4580 人，石桥乡 704 户 2726 人，后周乡 1058 户 3752 人，下梅乡（当时属竹箦区）948 户 3442 人，西沈乡（当时属竹箦区）1003 户 3341 人。1959 ～ 1961 年国民经济三年困难时期，人口增长缓慢。1961 年，别桥、湖边、古渎、绸缪、后周 5 个公社平均出生率为 28.26‰，死亡率为 8.83‰。1962 ～ 1965 年，国民经济形势好转，人口出生率回升，出现第二次生育高峰。1965 年，别桥、湖边、古渎、绸缪、后周五公社平均出生率为 38.52‰，自然增长率达 29.26‰。

1971 年后，计划生育工作全面、大力开展，人口出生率逐步下降。1985 年，别桥、湖边、古渎、绸缪、后周五乡镇平均人口出生率 11.28‰，死亡率 5.94‰，自然增长率 5.34‰，步入低出生、低死亡、低增长阶段。

1986 年起，第二次生育高峰出生的人口相继进入婚育期，人口出生率回升幅度增加，1987 ～ 1991 年的 5 年中，别桥、湖边、古渎、绸缪、后周五乡镇共出生 6254 人，死亡 2330 人，人口平均自然增长率分别是 9.53‰、11.5‰、10.43‰、10.42‰、11.06‰。1991 年，别桥、湖边、古渎、绸缪、后周五乡镇人口总量达到最高峰，总计 75648 人。

1992 ～ 1999 年，别桥境内人口自然增长率在 3‰～ 9‰之间徘徊。2000 ～ 2006 年，人口自然增长率一直保持在 7.6‰以下。2007 ～ 2013 年的 7 年中，全镇出生 3294 人，死亡 3579 人，年均人口自然增长率为 -4.06‰。

随着经济转型和社会发展，农村人口逐渐向城市转移，境内人口有逐渐减少的趋势。外来人口逐渐来别桥地区定居，境内人口数量基本保持平稳。

1970 ～ 1991 年别桥镇现境原五公社（乡镇）户籍、人口变动情况表

表 4-1-4

年份	公社（乡镇）	总户数（户）	年末人口（人）	自然变动					机械变动	
				出生人数（人）		死亡人数（人）		自然增长率（‰）	迁入（人）	迁出（人）
				总数	出生率（‰）	总数	死亡率（‰）			
1970	别桥	—	19088	556	29.13	119	6.23	22.9	—	—
	湖边	2072	9559	318	33.27	52	5.44	27.83	272	96
	古渎	1973	8581	298	34.73	53	6.18	28.55	312	127
	绸缪	2098	9498	283	29.80	74	7.79	22.01	283	154
	后周	—	20319	637	31.35	127	6.25	25.10	—	—

续表 4-1-4

年份	公社（乡镇）	总户数（户）	年末人口（人）	自然变动					机械变动	
				出生人数（人）		死亡人数（人）		自然增长率（‰）	迁入（人）	迁出（人）
				总数	出生率（‰）	总数	死亡率（‰）			
1971	别桥	—	19401	524	27.00	96	4.95	20.05	—	—
	湖边	—	9724	241	24.78	51	5.24	19.54	105	84
	古渎	1985	8843	307	34.72	66	7.46	27.26	—	—
	绸缪	2144	9760	298	30.53	59	6.05	24.48	126	103
	后周	4658	20696	572	27.64	154	7.44	20.20	134	175
1972	别桥	—	19641	398	20.26	150	7.64	12.62	—	—
	湖边	—	9817	197	20.07	56	5.70	14.37	—	—
	古渎	1992	8942	221	24.71	66	7.38	17.33	46	102
	绸缪	2180	9907	201	20.29	52	5.25	15.04	110	112
	后周	—	20940	499	23.83	148	7.07	16.76	—	—
1973	别桥	4610	19700	348	17.66	149	7.56	10.10	147	228
	湖边	2198	9882	209	21.15	68	6.88	14.27	69	81
	古渎	2023	8978	166	18.49	54	6.01	12.48	55	95
	绸缪	2191	9931	166	16.72	80	8.06	8.66	94	79
	后周	4782	21069	434	20.60	140	6.64	13.96	92	155
1974	别桥	—	19921	371	18.62	159	8.01	10.61	—	—
	湖边	2256	10029	163	16.33	71	7.12	9.21	78	87
	古渎	2056	9074	190	21.00	77	8.51	12.49	55	101
	绸缪	2212	9998	166	16.60	74	7.41	9.19	88	108
	后周	4746	21327	362	16.97	147	6.89	10.08	84	155
1975	别桥	4462	20054	294	14.66	136	6.78	7.88	—	—
	湖边	2292	10075	142	14.09	75	7.44	6.65	—	—
	古渎	2079	9149	138	15.08	47	5.14	9.94	66	93
	绸缪	2277	10040	150	14.94	71	7.07	7.87	81	102
	后周	4820	21556	393	18.23	153	7.10	11.13	144	139
1976	别桥	4896	20226	319	15.77	128	6.33	9.44	175	190
	湖边	2327	10132	127	12.53	57	5.63	6.90	89	103
	古渎	2112	9170	112	12.21	65	7.09	5.12	71	108
	绸缪	2365	10108	130	12.86	59	5.84	7.02	103	106
	后周	4944	21723	323	14.87	139	6.40	8.47	170	192
1977	别桥	4931	20312	300	14.76	155	7.63	7.13	134	193
	湖边	2380	10144	137	13.50	51	5.03	8.47	74	148
	古渎	2141	9217	132	14.32	68	7.38	7.04	89	107
	绸缪	2390	10179	145	14.25	75	7.37	6.88	109	108
	后周	5090	21935	396	18.05	121	5.52	12.53	142	188

续表 4-1-4

年份	公社（乡镇）	总户数（户）	年末人口（人）	自然变动					机械变动	
				出生人数（人）		死亡人数（人）		自然增长率（‰）	迁入（人）	迁出（人）
				总数	出生率（‰）	总数	死亡率（‰）			
1978	别桥	5071	20449	360	17.60	118	5.77	11.83	184	289
	湖边	2507	10121	161	15.90	61	6.03	9.87	90	213
	古渎	2214	9309	153	16.43	49	5.26	11.17	105	117
	绸缪	2483	10269	182	17.72	52	5.06	12.66	112	152
	后周	5196	21985	333	15.14	110	5.00	10.14	121	330
1979	别桥	5089	20022	288	14.38	118	5.89	8.49	150	756
	湖边	2430	10020	158	15.76	44	4.39	11.37	120	315
	古渎	2218	9301	128	13.76	58	6.23	7.53	160	238
	绸缪	2418	10235	161	15.73	74	7.23	8.50	228	738
	后周	5208	21427	277	12.93	101	4.71	8.22	139	873
1980	别桥	5083	20104	253	12.58	120	5.97	6.61	—	—
	湖边	2502	10057	121	12.03	64	6.36	5.67	—	—
	古渎	2271	9325	108	11.58	54	5.79	5.79	116	176
	绸缪	2487	10270	121	11.78	64	6.23	5.55	121	143
	后周	5340	21555	261	12.10	120	5.57	6.53	—	—
1981	别桥	5258	20211	342	16.92	111	5.49	11.43	—	—
	湖边	2464	10095	185	18.33	62	6.14	12.19	—	—
	古渎	2251	9365	164	17.51	59	6.30	11.21	117	130
	绸缪	2531	10336	153	14.80	65	6.29	8.51	103	124
	后周	5382	21700	375	17.28	88	4.06	13.22	—	—
1982	别桥	5253	20487	383	18.69	110	5.37	13.32	—	—
	湖边	2520	10186	169	16.59	67	6.58	10.01	—	—
	古渎	2387	9451	161	17.04	58	6.14	10.90	75	93
	绸缪	2595	10434	184	17.63	57	5.46	12.17	—	—
	后周	5491	21940	360	16.41	99	4.51	11.90	—	—
1983	别桥	—	20543	242	11.78	115	5.60	6.18	—	—
	湖边	2582	10225	126	12.32	72	7.04	5.28	71	92
	古渎	2386	9493	129	13.59	66	7.16	6.43	84	111
	绸缪	2646	10497	117	11.15	53	5.05	6.10	95	92
	后周	—	21996	212	9.64	97	4.41	5.23	—	—
1984	别桥	5251	20533	196	9.55	116	5.65	3.90	—	—
	湖边	2616	10177	90	8.84	53	5.21	3.63	49	135
	古渎	2389	9481	94	9.91	56	5.91	4.00	80	131
	绸缪	2618	10520	122	11.60	52	4.94	6.66	64	110

续表 4-1-4

年份	公社（乡镇）	总户数（户）	年末人口（人）	自然变动					机械变动	
				出生人数（人）		死亡人数（人）		自然增长率（‰）	迁入（人）	迁出（人）
				总数	出生率（‰）	总数	死亡率（‰）			
1984	后周	5636	21984	200	9.10	115	5.23	3.87	—	—
1985	别桥	5440	20553	237	11.53	113	5.50	6.03	—	—
	湖边	2699	10183	107	10.51	67	6.58	3.93	73	105
	古渎	2410	9465	97	10.25	69	7.29	2.96	47	109
	绸缪	2695	10529	131	12.44	57	5.41	7.03	—	—
	后周	5633	21959	248	11.29	126	5.74	5.55	—	—
1986	别桥	5562	20600	254	12.33	145	7.04	5.29	—	—
	湖边	2807	10213	155	15.18	46	4.50	10.68	63	125
	古渎	2488	9455	134	14.17	55	5.82	8.35	60	123
	绸缪	2896	10575	155	14.66	69	6.52	8.14	100	143
	后周	5824	22024	318	14.44	127	5.77	8.67	—	—
1987	别桥	5957	20715	343	16.56	124	5.99	10.57	—	—
	湖边	2884	10287	179	17.40	58	5.64	11.76	—	—
	古渎	2727	9476	135	14.25	58	6.12	8.13	98	148
	绸缪	3041	10649	178	16.72	60	5.63	11.09	—	—
	后周	6029	22145	383	17.30	127	5.73	11.57	—	—
1988	别桥	6475	20920	365	17.45	132	6.31	11.14	—	—
	湖边	3190	10372	202	19.48	50	4.82	14.66	—	—
	古渎	3038	9511	155	16.30	77	8.10	8.20	94	129
	绸缪	3179	10744	151	14.05	64	5.96	8.09	71	225
	后周	6391	22261	378	16.98	131	5.88	11.10	—	—
1989	别桥	6427	21201	325	15.33	138	6.51	8.82	—	—
	湖边	3255	10436	176	16.86	73	7.00	9.86	—	—
	古渎	2805	9549	210	21.99	69	7.23	14.76	—	—
	绸缪	3339	10872	205	18.85	71	6.53	12.32	—	—
	后周	6391	22441	434	19.34	165	7.35	11.99	—	—
1990	别桥	6525	21551	388	18.00	171	7.93	10.07	—	—
	湖边	3293	10530	179	17.00	65	6.17	10.83	—	—
	古渎	3004	9583	159	16.59	63	6.57	10.02	—	—
	绸缪	3315	11123	199	17.89	73	6.56	11.33	—	—
	后周	6272	22551	388	17.21	142	6.30	10.91	—	—
1991	别桥	6559	21621	277	12.81	125	5.78	7.03	—	—
	湖边	3469	10575	179	16.93	58	5.50	11.43	86	112
	古渎	3287	9588	152	15.85	46	4.79	11.06	45	148

续表 4-1-4

年份	公社（乡镇）	总户数（户）	年末人口（人）	自然变动					机械变动	
				出生人数（人）		死亡人数（人）		自然增长率（‰）	迁入（人）	迁出（人）
				总数	出生率（‰）	总数	死亡率（‰）			
1991	绸缪	3301	11208	163	14.54	59	5.26	9.28	—	—
	后周	6426	22656	351	15.49	131	5.78	9.71	—	—

1992～1999 年别桥镇境原四乡镇户籍、人口变动情况一览表

表 4-1-5

年份	乡镇	总户数（户）	年末人口（人）	自然变动					机械变动	
				出生人数（人）		死亡人数（人）		自然增长率（‰）	迁入（人）	迁出（人）
				总数	出生率（‰）	总数	死亡率（‰）			
1992	别桥	9855	32076	446	13.90	212	6.60	7.30	—	—
	古渎	3321	9532	131	13.70	55	5.80	7.90	43	175
	绸缪	3313	11134	158	14.20	70	6.30	7.90	—	—
	后周	6477	22545	290	12.90	155	6.90	6.00	—	—
1993	别桥	9570	32132	417	13.00	183	5.70	7.30	—	—
	古渎	3395	9556	176	18.40	55	5.80	12.60	38	135
	绸缪	3363	11099	141	12.70	66	5.90	6.80	—	—
	后周	6672	22566	365	16.20	162	7.20	9.00	—	—
1994	别桥	9734	32214	469	14.60	186	5.80	8.80	—	—
	古渎	3373	9516	133	14.00	75	7.90	6.10	26	164
	绸缪	3446	11083	135	12.20	66	6.00	6.20	—	—
	后周	6717	22497	301	13.40	155	6.90	6.50	—	—
1995	别桥	9821	32217	386	12.00	215	6.70	5.30	—	—
	古渎	3154	9439	105	11.10	59	6.30	4.80	—	—
	绸缪	3359	11009	124	11.30	70	6.40	4.90	—	—
	后周	7021	22430	274	12.20	124	5.50	6.70	—	—
1996	别桥	9789	31722	437	13.80	352	11.10	2.70	—	—
	古渎	3169	9431	102	10.80	55	5.80	5.00	178	225
	绸缪	3408	11049	88	8.00	47	4.30	3.70	—	—
	后周	6972	22338	205	9.18	132	5.90	3.30	—	—
1997	别桥	9597	31537	124	3.90	21	0.70	3.20	—	—
	古渎	3087	9322	72	7.70	51	5.50	2.20	—	—
	绸缪	3333	10731	103	9.60	39	3.60	6.00	—	—
	后周	6880	22411	63	2.80	29	1.30	1.50	—	—

续表 4-1-5

年份	乡镇	总户数（户）	年末人口（人）	自然变动					机械变动	
				出生人数（人）		死亡人数（人）		自然增长率（‰）	迁入（人）	迁出（人）
				总数	出生率（‰）	总数	死亡率（‰）			
1998	别桥	9793	31306	322	10.30	312	10.00	0.30	—	—
	古渎	2763	9224	85	9.20	50	5.40	3.80	—	—
	绸缪	3268	11240	792	70.46	54	4.80	65.70	—	—
	后周	6588	22474	205	9.10	204	9.10	0	—	—
1999	别桥	9433	31234	330	10.60	167	5.30	5.30	472	672
	古渎	2990	9071	75	8.30	58	6.40	1.90	—	—
	绸缪	6173	19945	219	11.00	77	3.90	7.10	171	433
	后周	3183	22048	388	17.60	37	1.70	15.90	198	498

2000～2013 年别桥镇现境（含原 3 个镇）户籍、人口变动情况表

表 4-1-6

年份	乡镇	总户数（户）	年末人口（人）	自然变动					机械变动	
				出生人数（人）		死亡人数（人）		自然增长率（‰）	迁入（人）	迁出（人）
				总数	出生率（‰）	总数	死亡率（‰）			
2000	别桥	9084	31993	801	25.00	207	6.50	18.50	656	662
	绸缪	6135	19158	180	9.40	183	9.60	—0.20	61	407
	后周	7167	22117	504	22.80	209	9.40	13.40	101	458
2001	别桥	9135	31362	163	5.20	196	6.20	—1.00	275	462
	绸缪	5923	18993	132	6.90	12	0.60	6.30	65	235
	后周	7483	21664	191	8.80	44	2.00	6.80	38	272
2002	别桥	9107	31101	205	6.60	136	4.40	2.20	132	486
	绸缪	6097	18909	199	10.50	106	5.60	4.90	68	262
	后周	7347	21306	178	8.40	195	9.20	—0.80	68	330
2003	别桥	9086	30836	206	6.70	100	3.20	3.50	141	543
	绸缪	5860	18846	142	7.50	29	1.50	6.00	66	245
	后周	7380	21005	132	6.30	180	8.60	—2.30	134	274
2004	别桥	8820	30284	228	7.50	256	8.50	—1.00	166	496
	绸缪	5742	18413	76	4.10	216	11.70	—7.60	136	253
	后周	7415	20329	84	4.10	624	30.70	—26.60	121	214
2005	别桥	8761	30142	209	6.93	286	9.49	—2.55	269	174
	绸缪	5714	18418	102	5.54	70	3.80	1.74	233	139
	后周	7435	20285	109	5.37	47	2.32	3.06	215	168

续表 4-1-6

年份	乡镇	总户数（户）	年末人口（人）	自然变动					机械变动	
				出生人数（人）		死亡人数（人）		自然增长率（‰）	迁入（人）	迁出（人）
				总数	出生率（‰）	总数	死亡率（‰）			
2006	别桥	8748	30177	184	6.10	110	3.65	2.45	542	253
	绸缪	5579	18740	140	7.47	83	4.47	3.00	486	114
	后周	6845	20884	127	6.08	33	1.60	4.48	462	125
2007	别桥	24017	69662	422	6.06	575	8.25	—2.19	1025	416
2008	别桥	24119	69912	440	6.29	182	2.61	3.68	583	227
2009	别桥	23942	69574	426	6.12	845	12.12	—6.00	530	177
2010	别桥	23771	69444	490	7.06	867	12.44	—5.38	967	273
2011	别桥	23740	69229	442	6.38	200	2.87	3.51	893	249
2012	别桥	23630	70052	529	7.55	450	6.44	1.11	291	105
2013	别桥	23494	70231	545	7.76	460	6.55	1.21	299	93

说明：以上表 4-1-4 至 4-1-6 表内数据均为派出所户籍人口数

第三节　人口分布

1962 年人口密度分别为：别桥公社每平方千米 504.83 人，湖边公社每平方千米 378.52 人，古渎公社每平方千米 376.29 人，绸缪公社每平方千米 398.02 人，后周公社每平方千米 357.73 人。5 个公社平均每平方千米 403.08 人。

1985 年，全县每平方千米 493.16 人，其中别桥镇每平方千米 684.64 人，湖边乡每平方千米 529.54 人，古渎乡每平方千米 549.97 人，绸缪乡每平方千米 577.88 人，后周乡每平方千米 512.82 人。5 个乡镇平均每平方千米 570.97 人，高于全县平均人口密度每平方千米 77.81 人。

2007 年，全镇每平方千米 537.4 人，溧阳市每平方千米 505.4 人。

2013 年，全镇每平方千米 546.54 人，与 1962 年相比，每平方千米净增人口 143.46 人，比 1985 年平均每平方千米减少 24.43 人，比 2007 年平均每平方千米增加 9.04 人。别桥镇现境中，镇东、古渎、马家 3 个行政村人口密度相对较高，黄金山行政村人口密度相对偏低。

2013 年别桥镇人口分布及密度统计表

表 4-1-7

行政村	户数（户）	人口（人）	区域面积（平方千米）	人口密度（人 / 平方千米）
湖　边	2178	6640	12.78	519.56
镇　东	1678	4606	5.26	875.67
马　家	1397	4139	5.81	712.39

续表 4-1-7

行政村	户数（户）	人口（人）	区域面积（平方千米）	人口密度（人/平方千米）
别　桥	1932	5248	10.98	477.96
合　星	1659	5115	8.06	634.62
前　程	981	2796	5.21	536.66
古　渎	1409	4246	5.56	763.67
道　成	1044	3083	6.77	455.39
两　湾	1387	4052	7.91	512.26
绸　缪	1445	4400	8.98	489.98
北　山	1460	4828	8.20	588.78
黄金山	753	2260	6.68	338.32
玉华山	782	2341	4.98	470.08
小石桥	705	1998	4.17	478.14
塘　马	875	2846	4.47	636.69
后　周	1872	5382	8.86	607.45
西　庄	722	2417	4.60	525.43
西　马	1215	3834	7.33	523.06
合　计	23494	70231	128.50	546.54

第二章　人口结构

第一节　民族构成

别桥现境属汉族聚居地，但也有少数民族居民。

1964 年第二次全国人口普查，别桥公社有 2 名回族居民，后周公社有 1 名满族居民。1982 年第三次全国人口普查，别桥公社有回族 3 人，古渎公社有回族 1 人，绸缪公社有高山族 4 人、藏族 2 人，后周公社有壮族 1 人。1990 年第四次全国人口普查，别桥镇有回族 7 人，布依族、黎族各 2 人，壮族、仡佬族各 1 人；湖边乡有回族 2 人，土家族、京族各 1 人；古渎乡有苗族、布依族各 4 人，回族、彝族、珞巴族各 1 人；绸缪乡有高山族 3 人，藏族、壮族、布依族、白族各 1 人；后周乡有壮族 9 人、未识别民族 3 人、苗族、土家族各 2 人，回族、布依族、黎族各 1 人。2000 年第五次全国人口普查，别桥镇境内少数民族居民 48 人，绸缪镇 38 人，后周镇 82 人。2007 年，别桥镇少数民族居民 190 人，其中布依族 39 人、彝族 15 人、苗族 4 人、土家族 12 人、回族 9 人、白族 1 人、侗族 2 人、蒙古族 5 人、壮族 55 人、黎族 11 人、瑶族 13 人、高山族 10 人、羌族 6 人、傣族 4 人、藏族 2 人、朝鲜族 2 人。2010 年第六次全国人口普查，别桥镇有少数民族居民 160 人。2013 年，镇域内有少数民族居民 281 人。现境内所有行政村均有少数民族居民。

第四至六次全国人口普查和 2013 年别桥镇现境少数民族人口统计表

表 4-2-1　　　　单位：人

少数民族	1990 年第四次全国人口普查别桥镇、湖边、古渎、绸缪、后周乡五乡镇	2000 年第五次全国人口普查				2010 年第六次全国人口普查	2013 年
	小计	小计	别桥镇	绸缪镇	后周镇	别桥镇	别桥镇
蒙古族	—	17	6	5	6	5	11
回族	11	12	7	—	5	6	9
藏族	1	9	—	4	5	11	4
彝族	1	8	2	4	2	33	27
壮族	11	28	5	5	18	14	68
布依族	8	26	5	7	14	19	38
朝鲜族	—	6	6	—	—	—	4
侗族	—	6	—	6	—	—	4
满族	—	3	3	—	—	2	3
土家族	3	10	2	—	8	7	40
傣族	—	1	—	—	1	7	4
黎族	3	6	3	—	3	4	6
高山族	3	2	—	2	—	9	9
仡佬族	1	1	—	1	—	4	3
瑶族	—	—	—	—	—	3	7
羌族	—	5	—	—	5	1	11
锡伯族	—	3	—	—	3	1	—
哈萨克族	—	—	—	—	—	2	—
珞巴族	1	—	—	—	—	3	—
京族	1	—	—	—	—	1	—
佤族	—	—	—	—	—	1	—
白族	1	—	—	—	—	—	3
维吾尔族	—	4	2	2	—	—	—
水族	—	—	—	—	—	1	—
土族	—	—	—	—	—	1	—
苗族	6	14	6	2	6	21	18
穿青人族	—	—	—	—	—	—	12
未识别民族	3	7	1	—	6	4	—
合计	54	168	48	38	82	160	281

第二节　性别、年龄构成

【性别构成】 民国 34 年（1945 年），别桥（第二区）人口为 52470 人，其中男性 28929 人，女性 23541 人，男女性别比为 122.88。民国 35 年（1946 年），别桥（第二区）人口为 57030 人，其中男性 31398 人，女性 25632 人，男女性别比为 122.5。民国 37 年（1948 年），别桥镇（不含绸缪、后周乡）人口为 14001 人，其中男性 7340 人，女性 6661 人，性别比为 110.2。

新中国成立后，现境内人口性别比虽存在失调现象，但差距在逐渐缩小。1964 年第二次全国人口普查，别桥公社性别比为 107.88，湖边公社性别比为 104.78，古渎公社性别比为 112.50，绸缪公社性别比为 107.60，后周公社性别比为 105.60。1982 年第三次全国人口普查，别桥公社性别比为 107.86，湖边公社性别比为 102.59，古渎公社性别比为 106.94，绸缪公社性别比为 106.92，后周公社性别比为 107.18。1990 年第四次全国人口普查，别桥镇性别比为 103.73，湖边乡性别比为 100.1，古渎乡性别比为 104.95，绸缪乡性别比为 103.59，后周乡性别比为 105.19。2000 年第五次全国人口普查，别桥镇性别比 95.53，绸缪镇性别比 97.4，后周镇性别比 96.48。2010 年第六次全国人口普查，别桥镇性别比 88.9。2013 年全镇户籍人口共 70231 人，其中男性 35978 人，女性 34253 人，性别比为 105.03。

【年龄构成】 民国 37 年（1948 年），别桥镇（不含绸缪、后周乡）14001 人口中，65 ～ 69 岁的仅有 267 人，其中男性 128 人，女性 139 人，占总人口数的 1.9%；70 岁及以上者仅有 224 人，其中男性 89 人，女性 135 人，占总人口数的 1.6%。

2010 年第六次全国人口普查，现境原 3 个镇 65 岁以上与 15 岁以下人口比由 2000 年第五次全国人口普查的 52.6% 上升至 144.37%，65 岁以上的人口占总人数的比由第五次全国人口普查的 11.16% 上升到 16.5%。2013 年，全镇户籍人口 70231 人，65 岁以上人数 11602 人，占人口总数的 16.52%。90 岁以上的老人 356 人，其中男性 134 人，女性 222 人，占总人口数的 0.507%。其中，百岁以上的寿星 5 人皆为女性。

别桥镇现境第二至第六次全国人口普查及 2013 年人口构成一览表

表 4-2-2　　　　单位：人

年份	乡镇（公社）	人口总数	性别		地区		年龄			文化程度				
			男	女	城镇	农村	0～14岁	15～64岁	65岁以上	大专以上	高中	初中	小学	不识字或少识字
1964	别桥公社	15610	8101	7509	724	14886	6507	8577	526	25	199	888	4577	5612
	湖边公社	7620	3899	3721	45	7575	3171	4161	288	2	107	344	2180	2643
	古渎公社	6815	3608	3207	81	6734	2725	3765	325	7	95	380	2008	2310
	绸缪公社	7652	3966	3686	70	7582	3326	4089	237	10	68	368	2032	2678

续表 4-2-2

年份	乡镇（公社）	人口总数	性别		地区		年龄			文化程度				
			男	女	城镇	农村	0～14岁	15～64岁	65岁以上	大专以上	高中	初中	小学	不识字或少识字
1964	后周公社	16333	8389	7944	239	16094	7081	8752	500	20	147	879	4639	5669
1982	别桥公社	20281	10524	9757	781	19500	5536	13589	1156	41	1328	4945	7179	4672
	湖边公社	10099	5114	4985	144	9955	2772	6697	630	9	709	2340	3695	2281
	古渎公社	9368	4841	4527	193	9175	2730	5993	645	14	556	2039	3845	1969
	绸缪公社	10406	5377	5029	178	10228	2930	6919	557	11	714	2430	3780	2354
	后周公社	21729	11241	10488	361	21368	6032	14542	1155	31	1710	5052	7440	5220
1990	别桥镇	21163	10775	10388	1591	19471	4516	15048	1599	97	1377	7314	7337	3013
	湖边乡	10225	5115	5110	282	9933	2206	7208	811	31	525	3379	3711	1583
	古渎乡	9651	4942	4709	354	9228	2115	6758	778	25	476	3132	3297	1700
	绸缪乡	10823	5507	5316	406	10305	2570	7539	714	28	639	3335	4010	1544
	后周乡	22173	11367	10806	798	21248	4804	15689	1680	79	1571	6772	6806	4378
2000	别桥镇	28440	13895	14545	3239	25137	6034	9232	3174	198	1862	1696	10296	1989
	绸缪镇	17180	8477	8730	919	16112	3896	11357	1927	81	1053	6405	6693	1719
	后周镇	19565	9607	9958	1387	18005	4271	13016	2278	120	1343	7002	6954	2527
2010	别桥镇	53403	25132	28271	4332	48482	6103	38489	8811	1284	5828	23916	15770	4328
2013	别桥镇	70231	35978	34253	5100	65131	5857	52772	11602	5697	366	841	1972	2541

说明：2013 年各类人口数据均为户籍人口

2000 年第五次全国人口普查别桥镇、绸缪镇、后周镇人口性别比统计表

表 4-2-3

年龄段	镇别	人口数（人）			占总人口合计的百分比（%）			性别比
		合计	男	女	合计	男	女	
0～4岁	别桥	1263	707	556	4.44	2.49	1.95	127.16
	绸缪	724	410	314	4.21	2.38	1.83	130.57
	后周	820	437	383	4.19	2.23	1.96	140.09
5～9岁	别桥	2274	1322	952	8.00	4.65	3.35	138.86
	绸缪	1434	827	607	8.34	4.81	3.53	136.24
	后周	1658	938	720	8.47	4.79	3.68	130.27
10～14岁	别桥	2497	1311	1186	8.78	4.61	4.17	110.54
	绸缪	1738	953	785	10.12	5.55	4.57	121.40
	后周	1793	945	848	9.16	4.83	4.33	111.43
15～19岁	别桥	1102	527	575	3.87	1.85	2.02	91.65
	绸缪	626	325	301	3.64	1.89	1.75	107.97

续表 4-2-3

年龄段	镇别	人口数（人）			占总人口合计的百分比（%）			性别比
		合计	男	女	合计	男	女	
15～19岁	后周	646	329	317	3.30	1.68	1.62	103.79
20～24岁	别桥	1254	527	727	4.41	1.85	2.56	72.21
	绸缪	689	314	375	4.01	1.83	2.18	83.73
	后周	872	380	492	4.45	1.94	2.51	77.24
25～29岁	别桥	2060	891	1169	7.24	3.13	4.11	76.22
	绸缪	1177	491	686	6.85	2.86	3.99	71.57
	后周	1428	587	841	7.29	3.00	4.29	69.80
30～31岁	别桥	2899	1195	1704	10.19	4.20	5.99	70.13
	绸缪	1679	674	1005	9.77	3.92	5.85	67.06
	后周	2009	869	1140	10.27	4.44	5.83	72.23
35～39岁	别桥	2921	1324	1597	10.27	4.66	5.61	82.91
	绸缪	1691	779	912	9.84	4.53	5.31	85.42
	后周	1901	876	1025	9.72	4.48	5.24	85.46
40～44岁	别桥	2062	1075	987	7.25	3.78	3.47	108.92
	绸缪	1222	649	573	7.12	3.78	3.34	113.26
	后周	1403	725	678	7.17	3.70	3.47	106.93
45～49岁	别桥	2345	1202	1143	8.25	4.23	4.02	105.16
	绸缪	1512	768	744	8.80	4.47	4.33	103.23
	后周	1815	949	866	9.28	4.85	4.43	109.58
50～54岁	别桥	2093	1033	1060	7.36	3.63	3.73	97.45
	绸缪	1217	589	628	7.08	3.43	3.65	93.79
	后周	1285	640	645	6.57	3.27	3.30	99.22
55～59岁	别桥	1355	668	687	4.76	2.35	2.41	97.23
	绸缪	847	406	441	4.93	2.36	2.57	92.06
	后周	885	422	463	4.52	2.16	2.36	91.14
60～64岁	别桥	1141	584	557	4.01	2.05	1.96	104.85
	绸缪	697	351	346	4.05	2.04	2.01	101.45
	后周	772	401	371	3.95	2.05	1.90	108.09
65～69岁	别桥	979	514	465	3.14	1.81	1.64	110.54
	绸缪	588	309	279	3.42	1.80	1.62	110.75
	后周	780	386	394	3.98	1.97	2.01	97.97
70～74岁	别桥	980	470	510	3.44	1.65	1.79	92.16
	绸缪	599	317	282	3.49	1.85	1.64	112.41
	后周	665	346	319	3.40	1.77	1.63	108.46

续表 4-2-3

年龄段	镇别	人口数（人）			占总人口合计的百分比（%）			性别比
		合计	男	女	合计	男	女	
75～79 岁	别桥	656	334	322	2.30	1.17	1.13	103.73
	绸缪	383	182	201	2.23	1.06	1.17	90.55
	后周	498	240	258	2.55	1.23	1.32	96.12
80～84 岁	别桥	384	152	232	1.35	0.53	0.82	65.52
	绸缪	238	98	140	1.38	0.57	0.81	70.00
	后周	227	104	123	1.16	0.53	0.63	84.55
85～89 岁	别桥	139	45	94	0.49	0.16	0.33	47.87
	绸缪	90	28	62	0.52	0.16	0.36	45.16
	后周	88	27	61	0.45	0.14	0.31	44.26
90～94 岁	别桥	32	12	20	0.11	0.04	0.07	60.00
	绸缪	28	7	21	0.16	0.04	0.12	33.33
	后周	18	6	12	0.09	0.03	0.06	50.00
95～99 岁	别桥	4	2	2	0.01	0.007	0.007	100.00
	绸缪	1	0	1	0.005	0	0.005	0
	后周	2	0	2	0.01	0	0.01	0

截至 2013 年年末别桥镇 90 岁以上健在老人一览表

表 4-2-4

村（居）委	姓名	性别	出生年月	年龄	村（居）委	姓名	性别	出生年月	年龄
湖边村	吕彩金	女	1908.11	105	湖边村	吕小英	女	1921.12	92
	张爱英	女	1914.10	99		契小凤	女	1922.04	91
	蒋小兔	男	1915.09	98		徐田春	男	1923.01	90
	胡阿伢	女	1916.01	97		吕凤英	女	1923.02	90
	马英伢	女	1918.06	95		高红女	女	1923.05	90
	陈爱妹	女	1919.02	94		王连英	女	1923.06	90
	黄益娣	女	1919.03	94		范金山	男	1923.06	90
	范　珍	女	1920.01	93		张乐生	男	1923.07	90
	马敖保	男	1920.02	93		杨爱琴	女	1923.07	90
	何玉兰	女	1920.02	93		马仁庚	男	1923.07	90
	史阿才	男	1921.01	92		陈洪妹	女	1923.07	90
	阮秀珍	女	1921.04	92		包信法	男	1923.11	90
	马步卫	男	1921.04	92		谢腊妹	女	1923.12	90
	王凤珍	女	1921.08	92	镇东村	吕玲伢	女	1916.03	97
	陆玲娣	女	1921.11	92		吕红珍	女	1917.12	96

续表 4-2-4

村（居）委	姓名	性别	出生年月	年龄	村（居）委	姓名	性别	出生年月	年龄
镇东村	虞粉妹	女	1919.01	94	马家村	马珍英	女	1921.08	92
	蔡旦伢	女	1920.01	93		陈锁裕	男	1922.03	91
	童炳荣	男	1920.01	93		孙秀娣	女	1922.12	91
	杨金凤	女	1920.11	93		丁爱娣	女	1923.01	90
	吕青伢	女	1921.02	92		张佩英	女	1923.08	90
	马荣凯	男	1921.09	92		马介和	男	1923.08	90
	吕海林	男	1921.09	92		蒋素珍	女	1923.11	90
	鲍凤英	女	1921.12	92		李腊珍	女	1923.12	90
	葛品娟	女	1922.01	91		汤付付	男	1923.12	90
	陈金荣	男	1922.03	91	别桥村	赵金娣	女	1915.01	98
	陈慧瑾	女	1922.11	91		阮来娣	女	1915.12	98
	陈林珍	女	1922.12	91		李小妹	女	1916.09	97
	禹海庚	男	1923.01	90		王洪财	男	1917.08	96
	李洪庆	男	1923.01	90		张庚伢	男	1917.12	96
	侯金保	女	1923.04	90		周金凤	女	1918.05	95
	金锁娣	女	1923.11	90		陈志琴	女	1918.06	95
	李保金	男	1923.12	90		王洪庚	男	1920.05	93
马家村	赵小凤	女	1913.11	100		曹彩伢	女	1920.05	93
	车爱金	女	1913.11	100		郑林伢	女	1920.07	93
	马志正	男	1917.01	96		丁凤妹	女	1921.04	92
	程桂花	女	1917.07	96		周海朝	男	1921.09	92
	花玲娣	女	1918.01	95		童美英	女	1922.01	91
	史金魁	男	1918.02	95		王如槐	男	1922.09	91
	陈洪春	男	1918.04	95		王培芝	男	1923.01	90
	邵小妹	女	1919.08	94		曹来伢	女	1923.02	90
	陈孝保	男	1919.11	94		马小妹	女	1923.08	90
	马保福	男	1920.01	93		马洪英	女	1923.09	90
	蒋留凤	女	1920.03	93		吕静伢	女	1923.11	90
	唐桂女	女	1920.07	93		马文英	女	1923.12	90
	王荣芳	男	1920.11	93		戴达根	男	1923.12	90
	陈义妹	女	1920.12	93	合星村	郑庚娣	女	1914.08	99
	黄根娣	女	1921.01	92		姚林娣	女	1917.06	96
	万海妹	男	1921.02	92		张粉孝	男	1918.06	95
	吕红妹	女	1921.06	92		周小玲	女	1920.07	93
	周凤英	女	1921.07	92		徐阿伢	女	1921.03	92

续表 4-2-4

村（居）委	姓名	性别	出生年月	年龄	村（居）委	姓名	性别	出生年月	年龄
合星村	吴锁福	男	1921.11	92	古渎村	徐金保	男	1922.03	91
	吕小英	女	1921.09	92		徐阿大	男	1922.04	91
	薛利妹	女	1921.02	92		王保珍	女	1922.04	91
	吕秀英	女	1922.01	91		徐锁松	男	1922.05	91
	孙洪喜	男	1922.01	91		姚金妹	女	1922.12	91
	唐锁凤	女	1922.09	91		王锡坤	男	1923.01	90
	吕克炳	男	1922.08	91		蒋秀凤	女	1923.01	90
	曹忠保	女	1922.03	91		徐礼喜	男	1923.01	90
	许小妹	女	1922.02	91		史全林	男	1923.04	90
	刘洪生	男	1923.11	90		王咬齐	男	1923.05	90
	梁素锦	女	1923.05	90		郭菊英	女	1923.11	90
	梁金凤	女	1923.11	90		陶秀英	女	1923.12	90
前程村	沈玉明	男	1916.07	97	道成村	缪金凤	女	1916.02	97
	戴长生	男	1920.07	93		童彩娣	女	1916.09	97
	史凤妹	女	1920.11	93		王洪娣	女	1917.02	96
	马玲娣	女	1921.01	92		史阿妹	女	1917.07	96
	陆锁明	男	1921.05	92		赵富妹	女	1917.11	96
	钱荷伢	女	1921.06	92		虞法庚	男	1918.01	95
	陆跃伢	女	1921.07	92		李书金	男	1918.04	95
	申带伢	女	1922.01	91		金水均	男	1919.11	94
	谢小荣	男	1922.03	91		符木根	男	1920.06	93
	黄国富	男	1922.09	91		朱金华	男	1920.08	93
	黄洪金	男	1922.09	91		虞裕生	男	1920.11	93
	缪腊珍	女	1922.12	91		黄　倩	女	1921.12	92
古渎村	沈珍华	女	1912.11	101		张凤兰	女	1922.05	91
	陈洪德	男	1917.12	96		李小妹	女	1922.08	91
	史水金	男	1918.01	95		陈玲娣	女	1922.08	91
	高秀珍	女	1919.01	94		戴素英	女	1922.09	91
	李招妹	女	1919.07	94		史坤海	男	1922.11	91
	孙秀娟	女	1919.09	94		石爱堂	男	1923.05	90
	李声秀	女	1920.07	93		陈秀英	女	1923.07	90
	谢荷英	女	1921.01	92		钱静珍	女	1923.12	90
	姚水庚	男	1921.08	92	两湾村	陈云妹	女	1915.06	98
	张小妹	女	1921.09	92		王荣华	男	1915.08	98
	赵玉珍	女	1922.01	91		姜红妹	女	1918.01	95

续表 4-2-4

村（居）委	姓名	性别	出生年月	年龄	村（居）委	姓名	性别	出生年月	年龄
两湾村	杨秀英	女	1918.03	95	绸缪村	陈庚娣	女	1923.05	90
	陈爱珍	女	1918.11	95		陈金凤	女	1923.06	90
	薛金宝	男	1919.01	94		杨林伢	女	1923.06	90
	王玲金	女	1919.04	94		陈桂兰	女	1923.08	90
	范双南	男	1920.01	93		丁留妹	女	1923.08	90
	沈炳生	男	1920.07	93		史秀珍	女	1923.09	90
	丁小年	男	1920.08	93		吕腊伢	女	1923.12	90
	蒋妹珍	女	1921.01	92	北山村	殷法金	男	1918.08	95
	崔凤英	女	1921.11	92		徐凤英	女	1919.05	94
	吕小生	男	1921.12	92		殷桂玉	女	1920.01	93
	周和珍	女	1921.12	92		沈福隆	男	1920.09	93
	杨孝玲	女	1922.09	91		张庚娣	女	1920.11	93
	姜玉珍	女	1922.12	91		许锁娣	女	1921.01	92
	徐火庚	男	1923.01	90		谢旦伢	女	1921.08	92
	吕　智	男	1923.06	90		殷炳妹	女	1921.12	92
	周正洪	男	1923.11	90		李秀英	女	1922.01	91
绸缪村	赵小妹	女	1913.05	100		陈连妹	女	1922.05	91
	马锁林	男	1916.01	97		朱凤珍	女	1922.06	91
	石勤生	男	1917.01	96		邹小妹	女	1922.06	91
	朱金凤	女	1917.07	96		王水凤	女	1922.06	91
	王　振	男	1919.01	94		陈连招	男	1922.12	91
	周根妹	女	1920.01	93		刘火妹	女	1923.02	90
	林志孝	男	1920.04	93		徐凤妹	女	1923.04	90
	何素妹	女	1921.01	92		滕田才	男	1923.06	90
	刘林娣	女	1921.01	92		缪春妹	女	1923.08	90
	钱付明	男	1921.02	92		狄芳伢	女	1923.09	90
	黄光海	男	1921.06	92		张腊妹	女	1923.12	90
	韦庚伢	男	1921.09	92	黄金山村	周金锁	男	1915.11	98
	刘英女	女	1922.05	91		陈秀兰	女	1916.06	97
	王景月	男	1922.06	91		陈洪庚	男	1917.12	96
	钱兆铭	男	1922.08	91		宋志平	男	1917.12	96
	沈粉洪	女	1922.09	91		吴凤英	女	1917.12	96
	周玉妹	女	1922.09	91		刘凤英	女	1917.12	96
	倪正海	男	1923.01	90		徐生庚	男	1920.05	93
	唐小芬	女	1923.01	90		俞秀妹	女	1921.01	92

续表 4-2-4

村（居）委	姓名	性别	出生年月	年龄	村（居）委	姓名	性别	出生年月	年龄
黄金山村	俞秀凤	女	1921.09	92	塘马村	邵夫荣	男	1920.09	93
	徐锁福	男	1921.12	92		邢和志	男	1921.05	92
	丁凤英	女	1922.07	91		张凤英	女	1921.11	92
	陈小金	男	1922.07	91		马士明	男	1922.12	91
	陈来英	女	1922.09	91		马荣初	男	1923.05	90
	徐腊英	女	1922.12	91		张巧喜	男	1923.06	90
	孙玲玲	女	1923.01	90	后周村	周凤英	女	1916.11	97
	孙丽英	女	1923.01	90		吕根妹	女	1918.08	95
	蒋素英	女	1923.05	90		吕小义	男	1918.12	95
	刘洪庚	男	1923.07	90		左巧英	女	1919.07	94
	周火娣	女	1923.09	90		毕荣珍	女	1920.05	93
	陈腊庚	男	1923.12	90		王月仙	女	1921.03	92
玉华山村	李连娣	女	1917.11	96		蒋全伢	女	1921.04	92
	王如庚	男	1919.09	94		葛怀英	女	1921.07	92
	陈火庚	男	1920.09	93		陆洪伢	男	1921.09	92
	邓福珍	女	1921.01	92		郝阿宝	男	1921.11	92
	苏珍娣	女	1922.01	91		沈二妹	女	1921.12	92
	马小妹	女	1922.09	91		蒋洪妹	女	1921.12	92
	杨小妹	女	1923.02	90		姜锁福	男	1922.05	91
	张玉芳	女	1923.07	90		吴爱娣	女	1922.08	91
	龚押南	男	1923.12	90		陆招娣	女	1922.09	91
小石桥村	邵锁娣	女	1921.07	92		戴福林	男	1922.11	91
	徐连女	女	1921.12	92		王正明	男	1923.01	90
	张秀红	女	1922.06	91		周红妹	女	1923.01	90
	谢锁鹏	男	1923.03	90		严木英	女	1923.06	90
	朱粉弟	女	1923.07	90		葛小生	男	1923.08	90
	强玉英	女	1923.07	90		李闰珍	女	1923.11	90
	管才英	女	1923.08	90		汪秀凤	女	1923.12	90
	王金娣	女	1923.12	90		承锁富	男	1923.12	90
	俞二其	男	1923.12	90		徐锁保	男	1923.12	90
塘马村	朱庚娣	女	1919.01	94	西庄村	杨凤伢	女	1918.09	95
	殷秀英	女	1919.02	94		高如祥	男	1919.11	94
	圣书妹	女	1919.06	94		居凤英	女	1920.02	93
	姜志女	女	1919.07	94		瞿荣保	男	1920.06	93
	杨志高	男	1920.08	93		李书娣	女	1921.01	92

续表 4-2-4

村（居）委	姓名	性别	出生年月	年龄	村（居）委	姓名	性别	出生年月	年龄
西庄村	宋阿林	男	1921.09	92	西马村	张金凤	女	1921.11	92
	车对娣	女	1921.12	92		万腊妹	女	1921.12	92
	陈梅英	女	1922.02	91		殷春粉	女	1922.01	91
	孙金娣	女	1922.05	91		周菊英	女	1922.05	91
	徐锁华	男	1922.08	91		周更凤	女	1922.09	91
	马志芳	男	1923.01	90		偰留伢	女	1923.01	90
	薛小松	男	1923.02	90		蒋凤华	女	1923.01	90
	陈桂生	男	1923.07	90		周汉基	男	1923.04	90
	车金进	男	1923.11	90		陶云仙	女	1923.05	90
	闵招伢	女	1923.12	90		沈扣娣	女	1923.07	90
西马村	王根妹	女	1917.06	96		闵凤珍	女	1923.09	90
	张彩女	女	1917.07	96		万玉妹	女	1923.09	90
	宋勤妹	女	1918.01	95		顾庚林	男	1923.12	90
	唐凤真	女	1918.01	95	后周集镇居委会	王锁洪	男	1919.11	94
	焦芬英	女	1919.09	94		孙澄元	男	1922.03	91
	高旦伢	女	1920.05	93		马春保	男	1923.02	90
	王贺英	女	1920.06	93		王炳海	男	1923.12	90
	郑锁荣	男	1920.07	93	别桥集镇居委会	吕锡妹	女	1921.06	92
	严来英	女	1920.12	93		李锁洪	男	1922.01	91
	杨旦伢	女	1921.01	92		杨庚伢	男	1922.05	91
	杨正庚	男	1921.02	92		史福海	男	1923.01	90
	李根娣	女	1921.03	92		马才德	男	1923.01	90
	郑锁增	男	1921.09	92		祁定妹	女	1923.06	90

附：长寿老人选介

吕彩金，女，住湖边行政村湖塘自然村东北组。光绪三十四年（1908 年）11 月生于桥东培阳村。兄弟姐妹 6 人，她排行老四。婚后生育 2 男 2 女，其中 2 男早亡。婚前在别桥培阳村娘家经济条件较好，嫁到湖塘后一直从事农业生产。2013 年有子孙四代共 19 人。吕彩金性格开朗，与家人和睦相处，与邻里和气相待。生活简朴，饮食随便，从不挑食。年老后由 2 个女儿供养。

沈珍华，女，住别桥镇古渎行政村车家村。民国元年（1912 年）11 月出生于五家庄坝头上。兄妹 3 人，她排行老小。结婚后她没有生育孩子，中年丧夫后改嫁。一直从事农业生产劳动。沈珍华性格开朗，与家人、邻居和睦相处。勤劳节俭，100 岁时还坚持在菜地劳作。饮食简单。有午睡习惯，烟酒不尝，吃些零食，喜吃肥肉。视力好，100 多岁还能穿针引线。90 多岁听力开始下降，但大声说话还能听清。做事有条理，脑筋清爽，思维正常。

赵小妹，女，住绸缪行政村文巷村，民国 2 年（1913 年）5 月出生于岗头上。兄弟姐妹 4 人，她排行老三。17 岁嫁到文巷，与王姓男子结婚，生育 1 男 2 女。王姓男子病死后改嫁顾姓，改嫁后 43 岁又生育 1 男。2013 年有子孙五代 48 人。她性格开朗，喜欢与人交谈、说笑。讲究卫生，不抽烟喝酒，习惯早睡早起，不挑食。年老后喜欢吃肥肉，如猪脚爪、蹄膀等。她终生从事农业生产劳动，饭量大，喜欢甜食，爱喝白开水，80 多岁那年被摩托车撞伤也无大碍，90 多岁时视力一直很好，听力稍差，思维正常，头脑清醒。近百岁还到田头地边劳作。100 岁那年从床上摔到地上，没受重伤，腿、脚稍微有点痛，而且伸不直，卧床靠子女服侍。

张爱英，女，住湖边行政村浪圩自然村。民国 3 年（1914 年）10 月出生于斗门湾村，兄弟姐妹 11 人，她排行老四。婚后生育 5 个子女，现有 2 女 1 男。2013 年，四世同堂，儿孙绕膝。张爱英性格开朗，温和，与邻里相处融洽。生活在农村，终生从事体力劳动。勤劳简朴，早睡早起，日常生活有规律，饮食清淡，不喝茶，年老时喜喝果汁。老来听力稍差，视力较好，思维正常。

图4-2　别桥镇百岁老人

郑庚娣，女，住别桥镇合星行政村西神圩村。民国 3 年（1914 年）8 月出生于别桥集镇，兄妹 4 人，排行老大。嫁到西神圩后一直从事农业生产劳动。婚后生育 3 男 1 女。2013 年有 1 个儿子、6 个孙子、3 个孙女。郑庚娣性格倔强、孤僻，不喜与外人交流。生活节俭、简朴，饮食一日三餐，不吃零食，有时还能喝少量白酒。平时比较爱干净。年老后靠儿子供养，还能与老年人一起抓纸牌打发时光。视力、听力尚可，思维正常，与别人能正常交谈，生活能自理。

第三节　文化程度构成

据民国 37 年（1948 年）统计资料显示，别桥镇（不含绸缪、后周乡）14001 人口中，不识字的有 8156 人，其中男性 3641 人，女性 4515 人。

民国 37 年（1948 年）别桥镇（不含绸缪、后周乡）6 岁以上人口文化程度情况表

表 4-2-5　　　　单位：人

保别	性别	人数	受高等教育者		受中等教育者				受初等教育者				私塾	不识字
					高中		初中		高小		初小			
			毕业	肄业	毕业	肄业	毕业	肄业	毕业	肄业	毕业	肄业		
一	男	686	—	—	10	—	38	—	28	21	180	22	45	342
	女	628	—	—	6	4	18	20	28	—	105	152	—	295

续表 4-2-5　　单位：人

保别	性别	人数	受高等教育者		受中等教育者				受初等教育者				私塾	不识字
					高中		初中		高小		初小			
			毕业	肄业	毕业	肄业	毕业	肄业	毕业	肄业	毕业	肄业		
二	男	482	—	—	1	1	1	6	19	5	22	39	52	336
	女	442	—	—	1	—	—	4	7	3	51	8	5	363
三	男	435	—	—	—	2	—	—	—	14	23	18	30	348
	女	438	—	—	—	—	—	—	2	13	20	7	8	388
四	男	466	—	1	7	—	14	8	96	40	100	98	15	87
	女	463	—	—	—	—	1	1	7	7	50	28	—	369
五	男	976	5	3	4	11	18	104	70	91	43	87	12	528
	女	769	—	—	—	2	5	38	20	32	31	46	—	595
六	男	617	1	3	4	10	14	25	11	46	56	70	17	360
	女	605	—	—	2	—	2	9	4	32	46	32	—	478
七	男	552	—	—	2	—	8	9	18	4	6	7	43	455
	女	559	—	—	—	—	1	1	—	1	1	20	13	522
八	男	577	2	2	3	2	3	3	3	4	20	10	38	489
	女	541	—	—	1	2	1	2	2	2	2	2	—	527
九	男	592	4	2	10	21	17	20	30	50	70	81	36	251
	女	549	—	—	1	5	—	4	12	11	22	46	—	447
十	男	655	—	—	2	—	13	2	3	48	87	3	51	445
	女	575	—	—	—	—	3	1	—	12	19	9	—	531
总计	男	6038	12	11	43	47	126	177	278	323	607	435	339	3641
	女	5569	—	—	11	13	31	80	82	113	347	350	26	4515
	合计	11607	12	11	54	60	157	257	360	436	954	785	365	8156

新中国成立后，随着教育事业的发展和人民生活的改善，人口文化程度明显提高。1964年第二次全国人口普查，别桥、湖边、古渎、绸缪、后周5个公社总人口54030人，6岁以上人口44538人，其中大学文化程度64人、高中文化程度616人、初中文化程度2859人、小学文化程度15436人、文盲半文盲19561人。1982年第三次全国人口普查，别桥、湖边、古渎、绸缪、后周5个公社总人口71883人，其中大学文化程度90人、大学肄业或在校生16人、高中文化程度5017人、初中文化程度16806人、小学文化程度25947人、文盲半文盲16496人。1990年第四次全国人口普查，别桥镇、湖边乡、古渎乡、绸缪乡、后周乡五乡镇总人口74035人，6岁以上人口66918人，其中大学本科文化程度36人、大学专科文化程度224人、中专文化程度399人、高中文化程度4588人、初中文化程度23932人、小学文化程度25161人、文盲半文盲12578人。2000年第五次全国人口普查，别桥镇、绸缪镇、后周镇总人口65185人，6岁以上人口61400人，其中大学本科文化程度38人、大学

专科文化程度 358 人、中专文化程度 620 人、高中文化程度 4258 人、初中文化程度 25106 人、小学文化程度 23943 人、文盲半文盲 6235 人。2010 年第六次全国人口普查，全镇总人口 53403 人，6 岁以上人口 51126 人，其中研究生文化程度 3 人、大学本科文化程度 365 人，占 6 岁以上人口的 0.72%；大学专科文化程度 916 人，占 1.79%；高中文化程度 5828 人，占 11.4%；初中文化程度 23916 人，占 46.78%；小学文化程度 15770 人，占 30.85%；不识字或少识字的有 4328 人，占 8.47%。

2013 年，全镇总人口 70231 人户籍人口，6 岁以上人口 67794 人，受高等教育（大学专科以上）的有 2697 人，占 6 岁以上人口总数 3.9%；在校高中生 366 人，占 0.54%；在校初中生 841 人，占 1.24%；在校小学生 1972 人，占 2.91%；入园幼儿 1029 人。

第四节　职业构成

民国 37 年（1948 年），别桥镇（不含绸缪、后周乡）总人口 14001 人，有职业的 9903 人，其中男性 5101 人，女性 4802 人。

民国 37 年（1948 年）别桥镇（不含绸缪、后周乡）人口职业统计表

表 4-2-6　　单位：人

保别	性别	人数	农业	矿业	工业	商业	交通运输业	公务	自由职业	人事服务	无业
一	男	579	500	—	32	30	2	15	—	—	—
	女	531	131	—	—	—	—	—	—	347	53
二	男	418	335	—	23	24	—	2	—	4	30
	女	389	19	—	—	—	—	—	—	321	49
三	男	460	409	—	18	17	—	11	5	—	—
	女	373	—	—	—	—	—	—	—	323	50
四	男	417	349	—	27	19	—	6	—	16	—
	女	432	—	2	—	2	—	6	—	369	53
五	男	872	201	—	10	398	—	32	10	21	200
	女	678	—	—	—	318	—	2	4	311	43
六	男	516	462	—	2	5	—	7	—	—	40
	女	509	—	—	—	—	—	1	—	428	80
七	男	465	392	—	9	7	—	1	1	—	55
	女	483	115	—	—	3	—	—	—	365	—
八	男	458	376	—	2	20	—	14	—	—	46
	女	452	—	—	—	—	—	—	—	376	76
九	男	478	411	—	9	18	—	18	—	12	10
	女	467	—	—	—	—	—	—	—	357	110

续表 4-2-6　　单位：人

保别	性别	人数	农业	矿业	工业	商业	交通运输业	公务	自由职业	人事服务	无业
十	男	438	345	—	24	6	—	2	—	19	42
	女	488	—	—	—	—	—	—	—	363	125
总计	男	5101	3780	—	156	544	2	108	16	72	423
	女	4802	265	2	—	323	—	9	4	3560	639
	合计	9903	4045	2	156	867	2	117	20	3632	1062

1964 年第二次全国人口普查，别桥、湖边、古渎、绸缪、后周 5 个公社在业总人数 33704 人，其中男性 17795 人，女性 15909 人，分别占在业人口总数的 52.8% 和 47.2%。

1982 年第三次全国人口普查，别桥、湖边、古渎、绸缪、后周 5 个公社在业总人数 41333 人，其中男性 22477 人，女性 18856 人，分别占在业人口总数的 54.38% 和 45.62%。

1990 年第四次全国人口普查，别桥镇、湖边乡、古渎乡、绸缪乡、后周乡 5 个乡镇在业总人数 46399 人，其中男性 24398 人，女性 22001 人，分别占在业人口总数的 52.58% 和 47.42%。在业人口中，从事农、林、牧、副、渔、水利业 39992 人，占在业人口总数的 86.19%；工业 3904 人，占在业人口总数的 8.41%；商业、饮食业、物资供销及仓储业 869 人，占在业人口总数的 1.87%；教育、文化、艺术事业 712 人，占在业人口总数的 1.53%；国家机关、政党和群团 285 人，占在业人口总数的 0.61%；建筑业 201 人，占在业人口总数的 0.43%；卫生体育、社会福利事业 142 人，占在业人口总数的 0.31%；交通运输、邮电通信业 138 人，占在业人口总数的 0.3%；金融、保险业 78 人，住宅管理和公用事业管理及居民服务 78 人，各占在业人口总数的 0.17%。

随着产业结构的调整，第二、三产业的发展和农业机械化程度的提高，从事农业生产的人员大幅减少，二、三产业人员相应增加。

2006 年，别桥、绸缪、后周 3 个镇农村劳力 32147 个从业人员中，第一产业 12251 人，第二产业 15756 人，第三产业 4140 人，分别占从业总数的 38.11%、49.01%、12.88%。2007 年，别桥镇农村劳力 32441 名从业人员中，第一产业 11266 人，第二产业 17135 人，第三产业 4040 人，分别占从业总数的 34.72%、52.81%、12.45%。2009 年，别桥镇农村劳力 34502 名从业人员中，第一产业 11511 人，第二产业 18826 人，第三产业 4165 人，分别占从业总数的 33.36%、87.92%、12%。2012 年，别桥镇农村劳力 35325 名从业人员中，第一产业 7306 人，第二产业 23224 人，第三产业 2795 人，分别占从业总数的 20.68%、65.74%、7.91%。

2013 年，别桥镇总人口 70231 人（户籍人口），其中男性 35978 人，女性 34253 人。全镇 15 岁以上人口 64374 人，除了在校学生、法定老人和因病、因残而丧失劳动能力的人员外，农村劳力就业人员 36048 人，其中男劳动力 19263 人，女劳动力 16785 人。在业人员中，从事农、林、牧、副、渔业的有 7254 人，其中从事种植业的 5226 人，从事工业的 10647 人，建筑业的 13685 人，运输、邮电、仓储业 1214 人，贸易餐饮业 1557 人，金融保险业 37 人，房地产、社会服务业 472 人，其他劳动者 1182 人。从事第一产业 9254 人，从事第二产业 23613 人，从事第三产业 1181 人，分别占从业总数的 27.18%、69.35%、3.47%。

1999～2013年别桥镇（含原绸缪、后周镇）农村劳力分行业从业人员统计表

表 4-2-7　　　　　　　　　　　　　　　　　　　　　　　　单位：人

年份	从业总人数	农、林、牧、渔	工业	建筑业	交通运输、邮电、仓储业	贸易、餐馆业	其他行业
1999	37467	21357	4936	7408	1158	1046	1562
2000	34776	18015	5159	7414	1176	1048	1964
2001	34677	17707	5292	7948	1198	1110	1422
2002	33406	15476	5479	8621	1184	1248	1398
2003	32748	13544	5649	9397	1198	1353	1607
2004	32838	12783	5895	9812	1039	1445	1864
2005	32432	11889	6793	9661	1062	1346	1681
2006	32147	12251	6537	10018	1067	1372	902
2007	32441	11266	6978	10157	1085	1376	1579
2008	33186	11681	6999	10298	1162	1379	1667
2009	34502	11511	7639	11187	1169	1381	1615
2010	34653	10738	8254	11541	1180	1390	1550
2011	35157	9710	8853	12032	1216	1451	1895
2012	35325	7306	9829	13395	1214	1511	2070
2013	36048	7254	10647	13685	1214	1557	1691

第五节　婚姻　家庭

一、婚姻

新中国成立前，别桥现境内乡绅、地主大户男子有娶妾者，有的为生育男丁，娶妾几房。而贫苦穷人无力娶妻，特别是外地逃荒而来的，居无定所，更难娶妻，孤独一世者占成年男性人口的8%～10%。泗渎港小村共计不到100人，就有无特殊情况未婚成年男子7人。

娃娃亲　俗称箩窝（摇篮）亲。男（女）孩尚在婴幼期，父母通过媒妁传言，请算命人论定，为男孩聘定对象，女方接受男方聘定。娃娃亲，也注重门当户对，穷户人家，有较好年成，手头略显宽裕，即托媒为儿聘定，富裕人家此风俗较多。但到男女婚嫁年龄，未能结婚的不在少数。

童养媳　一般领养童养媳，都为贫户，女户更贫。女方父母为让幼女活一条命，男方怕家穷儿子娶不起，多一人吃饭，全家省几口即行，很是划算。到婚嫁年龄圆房（结婚）。此类婚姻极少。

调换亲　涉及婚姻的双方或三方，都有已婚年龄的兄妹或姐弟，双方把女孩聘嫁给双方的男孩。或者三家，依次调换，甲方女孩嫁给乙方男孩，乙方女孩嫁给丙家男孩，丙家女孩嫁给甲方男孩，称“三调亲”。有些女青年虽不接受这种调换亲，但家庭困难，父母之命难违。此类婚姻，美满者不多。

有的家庭兄弟几人都难以娶妻；有的家庭兄长婚后早亡，弟与嫂结合，“叔接嫂” 在境内多见；有的娶不到未婚女青年就娶寡妇。更有甚者，娶不到老婆的男人，择日聚几个氏族兄弟或邻居或好友，把相中的女人抢回来成亲，俗称抢亲。抢亲包括抢未婚女青年和抢寡妇两种。

1990 年、2000 年、2010 年全国人口普查别桥镇现境家庭规模统计表

表 4-2-8　　　　单位：户、%

年份	乡镇	家庭户户数	一人户		二人户		三人户		四人户		五人户		六人户		七人户		八人户		九人户		十人及以上户	
			户数	比重	户数	比重	户数	比重	户数	比重	户数	比重	户数	比重	户数	比重	户数	比重	户数	比重	户数	比重
1990	别桥镇	6814	1142	16.76	1035	15.19	2165	31.77	1492	21.88	619	9.08	222	3.26	84	1.23	34	0.44	15	0.22	6	0.09
	湖边乡	3152	321	10.18	491	15.38	1077	34.17	814	25.82	304	9.64	109	3.46	30	0.95	3	0.00	3	0.00	—	—
	古渎乡	2850	363	12.74	373	13.09	796	27.93	761	26.70	351	12.32	130	4.56	49	1.72	15	0.53	8	0.28	4	0.14
	绸缪乡	3332	436	13.09	473	14.11	989	29.68	932	27.97	342	10.26	103	3.09	40	1.20	15	0.45	2	0.06	—	—
	后周乡	6574	556	8.46	962	14.63	2373	36.00	1584	24.09	755	11.48	234	3.56	78	1.19	26	0.33	4	0.06	2	0.03
	合计	22722	2818	12.40	3334	14.67	7400	32.57	5583	24.57	2371	10.43	798	3.51	281	1.24	93	0.41	32	0.14	12	0.05
2000	别桥镇	9370	876	9.35	25311	27.01	3088	32.96	1646	17.57	937	10.00	221	2.36	44	0.47	15	0.16	10	0.11	2	0.02
	绸缪镇	5767	573	9.94	580	27.40	1881	32.62	1065	18.47	526	9.12	117	2.03	20	0.35	4	0.07	1	0.02	—	—
	后周镇	6804	726	10.67	2036	29.92	2346	34.48	1077	15.83	468	6.88	122	1.97	16	0.24	11	0.16	1	0.01	1	0.01
	合计	21941	2175	9.91	6147	28.02	7315	33.34	3788	17.26	1931	8.80	460	2.10	80	0.36	30	0.14	12	0.05	3	0.01
2010	别桥镇	20149	3572	17.73	7403	36.74	4853	24.09	2332	11.57	1477	7.33	395	1.96	78	0.39	30	0.15	7	0.03	2	0.01

1948 年别桥镇（不含绸缪、后周乡）成年人口婚姻统计表

表 4-2-9　　　　单位：人

保别	性别	人数	未婚	有配偶	丧偶	离婚
一	男	484	112	351	21	—
	女	429	40	351	38	—
二	男	344	69	240	34	1
	女	333	12	249	72	—

续表 4-2-9　　单位：人

保别	性别	人数	未婚	有配偶	丧偶	离婚
三	男	313	54	249	10	—
	女	364	87	212	65	—
四	男	441	37	366	38	—
	女	438	22	366	50	—
五	男	687	160	455	72	—
	女	684	93	455	136	—
六	男	471	46	376	49	—
	女	490	44	376	70	—
七	男	403	68	297	38	—
	女	356	8	297	51	—
八	男	608	54	454	97	3
	女	585	29	451	104	1
九	男	393	48	311	34	—
	女	414	37	314	63	—
十	男	400	30	310	59	1
	女	395	—	328	67	—
总计	男	4544	678	3409	452	5
	女	4488	372	3399	716	1
	合计	9032	1050	6808	1168	6

1950 年，仍有少数男青年受经济限制或生理缺陷未能婚娶，极个别至今还是鳏夫。20 世纪 60 年代后，现境内男女青年到法定婚龄后基本都能结婚成家。

1990 年，别桥、湖边、绸缪、古渎、后周 5 个乡镇 15 岁及以上的人口有 57824 人，未婚的有 12531 人，其中男性 7377 人，女性 5154 人，分别占未婚总人数的 58.87%、41.13%；有配偶的 41384 人中，其中男性 20445 人，女性 20939 人，分别占有配偶总人数的 49.44%、50.56%；丧偶者有 3668 人，其中男性 1068 人，女性 2580 人，分别占丧偶总人数的 29.1%、70.9%。2010 年，别桥镇 15 岁及以上的人口是 4666 人，未婚的有 530 人，其中男性 318 人，女性 212 人，分别占未婚总人数的 60%、40%；有配偶者 3665 人，其中男性 1687 人，女性 1978 人，分别占有配偶总人数的 46.03%、53.97%；丧偶的有 411 人，其中男性 117 人，女性 294 人，分别占丧偶总人数的 28.5%、71.5%。

在男女青年达婚嫁年龄人口中，未婚者男性多于女性，已婚人口中丧偶者男性少于女性，离婚后再婚者女性多于男性，主要原因是女性寿命相应的长于男性，再婚的女性多于男性。

1990 年第四次全国人口普查，别桥镇、湖边乡、古渎乡、绸缪乡、后周乡离婚人数共 241 人，其中男性 203 人，女性 38 人。2000 年第五次全国人口普查，别桥镇、绸缪镇、后周镇三镇离婚登记为 45 对。2010 年第六次全国人口普查，别桥镇有 60 人登记离婚，其中男性 42 人，女性 18 人。2013 年别桥镇有 139 对登记离婚者。

1990 年、2010 年全国人口普查别桥镇现境人口、婚姻状况统计表

表 4-2-10 单位：人

类别 \ 乡镇 \ 年份		1990 年					2010 年别桥镇（人口普查数据资料）
		别桥镇	湖边乡	古渎乡	绸缪乡	后周乡	
15 岁及以上	合计	16647	8019	7536	8253	17369	4666
	男	8402	3972	3767	4133	8819	2164
	女	8245	4047	3769	4120	8550	2502
未婚	合计	3544	1709	1791	1765	3722	530
	男	2098	988	1016	1040	2235	318
	女	1446	721	775	725	1487	212
有配偶	合计	12011	5770	5193	5924	12486	3665
	男	5947	2836	2558	2915	6189	1687
	女	6064	2934	2635	3009	6297	1978
丧偶	合计	1023	515	507	535	1068	411
	男	296	130	153	155	334	117
	女	727	385	354	380	734	294
离婚	合计	69	25	45	29	73	60
	男	61	18	40	23	61	42
	女	8	7	5	6	12	18

二、晚婚

晚婚是指在法定最低结婚年龄的基础上，适度推迟一段时间再结婚的婚姻行为。新中国成立前，初婚年龄男 20 岁左右、女 18 岁左右，有的甚至男 17 岁、女 16 岁就步入婚姻殿堂。20 世纪 50 年代，结婚年龄男 20 周岁、女 18 周岁。1962 年，开始宣传和鼓励晚婚。20 世纪 70 年代，现境内五公社陆续下发关于晚婚计划生育有关文件。1997 年，后周公社下发的《关于切实做好晚婚、计划生育的几点要求》，晚婚年龄要求：男 26 周岁以上，女 25 周岁以上；个别特殊照顾的，必须经生产队、大队、公社三级同意，但年龄还必须男 24 周岁以上，女 23 周岁以上。1979 年 9 月 25 日，别桥公社革命委员会下发文件，关于贯彻执行县革委会《计划生育若干问题的暂行规定》的补充规定：计划生育要做到晚婚、晚育、少生。1984 年，江苏省颁布《计划生育管理条例》，贯彻晚、稀、少生育政策，提倡新婚夫妇个体年龄在 25 周岁左右。80 年代新的《中华人民共和国婚姻法》规定初婚年龄男 22 周岁、女 20 周岁。晚婚者越来越多。1985 年别桥镇女性初婚总数 220 人，23 周岁及以上者 148 人，晚婚率 60%。古渎乡女性初婚 97 人，23 周岁及以上者 59 人，晚婚率 60.82%。绸缪乡女性初婚总数 128 人，23 周岁及以上者 109 人，晚婚率 85.16%。后周乡女性初婚 262 人，23 周岁及以上者 217 人，晚婚率 82.82%。2007 年，全镇女性初婚人数 238 人，23 周岁及以上者 201 人，晚婚率 84.63%。2013 年，全镇女性初婚人数 339 人，23 周岁及以上者 282 人，晚婚率 83.24%。随着经济的发展，农村群体文化程度、文明程度越来越高，自觉晚婚者越来越多，男女双方在 30 岁左右结婚的已不少见。

三、家庭

新中国成立前，别桥现境多数为多口大家庭，有的几代人、兄弟几个都不分家，十多个人甚至几十个人生活在一个大家庭里。民国 34 年（1945 年）12 月，溧阳第二区（别桥）所属的别桥镇、复兴乡、永东乡、永德乡、洮西乡、永福乡、永西乡、洮东乡、宝寿乡 9 个乡镇普通户 10858 户、船户 14 户，共 52500 人，平均每户 4.83 人。民国 36 年（1947 年），第二区（别桥）有 11920 户 57029 人，平均每户 4.78 人。

新中国成立后，经济发展，社会变革，人民生活得到保障，子孙满堂的大家庭观念逐步改变，家庭逐步向小型转化，多口之家渐少，少口之家增多。1964 年第二次全国人口普查，别桥、湖边、古渎、绸缪、后周五公社平均每户 4.13 人。1982 年第三次全国人口普查，上述五公社平均每户 3.9 人。1990 年第四次全国人口普查，别桥镇、湖边乡、古渎乡、绸缪乡、后周乡五乡镇平均每户 3.26 人。2000 年第五次全国人口普查，别桥镇、绸缪镇、后周镇三镇平均每户 2.96 人。2010 年第六次全国人口普查，别桥镇平均每户 2.63 人。2011 年别桥镇 23740 户，69229 人（户籍人口），平均每户 2.92 人。2012 年别桥镇 23630 户，70052 人（户籍人口），平均每户 2.96 人。2013 年全镇 23494 户，70231 人（户籍人口），平均每户 2.98 人。

第六节　人口老龄化

中国有 2000 多年封建社会历史，“不孝有三、无后为大”“多子多福”等传统生育观念根深蒂固。20 世纪 60 ～ 70 年代，无计划生育政策，多生育孩子的现象普遍。随着时间的推移、社会的发展，新一代人受到了良好的教育，文化水平普遍提高，思想进步，文明开放，生育观念逐渐转变。加之培养一个孩子成长的社会成本越来越高，晚婚晚育、少生优育已成为年青一代的自觉行动，甚至有少数年轻夫妇不打算生育，宁做丁克一族。因此，稳定的低生育水平已是计划生育工作中的不争事实。进入低生育水平，出生率长期下降，迎来了人口老龄化。别桥地区人口老龄化和全国一样，带有超前于经济发展的特征，它是生产力还不十分发达的特定历史条件下，出生率长期下降而迎来的人口老龄化。由于人口多，育龄妇女基数大，人口规模还在膨胀，后备劳动力资源供给大于需求还将长期存在，因而不会出现劳动力不足的问题。抚养负担将逐渐由老、少“两头沉”向老的“一头沉”过渡，社会总抚养比呈总体逐渐下降。1964 年第二次全国人口普查，现境内原五公社 0 ～ 14 岁人口总数 22810 人，65 岁以上人口总数 1876 人，15 ～ 64 岁劳动年龄人口总数是 29344 人，社会总抚养比 84.13%。1982 年第三次全国人口普查，现境内原五公社 0 ～ 14 岁总人口是 20000 人，65 岁以上人口总数 4143 人，15 ～ 64 岁劳动年龄人口总数 47740 人，社会总抚养比 50.57%。1990 年第四次全国人口普查，现境内原五乡镇 0 ～ 14 岁人口总数 16211 人，65 岁以上人口总人数 5582 人，15 ～ 64 岁劳动年龄人口总数 52242 人，社会总抚养比 41.72%。2000 年第五次全国人口普查，别桥、绸缪、后周三镇 0 ～ 14 岁人口总数 14201 人，65 岁以上人口总数 7379 人，15 ～ 64 岁劳动年龄人口总数 43605 人，社会总抚养比 49.49%。2010 年第六次全国人口普查，别桥镇 0 ～ 14 岁人口总数 6103 人，65 岁以上人口总数 8811 人，15 ～ 64 岁劳动年龄人口总数 38489 人，社会总抚养比 38.75%。2013 年，别桥镇 0 ～ 14 岁人口总数 5857 人，65 岁以上人口总数 11602 人，15 ～ 64 岁劳动年龄人口总数 52772 人，社会总抚养比 33.08%。

随着社会安定，经济发展，生活条件、医疗卫生保健事业越来越好，人的预期寿命越来越长，人口老龄化程度越来越高。65 岁以上人口在总人口中所占比重逐渐上升：1964 年第二次全国人口普查，现境内原五公社 65 岁以上人口数占人口总数的 3.47%；1982 年第三次全国人口普查，现境内原五公社 65 岁以上人口数占人口总数的 5.76%；1990 年第四次全国人口普查，现境内原五乡镇 65 岁以上人口数占人口总数的 7.54%；2000 年第五次全国人口普查，别桥、绸缪、后周三镇 65 岁以上人口数占人口总数的 11.32%；2010 年，别桥镇 65 岁以上人口数占人口总数的 16.5%；2013 年，全镇 65 岁以上人口数占人口总数的 16.52%。随着老年人人口的不断增加，老年人的负担系数呈总体攀升态势：1964 年第二次全国人口普查，65 岁以上的老人数是 15 ～ 64 岁人口数的 6.39%，即每 100 个劳动年龄人口只要负担 6.39 个老人；1982 年第三次全国人口普查，每 100 个劳动年龄人口负担 8.68 个老人；1990 年第四次全国人口普查每 100 个劳动年龄人口负担 10.68 个老人；2000 年第五次全国人口普查，每 100 个劳动年龄人口负担 16.92 个老人；2010 年第六次全国人口普查，每 100 个劳动年龄人口负担 22.89 个老人；2013 年，每 100 个劳动年龄人口负担 21.99 个老人。

第二至六次全国人口普查及 2013 年别桥镇人口年龄统计表

表 4-2-11 单位：%

项　目	国际标准			年　龄　类　型					
	年青型	成年型	老年型	1964 年	1982 年	1990 年	2000 年	2010 年	2013 年
0 ～ 14 岁人口在总人口中的比重（%）	40% 以上	30% ～ 40%	30% 以下	42.22	27.82	21.90	21.79	11.43	8.34
65 岁以上人口在总人口中的比重（%）	5% 以下	5% ～ 10%	10% 以上	3.47	5.76	7.54	11.32	16.50	16.52
人口老少系数 =65 岁以上人口 / 0 ～ 14 岁人口（%）	15% 以下	15% ～ 30%	30% 以上	8.22	20.72	34.43	51.96	144.37	198.09
老年负担系数 =65 岁以上人口 / 15 ～ 64 岁人口（%）	10% 以下	10% ～ 20%	20% 以上	6.39	8.68	10.68	16.92	22.89	21.99

2013 年别桥镇人口年龄统计表

表 4-2-12

年龄组	总人口（人）	占总人口 （%）
合　计	70231	100
0 ～ 14 岁	5857	8.34
15 ～ 18 岁	3770	5.37

续表 4-2-12

年龄组	总人口（人）	占总人口 （%）
19～35 岁	13431	19.12
36～64 岁	35571	50.65
65 岁以上	11602	16.52

第三章　人口生育

第一节　机　构

1962 年 12 月，根据中共中央、国务院关于“认真提倡计划生育”的指示，别桥、湖边、古渎、绸缪、后周 5 个公社成立计划生育领导小组。1972 年，计划生育领导小组组长由公社党委副书记或行政主要负责人担任。1975 年 8 月，公社成立计划生育办公室（简称“计生办”），并配备 1 名计划生育专业人员，列为所在公社卫生院长期合同工。1980 年 10 月 23 日，计划生育专业人员经考察合格后，转为计划生育专职干部，列为事业编制。1984 年 11 月 27 日，计划生育专职干部改为计划生育助理员，转为行政编制。同年 12 月，别桥、湖边、古渎、绸缪、后周乡各配备 1 名药具员。1993 年 4 月至 1997 年年底，别桥镇、古渎乡、绸缪乡、后周镇先后建立计划生育服务站，归口社会事务办公室管理。1996 年起，利用村卫生室资源，实行村卫生室与村计划生育服务室“两室合一”，建立村级计划生育服务阵地。计划生育服务站集政策法规、宣传、技术、药具、培训于一体，做到“六室一柜”（咨询室、妇检室、手术室、B 超乳检室、化验室、观察室，药具柜）分开。配置设备有 B 超仪、乳房检查仪、显微镜、手术床、冲洗床、观察床等。建立以乡镇站为纽带、村服务室为基础的运作机制，充分体现了计划生育服务工作上下连结，中心辐射的整体作用。2007 年，绸缪镇、后周镇计划生育服务站并入别桥镇计划生育服务站。根据世代服务工作要求，别桥镇计划生育服务站建立“生殖健康家庭保健服务中心”。1995 年，市编委核定镇服务站人员编制 21 人。到 2007 年实有 14 人，配备技术服务员 4 人。2013 年，镇计划生育服务站人员编制 15 人，实有 9 人，其中技术服务人员 2 人。

第二节　政策法规

【晚婚、晚育奖励】 1981 年，溧阳县人民政府《关于计划生育若干问题的试行规定》第一条就规定鼓励晚婚、晚育，凡男女双方均为符合晚婚年龄（农村男 25 周岁，女 23 周岁以上；

城市男 26 周岁，女 24 周岁以上）的国家干部和职工除享受国家规定的 3 天婚假外，双方各增加婚假 12 天。凡晚育者（农村女 24 周岁，城市女 25 周岁以后生育第一胎）产假延长一个月，婚产假期间工资照发，农村社员给予适当奖励，均不影响全勤评奖。根据江苏省《关于晚婚、晚育计划生育的暂行规定》的文件精神，溧阳县人民政府于 1983 年起重新规定男 25 周岁，女 23 周岁结婚为晚婚，符合晚婚年龄的夫妇，除原规定婚假 3 天外，双方均增加婚假 12 天。妇女 24 周岁以上生育为晚育，实行晚育并领取独生子女证者，除法定产假（顺产 56 天、难产 72 天）外，增加产假 34 天，所增加的婚产假期间，工资照发，不影响全年评奖。

2005 年 1 月，市政府颁发《溧阳市人口与计划生育管理实施办法》中规定：对城镇职工符合晚婚年龄依法登记的夫妇婚假延长 10 天；对晚育的，女方产假为 120 天，剖腹产为 140 天，并给予男方护理假 10 天；农村居民及城镇无业人员晚婚晚育的，由户籍所在地的人民政府给予表扬或奖励。

【独生子女奖励】 1980 年起，别桥、湖边、古渎、绸缪、后周公社实行一对夫妇只生一个孩子，领取独生子女证，当年已领独生子女证的占一胎总数率：别桥 77.17%、湖边 60.29%、古渎 89.66%、绸缪 83.57%、后周 84.45%。每年发给独生子女保健费（后改为独生子女父母奖励金）40 元，直至独生子女年满 14 周岁。农业户独生子女按两个子女划分宅基地，农村无子女夫妇年老丧失劳动能力的实行“五保”。持有独生子女证的干部、职工年老退休，增发 5% 的退休金。终身无子女的，退休按原工资发给退休金。独生子女入托、入园、入学给予优先照顾。2013 年，全镇有 231 名无子女老人享受“五保”待遇，3591 户领取独生子女奖励金。

在贯彻执行省、市、县政策的同时，别桥、湖边、古渎、绸缪、后周五乡镇分别制定“独生子女享受两份自留地”，未成年的独生子女“吃成年人基本口粮”等多种奖励规定。

1984 年，江苏省颁布《计划生育条例》，1990 年 8 月 15 日起溧阳市计划生育委员会对照顾生育二胎实行公开审批程序。2004 年起，对按政策规定符合照顾再生育一孩、经批准已领取准生证而主动放弃生育二孩，并已上交准生证的夫妇，每年每户奖励 2000 元。

【农村部分计划生育家庭奖励扶助】 根据溧阳市人民政府 2005 年《溧阳市农村部分计划生育家庭奖励制度实施意见》的文件精神，别桥镇、绸缪镇、后周镇从 2005 年开始，对符合下列条件之一的农村居民，每人每月发放 50 元计划生育家庭奖励扶助金，直至亡故为止：（一）年满 60 周岁，领取“独生子女父母光荣证”、只生育一个孩子的夫妻；未生育而只收养一个孩子的夫妻；符合江苏省生育政策规定，经批准生育两个孩子，其中一个孩子在未育子女前死亡，后不再生育或收养孩子的夫妻。（二）只生育一个孩子且孩子已经死亡而又未生育和收养孩子、年满 50 周岁的夫妻。是年别桥镇、绸缪镇、后周镇符合奖励扶助条件的对象分别有 16 人、5 人和 9 人。

2007 年起，市人民政府对独生子女伤残、死亡家庭实行扶助政策。对独生子女死亡后未再生育或领养子女、女方年满 49 周岁的夫妇，按每人每月 100 元的标准发放扶助金，直至亡故为止。对独生子女伤、病残后未再生育或收养子女的夫妇，按每人每月 80 元的标准发放。是年末全镇独生子女死亡家庭对象 8 人，伤残家庭扶助对象 35 人。2013 年，全镇独生子女死亡家庭扶助对象 14 人，伤残家庭扶助对象 59 人。

第三节 宣传教育

一、宣传教育阵地

1993 年起，乡镇和行政村开办人口学校。乡镇人口学校开设专用教室，配备电视机、录像等宣传教育设备和计划生育音像教学资料。对青春期、新婚期、孕产期、育儿期、更年期（简称“五期”）等不同人群，分期实施教育培训。2007 ～ 2012 年，每年培训 11 ～ 12 期。2013 年，在镇人口学校举办 12 期培训，其中新婚夫妇培训 4 期，孕产期妇女 2 期，避孕期妇女 2 期，基层干部 3 期，更年期妇女 1 期，培训人数 1100 余人次。村人口学校培训 130 多期。针对各类人群对知识的不同需求，给予相应的知识辅导，让他们掌握实用的计生知识。

冬训班利用农村党员冬训和入党积极分子培训进行人口理论学习。2013 年 12 月，党委领导授课，学习马克思主义人口理论的基本原理，学习胡锦涛总书记在政治局第 28 次集体学习时关于人口问题的重要讲话。

媒体宣传在计生园地（板、墙报）每年刊出 12 期计生工作文章。镇有线电视开设《计生之窗》栏目，每周六晚上播一档计生专题节目。板报和 DVD 播放的内容有男性保健生活小常识、夏季幼儿保健小常识、孕期常见病治疗、艾滋病相关知识、统筹解决人口问题、促进人口均衡发展等。

二、宣传教育活动

2007 ～ 2013 年，每年结合“5·29”全国计生协会纪念日、“7·11”世界人口纪念日、“9·25”中央《公开信》发表纪念日、“10 · 28”男性健康纪念日等节日开展形式多样的计划生育宣传教育活动。宣传国家人口发展形势、人口发展战略，宣传中共中央、国务院《关于加强计划生育，严格控制人口增长的决定》的精神，宣传以人为本的科学发展观，宣传关爱女孩和男女平等的婚育观念及生殖健康科普知识。有计生谜语有奖竞猜、《幸福在你身边》摄影比赛、征文活动、道德讲堂（朗读经典）、文艺演出等。

开展“关爱女孩行动”、“关爱残疾计生妇女”、“流动人口计生服务”、“人口家庭文化建设”、“新农村新家庭创建活动”、“婚育新风进万家活动”、走访慰问计生困难户等活动。

发放多种计生宣传资料。2007 ～ 2013 年累计发放 54437 份内容丰富的宣传资料。为报刊、人口网站撰写文章，2012 年常州市级以上录用 39 篇，2013 年被常州市级以上录用 96 篇关于人口、计划生育的信息报道及文章。

2013 年 8 月，在塘马村建成人口生育文化园，用雕塑的形式宣传人口、环境协调发展，宣传人口文化知识，构建幸福家园，以直观形象宣传教育计划生育的主题。后周花园小区建设楼道人口文化。成立网上虚拟悄悄话室，建设 RTI（生殖道感染）综合防治工程。

第四节　节　育

1958年开始在城镇提倡节制生育。1966年在农村开展计划生育。20世纪70年代，鼓励公民晚婚晚育，提倡一对夫妇生育一个孩子。符合法律、法规规定的，可以要求安排生育第二个孩子。提倡晚、稀、少生育。1980年9月25日，中共中央公开发布《关于控制人口增长问题致全体共产党员、共青团员的公开信》，乡镇（公社）进一步加强计划生育工作。1990年，别桥镇1455对、湖边乡727对、古渎乡741对、绸缪乡608对、后周乡1952对夫妇领取独生子女证。与1978年相比，别桥镇的计划生育率由63.89%提高到98.71%，湖边乡由75.16%提高到97.77%，古渎乡由66.21%提高到98.74%，绸缪乡由54.4%提高到98.99%，后周乡由76.88%提高到98.2%。多胎率分别由15%、17.39%、18.3%、27.47%和14.71%降至为零。

2007年，全镇已婚育龄妇女15020人，出生422人。

2013年，全镇已婚育龄妇女12643人，全镇出生545人。

1984～1990年别桥镇现境原五乡镇计划生育情况统计表

表4-3-1

年份	乡镇	全年出生人数			已婚育龄妇女人数（人）	节育总人数（人）	一孩率（%）	晚婚率（%）	独生子女领证率（%）
		出生总数（人）	出生率（‰）	其中女性（人）					
1984	别桥	196	9.55	94	5212	3088	94.39	77.63	29.23
	湖边	90	8.84	48	2466	1563	96.67	72.97	30.46
	古渎	94	9.91	45	2697	1443	97.87	77.09	30.31
	绸缪	122	11.60	62	2720	1684	92.62	78.18	23.20
	后周	200	9.10	104	5837	3308	95.00	92.05	34.14
1985	别桥	237	11.53	123	5412	3482	93.67	67.27	29.86
	湖边	107	10.51	49	2571	1670	90.65	60.00	30.64
	古渎	97	10.25	48	2711	1517	91.75	60.82	32.77
	绸缪	131	12.44	68	2918	2233	92.37	85.16	21.15
	后周	248	11.29	112	6039	3491	91.53	82.82	36.18
1986	别桥	254	12.33	135	4477	3272	88.98	73.33	33.48
	湖边	155	15.18	76	2631	1617	87.10	51.49	32.44
	古渎	134	14.17	59	2962	1532	87.31	59.43	31.46
	绸缪	155	14.66	68	3001	2254	87.74	61.17	22.52
	后周	318	14.44	142	6279	3625	84.59	67.76	38.87

续表 4-3-1

年份	乡镇	全年出生人数			已婚育龄妇女人数（人）	节育总人数（人）	一孩率（%）	晚婚率（%）	独生子女领证率（%）
		出生总数（人）	出生率（‰）	其中女性（人）					
1987	别桥	343	16.56	173	5270	3360	85.13	52.24	29.50
	湖边	179	17.40	74	2742	1774	83.80	41.30	29.95
	古渎	135	14.25	53	2724	1605	88.89	55.05	30.03
	绸缪	178	16.72	75	2855	1891	87.64	21.70	30.38
	后周	383	17.30	195	5892	3805	85.64	67.91	41.60
1988	别桥	365	17.45	163	5376	3635	92.33	66.17	31.43
	湖边	202	19.48	97	2819	1833	91.58	51.91	32.24
	古渎	155	16.30	59	2966	1798	89.63	67.12	35.44
	绸缪	151	14.05	72	3262	2076	88.08	65.00	43.78
	后周	378	16.98	179	6082	4219	92.86	69.44	41.12
1989	别桥	325	15.33	146	5447	4006	98.15	69.04	33.59
	湖边	176	16.86	70	3191	1938	97.73	61.60	32.34
	古渎	210	21.99	81	2966	1888	94.76	61.22	24.68
	绸缪	205	18.85	82	3352	2310	98.05	81.03	23.09
	后周	434	19.34	199	6870	4468	92.86	62.94	39.33
1990	别桥	388	18.00	123	6211	4207	90.52	62.22	33.02
	湖边	179	17.00	77	3050	1973	92.74	55.97	34.02
	古渎	159	16.59	59	2914	1571	91.24	50.00	38.84
	绸缪	199	17.89	78	3151	2276	89.95	79.49	24.35
	后周	388	17.21	187	6411	4763	90.21	71.79	38.18

1994～1999 年别桥镇现境原四乡镇计划生育情况统计表

表 4-3-2

年份	乡镇	全年出生人数			已婚育龄妇女人数（人）	节育总人数（人）	一孩率（%）	晚婚率（%）	独生子女领证率（%）
		出生总数（人）	出生率（‰）	其中女性（人）					
1994	别桥	469	14.60	159	8867	6899	87.37	66.66	53.68
	古渎	133	14.00	50	2706	2090	85.60	75.64	42.50
	绸缪	135	12.22	47	3144	2461	89.73	63.53	23.87
	后周	301	13.40	127	6244	4914	84.09	64.20	29.44

续表 4-3-2

年份	乡镇	全年出生人数			已婚育龄妇女人数（人）	节育总人数（人）	一孩率（%）	晚婚率（%）	独生子女领证率（%）
		出生总数（人）	出生率（‰）	其中女性（人）					
1995	别桥	386	12.00	168	10640	7327	84.97	68.27	62.18
	古渎	105	11.10	50	2693	2265	81.37	100.00	79.70
	绸缪	124	11.30	60	3042	2546	95.16	69.14	67.07
	后周	274	12.20	138	6200	5248	87.96	65.15	31.53
1996	别桥	437	13.80	161	9148	7396	91.08	76.15	59.17
	古渎	102	8.00	88	2674	2186	86.27	74.60	73.56
	绸缪	88	10.82	49	3141	2454	96.59	70.58	69.27
	后周	205	9.18	139	6210	5030	96.10	53.41	51.35
1997	别桥	124	3.90	68	9112	7158	87.37	71.55	—
	古渎	72	7.70	35	2632	2154	88.23	58.62	—
	绸缪	103	9.60	36	3000	2347	94.25	63.01	—
	后周	63	2.80	41	6242	4907	88.40	47.18	—
1998	别桥	322	10.30	177	8872	7047	85.29	46.19	—
	古渎	85	9.20	29	2548	1941	90.27	56.41	—
	绸缪	792	70.46	320	3038	2387	94.73	50.00	—
	后周	205	9.10	93	6073	4811	85.29	4.61	—
1999	别桥	330	10.60	99	8739	6983	87.24	48.04	—
	绸缪	219	11.00	128	5422	4820	89.04	60.71	—
	后周	388	17.60	161	6063	4824	85.18	48.60	—

2007～2013 年别桥镇现境计划生育情况表

表 4-3-3　　单位：人

年份	2007 年	2008 年	2009 年	2010 年	2011 年	2012 年	2013 年
女性初婚人数	238	255	276	260	236	1239	339
已婚育龄妇女人数	15020	14842	14427	13795	13484	12984	12643
已落实措施人数	11823	12992	11023	10312	11687	11053	10633
出生总数	422	440	426	490	442	529	545
计划外出生数	6	—	2	—	—	—	6
计划生育（%）	99.43	100.00	99.35	100.00	100.00	100.00	98.30
人口出生率（‰）	6.06	6.29	6.12	7.06	6.38	7.55	7.76

第五节 优生 优育

生育健康孩子是每个家庭的共同心愿。新中国成立前，对表兄妹（包括姑表、姨表）间婚姻有“亲上加亲”的说法，近亲结婚不受限制，造成新生婴儿先天性疾病的发病率逐渐增加。在农村，分娩多有接生婆土法接生，孕妇和新生儿的死亡率较高。1950年，人民政府重视妇幼保健工作，推行新法接生。1950年5月贯彻《中华人民共和国婚姻法》（简称《婚姻法》），对直系血亲和三代以内的旁系血亲或医学上认为不应结婚的疾病患者，不予登记结婚。1980年起实行一对夫妇只生一个孩子，逐步推广优生、优育。对未婚青年进行婚前教育。1984年，乡镇计划生育服务站推行孕妇围产期（在孕28周至产后7天）保健工作，定期进行产前检查和产后访视，及时记载孕产妇的健康状况。1986年以后，计生部门与民政部门配合，严格执行新的《婚姻法》，禁止近亲结婚的规定，做好对患有生育疾病不宜结婚群众的说服劝导工作；与卫生妇保部门合作，开展婚前医学检查和妇保、儿保工作；镇计划生育协会开展优生优育优教宣传教育活动。利用人口学校，每年组织新婚夫妇和安排生育的对象参加优生优育培训班，邀请卫生系统妇幼保健专家讲课，组织收看电视录像等，提高新婚夫妇优生优育优教知识水平。根据省计生委要求，从1996年起，对新婚夫妇实施缺陷一级干预，在孕前对其进行宣传倡导、健康教育、染色体检查和福施福、叶酸两种营养素推广使用。特别对35岁以上或有残疾儿生育史、遗传病史的待孕妇女给予指导服务，预防新生儿畸形，以提高生育质量。2007年，全镇孕产妇352人，建卡检查352人。2004年5月，在市计划生育局统一指导下，别桥镇试点已婚育龄妇女孕前TORCH（导致先天性宫内感染及围产期感染而引起围产儿畸形的病原体）筛查，而后逐步推行新婚妇女从结婚起，至孕后3个月服用叶酸增补剂，以减少缺陷婴儿的出生（弓形虫、风疹病毒、巨细胞病毒、单纯疱疹）。2007年，全镇新婚待孕妇女352人，其中服用叶酸增补剂的有347人，占新婚待孕妇女的98.6%。全镇2008年新婚待孕妇女300人，其中服用叶酸增补剂的有298人，占99.3%。2009年新婚待孕妇女310人，其中服用叶酸增补剂的有307人，占99%。2010年新婚待孕妇女319人，其中服用叶酸增补剂的有316人，占99.1%。2011年新婚待孕妇女293人，其中服用叶酸增补剂的有287人，占97.95%。2012年新婚待孕妇女348，其中服用叶酸增补剂的有346人，占99.43%。2013年新婚待孕妇女354人，其中服用叶酸增补剂的有351人，占99.15%。

乡镇卫生院负责为新生儿接种各种预防疫苗，接种率为100%，对6岁以内儿童进行健康检查。2013年，全镇0～6岁婴幼儿2856人，小学生1972人，受检率100%。通过检查，发现患有缺陷的儿童107人，并及时进行矫治。

第六节 生育服务

20世纪70年代，农村人口生育工作主要靠大队妇女主任、赤脚医生、生产队妇女代表管理、检查已婚育龄妇女怀孕、生育情况，坚持送避孕药或定期用pH试纸，判断已婚育龄妇女是否怀孕。1980年起，逐步推广优质服务，对未婚、初婚青年进行婚前教育。1984年，实行孕妇围产期（在怀孕28周至产后7天）的保健工作，定期进行产前检查和产后访视，并及时记录孕产妇的健康状况。1986～1993年，生殖保健服务主要由乡镇卫生院查治妇女病。1993年，根据省计划生育委员会提出的确定大人口观念、建立大服务体系、为育龄妇女提供全程、全方位服务意见，乡镇重视和加强以避孕节育为重点的生育服务工作。1994年后，乡镇计生服务站开设妇女病查治服务项目。服务内容逐步全面和规范，服务工作更加深入和具体，实行知情选择避孕方法、实施优生优育、排解不孕不育、跟踪生殖保健、防病治病和咨询随访“六位一体”的服务体系。开展避孕节育全程服务，生殖道感染综合防治、男性生殖健康知识教育、孕前TORCH检查、孕妇增补叶酸、出生缺陷二级干预、流动人口生育管理等全程全方位服务。别桥镇计划生育服务站配置B超仪、双目显微镜、红外线乳房透视仪、数码电子阴道镜等设备，为已婚育龄妇女提供门诊服务，查环查孕、乳腺检查和妇科疾病检查。2007年，全镇已婚育龄妇女15020人，镇、村随访服务43216人次。生殖道感染综合防治及宫颈癌筛查应检1800人，参检1800人，查出患病的有756人，其中宫颈刮片856人，有195人得到规范治疗或转诊服务。门诊手术、化验、检查585例，接受门诊服务8922人次。TORCH检查43人，染色体检查3人。青少年青春期生殖保健知识培训1期，培训180人次。发放青春期生殖保健知识资料216份，参训率达100%。与流出的168名已婚育龄妇女签订计划生育合同，并将流进的155名已婚育龄妇女纳入别桥的计划生育管理和服务体系中，做到同管理、同服务、同宣传、同教育、同待遇。2013年，全镇已婚妇女12643人，镇、村随访服务41214人次。生殖道感染综合防治及宫颈癌早期筛查（TCT）应检18155人，参检3374人，查出病患676人，有642人得到规范治疗或转诊服务。门诊手术、化验、检查585例，接受门诊服务1127人次，TORCH检查41人，染色体检查2人。青少年青春期生殖保健知识培训1期，培训420人次。发放青春期生殖保健知识资料450份，参训率100%。与流出的182名已婚育龄妇女签订计划生育合同，并将流进的151名已婚育龄妇女纳入别桥镇的人口生育管理和服务体系中，查验“流动人口婚育证明”，签订人口生育合同，给予计划生育技术免费服务，做好流动人口信息平台情况反馈。

第五篇

国土资源管理

溧阳自秦末汉初进入土地私有制，三国为“屯田制”，西晋施“占田制”，北魏行“均田制”。明清时期，溧阳编绘《鱼鳞图册》，作为官府征赋派税的依据。清咸丰十年（1860年）太平天国侍王李世贤攻占溧阳后，在境内设乡官，推行《天朝田亩制度》，领导农民开展“只交长毛粮，不复交田租”的土地革命。同治十三年（1874年），溧阳颁发“执业印单”，以凭管理田地产权。民国时期，国民政府设有土地管理机构。民国元年（1912年）8月，成立溧阳县民政公署，土地由实业课掌理。民国16年（1927年），设有地政局，专司全县荒山、荒地，征收田赋和办理土地登记，此时始有专设的土地管理机构。民国19年（1930年），国民政府颁发第一部《土地法》后，溧阳进行多次土地调查和地籍管理。官府对土地的管理，仅是征收田赋和收取地租。

新中国成立后，别桥现境区域土地登记面积为156691.42亩。农业合作化，人民公社化，完成了土地由农民个体所有制到社会主义公有制的转变过程。农村的改革开放，实行以农村土地集体所有、家庭承包经营的土地所有权与土地使用权分离的改革。1986年《中华人民共和国土地管理法》颁布后，用地制度从过去无偿、无限制划拨使用制转变为有偿、有期限使用制。1988年，乡镇土地建设办公室更名为土地管理所。

1987年，别桥镇现境5个乡镇土地总面积189715.06亩；1996年，进行土地利用现状调查，土地总面积为193552.5亩；2013年，土地总面积为194762.73亩。1989年，进行非农业建设用地申报登记工作，颁发“国有土地使用证”；1991年后，开展农民宅基地登记；1997年颁发“集体土地建设用地使用证”（后改称“集体土地使用证”）。地籍管理逐步走上以证管地的轨道。

1992年4月，别桥镇进行乡镇级土地利用总体规划工作，完成1991～2000年土地利用总体规划方案。2007年镇行政区划变动，别桥镇在2010年调整至2020年的土地利用总体规划，制定镇用地规划及至2030年的基本农田保护区规划。

20世纪80年代后，经济建设和社会事业发展，占用一些耕地，尤其到2000年以后，别桥镇属全市经济发展快、地类变化大的乡镇，非农业建设用地增加，但镇政府及土地管理部门进行土地复垦开发，整治盘活土地存量。2013年，全镇耕地面积98742亩，人均耕地1.41亩。

20世纪80年代后期，集体土地使用权开始进入生产要素市场。90年代，土地市场随之复苏和发展，成为社会主义市场经济中的一个组成部分，国土管理部门对境内土地评定分等定级，商业、工业、住宅用地类型分别给予交易价值。境内土地开始有偿出租和出让。2008～2012年，出租土地85块1405947平方米。2013年，有偿出让土地41块304011平方米。

在土地管理中，国土资源所不断加强土地监察的执法力度，强化土地执法监察“常态化”管理，形成“党委领导、政府负责、部门协调、公众参与、上下联动”的国土资源管理格局。

第一章　土地资源

第一节　土地总量

1950年土改时，别桥区原12个小乡登记的土地总面积为163630.67亩，西沈乡、下梅乡登记的土地总面积为33417.92亩。

1950年别桥区土改土地登记情况一览表

表5-1-1　　　　单位：户、亩

乡　别	登记户数	登记土地
别桥乡	919	12373.36
湖边乡	1132	16233.96
古渎乡	1310	16686.68
绸缪乡	1135	15589.18
后周乡	1141	14513.67
石桥乡	746	11813.17
前王乡	1071	14588.04
诸里乡	1003	9609.19

续表 5-1-1　　单位：户、亩

乡　别	登记户数	登记土地
道成乡	853	11866.25
班竹乡	1116	13096.46
夏庄乡	1341	11026.75
杨庄乡	1131	16233.96
西沈乡（时属竹箦区）	1011	18854.16
下梅乡（时属竹箦区）	1087	14563.76
合计	14966	197048.59

1983 ～ 1986 年，溧阳县开展以查清土地面积数量为主的土地资源调查工作，别桥镇实有土地面积 44515.49 亩，湖边乡实有土地面积 29006.58 亩，古渎乡实有土地面积 26509.1 亩，绸缪乡实有土地面积 27410.82 亩，后周乡实有土地面积 62272.52 亩。

1985 年别桥镇现境原五乡镇土地资源详查分类土地面积统计表

表 5-1-2　　单位：亩、%

乡镇名		别桥镇	湖边乡	古渎乡	绸缪乡	后周乡
总面积		44515.46	29006.58	26509.10	27410.82	62272.52
耕地	面积	31320.85	18360.29	18235.67	18239.13	41260.90
	占比	70.36	63.30	68.79	66.54	66.26
园林	面积	593.80	576.47	260.14	490.49	1199.20
	占比	1.33	1.99	0.98	1.79	1.93
林地	面积	9.64	—	1.44	20.54	323.85
	占比	0.02	—	0.01	0.08	0.52
居民点及工矿用地	面积	3754.90	1607.57	1347.07	2386.95	5359.71
	占比	8.44	5.54	5.08	8.71	8.60
交通用地	面积	1166.65	707.40	553.89	858.61	1150.12
	占比	2.62	2.44	2.09	3.13	1.85
水域	面积	7330.11	7562.44	6104.82	4609.14	9832.84
	占比	16.47	26.07	23.03	16.81	15.79
未利用地	面积	339.51	192.41	6.07	805.96	3145.90
	占比	0.76	0.66	0.02	2.94	5.05

1986 年后，经济建设步入发展时期，非农业用地有所增加，别桥镇现境的原 5 个乡镇的耕地面积稳定保持在 117700 亩左右。进入 21 世纪，别桥镇经济快速发展，非农业用地大幅度增加，

土地利用结构发生很大变化，耕地面积相应减少，为98250亩左右。据别桥镇国土资源所2008年6月《土地统计》记载，别桥镇、绸缪镇、后周镇三镇土地总面积为208669.5亩，耕田面积为98251亩。

2006年别桥镇、绸缪镇、后周镇土地调查面积一览表

表5-1-3　　　　单位：亩

地类＼数量＼乡镇	别桥	绸缪	后周
总面积	73958.7	54020.2	80690.6
耕地	26037.0	21071.3	51142.7
园林	271.0	102.7	3226.4
林地	11.5	100.0	285.6
其他农用地	32902.1	21258.0	15223.4
建设用地	9860.3	7532.5	8378.3
未利用地	4876.8	3955.7	2434.2

2006年别桥、绸缪、后周镇村级集体土地面积一览表

表5-1-4　　　　单位：亩

单　位	土地面积	单　位	土地面积
镇　东	2189.6	玉华山	7471.1
诸　里	5265.2	小石桥	6251.7
土　山	2254.1	塘　马	6709.8
别　桥	3405.2	西　庄	6895.1
前　王	4314.2	后　周	9683.4
伏　申	3899.2	西　马	6270.9
合　星	4911.5	黄金山	10031.1
团　结	5777.5	下　梅	4719.8
浪　圩	8692.8	古　渎	5419.3
湖　边	2850.0	道　成	5232.8
符　家	4923.5	周家湾	6462.8
马　家	3442.4	杨家湾	5404.1
湖　塘	7633.6	绸　缪	9718.1
战　胜	1406.3	皋　溪	4130.0
中　里	3441.1	东　溪	2930.7
前　程	3916.9	东　马	3650.6
别桥科兴水产良种推广站	467.8	阴　山	4516.7

2012年别桥镇土地利用现状二级分类面积汇总表

表 5-1-5　　单位：亩

<table>
<tr><td colspan="4">土地总面积</td><td colspan="4">194762.73</td></tr>
<tr><td rowspan="11">农用地</td><td rowspan="4">耕地</td><td>小　计</td><td>79877.25</td><td rowspan="5">城镇村及工矿用地</td><td rowspan="5">交通运输</td><td>小　计</td><td>8421.75</td></tr>
<tr><td>水　田</td><td>66162.90</td><td>公路用地</td><td>3047.25</td></tr>
<tr><td>望天田</td><td>—</td><td>农村道路</td><td>5360.25</td></tr>
<tr><td>旱　地</td><td>13714.35</td><td rowspan="2">港口码头用　地</td><td rowspan="2">14.25</td></tr>
<tr><td rowspan="4">园地</td><td>小　计</td><td>4086.30</td></tr>
<tr><td>果　园</td><td>73.05</td><td rowspan="8">水域及水设施用地</td><td rowspan="8">其　中</td><td>小　计</td><td>60677.65</td></tr>
<tr><td>茶　园</td><td>571.80</td><td>河流水面</td><td>10886.40</td></tr>
<tr><td>其他园地</td><td>3441.45</td><td>水库水面</td><td>2487.00</td></tr>
<tr><td rowspan="2">林地</td><td>小　计</td><td>0.75</td><td>坑塘水面</td><td>40069.90</td></tr>
<tr><td>有林地</td><td>0.75</td><td>内陆滩涂</td><td>66.75</td></tr>
<tr><td>草地</td><td>小　计</td><td>272.25</td><td>沟　渠</td><td>4380.15</td></tr>
<tr><td rowspan="5">城镇村及工矿用　地</td><td rowspan="5">居民点工矿用地</td><td>小　计</td><td>21533.55</td><td rowspan="2">水工建筑用　地</td><td rowspan="2">2787.45</td></tr>
<tr><td>建制镇</td><td>6891.90</td></tr>
<tr><td>村　庄</td><td>12592.95</td><td rowspan="3">其他用地</td><td colspan="2">小　计</td><td>1293.75</td></tr>
<tr><td>采矿用地</td><td>1507.65</td><td colspan="2">设施农用地</td><td>705.15</td></tr>
<tr><td>特殊用地</td><td>541.05</td><td colspan="2">田　坎</td><td>588.60</td></tr>
</table>

2012年别桥镇村级单位土地面积一览表

表 5-1-6　　单位：亩

单　位	土地面积	单　位	土地面积
黄金山村	9799.50	镇东村	9949.80
玉华山村	7561.95	前程村	8175.90
小石桥村	6755.55	湖边村	20646.00
塘马村	7485.90	道成村	10913.55
西庄村	7285.05	两湾村	13048.95
后周村	11545.65	绸缪村	11385.60
西马村	11817.00	北山村	12669.15
合星村	12214.35	古渎村	1197.20
马家村	8967.60	塘马水库	4257.15
别桥村	8767.65		

说明：土地面积指耕地、园地、林地、草地、城镇村及工矿用地、交通运输用地、水域及水设施用地、其他用地的总和

第二节　土地负荷

1951 年土地改革结束，别桥镇现境原区域内 11 个乡（除夏庄、杨庄、班竹乡，含下梅、西沈乡）拥有土地 156691.42 亩，人均耕地 2.5 亩，略低于全县人均耕地 0.46 亩。

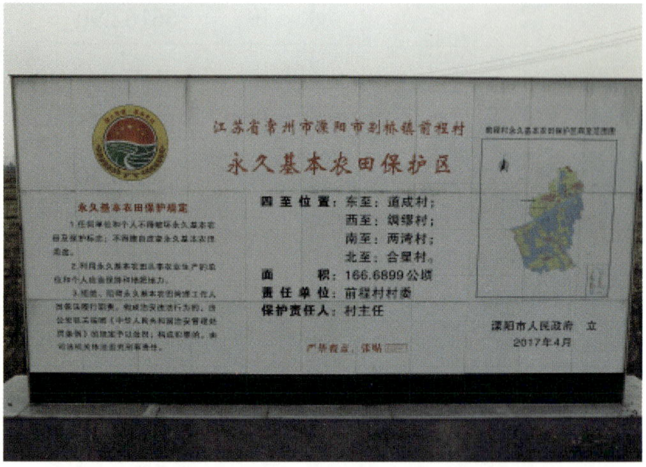

图5-1　前程村永久基本农田保护标牌

1962 年，别桥、湖边、古渎、绸缪、后周 5 个公社耕地总面积是 119476 亩，人口 51480 人，粮食总产 176477 吨，人均耕地为 2.32 亩，人均产粮 342.8 千克，人均耕地及人均产粮高于全县平均数（全县人均耕地 2.09 亩，人均产粮 317.07 千克）。1973 年，5 个公社耕地总面积 118661 亩，人口 69560 人，粮食总产 41059.05 吨，人均耕地为 1.7 亩，人均产粮 590.26 千克。至 1977 年，5 个公社耕地总面积 118450 亩，人口增至 71787 人，粮食总产 34393.75 吨，人均耕地 1.65 亩，人均产粮 479.1 千克。1981 年，5 个公社耕地总面积 118146 亩，人口 71707 人，粮食总产 49003.39 吨，人均耕地 1.64 亩，人均产粮 683.38 千克。20 世纪 80 年代后，尽管经济建设和社会事业发展占用了一些耕地，但乡镇党委、政府，以及土地管理机构加强耕地保护，耕地面积稳定在 117700 亩左右。2000 年以后，耕地面积逐年减少。2006 年，别桥镇、绸缪镇、后周镇三镇耕地面积 80754 亩，较 1996 年减少 35922 亩，人均耕地仅 1.15 亩。2007 年后，大力进行土地复垦开发，整治和盘活土地存量，耕地面积增加到 101130 亩，人均耕地 1.45 亩，人均产粮 724.01 千克。2013 年，全镇耕地面积为 98742 亩，人口 70231 人，粮食总产量 55792 吨。人均耕地为 1.41 亩，人均产粮 794.4 千克。土地承受负荷轻于全市平均负荷（市人均耕地为 1.1 亩，人均产粮 678.9 千克）。

1994 ～ 2013 年别桥现境耕地、人口、粮食总量情况一览表

表 5-1-7

年份	耕地面积（亩）	年末总人口（人）	人均耕地（亩）	粮食总产（吨）	人均产量（千克）
1994	117135	75310	1.55	46325	615.12
1995	116986	75095	1.55	48930	651.57
1996	116676	74540	1.56	53731	720.83
1997	112952	74001	1.52	57072	771.23
1998	112864	74244	1.52	51665	695.88
1999	112864	73227	1.54	48574	663.33

续表 5-1-7

年份	耕地面积（亩）	年末总人口（人）	人均耕地（亩）	粮食总产（吨）	人均产量（千克）
2000	112864	73268	1.54	43082	588.00
2001	112844	72018	1.56	43235	600.33
2002	103068.6	71316	1.44	42841	600.72
2003	103069	70687	1.45	42251	597.71
2004	103069	69026	1.49	43031	623.40
2005	103069	68845	1.49	41945	609.26
2006	80754	69801	1.15	42784	612.94
2007	101130	69662	1.45	50645	724.01
2008	101130	69912	1.44	54585	780.76
2009	101130	69574	1.45	55842	802.62
2010	101130	69444	1.45	56125	808.20
2011	101130	69229	1.46	56684	818.78
2012	98742	70052	1.40	56703	809.44
2013	98742	70231	1.41	55792	794.40

第二章 用地管理

第一节　管理机构

1982 年，别桥、湖边、古渎、绸缪、后周 5 个公社设立建房（规划）办公室，行使宅基地的审批工作。1986 年 6 月，乡镇设立土地建设办公室。1988 年 12 月更名为土地管理所，配备 1～3 名工作人员，负责本乡镇区域内的基本农田保护，办理农民建房和乡镇、村办、企业用地手续。原乡镇建房办公室行使的农民建房用地审批职能停止。

1992 年 9 月 9 日，湖边乡土地管理所并入别桥镇土地管理所。1996 年 8 月 29 日，溧阳市机构编制委员会下发《关于确定乡镇土地管理所机构性质和编制的通知》，确定乡镇土地管理所为全民事业单位，实行由市土地管理局和乡镇人民政府双重领导，以市土地管理局领导为主的管理机制。1998 年 7 月，乡镇土地管理所更名为国土管理所。2000 年 1 月，古渎乡、绸缪乡国土管理所合并，设立绸缪镇国土管理所。2001 年 12 月，乡镇国土管理所改称国土资源所。2007 年 4 月，别桥、绸缪、后周国土资源所合并，设立新的别桥国土资源所。乡镇国土管理机构执行政府关于土地管理的法律法规，对境内土地按照地籍调查、土地登记、土地统计、权属争议调处、土地档案统一管理，用法律、行政和经济手段调整土地关系和优化利用土地。

第二节　土地规划

一、总体规划

1992年4月，别桥镇进行乡镇级土地利用总体规划工作，在土地利用总体规划编制中分五个阶段进行：宣传发动，成立规划领导小组及办公室，建立市、镇、村人员参加的土地调查规划专业队。准备资料，分工合作。资料包括1984年8月土地调查航片、地形图、内外业资料档案、土地利用现状图、编制技术辅导材料及内外业表格等；专业队分成3个作业小组，分别负责丹金溧漕河以东、别桥至后周公路以南、以北范围内的任务。详查土地，编绘图件。由双方村民重新踏勘土地权属界线，现场指界，实地丈量地类变更面积，签订土地权属界线协议书，无明显界标物的拐点打桩定界；汇总现有土地面积和分类面积，修编土地利用现状图。确定各项技术参数，编制规划图。计算各村规划年内的各项技术参数，规划年内的建设用地和农业用地定性定量定位，规划内的建设用地控制区界线界标;编制1:5000村级土地利用规划图。汇总资料，写出总结。1992年5月，完成土地利用总体规划工作。主要成果有：1991～2000年土地利用总体规划方案;《规划方案说明》《规划方案工作总结》;乡级万分之一土地利用现状图、规划图、基本农田保护区图15张；1/5000村级土地利用现状图、规划图、基本农田保护区图74张；乡、村两级基层年度土地统计报表33册。

2006年，别桥、绸缪、后周3个镇编制2006～2010年土地利用总体规划。别桥镇耕地总量减少660亩，用于建设占用。通过土地整理和建设用地复垦，补充耕地2873.85亩，净增耕地总量2213.85亩。绸缪镇因建设占用，耕地总量减少1017.45亩，通过土地整理和建设用地复垦，补充耕地3354亩，净增耕地总量2336.55亩。后周镇因建设占用耕地，耕地总量减少995.1亩，通过土地整理和建设用地复垦、土地开发，补充耕地3717.6亩，净增耕地总量2722.5亩。

2007年区划变动，别桥镇在2010年调整至2020年土地利用规划。土地总面积不变，农用地减少2401.05亩，其中耕地面积减少1304.55亩。建设用地增加1630.65亩，农民居民用地减少349.8亩。至2020年，别桥镇耕地保有义务量不低于91227.45亩，耕地保有任务量不低于92932.2亩。基本农田保护面积74352.45亩，园地面积5484.6亩，林地面积424.35亩，牧草地面积1.35亩。

二、专项规划

镇区用地规划

据《溧阳市别桥镇土地利用总体规划（2006～2020年）》，规划基期面积为27128.85亩，期内净增加982.5亩，规划目标年面积为28111.35亩。其中，建制镇规划基期面积为3994.05亩，期内增加617.55亩，规划目标年面积为4611.6亩。

农村居民点用地规划基期面积为13189.8亩，期内减少349.8亩，规划目标年面积为12840亩。采矿用地规划基期面积为500.1亩，期内增加77.25亩，规划目标年面积为577.35亩。交通水利用地规划基期面积为8905.65亩，期内增加622.5亩，规划目标年面积为9528.15亩。其他建设用地规划基期面积为509.25亩，期内净增加0亩，规划目标年面积为509.25亩。

基本农田保护区

1993年年末，别桥镇耕地详查面积为39372.27亩，粮食总产1.0496万吨；古渎乡耕地详查面积为19744亩，粮食总产0.6584万吨;绸缪乡耕地详查面积为17249.94亩，粮食总产0.7105万吨；后周乡耕地详查面积为39254.32亩，粮食总产1.5581万吨。1995年，4个乡镇以2030年为保护目标年和人口高峰年，预测人口别桥镇为3.67万人，古渎乡为1.06万人，绸缪乡为1.24万人，后周乡为2.55万人，分别按人均用粮740千克、800千克、700千克、700千克的水平和按1993年耕地详查数1.75的复种指数计算，预测需产粮分别为2.2171万吨、0.8627万吨、0.8722万吨、1.7706万吨，对基本农田保护区进行规划。是年别桥镇基本农田保护区面积34417.93亩，其中一级农田保护面积34372.27亩、二级农田保护面积45.66亩；古渎乡基本农田保护区面积13694亩，其中一级基本农田12644亩、二级基本农田1050亩；绸缪乡基本农田保护区面积17199.94亩，其中一级基本农田16699.94亩、二级基本农田500亩；后周乡基本农田保护区面积39174.32亩，其中一级基本农田37174.32亩、二级基本农田2000亩。规划至2020年，别桥镇基本农田保护面积仍稳定2012年的面积，保护率100%。

2008年6月别桥镇各行政村基本农田面积一览表

表5-2-1　　单位：亩

行政村	基本农田保护区面积	行政村	基本农田保护区面积
别　桥	1403.39	西　庄	5222.03
镇　东	710.55	玉华山	6052.71
合　星	3758.79	下　梅	3808.02
中　里	2095.27	小石桥	4574.67
马　家	1473.26	西　马	4451.41
前　程	1545.46	后　周	5342.62
浪　圩	3030.18	塘　马	5337.38
土　山	821.32	道　成	2387.31
湖　边	2063.33	阴　山	2661.23
诸　里	1200.96	东　马	2608.81
湖　塘	2473.11	周家湾	2937.05
伏　申	2765.66	皋　溪	2774.66
团　结	4476.52	绸　缪	4694.95
前　王	2597.96	古　渎	2155.66
符　家	2359.31	杨家湾	4060.78
战　胜	861.02	东　溪	788.43
黄金山	8037.13		

2012年别桥镇基本农田保护区面积一览表

表 5-2-2　　　　单位：亩

行政村	基本农田保护区面积	行政村	基本农田保护区面积
北　山	2305.95	马　家	3264.00
别　桥	2166.00	前　程	3321.75
绸　缪	3106.50	塘　马	4062.60
道　成	3663.75	西　马	6003.15
古　渎	1980.15	西　庄	3637.65
合　星	5234.25	小石桥	3407.10
后　周	3708.45	玉华山	4610.25
湖　边	12470.85	镇　东	2111.40
黄金山	6571.50	塘马水库	345.15
两　湾	4780.65		

第三节　地籍管理

明洪武二十年（1387年），溧阳清丈土地，编绘《鱼鳞图册》。万历六年至九年（1578～1581年），溧阳又清丈土地，编绘新《鱼鳞图册》。清咸丰年间（1851～1861年），溧阳再次清丈田亩，划定县内乡域，编制新的《鱼鳞图册》。清光绪二十五年（1889年），溧阳最后一次复制《鱼鳞图册》，依此征赋派税，一直沿用至民国22年（1933年）。民国时，县财政科公款公产管理处专管公有田地房产。民国25年（1936年），进行户地清丈。次年，成立县地政局，专管荒山荒地，并配合征收田赋，办理土地登记等。民国36年（1947年）6月，县地籍科对全县户地进行测丈清理，完成57个乡镇户地测量。

新中国成立后的较长一段时间内，乡镇地籍处于分散管理局面，乡、镇（区）的公有地产由所在乡、镇（区）的财税部门监管，统计部门负责耕地登记，为财政部门征收农业税建立土地面积台账。成立乡镇土地管理所后，地籍管理开始按照地籍调查、土地登记、土地统计、权属争议调处、土地档案等统一管理。

土地改革时，为查清田亩面积，以区、乡为单位开展对田地、荒山、荒田、圩地和公田等土地的测量。1983年11月至1987年4月，溧阳县进行全县土地资源调查，测定别桥镇土地面积44515.46亩，湖边乡土地面积29006.58亩，古渎乡土地面积为26509.1亩，绸缪乡土地面积27410.82亩，后周乡土地面积62272.52亩。1985年9月至1986年春，5个乡镇65个村级单位（含水库）的行政界线、地类图斑界线、线状地物转绘成图，并通过测量小组数次实地勘误界线，保证乡镇面积量算精确度及正确的土地权属界线。是年6～9月，完成村地类图斑复描和量算控制面积。1995年，先后3次进行土地利用现状变更调查，以测定现域各类土地面积。

为了对境内土地利用现状进行动态管理，溧阳市土地管理局根据国家土地管理局有关文件规定，在全市内开展土地利用现状调查，别桥镇属全市经济发展快、地类变化大的乡镇，是全市土地利用现状调查的重点乡镇之一。1996 年，再次进行土地利用现状调查。调查测定别桥镇土地总面积为 73180.5 亩，后周镇土地总面积为 66453.75 亩，绸缪镇土地总面积为 53918.25 亩。

1989 年，别桥镇、湖边乡、古渎乡、绸缪乡、后周乡开展非农业建设用地申报登记工作，颁发"国有土地使用证"27 本。1990 年至 2007 年年末，5 个乡镇累计颁发"国有土地使用证"16 本。2008 年，别桥镇颁发"国有土地使用证"3 本；2009 年颁发 28 本；2010 年颁发 13 本，用地 82.5 亩；2011 年颁发 24 本；2012 年、2013 年两年颁发"国有土地使用证"20 本，用地 1500.36 亩。

1990 年 8 月，县土地管理局在别桥、杨庄两乡镇进行农村宅基地有偿使用试点。

1991 年后，农村进行农民宅基地初始登记，至 1997 年，别桥、古渎、绸缪、后周 4 个乡镇完成 22897 户农户宅基地初始登记，颁发"集体土地建设用地使用证"22897 本。1998 年、1999 年别桥镇颁发 263 本；2007 年颁发 21 本，用地 3.94 亩。2008 ～ 2013 年，别桥镇颁发"集体土地使用证"（即"集体土地建设用地使用证"，2005 年更名）429 本，累计用地面积 64.97 亩。

1980 年后，变更土地登记日趋规范。1989 ～ 2007 年，办理土地变更登记 513 宗，登记土地面积 215 亩，办理注销登记 536 宗。2008 ～ 2013 年，办理土地变更登记 216 宗，登记土地面积 224 亩。

第四节　土地监察

1950 年 7 月，为配合农村土地改革，别桥区设立土改法庭，专司土地改革中的监察职责，对群众揭发出来的有关破坏土改行为，进行调查核实，并依法审判。1951 年 10 月底，土地改革结束，土改法庭随之撤销。此后，未设专门的土地监察机构。1989 年 12 月，县土地管理局设立土地法规监察股，各乡镇土地管理所主要负责人任监察员，其他土地管理工作人员为兼职监察员，村级聘请兼职监察员或土地信息员，由村民委员会主任兼任。别桥镇还建立起土地监察信息联系点。2013 年，有兼职土地监察员 18 人。

1990 年后，土地管理所加大土地监察的执法力度，及时查处违法用地案件。1997 年，湖边轻工机械厂扩建厂房未经批准擅自违法用地 3.4 亩，溧阳市土地管理局查处后，罚款 2 万余元，补办用地手续。至 2000 年，别桥土地管理所以集镇、上上线及镇广线（241 省道）等公路沿线为重点，开展清理整顿土地市场工作，查处非法转让土地 42 宗，面积 5.4 亩；非法出租土地 15 宗，面积 4.5 亩；非法改变土地用途 10 宗，面积 3.1 亩；集体土地使用权抵押 1 宗，遏制了违法用地行为。2000 ～ 2007 年，别桥国土资源管理所共组织执法监察巡察 34 次，

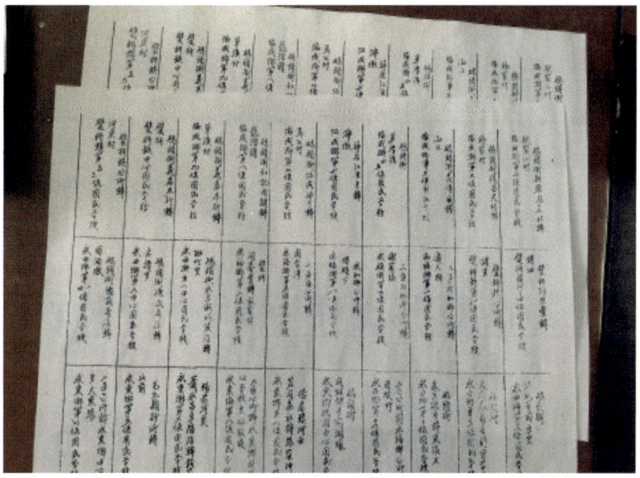

图5-2　1951年土地证明

组织联合执法行动 9 次，出动执法人员 118 人次，发出责令整改通知书 8 份。2008 年，查处违法用地单位 11 家，面积 82.63 亩。2009 年，查处违法用地单位 12 宗，面积 160 亩，按照违法用地进行整改，要求退耕 50 亩，补办用地手续 110 亩;2010 年，查处违法用地 5 宗，面积 15 亩，调处各类涉土案件来信 3 件，来访 1 人次。

2010 年后，强化土地执法监察“常态化”管理，构成国土资源执法监察三级（重点区域、一般区域、边远区域）网络管理体系，成立 5 ～ 8 人的综合执法队和国土部门一起加强土地监管，发挥联合执法效能，实现执法监察多部门协调配合机制，推进国土、城管执法联动工作机制建设，形成“党委领导、政府负责、部门协调、公众参与、上下联动”的国土资源管理新格局。2011 年，巡查发现违法用地 13 宗，退还耕地 310 亩，拆除违法用地上的围墙 500 余米，调处涉土案件来信 5 件、来访 25 人次。2012 年，湖塘村一村民未经审批违法建造住宅，经查处后，责令停工 27 天，补办建房审批手续。2013 年，组织土地执法监察巡查 90 多次，发放责令停工通知书 13 份，上报巡查报告 2 次。

第三章　土地开发与保护

第一节　土地复垦与整治

1988 ～ 1989 年，湖边乡浪圩村垦殖滩涂 1280 亩。1988 年，别桥镇采取冬季取土，次年春天复垦的方式，复垦第一砖瓦窑废弃地 200 余亩。1991 年又复垦第二砖瓦窑废弃地 135 亩，产粮 5.45 万千克。同年，再次复垦前程砖瓦厂废弃地 120 亩。

1989 年，溧阳县人民政府下发《转发省政府〈关于加强土地复垦工作的通知〉的通知》，要求各地各部门充分认识土地复垦工作的重要性、紧迫性，制定复垦计划，并认真组织实施。从此，土地复垦开发整治逐步走上有组织、有计划、讲效益的良性轨道。1992 年，溧阳市土地管理局邀请有关专家论证后，在湖边地区复垦水利挖压废弃地 800 余亩，当年全部种植水稻，产粮 32 万千克。1993 年冬至 1994 年春，古渎乡牌楼村一次性集体复垦水利建设废弃地 267 亩，当年种植水稻，产粮 10.68 万千克。

1990 ～ 1991 年别桥、古渎、绸缪、后周土地复垦开发情况一览表

表 5-3-1

乡　镇	1990 年		1991 年	
	面积（亩）	投入资金（万元）	面积（亩）	投入资金（万元）
别桥	240	13.76	100	1.40

续表 5-3-1

乡　镇	1990 年		1991 年	
	面积（亩）	投入资金（万元）	面积（亩）	投入资金（万元）
古渎	388	1.60	121	1.45
绸缪	21	0.13	—	—
后周	182	0.46	100	1.40

2003～2008 年别桥镇土地复垦开发整理面积统计表

表 5-3-2　　单位：亩

年　份	村　名	总规模	净增耕地面积
2003	前程村	61.5	61.5
	合星村	106.8	10.6
2004	团结村	38.0	21.3
	前程村	310.5	73.8
2005	团结村	359.2	346.0
	东溪村	72.1	70.5
	塘马村	115.8	114.6
2006	合星村	43.9	31.5
	玉华山村	95.7	84.0
2007	合星村	50.9	31.4
	小石桥村	87.2	62.5
	小石桥村	113.2	103.4
	周家湾村	163.7	154.0
2008	皋溪村	18.5	18.5
	古渎村	22.2	22.2
	伏申村	17.1	17.1
	前王村	66.7	66.7
合计	—	1743.0	1289.6

2008 年，确定挂钩复垦项目 5 个，计 36.2 亩，置换建设用地，解决了别桥加油站、交管所、客运站、兴城大厦等单位 28 亩的用地指标；做好废弃露采矿山——土山的整治工作，获取 100.08 亩的用地指标。

2011 年，别桥镇北山片土地整治项目规划面积 17164.3 亩，全部完工，新增耕地 456.48 亩。2012 年，实施后周、北山等村土地整理项目 2 个，面积 580 亩，新增耕地面积 60 亩。2013 年，实施后周、北山、西马、两湾4个村5个项目面积1132.22亩的土地开发整理，新增耕地面积363.72亩。

2002～2013年别桥镇现境土地复垦开发情况统计表

表5-3-3 单位：亩

年 份	复垦开发	新增耕地园地	年 份	复垦开发	新增耕地园地
2002	626.00	187.90	2009	676.30	121.70
2003	647.30	425.00	2010	1649.55	992.85
2004	286.40	245.00	2011	716.85	698.70
2005	547.10	215.40	2012	548.85	181.80
2006	139.60	115.50	2013	113.20	364.80
2007	415.00	257.40	合计	6490.65	3930.55
2008	124.50	124.50			

第二节 基本农田保护

图5-4 别桥镇万亩一级基本农田保护区

1995年5月，溧阳市人民政府根据《中华人民共和国土地管理办法》《江苏省基本农田保护条例》，结合溧阳市实际，制定《溧阳市基本农田保护办法》。办法共设6章33条，对划定的基本农田的建设、管理和破坏基本农田的法律责任作出规定。为实施基本农田有效保护，1995年7月4日，别桥镇、古渎乡、绸缪乡、后周镇人民政府分别与市人民政府签订保护耕地责任书。4个乡镇以村为保护片，确定各村村民委员会主任为保护片责任人，并与所在乡镇人民政府签订基本农田保护责任状，明确保护目标，纳入村干部年度工作进行考核。

2006年，别桥镇、绸缪镇、后周镇按照行政村界线、道路及河流，重新划分基本农田保护区，保护田块：别桥镇58块、绸缪镇38块、后周镇56块，三镇合计152块。绘制3个镇基本农田保护区分布图3幅，行政村基本农田保护片分布图152幅，设置在集镇醒目处和村主要路口予以公示，接受社会监督。各保护地块醒目位置均立有永久性水泥界址桩，对农田保护地块逐一界定。

2013年，别桥镇基本农田保护面积仍稳定在2012年的面积76751.10亩，保护率100%。

第三节　土地市场

别桥、绸缪、后周等地田地买卖始于宋代。明末清初，民间田地出卖、抵押、典当有永佃制，买卖交易未设专管机构，一般由买卖人和中立人立据为凭。清同治十三年（1874年），田地买卖由县署经管，买卖经注销在册，颁发“执业印单”为凭。民国初期，田地、房产买卖由县公署财政科专管。民国16年（1927年），由县政府地政局管理，办理不动产登记，统一使用江苏省财政厅印发“不动产卖契官纸”，加盖印章后生效。

民国时期，田地买卖形式较多，主要有“绝卖”（田地卖主将土地卖掉，放弃赎回权）、“活卖”（田地卖主保留赎回权）、“典当”（俗称“活典”，由典主交出田地作为所得代价的担保品抵押）、“加找”（当“活卖”或“典当”的原业主无力回赎时，卖主向买主收受地价差额，将土地完全割让对方）等形式。不管什么形式，土地买卖典当活动，必须办理立契据手续，契据没有统一格式，但内容、专用名词是一致的。

新中国成立后，农村经过土地改革和合作化运动，废除了田地买卖交易。20世纪80年代初，农村推行土地承包，将土地所有权与土地使用权分离，集体土地使用权开始进入生产要素市场。90年代初，根据国家有关土地管理法律法规，实行土地使用权有偿出让和土地使用权在出让年限内可进行转让、出租、抵押等经济活动，土地市场随之复苏和发展，成为社会主义市场经济中的一个组成部分。

1996年3月，经溧阳市土地管理局和江苏省金陵土地资产评估高新技术公司联合评定分等定级：别桥建制镇定级土地面积3209.7亩（213.98公顷）定为一等次，其中一级土地187.2亩（12.48公顷），占5.83%；二级土地434亩（28.93公顷），占13.52%；三级土地2588.55亩（172.57公顷），占80.65%。后周集镇定级土地面积1079.85亩（71.99公顷）为二等次，其中一级土地108.9亩（7.26公顷），二级土地970.95亩（64.73公顷）。古渎、绸缪集镇定级为三等次土地。对别桥镇区、后周镇区土地的基准地价按土地等次、级别以及商业、工业、住宅三种用地类型，评定均值和变幅，作为土地交易价值的依据。

1996年别桥镇（一等次镇）基准地价一览表

表5-3-4　　单位：元/平方米

土地级别	用地类型	地价均值	变　幅
一级地	商　业	1000	800～1200
	工　业	420	320～520
	住　宅	460	360～560
二级地	商　业	740	500～950
	工　业	310	210～410

续表 5-3-4　　单位：元 / 平方米

土地级别	用地类型	地价均值	变　幅
二级地	住　宅	340	250 ～ 430
三级地	商　业	380	260 ～ 500
	工　业	190	150 ～ 230
	住　宅	240	160 ～ 320

1996 年后周镇（二等次镇）镇区基准地价一览表

表 5-3-5　　单位：元 / 平方米

商 业 用 地				工业用地		住宅用地	
一级地		二级地		平均地价	变幅	平均地价	变幅
平均地价	变幅	平均地价	变幅				
930	800 ～ 1050	480	380 ～ 600	320	200 ～ 450	370	250 ～ 450

1996 年别桥镇土地级别分布一览表

表 5-3-6

土地级别	分布范围	主要用地单位
一级	北起电子元件厂、丝织地毯厂南侧，南讫影剧院，东沿振兴路东侧，西至粮管所	农贸市场、商业公司、别桥镇商场、镇政府、税务所、邮电局、农业银行、工商管理所、食品站、塑料厂等
二级	北自龙街中部，南至丹金溧漕河畔的派出所，东起别桥丝绸厂，西至爱国路西侧	绢纺厂、电缆厂、电容器厂、电子元件厂、丝织地毯厂、加工厂、水利站等
三级	一级、二级地范围以外的定级范围内的地区	小学、中学、粮油管理所、码头、别桥丝绸厂、南北节能公司、地毯厂、制镜厂、电子器材厂等

2013 年别桥镇基准地价：二级地的工业用地为 06001J245 元 / 平方米，三级地的商业用地为 06001S1420 元 / 平方米，06002S1270 元 / 平方米；住宅用地 06001J510 元 / 平方米，06002J460 元 / 平方米，06003J490 元 / 平方米，06004J450 元 / 平方米。

1993 年由于企业改制，别桥镇人民政府委托溧阳市土地管理局首次办理土地出让，共 3 宗，面积计 35 亩，其中电缆厂以 250 万元受让 15 亩，绢纺厂以 300 万元受让 16 亩，电子元件厂以 90 万元受让 4 亩。2005 年，上上线北侧靠老集镇段地块 7.65 亩，由江苏新华机电设备厂受让。

2008 ～ 2012 年，别桥镇挂牌出租土地 85 块，面积总计 1405947 平方米。2013 年挂牌出让土地 41 块，总计面积 304011 平方米。1 万平方米以上规模土地出让有：（1）原别桥小学 35908 平方米，以 1616 万元由吕永武受让；（2）上上线北侧 23 号地块 14982 平方米，以 374 万元由江苏新华机电设备制造有限公司受让；（3）别桥镇名川路南侧 2 号地块 14655 平方米，以 365 万元由江苏山湖电缆有限公司受让；（4）别桥镇北郊工业园中心路南侧 3 号地块 17767 平方米，以 443 万元由江苏富民新材料有限公司受让；（5）原绸缪中学地块 15195 平方米，以 576 万元由江苏力乐房地产开发有限公司受让；（6）上上线南侧 18 号地块 12743 平方米，由江苏璟隆新材料有限公司以 318 万元受让；（7）绸缪村建设北路西侧 2 号地块 11217 平方米，由江苏力乐汽车部件股份有限公司以 280 万元受让；（8）别桥镇中心街南侧 1 号地块 15823 平方米，以 394 万元由徐建忠、王晓娟受让；（9）绸缪溧竹线东侧 9 号地块 13333 平方米，以 332 万元由江苏安运通用机械有限公司受让。

第四章 建设用地管理

第一节 土地使用和征用

20 世纪 60 年代，兴修水利而占用少量的土地，一律要履行申报审批手续，给予划拨。70 年代，社队企业发展，因建厂房，仍必须履行申报手续，方能拨用土地。1986 年，贯彻《中华人民共和国土地管理法》，控制滥占乱用土地，占用土地由上级下达征地指标。2000 年以后，经济建设进入快速发展时期，境内建设用地的征用量增加。2002 ～ 2013 年，别桥镇征用土地分别为 8.5 亩（合 0.5667 公顷）、495.24 亩（合 33.0164 公顷）、234.46 亩（合 15.6307 公顷）、534.54 亩（合 35.6366 公顷）、91.12 亩（合 6.0747 公顷）、148.5 亩（合 9.9 公顷）、119.87 亩（合 7.9913 公顷）、268.1 亩（合 17.8733 公顷）、796.67 亩（合 53.1113 公顷）、1035.2 亩（合 69.0133 公顷）、583.45 亩（合 38.8967 公顷）、144.37 亩（合 9.6247 公顷）。

2006 年别桥、绸缪、后周三镇征地区片级别及所含行政村、综合地价评估一览表

表 5-4-1

级别	镇名	片区行政村	区片征地均价（元 / 平方米）	区片综合地价（万元 / 亩）
二级	绸缪	绸缪 古渎	48	3.20
	别桥	镇东 诸里 马家 别桥 战胜 中里 湖边		
三级	绸缪	东溪 道成 东马 皋溪 阴山 周家湾 杨家湾	38	2.53
	别桥	土山 前程 伏申 前王 合星 团结 浪圩 湖塘 符家		
	后周	塘马 后周 西庄 下梅 西马 黄金山 玉华山 小石桥		

第二节　土地审批

一、审批权限

1982年，征用一般土地（包括水面、山地）5亩以下，蔬菜地3亩以下，由县政府审批；征用一般土地5亩以上不足10亩，蔬菜地3亩以上不足5亩，报镇江地区行署审批；征用一般土地10亩以上，蔬菜地3亩以上，报省政府审批。社队企业和城镇机关企事业单位建设用地，经主管部门审查，报县批准；社员申请建房，需按规划和建房审批程序实施，经大队审核报公社严格审查，呈县批准。1983年3月实行市管县体制，溧阳县属常州市管辖，土地审批权限随之转隶。1987年，《中华人民共和国土地管理法》和《江苏省<土地管理法>实施办法》施行后，征（使）用耕地3亩以下，其他土地10亩以下，由县人民政府批准，呈省、市土管部门备案；征（使）用耕地3～15亩，蔬菜地3亩以下，其他土地10～20亩，报常州市人民政府批准;征（使）用耕地15亩以上，蔬菜地3亩以上，其他土地20亩以上，报江苏省人民政府批准;征（使）用耕地1000亩以上，其他土地2000亩以上，由省人民政府报国务院批准。1994年底，征（使）用耕地3～30亩，蔬菜地3亩以下，其他土地10～50亩，报常州市人民政府批准；征（使）用耕地30亩以上，蔬菜地3亩以上，其他土地50亩以上，报省人民政府批准。1999年，省政府颁发《江苏省建设用地审批管理暂行办法》规定，“征（使）用耕地3亩以下，其他土地10亩以下，由县人民政府批准”的权限上收，溧阳市无权审批农用地转用。2005年12月2日，江苏省人民政府办公厅印发《江苏省建设用地审批办法》规定：征收基本农田以外的耕地且不超过525亩（合32公顷）、其他土地不超过1050亩（合75公顷）的应由省人民政府审批，具体建设项目需要占用土地利用总体规划确定的国有未利用地，占用75亩（合5公顷）以上的，由省人民政府批准。国家重点建设项目、军事设施，跨省、自治区、直辖市行政区域的建设项目以及国务院规定的其他建设项目用地应报国务院批准。农村集体经济组织使用本集体经济组织所有的未利用地进行非农业建设，使用75亩（合5公顷）以上的，报省人民政府批准。

二、审批程序

【国家建设用地】 1986年起，别桥镇现境内5个乡镇的单位或个人需要使用国有土地，由用地单位或个人持有关批准文件和初步设计，向县土地管理部门提出用地申请。经批准后，用地者交清土地规费，土地管理部门向用地者颁发“建设用地许可证”。建设项目竣工验收合格后办理土地登记手续，颁发“国有土地使用证”。1989～2013年，别桥镇境内共颁布131本。

【集体建设用地】 1988年后，别桥镇现境内各乡镇兴办乡镇企业或公共、公益事业建设，需要使用集体土地，由用地者持经批准的设计任务书或初步设计、年度基本建设计划等有关文件，经乡（镇）人民政府审核，向市（县）土地管理部门申请建设用地，市（县）土地管理部门对建设用地进行审核，划定用地范围，并组织建设用地单位与被征地单位依法商定土地补偿、劳力安置方案，按审批权限审批。

【宅基地】别桥镇境内村民需要建房的由建房户向所在村、组提出用地申请，报乡（镇）土地管理所初审，发放《农村宅基地申请表》；乡（镇）政府审核后，报市（县）人民政府批准。建房户按规定缴纳各类税费，经批准后发给"宅基地用地许可证"，划拨建房用地；竣工后经验收合格，由市（县）人民政府办理登记，发给"集体土地建设土地使用证"。1997～2013年，别桥镇发该证23610本。

第三节　补偿与安置

一、土地补偿费

1987～1995年，别桥镇现境原五乡镇征用耕地、蔬菜地，按该土地征用前3年平均产值的6倍计算；征用鱼塘、藕塘、养殖场、果园、竹园、林地等，按该土地年产值的5倍计算；征用柴山、滩地、水塘、苇塘和其他有收益的非耕地，按该土地年产值的3倍计算；征用宅基地按邻近耕地的补偿标准计算；征用无收益的非耕地，一般不予补偿。1996年起，在城镇规划区内征用耕地，每亩补偿7000元，乡（镇）集镇规划区内的每亩补偿6000元，其他范围内每亩补偿5000元，征用非耕地按邻近耕地补偿标准的50%计付；农田水利、交通道路等社会公益事业基础设施用地，一次性付给征用费，耕地每亩5000元，非耕地每亩2500元。2001年起，按征地区域不同每亩补偿9600～10800元不等。2004年起，土地补偿每亩提高到16000元。

二、青苗补偿费

1986年，别桥、湖边、古渎、绸缪、后周5个乡青苗补偿标准为每亩500～1000元。1996年，别桥、古渎、绸缪、后周4个乡镇菜地每亩补偿1200元，粮田每亩补偿800元，苗圃、桑树、药材、果树等多年生经济作物每亩补偿1500元，水产养殖每亩水面补偿1000元。2001年起，别桥、绸缪、后周3个镇菜地每亩补偿1500元，粮田每亩补偿1200元，人工养殖水面、苗圃、桑园、果园、茶园等多年生经济作物每亩补偿2000元。

三、附着物补偿费

1996年，别桥、古渎、绸缪、后周4个乡镇根据溧阳市人民政府《关于国家建设征用土地补偿安置暂行规定》，附着物补偿费：农田水利工程、机电排灌设施及供电、邮电、广播等干线，原则上由所有者自行迁移，用地单位付给迁移费，如不需迁移时，按原造价30%～50%付给补偿费。坟墓迁移，每座150～250元；粪缸迁移，每座100～150元；地窖每只迁移费为200～300元；水泥场地每平方米补偿30元，砖混围墙每平方米补偿30元；水井每口补偿300～500元；零星果树及成材（直径10厘米以上）的树木，每棵补偿10～30元砍伐费，树木由所有者自行处理。坟墓的处理，由土地管理部门发出迁坟公告，并尊重群众的风俗习惯，对有主的坟墓由征地单位补助迁移费，坟主自行迁葬，无主坟墓代为迁葬。

四、安置补助费

1986年，别桥镇现境原5个乡镇每亩安置补助费6000～10000元。1996年开始实行劳力安置补助费，每个劳动力为5000元，按照“钱随人走”的原则，安置补助费给安置单位。2001年，别桥、绸缪、后周3个镇安置费为每亩6000～26000元。2004年，安置补助费调整为每亩17000～26000元。

五、劳动力安置

1986年5月，别桥镇、湖边乡、古渎乡、绸缪乡、后周乡按照县政府制定《关于招收征用土地工的几项规定》，征用土地工的安排，原则上由征地单位按规定付给劳力补偿费的办法解决。1991年起，别桥、古渎、绸缪、后周四乡镇实行“谁征地、谁负责安置”的办法，征地单位安置劳动力确有困难，由其主管部门负责在本系统内统筹安置。2000年以后，土地被大量征用，很多农户已无田可耕，别桥、绸缪、后周镇政府按城镇规划提供被征地村集体经济组织一定数量的经营性用地，由其建设经营，以经营收益作为失地农民基本生活保障资金来源，优先用于安置失地农民。

第六篇

镇村建设

别桥镇境内，地势东低西高，丘陵与平原圩区兼有，且平原圩区占多。自有先人活动在这片土地上，人们视环境条件择地而居。斗转星移，形成大小不一、疏密不等的自然村落和集镇。平原圩区因其自然条件优越，土地肥沃、种植资源丰富、人口密集、村落较大；丘陵地区人口稀散，多零星家屋、茅舍草房，不少村落聚族而居，形成民族村落。村民住宅，较为富裕的少数村民多为砖木结构的平瓦房，少数地主的住宅是砖木结构的楼房，绝大多数村民是泥草房。气派、高大、古朴、宽敞的氏族宗祠、寺庙等建筑，多见于集镇或较大的氏族村庄。而这些氏族宗祠、寺庙，在20世纪50年代被拆除。20世纪末开始，有部分氏族重新修建氏族宗祠，宗教部门也恢复修建寺庙。20世纪50年代，农村建房造屋少。60年代有部分村民拆旧翻新，以砖木结构平房为主，但没有规划，布局凌乱。70年代，不少村民将泥草房翻建成砖瓦房。80～90年代，农村建房有了较合理的规划，境内各自然村楼房与日俱增。进入21世纪，农村新建的楼房，结构、形式更新很快。2013年，别桥镇现境内有别墅375套，楼房115878间，砖瓦平房4923间，人均居住面积53.03平方米。

2008年开始，新农村建设步伐加快，全镇整治村庄环境，注重自然生态，建设康居乡村。2011年，塘马村列为常州市第一批“三星级康居乡村”村庄建设与环境整治项目之一。2012年3月，别桥村丁家棚自然村被列为常州市“三星级康居乡村”标准进行建设与环境整治。2012～2013年，村庄环境整治涉及18个行政村277个自然村。2012年年底完成村庄整治113个自然村。2013年，对域内141个自然村实施环境整治。至2013年年底，全镇18个行政村的277个自然村已全部完成村庄整治工作，并全部通过上级的考核及合格验收。

新中国成立前，别桥集镇局促于丹金溧漕河西岸至虞缪村百十米长狭窄的街道，东西两端建有关门。新中国成立初期，3条主街道总长320多米，商店货铺、酒肆茶楼骈阗在街道两旁。新中国成立后，特别是改革开放以来，社会经济建设突飞猛进，集镇、农村建设有了较为合理的规划，经过几十年的开发、建设，集镇公共设施和市政工程日臻完善，集镇面貌焕然一新。1995年，别桥镇被列为国家、省、常州市现代化新型小城镇试点。1985～2006年，镇政府集中建设别桥老镇区（丹金溧漕河东岸至老溧金公路）。境内绸缪、后周集镇建设也具有一定的规模。2007年，别桥镇被评为常州市新型小城镇。绸缪、后周并入别桥镇，别桥集镇发展规模进行调整，镇党委、镇政府制定“稳定繁荣桥东老镇区、开发新建桥西新镇区”的集镇建设新规划。历经6年的开发、建设，桥西新镇区构成“三横”（镇西街、兴城西路、中心街）、“九纵”（爱国路、新华街、阁帖路、淳化路、毙溪路、奚明路、应图路、世俊路、公园路）的骨干街道和主干道。新镇区的行政、工商、医院、广电、供电、保险、学校等企事业单位大楼矗立其间，居民小区住宅楼房鳞次栉比，店铺商家相挨。新镇区雏形形成。

集镇、村庄建设的同时，公共事业也在迅速发展。中共十一届三中全会后，现境内的原各个乡镇开始兴办自来水厂，至2007年，万顺自来水厂有限公司承担了6万多人口的用水需求，并以塘马水库的水作为水厂的水源，水质优良，全镇自来水普及率100%。民国17年（1928年）耀华电灯公司创办，别桥集镇始有路灯、电灯，但抗日战争中被日本侵略军烧毁。直至20世纪60年代，电网供电及电力灌溉站的兴建，集镇、农村开始使用电灯照明。70年代，农村村村通电，户户用电照明。2013年，集镇的路灯星罗棋布，霓虹灯闪闪烁烁，全镇年用电量达5.34亿千瓦时。

第一章　集镇建设

第一节　建设规划

1981年，别桥公社成立规划办公室。1982年，别桥、湖边、古渎、绸缪、后周各公社设立建房规划办公室，成为镇村建设、规划编制与实施的管理单位。1985年，别桥镇、湖边乡、古渎乡、绸缪乡、后周乡分别编制集镇建设规划。别桥镇集镇建设规划为三步：首先将丹金溧漕河东西两岸各拓宽至12米，建设沿河新街道；第二步，将从别桥大桥往东至别桥区工委门前的旧街道（东关街道）整理、拓宽达15米宽的新街道；第三步，从别桥区工委门前的街道向东延伸，培阳村后公路北侧规划为工业用地，公路南侧规划为商业、服务业、电影院等用地。湖边乡的规划是将原来建设在闸口村西、闸口大河北岸的街道，逐步东迁到镇广路（241省道）东西两侧，同时妥善安排使用好老街镇的建筑与设施。古渎乡的规划是把镇区新街建设在濑溪河北岸，东起观音桥，西至溧（阳）后（周）公路这一开阔地带，严格控制向过境公路东侧北部和公路西边发展。根据溧阳市（县）人民政府、市规划局要求，1985年后，各乡镇每隔2～5年对集镇规划进行一次修编。

1990年，各乡镇人民政府设立村镇建设办公室，成为村镇建设规划编制与实施的管理单位。

图6-1 别桥集镇中心街

1998 年，完成别桥镇第三轮总体规划修编工作。至 2007 年，一共有五轮镇（乡）总体规划修编。

20 世纪 90 年代，绸缪集镇规划建设过境公路商业街，确定以溧（阳）后（周）公路东西两侧向北发展。后周集镇确定以老镇区为依托，向东发展生活区，向北发展工业区。后周河将居住用地分为东西两块。东区以新建筑为主，西区以老建筑为主。老居住区采取改造为主，以完善基础设施，打通道路网络，加强环境建设，提升居住环境质量为重点。新居住区统一规划，统一建设，住宅以多层为主，规划配套各类设施。工业用地集中于镇区北部，规划在竹箦至别桥公路南侧。

2002 年《别桥镇总体规划（2005 ～ 2020）》编制完成，明确别桥集镇镇区中心逐渐东移、镇中心依托商业老街的扩展，镇区主要公共建筑集中于镇中街和兴城东路，居住用地位于镇区的东北部和南部，工业用地主要在镇区北部，两者相互对应。以河流、道路、绿化隔离带将不同用地相间隔，联系方便又互不干扰，同时镇区结合河流布置块状和条状绿地。

2007 年，别桥镇被评为常州市新型小城镇。同年，绸缪、后周并入别桥镇，别桥镇的人口居住规模和集镇发展规模发生重大变化。2002 年编制的《别桥镇总体规划（2005 ～ 2020）》已不适应新时期的发展要求，为此，别桥镇人民政府对 2002 年编制的《别桥镇总体规划（2005 ～ 2020）》进行修编。新编制的《溧阳市别桥镇总体规划（2009 ～ 2020）》明确别桥镇新时期的总体发展方向，镇党委、政府制定“稳定繁荣桥东老镇区，开发新建桥西新镇区”的城镇建设规划，在桥西东起爱国路、西至公园路、南至新上上线、北到北环路，东西长 2.3 千米，南北宽 1.1 千米，面积 2.53 平方千米的区域，为别桥镇新镇区的第一期工程，同时规划北郊工业园区和北山工业园区。打造别桥镇镇域、村镇体系发展重点，形成别桥镇区——绸缪、后周社区——保留村三级村镇体系结构。到 2020 年，随着规划期内城乡整合发展，将最终过渡为一个镇区、两个社区和农村居民点的三级镇域村镇体系。

一级镇区：别桥建设用地约 474 公顷；二级社区：绸缪建设用地约 36 公顷，后周建设用地约 83 公顷。

规划工业用地：近期（2013 年）115.86 公顷，占镇区建设用地的 33.01%，人均工业用地 38.62 平方米；远期（2020 年），180.26 公顷，占镇区建设用地的 38.03%，人均工业用地 48.81 平方米。

居住用地：近期（2013 年），108.78 公顷，占镇区建设用地的 30.99%，人均居住建筑用地 36.26 平方米;远期（2020 年），122.76 公顷，占镇区建设用地的 25.89%，人均居住建筑用地 30.69 平方米。

行政管理用地：近期（2013 年），7.86 公顷，占镇区建设用地的 2.24%，人均行政管理用地 2.67 平方米;远期（2020 年），7.86 公顷，占镇区建设用地的 1.66%，人均行政管理用地 1.97 平方米。

商业金融用地：近期(2013 年)，18.45 公顷，占镇区建设用地的 5.25%，人均商业金融用地 6.15

平方米；远期（2020 年），25.13 公顷，占镇区建设用地的 5.3%，人均商业金融用地 5.02 平方米。

文体科技用地：近期（2013 年），1.5 公顷，占镇区建设用地的 0.42%，人均文体科技用地 0.5 平方米；远期（2020 年），1.5 公顷，占镇区建设用地的 0.32%，人均文体科技用地 0.38 平方米。

教育机构用地：近期（2013 年），9.42 公顷，占镇区建设用地的 2.68%，人均教育机构用地 3.14 平方米；远期（2020 年），9.42 公顷，占镇区建设用地的 1.99%，人均教育机构用地 2.34 平方米。

医疗保健用地：近期（2013 年），1.29 公顷，占镇区建设用地的 0.37%，人均医疗保健用地 0.43 平方米；远期（2020 年），1.29 公顷，占镇区建设用地的 0.27%，人均医疗保健用地 0.32 平方米。

集贸设施用地：近期（2013 年），3.12 公顷，占镇区建设用地的 0.89%，人均集贸设施用地 1.04 平方米；远期（2020 年），3.12 公顷，占镇区建设用地的 0.66%，人均集贸设施用地 0.78 平方米。

对外交通用地：近期（2013 年），5.7 公顷，占镇区建设用地的 1.62%，人均对外交通用地 1.9 平方米；远期（2020 年），9.7 公顷，占镇区建设用地的 0.66%，人均对外交通用地 2.42 平方米。

道路广场用地：近期（2013 年），36.45 公顷，占镇区建设用地的 10.38%，人均道路广场用地 12.15 平方米；远期（2020 年），52.4 公顷，占镇区建设用地的 11.05%，人均道路广场用地 13.1 平方米。

绿化用地：近期（2013 年），37.35 公顷，占镇区建设用地的 10.64%，人均绿化用地 12.45 平方米；远期（2020 年），53.32 公顷，占镇区建设用地的 11.24%，人均绿化用地 13.33 平方米。

公共绿地：近期（2013 年），22.2 公顷，占镇区建设用地的 6.32%，人均公共绿地 7.4 平方米；远期（2020 年），32.12 公顷，占镇区建设用地的 6.77%，人均公共绿地 8.03 平方米。

生产防护绿地：近期（2013 年），15.15 公顷，占镇区建设用地的 4.31%，人均生产防护绿地 5.3 平方米；远期（2020 年），21.2 公顷，占镇区建设用地的 4.47%，人均生产防护绿地 5.3 平方米。

通过规划实施，形成老镇区居住片、绸缪社区居住片、后周社区居住片、老镇区商业中心、新镇区行政中心、文化娱乐中心和北山、北郊两大工业园区。

第二节　别桥集镇建设

一、路　街　巷

民国初期，桥西有一条东起丹金溧漕河，西至石场，用青石板铺的，长 150 多米，宽 6 ～ 8 米的大街；北关有一条南起影剧院、北至水龙馆（消防器械室），长 60 多米，宽 3 ～ 5 米的青石板小街道。桥东有一条西起别桥大桥，向东延伸百米多长的青石板大街。新中国成立初期，别桥镇有东关、西关、北关 3 条青石板路面街道，总长 320 多米。1969 年 6 月 10 日，溧阳县革命委员会生产指挥组下拨 2000 元经费，整修 150 多米长的别桥人行桥至石场，影剧院至镇工会 60 多米长的街道（原北关街）及下水道 170 多米。1985 年将丹金溧漕河东西两岸拓宽至 12 米，新建两条长 230 米、宽 8 米的沿河路街。1988 年起整理、拓宽街道，建成从别桥集镇人行桥至别桥区工委门前，宽 15 米，长 300 米的镇中街（原东关街）。

1995 ～ 1996 年，溧阳加快农村城镇化、城乡一体化进程，别桥镇被列为国家、省、常州市现代化新型小城镇建设试点。别桥镇加强主街道两侧改造，逐步建成商品街（兴城东路—镇中街），长 170 米，宽 8 米；镇东大街（兴城东路），西起丹金溧漕河边（别桥北大桥），东至 241 省道，长 2300 米，宽 16 米；镇中街（别桥步行桥—培阳路），长 300 米，宽 15 米；桥西大街（别桥步行桥—爱国路），长 335 米，宽 10 米；北关新街（镇西街—兴城西路），长 300 米，宽 8 米。全是水泥路面。窨井、排水道、自来水管、三线等都一次配套。邮电大楼、保险公司、法庭大楼、个体户的商业楼等拔地而起。1999 ～ 2006 年，进一步修建和扩建镇东集镇区路街，连续修建了从谦路（上湖路—兴城东路），长 130 米，宽 12 米；丝绸路（上湖路—兴城东路），长 130 米，宽 12 米；姜家路（兴城东路—姜家村），长 215 米，宽 8 米；牌坊路（上湖路—兴城东路），长 130 米，宽 12 米；马公路（兴城东路—马家桥），长 665 米，宽 10 米；胪昌路（马家路—马公路），长 650 米，宽 10 米。并完成兴城东路集镇段长 1300 米、宽 16 米的沥青路面的铺浇。同时浇筑马家路（兴城东路—241 省道），长 400 米，宽 12 米；湖塘路（兴城东路—241 省道），长 2814 米，宽 12 米。

2007 年 3 月，绸缪镇、后周镇并入别桥镇，别桥镇区重心西移。镇党委、镇政府规划，在桥西老镇区爱国路以西、公园路以东，东西长 2.3 千米，南起新上上线、北至北环路，南北宽 1.1 千米，面积 2.5 平方千米的区域内，以兴城西路（老上上路）、中心街为骨干街道，拉开建设别桥集镇新区的框架。2007 ～ 2013 年，别桥新镇区相继建成兴城西路（别桥北大桥—光武路），长 5900 米，宽 16 米；中心街（爱国路—公园路），长 2100 米，宽 16 米；镇西街（别桥步行桥—爱国路），长 335 米，宽 10 米。爱国路（兴城西路—别桥中学），长 670 米，宽 10 米；新华街（兴城西路—中心街），长 170 米，宽 10 米；阁帖路（兴城西路—中心街），长 800 米，宽 8 米；淳化路（兴城西路—中心街），长 800 米，宽 12 米；甓溪路（兴城西路—中心街），长 125 米，宽 8 米；奚明路（兴城西路—中心街），长 1100 米，宽 8 米；应图路（兴城西路—中心街），长 1100 米，宽 8 米；世俊路（兴城西路—中心街），长 1200 米，宽 16 米；公园路（兴城西路—战胜村），长 1300 米，宽 16 米。构成了别桥新镇区“三横九纵”的骨干街道和主干道路。至 2013 年，别桥集镇新镇区、老镇区主要路街 33 条，总长 32219 米。

2013 年，镇西有虞缪巷：东起影剧院（西关口）、西至老别桥小学（别桥村村委），长 600 多米。据说，虞缪巷巷南居户姓缪者多、巷北居户姓虞者多，虞缪巷由此得名。大巷：东起水龙馆（消防器械室）、西至老哺坊（爱国路），长 330 米。北关巷：南接北关街、北至兴城西路，长 180 米。北巷：东起北关巷、西至虞志安家（爱国路），长 126 米。六份楼巷：南起石场、北至大巷，长 108 米。无名巷：南起虞缪巷、北至北祠堂，长 400 多米。还有一条距镇西街 50 米左右、与镇西街平行、俗称后街的巷，东起丹金溧漕河，西至北关街。新中国成立前，巷北有耀华电灯厂（抗日战争中被日军烧毁，新中国成立后建农具厂）和山地货批发行；巷南侧有棉仔行、王和尚私人药铺、方家浴室聚水池、尤家女浴室及望夫楼等。

2013 年别桥集镇路、街一览表

表 6-1-1　　　　单位：米

路街名称	起　讫	长度	宽度	路面
镇中街	东起培阳路，西至别桥步行桥（丹金溧漕河）	300	15	沥 青

续表 6-1-1　　　　单位：米

路街名称	起　讫	长度	宽度	路面
商品街	南起镇中街，北至兴城东路	170	8	混凝土
马公路	南起兴城东路，北至马家桥	665	10	混凝土
培阳路	南起镇中街，北至兴城东路	160	8	混凝土
丝绸路	南起上湖路，北至兴城东路	130	12	混凝土
牌坊路	南起上湖路，北至兴城东路	130	12	混凝土
从谦路	南起上湖路，北至兴城东路	130	12	混凝土
胪昌路	东起马家路，西至马公路	650	10	混凝土
上湖路	东起湖塘路，西至培阳路	930	16	混凝土
沿河路	南起镇中街，北至商品街	230	8	混凝土
马家路	南起兴城东路，北至 241 省道	400	12	沥 青
湖塘路	北起兴城东路，南至 241 省道	2814	12	混凝土
姜家路	南起兴城东路，北至姜家村	215	8	混凝土
兴城东路	西起别桥北大桥（丹金溧漕河），东至 241 省道	2300	16	沥 青
兴城西路	东起别桥北大桥（丹金溧漕河），西至光武路	5900	16	沥 青
镇西街	东起别桥步行桥（丹金溧漕河），西至爱国路	335	10	混凝土
爱国路	北起兴城西路，南至别桥中学	670	10	混凝土
北 街	南起镇西街，北至兴城西路	300	8	混凝土
前王路	南起兴城西路，北至前王村	1595	10	混凝土
中心街	东起爱国路，西至公园路	2100	16	沥 青
阁帖路	北起兴城西路，南至中心街	800	8	沥 青
淳化路	北起兴城西路，南至中心街	800	12	沥 青
鼪溪路	北起兴城西路，南至中心街	125	8	沥 青
奚明路	北起兴城西路，南至中心街	1100	8	沥 青
应图路	北起兴城西路，南至中心街	1100	8	沥 青
世俊路	北起兴城西路，南至中心街	1200	16	沥 青
公园路	北起兴城西路，南至战胜村	1300	16	混凝土（含 500 米沥青）
仰嵩路	北起兴城西路，南至广惠东路	1300	8	混凝土（含 500 米沥青）
来苏路（原福山路）	北起兴城西路，南至广惠东路	420	12	沥 青
广惠东路	东起公园路，南至北山南路	2500	12	混凝土
广惠西路	东起北山南路，西至光武路	1000	12	沥 青
健康路	北起兴城西路，南至广惠西路	450	10	沥 青
新华街	北起兴城西路，南至中心街	170	10	沥 青

二、别桥老镇区主要公共建筑

新中国成立前，集镇的公共建筑主要是寺庙、祭祀祠堂等。抗日战争时期，大部分被日本侵略军毁损。新中国成立后，随着经济、社会的发展，集镇基本建设投资不断增加，公共建筑逐渐增多。

【党政机关办公楼（大院）】 20世纪50年代，中共别桥乡党委、政府，将别桥太师庙改建成办公用房，并逐步建设一些会议室、宿舍等配套用房，形成一个大院式办公区。1988年，乡党委、乡政府迁到别桥区工委的办公大楼内，后经扩建、改造，建设2幢3层办公大楼，占地面积1800平方米，建筑面积2160平方米。2010年，镇党委、镇政府搬迁到新镇区兴城西路168号。原党政机关办公楼(大院)拍卖给他人,2013年作为镇东村委办公用房,部分开辟为超市。

【文化站】 20世纪50年代设在别桥青石板街道东端北侧，原别桥大桥西堍，1幢2层砖木结构老式楼房。60年代，移至街中，坐南朝北3间平房，后又迁至北关镇工会内。70年代，在别桥影剧院西侧建平房3间，建筑面积100多平方米，有阅览室、办公室。2007年，移至镇中街原税务所大楼，1幢4层楼房，建筑面积1080平方米。

【新华书店】 20世纪70年代，位于镇西街与北关街交会处1幢2层楼房，建筑面积100平方米左右。80年代，移建镇中街26号，3间2层楼房，建筑面积220平方米。

【供销社营业楼】 坐落于原镇西街，高2层，建筑面积3660.5平方米，1972年建成。1999年7月,供销社营业楼拍卖给个人,营业房租赁给个人。2007年后,因集镇发展,供销社营业楼、营业房全部拆除。

【邮电局】 20世纪60年代坐落在西关口,戏院西侧,1幢2间2层砖木结构小楼。1975年,移建镇中街（东关街),3间2层砖混结构楼房,200多平方米。1994年5月移至兴城东路36号,1幢4层22间，占地面积2000平方米，建筑面积712.8平方米。

【别桥戏院】 位于镇西街西端，正门对着北关街。1954年建成，占地面积1200平方米，建筑面积950平方米。20世纪70年代改称影剧院。影剧院内安排长条靠背椅33排，每排坐28人，共有920个座位。1981年翻建，溧阳影剧院安装新翻转椅，拆下来的旧翻转椅，挑选920张安装到别桥影剧院。1992年又对影剧院大梁加固一次，屋面全面翻修。因集镇建设重新布局，2013年后，影剧院被拆除。

【别桥中学】 坐落在别桥新镇区东南，1958年建成。学校有教学楼1幢4层，综合楼1幢3层，占地面积45438平方米，建筑面积16728平方米。

【别桥小学】 新中国成立初期设在广惠庵（俗称“大庙”），并逐步建设数十间平房，为教室、办公、生活用房。20世纪70年代，翻建成2层教学楼、办公楼。随着教育事业的发展，1998年底，学校易地新建，校址选在别桥老溧金公路（现湖塘路）东边。中心小学、中心幼儿园占地面积39304平方米，综合楼1幢高4层，教学楼3幢高3层，建筑面积10786平方米，绿化面积8025平方米。1999年8月，别桥中心小学及幼儿园搬迁到新学校，原小学改建成别桥第二小学。2007年8月,别桥第二小学并入中心小学,原学校部分楼房成为别桥村委会办公用房,其余教学用房拆除,建设安置房。2014年8月，别桥中心小学、中心幼儿园搬迁到别桥新镇区中心街南侧体育馆西边。

【别桥卫生院】 新中国成立初至2012年在爱国路东边、虞缪巷北侧，原理堂处。1957～1958年，在理堂处建设前后2幢平房，占地面积1456平方米，建筑面积576平方米。1986年在原址翻建成楼房，建筑面积2912平方米。2012年2月搬迁到新镇区兴城西路南侧。

2013 年，原医院拆除。

【别桥法庭】 1984 年 5 月建成，位于别桥区工委门前，3 间 2 层楼房。1990 年，在兴城东路北侧重建 1 幢 3 层法庭大楼，建筑面积 676.3 平方米。2000 年 12 月，别桥法庭撤销，旧址改建商业和住宅楼。

【派出所】 20 世纪 60 年代，在公社大院内。70 年代，在别桥北大桥西堍北侧建成 1 幢 2 层办公楼。90 年代，派出所办公大楼重建在老溧金（现湖塘路）东面，上湖路北侧，占地面积 2168 平方米，建筑面积 1800 平方米。2010 年搬迁到兴城西路 588 号，新建的办公大楼占地面积 4000 平方米，建筑面积 1600 平方米。派出所搬迁后，原址作为北山交警中队办公用房。

【北山交巡警中队办公楼】 位于别桥老溧金公路（湖塘路）东面上湖路北侧（原派出所办公大楼），占地面积 2168 平方米，建筑面积 1800 平方米。

【国土资源所】 于 1997 年 10 月建，坐落在兴城东路南侧 163 号，1 幢 3 层 15 间，占地面积 666.6 平方米，建筑面积 350 平方米。

【财政所】 坐落在别桥兴城东路 143 号，1 层 5 间，占地面积 200.73 平方米，建筑面积 224.10 平方米。2010 年 12 月搬入新镇政府大楼，原财政所办公房由万顺自来水厂借用。

【别桥税务所（国税别桥分局）】 1980 年前在镇西街 16 号办公，1980 年迁到镇中街 46 号，1 幢 4 层 20 间，占地面积 256 平方米，建筑面积 1080 平方米。2007 年改为文化活动中心。

【别桥地税分局】 坐落在兴城东路南侧 149 号，1996 年建，1 幢 4 层 16 间，占地面积 640 平方米，建筑面积 768 平方米。2004 年 5 月，地税分局改称为溧阳市地方税务局第六分局。2010 年 5 月，税务第六分局搬迁到上黄镇，搬迁后税务第六分局办公楼拍卖给个人。2013 年，办公楼改建成海蓝天沐浴休闲中心。

【电力管理站（供电所）】 坐落在别桥北大桥西堍北侧，1990 年 3 月建。2 幢 3 层 30 间，占地面积 1304 平方米，建筑面积 499.7 平方米。2011 年 11 月搬迁到兴城西路北侧世俊路东边新办公大楼。搬迁后原办公楼置换给镇政府另作他用。

【工商行政分局】 坐落在镇中街南侧，1986 年建，占地面积 670 平方米，建筑面积 450 平方米。2011 年搬迁到新镇区兴城西路北侧，供电所东边。搬迁后至 2013 年，分局办公楼暂时闲置。

【江南农村商业银行（原农村信用合作社）】 坐落在别桥镇中街 57 号，1986 年 12 月建，1 幢 3 层 15 间，占地面积 1836 平方米，建筑面积 573.7 平方米。

【农业银行】 坐落在兴城东路 88 号，1995 年 10 月建，1 幢 3 层 21 间，占地面积 648 平方米，建筑面积 877.2 平方米。

【房管所】 坐落在镇西街 16 号，3 层楼，占地面积 200 平方米，建筑面积 410 平方米，2013 年搬迁到新镇区中心街。原办公楼闲置。

【合作商店华夏商场】 1985 年 12 月建，坐落在镇中街 34 号，1 幢 2 层 8 间，占地面积 300 平方米，建筑面积 600 平方米。2001 年 12 月改制，拍卖给私人做商场。

【财产保险公司】 1991 年 9 月建，坐落在兴城东路 89 号，1 幢 4 层 28 间，占地面积 667 平方米，建筑面积 907.2 平方米。2007 ～ 2008 年，财产保险公司别桥办事处撤销，办事处办公楼分拆拍卖给私人。

三、别桥新镇区主要建筑

2007 年，绸缪、后周两镇并入别桥镇，别桥镇人口规模扩张，集镇建设作重大调整。在桥西东起爱国路，西至公园路，南至新上上线，北到北环路，东西长 2.3 千米，南北宽 1.1 千米，面积 2.53 平方千米的区域内，规划建设兴城西路、中心街两条主街道。经过 6 年的开发、建设，新镇区已经形成。

2013 年，机关单位办公大楼已落户新区。兴城西路北侧，从公园路向东：

【镇党委、镇政府办公大楼】 坐落在兴城西路 168 号。占地面积 14695 平方米，建筑面积 15000 平方米。

【供电所办公大楼】 坐落在兴城西路 286 号。西面毗邻镇党委、镇政府办公大楼，3 幢 3 层 69 间的办公大楼，占地面积 3372 平方米，建筑面积 2512 平方米。

【别桥工商行政分局】 2011 年搬迁到新区兴城西路 282 号。办公大楼 1 幢 3 层 33 间，占地面积 3700 平方米，建筑面积 800 平方米。

【世代服务中心（计划生育）办公大楼】 坐落在兴城西路 280 号。2008 年 3 月新建，1 幢 3 层 18 间，占地面积 2000 平方米，建筑面积 300 平方米。

【社区教育中心】 建在兴城西路 278 号。2010 年 3 月新建，1 幢 3 层 30 间，占地面积 1600 平方米，建筑面积 350 平方米。

【别桥广电站】 坐落在兴城西路 276 号。2009 年 5 月建，1 幢 3 层 15 间，占地面积 2500 平方米，建筑面积 400 平方米。

【合星村委办公大楼】 坐落在兴城西路 272 号。建于 2013 年，1 幢 3 层 12 间，占地面积 600 平方米，建筑面积 420 平方米。畜牧兽医站 270 号、中国人保财险有限公司 266 号，两单位的办公室用房设在合星村委办公大楼内。

【金融大楼】 坐落在兴城西路 92 号。2013 年 5 月 8 日开工，一期工程“汇金楼”同年 12 月竣工，3 层 21 间，占地面积 3336 平方米，建筑面积 6671 平方米。

【交通管理所】 坐落在兴城西路 90 号。于 2008 年建，1 幢 2 层 14 间，占地面积 3186 平方米，建筑面积 500 平方米。

【新华广场商品住宅楼一期工程】 位于兴城西路北侧，交通管理所东面。2013 年 11 月 28 日开工，2015 年 1 月竣工，建 3 幢 5 层住宅楼，48 套居室，建筑面积 7800 平方米。

【新华机电厂办公大楼】 位于兴城西路 88 号，2003 年 7 月 1 日开工，2004 年 8 月 1 日竣工，1 幢 3 层，占地面积 580 平方米，建筑面积 1800 平方米。

兴城西路南侧，从公园路起由西往东：

【市民广场】 占地面积 19000 平方米，2012 年建成。

【溧阳市电梯商会】 坐落在兴城西路 181 号，紧邻市民广场。占地面积 2774 平方米，建筑面积 12000 平方米，内设宏达电梯技术培训中心。

【别桥卫生院】 2012 年 2 月搬迁到新镇区兴城西路 99 号。是一幢 5 层 96 间的门诊、住院综合楼，占地面积 4141 平方米，建筑面积 5130 平方米。

【别桥新镇区农贸（菜市场）市场】 坐落在兴城西路 83 号。占地面积 10058 平方米，建筑面积 15000 平方米。2013 年 6 月 1 日开工，2014 年 12 月 28 日竣工。内设楼上、楼下 79 个摊位、100 处摊点，营业面积 13000 平方米。

【缪氏蟹业大楼】 位于兴城西路 80 号。建于 2010 年 10 月，1 幢 4 层 28 间，占地面积 1000 平方米，建筑面积 600 平方米。

【客运站】 坐落在兴城西路 79 号。2008 年建，占地面积 5000 平方米，建筑面积 350 平方米，

【龙华苑住宅小区】 位于兴城西路 75 ～ 77 号。2011 年 10 月 18 日开工，2013 年 4 月 28 日竣工，占地面积 21272 平方米，建筑面积 25392.7 平方米。

【房产管理所】 坐落在别桥新镇区中心街 68 号。2012 年建，1 幢 4 层 20 间，占地面积 662 平方米，建筑面积 1412.2 平方米。

【华盛农村小额贷款有限公司办公大楼】 坐落在中心街北侧，应图路西边十字路口旁。占地面积 13340 平方米，建筑面积 13000 平方米。

【体育馆】 坐落在中心街 197 号。2013 年建，占地面积 1341 平方米，建筑面积 3500 平方米，与中心小学、中心幼儿园紧邻。

【别桥中心小学】 位于中心街 199 号。占地面积 42778 平方米，建筑面积 16795 平方米，其中行政用房 2414 平方米，综合楼 3516 平方米，教学用房 5373 平方米，生活用房 2419 平方米，其他用房 3073 平方米。2013 年竣工。

【中心幼儿园】 位于中心小学南面。占地面积 6000 平方米，建筑面积 6200 平方米，其中综合楼 3100 平方米，教学用房 1854 平方米，生活用房 1246 平方米。2013 年竣工。

2013 年别桥镇新镇区主要建筑建设规划一览表

表 6-1-2

建筑名称	建筑规模			建设规划		
	幢数楼层	占地面积（平方米）	建筑面积（平方米）	施工时间	竣工时间	坐落
建鑫办公大楼	1 幢 6 层	3066.82	5350.00	2014.11	2015.06	兴城西路南侧市民广场东面
兴城贸易综合大楼（商会）	1 幢 8 层	3335.00	5350.00	2014.07	2015.04	兴城西路北侧镇政府大楼西面

四、住宅

新中国成立前，集镇居民住宅大都是清代或民国时期建筑，白墙，青瓦坡面，多为砖木结构平房。集镇周边部分居民住宅是草屋，并有少量棚户，居住形式大都为单门独户。新中国成立后的 20 世纪 50 年代，房管部门在集镇建设一批住宅用房，多为低矮老式平房，租赁给单位、工厂职工居住。70 年代后期，部分居民开始建造砖墙盖瓦平房或建两层楼房。80 年代后期开始，政府和有关单位，逐步重视集镇居民住宅的规划和建设，开始在老集镇区域内零星地建设一些住宅楼。到 90 年代初，政府在完善街道、道路、管网、防洪、慢行系统的同时，规划居民住宅楼和住宅小区的建设。1990 ～ 2006 年，规划兴城东路南侧街道至上湖路北侧，东起湖塘路（溧金公路），西至培阳

村为镇东新村。至2013年，建成：镇东新村上湖路北侧沿街，兴城东路南侧沿街商铺166间10795.2平方米，住宅474套51580.8平方米，车库208间3897.6平方米。上湖路南侧，位于丝绸路与牌坊路之间，是别桥中学教工住宅楼，其他地段为居民住宅楼，有沿街商铺49间3038平方米，住宅58套7308平方米，车库28间336平方米。兴城东路北侧，从丹金溧漕河到马公路之间，底层沿街商铺22间2640平方米，住宅44套5280平方米。从马公路到姜家路之间，沿街商铺56间6720平方米，住宅144套17280平方米，底层车库32间384平方米。从姜家路到马家路之间，沿街商铺32间3840平方米，住宅72套8640平方米，车库32间512平方米。兴城西路北侧，前王路两侧，商铺53间2289.6平方米，住宅164套19680平方米，车库24间360平方米。兴城西路南侧，爱国路西侧，店铺16间691.2平方米，住宅16套1920平方米。

图6-2　别桥集镇永定景苑别墅区

主要住宅工程有：

金桥花园一期工程。2009年1月18日开工，2010年4月竣工。占地面积6731平方米，建筑面积10717平方米，3幢5层楼房，共70套住宅，面积8069.1平方米。

龙华苑小区。2011年10月18日开工，2013年4月28日竣工。占地面积21272平方米，建筑面积25392.7平方米，10幢4层楼房，共140套住宅，面积15747.78平方米，商铺66间9198.03平方米。

拆迁安置房一期工程。位于别桥第二小学原址。2012年10月30日开工，2013年11月竣工。占地面积20000平方米，建筑面积21860.7平方米，10幢4层（不包括底层车库）楼房，住宅房152套17192.3平方米，车库202间4623.4平方米。

新华广场一期工程。2013年11月28日开工，预计2015年1月竣工。占地面积3600平方米，建筑面积13600平方米，3幢5层楼房，商铺46间3600平方米，住宅72套10000平方米，车库60间1200平方米。

2013～2015年别桥集镇住宅小区建设规划一览表

表6-1-3

施工时间	小区名称	占地面积（平方米）	建筑面积（平方米）	楼层/幢数		商铺		住宅		车库		绿化面积（平方米）	竣工时间
				层	幢	套（间）	面积（平方米）	套	面积（平方米）	间	面积（平方米）		
2013.11.28	新华广场（一期）	3600.0	13600.0	5	3	46	3600.0	72	10000.0	60	1200.0	1000.0	2015.01

续表 6-1-3

施工时间	小区名称	占地面积（平方米）	建筑面积（平方米）	楼层/幢数		商铺		住宅		车库		绿化面积（平方米）	竣工时间
				层	幢	套（间）	面积（平方米）	套	面积（平方米）	间	面积（平方米）		
2014.04.18	新华广场（二期）	1800.0	9600.0	5	2	30	1800.0	48	7800.0	—	—	500.0	2015.02
2014.08.18	阳光茗苑（一期）安置房	12961.0	17426.0	5	6	—	—	160	17215.0	64	3732.0	700.0	2015.02
2015.08.28	阳光茗苑（二期）商品房	38175.0	44468.7	5	16	30	10141.0	296	29060.0	124	5678.0	2100.0	2016.08

五、镇区排水

丹金溧漕河把集镇一分为二，河东称东关，河西为西关。独特的地理形势，造就较好排水基础条件。但原街道排水系统紊乱，水沟经常阻塞。

20 世纪 70 年代前，集镇范围小，设置简陋的暗沟或明沟，雨水、生活废水顺沟流入丹金溧漕河，缺乏系统的排污设施。1969 年 6 月，整修街道和下水道，敷设排水管道 1030 米。20 世纪 70 ～ 80 年代中期，集镇排水系统变化不大。1988 ～ 2006 年，集镇建设速度加快，在拓宽改造老街道、规划新街道建设的同时，疏通下水道 2000 米，完成下水道敷设 13 条，长 8500 米，下水道服务面积扩展到 2.4 平方千米，日排放污水 1000 多吨。2007 ～ 2013 年，别桥集镇向西发展，开发建设东起爱国路、西至公园路，南起新上上路、北至北环路的集镇新区。集镇新区地势高，镇区主街道地基略高，南北两边地基微低，排水条件较优。开发建设新区，首先敷设下水道，做到污水、雨水分流排放。排污管道沿新上上路、中心街、镇西街、主街道敷设，雨水采用分散、就近排放原则，做到高水高排，低水低排。新镇区敷设排污水主管道 12 条，长 14295 米，下水道服务面积 2.5 平方千米，日排污水 1140 吨。至 2013 年，集镇排水主管道 29 条，总长 24795 米。下水道服务面积 5.6 平方千米，日排污水 6000 吨。

六、镇区亮化绿化

【镇区亮化】 民国 17 年（1928 年），吕伯雄与张景裕开办耀华电灯公司，集镇主要街道首次安装路灯 10 盏。民国 26 年（1937 年）冬，电灯公司和路灯均被日本侵略军烧毁。20 世纪 60 年代初，别桥米厂发电，集镇有路灯 16 盏。1967 年电网供电后重新设置路灯。80 年代中期，集镇安装路灯 435 盏。随着时代的发展、商贸的兴旺、经济的繁荣，集镇路灯逐年增加。进入 21 世纪，路灯、灯光广告牌、商家的霓虹灯、投光灯、聚光灯越来越多。至 2013 年，集镇安装路灯 1022 盏，装有霓虹灯的商家有 12 家，健身广场、鑫鑫百货、青远、新乐等超市安装投光灯、聚光灯 5 组 10 盏，18 家商家安装电子显示广告牌、灯光广告牌 25 处。此类电器年用电量 36 万千瓦时。

【镇区绿化】 1985 年前，集镇绿化主要是企业、单位、居民在院落边角空地栽一些水杉、香樟、黄杨、银杏、雪松等树种。1988 ~ 2007 年，在兴城路两侧栽有行道树香樟，在上湖路中央建有两米宽的绿化长廊，绿化长廊里栽种桂花、合欢、女贞、黄杨、紫薇等观赏树，还配栽高羊茅草、马尼兰草、地毯草等草坪，层次分明，立体感强。在老溧金公路与兴城东路的十字路口，向东延伸 1500 多米，与镇广公路（241 省道）接轨的公路两旁，每边栽两行香樟树，并在香樟树内侧至行车道间，每边设置 4 米宽的绿化带。绿化带里采用不同类型的花草树木，搭配成一片片不同的绿化景观。在别后（兴城西路）公路两边各栽两行水杉、两排香樟，空隙处铺栽草坪。

2007 年后，集镇建立以道路绿化、滨河绿带、公园绿地与社区绿地相结合，以美化环境、创造优美景观、优化投资环境、建“生态小镇”、护“乡村美丽”为目标，在镇区内依托街角空地、自然水系、高压设施基地，布置公共绿地；利用道路两侧、丹金溧漕河、北河沿线，布置带状绿地；小区规划居住区绿地，机关、工厂、学校等单位规划专用绿地。至 2013 年，种植草坪 86.03 公顷，集镇绿化面积 96.26 公顷，绿化覆盖率 27.3%，人均绿地 8.02 平方米。

第二章　村庄建设

第一节　建设规划

2013 年，全镇自然村 277 个，其中 1000 人以上 7 个，500 ~ 1000 人 34 个。

20 世纪 60 年代有些大队（村）曾经规划村庄建设，并进行尝试。最典型的是别桥公社的渔民新村的建设。1968 年，世世代代居住在船上的渔民，在人民政府关怀和安排下，搬到陆地上定居。别桥公社党委调动全公社劳动力，集中到泗家埠河东的芦滩上，在围湖造田的同时，挖塘取土，运送到规划的渔民新村宅基地上，填高宅基地。县人民政府拨款 25 万元，木材 120 立方米，砖 15 万块，青瓦 11 万张，水泥 20 吨，水产大队自筹资金 8500 元。1969 年，在填高夯实的宅基地上，统一规划 6 排住宅房基。每排住宅房东西长 70 米，建砖木结构的平房 17 间，每间宽 3 米，进深 7 米，高 4.3 米，每排（幢）住宅房前后间距 8 米。建房工程分二期完成，第一期 1972 年竣工，建造二排（幢）砖木结构的平瓦房 34 间，让一批船小人多的渔民首先住进新房。第二期 1977 年 1 月竣工，建造房屋 116 间，58 户渔民全部搬进新房。除住宅房外，还盖起大队（村）办公室、大礼堂、学校、仓库等。渔民新村每幢住宅房前是一条长 80 米、宽 5 米的大道，新村东西两头各有一条宽 5 米的大道。村前北河大埂上、村后排水渠边栽了一排排杨柳、水杉、池杉。青瓦白墙，柳树成行，整齐划一的渔民新村，连祖祖辈辈居住在岸上的邻村村民都羡慕不已。1982 年后，渔民在长荡湖里进行网围养鱼，收入不断增加。1988 年，渔民开始在长荡湖网围养蟹。通过网围养殖富起来的渔民逐渐居住到集镇或市区，少数渔民留在渔民新村。后来由于北河的疏浚拓宽，留下来的村民又没有按照原来的规划翻建住宅，原来整齐划一的居民住宅不复存在。

后周村东王自然村，1973年开始规划村庄建设。村民们在老村基的基础上统一放样，全村规划3排住宅基地。每排东西长130米，每排前后间隔12米，住宅房每间开间3.6米，进深8.3米，每隔两户就留一条小巷，每户门前浇筑7米宽的水泥场，水泥场南边（前排房的屋后）浇筑一条5米宽的混凝土大道。原规划在村前30米处开挖一条人工河，河两边栽树种花，绿化家园，美化环境。后来，由于各户具体情况不同，收入有差距，住宅的房型、式样、房高无法统一，因此，每排住宅只能是后墙整齐划一，房屋建造的高低、房型、式样只能是自主规划，因户制宜。

2005年10月，中共十六届五中全会作出建设社会主义新农村的重大决策。按照溧阳市人民政府《关于做好全市镇村布局规划编制工作的通知》精神，别桥镇、绸缪镇、后周镇对村庄布局进行规划编制。2006年12月，经溧阳市人民政府批复同意别桥镇、绸缪镇、后周镇的规划编制。

2007年，绸缪镇、后周镇并入别桥镇。2008年，别桥镇政府在原别桥、绸缪、后周三镇的原镇村布局规划编制的基础上，重新修编《别桥镇镇村布局规划（2008～2020）》。2009年，溧阳市人民政府批复同意《别桥镇镇村布局总体规划（2008～2020）》。在实施过程中，别桥镇政府发现《别桥镇镇村布局规划（2008～2020）》已不能适应新的城镇、村庄发展要求。于是，委托溧阳市顺达规划设计有限公司，重新编制《别桥镇（近期2009～2013，远期2014～2020）镇村布局总体规划》。

别桥镇现境原有277个自然村，平均每平方千米村庄数2.15个，总体特征是数量多、规模小，布局散乱。发展规划原则为镇区与乡村实行统一规划建设，优化空间布局，发展农业的规模化经营和集约化生产，逐步合理的缩并零散的村庄居民点，有效地节约耕地，体现可持续发展的要求，保护生态环境，实施基本农田保护规划，合理布置各项生产、生活用地，使村庄以从事一产（农业）为主的农户的集居点，形成环境优美、生活合理的新农村住区。

2009年别桥镇村庄布局规划方案一览表

表6-2-1　　单位：个

行政村名称	现状自然村庄数量	规划发展村庄名称及数量				一般村名称及数量	
		重点村		特色村			
		名称	数量	名称	数量	名　称	数量
湖边村	17	双桥村　闸口村　中观里　长桥头村　陆家湾村	5	浪圩村　湖塘村	2	西埂村　赵家村　王家头　湾头村　庙头村　史家村　长桥庵村　斗门湾村　北小圩村　徐家村	10
镇东村	13	培阳村　土山村　北堰村　中里村　李家坝村　诸泗村	6	庄上村	1	小桥头　东关　泗渎港村　渔民新村　陈家棚　樊家村	6
马家村	13	诸里村　园上村　义亩头村　前园　后园	5	马家村	1	新桥村　姜家村　东庄村　后村　北杨庄村　庙头村　东桥村	7
别桥村	10	前王村	1	陈巷村　丁家棚　樊庄村	3	老卜墩村　虞缪村　北巷村　小舍头村　诸阳村　金庄村	6

续表 6-2-1　　　　单位：个

行政村名称	现状自然村庄数量	规划发展村庄名称及数量				一般村名称及数量	
		重点村		特色村			
		名称	数量	名称	数量	名　称	数量
前程村	9	吕庄村　前程村 下尖圩村	3	谢家坝村	1	三官殿村　南棚村　北棚村 东埂村　北谢村	5
合星村	24	东神圩　西神圩 上市村　战胜村 五里亭　祁笪里	6	—	0	杨家棚村　史家棚村　前马场村 后马场村　上塘棚村　滩头村 西浦村　泗巷村　东庄村　承家村 李巷村　街头村　范家村　下场村 何万家村　何家村　前梁村 后梁村	18
古渎村	9	董家舍　庄只	2	—	0	桥北村　东溪村　河大湾村 五荡湾村　桥南村　车家村 史家村	7
道成村	14	童家村　钱家 徐家村　潘家郎村 金家桥村　虞家坝村 陈家村　马家村 昌口村　对河村	10	—	0	黄家村　杨家坝村　姚家桥村 符家村	4
两湾村	19	周家湾村 胡家墩村 赵圩村 牌楼村 贺家村	5	—	0	大沈家村　潘家村　尖只村 郝家村　小沈家村　北庄村 北陈埂村　杨家湾村　新河埂村 东陈家村　湾只村　殷家村 南房村　西房村	14
绸缪村	18	东舍　北舍 绸缪集镇　玉堂村 东湖头	5	—	0	森巷村　王家棚村　文巷村 闸头村　坝头村　西土桥村 尖只村　俞家村　王家庄村 滩头桥　王家庄　上周公　巴斗山	13
北山村	24	东社村　东马村 上塘村　诸皋村	4	—	0	阴山村　茶亭庵　白土棚　西诸巷 赵家村　曹夹村　施家村　滕家村 白土村　吴家村　西村　槎溪村 东高头　方里村　西高头　董家棚 幽栖观　俞家　王家　范家	20
黄金山村	12	前疁村　后陈村	2	黄金山村	1	西窑村　桃园村　建国村　颜家村 金星村　大涧西村　小涧西村 五棚村　小后疁	9
玉华山村	12	戴巷里村　颜笪里村 王家头　玉华山村	4	—	0	河头村　后迈桥村　小坝村 前云村　老棚村　西沈村　木库村 坛石桥	8
小石桥村	15	西舍村　梓村村 小石桥村　大石桥村 东舍村	5	—	0	王家村　陈家村　沟东村　沟西村 康东村　康西村　战胜村 沟西新村　前塘村　后塘村	10
塘马村	13	新典村　邵笪村 前巷村	3	塘马村 观阳村	2	张家村　倪家村　观西村 大塘头桥　后巷村　黄涯村 巷上村　下林桥村	8

续表 6-2-1 单位：个

行政村名称	现状自然村庄数量	规划发展村庄名称及数量				一般村名称及数量	
		重点村		特色村			
		名称	数量	名称	数量	名称	数量
后周村	24	葛家村　姜家村 后迈村　诸社村	4	—	0	周家背村　塘马山村　朱云山村 毛棚村　王家庄　渔东村　渔西村 靠村　西管里村　前殷村　姜庄村 东庄村　东王村　毛家村　姚家村 周烈庵村　西王村　后东村 刘家村　东头村	20
西庄村	14	魏笪村　龙梢头 拖板桥村	3	西庄村	1	杨笪村　后王村　新建村　副业队 西高村　魏高村　油榨桥村 小桥头村　小戴巷村　前安山村	10
西马村	19	窦巷村　西下梅 东下梅　前始背	4	西马村	1	尖只村　顾家村　罗笪村　大河村 西埂村　渔业村　南头村　朱家村 东埂村　岗头村　王家村　汤家村 牛郎庙　窑头上	14

第二节　新农村建设

2007 年，根据常州市委《关于开展整治村庄环境、共建小康家园专项行动的实施意见》，在推进农村“三清一绿”（清垃圾、清粪污、清污塘，村庄绿化）的基础上，实施村庄“五化三有”工程（村庄道路硬化、村庄绿化、卫生洁化、河塘净化、环境美化，有公共服务中心、有长效管理机制、有乡村文化）。别桥镇整治村庄环境，建设自然生态村、康居村。全镇整治清淤河塘149 条（个），整治清淤土方 39.4 万立方米，投资 175.39 万元。其中，整村推进整治河塘 67 条（个），整治土方 20.5 万立方米，工程决算造价 92.91 万元。2008 年，又对前王、前程、伏申、团结、古渎、阴山、绸缪、道成、玉华山、西庄、塘马等村的 92 条（个）河塘实施整村推进整治，完成土方 22.37 万立方米，总投入资金 99.7 万元。连续两年对村庄河塘的整治，初步清洁和畅通了河塘水系，河塘的水变清，环境变美。

2011 年，塘马村被列为常州市第一批“三星级”村庄建设与环境整治项目之一，当年 11 月启动，2012 年 8 月全部实施完成。整治总投资 450 余万元（50 万元用于征用土地）。完成环村道路 600余米，浇筑水泥场地 3300 平方米，铺设污水管网 1200 米，窨井 52 个，土方回填 7500 立方米，外墙刷新 5500 平方米，清表、平地、压实 3000 平方米，清运垃圾 85 车，新砌花坛 350 平方米，池塘砌砖 500 平方米，栽种各类树苗 3000 株，河塘清淤 2800 立方米、道板 420 平方米，新砌垃圾房 2 座，保护文化古迹、古树 3 处等。通过整治，初步形成环境优美、生态家居的新面貌。2012 ～ 2013 年，塘马村把创建“三星级康居乡村”与建设社会主义新农村有机地结合起来，借安置塘马水库库内移民的契机，规划新农村居民点。新居民点位于塘马水库泄洪闸的南面、泄洪河的东岸，建造 6 排住宅楼，每排 2 ～ 4 幢不等，共 34 套住宅房，每套面积 30 ～ 100 平方米。新居民点，东边与老塘马村相融，西紧邻溢洪河大堤，村前一望无垠的田野，村后背靠塘马水库。

2012 年 3 月，别桥村丁家棚自然村被列入常州市按“三星级康居乡村”标准进行建设与环境整治项目。至 8 月底，主要完成整治项目有道路硬化 4000 平方米，铺设污水管网 1500 米，绿化面积 1000 平方米，改造危房 300 平方米，新砌花坛 2500 平方米，河塘清淤 2000 立方米，土方回填 4500 立方米，刷新外墙 20000 平方米，新砌垃圾房 2 座，新增路灯 5 盏，公厕 1 座，健身广场 350 平方米，游园 1 处等。

2012 年对北山、西马、绸缪、玉华山、前程、古渎、合星、塘马、黄金山、小石桥 10 个行政村的 32 条（个）河塘实施清淤整治，共整治土方 13.82 万立方米，工程决算造价 62.19 万元。2013 年对镇东、别桥、前程、两湾、北山、小石桥、塘马、后周 8 个行政村的 84 条（个）河塘进行清淤整治，整治土方 25.8 万立方米，工程决算造价 116.12 万元，并规划 2014 年投资 60 万元，对西马、湖边、玉华山、黄金山、道成、合星 6 个行政村的 54 条（个）河塘实施清淤整治。

2007 ～ 2013 年，村庄环境整治涉及 18 个行政村 277 个自然村。到 2012 年底共完成村庄环境整治 113 个自然村，上半年完成 34 个，下半年完成 79 个。其中，“三星级康居乡村”2 个，分别是塘马和丁家棚；“试点村”1 个，为阴山村；“二星级康居乡村”24 个，环境整洁村 86 个。2013 年上半年，对域内 141 个自然村实施村庄环境整治，涉及 14 个行政村。其中“二星级康居乡村”3 个，分别是童家、前疁和玉华山；环境整洁村 138 个。至 2013 年年底，境内 18 个行政村的 277 个自然村全部完成村庄整治工作，通过上级的考核及合格验收。

2013 年溧阳市别桥镇二、三星级康居乡村汇总表

表 6-2-2

行政村	自然村	整治等级	计划完成时间	备　注
绸缪村	森　巷	二星级康居乡村	已完成	规划布点村
古渎村	古　渎	二星级康居乡村	已完成	规划布点村
前程村	前　程	二星级康居乡村	已完成	规划布点村
道成村	童　家	二星级康居乡村	已完成	规划布点村
黄金山村	前　疁	二星级康居乡村	已完成	规划布点村
玉华山村	玉华山	二星级康居乡村	已完成	规划布点村
北山村	东　社	二星级康居乡村	已完成	规划布点村
北山村	阴山村	二星级康居乡村	已完成	规划布点村
北山村	东马村	二星级康居乡村	已完成	规划布点村
北山村	滕家庄	二星级康居乡村	已完成	规划布点村
别桥村	陈　巷	二星级康居乡村	已完成	规划布点村
别桥村	前　王	二星级康居乡村	已完成	规划布点村
后周村	后　迈	二星级康居乡村	已完成	规划布点村
后周村	诸　社	二星级康居乡村	已完成	规划布点村
湖边村	湖　塘	二星级康居乡村	已完成	规划布点村
湖边村	浪　圩	二星级康居乡村	已完成	规划布点村
湖边村	陆家湾	二星级康居乡村	已完成	规划布点村

续表 6-2-2

行政村	自然村	整治等级	计划完成时间	备　注
湖边村	闸　口	二星级康居乡村	已完成	规划布点村
两湾村	胡家墩	二星级康居乡村	已完成	规划布点村
两湾村	周家湾	二星级康居乡村	已完成	规划布点村
马家村	诸　里	二星级康居乡村	已完成	规划布点村
塘马村	观　阳	二星级康居乡村	已完成	规划布点村
西马村	窦　巷	二星级康居乡村	已完成	规划布点村
西马村	西　马	二星级康居乡村	已完成	规划布点村
小石桥村	西　舍	二星级康居乡村	已完成	规划布点村
小石桥村	大石桥	二星级康居乡村	已完成	规划布点村
镇东村	土　山	二星级康居乡村	已完成	规划布点村
别桥村	丁家棚	三星级康居乡村	已完成	规划布点村
塘马村	塘　马	三星级康居乡村	已完成	规划布点村

第三节　农民建房

新中国成立前，别桥镇现境内农民住宅状况：大村落的地主、富农的住宅房屋一般是砖木结构的瓦房，少数地主的住宅也有砖木结构的二层楼房，极富裕的财主还是“走马楼”，绝大多数的贫苦农民无余力建造瓦屋。境内圩区农民住宅一般近堤沿河，坐北朝南，土墙草房为主；后周丘陵地区村落几乎全是土草房或茅棚；部分外地逃荒初定居的村民依埂靠堤，搭就极其简陋的“滚龙棚”或“茅舍”。故境内有些村名还带一个“棚”“舍”字，如：毛棚、五棚、白土棚、陈家棚、丁家棚、董家舍、北舍、东舍等。多数平房三间一轩，中间为堂屋，开间稍宽，边间做房间（也有作副房，人畜混居），轩屋作厨房。也有靠山墙或近旁建副房作厨房，或放置农具，或饲养禽畜。在建造上，边排五木或七木落地，中排为三架梁或四捎梁。条件好的农户，有较考究的正屋、侧厢，部分还有照壁、石阶等。草屋结构简单，有横舍、直舍、滚龙棚、升箩棚等形式。横舍一般中间为堂屋，两侧分别为在卧室、灶间；直舍在山墙开门，或加架敞棚遮挡风雨;滚龙棚用竹子攀成弓形着地，加盖草扇;升箩棚一根主梁，四根边柱，四周为土坭墙，屋顶覆盖稻草。

新中国成立初期，农村居民住房条件仍旧极差，多数自然村几十户甚至上百户人家，看不到一堵砖墙，找不着一张瓦片。较突出的别桥乡的前、后马场、五里亭村，全是土坯为墙，稻（茅）草盖屋顶（仅一户人家土坯墙，屋顶盖瓦）。20 世纪 50 年代，农村建房造屋的农户极少。60 年代，有个别农民拆旧翻新，建起砖木结构平房。但是，建房造屋没有规划，布局凌乱。70 年代，农民开始改善居住条件，将草房翻建成砖瓦房。80 年代以后农村各地的楼房拔地而起，日益增多，大多是二层或二层半式楼房三间。楼房结构形式也不断更新，有砖混、钢混、网络框架结构等。造型有转角阳台、封闭阳台、平屋顶或坡屋面。窗式也在变化，木框、水泥预制框、钢框、腰头窗、三开四开窗等。内外墙粉刷石灰或水泥，有的还上涂料、油漆、黏瓷砖。地面有的铺水泥，有的水磨，有的油漆打蜡，有的贴马赛克或铺各式地板。室内有水电装备，并有灶间、卫生间、浴缸等配套，还有纱门、纱窗等设施。1985 年，原别桥镇住宅建筑面积为 45.71 万平方米，其中楼房 4.6 万平方米，砖木平房 40.61 万平方米，草房 0.5 万平方米，人均居住面积 13.3 平方米。

90 年代开始，农村生活水平提高，自来水逐步普及，农民建房注重结构、式样、厅室布局。进入 21 世纪，农民在城区、集镇购买商品房，在农村建房数量减少。农村新建楼房的结构、式样日新月异，有的建起别墅式住宅楼。两湾村的 11 个自然村均有 1 ～ 3 户农民建造了别墅式楼房。室内装修越来越考究，与城市住宅装修相比毫不逊色。别桥镇 2010 年年末，拥有楼房的农村居民 18441 户，占农村总户数的 87.1%。是年，建房户数为 50 户，建造房屋 196 间，面积为 5338 平方米，造价达 576 万元。2013 年，全镇农村有别墅 375 套 56250 平方米；楼房 115878 间 3337286.4 平方米；砖瓦平房 4923 间 106336.8 平方米，农村人均居住面积达 53.03 平方米。

1994 ～ 2006 年别桥镇域内农村私人建房统计表

表 6-2-3

年份	乡镇	年末拥有房屋（间）		年末楼房户数（户）		当年新建房屋（间）	
		合计	其中楼房	合计	占总户数比重（%）	合计	其中楼房
1994	别桥	38814	19829	5409	56	1569	1507
	古渎	16898	9927	2110	66	332	304
	绸缪	12807	4821	1291	38	431	322
	后周	30924	12881	2976	44	1195	1065
1995	别桥	41580	27131	5982	61	1921	1842
	古渎	17722	10716	2214	70	500	473
	绸缪	14775	4936	1404	42	445	331
	后周	32216	14852	3301	47	1292	1194
1996	别桥	43295	28808	6312	64	1715	1677
	古渎	18200	11971	2287	72	392	367
	绸缪	14784	5646	1938	57	259	185
	后周	33366	18624	4265	61	1168	1088
1997	别桥	44331	26585	6226	65	1156	1116
	古渎	18536	12287	2346	76	334	319
	绸缪	14621	4614	2047	61	281	207
	后周	33722	19149	4619	67	916	830
1998	别桥	43949	27639	6591	70	867	817
	古渎	18883	12597	2389	79	365	352
	绸缪	14855	4803	2222	68	248	175
	后周	36013	21603	5052	74	898	762

续表 6-2-3

年份	乡镇	年末拥有房屋（间）		年末楼房户数（户）		当年新建房屋（间）	
		合计	其中楼房	合计	占总户数比重（%）	合计	其中楼房
1999	别桥	42922	27248	6613	70	580	554
	古渎	19071	12746	2426	81	198	183
	绸缪	15012	4307	2281	72	157	104
	后周	36088	23312	5155	75	476	396
2000	别桥	44794	28745	6882	76	367	358
	绸缪	37050	23210	4660	76	254	237
	后周	36709	23558	5222	73	263	223
2001	别桥	44783	37164	6914	76	300	246
	绸缪	36567	23827	4811	81	220	195
	后周	36689	23668	5305	71	326	279
2002	别桥	43739	28179	7073	78	156	154
	绸缪	36695	23480	4841	79	146	138
	后周	36898	24405	5321	72	209	197
2003	别桥	43502	28289	7097	78	123	116
	绸缪	36171	25874	4874	83	146	132
	后周	37220	24806	5481	74	442	401
2004	别桥	43931	26963	6735	76	72	69
	绸缪	33786	23346	4890	85	78	76
	后周	29355	23534	5790	78	209	145
2005	别桥	44623	37321	7155	82	160	154
	绸缪	33840	23369	4897	86	99	85
	后周	31345	23547	5800	78	83	51
2006	别桥	44323	37054	7254	83	229	223
	绸缪	33921	27491	4942	89	117	95
	后周	29355	23534	5790	85	209	145

第四节　农村绿化

20 世纪 50 年代至 60 年代初期，农村绿化植树较少。1963 年，别桥、湖边、古渎、绸缪、后周 5 个公社有 27 亩地栽培绿化树种。到 1970 年前，村庄绿化都是靠村民自发地在家前屋后栽一些果树，或在园地四周，或沿河沟渠边，或村边杂地栽一些杨柳、柚树、榉树等杂树。棚上等小自然村绿化覆盖率高于圩区村庄和聚居密集的自然村。70 年代，农田规划机耕路，实施农田林网化，各大队都开始重视绿化。1971 年，别桥公社组织干部群众到金坛县社头公社旭光大队参观学习，学习他们自繁自育树苗、植树绿化的成功经验。1972 年 2 月，别桥公社土山大队副业队到旭光大队购来新鲜柳树枝条 3000 多斤，培育柳树苗，一年培育了 30 多万株。1972 年冬至 1973 年春，在全大队机耕路边、沿河埂边、荒地杂边地进行植树绿化，还支援邻近兄弟大队柳树苗。据县统计资料记载，1972 年别桥、湖边、古渎、绸缪、后周 5 个公社“四旁”绿化植树分别是 9.5 万株、5 万株、2 万株、1.5 万株、50 万株。20 世纪 80 年代联产到户，由于机耕路边树木遮挡阳光，妨碍农作物生长，影响收成，机耕路边树木逐渐被砍伐。进入 21 世纪，农村绿化纳入新农村建设规划组织实施，至 2013 年公路两旁、北河沿岸、家前屋后都按规划栽插水杉、香樟、柳树、黄杨、池杉、银杏、雪松、广玉兰等树 128646 棵，每村修建培植公共绿地不少于 2000 平方米。2006 年，村庄绿化工程建设全面实施。是年，培阳自然村村庄绿化达标。2007 年，东马自然村、前王自然村村庄绿化达标。达标村庄，市政府给予 5 万元补贴。2013 年，全镇新老镇区 33 条街道和道路（总长 32219 米）、47 条镇村通道路（总长 40543 米）、61 条镇村公路（总长 92190 米）、277 个自然村及村与村之间的小道两旁共植树 57.8 万棵，总投资 726.5 万元。

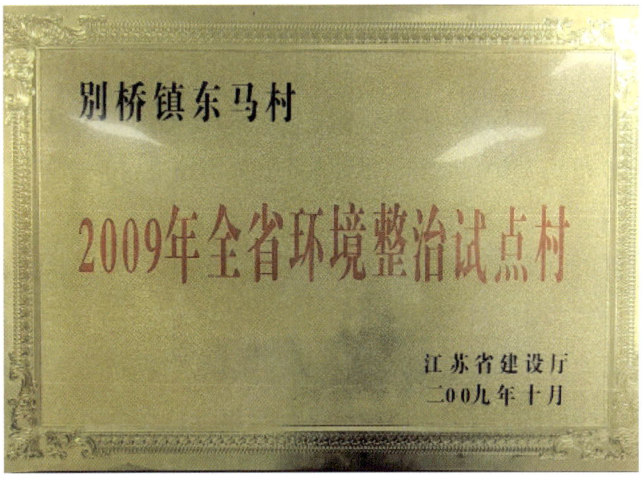

图6-3　2009年东马村被江苏省建设厅命名为“全省环境整治试点村”

第三章　公共事业

第一节　供　水

境域内自从有人类活动开始，饮用水一直取于自然的河塘，何时开始打井取水已无法考证。合星行政村上市村有一口宋井，绸缪行政村玉堂村有太平天国前的水井一个。干旱年景，境域内丘陵、平原高地、池塘干裂，井水枯竭，人畜饮用水困难。20 世纪 80 年代后，由于追求经济发展，忽视环境保护，因工业污染和大量使用化肥、农药，河塘多年不清淤泥秽物，水质很差，人畜都不可直接饮用。

1988 年年初，湖边乡投资 30 万元，打深井建造自来水厂。4 月水厂建成，日供水 200 多立方米，尚能满足湖边地区 3000 多户居民用水。1989 ～ 1990 年，湖边投入资金 156 万元，扩建厂房，增添设备，提升产能，日供水基本满足湖边全乡居民、工厂、机关企事业单位的用水需求。

1991年，浪圩村依靠村民集资，接通自来水，使1000多户村民受益。

1990年年初，绸缪乡开始筹建自来水厂，由于资金困难，政府多方筹集资金，由阴山村书记投资120万元，于当年5月破土动工，建设自来水厂，取水口设在北河边上。经过5个多月的施工，10月份开始供水，日供水600立方米左右。1995年扩建，日供水量保证绸缪乡居民和各单位的用水。1999年，古渎自来水厂并入绸缪自来水厂。2004年，自来水厂由政府接管，追加投资200多万元，引市自来水厂的水，全镇居民吃上天目湖水。2008年并入民营企业万顺自来水厂有限公司。

1990年，别桥镇政府借别桥制镜厂一口深水井，办起自来水厂。一口深水井每日供水1500多立方米，不能满足别桥地区的用水需求。1991年，别桥染整厂投资10万元，又打一口深井。第一口深井十几米深就有水源，第二口深井打到60多米才有水源。由于两口井都打在土山脚下，相距只有几十米，第二口深井正常抽水一段时间后，第一口十几米深的水井水源枯竭，无法使用，实际上只依赖一口深井抽水供应全镇居民。随着工农业生产的发展，居民生活内容的改变，别桥地区用水需求量越来越大，利用深水井作为水源，自来水的供需矛盾越来越明显。1996年，别桥镇政府投资150万元，购买机器设备，扩建自来水厂，引用长荡湖水作为水厂水源。长荡湖由于网箱养鱼、围网养蟹，加之周围集镇工业废水排入，水体污染严重，水质每况愈下。镇政府为保障居民用水卫生、安全，又投资150万元，重新勘测选址，打一口100多米深的深水井，才勉强供应全镇居民的饮用水。深水井水源毕竟有限，而且矿物质杂质含量越来越高，用了几年，出水量跟不上用水量的增加，屡屡出现用水困难。

1992年，后周乡筹集资金50万元，建造自来水厂，取水口设在塘马水库下游后周河边。1993年5月8日开始供水，日供水100多立方米，后来不断增加投资，扩建水厂。1997年，改建后的自来水厂取水口设在塘马水库，日供水能力增加到1000多立方米，后周地区居民和企事业单位受益。2004年改制为民营企业，称万顺自来水有限公司。

1994年8月，古渎自来水厂动工兴建，翌年5月建成供水，水源取自于濑溪河。建厂初，日供水能力200立方米，仅供古渎乡800多村民用水。1996年扩建后，日供水提高到800立方米，基本满足古渎地区居民及工厂企事业单位的用水。

2007年，绸缪镇、后周镇并入别桥镇。别桥自来水厂改制，并入民营企业万顺自来水有限公司，自来水厂水源为塘马水库的水。万顺自来水日供水能力2万立方米，年供水量达360.2万立方米，6.18万人受益。2009年，实施老区自来水通达工程，低保户免费安装自来水，边远地区农户、丘陵高乡村民视家庭经济困难情况，酌情减免自来水初装费。至2012年12月，别桥全镇实现村村通自来水。至2013年12月31日，全镇敷设直径50毫米以上的供水管道35.5千米，自来水入户率达98%，每年有200～300户低保户、困难户免交或少交自来水费。

第二节　供　电

一、供电设施

【别桥变电所】 坐落在丹金溧漕河别桥集镇段河东岸，别桥北大桥东端北堍，占地面积

1318 平方米。1977 年 9 月 3 日，从金坛县社头线 106 杆支接 0.1 千米 35 千伏线路，为 35 千伏别桥变电所主供电源，电压等线 35 千伏，主变容量 2×10 兆伏安 =2×10×10 立方米千伏安。架有 10 千伏别桥线、湖边线、古渎线、绸缪线 4 条出线。1987 年 6 月，220 千伏溧阳变电所建成投运后，从社头线割接至 220 千伏溧阳变电所供电，同年该线改称别桥线。2000 年，经江苏省电力公司同意，新建 35 千伏竹别线（竹箦变电所—别桥变电所），又从 110 千伏竹箦变电所新增一路电源供别桥变电所使用。该线路 2001 年 11 月 10 日开工，2002 年 1 月 20 日竣工。从此别桥变电所具备双电源供电，提高供电的可靠性。

【绸缪变电所】 坐落在北山行政村赵家自然村村西、兴城西路南侧，占地面积 1731.96 平方米。2009 年建成投运，电压等级 110 千伏，主变容量 2×63×10 立方米千伏安，主供北山工业园区企业用电。

【后周变电所】 坐落在北山行政村东马自然村，占地面积 26680 平方米。2013 年 6 月建成运行，电压等级 220 千伏，主变容量 2×180 兆伏安（10 千伏侧为 2×90 兆伏安）=2×180×10 立方米千伏安，主供北郊工业园区企业及后周村、西马村、绸缪村、北山村用电。

图6-4　后周变电所

【配电变压器】 1959 年 5 月，皇圩电灌站安装 100 千伏、80 千伏安配电变压器各 1 台。浪圩大队安装 50 千伏安配电变压器 1 台。1961 年，别桥土山、绸缪东舍、古渎道成大队各安装 1 台 80 千伏安配电变压器，古渎赵圩大队安装 1 台 200 千伏安配电变压器。1962 年 4 月，别桥公社桥西电灌站安装两台 80 千伏安配电变压器。同年，别桥公社川圩站安装 100 千伏安配电变压器 1 台，桥东站安装 80 千伏安配电变压器 1 台，湖边公社符家大队内河单排站安装 100 千伏安配电变压器 1 台，灌排站安装 80 千伏安配电变压器 1 台。古渎公社渎北站安装 50 千伏安配电变压器 1 台，渎南站安装 80 千伏安配电变压器 1 台。绸缪公社东溪安装 80 千伏安配电变压器 1 台。1963 年，古渎九联圩灌排站安装 80 千伏安配电变压器 1 台。古渎童家灌排站安装 100 千伏安配电变压器 1 台。后周公社西沈大队安装 80 千伏安配电变压器 1 台。1964 ～ 1969 年，别桥公社安装配电变压器 4 台，容量 280 千伏安；湖边公社安装配电变压器 3 台，容量 290 千伏安；绸缪公社安装配电变压器 5 台，容量 390 千伏安；古渎公社安装配电变压器 1 台，容量 80 千伏安；后周公社安装 4 台配电变压器，容量 260 千伏安。1970 ～ 1979 年，别桥公社安装配电变压器 14 台，容量 1030 千伏安；湖边公社安装配电变压器 9 台，容量 900 千伏安；绸缪公社安装配电变压器 6 台，容量 460 千伏安；古渎公社安装配电变压器 5 台，容量 360

千伏安；后周公社安装配电变压器 13 台，容量 880 千伏安。1980 ～ 1989 年，别桥镇安装配电变压器 7 台，容量 460 千伏安；湖边乡安装配电变压器 3 台，容量 180 千伏安；绸缪乡安装配电变压器 4 台，容量 200 千伏安；古渎乡安装配电变压器 6 台，容量 360 千伏安；后周镇安装配电变压器 4 台，容量 280 千伏安。1990 ～ 1999 年，别桥镇安装配电变压器 5 台，容量 490 千伏安；绸缪镇安装配电变压器 1 台，容量 100 千伏安；古渎乡安装配电变压器 1 台，容量 50 千伏安；后周镇安装配电变压器 3 台，容量 150 千伏安。2000 ～ 2007 年，别桥镇安装配电变压器 7 台，容量 530 千伏安；绸缪镇安装配电变压器 2 台，容量 300 千伏安；后周镇安装配电变压器 7 台，容量 380 千伏安。2013 年，境内有配电变压器 595 台，容量 323945 千伏安。其中，各村安装配电变压器 426 台，容量 57630 千伏安；企业、各部门安装配电变压器 169 台，容量 266315 千伏安。

2013 年别桥镇企业、部门配电变压器装配情况一览表

表 6-3-1

单位名称	容量（千伏安）	单位名称	容量（千伏安）
溧阳市华秀电子元件厂	250	常州神能电源有限公司	80
溧阳市电信别桥支局	100	溧阳市鼎达机械制造有限公司	160
溧阳市别桥锻件厂	200	江苏力乐汽车部件股份有限公司（2）	500
溧阳市自力缝制有限公司	80	江苏中鹏环保科技有限公司	500
溧阳市天成精纺织厂	80	溧阳市别桥建方废金属回收站	250
江苏新华机电设备制造有限公司（1）	400	溧阳市昆仑锻造厂	500
江苏新华机电设备制造有限公司（2）	250	常州恒鹏再生资源有限公司	250
溧阳市新城置业有限公司	315	北山工业园公路养护队	50
马志彬（个体冷库）	160	金烨化工厂	200
溧阳市别桥镇卫生院	100	常州荣高防护设施科技有限公司	80
江苏浩翔机械制造有限公司	250	溧阳市江通金属制品有限公司	250
溧阳龙华置业有限公司	200	溧阳市后周洪保粮食加工厂	200
溧阳市新华岳电子有限公司	80	溧阳市别桥老蒋苗木种植基地	50
溧阳市别桥镇中心小学	80	溧阳万金汽车配件有限公司	250
中铁四局集团二公司常州工程项目经理部（1）	315	江南锻造有限公司	315
溧阳市电信绸缪支局	50	溧阳市华能新墙体材料有限公司（1）	500
江苏力乐汽车部件股份有限公司（1）	3200	溧阳市金厦砖瓦厂	315
常州市富月砝码有限公司	50	江苏京海钢机有限公司	315
溧阳市建盛轧钢有限公司	315	溧阳市三通砖瓦厂	250
溧阳市石林生态园开发有限公司	80	溧阳市中山有机玻璃有限公司	315
江苏璟隆新材料有限公司	4000	溧阳市塘马水库管理所	50

续表 6-3-1

单位名称	容量（千伏安）	单位名称	容量（千伏安）
溧阳万金汽车配件有限公司	500	溧阳市电信后周支局	50
江苏大洋钢构工程有限公司	200	溧阳达德金属材料有限公司	100
江苏宁常镇溧高速公路有限公司	160	溧阳市荣欣机械制造有限公司	500
溧阳市万顺自来水有限公司	160	常州富强机械有限公司	500
江苏金盟汽车内饰件有限公司	250	溧阳市厚德市政工程队	500
溧阳市永盛锻造厂	315	溧阳市晶品机械有限公司	315
溧阳市圣邦铸造有限公司	1600	溧阳市电信湖边支局	50
溧阳市恒山机械制造有限公司	250	溧阳市别桥志方粮油加工厂	80
常州市公安局高速交巡警三大队	250	溧阳市清溪渔牧饲料有限公司	250
溧阳市华能新墙体材料有限公司(2)	500	溧阳金宇兴户外旅游用品有限公司	80
溧阳市金鼎房地产开发有限公司	200	常州市恒爵塑胶制品有限公司	80
江苏健达交通工程有限公司	1050	江苏云源钢结构工程有限公司	250
江苏江晟机械有限公司	80	溧阳市骏马五金工具有限公司	80
溧阳市小石桥禽业专业合作社	250	溧阳市前程利用物资回收站	250
江苏诺信达特种电缆有限公司	500	中铁四局集团二公司常州工程项目经理部（2）	200
溧阳市后周小玉建筑材料经营部	250	溧阳市玉澄机械制辊有限公司	160
长沙远大住宅工业（江苏）有限公司	500	丝织地毯厂	50
溧阳鑫晨电子有限公司	400	常州市宏豪制钢有限公司	1915
大成毛纺厂	100	溧阳市华力塑料制品厂	80
溧阳市申鑫机械厂	80	溧阳市荣鑫轧钢有限公司（1）	80
溧阳市别桥国平羊毛衫厂	80	溧阳市恒森化工有限公司	80
江苏永武羊绒纺织有限公司	250	溧阳科维邦包装材料有限公司	80
溧阳市中腾铸造有限公司	945	溧阳市绸缪丰盛粮油加工厂	80
溧阳市龙腾饲料有限公司	250	溧阳市和平卫生用品有限公司	250
江苏永武钢结构工程有限公司	500	东马浜排灌站	100
溧阳市龙渔饲料厂	250	溧阳市天庆机械有限公司	80
溧阳市国盛船业有限公司	160	溧阳市弘顺汽车内饰材料有限公司	200
江苏力乐汽车部件股份有限公司(3)	400	溧阳市中开混凝土有限公司	250
溧阳市金联树脂有限公司	100	江苏云通机电设备制造有限公司	250
溧阳市第二冶金机械厂	80	后周变电所	250
江苏泽诚化工有限公司	250	溧阳市海斌粮食作物专业合作社	250
溧阳市闽通铸造厂	400	江苏德威新型建材有限公司	500
溧阳市立新机械厂	400	江苏三益化工有限公司	400

续表 6-3-1

单位名称	容量（千伏安）	单位名称	容量（千伏安）
溧阳市康华肥料有限公司	200	江苏三益科技有限公司（1）	315
溧阳市万兴特种建材有限公司	18550	溧阳市电信古渎支局	50
溧阳巨神科技材料有限公司	200	常州九天协安化工有限公司	80
溧阳福克思化工有限公司（公司已关闭）	315	江苏广源金属加工有限公司	500
溧阳市达灿溶剂有限公司（公司已关闭）	160	江苏申溧钢结构有限公司	250
溧阳市东洋肥料有限公司	160	江苏申启星海洋工程装备有限公司	250
溧阳市盛康污水处理有限公司	250	江苏京锐新能源材料有限公司	250
江苏三益科技有限公司（2）	1600	江苏永昌科技仪器制造有限公司	80
溧阳市澜森环保科技有限公司	80	江苏振标建筑材料科技有限公司	400
江苏碧玉谷化工有限公司	315	江苏富民新材料有限公司	79550
溧阳市昆仑生物科技有限公司	160	江苏耀博机械有限公司	27700
江苏广福钢铁物资有限公司	250	溧阳福山铸业有限公司	29100
江苏中鹏电力成套设备有限公司	400	江苏鑫林钢铁有限公司	4080
溧阳西港金属加工有限公司	80	江苏金久科技新材料有限公司	1800
溧阳禾锋化学有限公司（公司已关闭）	50	江苏盛大新材料有限公司	20050
溧阳市常春化工有限公司（公司已关闭）	250	溧阳市荣鑫轧钢有限公司（2）	18630
溧阳市天长贵金属化工有限公司（公司已关闭）	200	江苏运通建设有限公司	250
溧阳市新方化工有限公司	160	江苏云源环保工程有限公司	500
溧阳尼欧斯化工有限公司	100	溧阳市万丰汽车零部件有限公司	160
江苏万恒机械制造有限公司	250	溧阳市华昶电器有限公司	250
江苏云源钢结构工程有限公司	500	山湖电缆有限公司	500
江苏天潭科技材料有限公司	880	溧阳市航星金属制品有限公司	630
江苏海逸机械有限公司	1750	常州市华丰集团有限公司	800
溧阳市良宇特种金属有限公司	250	江苏兴盛重工有限公司	13050

2013 年别桥镇各村 10 千伏配电变压器装配情况一览表

表 6-3-2

行政村	台数	容量（千伏安）	行政村	台数	容量（千伏安）
别桥村	26	4.39	马家村	17	2.26
绸缪村	28	3.80	前程村	18	3.07

续表 6-3-2

行政村	台数	容量（千伏安）	行政村	台数	容量（千伏安）
道成村	17	2.20	塘马村	15	1.46
古渎村	29	3.45	西马村	21	2.46
合星村	23	2.74	西庄村	14	1.61
后周村	45	7.57	小石桥村	15	1.22
湖边村	38	5.85	玉华山村	14	1.67
黄金山村	13	1.36	镇东村	44	6.63
两湾村	23	2.96	北山村	26	2.95

二、线路

1959 年 5 月，皇圩电灌站、浪圩电灌站相继建成投运。当时别桥境内电源由溧城镇夏桥变电所输送，农村线杆采用木杆、木横担。1960 年 4 月，桥西电灌站建成投运。1965 年，别桥镇现境内原通电大队分别为：别桥公社 7 个、湖边公社 4 个、绸缪公社 4 个、古渎公社 6 个、后周公社 5 个。1975 年，别桥、湖边、古渎、绸缪、后周五公社有 43 个大队 502 个生产队通电，占当年五公社生产队总数的 85.37%。1977 年，县供电局在别桥集镇设变电所，主供别桥、湖边、绸缪、古渎等公社用电。别桥线：起点别桥变、终点战胜，线路长 6.545 千米，电杆 77 根（10 米长水泥杆），1977 年 9 月 5 日投运。绸缪线：起点别桥变、终点盛家，线路长 24.41 千米，电杆 252 根（10 ～ 15 米高的电力水泥杆及钢管塔），1977 年 9 月 5 日投运。湖边线：起点别桥变、终点浪圩村，线路长 25.175 千米，电杆 286 根（10 ～ 15 米高的电力水泥杆及钢管塔），1977 年 9 月 5 日投运。古渎线：起点前马变、终点董家舍村，线路长 28.35 千米，电杆 518 根（10 米长水泥杆），1977 年 9 月 5 日投运。10 年后新接后周线：起点别桥变、终点下梅，线路长 51.765 千米，电杆 607 根（10 米长水泥杆），1987 年 5 月投运。变电所的建设，使境内电源输送比较充裕，保证工业、农业、居民的生活用电。1987 年，别桥镇安装低压线路 344 千米，其中 400 伏 152 千米、220 伏 192 千米。湖边乡安装低压线路 86 千米，其中 400 伏 52 千米、220 伏 34 千米。古渎乡安装低压线路 22 千米，其中 400 伏 13 千米、220 伏 9 千米。绸缪乡安装低压线路 66 千米，其中 400 伏 34 千米、220 伏 32 千米。后周乡安装低压线路 414 千米，其中 400 伏 79 千米、220 伏 335 千米。

1995 年开展电气化、用电标准化“二化”建设，别桥镇、古渎乡、绸缪镇、后周镇发动群众自筹、单位集资、电力管理站补贴等形式，筹措资金 1000 余万元，整改低压线路 1230 千米。1996 年 12 月，通过省级电气化、用电标准化乡镇验收。

1998 ～ 2003 年，国家投资 2000 余万元进行农网改造。2013 年，全镇接通低压线路 1087 千米，其中 0.4 千伏 619 千米，0.22 千伏 468 千米。中压线路 258.19 千米，其中 10 千伏 247.07 千米，20 千伏 11.12 千米。高压线路 49.403 千米，其中 35 千伏 11.979 千米，110 千伏 20.046 千米，220 千伏 17.378 千米。另有两条 500 千伏交直流三峡输电线路途径古渎村、浪圩村，为国家西电东送的重要通道。

2013年别桥镇10千伏主干线路情况一览表

表6-3-3

线路名称	电杆编号		电杆数（根）	线路		电压（千伏）
	起	讫		型号	长度（千米）	
10千伏后镇线	001号	99号	99	JKLGYJ120	6.4	10
10千伏别桥线	001号	66号	66	LGg—50	4.3	10
10千伏绸缪线	001号	82号	82	LGg—50	5.3	10
10千伏古渎线	001号	168号	168	JKLGYJ120	11.0	10
10千伏后周线	001号	78号	78	JKLGYJ120	5.1	10
10千伏湖边线	001号	119号	119	LGg—50	7.7	10
10千伏前暻线	001号	157号	157	JKLGYJ120	10.1	10
10千伏余古线	001号	118号	118	LGg—50	7.6	10
10千伏阴山线	001号	83号	83	JKLGYJ120	5.3	10
10千伏绸集线	001号	59号	59	JKLGYJ120	3.7	10

三、用电结构

清末民国初，别桥集镇还没有电灯。商家晚上营业仅靠汽油灯，民间照明赖以美孚灯、煤油灯、蜡烛等。

民国17年（1928年），别桥吕伯雄等与上海人张景裕，在别桥集镇集股1万银圆，在北关（原别桥农具厂旧址）开办耀华电灯公司。该公司安装26.82千瓦的柴油发电机组1台。白天发电加工碾米，下午6时至10时发电供集镇街道路灯、商家和部分居民用电照明。当时耀华电灯公司装有用户数百盏，每盏功率16瓦，安装路灯10多盏，每盏每月5～6角电费。这是别桥境内最早供电和用电照明。1937年，日本侵略军占领溧阳，别桥耀华电灯公司被日军烧毁。20世纪60年代，别桥米厂用柴油机发电，除供本厂加工粮食照明用电外，剩余电力供集镇部分单位、商店照明和街道路灯。1967年实行电网供电。1960年4～5月，桥西、皇圩电灌站建成投运，别桥公社开始用电力灌溉、加工粮食，小型企业、居民照明也开始使用电力。20世纪70年代，别桥镇现境内原5个公社实现村村农户用电照明。80年代起，境内工业、农业、生活用电量逐年增加。1987年，别桥镇用电总量280.61万千瓦时，其中工业用电101.22万千瓦时，排灌用电128.09万千瓦时，加工用电6.74万千瓦时，照明用电44.56万千瓦时。湖边乡用电总量96.61万千瓦时，其中工业用电11.24万千瓦时，排灌用电66.67万千瓦时，加工用电3.51万千瓦时，照明用电15.18万千瓦时。古渎乡用电总量128.58万千瓦时，其中工业用电36.56万千瓦时，排灌用电69.93万千瓦时，加工用电3.68万千瓦时，照明用电18.41万千瓦时。绸缪乡用电总量84.47万千瓦时，其中工业用电6.50万千瓦时，排灌用电62.83万千瓦时，加工用电3.31万千瓦时，照明用电11.82万千瓦时。后周乡用电总量204.54万千瓦时，其中工业用电25.96万千瓦时，排灌用电138.10万千瓦时，加工用电7.27万千瓦时，照明用电33.22万千瓦时。

进入21世纪，随着工业的发展和家用电器逐步普及，工业和生活用电量明显增加。2007年，别桥镇用电总量1.05亿千瓦时。其中，工业用电0.83亿千瓦时，占用电总量的79.23%；农业用电0.06亿千瓦时，占用电总量的6.01%；生活用电0.14亿千瓦时，占用电总量的12.86%；其他用电0.02亿千瓦时，占用电总量的1.9%。2013年，全镇用电总量5.34亿千瓦时，是2007年用电总量的5.08倍。其中，工业用电4.9亿千瓦时，占用电总量的91.77%；农业用电0.11亿千瓦时，占用电总量的2.08%；生活用电0.28亿千瓦时，占用电总量的5.31%；其他用电0.045亿千瓦时，占用电总量的0.84%。2007～2013年7年间，用电总量年平均增长31.42%。

2007～2013年别桥镇现境内用电结构一览表

表6-3-4

年份	用电总量（亿千瓦时）	工业用电		农业用电		生活用电		其他用电	
		用量（亿千瓦时）	比重（%）	用量（亿千瓦时）	比重（%）	用量（亿千瓦时）	比重(%)	用量（亿千瓦时）	比重（%）
2007	1.05	0.832	79.23	0.064	6.01	0.135	12.86	0.0199	1.90
2008	0.95	0.707	74.42	0.065	6.84	0.153	16.11	0.0228	2.40
2009	1.23	0.950	77.32	0.074	6.02	0.175	14.23	0.0249	2.02
2010	1.86	1.544	83.01	0.086	4.62	0.204	10.97	0.0290	1.56
2011	2.21	1.874	84.80	0.087	3.94	0.212	9.59	0.0340	1.54
2012	2.37	1.984	83.71	0.099	4.18	0.245	10.34	0.0449	1.89
2013	5.3359	4.897	91.77	0.111	2.08	0.283	5.31	0.0449	0.84

四、农电管理

1977年，农村用电日常管理工作原来由别桥镇现境内原5个公社水利机电站管理、农机管理站负责。1978年，别桥镇现境内原5个公社配有农电工，每个站2～3人，由供电部门补贴每人每年国家事业费400元。1981年5月28日，根据溧阳县人民政府文件《将公社农机管理站分设为水利、农机、用电管理站（简称电管站）的决定》，属乡（镇）集体性质，是乡（镇）政府管电职能部门，行政上属乡（镇）政府领导，技术业务上受溧阳供电局管理。1987年，电力部、省、市供电部门发出指示，要对乡镇用电管理站进行全面整顿。同年5月30日，溧阳县人民政府发文《关于对乡镇用电站进行全面整顿的意见》，对乡镇用电管理站开展全面整顿工作。经验收合格的乡（镇）用电管理站，由所在乡镇人民政府和县供电局共同颁发合格证书和站长聘任书，用电管理站改名为电力管理站。

农村用电管理从1991年开始，经过“二化”（用电标准化、农村电气化）建设，乡（镇）电力管理站整顿，农电管理承包责任制的实施，初步改变了农电管理混乱状况。而后，乡（镇）电管站为县属集体单位，行使乡（镇）人民政府的管电职能。

1991年，古渎乡建电力管理站办公楼，占地面积158平方米，3间3层，建筑面积213平方米。同年，湖边乡建电力管理站办公楼，占地面积201.4平方米，3间3层，建筑面积441平方米。1992年，别桥镇建电力管理站办公大楼，占地面积1304平方米，8间3层，建筑面积499.7平方米。同年，后周乡建电力管理站办公大楼，6间3层，加辅房2间，占地面积335.8平方米，建筑面积869.78平方米。1995年，绸缪乡建电力管理站办公大楼，占地面积660.5平方米，4间3层，加辅房2间，建筑面积533.2平方米。

1997年，将35千伏农村变电所及10千伏农电线路移交给乡（镇）电力管理站承包运行管理，实行经济承包。乡（镇）电力管理站对承包管理范围的设备严格管理和考核，对值班员、工作负责人、工作班成员进行技术业务培训，须经市供电局安监部门考试合格，颁发安全合格证后方可上岗。同时加大设备的整改和缩短事故的抢修时间。在乡（镇）电力管理站推行二级承包，调动乡（镇）电力管理站管电的积极性。这些管理措施的实施，加强了乡（镇）电力管理站管理人员工作责任心，线损率明显下降。实行村电工归口管理后，安全管理加强，电费回收速度加快，人情电、关系电基本绝迹。电费上墙公布，以供群众监督，减轻农民负担。1998年，市成立农电总站，负责乡（镇）电业管理站的生产建设管理等工作。

按照江苏省电力局（公司）统一部署，2000年1月，别桥镇、绸缪镇、后周镇分别由电力管理站改制成供电所，实行城乡电力一体化管理，各供电所业务归口市农电管理所负责。2007年3月，别桥、绸缪、后周三镇供电站合并，称别桥镇供电所。2011年11月，别桥供电所在兴城西路北侧、世俊路东边，新建了3幢3层69间的办公大楼，大楼占地面积3372平方米，建筑面积2512平方米，营业厅面积280平方米，于2012年11月8日对外办公、营业。

2013年年末，别桥供电所职工61人，其中专职电工60人。供电所内设正副所长室、专职室、运行维护班、抄收班、营销服务班。

五、安全用电

【宣传教育】 1981年用电管理站成立后，利用各种形式，扩大宣传范围，采用多种方式进行农村安全用电的宣传教育，安全员到村头、场头、田头进行安全用电的宣传。派员参加村委会会议，把安全用电知识宣传到村、到户。乡（镇）成立电力设施保护领导小组，开展电力设施保护宣传。每年印发《安全用电须知》，张贴、悬挂保护电力设施宣传标语，印发安全用电通知，按月组织安全用电学习，有效保障农村的安全用电。

【安全检查】 在安全用电宣传教育的同时，进行用电安全检查。采取组织村（厂）电工自查，镇供电所人员抽查后，镇与镇互查，最后由市供电部门派员抽查。对查出的问题指定责任人立即整改，遇到较大问题，市农电总站或用电科派员协调处理。2013年，别桥供电所以公司推行的“领导干部和管理人员安全到岗到位”制度为契机，实行管理人员每月现场安全生产到岗不少于4次，围绕“安全、质量、规范”等方面实施检查，累计现场检查208人次，有效促使管理人员及时发现问题，及时消除安全隐患。

【电工培训】 1962年，公社机电工到金坛参加机电工培训班。1974年，别桥、湖边、古渎、绸缪、后周公社组织农电工、机电工参加县供电所在燕山“五七”干校举办的机电培训班。1980～1987年，县供电局组织公社（乡、镇）电工及触电保安器使用技术等培训70余次。20世纪90年代，市农电管理部门对不同岗位、不同工种的农电工、农村电工开展全员培训，包括安全培训、电工技术培训，重点学习《农村低压电力技术规程》《农村低压电气安全规程》《线路变电安全工作规程》等，不断提高农电工、村电工的业务技术水平，并通过考试颁发合格证书。2013年，全镇电工556人，其中292人持有电工证、上岗证、操作证，占职工总数的53%。

【设施保护】 别桥供电所与各村村委会积极沟通，从原村电工、村委会干部和重要客户等人中重新调整，确定128位联系人，完善“别桥供电所义务巡线护线员网络”，真正将电力设施的保护与安全纳入地方政府社会治安综合治理目标考核范围，做到政企结合、分工明确、条块结合，有力地保证电力设施安全保护长效工作机制的运作。2013年，辖区范围内发生电力设施破坏和盗窃事故仅1起，与2012年同期4起相比，减少75%。

【安全措施】 1980年起，逐步推广安装触电保安器。1987年，别桥、湖边、古渎、绸缪、后周五乡镇安装触电保安器292台，到1995年已普及使用。2013年，全镇安装剩余电源动作保护器（总保护）916台，安装家用漏电保护器275000余个。

第四章　环境保护

第一节　环保机构

1984年6月，乡工业公司设安全环保科，配专（兼）职安全环保员。1985年6月，根据国务院、省和常州市关于进一步加强环境保护工作的指示精神，乡镇指定一名领导分管环保工作。1989年《中华人民共和国环境保护法》颁布，环境保护得到市（县）、乡（镇）两级人民政府的高度重视。至1990年，别桥镇、湖边乡、古渎乡、绸缪乡、后周镇分别成立环境保护办公室。企业设安保科，配备环保员。是年，县政府与别桥镇现境原5个乡镇签订环保目标管理责任书，并将本届政府3年任期环保目标分解下达到乡（镇）政府，确定单位一把手对本单位环境质量负总责。1995年12月，别桥镇、绸缪乡、后周镇分别制定环境保护规划，把环境保护纳入经济发展和建设社会主义新农村的总体规划组织实施。2007年，健全环保组织机构网络，别桥镇配环保助理，企业设环保科。

第二节　环境污染与监测

20世纪初至新中国成立前，别桥地区仅有磨坊、糟坊、糖坊、豆腐坊、铁匠铺等手工作坊，手工作坊所产生的废气、废水、污水秽物数量不多，在自然环境的自净能力下，对环境是零污染。

20世纪50～70年代，工业发展缓慢，废水、废渣、污水秽物对环境影响不大。80年代开始，工厂不断涌现，燃料、原材料的消耗日益增多，所产生的“三废”（废水、废气、废渣）大量排放，生活污水不经处理，就近排放到河塘湖泊中，超出了环境的自然净化能力，环境污染日趋严重。

1998 年，别桥镇废水发生量 23.67 万吨，其中工业废水量排放达 5.35 万吨；耗煤量 1.59 万吨，排放污染物 1068 吨，其中二氧化硫 487.15 吨，可吸入颗粒 580.85 吨。在农业生产中，农药、化肥使用量逐年增多，土壤和水体中有机磷、氨、重金属等污染物质日聚月积。据资料记载，20 世纪 60 年代很少使用化肥农药。1970 年每亩平均使用农药 0.97 千克，使用化肥 38.2 千克。2000 年每亩平均使用农药 1.11 千克，使用化肥 82.56 千克。2013 年平均每亩使用农药和化肥分别达到 1.38 千克和 120.3 千克，致使水域、土壤的污染加重。

图6-5　别桥镇垃圾转运站

2002 年，别桥河道底泥重金属含量监测结果：汞 0.209 毫克 / 升、镉 4.614 毫克 / 升、铜 60.83 毫克 / 升、锌 214.13 毫克 / 升、铅 31.89 毫克 / 升，均在农田施用污泥的最高容许含量之内。

2005 年，别桥自来水深井水质量监测结果：氯化物 188 毫克 / 升、氟 0.33 毫克 / 升、氨氮 0.45 毫克 / 升、化学需氧量 12 毫克 / 升、总磷 0.107 毫克 / 升、锌 0.02 毫克 / 升，铜、铅、铬、汞未检出，各类元素含量均未发现超标情况。

第三节　工业污染治理

20 世纪 90 年代别桥地区加快经济发展，积极招商引资，大力发展工业。2003 年，绸缪镇筹建绸缪化工工业园区。至 2008 年，绸缪化工工业园区已有 20 多家生产化工类产品的企业，这些化工企业所排放的废气、废水、废渣，急剧地恶化了当地的环境，对当地及周边村民的生产、生活、身体有不同程度的影响。2006 年，依法对绸缪化工工业园区进行环境整治，完成 13 家企业的清污分流工作，对 11 家企业实施环境风险评价，制定相应的环境应急预案，新置无组织排放废气治理设施 28 台（套）。2007 年，按照省、常州市环保部门挂牌督办治理污染的要求，对绸缪化工工业园区实施停产整顿。至年底，有 12 家企业完成整治任务恢复生产，3 家企业关闭，1 家企业停产。

2008 年，镇政府主动关闭污染源较重的溧阳市中港肥料有限公司、溧阳市玉澄橡胶有限公司、溧阳市雨声化工有限公司、溧阳市华洋肥料有限公司、溧阳市三江生物科技有限公司 5 家化工企业。但是，仍没能从根本上解决环境污染问题。2009 年 4 ～ 5 月，化工园区周围群众自发组织起来，要求政府停产整顿化工园区内的化工企业。在溧阳市委、市政府的直接领导下，镇政府出面调解，对被化工园区“三废”污染受到损失的古渎、东溪村及化工园区周边的村民进行经济补偿。坚持“卡死一头、堵住源头”，于 2010 年 5 月果断关停：溧阳旭日精细化工有限公司、溧阳福克斯化工有限公司、江苏江南农化有限公司、溧阳市常春化工有限公司、溧阳市达灿溶剂有限公司、溧阳市惠邦化工有限公司、常州润迪化工有限公司、溧阳市华泰化工有限公司、溧阳市禾锋化学有限公司、艾格瑞（江苏）化工有限公司、溧阳市圣锋化工有限公司、溧阳市上海旭升精细化工有限公司、溧阳市天长贵金属有限公司、常州市亚恒化工有限公司、溧阳市金烨化工厂15家化工企业。其余化工企业停厂整改，各项指标达到环保要求，才准许恢复生产。坚决淘汰落后产能，对有关企业实施强制性清洁审核。2011年12月，江苏兴盛钢铁有限公司，淘汰1台138立方米高炉。在以后的招商引资中，化工工业企业只做减法，不做加法。2012年又关闭溧阳市恒森化工有限公司和江苏泽诚化工有限公司两家化工企业。

第四节　水资源保护

2003年，落实市十三届人大第一次会议作出的《加强全市饮用水水源地生态环境保护规划的决议》，严禁在集镇规划区、长荡湖、塘马水库等饮用水水源保护区、居民稠密区建设有污染的项目。2009年，镇政府为保持生态和谐，坚持退养还湿，实施长荡湖围网整治，长荡湖围网养殖面积由原来的4177.7亩压缩至2610.5亩。塘马水库是常州地区唯一一个建设于平原上的水库。2008年建成饮用水源水质自动监测站，实现水污染源、水质及饮用水源远程实时监控。2012年，塘马水库湿地修复与保护一期工程开始实施。投资1500万元，经过近一年的施工建设，完成1600多亩湿地修复、保护工程，包括滨岸带湿地修复、入库河口湿地修复、入库河道生态的修复和保护。至2013年，一期工程全面竣工，通过省级验收。二期工程1000亩，完成95%，于2013年12月17日，通过江苏省水利专家评审。同时，完成塘马水库饮用水水源地保护区划分。把丹金溧漕河、北河、后周河、拖板桥河等主干河流水质，控制在相应水环境功能区划规定的国家Ⅳ类水标准内。2013年4月和8月，经溧阳市环境监测站监测，镇域地表水环境质量符合三类标准，空气环境质量和噪声环境质量符合二类标准，饮用水水源的水质合格率100%。

图6-6　别桥集镇污水处理

第五节　生态保护工程

在关停不达标企业的同时，生态保护基础建设工程全面展开。全面淘汰别桥、绸缪、后周集镇区域内的燃煤浴室、茶炉、大灶，改造成燃生物质的锅炉。工业区及集镇禁烟区剩下的锅炉全部安装脱硫装置。

治理环境污染从源头抓起，集镇区域做到雨水、污水分开排放，实施污水截流工程，加强污水厂运行管理，深化污染源在线管理、标识化管理等专项整治。镇政府为配套北郊工业园区、城北医药工业园的专项环保，于2003年1月成立溧阳市盛康污水处理有限公司。该项目占地面积35000平方米，总投资3000万元。污水处理工程分二期，一期设计规模为日处理化工废水3000吨，二期设计规模扩至5000吨。主要接管尼欧斯化工、三原化工、三益科技、巨邦制药、奥谷生物、昆仑生物等10家企业的污水处理。2008年4月，别桥镇政府将股权整体转让给上海天健环保公司。天健环保公司根据江苏省太湖水污染治理工作要求及新的排放标准，对原曝气生物滤池、缺氧池、调节池、浓缩池进行全面技术改造，并增加除磷脱氮设施。主要操作工艺为：各厂预处理后达标废水→集水井→调节水解池→催化氧化→生物水解池→MBR工艺。技术改造总投资1000万元，项目于2008年6月开始，2009年6月通过省环保厅组织的验收。为了更好地做好达标排放工作，别桥镇政府收回上海天健环保公司股权，并于2012年3月委托溧阳经济开发区管委会管理。开发区又委托苏州科太环境科技公司重新按改造后的处理能力1000吨/日编制了环评报告。2013年，在北郊工业园区及医药园区内接管的各企业300～400吨/天废水均得到有效处理，处理后的废水CODcr等主要污染物指标均达到新的排放要求，处理产生的每年10吨左右的污泥送金坛华振固废处置中心处理。

为解决别桥镇区生活污水处理问题，别桥镇政府于2010年成立溧阳市别桥污水处理有限公司。该公司位于别桥镇前程村东北侧，总投资3500万元，分二期建设。其中一期工程设计处理规模日1000吨，二期工程设计处理总规模日处理6000吨。该公司的《溧阳市别桥污水处理有限公司日处理6000吨污水工程新建项目环境影响报告表》于2009年2月18日通过溧阳市环保局审批，服务范围为别桥镇镇区生活污水，同时兼顾工业集中区废水。2013年该项目完成一期工程。

结合农村“生态文明建设”“三清一绿”工作，确定综合整治方案和长效管理机制，全面实施河塘清淤。2007～2013年，全镇境内共清淤河塘357条（个），清淤土方101.35万立方米，总投资453.4万元。各村选派专人负责沿河、池塘环境卫生监管。按环境卫生规范化管理要求对集镇、18个行政村合理布设垃圾房、垃圾箱、垃圾桶。2013年，别桥集镇配备道路清洁工8人，垃圾运输车7辆，放置垃圾桶60个，有水冲式公厕11座；绸缪集镇配备道路清洁工4人，垃圾运输车3辆，放置垃圾桶25个，有水冲式公厕3座；后周集镇配备道路清洁工7人，垃圾运输车5辆，放置垃圾桶50个，有水冲式公厕5座。18个行政村（不包括集镇）共布设垃圾房（箱、桶）123座（个），放置垃圾桶104个。全境域内消灭露天粪缸、粪坑，共建公共厕所（不包括集镇）224座，推进生态式户厕建设工程。18个行政村（不包括集镇）配设保洁员126人，垃圾收集员9人，所有垃圾集中到镇垃圾站、打包清运至市垃圾焚烧处理厂进行无害化处理。2013年，全年共清运垃圾13576吨。

第七篇

交通运输

别桥镇自古就是溧阳、金坛水上交通之咽喉，守镇广通道之门户。据《溧阳县交通志》记载，早在夏禹治水时，留下沟渠旧迹。春秋末期，吴王阖藉以旧迹，开挖沟渠成河，开创水运之时，别桥境内已有粮运，而后降及中世，漕运已具规模。清末民初水运兴旺，境内停泊则帆樯林立，溧金河道船只行驶繁忙，商贾往来，物资交流，经济繁荣。民国前，别桥交通以木船为主。然而往昔政治之不良、时代之局限，致使河道失治，水运事业颇受影响。1949 年以后，人民政府多次大规模拓浚主航道（干线航道），对支航道也进行疏浚。至 2001 年，对丹金溧漕河进行 4 次大规模疏浚。1956 年，溧阳至丹阳轮船通航，途经别桥。20 世纪 80 年代，境内客运、货运全是依赖水路运输。1980 年后，交通部门积极支持社会、个体运输事业，水路货物运输事业发展迅速。1986 年后，个体水上运输逐渐取代集体运输组织。2013 年，境内航道 7 条，总长 48.6 千米，其中有 4 条等外级航道，丹金溧漕河为天然航道。有个体专业水运户 52 户，机动运输船 71 艘 9720 千瓦 18150 吨位。

20 世纪 50 年代中期以前，桥梁大都年久失修。60 年代初开始修建残危农桥。70 年代，修建桥梁改为以钢筋混凝土桥面、双曲拱桥、钢架拱桥和平板箱梁为主形体。90 年代，桥梁结构以预应力空心板梁桥为主。2007 ～ 2013 年，别桥镇改造、修建农桥 51 座。至 2013 年底，别桥境内共有桥梁 184 座，其中集镇桥梁 5 座、农桥 125 座、公路桥梁 18 座、航道桥梁 36 座（其中 7 座兼属公路桥梁）。

境内公路 241 省道（镇广路，俗称溧金公路）始筑于民国 25 年（1936 年）春。公路建成后，溧阳长途汽车站开始经营客运，通车仅 18 个月。其前境内之陆路交通靠乡村大道，货物运送凭借独轮小车和肩挑人抬。镇广路的兴筑，使境内交通运输进入水陆并举时期。民国26年（1937年），公路被侵华日军破坏，交通中断。日本侵略军投降后，国内政局动荡，内战又发，交通运输随之萧条。新中国成立之后，交通事业不断发展。1977年1月，重新修复溧金公路，1981年底竣工正式通车。1985年，除古渎乡，别桥、绸缪、后周都修筑了通往县城的公路，农村公共汽车随之兴起。20世纪90年代初，部分村开始浇筑混凝土道路。与此同时，城镇公路、镇村公路不断建设，水路客运逐渐成为历史。2004年黄横二环线（上上公路）建成，2007年扬溧高速全线通车，2013年5月动工的S265在境内长1000米。至2013年，境内有过境高速公路11.2千米，扬溧高速在后周设有道口（溧北道口），过境县级公路39.085千米，镇村通公路92.19千米，村村通公路148.16千米（不含各自然村村内道路）。

2013年，境内开通：别桥至后周230路、别桥至绸缪232路、前程至符家239路、后周至下梅265路、后周至黄金山237路、后周至塘马至黄金山289路、后周至桃园233路等7条镇村公交车线路。规划2014年开通别桥至道成村252路、2015年开通别桥至金庄村201路镇村公交车线路。至此，境内基本实现镇村公交全覆盖。

公路纵穿南北、横贯东西、覆盖全镇、辐射周边，陆路运输兴旺发达。2013年，别桥镇有货运汽车292辆2996吨位，其他从事运输的拖拉机515辆。专门从事搬运装卸的组织不再存在，工厂、企业自行利用机械装卸货物。有装卸点14个，皮带输送机10台，5吨以下吊车12台，年装卸量1155万吨。

别桥镇已形成四通八达的快速水陆交通网络，扬溧高速溧北道口在境内中心区，241省道（溧金公路）、黄横二环线（上上线）县道穿境而过。至南京市禄口国际机场、常州机场、宁杭高铁站相当便捷。六级航道丹金溧漕河和中河、北河等航道可直通长江沿岸各大港口及太湖流域各个城市。

第一章　公　路

第一节　主干公路

【扬溧高速】 扬溧高速镇江至溧阳段工程2003年开工，2007年9月建成通车。北起小石桥行政村唐家山自然村，经过后周至西马行政村滩头自然村，境内长10.2千米，境内后周设有道口（溧北道口）。双向6车道，路基宽36米，沥青混凝土路面，设计行车速度每小时120千米，荷载汽—超20吨，挂—120吨。

【241省道（镇广线）】 原称溧金公路，为镇广线（镇江至安徽省广德县）的一段。民国23年（1934年）江苏省建设厅筹备兴建，民国25年（1936年）开工，至10月中旬完工通车。后遭日本侵略军毁坏，路基尚较完整。1977年1月，溧阳县人民政府成立溧金公路指挥部，溧

金公路复建工程动工，1980年完成路面工程，1981年底竣工正式通车。路基宽12米，路面宽7米，为简易沥青路。1994年改造成混凝土二级公路，并移至诸里村东，设计行车速度每小时70千米。该路镇境内北起马家村，经园上、诸里、泗渎港、湖塘、湖边（闸口），至浪圩村南，境内全长7.14千米。1996年竣工通车。

图7-1　241省道别桥段

【常溧高速（S265）】 常州至溧阳高速，境内（古渎行政村南端）东起丹金溧漕河，西至溧竹公路，全长1千米，全封闭、全立交模式。2013年5月开工，规划2015年10月1日全线通车。

【上上公路（黄横二环线）】 境内西起西庄行政村王家自然村，经后周、别桥，东至241省道，境内全长13.32千米。2004年建成，为沥青混凝土二级公路。路基宽23～26米，路面宽11～14米，主车道宽9米。

【溧后公路】 境内自后周，经过阴山、绸缪、古渎至溧阳，境内全长18.63千米。2003年全线通车，为沥青混合料路面。2004年改造成为沥青二级混凝土公路，路基宽23米，路面宽11米，主车道9米。

【溧绸公路】 溧城镇至金坛县（社头），线站编号为X101320481，2006年建成，全长24.9千米。沥青混凝土二级公路。

第二节　县乡道路

随着工农业生产发展，境内各乡镇开始修筑公路，采取民办公助的办法，普遍修筑通往县城的公路，到1985年，除古渎乡外，别桥、湖边、绸缪、后周都与县城有公路相通。还修筑了竹后线：竹箦至后周，长5.44千米，路基宽度7.5米，路面宽度3.5米，碎石路面。1973年动工兴修，1974年竣工通车。诸别线：诸里至别桥集镇，与溧金路相衔接，全长1.05千米，路基宽度3.5米。1980年动工兴修，当年竣工，耗资1万元。

第三节　镇（乡）村道路

自清末到民国，境内陆路交通主要靠土路步行。别桥、湖边、古渎、绸缪纯属圩区，多以圩埂作大道，道路较为平直。后周西北部属丘陵地带，道路虽起伏逶迤，但落差不是很大。集镇周边的大村落，村内铺就青石块路。别桥的诸里村、前王村各铺就1500多米的青石块路直

图7-2 乡村道路

通别桥集镇，马家村铺就1000多米青石块路通往别桥集镇；后周的葛家村铺就250多米青石块路、姜家村铺就近百米青石块路通往后周集镇；绸缪的森巷里村铺就500多米青石块路、西巷里村铺就100多米青石块路通往绸缪集镇。向南有村落人行大道通往县城，都以土路为主，随地貌延伸；向北有大路通往金坛；向东虽有洮湖之隔，但泗渎港村设有渡口，通过摆渡可通往上黄；向西可至竹箦、上兴埠。境内村与村之间，阡陌土道交错纵横。

1958年前，境内镇村道路变化不大。小雨泥泞，大雨泥糊，老幼步履艰难。随着水利事业、运输事业的发展，农业机械化的普及，农村道路宽阔了，拉直了，但仍是土路。1970年开始，与农田水利建设同步，公社、大队、生产队三级规划村镇道路和田间机耕路，形成新的道路网络。1980年起，村村通道路大都铺垫砂石子。1985年，境内五乡镇机耕路长154.16千米。

1985年别桥镇和湖边、古渎、绸缪、后周四乡乡道机耕路一览表

表7-1-1

乡名称	道路名称	起　点	讫　点	全长（千米）	宽度（米）	路面状况	通行车辆
别桥镇	诸里路	诸　里	别　桥	2.00	6.00	石子	汽车
	园上路	园　上	诸　里	1.00	4.00	土	手拖
	土山路	土　山	别　桥	3.00	12.00	石子	汽车
	土山内路	土　山	泗渎港	2.50	6.00	土	手拖
	水产路	养殖场	别　桥	4.00	5.00	土	手拖
	新桥头路	新桥头	诸　里	1.00	5.00	土	手拖
	诸泗路	诸　泗	别　桥	1.00	5.00	土	手拖
	陈家棚路	陈家棚	别　桥	1.50	5.00	土	手拖
	马家路	马　家	别　桥	2.50	8.00	石子	汽车
	凡庄路	凡　庄	别　桥	3.00	8.00	砂石	汽车
	土桥头路	前　王	东神圩	3.00	6.00	土	手拖
	金庄路	金　庄	凡　庄	1.00	8.00	砂石	汽车
	丁家路	丁　家	前　王	1.50	8.00	砂石	汽车
	战胜路	战　胜	别　桥	3.00	8.00	砂石	汽车
	前程路	前　程	砖瓦厂	1.00	8.00	砂石	汽车

续表 7-1-1

乡名称	道路名称	起　点	讫　点	全长（千米）	宽度（米）	路面状况	通行车辆
别桥镇	战胜北路	战　胜	西公路	1.50	8.00	土	手拖
	谢家坝路	谢家坝	别　桥	4.00	5.00	土	手拖
	农场路	农　场	别　桥	3.50	12.00	砂石	汽车
	东合路	东神圩	西公路	2.00	8.00	砂石	汽车
	西合路	西神圩	西公路	2.00	8.00	砂石	汽车
	西浦路	祁篁里	西神圩	2.50	8.00	砂石	汽车
	上市路	上　市	西公路	2.00	8.00	砂石	汽车
	三村路	三　村	西公路	1.50	8.00	砂石	汽车
	团结路	西　浦	三　村	2.50	6.00	土	手拖
	合里路	东神圩	西神圩	1.00	6.00	土	手拖
	沿河路	谢家坝	别　桥	4.00	6.00	土	手拖
湖边乡	中里路	北　堰	李家坝	3.50	3.20	碎石	手拖
	符家路	李家坝	符　家	3.00	3.00	碎石	手拖
	湖塘路	溧金路	湖塘村	2.00	3.20	碎石	手拖
	闸口路	溧金路	湖边粮站	2.50	3.20	碎石	手拖
	长桥路	粮　站	董家舍桥	3.50	3.00	碎石	手拖
	双桥路	溧金路	双桥村	1.50	3.00	碎石	手拖
	浪圩路	溧金路	浪　圩	4.00	3.00	碎石	手拖
古渎乡	九连圩路	古　渎	横　河	2.20	3.00	砂石	手拖
	九连圩支路	道成桥	对　河	3.00	3.00	砂石	手拖
	渎溪路	古　渎	东　溪	1.20	3.00	砂石	手拖
	坐庄圩路	东　溪	赵　圩	3.20	2.00	砂石	手拖
	古董路	古　渎	董家舍	1.50	3.00	砂石	手拖
	古一路	古　渎	货郎桥	1.00	3.00	砂石	手拖
	九连圩支路	古　渎	对　河	2.00	3.00	砂石	手拖
	设备厂路	古　渎	设备厂	0.70	3.00	砂石	手拖
	辽进路	古　渎	辽进里	0.50	2.50	砂石	手拖
	杨甘圩路	古　渎	杨甘圩	0.50	2.50	砂石	手拖
	周家湾路	周家湾	尖只上	2.50	2.00	砂石	手拖
	牌楼路	牌　楼	余桥公路	2.00	2.50	砂石	手拖
	赵圩路	赵　圩	周家桥	1.50	2.00	砂石	手拖
	东溪路	东　溪	五荡湾	2.00	2.00	砂石	手拖

续表 7-1-1

乡名称	道路名称	起　点	讫　点	全长（千米）	宽度（米）	路面状况	通行车辆
绸缪乡	坝头路	西土桥	尖只上	1.25	6.00	砂石	手拖
	绸缪路	绸　缪	东　舍	1.30	6.00	砂石	手拖
	玉溪路	公　路	玉堂村	0.80	6.00	砂石	手拖
	诸皋路	诸皋村	战胜村	0.30	5.00	砂石	手拖
	槎溪路	西诸巷	东高头	1.60	6.00	砂石	手拖
	槎溪路	槎　溪	上　塘	0.45	5.00	砂石	手拖
	槎溪路	上　塘	公　路	0.40	5.00	砂石	手拖
	阴山路	公　路	东　社	1.35	6.00	砂石	手拖
	阴山路	东　社	阴　山	0.45	6.00	砂石	手拖
	阴山路	刁　家	小　学	1.61	6.00	砂石	手拖
	阴山路	阴山村	公　路	2.20	6.00	砂石	手拖
	阴山路	10 队	公　路	0.75	6.00	砂石	手拖
	阴山路	16 队	公　路	0.52	6.00	砂石	手拖
	阴山路	西诸巷	公　路	0.58	6.00	砂石	手拖
	东马路	刘西干	公　路	2.00	6.00	砂石	手拖
	东马路	东马方里	公　路	1.25	6.00	砂石	手拖
	东马路	史　家	公　路	0.13	6.00	砂石	手拖
	文巷路	绸　缪	闸　西	1.42	6.00	砂石	手拖
	文巷路	绸　缪	滩　头	1.80	6.00	砂石	手拖
后周乡	杨家湾路	杨家湾	八字桥	1.70	6.00	砂石	手拖
	杨家湾路	贺　家	八字桥	0.80	6.00	砂石	手拖
	杨家湾路	湾只上	八字桥	1.40	6.00	砂石	手拖
	杨家湾路	北陈家	文　巷	0.60	6.00	砂石	手拖
	杨家湾路	大干桥	北　庄	0.80	6.00	砂石	手拖
	后黄路	后　周	黄金山	7.00	6.00	砂石	汽车
	观阳路	后　周	农　中	5.70	6.00	砂石	汽车
	下梅路	后　周	下　梅	4.50	6.00	砂石	汽车
	塘马路	后　周	塘　马	3.50	6.00	砂石	汽车
	储庄路	后　周	储　庄	2.40	6.00	砂石	汽车
	西马路	后　周	西　马	4.30	6.00	砂石	汽车

20 世纪 90 年代乡村道路得以改造拓宽，部分村开始浇筑混凝土路面。1995 年 6 月，绸缪村企业主马金保，投资 40 多万元，铺筑新民村到绸缪集镇，宽 3.5 米、长 3000 多米的混

凝土镇村道路。1992年至1995年各村实施路面硬化（黑色化）期间，各村企业主、小老板、群众都积极捐资筑路。别桥现境内原4个乡镇个人捐款10万元以上的有23人，捐款5万～9万元的有26人，捐款1万～4万元的有127人，捐款1000～9999元的有355人，1000元以下的捐款者数百人。总计捐献筑路款923万元，累计浇筑村村通公路148.16千米（不包括各自然村村内道路）。2002年，实施镇村道路通达工程。2003年8月，市委、市政府召开全市农村道路建设动员大会，对全市农村道路建设作出部署，明确农村道路建设资金补助标准：茅山革命老区镇为每千米10万元，其他镇每千米8万元。

2007～2013年，别桥镇农村公路建设里程为95千米，总造价5500万余元，其中市交通局投入资金3100万元，别桥镇政府投入资金2400万元。

2013年别桥镇农村公路、乡村道养护线路一览表

表7-1-2

所属村	路线起讫	里程（千米）	所属村	路线起讫	里程（千米）
前程村	别桥集镇—伏申村	0.95	西庄村	后周集镇—西庄村	3.34
	别桥集镇—前程村	2.30		上上线—魏笪	0.95
	伏申—下尖圩—谢家坝	0.96		上上线—龙梢头	0.60
	伏申线—南棚	0.94		西庄—前王	1.00
	谢家坝—下尖圩	0.65	黄金山村	后周集镇—黄金山村	4.40
别桥村	别桥村—前王村	2.30		观阳线—颜笪里	1.18
合星村	西浦—祁笪里	0.66		观阳—五棚	0.90
	别桥集镇—团结村	2.02	西马村	后周集镇—西马村	3.34
	别桥集镇—合星村	1.40		下梅—西马—绸缪	2.90
	别桥集镇—战胜村	1.04		后周集镇—下梅村	3.39
	团结—西浦	1.18	小石桥村	诸社路—梓村—小石桥路	1.62
	团结—三村	0.99		后周集镇—小石桥村	1.70
马家村	别桥集镇—马家村	0.90		小石桥—大石桥	0.80
道成村	绸缪集镇—道成村	0.85	玉华山村	后周集镇—玉华山村	2.49
	别桥集镇—符家村	2.64		玉华山—西沈	1.00
	符家—金家桥	0.66		前畷—西沈	0.96
	中里线—姚家桥	0.71		观阳线—西沈	0.45
湖边村	别桥集镇—湖边村	3.50		黄金山线—玉华山—西舍	1.20
塘马村	后周集镇—观阳村	4.85	古渎村	古渎—横河村	2.23
	塘马—倪家	1.00		古渎—董家舍	1.66
	黄金山—观阳—竹篑—大寅庄	2.54		北山线—古小	0.62
	后周集镇—塘马村	0.60	绸缪村	绸缪集镇—文巷村	1.19

续表 7-1-2

所属村	路线起讫	里程（千米）	所属村	路线起讫	里程（千米）
绸缪村	绸缪—闸头	1.27	两湾村	绸缪线—周家湾	0.62
	绸缪小学—东舍	1.02		杨家湾线—贺家—湾只	1.74
北山村	绸缪集镇—皋溪村	2.23		溧竹线—赵圩	0.36
	绸缪集镇—东马村	1.30	镇东村	S241—土山	1.63
	上上线—槎溪	1.82		S241—渔民新村	1.40
	绸缪线—西诸巷	0.81	后周村	马云山线	0.85
	上上线—东社	0.70		靠村线	0.58
两湾村	绸缪集镇—杨家湾村	1.60	别桥镇	老溧金路	2.75
	溧竹线—牌楼	0.65	合　计		92.89

第二章　航道　港区

第一节　干线航道

2013 年，境内干线航道有丹金溧漕河、北河、中河航道。

丹金溧漕河航道　北起丹阳七里桥口，流经金坛市，由界牌桥入境，经别桥、姚家桥、金家桥、道成桥、董家舍流至中河。别桥境内通航里程 12 千米，为五级航道，通航 100 吨位船只。设计通航水位最高 5.13 米，最低 2.77 米。

新北河航道　西起上沛的东塘桥三叉河，自绸缪杨家湾入境，经绸缪、别桥、泗渎港，东至黄泥港入长荡湖。别桥境内通航里程 12.9 千米，为六级航道。设计通航最高水位 5.13 米，最低 2.72 米，通航 100 吨位船只。

中河航道　西起庆丰老鹳嘴南河分水口，经南渡、新昌、前马、自五荡湾村流入境内，流经古渎、杨庄、埭头至宜兴杨巷镇，别桥段通航里程 2.5 千米，为六级航道。设计通航最高水位 5.13 米，最低 2.89 米，通航 100 吨位船只。

第二节　支线航道

2013 年，境内支线航道有 4 条，古渎河、湖边河、后周河、北川河航道，总长 21.2 千米，通航船舶吨位均在 40 吨以下，称等外级航道。1977 年以后，因工农业生产和航运需要，先后都进行过疏浚拓宽。

1982 年别桥、湖边、古渎、绸缪、后周公社境内航道一览表

表 7-2-1

航道名称	起讫地点	境内通航里程（千米）	通航船舶吨位	通航等级	枯水期航道尺度（米）	
					水深	宽度
古渎河	濑溪—董家舍	3.92（全长）	40	七	1.80	13.30
湖边河	董家舍—长荡湖	4.32	30	七	1.90	8.70
后周河	后周—杨家湾	6.07	20	八	1.70	8.00
别桥新河	闵家桥—别桥	8.04（全长）	30	七	1.90	8.70
泗渎港河	别桥—泗渎港	3.35	40	七	1.70	8.70
北川河	绸缪—东溪	4.19	10	八	1.60	8.00

2013 年别桥镇境内航道一览表

表 7-2-2

航道名称	起讫地点	境　内通航里程（千米）	航道等级	设计通航水位	
				最高（米）	最低（米）
丹金溧漕河	界牌桥—中河	12.00	五级	5.13	2.77
中　河	五荡湾—古渎	2.50	六级	5.13	2.89
新北河	绸缪—长荡湖	12.90	六级	5.13	2.72
古渎河	濑溪—董家舍	3.92	等外级	4.57	2.99
后周河	后周—杨家湾	5.66	等外级	4.57	2.99
湖边河	董家舍—长荡湖	6.52	等外级	4.57	2.99
北川河	绸缪—东溪	5.10	等外级	4.57	2.99

第三节　港区　码头

别桥港位于丹金溧漕河别桥集镇段，为社会港口，属别桥交管所指导。有专用码头 5 个，泊位 1 个，总长 180 米，最大靠泊能力 50 吨。2001 年河道拓宽时，港口码头重建，码头为浆砌块石重力式驳岸，年吞吐量 150 万吨。

2004 年，前程建材厂自建一个码头泊位，泊位长度 60 米，4 个泊位，年通过能力 25 万吨。

2013 年，别桥镇有码头 13 处，2 处在湖荡边，5 处在四级航道边，3 处在五级航道边，3 处在三级航道边。拥有生产性泊位 17 个。共完成吞吐量 111.4 万吨，其中进口 32.1 万吨，出口 79.3 万吨，承担的主要货种为矿建材料、煤、钢材及其他件杂货等。

第三章　桥梁　渡口

第一节　桥　梁

新中国成立前，历代以木桥为主、石桥为辅。建桥资金以受益地方民众募捐为主，官府拨款极少。地方上也有作为善举义举而个人出资建桥的。明嘉靖年间（1522～1566年）南京国子监司业马一龙捐资设置义田，恢复盘石堰，改筑盘龙桥。董家舍桥，清康熙年间（1662～1722年）筑起石垛，架木为桥。乾隆四十年（1775年）监生姚拔、生员姜丙暄、姜于孝等人倡议募捐重建。

明清时期，境内有别（甓）桥、双桥、董家舍桥、道成桥、土山桥、吕渎桥、长桥、姚家桥、金家桥、周渎桥、塘马桥、后迈桥、盘龙桥、檀石桥等桥梁。

20世纪50年代中期以前，桥梁大都年久失修，损坏严重。1962年，县人民政府、县交通部门采取民办公助的办法，对桥梁进行拆建和修理。

公路的修筑、河道的疏浚拓宽，桥梁也随着发生变化，新建、重建的桥梁增加，结构类型也不断改变。1985年，别桥、湖边、古渎、绸缪、后周5个乡镇内共有桥梁47座（不含农桥），总长2138.8米，其中公路桥梁16座，航道桥梁31座。桥梁结构类型以双曲桥、石拱桥、桁架、钢筋板桩为主。20世纪70年代开始，修建的桥梁以钢筋混凝土为桥面，双曲拱桥、钢筋拱桥和平板桥梁为主形桥。2013年，别桥镇现境内有公路、航道桥梁54座，总长6215.1米。桥梁结构类型以预应力空心板梁为主，均能适应公路、航道的车辆、船只的交通运输。

镇乡公路、农村道路的建设，农桥成为乡村重要交通设施。1986年后，政府重视农桥的建设，至2013年，现境内共有农桥125座，总长2116.5米。

一、集镇桥梁

【别桥（人行桥）】 位于别桥集镇，跨丹金溧漕河，连接桥东、桥西。隋大业十二年（616年），永世县令达奚明，顺随晋宋时原有的泾渎河港，加以疏浚后建桥，称甓溪桥又名安乐桥，后简称为甓桥。那时的甓桥为普通的石板桥，桥面用砂条铺成，跨度不足2丈（6.5米），桥宽不足9尺（3米），铁扶栏，每到汛期，桥孔水流湍急，既妨碍行船，又影响泄洪。清嘉庆元年（1796年）重建时，改建成石平板桥。同治八年（1869年）重修。民国19年（1930年），乡人募资重建，架宽原砂石3块，并加固两岸石垛。民国29年（1940年），桥面砂石断裂，行人往来有“失足之虞”，但时值战乱，无暇顾及公益事业，直至民国37年（1948年），乡人发起，募集资金，才得以重修。20世纪中期，“别”与“甓”谐音，始称别桥。1966年拆除平石板，改建成拱形石桥，一度称“红桥”。随着水运事业的发展，重建的桥碍航仍严重。1985年，丹金溧漕河别桥集镇段拓浚工程中又拆除重建。2001年，河道拓宽时，又拆除旧桥，南移50米，重建成步行桥，现为系杆拱梁桥。净跨 80 米，桥身总长 155 米，宽 16 米。

别桥集镇还有别桥公路大桥（北大桥）。绸缪、后周集镇分别有绸缪桥、后周桥和后周新桥。

2013 年别桥镇现境集镇桥梁一览表

表 7-3-1

桥梁名称	结构类型	长度（米）	桥面宽（米）	跨径（米）	建造（改建）年份	桥梁现状	所跨河道
别桥人行桥	系杆拱梁桥	155.00	16.00	80.00	2001	完好	丹金溧漕河
别桥公路大桥（北）	系杆拱梁桥	248.50	11.00	85.00	1985	完好	丹金溧漕河
绸缪桥 (西土桥)	空心板梁	210.00	11.00	60.00	2001	完好	新北河
后周桥	系杆拱梁桥	33.50	4.50	23.40	1979	完好	后周河
后周新桥	钢筋混凝土双曲桥	33.40	4.40	23.40	1995	完好	后周河

二、公路桥梁

别桥镇现境主要公路有 3 条，省道 241、县道黄横二环线（上上线）、溧绸线。1985 年前，别桥镇现境内原 5 个乡镇内公路桥梁有 16 座，分别在溧金公路（S241）、溧绸公路、绸后公路上，桥梁共长 617.1 米，载重汽车一般为 10 ～ 15 吨。1985 年后，省、县公路的扩建及道路等级的提高，加之县、乡之间公路的增修，公路桥梁相应变化。至 2013 年，别桥镇现境内公路桥梁有 18 座，总长 987.9 米。

桥梁选介

【渎溪桥】 为溧绸线公路桥，坐落于古渎河上，位于古渎行政村古渎村西，1985 年建造。全长 106 米，桥面宽 11 米，跨径为 34 米，净高 2.7 米，结构类型是空心板梁桥，属永久性桥梁。

【北河桥（S241 公路桥）】 1985 年建造，坐落于新北河上，位于镇东行政村泗渎港村东。全长 80.2 米，跨径为 75 米，桥面宽 15 米，结构类型为预应力 T 梁桥，属永久性桥梁。

【别桥北大桥（原上上线公路桥）】 1985 年建造，2001 年改造，坐落于丹金溧漕河上，位于别桥集镇。全长 248.5 米，主桥 1 孔跨越河道，跨径为 85 米，桥面宽 11 米，净高 5 米，结构类型是系杆拱梁桥。最高通航水位 5.13 米，最低通航水位 2.77 米，属永久性桥梁。工程造价 1911 万元。

【三益桥】 坐落于中河上，位于古渎行政村古渎村西，是溧阳至绸缪公路的公路桥。2003 年建造，结构类型是空心板梁桥。全长 120 米，桥面宽 18 米，主桥 1 孔跨越河道，跨径 45 米。最高通航水位 5.13 米，最低通航水位 2.87 米，属永久性桥梁。

图7-3　2013年别桥大桥

1985年别桥、湖边、绸缪、古渎、后周乡镇内公路桥梁一览表

表7-3-2

线路	桥　名	桥型	长度（米）	桥面宽（米）	跨径（米）	建造（改建）年份
溧金线	小庙桥	石拱	36.80	7.00	10.00	1979
	范家桥	石拱	21.60	7.00	6.00	1978
	湖口桥	双曲拱	56.00	7.00	30.00	1980
	陆家湾桥	石拱	38.40	7.00	10.00	1977
	北河桥	双曲拱	63.60	7.00	30.00	1980
	土山浜桥	石拱	18.50	7.00	6.00	1978
	联星桥	双曲拱	31.80	7.00	13.00	1979
	东星桥	双曲拱	41.80	7.00	16.00	1980
	金星桥	双曲拱	32.10	7.00	13.00	1980
后绸线	后周桥	双曲拱	33.50	4.50	20.00	1979
	后周闸桥	平板拱	43.00	3.20	31.00	1974
郝绸线	郝家桥	双曲拱	28.00	7.00	18.00	1985
	西土桥	钢架拱	46.00	7.00	30.00	1985
三乡线	周家桥	双曲桥	34.00	9.00	18.00	1985
	渎溪桥	钢架拱	72.00	9.00	35.00	1985
竹后线	杨笪桥	石拱	20.00	6.00	10.00	1971

2013年别桥镇境内公路桥梁一览表

表7-3-3

桥梁名称	线路名称	所跨河流	结构类型	桥梁全长（米）	跨径（米）	桥面宽（米）	孔数	建造（改建）时间	按使用年限分
新金星桥	S241	后渎河	空心板梁	20.30	8.00	15.00	1	1995.02	永久性桥
小桥桥	S241	小河	实心板梁	18.30	6.00	15.00	1	1995.02	永久性桥
园上桥	S241	东桥河	实心板梁	22.90	6.00	15.00	1	1994.11	永久性桥
新桥河桥	S241	新桥河	T型梁	29.60	20.00	15.00	1	1995.03	永久性桥
北河桥	S241	新北河	预应力T梁	80.20	75.00	15.00	1	1995.07	永久性桥
湖口桥	S241	湖边河	应力空心板梁	63.50	40.00	15.00	1	1995.04	永久性桥
小绞桥	S241	庙桥河	板拱	43.20	10.00	15.00	1	1995.01	永久性桥
三益桥	溧绸线	中　河	空心板梁	120.00	45.00	18.00	1	2003	永久性桥
渎溪桥	溧绸线	古渎河	空心板梁	106.00	34.00	11.00	1	1985	永久性桥
郝家桥	溧绸线	排灌河	空心板梁	34.00	30.00	11.00	3	—	永久性桥
绸缪桥	溧绸线	新北河	空心板梁	210.00	60.00	12.50	3	—	永久性桥
诸里东桥	黄横二环线（上上线）	诸里河	空心板梁	28.40	16.00	11.00	1	—	永久性桥

续表 7-3-3

桥梁名称	线路名称	所跨河流	结构类型	桥梁全长（米）	跨径（米）	桥面宽（米）	孔数	建造（改建）时间	按使用年限分
诸里西桥	黄横二环线（上上线）	诸里河	空心板梁	13.00	13.00	11.00	1	—	永久性桥
诸里桥	黄横二环线（上上线）	诸里河	板拱	16.00	5.00	11.00	1	—	永久性桥
别桥大桥（北）	黄横二环线（上上线）	丹金溧漕河	系杆拱	248.50	85.00	11.00	1	1985	永久性桥
南北桥	黄横二环线（上上线）	南北河	空心板梁	26.00	20.00	11.00	1	—	永久性桥
后周桥	黄横二环线（上上线）	后周河	系杆拱	33.50	23.40	11.00	1	1995	永久性桥
杨笪桥	黄横二环线（上上线）	后村河	空心板梁	26.00	24.00	11.00	1	2003	永久性桥

三、航道桥梁

2013 年，别桥镇现境内有 7 条航道，五级航道是丹金溧漕河，六级航道是中河、北河；等外级航道是古渎河、后周河、湖边河、北川河。1985 年前，别桥镇现境内原五乡镇航道桥梁有 31 座，共长 1521.7 米，宽度为 9 ～ 2.1 米不等。结构类型为桁架桥、双曲拱桥、钢筋板桩等，有 1 座木质桥，是牌楼西桥。桥梁高度最低为 2.4 米，最高为 3.91 米，制约航道通航能力。后航道河流疏浚拓宽，航道桥梁重新修建。至 2013 年，别桥镇现境内航道桥梁有 36 座（有 7 座既是公路桥又是航道桥），共长 4980.23 米。结构类型大多为预应力混凝土空心板梁。此外，2015 年开工建造的别桥（南）大桥，长度为 660 米，造价是 8366 万元。

桥梁选介

【金家桥】 坐落于丹金溧漕河上，位于道成行政村金家桥村。2015 年改造建成，桥梁结构类型是变截面预应力连续桥。桥梁全长 602 米，桥面宽 8 米，主桥通航 1 孔，净跨 60 米，净高 7 米，造价为 2367 万元。

【道成桥】 坐落于丹金溧漕河上，位于道成行政村童家村。2015 年改造建成，桥梁结构类型是变截面预应力连续桥。桥梁全长 660 米，桥面宽 12 米，主桥通航 1 孔，净跨 60 米，净高 7 米，造价为 3591 万元。

【董家舍大桥】 坐落于丹金溧漕河上，位于古渎行政村董家舍村。2015 年改造建成，桥梁结构类型是变截面预应力连续桥。桥梁全长 486 米，桥面宽 8 米，主桥通航 1 孔，净跨 60 米，净高 7 米，造价为 1845 万元。

【别桥人行桥】 坐落于丹金溧漕河上，位于别桥集镇。现桥系 2001 年改造，是系杆拱梁桥。桥梁全长 291 米，桥面宽 16 米，主桥通航 1 孔，净跨 80 米，净高 5 米，最高通航水位 5.13 米，最低通航水位 2.77 米。

1985 年别桥、湖边、古渎、绸缪、后周乡镇航道桥梁一览表

表 7-3-4

<table>
<tr><th rowspan="3">航道</th><th rowspan="3">桥名</th><th rowspan="3">结构
形式</th><th colspan="4">主要尺度</th><th colspan="2">通航净空（米）</th><th rowspan="3">建造（改建）
时间</th></tr>
<tr><th rowspan="2">全长
（米）</th><th rowspan="2">桥宽
（米）</th><th colspan="2">孔数</th><th rowspan="2">净跨</th><th rowspan="2">净高</th></tr>
<tr><th>总数</th><th>通航
孔数</th></tr>
<tr><td rowspan="5">丹金溧漕河</td><td>别　桥</td><td>石拱</td><td>30.20</td><td>5.80</td><td>1</td><td>1</td><td>15.40</td><td>3.01</td><td>1965</td></tr>
<tr><td>姚家桥</td><td>双曲拱</td><td>57.60</td><td>3.60</td><td>1</td><td>1</td><td>41.00</td><td>2.31</td><td>1975.07</td></tr>
<tr><td>金家桥</td><td>桁架</td><td>67.20</td><td>3.50</td><td>1</td><td>1</td><td>41.20</td><td>2.35</td><td>1978.01</td></tr>
<tr><td>道成桥</td><td>桁架</td><td>76.00</td><td>5.20</td><td>1</td><td>1</td><td>55.00</td><td>2.85</td><td>1978.12</td></tr>
<tr><td>董家舍桥</td><td>桁架</td><td>71.00</td><td>4.20</td><td>1</td><td>1</td><td>54.00</td><td>2.84</td><td>1978.12</td></tr>
<tr><td>中　河</td><td>五荡湾桥</td><td>双曲拱</td><td>58.20</td><td>4.00</td><td>1</td><td>1</td><td>53.40</td><td>2.95</td><td>1978</td></tr>
<tr><td rowspan="5">后周河</td><td>后周桥</td><td>双曲拱</td><td>33.40</td><td>4.40</td><td>1</td><td>1</td><td>23.40</td><td>2.55</td><td>1978</td></tr>
<tr><td>油榨桥</td><td>双曲拱</td><td>37.10</td><td>2.10</td><td>1</td><td>1</td><td>26.40</td><td>2.95</td><td>1978</td></tr>
<tr><td>顾家桥</td><td>双曲拱</td><td>39.00</td><td>2.00</td><td>1</td><td>1</td><td>27.00</td><td>2.45</td><td>1978</td></tr>
<tr><td>大片桥</td><td>双曲拱</td><td>48.90</td><td>3.70</td><td>1</td><td>1</td><td>24.80</td><td>2.45</td><td>1978</td></tr>
<tr><td>大干桥</td><td>双曲拱</td><td>46.00</td><td>3.00</td><td>1</td><td>1</td><td>30.00</td><td>2.95</td><td>1978</td></tr>
<tr><td rowspan="9">别桥河</td><td>红卫桥</td><td>双曲拱</td><td>35.50</td><td>2.20</td><td>1</td><td>1</td><td>26.60</td><td>3.38</td><td>1968</td></tr>
<tr><td>八字桥</td><td>双曲拱</td><td>35.00</td><td>2.20</td><td>1</td><td>1</td><td>26.70</td><td>2.48</td><td>1967</td></tr>
<tr><td>西土桥</td><td>双曲拱</td><td>56.40</td><td>3.20</td><td>1</td><td>1</td><td>31.00</td><td>3.25</td><td>1972</td></tr>
<tr><td>绸缪东桥</td><td>预应力空心板梁</td><td>72.00</td><td>4.50</td><td>1</td><td>1</td><td>60.00</td><td>3.26</td><td>2001</td></tr>
<tr><td>战胜桥</td><td>双曲拱</td><td>34.40</td><td>2.20</td><td>1</td><td>1</td><td>27.00</td><td>3.08</td><td>1968</td></tr>
<tr><td>前程桥</td><td>双曲拱</td><td>42.80</td><td>3.20</td><td>1</td><td>1</td><td>24.80</td><td>3.06</td><td>1975</td></tr>
<tr><td>吕庄桥</td><td>双曲拱</td><td>34.60</td><td>2.50</td><td>1</td><td>1</td><td>26.80</td><td>3.26</td><td>1968</td></tr>
<tr><td>爱国桥</td><td>预应力空心板梁</td><td>72.00</td><td>4.10</td><td>1</td><td>1</td><td>60.00</td><td>3.26</td><td>—</td></tr>
<tr><td>忠字桥（头墩桥）</td><td>双曲拱</td><td>34.90</td><td>3.50</td><td>1</td><td>1</td><td>27.00</td><td>3.26</td><td>1968</td></tr>
<tr><td rowspan="3">古渎河</td><td>东溪桥</td><td>钢筋板桩</td><td>77.00</td><td>3.20</td><td>9</td><td>1</td><td>7.70</td><td>3.91</td><td>1964</td></tr>
<tr><td>古渎桥</td><td>钢筋板桩</td><td>44.50</td><td>2.80</td><td>5</td><td>1</td><td>7.40</td><td>3.85</td><td>1964</td></tr>
<tr><td>渎溪桥</td><td>钢架梁</td><td>72.00</td><td>9.00</td><td>1</td><td>1</td><td>35.00</td><td>—</td><td>1985</td></tr>
<tr><td rowspan="6">泗渎港河</td><td>新　桥</td><td>双曲拱</td><td>43.00</td><td>3.20</td><td>1</td><td>1</td><td>25.30</td><td>3.48</td><td>1978</td></tr>
<tr><td>联星桥</td><td>双曲拱</td><td>40.00</td><td>3.20</td><td>1</td><td>1</td><td>26.50</td><td>3.70</td><td>1976</td></tr>
<tr><td>土山桥</td><td>双曲拱</td><td>50.00</td><td>10.40</td><td>1</td><td>1</td><td>30.00</td><td>3.70</td><td>1979</td></tr>
<tr><td>土山桥</td><td>双曲拱</td><td>34.00</td><td>2.20</td><td>1</td><td>1</td><td>26.70</td><td>2.98</td><td>1969</td></tr>
<tr><td>泗渎港桥</td><td>双曲拱</td><td>35.40</td><td>2.20</td><td>1</td><td>1</td><td>26.70</td><td>3.28</td><td>1968</td></tr>
<tr><td>渔农桥</td><td>双曲拱</td><td>39.40</td><td>3.20</td><td>1</td><td>1</td><td>24.70</td><td>3.08</td><td>1978</td></tr>
<tr><td rowspan="2">湖边河</td><td>双　桥</td><td>双曲拱</td><td>59.00</td><td>2.90</td><td>1</td><td>1</td><td>35.00</td><td>3.46</td><td>1972</td></tr>
<tr><td>湖边桥</td><td>双曲拱</td><td>45.20</td><td>9.00</td><td>1</td><td>1</td><td>30.00</td><td>3.70</td><td>1979</td></tr>
</table>

2013 年别桥镇境内航道桥梁一览表

表 7-3-5

桥梁名称	所跨航道	结构类型	桥梁全长（米）	桥面宽（米）	通航孔数	通航净高（米）		建造（改建）时间
						净跨	净高	
别桥人行桥	丹金溧漕河	系杆拱梁桥	155.00	16.00	1	80.00	5.00	1985
别桥大桥（北）	丹金溧漕河	系杆拱梁桥	248.50	11.00	1	85.00	5.00	2001
姚家桥	丹金溧漕河	变截面预应力连续梁	602.00	8.00	1	60.00	7.00	2015
金家桥	丹金溧漕河	变截面预应力连续桥	602.00	8.00	1	60.00	7.00	2015
道成桥	丹金溧漕河	变截面预应力连续桥	660.00	12.00	1	60.00	7.00	2015
董家舍桥	丹金溧漕河	变截面预应力连续桥	486.00	8.00	1	60.00	7.00	2015
双　桥	湖边河	—	59.00	2.90	1	16.80	3.10	—
湖口桥	湖边河	应力空心板梁	63.50	24.00	1	40.00	8.50	1995.04
观音桥	古渎河	—	40.00	5.40	1	23.00	2.40	—
渎溪桥	古渎河	—	106.00	11.00	1	34.00	2.70	—
东溪桥	古渎河	—	77.00	3.20	1	27.70	2.80	—
大罗科桥	北川河	—	31.00	3.60	1	16.00	2.10	—
贺家桥	北川河	—	30.00	3.60	1	16.00	2.10	—
大干桥	后周河	—	46.00	3.00	1	30.00	2.80	—
三村桥	后周河	—	48.90	3.70	1	30.00	2.80	—
大片桥	后周河	—	48.90	3.70	1	30.00	2.00	—
顾家大桥	后周河	—	39.00	2.00	1	24.80	2.00	—
油榨桥	后周河	—	37.10	2.10	1	26.40	2.50	—
后周桥	后周河	—	33.40	4.40	1	23.40	2.50	—
无名桥	后周河	—	26.80	2.50	1	10.50	2.00	—
五荡湾桥	中　河	拱桥	57.80	3.50	1	57.80	2.41	1978
三益桥	中　河	空心板梁桥	120.00	18.00	1	45.00	5.00	2003
北河桥（S241 公路）	新北河	预应力混凝土空心板梁	80.20	15.00	3	75.00	5.00	—
红卫桥	新北河	预应力混凝土空心板梁	78.00	12.50	1	60.00	3.50	2001.12
绸缪桥	新北河	预应力混凝土空心板梁	210.00	12.50	1	60.00	3.50	2001.12
八字桥	新北河	预应力混凝土空心板梁	78.00	12.50	1	60.00	3.50	2001.12

续表 7-3-5

桥梁名称	所跨航道	结构类型	桥梁全长（米）	桥面宽（米）	通航孔数	通航净高（米）		建造（改建）时间
						净跨	净高	
北河大桥（下尖圩）	新北河	预应力混凝土空心板梁	78.00	12.50	1	60.00	3.50	2001.12
战胜桥	新北河	预应力混凝土空心板梁	52.00	12.00	1	52.00	3.50	2001.12
前程桥	新北河	预应力混凝土空心板梁	64.00	12.50	1	60.00	3.50	2000
吕庄桥	新北河	预应力混凝土空心板梁	78.00	12.50	1	60.00	3.50	2001.12
老卜墩桥	新北河	预应力混凝土空心板梁	78.00	12.50	1	60.00	3.50	2001.02
周大桥	新北河	预应力混凝土空心板梁	78.00	12.50	1	60.00	3.50	2001.12
诸泗桥	新北河	预应力混凝土空心板梁	78.00	12.50	1	60.00	3.50	2001.12
土山桥	新北河	预应力混凝土空心板梁	64.00	12.50	1	60.00	3.50	2001.12
土山公路桥(原溧金公路)	新北河	预应力混凝土空心板梁	282.00	10.40	1	75.00	—	2002.01
渔农桥	新北河	预应力混凝土空心板梁	64.00	12.50	1	60.00	3.50	2002.08

四、农桥

农桥是乡村重要的交通设施，由市（县）交通部门、水利部门统筹规划，乡镇负责建设，市财政给予资金补助。2013 年，别桥镇现境有农桥 125 座。分布情况：黄金山行政村 4 座、小石桥行政村 8 座、玉华山行政村 5 座、后周行政村 8 座、塘马行政村 5 座、西马行政村 7 座、西庄行政村 2 座、北山行政村 11 座、道成行政村 11 座、古渎行政村 2 座、两湾行政村 8 座、绸缪行政村 4 座、别桥行政村 1 座、合星行政村 4 座、前程行政村 2 座、镇东行政村 3 座、湖边行政村 31 座、马家行政村 9 座。

2013 年别桥镇境内农桥一览表

表 7-3-6

桥名	桥型	长度（米）	桥面宽（米）	跨径（米）	建造（改建）时间	桥梁现状	所跨河道
南石桥	现浇板梁	8.00	5.20	8.00	2005	完好	南石桥河
大涧西桥	现浇板梁	15.00	5.20	15.00	2007.01	完好	大涧西桥河

续表 7-3-6

桥名	桥型	长度（米）	桥面宽（米）	跨径（米）	建造（改建）时间	桥梁现状	所跨河道
西石桥	现浇板梁	14.00	5.20	14.00	2007.01	完好	西石桥河
后陈桥	现浇板梁	7.00	5.50	7.00	2010.01	完好	小坝河
新会龙桥	钢筋混凝土现浇板	10.00	5.10	10.00	—	完好	小石桥河
康口桥	钢筋混凝土现浇板	8.00	3.10	8.00	2007.01	完好	康口圩河
小石桥平桥	钢筋混凝土现浇板	6.00	3.90	6.00	—	一般	马家圩河
大石桥平桥	预制梁板	11.00	4.00	11.00	—	一般	西门口河
大石桥东桥	双曲拱桥	23.00	3.80	23.00	—	一般	坏石桥河
大石桥石桥	石　板	6.60	1.70	6.60	—	一般	坏石桥河
下新旱河桥	双曲拱桥	18.00	2.80	18.00	—	一般	坏石桥河
大石桥	双曲拱桥	16.00	4.00	16.00	—	一般	坏石桥河
后迈桥	现浇板梁	10.00	5.60	10.00	2007.12	完好	后迈河
小坝桥	预制梁板	8.00	2.50	8.00	1981	一般	后迈河
老棚桥	预制梁板	12.00	4.60	12.00	2007	完好	老棚坝河
前云桥	现浇板梁	8.00	5.00	8.00	2005	完好	前云坝河
高胜桥	右幅拱桥左幅预制梁	9.00	5.10	9.00	2005	完好	颜篁坝河
安定桥	双曲拱桥	18.00	6.20	18.00	1998	完好	南北河
前殷桥	双曲拱桥	21.00	2.70	21.00	—	一般	南北河
诸社西桥	预制梁板	18.00	2.00	18.00	—	完好	南北河
龙城桥	预制梁板	22.00	6.40	22.00	—	完好	后周河
姜家桥	双曲桥	28.00	4.50	28.00	1998	完好	后周河
姜家东桥	现浇板梁	9.00	9.00	9.00	—	完好	芦滩河
诸社桥	现浇板梁	13.00	5.00	13.00	—	完好	南北河
泄洪桥	预制梁板	18.00	7.00	18.00	—	完好	后周河
塘马桥	连续拱	49.00	5.20	49.00	2005	完好	永泰河
夏林桥	双曲拱桥	13.00	3.60	13.00	1984	完好	夏林桥河
塘马 3 桥	肋拱桥	27.00	4.10	27.00	2004	完好	溢洪河
塘马 1 桥	肋拱桥	27.30	4.10	27.00	2004	完好	溢洪河
下木桥	现浇板梁	10.00	4.50	10.00	2006	完好	永泰河
小片桥	纵横梁预制板面桥	25.00	7.00	25.00	2000	完好	新民河
跃进桥	双曲拱桥	28.70	5.50	28.70	—	完好	新民河

续表 7-3-6

桥名	桥型	长度（米）	桥面宽（米）	跨径（米）	建造（改建）时间	桥梁现状	所跨河道
西埂桥	双曲拱桥	32.50	2.80	32.50	1974	一般	新民河
下梅桥	连续拱	21.00	4.80	21.00	1985	一般	下梅新河
干圩桥	双曲拱桥	34.00	4.20	34.00	2008	完好	竹篑河
牛郎庙桥	双曲拱桥	22.50	3.50	22.50	2008	完好	后周河
牛郎庙 2 桥	预制梁板	8.00	3.50	8.00	1968	一般	后周河
棺材坝桥	现浇板梁	6.50	6.10	6.40	2008	完好	拖板桥河
拖板桥	双曲拱桥	17.40	5.50	17.40	2008	完好	拖板桥河
幽栖观桥	双曲拱桥	9.50	3.50	9.50	1973	一般	白土河
陈家桥	现浇梁板	13.00	5.50	9.00	2008	完好	白土河
白土桥	连续拱	12.00	2.50	12.00	—	一般	白土河
白土北桥	拱　桥	12.00	3.00	10.00	—	一般	白土河
方里桥	现浇梁板	6.50	5.50	6.50	2009	完好	白土河
东马桥	现浇梁板	8.60	5.00	8.60	2006	完好	白土河
慢干桥	双曲拱桥	14.00	3.50	14.00	2010	完好	白土河
玉堂桥	双曲拱桥	18.50	5.80	18.50	—	完好	白土河
战胜桥	预制梁板	52.00	12.00	52.00	2010	完好	社头浜河
东皋桥	预制梁板	52.00	5.50	52.00	2010	完好	社头溪河
东石桥	预制梁板	52.00	5.50	52.00	2010	完好	社头溪河
井石沟桥	拱　桥	8.50	2.80	8.50	—	一般	井石沟河
西灌田桥	拱　桥	14.00	3.00	6.00	—	一般	井石沟河
浪圩塘桥	拱　桥	11.00	3.00	7.00	1970	一般	井石沟河
徐家桥	预制梁板	17.00	3.50	13.00	—	完好	徐家河
横河桥	拱　桥	10.00	3.00	7.00	—	一般	井石沟河
黄家桥	双曲拱桥	20.00	3.60	18.00	1960	一般	徐家河
虞家坝桥	纵横梁桥面板	15.00	4.60	7.00	2006.01	完好	虞家坝河
虞家坝二桥	拱　桥	15.80	3.00	10.80	1982	一般	虞家坝河
马家二桥	预制梁板	7.00	3.20	5.00	1982	一般	马家河
马家一桥	现浇梁板	9.00	5.00	9.00	—	一般	符家河
符家桥	拱　桥	5.00	2.00	5.00	1982	一般	符家河
九连圩桥	拱　桥	7.00	3.20	7.00	1971	一般	九连圩内河
小雨桥	拱　桥	11.00	3.20	11.00	1974	一般	车家河
新河埂桥	双曲拱桥	15.00	3.50	13.00	—	一般	排灌河
杨家湾桥	预应力箱梁	65.00	4.10	60.00	2002	完好	北　河
周家湾桥	双曲拱桥	25.00	2.30	17.00	—	一般	排灌河
沈家桥	双曲拱桥	23.60	5.00	22.00	—	一般	排灌河

续表 7-3-6

桥名	桥型	长度（米）	桥面宽（米）	跨径（米）	建造（改建）时间	桥梁现状	所跨河道
赵圩桥	双曲拱桥	15.30	4.70	15.30	—	一般	扁担河
牌楼中桥	双曲拱桥	16.00	4.80	11.50	—	一般	扁担河
牌楼东桥	纵横梁桥面板	19.00	2.50	19.00	—	一般	扁担河
牌楼西桥	双曲拱桥	18.00	3.60	12.00	—	一般	扁担河
王家棚桥	拱　桥	17.00	3.00	6.00	—	一般	东马浜河
森巷桥	拱　桥	9.00	3.20	9.00	—	一般	寺山庙河
东舍桥	拱　桥	17.50	3.90	10.00	—	一般	寺山庙河
尖只桥	现浇梁板	8.70	5.50	5.70	—	完好	河网化河
樊庄桥	双曲拱桥	12.50	3.50	10.00	—	完好	樊庄后河
土　桥	双曲拱桥	15.00	3.50	11.00	1981	完好	大河里河
太平桥	纵横梁桥面板	10.00	3.50	4.00	1986	完好	大河里河
旺夹桥	双曲拱桥	13.00	3.50	11.00	1984	一般	内河嘴
坏石桥	拱　桥	11.00	3.50	4.00	1972	一般	内河嘴
张木保桥	现浇梁板	14.00	5.00	6.00	2009	完好	川圩内河
下尖圩桥	双曲拱桥	13.00	3.80	11.00	1976	一般	川圩内河
联星桥	双曲拱桥	22.00	10.00	20.00	1979	完好	联星河
诸泗旧桥	拱　桥	16.00	3.00	10.50	—	一般	联星河
培阳桥	预制箱梁	64.00	4.00	60.00	2002	完好	北　河
胜利河 4 号桥	双曲拱桥	18.00	3.80	14.00	—	一般	胜利河
胜利河 5 号桥	拱　桥	19.00	3.00	6.00	—	一般	胜利河
双　桥	双曲拱桥	51.00	4.00	30.00	—	一般	闸口大河
双桥北桥	纵横梁桥面板	5.50	2.00	5.50	—	一般	圬工泵河
团结桥	拱　桥	14.00	4.00	6.00	—	一般	团结河
圬工泵河桥	纵横梁桥面板	13.00	4.00	7.00	—	完好	圬工泵河
杨家圩桥	现浇梁桥	13.00	4.00	7.00	2005.01	完好	湖滩河
南港桥	现浇梁桥	4.00	2.70	4.00	—	完好	荒圩河
蒋家桥	现浇梁桥	7.70	5.50	5.70	2008.01	完好	龙溪河
龙溪桥	纵横梁桥面板	19.50	2.50	5.50	—	完好	龙溪河
南谢桥	预制梁板	13.70	3.70	3.70	—	完好	龙溪河
湖　桥	纵横梁桥面板	12.50	3.00	4.50	—	完好	龙溪河
郑家桥	拱　桥	15.00	3.60	4.50	—	一般	龙溪河
郑家小(二)桥	现浇梁板	15.00	5.10	7.00	2005	完好	龙溪河
郑家三(荒圩)桥	现浇梁板	4.00	2.30	4.00	—	完好	荒圩河
土　桥	现浇梁板	11.00	5.50	6.00	2007.01	完好	龙溪河
范家桥	现浇梁板	10.00	5.50	6.00	2009	完好	龙溪河
下小圩桥	现浇梁板	19.00	5.90	6.50	2004	完好	马家圩河

续表 7-3-6

桥名	桥型	长度（米）	桥面宽（米）	跨径（米）	建造（改建）时间	桥梁现状	所跨河道
双桥 1 号桥	拱　桥	9.60	2.20	3.00	—	一般	排涝河
双桥 2 号桥	拱　桥	9.60	3.00	3.00	—	一般	排涝河
湖塘中滩桥	现浇梁板	28.00	3.90	8.00	2004	完好	中滩河
湖塘上河 1 号桥	现浇梁板	10.00	6.00	6.00	2003	完好	上　河
湖塘上河 2 号桥	现浇梁板	13.50	4.00	8.00	2003	完好	上　河
湖塘上河 3 号桥	双曲拱桥	14.00	3.00	6.40	1978	一般	上　河
前进桥	双曲拱桥	19.00	3.30	13.30	1974	一般	上　河
胜利 2 号桥	现浇梁板	19.60	5.00	10.60	2003	完好	上　河
斗门湾桥	拱　桥	17.00	3.90	7.00	1985	一般	斗门湾河
北小圩桥	双曲拱桥	23.00	3.40	16.80	—	一般	胜利河
圬工泵 2 桥	纵横梁桥面板	10.00	2.00	5.00	—	完好	圬工泵河
圬工泵 1 桥	拱　桥	10.00	3.00	4.00	—	一般	圬工泵河
圬工泵 3 桥	拱　桥	9.00	3.00	4.00	—	一般	圬工泵河
马家桥	预制箱梁	25.00	5.50	16.00	—	完好	马家河
马家旧桥	预制梁板	20.00	3.70	16.00	2003	完好	马家河
诸里北桥	双曲拱桥	19.50	3.50	17.50	1973	一般	诸里河
诸里木桥	双曲拱桥	19.50	3.50	19.50	1973	一般	南桥河
园上东桥	双曲拱桥	19.50	3.50	17.50	1973	一般	园上河
园上拖板桥	预制梁板	3.60	2.00	3.60	—	完好	新开河
园上北高桥	双曲拱桥	18.00	3.50	14.00	1978	一般	园上河
诸里新桥	双曲拱桥	19.50	3.50	17.50	1974	一般	诸里河
诸里上湖桥	拱　桥	17.00	9.00	11.00	—	一般	诸里河

附：消失桥梁

【泗渎港桥】 自民国初期到1967年间，泗渎港村中部有座木桥连结南、北两岸村民。1968年，因木桥倒塌，交通部门在木桥原址建造一座双曲拱桥。桥全长35.4米，桥宽2.2米，净跨26.7米，净高3.28米。1980年，溧金公路（241省道）改道，东移至泗渎港村东侧，北河公路（241省道）大桥建成后，泗渎港桥拆除。

第二节　渡　口

别桥现境内原有3个渡口，2个临时渡口，2013年全部撤销。

【董家舍渡】 该渡口原为桥梁。清咸丰年间（1851～1861年）桥梁毁于兵燹，于是以渡船代之。1966年重建董家舍桥，始停渡。

【长桥庵渡】 该渡口原有一座多孔石平板桥，位于湖边河。20 世纪 20 年代末石桥倒塌，抗日战争期间石桥桥墩还残立在河中，但已不可行人，南北两岸人员靠摆渡来往。渡运地点长桥庵村至杨庄。初为木质渡船，渡口由个体经营。70 年代初，由县交通部门交付给长桥大队 1 艘载重 2 吨、载客定额 8 人的水泥质渡船，由长桥大队指派人员，个体经营渡口。1992 年更换为钢质渡船，核载定额 10 人。2001 年 6 月，渡口因日流量稀少被撤销。

【泗渎港渡】 1950 年设渡，位于土山港，渡运地点泗渎港至上黄周山。初为木质渡船，渡口由私人经营，后改为水泥质渡船。1972 年，渔民新村建成，渡口东移至水产大队（渔民新村）。交通部门交付 1 艘载重 1.5 吨、核载定额 4 人的水泥船给水产大队，由水产大队集体管理经营渡口。1992 年更换为钢质渡船，核载定额 10 人。2000 年 3 月，渡口因日流量稀少被撤销。

【金家桥临时渡】 1998 年，丹金溧漕河金家桥因水上交通事故倒塌。翌年 1 月在金家桥水域设临时渡。2000 年 2 月新桥建成，渡口撤销。

【道成桥临时渡】 1998 年，丹金溧漕河金家桥因水上交通事故倒塌。翌年 1 月在道成桥水域设临时渡。2000 年 2 月新桥建成，渡口撤销。

第四章　运　输

第一节　公路运输

一、客运

明、清、民国时期别桥地区陆路交通运输极不方便，去县城、邻县及周边各乡镇，都须从乡间土路步行。民国 24 年（1935 年），溧金公路开始兴建，民国 25 年（1936 年）10 月 16 日建成通车，金坛至溧阳客运，每日 4 班，在别桥、湖边设站，此为别桥陆路客运之始。通车 18 个月。抗日战争爆发后，公路被日本侵略军炸毁而中断。1981 年，溧金公路（241 省道）修复通车。是年冬，首次开通县城至别桥的农村公共汽车，途经湖边，每天往返 32 个班次，日均客运量达 800 ～ 1000 人次。逢年过节，客运高峰，班次也相应增加。随着公路客运事业的蓬勃发展，1983 年，溧阳至金坛、溧阳至常州、溧阳至镇江、溧阳至丹阳县际线路长途汽车开通，都在别桥、湖边设站，每天经过 12 班次，长途客运量日均 100 ～ 120 人次。1985 年，县汽车运输公司开通县城

图7-4　别桥客运站

至绸缪的农村公共汽车。1987 年 6 月开通县城经古渎、绸缪至后周的公交车。1988 年后，开通竹箦至常州客运线，有竹箦、上沛发出的客运班车，还有常州汽车站发出的客运班车，途经后周、别桥，每日往返 18 班次，客运量数百余人次。1990 年，省际线路别桥至南京长途客运班车开通，途经后周，每日往返 2 班。2007 年，市镇公交车溧阳至别桥，途经浪圩、湖边、诸里，路线长度 24.1 千米，每日 40 个班次；溧阳至后周，途经古渎、胡家墩、绸缪、阴山，路线长度 26.1 千米，每日 40 个班次。市际线路的溧阳至扬中、扬州、南通、泰州、盐城、淮安等市的长途车 12 班次，途经湖边、别桥。与此同时，境内个体客运发展迅速，改装的三轮车、四轮机动农用车，载客往返于县城、乡镇。2013 年，县城至别桥的公交班车每日 54 班次，客运量 1000 人次。

2008 年，新建标准化农村客运站。2009 年，市客运公司在境内开通 2 条镇村公交线。2013 年，别桥镇镇域内镇村公交线路有：

别桥—后周 230 路（每日 20 班次）

始发：别桥客运站；途经：姜家路、别桥镇东、别桥镇西、龙华苑、前程村、卫生院、前马场、镇政府、合星村、五里亭村、上市路口、赵家村、变电所、派出所、阴山、运通路、东社村、诸社村、茅棚新村、朱云山村、特种建材厂、后周加油站、后周江南农村商业银行；终点站：后周集镇。

别桥—绸缪 232 路（每日 20 班次）

始发:别桥客运站;途经:姜家路、别桥镇东、别桥镇西、龙华苑、前程村、卫生院、前马场、镇政府、合星村、五里亭村、上市路口、赵家村、变电所、派出所、名川路、白土棚村、董家棚村、施家村、富民中路、方里村、玉堂村、砝码厂、森巷村、绸缪中学、绸缪小学、绸缪村;终点站:绸缪南。

前程—符家 239 路（每日 14 班次）

始发：前程村；途经：三官殿村、战胜路口、吕庄村、别桥客运站、龙华苑、别桥镇西、别桥镇东、姜家路、别桥镇（电缆厂）、诸泗村、土山村、北堰路口、北堰村北、北堰村西、中里村、李家坝村、姚家桥村、虞家坝村；终点站：符家村。

后周—下梅 265 路（每日 16 班次）

始发:后周集镇;途经:老转盘、粮站、高家村、小桥头村、渔业村、西埂村;终点站:下梅村。

后周—黄金山 237 路（每日 15 班次）

始发:后周集镇;途经:江南农村商业银行、后周加油站、西管村、靠村、后迈村、后迈桥、小石桥路口、窑厂、玉华山村、卫生室、河头村、戴巷里村、大涧西村、桃园村、颜家村;终点站:黄金山村。

后周—塘马黄金山 289 路（每日 14 班次）

始发:后周集镇;途经:江南农村商业银行、新菜场桥、新典村、观西村、颜篁里村、观阳村、后巷村、西沈村、黄涯村、前巷村、大家庄路口、巷上村、五棚路口、前畈村、后陈村、黄金山西;终点站：黄金山村。

后周—桃园 233 路（每日 9 班次）

始发:后周集镇;途经:江南农村商业银行、后周加油站、西管村、靠村、后迈村、后迈桥、小石桥路口、梓村、小石桥村委、西舍村、西舍村东、小石桥、北舍村南、北舍村;终点站:桃园。

规划 2014 年开通别桥—道成村 252 路(每日 10 班次)

始发:别桥客运站;途经:姜家路、别桥镇东、别桥镇西、龙华苑、前程村、卫生院、前马场、镇政府、合星村、五里亭村、上市路口、赵家村、变电所、派出所、名川路、白土棚村、董家棚村、施家村、富民中路、方里村、玉堂村、砝码厂、森巷村、绸缪中学、绸缪小学、绸缪村、绸缪南、俞家村、草屋墩、上周公村、五家庄、周家湾、大沈家村西、大沈家村、对河村、黄家村、潘家村西、潘家村、徐家村、钱家村;终点站:道成村委。

规划 2015 年开通别桥—金庄村 201 路(每日 9 班次)

始发:别桥客运站;途经:龙华苑、别桥镇西、北巷、小舍头、陈巷村南、陈巷村、陈巷村北、前王村南、前王村、前王村北、丁家棚村、樊庄村;终点站:金庄村。

规划 2015 年开通后周—王家村 248 路(每日 10 班次)

始发:后周集镇;途经:王家庄村、姜家村北、姜家村、周烈庵村、姚家村西、姚家村、东胜村、东王村北、东王村、窦巷村、西马村北、西马村、岗头村、岗头村南;终点站:王家村。

2000年以后,小面包车、小轿车逐步取代三轮、四轮农用车,个体中巴进入客运行业。2013年,全镇有个体客运出租车 468 辆,其中小面包车 363 辆、小轿车 105 辆,日客运量 2800 多人次。

二、货运

新中国成立前至 20 世纪 60 年代初,运载货物主要靠肩挑手提,后周地区有独轮车。60 年代中、后期,乡村道路都改建成拖拉机路,大队、生产队陆续购进手扶拖拉机,并带有拖箱,以农为主,农闲时搞短途副业运输。湖边公社湖塘大队购买了中大型拖拉机,农忙耕翻土地,农闲搞运输,还出现胶轮手推车。1981 年,溧金公路修复通车,县乡公路建成,政府积极支持个体运输发展,境内不少农户购买手扶拖拉机、大中型拖拉机、三轮卡车,从事货物运输。1985 年,别桥公社有从事道路运输的货运小三卡 3 辆 12 马力、大中型拖拉机 4 辆 140 马力、挂斗手扶拖拉机 155 辆 1860 马力。湖边公社有货运汽车 2 辆 130 马力、大中型拖拉机 8 辆 280 马力、挂斗手扶拖拉机 76 辆 912 马力。古渎公社有大中型拖拉机 3 辆 150 马力、挂斗手扶拖拉机 84 辆 1008 马力。绸缪公社有大中型拖拉机 1 辆 50 马力、挂斗手扶拖拉机 97 辆 1164 马力。后周公社有货运汽车 2 辆 142 马力、挂斗手扶拖拉机 198 辆 2376 马力。1998 年 10 月,别桥镇现境原 4 个乡镇拥有从事道路运输的载重汽车 6 辆,农用运输汽车 58 辆,大中型拖拉机 5 辆,小型拖拉机 729 辆。2013 年,别桥镇现境内有个体货运和企业货运的各种运货、运物车辆 292 辆 2996.03 吨位,挂斗手扶拖拉机 303 辆 454.5 吨位,变型拖拉机 118 辆 236 吨位,大中型拖拉机 94 辆。

2013 年别桥镇运输企业一览表

表 7-4-1

公司名称	地　址	经营范围及方式	注册资本(万元)	法定代表人
溧阳市三聚运输有限公司	别桥镇广儒西路 1—3 号	道路货物运输	50	汤　茜

续表 7-4-1

公司名称	地　址	经营范围及方式	注册资本（万元）	法定代表人
溧阳市万达公铁物流有限公司	别桥镇绸缪化工园区中心路 1 号 9 幢	道路货物运输	1000	宋国保
江苏万辉物流有限公司	别桥镇绸缪化工园区 6 号 5 幢	道路货物运输	1008	丁雪萍
溧阳市何氏运输有限公司	别桥镇兴城西路 197 号 1 幢	道路货物运输	500	何　晶
溧阳市丰华物流有限公司	别桥镇镇东街南侧	道路运输业	30	史志伟
溧阳市顺达运输有限公司	别桥镇古渎河南路 61 号	道路运输业	50	潘小平

第二节　水路运输

一、客运

境内的丹金溧漕河、北河等河流，给水路客运提供了条件。自清代至民国数百年中，别桥现境内别桥、绸缪、后周等集镇水路客运以手摇木船为主要工具，称之班船（民船）。班船有隔日班与当日班两种，当日来回班以客运为主。新中国成立前，别桥集镇有班船 3 艘，以人力驱动，往返集镇与溧阳县城之间。

民国 16 年（1927 年），通商轮船公司成立，开通溧阳至丹阳客运航班，途经董家舍、别桥。民国 17 年（1928 年），大通汽船公司创设，有拖轮一艘名“利泰”（16 马力），拖船 1 艘（载客 90 余人）名“利群”，经营溧阳至丹阳客运，途经董家舍、别桥。抗日战争中，各轮船停航。民国 35 年（1946 年），兴茂轮船公司轮船航行溧阳至丹阳航线，途经董家舍、别桥。

1956 年，常州航运管理局溧阳营业站在别桥设立代办站，溧阳至丹阳航班途经董家舍、道成桥、别桥。1958 年，镇江专区轮船运输公司溧阳营业处开通溧阳至别桥航班，1963 年增设董家舍代办站。1966 年，县轮船公司改溧阳至别桥班为溧阳至后周班，仍途经别桥。1972 年开通溧阳至绸缪、后周航班，而后溧阳至后周航线改为后周至杨巷航线。别桥通往县城轮船站每天有 4 个班次，迎送旅客在 800 ～ 1000 人次，绸缪、后周通往县城每天 2 个班次。1972 年，县轮船公司开通溧阳至湖边的轮船航线，每天往返 2 个班次。20 世纪 80 年代，由于县乡公路建成，农村公共汽车兴起，1985 年境内仅存后周至杨巷航线，1990 年客运水运航线全部停运。

二、货运

境内丹金溧漕河是别桥境内水路运输的主动脉，还有北河及古渎河、湖边河、后周河等，给水路运输提供了天然的条件。乘木船溯北河而西行，可达绸缪、后周。东出长荡湖，可至埠头、上黄、宜兴。古渎、湖边、后周船只皆可抵达县城。别桥集镇自古以来是溧阳北部最大的农副产品集散地，在公路没有发展时期，水上运输成了别桥与外界贸易的主要通道。自水运之始至民国，别桥境内水运工具全是木船，装货吨位小，运输速度慢。民国 35 年（1946 年），别桥区有几十户船户，担负各商号、货栈的商品及粮食运输。班船是一种专业性的民船，在乡镇至县城之间航行。有隔日班船与当日来回班船，隔日班以载货为主，客运为辅；当日来回班则以客运为主，载货为辅。新中国成立前，别桥集镇上有当日班班船 3 只，主要为集镇商店到溧阳批货。

民国时期，别桥有船帮存在。船帮主要业务是被商人雇用，装稻麦外运，称稻船帮。除装运稻麦外，其他运输业务也照常经营。稻船帮的船只有常年航运与季节性航运之分。常年航运的船只是专业运输船只，季节性装运稻麦的船只一般是夏收或秋收之后，农民卖粮踊跃，专业船只来不及装运，就联系农村有大船的农户参加运粮。民国 30 年（1941 年）至新中国成立，别桥稻船帮有 10 多个船户。稻船 18 艘 373 吨位，其中最大的稻船 40 吨。

1951 ～ 1957 年，华东内河轮船公司溧阳营业站、常州航运管理局溧阳营业站行驶县城至各乡埠货运航线。稻船帮的船只以及班船，分别归属溧城镇船只协会和运输合作社两个机构，继续担负着别桥地区的水路运输任务。1958 年，部分船户回农村务农，不再从事水路运输，其他船户船只由县统一分配使用，班船仍担负着集镇商货的日常运输。1958 ～ 1968 年，别桥现境内原 5 个公社的水路货运主要由县运输公司及镇江轮船联运公司溧阳营业站负责，粮食、建材、煤炭、化肥、农药等物资成为水运货物的主要货源，联运、航运公司的船只大、速度快。1976 年，别桥公社有运输船户 10 户，船 10 艘 90 吨位；交通管理站（公社集体企业）有 25 匹马力机动船 1 艘，拖船 4 艘，计 77 吨位。

1983 年，别桥乡运输队有机动运输船 16 艘 382 吨位。1985 年，别桥镇有机动运输船 173 艘 2036 千瓦 2702 吨位，非机动木船 67 艘，水泥船 204 艘，计 1355 吨位。湖边乡有机动运输船 27 艘 324 千瓦 374 吨位；非机动水泥船 235 艘 1175 吨位。古渎乡有机动运输船 56 艘 696 千瓦 810 吨位，非机动水泥船 84 艘 420 吨位。绸缪乡有机动运输船 51 艘 612 千瓦 607 吨位，非机动木船 3 艘，水泥船 126 艘 545 吨位。后周乡有机动运输船 82 艘 904 千瓦 837 吨位，非机动木船 21 艘，水泥船 83 艘 520 吨位。

1986 年，别桥镇水路货运呈集体运输企业、自货自运企业及个体水运专业户共同经营格局。20 世纪 90 年代开始，挂机船运输量小，安全性差，乡镇办交通企业相继卖船购车，挂机船逐渐退出水路运输市场。2013 年，别桥镇有个体水运户 52 户，机动运输船 71 艘 9720 千瓦 18150 吨位。

第三节　搬运　装卸

新中国成立前，人们称搬运工为“脚班”，这是社会底层的贫苦人民藉以资助家庭生活的、大多数人不愿为的一种职业。“脚班”又大都为地方黑恶势力包办操纵，倍受盘剥。别桥镇旧时“脚班”人数不多，都是临镇大村农民兼职。业务量不大，一般为人代送行李，或为商店、作坊启运货物。工具极为简单，有扁担、稻箩、绳索、竹扛、酒扣（抬酒坛用）等。没有固定的工作场所，只是“有活大家一起干，扁担头上分铜钱”。“脚班”员工（搬运工）在为商店或作坊搬、运、抬易碎品或液体货物时，晴天搬运时失手打碎，一般店主不追究责任，如下雨天道路湿滑而不小心打碎，要照价赔偿。理由是，明知下雨天道路湿滑还不小心。

1949年10月，别桥建立搬运小组，有工人20余人，土改时有5人离开小组，回到农村分得土地。1955年，别桥成立搬运站，参加县搬运工会，属南渡中心社管辖，当时有职工23人。搬运站成立初期，全属重体力劳动，肩扛、背驮，没有代劳工具，搬运工的劳动强度大。1958年开始用板车替代部分人挑肩扛。1962年，别桥公社搬运站加入溧阳县运输联社。1969年12月14日起，按“劳动在站、分配在队、站队结算、适当补偿”的16字方针，搬运站体制下放，仍属大集体企业。从业人员全县调动，时有25人，设站长、会计各1人，租用几间民房为办公用房，兼职工聚集场所。后搬至丹金溧漕河西河岸，有了自己的办公、聚集房屋。1972年，从各大队招收10多名青壮年加入搬运站，以装卸粮食、油料、生产资料、建筑材料为主。1971年搬运站添置2台小吊车。1973年，搬运站安装3吨吊车1台，购置1台半吨“神仙吊”，大大减轻了搬运工人的劳动强度，从业人员也增加至30多人，包揽全镇所有的装卸业务，年装卸量17万吨。1976年，搬运站归县港务管理处管理。1990年实行企业改制，允许个人承包装卸业务。由于企业多数承包给个人装卸，以及工厂、私营企业装卸点的建立，搬运站的业务量越来越少。到20世纪末，搬运站已到入不敷出的困境，变卖几件大件工具发放工人的生活补贴费。2000年初，搬运站停业。

1982年前，湖边、古渎、绸缪、后周公社都组建集体性质的搬运队，从事粮油、生产资料、建筑材料、生活用品等货物的装卸，一直维持到2000年前。2000年以后，四乡镇的集体性质的搬运队陆续解散。

2013年，别桥镇有企业装卸点14个，皮带输送机10条，5吨以下吊车12台，年装卸量1155万吨。

第四节　运输工具

除汽车、拖拉机、机动船外，别桥现境内运输工具还有独轮车、板车、摩托车、农用三轮四轮机动车、电动三轮四轮车。

独轮车 由硬质木材制作，由楼棚、坐垫、扶手、轮轴四部分组成。用一条车辫绳套在肩上，扶正车把，向前推动。车前可扣肩背绳，由人牵拉，用于运重质货物或送客领亲等，载重300千克左右，丘陵区运输尤为适用。现域内后周一带较多，20世纪70年代淘汰。

板车 由轮轴、车斗、拉手三部分组成，以人力牵拉。实行家庭联产承包责任制后，农户大都用其运粮、草、肥及其他物资，省工省本，方便实用。由于电动三轮车进入千家万户，2000年后，木制板车仅有极少数农户使用。

摩托车、农用三轮四轮机动车和电动三轮四轮车 由燃油发动机或电力驱动，可载重150～600千克，代步、货物运输并用。2013年，全镇拥有四轮机动车1349辆、电动三轮四轮车2587辆。

第五章　交通管理

第一节　机　构

1961年，别桥、后周公社始建交通管理站，1962年7月撤销。管理站工人回当地生产大队，办亦工亦农的副业运输队。1976年3月，别桥公社复设交通管理站。同年，古渎公社建立交通管理站。1977年4月，绸缪公社建立交通管理站。1978年3月后周公社复设交通管理站。同年湖边公社建立交通管理站。交通管理站是交通行政管理机构，是县交通局和乡（镇）政府领导的水陆合一的交通运输和交通安全管理单位。1987年，境内乡镇交通管理站改称乡镇交通管理所，为县交通局派出机构，属全民事业单位。1988年9月，境内各乡镇成立交通管理站（所），设于各乡镇公安派出所内，隶属县公安局领导。交通管理所的部分职能划归交通管理站履行。1992年，湖边交通管理站并入别桥镇交通管理站（所）。2000年，古渎交通管理站并入绸缪镇交通管理站。

2004年4月，市地方海事处将域内水域划分为5个管理处，并在别桥设报港签证点。

2005年11月，别桥交通管理所划归市运输管理处，称运输管理所，并增挂运政稽查中队牌子。

2007年3月，行政区划变动，别桥镇、绸缪镇、后周镇三镇交通管理站（所）合并，称别桥镇交通管理所。2008年，别桥交通管理所在兴城西路北侧90号，新建1幢2层14间的办公大楼。2013年，交通管理所在编工作人员6人，车辆两辆。

第二节　管理职能

20世纪70年代，别桥现域内5个公社交通管理站，行使交通运输安全管理职能，贯彻执行上级交通运输管理部门的政策、法规；领导和组织本公社境内专业和副业的交通运输；对车辆、船只的运行状况进行检查督促，保证交通运输安全；调解处理一般交通事故，维护车、船、码头、渡口的秩序。

80年代始，交通运输日臻繁荣，交通管理逐渐完善，政府部门颁发多项政令法律，促进交通运输平衡有序发展。镇域内各乡镇设有管理机构交通管理站（所）负责县乡（公社）道路管理、运输管理、违法违章处理。1987年，镇域内各乡镇交通管理站（所），根据上级交通部门制定的各项交通规划、运输管理规定，在本乡镇范围内行使管理职权，并编制适应本乡镇情况的交通运输管理规定。交管所代收本辖区内公路、航运工具应缴纳的规费，并定期上缴。同时对本辖区内公路、航运的交通安全负责。协助监理部门处理好本辖区内发生的一切交通事故和机驾人员的年审工作，并协助公路、航道管理部门，做好路政、航政工作。

1988 年 9 月，交通管理站（所）主要负责维护道路交通、治安秩序、处理交通事故、依法纠正交通违法等。

2004 年 4 月，别桥交通管理所负责别桥区域内的报港签证事务。

2005 年 11 月，别桥交通管理所、运政稽查中队依法管理辖区内运输市场，负责各类交通规费的征收与稽查，负责辖区的交通运输安全管理。

2013 年，别桥交通管理所贯彻执行国家有关道路运输方针、政策和法规，并具体实施；按照管理权限，对道路运输行业进行行政许可，并对道路运输管理行业实施行业管理，维护运输行业安全和市场秩序；监管道路客货运输、运输站场、汽车维修、驾驶员培训及运输服务；负责道路运输行政执法工作。

第八篇

邮政　电信

邮政历来是人们交流沟通、传递信息、下达公文的主要途径，尤其是通信领域还没有电话的时代，邮政就更为重要。公文靠驿（铺）传递，民间信件主要靠亲朋好友、邻居族人捎传，或顺便携带家书。清光绪二十九年（1903 年），溧阳设邮政代办所，翌年转办溧阳二等邮局，邮件通过人力步班或民船转送到集镇，由商店、茶馆传递。民国 2 年（1913 年），别桥集镇开设邮柜，委托南货店代办。1949 年年初，别桥等地的邮柜改称邮政代办所。

新中国成立后，别桥、古渎、绸缪、后周设邮政代办所。1954 年 12 月，改建为邮电营业处。1955 年称别桥邮电支局。1957 年 8 月，古渎、绸缪、后周邮电代办所改称邮电所。1970 年，湖边公社增设邮电代办所。1970 年 1 月，邮政、电信分设，1973 年 11 月又合并。1978 年，湖边公社成立邮电所，1992 年并入别桥。1998 年 9 月 3 日，邮政、电信分营，设立别桥邮政支局、古渎邮政所、绸缪邮政所、后周邮政所。是年 9 月 18 日，别桥、古渎、绸缪、后周成立电信支局（所）。报刊发行投递和函件投递是邮政部门重要工作，量大面广。投递量的增减与通信事业发展相关。1983 年，别桥邮电局发行投递报刊 266128 份，投递函件 87817 件。2013 年，别桥邮政支局发行投递报刊 407180 份，投递信函 2241 件。随着城乡经济发展，邮政金融业务大幅增加。2013 年年底，别桥邮政支局、绸缪邮政所、后周邮政所保险业务余额合计 1870 万元，基金业务余额合计 10.6 万元，理财业务余额合计 2264 万元，邮政储蓄余额合计 28714.43 万元，邮政收入合计 716 万元。

民国 21 年（1932 年），溧阳电话股份两合公司架设溧阳至别桥、南渡至后周等乡镇电话线路，别桥区公所安装电话 1 门，从此别桥境内电信事业不断发展。新中国成立初，别桥区电话总机安装 20 门磁石交换机一台。1957 年，县邮电局分别对溧阳至别桥、溧阳至后周的中继线路由单线改为双线，大大提高了通话质量。1958年大跃进开始，农村每个大队都安装电话机。1962年，对农村电话线路进行全面整治，大队电话机全部拆除，机关、商业、企事业单位安装电话43部。1975年，在别桥集镇东关新建邮电支局，安装100路载波交换机。1983年改装为150门机。1985年，开通别桥至湖边、别桥至古渎、别桥至绸缪3条农话中继线路。1986年起，电信部门加大投入，加快设施建设，通信事业迅速发展。1991～1994年，逐步实施国家电话交换程控化、线路传输数字化。固定程控电话的开通，无线导呼系统的建立，无线市话（"小灵通"）的使用，互联网、移动电话（手机）的普及，通信发展达到前所未有的时期。别桥建成电话镇，电话通信全覆盖。2013年，别桥镇固定电话用户1.35万户，移动电话（手机）用户46298户（部）。

第一章　机　构

第一节　邮政机构

民国2年（1913年），别桥乡设邮柜。由县邮政局委托别桥集镇胡同丰南货店代办，后周设邮柜，委托商店代办，隶属于溧阳二等邮局。民国26年（1937年）12月溧阳沦陷，胡同丰南货店被毁，邮政停办。后时局趋稳，县邮政局重新委托别桥集镇福盛和棉布店代办邮政业务。1949年年初，邮柜改称邮政代办所。

新中国成立初期，别桥邮政业务仍由福盛和棉布店代办。1950年12月重新委托天丰百货店张剑民代办。1950年11月，境内增设古渎、绸缪、后周邮政代办所；1951年2月，增设浪圩代办所。1953年，别桥邮电代办所从天丰百货商店迁出，单独建立代办所。1954年12月，撤销别桥邮政代办所，改建邮电营业处。1955年，邮电营业处改称别桥邮电支局。1957年8月，古渎、绸缪、后周邮电代办所改称邮电所。1970年，浪圩代办所改为湖边邮电代办所。1970年1月邮政、电信分设。1973年11月17日邮政、电信合并，称溧阳县别桥邮电分局、绸缪邮电所、后周邮电所、古渎邮电所。1978年，湖边公社成立邮电所。1985年境内有别桥邮电支局、湖边邮电所、古渎邮电所、绸缪邮电所、后周邮电所，邮政与电信合营。1992年9月，湖边乡并入别桥镇，湖边邮电所撤销。1998年9月3日，邮政、电信实施分营，设立别桥邮政支局、古渎邮政所、绸缪邮政所、后周邮政所。1999年12月，古渎乡并入绸缪镇，古渎邮政所撤销。2013年，别桥现境内有别桥邮政支局、绸缪邮政所、后周邮政所。

第二节　电信机构

民国21年（1932年），溧阳长途电话交换分所在别桥、后周设乡镇地方电话交换所。抗日战争中停办。民国36年（1947年），别桥后周恢复地方电话交换点，后称交换分所。

新中国成立初期，县电话交换所下设别桥行政区电话总机。1954年后，邮政、电信几度撤并。1998年9月18日，成立别桥电信支局、绸缪电信支局、古渎电信支局、后周电信支局。2000年8月，溧阳市电信局变更为江苏省电信股份有限公司溧阳分公司。别桥、绸缪、后周电信支局归其管辖，并设5个电信业务网点。

图8-1　中国电信别桥营业厅

第二章　邮　政

第一节　邮运　邮路

民国初年，辟有溧阳至别桥、绸缪、后周邮运邮路，邮件主要委托班（民）船和人力步班接递。

1950年，新辟溧阳—古渎邮路。1955年，增辟别桥—绸缪和后周邮路。1956年6月，溧阳至丹阳客轮开航，途经别桥。别桥与县邮电局的邮件来往改由轮船传递，绸缪、后周邮件仍为班船、人力步班接递。1972年，溧阳至后周航班开通，绸缪、后周邮件改由轮船传递。1981年底，溧金公路竣工，客运正式通车后，均辟委办汽车邮路。1985年，溧阳至后周公路修成。1986年初，汽车邮路有溧阳至湖边、别桥，溧阳至后周、绸缪。随着城乡公路建成通车，1993年，市邮电局开通自办汽车邮路，别桥、湖边、古渎、绸缪、后周的邮件由邮运车辆传递。1998年，改由市邮政局邮政车辆专递运输，一日一班，邮递更加便捷迅速。2007年，市办邮路竹箦线：溧阳—后六—埭头—上黄—别桥—绸缪—后周—竹箦煤矿—竹箦—前马—余桥—古渎，共134千米。

第二节　邮件投递

新中国成立前，别桥、古渎、绸缪、后周民间的邮件来往，主要靠当地客货班船的老板捎带到溧阳邮政局指定的商家，邮政局再到店家收取，向外邮寄。每天早晨，商家主办邮政人将邮包交给开往溧阳的班船运出，返回时，船主再把邮件从溧阳邮政局指定的商店带回别桥、古渎、绸缪、后周等乡镇的有关代办商店代为分发，或由收件人自取，或托熟人捎转。

新中国成立初期，邮件由班船运递到乡镇后，由投递员步行投递。别桥、古渎、绸缪、后周均有投递员。1955 年，后周偏远地区邮件由投递员用自行车投递。1963 年，别桥邮电支局有专职邮递员 1 人，投递线路 3 条 33 千米。建立固定捎转点 4 个，捎转 6 个大队；自编乡邮递点 4 个，捎转 6 个大队。自办支局投递大队 3 个，局所窗口托人捎转大队 8 个，局所窗口交大队自取 4 个。古渎共 9 个大队，其中，投递员投递单个大队，捎转 8 个大队；绸缪共 9 个大队，其中投递员投递 5 个大队，捎转 4 个大队；后周（当时属竹箦区）共 16 个大队，其中投递员投递 2 个大队，捎转 14 个大队。1966 年，县局要求所有邮件邮递员投递到每个生产大队。

1983 年，别桥境内原邮电支局（所）投递线路 7 条，计 180 千米，其中别桥 2 条 36 千米、湖边 1 条 16 千米、古渎 1 条 14 千米、绸缪 1 条 20 千米、后周 2 条 94 千米。2013 年，别桥镇现境内投递线路 7 条，计 467 千米。其中别桥邮政支局 3 条，计 353 千米，投递员 3 人。投递线路为：别桥→湖边→道成；别桥→镇东→水产→马家；别桥→合星→前王。绸缪邮政所 2 条，计 20 千米，投递员 1 人。投递线路为：绸缪→北山→文航；绸缪→两湾→古渎。后周邮政所 2 条，计 94 千米，投递员 2 人。投递线路上片：后周→玉华山→小石桥→黄金山；下片：后周→诸社→下梅→西马→西庄，并兼投集镇。

单位的邮件报刊投递到传达（收发）室或指定的接收邮件人，个人邮件、报纸、杂志投递到户或插箱，或投递及订阅人。特快专递邮件投交给收件人。

2005 年起，投递频次适当调整，报刊、邮件全部直投到户，特快专递邮件随到随投。

2013 年，别桥、绸缪、后周三邮政局（所）投递段道 6 个，投递人员 6 名，投递邮路 238 千米，投递函件 79070 件、报刊 96 万份。

第三节　邮政业务

邮政业务主要包括函件和包件、邮政快件与特快专递、报刊发行、邮政汇兑、邮政储蓄。函件又分平常函件、给据函件两种。平常函件有信函、明信片、印刷品和盲人读物 4 类；给据函件有挂号函件、物挂函件、保挂函件、保价函件等。邮政储蓄业务是从 1986 年 11 月开始的。

新中国成立前，邮柜承办平常信函和普通包裹的收寄、投递业务。新中国成立后，保价包裹、快递小包裹、特种挂号、小额汇兑、报刊发行等业务相继承办。1981 年，别桥邮电支局投递普通信件 75060 封，投递挂号信件 10322 封，投递包裹 2171 件，汇款 83496 元，兑款 122929 元，

图8-2　中国邮政储蓄银行别桥支行

发行报纸 8 种 198054 份，杂志 7 类 14443 份。

一、报刊发行

1983 年以来，报刊发行量猛增，别桥邮电支局共发行报纸 108 种，累计发行 254730 份，杂志 6 类 11398 份。2013 年，别桥邮政支局可发行报纸 1129 种，累计发行 406580 份，杂志 35 种，累计 600 份。绸缪邮政所可发行报纸 305 种，累计发行 109960 份；杂志 26 种，累计 456 份。后周邮政所可发行报纸 571 种，累计发行 205495 份；杂志 30 种，累计发行 480 份。

图8-3 别桥邮政支局职工分发报刊

2012 年，别桥邮政支局发行报纸流转额 28.28 万元，发行杂志流转额 6.9 万元。绸缪邮政所发行报纸流转额 7.45 万元，发行杂志流转额 1.01 万元。后周邮政所发行报纸流转额 13.93 万元，发行杂志流转额 1.89 万元。2013 年，别桥邮政支局发行报纸流转额 29.19 万元，发行杂志流转额 8.92 万元。绸缪邮政所发行报纸流转额 8.5 万元，发行杂志流转额 1.3 万元。后周邮政所发行报纸流转额 13 万元，发行杂志流转额 2.41 万元。

1980 ～ 2000 年别桥邮电（政）支局部分年份邮政业务一览表

表 8-2-1

类别/数量/年份	书信投递（封）		包裹往来（件）	汇兑（元）		报纸发行（份）	杂志发行（份）
	普	挂		汇	兑		
1980	71708	9913	1925	—	—	18412	8228
1981	75060	10322	2171	83496	122929	198054	14443
1982	75065	10010	1611	97175	119645	227185	15772
1983	77208	10609	1640	106801	133615	254730	11398
2000	81235	19202	1650	156702	40446	365745	31589

2010 ～ 2013 年别桥现境内邮政支局（所）报纸、杂志发行及来往信函统计表

表 8-2-2

年份	项目/局所	发行报纸		发行杂志		来信信函（件）		
		可发行种类	累计发行（份）	种	累计发行（份）	总数	其中商函	占信函总量（%）
2010	别桥	1065	383571	36	552	3535	2828	80
	绸缪	309	111357	21	348	2491	1918	77

续表 8-2-2

年份	局所	发行报纸 可发行种类	发行报纸 累计发行（份）	发行杂志 种	发行杂志 累计发行（份）	来信信函（件） 总数	来信信函（件） 其中商函	来信信函（件） 占信函总量（%）
2010	后周	504	181425	28	456	2555	1891	74
2011	别桥	1185	426534	38	672	4330	3507	81
	绸缪	369	132839	24	420	2725	2126	78
	后周	606	218307	27	408	2405	1804	75
2012	别桥	1306	470092	42	480	4752	3944	83
	绸缪	381	137173	31	540	1882	1487	79
	后周	660	237537	34	576	1635	1259	77
2013	别桥	1129	406580	35	600	2241	1950	87
	绸缪	305	109960	26	456	1118	928	83
	后周	571	205495	30	480	1208	978	81

二、邮政储蓄

1986 年 12 月，别桥镇现境内邮电支局、邮电所开始办理邮政储蓄业务，当年别桥邮政储蓄余额达 17 万元，绸缪邮政储蓄余额达 6 万元，后周邮政储蓄余额达 8 万元。2011 年，别桥邮政支局邮政储蓄余额达 12468 万元，绸缪邮政所邮政储蓄余额达 3085 万元，后周邮政所邮政储蓄余额达 6338 万元。2013 年，别桥邮政支局邮政储蓄余额 16003.26 万元，绸缪邮政所邮政储蓄余额 4232 万元，后周邮政所邮政储蓄余额达 8479.17 万元。

三、函件汇兑

1996 年后，由于电信事业的快速发展，个人往来信件逐年减少，商函量猛增。2013 年，别桥邮政支局来往信函 2241 件，其中商函 1950 件，占信函总量的 87%；绸缪邮政所来往信函 1118 件，其中商函 928 件，占信函总量的 83%;后周邮政所来往信函 1208 件，其中商函 978 件，占信函总量的 81%。

2001 年 2 月开办电子汇兑，对方 2 分钟就可以收到汇款。绿卡储蓄、异地取款，即刻可收到，寄存实行电子化，取代传统的手工作业。

四、其他业务

2000 年以后，特快专递、信息服务、物流、保险、基金业务、理财业务不断发展。2010 年，别桥邮政支局、绸缪邮政所、后周邮政所开办保险业务、基金业务、理财业务。邮政收入不断增加。2013 年，别桥邮政支局保险业务余额 900 万元、基金业务余额 5 万元、理财业务余额 1050 万元、邮政收入 316.9 万元。绸缪邮政所保险业务余额 270 万元、基金业务余额 2.6 万元、理财业务余额 514 万元、邮政收入 181.3 万元。后周邮政所保险业务余额 800 万元、基金业务 3 万元、理财业务余额 700 万元、邮政收入 217.8 万元。

2011 ～ 2013 年别桥现境内邮政支局（所）各项邮政业务统计表

表 8-2-3

年份 \ 项目 局所		保险业务余额（万元）	基金业务余额（万元）	理财业务余额（万元）	储蓄业务余额（万元）	邮政收入（万元）
2011	别桥	490.00	—	—	12468.00	—
	绸缪	138.00	—	—	3085.00	—
	后周	240.00	—	—	6338.00	—
2012	别桥	350.00	—	—	13819.00	—
	绸缪	190.00	—	—	3278.00	—
	后周	150.00	—	—	7252.00	—
2013	别桥	900.00	5.00	1050.00	16003.26	316.90
	绸缪	270.00	2.60	514.00	4232.00	181.30
	后周	800.00	3.00	700.00	8479.17	217.80

第三章　电　信

第一节　电　话

民国 17 年（1928 年），溧阳长途电话交换所与县城电话公司接通，称“溧阳电话股份两合公司”。民国 21 年（1932 年），架设溧阳至别桥、南渡至后周等乡镇的电话线路，别桥区公所、后周乡公所各安装电话 1 门。民国 26 年（1937 年）日军侵华，溧阳沦陷后停办。抗战胜利后，逐年修复通话。民国 36 年（1947 年），恢复地方电话交换所，并在别桥、后周等乡镇分别设立电话交换站，并装机通话。

新中国成立初，别桥区电话总机安装 20 门磁石式交换机 1 台。1953 年，别桥区电话总机与别桥邮政代办所合并，别桥邮电营业处开办长途电话业务。1956 年，别桥邮电支局开始添设通信业务，当时总机为 10 门机，电报则用电话向县邮电局报话后转发。1957 年，县邮电局分别对溧阳至别桥、溧阳至后周的中继线进行技术改造，新架设木杆杆路 16 千米，线路 36.20 对千米，由单线改为双线，提高通话质量。1958 ～ 1961 年，是农村电话发展的高峰期，各生产大队先后安装电话机，别桥总机由 10 门磁石式交换机改换为 60 门磁石式交换机。1962 年，对农村电话、线路进行全面整治，大队电话机拆除，机关、商店、单位安装电话机 43 部。邮电局本身有 3 部电话机，1 部专作长途电话用。此前电话线与广播线同杆架设，用的是木杆，1967 年后，电话线单独架设，改换成高 6.7 米方形水泥杆。当时别桥拨打长途电话需经溧阳总机，湖边、古渎、绸缪都要经过别桥总机向外拨打电话。1971 年，湖边、古渎、绸缪公社相继设电话总机，分别安装 20 门磁石式交换机 1 台，公社及一些单位、学校装有电话。1975 年，在集镇东关新建别桥邮电大楼（新华书店西边），3 层 9 间，其中 2 间营业厅、1 间总机房。安装 100 路载波交换机，有公社、学校、企业、商店安装磁石电话 40 多部。1983 年，改装为 150 门机，在线路上改用载波设置，有 4 条线通县邮电局，同时可容 4 部电话机送话，改变了原来一条线路、电话打不出去接不进来的拥挤情况。1985 年，随着农村电话快速发展，县邮电局不断增加农村乡镇间中继线路，开通别桥至湖边、别桥至古渎、别桥至绸缪 3 条农话中继线路。溧阳至别桥杆路长度 15.3 杆千米、线路长度 15.3 对千米；别桥至竹箦杆路长度 13.37 杆千米、线路长度 13.37 对千米；后周至竹箦杆路长度 5.36 杆千米、线路长度 5.36 对千米；别桥至后周杆路长度 8.00 杆千米、线路长度 8.00 对千米，实线电路 1 条，载波电路 1 条；别桥至湖边杆路长度 5.65 杆千米、线路长度 5.65 对千米；别桥至古渎杆路长度 6.85 杆千米、线路长度 6.85 对千米；别桥至绸缪杆路长度 6.22 杆千米、线路长度 6.22 对千米。这些中继线路的增加和建设，为电信事业的发展打下坚实的基础。别桥、湖边、古渎、绸缪、后周各邮电支局（所）为行政、学校、单位、企业安装电话 110 多部。

中共十一届三中全会后，改革开放促进通信事业发展，原来邮电支局的机房已不适应别桥地区电信事业的发展需求，别桥镇邮电支局在集镇兴城东路北侧征地 3.5 亩，于 1993 年新建邮电支局大楼。是年，古渎邮电所办公用房改建，同时对移动通信 15 个传输信道扩容。1994 年实施固定电话交换程控化、线路传输数字化等，别桥开通程控交换机 1500 门，完成干线到村工程，全镇装有程控电话 250 部。1995 年 10 月，溧阳电话号码由 6 位升到 7 位，绸缪开通程控交换机 1024 门，后周开通程控交换机 1280 门。1996 年，古渎开通程控交换机 1024 门。1996 年，别桥镇的诸泗村、别桥村先后建成电话村。是年，别桥镇装有程控电话 1500 多部。随着现代科技的发展，邮电事业由电子化代替了过去的手工作业。1997 年年末开通了 A 网、B 网移动基站，开通湖边、古渎 A 网、B 网，实现寻呼联网。1998 年，绸缪乡、后周镇相继完成干线到村工程，先后安装电话 1100 部和 900 部。2001 年年底，别桥镇现境区域实现自然村村村通电话。自动交换机总量达到 5000 门，每百人电话机拥有量达到 16 部。2002 年，全镇 80% 的村进行电网改造。别桥开设公用电话超市，超市面积 12 平方米左右，安装 10 部话机，可同时供 10 人拨打、接听电话。2005 年公用电话超市歇业。2004 年，自动交换机总容量达 8000 门，别桥建成电话镇。2007 年 8 月，溧阳本地网固定电话号码由 7 位升至 8 位。在别桥区域范围内布放电缆 65 皮长千米，装有程控电话 6000 多部，固定电话入户率达 90% 以上，移动电话拥有量 2.2 万部，“小灵通”用户 3800 多部，实现电话通信全覆盖。至 2013 年，别桥镇现境内固定电话用户 1.35 万户，移动电话（手机）用户 46298 户（部），手机普及率 64.02 部 / 百人。

第二节　电报　传真

【电报】 1956 年，别桥开办电报业务，用电话向县局报话后转发。1978 年后，绸缪、后周话传电报业务相继开办。1982年，别桥邮电支局去报由1976年的1100份增加到4200份，绸缪邮电所由1976年538份增加到2153份，后周邮电所由1976年846份增加到3008份。20世纪80年代中期至90年代中期，电报业务量猛增。1991年，别桥邮电支局来报15070份，去报21500份；绸缪邮电所来报7543份，去报10250份；后周邮电所来报10865份，去报17230份。1992年话传电报电路停开，实现电报自动转报网络。1997年开通移动基站后，电报量明显减少，1999年后电报业务停办。

【传真】 1994年，别桥、绸缪、后周相继开通程控交换机。程控电话开通后，邮电支局（所）随之开办传真业务。2013年，凡开通程控电话的邮电支局（所），保留传真业务。

第三节 无线寻呼 小灵通

【无线寻呼系统】 无线寻呼系统始建于1991年，利用发射机，操作终端机实现信息沟通。1994年，溧阳开始增设无线寻呼基站，人工126、自动127两种无线寻呼系统并存。1998年，别桥增设无线寻呼P网发射点（本地网发射点），寻呼机用户发展到200多户。除电信部门外，地方政府、派出所、企业也利用无线寻呼网络办理业务。1999年，随着GSM数字手机用户增多，服务覆盖寻呼机的所有功能，无线寻呼用户减少。2004年，无线寻呼网络系统退出溧阳通信市场。

【小灵通】 “小灵通”也称无线市话，是一种把需求和健康放到第一位的通信产品，采用数字蜂窝绿色通信系统，超低的电磁辐射，呵护使用者的身心健康。“小灵通”可在全国互发短信，与移动、联通手机短信互联。“小灵通”与“固定电话”捆绑，还可以使用套餐业务。2002年，“小灵通”高杆基站、楼顶台式基站建成，“小灵通”网络覆盖全市。2003年3月，“小灵通”开通放号，至2006年，别桥地区用户突破1300多户。“小灵通”绿色环保、资费低廉，还可以实现短信服务、“灵通文化”和“秘书业务”。2006～2007年，“小灵通”基站增多，信号覆盖到位。2007年，每百人有“小灵通”手机2部。由于3G、4G手机的发展，3G、4G手机可直接上网，手机、电脑、网络互通，“小灵通”信号杂，只能在本地使用，又不能上网，到2013年，用户大量退出、停用。

第四节 互联网

1995年，别桥邮电支局开始提供窄宽上网服务。随着网络需求的发展，1998年开通宽带接入互联网业务。1999年9月，溧阳电信组建“溧阳信息港”，是溧阳电信的门户网站，主要介绍电信业务，展示溧阳风采，提供便民服务。为提升电信企业管理水平，溧阳电信分公司实现网络智能办公系统，别桥电信支局融入网络智能办公系统，实现办公无纸化。2004年，电信宽带用户品牌升级为捷入互联，所有针对公众用户市场的互联网络，均可通过电信实现互联网接入功能。别桥相继组建别桥镇政府网站、企业网站。2007 年，别桥镇区域内实现宽带村村通。至 2013 年，全镇宽带用户 3900 多户，网络电视用户 1900 多户。

第九篇

水　利

境内地处太湖湖西上游尽头，86% 的面积属洮湖平原圩区，引排途远，河流源短流急，水情盈枯，强弱多变，是水旱灾害频繁发生地区。秦汉时，先人即在丘陵地区开塘筑坝，平原圩区也早有兴修塘坝不乏人力之例。隋大业十二年（616年）永世县（今溧阳市）县令达奚明，在晋宋旧有泾渎的基础上，疏浚丹金溧漕河，成为太湖湖西南北调蓄和内河航运的一条骨干河道。宋元时期，围圩垦种进一步发展，县内最低处濑阳瀹（湖边、古渎、余桥一带）已“多成圩田，仅存一脉。”元末明初修筑皇圩，明代至清代，官府拨银，多次整修加固。晚清时，水利失治严重，河道大多淤浅，湖塘围垦日增，蓄泄调节失衡，水旱灾害频繁。民国前期，水利以疏浚河道为主。民国 4 年（1915 年）疏浚丹金溧漕河，还疏浚扁担河、诸泗河、拖板桥河。民国 24 年（1935 年），疏浚北河三官殿至长荡湖河段。民国 26 年（1937 年）、35 年（1946 年）对皇圩圩堤进行大修。

新中国成立后，人民政府领导人民群众开展一系列水利建设。20 世纪 50 年代，遵照“水利是农业的命脉”的指示，采取以工代赈，修圩复堤、整治塘坝、疏浚支河水垛。50 年代中期农业合作化运动时，兴建了库容 100 万立方米以上的小型水库青龙洞水库（1972 年划归金坛县管理）。1959 年 12 月，塘马水库大坝土方开工，翌年 5 月，合龙蓄水，总库容 1182 万立方米。1962 年，玉华山湾东坝、黄金山后陈坝、大头坝相继建成。

90 年代起，水利不再仅仅是农田的命脉，而且成为整个国民经济的基础设施，其支撑作用越来越显著。至 1981 年 12 月，丹金溧漕河规模较大的疏浚有三次。2001 年，丹金溧漕河别桥集镇段，又完成清淤和兴建浆砌块石挡墙工程。北河于

2000～2002年分三期实施拓浚整治。其他34条镇级、村级河道都进行疏浚整治。

境内的水利建设始终把防洪安全放在首位。数十年中，疏浚、拓浚各级河道，加固加高圩堤，建设标准圩堤，在风口浪尖采取块石护坡，涵闸加固改造，提高圩堤御洪能力。塘马水库除险加固工程分期实施，增加了蓄水量，摘掉险病帽子。进入21世纪，塘马水库实施现代化科学管理。

水车灌溉在境内有近2000年的历史。民国22年（1933年）吕庄村首创筑戽水埃，用戽水机提水灌溉。至民国37年（1948年），别桥乡有10多处戽水埃。民国36年（1947年），皇圩有两台柴油机和水泵，安装在木船上，在圩内流动排灌。

20世纪60年代，电力排灌事业迅速发展。1959年皇圩陆家湾建造境内第一座电力排灌站后，陆续建造几十座电力排灌站，遍及境内丘陵、平原、圩区，所有农田受益。其后对60、70年代建造的排灌站、排涝站更新改造，使之适应农村经济发展的需要。至2013年年末，全镇10吋口径泵的电力排灌有135座。

境内1000亩以上圩区有17个，圩堤加固、涵闸建设排涝工程是圩区人民水利建设中的首要任务。进行联圩及农田基本建设。到70年代，按照江苏省建设旱涝保收、高产稳产农田标准，开展以“改土治水”为中心的农田基本建设，平原格田成方，平整土地，圩区农田治理原则为“三分开、一控制”“河网化”，昔日的荡底田和一熟田均成为稻麦两熟田。

第一章　河道治理

第一节　古河道

北河　旧时也称濑水。境内河道，经三官殿入长荡湖，全河东段原为马墅港、土山港连接而成，于镇东入长荡湖，境内长12.9千米。民国24年（1935年），因上年大旱，旧河淤浅，就近招募民工工赈疏浚三官殿（现前程村）至长荡湖一段河道，是年3月15日开工，5月23日竣工。河底宽3米，河底高程以低水位线挖深1.2～2米，完成土方8.84万立方米。通过疏浚，过水断面面积虽有增大，但河道仍然弯曲浅狭，引排不畅。

1966年冬，北河全线拓浚，核定设计河底高程0.5米，清水塘至长荡湖河底宽10米，边坡1∶2。别桥等18个公社3.7万名民工投入施工。由于“文化大革命”干扰，工程未达设计标准，河道弯曲缩口状况未从根本上改变。

2000年，溧阳市人民政府批准，成立北河水利工程建设管理处，负责北河整治工程建设管理工作，重新设计标准。此次北河整治工程分别于2000年、2001年、2002年分三期组织实施。其中二期工程西起竹篑河口，东至洮湖黄泥港口，全长13.1千米，土方总量310余万立方米，其中开挖拓浚河道土方159.7万立方米，堤防填筑土方85万立方米，其他70余万立方米。2001年11月6日河道土方开工，全都采用机械施工，仅用16天时间，完成河道主体土方的施工任务。绸缪、别桥两镇拆迁农户、厂房147户，面积13008平方米；挖压废土地2468.17亩。

丹金溧漕河　古称泾渎。据建康志记载："晋宋时，已有泾渎，原有河道阔只十步，春夏水深三尺，胜五十石舟，秋冬水深一尺，胜三十石舟。"隋大业十二年（616年），永世县（今溧阳市）县令达奚明重新疏浚。明成化、弘治年间，知县靳璋与符观又加凿深广。民国4年（1915年），丹金溧漕河使用挖机船作全线疏浚，历时四载，至民国8年（1919年）7月结束。民国23年（1934年）大旱后，江苏省建设厅举办工赈浚河，招募就近灾民，再次全线疏浚丹金溧漕河。是年12月底开工，民国24年（1935年）5月竣工。

图9-1　丹金溧漕河别桥段

新中国成立后，先后多次分段拓浚。

1966年3月，疏浚界牌桥至董家舍河段，长10.5千米。别桥区工委组织别桥、湖边、古渎、绸缪4个公社4000余名民工投入施工。河底宽15～20米，河底高程0.5米，边坡1:2，完成土方19万立方米，同时拆建别桥大桥一座。

1978年1月至2月初，疏浚别桥至中河口段，长7.5千米。1977年12月16日成立丹金溧漕河别桥段浚河筑堤工程指挥部。1978年1月2日开工，2月初完工。别桥、湖边、古渎、绸缪4个公社组织民工施工。河底宽20米，河底高程0～0.5米，完成土方33.38万立方米，挖压废土地45.19亩，拆迁房屋59间，拆建涵洞2座。河道达国家六级航道标准。

1981年12月15日，拓浚中河口至溧城镇河段，由别桥等34个公社7万余名民工投入施工。

1986年疏浚别桥集镇段。

2000年9月至2001年12月，整治丹金溧漕河别桥镇段。完成河道清淤土方5.5万立方米，兴建浆砌块石挡墙长405米。河底宽度拓至34米，河底高程0米，挡墙顶高程5.5米。拆除并重建董家舍桥、别桥大桥和别桥人行桥。总投资2500万元。

后周河　1977年冬，后周公社组织民工拓浚下林桥至新民村大片桥河段，长4.6千米。以老河为基础，新开后周桥至公路桥直段，长250米。是年11月13日开工，12月4日竣工。河底高程0.5米，河底宽下林桥至后周集镇为4米，后周集镇段为8米，后周集镇至大片桥为6米，完成土方13万立方米。拆迁房屋257间，拆建涵闸5座，兴建双曲拱桥5座，集镇段两岸建浆砌块石驳岸长240米。1988年12月上旬，疏浚大片桥至杨家湾河段，长1.1千米。后周、绸缪两乡组织1000余民工联合浚河筑堤，12月中旬完工。河底宽8米，河底高程0.5米，边坡1:2，完成土方3.5万立方米。

拖板桥河　民国24年(1935年)，实施国民劳动服务制时，溧阳县政府于第三区征工4229人，以劳动服务疏浚拖板桥河，并在魏笪里筑腰坝，另开引河长1.5千米。服务总工数12637工日，完成土方 2.12 万立方米。

1973 年冬至 1974 年春，为改善拖板桥河引排条件，拓浚岔河口至拖板桥段河道，长 5 千米。河底宽为 5 米，河底高程 0.5 米。后周、绸缪、古渎等 5 个公社民工投入施工，完成土方 19.5 万立方米，拆除旧桥 3 座，挖压废土地 80 亩，新建跨径 16 米双曲拱桥 5 座。

1964 ～ 1980 年别桥现境其他河道治理情况一览表

表 9-1-1

河名	起　讫	长度（米）	河道标准			治理情况		
			底宽（米）	底高（米）	边坡	工程性质	施工年份	施工长度（米）
牛郎庙河	竹篑河—拖板桥河	1750	2.5	0.7	1∶1.5	拓浚	1980	1750
下梅河	竹篑河—下梅	2000	6.0	0.5	1∶2	拓浚	1983	2000
后迈河	小坝—大石坝	3500	4.0	0.5	1∶2	拓浚	1972	3500
古渎河	竹篑河—丹金溧漕河	3800	30.0	0.5	1∶2	疏浚	1977	3800
扁担河	古渎河—北河	7300	10.0	0.5	1∶2	拓浚	1979	7300
后迈支河	戴家田—阴山	1400	6.0	1.0	1∶1	拓浚	1964	1400 新开 380 米
闸口河	董家舍—洮湖	4800	20.0	0	1∶1	疏浚	1977	4800
马家河	丹金溧漕河—洮湖	4300	6.0	0.5	1∶1.5	疏浚	1975 1978	8600 新开 500 米
南北河	东胜—诸社	2900	3.0	0.5	1∶2	新开	1974	—

第二节　新开河道　村级河道

1951 ～ 2013 年，别桥镇现境新开挖河道 6 条，总长度 93.8 千米，完成土方 129.9 余万立方米。

1957 年，别桥乡组织劳力，开挖土山河上段至丹金溧漕河。10000 余名民工投入施工。开挖长度约 2 千米，完成土方 10 万立方米，从开工到竣工历经 20 天。

1964 年，绸缪乡在拓浚后迈支河（戴家田至阴山）时，又新开挖 0.38 千米河道，完成土方 1.9 万立方米。

1974 年，别桥公社组织劳力在马家村新开马家河 1 千米左右，与丹金溧漕河连接。3000 多名民工开挖 15 天，完成土方 30 万立方米。同年，后周公社组织社员开挖南北河，从东胜至诸社，长度 2.9 千米，河底宽 3 米，河底高程 0.5 米，边坡 1∶2，完成土方 27 万立方米。

2009 年，别桥镇开挖社头浜河，南接北河，西北（以北河定位）至北山工业园区盛大码头，实施长度 3.1 千米，河底宽 15 米，河底高程 0 米，边坡 1∶2.5，河道口宽 37.5 米，完成土方 61 万立方米。河道施工全部采用机械作业，总投入资金 1460 万元。

1991～2005年别桥镇河道治理情况一览表

表9-1-2

河名	起讫	河道标准			治理情况			
		河底宽（米）	河底高程（米）	边坡	工程性质	施工长度（米）	施工年份	完成土方（万立方米）
东庄河	西浦—东庄	6.0	0.5	1∶1	疏浚	1500	1993	1.35
中里河	北河—团结河	3.0	1.5	—	疏浚	3000	2002 2004	4.32
双桥河	双桥电灌—寿申电灌	3.0	1.5	—	疏浚	3000	2002	2.70
浪圩河	马家闸—排涝站	3.0	1.5	—	疏浚	2900	2003	4.02
农场河	土桥—农场村	6.0	0.5	—	疏浚	1400	2004	1.44
湖边河	丹金溧漕河—长荡湖	20.0	0.5	—	疏浚	2400	2005	1.81
钱阮港河	闸口—长荡湖	4.0	1.5	1∶1	疏浚	2500	2005	2.75
西浦河	西浦—黄介桥	4.0	1.5	1∶1	疏浚	2230	2005	2.12
樊庄河	丹金溧漕河—樊庄	8.0	0.8	1∶1	疏浚	1090	2005	1.18
伏申河	北河—谢家坝	3.0	1.5	—	疏浚	2560	2005	2.71
蒋家河	余桥界—火烧圩	10.0	0.5	1∶2	疏浚	250	2003	0.33
南北河	后周河—小坝电灌	3.0	0.5	1∶2.5	疏浚	6500	2000	13.00
团结圩河	小石桥—梓村	7.0	0.5	1∶2	疏浚	1560	2004	2.88
下梅河	下梅村—排涝站	3.0	0.5	1∶2.5	疏浚	1470	2005	1.47
西马河	新民顾家—窦家电灌	3.0	1.0	1∶2.5	疏浚	2520	2005	2.19

2006～2013年别桥镇河道治理情况一览表

表9-1-3

河名	起讫	长度（米）	河道标准			治理情况			
			底宽（米）	底高（米）	边坡	工程性质	施工年份	施工长度（米）	完成土方（万立方米）
河头河	后迈河—河头电站	2500	5～6	0.5	1∶1.5	疏浚	2008	2500	2.9300
后河	湾东坝—后迈河	1900	5～6	0.5	1∶1.5	疏浚	2008	1900	2.6060
后周河	后周集镇—北河交汇处	7400	5～6	0.5	1∶1.5	疏浚	2007	5800	2.9320
南北河	后周河交汇口—后迈河交汇口	3500	5～6	0.5	1∶1.5	疏浚	2007	3500	—
新民河	后周河—北河	2500	5～6	0.5	1∶1.5	疏浚	2008	1600	3.8600
溢洪河	后周河尽头—塘马下林桥	1800	5～6	0.5	1∶1.5	疏浚	2007	1800	3.1900

续表 9-1-3

河名	起讫	长度（米）	河道标准			治理情况			
			底宽（米）	底高（米）	边坡	工程性质	施工年份	施工长度（米）	完成土方（万立方米）
马家河	溧金河—长荡湖	4000	5	0.5	1∶1.5	疏浚	2013	3700	5.5790
后迈河	小坝电站—南河河	3500	5	0.5	1∶1.5	疏浚	2009	2500	2.1500
闸口河	闸口河上游口—丹金溧漕河	4800	5	0.5	1∶1.5	疏浚	2007	4800	4.7419
诸里河	北河—长荡湖	3000	5	0.8～1.0	1∶1.5	疏浚	2007	2000	2.4150
马家河	丹金溧漕河—长荡湖	4000	5～6	1.0	1∶1.5	疏浚	2007	4000	3.8380
东泗河	黄金山东站—泗塔河	2780	4～5	1.0	1∶1.5	疏浚	2009	1500	1.1400
河头河	后迈河—河头电站	2500	2～3	0.5	1∶1.5	疏浚	2008	2500	2.9300
后河	湾东坝—后迈河	1900	8～10	0.5	1∶1.5	疏浚	2008	1900	2.6060
后周河	北河—溢洪河	5800	20～25	0.5	1∶1.5	疏浚	2007	5200	7.0500
马家圩河	桥东河—闸口河	2000	3～4	0.5	1∶1.5	疏浚	2011	2000	1.4300
新民河	后周河—北河	2500	5～6	0.5	1∶1.5	疏浚	2008	1600	3.8600
义亩河	丹金溧漕河—马家电站	500	3～4	0.5	1∶1.5	疏浚	2011	315	0.1900
阴山河	阴山电站—后迈河	2200	5～6	0.5	1∶1.5	疏浚	2011	1600	1.8100

2013 年别桥镇村级河道一览表

表 9-1-4

行政村	河道条数	河道总长（米）	行政村	河道条数	河道总长（米）
湖边村	2	5000	绸缪村	7	17800
镇东村	4	8500	北山村	3	5700
马家村	3	9600	黄金山村	1	6000
别桥村	5	4600	玉华山村	1	1500
合星村	4	15700	小石桥村	3	7500
前程村	6	20900	塘马村	2	3300
古渎村	2	1300	后周村	3	4500
道成村	3	7000	西庄村	4	4200
两湾村	2	3000	西马村	8	9500

第二章　水库塘坝建设

第一节　塘马水库

2013 年，别桥镇现境的丘陵区在黄金山、玉华山、小石桥及塘马部分地区，面积约 18.06 平方千米，占总面积的 14%。新中国成立前，丘陵地区没有水库，依赖塘坝灌溉，大都是望天田。农业合作化后，政府带领农民修塘筑坝，兴建青龙洞小型水库（1972 年划归金坛县管理）。1959 年又兴建塘马水库，总库容 1236 万立方米，灌溉总面积 8100 多亩，对丘陵区的农业生产和防汛防旱起了重大作用。

塘马水库位于塘马村北，距别桥集镇 7.5 千米，集水面积 39.9 平方千米。原为 1958 年镇江地区规划的茅东东坝引水总渠 10 米等高线工程，设计为小（一）型水库。1959 年 12 月，大坝土方开工，翌年 5 月合龙蓄水，1962 年基本竣工。1974 年，对水库大坝进行全面加固，并切开坝身上部增做深、宽各为 2 米隔水墙一道，上升为中型水库。由邵笪、西沈、塘马三处凹地连成水库，坝长 3 千米。1962 年，地势略高的西沈凹地弃库复种，改设副坝 1 座（又称西沈副坝），主、副坝长度发生了变化。水库现为以主坝、副坝、溢洪道、灌溉输水涵洞构成的枢纽工程。总库容 1182 万立方米，其中防洪库容 772 万立方米、兴利库容 399 万立方米、死库容 11 万立方米，实际灌溉面积 8700 亩，是一座以防洪、灌溉和供水为主，结合水产养殖的中型水库。

20 世纪 80 年代，水库又续建、完善大坝反滤、溢河闸跌水、中干渠穿闸涵洞以及上坝公路、通讯线路、渔业设施等工程，整个枢纽工程总投工 66.45 万工日，完成总土石方 48.5 万立方米，国家共投资和补助经费 95.9 万元。库区淹没、移民高程 11.5 米，淹没耕地 3416 亩，移民 286 户 973 人，拆迁房屋 661 间，工程达到 200 年一遇设计，1000 年一遇校核的防洪标准。

1991 ～ 2003 年，各级财政对塘马水库共投入资金 138.8 万元，翻建主坝西涵洞进口段，重建新涵洞、翻建大坝迎水面块石护坡、新建大坝反滤、翻建溢洪道冲毁段、加固改造主坝东涵洞等工程。

图9-2　塘马水库溢洪闸

2004 年 11 月 19 日，大坝除险加固工程一期建设项目开工，包括古河道段防渗处理、坝身隐患处理等 8 个项目，次年 4 月完成。2005 年，二期建设项目溢洪道工程及水渠改建工程开工，2006 年汛前竣工。实施除险加固后，大坝、溢洪闸主要建筑物设计洪水标准达到50年一遇设计，1000年一遇校核的防洪标准。

塘马水库除险加固工程总投资5264万元，其中中央补1635万元，省补1639万元，常州市补500万，溧阳市自筹1490万元。根据《水利水电工程等级划分洪水标准》(SL 252—2000)，塘马水库工程等别为Ⅲ等。2013年，主坝长2086米，坝顶高程14米，坝顶宽5米，坝身最大净高8.1米。副坝坝顶长71米，坝顶高程14米，坝顶宽5米，坝身最大净高6.5米。一座3孔宽顶堰溢洪闸，总过水净宽21米，堰顶高程8.5米。灌溉输水涵4座，东涵为钢筋混凝土箱涵，其他三座均为混凝土圆管，干渠3条，支渠23条，总长12.5千米。周边12个行政村受益。

第二节　塘　坝

秦汉时，别桥先人即在丘陵地区开塘筑坝，种植稻谷，一般每十亩耕地有蓄水塘一亩。平原地区也早有兴修塘坝不乏人力之例。唐宋明清亦有塘坝蓄水灌溉。民国期间，政府提倡农民开塘蓄水。但战乱岁月，民众四散，田地荒芜，塘坝自废，有损无兴，十塘九漏，蓄水不足。

新中国成立后，人民政府大力倡导开塘筑坝，增加蓄水，尤以丘陵地区兴建塘坝之重点。农村群众响应政府号召，结合丘陵地区治理，修复旧塘旧坝，修筑新塘坝。1962年，后周玉华山兴建湾东坝，库容5.1万立方米；黄金山兴建后陈坝，库容10万立方米，灌溉面积800亩；大头坝，总库容7.1万立方米。至1990年，后周乡有407个塘坝，水面积896亩，总库容85.4万立方米，受益面积7180亩。

20世纪60年代，机电灌溉工程迅速发展，平原圩区很多塘坝逐步失去灌溉作用，或结合加固圩堤填塞内塘，或结合农田建设平整格方，除村前屋后留足防火、人畜用水几个塘坝外，小塘小坝几乎全都垫没还田。然而，丘陵地区的塘坝工程对农田灌溉和人畜用水仍具重要作用。2013年，镇境内有5万立方米蓄水量塘坝7座，总蓄水量46.58万立方米；面积0.5亩塘坝18座，蓄水量约40万立方米，灌溉面积3500多亩。

2013年别桥镇丘陵地区5万立方米以上塘坝情况一览表

表9-2-1

塘坝名称	所在行政村	蓄水量（万立方米）	灌溉面积（亩）
后陈小坝	黄金山	10.12	800
大头坝	黄金山	7.10	80
大坝	黄金山和金坛共管	5.70	170
西石桥坝	黄金山	5.60	100
湾东坝	玉华山	8.00	—
叫虾坝	玉华山	5.06	—
王家头坝	玉华山	5.00	—

第三章　圩堤涵闸整治

第一节　圩　堤

别桥镇现境大部分区域属洮湖平原圩区，面积 110.44 平方千米，占总面积的 86%。2013 年境内有千亩以上圩 17 座，千亩以下圩 14 座。

筑堤障水，围圩垦种，秦汉时即有。三国时，孙吴在溧阳东北屯田草创圩田。宋元以后，围圩垦种加剧。明清时多次筑堤，但因滞洪湖荡锐减，太湖下游排水多阻，圩区洪涝危害日趋严重。民国时河、堤分开，官管开河，民自筑堤，堤身低薄，水利失修。皇圩曾有官府资助培修。至新中国成立前，圩堤大多失管，树木、杂草丛生，植根、蛇鼠洞窝穿堤成孔，难以作为防洪屏障;圩内水系引排不畅，内涝成渍，农田土质浸沉变泽，耕种困难;圩堤为土筑物，低矮单薄，迎水坡堤身受水流风浪冲刷，极易受损，抑或溃决生灾。因此，圩堤整修加固是圩区建设的首要任务。圩区粮食产量较丰，是历代朝廷主要粮赋之源，故官府也重视圩堤的整修加固。

1950 年春，溧阳以工代赈，大力修圩，全县以别桥为重点，包括皇圩、下尖圩、伏申圩、赵圩、浪圩、寿申圩等。1954 年遭遇特大洪水后，连续三年大修圩堤，大小圩堤几乎全部培修加固。皇圩、伏申圩复堤加固工程被列为县农田水利补助项目。通过大修，圩堤顶高程超过 1954 年的最高洪水位。1956 年，为缩短圩堤防线，别桥区开始小规模联圩并圩。1958 年，按照“日雨五百毫米不成荡，千年洪水不出险”的要求，浪圩、道成等圩区并圩，开展河网化建设。1966 年，结合疏浚丹金溧漕河（界牌桥至董家舍段）、闸口河，皇圩加固加高圩堤 10 千米。1970 年后，结合大规模疏浚河道，取土筑堤，继续联圩并圩，配置圩口闸和套闸，风口浪尖砌块石护坡。圩堤块石护坡是防御水流、风浪冲击，提高堤防御洪能力有效措施。县革委会和水电局支持皇圩、道成联圩圩堤的风口浪尖砌筑块石护坡，采取自采、自选、自砌的方法，经过三年，皇圩、道成联圩完成 10 千米的块石护坡。1975 年，北河、丹金溧漕河、古渎河沿线及寿申圩也搞块石护坡。1980 年，又加高加固圩堤，建设标准化圩堤。1999 年，古渎座庄圩实施圩区综合治理，促进圩堤工程建设。2008 年，上下西川圩石块护坡 450 米，2010 年，北庄圩石块护坡 250 米。2013 年，对 17 座圩的圩堤进行加固，并进行标准圩堤建设，加宽 0.5 ～ 1.5 米，加高 0.5 ～ 1.0 米，加固后圩堤高度达 7.2 米，圩堤宽度达 3 ～ 4 米。

皇圩（原名皇甫圩），为溧阳境内第一大圩（1958 年道成联圩 19 只中小圩并成），圩堤总长 16320 米，筑圩时间为元末明初。明万历十五年（1587 年）和万历二十六年大水后，官府曾两次拨银修补，且建石闸以引泄。清康熙三年（1664 年），皇圩也作过重修，圩内二十四荡代表曾立“重修皇圩堤塍碑记”（碑已毁）。雍正十二年（1734 年），皇圩又逐一兴修圩坝涵洞。民国 26 年（1937 年）、35 年均作大修，但标准很低。“民廿六年春，代表等提议补修圩围，以御水患，全圩奋起，并蒙县长周平澜氏亲自督导，终底于成。全圩平均加高四十五公分，底脚加宽一点三公尺，堤圩宽增至九十五公分。”民国35年（1946年）大修，“堤顶宽自八九十公分至约一点五公尺。”

20世纪50年代，皇圩以工代赈，逐段恢复圩堤、水闸、涵垛，实行配套综合治理。1954年，大水汹滔，道成桥堤段出现严重坍裂，除及时抢补外，是年冬做土方10.2万立方米，堤顶宽由0.9米加至2米，部分险要地段加至3～4米。1958年冬、1959年春，全圩堤防再加高培厚，堤顶高程由5米加高至5.6米，堤顶宽由2米加至3.2米。60年代和70年代中期，结合疏浚丹金溧漕河、闸口河，取土筑堤长10千米，标准和质量进一步提高。80年代，大搞标准圩堤建设。全圩堤线除少数村基地段外，绝大部分堤段已达到规划标准。堤顶高程普遍超过历史最高洪水位1米有余，增至6.8米，堤顶宽4～6米。圩四周原27座古老水闸和数以百计的车涵全部拆除重建，建有新的进排涵洞2座，净宽3米以上圩口水闸6座，风口浪尖砌块石护坡10.3千米，其中浆砌块石护坡3.49千米，干砌和抛石护坡6.81千米。改建涵洞、大闸、渡槽、桥梁多座，新建机电排涝、排灌站18座，装机25台972千瓦，每万亩排涝流量为6.05立方米每秒。圩内按照“三分开，一控制”（内外分开、高低分开、排灌分开，控制内河水位）的要求，进行农田基本建设，圩内6个灌区，河渠成网，旧时荡底田、一熟沤田已改造成稻麦两熟田。工程总投资249万元，其中国家投资30万元、圩民自筹经费41.3万元。

2005年别桥境内千亩以上圩田统计情况表

表9-3-1

分类	圩名	圩内面积（亩）					圩堤状况			机电排涝				外围涵闸（座）	
		总面积	其中				堤防周长（米）	堤顶高程（米）	堤顶宽（米）	站数/台（套）	动力（千瓦）	总排涝流量（立方米/秒）	排涝模数（秒立方米/万亩）	进水涵	闸
			水田	旱地	水面	其他									
万亩以上圩	皇圩	22110	15414	384	3700	2612	16320	6.80～7.80	5.00	15/19	832.00	15.64	7.08	5	1
	道成联圩	25005	18143	425	4312	2125	21180	6.50～8.00	4.00～5.00	10/18	810.50	14.00	5.06	9	—
0.5—1万亩	寿申圩	7923	4347	59	1000	2517	11812	6.60～7.50	4.00～5.00	4/5	265.00	5.96	7.52	2	2
	桥东联圩	7500	4530	320	1450	1200	7200	6.80～7.50	3.00～5.00	4/4	172.00	2.20	2.93	2	2
	古淩联圩	5651	4090	260	631	670	11010	6.80～7.20	3.00～4.00	5/7	293.50	4.11	7.27	3	1
	东马浜	7885	1978	982	590	4335	1800	6.80	3.00	2/2	114.00	3.00	3.80	—	1
	社头浜	5590	2014	406	486	2684	1060	6.80	3.00	1/1	80.00	1.50	2.68	1	1
0.1—0.3万亩	南北东圩	1160	800	60	100	200	2990	6.80～7.00	3.00～4.00	2/2	72.00	0.72	6.21	1	1
	北庄圩	1295	1081	40	84	90	4730	6.80～8.00	3.50～5.00	1/2	74.00	0.72	5.56	1	—
	东大片	1260	980	54	86	140	3810	7.50	3.00	1/2	60.00	0.95	7.54	1	—
	大干圩	2895	2185	64	200	446	4790	7.50	3.00	3/3	120.00	1.02	3.52	2	—
	团结圩	1568	1200	120	150	98	4750	7.50	3.00	1/1	40.00	0.45	2.88	1	—
	下梅圩	2445	1611	52	102	680	5188	7.50	3.00	2/2	135.00	2.50	10.22	1	1
小计	13	92287	58373	3226	12891	17797	96640	—	—	—	—	—	—	29	10

另外有4座千亩以上圩田，与其他镇共有共管，北丰圩，圩内面积13000亩；上下西川圩，圩内面积7800亩；火烧圩，圩内面积1900亩；西大片圩，圩内面积2800亩。

2013年别桥镇千亩以下圩田统计表

表9-3-2

名　称	涉及村	圩内面积（亩）	圩内高程（米）	控制水位（米）	圩堤长度（千米）	堤顶标高（米）	排涝站（座）	排涝总流量（立方米/秒）	圩口闸站（座）
吕庄圩	前程	800	4.6	3.5	1800	6.8	2	1.2	—
康口圩	小石桥	500	5.1	3.5	3500	6.5	—	—	—
下新安圩	小石桥	300	5.1	3.5	1100	6.5	—	—	—
姜家圩	后周	700	5.0	3.5	1000	6.8	—	—	—
顾家圩	西马	300	5.0	3.5	1000	6.7	—	—	—
新安圩	西马	400	5.0	3.5	800	6.8	—	—	—
四不管圩	西马	600	5.0	3.5	1500	6.8	—	—	—
沙安里	西马	300	5.0	3.5	1100	6.8	—	—	—
西安里	西马	400	5.0	3.5	800	6.8	—	—	—
六塘圩	西庄	700	5.0	3.5	2500	6.6	2	0.3	2
大安圩	西庄	300	5.0	3.5	1300	6.8	1	0.2	3
新安圩	西庄	300	5.0	3.5	1200	6.5	1	0.2	3
门前岸	别桥	300	5.0	3.5	1000	6.5	—	—	—
厘菜岸	别桥	300	5.0	3.5	800	6.5	—	—	—
合计	—	6200	—	—	19400	—	6	—	8

1990年别桥镇原五乡镇（千亩以上圩田）标准圩堤建设情况统计表

表9-3-3

乡镇	圩数（个）	规划数		完成数		完成百分比（%）	
		圩堤长度（米）	土方（万立方米）	圩堤长度（米）	土方（万立方米）	圩堤	土方
别桥	1	8790	7.30	7590	6.41	86.30	87.80
湖边	2	22660	28.61	6580	10.11	29.00	35.33
古渎	2	14000	24.48	6200	11.16	44.30	45.60
绸缪	3	13540	15.70	3820	4.26	28.20	27.10
后周	4	18530	20.38	18200	20.02	98.22	98.23

1990年春别桥镇现境原五乡镇主要圩堤块石护坡统计表

表9-3-4

圩　　名	所在乡镇	护坡长度（米）
道成联圩	别桥	9786

续表 9-3-4

圩　　名	所在乡镇	护坡长度（米）
古渎联圩	古渎、绸缪、别桥	5806
东川圩	绸缪	786
北庄圩	绸缪	284
西川圩	绸缪	1038
文巷圩	绸缪	285
戴秧圩	绸缪	46
皇圩	别桥、湖边、古渎	10300
寿申圩	湖边	630
合计	—	28961

第二节　联圩并圩

联圩并圩，做法是通过相邻两圩间临外河道的交叉口采取工程措施，或兴建拦河坝，或兴建涵闸，将两只圩合并成一只圩，使原有外河变成圩内河道，从而使堤线缩短，险工数量减少，圩内调节水量增加。这是圩区群众在抗洪斗争实践中创造的一种良好做法。

20 世纪 50 年代，别桥地区圩堤全面加高加固，同时并了一些散滩和小圩。

1962 年 9 月 11 日，皇圩发生过一次昌口闸（1924 年建）因闸底板漏水而倒闸溃决事件。堵口复堤后，是年冬天筑闸口、土山港口两坝，封堵西河（胜利河），将湖塘村东、上、下圩，三荒圩、小圩里、马家圩及散滩田等联并入皇圩，缩短防洪堤线 10.9 千米，增强御洪整体能力。1957 年，开挖土山河，河线横穿周大圩，一分为二，南半圩耕地 544 亩并入皇圩。皇圩规模基本定型，圩堤总长 16.3 千米。1966 年冬，拓浚北河时，河道裁弯取直。

道成联圩，位于别桥镇西南，联圩面积为溧阳市境内各大圩之冠。圩形南北长、东西略狭，四周河港环绕。东沿丹金溧漕河，与皇圩隔河相对；西靠扁担河，与上下西川圩隔河为邻；南沿古渎河；北濒北河。全圩面积 25032 亩，圩堤长 21.18 千米，分属 8 个行政村，以古渎、道成、两湾、绸缪为主，古渎、绸缪集镇街道近半在此圩内，溧阳至后周公路纵越穿过。地势平坦低洼，东南部最低，地面高程一般不足 3.5 米，最低 2.8 米，最高点 5 米，60% 的低洼田常年处于常水位之下。原为下尖圩、川圩、东畎圩、伏申圩、赵圩、九连圩、座庄圩、庵田圩、南尖圩 9 个中小圩，是 1958 年春兴建谢家坝机械排灌站时联并而成。筑拦河坝 6 道（下尖圩坝、尖只坝、南头坝、南房坝、河渎湾坝、渎北坝），封堵横河、靴统河、郝家河、下尖圩河、坝头河、谢家坝河、庄河 7 条河港，同时兴建钱家闸 1 座，外围堤缩减 15.8 千米。建站并圩时，镇江专署拨款购买 22.1 千瓦（30 马力）燃煤戽水机船 8 艘，归当时地方国营溧阳抽水机站统一经营管理。1962 年，兴建渎北、川圩 2 座电力排灌站。1963 年，兴建童家电力排灌站和赵圩机灌站。1964 年，兴建东畎、伏申 2 座电力排灌站，原燃煤戽水机船逐步撤移。1970 年后，为适应机电排灌引排调控的需要和方便船只进出圩，兴建川圩、渎北、周家湾3座圩口闸（后渎北闸因质量差，于1982年封堵废弃，周家湾闸改为涵洞）。圩内开展以“三分开、一控制”为目标的农田基本建设，原来的荒田和一熟田均改造成稻麦两熟田，粮食单产比联圩前提高两倍。联圩以来，外围圩堤逐年加高加固。1962年后连续3年大修圩堤。20世纪70年代，结合浚河再次大规模修筑圩堤。80年代，又进行较大规模的标准圩堤建设。至80年代末，除部分村基，大部分外围圩堤堤顶超过历史最高洪水位1米以上，堤坡宽阔，风口浪尖砌筑块石护坡9.79千米，已达标准化圩堤7.81千米。共建机电排涝、排灌站20座，装机665千瓦，总流量12.17立方米每秒，平均每万亩排涝流量4.86立方米每秒。有外围净宽3米以上水闸2座。

第三节　圩堤达标建设

圩堤达标建设始于1987年，按河道历史最高洪水位、圩堤保护范围和圩区农业产业结构调整出现的新问题新情况，圩堤建设标准也随之有所变化。1987年，溧阳县人民政府、常州市人民政府分别制定标准圩堤的标准。1999年7月，常州市水利局从农业现代化建设需要出发，在下发的圩堤达标建设规划提纲中，提出新的标准。

1991年12月，开展水利建设突击月活动，以圩堤加固和塘坝改造为重点，后周乡圩堤达标建设10千米以上。1992年，皇圩、道成联圩、寿申圩、桥东联圩加固达标5.3千米。

1993～1996年，古渎、绸缪、别桥三乡镇坚持每年做一段、达标一段的方法，道成联圩、上下西川圩、火烧圩、社头浜圩、皇圩累计完成达标地段14.65千米。

1997年，别桥镇组织1.2万名劳力对皇圩堤防建设会战，达标长度6.6千米，完成土方7.2万立方米。1998年，别桥镇仍以劳力会战形式建设标准圩堤。

1999年10月，市委、市政府作出《关于加快冬春水利建设的决定》，别桥境内在冬春按圩堤达标新标准，对千亩以上圩区圩堤进行达标加固。2000～2002年，达标建设6.2千米。至2013年，对皇圩、道成联圩等16座千亩圩区的圩堤、平台进行达标建设。

2013年别桥镇标准圩堤建设工程量汇总表

表9-3-5

圩　名	土方工程（立方米）					圩堤顶宽（米）
	合　计	圩　堤		平　台		
		长度（米）	土方量	长度（米）	土方量	
皇圩	40220.3	3490	23162.3	1398	17058	4
道成联圩	20873	1262	20873	0	0	4
寿申圩	119671	6078	78445	4503	41226	4
桥东联圩	103817	4001	53053	2714	50764	3
古渎联圩	20978	1399	17837	334	3141	4

续表 9-3-5

圩 名	土方工程（立方米）					圩堤顶宽（米）
	合 计	圩 堤		平 台		
		长度（米）	土方量	长度（米）	土方量	
上下西川圩	8974	434	5534	344	3440	4
东马浜圩	16065	952	12139	540	3926	3
南北东圩	42198	2065	30930	766	11268	3
火烧圩	9482	422	5380	422	4102	3
北庄圩	34666	2376	31506	349	3160	3
大干圩	44689	2835	35859	883	8830	3
团结圩	62810	3622	50081	1328	12729	3
东大片	24232	1549	16959	665	7273	3
西大片	57484	3263	39926	1560	17558	3
下梅圩	55031	2644	33711	2057	21320	3
东胜联圩	41050	2080	26520	1453	14530	3
社头浜圩	13104	1092	13104	0	0	3
合计	715344.3	39564	495019.3	19316	220325	—

第四节 涵闸加固改造

圩口涵洞是圩堤工程的配套建筑物，具有御洪、引、排控制功能。涵洞有底涵、大水涵、车涵之分。1949 年前，旧涵洞多为条石以石灰或糯米汁掺和浇筑砌成，闸门多用木质叠梁式。水闸一般分荡（小圩）设置，闸门净宽多在 0.5 ～ 0.8 米，全县最大水闸为皇圩昌口闸，闸孔净宽 2 米。

1950 年以后，随着圩堤建设和机电排灌的迅速发展，旧圩口涵闸基本上均已改建或重建，有的已废除，尤其是车涵，以修复为主。同时，兴建一些净宽不足 3 米的旧水闸和各种引排涵洞。20 世纪 60 年代，拆除部分旧圩口闸，兴修陆家湾等净宽 3 米的圩口水闸。70 年代又陆续兴建绸缪上下西川圩闸。至 1990 年，境内圩区的涵闸有进水涵、排水涵和净宽 3 米及以上的圩口闸三种。90 年代后，重点放在对已建的涵闸加固改造上。1991 年，对别桥诸里、川圩、园上、湖边符家、皇圩等 5 座圩口闸进行加固处理。1992 年，对湖边湖塘、古渎渎北、钱家、渎南、后周下梅等 5 座水闸作加固处理。1994 年，对浪圩圩口闸加固处理。1998 年加固道成联圩钱家闸。2000 年加固别桥寿申圩南岗闸。为加固闸口闸，闸前新建 3.2×2.5 米套闸。2011 年，兴建桥东联圩的诸里闸，闸孔净宽 3.2 米，闸门为钢筋混凝土结构，启闸方法是升降式。

20 世纪 80 年代末，陆路交通有了快速发展，通过圩口闸从事生产运输的船只越来越少，为满足圩内进水需要，进行闸改涵工程。圩区将 3 米及 3 米以上的圩口水闸，逐步改建成进水涵洞，以减少水闸不安全因素。现境内原5个乡镇的闸改涵工程起始于1999年。涵口规格为1×1.5米，闸门为铸铁闸门，配3T级启闭机。其中，较大的有绸缪钱家闸改涵工程。

绸缪钱家闸改涵工程位于道成联圩伏申圩，临丹金溧漕河沿。原闸建于1958年4月，闸孔净宽3米。1974年，将木质闸门改为钢筋混凝土闸门。2005年3月至5月在原闸前建1×1.5米箱式涵一座，配3吨螺杆式启闭机和1×1.5米铸铁闸门。完成土方8405立方米，混凝土119.37立方米，浆砌块石98.7立方米。工程决算19.3万元，其中市级补助7万元。

20世纪80年代末别桥镇现境原五乡镇净宽3米以上圩口水闸一览表

表9-3-6

闸 名	所在乡镇	所在圩名	闸孔净宽（米）	闸门结构	启闸方式	建设时间	备 注
钱家闸	古渎	道成联圩	3.6	钢筋混凝土	启闭闸	1958.04	原木质闸门1974年改钢筋混凝土闸门
川圩闸	别桥	道成联圩	3.0	钢筋混凝土钢丝网	关门闸	1972.06	—
渎南闸	古渎	古渎联圩	3.0	钢筋混凝土钢丝网	关门闸	1967.05	—
社头浜闸	绸缪	社头浜圩	3.0	钢筋混凝土钢丝网	关门闸	1976.05	—
东马浜闸	绸缪	东马浜圩	3.0	钢筋混凝土钢丝网	关门闸	1974.05	—
上下西川圩闸	绸缪	西川圩	3.0	钢筋混凝土钢丝网	关门闸	1979.05	—
符家闸	湖边	皇圩	3.0	钢筋混凝土钢丝网	关门闸	1981.04	—
长桥闸	湖边	皇圩	3.0	钢筋混凝土	关门闸	1976.04	原有套闸已废
湖塘闸	湖边	皇圩	3.0	钢筋混凝土	启闭闸	1964.05	原木质闸门1974年改钢筋混凝土闸门
陆家湾闸	湖边	皇圩	3.0	钢筋混凝土	启闭闸	1962.05	原木质闸门1974年改钢筋混凝土闸门
闸口闸	湖边	皇圩	3.0	钢筋混凝土钢丝网	关门闸	1977.04	—
尖官里闸	湖边	皇圩	3.0	钢筋混凝土钢丝网	关门闸	1965.04	原木质闸门，后改钢丝网关门闸
马家圩闸	湖边	寿申圩	3.0	钢筋混凝土钢丝网	关门闸	1965.05	—
南港闸	湖边	寿申圩	3.0	钢筋混凝土	启闭闸	1963.05	原木质闸门1974年改钢筋混凝土闸门
水产闸	别桥	桥东联圩	3.0	钢筋混凝土钢丝网	关门闸	1978	—
三联闸	别桥	桥东联圩	3.0	钢筋混凝土钢丝网	关门闸	1976	—

续表 9-3-6

闸　名	所在乡镇	所在圩名	闸孔净宽（米）	闸门结构	启闸方式	建设时间	备　注
联圩闸	别桥	桥东联圩	3.0	钢筋混凝土钢丝网	关门闸	1979.06	—
诸里闸	别桥	桥东联圩	3.0	钢筋混凝土钢丝网	关门闸	1980.07	—
农副闸	别桥	桥东联圩	3.0	钢筋混凝土钢丝网	关门闸	1974.06	—
联星闸	别桥	桥东联圩	3.0	钢筋混凝土钢丝网	关门闸	1981.04	—
前王闸	别桥	东小圩	3.0	钢筋混凝土钢丝网	关门闸	1969.05	—
红星闸	别桥	门前埠	3.0	钢筋混凝土钢丝网	关门闸	1968.05	—
上市闸	别桥	南北东圩	3.0	钢筋混凝土钢丝网	关门闸	1967.06	—

2005年别桥镇、绸缪镇、后周镇千亩以上圩进水涵洞情况统计表

表 9-3-7

进水涵洞名称	所在地		涵洞尺寸（米）	涵洞结构	建造时间	改造时间
	村	圩				
长桥	湖边	皇圩	1×1.2	拱涵	1972	1992.04
闸口	湖边	皇圩	1×1.2	拱涵	1981	1991.04
皇圩	湖塘	皇圩	1×1.5	钢筋混凝土箱式	2003	—
尖里官	中里	皇圩	1×1.5	钢筋混凝土箱式	2003	—
符家	符家	皇圩	1×1.5	钢筋混凝土箱式	2004	—
寿申	浪圩	寿申圩	1×0.8	拱涵	1965.05	1982
双桥	浪圩	寿申圩	0.8×0.8	拱涵	1974.04	1982
小桥头	镇东	桥东联圩	1×1.5	钢筋混凝土箱式	1979.05	2005
土山	土山	桥东联圩	1×1.5	钢筋混凝土箱式	—	2005
中河	团结	南北东圩	1×1.2	拱涵	1971.05	1992
伏申	伏申	道成联圩	1×1.2	拱涵	1964.07	1989
姚家桥	符家	道成联圩	1×1.2	拱涵	1974	1991
别桥	别桥	道成联圩	1×0.8	钢筋混凝土箱式	1966.05	2005
川圩	下尖圩	道成联圩	1×1.5	钢筋混凝土箱式	2003	—
东川圩	绸缪	道成联圩	1×1.5	钢筋混凝土箱式	1964	2001.12
赵圩	周家湾	道成联圩	1×1.5	钢筋混凝土箱式	1963	2004.06
渎北	古渎	道成联圩	φ0.8	圆管	—	1992.05
九联圩	古渎	道成联圩	0.8×1.3	盖板	1974	1998.05

续表 9-3-7

进水涵洞名称	所在地		涵洞尺寸（米）	涵洞结构	建造时间	改造时间
	村	圩				
钱家	道成	道成联圩	1×1.5	钢筋混凝土箱式	2005.05	—
东溪	东溪	古渎联圩	ф0.8	圆管	1962.05	1985
乌荡湾	东溪	古渎联圩	ф0.8	圆管	1976.12	—
牛角梢	古渎	古渎联圩	ф0.6	圆管	1977.03	1996.05
牌楼	杨家湾	上下西川圩	1×1.5	钢筋混凝土箱式	1964.05	2004.06
杨家湾	杨家湾	上下西川圩	1×1.5	钢筋混凝土箱式	1957.01	2001.12
北庄	杨家湾	北庄圩	1×1.5	钢筋混凝土箱式	1957.05	2001.12
诸皋	诸皋	社头浜圩	ф0.6	圆管	1973.04	—
顾家	西马	西大片	1×1.2	—	1991	—
大石桥	小石桥	团结圩	1×1.0	钢筋混凝土箱式	1974.04	2001.04
大干	魏笪	大干圩	0.8×1.0	拱涵	1978.04	—
小桥头	魏笪	大干圩	1.0×1.0	盖板	1973.04	—
东大片	汤家	东大片	0.8×1.0	钢筋混凝土箱式	1973.04	2000.08

1991～2005年别桥镇现境原四乡镇千亩以上圩田闸改涵一览表

表 9-3-8

闸名	所在地		闸孔净宽（米）	建造时间	改造时间
	村	圩			
皇圩闸	湖塘	皇圩	3.0	—	2003
尖官里闸	中里	皇圩	3.0	1965.04	2003
符家闸	符家	皇圩	3.0	1981.04	2004
三联闸	土山	桥东联圩	3.0	1962.04	1993.04
长桥闸	长桥	皇圩	3.0	1976.04	1992.04
闸口闸	闸口	皇圩	3.0	1977.04	1992.04
川圩闸	下尖圩	道成联圩	3.0	1962.04	2003
渎北套闸	古二	道成联圩	3.0	1974.05	1992
钱家闸	道成	道成联圩	3.0	1958.04	2005
万寿庵闸	杨家湾	上下西川圩	3.0	1979.05	1994

2005年别桥镇、绸缪镇、后周镇千亩以上圩田水闸一览表

表 9-3-9

水闸名称	所在地		闸孔净宽（米）	闸门结构	启闭方式	建造时间
	村	圩				
下圩闸	湖塘	皇圩	3.0	钢筋混凝土	闸式	1964.05
南港闸	浪圩	寿申圩	3.0	钢筋混凝土	闸式	1963.05

续表 9-3-9

水闸名称	所在地		闸孔净宽（米）	闸门结构	启闭方式	建造时间
	村	圩				
马家圩闸	浪圩	寿申圩	3.0	钢筋混凝土	关门	1965.05
上市闸	上市	南北东圩	3.0	钢筋混凝土	闸式	1970.04
社头浜闸	绸缪	社头浜圩	3.0	钢筋混凝土	关门	1976.03
东马闸	绸缪	东马浜圩	3.0	钢筋混凝土	关门	1974.05
渎南闸	古一	古渎联圩	3.0	钢筋混凝土	闸式	1967.03
下梅闸	下梅	下梅圩	3.0	钢筋混凝土	关门	1972.03
镇东闸	镇东	桥东联圩	3.0	钢筋混凝土	启闭	2005
诸里闸	诸里	桥东联圩	3.0	钢筋混凝土	关门	1997

第四章　农田水利建设

第一节　水车排灌

东汉时，陕西人马钧发明水车（俗称龙骨车）传入江淮，成为近2000年来别桥地区最主要的排灌工具。龙骨车按动力分为牛车、风车、人力水车三种。人力水车分手摇和脚踏两种，脚踏车有4人、6人、7人等多种型式。1957年后周公社有人力水车632部，1958年有人力水车390部。1962年，别桥镇现境原64个大队有人力水车380部。到1967年，5个公社有人力水车446部。20世纪60年代机电排灌开始发展，农田灌溉逐步转向机电化。至70年代，人力水车能使用者寥寥无几，机电灌溉取代“三车”灌溉。

第二节　机电排灌

别桥镇境内机械排灌始于民国22年（1934年），吕庄自然村首创筑戽水垛，用戽水机船提水灌溉。民国36年（1947年）2月，皇圩水利委员会向银行贷款250万元（旧币），圩内按田摊筹100万元（旧币），购买大克雷司37.25千瓦和奇爱姆18.63千瓦柴油机各2台，配带12英寸与8英寸水泵，安装上船，用于流动排灌，民国37年（1948年），别桥乡有前程、吕庄等十余座抽水机戽水垛，受益面积达2000余亩。

1958年，别桥区成立别桥抽水机站，有戽水机18台、380匹马力。1959年5月在皇圩的陆家湾建造第一个电力排灌站，装机容量为220千瓦，有3台立式戽水机。相继又建造浪圩电力排灌站。1961年建造土山、古渎电力排灌站。1962年，电力排灌工程实行兴建与调整并举方针，建造川圩、桥西、金家桥、皇圩西电力排灌站。至20世纪60年代末湖边公社建造寿申、长桥2座排灌站；古渎建造符家、姚家桥、九联圩、渎北4座排灌站；绸缪建造牌楼、杨家湾、北庄、东川圩、东舍、文巷、阴山7座排灌站；后周建造黄金山、玉华山、诸社、葛家、下梅5座排灌站。

图9-3　1981年抗洪排灌

至1983年，别桥乡已有电力灌溉站19座，低压站5座，圬工泵站3座，电机23台（套），装机容量698千瓦，变压器1490千伏，全乡农田受益。至1988年，后周乡建造了13座电力排灌站。1992～2005年，别桥、绸缪、后周三镇又建造13座电力排灌站，分别是东庄、玉溪、白云庵、靠村、新典、后巷、王家头、塘埂、朱云山、茅棚、前云等。2013年，全镇有10吋以上口径的泵站（即电力排灌站）135座，其中单排站17座、单灌站53座；10吋以下口径的泵站35座。

1983年别桥乡电力排灌统计表

表9-4-1

站名	电机台数（台）	装机容量（千瓦）	变压器（千伏）	圬工泵（千瓦）	低压站（个）	兴建年份
桥西	3	135	240	—	—	1960
桥东	1	55	100	—	—	1962
川圩	1	40	100	40	—	1962
伏申	1	30	100	40	—	1964
诸泗	1	13	100	75	2	1969
诸里	1	20	50	—	1	1969
园上	1	21	50	—	—	—
马家	1	28	50	—	—	—
土山	1	28	50	—	—	1961
前王	1	28	50	—	—	—
樊庄	2	13、20	100	—	—	—
合星	1	30	50	—	—	—
上市	2	28、20	100	—	—	—
三村	1	45	100	—	—	—

续表 9-4-1

站名	电机台数（台）	装机容量（千瓦）	变压器（千伏）	圬工泵（千瓦）	低压站（个）	兴建年份
农场	1	28	50	—	—	—
下尖圩	1	28	50	—	1	—
水产	1	30	50	—	—	—
别桥	1	28	50	—	—	—
陈巷	1	30	50	—	—	—
前程	—	—	—	—	1	—

说明：1981年，桥东联圩有90匹柴油机1台

2013年别桥镇机电排灌站（10吋以上口径泵站）统计表

表 9-4-2

行政村	泵站数（个）	排涝面积（亩）	灌溉面积（亩）	设备拥有量					
				水泵		电动机		变压器	
				数量（台）	流量（立方米/秒）	数量（台）	功率（千瓦）	数量（台）	容量（千伏）
湖边	15	14890	5710	19	16.730	17	882.00	18	1490
镇东	10	9540	4190	10	7.880	7	451.00	10	780
马家	5	3730	3040	5	1.840	5	157.00	5	330
前程	8	5700	3143	8	4.750	10	338.00	8	650
别桥	4	2140	1430	4	1.640	4	135.00	4	260
合星	13	14630	6610	14	6.150	14	485.00	13	880
道成	8	6000	5000	10	5.390	10	269.50	8	670
两湾	10	8250	7530	14	5.370	14	427.00	10	770
绸缪	8	6440	6190	10	5.440	10	357.00	8	530
北山	8	4500	7220	8	3.760	8	281.00	8	540
古渎	11	10200	4980	20	10.380	19	676.00	11	970
黄金山	4	—	5200	4	0.730	5	140.00	4	320
玉华山	5	—	3800	7	1.330	7	217.00	5	340
小石桥	2	1362	550	2	0.720	2	95.00	2	100
塘马	2	—	800	2	0.296	2	39.00	2	100
西庄	5	3273	2400	6	0.820	6	140.00	5	340
后周	11	4850	5850	12	2.920	12	352.00	10	500

续表 9-4-2

行政村	泵站数（个）	排涝面积（亩）	灌溉面积（亩）	设备拥有量					
				水泵		电动机		变压器	
				数量（台）	流量（立方米/秒）	数量（台）	功率（千瓦）	数量（台）	容量（千伏）
西马	6	6350	2510	8	4.410	8	300.00	6	490
合计	135	101855	76153	163	80.556	160	5741.50	137	10060

第三节 排涝站

别桥镇境内圩田面积大，易受涝灾，20 世纪 60 年代，皇圩开始建设专用排涝站（俗称单排站）。1962 年 5 月，符家兴建单排站。1963 年，道成、徐家兴建单排站。1967 年，古渎公社九连圩兴建全县第一座圬工泵排涝站，设苏排三型圬工泵 1 台，配电机 40 千瓦，排涝流量 1.4 立方米 / 秒。1969 年，兴建别桥川圩苏排四型圬工泵站，是年大水后，又兴建伏申圩、下梅 2 座圬工泵站。70 年代又兴建 9 座单排站。至 2013 年，全镇有单排站 17 座，电机 18 台，功率 2012.7 千瓦，排涝面积 32853 亩。

1990 年别桥现境原五乡镇圩区单排站一览表

表 9-4-3

站 名	所在乡镇	圩 名	水泵		配套动力				扬程（米）	流量（立方米 / 秒）	建设时间
			型 号	台	电动机		柴油机				
					台	千瓦	台	千瓦			
桥东	别桥	桥东联圩	苏排二	1	—	—	1	66	1.90	2.000	1979.05
联星	别桥	桥东联圩	32ZLB	1	1	1	—	—	2.00	1.000	1981.04
川圩	别桥	道成联圩	苏排三	1	1	40	—	—	1.90	1.400	1969.07
伏申	别桥	道成联圩	苏排二	1	1	45	—	—	2.00	1.400	1970.07
湖塘下圩	湖边	皇圩	20HB—40	1	1	30	—	—	3.50	0.500	1990.05
符家	湖边	皇圩	32ZLB—100	1	—	—	1	74	3.50	1.500	1978.09
皇圩	湖边	皇圩	苏排三	1	1	45	—	—	2.50	1.000	1973.05
庙头	湖边	皇圩	32ZLB—100	1	1	75	—	—	3.10	1.500	1976.05
浪圩	湖边	寿申圩	32ZLB—100	1	1	75	—	—	2.60	1.500	1976.05
易家垛	古渎	道成联圩	20ZLB—100	1	1	30	—	—	3.00	0.400	1976.05
九连圩	古渎	道成联圩	苏排二	1	1	75	—	—	2.50	2.000	1978.05

续表 9-4-3

站名	所在乡镇	圩名	水泵		配套动力				扬程（米）	流量（立方米/秒）	建设时间
			型号	台	电动机		柴油机				
					台	千瓦	台	千瓦			
东马浜	绸缪	东马浜联圩	苏排二	1	—	—	1	59	1.70	2.000	1974.05
			苏排四	1		50	—	—	1.85	1.000	1978.05
闸西队	绸缪	东马浜联圩	12″圬	1	1	7	—	—	4.00	0.220	1983.05
绸缪14队	绸缪	东马浜圩	6HB—25	1	1	5	—	—	5.30	0.036	1976.05
社头浜	绸缪	社头浜圩	苏排二	1	—	—	1	74	1.70	2.000	1976.05
下梅	后周	下梅圩	苏排四	1	1	55	—	—	1.85	1.050	1975
大干圩	后周	大干圩	PVA50	1	1	30	—	—	2.63	0.410	1982

第四节　提水站

20世纪70年代后周的小坝、黄金山分别建造一级提水站。小坝提水站净扬程8.4米，装机3台容量96千瓦，提水流量0.72立方米/秒，灌溉面积2281亩。又分设黄涯、西沈两个二级站。黄涯提水站净扬程10.8米，装机2台80千瓦，提水流量0.44立方米/秒，灌溉面积2138亩；西沈提水站净扬程9.2米，装机1台30千瓦，提水流量0.22立方米/秒，灌溉面积1200亩。小后头三级提水站，净扬程9.5米，装机1台30千瓦，提水流量0.22立方米/秒，灌溉面积400亩。

黄金山提水站净扬程8米，装机1台30千瓦，提水流量0.22立方米/秒，灌溉面积1600亩。还设黄金山二级提水站，净扬程16.5米，装机1台40千瓦，提水流量0.25立方米/秒，灌溉面积1500亩。

第五节　排灌站更新改造

电力排灌站改造　别桥镇现境原5个乡镇的电力排灌站大多建于20世纪60、70年代，当时发展快，建站多以村队集资为主，国家补助“水泵、电机和变压器”三大件，缺乏有一定资质的专业队伍施工，导致工程标准低，质量难以保证。多年运行后，因管理体制等因素，大修理折旧资金提留难以落实，设备陈旧、机型淘汰、配件难换、站房破损等状况成为普遍现象。进入90年代，排灌站进行更新改造，适应农村现代化。至2005年，全镇原五乡镇改造新建机电排灌站53座，投入资金739.98万元。

2006～2013年，别桥镇改造、新建电力排灌站47座，其中包括9座单排站，10座单灌站，黄金山东站二级提水站，更换新型号水泵，安装更大功率电机，还分别重造30平方米的机房。

原有的机电灌排站全部改造更新。

1991 ～ 2005 年别桥镇现境原五乡镇机电排灌站更新改造情况一览表

表 9-4-4

乡镇	站名	性质	工程主要内容	投资（万元）		竣工时间
				合计	补助	
古渎	赵圩排涝站	改造	泵和电机大修，扩建机、管房 5 间	5.38	2.5	1994.05
后周	小坝电站	改造	置换泵、电机及配电设备	4.22	2.0	1994.05
绸缪	诸皋电站	改造	12 吋泵更换 14 吋泵及电机	3.67	2.6	1994.05
绸缪	上西川、东川站	改造	拆建机房管理房 8 间	2.89	2.1	1994.02
别桥	中里排灌站	改造	20HW—6 泵、30 千瓦电机	—	3.5	1994.04
别桥	浪圩排涝站	新建	新建 32ZLB 泵站 1 座，机房 50 平方米	15.82	5.0	1996.05
古渎	渎南排灌站	改造	20 吋混流泵、轴流泵各 1 台（套）	—	3.6	1996.05
后周	下梅电灌站	改造	12 吋泵 2 台（套）	12.61	4.2	1996
别桥	闸口排涝站	改造	苏排 IV 改为 700QZ—160 潜水电泵	15.74	5.0	1999.05
绸缪	社头浜排涝站	改造	苏排 II 改为 32ZLB 泵，机改电	32.53	10.0	1997.05
古渎	座庄圩排灌站	改造	苏排 II 改为 32ZLB 泵，机房 48.96 平方米等	34.61	10.0	1997.05
后周	下梅圩排涝站	改造	苏排Ⅳ改为 32ZLB 泵，高压线路 1000M	34.70	11.7	1997.07
别桥	川圩排涝站	改造	苏排Ⅳ改为 32ZLB 泵，75 千瓦电机，机房 33 平方米	29.19	5.0	1998.05
别桥	长桥电站	改造	建进水池，换泵，变压器及增容	26.24	8.3	1998.04
绸缪	滩头站	改造	12HB 改 14HB 泵，30 千瓦电机，150 平方米站房	18.12	5.9	1998.05
绸缪	杨家湾站	改造	20ZLB，55 千瓦电机，站房 65 平方米	18.24	5.7	1998.05
后周	黄金山翻水站	—	底板和出水池加固　平方米	7.41	2.0	1998.09
别桥	下尖圩站	改造	16HB 泵，30 千瓦电机站房 73 平方米	11.59	3.0	1999.05
别桥	湖塘排涝站	改造	20ZLB 泵，30 千瓦电机，站房 36 平方米	10.08	3.0	1999.05
绸缪	东舍排灌站	改造	24HB，55 千瓦电机，站房 85.5 平方米	17.12	6.0	1999.01
绸缪	东川排灌站	改造	20ZLB，20 千瓦电机，站房 66 平方米	9.02	3.0	1999.02
别桥	战胜排涝站	—	—	33.20	10.0	2003.05
别桥	渔新村排涝站	—	—	24.40	8.0	2004.05
后周	大干圩排涝站	改造	站房 2 间，排水涵，出水池等	20.50	9.0	2004.03
绸缪	牛角梢排涝站	改造	32ZLB、12HB 泵各 1 台（套），挡墙	67.13	11.0	2004.06
绸缪	赵圩排灌站	改造	32ZLB、20HB 泵各 1 台（套），站房，箱涵	82.91	34.0	2004.06

续表 9-4-4

乡镇	站名	性质	工程主要内容	投资（万元）		竣工时间
				合计	补助	
绸缪	牌楼排灌站	改造	20ZLB—100S，30 千瓦电机，箱涵	50.59	15.0	2004.06
别桥	湖塘排涝站	—	32ZLB、20ZLB 各 1 台（套），箱式涵 2 座	48.16	14.0	2005.05
别桥	湖塘排涝站	改造	改 32ZLB—100 泵，80 千瓦电机	25.61	8.0	2005.04
湖边	湖塘排涝站	改造	新建进出水池，进水涵，楼房 2 间	8.96	2.5	1991
别桥	伏申排涝站	改造	苏III改 32ZLB—100B，75 千瓦电机	12.00	4.5	1992
别桥	东庄电站	新建	12HB 泵，变压器及增容等	4.50	2	1992
湖边	昌口、庙桥站	改造	改进、出水池，机房重建，泵，电机	5.67	2.5	1992.05
湖边	姚家桥电站	改造	拆除水毁部分，加固进、出水池	3.25	2	1992.05
后周	新民排涝站	改造	改建进水池，换水泵、电机	2.33	1	1992.04
后周	东大片电站	改造	改 20HBC—40 水泵等	3.50	1	1992
古渎	牛角梢排灌站	改造	拆建机房 76 平方米，20ZLB 泵，30 千瓦电机	4.26	1.5	1993.04
古渎	集镇排涝站	改造	苏排Ⅱ改 32ZLB—100S，机房二层楼	17.61	9	1993.09
绸缪	西诸巷站	改造	16HB 泵改 20HB 泵，40 千瓦电机	3.50	2.3	1993.03
绸缪	东马站	改造	14HB 泵改 16HB 泵，30 千瓦电机	3.00	1.7	1993.03
绸缪	槎溪站	改造	14HB 泵改 16HB 泵，30 千瓦电机	3.50	2.4	1993.03
绸缪	社头浜圬工泵站	改造	机件更新	—	0.8	1993.03
别桥	谢家坝圬工泵站	改造	32ZLB 泵	—	4.5	1993
别桥	桥东站	改造	更换电机，水泵及补偿器	6.00	3.7	1993.04
别桥	园上站	改造	更换水泵等	2.50	0.4	1993.04
别桥	土山站	异地重建	—	5.00	0.4	1993.04
别桥	前王圩排涝站	改造	更换水泵等	5.00	0.8	1993.04
别桥	吕庄排涝站	改造	更换水泵等	5.00	0.8	1993.04
别桥	水产站	改造	翻修机房等	2.50	0.4	1993.04
湖边	符家排灌站	改造	机改电	8.00	2	1993.05
湖边	浪圩排涝站	新建	32ZLB—125，75 千瓦电机泵站	10.00	2.5	1993.05
后周	东胜联圩排涝站	改造	—	7.00	2.5	1993
后周	团结圩梓村站	—	—	3.47	1.9	1993.05

圬工泵站改造 境内圩区圬工泵站建于 20 世纪 60、70 年代。1991 年遭遇百年未遇的特大洪涝灾害，别桥水文站最高水位超历史水位 0.48 米。外河水位的抬高，增大了圩内外的水位差，致使圬工泵在关键时刻，因超过设计扬程而不能发挥正常排涝的作用。作为一个历史时期的产

物，厂家不再生产，因而零配件难以购买，给维修带来难度。圩工泵站成为排涝站更新改造的主要任务。圩工泵改造，多以轴流泵替代，辅以少量混流泵替代。至2004年，别桥镇现境原5个乡镇的圩工泵完成全面改造。

1991～2005年别桥镇现境原五乡镇圩工泵站改造情况一览表

表9-4-5

乡镇	1990年圩工泵站	所在圩	泵型	改造内容	竣工时间
别桥	联圩排涝站	桥东联圩	苏Ⅱ	—	—
别桥	川圩排涝站	道成联圩	苏Ⅳ	32ZLB泵配75千瓦电机，机房，配电	1998.05
别桥	伏申排涝站	道成联圩	苏Ⅳ	32ZLB泵配55千瓦电机	1992.05
湖边	闸口排涝站	皇圩	苏Ⅲ	配700QZ—160型， 60千瓦潜水电泵一台（套）	1997.05
古渎	牌楼排涝站	下西川圩	苏Ⅳ	改20ZLB2台（套）	2004.06
古渎	九联圩排涝站	道成联圩	苏Ⅱ	改32ZLB—100S配75千瓦电机	1993.09
古渎	牛角梢排涝站	古渎联圩	苏Ⅳ	20ZLB配30千瓦电机	1993.04
古渎	座庄圩涝排站	座庄圩	苏Ⅳ	改32ZLB—125S。配电机80千瓦	1997.05
绸缪	东川圩排涝站	道成联圩	苏Ⅳ	改32ZLB—125S，配电机80千瓦，机改电	2001.12
绸缪	东马浜排涝站	东马浜联圩	苏Ⅱ 苏Ⅳ	苏Ⅱ废弃	—
后周	下梅圩排涝站	下梅圩	苏Ⅳ	改32ZLB泵配80千瓦电机	1997.07
绸缪	社头浜站	社头浜圩	苏Ⅱ	改32ZLB—125配80千瓦电机	1997.05
后周	下梅排涝站	下梅圩	苏Ⅳ	改32ZLB泵配80千瓦电机	1997.07

第六节 农田基本建设

境内地形包括丘陵、平原、圩区三大类型。新中国成立前，境内农田随自然地貌形成，高低不平，大小不一，形状各异。河港短浅，水系不成网。灌无渠，排无沟，漫灌串灌，跑水、跑肥、跑土严重，粮食产量长期低而不稳。1950年后，境内农民开展修田埂、筑圩堤、开荒垦滩和填塘塞沟等扩耕扩田的大生产运动。后周丘陵区重点是修塘筑坝，扩大就地拦蓄，并小塘为大塘，改浅塘为深塘，兴修小水库，后又发展到配置沟渠，实行排灌渠系化。

一、平原地区

新中国成立初期，以改善灌溉条件为重点。为了适应流动机船戽水，多选择高处建埃，顺地形开渠。20世纪60年代后，主要进行渠系配套和平整土地、格田成方的农田基本建设。

1970年，平原地区建设“双纲田”(800千克/亩)、“吨粮田”。农田治理确定从建设新河网入手，在整治改造骨干河的基础上，安排大、中、小沟和田间一套沟，相应布设渠、路，组成完整的灌排系统。多以大沟（河）定向，逐级派生中沟、小沟、田块，与之对应安排渠系和道路，形成有纲有目，配套成网。别桥公社 1971 年在马家大队拆埂并丘，平整田块，翌年在全公社范围推广。1975 年，公社党委提出“农田规范化”，掀起平整土地高潮。别桥、湖边、古渎、绸缪 4 个公社 1971 年平整土地 13935 亩，完成土方 28 万立方米。1974 年起，别桥、绸缪、后周部分平原地区兴起农田基本建设高潮。1974 ～ 1976 年，别桥、绸缪、湖边、古渎 4 个公社平整土地 60710 亩。1974 年，后周格田成方 8000 亩，完成土方 20 万余立方米；1976 年格田成方 4500 亩，完成土方 130 万余立方米；1977 ～ 1979 年格田成方 15500 亩，完成土方 415 万余立方米。

二、圩区

圩区地面低洼，水高田低，依靠堤防挡水，洪、涝、渍害威胁严重。新中国成立前，圩区水利仅是修筑堤防，旧圩田、沟、荡零乱，漫田过水，一般只长一熟，中心荡底终年积水，沤水田多，荒田多。新中国成立后，重点修圩复堤，加固堤防。为适应戽水机船流动灌排，清理旧有沟塘，沿堤修筑临时车口垛首，但灌排仍不畅。1957 年遭遇大水，圩心荡底田大多颗粒无收。20 世纪 50 年代后期，圩区开始联圩并圩，发展电力排灌，圩内开始以修筑排灌沟渠为主的“河网化”的农田基本建设。60 年代，圩区农田治理原则为“三分开、一控制”，圩区开始步入规范化治理。1970 年后，圩区农田基本建设方向是在巩固防洪阵地的前提下，改土治水，主改涝、渍，搞好灌溉，适应农业机械化和农业现代的发展要求。

1990 年别桥镇现境原五乡镇农田基本建设统计表

表 9-4-6

乡镇	平整格方面积（亩）				外三沟						灌溉渠道				配套建筑物（座）	已配套面积（亩）	有效灌溉面积（亩）	机电排涝面积（亩）	旱涝保收面积（亩）
	小计	其中			大沟		中沟		小沟		干、支渠		斗、农渠						
		山丘区	平原区	圩区	条	千米	条	千米	条	千米	条	千米	条	千米					
别桥	6000	—	2000	4000	5	9700	7	8400	282	6710	143	8310	164	5750	2394	21300	25909	13000	25000
湖边	12500	—	—	12500	5	1050	4	1060	147	2040	130	6280	169	4990	1809	9000	17227	28773	6100
古渎	8900	—	—	8900	3	1380	8	2700	72	4400	52	1850	75	7500	1875	9400	16204	17500	16204
绸缪	8680	—	4100	4580	2	1100	2	4400	705	15900	82	2420	211	3550	979	12500	16732	6159	11000
后周	12593	2593	6000	4000	—	—	—	—	264	5280	95	1430	402	8550	454	32580	32580	9266	24824
合计	48673	2593	12100	33980	15	13230	21	16560	1470	34330	502	20290	1021	30340	7511	84780	108652	74698	83128

三、两田建设

20 世纪 90 年代，平原圩区的两田建设即是中低产田改造和“吨粮田”建设，历经从规模上逐步扩大、在标准上不断提高的过程。常州市的农村两田建设标准为：达到“历史最高洪水位不出险，百日无雨保灌溉，日雨200毫米不成涝，地下水埋深超80厘米，田块平整成方，路林沟渠成网，泵站涵洞达标，适应农机操作”的基本要求，中低产田本着缺什么补什么的要求进行改造，有条件的按照“沟渠田林路综合治理，桥涵闸站洞全面配套”的要求，一步到位建成“吨粮田”。经济条件较好的乡镇以及现代化示范方，则按照“田块方整化，沟渠衬砌化，灌排系统化，降渍暗管化，构件工厂化，道路砂石化，农田园林化”的要求，建设高标准农田。1992年前后，古渎乡的牌楼村、赵圩村两田建设4200亩。1994年，别桥镇完成两田建设面积1300余亩。1995年，别桥镇于溧金公路沿线在拉框格方建设“吨粮田”近1500余亩的基础上，又建设高标准农田300余亩。1996年，别桥镇湖塘村在拉框格方的同时，实施高标准农田建设，面积1500亩。是年，市水利局从山东高密县引进生产预制混凝土U型机器一台，安排在别桥水利管理站，为渠道防渗装配化奠定基础。1997年，别桥镇继续扩大高标准农田建设的规模，增加高标准农田450余亩，古渎联圩圩区综合治理改造低产田280亩。

四、治理典型

位于湖塘村的别桥农业综合示范区，建设面积800亩，1996年10月开工，1997年4月竣工。完成渠道现浇防渗1895米，U型预制板衬砌1495米；排沟预制钢筋混凝土渗水板衬砌635米，煤渣空心砖衬砌1548米，铺设砂石路面1540米，配套各类建筑物292座。总投资76.26万元，国家补助26.5万元，镇村自筹51.76万元。

2007年，别桥、绸缪、后周合并为别桥镇后，结合土地管理，开展规模较大的标准农田建设。2008年在东马、北山平整土地建设标准农田10000亩，2009年在前程、合星建设标准农田12000亩，2011年建设标准农田3000亩，2012年在后周、镇东建设标准农田2000亩，2013年又建设1000亩标准农田。

第五章　防汛抗旱

第一节　组织领导

新中国成立前，境内没有防汛防旱机构。对较大圩堤，不分宗族隶属关系，以圩为单位，组织圩会，推选地方士绅担任圩长，订有圩规，条款严明，以罚为主，不得违反。河水涨落，闸墙刻有标志，水情危急，封闭涵洞，发筹巡逻。值巡人员，两人一班，实行四带（带筹、带锹、带锣、带照明灯），缺一不可，遇有险情，敲锣聚众，拆屋取木，打桩抢救，这一制度一直沿用到新中国成立初期。

1950年后，各级政府把防汛防旱作为一件大事，按照“以防为主、防抢结合”的方针，“全面规划，统筹兼顾、预防为主、综合治理、局部利益服从全局利益”的原则，做好防汛防旱工作。每年在汛期（5月1日至9月30日），乡（公社）、镇党委、政府成立防汛防旱指挥部，指挥部成员名单须报县（市）防汛防旱指挥部办公室备案。2002年6月27日，《常州市城镇防洪实施办法》第十九条规定：城镇防汛抗洪工作实行地方各级人民政府行政首长负责制，统一指挥，分级分部门负责。镇防汛防旱指挥部由指挥、副指挥、镇相关部门负责人组成，指挥由镇长或分管农业的副镇长担任，汛期发挥其职能作用，并接受溧阳市防汛防旱指挥部领导。灾情发生时，负责全镇的抗灾救灾工作。镇防汛防旱指挥部积极推行各级防汛防旱责任制，对千亩以上圩、水库成立防汛防旱专门组织，指定定圩定库责任人员，在镇防汛防旱指挥部的领导下开展工作。

塘马水库的防汛防旱指挥部由水库在汛前负责组建，指挥成员名单报溧阳市防汛防旱指挥部办公室备案，指挥部的指挥和技术负责人还须报常州市防汛防旱指挥部和省防汛防旱指挥部备案。汛期发挥机构职能作用，并接受市防汛防旱指挥部领导。指挥由镇行政一把手担任，下设办公室、工务、水情、巡逻、抢险、物资后勤等组织，负责本水库的防汛防旱、水情监测、控制运用和抗灾抢险。

第二节　防　汛

别桥地区历史上发生过多次特大洪涝灾害。民国20年（1931年）发生罕见的重大洪涝，7月上旬，降雨246.7毫米，下旬又降雨255毫米，溧阳东西约八九十华里，南北约五六十华里，一片汪洋，尽成泽国。皇圩、浪圩尽遭溃决，水深五六市尺，秋收绝望。因灾流离失所者无数。民国35年（1946年）7月2～6日，霪雨为灾，低洼之田，尽成泽国。9月25～27日，又遭暴风疾雨，禾田重复吞没，成熟稻谷亦发芽霉烂，秋收毫无希望。数万黎民嗷嗷待哺，乡村十室九空。国民政府防汛抗洪无策，灾民盼望救赈，但人众款缩，地方亦无备灾款项可以济急。

1950年后，境内发生过数十次较大洪涝灾害。

1954年自5月17日起连降大暴雨，至7月底降雨66天，降雨总量981.5毫米。雨量之大，时间之长，为历史罕见。丹金溧漕河、北河河水猛涨，歉收绝收。6月雨日19天，圩田农作物受涝，积水数尺，耕田不见犁，水没“牛肚皮”;7月雨日25天，湖边、古渎圩区，水堤相平，一望无际，白浪滔天。绸缪乡戴秧圩，洪水漫溢入圩，淹没农田近千亩。洪涝即将形成时，别桥区组织区、乡干部和千余人抢险队伍，组织乡水利、商业、粮食等有关部门领导合署办公，统一协调指挥。发动群众抗洪排涝，抢收三麦，保护秧苗。积水较深，一时难以排出的田块，抢割麦穗，与洪水争得微薄之利。秧田四周，筑堰阻水，车机结合，排水救苗。洪涝灾害发生后，县委正副书记、县长等领导干部，带领大批机关干部，组成工作组，分别奔赴别桥等重点灾区和群众一起，与洪涝作斗争。为了便于联络，在全县最低洼的受涝中心——别桥区董家舍，临时增设防汛专用电话机一部。6月，通过调查排队，组织千余名劳力的抢险专业队伍，对堤顶高出河水不足2市尺的堤防，按照“水涨1寸，堤高1尺”的要求，加高加固堤埂。田间积水取土困难，改掘桑埂取土。又在堤顶高出河水位2市尺以上的农田堤防，迎水面加筑子堰，并加盖稻草、草帘，防止雨淋浪打，保住圩堤不破不漫。同时，调集抽水机数十台，木制水车数百部，人息机车不息，日夜抢排。8月上旬，圩区排涝基本结束，区、乡党政部门，发动群众查苗补苗，开展生产自救。供销社供应豆饼、菜饼、化肥，县政府拨出救济款，银行发放贷款，以保证灾后农业生产及人民生活。

图9-4　1991年湖边乡抗洪抢险

1957年7月1～3日，境内遭受特大暴雨袭击，由于雨量大，来势猛，造成山洪暴发，河水位激增到5.5米，比民国20年（1931年）最高水位高出0.02米。洪涝刚刚开始，县委、县政府组织三批县机关干部，分赴别桥等受涝重点区、乡，协助基层干部领导和发动群众抗洪抢险。7月10日，镇江地区防汛防旱指挥部从金坛调度支援灾区抽水机28台。调机人员取道长荡湖，船至湖中，深夜遭受飓风，纤绳折断，轮、机四散。次日清晨，金坛随机干部，找回散失机船，大部分用机帆船拖着返回，残留5只机船随轮船拖往溧阳，途经别桥区湖边乡时，百余农民下河拦阻，强行拖走先行用之排涝。抗洪抢险中，堤防险情不断发生，鸣锣聚众，时有所闻，圩民万众一心，场面动人。

1962年7月4日后的三天，连降大雨217毫米。7月26、27日，又降暴雨。9月5～7日，遭台风暴雨袭击，降雨131毫米，原河水水位未退，又遇暴雨，别桥、湖边、古渎受涝严重。9月11日上午7时，全县最大圩——皇圩，因昌口闸漏水而造成决口，尽管用木板挡、草包塞、一路过大船沉堵等多种办法抢救，终因水势过猛，圩堤坍塌过快，未能阻止水害。全圩除2135亩早稻已收外，其余8828亩晚熟作物淹没无收，损失粮食253万余斤，倒塌房屋148间。灾后，复圩堵决用去草包17000个，木材3立方米，排水经费4万多元。

1991年1～4月，降雨458毫米，6月中下旬至7月上旬，连续两次特大暴雨850毫米，引发大洪大涝。别桥洪水位6.12米，绸缪洪水位6.22米，后周洪水位6.32米，塘马水库水位过10.78米（警戒水位为4.5米）。别桥南北东圩于7月5日因内塘决口致使破圩，淹没面积1160亩，70户农户受淹，250人遭受洪涝灾害。别桥3.5万伏变电所受淹，20多米高压线电线杆严重倾斜。面对特大洪涝灾害，市委、市政府将抗洪救灾作为压倒一切的中心工作来抓。乡、镇政府、部门、单位视雨情为命令，迅速组织抢险突击队、巡圩队、通讯联络队、后勤保障队，集中力量，调动一切可以调动的人力、物力、财力，投入抗洪救灾。乡、镇政府各部门层层落实抗洪责任制，定岗定位，定圩定库，分工负责，实施灵活调度。抗洪斗争中，发挥广大党员、干部的先锋模范作用，动员群众，依靠群众，团结抗洪。在抗洪救灾的日日夜夜，乡镇广大共产党员和基层干部，身先士卒，始终带领群众奋战在抗洪第一线，上圩抢险做到水涨堤高，在水情最严峻的时候，三步一岗，五步一哨，守卫圩堤。经过30多个日夜的拼搏，皇圩、道成联圩等圩未发生漫圩、破圩。牌楼村的下西川圩，河水涨漫平圩堤，圩堤多处渗水，险象环生。时任中共常州市委书记的陈玉英和溧阳市长王家富来圩堤视察险情。古渎乡政府领导坐镇圩堤20多天，组织全村村民及周边村村民600余人抢修圩堤。共用木桩百余立方米，加固圩堤；草包5000余只，编织袋万余只，加高圩堤。发现圩堤渗水，顺渗漏处挖小沟，铺垫桑树枝、树枝等物固土导渗，把渗水引入圩内排水沟，确保圩堤、堤坡稳定不滑塌。

第三节 抗 旱

近两个世纪来，别桥地区大体每隔42年出现一次重大旱灾。有详实记载的特大干旱发生在民国23年（1934年）入夏后，百日无雨，全境河道干涸，田成龟裂，禾苗枯竭，触火即焚。丘陵地区找泉挖古井，平原圩区到河中处挖土井，以解决饮水之困难。溧阳至丹阳，可沿河道步行而至。是年8～10月，《申报》多次刊登溧阳旱灾消息："溧阳四乡田亩，尽成龟裂，河竭井枯，野草不生，虫鱼绝迹，灾情居江南之首。"农户十室九空，家无粮，人外出，乞讨求生的灾民达数万人。灾民中有的以树根、观音粉（山上嫩石粉）吞食充饥；有的走投无路，自尽短见；有的抛婴弃孩；有的把女孩给人家做童养媳；有的外出做苦工，老弱病残灾民求乞无着饿死路旁，悲惨之情景令人心酸。上海、无锡等大城市的资本家则乘灾民之危，广招男女童工，恣意剥削；社会上一些地痞流氓，亦趁机前来灾区，以工厂招工为诱饵，贩卖民女，从中渔利。别桥镇前程村戴立魁老人诉说：民国23年（1934年）大旱灾，他妹戴荷伢、张馀保妹妹张欧伢、戴生伢妻子等都是被人以做工为名骗去上海，至今没有音讯，生死不明。这一年9月上旬，县政府与商会组成旱灾救济委员会，派员去无锡、苏州、上海乞赈，在《申报》刊登募赈启事后，7个赈灾团体派人来溧阳察看灾情，施放冬春两赈钱米外，并施豆、麦、饼、饵，折合银币20余万元。

1949～2013年，现境内发生较大旱灾17次。

1958年4月中旬，持续百余天未下透雨，汛期又是"空梅"，至7月底，后周丘陵地区塘坝、支河小港大部分干涸。水源奇缺，秧苗超龄，贻误栽插。水稻田改种山芋、赤绿豆、胡萝卜等旱作物，且旱情由丘陵地区逐步发展到平原圩区。6月底，中共溧阳县委召开4万余人三级干部抗旱大会。随后，县委正副书记、县长带领大批机关干部深入后周等乡抗旱第一线，乡、社干部以身作则，带领群众投入抗旱。县防汛防旱指挥部调度圩区抽水机支援后周，翻水灌溉农田。圩区的农业高级社，调出水车数十部、青壮年数百人，随带口粮无偿支援丘陵地区翻水救苗。

1978年，汛期"空梅"，连续300天未下透雨，年降雨量仅582毫米，比民国23年（1934年）的特大干旱年还少204.6毫米，实为历史所罕见。丹金溧漕河水位下降至2.19米，塘马水库干涸见底，别桥地区受旱面积12.3万余亩，52个生产队人畜饮水困难。旱情出现后，县委领导和130名机关干部赶赴重点灾区，区、社、队干部定职定位分工包干，发动群众万人次，投入抗旱。疏浚支河小港，开挖沟渠，谏壁抽水站翻长江水输入内河，组织调派抽水机、电动机、水车翻水灌溉稻田。别桥地区得到省、地、县抗排队抽水机的支援，以及抗旱补助费数万元。

2005 年 6 月入梅后，梅雨期仅 3 天，雨量 35 毫米，不足常年一成半，塘坝干涸，后周部分地区群众饮水受到威胁，旱情类似于特大干旱年份的 1978 年。7 月初，塘马水库（西庄）补水站开机提水，扩大灌溉水源，缓解居民生活用水矛盾。别桥、绸缪、后周三镇党委、政府高度重视抗旱补水工作，积极引导农民抗旱自保，多渠道开辟抗旱水源，翻水入渠，补水入塘入库。

由于各种水利设施发挥作用，尤其是面对自然灾害，在（公社）乡镇党委、政府的领导下，及时有效地抗灾救灾，战胜一次次灾害的侵袭，保护了人民群众生命财产的安全，把灾害损失降到最低程度，确保农业在大灾之年丰收和国民经济健康正常发展。

第六章　水政管理

第一节　管理机构

1949 年前，区乡不设水利管理机构。1951 年，为发展机械戽水事业，成立戽水灌溉站，为乡合作社企业。1955 年，合作社戽水灌溉站隶属溧阳县供销合作总社领导。是年，溧阳县人民委员会决定，别桥区供销社戽水灌溉站改称抽水机站，划归县人民委员会水利科领导。

1958 年成立人民公社后，区抽水机站改为人民公社抽水机站。别桥人民公社抽水机站有戽水机 18 台 380 匹马力，职工干部 27 人，负责别桥区农田排灌事业。公社水利工作由公社领导分管，区水利技术员或县下派的水利技术员负责业务工作。

1963 年 4 月，溧阳县人民委员会决定，恢复区、社建站。成立别桥区机电排灌管理站，配备站长、会计、水利工程员、机电技工、管理员等 7 ～ 9 人。后周公社抽水机站并入竹箦区机电排灌管理站。区、社水利业务由区、社机电排灌管理站办理。1969 年，全县撤销区工委，机电排灌站由人民公社管理，改称人民公社水利机电管理站。至 1972 年，别桥、湖边、古渎、绸缪、后周 5 个人民公社都建立水利机电管理站。1974 年 10 月，镇江地区革命委员会生产指挥组发文件决定，各公社配备专职水利工程员 1 人。1978 年 1 月，公社水利机电管理站改为农业机械管理站，水利业务由县水利局领导。

1981 年 5 月，根据县人民政府《转批县农机局、供电局、水电局“关于要求分别设立公社农机管理站、用电管理站、水利管理站的报告”的通知》，公社农业机械管理站分拆为水利、农机、用电 3 个管理站，公社水利业务遂由水利管理站掌管。1984 年 6 月，别桥镇现境的原 5 个公社水利、农机管理站合并为水利农机站。1988 年 10 月，为了适应农村经济发展的新形势，建立健全各乡级水利管理机构，别桥、湖边、古渎、绸缪、后周 5 个乡镇分别设立水利管理服务站（简称水利站），是县水利主管部门的派出机构，也是乡镇人民政府治水、管水、防汛、防旱工作的参谋部门，在县水利主管部门和当地乡、镇人民政府领导下，负责本乡镇的农村水利工作。1997 年，湖边乡水利站并入别桥镇水利站。随后，别桥、古渎、绸缪、后周 4 个乡镇的水利、农机站合并为水利农机管理站。2000年，古渎水利农机管理站并入绸缪镇水利农机管理站。

2007年，别桥、绸缪、后周3个镇合并后，成立新的别桥镇水利农机管理服务站。2010年6月，撤销水利、农机管理站建制，水利、农机管理职能划入镇农业服务中心，设水利组，配备组长1人、副组长3人、报账员1人、水利工程员3人、水政监察员2人、农机工作人员3人。水利工程员专司水利规划和工程监管。

第二节　水利经费

民国时期，水利经费负担以亩捐为主，商捐为辅。干河治理亩捐统筹，支河疏浚，则以商捐。民国22年（1934年），溧阳县按国民义务劳动办法，征工疏浚扁担河、诸泗河、古渎河等河段。

1950年以后，水利经费负担按照“谁受益谁负担”的原则，多受益多负担，少受益少负担，不受益不负担。兴建大中型水利工程，一般由国家投资补助为主，小型水利工程，以群众自筹为主，国家适当补贴或给贷款支持。1966年冬，镇江专区开拓6条流域性河道，县又拓浚南河、北河并兴建水库6座，受益范围涉及全县，除省投资外，全县按每亩0.45～0.70元筹集资金，与农业税一并带征。

1959年兴建塘马水库，国家投资91.89万元。20世纪70年代，国家先后拨给工程补助费32.1万元，用于塘马水库配套工程。80年代，国家共投资和补助经费95.9万元，用于塘马水库续建大坝反滤导渗沟等枢纽工程配套工程。1991～2003年，各级财政投入资金138.8万元，用于塘马水库除险加固和维修配套工程。

2002年，常州市人民政府颁发的《常州市城镇防洪实施办法》第四条规定，防洪经费按照各级政府投入与受益者合理承担相结合原则依法筹集。随着经济不断发展，水利工程经费基本上由乡（镇）及以上财政承担，农民负担减轻。

2007～2013年别桥镇水利经费来源统计表

表9-6-1

年份	镇名	工程项目数（个）	经费来源（万元）		
			总额	市以上投入	镇拨款
2007	别桥	12	280	200	80
2008	别桥	14	380	280	100
2009	别桥	16	570	460	110
2010	别桥	15	928	768	160
2011	别桥	19	1627	727	900
2012	别桥	22	1123	923	200
2013	别桥	21	1655	605	1050
合计	—	119	6563	3963	2600

第三节　工程管理

一、水库、塘坝管理

【塘坝管理】 1949年前的塘坝多为农户共有，少数为私有。大塘坝均由业主自发成立管理组织，立有规章制度。土改后，取消私有，塘坝全为受益户共有，民主推举成立管理委员会。农业合作化后，属集体所有，定人定酬包管使用。1963年，溧阳县人民委员会根据《江苏省水利工程管理条例（草案）》精神，制定和颁发临时管理办法，实行县、公社分级管理，专业管理与群众管理相结合的办法，水利工程管理逐步走上制度化管理轨道。1978年，为发展多种经营，充分利用水面资源，提高经济效益，大塘小坝多被承包，其管理一般由承包方负责。

【塘马水库管理】 塘马水库管理所成立于1961年，1963年收为县管理，改为国营。1969年4月至1973年2月曾委托后周公社管理，后又收为溧阳县水电局（现溧阳市水利局）管理。2006年，水利工程管理单位体制改革，确定为公益性事业单位。2012年12月，创建成为江苏省水利工程一级管理单位。设有工程管理室、综合经营室、财务室、中控室、档案室等。2013年有职工10人，其中专业技术人员4人、技术工人4人、普工2人。

20世纪90年代后，水利工程管理依据国家及江苏省有关法律法规及配套实施办法，实行依法管理，使管理工作法制化、规范化。2002年，塘马水库完成水库的水位、雨量自动遥测装置建设，开启水库的现代化管理。2012年，调换5组测压管渗压针，并对测压管及渗压针进行全面校对和率定。2013年，采用全数字网络化监控系统，增设3处监控点，更换2台摄像机、1台球机，重新布置光纤网络。建立一套覆盖水库大坝，溢洪闸上、下游及启闭机房、水库水面、管理设施的全方位实时监测系统。对闸门远程控制重新改造。2013年，防洪调度自动化系统包括控制中心、水雨情自动测报系统、洪水自动预报调度系统、大坝自动监测系统、溢洪闸闸门远程遥控系统、坝区视频监控系统，形成使用便捷、科学合理的防洪调度决策的支持系统。

塘马水库的大坝管理，建立政府行政首长、水行政主管部门及水管单位三级负责制度。把《江苏省水库管理条例（摘录）》制公示牌，安置于坝区，每年成立所在地镇行政首长为指挥的防汛防旱指挥部。

二、圩堤、涵闸管理

1949年前，大圩设有圩会，视圩内面积一般以9～15人组成，设圩长1～2人，推选地方士绅担任。荡设荡长，由荡内大田户担任。圩长每年在荡长的陪同下上堤察看堤身数次，确定各地段加固要求，加以培修。发汛时组织人员持锣带牌日夜巡逻，遇有险情鸣锣聚众，急用时拆房取木，打桩抢救。涵、闸定人管理，长期稳定不变。圩会订有规章制度，每年清明封禁（禁止上堤割草、放牧等），霜降开禁。

新中国成立以后，旧圩会解体，改建为圩务委员会，由乡、社、村干部兼任职务。1962年以后，万亩大圩恢复圩长制，设正、副圩长1～2人，由当地威望高热心水利的人士或老干部担任。千亩以上、万亩以下的圩一般配置定期（5～10月）管理人员2～7人，千亩以下小圩由受益生产队按受益田亩划段定点分工包管。涵洞管理视闸大小、启闭难易定人、定期、定责、定报酬管理。

皇圩是境内一只有代表性的万亩大圩，管理组织一直相对稳定，各项制度也较完善。20世纪60年代，全圩以11人组成圩务管理委员会，设专职圩长1人，管理员2人。并建有圩堤培修、圩堤养护、灌溉排水、块石护坡和划段分工等五项管理制度。1990年5月，圩务委员会又重新修订《皇圩圩规》。

2007～2013年汛期，每年有定圩小组17个，有110名镇政府机关人员参与千亩以上圩的防汛管理。

附：

皇圩圩规

（1990年5月14日修订，6月7日圩委会通过）

“水利是农业的命脉”，皇圩是溧阳县有名的万亩大圩。为在农村实行联产承包责任制的新形势下更好地加强皇圩管理与建设，在县委县政府的关怀下，于五月十四日在湖边乡召开了湖边、古渎、别桥三乡镇负责人及皇圩圩管委工作人员会议，对在新形势下管好皇圩，保证旱涝保丰收出谋献策，并对皇圩圩规进行了修订，现将新圩规公布如下：

一、圩堤的分摊管理

皇圩圩堤总长度一万七千伍百五十米，（具体计算方法，外河内塘地段一米算二米，村庄地段二米算一米），按全圩总田亩一万四千二百二十九亩七分，平均每亩分摊到圩堤1.25米长，具体数字附表。

二、兴修与保管

1. 做大埂的起土原则是直田直横头，如外河内塘在一百米内仍起直田横头土，一百米以外起塘两边的土，但必需离开堤脚线三十米，主要道路及建筑物要让开。

2. 在做大埂时一定要离开大埂坡脚线三十米外才能挖土运往大埂，并要做到在指定地点面积内挖土，挖土深度一定要达到一米以下，否则作乱挖土处理，增加赔偿一年损失。

3. 做大埂损坏农作物，挖废土地，人员运动损坏面积，一律由做填单位负责赔偿粮食产量一年，下年不再赔偿，产量计算办法每亩赔一千斤，价格是当年议价。

4. 在做埂起土范围内种植任何经济作物，一律按农作物产量补贴，种植单位不能以任何借口要做埂单位按经济作物赔偿。

5. 你种他管地段，如管理单位做埂需起土，种田单位要坚决支持。如种田单位不同意，经圩委协调也不能解决，该地段今后防汛就有种田单位负责，并有管理单位写出申报理由在下次圩委会议上当面申明，今后有种田单位负责管理地段，管理单位不再负责管理该地段。

6. 你种他管地段，如管理单位在兴修做堤后挖废的土地当年没有赔偿土地损失费，种田单位有权拒绝管理单位下次兴修做埂起土，并也可在下次圩委会议上写申明理由今后该地段的兴修做埂起土有管理单位自己负责。

7. 各村保管圩堤地段范围内，任何单位和个人，都不能在圩堤内外坡线上种农作物，如发现有作物，保管单位及圩委有权随时给予处理，屡教不改者可罚款处理。

8. 各乡各村分管圩堤地段，由各乡各村负责建设，搞护坡，上土方，堵漏洞，平雨淋沟，汛期巡圩抢险等等，特别要做好平时堤养护和险工地段加固整修，大小涵闸由所在地段管理单位负责管理维修，资金有受益单位支付，管理单位必须定人、定责、定酬保管。

9. 洪水暴发时，各村应组织防汛抢险小组，巡逻小组、后勤组，巡逻组应选择思想好、工作负责的同志，一次二人并要带好工具、铜锣、灯火。超警戒水位时按分管地段负责巡圩传牌，牌发出地点常务圩长所在地发出。传牌人员年龄要求是 20 ~ 60 岁的男劳力，发现问题要立即报告，如发现圩堤涵洞闸危险，要鸣锣，组织及时抢险，不负责任超小路、近路或以车代行发生误牌而造成事故者应追查责任，误牌未造成事故应罚款每人每次 10 元，一经查实以圩委书面通知为准，并有乡在下半年收缴管理费时一次交清，传牌一律步行不准以车代行驶。

三、圩堤管理

1. 外围圩堤每年清明至霜降为封堤期间，一律不准薅草、刨草皮，动用圩堤土作他用，霜降后，可由保管单位对圩堤柴草统一进行处理，在封堤期间发现私自薅草，保管单位及圩委有权给予罚款，菜篮 10 元，担子 10 ~ 15 元，严重者 50 元以上，刨草皮罚款 50 元以上并要还好土方。

2. 防汛期间圩堤上禁止任何单位及个人占用作他用，平时不准搭棚养禽，如临时搭棚养鱼、堆柴草放物件等，要保证不能改变圩堤面貌，超过一月后需交纳每月每平方米 0.5 元管理费。动用圩堤土者，要予以罚款，并要还好土方，圩内共有水面要按田亩标准缴纳管理费，如不上交，要对水面进行产值管理。

3. 外河内塘险工，一律不准挑泥作他用，如发现要给予罚款百元以上并要还好土方。

4. 传牌后严禁一切车辆上堤运输、柴油机抽水、开缺，教育不改者给予罚款百元以上处理。

5. 圩堤内塘水面设有 10 米平台，一律不准养鱼，如现已养鱼每米应向管理单位交 20 元押金或做好防护措施，养户一定要保证保持十米平台，如平台有损坏达不到要求，养户又不做或有损防护措施，管理单位有权随时在水面内捕鱼，变为资金以支付土方款。

6. 对现有圩堤内外坡线上桑树一律从 1990 年 6 月 7 日圩委会议日起，全面处理（方法是从夏桑条一生长，由各乡、村自行组织先用药物处理，秋冬后连根砍除，今后一律不准再栽桑）。

四、闸涵管理及管用水

1. 所有大闸在各村管理地段，有村委确定专人负责保管并订好管理合同，严格按合同办事，如在汛期发现迟封或封闸质量不好，漏水，造成事故者要追查责任。

2. 封闸后如要放水，先申请经上级和圩委会同意才能放水，否则须承担全部责任，并要追究原因严肃处理。

3. 管水用水原则，抗旱先高后低，排涝先低后高，排涝时不准从外河向内灌水，在防汛排涝中已分开灌区的地区，上荡不能向下荡放水，如发现除负责排涝费外另加每开一缺口罚款二至五百元。灌区与灌区确需帮助排涝，应予先联系好才能开缺，否则一律作私放水处理。

4. 各闸开封水位

皇圩闸：3.8 米封闸，3.8 米以下开闸通航。

闸口闸：3.8 米封闸，3.8 米以下开闸通航。

下圩闸：4 米封闸，4 米以下开闸通航。

符家闸：3.8 米封闸，3.8 米以下开闸通航。

尖干闸：4.5 米封闸，4.5 米以下开闸通航。

长桥闸：已封塞。

五、圩委机构组成及职能

1. 皇圩管理委员会由三乡镇（湖边、古渎、别桥）乡长任正副圩长，并从湖边水利站，选派一名任常务圩长。三乡水利站站长及皇圩所属村委主任兼任圩委会员，圩委经费及常务圩长工资，办公用费由三乡按田分摊到乡，由各乡兼任圩长、副付圩长准备，并负责在每年分配时一次性交清转入湖边水利站。

2. 圩委职能主要是负责召集管理会议，报告工作，修订圩规，组织和奖罚单位，个人事务，仲裁纠纷事务。召集会议及汛期传牌，通知发至各乡，由各乡镇自行通知各村参加会议和组织人员进行巡圩传牌，平时起协调，联系三乡工作，情况通报等。

皇圩圩规，是全圩统一的制度，必须全圩遵守，一切圩内外和一切其他单位触犯皇圩圩规，司法、检察等国家职能单位大力支持。

对于一切破坏圩规罚款，由各乡乡政府负责收缴或强行收缴，并可通过各种渠道强行扣款或用家具房产抵押。

以前圩规规定与本规定有抵触的按新规定执行，新圩规上没有提到的老圩规及原区委协议上的有关规定照常生效。以上圩规请各有关村行政领导大力宣传教育，如在执行圩规出现有闹事者，有关乡、村行政领导出面按圩委规定处理，严重者交国家职能机关查办。

本圩规除发至有关村队、乡水利站外，送有关乡存档一份并报送县局及上级有关部门。

本圩规决议日起执行。

第四节　机电排灌站管理

1951 年的别桥供销社灌溉组，负责别桥区农田灌排和机械的管理。1954 年，别桥区灌溉合作社管理职能未变。1958 年，别桥公社（时含别桥、湖边、古渎、绸缪）抽水机站成立，负责规划全公社水利事业和建立电力灌溉站。1962 年，地方国营溧阳县别桥水利机电管理站，协同公社党委水利规划指导实施，改造和引进农业机械。1969 年，别桥、湖边、古渎、绸缪、后周公社的水利机电管理站，负责各公社农机管理，协助政府抗旱排涝。1978 年，境内五公社的农业机械管理站负责辖区内农业机械检修护理及农机配件供应。到了 80 年代，经历分设农机、水利、用电三个管理站又合并为水利农机站的过程，机电排灌管理和水利管理的职能也几经分合。

1958 年，开展技术革新，在平原圩区实行小机拖大泵，一机拖双泵，充分发挥机械效能。

轻柴油供应紧缺时，采取重柴油加温过滤沉淀办法，以重代轻，降低灌排成本。1962 年，加强定额管理。1973 年，推行“岗位责任制、安全操作制、维修保养制、技术辅导制、机物料消耗定额制”的管理制度。1981 年，开展设备保养升级赛（县水利机电部门组织开展），对乡（公社）电机排灌站的动力设备、泵管配套、机房管理、安全生产等进行评分，促进机电管理工作更加健全完善。

1995 年，绸缪乡水利站为进一步打破机电排灌站工作人员的铁饭碗思想，破除职工大集体、小集体用工之分，对基层排灌站重新制定目标责任办法。其主要内容包含机电排灌站的主要任务和职责、收费与工资挂钩、加强值班制度、维修和小型建筑费用包管制、职工在乡内统一安排和调动等。

20 世纪 90 年代后期，由于农村改革的深入，机电排灌站的管理也随之出现调整和变化，两种管理形式应运而生。一种是由所在乡镇水利站管理（称站管站），一种是由村自行建设管理（称村管站）。站管站的管理形式是以水利管理服务站及其所属的机电排灌站为主体，实行事业单位管理，统一领导，分级管理。村管站则改无专管组织，也无专管人员，对排灌站配备的机电操作工，其任用条件、标准、期限、职责和报酬，均由所在村自主决定。

至 2013 年，别桥镇现境内 135 座 10 吋以上口径泵的电力排灌站都是村管站。镇水利农机组隶属农业服务中心，有机电排灌站管理人员 3 人，专司全镇排灌泵站机电的维修和监管服务工作。

第五节　河道管理

河道管理是水利工程管理的重要内容之一。境内河网密布，管理难度较大，有史以来，境内一直未设置专门的管理机构。1949 年后，则主要依靠所在乡镇及各级水利部门监管，多数河段管理较好，但也有少数地段因干群重视不够，法律观念不强，被贪图个人利益和局部利益的人，在沿河堤岸上任意垦种，向河内倾倒垃圾杂物，任意在河道内设立阻水码头，设置鱼簖捕鱼。为了加强河道管理，保证河道行洪通畅无阻，县人民政府曾多次布告，并于每年汛前组织水利大检查，把河道清障列为重要任务之一。1988 年 1 月，国家颁布《中华人民共和国水法》，同年 6 月，国务院又颁布《河道管理条例》。1990 年后，《江苏省河道管理实施办法》《中华人民共和国防洪法》相继出台。1992 年 3 月，溧阳市人民政府《关于进一步加强主要行洪河道管理期限清理河道、堤防违章设施的通知》明确规定：任何单位和个人不得以任何理由和借口，在丹金溧漕河、北河、后周河等 20 条主要行洪河道以及主要调节河道的保护区范围内扒口、取土、淘沙、建房、造窑、建码头、弃置垃圾废渣、堆放物料、圈圩、打坝、垦植、架设拦河板网、拦河簖（网簖河门）及蟹网、网架、鱼棚和禽棚等。1993 年 2 月、1998 年 10 月，溧阳市政府又颁布《溧阳市水资源水域工程管理实施细则》和《溧阳市河道管理实施办法》两个文件。随着水利法律法规的逐步实施和完善，水法规的宣传不断深入，人们对水法规的意识日益增强，河道管理从行政管理逐步纳入法制管理的轨道。

2004年，别桥镇湖边排涝河，作为常州市镇村河道长效管护的试点，确定以所在镇水利管理服务站为管理机构，配备1名专职管理员。

2012年，别桥镇政府成立河道长效管理工作领导小组，以加强对境内河道整治的长效管理，切实保护河道的清洁和河流的整治，由副镇长任组长，组织、水利、农技、城管、村书记等19人任组员，领导小组下设立办公室。镇水政监察部门及河道管理工作领导小组每月在镇境内河道巡查4次，对查出的违章违法案件，按照执法程序，对照相应的法律法规，分别作出立即停止、限期整改和清除等通知，以人为本，教育为主，把违章违法案件消灭在萌芽之中。

2012年，前程村一农户，在新开河社头浜河内放置拦河网养鱼，影响航运、行洪，镇水政监察联合渔政部门，限制拆除整改。

2013年4月，国盛船厂未向水行政主管部门提出申请、批准，擅私开挖丹金溧漕河河堤建造厂房。巡查发现后，由市水利局水政监察大队按相关河道管理范围内建设项目管理规定进行处理。同期，湖塘石灰厂未按规定上缴河道占用补偿费，案发后，通过法院对其依法处理，如数补缴。

第十篇

农　业

别桥镇地理位置优越，除后周西北部的黄金山等4个行政村属北山丘陵区外，其余86%的面积属洮湖平原区。地势坦荡，河网纵横，土壤养分含量较高，土地肥沃；四季分明，雨量充沛，日照充足，无霜期长，适宜农作物生长，素称“鱼米之乡”。千百年来，耕作制度以稻麦两熟为主，世代农民日出而田，日落而归，辛苦耕耘，留下了丰富多彩的农业遗产。

新中国成立前，尽管具备优越的农业生产自然条件，但耕作技术墨守成规，工具落后，只能广种薄收，且以个体生产为主，无法兴修水利，遇到水旱等自然灾害只能顺其自然，望洋兴叹，水稻亩产量100千克左右，三麦亩产量50千克左右。水稻种植以籼谷和糯稻为主，籼谷占60%，一般留作口粮；糯稻为商品粮，称之为“标稻”，米质优良，尤宜酿酒，名誉江浙，在四大米市之一的无锡出售，价格一档，亦为绍兴老酒的上佳原料。

新中国成立后，全镇农民经过减租减息，土地改革和农业合作化、人民公社化运动，变革了生产关系，解放了生产力，激活发展农业生产的积极性，通过大力兴修农田水利，改变耕作制度，选育与推广良种，逐步提高农业机械化程度等措施，农业生产有了较大的发展。至1984年，别桥农业步履了恢复—发展—曲折徘徊—再发展的过程。中共十一届三中全会后，农村落实家庭联产承包责任制，农业生产得以前所未有的发展。1984年，别桥镇现境原五乡镇粮食总产量达6.93万吨，完成农业总产值达1.17亿元，农民收入明显提高，生活逐渐有所改变。

1985年以后，乡镇党委、政府深化农村改革，对农村的产业结构进行合理调整，推动农村经济持续发展。在确保粮食稳定增产和人均占粮超500千克的前提下，合理压缩粮食种植面积，扩大经济作物面积，扩种油菜、棉花、蔬菜等，有力促进农业经济全面发展。1995年，别桥镇现境原五乡镇粮食总产量达3.36万吨，油菜籽总产量2494.45吨、茶叶23.7吨，全年农业总产值达2.3亿元。

进入21世纪，别桥镇农业产业结构又迎来新一轮战略性调整，扩大花木、药材种植面积，水产养殖业成了主导产业，以放养常规鱼为主，发展蟹、虾等多种养殖，形成独有的区域水产新特色。农业现代化建设工程应运而生，别桥镇农业生产发生深刻变化，以加快发展高效农业、设施农业为重点，着力提升农业规模化、科技化、产业化水平，推动农业现代化进程。2013年，全镇粮食总产量达5.58万吨，单产552千克。其中，水稻总产量达4.38万吨，单产650千克；油菜籽总产量达5724吨；水产品2.01万吨，其中鱼类16099吨、螃蟹2472吨、虾类1236吨。全镇完成农业总产值2.93亿元，渔业总产值5.8亿元。

别桥镇已成为溧阳市北部的重要农业生产区。

第一章　生产关系变革

第一节　土地私有制

一、土地占有

1949年前，占别桥地区人口极少数的地主拥有大量的土地，还有一部分土地为祠堂、寺庙占有，其实祠堂的族长本身就是地主，广大贫苦农民只有少量土地或完全丧失土地。1950年，别桥乡可耕面积36281亩，非耕地面积1361亩。这些土地中，地主占有17378亩，为总面积的47%（为1984年《别桥乡志》数据），富农还占有一部分土地。后周乡戴巷村封建恶霸地主李荫堂占有千余亩土地，自戴巷村到别桥集镇10千米路，沿线都有他的田。绸缪乡东舍村地主戴裕春占有土地800余亩，地方上流行“李家的田，戴家的钱”的口头语。别桥乡诸泗村共有1000余亩土地，大地主吕森荣与几个小地主占有400余亩，公堂吕仪祠占有400余亩。

1951年湖边乡符家村土改时土地占有情况统计表

表10-1-1

地主富农占有土地		公堂寺庙占有土地		贫苦农民占有土地		土改中农民所分土地	
面积（亩）	占总面积（%）	面积（亩）	占总面积（%）	面积（亩）	占总面积（%）	总面积（亩）	人均面积（亩）
632	1.9	1200	35.9	1511	45.1	1357	1.42

地主拥有的土地皆是上等良田，广大贫苦农民的少量土地都是荒置贫瘠的田。地主经常乘人之危，巧取豪夺，霸占土地，手段令人发指。戴裕春强霸李朝奎4亩田，竟把李朝奎活活急死；

重利借给鲁安庚两石（1 石为 75 千克）米，盘去 2.8 亩田。

二、地租与剥削

地主阶级利用自己占有的土地，出租给无地或少地的农民耕种收取地租和雇工耕种自己田地，对佃农和贫雇农进行剥削。

收取地租是地主剥削的主要手段。地租有货币地租和实物地租两种，货币地租实际上是实物地租的转化。抗日战争前，一部分地主开始兼营商业，为筹措资金将地租（租稻）折成货币收取。民国 22 年（1933 年），溧阳每亩土地全年种植收入额为 12.1 元，而每亩地租 2.3 ～ 3.1 元，占年收入的 19% ～ 25.6%。抗日战争后，通货膨胀，货币不断贬值，货币地租改按实物交租。实物地租，即直接把田中收获的生产物交租。实物地租有“定租”“活租”“分租”三种。“定租”又称“官租”，是普通的租田制度。租田时地主即规定每亩田地每年应交的租稻数，荒熟不论，租额不变。定租额一般按上等田、中等田、下等田分成三等来定，上等田每亩交稻谷 60 ～ 75 千克，中等田 50 ～ 60 千克，下等田 40 ～ 50 千克，占正常年景全年粮食收获量的 30% ～ 40%。“活租”按当年收成而定，收获时评产按比例交租，祠堂田多采用活租制，租率约占作物产量的 30% 左右。“分租”是田主将土地给佃农耕种，田主出田，佃农出劳力，收获作物由田主和佃农四、六分成。此外，地主还采用“押租”（又称“顶首”，即租田先交付一定数额的押金）、“顶租”（先交租，后种田）、虚田实租（又叫“口号田”，即地主租出的田，面积不到一亩，却要佃农按一亩田交租）、收租大斗大秤、逾期加成、尝新等办法，对佃农和贫雇农进行额外剥削。别桥区彭家村地主张纯则，有 230 亩田全部出租。农民要求减租，吴小兔竟被活活打死。佃农周水庚，欠租 10 担交不出，张纯则逼周水庚把亲生的 9 岁儿子卖掉，3 石米原封不动被张纯则抵了租，还缺 4 石，结果又将 12 岁女儿卖到无锡，换来 4 石米交了租。

雇工耕种也是地主剥削的一种手段。雇工有长工和短工两种，长工是全年在地主家帮工，年工资 270 ～ 450 千克米不等；短工又分忙月工、忙工，是雇主根据季节和农时的需要临时雇用的，工资分别按月或按天数计算，与长工相比，工资稍高。可是打短工一般在农忙时，劳动量大，有的急需钱用而先拿“忙工钱”，忙时出工，致使自己家里的农活耽误季节。1950 年土改时，别桥乡做长工的本地农民 758 人，做短工的 645 人。长工工资每年为 6 石米（450 千克）至 3.6 石米（270 千克），做牧童的 173 人，每年工资 75 千克米。

高利贷剥削。高利贷表面是一种借贷形式，但利息甚高。借贷形式又分货币借贷和实物借贷两种。抗日战争前，货币借贷一般以月息计算，月息一般为 2.5 分，最高月息达 4 分。其中，“砍头利”，即每借 10 元钱，按月息 3 分计算，先扣除利息 3 元，实借到 7 元，到月底归还 10 元，月息达 4.3 分;“放大头”，以每天为期付还，十天中还清本息，利率高达 30%。实物借贷一般借米、借稻，春借 75 千克米，到秋还 200 ～ 250 千克稻。或当时借的货币，也折成大米或棉纱等实物。

放青苗。俗称“拿青稻钱”，在青黄不接之际，农民急需用钱，把快成熟的田间作物贱价预卖，求放债主先拿钱，收获后归还实物，价格仅及收获后市场价的 60% ～ 70%。

滚滚利。又名“陆芷信式”（陆是后周的大地主，曾任国民党溧阳县第三区区长），他利用粮食的季节差价进行剥削。1949 年前，麦收时稻贵麦贱，50 千克麦只值 20 千克稻钱，而到稻场上，又成为稻贱麦贵，50千克稻只值25千克麦的价钱。这样春天借50千克稻，到收麦时变成100千克麦，如还不起，到稻场时又变成200千克稻。看上去不起利，实际上成倍翻。

后周西庄村芦荣林，家中七八口人，为了养家糊口，借地主李富金的高利贷，当年没有还上，结果利滚利，整整帮李做了10年长工。

三、减租减息

别桥贫苦农民不忍地主阶级的地租、帮工、高利贷的残酷剥削，为了求得生存，不断进行反对压迫、反对剥削、要求减租的斗争。民国20年（1931年），别桥遭受历史上罕见的洪涝灾害，圩区一片汪洋，颗粒无收。是年地主、高利贷者还是催租索债，逼得农民走投无路，纷纷要求减租减息，反抗高利贷盘剥。民国27年（1938年）10月，新四军一支队司令部、政治部发布减租减息公告，在全县范围内普遍开展"二五减租"（田租地租，概照原订的租额，减低2.5成交纳）、"分半减息"（借款利息，须按抗日民主政府规定，年息最多不得超过20%）的斗争。民国33年（1944年）后，后周区抗日民主政府召开大会，发动农民斗争地主，提出减租减息。1949年4月，溧阳解放后，县政府根据华东新区农村减租条件，制定实施细则。10月召开的县第一届各界人民代表会议作出减租减息决定案。1950年1月，中共苏南区党委在《关于贯彻减租工作的指示》中，指出减租斗争的意义、减租的政策及减租步骤，明确指出：原租额在35%以上者照减，以减至35%为限，原租额不足35%者亦不得增加。到1950年2月，别桥区12个乡67个村实行减租，为土地改革揭开了序幕。

第二节　土地改革

土地改革是新中国成立后农村变革生产关系、发展生产力的一场伟大革命运动。1950年5月，以区乡为单位，调查户口、人口数和土地面积、土地类型，分清自种、出租、佃入、可耕与非可耕、公堂、庙宇及其他种类田亩数，无地、少地户数、人口数，以及可分配的土地数。6月，中共溧阳县委、县人民政府根据《中华人民共和国土地改革法》和政务院《关于划分农村阶级成分的决议》制定《溧阳县土地改革计划草案》。同年10月，在淦西等4个乡进行第一批土地改革试点，在取得经验的基础上，在别桥区的古渎乡、诸里乡等27个乡逐步推开。12月，又在其余所有乡全面推广，于1951年上半年基本完成。

经过土地改革，占总人口86.45%的中农、贫农、雇农、佃农占有的土地，从土改前的49.7%上升到85.94%；占总人口4.67%的地主占有的土地，从土改前的22.78%下降到3.84%，彻底改变历史上"地主人少占地多、农民人多占地少"的不合理现象。

在整个土改运动中，别桥区执行依靠贫农、团结中农、孤立富农、打击地主的阶级路线，在土地分配上，本着团结互让、有利生产的精神，公平合理分配土地，遵照"给出路"的政策，给地主一份同等的土地，促使其改造成为自食其力的劳动者。土改结束后，即转入检查、复查、颁发土地证。从1950年4月开始，到10月底全部结束。土地改革的胜利，废除了封建剥削土地所有制，实现耕者有其田，长期受压抑的生产积极性充分发挥出来。

1951 年 12 月溧阳县别桥区西沈乡黄金山村概况调查表

表 10-1-2

成分		户数（户）	人口（人）			农业主要劳动力（人）		耕地（亩）						农畜（头）					
			男	女	合计	全	半	田	地	山	塘	滩	合计	牛	母猪	肉猪	羊	驴马	家禽
农业人口	雇农	5	6	7	13	5	0	35.16	9.30	4.74	1.80	0	51.00	0	0	0	4	0	8
	贫农	50	78	69	147	41	11	490.40	47.70	39.14	22.50	0	599.74	0	0	1	36	0	101
	中农	37	70	74	144	30	11	484.00	74.40	59.36	36.17	0	651.93	1.50	0	6	31	0	67
	富农	4	13	13	26	5	1	136.00	13.00	0.50	9.20	0	159.30	1.50	0	4	4	0	18
	地主	9	18	15	33	5	4	56.65	10.90	7.53	4.60	0	79.68	0	0	1	5	0	18
	烈军工	8	14	14	28	3	3	104.00	13.80	0.30	3.80	0	121.90	0.50	0	2	5	0	16
	其他	3	2	7	9	1	0	25.20	5.00	0	1.20	0	31.40	0	0	0	2	0	6
非农业人口		0	6	0	6	5	1	0	0	0	0	0	0	0	0	0	0		0
合计		116	207	199	406	95	31	1332.01	172.10	111.57	79.27	0	1694.95	3.50	0	14	87	0	234

水利设备			
种数	数量（个）	灌溉及使用亩数（亩）	水旱影响情况
抽水机	0	0	—
龙骨车	8	1332.10	不敷防旱之用
池塘	40	80.00	—
水闸	0	0	—
水坝	2	213.00	—

副业生产情况											
类别	产品名称	生产数量	从事				生产季节和时间	单位价格	全年收益（元）	销售地区	备注
			户数（户）	百分	人数（人）	百分					
蚕桑	茧	150 斤	40	—	40	—	春季	33 万元/担	10950000	安中里	旧币10000元相当于1元
编制	竹器	36 件	1	—	1	—	夏季	60000 元/件	2000000	本乡	
纺织	0	—	—	—	—	—	—	—	—	—	
窑业	0	—	—	—	—	—	—	—	—	—	
—	—	—	—	—	—	—	—	—	—	—	—

主要农产品生产情况					
种类	产量（每亩）				备注
	数量		最低	一般	
水稻	280 斤		150 斤	210 斤	—
小麦	56 斤		20 斤	30 斤	—
土地全年使用情形	一熟	772.11 亩	二熟	732.00 亩	常年交产量 160 斤

土改情形	
没收和征收土地数量	360.00 亩
分配户数	90 户
分配人数	140 人
每人平均分得土地数量	2.58 亩

干部简况			
职别	姓名	年龄	成分
村长	葛金福	43	佃农
副村长	狄仁福	34	中农
村主任	朱　坤	49	贫农
副主任	菊佳宽	50	中农
妇女代表	杨锁娣	23	贫农
民兵排长	王炳良	21	中农
支部书记	薛小坤	25	贫农

第三节　农业合作社

土地改革，废除了地主阶级封建剥削所有制，实现农民土地所有制，变革了生产关系，解放了农村生产力。但由于土地私有制不能根除剥削，土改后的农村又开始出现贫富悬殊、两极分化的现象。农民农具不足，生产资金缺乏，各户劳动力强弱不等，抵御自然灾害能力薄弱，生产发展受到限制。为了帮助农民彻底翻身，党和人民政府引导农民组织起来，走共同富裕的集体化道路。

一、互助组

农民在历史上就有“伴工”与“换工”的习惯，其性质，类似新中国成立初期所发展的临时互助组中最低级的一种，即“以工换工”的组织形式，后逐渐发展为临时和常年互助组。

临时互助组，主要是农忙季节和必须多人合作才能干的农活上互助，平时仍是各户干各户的活，一般是以工抵工。

常年互助组，参加户数固定，一般为8～10户，一年四季的农活、耕畜、农具、劳力都互助。不但男劳力互助，而且妇女劳力也参加互助。计酬方法评工记分，差额现金找补。

土改后，党中央公布《关于农业生产互助合作的决定》，1951年春，中共溧阳县委、县人民政府号召广大农民“组织起来、发展生产”，进行生产自救。许多劳动积极分子带头响应政府号召，1951年秋，湖边乡建立第一个马家保常年性互助组，而后，各自然村相继组织临时性、常年性互助组55个，古渎乡沈泉珍、马锁法带头组织互助组。

1951年夏种时，诸里乡马孝生团结该村生产能力较强的9户农民组织了第一个互助组，属临时性互助组，忙时结合，闲时解散。1953年秋，马孝生水稻亩产量达517.5千克，当选溧阳县出席苏南地区的丰产农户会议代表。

1952年6月，别桥区成立860个互助组，参加户数11791户，人口44056人。1953～1954年，诸里乡成立互助组96个，参加户数880户，人口2276人；下梅乡成立互助组758个，参加户数1083户；西沈乡成立互助组719个，参加户数1027户；绸缪乡成立互助组99个，参加户数836户；前王乡成立互助组65个，参加户数661户。

互助组与单干比，有较明显的提高生产率的优越性。1953年，农业丰产户诸里乡王国章12亩水稻，平均单产475千克；后周乡姚伟胜9.8亩水稻，平均单产370千克；别桥乡刘国川8.5亩小麦，平均单产170千克；道成乡姚汉柏7亩田油菜籽，单产165千克。

二、初级农业生产合作社

随着互助组合作化运动的不断发展，1952年冬，中共溧阳县委根据中央提出的成立初级农业生产合作的条件，决定试办初级农业生产合作社（下称“初级社”）。1954年春，湖边乡浪圩村进行初级社试办点，全村建立6个初级社。是年秋天，湖边乡建立33个初级社。西沈乡袁德松组织13户农户，办起初级社；下梅乡宋财生组织12户农户，办起初级社。湖边乡昌口村办起初级社，入社66户，社长张富生。道成乡童喜办起初级社，入社87户；绸缪乡也办起5个初级社。1954年11月，别桥区办起52个初级社，入社户数达2000户。1955年，农业合作化运动掀起高潮，别桥区广大农民迫切要求办社、进社;诸里乡有些村的农民成群结队到区里要求办社，他们说:“共产党毛主席领导我们搞合作社，永远摆脱贫困，走大家共同富裕的道路，谁还不抢先行。”

初级社实行土地折股入社，耕牛、大型农具按质评定价格，折价入社，分期归还。收益分配原则：45%作为土地股分红，55%作为劳力分配。粮食按人分配，报酬按工分结算。别桥区前王乡建社时，土地评产根据新中国成立后历年来各户的产量综合，得出每亩平均产量350千克左右（全年夏秋两季），除去农本费75千克（占20%），公积金、公益金17.5千克（占5%），剩余尚有257千克，以土地45%、劳力55%分配，确定每亩土地股定租116千克，其余部分按劳分红，保证劳高于土。劳力分配，按工分结算，男正劳力日工10分，妇女正劳力日工7分。

1955 年 6 月别桥区各乡农业合作社统计表

表 10-1-3

乡名	社数（个）	入社户数（户）	入社人数（人）	51 户以上的社		41～50 户的社		31～40 户的社		21～30 户的社		20 户以下的社	
				社数（个）	入社人数（人）	社数（个）	入社人数（人）	社数（个）	入社人数（人）	社数（个）	入社人数（人）	社数（个）	入社人数（人）
别桥	5	106	434	0	0	0	0	0	0	3	281	2	153
古渎	2	42	154	0	0	0	0	0	0	1	95	1	59
湖边	6	176	804	0	0	0	0	3	451	3	353	0	0
道成	4	83	394	0	0	0	0	0	0	2	222	2	172
诸里	3	102	441	0	0	1	199	1	153	0	0	1	89
绸缪	5	123	499	0	0	1	165	0	0	1	102	3	232
后周	3	64	262	0	0	0	0	0	0	2	166	1	96
石桥	7	164	672	0	0	1	171	0	0	3	318	3	183
前王	9	265	1092	1	245	1	177	1	144	2	250	4	276
胥渚	4	96	366	0	0	0	0	0	0	3	290	1	76
夏庄	6	118	478	0	0	0	0	0	0	2	237	4	241
杨庄	7	263	1128	0	0	3	545	3	461	1	122	0	0
班竹	6	166	646	0	0	0	0	2	246	3	332	1	68

1956 年别桥乡部分农业社经济规划情况表

表 10-1-4

社名	户数（户）					人口（人）	全年农副业收入						开支部分（元）							为社员分配的		劳动日、土股情况		备注
	合计	上中农	中农	贫农	地富反		总计（元）	夏季收入（元）	夏季单产（斤）	秋季收入（元）	秋季单产（斤）	全年副业收入（元）	合计	农业	副业	公积金占比（%）	公积金金额	公益金占比（%）	公益金金额	净收入（元）	占总收入（%）	劳动日数	土股数	
谢家坝	82	2	14	62	2	325	40386	5069	48	35007	331	310	12702	11252	8990	3	1020	1	340	28305	69.3	21000	850	除税每股净酬 400 元
吕庄	83	4	18	55	6	335	53304	5833	125	39987	695	7384	13701	13031	670	5	2021	1	404	38002	73	16320	748	红星社公共积累中有 11000 元是种子金额，实际共积累是 14300 元，占总纯收入 8.5%
五星社	384	15	95	228	46	1546	199292	20332	38	174339	520	4620	48557	39764	2512	3	4715	1	1570	150734	75.6	74723	—	
前程	121	12	45	51	13	488	70593	9541	109	60281	515	772	16687	16262	425	3	1617	0.5	270	52019	70	27370	—	
红星	448	40	112	236	60	1728	225685	22263	72	197715	415	5707	69946	41733	2840	9.5	17200	4.5	8172	155740	69	73146	—	
诸里	318	7	15	246	50	1250	163629	23361	115	137925	564	2343	51943	247788	—	8	13091	2.5	4084	11686	67.5	61780	—	
合计	1436	80	299	878	177	5672	752889	86399	105	645254	3040	21136	213536	369830	15437	—	39664	—	14840	436486	71.3	274339	1598	—

社名	预算分配情况																					1955 年几个主要数字					
	每一劳动日金额（元）	每一土地股金额（元）	平均每户净分（元）	平均每人净分（元）	比 1955 年增收收入					与 1955 年不增不减户					比 1955 年减少收入户					各占总户（%）							
					合计（元）	上中农	中农	贫农	地富反	合计（元）	上中农	中农	贫农	地富反	合计（元）	上中农	中农	贫农	地富反	增加收入户	不增不减户	减少收入户	总收入（元）	稻单产（斤）	麦豆单产（斤）	总支出（元）	平均每户净分（元）	平均每人净分（元）
谢家坝	1.18	—	345	87.10	70	1	12	56	1	1	—	—	1	—	11	1	3	7	—	85.2	1.25	13.55	35417	300	22	10535	303.5	7600
吕庄	1.87	4	578	113	76	4	18	48	6	6	—	2	4	—	1	—	—	1	—	91.5	7.2	1.3	35673	426	100	9219	320	79
五星	2.01	—	392	97.5	354	15	89	208	42	9	—	1	8	—	21	—	5	12	4	93.5	2.3	4.2	131480	423	63	24408	2788	69.25
前程	1.9	—	429	107	108	11	39	47	11	1	—	1	—	—	12	1	5	4	2	89.2	0.8	10	55874	350	83	21760	280	70
红星	2.12	—	345	89.6	368	20	92	210	46	72	20	20	20	12	8	—	—	6	2	82.1	16.2	1.7	162465	355	65	45194	261	67.8
诸里	1.8	—	351	89	297	6	14	231	46	12	—	1	8	3	9	2	—	6	1	93.4	3.8	2.8	111934	474	82	26693	259	68

三、高级农业生产合作社

1955年12月，在农村基本实现农业生产合作社的基础上，溧阳县委决定试办高级农业生产合作社（下称高级社）。1956年2月，全县农村步入第二个社会主义合作化高潮期。高级社与初级社的主要区别：规模大，土地归合作社所有，取消土地分红，实行按劳分配的原则。1956年秋，后周乡成立15个高级社，入社户数2688户。至1957年，后周乡成立25个高级社，入社户数4925户，人口19063人。1956年，湖边乡原有的33个初级社，组织成7个高级社。别桥区共成立了43个高级社，入社户数10360户，占总农户数的74%。

高级社能集中较多的生产资料和资金，力量较大，能因地制宜地进行农业生产。1956年，别桥区各乡夏熟作物单产为81千克，水稻单产为250千克。

农业生产合作化，有效制止农村两极分化，农民收入有了保障；土地得到统一经营，充分挖掘土地资源潜力;充分发挥社员劳动积极性，提高劳动生产效率;集中劳力和资金，兴修水利，抗御自然灾害的能力大大增强。农业生产合作化促进了生产力的发展。

第四节　人民公社

1958年9月，根据中共中央《关于在农村建立人民公社问题的决议》精神，全县迅速掀起大办人民公社的高潮。人民公社是政社合一的农村集体所有制基层组织，既是人民政权组织，又是公社经济管理机构。在经过试点后，是年9月15日，在一个星期内，各乡召开群众大会，宣布人民公社成立。别桥、后周都成立人民公社。别桥人民公社管辖湖边、古渎、绸缪、别桥4个乡，原来的43个高级社全部转入人民公社，下设9个管理区（1959年3月改为生产大队）、73个生产队。后周人民公社1958年成立时称为跃进人民公社，有24个高级社组成，下设6个管理区、53个生产队。1961年6月，设别桥区，8月，别桥人民公社分成别桥、湖边、古渎、绸缪4个人民公社。别桥公社管辖20个大队，湖边公社管辖7个大队，绸缪公社管辖9个大队，古渎公社管辖9个大队，当时属竹箦区的后周公社管辖17个大队。

人民公社建立初期，在经济政策上片面强调“一大二公”，宣布原高级社所有生产资料、公共积累和股份基金全部无偿地转为公社所有，社员的自留地一律收为集体，社员家庭饲养的畜禽和缝纫机、自行车等财产折价为公社所有，社员的房屋进行并、腾，以满足公社办工业、副业、食堂、幼儿园和敬老院等集体福利事业的需要。加上在人民公社化运动的同时，发动“大跃进”运动，全面实行组织军事化、行动战斗化、生活集体化，大办食堂、大搞水利、大搞深翻、大炼钢铁、大放“卫星”等群众运动接踵而来，造成共产风、强迫命令风、瞎指挥生产风、浮夸风、干部特殊化风和“一平二调”（分配上的平均主义和无偿调用财物），破坏了生产力，挫伤群众的积极性，导致生产效率下降，国民经济衰退。

1958年，别桥公社为了大积肥料，召开烧房积肥会议，提出“会上看决心，会后看行动，晚上看火光”。结果一夜就烧掉社员的130多间草房和30多个猪舍。别桥公社的双桥和伏星两个高级社，1957年和1958年分配结果对比明显：双桥高级社1957年劳动收入460多元，1958年公社化后，虽然增产7万多斤粮食，但由于拉平分配，劳动收入却只有72元。伏星高级社原来社员收入只能拿回口粮的穷社，1958年又减产几万斤粮食，而劳动收入与双桥的社员基本持平。

1959年，别桥虞缪村搞夏种试验田，把田地深翻5尺，栽插水稻秧要密植，一个火柴盒的面积要栽4株苗，导致秋收颗粒无收，连稻草都烂了。1959年5月，县委工作组对别桥等8个公社进行调查，在1631名生产队以上干部中，有715名干部有吊打社员行为，有2143人被停伙食。1960年6月，县委“三反”工作组对别桥公社进行调查，别桥公社各大队1960年开始，在组织劳力协作、大办畜牧场、办食堂、办托儿所等活动中，仅大队一级就无偿平调生产队和社员的房屋880间、土地105亩及其他一批物资。

1959年初，中共溧阳县委根据中央文件精神和省、地委的工作部署，发动群众算账和组织经济退赔，对“五风”进行纠正。

1960年6月，全县开展以反贪污、反浪费、反官僚主义为内容的“新三反”运动，并把纠正“五风”作为“新三反”运动的重要内容。别桥公社是县“新三反”运动试点，通过鸣放揭露出在1959年贯彻中央郑州会议精神两笔账以后，又刮起新的平调风。据统计，再次平调生产队耕牛235头、农船10条、社员房屋880间，占用耕地103亩，调用劳力405个。而后落实整改：耕牛、农船全部退回，社员房屋退回547间，其余部分经社员同意改为租用，付给租金；调用劳力除支农单位留用71人外，其他人员全部退回大队、生产队；公社占用而未用的40亩土地全部退回，并付给占用时损失作物的补偿，已占用无法退回的土地，由公社补偿一年损失，减除“三包”任务和农业税。

1961年，进一步贯彻中共中央《关于改变农村人民公社基本核算单位问题的指示》精神，实行“三级所有，队为基础”，把经营、核算、分配权下放到生产队，比较好地克服平均主义，保障了生产队的自主权，使生产得到恢复和发展。可在“文化大革命”中，又推行“大寨式”记工；割资本主义尾巴；限制集体和社员发展家庭副业；取消农村集市贸易等违背农民意愿、违反价值观的“左”的错误政策，较长时间挫伤农民的劳动积极性，阻碍生产力的发展。农业生产徘徊不前。直到1978年，社员人均年收入都未能超过百元，相当一部分社员辛勤劳动一年，年终还要超支，始终未能摆脱贫困。

1978年中共中央十一届三中全会后，逐步调整农村经济政策，逐步推行家庭联产承包责任制，恢复农民生产经营、分配交换的自主权，大力发展商品生产，农村经济才真正得到发展。

1983年9月，撤销人民公社政社合一的体制，完成政社分设，以社建乡，以大队建立行政村，结束了20多年的农村人民公社体制。

1958年跃进（后周）人民公社秋季分配情况统计表

表10-1-5

<table>
<tr><th colspan="3">粮 食 分 配</th><th colspan="5">现 金 分 配</th></tr>
<tr><th rowspan="2">项 目</th><th rowspan="2">数量（万斤）</th><th rowspan="2">占总产量比例（%）</th><th rowspan="2">项 目</th><th rowspan="2">金额（万元）</th><th rowspan="2">人均金额（元）</th><th colspan="2">所占比例</th></tr>
<tr><th>占总收入（%）</th><th>占分配（%）</th></tr>
<tr><td rowspan="2">总产量</td><td rowspan="2">1417.43</td><td rowspan="2">100</td><td>一、全年农副业总收入</td><td>146.14</td><td>75.50</td><td>100</td><td>—</td></tr>
<tr><td>二、全年总支出</td><td>29.70</td><td>15.40</td><td>20.3</td><td>—</td></tr>
</table>

续表 10-1-5

<table>
<tr><th colspan="3">粮 食 分 配</th><th colspan="6">现 金 分 配</th></tr>
<tr><th rowspan="2">项 目</th><th rowspan="2">数量（万斤）</th><th rowspan="2">占总产量比例（%）</th><th rowspan="2" colspan="2">项 目</th><th rowspan="2">金额（万元）</th><th rowspan="2">人均金额（元）</th><th colspan="2">所占比例</th></tr>
<tr><th>占总收入（%）</th><th>占分配（%）</th></tr>
<tr><td rowspan="2">公 粮</td><td rowspan="2">378.11</td><td rowspan="2">26.6</td><td colspan="2">三、农业税</td><td>31.00</td><td>16.00</td><td>21.2</td><td>—</td></tr>
<tr><td colspan="2">四、结 余</td><td>85.44</td><td>44.14</td><td>58.5</td><td>64</td></tr>
<tr><td rowspan="2">种 子</td><td rowspan="2">325.35</td><td rowspan="2">18.9</td><td colspan="2">五、银行、信用社贷款</td><td>48.04</td><td>—</td><td>—</td><td>36</td></tr>
<tr><td colspan="2">六、社员分配</td><td>133.48</td><td>69.00</td><td>—</td><td>—</td></tr>
<tr><td rowspan="4">社员口粮</td><td rowspan="2">713.96</td><td rowspan="4">54.5</td><td colspan="2">1．供给制部分</td><td>114.14</td><td>59.00</td><td colspan="2">占分配收入 85.5%</td></tr>
<tr><td rowspan="2">其中</td><td>①伙食供给</td><td>112.21</td><td>58.00</td><td colspan="2">—</td></tr>
<tr><td rowspan="2">人均 270 市斤</td><td>②福利费</td><td>1.93</td><td>1.00</td><td colspan="2">—</td></tr>
<tr><td colspan="2">2．按劳分配部分</td><td>19.34</td><td>10.00</td><td colspan="2">占分配收入 14.5%</td></tr>
</table>

【链接】

农业学大寨

1964 年，毛泽东主席发出“农业学大寨”的号召。同年 12 月，周恩来总理的政府工作报告概括了大寨的基本经验，随后，“农业学大寨”的群众性运动在全国范围开展。

溧阳县的“农业学大寨”运动从 1965 年开始，历时十多个年头，整个运动随着时间的推移，内容不断扩大，口号不断升级，学大寨变成各行各业无所不包的群众运动。十多年时间内，农业学大寨运动的开展，促进了农业生产发展，但是，接连不断的政治运动的干扰，错误路线的影响，也带来不同程度的危害。

从 1965 年开始到 1969 年，开展社会主义教育运动（即“四清”运动），在运动中结合进行“农业学大寨”的宣传教育，要求农村广大干部以大寨为榜样，发扬自力更生艰苦奋斗精神，建设社会主义新农村。

1966 年，中共溧阳县委制定“三五”规划，走大寨之路，为努力改变生产条件，积极建设旱涝保收、高产稳产农田，各公社农民组织发动起来，开展治山、治水、治田的农田基本建设。

推广“大寨式评工记分”的方法，取消劳动定额和劳力底分，导致埋头劳动的不能多劳多得，自报公议流于形式，群众把“大寨工”称为“大概工”，不愿接受。1966 年下半年，农村也卷入“文化大革命”，扰乱了社会正常秩序，农业学大寨运动也只是停留在一般号召上。

1970 年，中央召开北方地区农业会议，重新提出“农业学大寨”，毛主席在转发北方地区农业会议纪要中作出重要批示，要求各地加快农业学大寨的步伐。10 月，县革委会在周城公社召开四级干部大会（即万人大会），传达贯彻全国北方农业会议精神，在全县范围内掀起更大规模的农业学大寨的群众运动，打一场治山、治水、治田的人民战争。通过这次会议的贯彻和发动，农田基本建设的步伐加快，平原圩区展开了格田成方的治田运动。利用地势集数丘乃至数十丘为一截，把原有大小不一、高低不平的田块，挑高塞低，加以平整，小水塘填平，小土墩挑走。按南北坐向建成长 100 米、宽 20 米的田块，田块两端各开一条灌排水沟，一圩内或一方内规划大渠数条纵横交错、与河道连接的水沟。每隔 200 米，筑一条机耕路，形成内外三沟配套、便于灌排和运输的农田方。

1971 年，别桥公社在马家大队率领实施，拆埂并丘，因势利导，田块平整扩大，翌年在全公社推广。1975 年，别桥公社党委又提出“农田规范化”的要求，1978 年，又在平原高田区内平整土地。

1971 ～ 1979 年别桥现境原五公社部分年份格田成方情况一览表表

表 10-1-6

年份	公社	完成土方（万立方米）	平整土地（亩）	年份	公社	完成土方（万立方米）	平整土地（亩）
1971	别桥	5.00	2000	1975	绸缪	—	5900
	湖边	2785.00	7135		后周	—	8700
	古渎	0.25	300	1976	别桥	122.00	6100
	绸缪	3.50	4500		湖边	44.00	3400
	后周	3.00	13112		古渎	46.00	3500
1974	别桥	17.80	6000		绸缪	54.00	3500
	湖边	16.60	2410		后周	105.00	5000
	古渎	6.50	1500	1979	别桥	131.00	3000
	绸缪	15.50	7800		湖边	56.00	1000
	后周	24.00	500		古渎	57.00	1000
1975	别桥	—	9100		绸缪	64.00	2800
	湖边	—	5800		后周	103.00	2600
	古渎	—	5700		—	—	—

这阶段“农业学大寨”运动正处于“文化大革命”期间，由于极左路线的干扰，把一些政治内容渗透到“农业学大寨”运动中，把运动引向了歧路，干扰了“农业学大寨”，农民无所适从，严重挫伤积极性，使农业生产徘徊不前。

1975 年和 1976 年，中央两次召开全国“农业学大寨”会议，提出普及大寨县是同土改、农业合作社化、人民公社化一样，是农村又一次伟大革命运动，要全国建设大寨县。1975 年 10 月，县委召开公社和县部委办局负责人会议，传达全国“农业学大寨”会议精神，研究提出建设大寨式县、公社的规划。同年 12 月，在湖边公社召开县、社、队三级干部会议，要求两年实现大寨县及建设大寨式公社的标准，社社队队力争建成大寨式单位，县委向各公社派出“农业学大寨”工作队。1976 年，别桥、湖边、后周分别进驻“农业学大寨”工作队。1977 年，古渎公社也进驻“农业学大寨”工作队。至 1976 年年底，后周、湖边两公社跨入大寨式公社行列。

1978 年年底，中共中央召开十一届三中全会，果断地停止使用“以阶级斗争为纲”的不适用社会主义社会的口号，作出把工作重点转移到社会主义现代化建设上来的重要决策，这样前后经历十多年的“农业学大寨”运动宣告结束。

第五节　农村经济体制改革

1978 年 12 月中共中央十一届三中全会以后，全国各地贯彻《关于加快农业发展若干问题的决定（草案）》和《农村人民公社工作条例（试行草案）》两个有关农业的文件，对农村经济政策进行调整，逐步推行家庭联产承包责任制，从而揭开了农村改革的序幕，标志着农业合作化进入一个崭新的历史发展时期，以农业生产责任制为中心的农业经济体制改革逐步展开。当时的农业生产责任制建立和发展，经历了由不联产计酬到联产计酬，由联产到组到联产到劳，再发展到包产（包干）到户的过程。别桥、湖边、古渎、绸缪、后周公社实行不同形式的农业生产责任制。主要有以下几种形式。

专业承包责任制 按生产队经营的各业划分作业组，队对组实行“五定一奖”（定劳力、定土地、定工分、定产量、定农本、超产奖励），包产以内由队统一核算分配，超减产奖赔到组，组内按底分或定额记工到人。该责任制分工分业，有利于专业化生产。别桥公社水产大队欧才喜 1983 年承包鱼塘 1 个，水面 6 亩，承包指标上交县水产公司鱼类 550 千克，上交大队 300 千克，超产部分个人自由出售 750 千克，共产商品鱼 2150 千克。

综合承包责任制 经营项目单一的生产队较普遍采用的一种形式，即将生产队的土地、劳力划分若干个劳动作业组，综合承包各种作业，“五定一奖”，奖赔到组。这种责任制是通过划分作业组，打破“大锅饭”，有利于调动农民生产积极性，加强经营管理。但往往容易忽视副业生产，有些生产队放松统一领导，出现作业组越划越小和“明分组、暗分队”现象，形成按组核算、按组分配的情况。古渎乡农民形象地把这种责任制叫做一个大门进出，两个“灶头”吃饭。

统一经营，联产到劳责任制 按劳动力的特长，分别承包队里的各种作业，工副业由专业队承包，种植业由务农劳力承包，队里耕地按劳动力或人劳比例划分责任田到户，以家庭为经营单位，队对户实行“五定一奖”，包产部分按定工以队统一核算分配，超减产则对户实行全奖全赔。这种责任制减少组的层次，定工一次到户，不需要再评工记分。

包产（包干）到户责任制 开始时被视为禁区，县委在传达贯彻中央文件时也明确规定：“我县不搞包产到户、分田单干，这是县委的一致意见。”但是，禁令并不能改变农民对包产到户的选择。1981 年 5 月至 1982 年年底，别桥、湖边、古渎、绸缪、后周公社全面实行包产到户责任制，并不断完善和巩固，加快农业经济发展的进程。这种包产到户的责任制，是以劳力或以人劳比例划分责任田承包到户（以农户为单位承包生产队耕地），队与户签订合同，年终把农业税、公积金、公益金和管理费上交给生产队，完成粮油征购任务，剩下的粮、草和收入都归农户所有，生产队不再结算分配。这一责任制更直接地把劳力与收入联系在一起，简单明了，深受农民喜爱和欢迎。

建立家庭联产承包责任制是农村一场伟大的社会变革，在很大程度上是农民群众冲破阻力自发进行的。由于时间短、涉及面广，工作比较粗糙，因而在发展过程中难免出现一些问题。

1982 年以后，中共中央连续颁发加强和完善家庭承包责任制的文件。公社根据中央、县委、县政府有关农村政策，结合农村实际，针对划分责任田过程中存在的种种问题，本着“大稳定，小调整”的原则进行合理调整，并把土地承包的期限延长到 15 年不变，稳定人心，鼓励农民向土地增加投入；正确处理统分关系，乡（镇）、村或生产队积极为农民普遍签订承包合同，明确双方权、责、利，使之受到法律保护；并把承包责任制引向工副业、山林、水面、农机具、植保等方面，逐步配套完善；减轻农民负担；改革农副产品交售结算办法；建立和健全基层干部岗位责任制，切实加强对农林生产经营的领导。1983年，别桥公社诸里11队农户陈某某，承包集体耕地4.85亩，实产粮食4374千克，平均亩产901.8千克，比1979年集体种植时产量高出73千克。家庭联产承包责任制的完善，使集体优越性和个人的积极性同时得到发挥，提高了劳动生产力，促进各乡镇农村经济的发展。

1981年湖边公社农业联产承包责任制情况调查表

表10-1-7

承包形式	生产队数（个）	参加人数（人）	1980年			1981年		
			粮食总产（市斤）	油料总产（市斤）	收入（元）	粮食总产（市斤）	油料总产（市斤）	收入（元）
小段包干定额计酬	6	614	1202164	16040	232905	1240387	24750	252979
综合承包联产计酬	6	717	1059779	25932	196436	1069219	33027	207350
统一经营联产到劳	1	143	214895	4752	48046	218372	3426	41640
包干到户	71	8447	1310397	24520	2508921	1321103	263518	2628867

1998年，根据中共中央办公厅、国务院办公厅关于“延长土地承包期后，乡（镇）人民政府农业承包主管部门要及时向农户颁发由县或县级以上人民政府统一印制的土地承包经营权证书”的精神，在第一轮土地承包期后，土地承包期再延长30年，并规定承包期内“增人不增地、减人不减地”，实行土地承包期有偿转让和在有条件的地方推行农业适度规模经营。别桥、绸缪、古渎、后周四镇进行农村第二轮土地承包活动，共发放土地承包经营权证书19829本，承包土地78561亩，承包农田面积30亩以上的农户160多户。随着农村劳动力的转移和农业机械化程度的提高，土地经营大户逐年增加，2013年年末，别桥镇承包面积30亩以上的农户达232户。

附：

1981年别桥公社合星大队联产承包责任制总结

合星大队分组作业、联产计酬、实行五定一奖责任制

我们合星大队，九个生产队，一个副业队，238户人家，978人，1579亩耕地。从1978年以来，特别是党的十一届三中全会以后，我们认真学习、贯彻中央二个农业文件精神，逐步由点到面，实行分组作业、联产计酬、全奖全赔的生产责任制，调动了社员群众的积极性。今年虽然遭受各种自然灾害的袭击，全大队粮食产量仍达165.7万斤，比去年增长了7.8万斤，达到了历史最高水平。

一、逐步实践

由于“文化大革命”，干部群众的思想混乱，特别是劳动计酬上的平均主义现象普遍存在。上工一窝蜂，下工一条龙，干活大呼隆，干多干少、干好干坏都是一个样，出勤不出力，干活磨洋工，回头工，大概工，多劳不多得，反被人讥笑。1976年以后，试行的定额包工制，虽然调动积极性，但由于干部管理水平跟不上，有的仍是干部烦煞，群众忙煞，社员看到干活质量仍有好坏不分的现象，因此意见很大，迫切要求包产。针对这一情况，我们大队反复统一思想，最后决定：群众要求，政策上又允许，就让试试看。1979 年，我们将一队、四队先试点，每队分了二个作业组，按劳力、人口分田到组，实行全奖全赔。根据 1979 年的实绩，四队表现突出，四队原来是大队有名的大拖腿队，历年产量在 800 斤左右徘徊。1979 年由于群众提起了劲头，生产有了奔头，全大队减产 7.7 万斤，而四队一跃而为全大队唯一的增产队，单产增 157 斤，总产比历史增近 2 万斤，社员平均收入提高了 25 元。一队的情况是比历史最高的 1978 年减产 1 万斤，平均收入与上年基本相平。但积极性高涨了，农活有质量了，秋收秋种进度快质量好，管理抓得紧，为今年的夏熟丰收开了一个好头。但经营管理比较混乱，队里分了账，大农具也分了，我们初步尝到了甜头。这样一来，有人说好，有人说无法领导了，大家议论纷纷。1980 年初，我们对照上级的农村工作要求，总结了 1979 年分组作业的经验、教训，分析了分组作业、联产计酬的利弊得失，从而得出了结论：分组作业利大于弊。分组作业关键在于如何趋利避害，搞好四大管理，充分发挥劳动力的积极性。通过研究，大家决定 1980 年春节后，在强调五统一、五定一奖的基础上再打一个回合，再分一批。我们大队原先只打算分 4 个队，剩 3 个队不分，但由于群众要求强烈，最后分了 6 个队，共分了 20 个作业组，总计分了 22 个作业组，剩下一个 5 队，在今年 11 月份也已分了。

二、统一要求，具体部署

分组作业，矛盾很大，各队情况又不一样，各队有各队的具体困难，各队有各队的具体矛盾，比较明显的有：①有劳力与无劳力，②劳动力与四属户，③劳动力与人，④社队办企业与在队社员，⑤人与人之间不和睦（男与女、子女与子女、父母与子女、户与户），⑥领导、技术力量有矛盾，⑦大中型农具、财产分开保管的矛盾，⑧布局的矛盾。

1980 年我们根据 1979 年的经验教训，我们大体统一了具体做法：

1. 定劳力：按照劳力的强弱、领导力量、技术力量、四属户和亦工亦农人员的多少以及人口的基本平衡（并基本考虑到以后几年的在校生、弱劳力出生数），群众讨论，生产队、大队合理搭配，尽量减少矛盾。

2. 定土地：根据土地远近、好坏，以劳力底分加人口划分到作业组，确定几年后动一次，尽量连片成方，考虑管水方便。

3. 定产量：以历史最高产量作依据，并且适当留有余地，即略低于历史最高产量。粮食三定任务，提留公共积累，税金，按田亩分摊。

4. 定成本、定报酬：实行全奖全赔。

五统一的做法是：

（1）统一领导：生产队仍以队委为领导核心，正副队长、会计、保管员，加组长、妇女队长，参加队委会。队长会计的误工和责任工，有作业组分摊。

（2）统一布局：在队委统一领导下，一律由生产队统一安排，调剂茬口，配搭品种，作业组不得自由种植。

（3）统一劳力：凡是水利，抽调杂工，生产队统一平衡调配。

（4）大中型农具：生产资料归队所有，分组保管，但必须承担修理费和折旧成本费。具体是拖拉机不分到作业组，生产队统一安排，耕牛分到组保管使用。如牛工出入过大，折价补平。化肥农药按田亩分摊，家积肥归组使用，归组计算。

（5）统一分配：生产队只设一本账，一个分配方案，由会计设各作业组的分类账，现金由保管员统一管理。

几个要注意的问题：

（1）生产队划分作业小组的个数，我们按规模大小、田亩多少和生产队的具体情况确定。

我们一、八队分了 3 个小组，二队分了 4 个小组，三、四、五、六、七、九队各分了 2 个小组。

（2）领导力量的搭配：队长会计不能在一个组，以避免本位主义，也可以避免年终分配一个小组进工过多或出工过多，引起矛盾。

我们的具体做法是：

分 2 个小组的以队长和保管员、会计和副队长为各一组。

分 3 个小组的队长、会计、副队长和保管员各一组。

分 4 个小组的队长、会计、副队长、保管员各一组。

作业组设管理员 1 人，代收、记账目，及时向会计、保管员交账。

（3）分组作业，政策性强，又要群众自愿，工作难度大，必须做过细的思想工作。如我大队二队，搞了二个月才分开，不分开他们不上工，要分又分不开，因此要耐心说服教育。

（4）生产队与作业组必须签订好合同，以免今后发生意外矛盾。

三、总结经验，吸取教训

我们搞了二年的分组作业，确实学到了不少新的东西，取得了一点成绩，但也碰到了不少困难，存在着缺点。总之，我们只有靠政策、靠科学、靠管理，认真总结经验教训，逐步完善生产责任制，才能发展农业生产。通过摸索和尝试，我们认为分组作业，联产计酬有五条好处：

1. 发挥了统一经营和分工协作的长处，把集体利益和个人利益联系在一起了，调动了社员的生产积极性。贯彻了多劳多得的原则，基本上克服了平均主义，在生产力管理上是一个大进步。

2. 提高了科学种田的水平。优良品种大家争着要，农活质量讲究了，生产的关键措施抓住了。四夏受雨影响较少，双抢花了 8 天时间，秋种提前 10 天。我们大队历年来的季节与劳力的矛盾也基本上解决了，如四夏、双抢、秋种、农忙时四属户回来息假帮忙，闲劳力也出工了，外流人员除签订了合同的外，基本上回队了。

3. 可以更合理地利用生产队的土地资源和劳力，连边隙地都种上了庄稼，我们大队今年的三麦面积就扩大了 200 亩。

4. 壮大了集体经济，改善了社员生活。如一队历年来的穷队，今年基本上可以还清账了。

5. 责任心加强了，组与组之间产生了竞争性。

但也存在着以下几方面的问题：

1. 组与组之间、组长与社员之间、社员与社员之间，出现矛盾较多，管理上也不象以前那样好抓了，比如开会，原来九个队，现在要开 22 个组长、9 个队的队委干部，否则解决不了问题。尤其是集体办企业，抽调劳力、物资等比较困难。财务上也往往会出现混乱现象，如今年的分配工作，时间要拖长，大队主要干部有时要整天处理事务。

2. 生产队干部架空。群众的民主多，干部的集中少，生产队长不是认为分组作业担子重，而是认为担子轻，没有发挥主观能动作用，辜负了群众的希望。社员认为分组作业，有队长无队长无所谓，甚至提出不贴工分，影响了干部的积极性。因此生产队的作业组往往难以统一。

3. 分组作业，往往会出现明分组暗分队的现象，作业小组搞小而全，生产队财产、集体经济挖空，集体副业基本上垮了，这主要是我们没有制度，影响了生产队的副业生产。

一九八一年十二月

第二章 粮油棉种植业

第一节 水 稻

一、产量与品种

水稻是别桥镇的主要粮食作物，平原圩区和有水源的丘陵区都种植，种植面积占总面积68.2%，亩产达650千克。

【产量】 1949年前，由于粗作粗放，水稻种植以籼稻当家，大都是低产品种，又缺乏抵御自然灾害的措施、方法，一般水稻亩产仅100千克左右。新中国成立后，水稻种植条件、耕作方法不断改变，积极引进推广优良品种，产量逐年提高。1957年农业合作社期间，别桥、古渎、后周3个乡种植水稻109630亩，总产量为22342吨，单产只有203.8千克。1971年，别桥镇现境原5个公社种植水稻108865亩，总产量为34597.3吨，单产为317.8千克。1980年，原5个公社种植水稻118898亩（含三熟制），总产量为37595.5吨，单产为316.2千克；1986年种植水稻（含三熟制）97910亩，总产量46566吨，单产475.6千克。位于湖塘村的常州市三高（高产、高质、高效）农业综合示范区1998年有151亩水稻高产方，种植品种为“9520”，单产730千克，获江苏省农业领导工程水稻高产一等奖。2007年，别桥镇种植水稻67741亩，总产量38680吨，单产571千克。2013年种植水稻67434亩，总产量43832吨，单产650千克。

【品种】 民国期间，传统种植和引进的水稻品种，分早、中、晚和籼、粳、糯等数十个品种。其中，大面积种植的籼稻有黄花籼、六十子、洋籼、红洋籼、早洋籼、帽子头等，粳稻有小红稻、团粒子、芒粳稻等，糯稻有黄壳糯、白壳糯、麻筋糯等。新中国成立后，沿袭民国时期的品种，同时，先后引进胜利籼、老来青、早白粳、银根青、葵花糯、籼糯、香糯、芦干白、洋白粳、牛毛黄等。20世纪60年代引进苏稻1号、桂花黄、珍珠矮、沪选19。60年代中期，农垦58（世界稻）大面积推广，1965年别桥公社种植18000亩，占水稻面积80%，搭配武农早、大白粳等品种。60年代后期到70年代推广双季稻，水稻品种更趋复杂，双季稻前作稻有矮脚南特1号、团粒矮、矮南早1号、元丰早、广落矮、二九青等；单季稻及后作稻是农垦58、矮落、徒稻、武稻、武农早、桂花糯等，杂交稻有汕优、南优、威优等，这几个杂交稻品种白叶枯病严重，后引进抗白叶枯病的BG902、扬910两个品种，原来种植的杂交稻品种被BG系统所替代。

20世纪80年代至90年代中期种植中粳稻品种有盐粳2号、武育粳3号；晚粳（糯）有武复粳、武复粳2号、农桂早3－7、武香粳1号、复虹糯6号、紫金糯、香血糯等。

1991年以来，随着双季稻的退出和种子纯良化工程的实施，品种布局逐年简化，主体品种逐年明确，扭转了品种多、乱、杂的局面。别桥镇境内水稻品种有武育粳2号、武育粳3号、武香粳9号、武香粳14号、武运粳7号、武运粳10号、常农粳3号、常农粳4号、武粳15、扬粳4038、宁粳3号。2013年种植的当家品种是武运粳23号，糯稻有紫金糯、太湖糯、武香糯等。

二、栽培技术

【种子处理和浸种催芽】 20世纪50年代采用种子晒种、风选、筛选及泥水、盐水选种。60年代推广温汤浸种、石灰水浸种。1978年后改用敌枯双药剂浸种。1990年后使用25%咪鲜胺浸种，2000年后又用二硫氰基甲烷、17%杀螟丹、乙蒜素浸种，直播稻用35%丁硫克百威拌种。催芽，传统的方法采用稻种包、箩筐、斛桶等催芽。1965年后，双季早稻推广浴锅、地窖催芽；1982年以后恢复用箩筐或稻种包（纤维编织袋）方法催芽。机插秧播种一般不用催芽，直播稻不浸种、不催芽。

【育秧】 “秧好稻好”“秧好一半稻”，农业谚语足以说明水稻秧苗好坏与收成的关系。但旧时秧田大秧板不平整，出苗不齐，烂秧普遍。民国25年（1936年）为治螟曾在第一区、第二区（即别桥区）作示范试做合式秧田，因战乱未及推广。1950年全面推广合式秧田，水播旱育，亩播种量150千克。1953年又推行落谷稀育秧，亩播种量减至100千克。

1965年，种植双季稻。前季稻利用场地、旱地育秧，落谷后日喷水数次，保持秧板湿润，后来因这种育秧方式，秧苗易枯死而终止。1969年，前季早稻采用小苗铲秧带土移栽，亩播种量根据移栽早迟茬口或用于秧田前年秋种品种田块（或冬闲田或绿肥田）而定。1972年推广秧板不耕播旱育秧，即利用板田或绿肥田，削高填低压实，开沟做成畦式秧板，用河塘泥拌和粪肥、化肥，铺在秧板上落谷，亩播种量300～350千克。由于小苗易死和取料（河塘泥）困难而中断。1974年曾试行大田旱育秧、平盖薄膜育秧。1976年，少数社队为配合机插秧，提倡温室无土育秧，结果成本高，苗细弱，在机械栽插不适应情况下，未推广。1977年杂交稻培育带蘖壮秧，秧大田比例1∶10～1∶15，亩播种量10～12.5千克，实行落谷摆种。1980年后，仍恢复沿用“双红”通气秧田，即用红草田作秧田，先将红草樵刈翻耕锄平，晒垡干整，上水后把土整碎起浆，耥平后即可播种，种子播完后用草木灰覆盖。要求稀播分蘖壮秧，亩播种量30～80千克。

图10-1　2001年后周农科站技术人员考察水稻新品种

20世纪90年代起，栽插技术不断创新，育秧方式也发生变化，因而水稻育秧技术较以往有明显不同之处。

水育秧：在干整干平做好通气式秧田的基础上，坚持施足基肥，稀播匀播，塌谷盖灰。三叶期前保持秧板湿润，三叶期后建立浅水层。施好接力肥、断奶肥和出嫁肥，做好秧田化学除草和病虫害防治。

抛秧：精整秧田，施好基肥，铺好秧盘（每亩大约需 561 孔秧盘 45 ～ 50 张），上好泥浆，然后刮除盘面泥浆并沉实后播种。播后一直保持盘土湿润，三叶期后建立水层，抛栽前 1 ～ 2 天及时排干水。施好断奶肥和出嫁肥，防治好病虫害。

旱育秧：选择好苗床，冬春翻捣。播种前采取干整干平、全层施肥的方法培肥苗床，浇足苗床底墒水后播种。播时做到适期稀播匀播、防治好地下害虫，化学除草，及时盖籽、盖地膜、再盖草遮阳。注意及时揭草揭膜，抓好秧田管理，施好断奶肥和出嫁肥，并做好病虫防治。

机插秧：先做好通气式秧田、精整秧床，冬前备足培肥营养土，播种前排好秧盘（每亩大田需秧盘 22 张左右），并做到适期分批匀播、及时盖籽、盖无纺布和沟灌窖墒。注意及时揭膜、肥水管理和苗期病虫害等秧田管理。

【栽插】 新中国成立前和初期，境内有栽秧俗语："疏田不疏稻，蒙了多樵樵"（疏：稀，蒙：密）。传统水稻栽插规格要求"车板行"，即横 7 寸（株距）竖 8 寸（行距），每穴 5 ～ 6 株，每亩 1 万穴，6 万苗左右。

农业合作化后，倡导合理密植，栽插密度逐年提高。1958 年"大跃进"中曾提出"越密产量越高"的号召。种植试验田亩栽密度达 5 万穴，结果哄长早封行而失败。1962 年实行生产队为核算单位后，一度放任，栽插密度倒退到新中国成立初期的规格。1964 年开始种植农垦 58，推广陈永康小株密植的经验，全面采用拉绳栽秧，中、晚稻株行距 5 寸 ×5 寸（1 寸为 3.3 厘米，下同），亩栽 2 万穴，12 万基本苗。1971 年种植杂交稻，宽窄株行距，株行距 4 寸 ×8 寸或 5 寸 ×7 寸，每亩 2 万～ 2.5 万穴，13 万基本苗。1986 ～ 1993 年，单晚稻株行距是 14 厘米 ×18 厘米（约 4.2 寸 ×5.4 寸），亩栽 2.6 万～ 2.8 万穴，12 万基本苗。1994 年起，由于推广群体质量栽培技术及机插秧新技术，水稻栽插株行距扩大，密度和基本苗明显下降，单晚稻株行距 18 厘米 ×24 厘米（约 5.4 寸 ×8 寸），亩栽 1.5 万～ 1.7 万穴，基本苗 6 万～ 7 万。栽插秧龄和叶龄也变化，水育秧秧龄 30 天左右，叶龄 6.5 ～ 7 叶；旱育秧秧龄 25 天左右，叶龄 5.5 ～ 6 叶；机插秧秧龄 15 ～ 18 天左右，叶龄 3.5 ～ 4 叶。2003 年前后，试行旱直播，无须育秧。

图10-2 手工栽插水稻

【田间管理】

肥料施用：新中国成立初，农民均用人粪、河塘泥、猪牛羊粪、草木灰、饼肥、绿肥等垩田，

图10-3 20世纪50年代别桥农业合作社社员下湖罱泥积肥

每亩用猪羊灰30担或河塘泥30担作基肥，用人粪15担、饼肥150千克作追肥。1952年开始用化学肥料，当时称“肥田粉”，每亩用量很少，1958年平均亩施用量3.2千克。1965年种植双季稻后，需肥量增多，双季早稻基肥以绿肥鲜草为主，猪、羊囤灰为辅，栽插时施面肥碳酸氢铵15～20千克，后季稻基肥施草塘泥80～100担，再辅以猪羊粪肥或化肥15千克作面肥，追肥以化肥为主，平均亩施碳酸氢铵50千克。1980年以后，以农家有机肥为主转变为商品肥（化肥）为主，化肥施用量增加。2000年后，除了推广秸秆还田外，大面积主要依赖化肥投入，一般基肥亩施复合肥15～25千克，分蘖肥尿素10～15千克，穗肥尿素15千克，亩总纯氮18～20千克。

水浆管理：秧苗移栽大田后，及时上水护苗，活棵返青后坚持浅水勤灌。当田间苗数达到预期穗数的90%左右时，及时分次脱水烤田，达到烤田质量标准后直至成熟，进行干湿交替灌溉。

中耕除草：别桥镇境内旧时田间管理素有两耘、两摸（爬行拔草涂田，该种田间管理方法已不存在）、两烤田，并拔除杂草的传统，利于松土通气，促使水稻根长苗壮。1980年起，全面推广化学除草，基本革除耘耥、跪草（两耘、两摸）等管理措施。

三、作物保护

别桥镇现境内的地形、气温和植被等自然条件，适宜作物病虫害的发生和繁衍，水稻的病虫害种类多，发生频率高。新中国成立前，曾遭飞蝗危害，稻田结虫成网（稻苞虫）和满田飘（螟虫）等灾害。1950年以来，农作物的病虫发生种类和危害情况，随着耕作制度的改革、作物布局变动以及气候等影响而有所改变。据测报站调查，水稻的病虫害达40余种，主要病虫害为：

【螟虫】 有三化螟、二化螟和大螟3种，水稻自分蘖至扬花期均受危害。螟虫危害水稻经历两次大变化：20世纪50～60年代，以单季中、晚稻为主，主要是三化螟危害，丘陵地区有的年份还遭二化螟危害；70年代，单季、双季稻并存时期，主要遭二化螟和大螟的危害。螟虫危害一般使水稻产量损失两成左右，严重的年份达五成以上，少数田块往往绝收。2013年前，每年均有不同程度的发生。

防治措施：新中国成立初期主要推行合式秧田、点灯诱蛾、采摘卵块、拔枯心苗、拔除烧毁稻根和逐步扩大适时用药。20世纪60年代后，根据预测预报，采取突击用药防治。2000年起，与水稻其他虫害同时兼治。

【稻飞虱】 属迁飞性害虫，有褐飞虱、白背飞虱和灰飞虱3种，以褐飞虱危害为最。新中国成立前，丘陵地区时有发生，采用菜油滴注击水捕杀幼虫，防治效果较好。20世纪70年代成为暴发性害虫，1970年境内水稻受危害面积大，不少田块通天绝收。1971年后均有不同程度的危害。

防治措施：主要适时搁田炼苗，加强测报，及时用药，减轻危害。防治稻飞虱的农药不断更新，品种较多，防效很好。

【纵卷叶虫】 属迁飞性害虫。20世纪60年代末，随着双、三熟制面积的扩大，虫害发生和危害相应加剧。70年代后成为常发性虫害之一。1981年曾经出现第二、三、四代连续危害，受害面积大。以后每年都发生危害。

防治措施：掌握合理施肥，防止稻苗过嫩，适时用药除杀。

【稻蓟马】 有花蓟马、管蓟马、禾蓟马、稻蓟马4种，其中以稻蓟马与花蓟马危害为主。20世纪60年代后期繁衍为水稻秧田和大田的主要害虫之一，1972年、1974年、1977年、1980年连续大发生，危害秧苗为主，尤以杂优、单晚、后季稻危害严重。1983年后逐渐消失。

防治措施：掌握秧田、大田稻蓟马发生高峰及时用药。

【稻苞虫】 2013年前均有不同程度危害，尤以丘陵地区为重。第三代主要危害单季中、晚稻。气温高的年份，还发生过第四代危害后季稻。

防治措施：人工捕捉或人工梳开结苞、放鸭啄食和及时用药。

【蝗虫】 迁飞性害虫，历史上屡遭危害。清代至民国期间，先后有6次大暴发。蝗虫发生危害，农户则祈求神灵保佑，眼睁着任其发展而加重危害。新中国成立后，仅发生一次。（参见《自然环境·自然灾害》）

【稻瘟病】 有叶稻瘟和穗颈稻瘟。叶稻瘟发生较普遍，又以丘陵地区为严重。穗颈稻瘟危害最大，损失也最重，早、中、晚稻均会遭受其害，尤以单季晚稻受害明显。此病害属气候型病害，中、晚稻破口齐穗时若遇到20℃以下低温，阴雨天持续3天以上，稻瘟病将会严重发生。2013年前均有发生。

防治措施：选用抗病品种，种子处理。主要以预防为主，在莠穗破口期，普施一次三环唑。

【白叶枯病】 俗称“地火”，是境内历史上常见的水稻病害之一。20世纪50年代初，境内遭洪涝灾害后，该病害自丘陵地区向平原圩区蔓延，对水稻生长极大威胁，特别是80年代杂交稻面积扩大，发病面积也随之增加。1988年，境内不再种植杂交水稻，白叶枯病发病趋向较轻。

防治措施：主要在秧田培育无菌壮苗，加强大田肥水管理，杜绝菌源，控制发病中心；使用高效农药敌枯双，分别在秧田、大田喷杀灭菌，水稻孕穗期一经发现病害，及时用药。

【纹枯病】 农民称之“花脚膀”、“烂脚瘟”。1965年后，随着耕作制度改革，施肥水平和密植程度提高，危害逐年加重，通常在高温多湿季节发病。自1975年大流行后，几乎每年都严重发病，为常发性病害，1982年又一次大发生，严重影响水稻产量。1983～2013年，单季水稻均有发生，防治得力，危害较小。

防治措施：主要是加强肥水管理，使用井冈霉素农药喷治，一般常年用药2次，掌握园杆拔节病害上升期、孕穗破口穗激增期。

防治方法：大水泼浇、大机喷雾、小机喷粗雾，均有防效。

【水稻草害防治】 现境内危害水稻的草害有12科25种，最常见且造成一定危害的有：稗草、鸭舌草、百节草、球花草、水莎草、夜夜钻、野荸荠、千金草、马唐、泽泻、陌上草、牛毛草等。传统的防除措施是人工拔除和耘耥。新中国成立后，结合良种推广，进行种子处理，清除杂草种子；随着耕作制度改革，推广水、旱轮作，实行精耕细作。20 世纪 80 年代初推行除草醚除稻田杂草。1987 年，又使用丁草胺，相配二甲四氯，防除稗草及稻田阔叶杂草。90 年代推广乙苄类除草剂，兼除稻田禾本科、阔叶杂草。水稻田野荸荠、千金子、水花生恶性杂草分别使用草灭星、千金、使它隆防除，均达到理想的防效。2000 年后机插秧、直播稻的面积推广，水稻田除草使用氰氟草脂、五氟磺草胺、二氯苄、吡嘧磺隆、丁草胺等，效果都很好。随着稻田化学除草技术的日臻成熟，稻田化除面积达到水稻总面积的 90% 以上，科学除草替代了千年来通过耕耨除草和人工拔草的原始方法。

1990 ～ 2013 年别桥镇现境内水稻生产情况一览表

表 10-2-1

年份	乡　镇	面积（亩）	单产（千克）	总产（吨）	年份	乡　镇	面积（亩）	单产（千克）	总产（吨）
1990	别桥镇	25500	518	13217	1996	古渎乡	11648	566	6593
	湖边乡	13353	454	6068		绸缪乡	14018	553	7752
	古渎乡	13720	494	6772		后周镇	29097	565	16454
	绸缪乡	14546	509	7400	1997	别桥镇	29772	556	16553
	后周乡	30222	456	13769		古渎乡	11814	568	6710
1991	别桥镇	22736	421	9574		绸缪乡	14029	556	7800
	湖边乡	13412	382	5123		后周镇	29415	569	16724
	古渎乡	13500	460	6211	1998	别桥镇	28008	587	16441
	绸缪乡	14500	436	6317		古渎乡	10203	592	6040
	后周乡	30290	429	12992		绸缪乡	14040	576	8087
1992	别桥镇	37110	428	15895		后周镇	29020	583	16913
	古渎乡	12319	396	4877	1999	别桥镇	25935	543	14083
	绸缪乡	13909	408	5672		古渎乡	11081	537	5950
	后周镇	29019	409	11879		绸缪乡	14039	553	7764
1993	别桥镇	32391	497	16111		后周镇	28773	536	15416
	古渎乡	11515	503	5792	2000	别桥镇	23343	543	12675
	绸缪乡	12622	485	6119		绸缪镇	23980	556	13333
	后周镇	27709	483	13392		后周镇	26239	548	14375
1994	别桥镇	28503	518	14756	2001	别桥镇	23248	554	12886
	古渎乡	11340	539	6112		古渎乡	11648	566	6593
	绸缪乡	13165	506	6661		绸缪乡	14018	553	7752
	后周镇	26321	543	14312	2002	后周镇	29097	565	16454
1995	别桥镇	28593	538	15383		绸缪镇	23286	580	13497
	古渎乡	11290	540	6097		后周镇	25807	574	14813
	绸缪乡	13243	545	7217	2003	别桥镇	21940	557	12221
	后周镇	28226	539	15226		绸缪镇	23155	585	13553
1996	别桥镇	29485	540	15922		后周镇	25307	575	14551

续表 10-2-1

年份	乡　镇	面积（亩）	单产（千克）	总产（吨）	年份	乡　镇	面积（亩）	单产（千克）	总产（吨）
2004	别桥镇	21970	573	12572	2006	后周镇	25526	586	14958
	绸缪镇	23196	591	13709	2007	别桥镇	67741	571	38680
	后周镇	24640	586	14439	2008	别桥镇	68376	601	41094
2005	别桥镇	21852	553	12084	2009	别桥镇	67868	615	41739
	绸缪镇	23117	551	12737	2010	别桥镇	67399	625	62118
	后周镇	25934	563	14601	2011	别桥镇	67629	630	42606
2006	别桥镇	21100	571	12048	2012	别桥镇	67334	648	43632
	绸缪乡	20707	584	12093	2013	别桥镇	67434	650	43832

说明：资料来源《溧阳市统计年鉴》

第二节　三　麦

一、产量与品种

三麦是别桥镇境内第二大粮食作物，种植历史悠久。三麦分小麦、大麦、元麦，以小麦为主。但农民一贯视其为小熟，对其耕作很少改进，产量历来很低。直到新中国成立后，经过推广良种、充分利用土地、合理密植和种植技术的改进，产量才逐年提高。

【产量】 20 世纪 50 年代三麦产量持续徘徊，亩产未过百市斤。1957 年，别桥、古渎、后周 3 个乡种植小麦 42902 亩，总产量 1973.43 吨，单产 46 千克；大元麦 16787 亩，总产量 836.49 吨，单产 49.83 千克。60 年代，三麦产量渐趋提高，1962 年，别桥镇现境原 5 个公社种植小麦 23375 亩，总产量 1595.3 吨，单产 68.25 千克；种植大元麦 25679 亩，总产量 1695.32 吨，单产 66.07 千克。1965 年，5 个公社种植小麦 35916.7 亩，总产量 2508.78 吨，单产 69.85 千克；种植大元麦 9574.6 亩，总产量 5754.33 吨，单产 60.1 千克。1971 年，5 个公社种植小麦 37610.5 亩，总产量 3640.69 吨，单产 96.8 千克；种植大元麦 26689 亩，总产量 241.53 吨，单产 90.5 千克。农村联产承包责任制实行后，引进矮杆型抗倒伏品种，三麦产量明显提高。1980 年，5 个公社种植小麦 47920 亩，总产量 7667.2 吨，单产 160 千克；种植大元麦 15259 亩，总产量 186.15 吨，单产 122 千克。1981 年，别桥公社诸里大队第 11 生产队种植小麦 155 亩，平均单产 206 千克；1983 年，该生产队一农户承包种植 4.85 亩小麦，单产达 328.5 千克。1998 年，常州市三高农业示范区种植扬麦 158 品种 150 亩，平均单产达 431 千克。2007 年，别桥镇种植小麦 33035 亩，总产量 10801 吨，单产 327 千克。2013 年，种植小麦 29056 亩，总产量 10402 吨，单产 358 千克。

【品种】 历史上境内三麦品种有三月黄、元麦、紫元麦、蚕老麦、红和尚、广德早、火烧天、洋小麦、抢水黄、望水白等。1949 年后，三麦仍沿袭传统品种，小麦望水白、大麦三月黄为三麦种植的当家品种。1954 年以后，先后引进的小麦品种有阿夫、吉利、万年 2 号、杜麦等；元麦有扬中红、黄元麦等。20 世纪 60 年代，引进推广的小麦品种有北京胜利、华东 6 号、无芒西农、南农大黑芒、73108 等，大麦品种有尺八大麦、六棱大麦等。70 年代，引进小麦品种有万年 2 号，扬麦 1 号、3 号，武麦 1 号，早红，宁麦 1 号、3 号；大麦品种有老东光、抗大 5 号、矮 93 等，元麦品种有立夏黄、早熟 3 号、春元麦等。80 年代，小麦品种有浙农 1 号、扬麦和扬麦 4 号、武麦 7263、早白，大元麦品种有矮早三、沪麦 6 号、81—2 号、万维 6 号、7660、九九元麦。1986 年以后，三麦生产上小麦仍是主要秋季种植作物。由于耕作制度、种植结构和粮食收购政策的调整，大元麦几乎无人种植。小麦品种以扬麦系列当家：扬麦 4 号、5 号、10 号、13 号、15 号、16 号，镇麦 168、扬辐麦 4 号等。1995 年，引进种植扬麦 158。该品种推广年限长达 11 年。

二、种植技术

【种子处理】 传统的做法是将选留的麦种经日晒、风扬、筛选后即播种。1952 年采用晒、筛、泥水或盐水选种。1955 年农业合作化后，对三麦种子进行发芽试验和消毒处理：大麦用 50% 的皂矾水浸种，小麦用 0.5% 的西力生粉剂拌种。1963 年又提倡种子保管期管理，在盛夏大伏天，将选留的麦种进行泥水选种后，浸入 1% 的石灰水内 24 小时，再捞出晒干保存备用。1977 年又使用 0.1% 的多菌灵浸种或拌种，还推广用人尿浸种。农村家庭联产承包责任制后，乡镇农业技术人员下乡巡回指导和帮助农民精选种子，进行种子处理，大部分农户从种子公司购回小麦种子播种。

【播种】 三麦中以小麦为主，播种期一般 10 月上中旬，但三麦播种期拉得长，有“小麦尽冬至，大麦尽年前”的说法。20 世纪 50 年代仍沿袭传统的播种方法，产量仍徘徊不前。从 1958 开始，根据品种特性确定播种适期，偏冬性品种在 10 月中下旬播种，偏春性品种在 10 月下旬至 11 月上旬播种，力争适时早播。1987 年秋播推广三撒一盖，1996 年秋播推广稻田套播免耕技术后，做到不等天、不等机而照常播种，争取秋播季节和质量。1998 年，由于普及稻田套播麦，播期提早到 10 月 20 日前后，10 月底前结束小麦播种，能确保绝大部分面积在适期范围内播种，主要得益于推广多种形式的免少耕播种技术。

播种形式。旧时三麦播种方式有点播、条播和撒播之分，后周丘陵地区多点播、条播，平原圩区普遍撒播。20 世纪 50 年代平原圩区多为包心耕整垅，狭垅宽沟（垅宽 3 市尺、沟宽 1.5 市尺），窄垅撒播，土地利用率 70% 左右。点播，土地利用率则更低，株行距 7 寸 ×8 寸，甚至 1 市尺，每亩播种量 2.5 ～ 3 千克；条播麦一垅一条播种沟，亩播种量 3.5 千克左右；撒播亩播量为 5 千克左右，撒播麦常与蚕豆间作，即中间种麦，两边间作蚕豆。1956 年始，采用罗桂生刨板心半清耕经验，撒播麦垅宽 6 市尺，沟宽 1 市尺，亩播种量增至 7.5 千克;点播麦垅宽 4.5 市尺，改 2 穴为 3 ～ 4 穴；条播麦改 2 ～ 3 条沟播种沟，亩播量 3.5 ～ 7.5 千克。“大跃进”时期不顾客观自然条件，不切实际地提倡“三麦赶水稻，亩产创千斤”的口号，社、队的“卫星田”和“高额丰产田”，一律垅宽 1 丈，亩播种量 30 千克以上，结果收成甚微。1961 年贯彻执行生产自主权后，以垅宽 6 尺撒播，亩播种量 10 千克左右。1961 年推广沙洲塘桥阔垅薄片深翻高产经验，亩播种量 15 千克，宽幅条播麦播种量 12.5 千克。1977 年推行三沟（竖沟、腰沟、田头沟）配套，根治“三水”（地表水、地下水、地层水），实行“台田化”，达到“一方麦田，两头出水，三沟配套，四面脱空”的要求。丘陵地区的冲田，开好上坎沟、撇水沟；平原圩区预降内塘水位，低洼内塘水位挂沟 3 市尺。实行联产承包生产责任制后，因地制宜示范推广免耕板茬麦。播种程序：定向开好三沟，破垡匀撒垅面。播时施基肥，按垅播种盖土，及时清沟理墒。这种播种方法，具有适时、省工和出苗均匀的优点。1985年后，三麦播种方法主要以撒播免耕板茬麦为主。1994年大力推广机械条播，省工、省力，耕作质量好，前期能早发，中后期通风透光，抗病、抗倒、产量高。2006年以后，采用板茬直播，机械开沟覆土的免耕播种技术，配套技术上曾先后采用复合肥底施、精量半精量播种、群体质量栽培技术等。

【麦田管理】 三麦用肥，传统做法以有机肥为主。点播麦用人粪点穴座籽，猪羊囤灰、泥杂肥、草木灰盖籽，出苗后及时施分蘖肥；条播麦用猪牛羊囤灰施于播种沟内，然后覆土盖籽，年后看苗施肥；撒播麦以草塘泥作基肥，施于包心耕的底部，耕翻整地后，再施猪羊囤灰覆土盖籽，春节前施一次腊肥，施肥后壅土保苗越冬，来年春分前后看苗施返青肥。1965年三麦始辅用化肥，基肥仍以草皮堆肥、猪羊囤灰、草塘泥等有机肥为主，采用磷肥拌种、氨水打底、猪囤灰铺面，追施苗肥、分蘖肥。20世纪70年代改进施肥技术，采用“前促、中控、后补”的施肥原则，即施足基肥，早施苗肥，少施腊肥，巧施穗肥。80年代后，随着叶龄模式技术体系的推广、普及，顺应三麦生长规律，改善肥料运筹技术，因土因苗施肥，做到氮、磷、钾配合，有机、无机肥搭配，提高用肥效果。基肥每亩施猪囤灰、杂肥50担，磷肥25千克，钾肥10千克。苗肥和追肥，亩施碳酸氢铵15千克，打洞深施亩用化肥25～35千克，3月上中旬施拔节肥尿素10千克左右。90年代中期后，用复合肥15～20千克作基肥，腊肥、返青肥用尿素撒施，每亩用量为10千克左右。

图10-4 三麦田间管理

三麦加工、培土、镇压是别桥镇境内农民一贯的管理措施，即在冬腊月间，对麦田进行一次加工培土，翌年开春后，结合施返青肥再松土、除草、清沟理墒，再次人工加工培土，撩垅一次，有“麦要好，踏三交”的说法，可是现在这项农活比较弱化。人民公社后，运用综合措施，麦苗未出先加工，为灭“三籽”（深籽、丛籽、露籽）争“五苗”（即早苗、齐苗、全苗、匀苗、壮苗）打好三麦高产基础。20世纪70年代，曾一度改冬季壅土用木碌碡滚压，长柄木榔头敲压，泥浆泼浇，然后再壅土保苗，随时清理排水沟，保证麦田不积水。1990年以后，麦田管理主要局限于清沟理墒、科学施肥、防治病虫害和草害。

三、作物保护

三麦的植保工作重点是病虫害及草害的防治。危害三麦正常生长的病虫害有赤霉病、纹枯病、白粉病、麦锈病和粘虫、蚜虫等。

【赤霉病】 俗称“烂麦头”，不仅直接降低产量，而且影响麦粒的品质。小麦扬花、灌浆至成熟前，遇连续阴雨、高温多湿容易发病流行。1972年、1973年、1977年大发生，特别是

1973 年发病最厉害，达四级严重度，千粒重降低 6 克，减产 10% ～ 20%，个别严重的达 50%。1983 年再次流行，平均损失率为 5.4%。1984 年、1985 年属中等偏重发生年，夏粮损失较大。20 世纪 90 年代也有大发生，2012 年小麦赤霉病发生较严重。

防治措施：搞好三沟配套的“台田化”，降低麦田湿度。1970 年前，采用西力生、赛力散、富麦隆等有机汞制剂防治，随后又用苯饼脒唑农药。1980 年后，采取“以农防治为基础，药剂防治为主”的措施，防治一次在扬花盛期；防治二次分为：第一次在始花期，第二次在盛花期。最佳农药为 50% 托布津可湿粉，每亩 150 ～ 200 克，加水 60 千克喷雾。多菌灵、福美双、多酮、咪鲜胺等，防治效果也都很好。

【小麦纹枯病】 病情自 1979 年开始明显上升，年年发病，1982 年三分之一麦田受害；1983 年、1984 年病害连续大发生，发病面积占小麦面积的 80%，尔后几年也连年相继发生。

防治措施：采用井冈霉素防治，有良好效果。药剂防治重点放在感病品种的早茬麦田和常年发病田。第一次用药时，掌握病株率明显上升期（一般在 2 月下旬至 3 月中旬），隔 15 ～ 20 天再用药一次。喷粗雾或泼浇，防效均为 70% 以上，并有增穗、抗倒伏的作用。

【白粉病】 平原圩区发病重于丘陵山区。1970 年以后，随着施肥量增多，密植程度提高，发病面积扩大，2013 年前均有发生。

防治措施：采取综合防治，应用合理的农业栽培技术措施与药剂防治相结合。开好田间一套沟，实行科学用肥;根据发病规律，一般掌握在病株高峰期，病叶率达 20% ～ 30%，小麦抽穗期，上部两张功能叶出现零星发病时，立即用 25% 宁可湿性粉剂 50 克喷雾，防效可达 90% 以上。

【麦锈病】 有秆锈病、条锈病和叶锈病，尤以秆锈病为重，境内均有发生。

防治措施：主要是降低地下水，保持麦田干燥。

【粘虫】 又名行军虫。1972 年、1973 年、1977 年、1981 年、1984 年均属大发生年，90 年代后偶尔发生。

防治措施：使用糖醋毒盆诱蛾、堆放青草诱蛾产卵、田间插草把诱杀成虫，可减轻危害。药剂防治，掌握 2 ～ 3 龄盛期，使用药物灭杀幼虫，有明显防效。

【蚜虫】 俗称“蜥”，是小麦常发性害虫，境内种植的三麦苗期、穗期均可危害。2013 年前，小麦蚜虫每年有不同程度发生，但防治效果较好。

防治措施：适时用农药“六六六”粉剂、可湿性 223 乳剂、氯果、蚍虫啉、扑虱灵等喷杀。

【小麦草害防除】 境内常见性旱作物杂草有 14 科 41 种，小麦草害发生高峰在苗期和春季返青两个阶段，杂草品种有看麦娘（青草）、猪殃殃、繁缕、巢草、碎米荠、辣蓼草、菵草、早熟禾、硬草、鸦雀麦等，看麦娘是最为突出的恶性草。

图10-5　小麦病虫害防治

防除措施：农业防除靠人工消除和拔除，结合选种清除杂草种子，实行水旱轮作，减轻危害。1982 年起，大面积使用化学除草。冬前以绿麦隆防除，但绿麦隆除草效果不稳定，使用不当有药害。1983 年，用苯达松和二甲四氯混合配制防除阔叶性杂草，效果显著。1990 年使用范甲、绿黄隆等药种，除草效果超过绿麦隆。2010 年后，又广泛使用异丙隆、苯磺隆 · 苄嘧磺隆、氯氟吡氧乙酸、炔草酯、精噁唑禾草灵，防除时间、方法、药量恰当，能有效减轻麦田草害损失。

1990 ～ 2013 年别桥镇现境内三麦生产情况一览表

表 10-2-2

年份	乡　镇	面积（亩）	单产（千克）	总产（吨）
1990	别桥镇	13503	186	25181
	湖边乡	6178	169	1043
	古渎乡	3395	161	546
	绸缪乡	6069	179	1089
	后周乡	13050	168	2193
1991	别桥镇	13665	113	1547
	湖边乡	5813	97	564
	古渎乡	3812	109	416
	绸缪乡	6002	99	596
	后周乡	12519	83	1034
1992	别桥镇	14760	216	3191
	古渎乡	2517	213	537
	绸缪乡	5604	211	1180
	后周镇	12415	213	2639
1993	别桥镇	11158	206	2300
	古渎乡	3235	199	624
	绸缪乡	4403	202	890
	后周镇	9117	203	1852
1994	别桥镇	8486	197	1675
	古渎乡	1219	217	265
	绸缪乡	2640	186	492
	后周镇	7771	204	1589
1995	别桥镇	6916	228	1577
	古渎乡	1260	237	299
	绸缪乡	3946	224	884
	后周镇	7940	221	1753
1996	别桥镇	10273	262	2693
	古渎乡	1959	267	523
	绸缪乡	2957	253	750
1996	后周镇	9451	267	2520
1997	别桥镇	10741	289	3102
	古渎乡	3449	268	925
	绸缪乡	4283	280	1198
	后周镇	12936	275	3558
1998	别桥镇	11066	125	1379
	古渎乡	2220	126	279
	绸缪乡	4184	120	504
	后周镇	10373	140	1457
1999	别桥镇	8649	222	1924
	古渎乡	1576	245	386
	绸缪乡	3824	194	739
	后周镇	7103	221	1568
2000	别桥镇	3285	237	780
	绸缪镇	1993	229	457
	后周镇	2605	240	626
2001	别桥镇	2026	250	505
	绸缪镇	765	148	113
	后周镇	1326	219	290
2002	别桥镇	2328	232	540
	绸缪镇	859	150	129
	后周镇	1244	198	247
2003	别桥镇	2085	240	501
	绸缪镇	765	148	113
	后周镇	1347	186	251
2004	别桥镇	3282	250	819
	绸缪镇	744	155	115
	后周镇	1374	205	282
2005	别桥镇	3353	258	866

续表 10-2-2

年份	乡　镇	面积（亩）	单产（千克）	总产（吨）	年份	乡　镇	面积（亩）	单产（千克）	总产（吨）
2005	绸缪镇	755	163	123	2008	别桥镇	35671	345	12292
	后周镇	1934	241	467	2009	别桥镇	36665	349	12808
2006	别桥镇	5421	317	1718	2010	别桥镇	38581	324	12508
	绸缪乡	837	189	158	2011	别桥镇	38294	327	12560
	后周镇	2279	285	649	2012	别桥镇	32860	350	11503
2007	别桥镇	33035	327	10801	2013	别桥镇	29056	358	10402

说明：资料来源《溧阳市统计年鉴》

第三节　油　菜

油菜是别桥镇种植面积最大的油料作物，也是夏熟生产的优势产业。1986 年后的 10 年中，种植面积曾超过三麦种植面积。随着栽培技术、品种演变，单产经历从几十千克到几百千克的发展过程。2000 年以后，种植面积逐年减少。

一、产量和品种

【产量】 1957 年，别桥、古渎、后周 3 个乡种植油菜 6776 亩，总产量 265.35 吨，单产为 39.16 千克。1962 年，别桥、湖边、古渎、绸缪、后周 5 个公社种植油菜 3166 亩，总产量 73.83 吨，单产为 23.32 千克。1977 年，5 个公社种植油菜 4492 亩，总产量 132.51 吨，单产 29.5 千克。1982 年，5 个公社种植油菜 23137 亩，总产量 3167.45 吨，单产 136.9 千克。1986 年后，随着种植业内部结构调整，5 个乡镇油菜种植面积增加到 48204 亩，总产量 4179.28 吨，单产 86.7 千克。1992 年，绸缪乡在东马村的移栽油菜百亩丰产方，单产 208 千克。2007 年，别桥镇种植油菜 20968 亩，总产量 2642 吨，单产 126 千克。2013 年，别桥镇种植油菜 31799 亩，总产量 5724 吨，单产 180 千克。

【品种】 1956 年前，别桥镇境内的油菜品种是白菜型的甜油菜和芥菜型的麻苦菜两种，甜油菜（又称“九头条”）又有红杆、白杆和黄粒子、红粒子之分；麻苦菜耐寒、适应性强，可作晚秋的补种。1956 年后引进油菜良种，先后有甘蓝型胜利油菜、宁波油菜和军农 1 号等。20 世纪 70 年代，又引进新育红，新华 1 号，川油 2 号，宁油 5 号、7 号，沪油 23、801，军农 2 号等。1980 年引进南京 430、华油 8 号、75－01－1 低芥酸油菜。1990 年后，引进种植的品种有油研 7 号、9 号、10 号、秦油 7 号、杂宁 3 号等双低杂交油菜及苏油 3 号、汇油 50 号等常规油菜。2004 年以后，别桥地区种植的油菜品种是油研 7 号、秦油 7 号、油研 10 号、秦油 10 号、宁油 18 号等。

二、栽培技术

【技术演变】 1990 年前油菜栽培方式主要以直播为主，面积占油菜种植总面积的 80% 以上。1991 年后的 10 年中，根据优质油菜的发展和中稻茬面积逐步减少的情况，积极提倡“直播改移栽”，大力推广移栽油菜，从而使直播油菜和育苗移栽油菜呈现并存的局面。2000 年后，由于推广双低杂交油菜，形成育苗移栽方式为主。在配套技术上，重点采取（生长抑制剂）化控育苗、板茬免耕移栽，复合肥底施，双株并栽，深沟培土等。

【播种育苗】

直播：芥菜型、麻苦菜均为穴塘直播或垅面撒播。20 世纪 50 年代仍沿用传统的种植方法：狭垅稀播，垅宽 3 市尺，每垅两穴，行距 1.5 市尺，在 10 月中下旬播种，播种时采用边播种、边浇水、边施肥盖籽。60 年代逐步改变传统的种植方式，提高栽培技术：垅宽 4 市尺，两穴改 3 穴，增加播种量。70 年代以甘蓝型油菜为主，少量麻苦菜作晚秋补种。后又演变为板茬打塘点播和板茬劈沟条播，亩施复合肥 15 千克左右，每亩播种量 0.25 千克，播种后厩肥盖籽保墒，冬前进行间苗定苗，每亩留足 1.5 万～ 2 万株。

图10-6　2017年10月全国油菜全程机械化现场推进活动在别桥

育苗：选择菜园地、旱地为苗床，耕翻破垡，均匀捣碎，9 月 15 ～ 25 日播种，苗床亩播种量 0.8 ～ 1 千克，基肥亩施 45% 复合肥 25 千克，秧大田比为 1 ∶ 10 左右。按照培育壮苗标准要求，秧田面积偏小，秧田栽苗量偏高，难以形成壮苗，故苗床不能节约。播后立即浇足苗床水分。三叶前以促为主，在二至三叶时补施一次苗肥，亩施尿素 7.5 千克。三叶后以控为主，栽前 5 天前后结合浇灌起苗水时，施好一次送嫁肥，亩施尿素 7.5 千克；二叶期间苗，三叶期定苗；三叶期每亩苗床用 15% 多效唑 50 克兑水 25 千克喷雾进行化控，有利于培育矮壮苗；防治好蚜虫、菜青虫，以免发生危害。

【移栽】 根据水稻腾茬早迟情况，掌握秧龄 35 ～ 40 天方可移栽，11 月上旬移栽结束。基肥亩施 45% 复合肥 25 千克，再加 1 千克硼肥，栽后用厩肥壅根。采取板茬直接打塘移栽方式，既节省劳力，又减轻劳动强度，从而缩短移栽时间，为提高产量奠定基础，每亩打塘 4000 ～ 5000 个。1986 年后，应用的品种是常规油菜和常规优质油菜，为确保移栽密度和基本苗，大力推广“双三株并栽”（穴栽 2 ～ 3 株）技术，亩栽基本苗稳定在 1 万株左右。2000 年后选用转向双低杂交油菜，为此又运用“单双株移栽”技术，确保每亩基本苗 5000 株。但离高产栽培技术要求仍显得基本苗不足，有些地方采用单株移栽的，每亩基本苗不到 4000 株，直接影响油菜籽产量。

【田间管理】

施肥：油菜肥料以有机肥为主，辅之化肥。基肥每亩施猪圈灰 20 担，磷肥 25 千克。按照“秋发冬壮”的要求，油菜移栽 15 天后施追肥，每亩用碳酸氢铵 25 千克或尿素 10 千克兑水浇施；腊肥施猪圈灰或草塘泥、羊圈灰，每亩 20 担；1 月底 2 月初，亩施尿素 15 千克加 45% 复合肥 10 千克；初花期亩施尿素 5 千克左右。1980 年后采取施足基肥、早施苗肥、普施腊肥、重施苔肥、巧施花肥的方法，以有机肥为主，搭配磷、钾肥，推广普及根外追肥，喷施硼肥，有效防止花而不实的问题。20 世纪 90 年代后，化肥的种类发生变化，市场供应的化肥是复合肥和尿素为主，种、栽油菜用复合肥 25 千克为基肥，追肥、苔肥均用尿素。

深沟培土：90 年代前，仍沿用人工培土方法，在冬春两季进行。90 年代后直到 2013 年，全面应用深沟培土技术，即在移栽活棵后，将沟土放在菜畦空间，越冬前后敲碎没塘壅根，对压草控病、防冻防渍作用十分明显。

油菜在各个时期会遇到多种对生长不利的自然条件影响：苗期易遇冬季的低温；苔期易遇早春寒流而遭受冻害；花期易遇低温或大风、阴雨而造成落花、落角、病虫和倒伏；角果成熟期往往会遇到前期雨水多，渍害重，后期因欠雨暴晴而出现高温逼熟，粒重降低，影响产量。要获得油菜籽高产，应采取选用高产优质良种、改土、选土、深沟高洼、灌溉排水、合理施肥、培土壅根和防治病虫害等综合措施。

三、作物保护

【蚜虫】 油菜苗期的主要虫害。20 世纪 60 年代用棉油皂、烟草水、可湿性“六六六”粉喷杀，减轻危害。70 年代后使用可湿性 223 乳剂、氯果喷杀，还可采取育苗时呋南丹底施，防效率达 95% 以上。2000 年以来，防治蚜虫的农药品种较多，防治效果也很佳。

【菌核病】 俗称“白杆瘟”，在油菜扬花结荚期造成危害。受害油菜茎杆发白枯萎。2013 年前，每年均有发生。

防治措施：农业防治，选用抗病品种，种子消毒处理，清沟防渍，协调钾肥，防止油菜倒伏和菌丝蔓延;药物防治，掌握在油菜盛花期，选用多菌灵、托布津等高效农药，用弥雾机喷雾，防效明显。

【化学除草】 草害是油菜籽产量重要制约因素，有看麦娘（青草）、茵草、繁缕、猪殃殃、早熟禾、大巢菜等。

防治措施：1981 ～ 1985 年，采用杀草丹防除油菜田看麦娘等杂草。后引进新的高效除草剂稳杀得，除草效果达 95% 以上，接着又使用盖草能、拿捕净，阔叶杂草使用高特克、好实多等。2000 年后又应用异丙甲草胺、烯草酮、草除灵、二氯吡啶酸、氨氯吡啶酸等，播后土壤封闭，苗后茎叶处理，防除效果好。

1990 ～ 2013 年别桥镇现境内油菜生产情况一览表

表 10-2-3

年份	乡　镇	面积（亩）	单产（千克）	总产（吨）	年份	乡　镇	面积（亩）	单产（千克）	总产（吨）
1990	别桥镇	8932	93	830	1991	湖边乡	6683	40	568
	湖边乡	6883	77	533		古渎乡	8374	37	306
	古渎乡	8015	85	684		绸缪乡	6442	70	450
	绸缪乡	6492	99	640		后周乡	16538	65	1067
	后周乡	16812	91	1525	1992	别桥镇	18297	94	1719
1991	别桥镇	8932	54	482		古渎乡	7506	86	648

续表 10-2-3

年份	乡　镇	面积（亩）	单产（千克）	总产（吨）	年份	乡　镇	面积（亩）	单产（千克）	总产（吨）
1992	绸缪乡	6845	109	746	1999	后周镇	16483	76	1253
	后周镇	16461	95	1569	2000	别桥镇	13278	104	1381
1993	别桥镇	14819	101	1501		绸缪镇	15661	104	1629
	古渎乡	8543	89	760		后周镇	15545	103	1601
	绸缪乡	6384	94	600	2001	别桥镇	11696	103	1205
	后周镇	14912	95	1417		绸缪镇	16299	106	1728
1994	别桥镇	15307	88	1347		后周镇	12090	106	1282
	古渎乡	9458	90	851	2002	别桥镇	11711	101	1183
	绸缪乡	6429	71	456		绸缪镇	17338	79	1370
	后周镇	16002	82	1312		后周镇	14815	80	1185
1995	别桥镇	16338	85	1389	2003	别桥镇	11500	104	1196
	古渎乡	9248	72	666		绸缪镇	18021	103	1856
	绸缪乡	7829	85	665.5		后周镇	13169	93	1225
	后周镇	19238	94	1808.4	2004	别桥镇	11313	107	1211
1996	别桥镇	15116	90	1360		绸缪镇	17873	110	1962
	古渎乡	8973	100	897		后周镇	13510	102	1378
	绸缪乡	5661	89	504	2005	别桥镇	11747	111	1304
	后周镇	16666	96	1592		绸缪镇	17956	115	2062
1997	别桥镇	16233	102	1656		后周镇	11607	105	1218
	古渎乡	7938	108	857	2006	别桥镇	10471	114	1194
	绸缪乡	5657	100	566		绸缪乡	18012	104	1873
	后周镇	12650	97	1227		后周镇	11313	110	1244
1998	别桥镇	12979	41	531	2007	别桥镇	20968	126	2642
	古渎乡	5752	45	257	2008	别桥镇	22749	137	3114
	绸缪乡	5779	41	237	2009	别桥镇	22045	148	3267
	后周镇	14841	48	712	2010	别桥镇	21933	114	2507
1999	别桥镇	13271	101	1340	2011	别桥镇	23352	108	2522
	古渎乡	7488	70	524	2012	别桥镇	28974	175	5057
	绸缪乡	5700	71	405	2013	别桥镇	31799	180	5724

说明：资料来源《溧阳市统计年鉴》

第四节　棉　花

一、产量与品种

【产量】 由于棉花种植花工多、投入高，且受自然条件和市场制约因素较多，再则受别桥镇地域条件限制，集体种植棉花很少。1965 年，湖边公社种植棉花 2 亩，单产籽棉 50.3 千克；古渎公社种植棉花 4 亩，单产籽棉 55 千克；后周公社种植棉花 44 亩，单产籽棉 103 千克。20

世纪70年代，农户自留地少量种植自用，产量很低，单产皮棉20千克左右。1980年，绸缪公社种植棉花81亩，单产皮棉21千克；后周公社种植棉花3200亩，单产皮棉25.5千克。1983年，绸缪、后周两乡种植棉花6674亩，单产皮棉44.3千克。1984年，绸缪、后周两乡种植棉花6716亩，产皮棉347.55吨，单产51.75千克。1990年，绸缪乡种植棉花16亩，产皮棉0.7吨，单产44千克。后周乡种植棉花3340亩，产皮棉96.86吨，单产29千克。2000年，绸缪镇种植棉花25亩，产皮棉2.7吨，单产108千克。后周镇种植棉花657亩，产皮棉29吨，单产44千克。2013年，别桥镇种植棉花110亩，产皮棉13吨，单产118千克。

【品种】 1978年棉花品种有徐棉143、泗棉835、中元2313和中元1316等。20世纪80～90年代主要是泗棉2号。90年代后，随着育种手段和种植技术的提高创新，都选用转基因抗虫棉品种，先后推广应用盐棉48、苏棉3号、苏棉17、鲁棉15等。

二、栽培技术

【播种】 秋播麦田留有植棉余地，结合麦田管理冬翻冻土，翌年春捣晒垡和施肥培土、熟化土壤；粒选种子，播前晒种、药剂拌种。4月中旬至谷雨前播种，亩用种量5～7.5千克。播后盖土浇水，做好地下虫害防治。1980年后，采用营养钵育苗移栽新技术。每亩制钵6000个，一钵一籽，大田用种量0.5千克左右，并搞好足肥大钵。根据茬口，3月下旬至4月上旬播种，并随即浇水、覆土和盖膜，施好提苗肥和出嫁肥，抓好化学除草和地下虫害防治工作。苗龄35～40天进行移栽。栽前亩施45%复合肥15千克，及时覆土保墒。这一技术克服两熟制麦、棉套间作矛盾，既有利于棉花增产，又利于提高秋种作物的产量。

【棉田管理】 合理施肥。在肥培熟土的基础上，播种时普用厩肥作基肥，掌握早施苗肥，稳施蕾肥，重施花铃肥，补施盖顶肥，亩施标准肥（硫酸铵）50千克左右，相当于尿素20千克，花铃肥必须占50%以上。做到苗期促早发、争早蕾，蕾期控旺长、多早桃，铃期防早衰、争高产。

精细管理是确保棉花高产的关键措施。境内农民有“七交棉花白如霜”的农谚，意为棉花中耕、松土7次才能获得高产。如果是麦棉套种，为了促棉苗早发，在棉苗出垅前扶麦炼苗，并松土施肥和间苗补缺。麦收割后抢施出垅肥，并在株行距间松土、补苗定苗、中耕灭茬、开沟理墒。定苗标准一般每亩5000株左右，瘦地、岗塝地稍多，肥沃的田和板茬田可略少。蕾期中耕、松土，早摘雄枝防荫蔽，增光照，促稳长。花铃期精细整枝，适时打顶，采摘烂铃，喷施矮壮素，清沟培土。

三、作物保护

【炭疽病和立枯病】 棉花苗期的病害。

防治措施：以预防为主，包括种子处理，土壤消毒和苗期喷药。消毒处理，采用硫酸脱绒，“402”抗菌素、多菌灵浸种。

【棉蚜虫】苗期危害。

防治措施：使用棉油皂、“1605”和“223”乳剂或蚍虫啉等农药喷杀。

【棉铃虫】 棉花开花至结桃时危害。

防治措施：采取以棉花生长期为依据，以保桃为中心综合防治措施，掌握二、三代发蛾高峰期，使用“敌杀死”农药喷杀 2 次，有独特高效。

【棉花红蜘蛛】 苗期后发生。

防治措施：采用 40% 氧化氯果、50% 久效磷、聚乙烯醇涂茎；用 20% 三氯杀螨醇喷雾，均有显著防效。

【杂草】 棉田杂草的防除采用人工防除和化学防除相结合，控制杂草发生和危害。

1990 ～ 2013 年别桥镇现境内棉花（皮棉）生产情况表

表 10-2-4

年份	乡　镇	面积（亩）	单产（千克）	总产（吨）	年份	乡　镇	面积（亩）	单产（千克）	总产（吨）
1990	绸缪乡	16	44	0.7	1999	绸缪乡	25	120	3.0
	后周乡	3340	29	96.86		后周镇	810	35	28.0
1991	后周乡	1750	50	87.0	2000	别桥镇	4	250	1.0
1992	后周镇	3554	44	155.0		绸缪镇	25	108	2.7
1993	绸缪乡	38	54	2.0		后周镇	657	44	29.0
	后周镇	2635	46	121.0	2001	绸缪镇	24	83	2.0
1994	别桥镇	1	80	—		后周镇	502	40	23.0
	绸缪乡	37	82	3.0	2002	绸缪镇	20	100	2.0
	后周镇	1887	41	78.0		后周镇	552	40	22.0
1995	别桥镇	15	93	1.4	2003	绸缪镇	25	120	3.0
	绸缪乡	31	76	2.4		后周镇	417	104	43.0
	后周镇	2340	43	101.4	2004	别桥镇	5	200	1.0
1996	别桥镇	12	83	1.0		后周镇	543	101	55.0
	绸缪乡	28	82	2.3	2005	后周镇	155	100	16.0
	后周镇	1763	41	72.0	2006	后周镇	172	151	26.0
1997	古渎乡	25	80	2.0	2007	别桥镇	155	180	28.0
	绸缪乡	29	69	2.0	2008	别桥镇	155	180	28.0
	后周镇	1700	49	83.0	2009	别桥镇	130	82	11.0
1998	别桥镇	2	500	1.0	2010	别桥镇	125	104	13.0
	古渎乡	59	91	5.0	2011	别桥镇	121	91	11.0
	绸缪乡	31	96	3.0	2012	别桥镇	120	102	12.0
	后周镇	1863	45	84.0	2013	别桥镇	110	118	13.0

说明：资料来源《溧阳市统计年鉴》

第三章　林　业

第一节　林业资源

别桥镇境内有平原圩区、低山丘陵两种地貌类型，气候、土壤也利于林业生产。在清末民国期间，丘陵区均系薪柴为主的荒丘秃坡。新中国成立后，人民政府发出号召，发动和组织群众，发展林业生产，后周丘陵地区重视植树造林。平原圩区林业用地很少，仅仅是农户家前屋后多以榉树、朴树、榆树等乡土树种为主，少量成片林仅分布于后周零星小山区和岗地。经济林以桑园为主，桑地多零星分布在河边、村边、路边的地块或局部小高地，成片不多。2013年，境内林木构成主要由经济林和风景林构成，用材林极少。林木分布呈不均匀状态，成片林的分布与低山丘陵的分布基本一致。在金山银山的生存环境中，人们总追求绿水青山。2010年以来，全镇拥有绿化面积达46.96公顷（704.4亩），绿化覆盖率35.77%，人均公共绿地面积8.24平方米。2011年，绿化覆盖率达46.65%，人均公共绿地面积14.9平方米。

一、用材林

分布于后周低山丘陵及干河、公路两侧、家前屋前、塘坑四周。主要有水杉、青桐、苦楝、刺槐、泡桐、麻杆、柚树、榉树等。20世纪60年代，沟渠两旁、公路、机耕路两边栽植杨树、刺槐、白榆树等。70年代，为水杉代替，也曾栽植泡桐，并分布较广，后逐年减少。80年代，全镇境内樟树栽植较多、分布较普遍。

二、经济林

【绿化用树】 用于绿化的树种主要栽培在后周玉华山村、黄金山村、小石桥村，种类有香樟、高杆女贞、榉树、红叶石楠、鸡爪槭、银杏等。1963年，别桥镇现境原5个公社有绿化树种栽培面积27亩，1978年后栽培面积扩大。2010年，全镇绿化用树成片栽培面积发展到3013亩，其中香樟980亩（含扬溧高速行道用树）、榉树478亩、鸡爪槭195亩、高杆女贞580亩、红叶石楠470亩、银杏110亩、其他树种200亩。2013年，增加樱花、黄山栾树、重丝海棠、八角金盘等10多个品种，面积2783亩。

【果树】 别桥镇果树栽培历史悠久，种类有桃、李子、柿子、梨、梅等。1965年，现境原5个公社有果园面积17亩。1978年后，果树栽培面积扩大，1989年面积32亩，年产鲜水果78吨。2010年，别桥镇果园面积672亩，年产水果551吨。2013年面积394.6亩，年产水果293.6吨。

三、风景林

镇境内风景林，分布于黄金山、玉华山的丘陵区、干河和公路两侧，主要品种有银杏、桂花、玉兰、樱花、五角枫、枫香等。1991年，别桥镇、绸缪乡、后周乡有成片风景林4个，面积896亩。2010年，别桥镇有成片风景林9个，面积发展到1773亩，其中银杏110亩、桂花578亩、樱花423亩、玉兰274亩、五角枫127亩、枫香178亩、其他风景林83亩。2013年，风景林面积达3125亩。

四、竹林

低山丘陵、宅前屋后、公园绿地有竹林分布。20世纪70年代，别桥镇现境的原5个公社竹林面积仅420亩左右。1970年冬，县革委决定在北山营造万亩竹林，东面从后周黄金山起，西至汤桥。第二年春天，又沿瓦屋山脚，从后周、竹箦、陆笪等公社栽竹1.1万亩，由于盲目栽竹，忽视因地制宜，失败多，成功少。改革开放以后，竹林栽培不断发展。1989 年，后周全乡产杂竹 27.4 吨、柄竹 275 根、篙竹 150 余根。1990 年，产杂竹 46.9 吨、柄竹 571 根、篙竹 1000 根。2010 年，别桥镇有竹林面积 649 亩，其中毛竹 80 亩、江竹 87 亩、杂竹 420 亩、旱园竹 62 亩。

第二节　育苗创业

农村改革开放也促使苗木育苗产业的不断发展。别桥镇黄金山村以市场需求为出发点，利用丘陵旱地优势，尝试发展苗木产业。2010 年，村委一班人联系外地苗木企业，在村民自愿的前提下，把土地有偿租赁给金坛、常州、苏州等地的苗木公司统一形成苗木规模化种植，充分利用土地流转的资源优势，扩展苗木种植。是年，苗木种植面积 1000 余亩，品种有 10 多个。自苗木公司在黄金山村发展以来，已有百余户富余劳动力走上育苗工作岗位，育苗业的内涵也不断发生变化。2012 年，别桥镇黄金山的伍岭苗木合作社有苗圃基地 50 亩，注册资本 200 万元，主要培育樱花、海棠、青枫、红叶石楠等苗木。2013 年，别桥镇拥有以黄金山、玉华山为中心的 3000 亩苗木基地。

第三节　植树造林

新中国成立前，境内仅有少量的开垦植树之举，后周丘陵地也是以薪柴丛生的草山丘为主。1950 年，党中央发布“普遍扩林护山，重点造林育林，合理采伐利用”的方针，后周乡开展育林和割草留树的工作，其他各乡发动群众植树造林。1958 年，后周乡组织广大群众、学校师生在丘陵山坡、黄金山等处栽植松树、麻栗树等数万棵。1973 年，别桥、古渎、后周 3 个公社零星植树 1240 万株。而后的近 10 年中，由于片面强调“以粮为纲”的方针，致使林地面积减少，林产品大幅度下降。即使每年还植树，但林业产业难以复苏。“文化大革命”结束后，各级政府重视植树造林，颁发布告、文件，制定一系列恢复林业生产的政策，丘陵地区的造林工作有所发展。平原圩区也重视村旁、路旁、堤旁、沟旁的“四旁”植树，乡村公路、机耕大道、通村道路两侧全面植树绿化。1979 年 2 月 23 日，第五届全国人大常委会第六次会议决定 3 月 12 日为植树节，此后，植树造林进展加快。1984 年，湖边、古渎两乡零星植树 12909 棵。1985 年，后周、绸缪零星植树 15664 棵。1986 年，绸缪、古渎、后周 3 个乡零星植树 15684 棵。1989 年，后周零星植树 10600 棵。1990 年，零星植树 21370 棵。2010 年，后周在高速公路沿线造林 420 亩。2013 年，别桥镇绿化造林 800 余亩，农田林网 5000 多亩，“四旁”植树 10 万余株，林木覆盖率达 30% 以上。

第四节　林木保护

别桥镇境内的林木以经济林和风景林为主，用材林极少。20 世纪 80 年代，后周公社有林木保护规定，社员建房或制作农具、家具用林木应向大队提出申请，经集体讨论研究后，方可砍伐。经济林和风景林主要防治树木虫害，发现松毛虫等虫害，及时喷洒农药；入冬前，树干离地面1米处，涂抹石灰水。每年11月1日至次年4月底，进行护林防火，建立护林防火的组织和制度，落实护林防火措施。

第五节　古树名木

黄杨：别桥村委会虞缪村缪腊春院内1棵，树龄200余年。

麻栎树：西马村委会下梅村1棵，树龄100余年。

香橼树：镇东村委会培阳村1棵，树龄120年。

柚树：湖边村委会浪圩村1棵，树龄120年。

桂花树：古渎村委会五荡湾村1棵，树龄300年以上；西马村委下梅村1棵，树龄200余年。

图10-7　塘马村古榔榆树

冬青树：黄金山村委会黄金山顶，2棵，树龄150余年。

榔榆树：塘马村前1棵，树龄120余年。

第四章　畜牧业

第一节　家畜养殖

一、生猪

饲养生猪是农户的传统副业。猪灰作肥料，俗话说：养猪不赚钱，回头望望田，同时又增加家庭收入。肉猪出售可以调节市场，供应城镇居民食用，除本地屠宰销售外，还派销无锡、上海等城市，甚至出口换取外汇。

【肉猪】 新中国成立前，贫苦农民养猪很少，种田10亩以上农户方能饲养1头肉猪，生猪饲养发展缓慢。新中国成立后，尤其在农业合作化以后，农业生产得到发展，粮食增产，饲料有了保障，生猪饲养也得以发展，肉猪的饲养量超过新中国成立前两倍。1958年，由于“五风”（共产风、强迫革命风、瞎指挥生产风、浮夸风、干部特殊化风）的影响，生猪圈存量下降。

1962年，贯彻《农村人民公社工作条例（草案）》（即“六十条”），政府又实行生猪奖售和换购办法，调动农民饲养生猪的积极性，生猪饲养有了迅速发展。除农户个体饲养外，集体以大队、生产队为单位，建立猪舍养猪。别桥公社在农场五队（现合星村委上塘棚村）建立畜牧场，其中有百头猪场;湖边公社在中里大队建立三百畜牧站（百头猪、百头羊、百头兔）。1962年年末，别桥、湖边、古渎、绸缪、后周5个公社生猪圈存量达15342头。1965年，5个公社全年饲养生猪25414头。1979年，5个公社全年饲养生猪72799头，平均每个户养猪4.3头。

20世纪80年代初，随着农村经济体制改革，大批劳力向工、商、运、建、服等行业转移，生产队集体养猪解体，政府的猪饲料、粮奖励政策取消，养猪纯收入减少，农户养猪热情冷却下来，生猪饲养量渐趋下降。1984年，别桥、湖边、古渎、绸缪、后周5个乡镇全年生猪饲养量达41737头。2001年，别桥、绸缪、后周三镇全年猪饲养量24264头。2007年，别桥镇全年饲养生猪14089头。2013年，生猪出栏量17410头，存栏4762头，饲养生猪50头以上的养猪大户32户，100头以上的8户。

【种公猪】 1949年前，畜牧业知识较为落后，农村信息也闭塞，种公猪的繁殖都是同品种内杂交产生，由于不断循环繁殖，品种优势越发不明显。新中国成立后，开始注重外来品种的引进推广，并且与当地品种杂交，产生杂交一代、二代。品种主要以英国太约克、丹麦长白、美国杜洛克和本地红灯笼为主。1962年，别桥镇现境的5个公社有种公猪24头。2013年年末有育种公猪6头。

公猪品种主要是长白、杜洛克、太约克三元杂交。三元杂交猪以生长速度快（即日增重高）、抗病力强、生活力旺、饲料转化率好（即耗料少、长肉多）、瘦肉率高等优势而深受养猪场、农户的欢迎。

【母猪】 基本上与肉猪饲养同步变化。1958年前，由农户私养，所产仔猪，作为苗猪上集市交易。1959年后，仍有少数农户私养母猪。大队、生产队集体饲养母猪，苗猪供集体饲养外，也供应社员。1962年，别桥镇现境原5个公社饲养母猪1682头，其中后周公社就有664头。1965年，5个公社共饲养母猪2320头，其中后周公社1071头。1971年，湖边供销社在长桥大队办起商业畜牧站，饲养母猪18头，年产仔猪500头左右。1976年，别桥、湖边、古渎、绸缪饲养母猪1721头。1980年，别桥、湖边、古渎、绸缪、后周5个公社饲养母猪2044头。1987年，别桥、古渎、绸缪、后周4个乡镇饲养母猪764头。2000年，别桥、绸缪、后周3个镇饲养母猪627头。2013年，别桥镇饲养“红灯笼”母猪565头。

位于别桥镇合星村的合星养猪场是苏太猪品种母猪的繁育基地，2003年饲养母猪30头。2013年，圈存母猪150头。苏太猪是以国际上产仔数最多的太湖猪为基础培育成的中国瘦肉型猪的新猪种，保持了太湖猪的高繁殖性能及肉质鲜美、适应性强的优点，与外种公猪杂交，具有生长速度快、瘦肉率高、杂交优势显著等特点，是生产瘦肉型商品猪的理想母体。

【苗猪】 1949年前，别桥集镇有同兴、协盛两家仔猪行，都是代客买卖，收取佣金。新中国成立后，仔猪行为采购站管理，仍是代客买卖，收取1%的手续费。20世纪60年代初，别桥、后周设苗猪交易市场，本地农户的仔猪进行交易，除了供给本地农户饲养，还销往周边乡镇。80年代开始，苗猪市场由工商所、供销社、乡（公社）兽医站管理经营。至90年代，别桥苗猪市场每年成交仔猪2万头左右，其中1986年成交27135头苗猪，苗猪交易盛极一时。1997年后，个体养猪逐渐减少，规模养猪兴起，仔猪交易量也随之减少。而后，生猪养殖科学化、规模化，苗猪市场于2009年年初彻底停业关闭。

二、耕牛

耕牛是农用主要畜力。后周丘陵地区，人少地多劳力紧张，加上放牧条件优越，养牛较多。以养水牛为主，黄牛极少。1956年，高级农业社成立，社员私养耕牛折价入社，采取包到队，定到户，养用合一。1957年，后周乡有耕牛319头，其中能够从事劳役的有201头，生养小牛19头。

1958年人民公社化，耕牛劳作强度增加，有人用，没人养，更没有人关心耕牛繁殖，致使老年死、壮年老、小牛接济不上，牛龄老化，数量下降。

1961年，县人民委员会先后发出《关于保护和发展耕牛的意见》和《关于发展耕牛的十项规定》等文件，各公社、大队制定耕牛饲养“六定一奖赔”等耕牛饲养的规定办法，耕牛数量有所上升。1962年年末，别桥、湖边、古渎、绸缪、后周5个公社有耕牛1188头，其中后周公社有耕牛405头。1965年，5个公社有耕牛1140头，其中黄牛13头。

20世纪70年代，农业机械增加，耕牛的役用价值减小，“铁牛”逐步取代耕牛。1972年开始，耕牛数量大幅度下降。1973年，5个公社有耕牛1211头，到1977年，5个公社耕牛只有784头。80年代，农村实行家庭联产承包责任制，耕牛承包形式有所改变，耕牛折价到组、到户。1980年，5个公社有耕牛719头，1981年有耕牛595头。1983年，5个乡镇拥有耕牛降到287头，其中后周乡有183头。1990年，别桥、绸缪、后周3个镇饲养耕牛71头，湖边、古渎成为无耕牛乡。2013年年末，别桥镇有耕牛34头。

三、羊

别桥地区在土地改革以后，饲养生猪仍然不多，还是以养山羊为主，绵羊少量。山羊饲料容易解决，无须花成本。山羊囤肥肥效高，故农民乐意饲养。山羊春天繁殖，冬季宰杀食肉，板皮出口创汇。

1958年人民公社化前，农民饲养山羊积极性高。人民公社化后，养羊生产下降。1962年，别桥、湖边、古渎、绸缪、后周5个公社饲养羊11921头，其中绵羊20头。1977年，别桥、湖边、古渎、绸缪、后周5个公社有羊11545头，其中绵羊907头。到1979年，山羊饲养有所发展，5个公社养羊14499头。20世纪80年代，养羊业更趋发展。1984年，别桥、湖边、古渎、绸缪、后周五乡镇养羊20664头。1990年，增至25982头，为历史养羊最多年。2000年，山羊饲养量渐趋下降，是年，别桥、绸缪、后周3个镇养山羊9645头，到2006年，仅有7624头。2012年为历史最少，全镇养羊5488头。

1980年，为了改善羊群结构，县有关部门从浙江桐乡引进1200头湖羊，在湖塘村及其他7个地方建立湖羊繁殖基地。2001年，小石桥村建立200多头波尔羊养殖基地，2009年终止繁殖。2001年，后周镇马剑波投资200万元在黄金山划地100亩，创办利群羊场，当年从苏州种羊场引进马头湖公羊8只，母羊80只，进行繁殖，到2006年，该场存栏湖羊达2000余只。2013年，别桥镇有一户养羊大户，饲养山羊 150 只。全镇共养山羊 5550 只。

别桥地区饲养的山羊为本地品种，被毛洁白，公母羊均有角，尾短，少数为乳山羊混血种，耳大下垂。山羊繁殖快，平均两年 3 胎，少数一年 2 胎。山羊板皮是出口产品，皮柔软细腻，质地优良。由于长期粗放饲养，近亲繁殖，品种逐年退化，体型稍小，体重减轻。

四、兔

别桥镇现境地区历史上以饲养草兔为主，俗称“别别则”。一般家庭饲养，饲养量不大。1958 年，后周乡（公社）畜牧站办起养兔场，引进种兔 160 只，1959 年发展到 600 多只。1966 年，县土产公司在湖边公社中里大队三百畜牧站养长毛兔百只。20 世纪 70 年代，后周黄金山、湖边都办起规模较大的集体养兔场。黄金山兔场于 1974 年购进种兔 28 只，至 1977 年发展到 800 多只。1978 年又引进西德长毛兔 10 只，繁殖饲养。1977 年，别桥、湖边、古渎、绸缪 4 个公社饲养兔子 8301 只。1981 年，供销社开始收购兔子潮皮，并有奖钱奖粮政策，农民养兔积极性高涨。是年，一个绸缪公社就养兔 4572 只。1982 年，古渎公社从外地引进长毛兔 400 只，年底圈存 3000 多只长毛兔。1984 年，国家收购羊皮、兔皮既调价又补贴，别桥、湖边、古渎、绸缪、后周 5 个乡镇共饲养兔子 10737 只。湖边乡中里村北堰自然村村民马彬妹养长毛兔 250 只，年剪兔毛达 50 千克，净收入 5000 多元；出售西德长毛兔种 100 只，净收入 2500 元。2006 年，别桥、绸缪、后周 3 个镇全年养兔 2326 只。

图10-8　后周农民饲养长毛兔

1962～2006 年绸缪公社（乡、镇）部分年份兔子饲养量统计表

表 10-4-1

年份	兔子饲养数（只）	年份	兔子饲养数（只）
1962 年	3160	1985 年	2586
1977 年	2366	1986 年	1916
1978 年	2860	1987 年	680
1979 年	4781	1988 年	234
1980 年	4707	1996 年	0
1981 年	4577	2000 年	80
1982 年	3946	2006 年	256
1984 年	1803	—	—

2007 年，玉华山村和平东组和平长毛兔专业合作社开始饲养西德长毛兔，圈存量 1000 多只，每年产兔毛 750 千克。另有两户养兔专业户。至 2013 年，饲养长毛兔 1200 只，每年产兔毛 1200 千克。

2010 年，别桥镇兔子出栏 1619 只。2013 年，全镇兔子出栏 5936 只。

2000～2013年别桥镇现境家畜业生产情况表

表 10-4-2

年份	镇名	大牲畜年末存栏数(头)	生猪(头)					羊出栏数(只)	免出栏数(只)
			全年饲养数	全年出栏数	其中出售	年末存栏数	其中母猪		
2000	别桥	19	9136	6508	4891	2628	210	3085	398
	绸缪	17	7440	5758	4440	1681	122	3117	80
	后周	74	8584	6564	3937	2020	295	3443	253
2001	别桥	17	7775	5728	4433	2047	207	2817	404
	绸缪	19	8294	6681	4730	1613	120	2652	235
	后周	60	8195	7133	4119	1062	285	3523	758
2002	别桥	14	7338	5436	4229	1902	169	1788	344
	绸缪	19	8161	6714	5032	1447	96	2186	50
	后周	75	7747	5614	3824	2133	338	3094	880
2003	别桥	16	6800	5145	3997	1655	146	1786	262
	绸缪	18	8271	6862	4988	1409	67	2541	185
	后周	80	8717	6522	4157	2195	327	3462	602
2004	别桥	14	5941	4564	3723	1377	145	1666	292
	绸缪	18	8915	7323	5188	1592	71	3045	210
	后周	76	9362	7372	4740	1990	267	3935	692
2005	别桥	9	5764	4553	3519	1211	157	1511	295
	绸缪	18	9088	7452	5256	1636	71	3186	217
	后周	63	8642	6737	4875	1885	192	3027	400
2006	别桥	9	5028	3700	2944	1328	155	1248	280
	绸缪	18	9791	8071	5463	1720	71	3514	256
	后周	63	6980	5293	3615	1680	139	2862	1790
2007	别桥	78	14089	9965	7563	4124	546	1144	2068
2008	别桥	58	14089	13704	10364	3846	765	2134	1618
2009	别桥	61	17908	13728	10560	4148	1049	6259	1557
2010	别桥	61	18326	14054	10738	4272	1049	6743	1619
2011	别桥	45	19515	15024	11019	4491	1049	17849	1722
2012	别桥	26	22172	17419	13523	4753	924	5488	5911
2013	别桥	34	22172	17410	13523	4762	924	5550	5936

说明：资料来源《溧阳市统计年鉴》

第二节 家禽养殖

别桥地区豢养家禽自古即盛，历史久远。有俗话：养鸡养鸭生生蛋，油盐酱醋有钱买。即使在砍“资本主义尾巴”的年代，家庭豢养家禽也称之为家庭小银行，一般以养鸡为大宗，鸭次之，鹅少量。但鸭与鹅在农村有饲养专业户，称其“放鸭的”“放鹅的”。1956年，县人民政府下达家禽生产计划，要求每个农户养鸡10～15只、鹅2～4只、鸭4～6只，别桥区派购任务：鸡140000只、鹅25000只、鸭50000只。1962年，别桥、湖边、古渎、绸缪、后周5个公社家禽派购任务为17260只。豢养鸡的目的，主要是蛋用，农户除逢年过节有杀鸡作食者外，平时即使是地富大户，也极少以鸡、鸭作菜肴。而其蛋品，大都出售，有赖其购买日常生活用品。家禽产蛋高峰在春季。农谚：清明蛋，好当饭。1962年“六十条”下达后，家庭豢养家禽有了新的发展，并引进优良品种。中共十一届三中全会以后，出现家禽饲养专业户，放养家禽达千只以上。1987年，别桥村虞庚法饲养种鸡135只，产成鸡7800斤，收入达3750元。2000年，别桥、绸缪、后周3个镇，全年家禽出栏341946只。2007年，别桥镇全年出栏家禽326041只。2013年，全年家禽出栏546724只。

一、苗禽

春季，农户在家庭自孵自养，以孵化苗鸡为主。哺坊孵化，别桥集镇始于1956年，个体经营。王老六借用民房作坊址，用土方法孵化苗禽。1960年，又重新租用民房，重建坊址。由于土法孵化，经验不足，出苗率仅50%～70%。1962年，别桥哺坊由家禽公司接管，进行改革，土坑改为平坑，春季孵化鸡苗、鹅苗，秋季孵化鸭苗，出苗率提高。年孵种蛋13.1万枚，产苗禽10万多只。1982年，每年孵化苗禽11万余只。1984年，有平坑30只，每只平坑每次可孵鸡蛋1200枚或鹅蛋600枚，平均每年孵苗禽30多万只。1985年后，家禽哺坊停办。

二、禽类

【鸡】 新中国成立前后，鸡的饲养无人问津，世代相传，墨守成规，自孵自养，以地方蛋肉兼用的老品种为主。20世纪70年代，饲养三黄鸡，属地方良种。肉为佳品，蛋为珍肴，以黄毛、黄嘴、黄脚为特征，素以体大、肉质细嫩、味道鲜美而赢得农户的青睐。大型公鸡体重达4千克左右，中型的3千克左右；母鸡体重也达2.5～3.5千克，每年产蛋100枚左右。80年代，又引进新品种白洛克鸡，逐步取代三黄鸡。1985年以来，家庭小规模饲养的传统格局渐被打破，向规模化、品牌化方向发展，饲养鸡的专业大户相继出现。1995年，合星村的海保草鸡专业合作社开始饲养草鸡，平均年出栏草鸡2万羽，2013年存栏量为4000羽。黄金山村的金山种养合作社2013年草鸡存栏为6000羽。2013年，全镇养鸡35.12万羽。

【鸭】 鸭的饲养以麻鸭、浙江绍兴鸭（俗称“小鸭头”）为主，麻鸭为肉用类，农户散养。1970年后，生产队集体放养300～500只，数量不等，养成后，秋末分给社员。绍兴鸭主要是产蛋，年产蛋200～250枚，以群养为主。别桥是水乡圩区，饲养这种鸭较普遍。20世纪80年代初，鸭蛋销路不畅，群鸭饲养量逐渐减少。2013年，全镇养鸭6.29万羽。

【鹅】 别桥镇地区饲养大白鹅。20世纪70年代从句容引进四季鹅（雁鹅）。后周丘陵区，四季鹅放养遍及农户。四季鹅体重大约5千克，生长快，抗病力强，以食草为主，抢巢性强，一年四季可自孵苗鹅，农户喜欢饲养。扬州大白鹅，一般是农户散养为主，成品后上市场出售或家庭自宰食用。2001年后，有万羽菜鹅散养户。2013年，别桥镇养鹅132624羽。

2000～2013 别桥镇现境家禽业生产情况表

表 10-4-3

年　份	镇　名	全年家禽出栏数（只）	年　份	镇　名	全年家禽出栏数（只）
2000	别桥	171848	2004	后周	94850
	绸缪	86202	2005	别桥	119277
	后周	83896		绸缪	117152
2001	别桥	127036		后周	94750
	绸缪	97448	2006	别桥	131720
	后周	108116		绸缪	119531
2002	别桥	119623		后周	167113
	绸缪	114371	2007	别桥	326041
	后周	71846	2008	别桥	409660
2003	别桥	134699	2009	别桥	419388
	绸缪	110652	2010	别桥	426835
	后周	83000	2011	别桥	439473
2004	别桥	134461	2012	别桥	543830
	绸缪	116987	2013	别桥	546724

第三节　特种畜禽养殖

一、鸽

1958 年，别桥镇湖边村双桥自然村郑田庚从广东引进美国“落地黄”家鸽 30 对，在家庭饲养。这种鸽子繁殖率高，生长快，营养丰富，经半年的精心饲养，繁殖到 200 对，销售全县。2013 年，境内仍有个别农户少量饲养家鸽，供家庭食用。

二、野鸡

1993 年，北山村王小生养鸡场引进美国七彩山鸡 500 羽，经过几年繁殖，种鸡存栏达 3000 余羽。1998 年，饲养数量为 1 万羽，出栏的彩鸡销往上海、浙江等地。随着养鸡场的不断发展壮大，形成孵化、养殖、销售一条龙的养殖模式。2013 年，全年饲养七彩山鸡 2 万多羽。

三、孔雀

2012 年，别桥村村民何琼英借用诸泗村 3200 平方米的场地，盖起房舍，安置设备，从海安、常熟购进孔雀 90 只（成年孔雀 40 只），开创了本地饲养孔雀的先河。1 只雄孔雀与 3～4 只雌孔雀同笼生长，但不能“近亲”交配繁殖。雌孔雀 4～8 月产蛋，每年产蛋 25～30 枚，4 月份开始用孵化机孵化。至 2014 年上半年，存栏孔雀 280 只。幼孔雀孵化出蛋后，必须注射防病疫苗，每月也须注射药物，防治体内寄生虫。成年孔雀，每年两次疫苗注射，预防禽流感。孔雀主要以小麦、玉米为食料。孔雀蛋、成年孔雀出售供人食用。

第四节　畜禽检疫与疾病防治

一、畜禽疫病

1. 畜禽普通病：常见的畜禽普通疾病以猪和鸡的消化道以及呼吸道疾病为主，多为细菌或者病毒感染，用抗生素配合治疗比较有效。

2. 畜禽传染病：新中国成立前猪丹毒流行比较严重，新中国成立后经过长期有效的防治，基本得到控制，较为流行的畜禽传染病主要为猪瘟、气喘病、呼吸繁殖综合症、口蹄疫、禽类新城疫、传染性支气管炎等等。通过每年的春秋两季集中防疫加上平时的防疫，基本做到未发生重大动物传染病，2013 年别桥镇动物疫情处于清净状态。

二、疾病防治

新中国成立前，没有科学的动物疫病的防治方法，都是发病后请乡村兽医进行治疗，一般都无效果。新中国成立后，政府开始重视动物疫病的预防，组织相关人员对畜禽进行预防接种。1982 年，古渎兽医站全年为生猪防疫注射 1757 头（次），治疗疾病 395 头（次），家禽防治 8000 只（次）。1989 年，别桥镇基本消灭猪丹毒和猪瘟病这两种生猪疾病。随着畜牧业的发展和畜牧队伍的建设，逐步形成科学的畜禽防疫体系。以春秋季动物疫病集中防疫与日常防疫相结合的原则，加强动物疫病的防控。每年防疫工作首先是制定好防疫实施方案，确定防疫的工作目标和工作任务；其次是制定防疫的工作计划，分阶段实施。第一阶段：做好以村为单位调查统计全镇范围内的畜禽养殖数量和户数，村组干部配备人员，进行业务操作、台账记录等的培训。第二阶段：制定好防疫的实施方案、工作计划，确定防疫人员名单，结合镇的实际情况召开动员会议，做好疫苗、器械等物资储备工作。第三阶段：实施阶段，将分成两个防疫小分队，明确分工、责任到人，确保免疫密度达 100%。第四阶段：对防疫引起的应激反应及时进行治疗和补贴，安抚好畜禽养殖户，避免不必要的矛盾发生。第五阶段：汇总、资料归档，接受上级部门血样抗体检测和督查。

2013 年，别桥镇畜禽重大疫病防疫突出阶段防疫鸡 196539 羽、鸭 6068 只、鹅 21240 只、特禽 5616 羽、生猪 15558 头、羊 1121 头，确保重大动物疫病免疫密度达到 100%。

链接：H7N9 禽流感防控

2013 年，别桥镇畜牧兽医站高度重视 H7N9 的疫情排查工作，在参加完 4 月 3 日下午视频会议以后，兽医站负责人立即向镇分管领导汇报情况，并探讨具体措施，对全镇的禽类开展疫情排查工作，确定具体工作方案，4 月 4 日早晨排查工作全面开展。

一是开展禽类疫情排查。兽医站全体人员根据春防禽的数量再次对辖区内的所有禽类开展纵向到底、横向到边的疫情排查，启动疫情日报告、零报告制度，确保做到对疫情早发现、早报告、早诊断、早处理，贯彻“早、快、严、小”的方针。

二是切实做好疫情监测诊断工作。重点对养殖密集区和三个农贸市场的活禽交易中心开展监测。对监测中发现的问题，及时上报，按规定采取隔离、消毒等控制措施，消除隐患。

三是强化禽类检疫监管。把家禽纳入重点检疫对象，强化饲养和流通环节检疫监管，不让疑似病例进入流通环节。落实外埠调入家禽的调运审批和隔离检疫工作，严防外疫传入。

四是全面强化养殖场防疫技术措施。指导养殖者落实综合防控措施，改善防疫条件，实行封闭管理，定期彻底消毒，禁止生猪、水禽、家禽混养，最大限度减低疫病发生风险。

五是做好宣传和联防联控工作。积极开展禽流感防控知识宣传和技术指导，引导群众认识禽流感、科学消费禽肉产品，建立与卫生、公安等部门的联防联控机制，主动沟通信息、交流情况，共同做好疫情排查工作。

别桥镇 H7N9 禽流感疫情和病死生猪排查情况汇总：

养殖场和养殖户：共排查全镇 18 个行政村，排查鸡 196539 只、鸭 6068 只、鹅 21240 只，没有发现异常情况，全镇 H7N9 疫情保持清净状态。共排查生猪养殖场 33 户，没有发现乱丢弃病死猪现象，并宣传让农户懂得病死猪应该进行深埋或焚烧等无害化处理，不可随意丢弃。

农贸市场：从 2013 年 4 月 3 日起每天派人巡查镇内三家农贸市场，尽管没有异常情况，但交易量逐日减少，自 4 月 10 日起，三家农贸市场活禽交易全部关闭，交易量为零。

第五节　管理机构

新中国成立前，农村有牛郎中、仔猪阉割员等民间兽医，没有专门管理机构。民间兽医的一些技术大都为祖传，也有少数人拜师学艺，但缺乏兽医知识，对牲畜疾病只是根据经验、采用简单的方法治疗一些普通的疾病。1958 年，人民公社成立副业工作站，民间兽医划入该工作站。1960 年，副业工作站撤销，民间兽医又分散行医。1963 年，别桥区成立民间兽医站，管理别桥、湖边、古渎、绸缪 4 个公社的兽医业务，1969 年撤销。1971 年，建立公社畜牧兽医站，每个兽医站配备工作人员 3～5 人。随着溧阳市行政区域的调整变动，2007 年，湖边、古渎、绸缪、后周畜牧兽医站合并为别桥畜牧兽医站。2013 年底，别桥镇畜牧兽医站有职工 4 人，办公大楼面积 600 平方米，服务大厅、报检室、动物诊疗室、化验室、防疫物资储备室、会议室等功能室一应俱全，并通过上级标准化乡镇畜牧兽医站验收，成为溧阳市现代化乡镇兽医站。

第六节　溧阳市鹏鹏畜禽机械化屠宰场

溧阳市鹏鹏畜禽机械化屠宰场位于溧阳市别桥镇北山工业园区福山路 4 号，筹建于 2007 年 1 月，2008 年 5 月正式开始屠宰，刚建立几年的年均屠宰量为 5000 余头。屠宰场占地 5 亩，拥有 650 平方米的屠宰车间，800 平方米的待宰间，锅炉房、办公室、检疫值班室、实验室、淋浴间等各大功能室齐全。

2013 年是溧阳市鹏鹏畜禽机械化屠宰场飞速发展的时期，通过不断的投资整改，逐步从手工屠宰向机械化全自动屠宰发展，屠宰模式由待宰加工向白条批发发展。2013 年底，该屠宰场通过常州市政府验收，并获得溧阳市第一张屠宰许可证，成为生猪屠宰行业的龙头企业。2013年，屠宰场日均屠宰量在150头左右，全年屠宰生猪5.3万头。

第五章　水产业

第一节　渔民与渔业

一、发展概况

别桥境内河港湖塘纵横交错，长荡湖在镇之东，沿湖乡镇，于溧阳、金坛之间尤以别桥为首。这一得天独厚的地理条件，适宜鱼类生长繁殖，故称“鱼米之乡”。

自清末至民国，别桥乡渔民仅有30余户，大部分居于长荡湖，少数散居在境内内河中。每户有小木船一条，全家生活、生产集于几平方米的小船之上。生产工具既原始又简单，仅卡钩、丝网、各式河网、塘网、虾笼、鱼叉等，极个别的渔户在湖内以笼簖捕鱼。当时，全乡日产鱼量在100～150千克之间。所捕之鱼，有三种销售方法：一是集市鱼行零售，二是湖内趸批给活水鲜鱼船，三是沿村叫卖或兑些粗粮、蔬菜。渔民生活处于社会最低层，捕鱼旺季，勉强温饱，淡季沿门求乞，有“渔叫化子”之称。渔光曲词：“云儿飘在海空，鱼儿藏在水中，早晨太阳里撒鱼网，迎面吹过来大海风，勤撒网，紧拉绳，烟雾里辛苦等鱼踪……捕鱼人儿世世穷，爷爷留下的破鱼网，小心再靠它过一冬。”

新中国成立后，渔民走上组织生产的道路。1952年，溧阳船民协会渔船组成立，别桥乡渔户分别编为张长明卡钩组和邵关保鱼鹰丝网组。1953年，县成立溧阳县渔民协会，别桥乡60户渔民，编成6个小组从事捕鱼生产。1954年后的农业生产合作化运动中，也曾加入农业生产合作社，亦农亦渔。1959年，别桥公社的渔民又集中到长荡湖之滨的泗渎港，成立捕捞大队。1968年8月，县城迁移来26户渔民与捕捞大队一道，成立别桥人民公社水产大队。别桥的渔民，改变千百年来的漂泊生活，在长荡湖畔泗家埠荒滩上定居下来。是年冬季，围湖造田400亩，建造电力排灌站，与邻村建造桥梁，渔民开始以农为主以渔为副的生活。可是，渔民农业生产经验不足，而捕鱼量又显著下降，收入不多，生活水平仍得不到提高。

中共十一届三中全会以后，水产大队名副其实了，恢复以渔为主的生产，加上繁荣市场和个体承包责任制的政策，渔民的捕捞积极性高涨，大量添置、修整捕鱼工具，改革传统的捕捞作业方式，承包水面养鱼，收入空前增加。1978年前，全大队有渔船45只，到1982年增至82只，捕鱼工具比1978年增加70%，有些渔户的渔具价值达2000余元。鱼类产量，定居初期年产量2500千克左右，1982年达6000千克。渔民收入，定居初期户平均年收入仅400元，1982年户平均年收入达1000元，高的达5000元。1983年，水产大队改名为渔民新村。

2013年，别桥镇有渔业户126户，其中传统渔民150人，具有捕捞证渔民17户，年水产总产量达 2.01 万吨，其中鱼类 1.61 万吨。

二、渔具

别桥地区捕捞渔具除渔船外，共有各种网、钩 20 多种，大中型的有拦河网、簖网、塘网、撒网、鱼簖、虾笼，小型的有卡钩、丝网、鱼叉等。渔民还根据各自的特长和渔具，结合河港、湖荡水产生物活动的季节、规律，进行常年和季节性捕捞。

2013 年别桥镇境内主要渔具渔法和捕鱼种类一览表

表 10-5-1

渔具	捕捞季节	捕鱼种类
拦河网	4 ～ 10 月	内河各种大小鱼
簖塘网	全年	除深低水鱼外，内河、塘坝野生各种鱼
鱼　簖	全年（禁捕期停止）	湖荡各种鱼类
滚　钩	全年	鲤、赤、草、黑等底层鱼类
虾　拖	3 ～ 10 月	青虾、白虾
丝　网	4 ～ 7 月	鲢、鳙、鳊、餐条等
耥　网	2 ～ 4 月和 8 ～ 12 月	鲫、鲇和各种小鱼、泥鳅等
小　钩	4 ～ 10 月	鲫、鲇、青、黑和甲鱼、黄鳝
竹　卡	1 ～ 6 月和 9 ～ 10 月	鲫、白、餐条等
虾　笼	5 ～ 11 月	青虾、白虾
撒　网	全年	赤、白、草、鲢、鳙、红餐等
地　笼	5 ～ 11 月	龙虾、黄鳝、泥鳅等

第二节　养　殖

一、种苗孵育

【引进繁殖】 20 世纪 50 年代后期，少数渔民开辟鱼苗池，开始引进鱼花，培育鱼种。1965 年，后周塘马村利用 12 亩水面，从长江中游的安庆地区采购鱼花（约 0.5 厘米长），培育鱼种。主要品种是四大家鱼（鲢、鳙、青、草鱼），每年育鱼苗 120 万～ 150 万尾（从长江中采购来的鱼花，存在鱼种不纯的缺点）。后来发展到 30 亩水面。鱼苗供应后周、竹箦、前马等周边乡镇以及宜兴、金坛、句容等地，甚至供应兰州一些地区。70 年代后，由于市场原因，塘马村不再繁殖鱼苗。

【人工催化孵育】 1965 年，小石桥村一农户，开辟荒滩地 40 多亩，人工催化孵育鱼苗，由于水质差，每年仅育 70 万余尾鱼苗，后停止。1968 年，别桥公社捕捞大队开始人工孵育鱼种。基地水面 108 亩，除四大家鱼外，还有鳊鱼、鲫鱼，每年孵育鱼苗 8000 万余尾，鱼苗供应皖、苏两省部分地区。

1983 年，湖边乡中里村易海法等 6 户农户，承包 6.5 亩水面，从孵化鱼苗、生产斤两鱼到饲养成鱼，开展一条龙生产。经营一年，繁殖鱼苗3.5万尾，产成鱼1.5万斤，收入3.2万元。1984年，别桥水产养殖场开始孵育鲤鱼苗种，每年生产1500万尾苗鱼，供应当地养殖户。1986～1988年，又尝试孵育团头鲂及高体形银鲫，年产苗鱼5000万～6000万尾，销售省内苏、锡、常地区。2006～2013年，该水产养殖场，人工催化孵育鱼种面积一直在保持150亩，品种主要鲢、鳙、青、草四大家鱼和银鲫、鳊鱼，每年孵育鱼种150余万尾，除自己放养，还售往苏、浙、皖三省部分地区水产养殖户，2013年获溧阳市农林局“水产苗种生产许可证”。

【特种水产苗种】 溧阳市别桥付庆水产养殖场，位于别桥镇前程村，基地面积150亩，培育河蟹种苗。1990年开始培育蟹苗时，面积45亩，每亩产值1.5万元。2013年，每亩育河蟹种苗150千克，总量42000万蟹苗，成为省级良种培育场。

位于别桥镇两湾村的溧阳市国忠特种水产养殖场，育苗基地200亩。1994年人工孵化繁育甲鱼苗种，获得成功，产甲鱼苗4000多只。2007～2013年，面积扩大至320亩，年产甲鱼苗20余万只，苗种供应苏、锡、常三地区养鳖专业户。该基地培育的甲鱼苗，为纯中华鳖，经农业部审定，连续九年为绿色食品。基地已被列为农业部水产养殖健康示范场。

二、放养

【池塘养鱼】 新中国成立前，农村对水面利用率极为微小，池塘水面，依据用水田块，分属几户或单属一户，几乎没人放养鱼类。别桥乡池塘养鱼利用仅占1%左右。新中国成立初，养鱼水面以自然水体为主，只放养，不投饵，产量很低，亩产仅在25千克左右。1952年，池塘养鱼面积有所增加，也开始重视应用养鱼技术，产量逐年递增。人民公社化时，由于“浮夸风”影响，集大量鱼于一池，缺乏管理和饲料，鱼产量仍徘徊不前。1965年，贯彻以养殖为主，养、种、捕并举的方针，以大队、生产队为单位放养鱼类，收到一定的效果。改革开放后，国家对农业、农村实行一系列的惠农支农政策，允许农民将水产品直接上市，渔业生产得以快速发展，农民开挖鱼塘，放养水产品积极性高涨。1980年，别桥水产大队开挖池塘10亩养鱼，水产品产量1250千克；后周水产大队开挖鱼塘30亩，水产品产量3500千克；古渎公社渔场鱼塘面积800亩，水产品产量7500千克;湖边公社符家大队鱼塘面积200亩，水产品产量5000千克。1983年，别桥镇池塘养鱼15000亩，水产品总量为5300吨。1984年，古渎乡东溪村徐保龙等6户农民，年初开挖鱼塘100亩，套养春片鲤鱼600千克，培养夏花20万尾。别桥镇土山村郑和平养鱼25亩，产鱼2200千克，第二年放养斤两鱼种775千克，套养小规格鱼种4260尾，产鱼3000余千克。2001年，别桥、绸缪、后周三镇池塘养殖面积23021亩，2005年为24504亩。2010年，别桥镇池塘养殖面积27365亩，2013年，别桥镇池塘养殖面积达30347亩。

【水库养鱼】 塘马水库于1962年建成，当时自身养鱼水面1800亩。1965年，水库投放鱼种10万尾，年产鱼30吨左右。1980年，放养四大家鱼和鳊鱼、鲫鱼10万尾。至2003年，养鱼水面1500亩。2008年，养鱼面积2200亩，投放各类鱼种14万尾。2013年投放鱼种18万尾，年产量75吨。

【湖荡养鱼】 镇境东面的长荡湖系中型浅水库，属溧阳、金坛两市共有。1972年，两县联合成立长荡湖水产管理委员会，实行统一领导，按股投资、收益统一分配等办法，在湖内放养水产品。

1986年，沿湖村庄农民下湖网围养鱼。网围养殖是利用长荡湖大水面的优良水质，水流畅通，水草、蛳螺等天然饵料丰富等优越自然条件，与运用池塘高产精养技术相结合的一个养殖模式，是提高湖泊水体利用率、提高湖泊渔业经济效益的有效途径。别桥镇境内的园上、土山、诸里、渔民新村等自然村40多户农户，在长荡湖网围2000多亩水面，放养草鱼、鳊鱼等，不投饵，充分利用湖内水草等自然食料，每亩产量300～500千克。1989年，于围网内试放养螃蟹，获得成功。后逐步扩大放养面积。2009年前，长荡湖网围养殖面积为4177.7亩。为了还长荡湖原有的生态环境，2009年网围整治，网围养殖面积为2610.5亩。

【稻田养鱼】 稻田养鱼是充分利用农业资源的一项举措。在水稻移栽前，田内开成呈“田”字形鱼池沟，一般深2市尺，宽2.5市尺，利用草塘潭做鱼窝，沟、窝占稻田面积17%。水稻移栽后，投放鱼种。1985年，湖边乡双桥村马金法21亩稻田养鱼，投放6000尾鱼种，放养成功。1986年，湖边乡长桥村120亩稻田养鱼，获鱼7800千克，收稻4562千克。绸缪乡39亩稻田养鱼，获鱼6090千克，收稻10873.2千克。1987年，湖边乡长桥村8.9亩稻田放养大规格鱼种，共收获鱼802.35千克。

三、特种水产养殖

【珍珠蚌】 1974年，古渎公社养殖珍珠蚌。1991年，湖边乡在长荡湖放养珍珠蚌。1998年，道成村委会对河自然村村民钮田龙在周家湾至东埂的排灌大河内养珍珠蚌，至今已有17年的历史，每年放养珍珠蚌60多万只，出售珍珠蚌20万只。2003年，后周镇人工育珠403千克，2004年为3000千克。2011年，别桥镇人工育珠850千克，2012年为844千克。

【甲鱼】 1980年，后周水产大队放养甲鱼2.5亩，获得成功，后来面积扩大到5亩，年产量165千克。2013年，小石桥村饲养甲鱼5亩水面，产量100千克。前程村饲养甲鱼40亩，年产甲鱼1.6吨。溧阳市国忠特种养殖场不仅培育甲鱼种苗，2007～2013年，还产成品纯中华鳖1万只，近10吨。

【螃蟹】 别桥镇境内，尤其是平原圩区，水质优良，气候湿润，十分适合螃蟹养殖，且螃蟹市场前景广阔，螃蟹养殖遂成了别桥镇水产养殖中的主要产业。1978年，湖边乡渔场17亩池塘，饲养幼蟹655千克。20世纪80年代，数百农户或在长荡湖里，或开挖池塘放养螃蟹，逐渐形成较有规模的螃蟹养殖业。2011年，别桥镇池塘养殖螃蟹3.58万亩，其中网围养殖0.28万亩，年产螃蟹1967吨。湖边村的螃蟹养殖已形成具有规模、特色的示范区。2012年，全村螃蟹产量1020吨。养殖示范户郑春来放养螃蟹283亩，每亩水面收获螃蟹120千克。2013年，溧阳市缪氏大闸蟹专业合作社大闸蟹养殖基地面积8000余亩，年产大闸蟹800吨。湖西水产养殖场虾、蟹混合放养580亩，亩产青虾20千克，螃蟹110千克。

2013年，别桥镇产螃蟹2472吨。

【鲈鱼】 1989年，别桥水产养殖场放养鲈鱼80亩，产成鱼2.08万千克。2013年不再放养。

【罗氏沼虾】 1990年，别桥水产养殖场从上海水产研究所引进罗氏沼虾，放养水面60亩，亩产90千克左右。2013年停止养殖。

2001 ～ 2013 年别桥镇现境渔业生产情况统计表

表 10-5-2

年份	镇名	水产养殖面积（亩）	水产品总产量（吨）	鱼类（吨）				虾类（吨）	蟹类（吨）	贝类（吨）	人工育珠（千克）
				总产量	其中						
					青鱼	草鱼	鲫鱼				
2001	别桥	19442	5611	5194	499	1088	2583	103	268	46	150
	绸缪	8234	5308	5080	165	573	3341	85	83	60	—
	后周	5376	1330	1205	53	411	407	56	48	21	—
2002	别桥	19735	6187	5648	433	740	3322	126	347	66	—
	绸缪	8234	5772	5466	177	662	3615	105	123	78	—
	后周	5762	1878	1719	107	493	849	66	77	16	600
2003	别桥	19930	6269	5637	873	825	1294	153	420	59	112
	绸缪	8234	6059	5613	189	675	2706	148	139	159	—
	后周	7666	2586	2340	145	390	1493	76	98	30	403
2004	别桥	19856	6316	5594	486	1465	2002	168	504	50	—
	绸缪	8234	6651	6110	207	700	4082	182	182	177	186
	后周	7624	3037	2530	201	408	1471	82	95	30	3000
2005	别桥	19801	6412	5627	442	1493	2088	180	555	50	—
	绸缪	8234	6980	6294	242	793	4342	198	282	206	—
	后周	7952	2896	2651	333	640	981	110	108	27	—
2006	别桥	20482	6594	5560	475	1346	2219	234	751	49	—
	绸缪	10289	7510	6707	270	829	4574	241	328	234	—
	后周	6842	2969	2648	361	509	1522	191	103	27	—
2007	别桥	37860	7910	6872	551	1125	3640	294	600	144	800
2008	别桥	35777	16988	14636	1402	2204	7959	507	1523	322	10500
2009	别桥	38342	18206	15436	1014	2726	6614	855	1634	281	—
2010	别桥	38314	19374	16435	1048	2861	6844	894	1743	302	831
2011	别桥	47999	19938	16702	1092	2890	6914	949	1967	320	850
2012	别桥	42160	19682	16025	1034	2668	6491	1218	2135	304	844
2013	别桥	42160	20118	16099	1056	2674	6521	1236	2472	311	—

说明：资料来源《溧阳市统计年鉴》

第六章　蚕桑业

第一节　发展概况

别桥镇境内农民早在东汉、三国时期就有栽桑养蚕之习。清乾隆二年（1737 年），知县吴学濂曾奔赴各乡镇，积极倡导农民栽桑、养蚕、缫丝。从全县来看，蚕桑生产大都集中在圩乡平原。清代至民国，别桥地区蚕桑事业较为发达，到抗战前，发展到鼎盛时期。农民对于养蚕极其重视，蚕茧收入列为家庭中仅次于秋熟的一项收入。当时，农民三麦种植极少，夏季收入以蚕茧为主。农谚云：日不睏，夜不眠，四十八天见现钱。足以说明养蚕周期短，收益快。抗战以前，蚕茧价格每 50 千克大洋 100 元左右，大户能出售蚕茧 50 ～ 150 千克之间，小户也能出售几十千克到 50 千克左右。在 40 多天中，能收入 20 ～ 300 元大洋，在当时的农家，的确是一项不菲的收入，由此大大调动了农民栽桑养蚕的积极性。农民把栽桑养蚕视为与自身生活息息相关的命根子，是农业生产的支柱。

那时，有些农户具备蚕茧缫丝技术，以极其原始的缫丝木车代人加工。蚕茧保存时间短暂，做丝必须夜以继日，以防蚕蛹成蛾，破茧而出，所以有“抢丝夺麦”之说。民国 13 年（1924 年），别桥开办仁裕茧行，行主史燦堂，经理吕伯雄，年收鲜茧 50 吨左右。民国 21 年（1932 年），王仁昌在浪圩村开办茧行，抗日战争中关闭停业。抗战结束后，史祖同复至浪圩村开办龙溪茧行，每年收购鲜茧 25 吨左右。

抗日战争爆发后，成片桑园遭到毁坏，蚕茧生产受日军控制，致使桑田面积和蚕茧产量大减，别桥地区的蚕桑事业一蹶不振，至新中国成立前，蚕桑业已濒于绝灭的边缘。

新中国成立后，人民政府贯彻“积极恢复，大力发展蚕桑生产”的方针，在政府的大力扶持下，曾有一定的发展，大有恢复振兴之势。1951 年，别桥区的道成乡（时别桥区有 12 个小乡，每个小乡大约相当于现在的行政村）有桑田 105 亩，产桑叶 60 吨，养蚕 190 张。

1951 年，蒋锁海在浪圩经营龙溪茧行，陈大孚在绸缪经营坤纶茧行。1952 年，茧行归供销社管理，是年收购鲜茧 32.2 吨。1954 年收购鲜茧 34.28 吨。而后，茧价调低，茧粮比价不合理，栽桑不如种粮，桑叶严重减产，又遇严旱大涝，蚕桑业元气大伤。

1957 年，县人民政府采取措施，开拓新桑，保护老桑，建立桑田管理制度，采用一系列科学养蚕的新方法，蚕桑事业有所发展。1958 年，别桥乡养蚕 350 张，产茧 12.81 吨；后周乡养蚕 252.5 张，产茧 7.1 吨。1959 年以后，强调“大集中、大生产”，把家前屋后的桑地、田埂桑、零星小块桑园及蚕具集中到大队，提出发展千亩桑田、万亩桑田，破坏了所有制，在分配上大拉平，“三包一奖”政府不能兑现，加上生产上瞎指挥，盲目发种，造成严重缺叶倒蚕。饲养蚕，不讲科学，推行四季养蚕，全年养蚕 7 ～ 8 次，曾用八月老、榨树叶作蚕饲料，造成饥饿育蚕不结茧，丰产而不丰收，蚕桑业更趋衰落。

1962 年，贯彻中央《关于改变农村人民公社基本核算单位问题的指示》，县委决定把桑田下放到生产队经管，普遍推行队管户养，包工包户及奖赔政策，但粮桑矛盾突出，挖桑种粮，蚕桑业难以发展。1964 年，贯彻执行“调整、巩固、充实、提高”发展国民经济方针，对蚕桑事业采取巩固老桑、发展新桑，制定售茧重奖政策，并积极采种、播种、育苗，发展成片桑园等有利于发展蚕桑生产的措施，带动蚕桑生产的回升。1968 年，绸缪公社种植桑树 666.7 亩，产蚕茧达 6.04 吨。1970 年，别桥公社种植桑树 221 亩，产蚕茧 1.45 吨。1979 年，古渎公社种植桑树面积 148 亩，产蚕茧 2.65 吨，1983 年增加到 369 亩，产蚕茧 4.05 吨。

1962～1985 年湖边乡部分年份蚕桑事业发展情况一览表

表 10-6-1

年份	桑田面积（亩）	年产蚕茧（千克）
1962	25	1027.5
1968	90	4216.0
1970	150	6937.5
1972	160	7817.0
1978	250	4190.0
1980	136	5023.5
1984	329	10038.0
1985	481	22330.5

1986 年，别桥、湖边、古渎、绸缪、后周五乡镇桑田面积为 3779.5 亩，产茧 130.83 吨，其中湖边乡桑田面积 651.69 亩，全年春、夏、秋三季发蚕种 1203.5 张，产茧 38.33 吨。

中共十一届三中全会后，蚕桑生产实行联产到户承包责任制，又一次调动了蚕农生产积极性，蚕桑生产得以迅速发展。1983 年，县政府明确规定桑田承包到户 15 年不变的生产责任制，出现一批蚕桑专业户。1985～1986 年，后周观阳村村民万银全承包 4 亩桑田，每年收入稳定在 2500 元左右。湖边浪圩村范仁夫，养春蚕 1.5 张，产茧 60.5 千克，收入 358.18 元。1994 年，别桥镇中里村易正保种桑 17 亩，养蚕 39 张，产茧 1471 千克。

第二节 植 桑

别桥地区是圩乡平原，1949 年前，桑地大部分是田埂桑。新中国成立后，随着生产关系的变革，耕作制度的改变，逐步被圩埂桑、河埂桑、村基桑、大田桑代替。后周丘陵地区以荒山坡地和岗塝田植桑。传统的桑树有低刈和根刈湖桑，树龄一般在 30～40 年，繁殖采用压条枝较为普遍。桑树苗木，大多从浙江省的湖州、桐乡等地购进，品种主要有荷叶白、桐乡青、湖桑 32 号及本地红皮桑等。1952 年春，发动群众，采集果籽、播种，生产实生苗，进行广接、火焙接桑苗。从 20 世纪 60 年代开始，各公社专门培训嫁接桑苗技术员，自行嫁接桑苗，采取“落枝扦插”的办法培育桑苗，争取桑苗自产自给，减少引进外地桑苗的数量。1967 年，绸缪公社蚕桑指导站嫁接桑苗 21.2 万株，成活 5.4 万株。1986 年，后周乡蚕桑指导站在观阳村集中嫁接桑苗 50 多万株，成活率 60% 左右。

别桥地区的桑树在栽培上和树型上有独特之处，称之为地桑。这种桑树近地剪定，树干和桑拳与地面基本相平，形成无干桑树型。其优点是成林快，速成丰产；病虫害少，桑天牛危害小；树龄虽老，也容易更新变化；肥料利用率高，易恢复树势；树型养成技术容易掌握。

培育管理地桑的措施主要有：

壅桑培苗 地桑枝条基部接近地面，一般采取传统压条培育。在管理上采用壅桑培苗，由于壅桑时间和剪苗栽植时间的不同，壅桑培苗分春壅冬栽、夏壅冬栽、夏壅夏栽和秋壅冬栽等方法。

剪梢摘蕊　每年在冬翻前，把枝条扎在一起，便于桑田农事操作，称“结束”。翌年初春，解除束草把枝条放开，称“解束”。解束时，剪去枝条的1/4～1/3，并修除枯桩、老枝、病弱枝，连同束草带离桑园烧毁。等到蚕儿生长到3龄时，再行摘蕊，摘去新梢嫩芽，使枝条粗壮，叶肉增厚，叶色转绿，提高桑叶成熟度和产量。

桑苗密植　提高桑叶单位面积产量，桑园可采取加密补缺措施。1950年，每亩桑300株拓植到400株，直到1985年，每亩栽植密度为1500株。随着桑园加密，管理措施加强，亩产桑叶从250千克左右增长到750千克以上。

桑树管理　（1）重施春肥。春节前后施猪羊肥，3月施人粪、化肥速效肥，夏伐再施一次速效肥，每养一次蚕，就施肥一次，注意施肥位置轮换，采用打塘穴施法，施后壅土。（2）加强水的管理。由于地桑根系浅，对水敏感性强，应重视渍害和旱害，对村基、旱地和高田桑，搞好桑地平整，尽量能排能灌。（3）耕翻。一年三、四次，冬耕在小雪和大雪间进行，大块架空。春耕在惊蛰前进行，把土块敲碎，耙平壅根。夏伐后用锄头深削1次。（4）松土除草。一年3～4次，但黄梅里的锄头，见草就除。（5）春天帮埂，抛上高头土。（6）压条补缺。春蚕3龄时，选好待压枝条，及时进行压条，也有夏伐后再压枝条的做法。（7）防治病虫害。桑树虫多病少，春季有桑尺蠖、桑毛虫、兰叶虫、桑天牛，夏秋季有桑蓟马、红蜘蛛、桑毛虫等危害。

1990～2013年别桥镇现境桑园面积产量一览表

表10-6-2　　　　单位：亩、吨

年份	乡　镇	年末桑园面积	蚕茧产量	年份	乡　镇	年末桑园面积	蚕茧产量
1990	别桥镇	547	33	1994	古渎乡	1098	74
	湖边乡	1293	85		绸缪乡	1731	153
	古渎乡	1060	64		后周镇	2488	181
	绸缪乡	755	45	1995	别桥镇	2531	168.3
	后周乡	1211	72		古渎乡	1048	67.2
1991	别桥镇	923	23		绸缪乡	1737	148
	湖边乡	1382	62		后周镇	2488	187
	古渎乡	1327	41	1996	别桥镇	1248	84
	绸缪乡	1734	46		古渎乡	356	34
	后周乡	1651	73		绸缪乡	1025	65
1992	别桥镇	1932	115		后周镇	1832	108
	古渎乡	1772	64	1997	别桥镇	591	28
	绸缪乡	2203	55		古渎乡	119	9
	后周镇	1812	81		绸缪乡	314	33
1993	别桥镇	2005	149		后周镇	1437	90
	古渎乡	1334	76	1998	别桥镇	330	16
	绸缪乡	1836	94		古渎乡	14	1
	后周镇	2126	157		绸缪乡	598	38
1994	别桥镇	2111	176		后周镇	1494	111

续表 10-6-2　　单位：亩、吨

年份	乡镇	年末桑园面积	蚕茧产量	年份	乡镇	年末桑园面积	蚕茧产量
1999	别桥镇	194	15	2004	别桥镇	54	1
	古渎乡	11	1		绸缪镇	298	0
	绸缪乡	489	19		后周镇	1526	94
	后周镇	1572	95	2005	别桥镇	22	0
2000	别桥镇	148	11		绸缪镇	298	50
	绸缪镇	424	34		后周镇	1526	89
	后周镇	1572	101	2006	别桥镇	953	0
2001	别桥镇	152	11		绸缪镇	298	57
	绸缪镇	430	33		后周镇	1551	86
	后周镇	1605	117	2007	别桥镇	1286	81
2002	别桥镇	112	8	2008	别桥镇	1052	70
	绸缪镇	345	34	2009	别桥镇	874	59
	后周镇	1700	106	2010	别桥镇	874	65
2003	别桥镇	76	3	2011	别桥镇	824	62
	绸缪镇	298	36	2012	别桥镇	824	51
	后周镇	1540	106	2013	别桥镇	819	52

说明：资料来源《溧阳市统计年鉴》

第三节　养　蚕

别桥地区传统养蚕一年两次，即春蚕和晚秋蚕。新中国成立后，桑树管理水平不断提高，加之科学技术的推广，曾发展为年养蚕 4～5 次，但仍以春蚕为主，约占全年的 50%，夏蚕占 5%，早、中、晚秋三次蚕约占 45%。

蚕种催青由蚕农在每年清明后，以体温进行催青，俗称“焐种”。那时，蚕的白僵病、病毒病等比较严重，影响蚕茧产量。1950 年后，随着蚕种的改良，防病技术措施的推广应用，采取集中催青，提高蚕蚁孵化率。领回催青蚕种到蚕种孵化这阶段要补催青，组织稚蚕加温共育，采用稀座、薄饲、勤喂等一系列技术措施。20 世纪 60 年代，中国农科院蚕研所推广小蚕坑床育等科学养蚕方法，发展养蚕技术。1985 年又推广稚蚕防干低育，称快育养蚕法，提高蚕茧产量。1986 年，别桥镇政府组织副业公司人员租借房屋，200 多张蚕种补催青一天，孵化率在 90% 以上。小蚕共育也是稚蚕饲养的方法之一。早在 1958 年，由于桑田集中管理，调配劳力，稚蚕集中共育，大蚕分组自养，根据蚕种量，或以大队，或以生产队为单位，集中育蚕。小蚕共育可促使小蚕发育整齐、强健，减少发病损失，生长快，茧质好，产量高。20 世纪 80 年代，后周公社曾在观阳、黄金山、玉华山、西沈、小石桥设 5 个共育点，共育时间为稚蚕到 2 龄或 3 龄开叶分户饲养。

新中国成立前，蚕农缺乏科学养蚕知识，寄希望于蚕神保护，故养蚕期间忌讳甚多。新中国成立后，建立蚕桑指导机构，不断推广和应用科学养蚕技术。1951 年，别桥区蚕桑推广所设在古渎，指导员杨希珍，推广科学养蚕，蚕茧丰收得以基本稳定，张产量逐步提高。大蚕期间，一日喂饲 4 ～ 5 次桑，每日早晚各撒防僵粉和石灰，眠起中淘汰病弱蚕。大眠开口后下地蚕，下地蚕是养蚕过程中的重要环节。蚕儿五龄饷食后便下地饲养，其优点是节省蚕具，省工，不除沙，只撒隔沙材料；地面一层饲养，蚕室空气好。主要缺点是房屋利用率不高，易受畜禽和风的危害。1964 年开始，大蚕推广“条桑育”，把枝条连叶剪回直接喂蚕，既可使桑叶不易切凋，清爽通气；省工、省叶；蚕粪漏下，叶片干净，又可减少蚕儿传病机会。隔日交替喂饲灭蚕蝇和抗生素类药物进行防治，上簇前添食一次阿托品水叶防止不结茧蚕。蚕老了，拾起放到“草龙”上作茧，谓称捉老蚕。20 世纪 80 年代，推广自动上簇作茧，即不捉老蚕，但簇具必须规格化、标准化。在蚕儿成熟 5% 时，添食蜕皮激素，见 80% 熟蚕时，添一层薄叶，放上“草龙”，待熟蚕定位后，清除蚕沙，打开门窗，通风排湿，这样茧质明显提高。

农户喜欢喂养春蚕，春蚕品种好，春季气候温和，桑叶品质也好，容易丰收，一般张产茧在 35 千克左右；夏秋蚕茧产量低而不稳，饲养过程中，受气候和自然灾害影响，农药施用频繁，污染严重，容易造成蚕儿中毒，严重的甚至失败。

第七章　园艺业

第一节　蔬　菜

别桥镇境内传统的蔬菜种植，一般是农户自种自给，少量上集市出售。常规蔬菜品种有青菜、白菜、萝卜、苋菜、芹菜、韭菜、大蒜、菠菜、雪里蕻、冬瓜、丝瓜、扁豆、豇豆、茄子、辣椒等。白菜、红萝卜是群众冬季腌制过冬菜的主要菜材，俗话说“白露白菜小雪腌，冬至开缸吃过年”。蔬菜的品种，均为地方品种，种植年代久远，自留自种自繁。新中国成立后逐渐引进番茄、花菜、西兰花、西洋芹等，一年四季都有不同时蔬上市，春有莴苣、蒜苗、菜薹，夏有冬瓜、黄瓜、豇豆、茄子、空心菜、辣椒、丝瓜，秋有青菜、茭白、黄芽菜、花菜、菠菜，冬有大蒜、乌油菜、芹菜。春节尝韭菜芽，端午节吃苋菜、旱黄瓜，中秋节品糖醋拷萝卜，腊八节素油炒白芹。近 10 年来，出现蔬菜种植大户，大棚反季节种植，时令蔬菜，每天都可出现在餐桌上。

2000 年成立的航宇瓜果蔬菜专业合作社，种植面积 1101.9 亩，选择适宜本地生长、市场适销的品种，如青椒、紫长茄子、黄瓜、秋葵、西葫芦等，2002 年 5 月种植 125 亩“湖西白芹”。2005 年成立的华生大棚蔬菜专业合作社，从 2007 年开始，以 500 亩核心示范区，带动周边 400 个农户种植蔬菜，面积达 1000 亩。运用优质、抗病、高产良种，采用无公害栽培技术，以番茄、辣椒、莴苣、黄瓜为主要品种，亩产均在 4000 千克左右。道成村委的符家、虞家坝、金家桥、昌口里等村蔬菜种植是农户的一项主要经营项目。2013 年前，有 50 多户农户种植白芹 100 余亩，大蒜 150 余亩，黄瓜 120 余亩，还有种植豇豆、茄子、辣椒、番茄的农户数十户。更具特色的是 20 多户农户，专门培育茄子、番茄、辣椒幼苗，满足别桥地区农家小园移栽的需求。

2007年，马家村种植绿色保健食品富硒瓜20亩，12月份种植，次年8月成熟，瓜一般长80～90厘米，最长达1.2米。这种瓜，皮薄、瓤黄、细腻、脆嫩，营养丰富，可以生吃、凉拌、热炒，也可以做馅、入汤，亦可以加工成果脯、果糖、饮料、口服液等。

2012年，别桥镇生产蔬菜20613吨，2013年生产蔬菜20853吨。

第二节　瓜果　食用菌

【瓜类】 别桥镇境内有瓜类种植，尤其在后周丘陵地区，山坡、旱地种植普遍。主要种植的瓜类有西瓜、甜瓜（俗称梨瓜）、水瓜等。新中国成立前后多为本地品种，大部分是农户自种自食，少量出售。20世纪70年代，引进“解放”“苏密”西瓜，甜瓜有黄金瓜、老鼠瓜、檀香子瓜。当时生产队集体种植几亩或十几亩西瓜，收获后分给社员。1977年，别桥、湖边、绸缪、古渎公社种植西瓜1013亩。直到80年代农村经济体制改革，农民种瓜的传统才得以发展，特别是瓜后稻的产量比较理想，形成三麦后期套种西瓜，西瓜收获后又栽水稻，提高了每亩田的收入，农民乐意这种茬口布局。1984年，湖边乡种植西瓜335亩，收获西瓜279.5吨。1985年，后周、绸缪两个乡种植西瓜10118亩，收获西瓜106.14吨。1986年，古渎乡种植西瓜764亩，收获西瓜308.3吨。1987年，别桥镇种植西瓜1821亩，收获西瓜182.1吨。1996年，别桥镇现境原五乡镇种植西瓜3185亩。1999年，五乡镇种植西瓜3254亩，其中后周镇种植西瓜2104亩。2008年后，外省农民来镇内承包土地，大棚种植西瓜趋势发展良好。当地农民出租土地，承包者投资种瓜，产量很高，收入颇丰，当地农民和承包者双赢。

【果类】 后周丘陵地区果类生产较平原圩区发展快，主要是桃、梨、柿子，后发展葡萄、橘子、草莓等。1989年，别桥镇现境原五乡镇种植水果32亩，产鲜水果78吨。2007年，别桥镇种植水果104亩，产404吨鲜水果；2008年种植394.5亩，产鲜水果293.6吨；2012年种植303.6亩，产鲜水果286.3吨；2013年种植394.6亩，产鲜水果293.6吨，其中梨60亩72吨，桃230.5亩138.3吨，葡萄89.1亩71.3吨，李10亩8吨，杏5亩4吨。

【菌类】 1979年，后周公社开始培植食用菌——蘑菇，是全县发展食用菌生产较早的公社之一。1983年，后周公社培植蘑菇30万平方尺，收益可观。蘑菇生产房舍有室内和简易棚两种，占地面积小，花工花本少，见效快，收获后，料基是麦稻的好肥料，有机质含量高。1984年趋向发展态势，境内各个乡镇都在培植。后周供销社建立菌种厂，促进当地食用菌的生产和发展，使用的是102－2菌种。后周供销社深入190个村民小组932户菇农家中，落实培植面积，供应菌种17万瓶，并支持菇农发展蘑菇培植供应肥料及各种培植蘑菇所需的生产资料。是年，湖边、古渎两乡培植蘑菇56840平方尺，产蘑菇12.33吨。1986年，绸缪乡培植14750平方尺，产蘑菇7.13吨。1987年，别桥、古渎、后周3个乡镇培植蘑菇25.9万平方尺，产蘑菇11.8吨。1988年，后周乡有菇农297户，培植蘑菇22.2万平方尺。1989年，全乡培植蘑菇37.29万平方尺，产蘑菇176.14吨。1990年，培植蘑菇17.39万平方尺，产蘑菇121.5吨。1991年，新建村香菇生产基点，培育10万筒香菇菌种，供应20户菇农培植香菇。而后，由于市场原因，散户蘑菇生产逐步停滞衰退。

第三节　园艺作物

1980年前，别桥镇境内园艺作物培育是少数居民在家庭小园或花盆培育观赏，常见的有栀子花、凤仙花、月季花、冬青树、石榴、香橼、万年青、天竹、美人蕉等。学校的观赏花木品种多一些，有菊花、大理菊、桂花、玫瑰、月季、松树、柏树、雪松、黄杨等。20世纪80年代后，集镇居民、机关、工厂、企业单位和个别农户引进培植观赏花木，美化庭院、居室，增添办公室绿色，工厂、企业以观赏花木净化环境，形成不可或缺的风景。90年代后，通过采集和引进，花木种类不断增加，观叶类有红枫、铁树、龙雪松、大（小）叶棕竹、银杏、鸡爪槭、合欢、红花继木、红叶石楠、枸骨、红叶乌桕、发财树、红叶李等25个品种；观花类有桂花、玉兰、广玉兰、白玉兰、紫玉兰、月季、茉莉、杜鹃、腊梅、栀子花、夹竹桃、迎春花、樱花、含笑、紫荆、山茶、宝华玉兰、女贞、海棠、紫叶李等22个品种；桩景类有龙柏、黄杨、苏铁、文竹、紫薇、甲骨冬青、黑松、榕树、五针松、罗汉松、金桔、垂丝海棠、马尾松、雪松、国外松、桧柏、扁柏、千头柏等19个品种;草木类有菊花、大理菊、牡丹、四季海棠、玫瑰、鸡冠花、一串红、万寿菊、狗牙根、黑麦草、金银花、太阳花、绿航绿萝、乌尼拉、高年茅、黑岭草等18个品种；掌类有麒麟掌、仙人掌、日本芦荟、美国芦荟、鸾凤玉、银毛柱、银毛球等12个品种；观果类有枇杷、石榴、无名果、樱桃、山楂、印花果、火棘、木瓜等16个品种。各类花木盆景约有5000盆，部分盆景为本镇和周边乡镇机关、企事业单位提供观赏服务。2013年，别桥镇有以玉华山、塘马、黄金山为主的13个花木专业合作社，从事规模性花木、园艺作物的种植培育。各村还有农户培育花木，面积不等。主要品种有：松树、紫薇、红叶石楠球、大叶黄杨球、楠树、红玉兰、海棠、樱花、桂花、海桐、雪松、广玉兰、子叶犁、含笑、香樟、黄杨、茶花、夹竹桃、腊梅、红叶石楠、观赏枫香、珍稀观赏竹、香檀、柏树、青枫、垂丝海棠、红枫、鸡爪槭、榉树、红叶李、罗汉松、银杏、高杆女贞、也门帖、长寿树、富贵竹等数十个品种。全镇花木面积4800亩。

第四节　中药材

新中国成立前，一些民间郎中挖来野生药材在园地栽培，随时取用。

20世纪70年代初,后周公社曾种植薄荷、留兰香,1985年种植薄荷71亩,得薄荷油960市斤。1999年，后周丘陵地区发展药材生产。2000年，别桥现境黄金山村首期500亩药材种植基地，种植桔梗、丹参、牡丹等中药材。村民黄三根一户就种植中药材23亩。当年，丹参每亩产值为4000余元。2001年，后周镇成立药材种植管理协会，黄金山村药材种植面积扩大到1300多亩。黄金山药材在安徽亳州市场占有一席之地。绸缪强健苦瓜有限公司于2001年在全镇种植苦瓜1500亩，每亩效益3000元左右。

2010年，江苏省金品生物科技有限公司在小石桥村进行铁皮石斛仿野生种植。铁皮石斛，又名黑节草，为兰花科，属药用价值中最为珍稀名贵品种，国家二级保护植物。基地经过3年的研究试验，取得铁皮石斛苏南地区仿野生种植的成功，填补了江苏规模化铁皮石斛种植的空白。铁皮石斛一年四季均可培植，从小苗到收获一般20个月。2011年，引进铁皮石斛生物组培种苗200万株，设施仿野生种植，其中50万株采用连栋温棚立体支架式仿野生培植，150万株采用单体常规钢架大棚架式仿野生培植。至2013年，基地铁皮石斛培植面积达50余亩，年亩产量500千克左右，总产量达25吨左右。

图10-9　铁皮枫斗

第八章　农业机械

第一节　发展概况

1950年以后，为提高抵御自然灾害的能力，别桥地区各乡各村引进数十条戽水机船，成为农机化的发端。60年代，农村电力事业的逐步发展，电力灌溉站应运而生，基本实现排灌电力化，与此同时，依附于电灌站的农副产品加工实现了机械化。70年代，手扶拖拉机的大量制造，配套农机具的齐全（旋耕机、双铧犁、水田耙），使耕作机械得到快速发展。80年代初，联产承包责任制的实行，农机化发展进入全新阶段。原先由国营、集体经营的农机，转而形成多种经济成分多种所有制并存的局面，私营农机得到发展。原先完全由国家、集体投入的机制演变为国家、集体、个体共同投入，而个体投入逐步发展为投资的主体。90年代前期，条播机、开沟机的广泛运用，三麦种植基本达到机械化；中期，植保机械化也达到70%以上；后期，由于高性能联合收割机的引进和政策导向作用，收获机械化水平有了显著提高。进入21世纪，农机化的发展喜逢历史上最快最好的时期，特点显著：一是政府对农机化工作十分重视，将农业机械化作为农业现代化、新农村建设和农民增收的重要举措来抓。二是财政导向性投入逐年增加。三是水稻生产机械化最后的关键环节种植机械化取得突破性进展。

第二节　耕作机械

新中国成立前后，农田耕作历来是牛耕人锄，农机具主要有锄头、钉耙、铁锹（挖锹）、木犁、铁犁、耙、耖等。耕田靠牛拉犁，日耕田2～2.5亩，耕麦垅3～4亩。无耕牛的农户用钉耙翻锄，一般劳力日翻田0.5亩，锄麦垅1亩。耙耖水田使用牛力牵引木耙、木耖，无牛农户只能用钉耙平（摊）田栽秧。旱作物中耕用锄头，稻田中耕除草多是耘耥（乌头），麦田开沟、做（帮）田埂用铁锹（挖锹）。1962年，别桥镇现境原5个公社有木犁1241部、水耙730部。1967年，别桥公社农场大队（现属合星行政村）最先购进手扶拖拉机1台，开始机械耕作，是别桥农业史上的创举，而后有大队相继购置应用。1970年后，双、三熟制面积扩大，各种类型拖拉机增加。1971年，别桥、湖边、绸缪、古渎、后周5个公社手扶拖拉机发展到28台，机引犁耙39台。1973年，5个公社有手扶拖拉机112台、机引犁耙60台。1975年，有手扶拖拉机211台2442千瓦，大中型拖拉机2台70千瓦。1980年，有手扶拖拉机388台4650千瓦，大中型拖拉机17台500千瓦。1981年，湖边公社有大中型拖拉机丰收35型4台、东风25型4台。1983年，5个乡镇有手扶拖拉机470台5640千瓦，其中古渎乡拥有大中型拖拉机东风50型3台。1984年，湖边、古渎两个乡有丰收35型拖拉机8台、东风50型3台。

别桥地区常用的手扶拖拉机是常州拖拉机厂制造的东风－12型拖拉机，中型拖拉机主要型号是上海产丰收－35型。与手扶拖拉机配套的机引机具主要有旋耕机和驱动耙。旋耕机结构为整体卧轴旋轮的多刀碎土器，一次完成一犁二耙作业，小时工效可达3.5～5亩。驱动耙，是江苏设计制造的与中拖配套的耕作机械，耙体为一大轧辊，由动力输出轴驱动，轧压碎土能力强，工作幅宽2.3米，时效达7～10亩。

第三节　种植机械

种植机械包括三麦播种机械和水稻插秧机械。

20世纪70年代后期，境内农村秋播开始使用机械。1977年，绸缪公社有压麦机、盖籽机、开沟机16台。1978年，别桥镇现境内原5个公社拥有很多三麦播种机械，秋季机械播种38200余亩，其中湖边公社三麦播种推广盖籽机，全社共购置10台盖籽机，每台每小时盖籽5亩，是年秋播，共盖麦籽7300多亩。1979年，古渎公社有盖籽机25台。1981年，湖边公社有破垡盖籽机16台、开沟机5台、谷物播种机8台。刀盘式开沟机，主要为1K—40型开沟机，挂接手拖，刀盘逆转，使用简易导向板，令切削后土块向两沟侧均匀飞溅，可达1.5～2.5米远。1983年，后周乡、古渎乡分别有59台、39台盖籽机。接着又推行免（少）耕条播机，是镇江地区研制的“213G—6A型”三麦条播机。该机与手扶拖拉机直接挂接，方便可靠，一次可完成破垡、碎土、播种、覆盖、镇压等5道作业，时效2.5～3.5亩。这种三麦条播机在别桥地区大量使用，使三沟免（少）耕播种技术得到迅速推广。1988年，古渎乡有免耕条播机1台，到1991年发展到16台。90年代后，三麦播种90%以上采用此种形式。2013年，别桥镇有三麦播种机424台，播种小麦64770亩。

水稻插秧机的问世，改变了农民千百年来面朝黄土背朝天的历史，大大减轻水稻手工栽插的劳力负重。1973年，别桥公社土山大队购置1台机动插秧机，当年栽插水稻300余亩，开启别桥地区机械栽插的先河。1978年，绸缪公社水稻机械栽插走在全县农村的前列，购置19台机动插秧机，栽插水稻1560亩；手扶插秧机213台，栽插水稻1295亩。其中，东马大队就机插水稻732亩，占水稻栽插总面积的38.2%。是年，别桥、湖边、古渎、后周有机动插秧机286台，栽插水稻1646亩;手扶插秧机394台，栽插水稻1749亩。1979年，古渎公社有机动插秧机2台。1981年，湖边公社有机动插秧机4台。

2002年5月，省政府印发《关于进一步加快发展农业机械化的意见》，将“以推广插秧机为重点加快水稻生产机械化步伐”作为全省促进农村经济战略性调整和增加农民收入的一项重要任务。随后，溧阳市政府也发文《关于加快推进全市水稻种植机械化步伐的实施意见》，插秧机性能得以显著改进，育秧方式同时进行重大转变，令机插秧不但可行，而且表现出明显优势，已成为改变水稻栽插传统，实现水稻全程机械化的重大新技术。农村的水稻机动插秧普遍推广，是实现水稻生产现代化的根本途径。主要机型有江苏欣农机连锁公司制造的2Z－4S手扶式插秧机，东洋公司的PE455S等，乘坐式调整插秧机有江苏东洋公司制造的PD60等机型。2013年，别桥镇拥有水稻插秧机324台1094千瓦，栽插面积达62040亩。

第四节　农田排灌机械

新中国成立前，境内农田排灌均以水车（龙骨车）提水为主。水车按其动力分为人力水车、风力水车、畜力水车（俗称“三车”）。人力水车又有脚踏和手摇两种，这类水车遍及全镇圩田山区各个村落。民国23年（1934年），别桥吕庄自然村首创筑建吕庄机械戽水埰。翌年，别桥乡各村以受益田亩负担，纷纷建筑起戽水埰。民国37年（1948年），前程、前程棚、吕庄、小社头、诸里、诸泗、马家等地十余座戽水埰相继建成，由木船装有柴油机和水泵，在河道中提水灌溉。

民国36年（1947年），皇圩水利委员会按皇圩内田亩摊筹和银行贷款，购进大克斯56.8千瓦和奇爱姆18.4千瓦柴油机各2台，配备12吋和8吋水泵，装置船上，流动于圩内灌溉农田。新中国成立初期，境内农田灌溉仍以“三车”为主、机械为辅。1958年上半年，别桥乡成立抽水机站，有戽水机（船）18台380匹马力。1962年年末，别桥镇现境5个公社有“三车”380部，其中后周有287部。1967年，5个公社有“三车”446部。机械灌溉主要是洋车（龙）船，在戽水埰提水。

1959年，在皇圩陆家湾村建立电力排灌站。电力排灌溉站的问世，显示出电力排灌的优势，又逢电力事业的发展，1960年，在浪圩、桥西又建两座电灌站，从此，电力排灌迅速发展。至1969年，别桥公社内建立电力排灌站20座，湖边公社内建立电力排灌站8座，古渎公社内建立9座电力排灌站，绸缪公社内建立电力排灌站8座，后周公社内建立5座电力排灌站。“三车”退出农村排涝灌溉的阵地，农田受旱受涝的局面得到根本的改变。1990～2005年的15年中，别桥镇境内又兴建电力灌溉站12座，排涝站9座，千亩以上圩田排灌站（含单排）53座。

2013年，全镇有135座10吋以上口径泵的电力排灌站，排灌机械5235台28477千瓦，灌溉面积达67440亩。另有农用水泵5233台。

第五节　植保机械

别桥的植保机具经历了从手动到机动，从简易到复杂的更新过程。

新中国成立前后，农民无植物保护措施，只有在稻苞虫危害的地方，用竹制梳耙将稻叶梳开，幼虫落水后，放鸭啄食，或滴油灭杀，对于其他如螟虫等病虫危害，则望虫兴叹听天由命。1953 年，开始采用药物防治农作物病虫害，利用喷粉雷、竹木高压喷雾器等简单的植保机具，借用压力喷洒农药。1960 年起，改用双肩背负人工杠杆式喷雾机，单人操作。1963 年，古渎公社有这种喷雾机 12 部。到 1966 年，使用植保机械——工农—36 型机械喷雾机、手摇喷粉器。是年，别桥、绸缪、古渎有喷雾（粉）机 30 部。1970 年，引进推广复式高压喷雾（粉）机工农—055 型和长江—100 型等植保机具，植保机械又迈出更大的一步。1971 年，别桥镇现境原 5 个公社有喷雾（粉）机 902 部。1985 年农村体制改革后，原先集体所有的少量植保机具作价为私人所有，农户也纷纷增购手动喷雾器，平均 2 ～ 3 个农户就有一部。后又应用弥雾机、机动喷雾器、高压水泵。1990 年起，出现背负式喷雾机，主要型号 HH26A，供一人使用，喷头射程 3 ～ 5 米，工效 1 ～ 2 亩 / 时。农户应用较普遍，几乎每户农户拥有一部。

2013 年，海斌农机专业合作社拥有高性能植保机械 45 台，与解放军总参谋部第十六研究所实行 Z—3 农用型无人直升机喷药试验，单次用药面积 3000 亩。合作社购进 2 架 Z—3 农用型无人直升机，这是别桥镇农业生产史上划时代的发展。全镇有人力喷雾器 20000 余部，弥雾机 80 部，机动（汽油机）喷雾机 717 台 2327 千瓦。

第六节　收割脱粒机械

旧时收割小麦、水稻主要用锯镰、镰刀，脱粒通常用木制稻桶（农民称“掼桶”）、长柄连枷及最原始的工具——木棒，以掼击脱粒。1962 年，绸缪公社有“掼桶”134 张；1963 年，古渎公社还有“掼桶”153 张。1964 年，湖边公社有“掼桶”119 张，别桥公社有“掼桶”119 张。70 年代，推广三熟制、双季熟，提倡抢收抢种，还有相当一部分社队收割前季稻，仍旧使用“掼桶”在田间脱粒。

【收割机械】 千百年来，境内收割小麦、水稻是靠人工用锯镰、镰刀收割，晒干后，捆上场进行脱粒。1975 年，别桥公社联星大队（诸泗村）有 1/4（与其他大队共有）台稻麦收割机。1979 年，绸缪公社购置 1 台 4 千瓦功率的机动收割机。1990 年后，收割机械陆续入境。1991 年古渎乡有联合收割机 3 台 27 马力。1995 年，古渎乡有机动收割机 1 台、割晒机 2 台。别桥、古渎、绸缪、后周拥有联合收割机 8 台 120 千瓦。

1997 年 3 月，溧阳市政府颁发《关于加快农业机械化发展步伐的意见》，明确对新型高效农机购置实行财政补贴的政策，促进收割机械的发展。1998 年 10 月，别桥镇有联合收割机 5 台，古渎乡有联合收割机 1 台，绸缪乡有联合收割机 2 台，后周镇有联合收割机 2 台。主要机型为“洋马 C355A”和“久保田”等联合收割机，还有草轧碎式的“人民号”机型。2013 年，全镇有收割机 17 台 264 千瓦。

【脱粒机械】 旧时传统的水稻脱粒方式是用掼桶、稻床掼，麦和豆类用连枷鞭，碌碡滚，继而发展为人力打稻机、畜力带动的打稻机、稻麦两用脱粒机。20 世纪 60 年代出现了脱粒机，有机动式和脚踏式两种，还有少量的电动脱粒机。1963 年，古渎公社有机动脱粒机 1 部，脚踏脱粒机 37 部。1964 年，湖边公社有脚踏脱粒机 113 部。1966 年，绸缪公社有脚踏脱粒机 111 部，电动脱粒机 13 部；别桥公社有机动脱粒机 4 部，电动脱粒机 21 部，脚踏脱粒机 200 部。1971 年，别桥、湖边、古渎、绸缪、后周 5 个公社有机电动脱粒机 262 部，人力脚踏脱粒机 326 部。到 1973 年，5 个公社的电动脱粒机增加到 333 部，脚踏脱粒机仅剩 115 部。后周丘陵山区有仿制掼桶型田间脚踏脱粒机，在田间进行脱粒，后演变为机动式，动力由小柴油机提供。

图10-11　电动脱粒

1975 年，别桥农具厂制造稻麦两用滚龙式脱粒机，在农村广泛使用，有 4 人操作和 2 人操作的两种机身。至 1980 年，别桥公社有 300 多台此种类型脱粒机，1983 年增加到 500 部。这种类型的脱粒机省工、省力，脱粒效果好，在农村持续使用很长时间。1981 年以后，还出现少量的全喂入 TW—2 型脱粒机，稻麦两用，称之“老虎机”。后又发展成 TDG—400 型半喂入脱粒机。联合收割机奔跑在田间后，各种类型的场头、田头脱粒机也就沉睡仓库、村头。

第七节　农产品加工机械

别桥地区历史上稻谷加工一般采用木砻、杵臼脱壳；小麦和米粉加工，以人力或畜力推拉石磨，碾成粉。这种古老的加工方法费工费时，米质差，面粉不精，势必促使人们改进生产方式，于是就有私人创办粮食加工厂，称为砻坊。民国 10 年（1921 年），别桥街有振昌、仁昌两家砻坊。民国 16 年（1927 年），耀华砻坊代客轧糙（脱壳的米），属当时溧阳乡区农产品加工业的首位。（把稻谷加工成糙米，成为白米，还需经过其他工序）。史洪元磨坊，也由手工作坊改变成机器生产的面粉厂。清光绪末年（1908 年），何纪坤创办元丰油坊（榨油业）。民国 35 年（1946 年），姜锁森又办起年丰油坊。1956 年，国家在别桥办起了国营米厂，开始利用机械加工大米，后顺势而行，发展成为加工大米、面粉、饲料和榨油等综合性的加工厂。1958 年，该厂大米年生产能力达 1.8 万吨左右。由于多方面原因，2002 年 6 月，米厂关闭停业。

20 世纪 60 年代，伴随电力排灌站的崛起，利用排灌动力带动碾米机、磨粉机、饲料加工机进行农产品加工有了空前发展，各公社均办起粮油加工厂，大的村庄，也有小型碾米机、磨粉机。1964 年，古渎公社有碾米机 2 台、磨粉机 2 台。1967 年，后周公社有碾米机 2 台、磨粉机 2 台。1969 年，湖边公社有碾米机 6 台、磨粉机 4 台。1970 年，绸缪公社有碾米机 10 台、小钢磨 4 台；后周公社有碾米机 13 台、小钢磨 9 台。1973 年，别桥、湖边、古渎、绸缪、后周 5 个公社有碾米机 31 台，磨面机 13 台。1977 年，5 个公社有碾米机 70 台、磨面机 72 台。1980 年，5 个公社拥有碾米机 153 台，1981 年增加到 177 台。1984 年，湖边乡、后周乡各有榨油机 1 台。1985 年，古渎乡有榨油机 1 台。2013 年，全镇有碾米机 36 台 1995 千瓦，油料加工机械 14 台 280 千瓦。

第八节　其他机械

别桥镇渔业生产发展迅速，养殖面积逐年扩大，鱼塘增氧机、投饲机等数量不断增加，渔业机械成了水乡“特色农机”。2013 年，全镇有渔业机械 9207 台 11802 千瓦。

农田基本建设机械主要包括推土机、挖掘机、大型开沟机和清淤机械。2013 年，全镇共有这 4 种机械 94 台。

随着农村道路的畅通和升级，水路运输向道路运输转变，农用运输车、两用拖拉机、陆路载重汽车等运输机械奔驰在条条运输线上。2013 年，境内有此类运输机械 228 辆。

第九节　农机管理

1962 年，建立别桥区地方国营溧阳别桥机电管理站，管理 4 个公社的机电事业。1969 年，各公社设机电管理站。1974 年 3 月，各公社在水利机电排灌站设农机管理员，标志着农机管理机构成立。1978 年 1 月，成立公社农机管理站，与水利机电排灌站合署办公，称为农业机械管理站。1981 年 9 月，农机和水利及用电分设，成立独立的农机管理站。1983 年农机站和水利站合并，成立水利农机站。1987 年起，别桥镇现境原 5 个乡镇的水利农机站再次分设，成立农机站。至 2007 年 4 月以前，乡镇农机站和水利站几经分合。是年，镇区划调整之后，农机站和水利站合并成立水利农机站，直至 2013 年机构未变，有农机管理员 7 人。

2013 年别桥镇传统农具状况一览表

表 10-8-1

类别	名称	状况
耕翻工具	畜拉犁　耙　人工木耕　耖	消亡
	鸭脚齿铁耙　尖齿铁耙　套口锄头	少见
	普通铁耙　锄头	少量使用

续表 10-8-1

类别	名称	状况
收割工具	镰刀	少量使用
	锯镰	少见
田间管理工具	锄头　铁铲　铁锹	少量使用
	耘耥（乌头）　石磙	消亡
脱粒工具	稻床　掼桶　碌碡　风车厢　脚踏脱粒机	消亡
	连枷　笪只　田爪　电动脱粒机　老虎机	少见
粮食加工	石臼　石磨　石碾　木砻	消亡
灌排工具	牛水车　龙骨水车（一般为 5 ～ 7 人脚踏使用）　手摇水车	消亡
积肥工具	罱泥小木船　罱网　蒲荚　钨刀	消亡
	铡刀	少见
养蚕工具	蚕架　蚕匾　桑砧（切桑叶用）	消亡
运输工具	扁担　络子　担绳　秧篮　竹箩　笆斗	少量使用
其他	草鞋耙头　手摇纺车	消亡

2007 ～ 2013 年别桥镇农业机械统计表

表 10-8-2

耕作机械（具）											
年份	大中型拖拉机		手扶拖拉机		机耕面积（亩）	插秧机		栽插面积（亩）	播种机		播种面积（亩）
	台数	千瓦	台数	千瓦		台数	千瓦		台数	千瓦	
2007	25	916	951	8527	60495	156	305	31200	116	—	46995
2008	31	1177	979	8941	62100	253	522	43500	165	—	28605
2009	46	1228	985	9130	67800	257	562	46500	173	—	28905
2010	57	2356	815	7801	123930	264	624	54000	184	—	45000
2011	68	2796	605	5445	128505	237	746	57465	424	—	45300
2012	79	3355	561	5049	127395	309	994	60600	424	—	66150
2013	94	3967	507	4563	127485	324	1094	62040	424	—	64770

农田排灌机械（具）								
年份	排灌机械合计		其中				有效灌溉面积（亩）	农用水泵（台）
			机灌：柴油机		电灌：电动机			
	台数	千瓦	台数	千瓦	台数	千瓦		
2007	3612	21370	895	8640	2717	12730	60495	3612
2008	3813	22397	918	8700	2895	13697	62100	3813
2009	3825	22480	918	8700	2907	13780	62100	3825
2010	3828	22540	914	8587	2914	13953	84000	3829
2011	3810	22198	914	8587	2896	13611	67620	3810
2012	4693	26677	914	8587	3779	18090	67335	4693
2013	5235	28477	914	8587	4319	19890	67440	5233

续表 10-8-2

年份	收割脱粒机械（具）				农副产品加工机械（具）				渔业机械	
	收割机械		脱粒机		碾米机		油料加工机械			
	台数	千瓦	台数	千瓦	台数	千瓦	台数	千瓦	台数	千瓦
2007	10	227	5600	12320	87	3217	14	280	1307	4058
2008	11	356	5200	11260	87	3217	14	280	2709	4303
2009	11	356	4800	9600	87	3217	14	280	2862	4612
2010	11	356	4500	9200	87	3217	14	280	3085	5104
2011	11	356	4241	8482	36	1995	14	280	3830	6908
2012	13	444	2092	4184	36	1995	14	280	6219	8674
2013	17	264	—	—	36	1995	14	280	9207	11802

植保机械				
年份	人力喷雾器（部）	弥雾机（部）	机动喷雾器	
			汽油机	
			台数	千瓦
2007	每户农户均有	200	360	693
2008		215	459	1243
2009		205	507	1474
2010		190	568	1626
2011		150	658	2046
2012		100	664	2061
2013		80	717	2327

年份	运输机械		农田基本建设机械		农机总动力（千瓦）	其中		
	台数	千瓦	台数	千瓦		柴油机（千瓦）	汽油机（千瓦）	电动机（千瓦）
2007	96	3168	315	263	58064	23652	998	33414
2008	111	3663	482	460	60173	23841	2020	34312
2009	118	3726	492	504	61404	24492	2291	34621
2010	120	3825	498	706	58066	24363	2284	31419
2011	118	3766	433	1973	59773	21905	2806	35062
2012	118	3766	433	1973	61474	22123	3069	36282
2013	228	4177	433	1973	63158	23650	3629	35879

第九章 农业科技

第一节 科技成果

【“汕优 63”制种综合高产技术推广应用】 溧阳市后周乡农科站承担完成，1991 年度获常州市科技进步奖三等奖、溧阳市科学进步奖二等奖。

【油麦轮作控制麦田草害技术】 溧阳市绸缪乡农科站承担完成，1993年度获常州市科技进步奖三等奖。

【稻田套播小麦亩产400公斤的高产栽培技术】 溧阳市别桥农科站承担完成，1997年度获溧阳市科技进步奖四等奖。

【节水农业巴西陆稻高产栽培技术研究】 溧阳市后周科技办公室承担完成，1998年获溧阳市科技进步奖四等奖。

【池塘单养青虾高产养殖示范试验】 溧阳市别桥镇水产技术推广站承担完成，1999年获溧阳市科技成果奖三等奖。

【优质高效池塘培育幼蟹试验】 溧阳市别桥水产技术推广站承担完成，2000年获常州市科技进步奖四等奖，溧阳市科技进步奖三等奖。

【中草药的引种栽培】 溧阳市后周镇人民政府承担完成，获溧阳市农业科技成果奖四等奖。

【公路行道优良新树种的开发种植试验】 溧阳市别桥镇农业综合服务站承担完成，2003年获溧阳市科技进步奖四等奖。

【湖羊种羊提纯复壮技术研究与推广应用】 溧阳市后周茶厂承担完成，2004年获溧阳市科技进步奖三等奖。

2013年别桥镇民营农业科技企业一览表

表10-9-1

企业名称	荣誉称号	颁发时间	颁发机构
溧阳市金品生物科技有限公司	常州市民营科技企业	2012.12	常州市民营科技型企业协会
溧阳市锦竹炭竹科技有限公司	常州市民营科技企业	2012.12	常州市民营科技型企业协会
江苏省乐禾生物肥业有限公司	常州市民营科技企业	2013.12	常州市民营科技型企业协会
溧阳市春来水产专业合作社	常州市民营科技企业	2013.12	常州市民营科技型企业协会
溧阳市翠谷生态粮油种植专业合作社	常州市民营科技企业	2013.12	常州市民营型企业协会
溧阳市菡美农业生态园	常州市民营科技企业	2013.12	常州市民营型企业协会
溧阳市金品生物科技有限公司	江苏省民营科技企业	2013.12	江苏省民营科技企业协会

第二节　农业科技服务

一、种植业服务

1953年4月，别桥区成立农业技术推广站，1957年9月撤销。而后建立溧阳县农林局第一、第二、第三3个农业技术推广站，别桥乡属第二农业技术推广站，站址设在埭头。

1962年3月，又成立别桥区农业技术推广站，配有两名农技干部，1967年撤销。1972年始，各公社建立农业科学技术推广站，后改称农科站，性质为公社事业单位，人员由公社党委安排，工资福利由公社解决。1992年后乡镇农科站的性质为国家事业单位。

1972年，别桥、湖边、古渎、绸缪、后周公社相继建立农科站（湖边公社（乡）农科站于1992年并入别桥镇农科站），共有农业技术人员20人。每大队配有1名农技员，各生产队有1名植保员，形成农业技术推广、指导和服务网络。1982年后，别桥镇现境5个乡镇有农技人员23人，分别承担栽培、植保、种子、土肥4个种类农业服务。随着农村联产家庭承包责任制的实行，农技服务对象发生了变化，服务模式也随之不断改变，采用印发资料、编发农技简报、张贴墙报等形式进行农业科学技术的宣传指导，尤其是病虫害发生、防治情况，及时、准确为农户作出通报指导。1982年，别桥、绸缪两农科站印发各种农技资料5000多份，农技指导简报1000份；古渎农科站印发各种农技资料10000多份；后周农科站印发农技简报800余份。开展农业技术培训，举办农业科技专题讲座。别桥、古渎、绸缪、后周农科站共建立科技示范户380户。每年举办农业科技专题讲座100余次，参加培训达千余人次。

绸缪农科站大搞丰产示范方，形成以点带块，由块带面，从而促进大面积生产的新的农技推广服务模式。1991年，在绸缪、坝头、杨家湾3个村建立千亩武育粳2号水稻丰产方，取得较好的收成，获溧阳市农业局三等奖。1992年，在东马村建立油菜丰产方，取得单产208千克的收成，获溧阳市人民政府二等奖；水稻丰产方，单产676千克，获常州市农业局三等奖。

别桥农科站组织实施“丰收杯”高产竞赛活动，扩大辐射功能。1988年，诸里村水稻丰产方获常州市人民政府三等奖；1989年，该村单季晚稻丰产方获溧阳市人民政府二等奖；1994年，该村麦稻吨粮丰产方获常州市农业局二等奖。1995年，土山村麦稻丰产方获常州市农业局三等奖。1997年，湖塘村麦稻吨粮丰产方获常州市农业局一等奖，水稻丰产方获江苏省农业领导工程水稻高产一等奖；1998年，油菜丰产方获常州市农业领导示范工程三等奖。

抓好农业新技术、新农艺的推广运用。别桥农科站积极尝试稻肥床旱育小苗移栽技术和稻田套播小麦节工省本技术，效果明显。20世纪80年代中期，推广“宽行窄株”水稻栽培技术，应用面积占镇内水稻田面积90%以上。后周农科站在1994年大面积推广轻型抛秧技术，面积达8000余亩，该项技术，经常州市、溧阳市农业局验收，获常州市“丰收杯”三等奖、溧阳市“丰收杯”二等奖。

开展农业科研工作。绸缪农科站针对农业生产中不断出现的新问题，查阅资料，就地进行科学研究，从而解决具体问题。1991～1992年，麦田草害给农户带来困扰，当时又缺乏效果好的除草剂，为此开展油菜、小麦轮作控制麦田草害的研究、试验，效果很好，获常州市农业技术进步奖。1987年，古渎农科站的测土配方施肥研究获省科学技术进步奖。1990年，稻田养鱼获省农业厅稻田“稻萍鱼”综合丰收前十名完成者奖状。

1994年，绸缪农科站被江苏省农业厅评为农业调查基点先进集体。另外还开设技物结合咨询窗口（庄稼医院），每天由1名站内的农技人员坐班，接受农民技术咨询，既回答农户的种田问题又开方配药，让他们知道农药的用途及使用方法，及时有效地解决农户在生产中遇到的实际问题。

2000年12月，别桥、绸缪、后周镇农科站、多种经营综合服务站合并为农业综合服务站。2007年3月，三镇综合服务站合并，称别桥镇农业综合服务站，其中种子、肥料、植保、栽培技术员6人（副高1人、农艺师5人）。2012年与水利农机站、农村经济管理服务中心合称为别桥镇农业服务中心。

2007～2012年，镇农业服务中心以全国基层农技推广与改革示范县和江苏省农业科技入户工程为抓手，以“五有”农业综合服务站（有规章制度、有服务大厅、有培训教室和实验室、有资料档案、有示范基地）提升为平台，推进农技服务工作，农产品标准化建设和质量安全管理，推广良种覆盖率达95%，印发农技简报150期，发放技术资料3万余份，举办培训班125期，培训13000人次。其中，为大面积推广机插秧，提高机插秧覆盖率，围绕苗床准备、育秧、机播三个主要环节，举办培训班20期，培训人数达1000人次。2013年，依托农资门市部、农讯通、宣传资料为技术服务渠道，印发《别桥农技》15期8000多份，发放简报、科技杂志4000多份。全面开展农民培训工程，2013年完成职业农民培训5320人次，其中发证人数1860人。农业专项技术培训36期，培训农民1150人次，农业信息技术培训107人次，创业培训40人次。

2007～2013年别桥镇种植业主要获奖奖项一览表

表10-9-2

获奖时间	奖项名称	颁发单位
2007	常州市优质水稻创高产竞赛三等奖	常州市农林局
2008	常州市水稻高产增效创建百亩丰产方竞赛二等奖	常州市农林局
2009	农业科技入户工作先进集体	溧阳市农林局
2008～2010	农民培训工程先进集体	溧阳市农林局
2009～2010	常州市小麦百亩丰产方竞赛二等奖	常州市农业委员会
2010	常州市水稻高产增效创建百亩方竞赛二等奖	常州市农业委员会
2011～2012	常州市小麦百亩丰产方竞赛二等奖	常州市农业委员会
2012年度	为农服务先进单位	溧阳市农业局
2012～2013	常州市小麦百亩丰产方竞赛三等奖	常州市农业委员会
2013	常州市水稻百亩丰产方创高产竞赛三等奖	常州市农业委员会
2013	溧阳市执证农业劳动力培训先进单位	溧阳市现代化领导小组

二、林业服务

新中国成立后，别桥地区的林业服务重点是桑树栽培管理服务。1974年前后，别桥、湖边、古渎、绸缪、后周公社都成立蚕桑站，配备专职工作人员。后周蚕桑指导站有3名工作人员，除指导蚕农养蚕，还指导桑农植桑。1976年，别桥蚕桑指导站在水产大队建立桑树育苗基地4亩，春季集中人工，对桑苗进行嫁接，并用营养钵扦插桑苗。后周蚕桑指导站1986年在观阳村育苗基地嫁接50多万株桑苗，成活率达60%。工作人员与桑农共同对桑苗、桑树培育管理，主要是地桑管理，采取传统培育与科学管理相结合的方法，提高桑叶产量。

2007年，别桥、绸缪、后周三镇合并成新的别桥镇后，全镇积极引导农业产业结构调整，发展苗木生产，形成以玉华山、黄金山为基地的6000亩别桥苗木产业带。镇农业服务中心积极做好林业的协调管理和技术服务工作。2013年，别桥镇完成上级下达的溧阳市扬溧高速绿色通道2000亩中幼林抚育任务，为全镇的营林工作提供示范，以点带面，全面推进，促进全镇林业的快速发展。还落实绿色江苏工程，增加绿化造林800多亩，农田林网5000多亩，“四旁”植树10万多株，全镇林木覆盖率达30%以上。

三、副业服务

1958年，别桥区成立水产指导站，配备渔技员1人。1960年后，别桥公社设副业生产办公室，由1名公社干部兼任行政工作，水产工作专职人员1人。1968年，别桥、湖边、古渎、绸缪公社贯彻“以粮为纲，多种经营，以农为主，以副养农，综合经营”的方针，依托别桥地区丰富的水资源条件，积极发展渔业生产，专职干部下基层指导水产品放养。1973年，别桥公社成立副业办公室。1981年，首先开发水产养殖基地2300亩，以基地带动全公社水产业的发展。1983年6月，副业办公室改为副业公司，负责多种经营、布局规划及根据别桥区域特点选定项目技术服务等工作。配备水产技术员，专门承担水产养殖技术服务工作。翌年，别桥、湖边、古渎、绸缪4个乡镇配备渔政员，司职渔政执法。其中，多种经营服务公司开展良种、农药、化肥等农业类经营性服务。1989年4月，乡镇副业公司改名为多种经营技术推广服务站。1991年2月16日，别桥镇成立水产技术推广服务站。1992年，别桥、湖边、古渎、绸缪乡镇成立水产工作服务站。1994年多种经营技术推广服务站又更名为多种经营综合服务站。1983～1999年，别桥、湖边两乡镇举办水产渔业培训班20期，培训650人次。在水产基地进行鲤、鳊、鲫，四大家鱼，三层鱼等放养、合理密度、科学搭配的尝试工作。1999年，别桥水产养殖站被江苏省水产局命名为江苏十佳水产技术推广服务站。

2006年，别桥全镇开发荒滩2.13万亩，同时进行渔业产业结构调整，使渔业生产步入规模化发展轨道。是年4月，在溧阳市渔业部门的组织下，对全镇放养水面实施水产普查，开展水产渔业病虫害调查，发现5处出现鱼类细菌性出血病，立即针对病情给予治疗，未发病的鱼塘及时组织预防。制定和完善保护制度，配备渔业机械设备，组织服务机构，协调监管工作。

2007年，别桥镇农业综合服务站有蚕桑技术员1人、中级职称的水产技术员（兼渔政员）4人。至2013年平均每年举办水产养殖培训班10期，培训1000余人次，发放技术资料1500份。2007年以来，全镇有渔业专业合作社23个，水产联社1个，原始入社256户，2013年入社已经扩大到1600多户。合作社为社员提供技术指导和经营服务，促进全镇渔业生产的发展和共同致富。

镇农业服务中心以江苏省渔业科技入户工程为平台，积极推广河蟹高效生态健康养殖技术，大力培育万亩河蟹高效养殖示范区。2012年，别桥镇湖边村建立千亩高效特种水产养殖示范区1个，2013年被常州市农业委员会评为“一村一品”水产专业村。河蟹套养青虾高效健康养殖技术已在全镇广泛应用。

镇农业服务中心一直注重水产品质量安全建设和苗种合法性审查等各项工作。2013年，别桥镇积极扶持缪氏大闸蟹专业合作社、春来水产专业合作社参与溧阳市水产品质量可追溯体系建设，已投入正常使用，对全镇的水产品质量安全建设起到示范作用。

第三节　农村经济管理服务

1970年，各公社成立农村经济管理站（简称经管站），为农村集体经济提供管理服务。

随着联产承包责任制的实行，以家庭经营为主的农村双层经营体制的建立，别桥、湖边、古渎、绸缪、后周等乡镇于1983年成立以服务“三农”（农业、农村、农民）为主要责任的农村经济管理服务站（简称农经站）。由于行政区划的变动，湖边乡农经站于1992年并入别桥镇农经站。2000年，古渎乡农经站并入绸缪农经站。2007年，绸缪、后周、别桥三镇农经站合并为别桥镇农村经济管理服务站。2011年与农科站合并，称别桥镇农业服务中心农经组。2013年有10名工作人员，同年被常州市委农村工作办公室评为农经工作效能优秀单位。

农经组的服务内容主要有：一是贯彻执行和宣传各级政府有关农村的各项政策、法规；承担农业专业合作组织、发展壮大农村集体经济、村容村貌整治、新农村示范村等项目的规划、申报和实施，引导农业专业合作社做好登记注册、项目申报、制订章程制度，并予以有效监督。二是负责做好农村集体经济的调查、统计、分析，掌握农村经济发展现状，为政府制定农业农村经济发展计划提供依据。三是做好有关农业、农村、农民各类来信来访调处工作。四是承担农村土地承包合同管理、稳定和完善农村土地承包关系；指导农民依法、合理、有序流转土地，开发利用荒山、荒坡、荒滩、荒丘等资源；会同有关部门做好农村土地承包纠纷的调查、调处、仲裁，维护农民的合法权益。五是农村集体资产及财务管理和农民负担的监督管理。六是协助金融机构及农业保险部门，做好涉及保险的申报与理赔工作。

【链接】 典型工作案例：2008年，别桥镇周家湾村（现在的两湾行政村周家湾）农民多次集体赴省、市上访，要求补办“农村集体土地经营证书”。农经站人员在上级有关部门的支持下，完善法律手续，规范操作程序，解决了历时数年的农村土地流转矛盾，成为溧阳市第一个整体完善农村土地证书的单位。

第四节　农业科技入户

农业科技入户是新形势下创新农业技术推广机制，加速农业科技成果转化的有效措施。这项工程从2006年开始实施，构成了“专家—技术指导员—科技示范户—辐射带动户”的科技成果转化快捷通道。2012年，科技入户工作全面推行以“包村联户”为主要内容的责任农技服务制度。选聘科技入户技术指导员19人，精选科技示范户545户。通过技术指导员的指导服务，科技示范户先进实用技术入户率和到位率达90%以上，种养效益比2011年增加10%。

灵活多变的工作方法，促进科技成果转化。2012年举办各种科技入户技术培训班，召开各种现场演示活动，提高科技示范户的实践动手能力。扎实开展科技入户指导工作，根据农事活动计划方案，每个技术指导入户指导10天次。发放《农家致富》《水产养殖》《别桥农技》《测土配方》等杂志和技术资料20000余份。实施水稻精确定量栽培技术、测土配方施肥技术、秸秆还田综合技术、病虫害综合防治技术。2012年，完成农民实用技术培训54期，参与培训3303人次。持证农民培训18期，培训4878人次，发证人数1878人。职工农民培训75人，农民创业培训20人，农业信息技能培训90人次。阳光工程农业专项技术培训312人，农业职业技能培训42人。通过科技入户示范工作的深入，涌现出一批农业产业发展中成效显著的优秀农民。

第十章　无公害农产品　土特产

第一节　农产品质量

经农业部认定，至2013年，别桥镇有1个有机转换产品，1个绿色食品项目，10个无公害农产品生产基地，53只无公害农产品。有机转换产品为溧阳市海斌粮食作物专业合作社的“稻谷加工”。绿色食品为溧阳市国忠特种水产养殖场的“苗氏”牌甲鱼。

2013年别桥镇无公害农产品生产基地一览表

表10-10-1

获证单位	基地地址	无公害产品	规　模	注册商标	有效期
溧阳市海斌粮食作物专业合作社	别桥镇北山村别桥派出所东侧	溧湖大米	16500吨	溧湖	2015年7月
溧阳市缪氏大闸蟹专业合作社	别桥镇别桥村	缪氏中华绒螯蟹	96吨	缪氏	2016年4月
溧阳市湖西水产专业合作社	别桥镇湖边村	河蟹　青虾　草鱼 青鱼　鲫鱼　鳙鱼	2368.5吨	湖希	2017年3月
溧阳市航宇瓜果蔬菜专业合作社	别桥镇小石桥北舍	蔬菜　水果	3463.85吨	—	2014年2月
溧阳市初平水产专业合作社	别桥镇绸缪村	中华鳖	280吨	—	2015年4月
溧阳市绿源水产专业合作社	别桥镇中里村	锁濑中华绒螯蟹 锁濑青虾	108吨、60吨	锁濑	2015年3月
溧阳市春来水产专业合作社	别桥镇湖边村委浪圩村	中华绒螯蟹	200吨	春来红	2015年4月
溧阳市华生大棚蔬菜专业合作社	别桥镇西庄村	茄子	900吨	—	2011年10月
溧阳市三龙水产专业合作社	别桥镇湖边村	鲫鱼	400吨	湖边	2017年3月
溧阳市后周利群种羊有限公司	别桥镇后周镇	肉羊	1500头	—	2009年11月

2013年别桥镇无公害农产品情况一览表

表10-10-2

生产单位	产品名称	批准量（吨）	注册商标	有效期
溧阳市海斌粮食作物专业合作社	溧湖大米	16500	溧湖	2015.07
溧阳市缪氏大闸蟹专业合作社	缪氏中华绒螯蟹	96	缪氏	2019.07

续表 10-10-2

生　产　单　位	产品名称	批准量（吨）	注册商标	有效期
溧阳市湖西水产专业合作社	河蟹	150	湖希	2017.03
	青虾	37.5		
	草鱼	625		
	鳙鱼	181		
	鲫鱼	1000		
	青鱼	375		
溧阳市航宇瓜果蔬菜专业合作社	番茄	150	—	2014.02
	茄子	22.5		
	辣椒	93.75		
	薄皮甜瓜	17.5		
	青椒	105		
	黄瓜	37.5		
	冬瓜	50		
	南瓜	40		
	丝瓜	22		
	葫芦	7.5		
	苦瓜	20		
	豇豆	15		
	四季豆	6		
	扁豆	6		
	蚕豆	15		
	毛豆	10		
	绿豆	7.5		
	土豆	15		
	胡萝卜	60		
	白萝卜	35		
	莴笋	12.5		
	菠菜	6		
	茼蒿	6		
	雍菜	60		
	大白菜	5.6		
	青菜	20		
	卷心菜	15		
	空心菜	15		
	菜薹	15		
	大蒜	7.5		
	韭菜	18		

续表 10-10-2

生　产　单　位	产品名称	批准量（吨）	注册商标	有效期
溧阳市航宇瓜果蔬菜专业合作社	洋葱	3	—	2014.02
	桃	2400		
	黄皮西瓜	40		
	网纹甜瓜	25		
	西兰花	10		
	玉米	60		
	厚皮甜瓜	10		
溧阳市初平水产专业合作社	中华鳖	280	—	2015.04
溧阳市绿源水产专业合作社	锁濑中华绒螯蟹	108	锁濑	2015.03
	锁濑青虾	60		
溧阳市春来水产专业合作社	中华绒螯蟹	200	春来红	2015.04
溧阳市三龙水产专业合作社	鲫　鱼	400	湖边	2017.03
溧阳市华生大棚蔬菜专业合作社	茄　子	900	—	2011.10
溧阳市后周利群种羊有限公司	肉　羊	1500 头	—	2009.11

第二节　名特优农产品

一、缪氏大闸蟹

产于溧阳市缪氏大闸蟹专业合作社。合作社成立于 2008 年 5 月，地址在别桥镇别桥行政村。缪氏大闸蟹在生产过程中紧抓蟹苗、饲料关，从上海崇明岛引进优质中华绒螯蟹苗，统一采购龙渔饲料厂饲料。合作社拥有专业技术人员 15 人，并聘请南京农业大学养殖专家林乐峰教授作指导，养殖人员把好各个养殖关口，始终按照无公害标准养殖。2009 年，在宜兴市第六届“湖丰杯”大闸蟹评比中获“蟹皇”称号。2013 年，被常州市名牌战略推进委员会农村工作办公室评为“常州市名牌产品”。

二、“苗氏”牌甲鱼

该产品由溧阳市国忠特种水产养殖场生产。养殖场位于溧阳市别桥镇两湾行政村，成立于1986年。该产品为国内整个甲鱼类中最优秀的纯中华鳖品种——太湖流域梅花鳖，品质上乘。农业部连续9年，每年抽查3～4次，合格率皆为100%。2010年11月，经中国绿色食品发展中心审核，认定为绿色食品A级产品，有效期至2013年11月。

三、有机转换产品

稻谷加工。由溧阳市海斌粮食作物专业合作社生产。该专业合作社成立于2006年2月，位于溧阳市别桥镇北山村委会、别桥派出所东侧。该产品由杭州万泰认证有限公司认证为有机转换产品，基地地址在溧阳市竹箦镇陆笪村下宅，基地面积239.94亩（合13.33公顷），产量70吨，转换期2013年8月至2014年8月。

第三节　土特产

一、黄雀

别桥镇东边长荡湖，芦苇遍湖滩，为黄雀栖息之所。黄雀，形似麻雀而略小，圆头、短颈、啄短尾长，雄性腹毛呈黄色。每年入秋由北南迁，群居芦滩草丛，栖息在芦头。食谷及草籽，时入深秋，黄雀终日饱餐长膘。此时的黄雀肉肥质嫩，去毛后，腹部的油脂暗衬，映显体外，黄澄澄的，可捕后制成美味佳肴。捕捉黄雀的方法一是牵雀，一是捏雀。2000 年，列入我国保护动物名单，市场不再出现黄雀销售。

二、白壳虾

白壳虾，全身米白，壳软而闪亮，体长三四厘米。生长在水草茂密处，以草虱为主食。白天栖息在水草中，傍晚出来觅食。白壳虾晚间活动气势大，从水面往下看，一只连一只，整整齐齐排成一列列纵队向前游动，水面上泛起淡淡的红光。

图10-12　长荡湖的白壳虾

白壳虾每年 5 月左右繁殖，雌虾腹部结成厚厚的一层虾籽。虾籽味道特别鲜美，此时也是捕捉白壳虾的旺季，长荡湖年产白壳虾 20 吨左右。把白壳虾放在盐水中煮熟，配上香醋、麻油、辣椒等佐料蘸着吃，虾肉鲜嫩，爽口味美。白壳虾也是不错的佐料，把虾剁碎做成馅，包馄饨，包饺子，鲜香幽幽，别具风味。鲜活的白壳虾剥净外壳，制成虾仁，爆炒后晶莹剔透，鲜香弥漫。白壳虾籽可制作虾籽酱油，味儿鲜美。

三、螃蟹

又称毛蟹，别桥特产之一，适宜湖滩养殖。人们在 3 月投放蟹苗于长荡湖，让其自然生长，10 月份捕捉。长荡湖所产的螃蟹属长江中华绒毛蟹，青背白肚，螯强爪健，是螃蟹家族中的名优品种。螃蟹主要以水生植物和低栖动物为主食，如水草、蛳螺、贝类等。中秋过后，体大脂肥，红膏饱满，肉质细腻，是一种高蛋白的食物，具有较高的营养价值。煮吃螃蟹，先把它洗净，放入冷水中煮熟，然后配上佐料：醋、切碎后的香菜、姜丝、味精等，蘸着吃。吃时，先去其背上的壳，里面有毛蟹的精华蟹黄，特别是母蟹，蟹黄特多，公蟹为膏。舀上一勺配料放入其中，慢慢咀嚼，细细品尝。其实蟹不该煮吃，而应该蒸着吃，因为蟹黄（膏）不易流失，肉质也结实，口感更佳。

四、菱

长荡湖盛产野菱。暮春时分，那野菱的小叶便浮出水面，湖面一片翠绿，像一块巨大的绿缎子。盛夏，是菱棵生长盛期，菱棵长成了密密麻麻的菱蔓，重重叠叠簇拥在一起。菱花开了，雪白的小花挺立在菱叶上，就像摆放在翡翠盘中的一块玉。桂花飘香时，是长荡湖菱角收获的季节。采菱的大姑娘、小媳妇们先光着脚丫盘蹲在硕大的脚盆内，灵巧地摘着菱角。个个大脚盆内堆满菱角。水灵灵的菱角披着一身透红的外衣，两角微微上翘，像金元宝似的，剥开硬壳，露出白嫩嫩的菱肉，吃在嘴里甜丝丝的、脆生生的。长荡湖的菱能给别桥的人们作为美食来享受，还能给人们带来一笔不少的收入。

五、黄颡鱼

黄颡鱼，俗称戈牙、鮟公、嘎鱼等，通身黄褐色，无鳞，鳍硬而尖，嘴大而扁平，尾鳍分叉，会发出叫声。黄颡鱼以小鱼虾为食。黄颡鱼无肌间细刺，肉质细腻，味道鲜美，有滋补和药用功效，营养价值高，是别桥地区水域生长的特色野生淡水鱼。

第十一章 现代农业

第一节 农业产业结构调整

农村家庭联产承包责任制的实行，不仅从根本上打破长期以来的“大锅饭”体制，极大地调动农民的积极性，更是随着劳动生产率的提高，农村大量剩余劳动力逐步从种植业中分离出来，向其他产业转移，从而促进农业产业结构的调整。20 世纪 80 年代初，别桥现境内原各乡（镇）党委、政府根据上级指示精神，结合本乡镇具体情况，在农村深化改革中，抓住政策上放开搞活和农村全面实行家庭联产承包责任制的极好机遇，因地制宜，发挥优势，全面规划，积极引导，对农村的产业结构进行合理调整，推动农村经济持续稳定发展。经过多年的实践，农民逐渐悟出了市场规律的本质，用科学、理智的办法结合资源、生态、技术和自身优势，选择适合自身发展的产业和品种，调整结构，产品、品种日渐丰富多样，逐步适应市场多样化的需求。农民自身也由过去传统生产者转变为生产经营者。

一、种植业结构调整

在确保粮食稳定增产和人均占有粮食超千斤的前提下，合理压缩粮食种植面积，扩大经济作物面积，调整种植业内部结构。1984 年，别桥镇现境原 5 个乡镇水稻种植面积为 103831 亩，总产 53586.3 吨；1990 年水稻种植面积 97341 亩，总产 47226 吨；2000 年水稻种植面积 73562 亩，总产 40383 吨；2007 年别桥镇水稻种植面积 67741 亩，总产 38680 吨；2012 年水稻种植面积 67334 亩，总产 43632 吨。

别桥镇农民有种植油菜的传统习惯和直播油菜的耕作技术。1984 年，别桥镇现境原 5 个乡镇油菜种植面积 21821 亩，油菜籽总产量 2554.9 吨；1985 年扩大到 53756 亩，总产量达 6360.85 吨；1990 ～ 2005 年，油菜种植面积稳定在 47134 ～ 41310 亩之间。

北山丘陵地区的后周有一些岗塝田，原来种植粮食灌溉条件差、成本高、产量低、经济效益差，调整改种棉花、茶叶。1982 年，后周乡种植棉花 5249 亩，产皮棉 215.62 吨；1984 年，后周乡种植棉花 5394 亩，产皮棉 341.65 吨；1985 年，后周乡种植棉花 4331 亩，产皮棉 249.03 吨。1990 年，西庄村、拖板桥村规模种植棉花有 37 户。1991 年，建立魏笪、黄金山两个百亩棉花丰产方。是年，后周乡种植棉花户达 914 户，有棉农 1493 人。1990 年、1991 年，后周乡人民政府获溧阳市棉花生产组织指导奖，黄金山棉农陈彩娣获溧阳市棉花生产高产奖。

开发山地资源，贯彻“长短结合，以短养长”的原则，在搞好造林绿化、管理好林业生产、提高林木覆盖率的前提下，开发果树和茶叶，抓好鲜果和茶叶生产，提高经济效益。1982 年，后周公社种植茶叶 800 亩，产茶叶 12.6 吨；2010 年，别桥镇种植茶叶 765 亩，产茶叶 53.59 吨；2012 年，别桥镇种植茶叶 769 亩，产茶叶 36.4 吨。

1984年，别桥镇现境原5个乡镇种植水果25亩，产水果仅13吨；至1990年，全镇种植水果60亩，产水果 76 吨；2010 年，全镇种植水果 672 亩，产水果 551 吨；2013 年 394.6 亩，产水果 293.6 吨。同时还利用两熟作物茬口的间隙，采取麦、瓜、稻套种的办法或山坡旱地种植西瓜。2001 年，后周、竘缪种植西瓜 950 亩。2002 年，别桥、竘缪、后周三镇种植西瓜 2345 亩。

种植常年蔬菜。1995 年，农业生产在市场和品牌化发展的基础上，形成一些上规模的产业化生产基地。西庄村的大棚番茄、茄子生产基地面积达 350 亩，还出现大棚黄瓜、蔬菜种植户。2013 年，全镇有 4 个蔬菜专业合作社，其中溧阳市华生大棚蔬菜专业合作社、溧阳市航宇瓜果蔬菜专业合作社，蔬菜种植面积达 2100 多亩，品种多，产量丰，收益高。

2011 年经历适应性调整后，以市场需求和变化为导向，别桥镇农业产业结构新一轮战略性调整呈现新格局，立足于农业增效、农民增收为目标，合理布局，扩大花木种植面积，重点建设花木基地。是年，种植瓜类 540 亩、蔬菜 1040 亩、药材 241 亩、花木 1850 亩。2012 年，种植瓜类 950 亩、蔬菜 1295 亩、药材 580 亩、花木 4445 亩。2013 年，种植瓜类 515 亩、药材 150 亩，花木种植增加到 6616 亩，常年蔬菜面积锐减。黄金山村、玉华山村两个规模性的花木基地建成，玉华山村拿出 2000 余亩的土地种满广玉兰、桂花、枫树等 20 多个品种花木。

二、养殖业结构调整

别桥镇凭借区域特点，在调整种植业的同时，注重调整养殖业结构，尤其是水产养殖有新的突破和发展，水产养殖业成为优势产业，提高渔业产值比重，促进农业经济全面发展。

扩大水产品放养面积。2001 年，别桥、竘缪、后周三镇水产养殖面积为 33052 亩，2004 年为 35732 亩。2007 年，别桥镇水产养殖面积为 37860 亩，2012 年和 2013 年皆为 42160 亩。

开辟水产养殖新途径。开挖鱼塘，长荡湖网围养殖面积扩大，2001 年，别桥、竘缪、后周三镇池塘养殖面积为 23021 亩，2004 年为 24134 亩。2007 年，别桥全镇池塘养殖面积 26867 亩，

2012 年和 2013 年皆为 30347 亩。

建立水产养殖专业合作社。至 2013 年，全镇水产养殖专业合作社达 30 家。位于长荡湖畔的湖边村，为特色养殖专业村，全村水产养殖面积 10200 亩，是耕地面积的 1.2 倍。全村 2040 户农户，水产养殖户为 580 户，其中 100 亩以上水产养殖户有 18 户，50 亩以上水产养殖户有 56 户。至 2013 年，全村水产品总产量达 3093 吨，其中河蟹 1528 吨、青虾 265 吨、鱼类 1300 吨，全年水产品总产值达 4562.4 万元。

以放养常规鱼为主，发展为蟹、虾等水产养殖，形成独有的区域水产新特色。至 2013 年，池塘养殖河蟹 4.2 万亩、青虾 2.2 万亩。产量逐步提高，2001 年河蟹年产量为 268 吨，2012 年为 2135 吨，是 2001 年的 7.96 倍；2001 年青虾年产量为 1.03 吨，2012 年为 12.8 吨，是 2001 年的 12.4 倍。全镇的水产品总产量不断提高，渔业产值不断增加。2001 年水产品总产量 12249 吨；2004 年为 16004 吨；2007 年为 7910 吨；2013 年为 20118 吨，总产值达 4.46 亿元。

生猪、家禽的饲养结构也在发生变化，1975 年，别桥镇现境 5 个公社全年生猪饲养量 63099 头，到 1979 年增加到 72799 头。实行农村家庭联产承包责任制后，生猪饲养量趋于下降，1984 年，别桥镇现境 5 个乡镇饲养生猪 41737 头，2007 年仅饲养生猪 14089 头。2013 年，别桥镇全年生猪饲养量 22172 头，有饲养 50 头以上的养猪大户 32 户。2007 年，别桥镇家禽出栏 326041 羽，2013 年家禽出栏 546724 羽。

2013 年，全镇农业产业结构朝着形成两湖开发（塘马水库综合旅游开发，长荡湖综合开发）的方向发展。提升两大品牌：海斌农机为代表的农机品牌，缪氏螃蟹为代表的水产品牌；做强六大基地：一是以塘马村、后周村为中心的三千亩优质稻米基地，二是黄金山村、玉华山村为中心的三千亩苗木基地，三是湖边村、镇东村、马家村为中心的三千亩特种水产养殖基地，四是小石桥村、塘马村为中心的千亩药材基地，五是黄金山村、塘马村、玉华山村的千亩设施农业基地，六是以两湾村、古渎村、绸缪村为中心的千亩休闲观光农业基地。农业产业结构调整形成传统养殖业、旅游观光农业、设施高效农业、特种水产养殖、深加工以及高效种植五大产业链。

第二节　农村经济专业合作社

随着农业、农村改革不断发展，镇内出现新的农村经济联合体——农业经济专业合作社。合作社由组织者组织农户自愿建成，它充分发挥生产基地对农户的辐射带头作用，成为农户与市场的联系纽带，农民劳动致富的重要途径。至 2013 年年末，全镇有农业经济合作社 109 家，入社数近 2 万户，其中农机专业合作社 12 家，水产专业合作社 30 家，花木专业合作社 8 家，畜禽养殖专业合作社 11 家，以及农地股份、粮油作物种植、瓜果蔬菜种植等合作社数十家。其中，溧阳市海斌农机专业合作社、溧阳市绿源水产专业合作社成为江苏省首批省级专业合作社。

一、溧阳市海斌农机专业合作社

由退伍军人王海斌于 2006 年 12 月组织 19 户农户组成。合作社设在后周集镇，2012 年迁至兴城西路586号。2008年根据《中华人民共和国农民专业合作社法》登记，注册资金200万元。合作社成立以后，坚持“合作规范谋发展，为农服务求壮大”的原则，社员从19户发展到584户，总资产达1700余万元。其中，农业机械原值375万元，拥有插秧机、联合收割机、大中型拖拉机等农业机械195台（套）。工厂化育秧流水线2套，20吨谷物烘干机4台（套），日产100吨精米加工生产线1套。合作社占地面积15300平方米，拥有机库、培训、办公、生产用房等建筑面积6860平方米。

图10-13　2013年1月海斌农机专业合作社获“全国农机合作社示范社”称号

合作社坚持市场化运作，为农户实行“耕地、整地、育秧、机栽、植保、收割”一条龙服务，有效转移劳动力，带领广大农民致富。2013年，与8608户农户签订农业作业合同，服务面积5.61万亩次，涉及到别桥、溧城两镇的10个行政村。合作社成立以来，有效转移农村劳动力1100多人。

合作社顺势推进，不断创新，采取土地流转、延伸产业链等举措，增强辐射带动作用。利用精米加工生产线，延伸产业链，带动周围农户致富。2013年，持土地入股农户236户，土地面积3268亩。合作社有各种性质土地5388亩，是无公害优质满喔香大米的生产基地，也是全市良种品比试验基地，还是政府部门为农服务的重要窗口和试验示范基地。依靠精米加工生产设备，与农户签订收购合同，统一供种、统一栽培模式、统一收购。先后被评为溧阳市、常州市“放心粮油加工实业”，2013年被评为“全国放心粮油进农村进社区示范工程”。

合作社先后获江苏省“平安农机示范社”，省“四有合作社示范社”，省“明星农机服务组织”，“江苏省机插秧竞赛最佳协作奖”，省“五星示范农机合作社”“全国农机专业合作社示范点”，农业部农机化司江苏省唯一“农机合作挂钩点”等荣誉称号。2014年12月，合作社理事长王海斌作为全国唯一农民代表登上在海南举行的博鳌论坛。

二、溧阳市缪氏大闸蟹专业合作社

成立于2008年5月，是一家专业从事长荡湖大闸蟹生产销售的专业合作社，位于兴城西路80号。合作社有多功能办公楼1120平方米。2013年新征农业设施用地15.4亩，用于培训、技术指导、检测、扩大再生产等项目。固定资产1350余万元，大闸蟹养殖基地面积8000余亩，年产大闸蟹800吨，入社社员510户。有专业技术人员15人，其中具有中级职称以上专业技术人员4人。2008年，“缪氏”商标通过工商部门核准。是年，还取得农业部无公害产地、产品认证。2009年，在宜兴市第六届“湖丰杯”大闸蟹评比中获得“蟹皇”桂冠。获“常州市2010年度农民专业合作社示范社”称号。2011年，“缪氏”被评为常州知名商标。2012年，获溧阳市农业龙头企业称号。2013年，被常州市名牌战略推进委员会农村工作办公室推荐为“常州市名牌产品”，还获常州市“三好”农民专业合作社、江苏省水产品质量安全追溯点、一村一品金奖等荣誉。合作社采用“合作社+基地+农户+品牌”的组织运作模式，形成产业链，大闸蟹养殖户实行统一组织管理、统一组织服务、统一组织销售，确保缪氏大闸蟹产业平稳发展，从而达到多元化的特色水产品标准。

三、溧阳市玉华花木专业合作社

溧阳市玉华花木专业合作社位于别桥镇玉华山村，成立于2007年11月。合作社基地在玉华山村委会辖区的戴巷里、河头，属半丘陵地区，种水稻须三级以上翻水，生产成本大。本着降低成本，合理利用自身的自然条件、土地资源的理念，进行产业结构调整。15户农户组成花木合作社，成员出资200万元，面积300余亩，开始从事花木，形成销售合作社成员自产产品，为成员提供花木种植及绿化工程为一体的技术服务专业合作社雏形。至2013年底，合作社已有300多户农户入社入股，面积扩展到2000余亩，形成有樱花、红枫、石楠球、大叶青球、海桐球、塔松、法青、高杆石楠、果石榴、紫薇、红玉兰、黄玉兰、栾树、红叶梨、黄柳、雪松、海棠等20多个品种的规模性花木专业合作社。

合作社采用“合作社＋基地＋农户”的运作模式，技术指导依托全国花木之乡——武进市夏溪农业服务站，有专业技术人员3人，以“市场牵引、农户自愿”为原则，积极带动地方经济发展，促进农业增效、农民增收，提升玉华山村的形象。花木销售到周边省市的大公园、居民小区，用于环境绿化和道路绿化，年产值从开始销售的20余万元发展到2013年的500万元。

四、溧阳市华生大棚蔬菜专业合作社

华生大棚蔬菜专业合作社位于别桥镇西庄行政村，2005年3月由120户具有蔬菜种植经验的农户组成，面积500多亩。基地主要分布在西庄、杨笪、高家、新建等4个自然村。选用优质、抗病、高产的蔬菜品种，采用无公害栽培技术，“钢架大棚”方法常年种植，聘请溧阳市蔬菜办公室技术员常年指导，定期技术培训，外出参加学习，保证蔬菜种植的技术含量。以番茄、辣椒、莴苣、黄瓜、豇豆为主打品种，亩产均在4000千克左右，年产值400万余元。

第三节　农产品质量安全检测

2010年，别桥镇成立农产品质量管理办公室，开展农业产品质量安全工作。是年，通过常州市农业委员会检查验收，成为常州市农产品质量安全示范镇。2011年，根据溧阳市机构编制委员会《关于同意设立各镇农产品质量安全监督管理站的批复》，6月30日，设立别桥镇农产品质量安全监督管理站（简称“监管站”），协助政府负责镇域范围内农产品质量安全监督管理工作。监督站以“政府主导、部门推动、立足现有、因地制宜”的原则，以满足农产品质量安全监管服务实际需求为出发点，以落实监管职责、搞好监管服务为检验标准，切实加强别桥镇农产品安全监管机构、队伍、条件和运行机制建设，全面提升农产品质量安全监管服务能力，从源头上为确保农产品质量安全提供有力、有效的支撑。

监管站定期组织农产品质量安全法律法规知识宣传、教育和培训，通过多种形式提高农产品质量安全意识和诚信守法意识。2013年，组织村级协管员、农业企业、农业合作社内检员、

农资经营店负责人培训4次227人次。利用报刊、电视新闻、网站信息对农产品质量安全监管工作中的好经验、好做法进行宣传，营造良好的舆论氛围。宣传《中华人民共和国农产品质量安全法》及国务院关于加强食品安全管理、组织开展农产品质量安全控制、安全监督管理的特别规定。组织开展农产品质量安全控制技术示范，推广农民看得懂、会使用的农产品安全生产技术要求和操作规程，普及科学种养知识和安全生产技术。承担对种养等生产环节的督导巡查，重点对农药、兽药、肥料、饲料及饲料添加剂等投入品使用情况的监管，严防禁用药物和有毒有害物质流入生产环节，督促指导生产经营业和农民专业合作社建立生产经营档案记录。对产地农产品（主要是蔬果类）进行快速检验监测，协助开展农产品质量安全认证、产地准出和质量追溯等工作。收集、报送农产品安全信息，配合开展农产品质量安全事故的应急处置。指导农资经营门店建立进货查验和销售档案记录，受理假劣农资投诉举报。

2013年别桥镇农产品检测仪器一览表

表10-12-1

仪器名称	型　号	数量
农药残留快速检测仪	GDYN—1010SC	1
农产品安全快速检测仪	GDYN—301M	1
酶联免疫检测仪	DG5033A	1
恒奥氮吹仪	HSC—12A	1
超声波提取仪	VGT—2000型	1
其林贝乐振荡器	XW—80A	1
安亭高速冷冻离心机	TGL—16gR	1
狼山恒温干燥箱	HN101—OA	1
容声冰箱	BCD—202GS	1
白雪冰柜	BD\C—118F	1
华凌空调	KFR—35GW\HV0205	1
样品粉碎机	GDYQ—704S	1
农残速测仪	PR—203—6T	1
江南显微镜	BM1000	1
水质分析仪	GDYS—201M	1

第四节　现代农业模式

20世纪80年代起，农村、农业改革不断深化，经过产业结构调整、农业科技普及、丘陵山区综合开发、生态建设和农（渔）产品基地建设，别桥镇农业发生深刻变化，以加快发展高效农业、设施农业为重点，着力提升农业规模化、科技化、产业化水平，推动农业现代化进程。

【高效农业】 以亩产超吨粮为目标，开展高产增效创建项目。2012年落实2个水稻万亩示范片，3 个千亩示范区，3 个公路沿线丰产带，18 个百亩示范方，累计面积 26800 多亩。秋播落实 1 个小麦万亩示范片，2 个百亩示范方。水稻单产达 648 千克，小麦单产达 354 千克。2013 年，在农业高效生产同时，施行粮油安全生产，推广农作物优良品种，运用先进实用技术，施用优质配方肥和高效低残留农药，加快粮食高产技术普及，粮油作物平稳增产。全镇小麦种植面积 29056 亩，其中小麦万亩方 11200 亩，平均单产 327 千克。油菜种植面积 31799 亩，平均单产 180 千克。水稻种植面积 67434 亩，万亩示范区单产 704.6 千克，百亩示范方单产 714.8 千克，全镇水稻单产达 659 千克。

【高效设施农（渔）业】 重点发展大棚、防虫网遮阳棚、喷滴灌设备、微孔增氧等设施，推进高效蔬菜、应时鲜果、花卉苗木等园艺产业发展。2013 年建立花卉苗木示范基地 3 个、大药材基地 1 个。茅山革命老区的玉华山村、黄金山村成为花木之村，重点发展观赏枫香新品种，珍稀观赏竹，优良绿地用樟树、樱花、茶花、红叶石楠等 30 多个苗木花卉品种。两个村的花木种植业产生了显著的经济效益、社会效益、生态效益，增加农民收入，改善居住环境，形成青山绿水的人间仙境。2013 年，全镇新增高效设施农业面积 3100 亩。

利用区域优势，发展水产品，不断扩大特种水产养殖的规模，形成独有的区域水产养殖新特色。从传统养殖向设施装备现代化养殖转变，发展高效渔业生产，养殖业成为农村经济发展的主导产业。2012 年，高效设施渔业分布在小石桥、西庄、马家、湖边 4 个村，总面积 4000 亩。水产品养殖池塘进行标准化改造，彰显规范基地。使用微孔增氧技术，有效降低氨、氮、硫化氢等药害物质浓度；有效增加水体底层溶氧，保持水体流动；加强基地基础设施建设及基地规范化管理。2013 年新增高效设施渔业面积 4200 亩，水产养殖面积达 5 万余亩，其中池塘养殖河蟹 4.2 万亩、青虾 0.2 万亩。高效设施渔业养殖面积达 3.8 万亩。渔业科技入户工程覆盖 18 个行政村，高效河蟹养殖整村推进村 1 个，渔业科技示范户 60 户，核心示范户 156 户，辐射带动养殖户 1200 个。渔业科技示范户、辐射户效益测产统计，河蟹养殖平均亩产量达 108 千克，亩产值达 1 万多元，亩净利润达 6200 元。以湖边、镇东、马家 3 个村为中心建立 3000 亩特种水产养殖基地，通过高效渔业基地建设，巩固河蟹、青虾等养殖主导品种，提升现代化渔业建设水平。

【生态农业建设】 溧阳市被列为"九五"（1996—2000 年）江苏省十个生态农业试点县（市）之一，2001 年 5 月通过省级达标验收。别桥镇也同步加快镇的生态农业建设。

2012 年，塘马湿地保护与修复一期工程施工，投资 1500 万元，完成 1600 多亩湿地建设工程，包括滨岸带湿地修复、入湖河口湿地修复、入湖河道生态修复。至 2013 年，一期工程全面竣工，通过省级验收。二期工程 1000 亩，完成 95%。12 月 17 日，经由江苏省水利风景区专家评审，获批江苏省水利风景区。塘马水库呈现杨柳清风、湖水荡漾、白鹭飞翔的美妙景象，是集观赏、垂钓、休闲、娱乐、度假为一体的农业生态园。

2013 年，全镇有 141 个自然村达到市级环境整洁村标准，其中有 3 个星级康居村，观阳村接受了省级整洁环境整治示范村验收。

农业生产资料循环利用。禁止秸秆焚烧，综合利用秸秆。2013 年，镇政府与 10 家农机合作社签订秸秆机械化还田责任制，在浪圩、海斌、财荣农机合作社及后周村、湖边村、马家村、玉华山村、镇东村分别建立 1000 吨、500 吨秸秆综合利用（收贮）示范点。大力推广稻麦秸秆机械化还田、秸秆机械化打捆技术、拓宽秸秆利用途径。小麦秸秆还田 2.47 万亩，水稻秸秆还田 1.46 万亩，全年稻麦秸秆全量还田率 90% 以上，综合利用率达 75% 左右。

【休闲观光农业】 观光农业是农业资源利用的延续，是农业产业链的延伸，是人民生活水平提高、物质生活富裕后对生活质量的新需求。别桥镇境内淡水资源丰富，生态环境宜人，政府把观光农业列入经济发展的主要产业，依托耕渎庐农业观光文化园，以两湾村、古渎村、绸缪村为中心打造千亩休闲观光农业基地。耕渎庐农业观光文化园始建于 2009 年，园区分东湖、中园、西廊三个部分。东湖以古渎至绸缪自然河道建造湿地公园，开发传统文化旅游及野钓和龙舟等水上活动项目。中园为耕渎园林，经营文化旅游、艺术品展览，举办各种高层次文化论坛，由精品陈列馆、蒲莘榭舫会馆（邵雍纪念馆）、耕读书院、牡丹花花园组成。西廊为耕渎农业观光走廊，成立观光农业合作社。规划 600 亩土地，以种植各种绿色生态粮食、蔬菜为主，开辟部分土地出租给市民休闲种植。

耕渎庐农业文化园是一座仿古园林，院落式、水寨式、农合式，亭榭楼台，雕廊画栋，令人赏心悦目。吃在园内，有时鲜蔬菜、山鸡、草鸡、长荡湖螃蟹、青虾、苗氏特种养殖场的纯中华鳖；游在园内，既可看平原水乡美景，又可赏四季名贵花卉，观田园风光，了解农民传统居家习俗；娱在园内，可垂钓、品茗、打牌、对诗、下棋、采菱、荡桨、放歌，体现农民春耕夏耘、秋收冬藏悠闲自得的农家情趣；赏在园内，美术、书法、楹联、收藏等各种文化生活，陶冶文化情操，品味文化大餐;住在园内，外有高速和等级公路、镇村通道，内有林荫石路，曲径通幽，令客人留连忘返。

【丘陵山区综合开发】 别桥镇现境的原后周镇在“九五”期间被列为江苏省丘陵山区综合开发的重点乡镇。1999 年 12 月，后周、绸缪两镇又成为茅山老区开发区。茅山老区开发区以自然资源为基础，以政策支持为依托，以市场需求为导向，发展区内的特色经济。至 2007 年，别桥镇茅山老区内建成 1000 亩以上农业科技示范园 2 家，特色的设施农业基地 1 个。

第十一篇

工　业

春秋时期，别桥镇境内民间就有手工纺纱织布和制作铁木竹农具和家具。铁匠制农具、木匠做家具、竹匠编筛簸凉席自古有之。明代，有了土窑烧制砖瓦。清光绪年间，油坊、砻坊、粉坊在境内兴起，并逐步使用机器，开创别桥地区以粮油加工业先行的现代工业。至民国17年（1928年），别桥创办耀华电灯公司加工稻米，晚上用机器发电，供商家和居民照明。别桥副食品加工业中的糖果糕点业享誉全国，别桥狄顺昌精制的“金刚脐”糕点在民国19年（1930年）全国食品竞赛展览会上获奖。是年，溧阳县的工业发展布局由县城向别桥、竹箦、南渡、戴埠等乡镇延伸。别桥集镇有8家砻坊、油坊、粉坊（后周集镇也有油坊）、5家木铺、6家铁铺、3家竹铺。

有着200多年历史的家庭手工编制芦帽、竹丝帽箍、菜篮的更是别桥手工业的一朵奇葩。

新中国成立后，人民政府积极帮助私营工业、手工业恢复生产，并实行社会主义改造。别桥镇现境内的工业从农具厂起家。1953年，乡（区）的铁木竹手工业建立各自的生产合作社，1958年发展为农具厂，属公社集体企业，以生产农具、家具为主，增加五金、翻砂、制镜等行业。是年，别桥、后周两个公社农具厂产值均在5万元以上。1956年，原溧城公私合营的振兴米厂迁至别桥，命名为溧阳县别桥第一米厂，1963年上升为全民所有制企业，是别桥镇境内唯一的一家地方国营工厂。

人民公社时代，砖瓦厂、水泥制品厂、地毯厂、粮油加工厂等社办、队（村）办企业出现。1975年，别桥、湖边、古渎、绸缪、后周5个公社有社办企业32家，

1976～1979年增加58家社、队（村）企业，1979年工业总产值581万元。

中共十一届三中全会以后，在改革开放政策的指引下，别桥镇现境的原5个乡（社）的工业开始崛起，呈现出良好发展势头，羊毛衫行业、丝绸行业、轧钢行业、电子电器业、电缆业、工程机械制造业、汽车配件制造业、化学工业纷纷兴起。1980年，别桥、湖边、古渎、绸缪、后周5个公社有企业43家20多个行业，总产值达879万元。队（村）办企业68个，总产值240.29万元。至1989年，5个乡（镇）的乡镇企业达61家，总产值1.41亿元，产值实现100万元的企业就有18家；村办企业71家，总产值3455.7万元。1989年，别桥镇现境的原5个乡镇工农业总产值1.76亿元，农业总产值仅3968万元，形成工业反哺农业和工业农业互相共进的良好势态。

20世纪90年代，乡镇企业进行产权制度改革。1995年，溧阳市乡镇工业股份合作制在别桥镇先行试点，而后，古渎、绸缪、后周的乡镇企业转变为民营企业。政府对企业的基础管理、现代化管理、企业升级、全面质量管理、产业产品结构进行调整，工业内部结构随着宏观环境、市场趋向及产业发展基础变化，逐渐演变成新的产业格局。原来的优势产业集中度不断提高，金属冶金和加工业异军突起，成为别桥地区的第一大工业行业；工程机械业仍保持优势地位；出现一批电子信息、通信设备与新材料制造等新兴产业。主要企业有：江苏诺信达特种电缆有限公司、溧阳市东风柴油机配件有限公司、溧阳市后周轻工机械厂、江苏新华机电设备制造有限公司、江苏金盟汽车内饰有限公司、江苏永昌科教仪器制造有限公司、溧阳市新方化工有限公司、汽车座椅调角器总厂等。1995年，别桥、古渎、绸缪、后周4个乡镇完成工业总产值11.77亿元，占工农业总产值的90.12%。总产值达2000万元的厂家有别桥绢纺厂、溧阳市第一电缆厂、绸缪鑫盛轧钢厂、汽车座椅调角器总厂。2000年，别桥、绸缪、后周3个镇有工业企业189个，企业职工人数10687人，总产值13.44亿元，销售收入11.12亿元。

进入21世纪，乡镇企业按公司化规范程序进行第二次改革，别桥、绸缪、后周的乡镇工业以调整结构、加大投入、深化改革、强化管理、加快发展为重点，乡镇工业发展步入快车道，尤其在2007年乡镇区划调整后，新的别桥镇以工业强镇为战略措施，创百亿镇为目标，培育、壮大优势企业，发展新兴产业，建设发展北山工业园和北郊工业园，一大批规模企业如雨后春笋出现在别桥镇这块土地上。具有影响的企业有溧阳市万兴特种建材有限公司、江苏金久科技新材料有限公司、江苏运通建设有限公司、江苏永武钢结构工程有限公司、江苏京海钢机有限公司、溧阳市铁建特种混凝土有限公司、江苏广源金属加工有限公司、江苏鑫林钢铁有限公司、溧阳市荣鑫轧钢有限公司、江苏璟隆新材料有限公司、溧阳市福山铸业有限公司、江苏云源钢结构工程有限公司、江苏富民新材料有限公司等。2007年，别桥镇工业总产值26.24亿元，是1995年的2.23倍，2000年的2.36倍，占全镇工农业总产值的86.7%。

2013年，别桥镇工业经济以北山工业园和北郊工业园两个发展平台为载体，逐步形成通用航空、绿色建筑材料、冶金及工业型材、装备制造及电梯四大产业。工业企业达436家，企业职工人数24612人。全镇完成工业总产值97.8亿元，是2007年的3.72倍；完成销售收入95.38亿元，实现利税11.56亿元。销售收入2000万元以上的企业有50家，超亿元销售收入的企业有30家。

第一章　工业综述

第一节　全民企业

别桥境内唯一的全民工业企业就是溧阳县别桥米厂。该厂前身是1956年的公私合营溧阳县第一米厂（原振兴米厂），厂址在别桥集镇丹金溧漕河西河沿。规模很小，只有动力和碾米两个车间，动力机械设备为燃料动力机，碾米车间的砻为橡皮砻，糙米须人力筛选，糙米加工为机械设备。有职工34人，固定资产原值3万元。1963年转为全民所有制企业，为别桥境内唯一的一家全民工业企业。2002年歇业。

第二节　集体企业

一、乡镇办工业

1953年，境内的铁、木、竹三类手工业相继成立生产小组。1955年，铁、木、竹三业联合成立手工业生产合作社。1958年，合作社改组为农具厂，成为计划经济时代社办企业的骨干。别桥公社农具厂发展迅速，建厂后的十多年中，能制造空气锤、电动脱粒机、饲料打浆机、直流水泵等农用机械。1965年，后周公社黄金山、观阳、玉华山等地发展乡村茶叶产业，大面积拓展茶园。1972年，溧阳县后周茶场应运而生，从事茶叶种植。同年，别桥公社和后周公社相继在前程村和梓村村创办别桥砖瓦厂和后周砖瓦厂。1975年年末，境内社办企业达32家，1976年6月，别桥公社创办丝织地毯厂，这一行业领先于溧阳其他地方，后来成为境内的优势产业。1978年，湖边公社农具厂更名为溧阳县轻工机械厂，生产脱硫机、再生胶设备、减速器等。同时，别桥还办起印刷厂。1979年，后周丝织地毯厂、针织厂相继建成生产。1976～1979年，境内增添58家社、队（村）企业，涉及食品、纺织、化工、建材、轻工、机械等门类。1979年，境内工业总产值达581万元。20世纪80年代，工业企业大多实行计划指导下的市场调节，企业由原来的生产型转为生产经营型，企业活力逐步显现。别桥电容器厂、羊毛衫厂兴办，后周乡（公社）办起矿机设备工厂，古渎乡客车厂建成，从事汽车改装。1983年，社队工业改称乡镇工业，社队企业改称乡（镇）村企业。1984年6月，溧阳市化工六厂建成投产，后发展成为境内化工类行业的领头雁。1987年8月，后周轻工机械厂建成生产，是境内投资最大的乡镇企业之一。1986年，后周玉华山创办弹簧厂。1988年10月别桥兴办绢纺厂，成为溧阳县农村首家生产蚕丝类产品的企业。90年代，乡镇工业发展加快。1990～1994年，别桥新华机电厂、绸缪轻工机械厂、溧阳县第一电缆厂等10余家规模企业先后兴办。1994年5月，绸缪乡的轻工机械厂（后更名为汽车座椅调角器总厂）以“先股后售”的形式进行产权制度改革，成为乡镇企业改革的试点并在全镇推开。接着，企业产权制度改革步伐加快，华丰集团、山湖电缆（即原溧阳县第一电缆厂）、溧阳化工六厂（后更名为江苏三益化工有限公司）、江南农药厂等一批乡镇企业完成改制，成为民营企业。至2000年，别桥现境内企业产权制度改革基本结束，形成适应市场经济体制要求的产权制度和经营体制。进入21世纪，全镇工业以调整结构、加大投入、深化改革、强化管理、加快发展为重点，（乡）镇工业发展步入快车道，各行业都有骨干企业。

1980年别桥镇现境内原5个公社社办工业概况一览表

表11-1-1

公社	单位名称	年末职工数（人）	工业总产值（万元）	工业净产值（万元）	纯利润总额（万元）	固定资产净值（万元）	流动资金年末占用数（万元）	主要产品产量		
								品名	单位	数量
别桥	农具厂	114	32.28	10.56	1.54	7.26	26.92	中小农具	万件	1.33
	综合厂	33	9.00	4.08	1.70	2.22	6.81	水泥桁条	根	2800.00
	砖瓦厂	235	33.00	14.96	1.99	11.80	37.15	85红砖	万块	1330.00
	石英砂厂	51	8.50	4.10	1.02	4.33	6.66	石英砂	吨	3200.00
	无线电厂	146	52.60	10.26	2.79	17.23	20.84	电容器 收音机	万只 万台	145.00 380.00
	地毯厂	83	13.50	5.82	1.66	2.41	4.31	地毯 丝地毯	平方尺	4350.00 3000.00
	服装厂	25	10.70	2.94	1.04	0.29	2.20	服装	万件	0.74
	五金白铁厂	5	0.90	0.32	0.04	0.01	0.28	白铁制品	万件	0.92
	制镜厂	5	1.50	0.20	—0.13	0.03	0.24	镜面	平方米	985.00
	印刷厂	12	1.20	0.66	0.17	1.30	4.18	印刷品	万张	72.60
湖边	农具厂	49	6.35	2.22	—0.93	6.71	4.29	中小农具	万件	0.88
	加工厂	11	2.26	1.16	0.42	2.92	0.74	粮食加工	吨	1412.50
	综合厂	25	2.78	1.74	0.15	0.98	1.63	编织品	万件	6.82
	化工厂	23	6.00	2.51	0.77	1.42	2.43	对苯二钾酸	吨	22.20
	玻璃厂	20	1.47	0.63	—0.05	1.03	3.21	安瓿瓶	箱	475.00
	服装厂	36	20.87	3.83	1.28	0.21	10.67	服装	万件	1.05
	水泥制品厂	40	15.62	5.76	2.49	5.53	8.08	水泥桁条	根	5200.00
古渎	塑料厂	142	101.83	40.25	33.10	9.59	24.70	薄膜	吨	466.20
	农具厂	45	13.58	5.68	1.77	4.61	8.25	中小农具	万件	1.98
	加工厂	18	3.21	1.38	0.41	1.89	0.15	粮食加工	吨	1396.50
	水泥制品厂	20	8.37	3.60	2.05	2.38	1.80	水泥桁条	根	4912.00
	缝纫社	4	0.23	0.19	0.02	0.03	0.01	服装	万件	0.06

续表 11-1-1

公社	单位名称	年末职工数（人）	工业总产值（万元）	工业净产值（万元）	纯利润总额（万元）	固定资产净值（万元）	流动资金年末占用数（万元）	主要产品产量		
								品名	单位	数量
绸缪	农具厂	88	23.01	7.22	1.01	6.27	13.87	中小农具	万件	0.72
	猪鬃厂	52	4.33	2.92	0.05	0.64	0.87	猪鬃	市斤	9119.00
	五金锁厂	28	3.56	2.21	0.68	4.96	4.47	767 抽斗锁	把	24936.00
	钢窗厂	34	20.84	3.93	0.96	1.17	9.78	钢窗	平方米	4964.00
	水泥制品厂	38	8.38	3.43	0.11	2.60	6.63	水泥桁条	根	2833.00
	粮食加工厂	11	2.28	1.00	0.31	3.85	1.17	粮食加工	吨	874.50
	服装厂	41	11.08	3.31	0.78	0.01	11.84	服装	万件	0.65
	纺织厂	10	1.23	0.31	—0.21	0.68	0.71	棉腈布	公尺	8244.30
	玻璃制品厂	5	1.07	0.52	—0.38	0.12	3.12	安瓿瓶	万支	113.00
后周	农机站	79	30.00	10.53	5.60	26.17	16.16	六角油塞	万个	7.20
	农具厂	100	19.79	14.50	0.13	6.54	14.40	中小农具	万件	0.94
	钢窗厂	15	5.25	0.85	0.11	3.40	10.00	钢窗	平方米	1541.00
	加工厂	28	4.00	2.05	—0.77	3.10	1.41	粮食加工	吨	1258.00
	茶场	86	19.31	6.16	1.53	3.70	8.53	茶叶	担	204.00
	砖瓦厂	172	35.30	16.03	5.96	13.12	29.09	85 红砖	万块	1186.00
	预制站	8	6.00	0.82	0.045	0.65	1.59	水泥桁条	根	2954.00
	纸袋厂	12	6.30	4.76	1.05	0.34	6.70	水泥包装袋	万个	11.50
	化工厂	15	5.90	1.76	—0.25	1.00	1.87	烧碱	吨	20.00
	服装厂	26	26.21	8.75	4.50	0.60	3.50	服装	万件	1.74
	兔毛厂	25	2.55	2.02	1.08	0.40	2.02	兔毛	市斤	59538.00
	丝毯厂	37	1.95	0.87	0.29	3.28	5.21	丝毯	平方尺	4450.00

1989 年别桥、湖边、古渎、绸缪、后周乡（镇）企业概况一览表

表 11-1-2

乡镇名称	企业名称	厂长	创办年份	职工人数（人）	占地面积（平方米）	建筑面积（平方米）	固定资产（万元）	产值（万元）	主要产品	主要设备
别桥	别桥农具厂	孙海洪	1956	68	5800	2200	21.90	36.10	65 千克气锤	车床　钻床
	别桥砖瓦厂	谢宣福	1972	450	125000	5000	147.60	117.50	九五砖	制砖机
	别桥机电农修厂	孙阿庚	1975	21	104	86	10.20	64.50	农机修理	刨床　钻床
	别桥丝织地毯厂	马静芳	1975	365	4000	3024	91.20	415.20	丝毯	织机
	别桥石英砂矿	徐田才	1976	86	4670	168	13.50	29.30	石英砂	轧砂机　电动机　变压器

续表 11-1-2

乡镇名称	企业名称	厂长	创办年份	职工人数（人）	占地面积（平方米）	建筑面积（平方米）	固定资产（万元）	产值（万元）	主要产品	主要设备
别桥	别桥印刷厂	袁锡生	1978	15	344	253	6.00	23.80	印刷品	方向机
	别桥电容器厂	缪安平	1980	160	2670	1292	26.00	304.00	铝壳	冲床
	别桥轧钢厂	潘阿宝	1984	78	95381	28614	99.30	228.00	12¢ -25¢ 螺纹钢	250 轧机全套　电动设备
	别桥福利电器厂	王小芳	1984	40	2134	1324	26.50	152.00	清洗铝壳	清洗机
	别桥工艺制品厂	陈卫平	1987	18	5000	1200	31.40	41.90	玻璃制镜	制镜镀膜机
	别桥羊毛衫厂	王永芝	1987	40	380	280	4.60	29.60	羊毛衫	织机
	别桥复合肥厂	范国兴	1987	50	3335	2300	43.00	505.80	复合肥	粉碎机
	别桥绢纺厂	王定华	1988	264	5720	4004	235.50	678.00	绢丝　绵球	并条机　中小切机
	别桥电缆厂	周阿林	1988	45	1400	1060	20.00	200.50	电缆线	编织机
	别桥电子元件厂	陈惠民	1988	130	1000	730	19.40	212.50	独石电容	仪表
	石油化工设备公司	马田金	1989	30	200	150	18.00	105.00	锅炉	化工设备
湖边	湖边农具厂	阮国强	1964	6	750	323	1.00	7.00	锄头　钉耙　铁锤　包装箱	空气锤　皮带锯　砂轮机　圆盘锯
	湖边水利管理服务站	杨锁义	1966	38	1175	875	6.60	14.00	碾米　水泥楼板	碾米机　振动机　拌和机
	湖边水泥制品厂	庄八斤	1975	42	7314	551	13.20	75.60	水泥楼板　桁条　三叶板	搅拌机　振动机　张拉机　拉丝机
	玻璃拉丝厂	虞分川	1984	17	1700	1000	4.10	27.80	玻璃钢瓦　落水管斗	拉丝机　灌封机木模
	轻工机械厂	阮国强	1985	83	9987	2843	88.40	470.50	喷淋排管　风量调节窗	车床　刨床　冲床　摇臂钻　折弯机　剪板机
	光明羊毛衫厂	陈荣桂	1986	60	6533	3600	55.70	78.00	羊毛衫	横机套口机　打眼车　发电机
	湖边非标设备厂	吴小平	1986	80	500	250	4.30	214.70	保温玻璃钢制品	卷扬机　电焊机
	无锡市工艺品厂溧阳分厂	范小明	1987	78	1200	640	1.70	101.00	长毛绒童鞋　拖鞋　玩具	缝纫机　拷边机　订眼机　打包机
	湖边制砂厂	易正良	1987	18	400	180	2.40	10.00	金刚砂	轧机　水泵　吊机
	湖滨羊毛衫厂	陈建华	1988	80	3300	550	36.60	106.00	兔毛衫	横机　槽筒车
	福利合成化工厂	钱和平	1989	30	4800	600	39.40	50.30	BB 酸	锅炉　搪玻璃锅　耙式干燥机
	湖边冷作厂	胡福强	1989	20	300	150	2.50	92.70	玻璃钢盆	风焊机　电焊机　钻床切割机　剪板机　冲击钻
古渎	古渎水泥制品厂	姚荣	1982	38	6000	500	25.40	44.30	楼板　桁条	搅拌机
	环境保护设备二厂	童林锦	1984	98	3000	700	17.00	150.00	净水设备	车床　电焊机
	复合肥料厂	姜志远	1984	65	2940	1540	46.00	291.00	复合肥	造粒机
	工业设备厂	陈正法	1985	260	3330	900	43.50	700.00	隧道模板	卷板机
	皮箱皮件厂	姜君良	1985	28	1000	600	3.80	43.60	皮箱　皮包	压机
	福利彩印厂	史伟方	1985	42	2010	1345	38.40	32.80	打包带	打包带机
	常州市溧阳市客车厂	姜传瑟	1985	35	1500	750	13.00	76.00	客车修理	焊机

续表 11-1-2

乡镇名称	企业名称	厂长	创办年份	职工人数（人）	占地面积（平方米）	建筑面积（平方米）	固定资产（万元）	产值（万元）	主要产品	主要设备
古渎	特种电解电容器厂	聂正富	1985	105	1500	1000	50.10	223.30	电子元件	绕片机　赋能机
	古渎地膜厂	史国金	1987	235	4320	2644	208.00	312.90	编织袋	织机
	无锡市仪表阀门厂溧阳分厂	徐益平	1988	65	5000	2000	43.20	150.00	阀门	车床　电焊机
绸缪	绸缪冶金机械厂	吴才济	1961	75	4049	1839	28.80	68.70	破碎机　铸件	车床　鼓风机　冲天炉　注塑机
	绸缪水泥水泥制品厂	朱宝仑	1973	16	6240	432	8.60	13.20	水泥楼板　桁条	拉模机　振动机　搅拌机
	钢窗厂	殷书金	1976	75	3402	1425	55.00	144.10	钢窗　钢门　喷塑	冲床　车床　电焊机动车辆
	绸缪农药分装厂	张国庆	1976	40	4395	551	4.50	138.10	敌杀死　盖草能	灌装机　鼓风机
	第四化工厂	滕国生	1984	32	3936	846	39.00	78.40	环氧树脂	反应锅
	绸缪机械配件厂	马金保	1988	55	3320	2500	41.60	90.10	汽车调角器　滑槽升降机	冲床　刨床　车床　钻床
后周	后周粮油加工厂	闵夕庆	1958	14	2000	1400	6.20	47.10	加工菜籽	榨油机
	后周水利机械修造厂	葛荣庚	1960	59	6201	2585	73.50	84.00	抓斗	车床　铣床　冲床
	后周兔毛加工厂	缪来凤	1972	40	250	325	18.10	51.60	兔毛加工	加工台
	后周茶厂	陈国大	1972	25	198000	726	25.00	122.70	茶叶　水嘴	车床　冲床
	第三砖瓦厂	蒋定夕	1976	70	79200	5150	148.40	39.60	九五红砖	制砖机
	后周建筑构件厂	陈海平	1979	14	2668	260	5.20	21.20	水泥制品	搅拌机
	冲压件厂	马炳元	1980	28	1200	800	14.70	61.70	齿坯钢令	车床　冲床　刨床　钻床
	后周工艺丝毯厂	孔云龙	1980	284	2331	1734	80.70	330.00	丝毯	地毯机
	后周钢窗厂	陈志宏	1982	35	1100	800	7.90	20.60	钢窗	车床　剪板机
	医用机械仪表厂	宋仁元	1984	20	1990	450	3.20	58.90	氧气吸入器	车床
	后周玻璃仪表厂	庄国芳	1984	51	5994	1600	18.10	111.30	安瓿瓶	拉丝机　灌封机
	后周轻工机械厂	马金全	1985	68	17200	6500	99.20	201.00	汽车配件	车床　钳床　刨床　铣床　镗床
	后周福利溶剂厂	李志生	1986	30	6667	805	78.70	322.30	增塑机	化工设备
	后周玻璃钢厂	华云鹤	1986	15	660	300	2.80	34.60	玻璃制品	木模
	后周饲料加工厂	唐庚生	1988	60	449	299	18.80	50.30	饲料　大米	粉碎机　冲粉机
	后周工艺制品厂	徐万新	1988	232	3667	1200	12.50	158.40	丝毯	地毯机
	后周工艺品厂	姚双林	1988	23	130	100	0.90	108.00	玉石制品	玉雕机　磨石机　磨光机

二、村办工业

村办工业隶属于乡镇工业，对乡镇经济贡献也较大。有别于乡镇企业的是所有制和内部管理归属于行政村（大队）。在人民公社管理期间，境内因地制宜，转动社办、队办两家轮子发展地方经济。别桥镇现境内 5 个公社就有砖瓦厂、地毯厂、水泥制品厂、粮食加工厂、农机修配厂等大队企业，企业人员实行亦工亦农的制度，贯彻执行“劳动在厂、分配在队、厂队结算、适当补贴”的方针。1983年9月，人民公社改为乡镇建制，农村的经济政策得到进一步落实，从而也迎来村办企业发展的春天。1984年，别桥、湖边、古渎、绸缪、后周5个乡（镇）和村办企业产值达740万元。原古渎乡的东溪村先后建起复合肥厂、塑料厂、工业设备厂等企业，成立东溪实业公司。1989年，别桥镇有村办企业20家，从业人员695人，总产值769.3万元；湖边乡有村办企业10家，从业人员323人，总产值520.5万元；古渎乡有村办企业14家，从业人员522人，总产值1099万元;绸缪乡有村办企业9家，从业人员241人，总产值333万元;后周乡有村办企业18家，从业人员1042人，总产值733.8万元。

随着改革开放地不断深入，企业间的竞争也日趋激烈，村办企业出现大面积的优胜劣汰。至1995年，别桥镇现域内的村办企业仅剩37家，涉及绸缪、诸皋、东马、槎溪、杨家湾、坝头、东溪、横河、对河、诸泗、前王、前程、中里、湖塘、梓村、黄金山、玉华山、小石桥、观阳、西庄、魏笪、后周、东胜、新民、下梅、塘马26个行政村。随着工业企业的全面改制，1996年后，村办企业逐步改制为民营或股份制企业。

1980年别桥镇现境内各公社村（队）办企业概况一览表

表11-1-3

公社名称	企业数（家）	从业人员（人）	固定资产原值（万元）	总产值（万元）	纯利润（万元）
别桥	17	561	13.19	82.50	14.04
湖边	5	146	6.54	30.08	5.00
古渎	11	152	10.10	16.92	9.30
绸缪	19	334	8.07	20.29	10.31
后周	16	282	11.60	90.50	18.30

1989年别桥、湖边、古渎、绸缪、后周五乡（镇）村办企业概况一览表

表11-1-4

乡镇名称	企业名称	厂长	创办年份	职工人数（人）	占地面积（平方米）	建筑面积（平方米）	固定资产（万元）	产值（万元）	主要产品	主要设备
别桥	别桥联星黄砂矿	顾锁坤	1970	31	1260	60	2.50	17.80	黄砂	轧砂机
	别桥樊庄地毯厂	王建平	1976	30	700	500	2.50	47.00	地毯	织机
	别桥联星砖瓦厂	吕木坤	1979	15	2500	120	2.50	22.00	砖	窑　制砖机
	别桥马家砖瓦厂	马志其	1981	20	383	50	1.20	30.90	砖	窑　制砖机
	别桥合星美术地毯厂	马建平	1981	102	750	425	3.00	91.20	地毯	织机
	别桥联星面筋厂	吕光荣	1982	15	100	100	1.00	35.30	面筋淀粉	粉碎机　冲粉机
	别桥土山第二黄砂矿	刘腊汉	1984	73	1320	60	4.00	41.00	黄砂	轧砂机
	人参饮料厂	王建忠	1984	45	300	225	7.50	42.30	汽水	自动装瓶机
	别桥前程地毯厂	邵勤志	1984	40	200	200	2.50	61.10	地毯	织机

续表 11-1-4

乡镇名称	企业名称	厂长	创办年份	职工人数（人）	占地面积（平方米）	建筑面积（平方米）	固定资产（万元）	产值（万元）	主要产品	主要设备
别桥	别桥联星橡胶厂	吕华明	1984	14	50	50	1.20	37.20	橡胶	压机
	别桥前王农修厂	王傲	1984	15	300	225	3.00	26.00	农机修理	翻砂炉
	别桥合星羊毛衫厂	杨荣贵	1985	50	50	50	2.00	30.20	羊毛衫	织机
	别桥战胜地毯厂	张荣	1985	40	175	175	1.80	26.00	地毯	织机
	别桥农场丝毯厂	杨水庚	1985	35	150	150	1.50	26.30	地毯	织机
	别桥诸里地毯厂	陈海明	1985	40	523	325	7.00	28.10	地毯	织机
	别桥陈巷石灰厂	马荣柏	1985	30	1425	125	6.00	60.00	石灰	发电机
	别桥谢家坝地毯厂	戴红九	1986	30	170	170	2.00	26.20	地毯	织机
	别桥土山水泥制品厂	易正才	1986	35	466	40	4.00	60.50	水泥楼板	拌浆机
	别桥复合肥料二厂	范益明	1987	15	1100	500	4.00	38.60	复合肥	拌料机
	别桥陈巷砖瓦厂	张昭兰	1987	20	2000	80	2.50	21.60	砖	窑 制砖机
湖边	湖边丝织地毯厂	陆建平	1984	86	1866	887	4.00	40.90	地毯	织造铁机
	湖边石灰厂	史木荣	1984	18	1334	125	6.50	81.40	石灰	卷扬机 鼓风机
	电容器元件厂	马国忠	1984	54	667	400	17.50	110.00	铝壳	冲床 车床 磨床
	湖边中里花炮厂	李锁才	1986	12	600	350	2.00	7.50	花炮	花炮机械
	湖边空心砖厂	史玉民	1986	12	1334	75	2.20	5.00	空心砖	制砖机 搅拌机
	卫生杀虫剂厂	李锁才	1987	5	1901	380	2.40	11.00	香型速效卫生杀虫剂	化工设备 反应锅
	湖边浪圩装璜厂	范志民	1987	26	165	125	2.30	21.10	玻璃钢制品	木模 切割机
	南方节能设备材料厂	马黎明	1987	80	330	250	6.10	224.10	复合铝玻璃钢	空气压缩机 控制台
	湖边中里制品厂	卢阿庚	1988	8	1151	150	3.20	6.50	水泥楼板	振动机 搅拌机
	湖边闸口汽车修配厂	阮志明	1988	22	3000	600	6.50	13.00	汽车修理	车床 钻床 铣床 电焊机
古渎	古渎家具厂	史国平	1964	11	250	200	1.50	17.70	家具	锯板机
	古渎道成加工厂	钱小保	1983	10	250	220	1.00	16.00	加工大米	碾米机
	橡胶纺织器材厂	赵水荣	1984	20	250	200	5.20	64.80	皮圈皮结	压机
	古渎建材厂	黄田荣	1985	35	2500	120	15.20	69.90	水泥楼板	搅拌机
	古渎东溪塑料厂	陈志达	1986	107	420	380	9.50	104.50	编织机	织机
	古渎横河复合肥厂	周国富	1987	75	750	500	11.30	164.50	复合肥料	造粒机
	古渎非标设备厂	童国胜	1987	21	400	150	4.80	79.00	非标制作	电焊机
	古渎福利无线电元件厂	车如荣	1987	39	400	350	10.20	98.50	电子元件	赋能机
	古渎工艺首饰厂	姜田昌	1988	12	350	250	0.60	76.50	工艺首饰	工艺机
	古渎对河复合肥厂	史水金	1988	39	700	500	5.20	94.20	复合肥料	造粒机
	古渎东溪复合肥厂	陈保罗	1988	36	550	400	4.40	76.00	复合肥料	造粒机
	工业设备厂	陈志达	1988	65	450	350	6.20	119.80	非标制作	电焊机
	古渎机械修配厂	刘阿林	1988	33	450	250	6.80	79.60	垃圾集装箱	电焊机
	古渎无线电设备厂	车如荣	1988	19	250	200	5.30	38.10	电子元件	绕片机

续表 11-1-4

乡镇名称	企业名称	厂长	创办年份	职工人数（人）	占地面积（平方米）	建筑面积（平方米）	固定资产（万元）	产值（万元）	主要产品	主要设备
绸缪	绸缪窑厂	姜中和	1965	15	5000	1000	0.20	27.80	八五砖 九五砖	窑 制砖机
	绸缪文巷窑厂	王全法	1965	20	5000	1000	0.20	23.60	砖瓦	窑
	绸缪东马窑厂	石小松	1967	16	500	100	0.20	23.50	八五砖 九五砖 瓦	窑
	绸缪杨家湾五金厂	贺旺富	1979	30	2000	1000	6.00	85.00	天平配件	冲床 车床
	绸缪阴山建材厂	窦田春	1980	30	7000	2000	2.30	46.00	水泥楼板 八五砖 九五砖	拌浆机 窑
	绸缪建筑材料厂	沈建国	1984	15	700	200	2.50	19.60	水泥楼板	拌浆机水泵
	绸缪地毯厂	朱纪庚	1985	90	1800	600	4.30	75.00	地毯	织毯机 发电机
	绸缪第三水泥制品厂	滕庆松	1985	15	5000	2000	5.00	13.90	水泥楼板	拌浆机 水泵 发电机
	绸缪东马水泥制品厂	曹财方	1988	10	4000	1500	1.20	18.60	水泥楼板	拌浆机 水泵
后周	后周靠村砖瓦厂	王阿金	1977	20	3500	250	6.70	26.80	九五砖 水泥楼板	立窑 振动机
	苏州市苏沪丝毯厂塘马分厂	赵国庆	1980	59	656	561	10.00	53.50	丝毯	地毯机
	后周五金研磨器材厂	龚留庆	1980	159	3871	864	17.40	77.40	金刚砂 地毯	织机
	后周西庄地毯厂	卢六斤	1984	52	600	324	2.20	42.20	地毯	编织机
	后周观阳地毯厂	万胜才	1984	130	500	300	12.00	64.60	地毯	地毯机
	后周迎春工艺美术厂	龚留庆	1985	20	418	187	5.00	33.50	工艺品	工艺机
	后周诸社丝毯厂	戴朝海	1985	30	500	400	6.50	16.90	地毯	织机
	后周工艺厂	李田保	1985	12	60	48	2.50	16.70	翡翠	磨床 抛光机
	后周小石桥砖瓦厂	王志明	1986	270	3430	1300	120.00	119.40	九五红砖	轮窑 搅拌机 制砖机
	后周靠村第二地毯厂	徐田福	1986	60	700	350	1.30	29.30	地毯	地毯机
	后周江南彩印厂	邵金华	1986	12	710	385	14.40	45.00	印刷品	海特机 印纸机 圆盘机
	后周玉华山弹簧厂	周洪庚	1986	22	263	105	5.40	27.60	砖瓦 弹簧	立窑 车床 钻床 弹簧机
	后周第二砖瓦厂	朱庚荣	1987	86	40000	6200	48.20	38.00	九五红砖	制砖机 铲型机
	后周塘马缂丝厂	何殿瑞	1987	5	252	228	4.80	19.90	手拉素带 手拉花带	织机
	后周新民地毯厂	周阿明	1988	25	600	450	1.70	37.20	地毯	地毯机 车床 皮带锯
	后周橡胶厂	蔡全夫	1988	15	120	100	1.00	26.50	橡胶制品	压模机
	后周下梅水泥制品厂	杨延庆	1988	45	3200	518	25.00	39.90	水泥楼板	拌和机 电焊机 车床 钻床
	后周黄金山水泥制品厂	徐玉林	1988	20	900	210	3.70	19.40	水泥楼板	拌浆机 榨油机

三、校办工业

校办工业隶属于溧阳县教育局校办工业办公室管理，校办厂的收入，主要用于添置教育设备和改善教职工的福利待遇。1982 年，别桥中学创办玻璃钢厂，当年投资 1 万元获利 0.45 万元。

1983年，后周农中创办植物激素厂，生产三十烷醇、矮壮素、溴氢菊酯等产品，年利润1万余元。之后相继兴办的有后周中学化工实验厂，后周成人教育中心校五金厂，别桥小学农药分装厂、工艺厂、五金电器元件厂、化工厂，湖边小学玩具厂、涂料厂、保温材料厂，绸缪小学丝织地毯厂，后周小学工艺美术厂、弹簧厂、工艺厂，古渎小学塑料加工厂、金属结构件厂。有些村级完小，也办起校办厂：前王小学彩砖厂、工艺服装厂、云母片厂，诸里小学玩具加工厂，土山小学塑料厂，诸泗小学美术工艺品厂，联星小学胶木电器厂，阴山小学云母片厂，周家湾小学橡胶纺织器材厂，合星小学五金电器厂，符家小学玻璃钢厂，塘马小学工艺品厂。境内先后创办的校办厂有32家，大多经营时间不长，创利也有限。至1988年，境内有校办厂16家，总产值84万元，利润13.5万元。1996年，境内仅剩6家校办厂，总产值240万元，利润20万元。进入21世纪，境内校办厂全部关停。

第三节 民营企业

一、私营工业

早在唐代时期，境内就有竹木匠人串村走户。明初时期，便兴起土窑烧制砖瓦，明末时期就出现铁木竹（农具）作坊（店铺）。清光绪二十四年（1898年）后，油坊、粉坊、磨坊在民间兴起。光绪末年至民国10年（1921年），别桥集镇先后创办元丰、振昌、仁昌等作坊，依靠人力从事一些粮油加工业务。民国7年（1918年），元丰油坊率先使用一些简单的机械设备。民国16年（1927年），简单的机械设备在当时的作坊中基本普及。吕伯雄与上海张景裕在别桥集镇北关创办耀华电灯公司，集股资金1万银元，安装26.82千瓦柴油发电机组1台，白天碾米加工，下午8至10时发电供集镇商铺、居民照明。该公司碾米加工技术当时在溧阳乡区农产品加工行中首屈一指。同年，别桥（史洪元）面粉厂创办，从业人员10余人，引入一些小型机器进行生产。抗日战争期间，刚刚起步的别桥工业遭受到重创。抗战胜利后，别桥一度安定，但工业迟迟未能恢复昔日旧貌。因榨油与老百姓生活息息相关，普通家庭又难以操作，民国35年（1946年），首先恢复油坊的生产，取名年丰，至新中国成立之初，年丰油坊已发展成为榨油厂，从业人员30余人。

民国时期别桥乡粮油加工业情况一览表

表11-1-5

企业名称	创办人	创办年份	使用机器年份	备　注
元丰油坊	何纪坤	光绪末年（1908）	1918	40余名职工。前店后坊，以批发业务为主，兼零售
仁昌砻坊	陈浩元	—	1919	—
振昌砻坊	陈元道	—	1921	—
耀华公司	张景裕等	—	1927	—
史洪元面粉厂	史洪元	—	1927	—

续表 11-1-5

企业名称	创办人	创办年份	使用机器年份	备　注
年丰油坊	姜锁森	—	—	30 余名职工。1946 年恢复生产
虞乾元砻坊	虞乾元	—	—	—
德昌砻坊	陈肖元	—	—	—

二、私营手工业

新中国成立前，别桥、后周的集镇街道均有铁业、木业、竹业、小五金、黄烟、糟坊、香烛、弹花、糕店作坊等个体手工业。1953 年，别桥镇现境内在集镇街道营业的手工业户达 65 家，从业人员 123 人，合计资本额 9268 元。其中，铁业 15 家 35 人，木业 11 家 23 人，竹业 10 家 22 人，服装业 22 家 27 人，弹花业 7 家 16 人。这些个体手工业具备在集市营业的资格，即使没有领证，也被相关的管理部门予以认可，大多在当地享有一定的市场。生产模式一般以家庭作坊式为主，用工紧张时常招收徒工，有时也临时雇用一些短工。生产与经营呈现“产品单一、工具简陋、工艺落后”等特点，产品生产大多就地取材，就地加工，也提供代客加工业务。产品销售面向当地老百姓，制作点即为销售点，也赶临近的一些集市销售。1956 年，全国基本完成对农业、手工业和资本主义工商业的社会主义改造，现境内的手工业先后建立各自的专业生产合作社（组），有木器社、铁业社、竹器社、缝纫店、弹花小组、五金小组等。1958 年后，大多发展成公社集体企业。

三、个体家庭手工业

别桥镇境内的传统个体家庭手工业主要有长荡湖西沿岸的芦苇编织（芦菲、芦帘子、芦帽等）、诸皋村及周边村庄的竹丝帽箍、战胜村的竹篮编制。

【芦苇编织】 别桥、湖边的农民凭借沿长荡湖畔得天独厚的条件，利用长荡湖滩涂自然生长的芦苇作为原料，从事芦苇编织，藉以辅助家庭生活。编织的产品有芦卜、芦菲、芦帽、芦窝等。不仅农户家庭编织，公社都办起芦苇编织厂。别桥镇现境的陆家湾、泗渎港、庄上、新桥等自然村主要编织芦卜、芦菲，闸口、长桥、双桥、湖塘、浪圩等自然村主要编织芦帽。1972 年，别桥供销社收购芦卜 76438 条、芦菲 19540 张、芦帽 63100 顶。1974 年，收购芦卜 71500 条、芦菲 37000 张。1976 年，收购芦卜 43700 条、芦菲 7000 余张。80 年代初，芦苇产品和收购渐趋呆滞，芦苇编织几乎停止，少有编织，所成产品农户自销。

芦帽是芦苇编织产品中名特产品，又名雨帽，俗称凉帽，相传有 200 多年历史。芦帽形圆象清朝官帽，清至民国流行盛广。新中国成立后，农村仍普遍流行，家家有帽，人人戴帽。它既可遮阳，又可避雨，田间劳动休息，可以当凳坐，也可以当扇子扇风，一物多用。农民外出必戴芦帽，甚至县、乡干部下乡也戴芦帽。编织一只芦帽要经 8 道工序，编成盘顶时，更是一门技术活。编好后，边沿还须用篾丝扎口，内装竹丝帽箍，方可使用。芦帽质量有粗、细、精之分，还有编织图案的芦帽。别桥的湖边堪称芦帽之乡，不仅数量多，而且质量上乘，1973 年产芦帽 70 万顶，1976 年产芦帽 17 万多顶，除供销社收购，其余农户自销。

图11-1　竹丝帽箍

【竹丝帽箍】 芦帽必须配嵌帽箍方能戴在头上。离湖边诸村西边 5 ～ 6 千米的诸皋村就是编织竹丝帽箍的小村庄。竹丝帽箍的编织与芦帽编织同步，起源于清朝中期，已有 200 多年历史。鼎盛时期，诸皋村有 130 多户人家编织竹丝帽箍，每年农历腊月到次年 5 月，都在编织。一年一户农户可编织 6000 余个竹丝帽箍，全村每年编织竹丝帽箍 40 万余个。1957 年，绸缪供销社收购竹丝帽箍 20 万余个。除供销社收购以外，其余都由农户自行销往后周、上黄、南渡、社渚、上兴、河心、河口及宜兴、金坛的乡镇。竹丝帽箍是诸皋村的历史传统家庭副业产品，是全家男女老少齐动手编织成的工艺品，是诸皋村农户发家致富的主要途径。

编织竹丝帽箍工艺复杂、细致，从买竹整料到成品，须经历 13 道工序。滕木林夫妇编织竹丝帽箍的手艺高超，他们编织成的双圈帽箍，原料要求精选，竹子节巴间距要 8 寸到 1 市尺，篾皮厚、光洁，劈成的竹丝细而柔，编成帽箍，孔隙均匀，大小一致，一天只能编织 30 个。这种帽箍戴在头上，高爽、透风、凉快，价格是普通帽箍的 4 ～ 5 倍。2010 年起，农村形势在变化，赚钱的门路多，随着芦帽编织逐渐消失，竹丝帽箍的编织也寥寥无几。

【菜篮编织】 菜篮编织是一种竹器编制，清咸丰十年（1860 年）前后，“六家村”（现在合星行政村的战胜村）就有少数人家从事菜篮编织，150 年来，编织菜篮成为战胜村农户主要家庭副业。该村的村民大部分是从苏北逃荒讨饭过来的，在老家学过的竹编手艺派上用场，农忙种田，农闲编织菜篮，久而久之，这项副业代代传承，菜篮编得越来越具特色。全村 200 多户农户，有 130 多户农户编织菜篮，少数农户终年编篮，以此为生。一个能工巧匠一年可编菜篮 200 多只，每年全村可编 3 万多只菜篮。他们编织的菜篮简直就是一个珍贵的工艺品，精细、美观、小巧玲珑，素负盛名。编制一只菜篮需要 7 道工艺，手巧的人编一只上等菜篮耗时一天半。上乘的“刮篾小菜篮”曾在 2011 年溧阳市第七届天目湖旅游节引人注目，几百只小菜篮，单价百元，顷刻抢购一空。

【杞柳编织】 杞柳编织始于 20 世纪 60 年代，后周、湖边均有杞柳编织。1972 年，后周公社办起杞柳编织加工厂，用杞柳编织巴斗、靠背椅、安全帽、杞柳筐，不仅内销，而且出口。1982 ～ 1986 年，湖边乡陆家湾村女社员王庚娣与溧阳县外贸公司挂钩，专搞柳条编织，产品打入国际市场，全年产值 7700 多元，净利润 4000 余元。90 年代初，这两种编织淘汰。

四、民营工业

中共十一届三中全会以后，允许各种经济成分并存与发展，个体工业成为乡镇工业的重要组成部分。起步较早，并具有影响的为别桥华林轻工业有限公司，其前身为马山华创建的华林手套厂。该厂生产加工多品种、各种款式的手套，产品在国内很多省市有市场，还远销俄罗斯、韩国、日本、加拿大等国家，成为江苏省最大的一家私营手套生产企业。其他个体私营企业主要有地毯厂、羊毛衫厂、粮油加工厂、水泥制品厂等。1989 年，别桥镇户办企业 29 家，从业人员573人，总产值625万元；湖边乡户办企业19家，从业人员984人，总产值139万元；古渎乡户办企业16家，从业人员45人，总产值255万元；绸缪乡户办企业15家，从业人员100人，总产值223万元；后周乡户办企业45家，从业人员484人，总产值537万元。1996年后，各级各类企业进行改制，民营或股份制企业成为乡镇工业的主体。2007年，全镇有个体、民营企业199家，从业人员14020人，总产值26.24亿元，利税总额2.76亿元。2013年，全镇有个体、民营企业436家，从业人员24612人。

2013年别桥镇工业产值2000万元以上民营企业概况一览表

表11-1-6

企业名称	法人代表	建厂时间	从业人员（人）	固定资产（万元）	工业产值（万元）	利税总额（万元）	主要产品	主要设备
诺信达特种电缆	徐芳琴	1995.08	120	11117	270725	27648	电力电缆	挤塑机 框绞机 管绞机
万兴特种建材	汤益民	2004.04	762	5906	199504	19649	预应力钢丝 超强度输送带	拉丝机 绞线机 成卷机
富民新材料	王清民	2011.07	489	7253	173670	17864	汽车配件 角钢制品	电炉 轧机
广源金属加工	赵政伟	2010.11	24	1203	57461	101	高柔性不锈钢制品	行车 装载机
鑫林钢铁	李文林	1984.06	357	3615	57402	7533	高品质钢筋	轧机
盛大新材料	姚兰美	2010.03	70	7586	47523	7736	高品质钢筋	热处理设备
汽车座椅调角器	马金保	1989.05	1206	9622	37299	3883	汽车座椅调角器 滑轨 靖冲件 骨架等	冲床 焊接设备
三益科技	成绩	1983.06	224	5101	36361	5438	聚羟基烷酸	反应釜 锅炉 变压器
新华机电设备制造	马建新	1998.05	536	5330	31962	4701	单晶炉 机械产品	数控设备 电缆设备
中山有机玻璃	高泓林	1995.12	96	916	28422	2435	专用化学品制造	锅炉 反应锅 干燥机
宏豪制钢	魏卫	2003.11	120	1492	27937	1471	高品质钢材	龙门吊 行车 轧机
荣鑫轧钢	郑逢生	2004.01	132	677	24703	2586	特殊钢铸件	中明炉
福山铸业	宋保兴	2009.07	132	559	24573	2968	锻件 铸锻件 钛合金	变压机 中频电炉 行车
云通机电设备制造	马志良	2010.11	100	3755	18369	1635	新型微特电机	数控线床 激光X刀割机
中鹏电力成套设备	程鹏	2011.04	111	154	18353	3001	建筑材料生产专用数控系统	起重机 行车 数控切割机
运通建设	马志良	2009.02	74	1748	14066	1429	节能型干燥设备	行车 起重机 切割机 喷焊机

续表 11-1-6

企业名称	法人代表	建厂时间	从业人员（人）	固定资产（万元）	工业产值（万元）	利税总额（万元）	主要产品	主要设备
璟隆新材料	狄璟	2011.08	71	3895	11071	—590	人造纤维　涤纶　低弹丝	加弹机
金久科技新材料	闵向东	2011.05	381	8349	9406	752	耐磨陶瓷件	球磨机　干燥塔　窑炉　喂料机　切割机　包装机
山湖电缆	周阿林	1984.07	106	786	9225	942	同轴射频电线	注塑机　编织机
永武钢结构工程	吕永武	2008.08	135	2789	7150	181	高性能不锈钢	起重机　行车
京海钢机	张琪	2009.11	125	1631	7100	231	高性能不锈钢	行车　起重机　组立机
泽成化工	殷春泽	1998.12	59	455	6526	466	聚羟基烷酸	锅炉　反应锅　干燥机
兴盛重工	沈火元	2009.05	176	16365	5878	883	风电整机控制系统	高炉　电炉　混砂机　清理机　镗洗床
巨神科技材料	蒋志平	2009.01	53	1947	4289	356	聚羟基烷酸	反应釜　锅炉
鑫晨电子	吕东平	2003.01	126	805	4197	355	系统集成电器件	铆接机　电焊机　液压机
昆仑锻造	施爱松	2003.10	99	710	3651	380	特殊钢铸件	模锻设备
中开混凝土	陶冶	2012.05	47	969	2938	229	建筑保温节能水泥制品	搅拌车　泵车　搅拌站
金联树脂	殷栋梁	1984.04	41	168	2801	223	聚苯烯树脂	锅炉　反应釜
航星金属制品	程科良	2003.09	175	181	2739	285	高品质钢材	电炉　热处理设备
华丰集团	王琪	1996.06	256	726	2520	237	绢丝	起纱机　圆梭机
华邦高分子材料	孟宪俊	1982.07	48	252	2328	329	聚苯烯树脂	反应釜　锅炉
建盛轧钢	谈进芝	2011.11	52	521	2304	197	高品质钢材	轧机　热处理设备
万金汽车配件	万良金	2003.12	82	764	2249	133	汽车弹簧	弹簧机　绞簧机

1989 年别桥、湖边、古渎、绸缪、后周五乡镇村以上工业企业行业分类一览表

表 11-1-7

行业名称	别桥			湖边			古渎			绸缪			后周		
	企业（家）	职工（人）	产值（万元）	企业（家）	职工（人）	产值（万元）	企业（家）	职工（人）	产值（万元）	企业（家）	职工（人）	产值（万元）	企业（家）	职工（人）	产值（万元）
丝绸	10	1101	1403	1	86	41	—	—	—	—	—	—	9	877	752
机械	7	379	888	6	339	1125	9	702	1463	3	205	303	4	190	367
建材	9	740	401	8	179	241	2	73	114	8	137	186	9	699	416

续表 11-1-7

行业名称	别桥			湖边			古渎			绸缪			后周		
	企业（家）	职工（人）	产值（万元）	企业（家）	职工（人）	产值（万元）	企业（家）	职工（人）	产值（万元）	企业（家）	职工（人）	产值（万元）	企业（家）	职工（人）	产值（万元）
轻工	3	47	103	3	96	115	3	65	134	2	83	175	6	140	342
食品	2	60	78	—	—	—	1	10	16	—	—	—	3	99	225
电子	1	130	213	—	—	—	2	58	137	—	—	—	1	20	59
纺织	2	90	60	2	140	184	—	—	—	1	90	75	1	40	52
化学	2	65	544	2	35	61	6	557	1043	2	72	217	3	52	360
缝纫	—	—	—	—	—	—	1	28	37	—	—	—	—	—	—
冶金	1	78	228	—	—	—	—	—	—	—	—	—	—	—	—
合计	37	2690	3918	22	875	1767	24	1493	2944	16	587	956	36	2117	2573

第二章　企业经营与工业管理

第一节　企业经营

一、经营体制

1949～1976年，工业生产实行计划经济，工业企业属于生产型。在1949年至1957年的8年中，政府对企业实行统购统销，企业按计划组织生产。这一阶段的工业生产与市场需求（低级而单一）基本相适应，生产也较稳定。1958～1976年，企业的生产计划由主管部门下达，生产的原材料和产品，大多由计划部门或主管部门统一安排，实行定向供销。随着人们生活质量的改善，市场越来越满足不了人们的生活需求，以计划经济为主的生产型工业企业如仍然采用老方法，其统得过死的特点显然不适应时代发展的要求，从而成为制约工业生产发展的瓶颈。在此期间，因长期受计划经济的束缚，境内的乡镇工业生产曾一度出现徘徊局面。直至1980年，境内大多企业才实行在计划指导下的市场调节，即年度产值和主要产品由主管部门以生产计划方式下达，原材料和产品部分由主管部门统一分配调度，部分由企业自行组织供销，

图11-2　力乐汽车部件有限公司车间

实行计划经济与市场经济并行。企业由生产型步入生产经营型，开始在激烈的市场竞争中经受锻炼，优胜劣汰现象日益明显。与市场经济接轨的企业逐步发展壮大起来，电子元件、电缆、机电设备、汽车部件、蚕丝产品等优势产品也开始跻身国际市场，从而使生产经营型企业转变为外向型企业，在经受国际市场的考验中扩大视野，提高素质，增强应变能力，而一些因循守旧的企业渐渐步入死胡同。

1991 年，中共十四大提出建立社会主义市场经济的目标后，乡镇企业运营进入市场经济体制。开始推行公司制，企业选择多种形式的产权制度改革，真正成为自主经营和自负盈亏的市场竞争的主体，企业之间竞争更为激烈，原材料供应和产品销售主要靠市场来进行。

二、产业产品结构调整

境内工业在发展的进程中，在产业产品结构上大致经历了如下几次调整。

一是由轻工业为主转向轻重工业并举的调整。1958 年及以后，境内各公社相继创办农具厂，将以手工制作小农具变为半机械化制作农机具。同时兴办钢铁厂，大炼钢铁，土山开采铁矿石，企图让重工业比重迅速提高。但因三年自然灾害的影响，加上这次调整本身带有很大的盲目性，没有达成预计的效果。

二是由农用工业品为主向农轻重工业品全面发展的调整。大致时间是 1970 ～ 1990 年，调整的主要产业产品：机械工业由农业机械向粮油、化工、轻工、交通机械等工业专用设备、通用设备、金属制品等门类发展；冶金工业由黑色金属冶炼即炼铁向黑色金属压延加工、有色金属冶炼、废金属回收等门类发展；轻工工业由铁木竹小农具、印刷向日用五金、玻璃制品、现代家具及纸制品、工艺文体娱乐用品等门类发展；纺织工业由棉纺织、服装加工向针织、地毯、羊毛衫、服装制作等门类发展；化学工业、电子工业从无到有，并向基本化学原料、化工产品、电子电器、通信设备、照明器具等门类发展。通过一系列调整，形成较为齐全的工业门类，为别桥镇地方工业的稳定发展打下良好的基础。

三是从 1991 年起，工业内部结构随着宏观环境、市场趋向及产业发展基础的变化，逐渐演变成新的产业格局和特点，集中体现在如下五个方面：优势行业的产业集中度不断提高；金属冶炼和加工业异军突起，一跃成为别桥现境内第一大工业行业；工程机械制造业仍能保持优势地位；出现一批电子信息、通信设备与新材料制造等新兴产业；丝绸、建材行业地位下降较快。

三、经营成效与相关指标

别桥镇现境内企业的起步于 1958 年人民公社成立之时，自此工业经济开始步入发展通道，但发展速度比较缓慢，往往处于徘徊中前进的局面。1978 年，境内共有企业 90 家。中共十一届三中全会后，别桥镇现境内原各乡镇的工业经济步入较为平稳发展的快车道。1989 年，别桥、湖边、古渎、绸缪、后周五乡镇企业数增至 61 家。2013 年，别桥镇现境内工业经济以北山工业园和北郊工业园两个发展平台为载体，逐步形成通用航空、绿色建筑材料、冶金及工业型材、装备制造及电梯四大产业，工业企业达 436 家，年工业总产值 97.8 亿元，年工业利税 11.56 亿元。

1958～2013年部分年份别桥镇现境原五乡（公社）镇工业总产值完成情况统计表

表 11-2-1

年份	乡（公社）镇	工业总产值（万元）	增长率（%）
1958	别桥	5	—
	后周	4	—
1962	绸缪	1.5	—
1964	湖边	5	—
	古渎	0.8	—
1978	别桥	171	—
	湖边	74	—
	古渎	30	—
	绸缪	68	—
	后周	222	—
1979	别桥	170	—0.6
	湖边	68	—8.1
	古渎	41	36.7
	绸缪	63	—7.4
	后周	239	7.7
1980	别桥	264	55.3
	湖边	92	35.3
	古渎	152	270.7
	绸缪	107	69.8
	后周	264	10.5
1981	别桥	342	29.6
	湖边	92	0
	古渎	244	60.5
	绸缪	114	6.5
	后周	263	—0.4
1982	别桥	230	—32.8
	湖边	83	—9.8
	古渎	193	—20.9
	绸缪	91	—20.2
	后周	284	8.0
1983	别桥	278	20.9
	湖边	116	39.8
	古渎	256	32.6
	绸缪	109	19.8
	后周	287	1.1
	—	—	—
1984	别桥	689	147.8
	湖边	306	163.8
	古渎	516	101.6
	绸缪	299	174.3
	后周	503	75.3
1985	别桥	1261	83.0
	湖边	532	73.9
	古渎	865	67.6
	绸缪	434	45.2
	后周	915	81.9
1986	别桥	1618	28.3
	湖边	763	43.4
	古渎	1215	40.5
	绸缪	587	35.3
	后周	1125	23.0
1987	别桥	2345	44.9
	湖边	817	7.1
	古渎	1765	45.3
	绸缪	776	32.2
	后周	1858	65.2
1988	别桥	3059	30.5
	湖边	1543	88.9
	古渎	3446	95.2
	绸缪	1174	51.3
	后周	2941	58.3
1989	别桥	4541	48.9
	湖边	1907	23.6
	古渎	3378	—2.0
	绸缪	1179	0.4
	后周	3111	5.8

续表 11-2-1

年份	乡（公社）镇	工业总产值（万元）	增长率（%）	年份	乡（公社）镇	工业总产值（万元）	增长率（%）
1990	别桥	5853	28.9	1998	古渎	17008	—0.1
	湖边	1077	—43.5		绸缪	23876	—24.5
	古渎	3520	4.2		后周	15735	—2.3
	绸缪	1318	11.8	1999	别桥	55018	6.7
	后周	3136	0.8		古渎	16510	—2.9
1991	别桥	10144	73.3		绸缪	28588	19.7
	湖边	1870	73.6		后周	17891	13.7
	古渎	4912	39.5	2000	别桥	62006	12.7
	绸缪	2116	66.1		绸缪	51804	14.9
	后周	4173	33.1		后周	20620	15.3
1992	别桥	18283	52.2	2001	别桥	60632	—2.2
	古渎	7017	42.9		绸缪	58637	13.2
	绸缪	3701	74.9		后周	23518	14.1
	后周	5519	32.3	2002	别桥	66645	9.9
1993	别桥	34088	86.4		绸缪	64035	9.2
	古渎	11606	65.4		后周	23376	—0.6
	绸缪	7528	103.4	2003	别桥	55640	—16.5
	后周	9535	72.8		绸缪	48508	—24.3
1994	别桥	43870	28.7		后周	14000	—40.1
	古渎	16116	38.9	2004	别桥	80343	44.4
	绸缪	13618	80.9		绸缪	68135	40.5
	后周	14838	55.6		后周	21100	50.7
1995	别桥	54445	24.1	2005	别桥	84124	4.7
	古渎	21415	32.9		绸缪	88560	30.0
	绸缪	21618	58.7		后周	21706	2.9
	后周	20180	36.0	2006	别桥	97572	16.0
1996	别桥	52088	—4.3		绸缪	109925	24.1
	古渎	17997	—16.0		后周	38436	62.2
	绸缪	27619	27.8	2007	别桥	262400	13.3
	后周	19050	—5.6	2008	别桥	302016	15.1
1997	别桥	50824	—2.4	2009	别桥	390208	29.2
	古渎	17016	—5.5	2010	别桥	510567	30.8
	绸缪	31636	14.5	2011	别桥	535637	4.9
	后周	16110	—15.4	2012	别桥	820141	53.1
1998	别桥	51579	1.5	2013	别桥	978000	19.2

第二节　工业管理

一、管理机构

民国时期，私营工商业由乡镇商会、同业公会管理，先后隶属于县政府实业科、建设局。新中国成立之初，各乡派有一名领导干部分管工商业。1956～1957年，境内各乡手工业生产合作社先后归县手工业管理科、手工业联社管理，工业企业由县工业科管理，乡内的管理基本不变。1958年9月至1961年，别桥、湖边、古渎、绸缪、后周人民公社工业由公社党委管理，按照县下达的生产任务，对社办企业的人、财、物、产、供、销等方面负责计划和决策。公社辅导会计（后称经管员）具体负责对工业会计进行业务培训辅导和财务检查审计等事项。1978年，别桥、湖边、古渎、绸缪、后周公社先后成立工业交通运输管理办公室（简称公交办），负责本区域内的工业交通企业生产经营管理的行政性工作，隶属于县工交办公室。后又成立社队工业办公室。1983年8月，社队工业办公室改称乡镇工业公司，负责对乡镇工业的管理，隶属县地方工业局领导。1989年4月，全县（县属、乡镇）工业实行城乡一体化的行业管理。1996年12月，乡镇工业公司又改称乡镇企业管理服务站（简称企管站），接受溧阳市乡镇企业管理局管理。2000年，乡镇事业单位进行机构改革，企业管理服务站与农村合作经济管理服务站合并，建立新的农村经济管理服务站。2007年3月，别桥、绸缪、后周三镇合并为新的别桥镇，管辖区域扩大，对镇农村经济管理服务站的机构进行适当调整，使得岗位设置更为齐全，具体设有环保员、安全员、质量技术监督员、工业统计员等岗位。

二、企业管理

人民公社时期，没有专门负责企业管理的职能机构，由公社党委对各企业的人、财、物等进行统一监理，推荐或任命企业领导，指导或审核各企业制定的发展计划，各企业一般由一名副厂长（副经理）具体负责企业管理工作。1983年成立乡镇工业公司后，由乡镇工业公司指导、协助企业的管理。1986年，在乡镇的一些重点企业设置企业管理科。1989年，为激活乡镇企业自主经营和管理的活力，逐步实行厂长（经理）负责制和承包经营责任制。20世纪90年代，乡镇企业开始进行改制，先后转变为民营企业，使自主经营和管理成为现实。

1982年起，县经委和工业主管部门对乡镇企业分批进行整顿，强化乡镇企业的基础管理。1986年起，对乡镇企业推行“六基”建设工作，即标准化、定额、信息、计量、责任制、教育为核心的规章制度和基础教育。1989年，增加一条班组建设，变“六基”为“七基”。企业对照要求，依据具体的实施情况，评定为“七基”一级和“七基”二级企业。

1985年起，在重点企业中试行现代化管理。1988年，遵照《国务院关于加强工业企业管理的决定》，在重点乡镇企业中推行企业升级工作，依据各企业发展优势，确立升级企业对象，由上级相关部门负责指导，在搞好思想发动和测算好技术与经济指标的前提下，具体落实好实施方案，并做好计量、档案、TQC等基础工作，把基础管理纳入上等级、上水平、全面提高企业素质的轨道。

1993 年，企业开展以产品质量、标准、计量、检测检验、现场等为主要内容的全面质量管理工作。1999 年，为贯彻国务院“质量振兴纲要”的要求，强化质量管理，乡镇在企业管理服务站配备兼职质量技术监督员，在企业中先后推行 ISO 9000、ISO 9001 质量认证。

企业通过开展基础管理、现代化管理、企业升级、全面质量管理等举措，在生产、质量、设备、安全、能源、计量、档案管理、创建先进（明星）企业、现代化管理成果奖等方面均有成效。1988 年 3 月，国营别桥米厂通过计量定升级验收，定为三级计量企业。1988 年 12 月，后周激素分装厂和绸缪农药分装厂均定为计量验收合格企业。1989 年 2 月，后周农药分装厂的农药分装，获得江苏省石化厅的生产许可证。1989 年 12 月，别桥、古渎两家复合肥厂生产的产品，均获得国家化工部颁发的生产许可证。1989 年，后周工艺丝毯厂被命名为常州市先进企业。1987 ～ 1989 年，别桥丝织地毯厂被命名常州市暨江苏省明星企业。1987 年，别桥丝织地毯厂生产的“120 道 1.5/8”厚薄型地毯被评为常州市市优产品。1988 年，国营溧阳别桥米厂生产的“标准一等晚粳米”被评为部优产品。1990 年，溧阳市第一电缆厂（山湖电缆厂）生产的 SYKV—75—5 电缆被评为部优质产品，SYKV—75—7（9）电缆被评为省优质产品。1991 年，溧阳市电子元件厂获“产品采用国际标准证书”和全国工业产品生产许可证。1998 年、1999 年，华丰集团有限公司、山湖电缆厂分别获得中华人民共和国进出口企业资格证书。

1985 ～ 2013 年，现境内累计有高新技术企业 3 家，省明星企业 5 家，省民营科技企业 4 家，常州市明星企业 10 家。有 15 家企业通过 ISO 9000、ISO 9001 质量认证。被评为部优产品 5 个，国家高新技术产品 2 个，省高新技术产品 5 个，省、常州市名优产品 5 个和 8 个，国家知名品牌 1 个，常州市名牌农产品 15 个，列入国家级火炬计划的产品 2 个。溧阳清洁生产合格企业有溧阳市后周福利助剂厂、溧阳市三益化工有限公司。溧阳市兴盛钢铁冶金厂 2007 年万元产值能耗下降幅度为 12%。

2013 年别桥镇销售收入达 1 亿元企业（30 家）行业分类一览表

表 11-2-2

行业名称	企业（家）
金属冶炼和加工业	11
工程机械制造业	7
电子信息、通信设备与新材料制造等新兴产业	5
输变电设备制造业	3
生物医药和精细化工业	3
建材工业	1

三、服务企业

别桥镇现境内工业管理机构一贯以来致力于产前、产中、产后服务。从 20 世纪 50 年代起，乡（公社、镇）政府和工业管理职能部门尽力做到热心为企业服务，除帮助企业排忧解难外，还为企业在产、供、销方面提供优质服务。90年代后期，乡镇政府和工业管理部门对企业的服务项目逐步增多，服务态度进一步端正。进入21世纪后，别桥、绸缪、后周三镇设立企业服务组，为已建企业做好协调关系、申报项目、改善发展环境、提供经济技术信息、政策咨询等方面的服务；为在建企业办理从执照申领、开工建设到竣工投产等一系列手续。另外，在企业内部注重做好为用户服务的工作，把广大消费者的利益放在首要地位，为他们提供产品说明、技术咨询、操作培训和包用、包换、包修等售后服务。

1985年起，积极参加县级重合同守信用评定活动，凡连续三年被评为县（市）级重合同守信用的企业，即为常州市重合同守信用企业。至2013年，全镇有溧阳市（县）重合同守信用企业29家，有常州市重合同守信用企业15家。

2000年后，在科学发展观和“环境立镇”的理念指导下，建设项目“环评”审批不断提高门槛，同时向工业集中区集聚，一定规模的项目必须进入园区发展，别桥镇现境内先后创立两个工业集中区，为企业的发展搭建良好的平台。镇政府和有关职能部门以活动为载体，举办洽谈会、招商会、推进会等活动，把企业推向前台，把别桥的工业产品推向市场，走向全国乃至世界。

2013年度别桥镇规模以上工业企业基本情况表

表11-2-3

企业名称	法人代表	主要业务	工业分类	企业规模	全年销售收入（万元）	地址
溧阳市华邦高分子材料有限公司	孟宪俊	生产环氧树脂	重工业	小型	2822	后周姜家村1号
江苏山湖电缆有限公司	周阿林	同轴射电缆生产、广播电视电缆	重工业	小型	6089	兴城东路136号
溧阳市金联树脂有限公司	殷书金	环氧树脂生产	重工业	小型	2693	绸缪建设南路
江苏泽成化工有限公司	殷春泽	甲基丙烯酸制造	重工业	小型	12832	绸缪建设南路
常州市华丰集团有限公司	王　琪	绢丝生产	轻工业	小型	3204	兴城东路96号
江苏盛大新材料有限公司	姚兰美	高强钢筋生产及销售	重工业	小型	40808	北山工业园
江苏宏阳钢构有限公司	陈飞	金属结构制造	重工业	小型	—	北山工业园宏阳路1号
江苏云通机电设备制造有限公司	马秋云	家用视听原件配件	重工业	小型	18369	兴城西路8号
江苏中鹏电力成套设备有限公司	程　鹏	钢结构	重工业	小型	24361	北郊工业园中兴路10号
江苏富民新材料有限公司	王清民	汽车配件	重工业	中型	197109	北郊工业园中心路9号
江苏新华机电设备制造有限公司	马建新	单晶炉	重工业	中型	12487	别桥镇别桥村
溧阳福山铸业有限公司	宋保兴	锻件及粉末冶金制造	重工业	中型	34492	别桥镇镇东村
溧阳巨神科技材料有限公司	蒋志平	羟基硅油	重工业	小型	4417	绸缪化工集中区巨神路1号
江苏运通建设有限公司	马志亮	钢结构制作	重工业	小型	18088	北郊工业集中区上上线1号
江苏兴盛重工有限公司	沈火元	风力发电机组件	重工业	小型	11716	兴盛路1号
江苏云源环保工程有限公司	葛凯明	钢结构生产	重工业	小型	—	北郊工业集中区名川路2号
江苏京海钢机有限公司	张　琦	钢结构	重工业	小型	13191	后周迎宾路2号
江苏省溧阳市汽车座椅调角器总厂	马金保	调角器生产	重工业	中型	37791	绸缪集镇

续表 11-2-3

企业名称	法人代表	主要业务	工业分类	企业规模	全年销售收入(万元)	地址
溧阳市昆仑锻造厂	施爱松	钢压延加工	重工业	小型	3655	浪圩村
江苏鑫林钢铁有限公司	李文林	钢压延加工	重工业	中型	39024	北山工业集中区
江苏三益科技有限公司	成 绩	D45 生产	重工业	小型	30171	北郊工业园三益路 1 号
溧阳市建盛轧钢有限公司	谈进芝	扁钢	重工业	小型	2271	绸缪建设路
溧阳市鑫盛电子有限公司	吕东平	铝电解电容器盖板	重工业	小型	4189	诸泗村 432 号
溧阳市航星金属制品有限公司	袁红娣	冷轧钢带生产	重工业	小型	2747	北山工业园区
常州市宏豪制钢有限公司	魏 卫	扁钢生产	重工业	小型	73248	绸缪集镇
溧阳市荣鑫轧钢有限公司	郑逢生	连铸件加工	重工业	小型	5373	绸缪村
溧阳市万兴特种建材有限公司	汤益民	钢丝生产	重工业	大型	66607	后周集镇
溧阳市中山有机玻璃有限公司	高泓林	甲基丙烯酸甲酯生产	重工业	小型	24463	后周集镇
江苏云源钢结构工程有限公司	葛飞云	生产钢丝	重工业	小型	—	北山工业园云源路 3 号
江苏永武钢结构工程有限公司	吕永武	钢结构制作	重工业	小型	18297	工业集中区

别桥镇现境原别桥、湖边、古渎、绸缪、后周乡(公社)镇部分年份工业主要指标对照表

表 11-2-4

乡镇	年份	企业(家)	企业职工(人)	总产值(万元)	利税总额(万元)
别桥	1979	27	1001	170	24
	1989	67	3289	4541	192
	2000	85	7050	62006	2960
	2008	268	14692	202872	32856
	2013	436	24612	978642	115638
湖边	1979	12	328	68	6.3
	1989	41	1859	1907	105
	1991	38	1823	1870	103
古渎	1979	11	211	41	4.8
	1989	41	1553	3378	178
	1998	15	722	17008	999
绸缪	1979	14	459	63	3.4
	1989	33	702	1179	4.3
	2000	20	1592	51804	3417
	2006	56	3638	109925	14132
后周	1979	26	796	239	27.3
	1989	234	2600	3111	164
	2000	84	2045	20620	798
	2006	42	1330	38436	5486

第三章　电子　通信设备制造业

第一节　电子元器件制造业

一、行业概况

1958年，后周公社电器厂兴办，曾生产电子元器件。1980年，别桥公社首建电容器厂，名为溧阳市电容器厂。此后，电子、信息、通信设备工业在别桥乡、古渎乡兴起，相继兴办溧阳市特种电解电容器厂、溧阳市电子元件厂、别桥社会福利电器厂等企业。电子、电器业一度成为别桥地区的支柱产业，产品有电容器、线圈、电阻、灯具等。主要设备有车床、冲床、磨床、钻床、切纸机、绕片机、赋能机、拉丝机、编织机、球磨机、剪板机、轧膜机、烘箱等。1989年，别桥镇现境内原5个乡镇有电子、电器企业6家，从业人员417人，固定资产125万元，工业总产值833.6万元，利税总额71万元。2013年，别桥镇有电子、电器企业9家，从业人员296人，固定资产8670万元，销售收入5697万元，利税总额952万元。

二、企业选介

【溧阳市电容器厂】 位于别桥集镇兴城东路北侧，原为别桥公社综合厂的一个车间（无线电元件），1979年建厂之初名别桥公社无线电厂，1980年3月更名溧阳县电容器厂，为镇办集体企业。占地面积2670平方米，建筑面积1292平方米。有职工53人，固定资产10万元，年产铝电解电容器2236万个。1983年起生产CD11型铝电解电容器，1984年新产品CC4D型、CC4P型高频瓷介独石电容器投入生产。到1985年，有职工310人，固定资产原值62万元。有电线电缆制造专用设备6套、编织机20台、注射成型设备2台、备料设备2台、球磨机2台，动力机械总能力413千瓦。主要产品为电力电缆、电子元件，产值346万元，销售收入162.6万元，利税52.8万元。是年，又开发生产SYKV系列射频同轴电缆等产品。1987年起连续三年被评为常州市重合同守信用企业，1988年被审定为三级计量企业。1988年10月企业一分为三，派生出溧阳县第一电缆厂和溧阳县电子元件厂。1989年，有职工160人（高中以上文化42人，初级职称8人，中级职称1人），固定资产26万元，设备有冲床27台，车床、磨床各2台，钻床3台，剪板机1台，动力机械总能力130千瓦，年产CD11铝电解电容器16873万个，工业总产值304万元，销售收入176万元，利税总额16万元。1996年改制为私营企业，1999年企业歇业。

【溧阳市特种电解电容器厂】 位于古渎集镇，创建于1985年10月，原名古渎电容器厂，始有职工8人，固定资产5万元。1987年9月增挂溧阳县特种电解电容器厂牌子（两块牌子、一套班子），1990年12月改名溧阳市特种电解电容器厂。1986年1月起批量生产电容器，年产

8 万只。1988 年扩建线圈和 CP 线车间后，生产稳定发展，效益明显提高。1989 年，占地面积 1300 平方米，建筑面积 1100 平方米，有职工 105 人（高中文化 33 人，初级职称 7 人），固定资产 49 万元。设备有切纸机 3 台，绕片机 5 台，赋能机 1 台，拉丝机 3 台，耐压测试设备 5 台，镀铜、镀锡设备 5 台，动力机械总能力 120 千瓦，年产电容器 29.75 万个，线圈 51.7 万个，CP 线 230 吨，镀铜、锡线 1 吨，工业总产值 223.2 万元，销售收入 193.2 万元，利税总额 30.6 万元。1996 年，集体企业改制由个体经营，1999 年企业歇业。

【溧阳市电子元件厂】 1988 年 10 月，由原溧阳市电容器厂（前身为别桥公社无线电厂）派生而出，厂址仍在老厂原址（培阳村北端）。建厂后逐步成为一个生产经营电子元器件的专业化工厂，为生产电视机、收录机提供专用的电容器（CC4）系列产品。自 1991 年起，产品采用国际标准生产，同年获全国工业产品生产许可证。先后研发出 CT8 型彩电用端子板高压瓷介电容器系列、温度传感器用 NTC 玻壳热敏电阻器系列、MF57 水箱热敏电阻器系列、FT 型压电陶瓷蜂鸣片系列、LCT 型陶瓷滤器系列、BPF87108 带通滤波器系列等产品，产品销售遍及全国各地，占有一定的市场份额，生产的“独秀”牌独石电容器系列产品销量位于国内同类产品的前列。1992 年，固定资产达 500 万元，从业人员 560 余人，年产值 1000 万元，利润 45 万元。是年，获省颁发的“特级信用企业”和农业部颁发的全面质量管理达标证书。1993 年获国家计量局颁发的计量合格证书，1994 年又获省“AA 级资金信用企业”证书和首届中国金榜技术与产品博览会金奖，后改制成为私营企业。2013 年，占地面积 4000 平方米，建筑面积 3200 平方米，总资产 200 万元，固定资产 100 万元；从业人员 500 人，其中专业技术人员 5 人。销售收入 800 万元，利税 50 万元。

【溧阳鑫晨电子有限公司】 创建于 2002 年 3 月，位于别桥镇镇东村委会诸泗村 432 号，占地面积 25000 平方米，建筑面积 12000 平方米，总资产 3800 万元，固定资产 1500 万元，从业人员 120 人，其中专业技术（科技）人员 10 人。拥有大型下料模具及设备 7 台（套），其中自动点焊机 40 台，自动铆接机 28 台，自动组装机 30 台，液压机 8 台，高频预热机 10 台，冷墩机 6 台，外加超声波清洗机、脱水烘干机、检测仪器。是定点生产铝电解电容器行业备件的专业工厂，具有月生产各种规格端子板 1500 万个、铝华司 6000 万个、PVC 及 PP 圆底板 1800 万片、螺钉盖板 30 万个的能力。公司与国内外生产铝电解电容器骨干企业建立长期合作关系，为马来西亚的永茂电子有限公司、深圳的特发信息股份有限公司吉光电子分公司、立隆电子有限公司、丰宾电子公司、智宝电子有限公司、广州的金日科技电子有限公司、万裕三信电子有限公司、东阳光电容器有限公司、常州的华威电子有限公司、厦门 EPCOS 公司、德国西门子、日本 TTK、匈牙利 EPCOS 提供配套产品。公司通过质量管理体系 ISO 9001 ：2008 和环境管理 ISO 14001 ：2004 认证，各项质量检测

图11-3　鑫晨电子有限公司

手段齐全，产品质量可靠，多年来致力于科研开发，螺栓盖板作为一种新产品已大量投入生产，产品远销德国、日本等发达国家和国内东南沿海各大城市。2013年产值4500万元，销售收入4189万元，利税210万元。

【溧阳市新华岳电子有限公司】 创建于2006年10月，坐落于别桥集镇兴城东路53号，占地面积14000平方米，建筑面积5000平方米，总资产1800万元，固定资产1200万元，从业人员38人，其中专业技术（科技）人员16人。拥有铝电解电容器组立机36台，套管机36台，钉卷机58台，插板机5套，测试机16套，101A电热鼓风干燥箱4台，冲床16台。具有年产铝电解电容器6亿只、冲压件500吨、旅游用品2万套的生产能力。致力于新产品的开发，生产的各种规格的铝电容器CD11，作为公司特色产品深得客户的好评。产品应用于电器及线路板等多个领域，在省内的苏、锡、常地区颇有盛名，并远销广东、上海等地区和伊朗、巴基斯坦、印度等国家。2013年销售收入970万元。

【溧阳市华昶电器有限公司】 创建于2008年3月，坐落于别桥镇北山工业园，占地面积26680平方米，建筑面积21000平方米，总资产5300万元，固定资产4800万元，从业人员160人，其中专业技术（科技）人员38人。产品的整个生产过程（焊接、车床、拼装、检验）采用全自动化激光流程，具有设备制造、机械加工、电力设备的生产及安装等方面的生产能力。从事变压器配件、顶头模具、数控冲压、非标件制作等方面的制造与销售。致力于新产品的开发，生产的电力设备、阀门变压器电控柜，作为公司名片深得客户的青睐。从2010年来加大研发国产阀门的力度，树品牌抢占制高点。产品应用于变压器、无缝管、设备外壳、高速工桩模钢等多个领域，在省内市场占有率较高，在山东、上海、北京、河北、黑龙江等地方也有一席之地，部分产品还占据美国、德国、日本等国外市场。公司先后荣获“可信赖单位”“优秀质量企业”“突出创新企业”等称号。2013年销售收入1015万元，利税30万元。

第二节　电缆制造业

一、行业概况

电缆制造业是别桥镇工业的支柱产业之一，其年产值占全镇工业总产值的四分之一。代表性企业江苏山湖电缆有限公司、江苏诺信达特种电缆有限公司。

别桥地区的电缆制造业始于20世纪80年代。1984年7月，位于别桥集镇的溧阳县电容器厂设有一个电缆生产车间，1988年10月划出组建为溧阳县第一电缆厂，标志着别桥电缆制造业的开始。创建于1995年的江苏诺信达特种电缆有限公司，2012年，作为“中国电缆行业100强优秀企业”迁至别桥镇北山工业园，成为境内最具规模企业之一。2013年，别桥镇境内有电缆生产厂家4家，销售收入22.21亿元。

二、企业选介

【江苏山湖电缆有限公司】 位于别桥镇兴城东路136号，原系1984年创建的溧阳县电容

图11-4　山湖电缆有限公司车间

器厂的一个车间，1988年10月划出单独建厂，其时定名溧阳县第一电缆厂，占地面积1500平方米，建筑面积1061平方米，从业人员55人，固定资产20万元。设备有挤塑机3台，倒线机2台，打包机1台，年产SYV—85系列、SBYV—75系列、SYKV—75同轴射频电缆2478千米。其中生产的SYKV—75同轴射频电缆，在全国同行业质量评比中获得一等奖。年工业总产值200万元，销售收入192万元，利税总额14万元。1990年，溧阳撤县建市，更名溧阳市第一电缆厂。当年生产的SYKV—75—5电缆被评为部优质产品。1995年公司发展进入巅峰时期，成为全国光电线缆行业协会所属生产同轴射频电缆的专业性企业。占地面积36000平方米，建筑面积15000平方米，固定资产3500万元，净值1800万元，从业人员200余人，其中高级工程师、技术人员、专业人才占30%。拥有同轴电缆生产线4条，主要设施设备是从国外引进的。下设6个职能部门，生产8种系列产品，产品远销国内许多地区和美国、日本、韩国等发达国家。SYWV(Y)—75系列物理发泡电视电缆通过电子工业部、广电部的联合鉴定，获广电部有线电视台器材入网认定证书和“九五年度国家级新产品”称号。1996年11月，成为江苏省中型企业。1997年，物理发泡电缆获第七届中国新技术新产品博览会金奖，同年被评为江苏省高新技术企业。1998年，物理发泡电缆被评为江苏省高新技术名牌产品，同年5月通过ISO 9002质量体系认证。1999年取得“中华人民共和国进出口企业资格证书”，2000年物理发泡电缆通过美国UL认证，同年10月“山湖”牌商标被评为常州市著名商标。2001年3月被评为“2000年度出口创汇先进企业”，同年12月，企业实行改制并更名为江苏山湖电缆有限公司，被省科委评定为江苏省民营科技企业。2002年度被评为“常州市连续10年重合同守信誉企业”。2003年通过ISO 90012000版换版认证。2004年3月，从瑞士NOKTA—MAILEFER公司引进世界一流的发泡电缆绝缘生产线1条。8月，一次性购进全自动电脑屏显，16锭、24锭高速编织机50台。并先后从美国HP公司引进HP8713B标量网络分析仪、安捷伦公司引进E5071C矢量网络分析仪，从德国西门子公司引进氩弧焊铝管生产线，从英国DOMTNO公司引进高精度自动喷码计数仪。2005年通过三级计量确认和定量包装“C”标志确认，10月，与美国最大的电缆公司签订长期供货协议。2006年12月，通过ISO 14001环境管理体系认证。2007年，公司成为中心光电线缆行业协会成员单位、国家中型企业。在“广电异彩”招标中，投标中标率达95%以上。2009年12月，“山湖”牌商标被评为江苏省著名商标。2013年11月被评为“江苏省重合同信用企业”，全年产销各类电缆12万千米，实现销售收入6089万元。

【江苏诺信达特种电缆有限公司】 创建于1995年，经过十多年的持续稳定发展，2004年进行企业重组，2012年又进行大规模的技术改造，并于当年将企业迁至别桥镇北山工业园。公司占地面积168000平方米，建筑面积118000平方米，总资产3.62亿元，固定资产1.11亿元。2013年有职工120人，其中专业技术人员30人。

公司是生产电线电缆的民营企业，拥有美国南线铝及铝合金杆加工生产线，还引进世界先进的三层共挤化学交联生产线、高精密挤塑机、高温挤塑机、框绞机、笼绞机、管绞机、高速束线机、成缆机、高速编织机等生产设备。具有行业先进的在线外径检测控制装置、在线三层测偏仪、电子拉力机、在线检测导体直流电阻装置等各种配套齐全的检测和试验设备，能满足产品研发、原材料检验、过程质量控制和出厂成品检测等要求。产品有超高压铝及铝合金架空导线、聚氯乙烯绝缘电力电缆、交联聚乙烯绝缘（铝合金）高中低压电力电缆、中低压移动扁电缆、塑料绝缘控制电缆、聚氯乙烯绝缘电缆（电线和软线）、架空绝缘电缆、计算机及仪表电缆、矿用电缆、舰船（平台）用电缆、轨道交通直流牵引电缆、机车车辆线和汽车配线、航空导线、预制分支电缆、变频电缆、尼龙护套电线、加热电缆、硅橡胶、氟塑料绝缘耐高温电线和电缆等，并能提供环保型、防耐火、阻燃、低烟无卤阻燃、防水、阻水、防蚁、防鼠及防腐等系列特种电线和电缆产品，而且能根据用户要求开发和生产特殊系列产品。产品应用于电力、轨道交通、新能源、煤炭、石油石化、国防工业、航天航空、船舶工业、海洋工程、城市建设等领域。远销山西、湖南、贵州、内蒙古、浙江等地区。

2007年和2009年，公司通过ISO 9001—2008质量管理体系认证和ISO 14001—2004环境管理体系认证。先后获得“中国电缆行业100强优秀企业”“质量信得过产品”称号和“特殊贡献奖”“投入标兵奖”“新增规模奖”等。2013年产值27.07亿元，销售收入21.61亿元。

第三节　通信设备制造业

一、行业概况

境内曾有3家企业从事通信设备制造和安装业务，分别是江苏云源钢结构工程有限公司、江苏中鹏电力成套设备有限公司、溧阳市福沃特电力自动化有限公司，企业创建相对其他行业而言起步较晚，发展态势也不如意，至2013年规模较大的2家企业都已歇业。

二、企业选介

【江苏云源钢结构工程有限公司】 始建于2006年10月，位于别桥镇湖边村。2009年5月，公司投资8000多万元，在别桥镇北山工业园开辟一个新厂区。公司老厂区占地面积20000平方米、厂房3800平方米；新厂区占地面积86800平方米，建筑面积32000平方米，其中新建生产厂房26000平方米，办公楼3200平方米，职工宿舍2800平方米。2011年，公司拥有职工700余人，其中工程技术人员达100余人。

公司是从事环保工程、钢结构工程、输变电工程施工、输变电设备及配件、钢结构、环保机械等方面的设计、制造、安装与销售的民营企业。拥有各类主要生产设备100台（套），生产产品有220千伏及以下输电铁塔、变电站构架、光伏太阳能支架配套设备、厂房钢结构、储罐、管道、脱硫塔、脱硝主体、渣井、渣仓非标设备等。具有年产 100 万吨硫磺制酸、磷氨、普钙、除尘器（布袋、电除尘以及重力除尘）非标等产品制作安装的能力，并可根据用户的设计要求进行加工生产。长期与国联行业发电系统中的大型企业建立合作关系，坚持走“设计、制作、安装”一体化的经营之路。

公司于 2011 年 3 月一次性通过 ISO 9001 质量管理体系、环境管理体系、职业健康安全体系认证，企业先后被授予全国质量安全信誉 AAA 级优秀施工企业、江苏省民营科技企业、常州市民营科技企业等称号。2011 年实现销售收入 2.3 亿元，2012 年实现销售收入 5.53 亿元，增长 140%，实现利税 2500 万元。2013 年 2 月，企业因资金链断裂而歇业。

【江苏中鹏电力成套设备有限公司】 创办于 2010 年 10 月，位于别桥镇北郊工业园中心路 10 号，公司占地面积 4016 平方米，建筑面积 17864.5 平方米，注册资金 500 万元，建厂初从业人员 50 余人，后逐步增加到 100 余人。生产与电力相配套的钢结构、钢构等。2012 年销售收入 2.37 亿元，2013 年销售收入 2.43 亿元。

第四章　工程机械制造业

第一节　农业机械及配件制造业

一、行业概况

1960 年 5 月，后周公社创办后周机电站，兼营农机具维修业务。1975 年 8 月，别桥公社创办首家专业从事农业机械修理及加工配件的别桥机电农修厂，属社办企业。20 世纪 70～80 年代，随着农业机械化程度的提高，湖边、古渎、绸缪公社相继创办农机修配企业，从事农业机械的修理和配件的加工业务。1984 年 3 月，别桥乡第一家从事农业机械修理及加工配件的村办企业在前王村创办，取名别桥前王农修厂。1985 年，别桥、湖边、古渎、绸缪、后周 5 个乡镇有农机修配企业 8 家，从业人员 175 人。1993 年 8 月，溧阳市东风柴油机配件厂在别桥镇后周村（原后周集镇）创办。2013 年，别桥镇有农业机械企业 5 家，从业人员 99 人，固定资产 3420 万元，总产值 1435 万元，利税总额 172 万元。

二、企业选介

【常州市溧阳机械配件厂】 位于别桥镇后周村（原后周集镇），1960 年创办，其前身是后周机电站，1969 年 10 月改名后周水利管理服务站，为县属集体企业，隶属县水利机电公司管理，1974 年更名后周水利机械修造厂，1977 年 7 月下放为社办企业，1983 年改名常州市溧阳机械配件厂。投产初期有职工 10 余人，固定资产 0.9 万元，从事农机具维修等业务。从 1970 年开始小规模翻砂，而后为上海第一五金商店加工外六角油塞，年产 5 万余只。1984 年从事生产玛铁、建筑用脚架（扣件）、油田钻井用泥浆振动筛、发电厂用（ZXQ4×10吨）煤抓斗等业务。1987年，与常州飞机制造厂挂钩协作，开发并批量生产TD75槽形辊新型产品，1988年产值达166万元。1989年，企业占地面积6667平方米，建筑面积2585平方米，职工59人，固定资产73.5万元。生产设备有金属切削机床16台，焊接设备6台，起重设备4台，钻、锯床8台，剪板机1台，玛铁炉1只，回火炉1只，动力机械总能力270千瓦，年产煤抓斗31台，油塞67000只。农机具修配一直是企业经营的保留项目。工业总产值84万元，销售收入28.9万元，销售税金0.85万元。1990年实行厂长负责制和承包经营责任制，1996年改制转为个体经营，2002年歇业。

【溧阳市东风柴油机配件厂有限公司】 坐落于别桥镇北山工业园区后周集镇镇东路1号，距扬溧高速后周道口500米，创建于1993年8月。下设铸造、金工、装配、冲压4个车间，拥有机械造型、数控加工、自动焊接、全自动清洗等机械设备。产品有6135、6114、G128、斯太尔等多缸机用机油滤清器、机油冷却器、空气滤清器、柴油滤清器、冷却水泵等。产品通过中国船级社质量认证公司认证，“苏柴”商标为常州著名商标，应用于农业机械、工程机械、船业机械、发电机组等多个领域。与常柴股份有限公司、南通柴油机股份有限公司、无锡动力股份有限公司、上海东风柴油机研究所、上海凯迅发动机有限公司、上海乾能内燃机有限公司、上海巨友内燃机成套有限公司、上海一维电站设备有限公司、上海申动内燃机有限公司、湖南芙蓉机械有限责任公司等单位联合配套生产。产品在各主机厂配套使用率在70%以上，市场销售遍布全国。南通柴油机股份有限公司机油冷却器成套加工线整体搬迁落户于此，常柴135系列机油滤清器由该公司独家配套生产。公司连续六年获南通柴油机股份有限公司优秀供应商称号，连续八年被评为常州信用（合同）AAA级企业，2013年产值1124万元，销售收入1005万元，利税85万元。公司占地面积30000平方米，建筑面积15800平方米，总资产2700万元，固定资产1900万元。从业人员85人，其中专业技术（科技）人员4人。

第二节 工业机械及部件制造业

一、行业概况

1961年，绸缪公社创办溧阳绸缪冶金机械厂，生产破碎机等。1984年，古渎乡创办溧阳环境设备保护二厂，生产净水机等；同年创办橡胶纺织器材厂，生产皮圈、皮结等。1985年，后周乡创办轻工机械厂，生产煤矿专用机械（Z1型液压支架）等。1986年，后周乡创办福利溶剂厂，生产增塑机等。1988年，绸缪乡创办绸缪机械配件厂，生产滑槽升降机等；别桥镇创办石油化工设备公司，生产锅炉等。1989年，别桥镇现境原5个乡镇有工业设备制造企业7家，从业人员719人，固定资产323.3万元，总产值1895万元，利税总额228万元。进入21世纪后，别桥镇现境内的别桥、绸缪、后周3个镇在工业设备制造业方面有了新的突破，尤其在风电设备、节能环保设备、化工机械设备、非标设备等领域形成发展优势，企业因此也发展成为别桥镇的龙头企业，2013 年，别桥镇销售收入达亿元的工业企业 30 家中，工业设备制造企业就占 4 家。

二、企业选介

【溧阳市后周轻工机械厂】 位于别桥镇后周村（原后周集镇），其前身是后周机电站的一个车间，1986 年 2 月划出并命名为溧阳县后周轻工机械厂。1987 年增设溧阳县煤矿机械厂和后周泡沫塑料厂，1990 年 12 月改为溧阳市后周轻工机械厂。建厂之初有职工 36 人，固定资产 15 万元，与常州客车厂合作，从事调角器、升降器、滑槽（均为汽车配件）生产等业务。1987 年，投资 100 余万元，分别从上海篷垫厂、上海飞机制造厂引进设备和业务，生产塑料泡沫，当年投产当年收益。是年年底又投资 300 万元，引进焦作矿务局吕炳生工程师的专利产品——Z1 型液压支架。1989 年，工厂占地面积 35271 平方米，建筑面积 7515 平方米，职工 101 人，固定资产 412 万元。生产设备有金属切削机床 28 台、电焊机 23 台、试验台 1 套、其他专用设备 7 台（套），动力机械总能力 655 千瓦。年产升降器 8610 台，调角器 19950 副，滑槽 11710 副，固定连接板 4300 副，泡沫坐垫 30 吨，液压支架 2 台（套）。工业总产值 202 万元，销售收入 102 万元，销售利税 4.3 万元。后因液压支架（2 台套）质量验收没能过关而被终止业务，企业也因此陷入入不敷出困境。嗣后关闭歇业。

【江苏新华机电设备制造有限公司】 位于别桥镇兴城西路 8 号，创办于 1994 年 8 月，是一家民营科技型企业。公司占地面积 133300 多平方米，建筑面积 50000 多平方米，注册资金 1500 万元，2013 年有员工 340 余人，其中中高级职称以上技术人员占员工人数的 25%。

图11-5　2012年10月16日，时任常州市委书记阎立（右二）视察江苏新华机电设备制造有限公司

公司从事各种机械零部件研发制造、机械设备及电气控制系统研发制造、起重设备研发制造及安装。拥有大型龙门镗铣床数控加工中心数台及多种数控设备，具有从事各种设备钢结构、机加工、钣金、涂装等一系列加工能力。先后获得发明专利和实用型专利各 15 个，与来自世界各地的一些优秀企业建立长期的合作关系。产品广泛应用于造纸机械行业、食品包装机械行业、木工数控机械行业、电力设备行业、环保设备行业和矿山行业等领域。

2007 年，与西安理工大学合作，设计、开发和制造太阳能光伏设备，开发出 TDR—80 型、TDR—90 型、TDR—95 型单晶炉产品。2010 年，投资 6300 万元用于产能扩建，新征土地 100 多亩，扩建厂房 12000 平方米，添置大功率 G8020HD—DC030 和 G4020HD—IPG2000 数控激光切割机各 1 套，添置 AtLasB255020 三坐标测量设备 1 台。2013 年，具有年产非标产品 30 万余件的生产能力，实现销售 1.25 亿元，利税达 680 万元，并成功开发新产品高梯度控温炉。

公司2001年通过ISO 9001 ：2000版标准质量管理体系认证，2010年顺利通过换版（ISO 9001 ：2008版标准），建立ISO 14001 ：2004环境管理体系认证和GB/T 28001 ：2001职业健康安全管理体系的认证并顺利通过。2005～2013年，连年被常州市工商行政管理局评为信用（合同）AAA级企业，2012年被评为常州市清洁生产合格企业，2013年获省级重合同重信用企业称号。

【江苏兴盛重工有限公司】 坐落于别桥镇兴盛路1号，创建于2009年7月，占地面积30000平方米，建筑面积13800平方米，固定资产4.2亿元，职工200余人，其中专业技术人员85人。

公司是专业生产风力发电机铸件和其他高端铸件产品及机械加工的生产型企业，下设铸造和机械加工两个分厂。拥有高炉、电炉、混砂机、转台式抛丸清理机及40TIA砂处理生产线方面的设施设备，形成集冶炼、铸造、机械加工为一体的加工系列。引进各类龙门加工、无冒口铸造等方面的新技术。主要从事风力发电机组的轮毂、机架、轴承座、行星架、阀体阀门，深海锁油器和各类铸造产品的制造和销售。研制开发阀体阀门、深海石油平台配件、齿轮箱、注塑机、液压机、机床床身等新产品。获5个发明专利和6个实用新型专利，企业年生产能力在满负荷状态下可达7万吨。产品主要运用于风力发电、机床配件、深海石油核心配件等多个领域，畅销华东、华南地区及远销德国、西班牙、日本等国家。

公司一次性通过CE认证和ISO 9001—2008质量管理体系、环境管理体系、职业健康安全体系认证，先后获得“投入标兵奖”“创建超百亿镇贡献奖”“新增规模企业奖”和“信用合同AAA企业”、溧阳市文明单位、常州市科技民营企业、江苏省科技民营企业等称号。2013年产值达1.8亿元，销售收入1.17亿元。

【江苏云通机电设备制造有限公司】 坐落于别桥镇北山工业园区，创建于2010年11月，占地面积63800平方米，建筑面积39500平方米，总资产1.38亿元，固定资产3800万元。2013年有员工126人，其中专业技术人员25人。

公司拥有CNC龙门加工中心B4131、B3122、B4127各1台，立式加工中心TOM—850A2台，数控切割机GSD—4000D、激光切割机SLCF—L20*80D、等离子切割机LGU—100各2台，1台数控液压板料折弯机WC67K—160/3200，逆变式CO2/MAG3爪焊2台，还有锆钻床、卷板机、万能升降锆床、大型检测漏仪等先进设施设备。引进单晶炉设备设计生产一体化生产线以及机械加工设计制造生产线，把国际先进的ERP新技术引进企业进行科学管理。从事钢构制作、钣金、机械加工及环保节能产品的研发和生产，同时进行加工设备的设计，初步形成以设备制造、机械加工、钣金制作、表面涂装为主体的生产制造与销售系列。在光伏的新技术、项目、电子节能重点工程、节能减排等方面走在国内同行的前列。产品主要运用于光电服务、机械加工、隧道车辆的制造、压力容器等多个领域，畅销国内苏、浙、沪、皖等地及远销西欧的一些国家，尤其在德国占有一定的市场份额。2012年2月，公司通过ISO 9001 ：2000质量管理体系认证。连续3年被评为溧阳市“银行信得过企业”，2013年被评为溧阳市“安全生产标准化三级企业”，2013年实现销售1.84亿元。

【江苏富民新材料有限公司】 位于别桥镇北郊工业园中心路9号，创建于2011年7月，2012年5月正式投产，是以型材生产为主体的生产贸易型企业。占地面积266800平方米，建筑面积70000平方米，总资产3.5亿元，固定资产2亿元，拥有职工500余人，其中工程技术人员及专业管理人员 42 人。

公司拥有 4 套 40 吨中频电炉、650 成型设备 1 套、连铸 5 机 5 流等，采用世界一流的德国磨根技术工艺设备、金属机械成型机成型、飞剪等技术，从事汽车、船舶、机械、五金等行业的零部件设计、铸造和加工。产品有 0235 槽钢、5 号、6.3 号、8 号、10 号、12 号、14 号、16 号等 10 多个品种。在产品生产中加大对新型产品的研发力度，获得发明专利和实用型各 2 个，产品年产量在满负荷状态下可达 80 万吨，广泛应用于造船、钢结构、电力、汽车大梁板、邮电通信、市政、公路桥梁、钢格板（栅）及车辆制造等领域，产品畅销华东、华南等地区。

公司全面贯彻 ISO 9001 ：2000 的质量管理体系，以“环保、节能、高效、循环利用”为生产理念，投产不到 2 年，先后获得别桥镇“投入标兵奖”“创建超百亿镇贡献奖”，被评为别桥镇纳税销售超亿元企业、溧阳市安全标准化达标企业、常州市明星企业。2013 年实现销售收入 19.7 亿元。

第三节　交通机械及配件制造业

一、行业概况

1985 年 5 月，古渎乡创办溧阳县客车厂，主要从事客车修理和零部件加工业务。同年 8 月，后周乡观阳村创办后周五金构件厂，用手工操作的方法生产汽车弹簧。1986 年 3 月，后周乡玉华山村创办弹簧厂，开始引进简单机械从事汽车弹簧的生产，年产值 27.6 万元。同年 7 月，后周乡创办轻工机械厂，曾与常州客车厂合作，从事调角器、升降器、滑槽（均为汽车配件）等业务。1987 年 5 月，绸缪乡创办机械配件厂，开始大批量生产汽车调角器。1995 年以后，别桥镇现境内的原乡镇出现生产汽车内饰材料的企业。2012 年，别桥镇创办起生产电动汽车的企业。2013 年，全镇有交通机械及配件生产企业 9 家，从业人员 1135 人，固定资产 10.16 亿元，总产值 4.09 亿元，利税总额 5808 万元，其中销售收入在 1 亿元以上的企业 1 家，达 2000 万元的企业 3 家。

二、企业选介

【溧阳万金汽车配件有限公司】 创建于 1985 年 8 月，初建时名为后周五金构件厂，厂址位于后周乡观阳村副业队，占地面积 1500 余平方米，从业人员 20 余人。当时的设备极其简陋，以手工操作为主。产品生产以沙发弹簧和雨伞弹簧为主，年产值 1 万余元。2000 年 1 月 1 日，公司迁入后周集镇，坐落于溧阳市后周镇镇中街 30 号，并改名溧阳市后周汽车弹簧厂，占地面积 3670 平方米，建筑面积 2080 平方米，固定资产 1300 余万元，从业人员 100 余人，年产值 220 余万元，从事汽车弹簧、汽车座椅制造方面的冲压件、注塑件加工等业务。2003 年 12 月，发展成为台港澳与境内合资的有限责任公司，注册资金 30 万美元，并改名溧阳万金汽车配件有限公司，从事汽车减震器、汽车弹簧、汽车调角器等方面的生产与销售业务。2005 年 6 月，公司移址于溧阳市后周镇扬溧高速后周出口处（后周迎宾路 6 号），占地面积 34100 平方米，建筑面积 23500 平方米，固定资产 7280 万元。2007 年 3 月，“万金”牌蜗卷簧、蛇形簧等被评为江苏省优质产品，成为专业性生产“万金”牌弹簧的企业，具有独立先进的生产工艺，拥有先进的检测和试验手段。产品有蜗卷簧、宝塔簧、扭簧、压簧、畸形簧、开槽型膜片簧、碟型簧等七大系列100多个品种，年产量超3000万只。汽车座椅调角器蜗卷簧和汽车摇窗器簧为国内首创产品，产品为中国一汽、二汽，夏利、金杯、昌河、长安、通用、哈飞、东风等国内汽车厂家首选，并远销东南亚和欧美的一些国家。2011年9月，转型成独资企业，在原业务范围内添加了金属结构件加工，逐步发展成为油淬火——回火弹簧钢丝专业生产企业。先后引进全自动卷簧机、压扁机、数控万能卷簧机及连续式电炉、自动淬火、塑料生产等先进设备。2011年12月，“万金汽配”成为常州市著名商标。2004年通过ISO 9001 ：2000质量认证体系和ISO/TS 16949 ：2002质量管理体系认证，获得中国信用企业认证体系示范单位、江苏省质量诚信五星级企业、江苏省信用等级AAA级企业、常州市先进私营企业等多项荣誉称号。2013年，从业人员60余人，其中专业技术人员12人，销售收入2359万元。

【江苏力乐汽车部件股份有限公司】 坐落于溧阳市别桥镇绸缪集镇建设南路1号，占地面积25万余平方米，建筑面积10万余平方米，注册资金8000万元。创建于1987年，其前身是溧阳绸缪机械厂（乡镇企业），1994年5月进行产权制度改革，先股后售，退付乡镇政府股本金200万元，变更为民营企业并改名为江苏省溧阳市汽车座椅调角器总厂，2011年12月实行股改，更名江苏力乐汽车部件股份有限公司。拥有世界尖端的设备，引进和购置日本森铁工精冲压力机生产线4条、瑞士法因图尔精冲生产线2条、韩国自动盘簧生产线3条、BBH预抽真空渗碳热处理生产线3条、专业热处理（网带炉）生产线4条，进口全自动弹簧机4组、焊接机器人30组、精密数控机床8台、自动装配生产线30条、慢走丝线切割、数控加工中心、专业实验室1个。产品有汽车座椅调角器、滑轨、气弹簧、减震器、精冲件、骨架、电动调、调高泵等，年生产能力在5000万套（件）以上，产品畅销全国所有重点汽车制造厂，市场覆盖面达80%。“力乐”牌系列产品通过清华大学汽车工程系、长春汽车研究所、国家客车质量监督检验测试中心等国家级权威机构检测，均认定达合格及以上标准。产品拥有专利60多项，其中发明专利4项，并多次获得全国科技新产品博览会金奖、银奖。为一汽大众、奇瑞、哈飞、华晨、长安、北汽福田、比亚迪、夏利、中通、黄海、大宇、东风、江淮、通用五菱、昌河铃木、东南三菱、双环及五菱、长城皮卡等200多家企业提供汽车配套产品，部分产品远销北美、东欧、中东、南亚等国家和地区。2010年，被中国汽车协会授予“中国汽车零部件（调角器）龙头企业”称号，“力乐”品牌被评为江苏省著名商标。2013年，已发展成为国内具有规模的汽车座椅零部件生产企业。

公司是中汽协会成员单位，全国质量管理先进企业，江苏省企业技术中心，常州市工程技术研究中心，常州市高端装备制造企业（特色企业），信用（合同）AAA企业，2003年通过ISO/TS 16949国际质量体系认证。2013年，成功入库江苏省科技企业上市培育企业，承担国家级火炬计划项目1项、省级（工业）支撑项目1项。自2002年以来，纳税销售收入每年超亿元，并且每年完成国地税入库超千万元。2013年实现营业收入3.78亿元，利税6838万元。拥有员工1000余人，其中各类技术人员200余人，是中汽公司汽车座椅零部件定点生产企业。

【江苏金盟汽车内饰件有限公司】 创建于1995年3月。创办初期，厂址在别桥镇绸缪集镇建设路1号，占地面积2150平方米，建筑面积1800平方米，员工12人，其中管理人员2人，投产当年产值 80 万元。2007 年 8 月，公司移址于别桥镇后周集镇北环路 3 号，占地面积 11200 平方米，建筑面积 8200 平方米，总资产 2100 万元，固定资产 1250 万元，员工 25 人，其中专业技术人员 5 人。拥有各种型号（80 ～ 3500 克）的注塑机 15 台，研制塑料粒子的造粒机 1 台，用于加工原材料，年生产量达 1200 吨以上。已发展成为生产汽车座椅塑料护盖外装饰件的专业性企业，产品被江苏省产品质量监督管理委员会确定为质量信得过产品。与一汽、二汽、日产、海马、长安、五铃等国内生产汽车的大中型企业建立了长期的合作关系，为他们提供配套性优质产品，部分产品还远销东南亚和欧美的一些国家。通过 ISO 9001 ：2000 质量认证体系和 ISO/TS 16949 ：2002 质量管理体系认证，先后获得中国信用企业认证体系示范单位、常州市先进私营企业等多项荣誉。2013 年产值 2000 万元，销售收入 1800 万元，利税 300 万元。

【溧阳市弘顺汽车内饰材料有限公司】 坐落于别桥镇绸缪集镇西土桥旁，创建于 2010 年 1 月，占地面积 1400 平方米，建筑面积 2000 平方米，总资产 600 万元，固定资产 300 万元，从业人员 12 人，其中专业技术（科技）人员 5 人。拥有簇绒机、上股机、复合机、各类冲裁及包边等设备，从事汽车内饰材料、各类地毯的制造与销售。产品广泛应用于汽车、家庭、户外、休闲等多个领域，公司规模虽小，但能致力于科技创新，研制开发出防水、防尘、吸水等功能性新型地毯，在同类产品中享有较高的市场占有率，部分产品还远销欧洲及美国、日本等国家。2013 年销售收入 474 万元。

【江苏耀博机械有限公司】 创建于 2012 年 7 月，2013 年 5 月正式投产，是一家以型材生产为主体的生产贸易型企业。位于别桥镇北山工业园，占地面积 66000 平方米，建筑面积 21000 平方米。拥有 20 吨中频电炉 3 套、650 成型设备 1 套、连铸 5 机 5 流等。采用世界一流的德国磨根技术工艺设备、金属机械成型机成型、飞剪等技术，已获发明专利和实用新型各 2 个。主要从事汽车、船舶、机械、五金等行业的零部件设计、铸造和加工。产品有 0235 槽钢、5 号、6.3 号、8 号、10 号、12 号、16 号等 10 多个品种，年产能力达 20 万吨。广泛应用于造船、钢结构、电力、汽车大梁板、邮电通信、市政、公路桥梁、钢格板（栅）及车辆制造等领域。

公司贯彻 ISO 9001 ：2000 的质量体系，以“环保、节能、高效、循环利用”为生产理念，先后获别桥镇“投入标兵奖”“创建超百亿镇贡献奖”，被评为纳税销售超亿元企业、溧阳市安全标准化达标企业。2013 年销售收入 2.68 亿元，总资产 1.2 亿元，固定资产 1 亿元，拥有职工 150 余人，其中工程技术人员及专业管理人员 20 人。

【溧阳澳华德电动车有限公司】 位于别桥镇北山工业园区荣科路 1 号，紧靠扬溧高速道口的上上线北侧。创建于 2012 年 11 月，租赁江苏江晟机械有限公司承建的标准化厂房进行生产，建筑面积 1500 平方米，拥有员工 28 人，其中专业技术人员 6 人。采用德国设计师设计的精巧高效电动汽车组装生产线和立体式的装配流程，引进法国、意大利等国际一流同类生产企业制造电动跑车的新工艺，并结合本地的市场行情自行研发，着力于高新科技产品的研发生产和新能源电动汽车的开发生产。2013 年，研制开发的新产品——空气动力光能电动跑车（太阳能空调）深受用户的青睐，广泛应用于上班族、接送小孩、旅游景区、观光车、房产小区等多个领域，既节能又环保，是市民理想的代步交通工具。产品在国内享有较高的市场占有率，并远销法国、意大利、俄罗斯、土耳其、丹麦等国家。2013 年（投产当年）销售收入 2017 万元。

第四节　矿山、轻工机械制造业

20 世纪 70 年代，镇江专署选定溧阳筹建矿山机械厂。至 80 年代，后周办起矿机设备工厂。90 年代中期，因销路不畅停办。1978 年，湖边公社农具厂更名为溧阳县轻工机械厂，生产脱硫机、再生胶设备、减速器等。20 世纪末停办。

第五章　冶金工业

第一节　黑色金属冶炼及压延加工业

一、行业概况

1958 年农村人民公社成立后，别桥、后周两公社的农具厂先后设立五金、翻砂车间，用小高炉冶炼铸造加工农机配件和小型农具。20 世纪 60 ～ 70 年代，湖边、古渎、绸缪 3 个公社的农具厂也开始经营小型铸造及加工业。1970 年，后周机电站开始从事铸造及加工业。1972 年，别桥农具厂开始制造 45 千克和 65 千克两种空气锤。1984 年，别桥乡创办轧钢厂。进入 21 世纪，别桥镇一度将金属冶炼及加工业定为本土工业的发展重点。2013 年，全镇有金属冶炼及加工企业 11 家，从业人员 880 人，固定资产 8.8 亿元，总产值 18.6 亿元，利税总额 2.62 亿元。

二、企业选介

【溧阳市别桥轧钢厂】 筹建于 1984 年 6 月，投产于 1985 年 3 月，原名溧阳县别桥轧钢厂，1990 年 12 月改名溧阳市别桥轧钢厂。是当时别桥境内规模较大的镇办集体企业之一，隶属于别桥镇工业公司管理。占地面积 8000 平方米，建筑面积 2100 平方米，建厂时有 250×5 轧机组 1 台（套）及其配套设备，利用废旧料生产直径 12 圆钢。1985 年，固定资产 67 万元，有职工 186 人，年利用废料、次料生产钢材 1507 吨，总产值 217 万元，销售收入 167 万元，利税 9.3 万元。1986 年新增制氧车间，后因生产不景气，一年后关停。1987 年 12 月开始生产直径 12—25 螺纹钢。1989 年，有职工 78 人，其中高中文化 18 人，初级职称 5 人，固定资产 99.3 万元。主要设备有 250×5 轧机组 1 台（套），剪切机 4 台，金属切削机床 3 台，行车、空气锤、空压机各 1 台，动力机械总能力 645 千瓦。年产直径 12 圆钢 800 吨，螺纹钢 1273 吨，工业总产值 227.8 万元，销售收入 248 万元，销售税金 3 万元。1996 年 8 月，企业实行改制，转为个体经营，2005 年歇业。

【江苏鑫林钢铁有限公司】 其前身为湖边预制场，1997 年 8 月创办江苏鑫林钢铁有限公司。

公司持有全国生产许可证办公室颁发的钢筋混凝土用热轧钢筋生产许可证。2009 年，迁入别桥镇北山工业园福山路 5 号，占地面积 36700 平方米、建筑面积 17250 平方米，固定资产近亿元，注册资金 2000 万元，有员工 129 人，其中各类技术人员 21 人。

公司是从事钢压延热轧加工的生产型民营企业，拥有直径 520×1/ 直径 300×4/ 直径 300×8、直径 520×5/ 直径 365×14 轧机生产线 2 条，直径 3200 毫米煤气发生炉 2 套，直径 3400 毫米二段式煤气发生炉 2 套，30×3.5 米、24.5×6.5 米蓄热式加热炉各 1 套，68×7 米步进式冷床 2 套，理化检测及其他辅助设施齐全。具有年产 60 万吨钢材的生产能力，主要产品有钢筋混凝土用热轧钢筋（不含钢坯）HRB335、HRB400、HRB335E、HRB400E 等。新研发的 HRB500 及 HRB500E 两种产品 2013 年投入生产，产品规格齐全，有直径 10—25 毫米、热轧光圆钢筋 HPB235、HPB300、直径 10—22 毫米直条钢筋等。公司以“确保环保、提升质量、提高效益”为宗旨，强化企业内部目标管理，加大技术改造力度，贯彻 ISO 9001：2008 的质量管理体系，产品畅销苏、浙、沪、皖等地市场。

自 2000 年起连年被常州市评为信用（合同）AAA 级企业，先后获得常州市级“光彩之星”“金融系统信得过企业”“十强企业”“龙头企业”“纳税销售超亿元企业”等称号和“创建超百亿镇贡献奖”“企业发展速度奖”。2013 年，被中国物流与采购联合会钢铁物流专业委员会认定为“中国钢铁 PMI 编制领导小组成员单位”，并获得“纳税贡献奖”。2013 年销售收入 3.91 亿元。

【常州市宏豪制钢有限公司】 始建于 2003 年 11 月，坐落于北山工业园（别桥镇绸缪村）。2013 年，占地面积 31000 平方米，建筑面积 7000 平方米。注册资金 1000 万元，实际投资近 5000 万元。有员工 128 人，其中各类技术人员 20 人。

是以优质扁钢、翼缘板为主，普碳圆钢及型钢为辅的生产贸易型民营企业。拥有 10 吨龙门吊 2 台、5 吨行车 3 台，引进热金属探测器、万能试验机等先进的生产和检测设备，有直径 550、直径 500、直径 450、直径 360、直径 250 等多条自动化连轧生产流水线，年生产能力在 20 万吨以上。生产的“宏豪”牌热轧扁钢为常州市著名品牌，产品应用于造船、钢结构、电力、汽车大梁板、邮电通信、市政、公路、桥梁、钢格栅（板）及车辆制造等领域，畅销北京、上海、江苏、浙江、安徽、江西、湖南等地区，并远销东南亚、中东、欧美、澳大利亚等海外地区，年出口额在 5000 万元以上。专利产品曾用于东海大桥和 2008 北京奥运会主体育场“鸟巢”等国家重点工程。

2007 年 8 月，通过中国船级社认证公司 ISO 9001 ：2000 质量体系认证，先后获得“先进私营企业”“银行信得过企业”“信用（合同）AAA 企业”“溧阳市光彩之星”“最具学习型企业”等称号。自 2008 年起，年销售收入均超亿元。2013 年实现销售 7.32 亿元，利税达 1000 余万元。

【溧阳市荣鑫轧钢有限公司】 坐落于别桥镇绸缪村，成立于 2004 年 1 月，注册资金 200 万元，初建时有员工 30 余人。拥有节能电炉、吸尘器、成型机等设施设备，引进德国原生能源熔炼的新技术，从事连铸件、冲压件、钢压延、法兰盘的加工、制造与销售等业务。致力于科研开发，CDQ219y 系列中 2 个新产品投入市场，在型材（槽钢、耐候钢）领域占有一席之地，产品畅销苏、浙、皖、沪等地区。在质量控制上采取 ISO 9001 ：2000 质量管理手段，曾获溧阳市“规模企业”

等称号。2013年产值2.16亿元，销售收入5373万元，利税678万元。公司占地面积14333平方米，建筑面积8759平方米，总资产2315万元，固定资产1059万元，从业人员80余人，其中专业技术（科技）人员7人。

【溧阳福山铸业有限公司】 坐落于北山工业园福山路3号，创办于2008年11月，占地面积30000平方米，建筑面积12000平方米，总资产2.50亿元，固定资产1000万元，从业人员50余人，其中专业技术（科技）人员10人。拥有20吨中频炉4套，连铸机3支3流，打包机1台，拆包机1台，变压站1个，行车5—50吨9台，环保设备2套。采用对工业气体进行二次颗粒回收利用的新技术，从事铸料加工、汽车零部件等金属制品的制造与销售业务，产品应用于建筑、交通、电力、冶金等多个领域，在省内占有一席之地，部分产品还远销浙、沪、皖等江苏周边地区。全面贯彻ISO 9001：2000的质量管理体系，以“环保、节能、高效、循环利用”为生产理念，先后获“明星企业”“安全标准化达标企业”“信用（合同）AAA企业”等称号。2013年，销售收入3.45亿元，利税400万元。

【溧阳市荣欣机械制造有限公司】 创建于2009年4月，是融机械铸造与加工为一体的专业公司，坐落于后周集镇北环路9号。拥有中频电炉、混砂机、抛丸机、数控机床、泥芯机等较为先进的生产加工设备和检测设备，从事各种牌号灰口铸铁和球墨铸铁件的制造与销售及铸件深加工、机械加工等业务，年产量在3500吨左右。2009年12月通过了ISO 9001：2000质量管理体系认证，产品生产过程中，从混砂、造型、熔炼、化验、浇铸、清砂、终检直至加工成品，每道工序都进行严格的质量把关。注重科研开发，汽车船舶铸件、泵阀铸件等新产品投入市场后受到客户的青睐。产品应用于石油、化工、电力、冶金、医药、造船、低压民用给排水等多个领域，在省内有一定的市场占有率，部分产品曾出口日本、英国、美国等国家。曾先后荣获“明星企业”“重合同、守信用企业”“安全生产标准化企业”等称号。2013年，占地面积5650平方米，建筑面积35000平方米，总资产1000余万元，固定资产250余万元，从业人员90余人，其中专业技术（科技）人员20人、工程师2人、高级管理人员2人，年销售收入1842万元，利税230万元。

【江苏广源金属加工有限公司】 位于别桥镇北郊工业园区三益路（溧阳市盛康污水处理有限公司内），创建于2010年11月，是境内规模较大的以废钢加工为经营主体的金属加工企业。占地面积87331平方米，建筑面积517037平方米，注册资金3000万元，总资产2.65亿元，固定资产1264万元，从业人员60余人，其中专业技术人员8人。有废钢粉碎机和数控切割机各1套、剪切机30台、牛头剪4台、龙门剪4台、冷却块机10台，并配有行车、门机、抓钢机、装载机、叉车、自卸车、卡车等专用设备，还自备码头一座。从事废金属回收与剪切加工、机械零部件加工、机械钢构制造、金属铸件铸造与加工、五金交电等废旧设备的拆解与再生利用、仓储与装卸方面的劳务服务、自营与代理各类商品及技术的进出口业务、产品销售与售后服务，可根据客户要求将废钢加工成炉料、中重废、冷却块、轧钢料和利用板等，供炼钢、轧钢作为原料使用。具有年加工废钢40万吨能力。与国内部分著名的大型钢铁公司建立业务往来。多次受到别桥镇政府的表彰和奖励，分别获“新增规模奖”“重大贡献奖”“销售规模奖”“二十强规模企业奖”。2013年实现销售收入5.64亿元，利税3380万元。

第二节　有色金属冶炼及压延加工业

1973 年 5 月，后周公社小石桥大队创办五金翻砂厂，从业人员 8 ～ 10 人，回收和引进废铜和铜棒，化铜制造成铸铜件。与当时的竹箦煤矿八大队五金厂联营，制造铜质的水龙头配件和机械配件铜螺丝，并兼营实用的铜勺子、铜锅铲等灶具的制造与销售，年产值 6 万元，1979 年歇业。1978 年 2 月，别桥公社创办溧阳县别桥铜棒厂，回收铜制品制造成铜棒进行销售，当年筹建当年投厂，从业人员 10 人，产值 0.8 万元，利润总额 0.2 万元；1979 年从业人员 13 人，产值 1.05 万元，利润总额 0.16 万元，1980 年歇业。1985 年 3 月始，溧阳市化工六厂（现名江苏三益科技有限公司）曾一度回收提炼锗铜，年总产值 7 万元，销售收入 5.8 万元，利税 1.5 万元。1995 年，古渎乡东溪村创办镀锌厂，从业人员 10 余人，生产镀锌设备元件，年产值 10 万元，1998 年歇业。

第六章　化学工业

第一节　化学肥料制造业

一、行业概况

溧阳县复合肥料厂是别桥镇现境内的第一家化学肥料企业，创办于 1984 年 2 月。1987 年 3 月，原别桥镇创办复合肥厂。在此后的二年时间内，别桥镇现境内先后创办了 4 个村办复合肥料厂，分别是别桥复合肥料二厂、古渎横河复合肥厂、古渎对河复合肥厂、古渎东溪复合肥厂。1989 年，全镇有化学肥料厂 6 家，从业人员 280 人，固定资产 114.2 万元，总产值 1170.1 万元，利税总额 187 万元。2013 年，别桥镇有化学肥料厂 4 家，从业人员 125 人，固定资产 4600 万元，总产值 2462 万元，利税总额 108.8 万元。

二、企业选介

【溧阳市复合肥料厂】 位于别桥镇古渎集镇，于 1984 年 2 月筹建，同年 4 月投产，原名溧阳县复合肥料厂，1990 年 12 月改为溧阳市复合肥料厂，属乡办集体企业。投产之初有职工 63 人，固定资产 2 万元，设备有造粒机、粉碎机等。当年产出 N、P、K 混配复合肥 1780 吨，工业总产值 65 万元，利税总额 14 万元。1989 年，工厂占地面积 2940 平方米，建筑面积 1540 平方米，职工 100 余人，固定资产 47 万元，生产设备（造粒机、粉碎机等）增加到 8 台（套），动力机械总能力 40 千瓦。年产复合肥料 8081 吨，工业总产值 291 万元，销售收入 243 万元，利税总额120万元。1990年，企业实行厂长负责制。1998年歇业。

【溧阳市别桥复合肥厂】 坐落于绸缪集镇西土桥旁，1987年9月筹建，1988年建成投产，原名溧阳县别桥复合肥厂，1990年12月改为溧阳市别桥复合肥厂，属镇办集体企业。1989年，工厂占地面积3335平方米，建筑面积3000平方米，职工106人，固定资产43万元，有造粒机、粉碎机、烘干机等生产设备，动力机械总能力70千瓦，生产20%和25%的氮磷钾复合肥，年产复合肥10000吨，产品销往常州市基层供销社及苏北县农资公司。工业总产值500万元，利税总额20万元。20世纪90年代初期，生产处于稳步上升期，而后的几年中，生产下挫，至1999年企业因资金链断裂而一度停产。2000年，企业实行改制变更为个体经营。2004年经营不善歇业。

【溧阳市东洋肥料有限公司】 坐落于溧阳市北郊工业园东溪村1号，占地面积120000平方米，建筑面积80000平方米。创建于1988年1月，拥有年产复合肥料12万吨的生产设备1套，从事复混肥料的制造与销售。多年的生产实践积累了丰富的复合肥制造经验，产品由原先的低含量复合肥逐步向高含量多品种扩展，具有科技含量高、肥效大、促进作物生长快的特点，应用于农业生产的各个领域，销售网络遍及全国各地。公司多次获得“江苏省质量信得过企业”称号。2013年产值3000余万元，销售收入50万元，总资产1000万元，固定资产500万元，有职工30人，其中专业技术人员5人。

【溧阳市康华肥料有限公司】 位于别桥镇绸缪集镇建设南路1号（西土桥旁），创建于2002年8月，注册资金1000万元，其前身为溧阳市别桥复合肥厂。占地面积40000余平方米，建筑面积18920平方米，固定资产3500余万元，从业人员45人，其中专业技术（科技）人员8人。拥有年产10万吨复合肥和20万吨复混肥的生产设备各1套，生产25%、30%、40%、45%、48%等一系列专用配方复合肥料。公司采取ISO 9001：2000质量管理手段，产品质量达到同类行业的先进水平，荣获农业部、化工部“质量信得过产品”和“用户满意产品”称号。“鼎康”牌复合肥成为企业的经营品牌，复混肥料获全国工业产品生产许可证，多次获江苏省常州质量技术监督局颁发的计量合格确认证书，产品销售遍及全国各地。2013年销售收入4000万元，利税182万元。

第二节 其他化学产品制造业

一、行业概况

1976年5月，绸缪公社创办农药分装厂，主要产品是敌杀死和盖草能等。1977年8月，湖边公社创办化工厂，1978年投产，当年工业总产值7.48万元，利润总额2.28万元。1978年2月，后周公社创办化工厂，投产之初年产值5万元，利润总额0.8万元。1983年9月，后周农中创办植物激素厂，生产三十烷醇、矮壮素等。1984年1月，绸缪乡创办溧阳市第四化工厂，生产双酚A等。同年11月，古渎乡创办溧阳市第六化工厂，从事回收提炼锗铜等。1985年3月，后周乡创办溧阳市后周农药分装厂，从事各类农药分装和制造安瓿瓶。同年5月，后周乡创办福利溶剂厂，生产塑料粒子（回收加工）及增塑剂。1986年5月，湖边乡诞生境内第一家村级化工类企业——中里花炮厂，从事花炮生产。1987年3月，湖边乡创办化工类村办企业——卫生杀虫剂厂，生产香型速效卫生杀虫剂。在20世纪90年代的一段时期内，因化工类企业成本低而效益高，别桥镇区域内的化工类企业在规模和数量上都得到快速发展。2003年5月，溧阳市在绸缪镇创办精细化工园，重点发展各类医药中间体、农用化学品、胶粘剂、表面活性剂、水处理化学品、合成材料助剂和食品添加剂等精细化工类产品，园区先后进驻化学企业25家。2008年后，国家对化工类企业的节能及环保要求不断提高，从而加速了企业的转型和升级步伐，截至2010年年末，全镇有16家化工类企业转型或关闭。2013年，别桥镇有化工类企业18家，从业人员849人，固定资产6.93亿元，总产值10.45亿元，利税总额3868万元，其中年销售收入达1亿元的企业4家。

二、企业选介

【江苏三益科技有限公司】 始建于1984年6月，位于别桥镇北郊工业园区，其前身为溧阳市化工六厂。2001年7月改制为私营企业，取名溧阳市三益化工有限公司。2004年5月更名江苏三益化工有限公司。2010年年底，化工园区全面实现规范化整治，完成整改后更名为江苏三益科技有限公司。2013年，公司占地面积105000平方米，建筑面积25000平方米，绿化面积13900平方米。固定资产8500万元，拥有员工160余人，其中工程技术人员（高级工程师6人）及专业管理人员42人。

公司拥有315千伏、400千伏、1600千伏变压器各1台，6吨、10吨蒸汽锅炉各1台，160千瓦发电机组2台，10.5万大卡冷冻机4台，25万大卡冷冻机3台，500～1000升反应釜320台（套），各类化工生产设备、环保设备和试验设备250余台。建有废水处理装置，废水处理能力达5000立方米/日。引进智能化设备生产线，可以完成硝化、催化、氧化等氧化还原反应及其他多生骤合成，从事甲基丙烯酸、草磺酰氟、粗苯、精制纯苯、二甲苯等的生产与销售，产品应用于制造纺织浆料、医药中间体、有机合成及饲料、粮食、建材、钢铁等需人工搬运的领域，远销北京、天津、湖北、深圳等地区及欧美和亚洲市场。建有实验大楼，并被常州市经贸局授予企业技术中心。质量控制采取ISO 9001：2000管理手段，并于2002年通过质量管理体系认证。2003年，被认定为江苏省高新技术企业，4个产品被评定为高新技术产品。是年6月，2.4.6—三碘—5氨基二甲酸被评为国家重点新产品。先后获“江苏省民营科技企业”“常州市信用（合同）AAA企业”等称号。2012年实现销售收入2.86亿元，2013年实现销售3.02亿元，增长5.6%，利税达870万元。

【溧阳市华邦高分子材料有限公司】 坐落于别桥镇后周姜家村1号。创建于1988年5月，是当时后周乡投资规模较大的厂家之一。引进先进的应急防范处理技术，环保消防设备器材完全达标，采用规范的工艺流水线，拥有自备的交通运输车辆及工具，技术管理资质达到了中高级级别。与上海理工大学、南京化工学院、常州高新技术研究院等单位合作，在技术及产品等方面联合开发，从事环氧树脂系列产品的研究和生产，二甲苯甲醛树脂是企业开发的高新技术项目产品之一。获国家级质量、环保、技术许可证，多年来以无污染零排放为办厂宗旨，是完全符合安全、环保部门核准的化工类规模型生产厂家。产品应用于绝缘、防腐、航空航天等领域，远销广东、上海、山东、黑龙江、浙江、江西、湖南等地区。1999年获国家技术质量奖。2003年，南京科技大学、华东科技学院、工商部门对公司的产品联合参评，颁发产品质量认证许可证书。2013年完成产值3200万元，销售收入2700万元，利税450万元。公司占地面积7698平方米，建筑面积5471平方米，总资产2800万元，固定资产1200万元，有职工52人，其中专业技术人员8人。

【溧阳市新方化工有限公司】 坐落于别桥镇北郊工业园古渎南路61号，创建于1995年7月，占地面积10826平方米，建筑面积1792平方米，总资产4854万元，固定资产1052万元，从业人员40余人，其中专业技术（科技）人员8人。拥有苯酐回收成套装置2套和醋酐废液回收装置1套。从事苯酐残渣和醋酐废液的回收和再利用，为不饱和聚酯的生产提供原料，同时还提供富马酸和二醋酸亚乙酯的生产与销售业务。产品应用于建筑、化工、国防工程等领域，采取ISO 9001 ：2000质量管理手段，质量达到国内先进水平。产品主要销往省内和浙江、上海、北京、湖北、山东、广东等地。公司始终把节能环保和安全生产放在首位，2013年被常州市安监局评为安全生产标准化三级企业。2013年产值1428万元，销售收入1173万元，利税90万元。

【溧阳市中山有机玻璃有限公司】 坐落于别桥镇北山工业园内。始建于2005年1月，从事有机玻璃、甲基丙烯酸甲酯、甲基丙烯酸、硫酸铵等的生产与销售，具有年产3.5万吨产品的生产能力。产品应用于纺织、粘合剂、建筑材料（涂料和混凝土外加剂）等领域，主要销往江苏、浙江、上海、北京、湖北、山东、广东等地，国内市场占有率在20%以上。2011年实现销售收入1.58亿元，2012年实现3.43亿元，年增长达117%，当年利税达2280万元。

公司引进先进的生产工艺，坚持科学的现代化管理，产品质量达到国内先进水平，于2006年通过ISO 9001 ：2000质量管理体系认证。先后荣获“溧阳市和谐劳动关系”“溧阳市先进私营企业”“溧阳市女职工工作先进集体”“镇二十强规模企业”“镇龙头企业”“纳税销售超亿元企业”称号和“创建超百亿镇贡献奖”等。从2009年起，每年被评为溧阳市“银行信得过企业”，2011年被授予常州市“信用（合同）AAA企业”。2013年，占地面积43000平方米，建筑面积近10000平方米，有职工75人，其中技术人员23人。当年企业实现销售收入2.44亿元。下半年，因环保问题而致使停产。

【溧阳巨神科技材料有限公司】 创建于2009年，其前身为溧阳市巨神化学品有限公司，生产硅橡胶结构控制剂系列产品及羧基丁苯胶乳系列产品。坐落于北郊工业园巨神路1号，占地面积40000余平方米，建筑面积12000平方米，注册资金3000万元，有员工100多人，其中技术人员20余人。配备从中试到大生产的生产车间，拥有完善的质量保证体系和健全的质量控制制度，拥有进口高压液相色谱、气相色谱等高效灵敏度的分析仪器，已通过ISO 9001质量体系认证。

公司研制生产的HTV混炼胶结构控制剂低黏度羧基硅油，具有两项发明专利，产品质量稳定，羧基含量≥8%，抗HTV混炼硅橡胶结构化效果好，提高了HTV混炼硅橡胶的加工性能和存放期（3～6个月），质量达到国内同行业先进水平。被长三角地区国内最大的HTV混炼硅橡胶厂南京东爵及镇江环太、溧阳利达等大型混炼硅橡胶企业定点采用，浙江、安徽等周边地区也有部分客户，年需求量2500～3000吨。

2005年，在南京大学化学化工学院协作和指导下，以上海高桥巴斯夫产品为样本，自行设计研制出羧基丁苯胶乳，质量指标和使用效果达到上海高桥巴斯夫产品的同等水平。产品经北京市地毯质量监督检验中心检测，指标达到3A级水平，判定为绿色环保型产品。簇绒、威尔顿、阿克明斯特等机织地毯使用该原料后，经国家地毯质量监督检验中心及美国地毯协会检验，有害物质释放限量、各项指标均为A级，被认定为环保型地毯，并授权使用美国CRI绿色环保标志和中美双方联合认定的环保地毯标志。2007年，该产品申报国家发明专利，并公开发表。

公司为国家地毯协会副会长单位、中国氟硅有机材料工业协会会员单位和中国工艺美术协会地毯专业委员会副会长单位。2011～2012年，每年销售收入超5000万元，纳税超百万元。2013年销售收入4417万元。

【江苏碧玉谷化工有限公司】 位于别桥镇北郊工业园中心路A座1号，创建于2012年5月，占地面积65950平方米，建筑面积15100平方米，总投资2.31亿元，固定资产1.32亿元，从业人员45人，其中专业技术（科技）人员6人。拥有15000升以上稀释釜2个，10000升以上反应釜4个，300万大卡的有机热载体炉2个，3000升以上的计量罐4个，1000立方/每小时废气焚烧炉1个。配套设施齐全，具备发电、电路、水路、冷却循环、污染处理等方面的一整套系列化的生产设施。注重科技创新，引进了生产增塑剂、不饱和聚酯树脂的核心技术及化纤、PET（聚对苯二甲酸乙二醇酯）、PTA（精对苯二甲酸）残渣再生利用知识产权专利新技术。产品在质量性能及环保方面具有传统产品不可比拟的优势，部分产品引领国内同类产品升级换代。从事增塑剂和不饱和聚酯的制造与销售等业务，研制开发新型不饱和聚酯树脂及增塑剂等产品，应用于建筑（人造石材）、化工（防腐）、造船、电器材料、工艺雕塑、国防工程等多个领域，在省内市场占有率较高，远销沪、皖、鲁、浙、闽等地。2013年销售收入1.02亿元，利税980万元。是年被常州市安监局评为安全生产标准化三级企业。

图11-6　企业职工培训

第七章　建材工业

第一节　水泥制品及配件制造业

一、行业概况

1958年，别桥供销社创办水泥厂，有职工40多人，生产水泥球。设备简陋，产品质量较差，但孕育了别桥地区建材工业的萌芽，一直维持到1960年才停办。1973年4月，绸缪公社率先创办水泥制品厂，别桥（1974 年）、湖边（1975 年）、后周（1977 年）、古渎（1979 年）四公社先后创办水泥制品厂（预制站）。1977 年，别桥水泥制品厂产值 15.2 万元。1980 年，别桥、湖边、古渎、绸缪、后周公社有水泥制品企业 5 家，从业人员 136 人，固定资产 13.46 万元，总产值 40.67 万元，以生产水泥桁条为主，年生产水泥桁条 18700 余根。在 1981 ～ 1988 年中，别桥镇现境内原 5 个乡镇先后兴办 10 家村级水泥制品厂，共有 14 处个体经营点。1989 年，别桥镇现境内原 5 个乡镇共有水泥制品企业 12 家，15 处个体经营点，从业人员 375 人，固定资产 141.3 万元，总产值 642 万元，利税总额 32 万元。生产水泥楼板、桁条、花板、窗格、农房构件、水泥管等，设备有振动机、搅拌机、拉丝机、模具等。2013 年，别桥镇有水泥制品及配件企业 6 家，其中溧阳市铁建特种混凝土有限公司年销售收入 4618 万元、溧阳市中开混凝土有限公司年销售收入 2939 万元。长沙远大住宅工业（江苏）有限公司作为镇内重点企业投资基本到位。

二、企业选介

【溧阳市后周建筑构件厂】 位于别桥镇后周村（原后周集镇），占地面积 2668 平方米，建筑面积 176 平方米，其前身是后周建筑站的附属单位，1977 年从建筑站划出，建成并起名为溧阳县后周水泥制品厂，属乡办集体企业，1988 年更名为溧阳县后周建筑构件厂，1990 年 12 月改名溧阳市后周建筑构件厂。企业附属建筑站时以手工操作为主，生产水泥桁条、屋架等产品。后增添搅拌机、振动机等设备，实行机械操作，淘汰水泥屋架，发展多孔楼板、双面窗框、水管等产品，并实行自产自销。1989 年，有职工 24 人，固定资产 5.2 万元，动力机械总能力 21 千瓦。主要设备有 250 搅拌机 1 台，张拉机 1 台，位管机 1 台，平板振动机 2 台，发电机组 1 台（套）。年产水泥楼板 6685 块、桁条 862 根、窗框 366 只，工业总产值 31.1 万元，销售收入 26.9 万元，利税总额 3.4 万元。1994 年实行改制变为个体经营。1997 年，因销路不畅歇业。

【溧阳市铁建特种混凝土有限公司】 始建于 2002 年 3 月，是专门从事各种强度等级预拌混凝土生产、销售的企业。坐落于北郊工业园区巨神路 16 号，占地面积 20000 平方米，建筑面积 9360 平方米。注册资金 1000 万元，有员工 55 人，均来自大型混凝土专业生产厂的技术、业务骨干，其中本科学历 5 人、专业技术人员 12 人、高级工程师 3 人。

公司拥有搅拌机 2 台、汽车泵 3 辆、车载泵 2 辆、搅拌车 12 辆、装载车 2 辆以及其他配套辅助生产设备。具有年产 50 万立方米商品混凝土生产能力，预拌混凝土（专业）三级资质。有先进的控制设备仪器，实验设备齐全，并取得相关试验资质。2013 年销售收入 4618 万元。

【长沙远大住宅工业（江苏）有限公司】 本部在长沙，简称“远大住工”，是中国第一家以“住宅工业”行业类别核准成立的新型工业企业，中国住宅产业现代化事业的开拓者。作为国内唯一一家绿色建筑整体解决方案提供商。“远大住工”历经十余年探索，从设计、制造、开发、施工、运营服务的建筑全生命周期，提出整体解决方案，用工业化方式制造建筑，实现资源节约与低碳减排，提升建筑品质和效率，实现建筑业可持续发展。创新节能环保理念，给中国建筑市场带来革命性变革。

2012 年 11 月，远大住宅工业（江苏）有限公司在溧阳市别桥镇注册成立，注册资金 3000 万元，租赁常州荣科交通工程有限公司承建的标准化厂房进行生产，坐落于别桥镇后周北环路 101

号，位于溧阳经济开发区北山工业园中心地带（扬溧高速后周道口出口处）。占地面积14187平方米，总资产4299万元，固定资产1454万元，从业人员111人，其中专业技术人员4人。具有设计、生产、施工一体化服务能力。在技术体系方面改变传统建筑业的生产方式，秉着安全环保、绿色健康和三大可控（质量、成本、进度）的生产建造方式，最大程度的实现集成式装配建筑的优势特点。拥有PC运输车、振动台、布料机、液压横移车、刮平机、行车、钢台车、搅拌站以及实验室等一整套设备，从事混凝土预制构件的制造与销售，应用于多层、高层住宅建筑、大型公共建筑、学校、医院、工业和市政建设、农村建筑、园林设施等多个领域。2013年公司处于创建投资阶段，2014年投产当年产值达1.56亿元，成为别桥镇龙头企业。

图11-7　长沙远大住宅有限公司车间

第二节　制砖工业

一、行业概况

明代初，别桥镇现境内便兴起土窑，用柴草烧制砖瓦，一直延续至民国时期，经营者均为个体，砖瓦制坯采用手工操作。新中国成立后，个体窑厂先后转为农业生产合作社所有。1958年，农村人民公社成立后，境内的窑厂全部隶属于所在地的生产大队经营。20世纪70年代至80年代初，随着工业和居民用房的快速递增，砖瓦的需求量也日益增加，社、队竞相兴办砖瓦厂。1970年，后周公社创办后周砖瓦厂。1972年，别桥公社创办别桥砖瓦厂，产品主要有八五砖、九五砖、平瓦等，设备有轮窑、制砖机、粉碎机、搅拌机、发电机等。1981年，别桥、湖边、古渎、绸缪、后周5个公社有大小砖瓦窑39座，从业人员1565人，总产值3604万元。20世纪80年代后期，行业产能过剩，竞争中部分企业关停并转。1989年，别桥镇现境原五乡镇有窑厂11家，从业人员1014人，固定资产479万元，总产值1014万元，利税总额76万元。20世纪90年代，国家加强耕地的保护力度，对砖瓦厂的黏土开采量进行严格控制，使得砖瓦的制作成本上升，企业出现优胜劣汰现象，2013年，别桥镇现域内有窑厂4家，年销售收入723万元。

二、企业选介

【溧阳市别桥砖瓦厂】 位于别桥镇前程村。该厂于1971年12月筹建，1972年8月投产，原名溧阳县别桥砖瓦厂，1990年12月改为溧阳市别桥砖瓦厂。建厂之初有职工120人，固定资产19万元，有18门轮窑1座。1973年添置400型制砖机1台，始用机械制砖。1986年又新增轮窑1座，400型制砖机2台。1987年停产平瓦，主要生产九五红砖。1988年，该厂固定资产 147.6 万元，职工 480 人。主要设备有轮窑、制砖机、粉碎机、发电机等。年产九五红砖 3488 万块，产值 151.3 万元，利税总额 29.6 万元。20 世纪 90 年代，在国家有效保护耕地，大幅度减少砖瓦厂黏土开采量的大背景下，企业发展受阻，亏损日趋严重，处于半停工半生产状态。1994 年，砖瓦厂占地面积 4100 平方米，建筑面积 2500 平方米，属乡（镇）办集体企业。1995 年企业改制为个体经营，2005 年歇业。

【溧阳市后周小石桥砖瓦厂】 原名溧阳县后周小石桥砖瓦厂，位于别桥镇小石桥村，建于 1986 年 12 月，属村办集体企业，1990 年 12 月改名溧阳市后周小石桥砖瓦厂。始有职工 18 人，固定资产 0.6 万元，生产八五青砖，1988 年开始产九五红砖，发展较为稳定。1989 年，占地面积 3430 平方米，建筑面积 1300 平方米，职工 100 人，固定资产 150 万元，动力机械总能力 300 千瓦。主要生产设备有 24 门轮窑 1 座、制砖机 2 台、粉碎机 3 台、搅拌机 1 台、推土机 1 台、发电机 2 台，年产九五红砖 1185 万块，水泥楼板 1913 块，陶土 1290 吨，工业总产值 119.4 万元，销售收入 181 万元，利税总额 15.6 万元。20 世纪 90 年代后逐年亏损，外加在国家保护耕地的政策影响下，生产日趋艰难，1996 年企业改制为个体经营，因资金紧张而缺乏发展后劲，2004 年歇业。

【溧阳市金厦砖瓦厂】 位于别桥镇西庄行政村拖板桥自然村，2001 年下半年筹建，2003 年 3 月投产，初始名溧阳市治明砖瓦厂，2003 年 6 月改为溧阳市金厦砖瓦厂，注册资金 300 万元。主要设备有轮窑、制砖机、发电机、粉碎机、搅拌机、推土机等。2004 年，从业人员 80 余人，其中技术人员 10 余人，年产值 250 万元。多年来，生产发展稳定，经济效益较好。2013 年，固定资产 500 多万元，从业人员和技术人员保持稳定，年产多孔砖 1500 万块、九五实心砖 800 多万块，年产值 1000 余万元，销售收入 90 万元。

【江苏华能墙材有限公司】 坐落于别桥镇北山工业园（玉华山村委坛石桥村），属于江苏省墙改办重点推广企业，也是常州地区首家采用全自动生产工艺的墙材企业。创建于 2012 年 1 月，安全设施齐全，生产设备先进，采用规范的工艺流水线，主体设备是 3 条烘干房和 2 条隧道窑。具有集采矿、粉碎、搅拌、制砖、运输为一体的配套功能，而且引进机器人码坯、自动化打包、自动温控等新技术。以煤矸石、页岩为主要原材料，生产煤矸石、页岩烧结多孔砖、空心砖及自保温砌块，年产量 8000 万块以上。研制开发符合国家标准的高强度、隔热、隔音、保温砌块的新产品，应用于住宅建设、高标准厂房建设等多个领域。在本地市场占有率高，并远销浙江、安徽、上海等地。公司荣获江苏省新型墙体材料产品认定证书。2013 年，占地面积 66000 平方米，建筑面积 14000 平方米，总资产 8000 万元，固定资产 5000 万元，从业人员 68 人，其中专业人员 35 人。产值 1200 万元，销售收入 584 万元，利税 210 万元。

第三节　新型建材制造业

一、行业概况

建筑新材料和建筑加工业是别桥镇的主要产业之一，占全镇工业企业销售收入的比重达 15% 以上。别桥镇把绿色建筑定为工业发展的主体产业集群，依靠本镇范围内建筑新材料和建筑加工业方面的企业之崛起，显示出巨大潜力和发展前景，该类企业皆为境内的骨干企业。2013 年，别桥镇此类企业年销售达 1 亿元的企业有 30 家，行业内的企业有 5 家，分别是溧阳市万兴特种建材有限公司、江苏金久科技新材料有限公司、江苏运通建设有限公司、江苏永武钢结构工程有限公司、江苏京海钢机有限公司等。

二、企业选介

【溧阳市万兴特种建材有限公司】 是由江苏天舜金属材料集团有限公司全额投资的独立法人企业。坐落于溧阳经济开发区别桥镇北山工业园，占地面积 163000 平方米，建筑面积 57400 平方米。在职员工 420 人，其中本科以上学历 60 余人，专业技术人员 48 人，高级工程师 12 人。

图11-8　溧阳市万兴特种建材有限公司

公司始建于 2004 年 3 月，是专业从事预应力 PC 钢棒、预应力钢绞线、预应力钢丝、高速铁路预埋件、各种实用脚手架等制品生产与销售的集团企业。具有年产 15 万吨预应力钢绞线、10 万吨预应力钢丝线、8 万吨预埋件、10 万吨预应力钢棒的生产能力，是全国重点预应力 PC 钢棒、预应力钢绞线、预埋件的生产基地之一。产品应用于铁路、桥梁、公路、通信、电力、水利、高层建筑等行业。生产的预应力混凝土用钢丝、钢棒、钢绞线、桥梁预埋件、镀锌钢绞线、钢芯铝绞线用镀锌钢丝等，经国家权威部门检测，各项性能及技术指标均达到国内先进水平，已成为铁道部首批检验合格的预应力混凝土用钢丝生产企业，混凝土钢棒、桥梁预埋件定点生产企业，产品被国家多项重点工程如秦沈高速铁路、青藏铁路、上海磁悬浮工程所采用。2006 年，生产的预应力混凝土用钢棒被评为常州市名牌产品。2013 年，生产的预应力混凝土用钢绞线被评为常州市名牌产品；生产的实用速接架被江苏省科技厅认定为高新技术产品。公司已成为常州大学、上海交通大学产学研合作基地。

2008 年 8 月，一次性通过 ISO 9001 质量管理体系、环境管理体系、职业健康安全体系认证，先后被授予中国建材市场协会“质量、服务、信誉 AAA 示范企业”、江苏省质量信得过企业、江苏省高成长型中小企业培育推荐企业、江苏质量诚信 AAA 级品牌企业、江苏省两化融合示范企业、常州市两化融合示范企业、常州市建材行业明星企业、常州市民营经济发展中小企业行业小巨人培育企业等荣誉称号。产品由中国人民保险公司提供产品责任（质量）保险。2013 年实现销售 6.66 亿元。

【江苏永武钢结构工程有限公司】 坐落于别桥镇工业集中区，创建于 2006 年 11 月，占地面积 25319 平方米，建筑面积 17976 平方米，总资产 6421 万元，固定资产 3767 万元，从业人员 127 人，其中专业技术人员 20 人。拥有抛丸机、数控切割机、组立机、矫正机、剪板机、卷板机、普通钻床、数控钻床、双丝埋弧焊等设备。公司融合江苏溧阳建设集团有限公司钢结构制作安装的精英团队、精湛技术和丰富经验，有制作车间20000平方米，年生产能力达30000吨，具有钢结构工程专业承包资质及防腐保温、消防设施、建筑防水、体育设施工作专业承包资质。生产涵盖钢结构制作和相关工程承包中的部件制作等方面的系列产品，与常州中天、江苏南钢、张家港沙钢、上海十九冶，以及遍及各地的十三冶等国内大型企业保持着合作关系。

2005年通过GB/T 19001—2000idt1809001 ：2000质量管理体系认证、GB/T 28001—2001职业健康安全管理认证和GB/T 24001—2004idtISO 14001 ：2004环境管理体系认证。先后获“江苏省重质量守信誉诚信施工单位”“江苏省质量安全管理AAA钢结构施工单位”称号和“别桥镇新办规模企业奖”“别桥镇新增规模奖”“别桥镇商会贡献奖”等多项荣誉。2013年产值2.16亿元，销售收入1.83亿元。

【江苏运通建设有限公司】 坐落于别桥镇北山工业园云源路7号，创建于2009年2月，占地面积9000余平方米，建筑面积19980平方米，有职工80人，其中专业技术人员5人。焊接、吊装、喷涂及大型的喷砂抛丸等生产设备应有尽有。从事钢结构、机械设备、非标准设备的设计、制造、安装等业务。产品应用于房屋建筑工程、公路和铁路交通建设工程、市政工程、基础工程、消防工程、装饰装潢工程、园林绿化工程等领域，在省内市场占有率较高，还远销上海、广西、河北等地。坚持以集团化管理模式运作，在生产过程中全面实行全新的ISO 9001 ：2008质量管理体系，形成集轻钢、重钢生产、施工、售后服务一体化的多元化钢结构经营体系。先后荣获“溧阳市安全生产标准化三级企业”“常州市信用（合同）AAA企业”等称号。2013年产值1.84亿元，销售收入1.81亿元，利税158万元。

【江苏京海钢机有限公司】 位于别桥镇后周集镇迎宾路2号，创建于2009年11月，占地面积29088平方米，建筑面积10800平方米，总资产3695万元，固定资产913万元，从业人员70人，其中专业技术人员6人。拥有行车、抛丸机、组立机、切割机、空压机、喷涂机、气保焊机、起重机、磁座钻等设施设备，从事钢结构的制作与安装、机械设备与压力容器的制造与销售，自营与代理商品技术的进出口业务。贯彻ISO 9001：2008的质量管理体系，强化企业内部目标管理，产品畅销苏、浙、沪、皖等地市场，在厂房、桥梁建设方面占有市场优势。先后获“金融系统信得过企业”“二十强规模企业”“新增规模企业”等称号和“商会工作品牌奖”。2013年产值1.43亿元，销售收入1.32亿元。

【江苏金久科技新材料有限公司】 坐落于别桥镇北山工业园金久路8号，占地面积333400平方米，建筑面积62800平方米，总资产1.31亿元，固定资产7021.11万元，有职工380余人，其中专业技术人员76人。创建于2011年5月，2012年4月正式投产，是集生产、研发、销售为一体的高科技民营企业。公司开发建设到位后，形成10条全自动陶板生产线，年产陶板达800万平方米以上。拥有大型球磨机、喷雾造粒干燥塔、烧成窑炉、喂料机、红外线切割机、包装机等先进生产设备，还拥有抗折抗压试验机、电热鼓风恒温干燥箱、低温恒温槽、智能型双平板导热系数测量仪、电子计重秤等先进的研发设备。从事环保节能陶瓷装饰板、建筑陶瓷品、有色金属制品等方面的制造与销售。产品应用于城市写字楼、高档住宅等建筑的外墙保温、内外墙装饰、室内装修等多个领域，远销浙江、上海、北京、天津等十多个省、市和日本、韩国、俄罗斯等多个国家。不断加大对陶瓷板、发泡板、烟囱砖等系列新产品的研发力度，获得14项专利证书，高防震性环保陶土板、高强度保温隔热发泡陶瓷认定为省级高新技术产品，生产的节能环保幕墙陶板在市场享有较高的声誉。2013年发泡陶瓷保温板产量达10万多立方米，在华东地区保温市场占有半壁江山。采取ISO 9001：2000质量管理手段，于2012年2月通过质量管理体系认证，并且通过国家环境管理体系认证和职业健康安全管理体系认证。被科技部、建设部授予全国节能建设科技推广服务平台会员单位，被上海市建筑材料协会授予新型材料墙体会员单位，被溧阳市政府授予投入标兵奖，被溧阳市商会授予最佳企业形象奖。2013年，获"安全生产标准化企业""江苏省民营科技企业"等称号。2012年实现销售收入6430万元，2013年实现销售1.21亿元，增长88.2%。

【江苏德威新型建材有限公司】 坐落于别桥镇北山工业园区云源路9号，创建于2012年12月，占地面积14000平方米，建筑面积13000平方米，总资产2000万元，固定资产1000万元，从业人员50人，其中专业技术（科技）人员15人。引进全自动（油漆、粉末）复合喷涂线，配备瑞士GEMA、日本兰氏等先进涂装设备，有意大利数控加工中心（2000毫米×4000毫米）1台，数控液压剪板机1台，数控液压折弯机2台，大工位数控转塔冲床1台，开放式液压机（250吨）1台，32辊自动板材校平机1台，12米自动成型辊压机1台，方波逆变式数控焊机3台，主要从事新型金属、搪瓷建筑装饰件及配件的设计、制造、加工、安装，并兼营标牌、标识、灯箱的设计等业务。公司致力于科研开发，在表面喷涂的拓展、轻体墙系统、非标特种金属天花系统等方面研制新产品。质量控制采用ISO 9001管理体系。产品应用于机场、车站、展览中心、政府行政大楼、商业写字楼、医院、金融中心、购物中心、酒店、康体中心等多个领域，远销全国各地和欧、美等国家和地区，2013年投产，当年销售收入1551万元。

第八章　粮油、食品、饲料工业

第一节　粮油、饲料加工业

一、行业概况

别桥民间自古以来就采用木砻、杵臼、畜力磨坊、手牵石磨加工粮食。清光绪末年（1908年），别桥集镇始办油坊、粉坊。民国时期，别桥集镇有振昌、仁昌两家砻坊，民国17年（1928年）创办的耀华砻坊，位居溧阳乡区农产品加工行业的首位。绸缪、后周集镇开始兴办油坊。1956年10月，公私合营别桥第一米厂在别桥创办，1963年转为地方国营企业。称别桥米厂，属国家的粮食加工企业。20世纪60年代始，湖边、古渎、绸缪、后周等公社陆续办起粮油加工厂，乡村的一些机电排灌站也配置粮食加工设备，为当地农民加工大米、面粉和饲料。80年代后，村间巷头时常能见一些流动的小型碾米机在为农民加工粮食。20世纪末和21世纪初，乡(镇)办的粮油加工厂改制成为个体企业，并新增别桥独秀米业有限公司、湖边清溪渔牧饲料有限公司、古渎丰盛粮油加工厂、绸缪同昌粮油饲料有限公司、后周三和米业有限公司等个体粮食加工厂。采取收购稻谷进行加工和出售成品的经营方式。在集镇或远离集镇的村庄中，出现单一为农户服务的户办粮食加工点和油坊。2010年，别桥镇海斌农机专业合作社投资300万元，引进一条年产量10000吨精米加工流水生产线，年创利300余万元。2013年，别桥镇有粮油加工企业7家。从业人员30人，固定资产473万元，总产值1445万元，利税总额43.6万元。

二、企业选介

【国营溧阳别桥米厂】 创建于1956年10月，其前身为溧城镇公私合营振兴米厂。该厂从溧城镇迁至别桥，机器等设备和从业人员随同，厂址位于集镇西河沿，厂名为公私合营溧阳县别桥第一米厂。有职工34人，固定资产原值3万元，碾米机和砻谷机3台，年产大米2919吨，饲料499吨，工业总产值60万元，利税总额0.24万元。1960年，增置磨粉机1台，年产面粉237吨，并出口特二粳米111.05吨，1963年转为全民所有制企业，更名为国营溧阳别桥米厂，先后隶属县、市粮食局管理。转制后增置人力木榨，开始生产食用植物油。1978年添置立式榨油机，取代了人力木榨。同年，加工的优质大米恢复出口。1975年建成现代化碾米车间（风运车间），为自动化操作流程。1979年后，生产规模逐步扩大，产值利税稳定增长。1985年，占地面积7116平方米，建筑面积3934平方米，有职工82人，固定资产原值35万元，机械总功率406千瓦。是年生产大米16000吨，油脂20000吨，饲料10000吨，产值750万元，利税43万元。1990年12月，更名为溧阳市别桥米厂，占地面积10116平方米，建筑面积5434平方米，有职工81人，固定资产原值96万元，拥有砻谷机、碾米机、磨粉机、饲料粉碎机、榨油机等主要生产设备50台（套），动力机械总能力800千瓦，年产优质大米13334吨，兼产面粉、食用植物油、饲料，工业总产值522万元，销售收入554万元，利税总额27万元。由于市场原因，2002年歇业。

1981年，该厂被江苏省粮食厅评为先进企业，当时的厂长蒋锁洪被评为江苏省劳动模范。1988年，“羽山”牌标一晚粳米获商业部优质产品称号。是年，企业获三级计量企业称号。

【溧阳市龙渔饲料有限公司】 创建于2005年12月，坐落于别桥镇兴城东路工业集中区内，占地面积8000平方米，建筑面积6500平方米，总资产2800万元，固定资产1500万元，有职工16人，其中专业技术人员6人。是集水产饲料研发、生产、销售、加工为一体的民营企业，设施设备先进，拥有成套420特种水产饲料生产线1条和新型膨饲料化生产线1条，配有2套电脑配料系统的操作屏。2013年研发新型浮性饲料。饲料产品在特种水产养殖、四大家鱼养殖、近海水产养殖等方面广泛应用，在省内享有一定的市场占有率，还远销福建、湖北、浙江、安徽等地。2013年产值3500万元，销售收入135万元。

第二节　茶叶加工业

一、行业概况

民国时期，在别桥镇现境的黄金山村北部丘陵，自然生长着一些零星的茶树，邻近的乡民时常采摘，也有一些乡民利用自有山地栽种少量茶树，鲜叶经过自行制作成为茶叶，俗称“野茶”，或自用或出售。在集镇和黄金山村均有茶社，有些商店也经销茶叶。1965年前后，后周公社因地制宜，发展乡村茶场，在丘陵山岗上普种茶树，逐步形成茶园，随后办起茶叶加工厂。1972年，后周公社创办溧阳县后周茶场，1976年开始经营制茶业务，从事鲜叶生产、茶叶加工、销售茶叶。生产的茶叶有翠柏、毛峰、大宗炒、烘青绿茶和红碎茶等品种。至2000年，后周茶场改由个人承包经营，黄金山、观阳、玉华山等村境内仍有少数农户一直保留有种茶制茶的习惯。

二、企业选介

【溧阳市后周茶厂】位于别桥镇塘马村（原后周乡观阳村）和黄金山村境内，属乡办集体企业。创建于1972年，原名溧阳县后周茶场，1990年12月改为溧阳市后周茶厂。1972年开始种植茶树。建厂初有职工10余人，占地面积198000平方米（含茶园面积），建筑面积726平方米。1976年引进制茶设备，有制茶机1套。生产精制绿茶和红碎茶。至1985年，占地面积218514平方米（含茶园面积），建筑面积1333平方米，固定资产8.8万元，职工47人，工业总产值18.7万元，年产精制茶叶17吨。1989年，固定资产25万元，职工50人，动力机械总能力80千瓦，年产茶叶25吨，工业总产值127万元，销售收入45万元，利税总额2.6万元。1995年，有职工22人，工业总产值82万元，年产精制绿茶6吨，动力机械总能力20千瓦，生产设备有杀青机1台，操捻机1台，筛分机1台，风选机1台，烘干机2套。在此后的几年中，企业运行逐步陷入困境，于2005年歇业。

第三节　副食品加工业

一、肉类加工

民国时期，别桥集镇或大的村庄均有个体猪肉铺，逢年过节时乡间则有屠夫上门宰杀生猪；集镇也设有家禽市场，人们将自家散养的鸡、鸭、鹅等上市换钱以贴补家用。新中国成立之初，集镇的集市贸易与民国时期相类似。1952年私商收猪杀猪。1953年8月，实行生猪购销专业经营。别桥、湖边、古渎、绸缪、后周乡均成立食品站，收购和宰杀属地的生猪，猪肉销售改由食品站专营，农忙时也组织人员送货（猪肉）下乡，大多把“双代店”“下伸店”作为（猪肉）销售点，家禽买卖依旧。20世纪80年代，市场开始放开，很多“小刀手”自行收猪杀猪，销售鲜肉。农贸市场设有畜禽专卖区，出现一些由个体兴办的畜禽制品业。1984年3月，湖边乡首期投资4.8万元创办食品加工厂，1985年投产，生产禽肉制品和蛋制品，当年产值3.18万元。2007年1月，溧阳市鹏鹏畜禽机械化屠宰场在北山工业园区筹建，翌年5月开始屠宰生猪。2013年日均屠宰量150头左右，全年屠宰生猪5.3万头。2013年，全镇有肉类加工企业（含店铺）9家，年销售收入58万元。

二、糖果糕点

别桥现境内糖果糕点制作历史悠久，品种繁多，富有地方特色。民国时期集镇有小型作坊，手工制作糖稀，生产寸金糖、鸡蛋糕、桃酥、京枣果、油绳、牛鼻头、雪饼、小方糕、麻饼等数十种糖果糕点。民国19年（1930年），“狄顺昌”精制的“金刚脐”糕点在全国食品竞赛展览会上获奖。新中国成立后，别桥、后周的糖果糕点业有所发展，1952年，境内有各类糖果糕点加工点（店）12家，从业人员29人。1956年后，各供销社、商业合作社相继开办糕饼坊，制作传统的小食品，端午节前制作绿豆糕，七月初七（七巧）前制作巧云，中秋节前制作各种月饼，春节前扩大生产，制作酥糖、寸金糖、玉带糕、云片糕、芝麻片、炒米糕等。1985年，别桥供销社糕饼坊制作的苏式“金腿月饼”先后获常州市、江苏省供销社月饼质量评比同类产品第三名。大的乡村也有小型糖坊制作糖稀，专供村民过年做炒米糕之用。20世纪80年代，市场放开，集镇上的一些小型个体糖果糕点加工制作点（店）不断涌现。1990年，别桥、湖边、古渎、绸缪、后周五乡镇有22家经营此行业，从业人员38人，固定资产15.2万元，产值18.9万元。1998年，别桥镇由个体经营的春堂梨膏糖厂成立，从业人员5人，年产值3.5万元。进入21世纪，集镇上经营规模相对较大的超市（大商店），大多从外地引进糖果糕点进行出售，地方上传统经营的糖果糕点制作行业处于自产自销状态。别桥集镇的协盛昌、王记月饼店，不同时节，制作应时糖果糕点。2013年，全镇有糖果糕点制作企业（含店铺）9家，以家庭或店铺进行经营，年销售收入35万元。

三、豆薯制品

民国时期，别桥的豆薯制品多由私营酱园和豆腐作坊进行制作，生产腐乳、豆腐、素鸡、百叶、豆芽、凉粉、粉丝、酱类等，这一经营方式延续多年。20世纪60年代，豆薯制品改由集体经营。别桥供销社、别桥米厂都有豆制品车间。70年代中后期，后周黄金山、观阳、玉华山等地出现了一些村级小型淀粉厂，以当地盛产的马铃薯、山芋为原料制作粉丝和凉粉进行销售，兼营来料加工淀粉。1977年，别桥综合厂设有粉丝车间，生产食用粉丝。农村实行联产承包责任制后，原生产队、大队兴办的淀粉厂大多变为个体经营。同时，原在集镇和大的村庄经营制作和销售豆薯制品的小型企业，也逐步由集体经营变为个体经营，同时出现一些新办个体豆制品企业。1989年，别桥镇、后周乡分别经营豆薯制品的家庭有13家和16家，从业人员75人，产值88万元。2013年，别桥镇有经营豆薯制品的家庭29家，从业人员62人，年销售收入190万元。

第九章　纺织、丝绸、服装工业

第一节　棉毛纺织业

一、棉纺织业

清代至民国时期，境内民间用铁木结构轧花机（脚踏手扶）轧花，用弓弦弹花器弹花，用手摇木纺车纺纱，用脚踏木织机织布。别桥、后周集镇有私营弹花店。民国33年（1944年）春，县抗日民主政府在境内后周部分地方兴办纺织合作社，以自然村为单位并由农民家庭参加，政府按织手的多少将棉花、棉纱分到各户，各家各户在家中纺纱织布，以解决部队和地方工作人员的被服问题。新中国成立后，别桥、绸缪、后周集镇和一些较大的村庄都有棉被加工点，也有部分花匠上门服务。别桥集镇有周氏、孙氏、柏氏弹花店。1980 年，别桥镇现境原 5 个公社有个体棉被加工点 23 处，年加工棉被 5750 条。1999 年 4 月，溧阳市云星线带厂创办，厂址位于西庄村委魏笪里村 43 号，固定资产 60 余万元，从业人员 10 余人。购进绕线机 12 台，纺纱机 1 台，从事缝纫线、松紧带的制造与销售，年产缝纫线 60 万团，2013 年产品销售收入 418 万元。2013 年，别桥镇境内共有个体棉被加工点 12 处，年加工棉被 5000 余条。

二、毛纺织业

（一）行业概况

1978 年 6 月，后周公社兴办溧阳县后周兔毛厂，占地面积 750 平方米，建筑面积 624 平方米，始有职工 10 人，专业为本地区兔毛分级加工。1982 年，成为县外贸公司生产经营兔毛原料的加工企业，从业人员达 37 人，固定资产 18 万元，总产值 52 万元。20 世纪初，湖边光明羊毛衫厂在生产色羊毛衫后道工序无法解决的情况下，与上海增尔美针织厂服装厂联营，不仅使后道工序得到较好解决，而且产品挂上了上海商标，带动溧阳县内 7 个公社（镇）兴起羊毛衫的大生产。1985 年 5 月，别桥镇创办别桥合星羊毛衫厂，属村办企业，生产多种款式羊毛衫。建厂初占地面积 50 平方米，建筑面积 50 平方米，从业人员 20 人，之后逐步扩充至 50 余人，年产值 30 余万元。1987 年 9 月，别桥镇创办别桥羊毛衫厂，占地面积 380 平方米，建筑面积 280 平方米，从业人员 40 余人，生产男女羊毛衫，年产值 30 万元。1988 年 4 月，湖边乡创办湖滨羊毛衫厂，主设备有槽筒车、横机、套口车等，生产羊毛衫、兔毛衫、腈纶裤等，从业人员 72 人，年产量 2.7 万件（条），总产值 105.5 万元，利税总额 7.4 万元。1996 年后，个体、民营毛纺织企业兴起。2013 年，境内有毛纺织企业 35 家，从业人员 610 人，固定资产 5240 万元，总产值 1.49 亿元。

（二）企业简介

【溧阳市科科针织厂】 位于别桥镇镇东村 111 号，创建于 1998 年 12 月，注册资金 30 万元。是经营羊毛衫、针织品的专业性企业，拥有电脑横机、烘干机、蒸烫机、平车等较为先进的生产设备。与省内一些著名的羊毛衫生产厂家联合经营，代为加工的产品质量可靠，质量通过 CE 认证，年加工羊毛衫在 50 万件左右。2013 年销售收入 604 万元。公司占地面积 860 平方米，建筑面积 1280 平方米，总资产 950 万元，固定资产 360 万元，从业人员 45 人，其中专业技术人员 10 余人。

【溧阳市华联制衣有限公司】 创建于 2000 年 5 月，位于别桥村委金庄村，属家庭作坊式经营，厂名溧阳市别桥中华羊毛衫厂。业务以承接代加工羊毛衫为主，用房面积不足 300 平方米，从业人员 20 余人，年产值 25 余万元。2002 年 11 月，工厂移址别桥村委北巷村，改名溧阳市华联针织厂，占地面积 2100 平方米，建筑面积 880 平方米，固定资产 300 余万元，从业人员 100 余人，其中专业技术人员 15 人。拥有电脑横机、套口车、平车、烘干机等近 60 台机械设备，经营范围扩大至羊毛衫制造、加工与销售等，年生产羊毛衫 50 万件左右。产品主要出口美国、日本等发达国家。2006 ～ 2009 年度，连续多次荣获南泰国际集团优秀合作工厂称号。2013 年初，公司在别桥集镇开发区(中心小学西侧)征用土地5500平方米,投资600余万元开发建设新厂区,建筑面积在4000平方米以上,计划2014年下半年正式投入使用。2013年实现销售收入527万元,利税31.6万元。

【溧阳市别桥大成毛纺织厂】 创建于2001年3月,坐落于别桥集镇兴城东路122号。2013年,占地面积3360平方米,建筑面积2186平方米,总资产1680万元,固定资产860万元,在职员工60余人,其中专业技术人员2人。是别桥镇境内一家按国标单独生产纱线纺独有的民营企业。拥有二套半生产线的精毛纺机械设备,从事精纺羊毛纱、腈纶纱、毛绦混纺纱的制造与销售业务,具有年产纱线600余吨的生产能力。产品在业内有一定的知名度,在省内苏州,邻省浙江、安徽等地占有一定的市场份额,部分产品出口印度等亚洲国家。2013年实现销售625万元。

【溧阳市别桥国平羊毛衫厂】 创建于2002年1月,坐落于别桥集镇兴城东路120号。拥有电脑横机、套口机、锁眼机等设施设备,从事各种规格羊毛衫的制造与销售业务,年生产能力达40余万件,产品质量步入国家免检之列,在省内及邻省、市均有一定的市场份额,部分产品出口日本、美国等发达国家。2013年,公司占地面积750平方米,建筑面积2080平方米,总资产380余万元,固定资产220余万元,销售收入达525万元,有职工80余人,其中专业技术人员2人。

【江苏永武羊绒纺织有限公司】 创建于2005年4月,坐落于别桥镇工业集中区。拥有和毛机、梳棉机、粗纱机、细纱机、倍捻机、络纱机等生产设备,实行络纱机的自动化操作流程。从事棉、麻、毛纺织品加工制造、服装加工制造销售,经销纺织原料、自营和代理各类商品及技术的进出口业务等,其中以生产中高档半精纺纱线为主。年生产多种针织、机织用纱、半精纺纱线500吨,可纺支范围20Nm—120Nm,均为无接头纱线。产品质量控制采用ISO 9001:2000管理手段,步入国家免检之列,在本地市场占有率较高,部分还远销上海、广州、杭州等地。2013年,占地面积13173平方米,建筑面积10055平方米,总资产1626万元,固定资产1458万元,从业人员82人,销售收入569万元。

【江苏璟隆新材料有限公司】 创建于2011年3月,投产于2012年4月。坐落于别桥镇北山工业园上上线3号,占地面积35000平方米,建筑面积18000平方米,总资产2000万元,有员工100余人,其中工程技术人员及专业管理人员18人。

是生产多品种、多规格加弹纤维的中型化纤业民营企业。拥有20台具有国际先进水平的德国巴马格高速加弹机,从事涤纶、低弹丝、网络丝的产品制造与销售,承接纺织类产品的贸易往来。经营的品种规格有半消光51dtex/72F、83dtex/72F、83dtex/144F、111dtex/36F、111dtex/144F、167dtex/288F等十多种。公司以科技促创新,新研发的产品300D、200D、扁平丝、双丝道无捻丝等均投入生产,2013年度新开发的品种有光FDY加弹50D～150D、无捻微网黑丝167/144、扁平网络丝、双丝通8+2、有网黑丝等,产品各项指标均列于国内同行的前列。

产品质量控制采取ISO 9001:2000管理手段,并通过质量管理体系的认证。2012年度获"投入标兵奖""创建超百亿镇贡献奖""新增规模企业奖"等荣誉。2013年度再次获得"投入标兵奖",并获常州市大学生创业大赛优胜奖。2012年销售收入达7600万元,2013年实现销售1.12亿元,增长46.8%。

三、针织业

1978年，后周公社兴办针织厂。1979年，绸缪公社创办针织厂，从业人员6人，生产针织内衣，年产值0.67万元。1980年后，别桥镇现境原5个公社相继兴办针织业企业3家，产品有棉毛衫裤、腈纶衫裤、涤盖棉运动服等，设备有棉毛衫机、捻线机、槽筒车、罗纹机、包缝机等。1996年有针织企业5家，从业人员180人，固定资产200余万元，总产值600余万元，利税72万元。1997年后，针织企业均转入毛纺织业。

第二节 丝绸织造业

一、缫丝业

别桥镇的缫丝业以别桥绢纺厂为主。1987年12月，别桥镇筹建溧阳县别桥绢纺厂，1988年10月投产，属镇办集体企业。1989年，占地面积5720平方米，建筑面积4000平方米，职工264人，固定资产236万元，总产值678万元，利税总额95万元。1996年6月改名溧阳市华丰集团有限公司，注册资金1200万元。1998年4月实行改制，更名为常州市华丰集团有限公司，成为从事生产蚕丝类系列产品的民营企业。产品以桑蚕茧为原料，经过脱脂、脱胶、精细纺制绢丝，属纯真丝织物品。主要产品有60N/2、120N/2、140N/2、210N/2桑绢丝及60～120N/2绢毛、绢棉、绢麻等混纺丝。桑绢丝在抽检中一等品率达100%，江苏省丝绸公司授予新产品代号为JSPL,并以此为注册商标。1997年，生产的桑绢丝被评为江苏省名牌产品。1998年1月，公司获中华人民共和国进出口企业资格证书。2001年5月，获ISO 9002国际质量体系认证证书。2002年2月，生产的蚕丝类产品获出口经营权，当年外销业务占58%。2004年，占地面积27680平方米，建筑面积15180平方米，总资产3865万元，从业人员948人，具有10920锭绢纺的生产规模。是年生产绢丝800吨，外贸出口供货310吨。2006年12月，“JSPL”荣获常州市著名商标。先后获得“江苏省农业龙头重点企业”“常州市企业信用（合同）AAA级企业”等荣誉称号。2013年，从业人员280余人，其中专业技术人员30余人，年销售收入3204万元。

图11-9 华丰集团有限公司生产车间

二、丝织业

（一）行业概况

1976年6月，别桥公社创办丝织地毯厂，是溧阳县丝织地毯这种新兴工业最早创办的企业。1980年7月，后周公社兴办工艺丝毯厂。此后这一产业在别桥镇现境的原5个公社（乡）发展较快。

1986年，原别桥镇有丝织地毯企业21家，从业人员1162人，实现工业产值409万元，创外汇104万美元，行业总产值占全镇工业总产值的25.3%，利润总额36万元，被誉为溧阳的“地毯之乡”。1988年1月6日，上海市畜产品进出口分公司在沙河水库召开出口丝织地毯图案选样会议。江苏、浙江、山东、四川、上海等33个单位77位代表参加，别桥、后周丝织地毯厂提供的图案分获一等奖和二等奖。在1989年全国地毯质量评比中，别桥镇生产的地毯获得第四名。2000年前后企业进行改制，随后纷纷歇业。2013年，境内有个体丝织地毯经营户5家，基本采用家庭作坊式经营，年织地毯22230平方呎，年销售收入60余万元。

（二）企业选介

【溧阳市别桥丝织地毯厂】 位于别桥集镇，于1976年6月创办，属社办集体企业，原名别桥樊庄地毯厂，厂址在樊庄村。投产初与苏州地毯二厂联营，苏州方提供原料和负责产品销售，樊庄地毯厂负责半成品羊毛毯加工。厂内只有1个织造车间，有木机4台，从业人员12人。1980年，工厂迁入别桥集镇，借用工业公司和电容器厂的房屋，开始自行织造并与县外贸局订立合同代销。1982年，工厂增设了并线、绘图、剪花、整修4个车间，织机增加到24台，从业人员125人，年产地毯9000多平方呎。1983年，下设9个分厂，均为村办企业，总厂主要生产120道、140道成品丝织地毯，伴以少量的羊毛地毯生产，产品由上海畜产品公司经销，进入国际市场。1985年，移址并新建属于自己的厂房，占地面积4013平方米，建筑面积3024平方米，同年5月1日正式挂牌溧阳县别桥丝织地毯厂。同时取得上海畜产品公司的支持，新增织机123台，平毛机1台，固定资产9万元，从业人员172人。有丝毯织机55台，年产丝织地毯11412平方呎，产值59万元，出口创汇14万元。1989年，全厂设有织造、平毛、剪花、整修等8个车间，厂外加工点（分厂）10个，从业人员365人（其中高中文化53人，大专文化2人，初级职称15人），固定资产90万元，总产值436万元，销售收入653万元，年产丝毯10万平方呎，利税总额53万元，出口创汇150万美元。1992～1995年，工厂在职人员一直维持在360余人，有丝毯织机58台，年产地毯135000平方呎，产值达1200万元，出口创汇140万元，利润55万元。1996年改制转为个体经营，2005年歇业。

【溧阳市后周工艺丝毯厂】 位于别桥镇后周村（原后周集镇），创建于1980年7月，属社办集体企业，原名溧阳县后周工艺丝毯厂，1990年12月改为溧阳市后周工艺丝毯厂。建厂初有职工27人，借用原后周乡水利站60平方米房屋作厂房，有织机6台，加工出口产品丝织地毯的半成品。后移址于原后周乡政府西侧，占地面积2397平方米，建筑面积580平方米。1985年与上海畜产品公司达成产销协议，成为该公司的定点生产厂，专业生产丝织地毯产品。有职工180人，年产丝织地毯76849平方呎，产值46万元，利税5万元。1988年被评为常州市重合同守信用企业。1989年，固定资产81万元，职工289人，织机66台，剪花台12台，平毛台4台，整修台6台，动力机械总能力40千瓦，工业总产值330万元，销售收入303万元，利税总额24万元，出口创汇54万美元。1997年7月歇业。

【溧阳市后周工艺制品厂】 位于别桥镇后周村（原后周集镇），占地面积3667平方米，建筑面积1200平方米，属乡办集体企业，创建于1987年，1993年改名溧阳市东方丝毯厂。设备有平毛机1台，钻床1台，磨床1台，织毯机70台和染丝设备1台（套）。年产绢丝毯、柞丝毯 32539 平方呎。1989 年，固定资产 110 万元，职工 224 人，动力机械总能力 40 千瓦，工业总产值 151 万元，销售收入 170 万元，利税总额 11 万元，出口创汇 56 万美元。1997 年改制后由个体经营，2005 年歇业。

第三节 服装、手套、箱包制造业

一、服装制造业

（一）行业概况

明清时期，境内民间妇女或裁缝用手工缝制中式衣裤。民国时期，民间开始用手摇缝纫机制作中西服装。新中国成立后，别桥乡率先创办缝纫合作社，从业人员 8 人。1953 年，别桥镇现境原乡（社）有服装业个体经营户 22 家，合作社 1 家，从业人员 36 人，资本总额 2978 元。嗣后，湖边、古渎、绸缪、后周公社也成立缝纫合作社。1970 年，现境内原 5 个公社有缝纫社 5 家，从业人员 47 人，总产值 14.53 万元，利润总额 1.23 万元。1971 年，服装业开始兴旺，现境内的首家服装厂成立，取名溧阳县湖边服装厂。溧阳县第四服装厂（别桥）、溧阳县绸缪服装厂、溧阳市第五服装厂（后周）也相继建成。1980 年，现境内原 5 个公社有社办服装厂 4 家，从业人员 128 人，总产值 68.86 万元，利润总额 7.6 万元。随着市场经济的建立，服装市场放开，个体服装企业纷纷出现。1988 年，境内的集体服装企业，不是转型就是倒闭，继续经营的仅剩 2 家。1990 年后，服装行业全部由个体经营。2013 年，别桥镇境内有服装企业 25 家，年产量 200 余万件，总产值 1.46 亿元，销售收入 3448 万元，利税 416 万元。

1978 ～ 1983 年别桥服装厂生产情况统计表

表 11-9-1

项目年份	总产值（元）	销售收入（元）	利润（元）	人员（人）	工资（元）
1978	12300	6400	860	10	4000
1979	10900	10860	—100	30	4338
1980	133560	110000	12300	23	9000
1981	80000	55000	2900	23	6000
1982	61200	47900	180	23	8450
1983	40000	36000（1—8 月）	—6800	25	7572

（二）企业选介

【溧阳卢澳达服饰有限公司】 公司前身是溧阳第五服装厂，位于后周集镇老街，属社办集体企业。建厂于 1978 年，厂房面积 238 平方米，固定资产 2000 元，职工必须自带缝纫机才能进厂工作。1985 年，从业人员 35 人，总产值 6.5 万元，年产 13000 件机织服装。1991 年 10 月，工厂变更为民营企业，租用乡建安公司房屋作厂房，注册资金 10 万元，从业人员 30 余人，是年制作服装 8.5 万件，利润 8 万元。1994 年，公司在后周集镇北环路南侧筹建新厂房，占地面积1080平方米，建筑面积1250平方米，当年施工当年投产。2000年，改名兴卢服饰有限公司，注册资金50万元，成为以制作羽绒服为主并兼做其他服装的专业性民营企业。从业人员320余人，年总产量在70万件以上，产值3000余万元。2012年，发展成为与澳大利亚合资的有限责任公司，注册资金28万美元，公司投资占总额的60%。先后在溧城镇、别桥集镇、周城集镇发展3个分公司，引进先进的日本兄弟缝纫设备，采用电脑化设施新工艺，成为优衣库（国际品牌）服装加工和制作的专业性企业，产品质量步入国家免检之列。2013年，占地面积3680平方米，建筑面积3160平方米，固定资产1200余万元，从业人员230人（总公司90人，分公司140人，技术人员占15%），服装产量52万件，总产值3895万元，销售收入925万元。

【溧阳顺马服装有限公司】 坐落于后周集镇文化路8号，创建于1999年8月，占地面积8000平方米，建筑面积13000平方米，总资产3000万元，有员工130人，其中专业技术人员10人。是集服装设计、制版、生产、定做、销售为一体的私营企业。拥有电脑平车350台，CAD制版1套，验布机、粘衬机各1台，兄弟电脑套结车3台，天马拷边车20台，重机锁眼机2台，检针机1台，钉扣机2台，大白扣机10台，大烫台15张，其配套生产员工达400人以上，年产量达150万件。从事生产各类羽绒服、茄克衫和棉衣等服装类业务。经营范围为原创品牌定制和加工、品牌服装贴版加工、服装加工、服装代理、品牌合作等。研制开发无胆羽绒服新产品，市场占有份额较高。产品质量步入国家免检之列，在上海、杭州、广州等大城市都有市场，并且远销日本、韩国、美国、加拿大等国家。2013年产值2000万元，销售收入465万元，利税80万元。

【常州拓步运动有限公司】 位于别桥镇北山工业园区荣科路1号，创建于2013年2月，注册资金100万元，租赁江苏江晟机械有限公司承建的标准化厂房进行生产，建筑面积2000平方米，有员工20余人，其中专业技术人员5人。拥有多功能潜水贴合机、全自动定型劈片机、电脑控制定型机等先进的专业制造设备。专业生产和加工SBR潜水科、电脑包、杯套、瓶套、护具、下水裤、潜水衣、冲浪衣、鞋材、手套、帽子、医疗器材等产品。采用完整、科学的质量管理体系和规范的工艺流水线组织生产。产品主要应用于安全防护、礼品、工艺品、汽车、运动、休闲等多个领域，销往全国各地、中国港澳地区和东亚、西欧、北美、南美等国家。2013年产值442万元，销售收入429万元。

二、手套编织业

（一）行业概况

别桥镇的手套制造业起始于1988年，华林手套厂创办，仅仅是无锡工艺品厂的一个加工点。5年后发展成为与港澳台合资企业，走上自营出口的道路。1996年，华林轻工业有限公司发展到鼎盛时期，是江苏最大的一家私营手套生产企业，与国内一些大城市的进出口公司建立业务联系，产品销往国外。2000年5月，公司歇业后由他人承包经营，更名为溧阳市自力缝制有限公司，成为民营独资企业。手套生产线中有先进的手套生产设备，并在黄金山、汤桥开设2个分公司生产手套，产品质量步入国家免检行列。

（二）企业选介

【华林轻工业有限公司】 1988年4月，别桥华林手套厂创办，厂址位于别桥镇陈巷村，厂房面积150平方米，从业人员40余人，从事加工出口手套业务，隶属于无锡工艺品厂的一个加工点。1989年，企业改名常州华林轻工业有限公司，属与港澳台合资经营企业，从此走上自营出口之路，成为以生产出口手套为主，兼营制手套用的棉布和各种服装的民营企业。占地面积1000平方米，建筑面积280平方米，从业人员108人，当年产值300万元。1995年，从业人员220人，固定资产原价110万元，年生产手套60万打，总产值667万元，销售收入521万元。1996年，占地面积2668平方米，建筑面积3000平方米，固定资产300万元。设备有6兆瓦以下机组3台，裁剪系统及裁剪机3套，缝纫机装配生产线1条，从业人员350人，产值980万元，利税50多万元。与南京、哈尔滨、上海、江西、福州等城市进出口公司均建立业务联系，产品销往俄罗斯、韩国、日本、加拿大等国家。2000年5月歇业。

【溧阳市自力缝制有限公司】 坐落于别桥行政村陈巷自然村，其前身是华林轻工业有限公司，原公司于2000年歇业后，由他人承包经营，厂名溧阳市针织精缝有限公司，注册资金120万元，占地面积2670平方米，建筑面积1500平方米，从业人员150余人，年产值620万元。2004年，改名腾马针织精缝有限公司，成为与韩国合资的有限责任公司。注册资金20万美元，公司投资占总额的51%，从业人员180余人，年产值1300余万元。2006年，改名溧阳市自力缝制有限公司，成为民营独资企业。占地面积5000平方米，建筑面积2100平方米，总资产600万元，固定资产250万元，从业人员90人，专业技术人员2人。拥有手套、服装生产线各2条，采用规范的工艺流水线生产。服装生产设备有标准牌高速平缝车60台，杜马、杰克电脑车50台，套节机3台，锁眼机3台，双针车8台，拷边机9台，检针机1台，大白扣机6台，吸机1台，刀车5台；手套生产设备有平缝链条车80台，标准平缝车6台，花式车12台，背筋车6台，圆筒切边机1台，整烫台1套，裁剪压机2台。公司先后在黄金山、汤桥发展了2个分公司生产手套。产品质量步入国家免检之列。2013年产值620万元，销售收入555万元，利税65万元。

三、箱包制造业

（一）行业概况

1985年2月，古渎乡创办皮箱皮件厂，占地面积1000平方米，建筑面积600平方米，从业人员28人，生产皮箱、皮包等，固定资产3.8万元，年产值40余万元。2010年2月，别桥箱包加工厂建成，厂址位于别桥集镇兴城西路2号，设备有电动缝纫机、打包机、打孔机、剪床等，生产各种箱包。2012年5月，溧阳市竹箦顺达包装厂落户别桥镇境内的溧阳经济开发区北山工业园，专业设计各种纸箱、纸盒等并进行加工与制作。2013年，境内有从事箱包类生产的企业3家，从业人员42人，销售收入988万元，利税总额96万元。

（二）企业选介

【溧阳市竹箦顺达包装厂】 创建于1999年7月，2012年5月，移址于溧阳经济开发区北山工业园云源路9号。占地面积10680平方米，建筑面积8000平方米，注册资金200万元，固定资产1200万元，在职员工25人，其中专业技术人员6人。有自动印刷机1台，半自动印刷机3台，自动胶水机3台，自动磨切机2台，半自动订箱机7台，打包机1台，具有日产3万平方米的生产能力。从事一些特殊印刷品的印刷、纸箱、纸管的加工与销售，产品应用于机械、化工、食品、医药、花木等领域，业务量在省内占有较大份额。产品质量控制采取 ISO 9001 ∶ 2000 管理手段，并于 2001 年 5 月通过质量管理体系认证。2010 年，获常州市级“光彩之星”的称号，2011 年被常州市评为信用（合同）AAA 级企业。2013 年产值 1600 万元，销售收入 904 万元，利税 85 万元。

第十章　轻工产品制造业

第一节　铁木竹器及农具制作业

境内手工制作铁木竹器及农具始于春秋战国时期，唐代有铁木竹匠人走村串户或街头设摊进行生产。明代，集镇出现铁木竹器及农具作坊（店铺）。民国时期，在铁木竹及农具作坊中，开始引进简单的机械设备，生产规模也随之扩大，逐步形成个体手工企业。别桥集镇有祥生木铺、吕恒大木铺、王复兴木铺、张义兴木铺、邵复兴木铺，杨隆泰铁铺、季洪兴铁铺、殷永兴铁铺、万盛铁铺、金复兴铁铺、聂盛兴铁铺，李源盛竹铺、义隆盛竹铺、协盛竹铺等。新中国成立后，铁、木、竹手工业走上合作化道路。1953 年，别桥成立木业组和铁业组，1954 年，成立竹业组，将原行业的个体经营变为联合经营。1955 年 8 月，原成立的铁业、木业、竹业等小组归并组建别桥区手工业生产合作社，邻近的湖边、古渎、绸缪、后周、昆仑桥等地的铁、木、竹合作小组也相继加入该合作社，经营规模得到扩大。1956 年起，原隶属于别桥区合作社的湖边、古渎、绸缪、后周等铁木竹行业合作小组分别改建为铁、木、竹生产合作社，步入自主经营之路。1958 年，各乡成立人民公社，别桥、后周两公社的铁、木、竹生产合作社改称公社农具厂。别桥公社农具厂扩充五金、翻砂 2 个车间，后周公社农具厂扩充五金、制镜 2 个车间。建厂当年，两厂总产值均达 5 万元以上。1962 年，绸缪公社的铁木竹合作社也改为农具厂，建厂当年总产值 1.5 万元，1964 年，湖边、古渎公社的铁木竹合作社也先后改为农具厂，建厂当年总产值分别为 4 万元和 0.8 万元。各农具厂均从创建之日起升级为县社合办企业，仍以铁、木、竹器农具家具生产为主，设备有打铁机、皮带锯、圆盘锯、板机钻床、绞关机等，产品有锄头、钉耙、挖锹、镰刀、山锄、犁、木桶、木盆、秧凳、米筛、秧篮、稻箩、扁担、簸箕及生活用品等数十种，为居民提供生产和生活范围内的服务。在随后的计划经济时代，农具厂一直充当着社办企业的骨干。20 世纪 70 年代后期为发展的鼎盛时期，并不断派生出修船、铸造、农机修配、水泥制品、玻璃制品等行业。1979 年，县对各公社农具厂下放管理权，企业属性由县社合办变为社办。随着农业机械化步伐不断加快，手工农具的作用逐步淡化，行业的经济效益迅速下降。1989 年，别桥镇现境的原 5 个乡镇农具厂从业人员 134 人，固定资产 161 万元，总产值 336 万元，利税总额 20.3 万元。1996 年后，乡镇集体企业实行改制全部变为民营企业。铁木竹器都是由个人铁匠铺、家具厂（店）、竹器店自产自销。

第二节　仪器、仪表制造业

一、行业概况

20世纪80年代，乡镇仪器仪表工业兴起。1984年9月，后周乡创办玻璃仪表厂，设备有拉丝机、灌封机、汽化发器、空气压缩机等，生产安瓿瓶等玻璃制品，产品在医药领域广泛应用。1985年，固定资产6.2万元，从业人员93人，年产值32.5万元，销售收入28.1万元。1989年，从业人员51人，固定资产18.1万元，年产安瓿瓶3142万支，年产值111.3万元，销售收入109万元，利税总额4万元。

1986年5月，溧阳县船用仪器仪表厂在后周乡创办。该厂是由后周粮油加工厂派生而出的。设备有金属切削机床、装载机等，产品有18型浮标式氧气吸入器（供病人缺氧使用）和浮标式工业流量计（供氩弧焊、化验室、实验室使用）等。1989年，从业人员20人，固定资产5万元，年产量3900台。产品销往哈尔滨、西藏、广州、深圳、上海等医药公司，工业总产值62万元，利税总额10.6万元。7月，溧阳县后周医用机械仪表厂成立，生产氧气吸入器等医用设备。1989年，从业人员20人，固定资产3.2万元，年产值58.9万元。

1987年8月，溧阳县自动化仪表阀门厂在古渎乡成立，生产仪表阀门等产品，设备有金属切削机、钻床、锯床、刨床、电焊机、发电机等。1989年，从业人员63人，固定资产44万元，年产各种大小焊接阀门及机架119.9吨，总产值150万元，销售收入41.1万元，利税总额3.3万元。

1993年2月，江苏永昌科教仪器制造有限公司在古渎乡成立，从事岩土工程实验仪器的开发、制造与销售。

1996年后，乡镇集体企业实行改制全部变为民营企业。2013年，别桥镇境内共有仪器、仪表企业3家，总产值2820万元，销售收入1063万元，利税198万元。

二、企业选介

【江苏永昌科教仪器制造有限公司】 位于别桥镇北郊工业园三益路9号，创建于1993年2月，是从事岩土工程实验仪器的研究开发、设计制造、销售服务的民营高科技企业。占地面积13300平方米，建筑面积1000平方米，总资产1500万元，固定资产1000万元，从业人员56人，其中专业技术（科技）人员25人。拥有大型万能升降台铣床、大型烘房、行车和多种型号的车床、钻铣床、刨床、锯床等设施设备，相关的辅助设备配备齐全。公司致力于科技创新，长期与南瑞大坝研究所、河海大学、解放军后勤工程学院、西安理工大学等科研院所合作，先后研制成功ZSY—1型真三轴仪、FSY10型及FSY30型非饱和土三轴仪、SY100—2型应力应变控制三轴仪等10多种国内岩土工程实验先进仪器，产品在浙江大学、哈尔滨工业大学、东南大学等国内10多所知名院校率先使用并获好评。还先后研制开发了天然气水合物力学性质实验系统、弯曲元测试系统、大型动三轴测试系统等新产品，在岩土工程项目测试及灾害防治研究等诸多领域应用，用户遍及全国20多个省、市、自治区，部分产品还远销澳大利亚、苏丹等国家。通过ISO 9001 ：2008质量管理体系认证，先后荣获“国家标准合格企业”“江苏省高新技术企业”“江苏省科技创新先进单位”“江苏省重合同守信用企业”等称号。2013 年产值 1320 万元，销售收入 498 万元，利税 92 万元。

第三节　塑料制品加工业

1977 年 2 月，古渎公社创办塑料厂，名为溧阳县第二塑料厂，当年筹建当年投产，从业人员 27 人，生产塑料丝绳及编织品等，年产值 12.83 万元，利税总额 1 万元。1985 年，占地面积 1393 平方米，建筑面积 954 平方米，固定资产 29.7 万元，从业人员 221 人，年产塑料制品 39 吨，废旧塑料回收再制品 223 吨，产值 94.7 万元，利税总额 4.8 万元。

1983 年 7 月，溧阳县第二化工塑料厂在后周乡创办，从业人员 20 人，年产值 3.2 万元。1985 年，占地面积 7333 平方米，建筑面积 1160 平方米，固定资产 47 万元，从业人员 34 人，设备有注塑机、高频机、切粒机等，年产塑料粒子（废旧塑料回收再制品）11 吨，产值 6.9 万元。

1985 年 5 月，后周乡创办福利溶剂厂，生产塑料粒子（回收加工）及增塑剂。1989 年，从业人员 30 人，占地面积 6667 平方米，拥有发电机、圆筒织机、吹塑机、拉上机、回料机等生产设备，年产塑料制品 292 吨，年产值 313 万元，利税总额 27 万元。

1988 年 6 月，古渎小学创办塑料厂，主营塑料包装袋，兼营塑料回料，年产值 10 余万元。

2013 年，别桥镇境内从事塑料制品的民营企业共 5 家，从业人员 19 人，固定资产 98 万元，产品销售收入 728 万元，利税总额 95 万元。

第四节　金属制品加工业

1956 年 2 月，溧阳县别桥五金白铁厂建成，采用作坊式生产，修理各种用具。占地面积 50 平方米，建筑面积 50 平方米，从业人员 5 人。生产规模一直相对稳定，主要生产日用白铁制品，兼营玻璃裁配。有焊接及切割设备，年产量 9280 件，产值 3 万元。

1976 年 5 月，绸缪公社创办五金锁厂，位于绸缪集镇上街头，从业人员 26 人，固定资产 3.7 万元，生产抽屉锁，年产 28766 把。1979 年更名溧阳绸缪公社钢窗厂，开始生产钢窗，并开发生产钢门，1984 年抽屉锁停止生产。1987 年创产值 238 万元，利税 39 万元。1989 年，从业人员 75 人，固定资产 55 万元，设备有车床、冲床、钻床、刨床、电焊机、切割机、铆接机等，静电喷塑 1 套。年产钢窗 21340 平方米，钢门 767 平方米，纱窗 19340 平方米，加栏 4305 平方米，年产值 144.1 万元，利润总额 6.4 万元。1987 年起连续 4 年被评为常州市重合同守信用企业。

1982 年 10 月，溧阳县后周钢窗厂创办，设备有车床、剪板机、切割机等，生产门、窗、栅栏，从业人员 10 人，年产值 10 万元。1985 年，占地面积 900 平方米，建筑面积 457 平方米，从业人员 19 人，年产量 73 吨，年产值 18.9 万元，销售收入 16.7 万元，利税 3.8 万元，1989 年，从业人员 35 人，产值 20.6 万元。

随着市场经济时代的到来，制作常用金属构件的集体企业逐步被个体经营者取代，2013 年，境内有门窗及小五金经营部 12 家，从业人员 20 人，年销售收入 63 万元。

第五节　非金属产品加工业

1978 年 10 月，别桥石英砂矿创建，位于土山南麓。原料为石英石，轧制成石英砂出售，是良好的建筑材料。设备有 14 千瓦电动机 2 台、对辊破碎机 1 台、水泵 1 台，厂房 7 间。有职工 84 人，年产石英砂 1600 吨。因土山石英石原料枯竭，2000 年石英石矿停办。

别桥水磨石厂于 20 世纪 70 年代末建立，生产水磨石。20 世纪 90 年代末，水磨石厂因市场原因歇业。

第六节　砝码制造业

1979 年 3 月，绸缪公社杨家湾五金厂成立，当时属集体村办企业，后更名常州市富月砝码有限公司。境内砝码生产企业仅此一家。投产之初，注册资金 50 万元，占地面积 2000 平方米，从业人员 30 余人，从事小型砝码（天平配件）的制作，年产值 80 余万元。后发展成为省内起步早、规模大的砝码专业制造企业之一。2001 年，注册资金 600 万元，年产值 1000 余万元。2013 年，公司占地面积 20000 平方米，建筑面积 12000 平方米，总资产 1480 万元，固定资产 559 万元，从业人员 70 余人，其中专业技术（科技）人员 5 人。拥有齐全的砝码生产和检测设备，有数控车床、磨床、铣床、钻床、抛光机、电子比较仪等。从事“OIMLR111”（国际型）和“ASTM”（美国型）两种标准的砝码，是国内砝码生产企业中唯一一家批量生产上述两种标准的企业。其“OIMLR111”（国际型）等级为 E1、E2、F1、F2、M1、M2 等，“ASTM”（美国型）等级为 Class0、Class1、Class2、Class3、Class4、Class5、Class6、Class7 等，生产砝码的规格从 1 毫克～ 2000 千克不等。还与多家衡器领域的国外大公司进行合作，生产 OEM 贴牌产品。公司致力于科研开发，新产品底部凹低砝码已批量生产。产品在 ISO 9001 ：2008 质量保证体系下有效运行，应用于医药、食品、化工、计量检测等众多领域，销售遍布全国各地，并出口 27 个国家和地区，销售量在同行中处于领先地位。先后获“中国仪器、仪表行业协会会员单位”“中国衡器协会会员单位”“江苏省著名商标”“常州市农村私营企业百强企业”“常州市信用（合同）AAA 企业”“常州市著名商标”等称号。2013 年产值 1300 万元，销售收入 1173 万元，利税 162 万元。

图11-10　富月砝码有限公司

第七节　卫生用品制造业

1995年4月，绸缪镇创办溧阳市和平洁健卫生用品厂，位于绸缪村西土桥180号，2006年2月更名为溧阳市和平卫生用品有限公司。拥有真空包装机、立体口罩机、自动点焊机、无纺布口罩打片机、棉签全自动包装机、混棒机、梳棉成套设备。创办之初，从事无纺布口罩的制作。2009年，生产能力在20000万件以上，年产值3000万元。2010年公司引进棉签棉棒制作线，年生产棉签棉棒400万件以上。产品一次性通过CE认证，用于医疗卫生、食品卫生、电子等领域，还出口日本、韩国、意大利、美国等国家。2009年，获"江苏省质量诚信五星级企业"称号，2010年获"江苏省明星企业"称号，2011年产品获江苏省优质产品证书，2013年获"AAA级资信企业"称号，还多次获得别桥镇、溧阳市两级政府的表彰和奖励。2013年，占地面积7901平方米，建筑面积6000余平方米，总资产2200余万元，固定资产900余万元，从业人员120人，其中专业技术人员5人，年销售收入1897万元。

第八节　工艺文体娱乐用品制作业

一、行业概况

20世纪80年代，先后有无锡市工艺品厂溧阳分厂、后周工艺品厂、后周迎春工艺美术厂、后周工艺厂、古渎工艺首饰厂、别桥小学工艺服装厂、湖边小学湖滨玩具厂、诸里小学玩具加工厂、后周小学工艺美术厂等企业建成投产，制作玉石、首饰、标画、玩具、刺绣、工艺鞋、工艺服等工艺品。1989年，境内从事该行业的企业有10家，从业人员176人，固定资产74万元，总产值375万元，利税总额76万元。90年代后，企业陆陆续续歇业。

二、企业选介

【无锡市工艺品厂溧阳分厂】位于别桥镇湖边村（原湖边集镇），占地面积6000平方米，建筑面积1120平方米，属乡办集体企业。该厂于1987年建成投产，有职工81人，固定资产29万元，生产长毛绒动物玩具及童鞋、拖鞋，兼营服装制作和绣花工艺，"童乐"牌产品远销国外。1989年，有职工105人，固定资产34万元，有缝纫机、拷边机等生产设备72台，年产长毛绒玩具5000打，长毛绒动物鞋12万双，总产值106万元，销售收入17万元，利税总额1万元，外贸收购额101万元。1994年企业改制，1996年歇业。

第九节　印刷工业

1978年5月，别桥公社创办印刷厂，从事各种印刷品的设计与制作。投产之初，从业人员

12 人，年产值 1.2 万元。1989 年，占地面积 344 平方米，建筑面积 258 平方米，固定资产 6 万元，设备有文字制板机、裁切纸机、装订机、平板印刷机等，产值 23.8 万元。

1985 年 2 月，古渎乡创办福利彩印厂，专业生产打包带。1989 年，占地面积 2010 平方米，建筑面积 1345 平方米，从业人员 42 人，固定资产 38.4 万元，年产值 32.8 万元。

1985 年 9 月，后周乡创办后周江南彩印厂，设备有海特机、印纸机、圆盘机等，生产各种印刷品。1989 年，占地面积 710 平方米，建筑面积 885 平方米，固定资产 14.4 万元，从业人员 12 人，年产值 45 万元。

2013 年，境内有溧阳市别桥印刷厂、溧阳市绿源风包装彩印有限公司（原后周江南彩印厂）等 2 家企业从事印刷业，从业人员 10 人，固定资产 30 万元，产品销售收入 160 万元。

第十一章　工业园区开发

境内原有两个工业园区，即别桥镇北山工业园和别桥镇北郊工业园。

别桥镇北山工业园原是溧阳市的特色产业园区，从 2012 年开始，溧阳市在产业园区的发展布局上进行新的整合和规划，着力一区，统筹三园，依托溧阳经济开发区，打造产业统合板块，形成“一区三园”的整体格局，别桥北山工业园即为“一区三园”中的园区之一。发展目标是：打造一个以轨道交通设备、新材料、新能源为主导产业的专业工业园区，打造江苏省内特种新材料、金属循环再利用基地。别桥镇北郊工业园原是绸缪精细化工园区，也是溧阳市的特色产业园区，由于化工类企业的生产对生态环境的治理造成的负面影响日趋增大，2011 年始，园区更名北郊工业园，企业实行转型升级，园区定位于重点发展新材料、金属加工、机械电子等产业，打造“生态型、安全型、科技型”绿色园区。2013 年，溧阳市对产业园区的发展布局进行新的调整，把别桥镇北山工业园和北郊工业园纳入溧阳市经济开发区，成为溧阳市经济开发区的一部分，名称也变为溧阳市经济开发区北山工业园和溧阳市经济开发区北郊工业园。

第一节　北山工业园

北山工业园始建于 2008 年，位于扬溧高速后周道口附近，处于别桥镇中心区域，地理位置优越，交通便捷。起初规划总面积 12 平方千米。创办后两年，以主导产业、发展空间、功能区块、基础设施、配套设施及生态保护为主要内容，累计投入资金近 2 亿元，基本完成 5 平方千米的开发项目，其中包括道路、土地平整、自来水、电力、天然气、道路绿化、港口等建设。2010 年年末，溧阳市政府确立“一区三园”的产业定位，园区成为全市重点发展的工业园区之一，规划总面积从原来的 12 平方千米增加到 18 平方千米，其中工业用地 12 平方千米。2011 年，投入 5000 余万元，完成道路建设 10 千米，完善污水、雨水管网、线杆入地、道路绿化等配套设施建设，园区内道路建设总长度达 20 多千米，年内园区企业完成纳税销售 34.5 亿元。2012 年，新增园区面积 5 平方千米，建成区面积达 10 平方千米，新增道路 5.5 千米，完成标准化厂房建设 3.3 万平方米，年内园区企业共完成纳税销售 63 亿元，占全镇销售总量的 60%。

2013 年，投入 250 余万元，拓宽、延伸和新建道路 6 条，总长 9 千米，完成标准化厂房建设 3.6 万平方米。投入 130 万元，铺设雨水管网 1.95 千米，22 万伏变电所和日处理 1000 吨的生活污水处理厂已开始运行，年内园区企业完成纳税销售近 70 亿元。园区建设至 2013 年已有 5 年，建成区面积达 11 平方千米，初步形成以绿色建筑、电梯制造、轨道交通为主体的产业集群，区内进驻企业达 30 多家，培育了江苏金久科技、诺信达特种电缆、富士电梯、远大住工等一批骨干企业。

第二节　北郊工业园

园区毗邻溧阳市区，始建于 2003 年 5 月，规划总面积 2.15 平方千米，原是绸缪精细化工集中区，是溧阳市当时重点发展的镇级工业集中区之一，也是江苏省唯一一家通过省级环评的县（市）级化工园区。起初重点是发展各类医药中间体、农用化学品、胶粘剂、表面活性剂、水处理化学品、合成材料助剂和食品添加剂等精细化工类产品。2010 年 4 月，针对出现的一些环保问题，镇政府会同溧阳市环保局对区内高污染、高能耗、高排放、低效益、低产出等“三高两低”企业进行摸底调查，成立镇化工企业整治工作小组，多次召开党政联席会议、村民代表会议、园区企业厂长协调会议，严格按照市政府提出的“坚决整治、坚决转型”工作思路，出台相关的化工企业转型升级优惠奖励政策，以鼓励区内原 25 家化工生产企业加快关停、搬迁、转型升级步伐。截至 2010 年年末，有 16 家化工企业实施关停并转，9 家化工企业通过整治仍继续生产。在关闭的企业中有 5 家企业顺利实现全面转型升级。中鹏机械、万达金属、广源金属加工、申溧钢构、天长贵金属等非化工企业相继进驻园区，同时园区定位发生根本性转变，重点发展新材料、金属加工、机械电子等产业，重点打造“生态型、安全型、科技型”绿色园区。

2011 年，园区更名北郊工业园，从此区内化工企业“只做减法”，确立以海洋工程装备、机械加工、环保设备等为主的产业定位。区内入驻企业上升至 20 多家，其中有 15 家新非化工类企业进驻，当年园区产值达 9.5 亿元。2012 年，园区内规划新建的 5 万平方米标准化厂房建设全面启动，当年完成率达 85%。新增道路建设 3 千米，新增园区建成面积 2 平方千米，全年实现纳税销售 22 亿元。

2013 年，区内有 2 家化工生产企业关闭转型，1 家新办非化工类企业进驻，同时新增园区建设面积 0.75 平方千米，新增道路 1 千米，全年实现纳税销售近 40 亿元，占全镇销售总量的 31%。

第十二篇

建筑与房地产业

别桥镇境内建筑业源远流长，泥瓦、木、石、漆诸工匠遍布乡村，工匠们携带泥刀、灰桶、锯、刨、凿等简易的手工工具，建起一幢幢房屋楼阁，垒起一座座桥梁牌坊。始建于隋朝末年的甓（别）桥，明洪武年间建造的金家桥、姚家桥，别桥集镇的望夫楼、天平楼、太师庙、广惠庵，马家村至培阳村的石牌坊，后周集镇的永泰昌、绿园茶社，宗族祠堂、古建筑，数以百计。然经历各种战乱和变迁，至20世纪50年代已损毁殆尽。

民国时期，工匠们建筑技术不断提高，一些能工巧匠手艺颇有名气。绸缪村瓦匠花裕福，曾应邀参加中山陵的建设，后周乡陆福林的父亲擅长木工雕刻，作品生动活泼。由于社会制度，世俗偏见，从事建筑的匠人都为个体经营，行业发展缓慢。

新中国成立后，建筑业发展有所起步，仍旧是个体分散从业，亦工亦农。1950年起，境内各乡（公社）相继成立建筑（服务）站，开始孕育建筑业集体经营的萌芽。

20世纪70年代，公社集体建筑行业得到发展，不仅仅局限于在当地建房造屋，还走出家门，进入城市承揽工程。1976年，湖边公社建筑站承建湖北省石埝电厂住宅楼，砖混结构6层，在当时甚是成功。至80年代，湖边建安公司已拥有较多的固定资产，技术力量配备齐全，具有一定的施工水平。1984年，与埭头建安公司联营，为镇江市安装煤气3000户（含管道），一次告竣。镇江市领导感激地说：“镇江市民用到煤气，不会忘记溧阳人民。”后周建安公司1984年承建上海市烘漆厂，全框架结构，建筑面积6000平方米，为上海市优质工程。1980年，别桥建安公司

（县三分公司）承建溧阳无线电厂、林副业局等部门的建筑，均被评为常州市优质工程。90 年代，城市、小城镇建设步伐加快，境内建筑业迅速发展。2000 年，别桥镇现境内原别桥、绸缪、后周三镇建安公司的年产值为 1.16 亿元，从业人员 2360 人。

至2013年，别桥镇建安行业历年来获评优质工程118项，其中部优2项，省优15项，市优25项。

2000 年后，别桥、绸缪、后周三镇建筑企业相继改制，组建成民营企业，成为具有独立法人资格的市场竞争主体和大而强、小而全的企业实体，企业资质也得到提升。2013 年，别桥镇建筑行业完成建筑施工产值 4.14 亿元，累计施工面积 57.3 万平方米，其中竣工面积达 32.6 万平方米，实现建筑业产值 1.03 亿元。

80 年代，后周观阳村的建筑基础打桩业异军突起。1988 年，淮安周恩来纪念馆的基础打桩是在沼泽地上施工的，后周打桩人彭金生主动请缨，保质保量完成了任务，声誉鹊起。1990 年前后，后周乡有 3000 多农民组成的打桩大军活跃在全国各地。打桩业的发展，反哺了后周的建筑安装业。1993 年 3 月，别桥人组建的海鹰潜水打捞队，承接举世闻名的上海南浦大桥、杨浦大桥、外滩市政重点工程以及合流污水工程有关业务，受到上海市委、市政府多次嘉奖，蜚声上海。

随着城乡一体化步伐的加快，20 世纪 90 年代，境内房地产开发企业兴起，并不断发展。1999 年 1 月，别桥房地产开发公司成立，率先在别桥地区经营房地产业。境内房地产开发主要是居民住宅楼、商业用房、拆迁安置房的建设。至 2013 年年末，境内有 16 家房地产开发公司，房屋竣工面积 83127 平方米。

别桥镇是“建筑之乡”，境内建筑工匠聪颖智慧，手艺精湛，促进了别桥建筑业持续稳定发展，建筑业成为振兴别桥经济的一大支柱。

第一章　组织机构

第一节　建筑组织

明清时期，从事建筑的匠人，都是个体经营，主要有泥水匠、木匠、石匠、油漆匠等。他们只要投师拜祖，奉守祖师传下的行规行章和师傅的规矩即可自行谋活。民国时期，建筑工人主要从事房屋建筑施工、修理。政府仍然未设立行业管理机构，县级只有自己组织的行业工会（称同业工会）。别桥、后周设有分会，每年适当时间，举行一次行会，按照惯例备好香火祭品，祭祀祖师爷，贯彻行规行章，议订泥、木工的工价。境内的泥、木工人仍以做散户点工谋生为主，也有少数老师傅作头组织工人承揽工程的行为，没有固定场所，自由结合施工，个体结算工钱，工作不稳定，时做时歇，亦工亦农。

新中国成立后，建筑安装行业从复苏走向兴盛，青少年从师学艺成风，溧阳建筑名师沈保和在后周、竹箦等地带徒百余人。乡（镇）的泥木匠也模仿农业互助合作的形式组织合作小组，归属于乡（镇）的铁木竹生产合作社领导管理，开始孕育出集体经营的萌芽。1950 年，别桥乡、后周乡率先组建建筑合作小组（称生活服务站），1964 年改建为公社建筑站。湖边（1970 年）、古渎（1969 年）、绸缪（1971 年）、后周（1968 年）4 个公社相继成立建筑站，开始有组织地承揽建筑房屋单包工业务。各公社成立公交办公室，负责管理境内的建筑站。1976 年，溧阳成立县基本建设材料管理局（简称基建局），局内设建安股负责建筑行业，对乡（镇）建筑企业进行业务上的指导，行政和企业经营属各公社工业办公室管理。自 1978 年起，境内的建筑队伍不断壮大，新增安装工程业务，经营范围也由本地施工扩展到外省市，并建立办事处。1978 年，溧阳成立县建筑民兵团，境内各公社以建筑站为单位成立建筑民兵连。1984 年，溧阳成立县建筑起重安装总公司（简称总公司），境内乡（镇）建筑站统一改名为乡（镇）建筑安装工程公司，别桥属总公司直属公司的三分公司，乡（镇）公司的行政管理仍属所在地政府领导，经营管理、业务开拓、财务报表等统一归总公司管理，使得行业在体制、管理、经营等方面更为完善。1989 年，溧阳成立建筑工程管理局（简称建管局），列为政府序列，行使政府职能，行业的行政管理和技术指导更为规范。在建筑安装企业的内部管理中，实行经理负责制，注重业务指导，健全管理机构，设置施工、财务、安全等科室，确定技术负责人，工程队配有施工负责人和财务负责人。2000 年后，集体建安企业改制成为民营企业。公司设董事长（总经理）、副总经理、总经理助理、财务总监，下设经营部、工程部、技术部、安全质量部。工程部设项目经理部，下有项目施工队。

第二节　施工企业

一、企业概况

1958 年的“大跃进”和 1966 年的“文化大革命”，致使当时的建筑行业整体发展受阻，盛行的“割资本主义尾巴”风严控“五匠”（泥瓦匠、木匠、竹匠、铁匠、石匠）的个体经营，但建筑行业的收益（含个人收入）总是超越当时的农民和乡村其他行业收益，从事建筑业成为农村年轻人的向往，集体建筑企业的发展仍充满活力。中共十一届三中全会后，各行各业迅速发展，城市建筑施工的需求大增，从事建筑业人头上的一个个枷锁也被砸碎，境内各公社的建筑队伍迅速壮大，并在业务的种类及范围等方面得到拓展，建筑安装公司也开始建立。1985 年，溧阳县第三建筑安装工程公司（别桥）和绸缪建安公司经江苏省建工局审定为四级施工资质。湖边、古渎、后周建筑安装工程公司经江苏省建工局审定为三级施工资质。湖边建安公司已拥有较多的固定资产、技术力量配备齐全，具有一定的施工水平，企业的从业资格得到强化。1985 ～ 1990 年，建筑业发展处于鼎盛时期，建筑企业增多，施工队伍扩大，在境内各乡镇建筑队伍中，有集体建筑企业 5 个、村办建筑工程队 38 个，施工队伍 4100 余人。1986 年，后周观阳村的建筑基础打桩业异军突起，带动了后周乡（镇）打桩企业的发展，成为“华夏桩机第一乡”。1990 年，政府加大宏观调控力度，全面压缩基建项目，行业业务量迅速递减，原先资质不过硬的村级建筑工程队纷纷退出，优胜劣汰现象尤为明显，建筑业形成向规模化、效率化、素质化等方面发展。溧阳市建筑安装工程总公司第三分公司（原别桥公司）定为二级资质企业，湖边、古渎、后周建筑安装工程公司定为三级资质企业，绸缪建筑安装工程公司定为四级资质企业。从业资格决定了企业的生存和发展，施工项目也从房屋建筑逐步向设备安装、钢结构、建筑装饰、地基基础、市政桥梁等多领域延伸扩展。1991 年 3 月，别桥镇成立溧阳海鹰潜水打捞队，后改称为溧阳市海鹰市政潜水工程有限公司，成为现境内首个建筑安装民营企业。进入 21 世纪，乡（镇）集体建安企业进行改制，建筑业全面实施转型升级，由量的扩展向质的提升迈进，建筑业步入工业化发展轨道，江苏永武钢结构工程有限公司、江苏健达交通工程有限公司等一批建安类民营企业出现在别桥镇建筑安装阵营中，外地建筑商也来别桥镇现境内注册创办建安企业。至 2013 年，境内从事建安行业的企业 34 家，逐步形成建筑行业的两大基地：一是以长沙远大住宅工业（江苏）有限公司为龙头的房屋预制构件生产基地，年产能达 100 万平方米。二是以万兴特种建材有限公司为龙头的建筑节能材料生产基地，以高强钢筋、新型节能、新型墙体、新型门窗、商品混凝土等五大体系为特色的本土建筑业日益彰显。

1985 年别桥镇现境各乡（镇）办建筑安装企业一览表

表 12-1-1

企业名称	属性	建立年份	资质等级	固定资产（万元）		流动资金（万元）	职工总数（人）
				原值	其中：机械设备		
溧阳县别桥建筑安装工程公司	镇办	1964	四	19.88	18.70	7.90	642
溧阳市湖边乡建筑安装工程公司	乡办	1970	三	56.07	44.99	15.20	952
溧阳市古渎乡建筑安装工程公司	乡办	1969	三	35.85	21.18	11.54	984
溧阳市绸缪乡建筑安装工程公司	乡办	1971	四	12.91	7.87	6.72	400
溧阳市后周乡建筑安装工程公司	乡办	1968	三	31.16	27.67	9.35	1537

1990 年别桥镇现境各乡（镇）办建筑安装企业一览表

表 12-1-2

企业名称	属性	资质等级	固定资产（万元）		流动资金（万元）		职工人数（人）	
			原值	其中：机械设备	合计		固定工	合同工
溧阳市建筑安装工程总公司第三分公司（别桥）	市属	二	100.50	75.00	联营	857.00	400	457
溧阳市湖边乡建筑安装工程公司	乡办	三	94.36	87.24	115.34	895.00	744	151
溧阳市古渎乡建筑安装工程公司	乡办	三	120.48	110.05	71.08	650.00	501	149
溧阳市绸缪乡建筑安装工程公司	乡办	四	26.80	23.44	25.51	315.00	175	140
溧阳市后周乡建筑安装工程公司	乡办	三	76.45	66.88	91.66	355.00	200	155

2013 年别桥镇重点建筑安装企业一览表

表 12-1-3

单位名称	建立时间	法人代表	注册资本（万元）	固定资产（万元）	资质等级	产值（万元）	房屋建筑面积（平方米）		从业人员（人）	施工项目	单位地址
							施工面积	竣工面积			
溧阳市海鹰市政潜水工程有限公司	1991.03	丁福炳	205	243	特种不分等级	356	—	—	43	潜水打捞	溧阳市别桥集镇
江苏健达交通工程有限公司	2004.07	孙　健	5080	4237	公路工程二级	21670	33280	33280	410	公路建设	溧阳市别桥镇兴城东路 143 号
江苏永武钢结构工程有限公司	2006.11	吕永武	2000	2789	三级	2598	—	—	127	钢结构	溧阳市别桥集镇
溧阳市未来房屋拆除工程有限公司	2010.04	张科华	120	99	三级	553	—	—	44	非爆破拆除	溧阳市别桥镇兴城西路 168 号 2 幢
江苏建鑫建设有限公司	2010.07	徐建明	2620	204	三级	8696	272884	177918	250	住房建设	溧阳市别桥镇兴城西路 165 号
溧阳市弘润建设工程有限公司	2011.12	刘福平	2660	5744	三级	7301	—	—	114	市政建设	溧阳市别桥镇北郊工业园振兴路 3 号
江苏同丰建设有限公司	2012.05	董碧君	2000	65	三级	280	8800	4500	6	住房建设	溧阳市别桥镇兴城西路 167 号 206 室

1985～1992 年别桥镇现境各乡镇建安产值一览表

表 12-1-4　　单位：万元

年份 / 产值 / 乡镇	1985	1986	1987	1988	1989	1990	1991	1992	1993	1994	1995	1996	1997	1998	1999	2000
别桥	370	388	375	1010	1115	817	1025	1404	2915	2188	3369	2886	1616	3000	3500	3500
湖边	563	908	1200	1653	1250	1160	1139	—	—	—	—	—	—	—	—	—
古渎	632	712	747	1100	530	512	527	666	850	900	1022	1800	1200	2222	2527	—
绸缪	242	258	505	525	305	235	442	634	852	1100	1245	1203	1003	813	1003	3896
后周	757	805	683	801	327	279	531	1010	1058	1250	1052	1500	1386	1830	1850	2092

2001～2013年别桥现境原别桥、䌷缪、后周镇建安业指标完成情况汇总表

表12-1-5

年份	乡镇	产值（万元）	房屋建筑面积		年末从业人员（人）
			施工面积（万平方米）	竣工面积（万平方米）	
2001	别桥镇	4220	3.62	3.26	550
	古渎镇	1118	—	—	520
	䌷缪镇	1214	1.41	1.41	350
	后周镇	2650	3.52	2.45	500
2002	别桥镇	3840	1.09	1.09	300
	䌷缪镇	466	0.55	0.55	250
	后周镇	3200	4.54	3.10	500
2003	别桥镇	4620	5.45	5.20	500
	䌷缪镇	284	0.49	0.49	150
	后周镇	4500	5.24	5.06	450
2004	别桥镇	2000	3.21	3.04	150
	䌷缪镇	2330	3.98	3.02	292
	后周镇	5800	6.64	6.36	450
2005	别桥镇	5080	4.56	4.01	500
	䌷缪镇	2510	2.25	2.03	200
	后周镇	6020	5.41	4.92	500
2006	别桥镇	4850	7.01	7.26	500
	䌷缪镇	2840	3.86	4.06	220
	后周镇	5930	8.62	8.75	500
2007	别桥镇	14630	10.12	10.78	1120
2008	别桥镇	14490	15.51	14.26	1200
2009	别桥镇	14910	13.20	14.25	1200
2010	别桥镇	15380	18.62	16.76	1220
2011	别桥镇	15570	17.51	19.05	1220
2012	别桥镇	14050	12.96	13.47	1220
2013	别桥镇	13130	11.29	10.89	1220

二、企业选介

【溧阳市别桥建筑安装工程公司】 镇办集体企业，起源于1950年组建的生活服务站。1964年改为别桥公社建筑站，1984年改为别桥建筑安装工程公司，1985年改为溧阳县第三建筑安装工程总公司，1988年改为溧阳县建筑安装工程总公司第三分公司，挂靠成为市属企业（联营），资质等级由四级升为二级。1983～1985年，分别承建溧阳县无线电厂科教楼、林副业局住宅

楼、溧阳无线电厂装配车间，都被评为常州市全优工程。1990年改为溧阳市建筑安装工程总公司别桥分公司。从业人员857人，其中固定工400人、合同工457人，年产值817万元，主要从事建筑、安装等业务。1993年，从业人员1000余人，固定资产1000万元，产值7000万元，劳务收入5000万元，利税总额800余万元。在常州、南京、上海等城市均设有办事处，共有5个工程处10余个工程队。2005年实行改制，由江苏溧阳建设集团有限公司董事会接管，企业的基本经营方式不变，业务逐步向江苏溧阳建设集团有限公司并轨，发展规模也相应得到扩大。至2010年，固定资产1100万元，产值7200万元，劳务收入7500万元，从业人员780余人，具有技术职称的70余人，工程师25人，助理工程师45人。2012年1月开始，所有工程项目全部由江苏溧阳建设集团有限公司负责管理。

图12-1　20世纪90年代的别桥建安大楼

【溧阳市后周建筑安装工程公司】 乡办集体企业，起源于1950年组建的后周乡建筑合作小组，1968年3月更名为后周建筑站。其时从业人员80余人，年产值近20万元。1984年更名为后周建筑安装工程公司，资质等级定为三级。1985年，固定资产近32万元，从业人员1500余人，具有技术职称的25人，其中工程师2人、助理工程师8人，年产值757万元，年劳务收入近300万元。主要从事建筑与安装等业务，在上海、南京、无锡、常州等城市均设有办事处，共有12个工程队。1986年，公司发展处于鼎盛时期，当年产值805万元。先后承建的无锡第二针织内衣厂第二针织车间、上海江南造船厂职工学校、常州东风印染厂漂染车间等工程均被评为当地全优工程，获得市施工文明单位称号。1987年以后，公司开始走下坡路，至1990年，固定资产80万元，流动资金90余万元，从业人员355人，年产值279万元。1991年后，又开始步入上行通道，2000年从业人员1000余人，年产值2092万元。2000年后，集体企业改制全面拉开，一个个民营建安企业脱颖而出。公司在改革的大潮中没能及时跟进，造成经济效率日趋低下，成为入不敷出的企业，于2003年歇业。

【溧阳市绸缪建筑安装工程公司】 乡办集体企业，起源于1968年组建的绸缪建筑小组。1971年4月更名绸缪建筑站，也称搬建站，业务包含搬运、航运、建筑等。当时编制内固定工有38人，其中搬运工8人，航运工9人，建筑工21人。1972年，总产值30.6万元，劳务收入22.8万元。1984年更名为绸缪建筑安装工程公司。1985年，资质等级定为四级，有固定资产13万元，从业人员400余人，年产值242万元。1990年，发展处于低谷，有固定资产26.8万元，从业人员150余人，年产值235万元。1995～1996年，公司发展壮大，在上海、南京、无锡、常州等城市均设有办事处，共有18个工程队，从业人员420余人，具有技术职称的40余人，其中工程师4人、助理工程师9人，固定资产120余万元，年产值1240余万元，劳务收入560

余万元，利税190余万元。1996年以后，发展相对平稳，承建的常州红梅西村住宅楼工程被评为省优工程，上海面粉厂方便面制作车间、常州毛纺厂污水处理等工程均被评为常州市优工程。2003年，改制成为民营企业，并更名为溧阳市恒通建筑安装工程公司力乐分公司，2008年歇业。

【溧阳市古渎建筑安装工程公司】 乡办集体企业，创建于1969年3月，名为古渎公社建筑站，有从业人员50余人，年产值12万余元，劳务收入8万余元。1984年更名为古渎建筑安装工程公司。1985年，资质等级认定为三级，有固定资产36万元，从业人员984人，年产值632万元。1987～1988年，发展迅速，在上海、南京、常州、镇江等城市设有办事处。设有3个大队，其中建筑业2个，安装业1个，分布各地的工程队16个，从业人员1000余人，其中30人具有技术职称（工程师8人、助理工程师6人），年产值1100余万元。1987年承建的上海市音像馆业务楼（框五结构）获江苏省优质工程奖。1988年5月，在江苏省进沪建筑施工企业工作会议上，受到省人民政府驻上海办事处、省建筑工程处、省建设委员会的表彰，被评为先进单位。先后承建的上海华林机械厂、南京天文仪器厂、南京官塘水泥厂、常州荧光灯厂等建设项目均获评当地优质工程。2001年改制成民营企业。

【溧阳市湖边建筑安装工程公司】 乡办集体企业，创建于1970年2月，时名湖边公社建筑站。创建之初有职工（固定工）6人，施工人员大多来自于社会，年产值8.2万元，劳务收入4.45万元。1976年承建湖北省石埝电厂住宅楼，砖混结构6层，在当时就很成功。1982年，组建起重安装分公司，隶属于建筑站管理，资金独立核算，1984年更名为湖边建筑安装工程公司。1985年，资质等级认定为三级，从业人员952人，年产值563万元，劳务收入260万元。先后在上海、南京、常州等城市设有办事处，有10个工程队。1988年，从业人员1000余人，其中工程师4人、助理工程师12人，年产值1653万元，利税108万元。隶属于公司的起重安装分公司从业人员70余人，业务拓展至安庆、合肥、上海、武汉等城市，与当地的建筑业平分秋色，并于当年投资近10万元建造了一座五间二层的办公楼房。是年，连续两次受表彰。5月，在江苏省进沪建筑施工企业工作会议上，受到省人民政府驻上海办事处、省建筑工程局、省建设委员会的表彰，被评为先进集体；12月被省集体建筑企业协会评为建筑企业先进集体。先后承建的常州勤业小学教学楼（3层）、南京雨花新村住宅楼（6层）、上海第六毛纺厂浴室（4层）等8个项目被评为当地优质工程。1990年，将建筑与安装分开经营，各自成为独立的法人单位。1994年，承建南京文思巷小区01号住宅楼（框混五结构）、常州吴家场8号住宅楼（混六结构）获江苏省优质工程奖。1993年公司歇业。

【江苏健达交通工程有限公司】 前身是1977年3月成立的溧阳县化机厂安装工程处，隶属于江苏省溧阳市市政工程总公司。1989年3月，与别桥镇联营成立江苏省溧阳县石油化工设备制造安装公司。1992年8月，改名为江苏省溧阳市市政工程总公司，隶属于溧阳市建设委员会，企业性质变为全民所有制。2004年6月，公司改制、分离，全体股东出资认缴，成立江苏健达交通工程有限公司，总部设在溧阳市经济开发区腾飞路2号，别桥镇兴城东路143号设有其派出机构，注册资金5080万元。2005年，从业人员185人，年产值3800万元。被江苏省建设厅核定为施工总承包二级企业，具体的资质等级认定分别为：公路工程施工总承包二级企业，市政公用工程施工总承包二级企业，房屋建筑工程施工总承包三级企业，公路路基工程专业承包三级企业。拥有各类施工机械 286 台（套），主要承建公路、市政道路、桥梁、公共设施、房屋、给排水等业务，业务范围遍及全国各地，省内及上海、浙江、安徽、江西等省区业务量较大。拥有职工 800 余人，其中高级职称 12 人、中级职称 78 人、助理工程师 163 人，各类技术人员 134 人。成立工程信息网络管理机构，做到“承建一项工程，树立一块品牌，开拓一块阵地”，1993 年承建的杭通高速公路工程，因规模之大和质量过硬被高指办评为“十佳施工”单位。2003 年承建的溧阳景鸿花园 1-38 号楼工程竣工后，获“市优质结构工程”称号。2007 年承建的合肥滨湖新区拓展区 14.45 万平方米的沥青砼路面工程，获“安徽省环境保护优秀施工单位”称号。多次获“重合同守信用”“AAA 级资信企业”等荣誉称号。2013 年，从业人员 410 人，产值 2.17 亿元，利税总额 1194 万元。

第三节　民间建筑队伍

生活离不开造房砌屋之人，他们自古以来被称之为建筑工匠。以前的泥瓦匠、木匠等，携带泥刀、灰桶、锯、刨、凿等简易手工工具即出门干活，造成一幢幢房屋。自各公社成立建筑站后，社会上有些能工巧匠被招进建安行业，组成一支支相对稳定的个体建筑队伍。随着改革开放政策的步步落实，农村经济得到快速发展，富裕起来的农民首先想到的是改善自己的居住环境。20 世纪 80 年代，农村大量翻建房屋，迅速形成了巨大的建筑市场，随之带来个体建筑队伍的不断壮大。面对人们需求的提升，施工技术也在不断提高。2000 年前，多数民宅以常规结构为主，一般是两层普通楼房；2000 年后，人们在建房时，着眼于在建筑设计、高层结构，防震地基、精致装饰等方面综合考虑，豪华型别墅随处可见。民间建筑工匠为适应这一变化，在加强学习的过程中不断增强从业本领，他们大多在技能上具备复合型特点，成为一专多艺的能人。有的木工兼做钢筋工，有的瓦工兼做水电工；有的工头既搞设计，又抓施工，还亲临一线当操作工。在施工中始终把安全和质量放在首位，大多能按图核算材料，按图进行施工，按图核定工资。据调查，具备一专多艺的建筑工匠，境内每个行政村少则几人，多则几十人，他们除在本地建造房屋、装饰居室、建设农田水利设施外，还进城承揽装修或土建业务，成为专业建筑队伍的重要组成部分，也为当今别桥建筑业的发展建了功立了业。

第二章　建筑施工

第一节　房屋建筑业

民国时期，瓦木石工匠承担着本地的民房、桥梁、祠堂、庙宇等施工，有的工匠具有一技之长，对技术含量较高的古建筑也能承建。新中国成立后，随着居民生活的提高，对各类用房的建筑要求日趋提升，对施工单位的资质级别、经营规模和人员的技术水平等均提出更高要求。20 世纪 70 年代，建筑技术又有所提高，房屋建筑开始向高层发展，境内各公社建筑站集当地人才、资金、技术于一体，利用地方资源优势，发挥组织者的作用，不仅能承建普通民宅和办公楼，也能建造结构复杂、跨度较大的影剧院、厂房、商业楼等。其手下的尖端工程队开始离乡进城拓宽业务。1976 年，湖边建筑站就在湖北省承建 6 层砖混结构楼房。20 世纪 80 ～ 90 年代，城镇房屋建筑日新月异，施工技术向现代化发展，房屋建筑讲究造型美观，一些楼房的建造由习惯的盒式条形改换为梯形、棱形、群体和点式结合等多种模式，结构由砖混转向框架。后周建筑安装公司 1984 年承建上海市烘漆厂，全框架结构，建筑面积 6000 平方米，为上海市优质工程。进入 21 世纪，城镇和新农村建设加快，住房和办公用房建设由多层框架结构向小高层、高层框架结构改进，厂房建设向大跨度的钢结构、预应力结构发展。境内建安行业由沪宁线城市建筑市场向全国开辟市场，承建高档楼房建筑。自 20 世纪 80 年代中期起，在工程建设中，注重创优，强化施工。抓深做好创优措施，提高成优率。境内各建安公司承建的工程项目，在刚开始进行优质工程评比的两年中，就有 4 个项目被评上优质工程，以后更是逐年提升。据统计，至 2013 年，境内获部优、省优、常州市优工程累计达 42 项，获评各级文明工地奖 136 项。

1983 ～ 1994 年别桥镇现境内原建安行业优质工程一览表

表 12-2-1

年份	建设单位及工程名称	结构层次	面积（平方米）	承建单位	获奖等级
1983	溧阳县无线电厂科教楼	框架四层	1395	第三分公司（别桥）	常州市全优
1984	溧阳县林副业局住宅楼	砖混四层	1127	第三分公司（别桥）	常州市全优
1984	上海市烘漆厂	框架	6000	后周建安公司	上海市优质工程
1985	溧阳县无线电厂装备车间	框架二层	1360.51	第三分公司（别桥）	常州市全优
1986	南化民建六间区住宅 1-3	混六	3244	别桥建安公司	南京市优质
1986	南京市开发三处 10-4 组团住宅	混四、七	3279	湖边建安公司	南京市优质
1987	常州市郊区余家塘 1 号住宅楼	混五	2300	湖边建安公司	常州市优质
1987	上海市音像资料馆业务楼	框五	1682	湖边建安公司	江苏省优质工程
1994	南京文思巷小区 01 号住宅楼	框混五	4374	湖边建安公司	江苏省优质工程
1994	常州吴家场 8 号住宅楼	混六	2893	湖边建安公司	江苏省优质工程

截至 2013 年别桥镇现境内原五乡镇建安行业优质工程统计表

表 12-2-2　　单位：个

承建单位	创优级别				合计
	部优	省优	市优	县优	
别桥	1	3	6	18	28
湖边	1	4	6	19	30
古渎	—	3	4	14	21
绸缪	—	2	4	10	16
后周	—	3	5	15	23
总计	2	15	25	76	118

第二节　其他建筑安装业

境内原各公社建筑站，主营工程是建筑业，最先引进的安装是伴随着建筑而生的线路安装和管道安装。线路安装主要包括对建筑物内电源线路、计算机网络线路、广播电视线路等的安装铺设；管道安装主要包括自来水管道、下水管道、中央空调通风管道、煤气管道等的安装建设。施工人员大多与建筑工捆绑在一起，专业技术人员成为稀缺人才。1976 年后，境内的建安企业开始有组织地进入城市承揽管道敷设、水电安装、设备吊装等单包工业务。1982 年，湖边公社建筑站组成 13 人的专业起重安装队，先后在上海、合肥、武汉、安庆等城市承揽起重安装业务。1983 年，在上海造船厂承揽业务期间，多次受到客户的表彰。1984 年，与埭头建筑公司联营，为镇江市安装煤气 3000 户（含管道），一次成功。同年，在安庆市玻璃厂施工时，要求在不停火的情况下完成烟囱加固加高工程，采用钢结构致使总高度达 60 多米。通过精心施工，以全优的质量完成了任务。2000 年后，境内安装业逐步开始实施转型升级，把安装业纳入工业化发展之路，相继成立永武、云源、京海等 6 家钢结构工程有限公司，其业务遍布全国各地，并逐步向工业设备、电视塔、锅炉、煤气管道等领域扩展。2013 年，安装业劳务收入约占全镇总产值的 8.6%。

第三节　后周桩机业

1982 年，国内的建筑业快速发展，后周公社观阳大队干部群众从中看到了商机，打桩有利可图，凭借着在外地有一定的人脉资源优势，筹建大队桩机队，集资近 10 万元，购买一台震动灌注桩机，一帮“泥腿子”进驻南京从事建筑打桩业务，从业人员 10 余人，他们以一流的工程质量，深深打动建筑部门和专家的心，赢得信誉，当年纯利润就达 3 万元。1984 年始，经济的迅速发展迎来建筑业的春天，建筑打桩业务量更是猛增，于是在集体打桩队工作的一些管理及技术人员开始陆续脱离打桩队，以家庭集资购买桩机，走上个体经营之路，1984 年年底，全村有个体经营的大小桩机5台，丰厚的回报和连带关系一下子吸引更多的村民参与。1986年始，引进较为先进的钻孔灌注桩机，其单机的生产成本达30余万元。由3000多农民组成的后周乡建筑基础打桩大军，120多台桩机活跃在全国各大城市。1988年，淮安市建造周恩来纪念馆。后周桩机人彭金生，承揽了纪念馆的基础桩机工程，并保质保量完成任务。至1990年，观阳村有大小桩机36台。其时一般的桩机经营户只要经营1～2年即可收回比较昂贵的生产成本，并能走上致富之路，少数业主在经营3～5年后便可成为令人羡慕的阔佬，有的离乡进入上海、南京、海口、苏州等大中城市安居。在高额盈利的驱动和引路人的带动下，当地迅速掀起辐射效应。尤其是全国房地产业持续发热，后周乡打桩业进入鼎盛时期，从以前的震动灌注机，发展到钻空桩机、静压桩机、锤击桩机、深层搅拌桩机等，打桩队足迹遍布上海、海南、广州、珠海、深圳、武汉。后周乡一时成为享有盛誉的“华夏桩机第一乡”。据不完全统计，至2013年，观阳人在外经营的桩机数量达312台，个人净资产达亿元以上的业主达8家。原后周镇范围内经营桩机的数量达1000余台，品种达10余种，业务遍及大江南北、神州各地，房地产、高速铁路、高速公路、桥梁建设、港口建设等众多领域都有后周施工队伍足迹。

第三章　建筑业管理

第一节　行业管理

新中国成立之前，政府在建筑行业，既不设管理机构，也不过问建筑行业上的事。新中国成立后，建筑业发展迅速，随着集体建筑企业的建立，建筑行业先由地方工业部门主管，由于存在着管理体制不顺、领导机关时常变动等原因，管理工作一直未能步入正轨。1984年，溧阳县成立建筑起重安装总公司，实施对建筑业的归口管理，乡镇建安企业的业务由县总公司领导。总公司设立驻外办事处，乡（镇）施工企业承接工程须到驻外办事处办理相关手续，由总公司直接办理外出施工业务签证。乡（镇）建筑安装企业对本乡（镇）村、单位建安企业实施领导管理，组织并帮助建筑安装队伍外出承揽业务。在新办企业的审批办理上，隶属乡（镇）集体建筑安装企业，须经乡（镇）经济联合委员会（简称经联会）同意，报县总公司审核，县计委批准；属村办建筑安装企业，须经乡（镇）经联会同意，乡（镇）建筑安装公司审核，县总公司批准。执照均由县工商行政管理局统一颁发。1988年，别桥、后周等乡（镇）成立管理站。乡（镇）公司设置施工、安全、财务等科，并确定技术负责人。工程队配有工程施工负责人和财务负责人。从此，建筑业在行业体制和经营管理等方面日趋规范。1989年，中央要求政企分开，溧阳县成立建筑工程管理局（简称建管局）列为政府序列，行使政府职能，建管局成为建筑业唯一政府管理机构，对行业的行政管理和技术指导行使职责。2001年，溧阳市建管局与溧阳市建设委员会合并为溧阳市建设局，行使对乡（镇）建筑业的规范化管理职能。

第二节　经营管理

新中国成立之前没有建筑企业，建筑安装业由个体分散经营。新中国成立之初，建筑安装业仍沿袭旧规。1963 年后，伴随着建筑企业集体经营的起步，经营方式也发生了变化，以个人承接业务为主，归企业开票结算，企业在工人报酬中提取适当公积金作为办公费用和公共积累。1979 年，承接工程由单包（包工不包料）施工逐步转向双包（包工包料）施工。企业负责开拓业务，经济包干使用，重要机械设备由企业统一购置、提供。工程洽定后，企业根据工程量和所属单位业务能力等因素，选配合格的工程队施工。1981 年，《江苏省建筑工程预（决）算定额》出台，承接业务，增加副食品补差，企业经营管理逐步趋向完善。1985 年，规定凡承接国家、集体单位的工程都要政府计委和主管领导部门的批准文件、允许，建筑安装企业参加国家规定的工程招标、投标、议标活动。在任何形式承接的工程施工中，建设单位负责人为甲方，企业法人或法人代表为乙方，双方必须签订施工合同，做到义务权益平等，标的明确，并履行监证手续，合同经严格审查后方可生效。经营方式可由施工企业独立经营，也可采用总包、分包、联合经营等多种形式。如采用分包形式，总包和分包双方还须签订分包合同。上述规定的执行，使得建筑企业的经营管理逐步走向规范化。

1990 年 2 月，县建管局制定《关于加强全县建筑安装企业管理的若干规定》，严禁企业私招乱雇施工队伍，企业之间联合经营，须由双方法定代表人直接签订联营协议，报县建管局批准。1991 年 6 月，市政府成立溧阳市建筑市场管理委员会，设立行业管理研究室，专门研究建筑行业管理。11 月，市政府制定《溧阳市建筑市场管理暂行规定》，对建筑劳务许可证管理、经营管理、工程项目管理、资质管理等作出具体规定，严禁借照经营、倒手转包、以“包”代管、“包”而不管，对进市施工、跨省承接建筑工程实行注册登记。1997 年，结合企业资质年检，对一些资审不合格的企业予以降级或吊证处理。1998 年，以实施《中华人民共和国建筑法》为契机，以加强对企业资质管理为重点，把年检工作和控制队伍规模、优化企业结构结合起来。

2004 年，明确项目经理承接工程的数量、变更程序，依法严把发包关，防止肢解工程发包。开展工程款、农民工工资清欠工作，维护建筑市场秩序和农民工合法权益。

第三节　质量监督

境内乡镇（公社）建筑安装企业坚持以“百年大计、质量第一、荣誉至上”为服务宗旨，严格按资质等级承接业务。工程合同签订后，制定切实具体的施工方案，配备与工程相适应的工程技术负责人和施工员、质检员、安全员、材料员、机械员等专职管理人员，各司其职。严格按照工程设计要求，按程序施工，按规范操作，记载好施工日记，环环紧扣保质量。工程施工前，对钢材、水泥、砖等建筑材料认真进行试验鉴定，留下记录备查，作为竣工验收的依据。

对于隐蔽工程，须经质量监督部门验收合格，在甲方认可签章后方可覆盖。质监和施工主管部门有关人员，经常深入工程现场检查，进行技术指导，查阅施工日记。每道工序均组织检查验收，认定工程完全符合标准后方可进入下一道工序。待整个工程竣工后，先自行初验，确认没有质量问题再通知甲方组织验收。同时查看建材用料质量保证书、产品合格证书、建材试验鉴定记录等资料，书写好详尽的验收记录，建立好档案袋，作为评定工程等级的依据。

1984年，溧阳县建筑工程质量监督站（简称建工质监站）成立，负责全县建筑工程质量监督管理。别桥镇现境内的原各乡（镇）建安公司同时建立相应的工程质量监督组织，对乡（镇）建筑工程进行监督管理。1986年，境内乡（镇）建安行业依照《溧阳县建筑工程质量监督实施细则》组织工程质量检查。1990年，建工质监站确定重点质量管理工程，定创优目标、定施工阶段、定管理措施。1991年，市建工局制定印发《溧阳地区保证安装工程质量的若干规定》，强化工程质量管理。别桥建筑安装公司在无锡、常州等地创建安全施工标准化工地。1998年，抓创优目标工程和群众性的QC小组活动，以治理质量通病为突破口，提高工程质量。2004年，境内建安行业认真贯彻工程建设强制性标准，使参建人员熟悉理解标准，准确掌握执行标准；依法加强建设程序管理，严格执行许可、质量监督、竣工验收备案等制度。2005～2007年，境内建安行业加强质量监督基础性工作，推进工程质量规模化建设，完善建设工程质量监督、巡查制度，促使参建各方建立健全长效的质量控制体系；开展工程创优和住宅工程质量通病防治活动，提升工程质量标准，推广商品混凝土，确保工程质量。组织技术攻关和新材料、新设备的运用，改进施工工艺和管理方法。强化“质量兴业”意识，实施名牌战略，倡导“承一项工程、树一片信誉、辟一方市场”。

第四节　安全监督

境内乡镇（公社）的建筑安装企业坚持把“谨慎操作、预防为主、安全第一”放在首位，建安公司都设置安全科，确定一名领导主管安全工作，施工场地均配备专职或兼职安全员，安全员由（县）市劳动局认可的岗位安全培训、持有上岗合格证书的人担任。招收的新员工，要先进行安全培训，经考试合格后方可上岗。施工现场重视搞好安全防护配备，机械装备配有防护措施，临街道施工由专业人员按标准搭置好空中保护挑遮拦、脚手架、塔吊、井字架、安全网等设施，经安全员检查认定合格后方可使用。任何人进入施工现场都要戴安全帽，高空作业人员要系保险带。经常督促安全管理人员深入现场检查安全制度及措施的落实执行情况，如有人不执行规定，初犯教育，再犯处罚，直至开除。始终如一地做到防患于未然。平时施工场地配备保卫人员值班，做好防火、防盗、防破坏等工作。

1985～1990年，别桥镇现境内的乡（镇）建筑安装企业严格按照《溧阳县集体建筑企业安全生产管理暂行条例》规定，建立经理负责制和安全管理网络，施工场地均配备专职安全员，落实安全保障措施。1991年，全面推行现场安全生产标准化管理活动，别桥镇建筑安装公司在无锡、常州等地创建了标准化工地。1995年，市安装总公司组织开展288天安全无事故竞赛，印发安全测试试卷，办理安全教育卡，编发安全简报，现场检查等安全措施并举。1997年，以治理质量通病和安全隐患为突破口，建立健全质量安全网络，夯实“质量兴业”的群众基础。1999年，把安全生产摆在重要位置，发放安全宣传挂画，培训特殊工种。按照建设部G159—99建筑施工安全检查标准，强化检查、督促、整改力度，定期在建筑企业进行安全检查，减少伤亡事故的发生。2002年，围绕“高处坠落、物体打击、触电、施工坍塌、塔吊倒塌、燃气爆炸”六个方面，开展以专项整治为重点的安全大检查。2003年，别桥、绸缪、后周三镇推行安全生产目标管理和责任人等制度，加强检查、督促，促进建筑企业提高安全生产水平。2004～2006年，贯彻执行国务院《建设工程安全生产管理条例》，开展安全生产检查，分批对从业人员进行安全培训和考核，把施工人员安全培训和考核情况作为各企业申领《安全生产许可证》的前提条件，并以此条例要求建筑企业形成自我约束、预防为主、群防群治、全面保障的安全生产的工作机制。2007年，遵照市建设局编制的关于安全生产的各种文件，围绕“综合治理、保障平安”的活动主题，按照《2007年建设系统“安全生产月”活动方案》，从提高职工安全防范意识和技能入手，强化安全宣传教育，落实安全生产责任制，开展创建文明工地活动，减少安全事故带来的损失。

第四章　房地产业

第一节　房地产企业

随着工业化、城镇化步伐的加快，从20世纪90年代起，境内房地产业逐渐兴起并不断发展壮大，主要承担着本地房地产综合开发、居民拆迁户安置房建设、商品房销售、室内外装饰装修、物业管理等业务，以满足境内居民日益提高的住房消费需求。1990年1月，别桥房地产开发有限公司成立，注册资金80万元，从业人员5人。1995年5月，别桥镇注册成立东升房地产开发公司，注册资金120万元，从业人员12人。1995年8月，后周房地产开发有限公司成立，注册资金100万元，从业人员8人。2008年10月，溧阳永兴置业发展有限公司成立，注册资金880万元，从业人员10人。在此后的几年中，境内的房地产企业逐渐增多。2013年，全镇经工商注册的房地产企业达16家，从业人员86人。

【溧阳永兴置业发展有限公司】 位于别桥老集镇西南部开发区，公司地址别桥集镇老卜墩5号。2008年10月成立，注册资金880万元，是别桥镇境内创办最早的民营房地产开发企业，暂定四级资质，从业人员10人。开发的项目为别桥镇金桥花园小区等。自成立至2013年年末，首期开发的10716平方米的房屋建筑面积已全部竣工。

【溧阳龙华置业有限公司】 公司地址别桥镇兴城东路73-6号。创建于2011年1月，注册资金800万元，暂定三级资质，固定资产1.1亿元，从业人员16人，施工项目为别桥集镇龙华苑等。自成立至2013年年末，首期开发的25151平方米的房屋建筑面积已全部竣工。

【溧阳市金鼎房地产开发有限公司】 位于别桥镇后周村溧后公路北侧。创建于2011年1月，注册资金800万元，暂定四级资质，从业人员16人。开发的项目为后周花园。自成立至2013年年末，首期房屋建筑施工已全部竣工，面积12589平方米。

【溧阳高科房地产开发有限公司】 位于别桥镇后周工业园区。2011年3月成立，注册资金1000万元，暂定三级资质，从业人员10人，施工项目为后周集镇的龙城花园。自成立至2013年年末，房屋施工面积20000平方米，竣工面积16000平方米。

【江苏力乐房地产开发有限公司】 位于别桥镇绸缪集镇，公司地址建设路1号。创建于2011年5月，注册资金800万元，暂定四级资质，从业人员5人。开发地位于绸缪集镇开发区的绸缪中学地块、绸缪建设南路东侧一号地块，开发项目为欧式花园、力乐花园等。自成立至2013年年末，首期房屋建筑已全部竣工，面积21500平方米。

【溧阳市阳光茗苑置业有限公司】 位于别桥集镇西部偏北开发区，公司地址别桥镇兴城西路168号。2012年8月成立，注册资金800万元，三级资质，从业人员15人。施工地点为上上线北侧十五号地块。自成立至2013年年末，主要从事别桥镇镇政府下拨的居民安置房工程建设。

【溧阳市宏润房地产开发有限公司】 位于别桥集镇上上线北侧，公司地址兴城西路168号3幢。2011年6月成立，注册资金1000万元，三级资质，从业人员4人。开发地点为上上线北侧十六号地块，开发项目为别桥集镇汇金楼等。自成立至2013年年末，首期房屋建筑已全部竣工，面积6671平方米。

2013年年末别桥镇房地产开发企业情况一览表

表12-4-1

单位名称	成立时间	法人代表	注册资金（万元）	资质等级	人员（人）	单位地址	施工项目
溧阳永兴置业发展有限公司	2008.10	朱和平	880	暂定四级（过渡时期）	10	别桥镇老卜墩	金桥花园
溧阳市金鼎房地产开发有限公司	2011.01	马国荣	800	暂定四级（过渡时期）	16	别桥镇后周村溧后公路北侧	后周花园
溧阳龙华置业有限公司	2011.01	王　琪	800	暂定三级	16	别桥镇兴城东路	龙华苑
溧阳高科房地产开发有限公司	2011.03	高泓林	1000	暂定三级	10	别桥镇后周工业园（中山有机厂内）	龙城花园
溧阳市秦商房地产开发有限公司	2011.04	马志亮	800	暂定四级（过渡时期）	2	别桥镇北郊工业集中区	—
江苏力乐房地产开发有限公司	2011.05	孟宪玲	800	暂定四级	5	别桥镇绸缪建设路	绸缪中学地块、绸缪建设南路东侧一号地块
溧阳市宏润房地产开发有限公司	2011.06	欧阳芳	1000	三级	4	别桥镇兴城西路	经十路东侧一号地块

续表 12-4-1

单位名称	成立时间	法人代表	注册资金（万元）	资质等级	人员（人）	单位地址	施工项目
江苏诺泰房地产开发有限公司	2011．10	刘补银	3000	暂定三级	7	别桥镇兴城西路	卫生院西侧、纬八路北侧、港口路西侧、纬八路北侧
溧阳市荣昌房地产开发有限公司	2011.10.26	马荣昌	100	无	7	别桥镇北山工业集中区云源路 7 号 3 幢	—
溧阳市阳光茗苑置业有限公司	2012.08	朱和平	800	三级	15	别桥镇兴城西路	上上线北侧十五号地块
溧阳市新方置业有限公司	2012.12	潘跃清	—	—	—	别桥镇古渎河南路	古渎中学地块古渎街北侧一号地块
农工商房地产（集团）溧阳明豪置业有限公司	2013.03	周水祥	10000	暂定二级	—	别桥镇兴城西路	—
溧阳市如意房地产发展有限公司	2013.08	张小平	800	暂定三级	11	别桥镇兴城西路	中心街南侧三号地块
溧阳市新华房产有限公司	2013.09	马建新	400	无	10	别桥镇上上路北侧	上上线北侧二十一号地块
溧阳市杨氏房地产开发有限公司	2013.8.29	杨志兴	1000	无	9	别桥镇兴城西路 188 号	—
常州市地平线房地产开发有限公司	2013.11.13	殷小强	800	三级	9	别桥镇兴城西路 182 号	湖西菜场对面商业用房 4500 平方米

第二节　商品房开发与销售

1990 年，别桥镇房地产开发公司在别桥集镇建造商品房出售。1995 年，后周房地产开发公司在后周集镇建造商品房出售。而后，古渎、绸缪房地产开发商在各自的集镇从事商品住宅的开发与销售业务。经营之初都属乡（镇）办企业，业务大多与一些集体单位联营，在职工安置房建设的同时，留出一定的房源作为商品房出售。至 2000 年，建住宅楼 9 幢，内含商品房 116 套，建筑面积 11200 平方米，销售收入 720 万元；境内建商业用房 172 间，建筑面积 11190 平方米，销售收入 890 万元。2008 年后，境内商品住宅房的开发进入发展时期。至 2013 年，相继开发建设了 9 个环境舒适、设施齐全的住宅区项目，占地 90251 平方米，建筑总面积 85127 平方米。

【金桥花园】 位于别桥集镇西部偏南开发区爱国路，东临老卜墩村，北依别桥虞缪村，南傍北河，西靠别桥中学。首期工程于2008年11月18日开工，投资1200万元，占地6751平方米，总建筑面积10716平方米，于2010年4月16日竣工。提供五层住宅楼3幢，内有4种不同的住宅套型。住宅楼底层为储藏室或车库，还有部分为商铺店面。单元门安装的是集中式电子防盗门，排水采用集中式雨污分流排水。小区内道路为混凝土浇筑路面，房前房后都有绿地，绿化面积占小区总面积的23%，水电、有线电视、电信管线全部到位，是别桥集镇开发最早、配套设置较为完善的现代化住宅小区。2013年，金桥花园10716平方米住宅全部售罄。

【欧式花园】 位于绸缪集镇开发区，东临绸缪村委，北依绸缪实验学校，南傍集镇街道，西靠溧后公路。首期工程于2010年8月8日开工，为力乐集团的开发项目，总投资750万元。占地6580平方米，建筑面积6000平方米，于2011年8月6日竣工。有造型迥异的五层楼5幢，提供套型多样的居民用房，住宅楼底层为商铺店面或车库，单元门采用防盗门封闭和电子对讲装置。小区四周砌有独立围墙，水电、有线电视、电信管线全部到位，排水系统是雨污分流，小区内道路全部硬化，房前屋后有绿地，为入居者提供优美而安全的居住环境。2013年，花园内6000平方米欧式住宅全部售罄。

【后周花园】 位于后周集镇东部开发区，北临上上线，西依后周集镇街道，南傍后周村塘马山自然村农田，东靠永盛锻造厂。首期工程于2011年6月18日开工，总投资2500万元，占地11312平方米，总建筑面积12589平方米，于2012年12月31日竣工。建有五层和六层造型不同的住宅楼6幢，提供各种套型的居民住房。住宅楼底层为储藏室或车库，水电、有线电视、电信管线、消防、配套停车等设置全部到位，单元门安装的楼宇智能门，排水系统采用PVC排水，小区内水泥道路宽4.4米，直通各单元门，适用于各种车辆通行。区内绿地覆盖率在30%以上，是一个优美、安全、舒适、方便、文明的理想生活环境。2013年，后周花园共94套住宅，已销售69套。

【龙华苑】 位于别桥集镇西部开发区，东临浩翔机械厂，北依新华机电厂，西靠别桥客运站，南傍别桥中心街。首期工程于2012年10月18日开工，总投资6500万元，占地21272平方米，建筑面积25151平方米。有四层造型不相同的住宅楼13幢（其中安置房3幢），提供10多种不同的住宅套型，于2013年5月1日竣工。住宅楼底层为储藏室或车库，还有部分为商铺店面，单元门安装电子对讲防盗门，排水采用雨污分流，小区内道路宽敞，沥青路面，房前房后都有绿地，绿化面积占小区总面积的26%，水电、有线电视、电信管线全部到位，为入居者营造一个舒适、优美的居住环境。2013年，龙华苑285套住宅销售181套，37间商铺房已销售28间。

【阳光茗苑】 东临阁帖路，南傍上上线公路（兴城西路），西依经十路，北靠别桥村陈巷自然村农田，首期工程于2012年10月开工，区内所建160套住宅全部是政府的安置房。2013年，镇政府已安置154户。

【汇金楼】 位于别桥集镇西部开发区，南傍上上路（兴城西路），西依阳光茗苑，东面是交管所，北面连接农田。一期工程于2013年5月8日开工，投资1600万元，占地3336平方米，建筑面积6671平方米，2013年年底竣工。小区内铺设宽阔的水泥路面，排水采用雨污分流，水电、有线电视、电信管线全部到位，房前屋后有绿地，是十分宜居的居住小区。尚未销售。

【龙城花园】 位于后周集镇北部开发区，东临烈士陵园，北依塘马水库，南傍后周新农贸

图12-1　龙城花园

市场，西靠后周村委。一期工程于2013年8月1日开工，投资4000万元。占地20000平方米，建筑面积12000平方米，有四层至九层不等的住宅6幢，提供8种套型。住宅楼底层为商铺店面或车库，单元门安装的是防盗门封闭及门铃网络线，水电、有线电视、电信管线全部到位，采用雨污分流的排水方式。小区内道路宽敞，绿化带布局合理，绿化面积占小区总面积的33%，小区内的维护、保养、保安、卫生等物业都有充分的保障。2013年，龙城花园238套住宅已销售155套，125间商铺房销售77间。

第三节　房产管理

一、管理机构

新中国成立之初，境内各乡的公房、地产由区人民政府管理，1956年3月改由乡财税部门兼管。1962年，别桥财政管理分所管理房地产。1979年成立别桥房地产管理所，在编人员6人。1984年，房产管理隶属于县城乡建设环境保护局领导。1992年，地产管理归口于市国土局，房产管理归口于市建设局，房地产管理所改为房产管理所，开展直管公房管理、房地产产权户籍和服务等。2013年，别桥房产管理所在编人员4人。

二、管理工作

20世纪50年代后期，境内各乡（镇）在各自的集镇建造少量公房，均是一排排砖木结构的平房。至1985年，别桥房地产管理所直管公房13297平方米，其中平房9980平方米，2～3层楼房3317平方米，无3层以上的楼房。按其功能，居民住宅4416平方米，非住宅用房8836平方米。在非住宅用房中，工业、交通、商业服务用房8295平方米，文教、体育、卫生用房323平方米，办公及其他用房218平方米。

1989年，境内全面进行房屋产权登记和发证工作，集镇区域颁发房屋所有权证2404份。1994年起，直管公房按政策进行改革，部分公房实行房改，出售给住户私有。2007年，别桥房产管理所直管公房9400平方米。2013年，别桥房产管理所直管公房建筑面积6656平方米，主要分布：绸缪文明西路、古绸街；后周永泰街、镇中街，别桥镇镇西街、镇北街、虞缪村、北巷村、北祠堂。

2012年，在别桥集镇中心街68号新建一幢四层楼房，建筑面积1402.04平方米。四楼是别桥房地产管理所办公用房，一至三楼出租。2013年前，别桥房地产管理所对镇西街16号等住宅公房进行修缮，改造成套间式，面积为1660.61平方米，投入资金180万元。

1993年，溧阳市开展农村房屋登记发证工作。自1996年起房产登记工作转入常态化管理，并将原由乡镇保管的房产登记档案逐年清理上缴归档。至2013年，集镇区域收缴房产档案5789份，核发所有权证5789户（份），发证建筑面积2640276平方米。

别桥镇志

下

别桥镇志编纂委员会　编

方志出版社
Publishing House of Local Records

图书在版编目(CIP)数据

别桥镇志/别桥镇志编纂委员会编. -- 北京：方志出版社，2021.9

ISBN 978-7-5144-4838-2

Ⅰ.①别… Ⅱ.①别… Ⅲ.①乡镇-地方志-溧阳 Ⅳ.①K295.35

中国版本图书馆CIP数据核字（2022）第014819号

别桥镇志

编　　者：别桥镇志编纂委员会
责任编辑：刘珊

出 版 者：方志出版社
地址　北京市朝阳区潘家园东里9号（国家方志馆4层）
邮编　100021
网址　http://www.zgfzcb.cn
发　　行：方志出版社图书营销中心
电话（010）67110500
经　　销：各地新华书店
印　　刷：溧阳市金宇包装印刷有限公司

开　　本：889×1194　　1/16
印　　张：66.25
字　　数：1541千字
版　　次：2021年9月第1版　2021年9月第1次印刷
印　　数：0001～3000册

ISBN 978-7-5144-4838-2　　**定价**：396.00元（上、下册）

总目录

下册目录

第十三篇　商贸服务与金融业

第十四篇　经济综合管理

第十五篇　中共别桥地区组织

第十六篇　政权　政务

第十七篇　群团组织

第十八篇　军　事

第十九篇　政　法

第二十篇　政务综合管理

第二十一篇　教　育

第二十二篇　医疗卫生

第二十三篇　文化　体育

第二十四篇 社会生活

第二十五篇 人 物

第十三篇

商贸服务与金融业

明成化、弘治年间（1465～1505年），别桥商贸日趋兴旺，成为溧阳北部商业重镇。清嘉庆年间（1796～1820年），后周步改称为后周镇，至民国期间，集镇市场繁荣。

别桥是洮湖平原圩区，“民俗果毅，务农植谷”，千百年来，属江南鱼米之乡。稻米、水产品为商品大宗，蚕茧收购是历史性商业。境内蚕茧收销业务，一直延续到20世纪90年代。

从古至今，稻米粮食为别桥地区大宗商品之冠。1949年之前，粮食贸易均由私商经营。1951年，中粮公司在别桥设点收粮，并在古渎、后周、黄金山委托供销部门设点收购粮食。1953年，国家对粮食实行统购统销政策。直至2001年秋季，政府放开粮油市场，才允许单位和个人购销粮油。2007年，别桥、绸缪、后周三镇购销粮食25584吨。2013年，别桥镇购销粮食40234吨。

农业生产资料的购销是发展农业生产的重要保证，也是商业贸易中的主要商品之一。1955年，别桥区供销社生产资料零售额33815元。1982年，别桥人民公社生产资料门市部供应化肥721.9万吨、农药31.7万吨。20世纪90年代，农资市场放开，境内集镇个体农资商店出现。2013年，别桥镇境内25家农资商店销售化肥8532吨、农药130吨。

清同治三年（1864年）太平天国失败后，时局日趋稳定，本地商贾在别桥纷纷开店经商。明末，徽商、温州人相继到别桥经营南货、杂货等。民国至抗日战争前，别桥、后周集镇的店铺、行栈、作坊沿街相挨，有20多个行业，数百家商铺、店号。抗日战争时期，日本侵略军侵占别桥，前后放火烧街3次，商民无心经营，集市冷落，商业大伤元气，中药店济生堂就毁于兵燹。民国34年（1945年）抗战胜利后，境内商业一度振兴。然而国民党政府并没给人民群众修生养息之日，就发动内战，货币贬值，通货膨胀，市场混乱，集镇尽管商店、商铺众多，却肿而不壮，经营艰难，商业萧条。

新中国成立后，党和政府贯彻“发展生产、繁荣经济、公私兼顾、劳资两利”的方针，加速发展国营商业，积极扶持乡镇供销合作社、合作商店，扶持和鼓励私营商业从事有利于国计民生的经营活动。1955 年 4 月，别桥区对别桥集镇的小商小贩进行合作社试点。1956 年 1 月，对私商业改造达到高潮，采取公私合营和合作形式，实现生产资料所有制的变革。合作商店同年首次并入供销社。后来，合作商业体制多次变化。1980 年，合作商店成为集体商业。1985 年，更名为商业公司。1988 年体制改革，采取多种经营承包责任制。1994 年，商业公司销售额：别桥 1800 万元、绸缪 200 万元、后周 300 万元。

供销合作社是农民群众的集体经济组织。1951 年 3 月，以诸里乡消费合作社为基础，成立别桥区供销合作社（简称供销社）。1955 年，别桥区供销社销售金额为 2071258 元。1958 年，古渎设供销店，后周设乡商店。1961 年，现境内原 5 个公社均成立供销社。此后的几十年中，供销社体制多次变更。

20 世纪 90 年代初，商业系统推行经营承包责任制，彻底打破“大锅饭”、平均主义，实行商品多渠道流动，开放集贸市场，发展外向购销关系，使流通领域出现以基层供销社为主导，多种经济形式、多种经营方式、多种流通渠道的新格局。1996 年，别桥境内四乡镇供销社从业人员 139 人，商品零售总额 2016 万元。

改革开放后，农村不断进行产业结构调整，境内水产养殖业异军突起，带动了水产饲料、渔需物资、渔药等商品销售行业迅猛发展，境内水产饲料、渔需物资、渔药商店从无到有。至 2013 年，全镇有水产饲料、渔需物资、渔药商店 25 家。

1990 ～ 2000 年，境内私营商业和供销系统商业竞争激烈，扬子广场在别桥开办连锁店，将扬子仓储自选营销模式推广到农村集镇，别桥的“鑫鑫”、绸缪的“勤芳”、后周的“华新”超市先后开张。随着市场经济的稳步发展，人们的消费观念和对物质生活要求越来越高，居民需求旺盛，购买力不断提高，3 个集镇市场欣欣向荣，商业网点应运而生。

进入 21 世纪，商贸流通市场化体制全面确立，尤其是供销合作系统改制后，个体商业在境内集镇布点设摊，连锁扩张，别桥商业业态进入跨越式的大发展。2013 年，境内共有超市 29 家（别桥 6 家、湖边 2 家、古渎 5 家、绸缪 6 家、后周 10 家）。新开业个体工商户 189 户，从业人员 486 人，注册资金 5769 万元，分别是 2007 年的 4.2 倍、3.28 倍、32.87 倍。市场资本投资强劲，社会消费市场繁荣，经济发展常态平衡，大宗商品充分满足居民生活的需求。2013 年，全镇实现社会商品消费品销售总额 34.6 亿元，比 2012 年增长 9.4%，其中批发销售额 23 亿元，住宿餐饮业 2.8 亿元，分别增长 9.5% 和 16.7%。

20 世纪 50 年代的农村信用合作社逐步演变为信用社、溧阳农村合作银行别桥分理处、江苏农村商业银行股份有限公司别桥一级支行。邮政部门在 1986 年开办邮政储蓄业务，2008 年成立中国邮政储蓄银行别桥支行。至 2013 年，别桥地区的银行营业所、支行有中国人民银行溧阳支行别桥营业所，中国农业银行别桥营业所、别桥支行，中国银行溧阳支行别桥分理处。溧阳市人民保险公司、中国人寿保险公司自 1988 年起，也曾在境内设立过服务所（部）。

第一章 商业体制

第一节 公私合营前的私营个体商业

一、发展历程

明成化、弘治年间（1465～1505年），商贸日趋兴旺，别桥成为溧阳北部方圆十几里内的商业重镇，光绪三十一年（1905年）至民国，别桥有仁昌、德昌稻行2家，以收卖稻麦为主，自行收购，自行销售。砻坊、油坊、面粉坊8家，以加工成成品粮、油、面销售。锦货店（棉布店）有祥泰恒、袁福盛2家，资本厚实，规模较大。南货店8家，其中洪泰经营规模、信誉较著。百货商店俗称“广货店”，别桥无专业广货店，百货一般为大型摊贩所经营。有济生堂、华春堂、同春堂3家国药店，济生堂为清末中药老店。有竹器铺3家，木器铺11家，木材行1家。窑货有摊无店，经营盆、罐、缸之类粗陶器以及砂锅、碗匙等。服务性行业有菜馆酒店6家、小吃店6家、茶馆17家、浴室2家，还有炒货店、糕饼店、香烛店、墩头店等。集镇摊贩甚多，有相对固定的和流动的两类，经营小百货、香烟糖果、油条烧饼、糕饼点心、蔬菜、水果等。

抗战期间，部分商店被战火摧毁，店主改为设摊谋生。商人时常遭汉奸、敌伪勒索，无心经营，别桥的商业大伤元气。

民国34年（1945年）抗日战争胜利后，市场贸易缓慢复苏。经营粮食的商人不设稻米行，而在各村物色“小主人”为他们收购稻麦，定期用船装运到常州、无锡等周边城市出售。锦货店在集镇上又有店铺之设，有协新、福盛和、福大、永成、锦成、合兴、鸿成祥、盛泰等大小棉布店8家。其中，协新、福盛和两家规模较大，每家雇佣职工有2～3人，其余皆夫妻店或家眷店。南货店发展到张隆盛、义昌等19家，仅义昌为股东店，其他18家中，以张隆盛、狄大昌规模较大，张隆盛还兼营糕点，有自己的糕饼作坊。别桥集镇广货店有天丰、中庆、协盛3家，其中天丰、中庆规模大，经营品种多。中药店济生堂在抗战期间毁于兵燹后不再复业。同春堂、恒春堂继续营业，增添万阳春药店。有李源盛、义隆盛等3户竹匠铺，祥生、吕恒昌等5户木材铺，其中祥生铺生意兴隆，店内雇佣职工6人。

民国35年（1946年），别桥集镇有经营鲜肉业7家、糕饼面馆业9家、豆食业9家、理发业5家、危险易爆性业8家、旅馆业2家、酒楼菜馆业2家，共42家营业店铺。另有南货店、百货店、山地货店、杂货店、小吃店、中药店、棉布店及油坊、槽坊、酱园、铁竹木器店等。

民国时，后周永泰街上有茶馆3家，理发店2家，南货店2家，百货店1家，杂货店2家，鲜肉铺2家，饭店3家，缝纫店、铁、木、竹器店各1家，糖坊、油坊、粮行、茧行各1家。

绸缪在清末渐成街道，有药店、南货店、商铺、小吃店、肉墩头、茶馆等20家。

民国 37 年（1948 年），别桥现境内浪圩有一家龙溪茧行。

1946 年 12 月 8 日溧阳县直辖别桥警察分驻所管理各业申请统计册
营业种数、合计家数、照证印花应交费数一览表

表 13-1-1

类别	鲜肉业	馒、饼面馆业	豆食业	理发业	危险易爆性业	旅馆业	酒楼菜馆业	合计
数量（家）	7	9	9	5	8	2	2	42
应交印花数(元)	49	63	63	35	56	14	14	294

民国 37 年（1948 年），国民党政府忙于内战，发行金圆券，通货膨胀，严重损害工商业私营个体户，后又采取“限价政策”，导致黑市兴起，市场混乱，加之国民党军警人员以查封军用品、违禁品为名，到处搜刮钱财，敲诈勒索。直至 1949 年，别桥商业一直大不景气。集镇上私营商业，绝大多数是小商小贩，商业资本家只占极少数。

二、私营个体商业的社会主义改造

新中国成立后，对私营个体商业进行社会主义改造。1950 年 6 月起，人民政府为了扶持私营商业的正当发展，对私营商业在公私关系、劳资关系和产销关系方面进行调整，鼓励其从事有利于国计民生的经营活动，先后两次调整工商业，其内容包括调整批零差价，降低批发起点；调整公私经营范围；指导私营商业组织联购联销；国营商业、合作商业拆让零售网点；组织私营商业积极参加物资交流会；开好劳资协商会议，签订劳资协议等措施，使私营商业得到妥善安排，调动其经营积极性。1951 年 10 月底，别桥共有摊贩 215 户（流动摊贩 64 户），资金总额 3235 元。

1952 年 3 月 3 日，溧阳县工商联合会在别桥设立办事处（含绸缪、后周）。11 月，对私营工商业进行登记。全区共有 23 个行业，122 家商号，从业人员 143 人，其中棉布 9 家、百货 10 家、南货 15 家、土酒 2 家、粮行 4 家、米店 3 家、茶店 6 家、饭店 8 家、肉店 8 家、理发店 6 家、浴室 3 家、豆腐坊 8 家、面饼 8 家、磨坊 1 家、仔猪行 2 家、地货店 1 家、禽蛋行 2 家、柴草行 2 家、羊坊 1 家、黄烟业 1 家、锅瓷店 1 家、国药 4 家、什货店 7 家、油坊 1 家、糖坊 3 家、弹花店 2 家、炒货店 2 家、鱼虾行 2 家。是年，工商界开展反行贿、反偷税漏税、反盗骗国家资财、反偷工减料、反盗窃国家经济情报的“五反”运动，打击极少数不法商人，团结教育工商业者的大多数。

1953 ～ 1954 年，国家先后对粮食、棉布实行统购统销，对私营粮商、棉布商作了转业安排，本着“着重安排，结合改造”的原则，使私营商业与供销社建立经销、代销、批购的经营关系，私营商业开始纳入计划经济轨道。

1955 年，别桥区有私有工商户 105 户，其中商业 46 户、饮食业 44 户、服务业 15 户，从业人员 213 人。

1955年溧阳县工商联合会别桥办事处工商户基本情况表

表13-1-2

序号	行业	户数（户）	从业人员（人）	资本额（元）		
				合计	流动	固定
（一）	商业合计	46	111	33158	20877	12281
1	棉布	1	7	8698	6916	1782
2	百货	3	7	1810	797	1013
3	糕饼	5	12	2910	1125	1785
4	新国药	6	17	5785	3452	2333
5	南什货	16	45	9926	5503	4423
6	酒类	3	7	1889	1572	317
7	山地货	2	2	535	343	192
8	柴行	1	3	125	110	15
9	锅瓷	1	2	350	250	100
10	鲜肉	4	4	520	404	116
11	仔猪	1	1	40	15	25
12	鸡鸭蛋行	2	2	370	280	90
13	鱼菜	1	2	200	110	90
（二）	餐馆合计	44	55	11702	3610	8092
1	菜饭馆	10	15	1770	554	1216
2	面饼	14	15	3153	1256	1897
3	茶社	11	16	4941	1232	3709
4	开水	2	2	210	50	160
5	豆腐	7	7	1628	518	1110
（三）	服务业合计	15	47	13591	6199	7392
1	理发	8	19	973	192	781
2	旅社	2	3	891	228	663
3	剧院	1	12	8961	5562	3399
4	照相	1	1	380	80	300
5	浴室	3	12	2386	137	2249

1955年4月，别桥区对别桥小商小贩进行合作化试点。1956年1月，私营商业改造掀起高潮，对棉布、百货、南杂货及其他行业实行公私合营。2～9月，按照人民政府的有关规定，对公私合营企业的实有财产（包括流动资金、固定资产）进行清理，估价确定私方的股金，让一般私商能够保留适当的股权。1956年，别桥公私合营商店私股合计34户，股东人数34人（内

股29人、外股5人），定股总额25858元。其中，私股29股，金额25510元；公股5股，金额348元。25858元定股总额中，固定股7837.38元，流动股18020.62元。按国家规定年息5厘，7年不变（以后又延长3年），自1956年起，按季领取定息。12月，私立持股人员共领取定息610.31元。同时对在职的私方人员，按照“量才使用、适当照顾”的政策，实行“顾一头”（走社会主义道路）、“包到底”的方针，由供销社全部包下来，安排其适当的工作，对他们中间积极拥护社会主义建设和社会主义改造并有贡献的代表人物，给予适当的职务安排。是年，别桥有7位私方职工、20位私方人员，因表现较好，工作能力强，被供销社提升为部门经理。合营企业归基层供销社领导，对私营商业的社会主义改造基本完成。

1956年别桥集镇工商业公私合营后情况表

13-1-3

自然行业	1955年原有情况			公私合营								合作								私营单干							
					从业人员（人）				资本额（元）				从业人员（人）				资本额（元）				从业人员（人）				资本额（元）		
	户数	从业人员（人）	资本额（元）	户数	合计	私方	工人	家庭人员	合计	固定	流动	户数	合计	私方	工人	家庭人员	合计	固定	流动	户数	合计	私方	工人	家庭人员	合计	固定	流动
竹器业	4	11	2137	—	—	—	—	—	—	—	—	1	11	5	5	1	2137	573	1564	—	—	—	—	—	—	—	—
木铺业	3	11	3807	—	—	—	—	—	—	—	—	1	9	2	6	1	1889	432	1466	—	—	—	—	—	—	—	—
铁铺业	7	17	1623	—	—	—	—	—	—	—	—	1	17	7	10		1623	1112	511	—	—	—	—	—	—	—	—
棉业	1	4	485	—	—	—	—	—	—	—	—	—	—	—	—	—	—	—	—	—	—	—	—	—	—	—	—
南货业	5	33	7600	1	37	22	12	3	10584	3847	6737	1	27	27			2373	373	2000	—	—	—	—	—	—	—	—
酒类	1	5	1244	参加公私合营商店								—	—	—	—	—	—	—	—	—	—	—	—	—	—	—	—
棉布业	1	7	8698	1	8	3	4	1	9142	1782	7360	—	—	—	—	—	—	—	—	—	—	—	—	—	—	—	—
百货业	2	6	1570	1	5	2	3		782	430	352	—	—	—	—	—	—	—	—	—	—	—	—	—	—	—	—
国药业	3	12	4286	1	12	3	7	2	2751	2032	719	—	—	—	—	—	—	—	—	—	—	—	—	—	—	—	—
土烟业	1	9	1999	参加公私合营商店								—	—	—		—	—	—	—	—	—	—	—	—	—	—	—
烟杂货业	2	2	200	参加公私合营商店								—	—	—	—	—	—	—	—	—	—	—	—	—	—	—	—
豆腐业	4	4	1068	—	—	—	—	—	—	—	—	参加公私合营商店								—	—	—	—	—	—	—	—
茶社业	5	10	2535	—	—	—	—	—	—	—	—	1	12	8	2	2	2745	2248	497	—	—	—	—	—	—	—	—
旅社业	2	4	891	—	—	—	—	—	—	—	—	—	—	—	—	—	—	—	—	1	3	2	—	1	891	663	228
浴室业	1	9	2078	—	—	—	—	—	—	—	—	—	—	—	—	—	—	—	—	1	9	1	8	—	2078	2000	78
开水业	2	3	210	—	—	—	—	—	—	—	—	参加合作茶社组织								—	—	—	—	—	—	—	—
茶叶业	1	2	442	—	—	—	—	—	—	—	—	—	—	—	—	—	—	—	—	1	2	1	—	1	442	275	167
饭馆业	7	11	1245	—	—	—	—	—	—	—	—	1	23	22	22	0	4215	2635	1580	—	—	—	—	—	—	—	—
戏院	1	12	8961	1	12	8	2	2	8961	3399	5562	—	—	—	—	—	—	—	—	—	—	—	—	—	—	—	—
面饼业	11	12	2970	—	—	—	—	—	—	—	—	参加合作食堂组织								—	—	—	—	—	—	—	—
服装业	8	15	1895	—	—	—	—	—	—	—	—	1	11	5	5	1	1329	1143	186	3	4	4	—	—	566	492	74
理发业	5	13	869	—	—	—	—	—	—	—	—	1	13	5	7	1	869	726	143	—	—	—	—	—	—	—	—
仔猪业	1	1	40	参加南货公私合营商店								—	—	—	—	—	—	—	—	1	1	1	—	—	40	15	25
鸡鸭蛋业	2	2	372									—	—	—	—	—	—	—	—	—	—	—	—	—	—	—	—

续 13-1-3

自然行业	1955年原有情况			公私合营								合作								私营单干							
	户数	从业人员（人）	资本额（元）	户数	从业人员（人）				资本额（元）			户数	从业人员（人）				资本额（元）			户数	从业人员（人）				资本额（元）		
					合计	私方	工人	家庭人员	合计	固定	流动		合计	私方	工人	家庭人员	合计	固定	流动		合计	私方	工人	家庭人员	合计	固定	流动
山地货业	1	17	449	—	—	—	—	—	—	—	—	1	28	28	—	—	3435	1796	1639	—	—	—	—	—	—	—	—
柴草业	1	3	125	—	—	—	—	—	—	—	—	—	—	—	—	—	—	—	—	1	3	3	—	—	125	15	110
合计	82	235	57799	5	74	38	28	8	32220	11490	20730	9	151	109	57	6	20615	11038	9586	8	22	12	8	2	4142	3460	682

门市部户数				其中包括行业			备注	
门市部户数	合营	5	户	其中包括行业	合营	南货、酒类、土烟、杂货、鸭鸡蛋、棉布百货、国药	备注	1. 祥生木铺人员2人，资金1918元，参加蔬菜组 2. 旅社2户并为一户经营 3. 竹木铁业、服装参加手工业合作社 4. 酒土烟杂参加南货合营，豆腐并入小菜场 5. 仁和鸡鸭蛋行的私方即仁和杂货商店的同一私方 6. 山地货合作组包括山地货、蔬菜摊贩7人
	合作	9	户		合作	南什货、山地货、饭馆、面饼豆腐、理发、茶水		

1956年别桥集镇工商业公私合营后情况表

表 13-1-4

归口领导单位	合营									合作				备注
	企业名称	户数	从业人员（人）				资本额（元）			企业名称	户数	从业人员（人）	资本额（元）	
			合计	私方	工人	家庭人员	合计	固定	流动			私方	固定	
粮食局	公私合营第一米厂	1	26	1	25	—	—	—	—	南货合作商店	1	27	2145	包括食堂更改茶社照相开水浴室旅社等综合企业，绸缪小组的纯商业合作企业，绸缪的饮食服务茶社开水合作，供销部抽调参加生产，公社抽调参加生产
居管会	公私合营光明剧场	1	1	1	—	—	8961	3399	5562	山地货鱼荣合作商店	1	28	4176.38	
别桥供销部	南货合营商店	1		22	—	2	9958	—	—	杂货合作小组	1	20	560	
别桥供销部	百货合营商店	1		2	—		782	—	—	饮食服务商店	1	31	5152	
别桥供销部	棉布合营商店	1		2	—	1	9142	1782	7360	南百货合作商店	1	10	1166	
药材公司	国药合营商店	1		4	—	1	3182	—	—	食品茶社商店	1	7	364.2	
别桥乡商店	三土厂	—	—	—	—	—	—	—	—	—	—	17	—	
别桥乡	编织厂	—	—	—	—	—	—	—	—	—	—	8	—	
合计	—	6	27	32	25	4	32025	5181	12922	—	6	148	13563.58	

说明：1. 在1958年年底，本镇已没有私营单干户，连固定摊贩也组织起来。杂货经营统一领导，分散经营统一核算

2. 1958年大合并时，在供销部领导下，计有公私合营4户、合作企业4家，绸缪2家。至1958年年底，私方人员36人，合作业计148人

1956年，县供销社要求别桥供销社对实行粮棉统购统销后失业的原商业人员安排工作，解决其生活困难。别桥供销社计安排16人，其中辅助劳力7人。还对合营商店人员工资进行调整，参加工资调整的计135人，由原每人每月平均24.36元提高为28.2元，增长16.83%。其中，辅助劳力16人，调整后每人每月平均15.1元。

1958年，农村实行人民公社化，别桥、后周供销合作社下放给人民公社，别桥、后周公私合营商业全部并入别桥、后周供销社。1966年9月，别桥、后周供销社决定，撤销公私合营商店的私方代表，取消资本家的定息。1969年，公私合营商店完全彻底融入别桥、后周供销合作社。

第二节 集体商业

一、供销合作社

（一）体制沿革

供销合作社（简称供销社）商业，是新中国成立后，在中国共产党领导下，由农民入股，人民政府和国营商业积极支持下发展壮大起来的，是农民群众的集体经济组织。

1950年，诸里乡在别桥集镇东关成立消费合作社，这是供销合作事业在别桥地区的萌芽。1951年2月，别桥区以诸里乡消费合作社为基础，着手筹建区供销合作社。当时别桥区包括别桥、湖边、古渎、绸缪、后周、杨庄、夏庄、泓口、班竹等12个乡。3月，撤销消费合作社，成立别桥区供销合作社。12个乡共筹集入社资金2530股，每股2元，合计5060元，4月开始营业。供销社的权力机构是社员代表大会，执行机构是监、理事会。下设门市部经理、柜台组长，管理委员会和监察委员会的正、副主任主持日常工作。经营业务范围有百货、南北货、棉布、五金、糕饼、粮食、生猪、家禽蛋品、农具、家具、国药、蚕茧等。供销合作社办社宗旨是“三支三为”，即支持农业、支持副业、支持乡镇工业，为生产服务、为生活服务、为外贸出口服务，发挥供销合作社在发展农村经济、繁荣乡镇市场中的特有作用。

1955年3月，供销社进行体制调整，以别桥行政区设立别桥区供销社，从业人员66人。区供销社设批发部1个，棉布、五金、百货、生资、南北货等门市部8个，收购点1个，糕饼、酱坊工场2个。绸缪、后周设购销站，古渎、黄金山设供应点，实有社员股13819股。是年，供应金额1009543元，其中生产资料零售额32815元。1956年1月，别桥、绸缪、后周等乡镇公私合营商店、合作商店、合作小组统一由别桥供销社领导。

1958年4月，县供销合作社并入商业局，区供销社改为乡商店。10月，乡商店下放给人民公社领导和管理，合营、合作商店并入供销社，一度实行“两放”（下放人员、下放资财）、“三统”（统一政策、统一计划、统一流动资金）、“一包”（包财政任务）。别桥、后周供销社分别改称别桥、后周人民公社供销社。

1959年9月，农村集镇公私合营商店全部过渡到国营企业，经济统一核算，人员统一使用。

1961年11月，恢复溧阳县供销合作社建制，别桥、后周供销社恢复，增设湖边、绸缪、古渎供销社。1962年9月，别桥供销合作社又称区供销社，湖边供销社改称分销站，绸缪、古渎、后周（当时属竹箦区）供销社改为购销站。共有从业人员 89 人。

1952～1992 年别桥镇原基层供销合作社体制沿革一览表

表 13-1-5

名称＼年份 乡（公社）	1952	1958	1961	1962	1969	1970	1973	1992
湖边	—	—	供销社	分销站	供销社	商业购销社	供销社	江苏省溧阳供销集团别桥分公司
古渎	供销分店	—	供销社	购销站	供销社	商业购销社	供销社	—
绸缪	—	—	供销社	购销站	供销社	商业购销社	供销社	—
后周	—	乡商店	供销社	购销站	供销社	商业购销社	供销社	江苏省溧阳供销集团后周分公司

1966 年“文化大革命”开始，县供销社行政管理体制受到冲击，别桥等基层供销社改为商业购销站。网点收缩，渠道单一，经营管理不善，商品流通遭到严重干扰和破坏。

1973 年，别桥等地的商业购销社又恢复为基层供销社。1981 年 7 月，又以行政区建立别桥区、竹箦区（后周属之）供销合作社，与别桥（竹箦）供销社两块牌子、一套班子，负责行政领导。

1982 年 4 月 13 日，县社批准别桥供销社试行经营责任制，试行期为 1 年。

1983 年 3 月，根据县委 1982 年《关于全面开展供销社体制改革》的文件精神，全面开展供销社体制改革工作，召开社员代表大会，成立供销社、集体商业的联合组织，民主选举理事会、监事会。通过推行承包经营责任制，实行商业分工、城乡通开的新体制，疏通城乡商品流通渠道，发展外向型购销关系，增设网点，给供销社注入新的活力。别桥镇境内的供销社设有农业生产资料、棉布、百货、五金交电、日用杂品、农机配件、副食品等批零部门及棉花收购站、蚕茧收购站等农副产品采购站。

1986 年 5 月，县联社成立茅山革命老区工作组，后周、绸缪供销社相应成立茅山老区工作组。12 月，随着县委对区工委的撤销，决定撤销区供销合作社。区供销社于 1987 年 1 月 1 日起停止办公。

1992 年 8 月 5 日，市计委批准，别桥、后周供销社分别成立江苏省溧阳供销集团分公司。

1997 年 7 月开始，境内供销社进行产权制度改革，职工按工龄，每年按一定的标准发放补偿金买断工龄，自谋出路，养老金保险金由个人承担交纳。供销社的房屋、物资等财产，按“一人一店一照”原则，全部由供销社职工个人购买。历时 3 年的产权制度改革于 2002 年 12 月底完成。

（二）服务与经营

供销社成立初期，为方便群众购买商品，经常送货下乡，举行商品展销，形式有优惠展销、设摊展销、巡回展销。1954 年，别桥区供销社（含后周）有职工 49 人，1～3 季度供应总额 885699 万元（旧币 1 万元即 1 元），收购总额 443998 万元（同前）。1955 年 1 月 4 日，别桥供销社组织 10 名职工，聘请有说唱能力的社会青年 4 人，连续 4 天送货下乡，到农村巡回设摊展销，边说唱边销售商品，营业额 1800 元。

1962年9月11日上午8时许，皇圩决口倒堤，顷成泽国。别桥供销社发动全体人员投入抢险救灾，并随即将铅丝0.6吨、麻绳0.25吨、草包200个，用船运至皇圩决口处，同时在决口地段设立皇圩救灾物资仓库，日夜供应柴油、电池、元钉等防汛器材，保证皇圩排涝抢险的需要。圩乡遭受水灾后，农村社员的烧草、盖屋草、生产队的牛草有较大困难。别桥供销社、湖边分销社、古渎购销站在公社党委统一领导下，抽调人员，带队进山，安排后勤，组织社员樵草130余吨，并及时做好储运衔接，运送到灾区，解决群众的用草困难。同时安排灾区社队的村民，利用芦、草为原料，开展编织、樵滩等副业，净增收入3万余元，劳力人均增收10元，支持做好生产自救。

1962年年底，在县供销社统一部署下，别桥、后周供销社，湖边分销店，古渎、绸缪购销站先后成立支持副业生产领导小组，由一名副主任（站长）亲自抓，采购站具体负责，支持社队发展副业生产。坚持“三优先”（优先集体、优先穷队、优先贫困户）、“三抓”（抓措施、抓落实、抓效果）、“五支持”（种子种苗、原材料、资金、技术、销路）、“两帮助”（找门路、定规划），使社队副业项目逐年扩大，提高社员分配收入。

1965年，根据江苏省统一规划，在别桥供销社代办建造储存量4986吨的露天食盐库1座。

1972年，后周商业购销站发动和指导当地农民，利用路边、河塘边栽种杞柳，编织巴斗、靠背椅、安全帽等内销日用品，增加社员收入。

1973年，公社恢复供销社建制。在资源紧缺、物资匮乏时期，供销社将修旧利废、节约代替解决小农具供求矛盾作为应尽的职责。别桥供销社发动职工技术革新，改革修旧利废工具，试制成功七用车床，提高工效和修理质量，降低收费标准，胶修一支竹柄，从0.25元降低为0.15元。

1978年，后周供销社支持后周公社办起兔毛加工厂。组织人员，带队外出学习兔毛分级、加工等技术，自建厂至1989年，创利税总额10万元。

“文化大革命”结束以后，工农业生产发展速度加快，社会经济形势越来越好，供销社商贸购销两旺，各种农副产品收购逐年增多，收音机、手表、缝纫机、自行车、电视机、电风扇六大件销量也逐年增加。1982年，别桥供销社拥有资金23万元，是1972年的3倍，是建社初期的26倍，干部职工达88人。

1976～1982年别桥供销社农副产品收购一览表

表13-1-6

项目 数量 年份	芦菲（张）	芦卜（条）	黄红麻（千克）	蜂蜜（千克）	兔毛（千克）	草包（个）
1976	23182	51355	14672.5	6356	624	102383
1977	42552	35444	27514.5	—	769.5	256295
1978	25261	28719	65343	8954	916	150285
1979	55493	49971	77687.5	7575	959.5	12327
1980	36220	58187	36870	6788	791	11720
1981	70787	25414	31859.5	10154.5	742.5	78339
1982	22740	25292	41440	5425.5	1054.5	166834

1984年，后周供销社支持村民发展蘑菇生产，抽调职工20名，深入190个村民小组，发展菇农932户，承诺“三包一保”（包供应菌种、包技术辅导、包收购鲜菇，保证菇农正常收入），落实蘑菇种植面积，供应菌种17万瓶、菜饼50吨、尿素15吨、石膏粉10吨、农药2.5吨、搭架毛竹3000支、铅丝2吨。是年，别桥供销社购销额达417万元，古渎供销社购销额达214万元，后周供销社购销额达546.4万元。1985年，别桥供销社支持社办工业发展，想方设法采购煤炭100吨。1986年，古渎供销社购销金额为216.29万元，后周供销社购销金额为493万元。

1988年，县联社为支持革命老区后周发展农业生产，增拨供应尿素57.5吨、磷肥330吨、混灭威30吨、甲铵磷20吨、除草醚3吨给后周供销社。茅山老区工作小组与后周供销社一起，配合后周乡政府，落实棉花种植布局，发动群众栽桑养蚕，加强茶叶管理，帮助297户农民栽培蘑菇2.22万平方米，种植番茄等多种经营，并提供种子、技术和销售等系列化服务。这一年，后周供销社收购的棉花、蘑菇、蚕茧、番茄等土副产品金额就达191.4万元。

糕饼坊是供销社生产副食品的部门，生产传统副食品。1985年，别桥供销社糕饼坊制作的“金腿月饼”，先后获常州市、江苏省供销社质量评比同类产品的第三名。

蚕茧隶属供销社收购。1954年，收购鲜茧约70吨。1956年，浪圩茧行收购春茧245.9担，绸缪茧行收购春茧372.5担。1982年后周供销社设茧站，1986年收购蚕茧549担。1987年，湖边供销社开设茧站。

1989年3月11日，县供销总社下发《转发溧阳律师事务所<关于进一步完善承包经营责任制的意见书>的通知》，妥善解决实行承包经营责任制中的一些具体问题，完善承包经营责任制。这一年，别桥镇现境内5个供销社共有职工245人。1991～1993年，境内的5个供销社推行第二轮一定三年不变的经营承包责任制，实行柜、组独立核算，建立激励机制，奖金兑现做到上不封顶，下不保底，拉开档次，彻底打破“大锅饭”“平均主义”。1994年，别桥供销社销售额是25万元，湖边供销社、古渎供销社、绸缪供销社销售额均为10万元左右，后周供销社销售额15万元。1996年，5个供销社从业人员共189人，商品零售总额2016万元。1998年，5个供销社从业人员174人。

2002年12月，境内供销社进行产权制度改革。企业改制后，坚持办社宗旨，与时俱进，以建设“农村、农业、农民”社会化服务体系为目标，充分发挥供销社的组织网络优势，建办农村社区服务网点、为农综合服务社；组织实施“万村千乡市场工程”，加强发展现代流通网络和农副产品、土特产市场购销网络；组织引导农村优质产品进城、进超市和城市优质工业品、优势生产要素下农村、进农家，建立健全新型农村市场流通网络，保障农民方便消费、放心消费。

二、合作商店

合作商业是小摊小贩根据自愿原则，在国营商业领导下组织起来的个体劳动者集体所有制经济组织。它实行资金入股，统一经营，独立核算，共负盈亏，盈余按公积金、公益金、奖励金等进行分配。它与公私合营商业的区别是，合作企业是小商小贩，公私合营商业户是民族资本家。1951年，以别桥区为单位成立摊贩联合会和工商业联合会，小商加入工商联合会，小贩则加入摊贩联合会。

1952年3月3日，别桥工商联办事处成立，下辖绸缪、后周2个工商小组。

1952年别桥工商联办事处商业户一览表

表13-1-7

行业	户数（户）	从业人数（人）	行业	户数（户）	从业人数（人）
南货（含1家酒号）	15	48	饭店	7	22
棉布	7	19	什货	7	19
百货	4	11	服装	6	10
国药	3	14	理发	5	12
木器铺	5	16	弹花店	3	17
竹器铺	5	21	茶食（糕饼）	3	10
铁器铺	5	14	面饼店	10	14
代理业	10	28	糖坊	3	15
茶社（含1家茶叶店）	7	20	肉铺羊坊	4	11
浴室	1	4	豆腐	10	26

1953年，别桥集镇南货小商业12户与鱼、菜摊贩7户，联合成立南货合作商店和山地货鱼菜合作商店。

1955年2月，中共中央发出关于组织农村小商小贩走互助合作道路的号召，并确定小商小贩走互助合作的组织形式。4月1日，县供销社对别桥集镇小商小贩走合作化道路进行试点。根据积极地、稳步地由低级到高级形式的原则，组织社会主义萌芽性质的经营合作小组4个，共33人。经营小组实行统一进货，分散经营，各负盈亏。8月，县供销社拟定合作商店章程，为别桥、后周组织合作商店订立章程提供参考，内容包括组织性质、与供销社的关系、管理制度、资金来源、合并与解散等。

1956年1月20～23日，批准别桥乡237户小商小贩走合作化道路。别桥集镇饮食服务行业相继组织起来，有5户饭、菜馆组织2家营业食堂，8户面饼店合并成1家面饼店，9户茶馆联合组成1家开水店（老虎灶）和1家茶社，5户理发店组成1个合作小组。绸缪、后周组建合作商店。12月，别桥供销社委派别桥合作商店在湖塘、闸口、浪圩村设立下伸店。

1958年人民公社化后，合作商店全部并入当地基层供销社，实行人、财、物三统一，所有的小商小贩与全民所有制职工一样，拿固定工资，吃“大锅饭”，经济性质混淆。1959年6～12月，农村商业机构体制调整，将原来1958年并在别桥、后周等供销社的合作商店小商小贩分离出来，恢复合作商店。

1961年下半年，根据“调整、巩固、充实、提高”的方针，恢复商业、供销体制，对合作商店人员进行适当的精简，一部分职工支援农业生产。别桥合作商店设有饭店、副食、日杂、百货、茶馆、旅社、浴室、理发、老虎灶、山地货批发、窑货、照相等行业，还设有下伸店9个。1965年，对老、弱、残人员进行相应的安置。

1966年“文化大革命”期间，境内合作商店又并入境内供销社，实行“资金、人员、盈亏”三统一，职工工资普遍增加10%，取消劳动返还的分配制度，公积金由境内供销社单独记账，专户管理，保留原有的商业网点。

1973 年，境内合作商店人员又从供销社划出，恢复原来的合作商店，业务上受境内各供销社归口管理，单独经营，自负盈亏，行政上属公社革委会领导。合作商店职工的报酬，实行基本工资加拆账的分配办法。1974 年至 1975 年 1 月，别桥合作商店安排 61 ～ 77 周岁的 18 名老弱职工退休包养。从 1979 年 1 月开始，合作商店职工实行退休制度，按照国家有关职工退休规定领取退休金。是年，别桥合作商店有 10 名集体商业职工办理了退休手续。

中共十一届三中全会以后，县供销社逐步落实对合作商店的政策。全国供销合作总社《关于办好农村集体商业意见》的文件指出："合作商店已经发展成为社会主义性质的集体商业，在名称上，原有的合作商店和新发展的集体商业，应当统称为集体商业。集体商业职工是工人阶级的一部分，与供销社职工享受同样的政策待遇。"1980 年年底，别桥、湖边、古渎、绸缪、后周的集体商业领导组织重新组建，别桥合作商店纯商业店和服务行业有 13 个门市部，职工 65 人。1981 年发展到 15 个门市部，职工 68 人，下伸店人员 9 人。

1983 年商业体制改革以后，集体商业按门市部和柜组推选多种形式的经营承包责任制。

1984 年 9 月，县供销社对别桥镇境内原 5 个供销社长期借用的集体商业职工进行调整，1981 年年底前借用的人员仍在供销社工作的，可不再退回，其人员性质不变，政治、经济待遇不变，并按各总店人均负担比例，相应划给一部分退保人员归供销社负担。

1985 年，合作商店更名为商业公司，实行承包制经营，有从业人员 153 人。1989 年，商业公司从业人员：别桥 78 人、湖边 10 人、古渎 11 人、绸缪 17 人、后周 44 人。1995 年，商业公司从业人员：别桥 62 人、湖边 10 人、古渎 7 人、绸缪 14 人、后周 40 人。

1992 年，别桥商业分公司更名为集团分公司。1994 年，集体商业全年购销总额：别桥 1800 万元，绸缪 200 万元，后周 300 万元。

1999 ～ 2000 年，进行产权制度改革，采用各种形式的承包责任制。2002 年，商业集团分公司全部改由个人经营。

1979 ～ 1982 年别桥合作商业系统各项资金增长情况统计表

表 13-1-8　　　　单位：元

金额 项目 / 年份	自由流动资金	固定资产	家具　用具	销售金额	利　润
1979	6313	1687	7593	36000	—
1980	7528	3609	22188	530000	26401
1981	32588	7376	53928	640000	32000
1982	46990	11056	80751	770000	25000

三、代购代销店

农村代购代销店（简称"双代店"）始建于 1966 年，是别桥镇现境内原各公社供销社分布在农村的商业网点。"双代店"由供销社与大队共营，人员由大队推荐，资金由供销社核拨，商品由供销社供应，价格按供销社规定制定，收购农副产品送供销社，供销社按收购与销售额支付手续费，利润体现在供销社。1966 年，别桥、湖边、古渎、绸缪、后周五公社有双代店 56 个，双代员 112 人。开始时，一个店铺底资金 300 ～ 500 元，代销商品有食盐、酱醋、火柴、肥皂、烟酒及日用小百货，收购鸡蛋、兔毛、羽毛、废旧物资等。

1966 ～ 1973 年，别桥境内双代员的报酬是按代销额支付 4.5% 的手续费，多劳多得，费用向别桥现境内原 5 个公社供销社结算。1974 ～ 1977 年，双代员的报酬由大队按同等劳力评工记分，参加大队或生产队的统一分配，根据双代员的表现可略高于同等劳动 5% ～ 10%。别桥现境内各供销社每月付给双代员 3 ～ 5 元生活补贴费。1977 年，在县供销社统一部署下，开展整顿“双代店”的工作，完善管理“双代店”的规章制度，修订双代员守则八不准（一、不准赊销；二、不准挪用资金；三、不准提级提价；四、不准私自变价；五、不准克扣群众；六、不准私自销售收购的商品；七、不准为个人代销商品；八、不准商品走后门）。制度公布上墙，使“双代店”更加健康地发展。1981 年，别桥、湖边、古渎、绸缪、后周五公社共有“双代店”61 个，从业人员 124 人。各公社供销社为了加强领导，均配备一名商政员，具体管理“双代店”工作。随着“双代店”的发展，业务不断扩大，服务项目增加，有些“双代店”不仅供应日常用品，还供应小农具，供应品种从几十种增加到 200 种左右。1981 年起,“双代店”手续费、费用改为“双代店”本人结算。1976 ～ 1983 年是“双代店”发展的鼎盛时期。1986 年后,“双代店”陆续撤销,渐由个体私店代替。

1981 年别桥、湖边、古渎、绸缪、后周公社集体商业一览表

表 13-1-9

部门 / 数量 / 公社	供销社		合作商店		下伸店		双代店	
	部门数（个）	从业人员（人）	部门数（个）	从业人员（人）	数量（个）	从业人员（人）	数量（个）	从业人员（人）
别桥	15	68	15	68	9	9	16	39
湖边	7	25	7	16	0	0	7	11
古渎	7	21	7	21	0	0	11	18
绸缪	8	31	8	23	1	1	9	16
后周	9	43	8	37	3	3	18	40
合计	46	188	45	165	13	13	61	124

第三节　国营商业

一、粮油管理所

民国 29 年(1940 年)7 月 19 日,第三战区游击区总指挥部制定统制食粮办法,筹设交易公店,别桥、后周等处为军米采购地点，由总指挥部制证发给各部队在指定地点采购军粮。老百姓需购粮食则以各乡（镇）公所所在地筹建交易公店为采购场所，由县政府于奉令五日内拟定发票，实行计口援粮。封存民间余粮，陆续分批运到采购地点。军队需购的粮食部分现款购买，民食部分由各乡镇所在地的交易公店办理。交易公店由乡（镇）长、公正士绅、殷实商户组织管理，

并以行政力量辅助。民国35年（1946年），设溧阳县田赋粮食管理处，别桥设办事处，办理赋粮入库事宜。

民国38年（1949年）5月，溧阳县人民政府粮食局成立，负责征借公粮。遵照苏南行政区常州专员公署民国38年（1949年）8月31日训令，溧阳成立中央公粮仓库溧阳分库，别桥设立区粮食支库。1950年7月26日，中国粮食公司溧阳办事处成立，设别桥粮食购销营业所，专司粮食购销，以平抑粮价，保障军糈民食，粮食经营开始纳入正常轨道。当时，别桥粮食购销营业所只有仓库1座，计4间，职工7人。

1952年，别桥区有粮食收纳库23个。别桥粮食购销营业所积极组织收购，秋征入库粮食4067吨。1953年3月23日，粮食局与中粮公司正式合并为溧阳县人民政府粮食局。别桥粮食购销营业所是全县五个粮食购销营业所之一。12月，全面贯彻粮食的统购政策，除别桥粮食购销营业所收购粮食外，供销社也设粮食代购点，当年收购粮食占粮食总产的55.4%，私营粮食行店纷纷转业，粮食收购全部掌握在国家手里。1953年以后，征收公粮和统购余粮全部纳入国家统购计划。

1954年，供销社粮食收购点有：古渎仓库4间，仓容量150吨；后周仓库8间，仓容量110吨；黄金山仓库5间，仓容量125吨。

1955年3月，溧阳县人民政府粮食局改称溧阳县粮食局，以区设别桥中心粮油管理所。别桥中心粮油管理所由新中国成立初期的7名职工增加到32名。1955～1957年，别桥区粮管所用油蒸式化验器检测收购稻谷、三麦的水分。1957年，别桥粮油管理所有仓库35间，都是祠堂或公房，分布在樊庄6间、前王7间、马家9间、虞缪村9间、集镇4间，可容粮食195吨。后周粮油管理站粮库分布在东下梅、西下梅、后周、东胜等村，总面积1330.34平方米，储粮面积1167.73平方米，储粮容积3501.847立方米。

1957年后周粮油管理站仓库容量一览表

表13-1-10

库名	仓名	堆装方式	仓库类型	面积及容积情况			
				总面积（平方米）	占用面积（平方米）	储粮面积（平方米）	储粮容积（立方米）
东下梅	1号仓	散	丙	229.770	30.320	199.450	728.890
西下梅	大公堂	散	丙	277.500	24.150	253.350	812.137
西下梅	公和	散	丙	92.340	10.693	81.650	232.900
西下梅	钻公	散	丙	92.340	8.790	83.550	237.700
后周库	1号仓	散	丙	138.030	5.110	132.920	431.200
后周库	2号仓	散	丙	46.360	6.410	39.950	119.400
后周库	3号仓	散	丙	46.360	8.480	37.880	113.760
后周库	4号仓	散	丙	71.240	4.728	66.500	169.410
后周库	5号仓—1	散	丙	49.000	6.350	42.650	112.680

续表 13-1-10

库名	仓名	堆装方式	仓库类型	面积及容积情况			
				总面积（平方米）	占用面积（平方米）	储粮面积（平方米）	储粮容积（立方米）
后周库	5 号仓—2	散	丙	27.500	1.668	25.830	63.330
后周库	永太昌	散	丙	96.100	3.700	59.100	—
东胜库	1 号仓	散	丙	163.800	18.900	144.900	480.440
合　计				1330.340	129.299	1167.730	3501.847

1958 年 4 月 24 日，撤销区中心粮油管理所，以乡建立别桥、后周粮油管理所，新机构于 5 月 1 日对外营业。是年，别桥粮油管理所在收购粮食时，使用电力化验器检测收购粮的水分。当年，别桥粮油管理所只完成镇江地委核定的别桥粮食征购任务的 54.9%。

1962 年 9 月，别桥粮油管理所改为区中心粮油管理所，管辖别桥、湖边、古渎、绸缪粮油购销站。站内设站长、财会、防化、粮食专管、饲料员以及保管组、收购点、供应点等。后周公社粮油购销站属竹箦中心粮油管理所管辖。是年，别桥中心粮油管理所新建烘干车间，为了方便露天粮囤的结顶，购置 5 台输送机，同时增添稻谷出糙检验器和小麦出粉检验器等。由于高估产、高指标、高征购和自然灾害造成粮食减产，1960 ～ 1962 年，别桥境内粮食收购入库量只有正常年景的 50%。1964 年，别桥粮油管理所从业人员 20 人。

1966 年起，溧阳县根据中共中央 1965 年 10 月批转的国务院财贸办公室《关于稳定农民负担，下苦功夫进一步做好粮食工作的意见》的精神，实行农村社队粮食征购任务“一定三年不变”的政策。1968 年，别桥粮油管理所新建 5 ～ 6 号粮库 16 间，可容粮食 1250 吨。

1969 年 11 月，粮食部门机构改革，撤销原基层粮管所、站，成立人民公社粮油管理站革命委员会。是年，别桥、湖边、古渎、绸缪、后周粮油管理所共有仓库 18 处 182 间，仓容 9385 吨；水泥晒场 6 处，计 3600 平方米；土晒场 1 处，200 平方米。

1969 年别桥、湖边、古渎、绸缪、后周公社粮站仓库容量一览表

表 13-1-11

公社名称	所属粮站	仓库名称	坐落地点	仓容情况		
				处数（处）	间数（间）	仓容量（吨）
别桥	别桥	樊庄	樊庄	1	15	550
别桥	别桥	前王	前王	1	8	450
别桥	别桥	跃进	别桥	3	37	2550
别桥	别桥	八一库	别桥	1	9	390
湖边	湖边	浪圩	浪圩	1	10	500
古渎	古渎	革北库	古渎	1	5	300

续表 13-1-11

公社名称	所属粮站	仓库名称	坐落地点	仓容情况		
				处数（处）	间数（间）	仓容量（吨）
古渎	古渎	文革库	河北	1	10	600
古渎	古渎	红卫库	古渎	1	5	225
古渎	古渎	道成库	道成	1	6	260
绸缪	绸缪	绸缪	绸缪	1	21	880
后周	后周	南厫	后周	1	11	550
后周	后周	北厫	后周	1	11	550
后周	后周	新八间	后周	1	8	400
后周	后周	新九间	后周	1	9	450
后周	后周	下梅	后周	2	17	730
合计	—	—	—	18	182	9385

1971 年 8 月 21 日，中共中央发布《关于继续实行粮食征购任务一定五年》的通知，粮食征购任务“一定三年”改为“一定五年”。

1972 ～ 1974 年，别桥粮油管理所新建 10、11、12 号粮库 17 间，可容粮食 1060 吨。1979 年，别桥粮油管理所建 1 号粮库 6 间，可容粮食 500 吨。

1981 年，后周粮油管理所属上兴区中心粮油管理所领导。前马、余桥粮油管理所属别桥区中心粮油管理所领导。别桥粮油管理所新建三层办公大楼，计 18 间，建 3、4、17、18 号粮库 16 间，可容粮食 1300 吨；建南河沿新粮库 10 间，可容粮食 1100 吨。至此，别桥粮油管理所共有仓库 167 间，占地面积 6900 平方米，可储粮食 10030 吨。这些粮库都集中在粮油管理所内。另外，粮管所外的仓库，除樊庄 6 间尚存，其他各处都被废弃或移作他用。

1986 年，别桥现境内有别桥中心粮油管理所，湖边、古渎、绸缪、后周粮油管理所。

1985 年别桥、湖边、古渎、绸缪、后周粮站粮仓仓容分布一览表

表 13-1-12

单　位	库点数（个）	建筑面积（平方米）	设计容量（立方米）
别桥	2	7505	12800
湖边	1	1627	2650
古渎	1	2184	3660
绸缪	1	1764	3340
后周	3	4074	7340

1988 年 5 月 19 日，撤销别桥区中心粮油管理所，同时建立别桥粮油管理所，在别桥行政

片所在地粮油管理所设联络员，实行以镇代乡管理（1996年2月28日免）。1990年，别桥、湖边、古渎、绸缪、后周粮管所从业人员共85人。

1990～1994年别桥镇现境内原粮管所仓储建设情况一览表

表13-1-13　　　　单位：吨

单　位	1990		1991		1993		1994	
	新建	改造	新建	改造	新建	改造	新建	改造
别桥粮管所	1500	—	—	1200	3250	—	—	—
湖边粮管所	—	1500	—	—	1500	1000	—	—
古渎粮管所	—	1000	1200	—	1000	—	—	—
绸缪粮管所	—	—	—	—	1000	1750	—	—
后周粮管所	—	—	—	—	—	—	1000	2000

2001年4月，粮食系统体制改革，别桥米厂和别桥粮油管理所合并，改称为别桥粮油工贸公司。2002年1月25日，撤销湖边粮管所，归入别桥粮油工贸公司；撤销古渎粮管所，归入绸缪粮油管理所。6月，别桥粮油工贸公司改制，企业关停歇业。

2003～2004年，溧阳市粮食购销有限公司对基层粮库进行处置，所有机构全部取消，别桥地区仅保留后周一家收购点。后周收购点属溧阳市粮食购销有限公司在全市布点的八家收购点之一。

二、食品购销站

溧阳系江苏生猪、禽、蛋品重点产区之一，别桥又是溧阳生猪、禽、蛋品重点产区之一。民国时期，别桥集镇上有张龙海、史如林等墩头店6家。抗战后期，集镇复设肉铺，有张龙海、朱庆寿、吕洪喜、虞普伢4家；有民生、仁和两鸡行，专收家禽、蛋品运销外地。至于牛、羊家畜，购销很少，一般由养户自行宰杀，或卖给城市宰坊；羊在冬季有人收购，宰杀出售生、熟肉。

1952年，别桥乡政府把集镇上旧政权时代遗留下来的4家肉铺组织起来，集4家资金共943万元（旧币），开设公盛肉铺，但这并不是别桥食品站的前身。公盛肉铺4位店主，后来有的改行，有的回到老家种田。

1954年，别桥供销社设立食品收购站。食品站建立时，非常简陋，仅有站房2间，职工2人。建站之初只收购生猪，肉类供应由小菜场负责。1956年，溧阳县食品公司在别桥设立食品购销站，经营生猪收购、鲜肉供应的业务，撤销1954年别桥供销社设的食品收购站。

1958年4月，别桥食品购销站移交给别桥供销社经营管理，更名为别桥供销社食品门市部。1962年11月，县供销社、县商业局决定在别桥、竹箦（后周属之）建立食品收购站，原供销社经营的猪、禽、蛋、水产品的业务在11月15日移交给食品收购站。

1963年，溧阳县食品公司下伸设立别桥、湖边、古渎、绸缪、后周五公社食品组，实行统一经营、统一调拨、统一核算。1964 年，又单独设立别桥食品购销站，并扩大业务，除生猪外，羊、家禽、蛋品也一并收购，还定期到湖边、古渎、绸缪三地定点收购。是年，别桥食品购销站有所扩展，将生猪库、屠宰场与门市部分开，有房屋 7 间，职工 8 人。

1963 ～ 1978 年，食品购销站隶属关系反复多变。1979 年，别桥食品站重新改建了门市部、猪库、屠宰场。别桥食品购销站下辖湖边、古渎、绸缪食品小组，从业人员共 31 人。后周食品小组隶属于竹箦食品购销站领导。

1982 年，别桥食品购销站基本建设扩大，门市部扩建到 5 间门店，屠宰房扩建到 5 间，生（活）猪库房 4 间，职工增加到 13 人，并将办公室迁到桥西。别桥现境内鲜肉代销店从 16 个增设到 39 个。1983 年 3 月，别桥食品购销站改称别桥中心食品站，下辖的湖边、古渎、绸缪食品小组改称为湖边、古渎、绸缪食品站；原隶属于竹箦食品购销站领导的后周食品小组，改称为后周乡食品站。1985 年 7 月 1 日，政府开放猪肉市场。

1986 年，食品站体制改革，生猪收购、屠宰场由个体经营。1992 年，贯彻“定点屠宰、集中检疫、分散经营、统一纳税”十六字方针，由政府组织工商、税务、兽医、卫生等部门参与管理，让居民吃上放心肉。2001 年，别桥设立食品分公司，生猪由个体收购、定点屠宰、分散经营。2013 年，全镇所有贸易市场猪肉零售摊位皆由个体经营，生猪定点屠宰。

第四节　个体商业

1978 年中共十一届三中全会以后，从市场格局、所有制形式到经营方式、居民消费水平等方面都发生根本的变化。商品由极度匮乏、计划限量供应到商品品种多样、数量充裕、供大于求，消费水平随着居民收入不断增加而逐年提高。商贸流通市场格局与业态得到快速发展和提升，商品物资供应日趋丰富。20 世纪 90 年代，商贸服务以国有商业、供销合作社、合作商店商业为主。1993 年，国营、集体商贸企业陆续改制，逐步退出市场。民营、私营商贸企业得到快速发展。进入 21 世纪，别桥地区以别桥、绸缪、后周集镇为阵地，构筑乡村市场工程，形成便民、放心、安全的农村商贸流通网络。个体商业纷纷出现，经营品种包括南杂货、百货、服装、家具、水果、蔬菜、副食品、日用小商品、针织品等，还相继出现一些超市和药店。

图13-1　1984年别桥集镇街头小贩

1979 年 10 月，别桥集镇有证铺摊 6 个。1983 年，别桥、湖边、古渎、绸缪、后周五乡批准开业的个体工商户 127 户，从业人员 216 人。此后，个体工商户逐年增加，经营项目越来越多，商业市场发生根本变化。2000 年，别桥镇、绸缪镇、后周镇个体工商户增加到459户，从业人员715人。2013年，商业网店不断出现，新增大型商场超市2个，个体工商户1517户，从业人员2786人，其中商业1296户，从业人员2327人;饮食业89户，从业人员306人；服务业132户，从业人员153人。全镇社会商品消费品销售总额34.6亿元，比2012年的31.6亿元增长9.4%。

第二章　生产资料贸易

第一节　农业生产资料购销

一、化肥

图13-2　供销社农业化肥供应

新中国成立前，尚未有化肥供应。别桥镇境内农民种田以家积肥（猪、羊囤灰、人粪）和自然肥料（河塘肥、红草、青草）等有机肥料为主，加之少量饼肥。化学肥料（化肥）包括氮肥、磷肥、钾肥、复合肥等，是农作物生长不可缺少的肥料要素。

1952年，境内圩区水稻开始使用化肥，平均每亩使用量为100克（0.2市斤）。1955年后，在后周丘陵地区推广使用磷肥。之后，别桥镇境内普遍使用磷肥。1973年，别桥镇境内农村开始使用氮、磷、钾俱全的复合肥。1955年起，以“定产、定购、定销”面积计划分配化肥，发化肥票供应到队。别桥供销社供应化肥281吨，亩平均用量在3千克左右。1956年销售供应化肥344吨，1957年为478吨。

20世纪60～70年代末，为解决固体氮肥供需矛盾，补充固体氮肥供应量，别桥、湖边、古渎、绸缪公社，除购置驳船到上海吴泾化工厂运载氨水供应生产队，同时还组织生产队小农船直接到上海吴泾化工厂装运氨水，每年1500吨。1971年，别桥、湖边、古渎、绸缪、后周公社供应氮肥2716吨，其中碳酸氢氨2516吨。1975年，积极试验和推广发展腐植酸类肥料，别桥、湖边公社销售土化肥腐植酸铵约820吨。1977年，别桥、古渎销售土化肥腐植酸铵约3200吨。1978年停止销售使用。

1982年，农村实行家庭联产承包责任制后，改为农户凭“粮肥挂钩卡”购买，供销社编造坐堂簿，分户记账。是年，别桥供销社共销售氮肥7218.9吨，其中碳酸氢氨6271.21吨、尿素427.3吨、氯化铵398.32吨、硫铵122.06吨，磷肥1391.49吨，钾肥75.02吨。

1976 年、1979 年、1982 年别桥供销社化肥销售一览表

表 13-2-1　　单位：吨

品名＼数量＼年份		1976	1979	1982
氮　肥		1755.45	3250.41	7218.90
其中	硫　铵	400.18	403.05	122.06
	氯化铵	199.91	325.93	398.32
	碳　氨	1060.10	2305.67	6271.21
	尿　素	95.26	215.76	427.30
磷　肥		339.56	655.40	1391.49
钾　肥		3.11	184.50	75.02

20 世纪 80 年代初，农业生产资料经营权定向开放。1984 年，农业主管部门允许乡镇供销社职工、农科站工作人员开店经营农用生产资料。1985 年，化肥由单一的计划供应逐步开放，计划分配与市场调节相结合，多渠道经营，议价货源充沛。1986 年，溧阳化肥厂因能源不足停产。县供销社贯彻两条腿走路，发动县公司和基层供销社到外地采购计划外氮肥，保证农户的化肥需求。别桥供销社农资供应部门在大忙季节，坚持早开门、晚下班，延长营业时间，方便农户购买化肥。农资供应部门还租用农船，送肥到村头、田头。是年，每亩化肥全年使用量达 56.5 千克。古渎供销社供应尿素 216 吨、复合肥 65 吨、其他氮肥 10445 吨、磷肥 1026 吨。后周供销社供应尿素 5107 吨、碳酸氢铵 1563 吨。

20 世纪 80 年代后期，化肥的品种不断换代，一度畅销的过磷酸钙、钙镁磷肥销量逐步下降。1996 年，别桥镇、古渎乡、绸缪乡、后周乡共销售化肥 11321 吨，其中尿素 7917 吨、磷肥 9619 吨、钾肥 284 吨、复合肥 2094 吨。

1986 ～ 2000 年，供销社供应化肥的方式经历了四个阶段：先是以“三定”面积计划分配，发票到队，定期供应；再是敞开供应，自由购买；后又改为承包农户，分散购买；最后又回到敞开供应，自由购买。

2000 年，别桥镇境内供销社体制改革后，化肥供应由农业服务部门和个人经营。随着农业生产资料经营权的全面放开，农业生产资料经营店在各集镇涌现。别桥集镇有农业生产资料别桥连锁店、别桥镇农业服务部、湖边农业服务部别桥门市部、红太阳生产资料服务部、红太阳生产资料服务部别桥连锁店等 10 家农资店；湖边有农业生产资料别桥连锁店湖边门市部、农业生产资料湖边连锁店 2 家（到 2010 年，湖边地区大力发展水产养殖，农田逐年减少，湖边两家农资店歇业）；古渎有农业生产资料古渎连锁店、古渎农业服务部 2 家农资店；绸缪集镇有农业生产资料绸缪连锁店、绸缪农业服务部等 4 家；后周集镇有农业生产资料后周连锁店、后周农业服务部等 9 家农资店。集镇上各农业生产资料经营门市部，分担别桥镇 98742 亩耕地（水田 88179 亩、旱地 10563 亩）化肥的供应和农业技术服务。

2013 年，全镇有 23 个化肥供应点，销售化肥 8532 吨，其中尿素 4266 吨、碳酸氢铵 1270 吨、

复合肥2996吨。

二、农药

农药主要用于预防农作物的病、虫、草害，有固体、液体两大类。20世纪50年代前，国内生产农药很少，农作物遇有病虫害，多以土法防治。1952年，别桥区、竹箦区（后周当时属之）供销社开始供应化学农药，品种有0.5%“六六六”粉，“滴滴涕”和25%、5%“二二三”粉，供应量约1吨。1954年，别桥区供销社配备农药、农药器械推广使用人员，发动和帮助农民防治病虫害，同时组织农药供应，增加供应杀菌剂西力生、赛力散等。1955年，别桥全区供应农药5.2吨。20世纪60年代，供销社增加供应80%敌百虫、40%乐果、25%苏化203、90%晶体敌百虫、80%敌敌畏、5%“1605”乳剂、甲六混合粉等高效农药。1961～1970年，别桥镇现境原5个公社供应农药约1590吨。

1970年以后，为适应扩种双季稻及大面积杂交水稻病虫害的防治需要，增加供应40%苏化203、50%马拉松、25%杀虫脒、25%杀虫双、25%除草醚和生物杀菌剂、井冈霉素等26个品种的有机磷高效农药。

1976年、1979年、1982年别桥供销社农药、喷雾器销售一览表

表13-2-2

品名	单位 \ 数量 \ 年份	1976	1979	1982
农药	千克	281116	267712	317629
喷雾器	部	115	190	330

1984年，别桥乡、古渎乡分别对国产和进口的粉锈宁防治小麦白粉病进行对比实验，防治效果分别为95.2%和95.7%，消除了人们对国产粉锈灵推广使用的疑虑。

20世纪80年代，农药品种向高浓度低残毒和除草剂发展，由50年代低效高残毒有机氯“六六六”、“二二三”和各种混合粉，发展到具高效低残毒的杀虫、防病、除草、植物生长调节四大类系列品种，提高防治效果，减少对粮食的污染。增加供应50%甲胺磷、50%托布津、25%仲丁威、25%扑虱灵、呋喃丹、敌杀死、三氯杀虫螨醇、速灭威、双效灵、久效灵、绿麦隆、杀草丹、拿捕净、益草能、48%百草敌、12%亚草灵、矮壮素、乙烯利、稳杀得及菊酯类农药。

20世纪90年代末，别桥镇境内三集镇共开办农业生产资料连锁店、农业服务部等农资店25家。1996年，别桥镇、古渎乡、绸缪乡、后周镇共销售农药94吨。

2013年，别桥镇各集镇共有25家农资店，共销售农药130吨，为防治农作物病、虫、草害，发挥较大作用。

三、农用薄膜

20世纪60年代前，农作物防冻保温的传统方法是用草木灰均匀地撒在农作物上，或用

稻草覆盖在农作物上。1966 年，推广使用塑料薄膜给农作物防冻保温。用于农作物防冻保温的塑料薄膜，简称农膜。境内农膜主要用于山芋、蔬菜育苗和水浮莲、水花生、水葫芦、绿萍等搭棚保温越冬留种。开始时由于生产塑料薄膜的原料紧张，生产塑料薄膜较少，市场供不应求。

70 年代初，双季稻面积逐年增加，双季早稻早春育秧面积增加，农膜供应更加紧张。1973 ～ 1979 年的 6 年中，别桥镇现境原 5 个公社仅供应农膜 12.7 吨左右。1979 年后，推广棉花营养钵温床育苗，棉花种植面积逐年扩大，再加上大棚蔬菜的普及推广，农膜需求量增大，供需矛盾更加突出。1980 年，境内原 5 个公社仅供应 16.5 吨农膜。1986 ～ 1989 年，农用薄膜仍属国家分配供应商品。1986 年开始，别桥、绸缪、后周等供销社派采购人员到外地采购计划外农用薄膜。此后，每年从上海、镇江、无锡等地采购农用薄膜供应市场，确保农民种植棉花、山芋、蔬菜、西瓜、水稻等农作物育苗、防冻保温的用膜需求。1988 年，境内原 5 个乡镇供应农膜 50 吨左右。1996 年，别桥镇、古渎乡、绸缪乡、后周乡共销售农膜 70 吨。2013 年，别桥镇共销售农膜 103 吨。

四、农机农具

别桥地区传统旧式中小农机农具，都由铁、木、竹器业和农村手工业加工制造，供应市场。铁制农具镰刀、锯镰、钉耙、锄头、挖揪、犁头等，木制农具犁、耙、水车、掼桶、粪勺、秧凳、乌头等，竹制农具有扁担、稻箩、秧篮、挑箕、麦筛、连架、蚕匾、扫帚等，其他还有牛绳、罱泥网、蓑衣、芦帽等，共 100 多个品种。

1952 年，别桥集镇有杨隆泰、季洪兴、殷永兴、万盛、杨义兴、金复兴、聂盛兴铁器铺 7 家，马祥森、吕恒泰、王复兴、张义兴、邵复兴木器铺 5 家，李源盛、义隆盛、协盛、袁兴隆、蔡福坤竹器铺 5 家。后周集镇有费德兴、胡同兴等铁器铺 6 家，木器铺 5 家，黄复兴、蔡顺兴等竹器铺 3 家。绸缪集镇有马顺和、杨顺兴、信茂、赵联隆等铁木竹器店。

50 年代初期，别桥供销社、后周供销社成立后，组织采购人员到外地采购制作铁、木、竹农具的原材料，由手工业生产合作社和手工业者加工制成各种中小农具，投放市场销售。1953 年，由县农业生产资料公司经营，别桥、后周供销社（站）设有专柜，供应的中小农具有铁制、木制、塑料制、园艺及其他五大类 77 个品种。1955 年，别桥区供销合作社增加经营喷雾器、喷粉器、双轮双铧犁、脚踏脱粒机等，销售总额 18415 元。1957 年供应新式脱粒机 25 部、双轮双铧犁 191 部。

1965 年起，农业机械及配件由溧阳县农业机械公司专营，对计划供应的农机农具进行调拨供应。别桥镇境内原 5 个供销社设立农机具专柜，经营小型农机具产品。1975 年，别桥供销社供应中小农具 21820 件，其中铁制农具 163 件、塑料农具 2019 件、竹木农具 18927 件。1982 年供应中小农具 7126 件，一部分产品从农具厂计划分配到生产队。

实行家庭联产承包责任制后，农机、农具由生产队集体购买使用改为农户购买使用，供销社供应减少，自由市场销售量陡增。1994 年起，市农机公司向农户推广大型农机具，由乡镇农机站组织农户购买，并享受政府补贴资金。购买中型拖拉机、联合收割机，由国家补贴总价的

30%，购买插秧机由乡镇补贴0.1万～0.15万元。2002年10月，溧阳市政府办公室《关于加快推进全市水稻种植机械化步伐的实施意见》的文件规定：高速插秧机补贴30%，手扶插秧机补贴35%，水稻直插机补贴40%。

至2013年年底，境内共购进联合收割机17台、大中型拖拉机94台、插秧机324台。

第二节 渔业物资购销

20世纪80年代始，根据别桥水乡区域特点，可养殖水面资源丰富的优势，不断推进、优化农业产业结构调整，利用境内湖边浅滩、低洼田，因地制宜，开塘筑坝，养鱼、养虾、养蟹，大力发展水产养殖业。2012年，建立以湖边、镇东、马家3个行政村为中心的特种水产养殖基地。2013年，又创建高效设施渔业和标准化高效河蟹养殖示范基地。水产养殖业的稳步发展，带动与水产养殖业相关联的水产养殖饲料、鱼药、渔需物资的购销，商家应势而动，在境内各集镇布点开店。至2013年，别桥集镇有长荡湖渔需物资供应部、建忠健康养殖综合服务部、金龙门水产科技中心、富强水产服务部4家鱼药、渔需物资供应店，有无锡通威饲料别桥经销处、淮安普瑞纳饲料别桥直销点、溧阳市顺达饲料经营部、东金康达饲料店、宜兴正虹饲料别桥经销部等水产饲料供应商7家。湖边集镇有利洋水产药店1家，康达水产技术服务部，美佳、天欣等水产饲料店3家。古渎集镇有百姓渔需药店1家，永合、巴大水产饲料店2家。绸缪集镇有海荣饲料店、天方集团饲料绸缪经销处、海大饲料绸缪直销处3家水产饲料店。后周有云生饲料店、周春林农副服务部、毛胡子饲料店、宜兴正虹饲料后周经销处4家水产饲料店。2013年，全镇有综合性渔需饲料店、鱼药店6家，销售金额89万元；水产饲料店19家，销售水产饲料16188吨。

第三节 建筑材料供销

一、砖瓦供销

明代初，境内兴起土窑，用柴草烧制砖瓦，供给居民建房，一直延续至民国时期。

20世纪60～70年代，别桥供销社生产资料门市部销售八五砖、小瓦、石灰等建筑材料，销售量不大。70年代后，农村普遍翻建房屋，青砖小瓦需求量增大，境内生产队、生产大队相继兴办小土窑，烧制砖瓦，供应农民建房造屋。这些集体创办的生产砖瓦的小窑，成为建房材料的主要供应商。别桥公社诸泗、上市、农场、战胜，湖边公社湖塘，绸缪公社阴山、槎溪、东社、东马、文巷，后周公社姜庄、诸社、靠村等大队（村）先后建办小窑厂。每只窑每烧一窑可烧制青砖8万～10万块，小瓦10万张左右。

1970年、1972年，后周砖瓦厂、别桥砖瓦厂先后建成，利用轮窑烧制八五砖、九五砖和平瓦。1987年，别桥砖瓦厂销售九五砖3488万块、平瓦20万张，产值151.3万元。1989年，后周砖瓦厂销售九五红砖1185万块。1981年，别桥镇现境内原5个公社有大小砖瓦窑39座，年产值3604万元。1986年12月，小石桥砖瓦厂建成，1989年销售九五红砖1185万块。1989年境内大小砖瓦窑减至11座，年产值1014万元。

2013年，别桥镇有砖瓦厂4家，年销售额723万元。其中，江苏华能墙材有限公司年产标砖8000万块以上，产值1200万元；金厦砖瓦厂年产多孔砖1500万块，九五实心砖800万块，产值1000余万元。

二、石灰供销

陈巷石灰窑于1986年建成，年产石灰1.8万吨。2007年，年产石灰4万吨。1989年12月，湖塘村新建石灰窑1座，2007年又建石灰窑1座，年产石灰5～10万吨。2004年、2008年，前程村建石灰窑2座，年产石灰18万吨。2013年，别桥镇有石灰生产企业3家，石灰窑5座，全年生产销售石灰32.5万吨，销售额1.3亿余元。

三、其他建材供销

1980年前，木材、钢材、水泥等建筑材料实行计划供应，不能满足市场需求。建材市场开放后，各种建材商店先后开张，建材供应量增加。1986年8月，位于别桥集镇北街98号的新宏建材商店开张营业，商店营业面积200平方米，职工4人，2013年销售额40万元。2003年9月10日，别桥立华建材商店在别桥兴城东路北侧88号开张营业，商店营业厅展品面积240平方米，职工3人，2013年销售额80万元。后周天行建材商店位于后周集镇镇中街南侧6号，于2009年8月开张营业，营业面积90平方米，职工2人，2013年销售额25万元。

2013年，全镇有建材商店89家，主要供应钢材、水泥、铝合金、木材、板材、卫生设施、各种装饰面砖、玻璃等。

第四节　废旧物资回收

20世纪50年代前，境内农业生产落后，人民生活贫苦，废旧物资资源贫乏，在商业中没有废旧物资回收行业，只有少数肩挑小贩收购，用饴糖换取鸡毛、鸡内金、破布等废旧物资。50年代初，肩挑小贩开始用糖果等换取旧锄头、钉耙之类的废旧金属。1954年，县供销社为解决加工农具的需要，发动别桥、后周供销社（分店）大量收购废生铁、废杂铜、废铅锡等。

1955年，别桥镇现境内原各供销社开展废旧物资回收业务，收购品种达77种。1956年，别桥区供销社利用固定的合营商店、合作摊贩深入小的集镇和大的村庄，代表合作社设点收购废品。1957年，别桥区供销社组织下乡收购废品63次，收购金额2347元。1958年4月，开展以支援工农业生产为中心的回收废旧物资突击月活动，别桥镇境内原各供销社全面发动，户户动员，边清理，边收购，一个月收购废金属约11吨。

1963年，为进一步调动供销社收购废旧物资的积极性，县供销社规定：对支付给下伸店、有证小商贩的手续费（废金属3%，其他7%），凭证向土产公司实报实销。废旧物资收购品种扩大到155种。1967年，别桥供销社在春耕大忙季节的6天时间里，组织77人次，深入到9个生产大队、45个生产队、2个电灌站，收购废旧物资15吨，其中废钢铁11.2吨。

中共十一届三中全会后，工农业生产发展较快，人民生活条件不断改善，废旧物资相应增加。1978～1980年，收购废旧物资的金额比前13年增加68%。1981年，县供销社、工商及公安部门规定，废旧物资经营部门属特种行业，经营废旧物资单位必须经县主管和公安部门同意，由工商部门审查登记后方可经营。供销社、下伸店、“双代店”及有证小商贩只能为经营单位代购，不得自营。是年，别桥、湖边、古渎、绸缪、后周公社共有废旧物资收购点71个。1982年，别桥供销社收购废旧物资金额13.6万元，是1976年2.5万元的5.4倍。

1986～1990年，废旧物资回收工作主要由棉麻土产公司和县供销社负责，经营收购的品种有废金属、废塑料、废纸、杂骨、破皮张等13大类，经营方式以代购为主，自营为辅。

20世纪90年代初，随着改革开放的深入和工业生产的发展，工业生产的产废量大量增加，废旧物资回收业务全面放开，个人可申请执照，成立废旧物资回收站。废旧物资回收户增多，其中外地到境内回收废旧物资的人员较多。他们单枪匹马，走村串户，回收废旧农机具和废旧物资，转卖给供销社、废旧物资回收站。1992年，别桥镇前王村村民王某某，成立荣达废旧物资回收站。至2011年年底，荣达废品回收站年均收购废旧物资1500吨，年收购金额210万元，累计收购金额达4200万元。2012年，由于废品回收市场行情变化，荣达废旧物资回收站歇业改行。2000年，溧阳市别桥潘记废金属回收站在别桥集镇桥西爱国路西侧开办。至2013年，年均回收废金属1200吨，累计收购金额3500万元。

2013年，全镇有废旧物资回收店6家，从业人员15人。

第三章　生活资料贸易

第一节　日用工业品贸易

一、百货

民国时期，境内集镇无专营百货的商家，百货业称之“广货店”。民用生活小百货由规模较大的摊贩经营，也有锦货店、南货店兼营小百货的。别桥集镇有福盛和，兼营棉布和百货。抗日战争后，有天丰、中庆、协盛3家百货店，主要经营毛巾、雨鞋、发夹、针和针箍、木梳、篦箕、纽扣、搪瓷杯、镜子等。

1952年，别桥集镇有袁庭鸿、陆龙生、丁建国等10家小百货商店，经营的品种有百货、针织、鞋帽、护肤品等。1955年，别桥集镇有百货合作商店和天丰2家百货店，后周集镇有于义和百货店。1956 年 6 月，县百货公司在别桥设立批发处。1957 年换证登记时，有别桥百货合作商店，绸缪百货合作商店，后周百货合作商店，湖塘、前王、周家湾等合作小组兼营百货，另有 6 个摊户经营百货。供销社建立后，专设百货门市部，经营百货、文化用具，品种有 1500 ～ 3000 种。

1960 ～ 1962 年，市场供需矛盾突出，国家收购农副产品实行工业品换购政策，即按农民交售的粮食（完成统购以后的余粮）、生猪、家禽、鲜蛋、水产品的数量，按有关规定奖给布票和农村甲乙两种购货券（俗称红、绿券）。凭红券购买的百货商品有 17 种：不收布票的针织品及服装、绸缎、定量外的民用线、胶鞋、暖水瓶、自行车内（外）胎、肥皂、搪瓷面盆、毛呢、羊毛制品、铁锅、碗、草席、煤油、雨伞、烟丝。凭绿券购买的百货商品有 30 种：搪瓷口杯、搪瓷杂件、钢精杂件、牙膏、镜子、镜箱、木梳、篦箕、手电筒、电池、锁、剪刀、铝丝、元钉、灯泡、陶瓷器、民用染料、帆布箱、裤带、旅行袋、背包、书包、帽子、瓶胆、木器家具、菜刀、枕席、民用玻璃、缝纫机、名牌收音机等。1963 年 7 月，市场供需矛盾逐渐缓和，废除红绿购物券的使用。

“文化大革命”时期，集体商业棉百货店由原来自负盈亏和独立核算单位变为供销社代销的商业企业，改名为百货代销店，后又改为独立核算企业，称百货商店。1972 年，别桥供销社百货销售额为 18 万元，1978 年增至 24 万元。

20 世纪 80 年代初，生活资料商品大多还是计划购销。1982 年 6 月，贯彻国务院关于开放、改革流通渠道的精神，供销社开展跨地区横向进货，形成多家批发、多种流通渠道并存的经营格局，百货商店货源丰富，品种繁多，式样新颖，所有商品逐步敞开供应。90 年代，市场逐步放开，商品物资由紧缺逐步趋向宽松，票证供应陆续取消。随着流通领域体制改革不断深入，个体经济崛起，个体小百货商贩不断涌现，商品经济得到快速发展，社会消费逐年增加。进入 21 世纪，随着洗涤剂的出现和洗衣机的推广与普及，境内百货品种的肥皂销售逐年萎缩，人们基本上不再使用肥皂洗涤衣服。在一次性打火机的冲击下，火柴在人们生活中黯然隐退。2013 年，镇内经营百货的商店、摊位 316 家，从业人员 482 人。

二、五金交电

1951 年，别桥供销社成立后，设立五金门市部，经营五金、交电商品。五金分为：建筑、装潢五金，泥木、钳板、切削、焊接工具，消防、水暖器材，机械配件及度量衡器；交电分为：电工电料、电信、家用电器、自行车及车配件。经营品种 500 ～ 900 种。1969 年前，别桥镇境内供销社五金门市部经营的五金交电商品比较单纯，仅有元钉、铅丝、铰链、插销、木螺丝、电线、灯泡、灯头、插头、开关、闸刀、瓷夹板等品种。70 年代后期，境内原各个供销社开始销售黑白电视机、收录机、电风扇、扬谷扇、自行车等家用电器。

20 世纪 60 ～ 70 年代，别桥境内的百姓家庭流行并一度凭票购置手表、缝纫机、自行车“三大件”。手表有“上海”“钟山”牌，缝纫机有“蝴蝶”牌，自行车有“凤凰”“永久”“长征”“金狮”牌。80 年代中后期逐步被彩电、冰箱、洗衣机“新三大件”所代。家用缝纫机随人们对成衣化的喜爱渐被冷落。2000 年，商场中家用缝纫机几乎绝迹。

70年代初，别桥镇现境内的原各供销社经营国产9英寸、进口12英寸黑白电视机，销售数量较少。1981年，规格9英寸、12英寸黑白电视机逐步淘汰，以国产14英寸黑白电视机为主销商品。

1976年至1983年8月别桥供销社“六大件”销售一览表

表13-3-1

数量 项目 / 年份	收音机（台）	手表（个）	缝纫机（部）	自行车（辆）	电视机（台）	电风扇（台）
1976	27	—	20	—	—	—
1977	79	—	35	—	—	—
1978	103	50	37	11	—	—
1979	779	124	52	60	—	—
1980	955	143	45	76	—	—
1981	596	218	83	93	3	—
1982	624	474	194	222	35	36
1983(1—8月)	342	298	79	186	39	120

80年代中期，17英寸黑白电视机及14英寸、18英寸彩色电视机成为市场上的紧俏货，尤以18英寸彩色电视机为最。继后，电视机品种不断更新换代，黑白电视机随着彩色电视机的普及而被淘汰，老式显像管电视机被平板液晶电视机的出现而遭淘汰。五金中的元丁应用渐渐被排丁所代替，老式合页被新型铰链所代替，白炽灯逐步被曝光灯、节能灯所淘汰。交电中的电风扇受空调冲击销售锐减。与此同时，家用交电新产品不断涌现，微波炉、电磁炉、电热水壶、热水淋浴器、太阳能热水器、空调、电动自行车、四轮电动车、电脑、抽油烟机等家用电器，已成为五金、家电销售中的主要商品。90年代后，经营五金、交电、化工的个体商店逐渐增多。1996年，供销社经营的五金、交电、化工商店由个人承包。

自别桥TCL家用电器专卖店（个体）于1996年7月开业后，后周集镇茂庚电器商店于2000年12月、别桥汇盛家用电器商场于2002年6月、海信家用电器别桥专卖店于2003年3月、别桥林海家电商场于2003年4月18日、后周志荣家用电器商店于2011年5月18日、后周浩强电器商场于2012年4月26日相继开业。2013年年底，上述8家家用电器商店、商场全年销售金额586万元。

90年代后期，自行车由电动自行车替代。电动自行车，三轮、四轮电动车逐渐普及，电动车销售店、维修店因势而起，自别桥集镇伟正车行于1996年10月开张营业后，仲新车行、老充车行、建新车行、台铃电动车专卖店、老陈车行、卫平车行、卫伢车行、小刀电动车专卖店等车行、商店、维修店先后在别桥、湖边、古渎、绸缪、后周集镇开张营业。2013年，伟正等9家电动车商店、车行共销售电动自行车、三轮、四轮电动车、摩托车3470辆。

1983年，经溧阳县计量局批准，别桥书金衡器店开业。书金衡器店制作各种木杆秤，并自行销售。每年制作销售木杆秤 380 多支。

2013 年，别桥镇经营五金、交电、化工个体商店 76 家，从业人员 109 人。

三、纺针织品　服装　鞋帽

20 世纪 70 年代前，境内集镇上没有一家成品服装专卖店，人们要添新衣，先到布店购买衣料，再送到缝纫店量身定做。当时别桥集镇上只有一家集体所有制缝纫店。1955 年，别桥、绸缪、后周集镇有 10 家个体缝纫店。境内原各供销社的纺针织柜销售卫生衫裤、棉毛衫裤、汗衫背心、床单、毛巾、袜子及多种帽子，供销社棉布柜供应各类棉布。

1954 年 9 月，棉布实行计划供应后，取消棉布的自由交易，实行按人定量，凭票供应。1960 年 8 月，棉布的计划供应范围扩大到针织品，卫生衫裤、棉毛衫、床单、绒毯等 9 种针织品，按实际用纱量计收布票；毛巾、袜子、汗衫背心等 10 种针织品凭布票购买；绸缎、呢绒、布鞋等及用蚕丝、人造丝、合成纤维原料制成的各种袜子、汗衫背心、蚊帐凭居民购货证记录购买。1978 年后，由于化纤产品上市畅销，棉布销量逐年下降。

1983 年 12 月，国家取消使用各种票证，棉布和各种纯棉针织品、纺织品开始敞开供应。1986 年后，随着成衣销量的上升，缝纫店逐渐减少。20 世纪 90 年代后，纺织品、针织品市场货源充足，供销社撤销棉布门市部，改由个体经营。

改革开放后，群众的生活水平不断提高，昔日传统的家庭制衣、手工纳鞋已成为历史，各类成品服装、鞋帽盛行，深受年轻人的喜爱。皮鞋、旅游运动鞋、休闲鞋成为鞋业销售主角。皮鞋类产品的销售模式发生改变，别桥集镇上有 3 家皮鞋厂实行前店后厂的经营模式，还可为顾客量脚定制皮鞋。进入 21 世纪，服装店、鞋帽专卖店遍布境内集镇街市。进货渠道各异，高、中、低档次皆有，国际、国内品牌一应俱全，丰富多样的服装产品、自由自在的选购方式、讨价还价的成交过程，满足各层次消费者的需求。2013 年，别桥镇有服装鞋帽商店 69 家，从业人员 138 人。

四、家具　日用杂品

20 世纪 50 年代前，境内居民添置日用家具，传统习惯是自备木材，请当地手艺较好的木匠上门制作。日杂用品、陶器等由个体摊贩经营。1954 年，境内有仁丰、汇丰等 4 家杂货店，从业人员 6 人；信成裕锅碗店 1 家，从业人员 2 人。别桥供销社成立后，设日杂门市部经营陶器。1973 年，日用杂品业务均由供销社和集体商业经营，品种有陶、瓷、锅、席、土纸以及铁、木、竹、藤、柳等日用杂品和家具。

80 年代市场开放后，个体经销商逐渐增多，日用杂品市场比较繁荣。日杂用品、塑料制品、成品家具市场活跃，外地高品质知名品牌家具进入别桥境内各个集镇市场。1985 年 8 月，别桥海金家具店在别桥集镇培阳路西侧 100 号开张营业，家具展厅面积 600 平方米，主要销售外地知名品牌家具，各式床柜、席梦思，红木、真皮、布艺沙发、实木餐桌等，2013 年销售额 100 多万元。1991 年 6 月，位于别桥集镇兴城西路 17 号的阳光家具城开张，营业厅面积 400 平方米，主打外地中高档、高品质知名品牌家具，2013 年销售额达 120 万元。

随着人们生活水平的提高，消费档次逐年提升，商品结构不断推陈出新，多功能、多用途家具、日杂商品不断涌现，品种繁多，价格适中，经营品种增加到500余种。2013年，别桥镇有日用杂品商店18家，从业人员34人；家具店12家，从业人员21人。

五、通信器材商店、营业厅

进入21世纪，移动电话发展迅速，手机的普及，给经营手机、通信器材行业带来巨大的商机。移动、联通、电信等通信公司在别桥境内各集镇布网设点，开设门市部，经营手机、通信器材。2013年，别桥集镇有4家手机、通信器材店，绸缪集镇有2家，后周集镇有5家。别桥境内移动公司营业厅销售手机、通信器材配件营业额90万元，代收话费410万元；联通公司营业厅销售手机、通信器材配件营业额15万元，代收话费40万元；电信公司2012年销售手机、通信器材配件营业额50万元，代收话费1000万元。2013年，电信营业厅对外承包。主要通信器材店、营业厅选介：

溧阳市别桥尤喻通信器材店 位于别桥集镇兴城东路42号，2003年2月28日开张经营。营业房面积60平方米，有职工6人。2013年，销售通信器材营业额60多万元，代移动公司收话费200多万元。

溧阳市别桥电信手机营业厅 位于别桥集镇兴城东路32号。营业厅面积80平方米，有职工5人，销售手机、配件等通信器材，月营业额1.5万元。2012年，年营业总额18多万元，话费收入500万元。2013年营业厅对外承包。

溧阳市绸缪电信手机营业厅 位于绸缪集镇建设路4号（欧式花园内）。营业厅面积50平方米，有职工6人，销售手机、配件等通信器材，月营业额1.2万元左右。2012年，年营业总额14万元多，话费收入260万元。2013年营业厅对外承包。

溧阳市后周电信手机营业厅 位于后周集镇原后周宾馆处。营业厅面积100平方米，有职工6人，销售手机、配件等通信器材，月营业额15000元左右。2012年，年营业总额18万元，话费收入240万元。2013年营业厅对外承包。

六、加油站

改革开放以来，别桥地区各种机动车辆逐年增多，境内加油站也应运而生。自1992年别桥首建加油站以来，至2013年，境内已陆续建成5座加油站。是年销售汽油2980吨、柴油3275吨。

图13-3 别桥加油站

别桥加油站 1992年，别桥镇工业公司、别桥电缆厂、别桥地毯厂三方各投资6万元，在老溧（阳）金（坛）公路（现湖塘路）东边首建别桥加油站，后因241（老溧金公路）省道东移及别桥集镇的扩建，于1995年上半年加油站拆毁。1995年9月，由个体投资，在兴城东路尽头与241省道接轨处的西南侧，重建别桥加油站。占地面积650平方米，营业房面积300平方米，储油量60立方米，有职工11人，加油机4台，加油枪8把。2013年，销售汽油80吨、柴油120吨。

湖塘加油站　由原湖塘村个体老板1995年投资建设，位于湖塘路（老溧金公路）与241省道接轨处的西南侧。几经转手，于2000年由中石化公司收回。占地面积1800平方米，营业房面积120平方米，储油量60立方米，有职工3人，加油机2台，加油枪4把。2013年，销售汽、柴油1500吨。

古渎加油站　位于溧（阳）后（周）公路古渎集镇段西侧，占地面积4000平方米，营业房面积800平方米，储油量175立方米，由个体投资建设，1996年7月10日营业。有职工11人，加油机4台，加油枪8把。2013年，销售汽、柴油600吨。

北山（阴山）加油站　位于溧（阳）后（周）公路与别（桥）后（周）公路交接处的西南侧。建于2011年，占地面积4666平方米，营业房面积300平方米，储油量120立方米，有职工5人，加油机4台，加油枪8把。2013年，销售汽油2000吨、柴油1900吨。

后周加油站　位于后周集镇镇前街与北环路交接处，由溧阳市华海石化油汽有限公司投资30万元，于2013年6月建成运营。占地面积2000平方米，营业房面积100平方米，储油量20立方米，有职工3人，加油机2台，加油枪4把。2013年，销售柴油55吨。

第二节　日用副食品贸易

一、食糖

食糖分白糖、红糖两类。民国时期，最适销的是进口的太古糖，其次是三尖糖和台湾产的绵白糖、东北白粗砂，福建、两广的赤砂糖。糖业经营竞争激烈。境内食糖批发、销售业务由杂货店和规模较大的南货店经营，起批点不限，2.5千克也批售。

1952年，现境内有丁建国、胡麟荪2家经营。而后，食糖购销由供销社经营，私营商店不再进行批发业务。

1960年，食糖供需矛盾突出，民用和生产用糖按各乡镇人口核算供应量，一次下达计划到供销社，采取计划限量供应。民用糖在节日安排一批，平时按货源情况定量供应，特需和奖售糖按规定保证供应。特需糖规定范围：1.保健用糖。按粮管所签发的购油卡，每人每月供应500克。2.防暑降温糖。根据享受降温费的标准，按工种分别供应。3.病员治疗用糖。1960年8月，对病员吃糖由医院出具证明到指定门市部购买，一般每月供应150～500克。4.婴儿吃糊糖。凭出生证发给购糖卡，每月供应250克，连续供应12个月。5.结婚用糖。凭男女双方结婚证，供应食糖1000～1500克。6.产妇用糖。凭医院证明，一次性供应食糖1500克。7.奖售食糖。每收购鲜蛋500克，奖售食糖100克。

1963年8月，临时实行高价食糖供应，进口古巴糖每500克2.4元、白砂糖每500克2.6元、白冰糖每500克2.8元。对民用定量和特需用糖及奖售糖仍按平价供应。1965年1月5日，高价食糖供应价调低，白砂糖每 500 克 1.6 元、古巴糖每 500 克 1.4 元。

1965 年 7 月 13 日，县商业局转发省商业厅《关于高价砂糖、糖果糕点退出高价范围及安排冰糖销售价格的通知》的文件，销售食糖的营业商店从 7 月 15 日起，执行通知精神，国产白糖、进口古巴糖退出高价销售，取消凭证定量及高价形式，全部按照当时平价敞开供应。

1966 ～ 1967 年，食糖产销均有大幅度增长，但生产增长赶不上消费需要，再加上国际市场抬高糖价，进口食糖减少，食糖仍恢复计划定量供应。1979 年，食糖供应好转，赤糖敞开供应。

1984 ～ 1985 年，国产糖产量增加，糖源充沛，产、供、销处于宽松状态。1985 年，别桥镇、湖边乡、古渎乡、绸缪乡、后周乡共销售食糖 87 吨，人均 1.2 千克。1996 年，别桥、古渎、绸缪、后周四乡镇共销售食糖 185 吨，人均 2.5 千克。2013 年，别桥镇销售食糖 105 吨，人均 1.5 千克。

二、卷烟

民国前期，别桥境内市场卷烟品种有“大英”牌、“老刀”牌、“品海”牌、“仙女”牌等，由南货店及摊贩经销。此后国人设厂生产卷烟渐多，卷烟牌子也五花八门，竞争激烈。一度曾以“彩券”放在卷烟盒内，赠品有金饰、纺织品、搪瓷、画片、本牌卷烟等，以此吸引顾客。抗日战争时期，卷烟销售更加低迷。抗日战争胜利后，卷烟销路也不广。农民习惯吸黄烟，别桥集镇有土烟店，生产黄烟销售，或在自家房前屋后自栽烟叶，秋后烟叶成熟收获晒干，晾在家中自卷自吸。

新中国成立初期，副食品商店经营卷烟，但农民仍吸黄烟。别桥有同福昌土烟店 1 家，从业人员 8 人。1951 年 9 月，国家对卷烟实行专卖，并分甲、乙、丙、丁、戊 5 个等级。1958 年 4 月，专卖事业公司并入副食品杂货经理部，别桥镇境内各集镇卷烟归各供销社经营。1959 年 7 月，卷烟按人口核实发票供应。

1960 年，由于农业遭受自然灾害，烟叶歉收，市场大部分供应“双鱼”牌戊级烟，每包 0.08 元。同年 8 月，卷烟按吸烟的人统计供应，每人每月农村 5 包，城镇每人每月 7 ～ 8 包。外来旅客，由投宿旅社供应，一般每人一天 5 支。1963 年 10 月 18 日，在继续做好平价计划定量供应的同时，实行临时高价国产卷烟的销售，全省实行统一价格，上海粗支“飞马”每包 0.57 元，“南京”粗支每包 0.6 元，沪产“劳动”每包 0.43 元。1965 年 4 月 1 日起，丙、丁级烟退出定量和高价范围，实行平价敞开供应。1966 年，省商业厅《关于乙级烟退出高价范围，按平价敞开供应》的通知：乙级烟退出高价范围，按平价敞开供应，除“中华”“红双喜”“牡丹”牌三种甲级烟保证特殊需要供应外，决定将“前门”“美丽”牌卷烟平价供应，于 2 月 25 日执行。

1970 年后，卷烟销路转旺，顾客购买选择品种也发生变化，大多挑选甲、乙级烟。1978 年，由于甲、乙级烟特别是沪产烟供不应求，只能逢年过节前安排一批，定量供应群众。1981 年 11 月 18 日，提高卷烟销售价格，甲级烟，全国平均每包提价约 0.27 元、省内产品平均提价 0.27 元；乙级烟，全国平均每包提价 0.08 元，省内产品每包提价 0.086 元；丙级烟，全国每包平均提价约 0.02 元，省内产品每包提价 0.024 元；丁、戊级烟不提价。

1984 年 11 月，成立江苏省烟草公司溧阳县分公司，卷烟由烟草公司经营，实行专卖。

1985 年 8 月 28 日，成立溧阳县烟草公司别桥经营部，开展批发业务，设 4 个小组，为别桥、湖边、古渎、绸缪等乡镇的烟草专卖店派送卷烟。是年，销售卷烟 46100 余箱。

20 世纪 90 年代，个体经营烟草商家不断增加。1993 年，境内烟草市场销售溧阳开发联产联销“太白楼”牌地方卷烟。1996 年 7 月，彰显溧阳形象的“天目湖”牌卷烟面市。1996 年，别桥镇、湖边乡、古渎乡、绸缪乡、后周乡销售卷烟 6.32 万箱。2000 年，别桥镇、绸缪镇、后周镇共有 480 余家烟草专卖店。2001 年，烟草专卖店布局调整，由溧阳市烟草公司直接管理和配送。2013 年，别桥镇有烟草专卖店 259 家，从业人员 488 人，年销售卷烟 7.13 万余箱。

三、酒类

酒类，按生产分为蒸馏酒、压榨酒、配制酒三大类；按销售分为高度酒（白酒）、黄酒、果露酒、啤酒、配制酒五大类。40° ～ 60° 为高度酒，20° ～ 40° 为中度酒，20° 以下为低度酒。

民国初期至抗日战争爆发前，境内市场上大众白酒来自苏北宝埝和金坛。白酒一般由南货店经销。抗战期间，“北酒”来源稀少。别桥、后周王夕芝私人槽坊酿造白酒适应市场需求。

1951 年 9 月 1 日，溧阳县专卖事业公司成立，酒类实行专营，私营企业不再经营酒类批发，零售商店须申请专卖公司领取专卖酒类执照，核定专项资金和库存，专卖公司经常派员到各零售商店抽查酒类库存和酒的度数。1956 年，别桥有建新酒店，后周有新民酒号。1956 年前后，酒粮充裕，国家要求扩大销售网点，达到村村有酒卖。1958 年 4 月，溧阳县专卖事业公司撤并，酒类由基层供销社批发部批发经销，别桥供销社经（区所在地供销社）批准，设酒类改装部。白酒 60° 经过“加浆”，溶成 55° 或 50° 散装、瓶装酒出售。

1959 ～ 1961 年，农副产品受灾歉收，酒粮不能满足生产需要，平时限量供应，节日适当增加供应。1960 年 8 月，白酒安排在集体食堂供应，一般每人每月供应两小瓶白酒，每瓶 125 克（0.25 市斤）。而后，按户发酒票两张，每张酒票可购买两瓶白酒，每瓶 125 克（0.25 市斤）。12 月改为社会劳动就业人员由所在单位统计，按饮酒者名单发给酒票，红白喜事一律供应白酒 1500 克（3 市斤）。农民莳秧酒，按水稻亩数另行安排。

1962 年 4 月 26 日，对酒类实行临时高价供应，45° 土烧酒 125 克（0.25 市斤）瓶装零售价每瓶 0.98 元，地产封缸酒 500 克（1 市斤）零售价 1.9 元（散装），250 克（0.5 市斤）瓶装土烧酒每瓶零售价 1.92 元。1964 年 9 月 19 日，酒类恢复平价供应。1975 年起，别桥镇境内原各供销社批发部开拓酒源，增加常州产 500 克（1 市斤）瓶装 50° 、55° “常州白酒”，山东招远产 500 克（1 市斤）瓶装 62° “招远白酒”等品种。1981 年 11 月 18 日，国务院决定提高酒类价格，地产 50° 粮食白酒每 500 克（1 市斤）零售价 1.26 元，500 克（1 市斤）封缸酒 0.88 元，50° 瓜子白酒不提价，并按原价每斤 0.71 元调低为 0.66 元。

啤酒在 20 世纪 50 ～ 60 年代销路不畅，70 ～ 80 年代销路激增。80 年代，天目湖系列啤酒成功开发生产，天目湖啤酒以其上乘的品质、清醇的口感深受消费者喜爱。境内天目湖系列啤酒销量平均每年以 30% 的速度递增，市场占有率 80% 以上。

1984 年后，农副业生产发展，酿酒原料充裕。1985 年，别桥镇和湖边、古渎、绸缪、后周四乡销售酒类415吨。1988年7月，名酒价格放开。1989年起，酒类全部敞开供应。销售的溧阳地产酒有瓜干白酒、黄酒、封缸酒等，销售外地酒有常州白酒，苏北的洋河、双沟、高沟大曲，山东招远的如意白酒，丹阳黄酒和金坛封缸酒等。1996年，别桥镇和古渎、绸缪、后周三乡销售酒类724吨。2013年，别桥镇销售酒类789吨。

四、盐

盐商起源甚早。但到汉朝，汉武帝立盐法，设盐官，置盐铁，实行盐专卖，禁止私营。历代承袭前制。民国元年（1912年），民国政府成立，仍沿旧制。溧阳设一官盐栈，自清代迄于抗日战争前，只有领到“官盐”牌照的商店才能经营，俗称“官盐”，别桥、后周集镇仅一二户而已。抗战爆发，这一制度才被废除。民国34年（1945年）2月，国民政府改行“就地征税、运销归民”。其后，溧阳杂货栈经营批发，别桥、绸缪、后周等集镇上的南货店都零售食盐。

新中国成立后，盐概由溧阳县盐业公司经营，盐源由淮北调入。原盐分食用盐、工业盐、农牧盐、渔盐，购、销、存仍按国家核定的计划执行。1958年，溧阳县盐业公司与蔬菜食品杂货公司合并为溧阳县商业局副食品杂货经理部。乡镇供销社经营食盐，要核定库存周转量，委托代理批发部门，给予代批优待率，1962年3月规定优待率为5%（后按供货额2.6%）。1963年11月，县商业局、供销社《关于公司委托供销社开展转批网点设置意见》：别桥区供销社对食盐均可转批。1965年，别桥建立战备盐库，共建廪4岭，储存战备盐4986吨。1988年撤销。1966年，开始销售碘盐。1979年，别桥、湖边、古渎、绸缪、后周供销社食盐常备库存共80吨。1980年5月，溧阳又成立溧阳县蔬菜盐业公司。

1982年，经中央组织的地方甲状腺肿病调查组调查，溧阳甲状腺肿大率占被调查人数的75%。根据预防治疗需要，别桥境内供应碘盐。

1984年1月，原隶属溧阳市蔬菜公司的溧阳盐业批发部更名为溧阳盐业支公司。2003年9月，又更名为江苏省苏南盐业有限公司溧阳分公司，专营食盐购销及盐业市场管理。1996年，设立溧阳市盐业公司别桥区特许经营商，实行派送。

2005年开始，江苏盐业全面实行统一采购、统一配送、统一结算、统一价格和统一营销的“五统一”政策。境内居民用盐全部小包装，少量食品加工用盐有散食盐购买。小包装食盐合格率达99%，碘盐覆盖率达98%。别桥镇食盐供应是通过建立“食盐特许经销商”营销网络，市盐业分公司直送终端。盐业分公司按照“食盐特许经销商管理制度”对特许经销商进行严格管理，食盐批发价和零售价执行全省统一价格，对客户做到“全天候送货、全方位服务、全天候营业、全过程负责”。2013年，共派送食盐365吨。

五、糕点

糕点，又称“茶食”。别桥境内，尤其是别桥集镇的糕点制作历史悠久，品种繁多，并富有地方特色。别桥的糕点作坊皆为个体经营的小作坊，手工制作多种应时糕点。作坊一般是“前店后坊”，批零兼营。批发对象有南货店、小杂货店、提篮摆摊的、乡村农民经商者等。民国

19 年（1930 年），别桥“狄顺昌”精制的“金刚脐”糕点在全国食品竞赛展览会上获奖。抗日战争胜利后，别桥集镇 3 家糕饼坊中，以南货店“张隆盛”经营的糕饼坊规模较大，有自己的糕点作坊（工场），职工 10 余人。

1952 年，别桥、后周的糕点业有所发展，有 12 家糕点作坊。1956 年，境内各供销社开办糕饼坊，制作小方糕、月饼、酥糖、鸡蛋糕、麻饼、油绳、京枣果等。制作的糕点除供给境内集镇各商店销售外，还批发给乡村的下属商店销售。

1958 年，粮、油、糖等制作原料紧缺，糕饼以面粉（元麦粉）、米粉、饴糖和山芋混作。1959 年上半年起，购买糕点要收粮票。1962 年，糕点生产用高价粮、平价油、糖为原料，成品 0.5 千克零售 1.2 元，不收粮票。进入 80 年代，粮、油、糖等制作的原料充盈。糕点制作，除传统的小方糕、鸡蛋糕、油绳、麻饼外，新品种不断增加，有面包、饼干、蛋卷等。1985 年，别桥供销食品厂生产的苏式“金腿月饼”，先后获常州市、江苏省供销社月饼质量评比同类产品第三名。

90 年代，供销社体制改革，市场放开，糕点生产又回归私营。2013 年，境内有糕点坊店 9 家，从业人员 18 人，销售额 120 余万元。

第三节　药品购销

20 世纪 50 年代前，境内无专售西药的商店，坊间称为药店的即指中药店，也称国药店。旧时，中药店也配备少量西药经销，但品种有限，通常销售一些消炎、外用的西药。中药店大都称“堂”。“金”字招牌，牌号择吉词。抗日战争前，别桥集镇有济生堂、华春堂、同春堂等中药店，其中以济生堂药店店史最久，为清末的老店。这些店都只经营中药和中成药。撮药、煎药、送药是药店的传统服务项目。抗日战争期间，济生堂毁於兵燹后就不再复业。同春堂、恒春堂继续营业。同时增添万阳春、万春堂中药店。至新中国成立前，别桥有华春堂、同春堂、万阳春等中药店，后周有保和堂中药店，绸缪有松年堂、益寿堂 2 家中药店。

1952 年工商业登记，别桥集镇有中药店 3 家。1956 年公私合营，药店合并，定名为别桥中药店、后周中药店，分别归别桥、竹箦供销社管理。药店经营品种主要是中药材和中成药，也经营少量的西药。随着业务的逐步扩大，中药材的品种增加到数百种。草药由溧阳医药公司统一供应，统一规定价格。

20 世纪 60 年代，中药店开设西药专柜。1969 年起，大队兴办合作医疗室，西药经营范围也随之扩大，还为大队医疗室备足地方病、易发病的常用药。集镇药店以销售中药逐渐转变为以销售西药为主。避孕药物由计划生育部门分配使用，急救药品根据医院临床诊断要求供应。随着人们生活水平的改善和提高，经营老年、妇女、儿童保健药物的品种增多，销量逐年上升。1981 年 9 月，别桥药店、绸缪药店、后周药店经营业务，由溧阳市医药公司统一管理核算。

2000 年，医药企业改制，医药流通全面放开，溧阳医药完成国退民进的交替。此后，民营、私企药店在别桥镇境内兴起。这些医药商店以销售西药为主，兼售医疗器械、保健品。

2013 年，别桥镇有人民药房连锁店、益寿春药业连锁店等 20 家医药商店，从业人员 66 人。

第四章　农产品贸易

第一节　粮油购销

一、粮食

【自由收购】 别桥镇现域是溧阳地区北部的洮湖平原圩区，“民俗果毅、务农植谷”，以产稻米著称。民国 26 年（1937 年），《江苏省政（建设月刊）》第四卷第三期记载：“溧阳糯稻二十三万七千亩，产量九十一万五千担。尤以别桥糯稻为酿造黄酒之上佳原料。”清同治三年（1864 年）太平天国运动失败后，别桥集镇有商贾开设粮行。抗日战争之前，别桥集镇有仁昌、振昌 2 家稻行，还有耀华等 4 家稻谷加工砻坊。后周集镇有马汉发开办的粮行。粮行、砻坊以收购稻、麦为主。粮行收粮，自运自销；砻坊收粮后，加工成大米门售或外销。当时的粮食贸易，均为私商经营。

民国 38 年（1949 年）5 月，溧阳县粮食局成立，负责征借公粮。11 月，成立溧阳县粮食市场，管理粮食交易。粮食仍处于自由收购阶段，国营的粮食公司和私营粮行并存，粮食市场争夺激烈。

1951 年，中粮公司溧阳办事处在别桥设收购网点，积极收购粮食，并与供销合作社订立代购合同，协助收购粮食。粮食经营开始纳入正常的轨道。1952 年，中粮公司收购粮食数占收购总数的 77.7%，供销社代购粮食数占收购总数的 4.7%，私商收购粮食数占收购总数的 17.6%。

1953 年 11 月 16 日，中共中央发布《关于实行粮食的计划收购与计划供应》的决议；同年 11 月 23 日，政务院发布《实行粮食的计划收购和计划供应》的命令（简称统购统销）。溧阳县于 12 月起全面贯彻执行粮食的统购政策。别桥、古渎、后周等地设立粮食收购点。1954 年，古渎、后周收粮点分置一台磅，仓库分别为 4 间、8 间，共有仓容量 260 吨，各配备 4 名工作人员，两个收粮点收粮总额达 332139.38 元（旧币）。当时属竹箦区的黄金山收粮点，有仓库 5 间，仓容量 125 吨，收粮总额达 107658.28 元（旧币）。粮食统购后，国家大力收购粮食，私营粮行、粮店纷纷转业、歇业。

【征购】 1955 年 8 月 25 日，国务院发布《农村粮食统购统销暂行办法》，别桥镇现境原所有乡镇贯彻执行以定产、定购、定销为内容的“三定”政策，按“三定”政策收购农民粮食。

1956 年，国务院发布《关于农业合作化粮食统购统销》的规定，根据别桥现域原所有乡内农业合作社的发展，将原来的“三定”到农户改为“三定”到农业社。原基础数基本不动，仅个别作了调整。

1958 年，取消粮食“三定”办法，改为下达包干任务。

从 1966 年起，根据中共中央 1965 年 10 月批转的国务院财贸办公室《关于稳定农民负担，下苦功夫，进一步做好粮食工作的意见》的精神，实行农村社队粮食征购任务“一定三年不变”的政策。

1971年，中共中央发布《关于继续实行粮食征购任务一定五年》的通知，粮食征购任务“一定三年”改为“一定五年”，直至1980年。

1981年，根据江苏省人民政府的规定，别桥镇现境内原所有公社实行粮食大包干政策。1982年，农村实行家庭联产承包责任制，粮食大包干任务由包干到队改为包干到户，以户售粮，归队结算。是年，别桥、湖边、古渎、绸缪、后周五公社粮食征购任务共7416吨，实际完成征购13642吨。

1985年，改为“户售户结”。

1972～1982年别桥公社粮食收购一览表

表13-4-1　　单位：吨

年份	收购粮食数		年份	收购粮食数	
	收购总数	其中夏粮收购数		收购总数	其中夏粮收购数
1972	4255.85	717.30	1978	3536.70	834.75
1973	4154.75	230.84	1979	5650.50	—
1974	405.95	604.34	1980	5077.30	1018.25
1975	3137.15	401.70	1981	5210.80	824.35
1976	4089.75	505.15	1982	5812.00	1535.50
1977	3373.50	3.15			

1977～1983年别桥公社（乡）粮食收支安排一览表

表13-4-2

项目 / 数量 / 年份	总产量（吨）	国家征购（吨）	集体提留（吨）	社员口粮（吨）	口粮标准（千克）
1977	9335.0	2602.5	1428.5	5300.0	269.0
1978	13890.0	5115.0	2930.0	5845.0	294.5
1979	13935.0	5620.0	2320.0	5990.0	312.5
1980	13230.0	5050.0	2280.0	5895.0	305.0
1981	13670.0	5210.0	2175.0	6285.0	322.5
1982	14860.0	5805.0	2270.0	6785.0	346.5
1983	16165.0	7010.0	2115.0	7215.0	346.0

1985年后，国家粮食收购经历五个阶段：1985～1989年为合同定购；1990～1992年为国家定购，1993年改为合同订购，1994年恢复国家定购，2001年秋季开始实行“一取消三放开”政策（取消粮食定购任务，放开粮食收购、放开粮食市场、放开粮食购销价格）。放开粮食收购，实行市场收购、托市收购，国家对单位和个人购销粮油不再干预。

【超购】 超购，指农民在完成粮食征购任务后，向国家多出售的粮食和油料。1957年，按照“坚持粮食‘三定’的基础上实行以丰补歉，保证国家正常的粮食收入”的方针，对增产社征超购粮，增购标准是增产部分的80%。1964年，别桥、湖边、古渎、绸缪、后周五公社完成超购1600吨。

1965年，对生产队统购粮食的一部分给予加价奖励，以生产队为单位，人均全年向国家提供商品粮（不包括公粮）超过50千克以上，按统购价给予12%的奖励金。

1966年，在粮食征购基数“一定三年不变”的基础上，对丰产社队实行超产、超购、超奖励的办法。对超过征购基数收购的粮食，按统购价加价30%，取消12%的奖励金。

1979年，超购加价幅度改为按统购牌价的50%，一直执行到1984年。1982年，别桥、湖边、古渎、绸缪、后周五公社共交售超购粮5136吨。1984年超购加价政策停止执行。

【换购】 1961年，别桥镇境内原5个公社对统购的贸易粮（不包括公粮）进行奖售。奖售标准：每750千克贸易粮奖15市尺（5米）布票、1双胶鞋票、3条卷烟票。1962年，对完成征购任务后还有余粮的生产队（或社员），以工业品换购粮食，作为国家掌握粮食的一种必要的补充形式。换购标准：原粮50千克，换购化肥32.5千克或桐油5千克，或棉布20市尺（6.7米），或胶鞋3双，或香烟65包，或食糖8千克，或搪瓷面盆3只，并可等价换购木材。以上换购的工业品，一律发给工业品票证，凭票证购买。1964年后，取消上述奖售和换购办法。

【议购】 1953年12月实行统购统销后，粮食归口由粮食部门统一经营，但允许农民在交纳公粮和完成统购任务后，多余的粮食可在农村间进行少量的互通有无的交易。

1963年，粮食议购有两种形式：一是在别桥建立粮油交易所，代客成交、余缺调剂和品种串换，并随行就市收购“罢市粮”；二是与生产队协商，以略高于超购价向完成国家征、超购任务后尚有余粮的生产队收购议价粮。1966年，粮油交易所歇业。

1978年以后，境内各粮管所重新开展粮食议购业务。1982年8月，别桥镇现境原5个公社开展粮食议购议销活动。至年末共收购议价粮1983吨。

1983年，根据商业部规定，对农民完成征、超购任务后的余粮，允许多渠道经营。溧阳县粮食局议购议销公司成立，属别桥镇现境内原各粮管所、库收购的议价粮油，由议价公司扎口经营。

1992年4月起，公司与境内粮油库、所代购代销改为贸易关系，别桥境内的原各个粮管所根据吞得进、吐得出，自行采购粮食抛售。经营议购粮，粮管所要做到：议购议价粮食和平价粮食要严格分清，分别经营，分别核算，除仓库可以统一保管外，在购销管理、财务核算、资金使用上都要严格分清不混淆，未经批准，任何单位一律不得将平价粮转作议价粮销售。在收购期间，定购和议购同时进行，必须保证定购任务完成后进行议购。议购价格根据不同年景、不同季节、不同品种、不同质量及市场供求情况，随行就市。以晚粳稻50千克为例：1988年议购价37.8元、1989年45元、1990年，1991年39元、1992年35元、1993年43～45元，1994年增到85元，1995年达90元。1997年按70元实行保护价敞开收购。1999年，定购与保护价并轨，61元收购。直至2001年7月实行粮食购销市场化。

【合同定购】 1985年3月7日，溧阳县人民政府发出《关于1985年度粮食合同定购办法的通知》，粮食统购改为合同定购。粮食部门与别桥镇、湖边乡、古渎乡、绸缪乡、后周乡17362户农户签订粮食定购合同，定购任务11639吨，实际入库16281吨。

1988年，省政府对市县实行购销财务包干，规定合同定购任务包干数必须完成，完不成任务由地方出钱买议价粮补足，继续实行 1987 年制定的“三挂钩”（粮食与化肥、柴油、定金）政策。规定粮肥挂钩每 50 千克定购粮食供应标准氮 5 千克，按三麦、水稻种植面积，每亩供应标准氮 5 千克，每 50 千克定购粮供应平价柴油 1 千克，预购定金按计划面积每亩预发 20 元。这年，别桥现境内原五乡镇粮管所落实供应“三挂钩”政策，在春订粮油合同时，就把按规定挂钩的物资和预购定金的款项一次落实到户，分别填入农户的粮油交售证。境内各供销社，分村队以户建立台账，做到供应兑现有记录。预购定金发放，由银行根据定金指标，一次下拨到乡镇经管站账户，并委托经管站具体负责发放和回收。在预发定金中，重点照顾和扶持种粮大户的资金困难。是年，别桥地区遭受特大旱灾，但别桥境内五乡镇如数完成定购任务。1989 年，别桥境内五乡镇合同定购任务共 13217 吨，实际入库 19425 吨。

2004 年，国家恢复粮食储备，由市粮食局下达储备任务，保护价收购。2013 年，全镇收购地方储备粮食稻谷 3500 吨，小麦托市收购 2300 吨。

1989 年别桥镇、湖边乡、古渎乡、绸缪乡、后周乡粮食产、售、留安排一览表

表 13-4-3

乡镇名称	分配总数（吨）	售给国家		农村留粮						
		合计（吨）	其中定购（吨）	合计（吨）	口粮			种子		
					人口（人）	人均（千克）	粮数（吨）	面积（亩）	亩均（千克）	粮数（吨）
别桥	14598	5786	3822	8812	19686	396	7796	50055	18	901
湖边	7524	2982	1970	4542	10147	369	3744	21955	18	395
古渎	6817	2703	1785	4114	9194	351	3227	19881	18	356
绸缪	7840	3108	2053	4732	10573	354	3743	22865	18	412
后周	16113	6386	4217	9927	21729	342	7431	52250	18	941

【国家定购】 1990 年年底，粮食合同收购改为国家定购。1993 年加大改革力度，实行减购压销。江苏省首先对常州等 6 个市所属各县从 1993 年 4 月起取消合同定购，实行指导性合同订购。别桥镇境内原各乡镇从夏季收购开始，执行指导性合同收购。

1993 年，省政府《关于改进粮棉“三挂钩”兑现办法的通知》规定，粮棉挂钩的化肥、柴油，由奖售实物改为平议差价，以价外加价的方法付给农民。标准为 50 千克小麦、玉米各 4.2 元，稻谷 3.65 元，预购定金发放按国家现行定购价的 20% 与农民签订粮食合同后预付给农民。

1994 年粮食年度开始，指导性粮食订购恢复为国家定购。定购粮食全部实行“保量放价”，就是要保证数量、价格随行就市。当年，别桥镇境内各乡镇于 11 月 10 日完成定购任务。

1995 年，《国务院关于粮食部门深化改革实行两条线运行的通知》规定，国家定购粮食任务是指令性计划，是农民应尽的义务和各级政府的责任，必须保证完成。别桥境内粮管所与近 20000 户农户签订粮食定购任务 12435 吨。1999 年，粮食价格并轨，定购任务逐步减少，粮食收购逐步向放开市场过渡。

【保护价收购】 1997年，国家宏观调控适度从紧，执行的收购价格是1996年的定购粮价格标准，同时取消价外补贴办法。面对粮价持续下跌，秋粮定购与议购、购销倒挂，为保护农民种粮积极性，国务院发布《国务院关于按保护价敞开收购议购粮的通知》。境内各粮管所严格执行粮食收购政策，启动按保护价敞开收购。执行价格：小麦65元/50千克、杂交稻65元/50千克、粳稻70元/50千克、糯稻70元/50千克。1998年，根据国家政策和市场供求，同时兼顾企业困难及与邻省价格衔接的原则，对定购粮价适当调减，规定每50千克小麦调减2元，杂交稻调减3元，晚粳稻调减5元，粳糯稻退出定购范围。秋粮定购价高于市场价（保护价），农民惜售粮食。别桥境内的粮管所在收购结算政策上严格实行户交户结和代扣农业税政策，取消代扣“三上交”款和其他代扣款，坚持按保护价常年敞开收购。1999年，粮食市场持续疲软，粮价低迷，国家实行定购价与保护价并轨，按保护价敞开收购粮食。2000年，常规籼稻、早籼稻、红小麦、玉米4个品种退出保护价收购范围。别桥镇境内各粮管所，按“购得进、销得出”的原则进行收购。2001年秋季，取消粮食国家订购、保护价收购，实行粮食购销市场化。

【市场收购】 2001年9月28日，省政府颁发《关于全面推进粮食购销市场化改革的实施意见》，全省实行“一取消三放开”政策，取消定购任务，别桥境内全面开放粮食市场，放开收购，市场定价，引导和鼓励加工企业、个体粮商依法经营粮食。实行粮食经营主体多元化，放开粮食购销价格，按市场价收购和销售粮食，粮食收购企业的职能也由业务管理转变到收购服务。

【销售】 新中国成立初期，粮食市场被私营粮商垄断，他们操纵粮价、囤积居奇，使粮食供应出现紧张状态。人民政府采取措施，打击私商的投机扰乱活动，指令中粮公司挂牌购销粮食。1950年4月，中粮公司办事处在别桥设立营业所，供应大米，并委托供销社代售大米，稳定粮价，保障市场粮食供应，安定人民生活。

1953年11月23日，政务院发布《关于实行粮食的计划收购和计划供应》的命令。溧阳县成立粮食供应委员会，负责政策宣传、检查指导、计划供应工作。12月19日，境内开始实行粮食计划供应，机关、团体、学校及定居人口持单位介绍信，船民等流动人口凭航行簿，按照限人、限时、不限量（内部掌握一次购粮每人不超过5千克），由宽到严，通过说服教育的办法供应粮食。别桥集镇设供应点和供销社代销点。

1955年8月，对非农人口一律实施居民口粮分等定量、工商行业用粮户定量、牲畜饲料用粮分类定量的供应制度。同年11月，使用全国通用粮票和江苏省地方粮票。城镇居民（俗称供应户）定量销售，每月口粮定量标准（成品粮）：特重体力劳动者21～24千克，重体力劳动者18～20千克，轻体力劳动者14～17千克，机关团体工作人员、企业职工、店员及其他脑力劳动者14～14.5千克，大、中学生15～16千克，居民和10周岁以上儿童12千克，6周岁以上不满10周岁儿童10千克，3周岁以上不满6周岁儿童6.5千克，3周岁以下儿童3.5千克。

1960年在整顿市镇粮食统销时，重体力劳动者每月降低口粮标准0.75千克，中学生降低1千克，居民及其他人员降低500克。1965年恢复原来的供应标准。

1963年，开始对县社合办企业人员、信用社脱产干部、农村联合诊所专业医生、兽医站兽医、机电灌溉站机工和管水人员等定销人口（仍属农业人口），参照城镇居民粮油定量供应标准，由国家发证按月供应。

1985 年起，实行计划供应和市场调节“双轨制”，计划供应价不变，标准不变，直至 1993 年 3 月。1993 年 4 月起，实行购销同价，放开粮油零售价格，不再使用粮油供应凭证、票券，实行 40 年的粮食计划定量供应制度就此结束。

二、油料

【收购】 境内油料作物以油菜籽为主，丘陵地区种有少量花生、芝麻等。1954 年以前，油料自由收购，农民所产油料除自留自食外，多余部分由私营行店、油坊及供销社收购。1954 年，根据中共中央《关于全国实行计划收购油料的决定》精神，别桥镇境内原各乡镇开始对油料实行统购。统购任务根据种植面积和上级下达的统购指标执行，实行一年一定的办法，多产多购多留。

1959 年，对统购油菜籽采取优待退油退饼的办法。每出售 50 千克菜籽退油 30 市两（老秤每斤 16 两制，即 937.5 克），退饼 16 市斤（8 千克）。1961 年，对国家统购的油料折油计算，每 150 千克油菜籽折油 17.5 千克，每 50 千克油奖售布票 5 市尺（1.67 米）。1964 年，对超任务收购的油菜籽按统购价，给予加价 30% 的奖励。1971 年，统购菜籽每 50 千克返红车饼 25 千克；棉籽按供销社实际拨交棉籽加工的出饼率返还 80% 的棉壳饼，实际出油率返回 40% 的棉清油；收购芝麻每 0.5 千克奖售原粮 0.5 千克。奖售原粮凭奖售联到粮管所购买。

1971 年，别桥公社油菜籽统购任务为 151 吨。1975 年，别桥、绸缪公社油菜籽征购任务分别为 34.5 吨、23.6 吨，实际入库分别为 27.7 吨、23.6 吨。1979 年，别桥、湖边、绸缪公社油菜籽征购任务分别为 38.6 吨、27 吨、24.2 吨，实际入库分别为 31.8 吨、24.1 吨、26.3 吨。1972 年，油料征购任务象粮食征购任务一样，“一定五年”固定下来，并执行国家超购超产部分的 70% ～ 80% 和超购加价 30% 的奖励政策。1979 年，油菜籽超购加价提高到 50%。

1981 ～ 1983 年，别桥、湖边、古渎、绸缪、后周 5 个公社油菜籽包干定购任务为 334 吨。1982 年，别桥境内各公社种植业结构调整，扩大油菜种植面积。当年，别桥、湖边、古渎、绸缪、后周五公社油菜籽收购入库达 2679 吨。1983 年，油菜籽全部改为按比例收购，即 40% 按原统购价，60% 按原超购价。1985 年，改为合同定购，别桥镇、湖边乡、古渎乡、绸缪乡、后周乡油菜籽共入库 3582 吨。1986 年，入库油菜籽改为 30% 按超购价、70% 按统购价。1987 年，入库油菜籽除按 30% 超购价、70% 统购价外，实行售籽奖肥办法，凭油菜籽收购小票，每 50 千克供应标准氮 5 千克，实现全县统一价。油肥挂钩按油菜籽实种面积，每亩供应标准氮 5 千克。

1991 年，油菜籽收购实行返饼政策，每 50 千克返饼 25 千克。返饼价格：浸出饼 17.6 元 /50 千克，红车饼 19.6 元 /50 千克。对双低（低芥酸、低硫甙）油菜籽实行加价收购，每 50 千克收购价比普通油菜籽实行加价 4 元。为防止有关单位和个体以兑换名义抢购菜籽，市粮食局作出决定：别桥粮管所、别桥米厂统一组织兑换，兑换业务一律不允许承包给个人或与非粮食部门外单位联营。1995 年，别桥、古渎、绸缪、后周 4 个乡镇油菜籽定购任务是 1370 吨。1996 年以后油菜籽收购基本放开，虽有定购任务，但落实不多。

2001 年，随着油菜籽购销市场化，定购任务也随之消失。企业改制后，粮食部门放弃对油菜籽的收购，油料全部进入市场化。是年，别桥、绸缪、后周三镇油菜籽总产 4215 吨。2013 年，别桥镇油菜籽总产 5724 吨。

1972～1982年别桥公社油菜籽收购一览表

表13-4-4 单位：吨

年份	总产	收购数	年份	总产	收购数	年份	总产	收购数
1972	—	6.6279	1976	50.5500	1.7344	1980	33.6515	1.1471
1973	—	4.6238	1977	3.6329	0.1947	1981	50.6400	13.7821
1974	—	4.7648	1978	24.0997	7.3942	1982	132.6800	99.1300
1975	—	5.5348	1979	23.8989	6.6427			

【销售】 1954年，食油开始定量供应，城镇居民（俗称供应户）每人每月供应4两（老秤每斤16两制，即125克），1960年，改为3两（每斤10两制，150克），后又改为2两（100克）。1965年恢复到每人每月4两（200克）。1981年9月起每人每月又增加补助1两（50克），另在国庆节、春节等重大节日，每人照顾食油供应200克。农业人口的食油仍按照"三定"统销指标。1983年，粮油市场逐步放开，居民到市场上可购买到食油。1992年，政府取消食油供应计划，食油销售实行市场化。

1974～1978年别桥、湖边、古渎、绸缪、后周公社
粮油管理所（站）集镇居民食油计划供应一览表

表13-4-5

年份/项目/数量/公社	1974		1975		1976		1977		1978	
	人数（人）	供应量（千克）	人数（人）	供应量（千克）	人数（人）	供应量（千克）	人数（人）	供应量（千克）	人数（人）	供应量（千克）
别桥	703	1968.4	679	1901.2	682	1909.6	691	1934.8	682	1909.6
湖边	98	274.4	107	299.6	105	294.0	107	299.6	113	316.4
古渎	112	313.6	118	330.4	124	347.2	137	383.6	165	462.0
绸缪	136	380.8	128	358.4	126	352.8	124	347.2	118	330.4
后周	298	834.4	270	756.0	281	786.8	304	851.2	280	784.0
合计	1347	3771.6	1302	3645.6	1318	3690.4	1363	3816.4	1358	3802.4

第二节　棉花、茶叶、蚕茧购销

一、棉花

【收购】 1950年前，境内农业以种植粮食为主，少数农民种植一点棉花，或剥籽弹花，铺衣制被，或自纺线自织布，以制衣服。1950年后，人民政府提倡农民种植棉花，后周丘陵山地，利用丘边旱地种植棉花，面积少、产量低。后来棉花种植面积逐步扩大，产量也逐步提高。1954年9月，国家对棉花实行统购，别桥、古渎、绸缪、后周、黄金山分别设棉花收购点。

1967年，开展棉花换购，每收购0.5千克皮棉，除按牌价付给货款外，发给布票5市尺（1.67米）。1979年，生产队实种棉花按每亩13千克的订购基数，超过部分按售棉的数量平均加价30%。是年，后周供销社收购皮棉16吨。

1980年以后，绸缪、后周两公社棉花种植面积扩大，达3500亩左右，两公社供销社设立棉花收购站。标准皮棉价格为132.5元/50千克，并实行超购加价。

由于实行超购加价政策和农业承包责任制，调动了农民植棉的积极性。1982年，绸缪、后周两供销社棉花收购站，共收购皮棉137.6吨。1983～1995年，境内皮棉收购量一直徘徊在130吨左右。1996年，收购皮棉75.3吨。2000年后，植棉面积逐年减少，棉花认购随之取消。

【销售】 新中国成立初期，境内大部分群众经济困难，多以旧絮重弹新用。1955年，境内开始计划供应絮棉。城乡居民每人每年发定量棉絮票1张，供应棉絮0.5千克。1957年因计划有余，实行凭票供应，但不限量。1969～1982年，每年每人发放定量棉絮票1张，供应棉絮0.25千克。

1977～1978年别桥、湖边、古渎、绸缪、后周公社民用棉絮供应计划分配一览表

表13-4-6　　　　单位：吨

年份	公社名称	总计	乙级				丙级补助	等外絮棉
			小计	定量	棉胎折票折量	补助		
1977	别桥	10.17	6.98	4.97	1.50	0.51	1.54	1.65
	湖边	5.04	3.45	2.46	0.74	0.25	0.76	0.83
	古渎	4.67	3.21	2.28	0.69	0.24	0.71	0.75
	绸缪	5.22	3.58	2.55	0.77	0.26	0.79	0.85
	后周	10.84	7.45	5.30	1.60	0.55	1.64	1.75
	合计	35.94	24.67	17.56	5.30	1.81	5.44	5.83
1978	别桥	9.50	7.14	5.09	1.54	0.51	1.54	0.82
	湖边	4.71	3.58	2.52	0.76	0.30	0.76	0.37
	古渎	4.36	3.35	2.34	0.71	0.30	0.71	0.30
	绸缪	4.87	3.70	2.61	0.79	0.30	0.79	0.38
	后周	10.13	7.61	5.42	1.64	0.55	1.59	0.93
	合计	33.57	25.38	17.98	5.44	1.96	5.39	2.80

1980年，对棉胎供应实行对折收票。自12月起，对结婚的男女双方各供应棉胎1条（不超过3千克）。1983年规定：省印发的絮棉券购买棉花，级别任选，1人券可买0.5千克，生育、死亡补助券（0.5千克券）可买1千克。结婚补助券可买1条不超过4千克重的棉胎。县发的补助券，每张可以买乙级棉0.5千克，复员军人补助券可供应4千克左右棉胎1条。因棉花连年丰收，资源充足，品级也能满足群众需要，故又规定1984年度絮棉销售不受限制，敞开供应。

1985年10月，以优惠价格供应优质棉絮，即“双优棉”，解决群众更新棉衣棉被需要。供应对象为城乡居民，方法凭证限期购买，标准为每户1券，集体户口4人1券，供应2.5～4千克优质棉胎1条。截至1986年3月31日，梳絮棉胎统一定价每0.5千克1.95元。

1987年，棉花减产，资源紧张，在收购中五级以下低档棉甚少，给民用絮棉带来困难。为保证供应，增加高等级原棉加工絮棉、棉胎。在计划内的1～4级特级絮棉同时享受普通棉的财政补贴。1989年9月、12月连续两次絮棉调价，撤销原普通棉的甲、乙、丙、丁和优质絮棉特一、特二、特三、特四的级别，设置一、二、三、四、五、六、七和等外级，与皮棉等级相一致。以三级棉为例，1989年，0.5千克卷花从2.5元调整为3.68元，棉胎从2.5元调整为4.01元。

20世纪90年代开始，由于化纤业的纺织品的发展，化纤纺织品大量替代棉纺织品，棉花销售也完全走向市场化的时代。

二、茶叶

别桥人民饮茶历史悠久，可是别桥境内农家种茶较少，仅后周丘陵地区的荒丘旱岭有野生茶，当地农家自采自饮，不生产商品茶。别桥区域内居民饮茶，茶源多是到溧阳采购的安徽茶，以红茶为主。民国时期，别桥集镇只有一家永泰春茶号。

20世纪50年代起，丘陵地区开始种茶，此后种茶面积逐年增加。1962年，后周供销社收购农户的绿毛茶（烘青）。1972年，后周茶厂建成，开始制茶、销茶。1973年实行农副产品统一奖售办法，收购茶叶的奖售标准是：级内茶每50千克奖售粮食25千克、化肥40千克；级外茶、边销茶，每50千克奖售粮10千克、化肥12.5千克。1975年，社队幼龄茶园生产的绿毛茶由茶厂验收精制后解交县土产公司收购。

1982年，由后周供销社收购内销茶，政策上给予生产单位较大的优惠。奖励办法由原来的按茶叶数量奖励改为按销售金额奖励，凡交售茶叶不分级别、品种、内外销，以收购茶叶的总值计算，交售精制茶100元、毛茶50元，奖售化肥25千克和原粮12千克。1984年，后周乡出售茶叶2.17吨，收入5.2万元。1985年出售给供销社茶叶3.38吨，后周茶厂自行销售17吨。1986年，茶叶经营全面放开，指令性价格改为指导性价格。是年，后周生产、销售茶叶22.51吨。1987年，茶叶多渠道经营，产销直接见面。1989年，茶叶市场放开，后周茶厂销售25吨。1990年，后周乡销售茶叶29吨。1995年，后周茶厂精制销售绿茶6吨。2013年，全镇销售茶叶28吨，收入840万元。

三、蚕茧

【收购】 别桥地区农民在东汉、三国时期就有栽桑养蚕之习，蚕桑生产集中在圩区平原。

民国13年（1924年），别桥开办仁裕茧行，行主史燦堂，经理吕伯雄，年收购鲜茧50担左右。民国21年（1932年），王仁昌在浪圩开办茧行（土灶）。抗日战争结束后，史祖同重整浪圩茧行，取名龙溪茧行，每年收购鲜茧25吨左右。1951年，龙溪茧行由蒋锁海经营，陈大孚在绸缪开办坤纶茧行。

民国38年（1949年）6月春茧上市，人民政府采取调进大米实行实物购茧，指令茧商不得压级压价。

1952年，蚕茧由供销社收烘，境内原各乡镇收购鲜茧32.2吨。1954年，收购鲜茧34.28吨。

1958年，别桥、后周两个乡（公社）产蚕茧19.91吨。1965年，别桥、湖边、古渎、绸缪、后周五公社仅收购蚕茧9.1吨。1970年，别桥、湖边、古渎3个公社产蚕茧101.1吨。

农村实行家庭联产承包责任制后，境内蚕茧生产发展较快。1981年，原别桥公社就出售蚕茧6.72吨。

1981年别桥公社部分大队蚕茧产量一览表

表13-4-7

大队	饲养量（张）	单产（千克）	总产（千克）	大队	饲养量（张）	单产（千克）	总产（千克）
诸泗	14.00	21.85	305.90	前王	6.50	28.00	182.00
土山	20.00	35.05	701.00	樊庄	26.50	27.20	720.80
园上	23.00	18.00	414.00	前程	19.00	15.30	290.70
马家	34.50	20.00	690.00	战胜	4.00	28.90	115.60
诸里	21.00	26.55	557.55	下尖圩	16.50	15.50	255.75
水产	29.00	19.65	569.85	团结	58.00	12.45	722.10
别桥	19.50	17.90	349.05	养殖站	35.00	23.35	817.25
陈巷	3.00	8.45	25.35	合计	329.50	318.15	6716.90

1982年，后周开办茧站。1985年，别桥镇、湖边乡、古渎乡、绸缪乡、后周乡收购蚕茧38.8吨。1987年，县棉麻土产公司筹资，新建湖边茧站。1994年，根据市政府指示，市供销合作社、市丝绸公司和市蚕桑指导站联合组建溧阳县蚕茧公司，由蚕茧公司统一负责收购蚕茧。是年，境内收购蚕茧584吨。1996年，受丝绸市场的影响，蚕茧收购价格暴跌。5月，市蚕茧公司撤销，市茧丝集团公司租赁供销社茧站收购鲜茧。2002年，蚕茧收购业务划归供销社。2003年后，市内天目丝绸、新源丝绸、别桥华丰集团等公司自行收购蚕茧，结束了供销社独家收购蚕茧的历史。2013年，全镇出售蚕茧52吨，销售收入197.6万元。

【茧价】 民国4年（1915年），50千克干茧价银120两，民国6年（1917年）为135两。民国16年（1927年）每千克鲜茧均价为50元。民国35年（1946年），春茧每50千克为9.4万元（当时米价为5.5万元）

1951年，茧价每50千克为77元（当时茧粮比价1∶4.31）。1954年，每50千克为75元。1963年，每50千克平均茧价115.04元。1979年，每50千克鲜茧价为140元。1987年，每50千克平均茧价281.55元。1988年，茧价每50千克为592元。20世纪90年代后，茧价随行就市。

第三节　畜禽、水产品购销

一、生猪

【生猪购销】 别桥镇现境内各个集镇历史上有私商收、宰、售生猪，俗称"墩头店"（肉铺）。

民国时期，别桥集镇有张龙海、史如林等6家“墩头店”，后周集镇有2家“墩头店”。农村也有自养、自宰、自售生猪的。

1949年后，肉铺经营方式仍循旧制。鲜肉价格有波动，最高时每500克肉价折合稻谷4000克，最低时每500克肉价折合稻谷2500克。1952年，别桥乡政府曾把旧时遗留下来的4家肉铺组织起来，开设公盛肉铺。

1953年8月，政府实行生猪购销的专业经营，统一收购价格，但私营肉铺仍抬价抢购，争夺货源。溧阳县人民政府于1954年10月禁止私商直接收购生猪、宰杀生猪。别桥镇现境内原各乡镇生猪购、销市场的调控和居民所需鲜肉供应、节日保障供应由食品站负责。1955年，受饲料限制等原因，生猪生产徘徊不前，市场出现居民排队买猪肉的情况。当时，绸缪集镇有仁沅肉铺，后周集镇有万裕肉铺。

1956年6月，溧阳县对生猪实行派养派购的办法。当时的别桥区生猪派养数1.99万头，派购数7000头；竹箦区（含后周）派养数1.56万头，派购数5500头。

1958年人民公社化时期，农户养猪基本停止，境内生猪存栏数下降，生猪派购办法中止。1959～1961年，生猪饲养继续受挫，社会圈存量极少，市场鲜肉供应紧张。1961年3月，又恢复生猪派购办法。公社、大队饲养的肉猪派购80%，生产队饲养的肉猪派购2/3。1962年，境内实行生猪奖售和换购的办法，农民饲养生猪头数上升。

1979年，别桥食品站收购生猪9203头，自营销售3851头，其余上交县食品公司。1982年，别桥、湖边、古渎、绸缪、后周食品站（组）收购生猪3.52万头，当地市场销售1.57万头，上交县食品公司1.95万头。1992年，5个食品站收购生猪2.57万头，自营销售8556头，上交县食品公司1.71万头。

2008年，溧阳市鹏鹏畜禽机械化屠宰场建成，每年宰杀、批发销售5000余头生猪。2013年，日均宰杀生猪150头左右，全年宰杀、批售5.3万头生猪。

【鲜肉销售】 1949年前，境内集镇上私商肉铺销售鲜肉。新中国成立初期，私商肉铺执行政府规定的牌价自由销售鲜肉。

1955年3月，由乡镇食品站统一屠宰生猪，统一安排市场，以批发价供应肉铺、饮食业的肉食品店。是年，别桥、绸缪、后周三集镇日供应量由3头压缩到2.5头。

1960年起，受三年自然灾害影响，生猪锐减，对非农业人口实行猪肉以人定量、凭证购买的办法。春节每人供应0.2千克，平时对病员、产妇凭医院证明，酌量供应。其后，根据农村生猪饲养和收购情况，不断提高供应标准。

1985年别桥现境内鲜（冻）猪肉分部位供应规格和零售价格（试行）一览表

表13-4-8

品　名	规　　格	单价（每千克／元）
无骨腿肉	无骨前后腿（肥瘦统货，包括里脊肉）	2.36
带骨肋条肉	4～5根肋条后片（除里脊肉）	1.68
横股膘肉	带　骨	1.68
二刀二颈	带　骨	1.68

续表 13-4-8

品　名	规　　格	单价（每千克／元）
带骨蹄膀	带脚川	1.88
头刀血槽	一斤左右	1.20
三角腩	下卜肉	1.20
杂　排	包括带肉小骨头含肉量 40%	1.20
骨　头	12 根大骨	0.26

1984 年 11 月规定，非农业人口每月人均供应 1.5 千克鲜肉，元旦加 500 克，春节加 1.5 千克。1985 年 7 月 1 日，政府开放鲜肉市场，“小刀手”进入境内各个集镇摆摊售肉，出售的猪肉占社会销售量的 62%，肉价一日几变。猪肉市场开放后，政府对非农业人口的肉食实行价格补贴，规定就业人员每人每月 2 元，非就业人员每人每月 1 元。1985 年，别桥镇现境的原 5 个乡镇销售猪肉 763 吨，人均 10.5 千克。1996 年，销售猪肉 730 吨，人均 9.8 千克。2013 年，全镇销售猪肉 1095 吨，人均 15.6 千克。

二、家禽　禽蛋

【家禽购销】 别桥地区农户饲养家禽自古即盛，家禽、禽蛋农民自产自销。民国时期，别桥集镇有民生、仁和两家鸡行，收购、销售家禽和禽蛋。20 世纪 50 年代初期，家禽、禽蛋仍为私商经营，自由买卖。俗话“毛鸡肉价”，活鸭、活鹅价格低于活鸡价格。1955 年，别桥、后周集镇有鸡行 3 家。

1956 年 1 月起，溧阳县人民政府下达家禽生产计划，下达给当时的别桥区家禽生产任务是：鸡 14 万只、鸭 5 万只、鹅 2.5 万只，竹箦区（含后周）鸡、鸭、鹅分别是 12.6 万只、4.5 万只、4 万只。1962 年，别桥镇现境内的原 5 个公社家禽生产计划是 2.35 万只，派购任务是 1.73 万只。1963 年改为城乡直接挂钩的办法，订立合同，议购议销。

1983 年，计划供应苗禽给饲养家禽的专业户、重点户，以支持农村发展家禽生产。

1985 年 8 月，家禽市场放开，别桥镇、湖边乡、古渎乡、绸缪乡、后周乡多渠道经营，当年出售家禽 12.87 万羽，销售金额 77.25 万元。2013 年，全镇家禽出栏数 54.67 万羽，销售收入 4373.81 万元。

【禽蛋购销】 60 年代前，蛋品都是市场上自由买卖。1961 年起，溧阳县人民委员会决定对禽蛋实行派购的办法，并优待供应工业品。不论集体和个人，每年能产蛋的母鸡派购鸡蛋 12 枚，母鸭派购 8 枚。翌年 4 月 4 日又规定，社员每交售鲜蛋 500 克，奖售食糖 250 克，或香烟 2 包，或布票 6 寸，可选择一种。当年，县人民委员会下达 1962 年度别桥、湖边、古渎、绸缪、后周 5 个公社禽蛋派购任务 15.85 吨。1963 年 4 月 8 日，江苏省人民委员会决定，对鲜蛋不再派购，社员交售鲜蛋 500 克，优待供应食糖 125 克。

1975 年 8 月 1 日，溧阳县商业局规定：社员出售 500 克鲜蛋，奖售食糖 125 克，或饲料粮 250 克，或香烟 2 包（乙级、丙级烟各一包）。集体单位出售鲜蛋，只奖售食糖，不奖售香烟。1979 年市场上红糖、香烟已敞开供应，收购鲜蛋奖售白糖。1982 年 11 月，县食品公司规定，凡出售新鲜鸡蛋 1 千克或鸭蛋 1.5 千克，可优先供应苗鹅 4 只或猪头 1 个。

1985 年，禽蛋购销价格放开，实行多渠道经营及指导性收购价格。别桥镇现境原 5 个乡镇出售禽蛋 416 吨，销售收入 99.84 万元。2013 年，全镇出售禽蛋 813 吨，销售收入 825 万元。

1962 年别桥、湖边、古渎、绸缪、后周公社家禽、蛋品派购任务一览表

表 13-4-9

公社	任务数		公社	任务数	
	家禽（只）	蛋品（吨）		家禽（只）	蛋品（吨）
别桥	4450	3.75	绸缪	2220	2.10
湖边	2150	2.50	后周	6400	6.00
古渎	2040	1.50			

三、水产品

1955 年，别桥集镇有荣兴鱼行 1 家。20 世纪 60 年代前，渔民捕捞水产品自由上市、自由营销。1961 年 9 月 1 日至 1963 年 6 月 15 日，政府实行副食品换购办法，渔民向国家交售等级内水产品（不包括贝类）50 千克，优惠供应卷烟 10 包、白酒 2500 克、食糖 500 克。1963 年秋季，县人民委员会下达水产品收购计划，水产养殖单位、集体捕捞渔民都必须向县水产公司交售水产品。1979 年确定水产品部管品种（一类）为青鱼、草鱼、鲤鱼、鲢鱼 4 个，省管品种（二类包括一类）青鱼、草鱼、鲤鱼、鲢鱼、扁鱼、鲫鱼、鳜鱼、白鱼、川鱼、墨鱼 10 个，地（市）县管品种（三类）鲜鲈鱼、活黄鳝、活甲鱼、鲜鲫鱼、鲜大杂鱼、鲜小杂鱼、鲜青虾、鲜白虾、鲜回鱼、鲜念鱼、鲜刺虎等 12 个品种。

图13-4　别桥桥东菜市场

1980 年 4 月 28 日，溧阳县革命委员会颁发《关于下达一九八〇年水产品派购任务的通知》，对水产品实行派购办法。别桥现境内原水产养殖单位的派购数量是：别桥水产大队 7 吨，湖边公社符家大队 1.5 吨，古渎公社渔场 3 吨，后周水产大队 2.1 吨。境内原捕捞单位的派购数量：别桥水产大队 30 吨，后周水产大队 12 吨。

1981 年，螃蟹被列入省管品种（二类）。溧阳县人民政府下达 1981 年螃蟹派购任务，规定专业渔民捕捞量的 50% 作派购任务。别桥、湖边农村社员每条渔网湖区 100 千克、内河 75 千克，并发放捕蟹证。

1983 年，对专业渔业社队和农村副业捕捞的鱼虾，按不同的工具和作业区确定基本产量，并改按产量的 50% 确定派购基数，一定五年不变，超产、自留部分，由国家实行议价收购或由

养殖户、捕捞户自行处理。1984 年，水产品市场开放。2013 年，别桥镇销售水产品 2.01 万吨，销售收入 4.26 亿元。

第四节　蔬菜、豆制品购销

一、蔬菜

20 世纪 80 年代以前，农户种植蔬菜以自食为主，余量上市。位于别桥集镇南部的道成行政村的符家、姚家桥、金家桥、虞家坝、昌口等自然村，传统种植蔬菜。虞家坝的芹菜、姚家桥的青大蒜、符家的叶菜素负盛名。主要蔬菜品种，春季有菜薹、蒜苗、莴笋、蚕豆、早黄瓜、鸡毛菜等；夏季有小青菜、黄瓜、番茄、辣椒、茄子、黄豆、豇豆、冬瓜等；秋季有大青菜、娃娃菜、茭白、萝卜等；冬季有芹菜、青大蒜、小白菜、乌油菜、菠菜、芫荽等。别桥居民食用蔬菜品种繁多，菜源有三：道成行政村的符家、姚家桥、虞家坝等自然村传统种植蔬菜区及集镇近郊农户在自家菜地上种植的除自食外多余的蔬菜；菜市场固定的蔬菜摊贩自行到常州凌家塘或溧阳蔬菜批发市场批发经营的蔬菜；鑫鑫超市、上海青远超市、别桥家得乐超市的生鲜蔬菜区经营的蔬菜。1985 年，别桥镇、湖边乡、古渎乡、后周乡蔬菜上市 1680 吨，销售收入 43.2 万元。1988 年后，流通领域顺畅，蔬菜市场货源充足，品种繁多。2013 年，全镇蔬菜上市 3081 吨，销售收入 1240 万元。

二、豆制品

豆制品包括豆腐、豆腐花、百叶、素鸡、豆腐干、豆腐皮等。制作豆制品是将大豆或冷饼经过清水浸泡、磨细、滤净、煮浆，加适量石膏或盐卤，使豆浆中蛋白质凝结，再放在木框中，压去过剩水份即可。旧时，制作豆制品设备简陋，仅有石磨、砖灶、水桶、人（畜）力推磨。1963 年起，开始使用电动牵磨，土锅炉烧浆，车浆机械化。

豆制品是别桥地区传统食品。民国 35 年（1946 年）12 月，溧阳县直辖别桥警察分驻所管理各业申请统计册中载明：别桥集镇有虞源茂、虞源昌、童义兴、童裕春、仁兴、德隆等 9 家豆食业制作豆制品。

1955 年，别桥、绸缪、后周集镇有童义兴、童裕春、谢义昌、唐恒元、刘隆兴、刘国兴、刘沅盛等 8 家豆腐坊。1956 年公私合营后，别桥供销社、后周购销站豆制品作坊制作豆制品供应市场。1958 年“大跃进”后，用冷饼替代大豆制作豆腐，计划供应集镇非农业人口（即供应户）。农村婚丧喜事凭大队证明，可酌情供应豆腐。1978 年后，豆制品逐渐恢复以大豆为原料。

20 世纪 80 年代开始，境内豆制品市场出现供销社豆制品作坊计划牌价与农贸市场议价并存。80 年代中期，制作豆制品的个体户及豆制品的品种逐渐增多，集体商业的豆制品作坊在市场竞争中被淘汰。2013 年，别桥镇有豆制品作坊 18 家，从业人员 30 人。日产豆腐 8000 余块，油豆腐 80 余千克，百页、香豆腐干、臭豆腐干均 10 千克左右，素鸡 75 余千克，年销售总额 150 余万元。

第五章　交易市场 超市

第一节　农贸市场

一、别桥农贸市场

20世纪70年代末，别桥农副产品贸易市场设在集镇西关石场上，没有固定摊位，为露天市场。80年代，在别桥兴城东路公路大桥东桥堍南侧、商业街东侧建设钢筋水泥顶棚的摊位65个，占地面积2400平方米。据1993年12月工商登记，农贸市场整体搬迁至兴城东路公路大桥南侧、商业街西侧，紧邻丹金溧漕河。建设玻璃钢瓦棚顶室内市场，市场总面积1699.2平方米，玻璃钢瓦棚顶1699.2平方米，年成交额8120万元。2000年，原地改造扩建，总投资120万元，占地面积3400平方米，建筑面积3100平方米。场内拥有农副产品综合市场，种子、苗木、小商品、水果交易中心等专业市场，设有20间营业房门面房，81个经营摊位，构成比较完善的市场体系。日入市4500多人次。2002年被常州市评为文明市场。2013年，成交额9855万元。

二、绸缪农贸市场

位于绸缪集镇欧式花园内。2000年市场建设全面竣工。占地总面积3000多平方米，棚顶1800平方米，总投资100万元。场内设有10间营业门面房、36个摊位，主要经营农副产品、小商品、水果等。日入市1000多人次。2013年成交额1324万元。

三、后周农贸市场

20世纪70年代后期，后周沿永泰街、后周河设摊进行农副产品交易。80年代初告别“马路市场”，在老商业街建设农贸市场。1996年，在新兴街道重新建设农贸市场，市场总面积1104.8平方米，其中室内300平方米，棚顶804.8平方米，年成交额3010万元。2004年，农贸市场又移地新建，位于后周集镇振新街，总投资200万元，占地面积3600平方米，建筑面积3300平方米。场内主要经营农副产品、小商品、水果等。设有21间营业门面房，45个摊位，日入市2500多人次。2013年成交额6442万元。

第二节　物资交流会

物资交流会，又称节场，是由庙会逐步演变而来，历史悠久。旧时，诸镇择吉日为庙宇里的佛像开光，香烛供奉，演戏出会，招引邻境方圆几十里的群众赶集凑热闹，一般3～4日。

远近客商、小贩纷至沓来，争利于市，自然地形成以交换农副产品为主的集市贸易场所。各地的庙会（节场）都有固定的时间，现境内别桥集镇每年农历三月十五日和九月二十八日两次，后周集镇每年农历黄明（即清明节后一天）。

图13-5　交流会的地摊

新中国成立后，溧阳县人民政府贯彻执行“城乡互动、内外交流”的方针，继承历史上形成并一直流传下来的庙会，扬善除陋，引导延伸成新型的初级市场物资交流会。1952年2月，溧阳县人民政府规定别桥集镇举办初级市场物资交流会的日期为每年农历三月十五日至十七日、九月二十八日至三十日（或十月初一）两次，时间各为3天。后周集镇举办初级市场物资交流会的日期为每年农历黄明（清明节后一天）开始，时间3天。嗣后，别桥、后周沿袭历史习惯如期举行节场。后因农事变化，别桥的九月二十八日改为十月二十八日。由县供销社牵头，乡（镇）供销社组织举行物资交流会，届时万商云集，商品繁多，成交金额数以万计。随着市场经济的发展，绸缪集镇根据自身的传统庙会节日，经县工商局批准，确定物资交流会的日期。1987年起，绸缪集镇的物资交流会的日期为农历十一月初十至十二日，时间3天。2013年，全镇物资交流会贸易成交额18560万元。

第三节　专业市场

一、耕牛市场

20世纪70年代前，后周丘陵地区农民耕作用牛以自繁、自育为主，多余出卖，平原圩乡农户逢节场到耕牛市场购买。别桥耕牛市场，主要集中在集市交流会上，耕牛市场设在别桥西关石场西边的荒地上。每逢三月十五日和九月二十八日节场，周边乡村农民牵牛赶来耕牛市场交易耕牛。有“牛头”为买卖双方说合交易。买卖双方都要给“牛头”一定的佣金。当时每头耕牛价值50元以下的收取佣金2元，价值50元以上的收取佣金2.5元不等。1954年，别桥供销社为配合农业互助合作化运动，预收定金，组织人员到外地采购耕牛56头，每头比本县市场价低20元左右。1955年后，加强耕牛市场管理，配备评价员，掌握和稳定牛价，防止“小牛头”插手抬价得利。规定买卖双方各交牛价总额的2.5%成交费，并代征税金，统一拨交给税务部门。

1958年人民公社化后，由于农业生产关系的变更以及当时规定生产队买卖耕牛手续繁琐等原因，耕牛市场交易冷落。1959年，控制耕牛外流，加强市场管理，除县供销社为解决社队耕牛紧缺困难，对耕牛进行调剂外，耕牛市场基本停止交易。1962年耕牛市场开放。1970年后，机耕面积扩大，农村饲养使用耕牛逐年减少，耕牛交易寥寥无几。

1980年，农村实行家庭联产承包责任制后，农民之间耕牛交易又一度活跃起来。溧阳县工商行政管理局为维护农民的合法权益，指导正当交易，在别桥设立耕牛服务所，是年成交32头。

嗣后，由于大部分农田由拖拉机耕作，耕牛市场日趋萧条，交易活动停止。

耕牛价格自20世纪50年代后一直呈上升态势。每头耕牛平均价格：1952年75万元（旧币，相当75元），1954年106万元（旧币），1958年444元，1964年951元，1979年1042元，1984年1520元，2007年6200元，2013年6500元。

二、苗猪市场

境内农户养猪习惯繁、养分开，有农户专门饲养母猪繁育苗猪供应市场。新中国成立前，别桥集镇有同兴、协盛2家仔猪行，后周集镇有1家仔猪行，代客买卖，收取1%的手续费。1952年，别桥有苗猪行2家，从业人员4人。1956年，苗猪行实行公私合营，由别桥供销合作社管理。1980年，苗猪市场由工商所、供销社、兽医站管理经营。苗猪交易时，有苗猪管理所的人员过秤，并提取总价的2%为手续费（行用），买卖双方各付1%。1986年，别桥苗猪服务所年成交苗猪27135头。2008年，成交4650头。2009年，别桥、后周苗猪服务所关闭。

第四节　超市选介

鑫鑫百货超市　鑫鑫百货超市业主于1990年投资8000余元，租赁镇东菜市场64号店面房，创办商品批发部和鑫鑫副食品批发部，并先后取得“娃哈哈”“雪花啤酒”“五粮醇”“今世缘”“王老吉”“红牛”等品牌商品在别桥的代理经销权。2004年，投资250万元，租赁别桥兴城东路31号店面房开办鑫鑫百货超市。超市占地面积1500平方米，营业面积980平方米，主要经营定型包装食品、糖果、烟酒、冷冻冷饮、针纺织品、服装鞋帽、文化用品、小家用电器、生鲜蔬菜、水果、豆制品、小百货等近万种商品。

2010年，鑫鑫百货超市被溧阳市工商业联合会酒业商会评为放心酒销售单位；2012年被溧阳市私营个体经济协会评为“光彩之星”，被常州市消费者协会评为诚信单位，被常州市放心消费办公室评为先进单位；在江苏省放心消费创建活动中被评为先进行业成员。2013年，鑫鑫百货超市从业人员36人，年销售额1800万元，利税总额120万元。是年，鑫鑫百货超市投资1000万元，在兴城东路120号建设占地面积6000平方米、建筑面积8000平方米的四层商场大楼，开办溧阳市红五星连锁鑫鑫超市。

上海青远超市别桥店　位于别桥镇中路29号，2003年4月开业，有职工16人。经营生鲜食品、蔬菜、水产品、各类定型包装食品、烟酒糖果、针纺织品、小百货等3000多种商品。2013年，超市整体搬迁到兴城东路南侧39号，营业面积500平方米，年均营业额1500万元左右。

图13-6　上海青远超市别桥店

勤芳超市 位于绸缪集镇建设路东侧13号，占地面积200平方米，营业面积150平方米。主要经营各类定型包装食品、冷冻冷饮、烟酒糖果、日用百货、保健品、地方特产等2800余种商品，1997年10月开业，有职工3人。2005年、2009年、2010年、2011年、2012年、2013年，连续被溧阳市私营个体经济协会评为“光彩之星”。2013年，年营业额720万元。

图13-7 后周集镇华新超市

红五星连锁华新超市 位于后周集镇镇中街27号，于1991年10月创办。超市占地面积2300平方米，营业面积2100平方米。主要经营服装鞋帽、针纺织品、日用百货、小五金、小家电、各类定型包装食品、冷冻冷饮、烟酒糖果、土特产、保健品、生鲜蔬菜、豆制品等8000种商品。先后取得“娃哈哈”“古井贡”“国缘”等品牌在后周的经销代理权，是溧阳盐业公司食盐特约经销商。2013年，自有运输车3辆，职工30人，年人均收入3万余元，年日均营业额4510元，年销售收入1650万元。同年被常州市评为放心消费先进单位。

三宇超市 2002年1月开张营业，有职工6人，位于后周集镇镇新街西侧10号，占地面积300平方米，营业面积280平方米。主要经营溧阳地方土特优产品、烟酒糖果、各类定型包装食品、冷冻食品、各类保健品、副食品、日用百货等2500多种商品。2013年，销售收入1500万元。

第六章 生活服务业

第一节 住宿餐饮业

一、旅社

民国35年（1946年），别桥集镇有鸿运客栈、云和客栈两家旅馆。

1955年，别桥集镇有新建旅馆、公信和客寓。1956年，旅社公私合营。

20世纪60年代，别桥、后周集镇上的旅社设备简陋，芦卜隔间，以竹床通铺为主。70年代，由合作商店经营的旅社，整修房间，增添棕绷床。80年代，别桥镇境内各集镇旅社的设施虽有改进，但由于交通便捷、公路沿线个体旅社客栈增多，乡镇企业自设客房等原因，业务年趋萎缩。90年代后，集镇较高档次的私营旅社逐步发展，一些酒店、浴室兼营住宿业务。

2013年，后周集镇开办金马国际饭店，位于后周集镇迎宾路1号。住宿部面积1900平方米，设有38个房间，49张床位。其中总统套间1个、普通套间5个、标准间10个，配套设施齐全。同年3月，位于别桥集镇兴城西路23号的天宇宾馆开始接纳旅客。宾馆建筑面积1000平方米，四层楼房。内有标准房间 10 个，豪华套房 4 个，豪华单间 6 个，从业人员 5 人。

2013 年，别桥镇有旅社 9 家，从业人员 62 人，年营业额 310 万元。

二、餐饮

餐饮业主要有饭店、馄饨店、馒头店、面馆等。民国时期，别桥集镇有菜馆 6 家，小吃店 6 家，馒头店、面馆多家。民国 35 年（1946 年）12 月，别桥集镇有吕保海、陆海荣两家酒楼菜馆，馒饼面店 9 家。

图13-8　别桥大酒店

1955 年，别桥集镇有乐中、协和轩、陆沅兴、福兴馆、聚义、童庚、冯裕兴等 9 家小吃店和饭馆；有沈隆兴、吕恒昌、赵永和、赵义和、荣盛、恒兴、沈福兴、杨宏泰、姚复泰、荣茂、姚兴隆 11 家面饼店。绸缪集镇有同意饭馆。后周集镇有春和、也是、经济 3 家饭店，协顺、隆兴、华春 3 家面饼店。

1956 年，别桥、绸缪、后周有公私合营食堂 3 家，分设 4 个营业部，从业人员 28 人，1958 ～ 1962 年，由于“大跃进”浮夸风，加上三年自然灾害，食品奇缺，饮食行业急转直下。1963 年以后，食品供应渐趋好转，饮食业的营业也有转机。“文化大革命”期间，饭店供应大锅饭、大锅菜、阳春面等大众食品，烧饼、油条等受粮食计划的限制，群众排队购买。

1978 年后，食品货源丰富，餐饮业进入复苏和发展时期。1980 年后，乡镇集体所有制、民营的餐饮业发展迅速，繁荣餐饮市场。此后，供销系统经营的餐饮业趋于萎缩。

1990 年起，民营酒店、饭店成了餐饮业的主力军，新兴的小吃、烧烤、夜排档在街头出现。个体面饼业兴起。别桥集镇、绸缪集镇、后周集镇先后办起兴城饭店、车站饭店、胖子酒家、刘家农庄饭店、后周宾馆、苏中大酒店、东兴饭店等 10 多家规模较大的酒家、饭店。别桥兴城东路 145 号的永武大酒店于 1998 年 6 月开张。酒店占地面积 650 平方米，主楼四层，配套建筑面积 150 平方米，停车场 200 平方米，酒店员工 15 人，同时可开办宴席 35 桌，2013 年营业额 120 万元。2010 年，别桥兴城西路开办别桥大酒店，酒店营业面积 1228 平方米，可一次承办酒席 38 桌。2013 年，后周开办金马国际饭店，位于后周集镇迎宾路 1 号，餐饮部营业面积 2000 平方米，可一次承办酒席 60 桌。是年，全镇有餐饮业 89 家，从业人员 306 人，年营业额 2.77 亿元。

第二节　理发美容照相业

一、理发美容

民国时期，现境内集镇均有理发店，别桥集镇上有 4 家理发店，后周集镇有 2 家理发店。

流动理发匠四乡穿行。

1955 年，别桥集镇有荣华、新新、振新、光明、天华等 6 家理发店。绸缪集镇有整新理发店。后周集镇有余茂、仁余等 5 家理发店。理发店除理发、洗头、修面外，还有扒耳、拔倒毛、翻眼皮的服务项目。嗣后，集镇上的理发行业逐渐模仿城市，从店铺的设备、技艺到所用的器具都发生了很大的变化。坐凳改用木质靠椅，后又改为铁盘转椅、厚玻璃半身镜、手轧剪和洋刀。有的理发店暑天室内挂布扇，人拉，上书“清风徐来”。这时的发型，男子有剃光头（和尚头）、推平头、圆头、长平头、短平头、学生“西装”头。女子为青少年结长辫，中青年留短发。新生婴儿为髻。1970 年后，使用电吹风、电轧剪。1975 年前，农村集镇极少有女子烫发；1978 年后，中年女子理发时流行烫发。1980 年后，个体理发服务业发展较快，服务项目多样，设备先进，发型时新。2013 年，全镇有理发店、发廊、美容美发店 39 家，从业人员 47 人。

二、照相

1952 年，樊庄人王全坤在别桥集镇开办星光照相馆，洗印黑白照片。公私合营被纳入别桥合作商店。1956 年，购置一台座机，始用灯光摄影，效果好于日光。1979 ～ 1980 年，6 吋胶片的供应很紧张，尤其是暑期和春节期间，到 1983 年后情况才好转。

20 世纪 80 年代，个体照相业逐步发展，别桥、绸缪、后周集镇均办起照相馆。照相馆的主要业务是人像摄影，可分为室内和室外。室内主要拍摄学生照、证件照、公用照、艺术照、结婚照、全家照、小团体照、室内风景照、文集资料翻拍、小产品拍摄等；室外主要拍摄大型团体照、会议新闻照、风景照、产品、建筑物等。1982 年后，照相馆积极改善经营，配备婚纱、童装等各类服饰，还提供各种道具。2010 年以后使用数码照相，背景有电脑设计，艺术照片在拍摄后有电脑制作。2013 年，全镇有豪华数码摄影、兴城、后周、新新摄影等照相馆 5 家，从业人员 16 人。

三、浴室

浴室，民间叫“混堂”。历史上，别桥、后周集镇上都有浴室，晚秋开汤，夏季歇业。民国时期，别桥集镇有浴室 2 家，常年营业（夏季盆汤）。

1952 年，别桥集镇有方兆宽、朱纪保、王保喜浴室 3 家，从业人员 6 人。1955 年，别桥集镇有浴德园浴室，绸缪集镇有仲兴浴室，后周集镇有沂园浴室。浴室门口每日悬挂灯笼一盏，示告浴客，浴池已开汤，1973 年后废。1958 年，集镇私营浴室实行合作化，由合作商店经营，服务项目有擦背、修脚、捏脚等。在“文化大革命”期间，浴室服务项目全部取消，浴客自我服务。

20 世纪 80 年代，多数家庭用塑料浴帐御寒洗浴，少数家庭砌浴锅房、建卫生间，浴室业开始萎缩。90 年代后，个体浴室恢复发展，设施条件逐渐改善，增加各式按摩、修面等服务项目，设有包厢。境内每个集镇都办有女子浴室。浴室业，天气越冷，生意越旺。每个浴室堂口墙上常见告示一则，曰：贵重物品，交柜保管，不交遗失，后果自负。

2013 年，全镇有海蓝天、华盛、别桥大众、和顺、扬子、小史、绸缪、新世纪、皇家、洪昌、豪都等浴室 16 家，从业人员 92 人。

第三节　茶馆　棋牌室

茶馆历来是老人休憩、大众休闲的场所。旧时，商民常借座茶馆洽谈行情，成交买卖。茶馆也是骚人墨客经常涉足之地。提篮小贩及说唱卖艺者穿梭于各茶馆，借以糊口。民国时期，别桥集镇有17爿茶馆。有些茶馆设有说书、评话、演唱等曲艺表演，茶馆的营业时间有早市、中市，有的还开夜市。

茶馆里茶客比较固定，老茶客则按各自的身份、地位或相互之间的关系，相聚于固定的茶馆，甚至固定的座位上，他们能替茶馆老板撑场面。有时，民间纠纷进茶馆评理，谓之“吃讲茶”，就靠这些老茶客从中调解；还有地方上有名望、有知识的长者或乡绅，被平民请为其写诉状、评事理，他们充当“土法官”“土律师”的角色。这些老茶客，天天在茶馆里以“茶”消磨时间，但任何一爿茶馆都少不了这些老茶客。

1955年，别桥集镇有春园、淇园、洪园、天平楼、西泉等茶馆，还有利民、复兴开水店。绸缪集镇有新民、如意茶馆。后周集镇鸿园、邹正祥、华兴茶社。古渎有一爿周福林茶馆。

1957年，成立别桥、绸缪、后周合作茶社，分设6个茶馆，从业人员13人。“文化大革命”期间，茶馆被视为传播“封、资、修”的场所，被迫停业。20世纪70年代中期，社会生活开始宽松，合作商店茶社和老虎灶恢复早晨卖茶。80年代始，个体茶馆、茶社兴起。90年代，茶馆大多与棋牌室联为一体，成为休闲、娱乐的综合服务场所。2013年，别桥镇有茶馆、棋牌室26家，从业人员62人。

第七章　金融服务业

第一节　银　行

一、中国人民银行溧阳县支行别桥营业所

1951年10月设立，当时称“别桥服务组”。工作人员有主任、会计等7人，负责别桥区12个乡的金融业务，并为区内各乡配备一名农经员，负责该乡的存款、贷款和收款等业务。1952年9月，更名为别桥营业所。1959年5月，别桥、后周公社建立人民银行服务所，管理公社信用社业务和人民银行服务所的金融业务。1959年11月至1961年10月，别桥营业所属埭头中心所领导。1961年10月24日，更名为别桥中心所，管理别桥、湖边、古渎和绸缪4个公社的金融业务。1964年10月，更名为别桥分理处。1966年5月，改称别桥营业所。1970年4月22日，各公社设立银行站。1971年4月，各公社银行站与公社财管所、税务所合并，建立公社财政金

融管理站。1975 年 4 月，各银行站与财政、税务分开，单独成立人民银行营业所。1980 年 7 月，农业银行成立，各公社人民银行营业所划归农业银行领导与管理。

二、中国农业银行股份有限公司溧阳别桥支行

1956 年 8 月，中国农业银行溧阳县支行由溧阳县人民银行分出成立，1957 年 5 月撤销，1965 年 12 月又恢复，设立农业银行别桥区营业所，机构、人员与人民银行别桥分理处合并。1980 年 7 月 1 日，各公社人民银行营业所撤销，成立农业银行营业所。1982 年 11 月重新设立农业银行别桥区营业所，管理别桥、湖边、古渎、绸缪、前马和余桥 6 个公社农业银行营业所。1984 年 12 月，别桥区农业银行营业所撤销，各乡农业银行营业所和农村信用社合署办公，分开经营，分别核算。1994 年 4 月 6 日，别桥营业所更名为别桥办事处。古渎、绸缪、后周乡营业所更名为分理处。1996 年 9 月，与信用社脱离行政隶属关系。2002 年 3 月 18 日，更名为别桥分理处。2007 年 8 月，升格为二级支行。2009 年 12 月金融体制改革，更名为中国农业银行股份有限公司溧阳别桥支行。地址在别桥集镇兴城东路 88 号。2013 年年末有工作人员 8 人，各项存款余额 43190 万元，其中企业存款 6730 万元，个人存款 36460 万元；各项贷款余款 16099 万元，其中企业贷款 14279 万元，个人贷款 1820 万元。

图13-9　中国农业银行别桥支行

三、江苏江南农村商业银行股份有限公司别桥支行

江南农村商业银行前身为农村信用合作社，是新中国成立后最早的股份性质的集体金融机构。1954 年，别桥区在前王乡樊庄初级社试点，吸收信用社股金 64 元，创建别桥信用社，是信用互助组。1954 年下半年，别桥信用社在别桥、前王和诸里 3 个乡发动群众按户入股，每股股金 3 元。目的是发展农村储蓄，发放低息贷款，帮助农民摆脱高利贷盘剥，为发展农业生产服务。至 1955 年年底，别桥区各乡成立信用社。1958 年年初，各农业生产合作社建立信用服务站。1958 年 10 月，银行实行“撤社建部，银信合一”的体制，将信用社改为信用部，大队建立信用分部。1959 年 5 月，各公社建立人民银行服务所，信用部业务全部并入人民银行服务所。1962 年恢复别桥信用社和后周信用社，同时建立湖边信用社、古渎信用社和绸缪信用社。信用社人事权归公社掌握。1971 年 4 月，各公社信用社与人民银行营业所、税务所和财管所合署办公，称财政金融管理站。1975 年 9 月 2 日，撤销财政金融管理站，恢复各公社信用社。1978 年，信用社改为大集体性质的合作金融组织，归人民银行营业所领导和管理。1980 年 7 月 1 日，公社人民银行营业所撤销，各公社信用社归各公社农业银行营业所领导，合署办公，两块牌子、一套班子，联合经营，统一核算，利润分成。别桥公社信用社地址在别桥集镇镇西街 8 号，1984 年移至镇西街 11 号。1983 年经济体制改革，信用社独立核算，自负

图13-10　江南农村商业银行别桥支行

盈亏，发展新社员，增扩股金，全面建立社员代表大会制度，民主选举理事会和监事会，建立信用服务站，解决农村家庭联产承包制后出现的“借贷难、还贷难、存款难”问题。1984 年 8 月，建立溧阳县信用合作联社，别桥镇、湖边乡、古渎乡、绸缪乡和后周乡的信用社都更名为信用合作社。1992 年 9 月，湖边信用合作社并入别桥信用合作社。2008 年年初，溧阳农村合作联社更名为溧阳农村合作银行。2009 年 12 月 31 日金融体制改革，又更名为江苏江南农村商业银行股份有限公司溧阳支行，简称江南农村商业银行溧阳支行。江南农村商业银行别桥支行为一级支行，开办各类存款、贷款、结算、储蓄卡以及自助银行等业务，管理古渎江南农村商业银行、绸缪江南农村商业银行和后周江南农村商业银行，地址在别桥集镇镇中街 57 号，2013 年年末有工作人员 20 人。后周江南农村商业银行地址在后周集镇北环路 56 号，2013 年年末有工作人员 9 人。绸缪江南农村商业银行地址在绸缪集镇建设北路 78 号，2013 年年末有工作人员 9 人。古渎江南农村商业银行地址在古渎集镇育才路 16 号，2013 年年末有工作人员 7 人。

2013 年年末，江南农村商业银行别桥支行存款余额为 107383 万元，贷款余额为 55088 万元（含 3 个下属银行的存贷款余额）。

四、中国邮政储蓄银行别桥、后周、绸缪支行

1986 年 12 月，根据邮电部、中国人民银行联合发出的《关于开办邮政储蓄业务的通知》精神，境内 5 个乡镇邮政营业所开始办理邮政储蓄业务，吸储个人存款，回笼资金。储蓄存款缴存中国人民银行溧阳支行，并与之结算利差收入。1990 年 1 月，邮政储蓄存款与中国人民银行由“缴存款”转为“转存款”，邮政储蓄业务由“代办”改为“自办”。1990 年 11 月 12 日，邮政储蓄业务由邮电部统一管理，在金融业务上接受中国人民银行溧阳支行的指导。2004 年 5 月，邮政储蓄与邮政业务实行“财务分开和分账经营”。2008 年 4 月 30 日，中国邮政储蓄银行溧阳支行成立，别桥支行、后周支行和绸缪支行也随之成立，三者均为二级支行。别桥支行的地址在别桥集镇兴城东路 32 号，2013 年年末有工作人员 10 人，存款余额 16003.26 万元。后周支行地址在后周集镇镇新街 5 号，2013 年年末有工作人员 9 人，存款余额 8479.17 万元。绸缪支行地址在绸缪集镇建设南路 4 号，2013 年年末有工作人员 5 人，存款余额 4231.61 万元。

五、中国银行股份有限公司溧阳支行别桥分理处

中国银行股份有限公司溧阳支行别桥分理处于 1993 年 5 月设立，主要办理居民储蓄业务，地址在别桥集镇镇中街 53 号。2004 年有工作人员 8 人，存款余额 4120.46 万元。2004 年 10 月撤销。

第二节　通用货币

一、金属货币

【铜钱】 圆形，中间方孔的铜质铸币，是一种沿用很久的较为古老的货币，从别桥境内出土的宋代铜钱可以看出，历朝都有多种铜钱在别桥、后周市场上流通。抗日战争时期，铜钱在流通领域逐渐消失。

【银两】 银质称量货币，自清朝末期到民国22年（1933年）币制改革前均在别桥、后周市场上流通。按其形状分有元宝、银锭、银饼等；按重量又分大锭（50两）、中锭（10两）、小锭（3～5两）;一两以下的粒银统称为碎银,作为辅币使用。民国22年（1933年）,国民政府“废两改元”，宣布废止银两作为货币单位，正式规定银元为本位币，“元”为货币单位。由此，银两在市场上的流通使用终止。

【银元】 圆形银质铸币,最早由国外传入。在别桥境内流通的有墨西哥“鹰洋”、西班牙银元、英国“站人洋”、美国“贸易银元”、日本银元。清光绪年间（1875～1908年）开始官铸银元，在别桥境内流通的种类有“光绪元宝”“大清银币”“宣统元宝”三种。民国元年（1912年）后，有“孙中山像”开国纪念银币、袁世凯头像银币。民国24年（1935年）11月4日，国民政府实行法币政策，正式宣布禁止银元流通。

【银角】 俗称“小角子”“毫洋”“小洋”,是一种银辅币。清末在别桥境内流通的有半元（五角）、双角（贰角）、单角（一角）及半角（五分），民国时期有五角、二角、一角3种。流通最多的是二角银币，俗称“双毫”；其次是一角银币，俗称“单毫”。银角与银元的比值，法定10银角为1银元。后来由于成色降低，不能维持十进法价，银角与银元同时停止流通。

【铜元】 圆形无孔的铜质铸币，俗称铜板。清末民国初，铜元取代制钱（即圆形方孔铜钱），占有重要的辅币地位，每枚重2钱。在别桥境内流通的有“双旗嘉禾”“开国纪念币”“共和国纪念币”等。其中，主要流通单铜元（十文），开始以100枚换银元1元，后来以300枚兑换银元1元。到民国28年（1939年），铜元自行在流通领域中消失。

【镍币、铝合金币】 民国25年（1936年），镍币在别桥境内流通，面额有五分、一角和二角3种。流通不久，因镍价格暴涨，镍币实值超过面值，导致镍币自然退出流通领域。后流通铝合金辅币，面额有一分、二分、五分和一角4种，以后又有二角、五角2种。抗日战争爆发后，铝合金辅币逐渐退出流通领域。

【铜筹】 清朝末年至民国时期，溧阳地区临时流通币或代用币。铜筹是在某一历史背景下，某一区域内,发行使用的一种具有货币功能的地方性、临时性的货币。它在某个时期和某个区域内，解决了小额辅币紧缺、找零流通不便的问题。同时,也有某店铺、商会彰显自身经济实力的广告用意。

“绸缪同兴号福记”铜筹，长66毫米，宽7毫米，厚1.6毫米，重5.3克。材质紫铜，系钢模手工冲压打制而成。铜筹面文：“癸卯绸缪镇同兴号福记”，背文：“照市兑洋拾文”。癸卯年，即光绪二十九年（1903年）。当时绸缪镇隶属镇江府溧阳县管辖，“同兴号福记”是当时地方上有着较大规模或财力的钱庄或商号。“照市兑洋拾文”，表明与当时市面流通的铜元（铜板）等值。

“别桥东社公记”铜筹，长82毫米，宽6毫米，厚1.5毫米，紫铜材质，钢模手工冲压打制而成。铜筹正面有阳文繁体字：癸卯别桥东社公记制钱二十文；反面上部为“照市”，下端为“兑洋”（此铜筹现今保存在镇东村某村民家中）。

图13-11　清光绪至民国初（1903～1915年）别桥东社公记铜筹

这类地方临时货币，是因为小面额货币的市场投放量不足，而要满足人们日常小额交易而被官府默许的情况下发行的，也有可能时处清末民国初，时局混乱，无政府状态严重，政府无力顾及此类“鸡毛蒜皮”之事。其实，未经政府和国家授权发放，是一种非法发行，且有扰乱市场和金融秩序嫌疑的货币，往往遭到政府的严厉打击，并收回销毁。这些地方临时流通币，只在本镇（乡）或本钱庄（商号）内流通，补充和替代法定辅币。

【宜溧流通币】 新四军在开辟茅山抗日游击根据地后建立的宜溧县抗日民主政府所发行的货币。“宜溧流通币”是用清末民国初发行的“十文”铜元打戳改制而成，面文是阴刻录书“宜溧流通”，背文有阴刻录书面值“壹分”“贰分”和“伍分”三种，是民国34年（1945年）2月宜溧县成立后至8月日本投降、抗日战争结束期间发行并流通的临时货币，流通时间短，流通范围较小，发行量不大，是地区性的临时货币。

【人民币金属辅币】 1957年12月，中国人民银行发行一分、二分、五分3种铝质金属辅币，与纸分币混合流通。1980年4月，发行铜镍合金币一角、二角、五角和铜锌合金币一元4种金属辅币。1992年，发行一角、五角、一元3种金属辅币。1999年发行一角、五角、一元3种金属辅币。2005年，发行一角1种金属辅币。到2013年年末，在现境内流通面额最小的金属辅币是一角金属辅币。

二、纸币

【钞票】 民国初年在别桥境内流通的纸币有中国银行和交通银行发行的兑换券和钞票。以后，又有中央、中国、交通、中国农业银行4家以及江苏省农民银行1家发行的钞票在境内流通使用。此外，还有四明、中南、浙江兴业、中国通商银行等发行的钞票也在别桥境内市场上流通使用。法币在市场流通后，钞票退出流通市场。

【法币】 民国24年（1935年）11月开始，国民政府实行法币政策，在市场上流通的票面有一元、五元、十元及一角、二角、五角6种，民国32年（1943年）汪伪国民政府宣布禁止使用。抗日战争胜利后，法币又重新在境内市场流通。民国37年（1948年）8月后被金圆券代替。

【伪中央储备银行券】 又称“储备券”，是汪伪国民政府“中央储备银行”在民国30年（1941年）发行的。票面有一元、五元、十元、五十元、一百元、二百元、五百元和一角、二角、五角 10 种。民国 32 年（1943 年）在别桥境内市场上强制流通使用，同时禁止法币流通。民国 34 年（1945 年）又增发一万元、五万元、十万元券。大额的伪储备券在市场流通，造成通货膨胀。直至抗日战争胜利，才终止使用。

【关金券】 民国 20 年（1931 年）5 月，中央银行发行。原系专供缴纳关税之用。民国 34 年（1945 年）8 月，关金券流入别桥境内市场，票面有五百元、一千元、二万五千元。民国 37 年（1948 年）8 月金圆券发行后，关金券停止流通。

【抗币】 民国 34 年（1945 年）8 月，抗日民主政府为维护军民利益，粉碎国民党政府的经济掠夺，稳定市场物价，打击不法商人，发行江淮银行、江南银行印制的地方抗币。票面有江淮银行的二角、五元、十元、二十元券 4 种，江南银行的一元、五元券 2 种。与此同时，还发行宜溧县政府财政局金融流通券和溧阳流通券，票面有一角、五角 2 种，限在溧阳县内流通。民国 34 年（1945 年）10 月，新四军奉命北撤，溧阳抗日民主政府为维护人民利益和“抗币”信用，用黄金购买物资回收“抗币”。新中国成立后，对散在民间的抗币，溧阳县人民银行按规定比价用人民币收兑。

【金圆券】 国民政府于民国 37 年（1948 年）8 月 19 日再次进行币制改革时发行的纸币。当时规定金圆券 1 元兑换法币 300 万元，或兑换关金券 15 万元。发行初期面额有一元、五元、十元、一角、二角、五角 6 种。流通不久，金圆券急剧贬值，发行量迅速增加，远远超过市场需要。先后出台的有面额五十元、一百元等，最高面额达百万元。民国 38 年（1949 年）4 月溧阳解放，县人民政府发出通告，从民国 38 年（1949 年）6 月 3 日起，禁止金圆券在市场流通，由中国人民银行按金圆券 5000 元折人民币 1 元的比值进行有限制的收兑。

【人民币】 民国 37 年（1948 年）12 月 1 日，中国人民银行成立，发行人民币，逐步统一全国的货币。别桥境内从民国 38 年（1949 年）5 月开始使用人民币，票面有一元、五元、十元、二十元、五十元、一百元、二百元、五百元、一千元、五千元、一万元、五万元 12 种。老解放区的华中银行券和北海银行券亦同时使用，票面有一百元、二百元、五百元、一千元、二千元、五千元 6 种。为了适应经济建设的需要，中国人民银行于 1955 年 3 月发行新版人民币，并以新人民币 1 元折合旧人民币 1 万元的比价收兑旧人民币。新人民币以“元”为本位币，即主币，“角”“分”为辅币，10 分为一角，10 角为一元，新人民币的面额为：主币有一元、二元、三元、五元、十元 5 种；辅币为一分、二分、五分、一角、二角、五角 6 种。

1964 年 4 月 14 日，国务院公布停止使用和收回 1953 年版三元、五元、十元 3 种券别。

1987 年发行五角、五十元两种券别，1988 年发行一角、二角、一元、二元、五元、十元、一百元 7 种券别，1992 年发行五十元、一百元 2 种券别，1999 年发行一元、五元、十元、二十元、五十元、一百元 6 种券别，2005 年发行五元、十元、二十元、五十元、一百元 5 种券别。

第三节　银行业务

一、存款

【对公存款】 主要包括财政性存款、机关团体性存款、集体企业存款、乡镇企事业存款、外资企业存款、个体工商户存款、信托、保险、证券资金、住房公积金等。2013 年年末，境内各金融机构对公存款余额 24841 万元。

【储蓄存款】 储蓄存款是城乡人民的个人存款。1950 年开办保值储蓄，1952 年 7 月停办保值储蓄，办理活期储蓄、定期储蓄、零存整取贴花有奖储蓄、定额储蓄、生产生活储蓄 5 种，各种储蓄全部改成货币储蓄。1953 ～ 1955 年又增办农村售粮优待储蓄、农村定期有奖储蓄和活期有奖储蓄，存期有半年、一年两种。1956 年起改为活期储蓄、定期储蓄、零存整取有奖有息定期储蓄和活期有奖储蓄。1961 年起停办有奖储蓄，改为计息。1978 年后，恢复有奖有息定期储蓄。1979 年 4 月起，定期储蓄存款在一年的基础上，又增设三年、五年期的新储种，零存整取也开办一年、三年、五年的新项目。1988 年 9 月 1 日起，定期储蓄又增设两年的新储种。1985 年后，储蓄存款中，存款种类有活期储蓄、通知储蓄、整存整取定期储蓄、定活两便储蓄、存本取息定期储蓄、零存整取定期储蓄、教育储蓄等。另外还相继开办过以下储蓄品种：1. 定期定额有奖储蓄。2. 大额定期储蓄。3. 保值储蓄。4. 大额可转让定期存单储蓄。存款利率按中国人民银行的规定执行。2013 年年末，全镇各金融类机构储蓄存款余额合计为 154446 万元。

二、贷款

新中国成立初期，中国人民银行派农金员下乡，以春借秋还的形式，对生产、生活困难户发放贷款。1951 年农村土地改革以后，又向农民发放兴修水利、种子、仔猪及渔民生活贷款。1956 年农业合作化后，为农业生产合作社发放添置耕牛、农具等设备贷款，为社员发放贫农合作基金贷款和困难特大贫困户贷款。1962 ～ 1965 年，国民经济贯彻调整方针，农业贷款主要用于解决生产队集体生产周转资金不足和添置设备所需资金。1981 年，实行家庭联产承包责任制，农业贷款转为全面支持农、林、牧、副、渔、工、商、运、建、服等。

1959 年开始发放社队企业贷款。1981 年，对社队企业贷款推行评分考核，贯彻执行一类企业优先支持、二类企业适当控制、三类企业在未改变面貌前原则上不发放新贷款的政策，贷款对象扩大到个体经营户。

2008 年开始，贷款的主要种类有固定资产基建及投资贷款、工业流动资金贷款、农业贷款、粮食及农副产品收购贷款、建筑施工房地产开发贷款、乡镇企业贷款、公积金住房贷款、个人消费贷款、助学贷款等。2013 年年末，别桥镇金融单位发放贷款余额 71187 万元，其中企业贷款余额 50521 万元。

三、中间业务

1．同城结算：支票结算、付款委托书结算、委托收款结算、银行本票结算。2013 年，别桥农业银行、江南农村商业银行分别为 9648 万元、1518 万元。

2. 办理银行汇票、商业承兑汇票、银行承兑汇票、票据贴现、电子汇兑等业务。2013 年，别桥农业银行、江南农村商业银行分别为 390 万元、8520 万元。

3. 中间业务：代发工资、代收邮电费、代收水费电费、代收有线电视收视费、代收电话费、代理养老金保险等。2013 年，别桥农业银行、江南农村商业银行、邮政储蓄银行分别为 580 万元、

2583 万元、600 万元。

4. 办理各种查询查复、保函、个人存款证明业务。2013 年，别桥农业银行、江南农村商业银行分别为 39 张、29 张。

5. 发放银行卡：农业银行主要发放“金穗卡”，江南农村商业银行主要发放“圆鼎卡”，邮政储蓄银行主要发放“信用卡”。2013 年，别桥农业银行、江南农村商业银行、邮政储蓄银行分别发放 1350 张、5260 张、1300 张。

6. 办理网上银行、电话银行、ATM 机等业务。2013 年，别桥农业银行、江南农村商业银行、邮政储蓄银行分别办理 960 笔、820 笔、900 笔。

1970 ～ 1985 年湖边信用社储蓄一览表

表 13-7-1　　单位：万元

年份	储蓄总额	发放利息	年份	储蓄总额	发放利息
1970	1.60	—	1978	6.50	0.11
1971	2.00	—	1979	8.00	0.13
1972	2.50	—	1980	20.00	0.83
1973	2.80	—	1981	30.00	1.24
1974	3.20	—	1982	75.00	3.10
1975	4.00	—	1983	84.00	3.30
1976	4.30	—	1984	95.00	3.90
1977	4.50	0.07	1985	123.00	4.20

1970 ～ 1985 年湖边信用社发放贷款一览表

表 13-7-2

年份	信贷总额（万元）	发放生产队（个）	发放社队企业（家）	发放贫困户（户）	收回利息（万元）
1970	3.00	2	—	1	0.06
1971	4.00	2	—	2	0.09
1972	8.00	4	1	3	0.14
1973	6.00	3	1	2	0.13
1974	10.00	5	2	5	0.20
1975	7.00	2	1	4	0.14
1976	8.00	3	2	3	0.18
1977	13.00	4	6	3	0.28
1978	18.00	5	11	2	0.39
1979	22.00	5	15	2	0.48
1980	28.00	5	20	3	0.61

续表 13-7-2　　　　单位：万元

年份	信贷总额（万元）	发放生产队（个）	发放社队企业（家）	发放贫困户（户）	收回利息（万元）
1981	30.00	3	25	2	0.71
1982	38.00	6	30	2	0.92
1983	103.00	40	50	13	2.23
1984	110.00	40	55	15	2.39
1985	118.00	38	65	15	3.55

1985～2013 年中国农业银行股份有限公司溧阳别桥支行存贷款余额一览表

表 13-7-3　　　　单位：万元

年份	存款总额	企业存款	个人存款	年份	贷款总额	企业贷款	个人贷款
1985	138	42	96	1985	82	77	5
1986	198	54	144	1986	168	161	7
1987	287	68	219	1987	238	230	8
1988	409	83	326	1988	333	323	10
1989	519	103	416	1989	423	412	11
1990	669	124	545	1990	536	523	13
1991	814	154	660	1991	652	638	14
1992	1364	230	1134	1992	1224	1208	16
1993	1587	261	1326	1993	1375	1355	20
1994	1803	304	1499	1994	1562	1540	22
1995	2120	349	1771	1995	1776	1752	24
1996	2438	397	2041	1996	2018	1990	28
1997	2836	456	2380	1997	2267	2235	32
1998	3336	531	2805	1998	2577	2540	37
1999	4402	473	3929	1999	2869	2826	43
2000	4061	882	3179	2000	2019	1971	48
2001	4127	620	3507	2001	1467	1408	59
2002	4703	794	3909	2002	1371	1297	74
2003	5864	596	5268	2003	1591	1503	88
2004	7355	1093	6262	2004	7001	6903	98
2005	9345	981	8364	2005	2575	2463	112
2006	12197	1295	10902	2006	3542	2417	125
2007	13732	1218	12514	2007	3596	3450	146

续表 13-7-3 单位：万元

年份	存款总额	企业存款	个人存款	年份	贷款总额	企业贷款	个人贷款
2008	18054	1971	16083	2008	2972	2800	172
2009	21684	1915	19769	2009	3507	3140	367
2010	28466	2875	25591	2010	3776	3245	531
2011	31704	4066	27638	2011	8659	7242	1417
2012	37232	5178	32055	2012	9647	7859	1788
2013	43190	6730	36460	2013	16099	14279	1820

2009～2013年江南农村商业银行别桥支行存贷款余额一览表

表 13-7-4 单位：万元

年份		2009	2010	2011	2012	2013
年末存款余额	余额合计	57340	61866	74898	85650	107383
	企业存款	4128	6586	10631	10850	18111
	个人存款	53212	55280	64267	74800	89272
年末贷款余额	余额合计	28499	24627	42624	42695	55088
	企业贷款	20705	17301	27858	28717	36242
	个人贷款	7794	7326	14766	13978	18846

说明：含后周、绸缪、古渎江南农村商业银行

2007～2013年中国邮政储蓄银行别桥、后周、绸缪支行存款余额一览表

表 13-7-5 单位：万元

年份	别桥	后周	绸缪
2007	7384.83	4174.66	1807.84
2008	9100.81	5163.01	2427.28
2009	9961.03	5630.08	2386.27
2010	11009.61	5776.84	2842.13
2011	12468.44	6338.16	3084.95
2012	13819.35	7271.53	3278.77
2013	16003.26	8479.17	4231.61

1994～2004年中国银行股份有限公司溧阳支行别桥分理处存款余额一览表

表 13-7-6 单位：万元

年份	存款余额	年份	存款余额
1994	1513.06	1996	1854.73
1995	1702.24	1997	2023.58

续表 13-7-6　　单位：万元

年份	存款余额	年份	存款余额
1998	2214.62	2002	3864.08
1999	2542.45	2003	4012.73
2000	2783.72	2004	4120.46
2001	3154.14		

第四节　非银行金融机构

一、农村合作基金会

【组织机构】 农村合作基金会是在坚持资金所有权和相应的收益权不变的前提下，由乡（镇）村集体经济组织和农户按照自愿互利、有偿使用的原则而建立的社区性资金互助组织。《批转市委农工部〈关于建立和健全农村合作基金会的意见〉的通知》规定：合作基金会的会员是以资金入股的乡（镇）村集体经济组织及个人。由集体会员和入股数额较大的个人组成会员代表大会。会员代表大会是合作基金会的最高权力机构，负责制定合作基金会章程，选举产生理事会，决定基金会其他重要事项。会员代表大会闭会期间，由理事会负责日常工作。1993 年 7 ～ 12 月，别桥镇、古渎乡、绸缪乡和后周乡农村合作基金会（简称基金会）相继成立。由乡（镇）党委推荐乡（镇）实业总公司经理为理事长候选人，推荐分管工业的副乡长、经管办（后称“农村经济管理站”，简称“经管站”）主任、农村信用合作社主任为副理事长候选人，通过会员代表大会选举当选。理事会下设办公室，由经管办主任兼任办公室主任，具体负责融资业务，另设主办、出纳各 1 人，信贷员 3 ～ 5 人。

1996 年，根据农业部《农村合作基金会登记管理办法》，境内 4 家基金会向上一级主管部门申请登记，领取由农业部统一印制的农村合作基金会登记证书。

【入股借贷】 农村合作基金会成立前，境内各乡（镇）利用村队集体闲置资金进行内部资金融通，基金会成立后采取入股方式筹集投放资金。筹集会员股金坚持“入股自愿，退股自由”的原则，签订入股合同，明确入股数额、期限和双方权利义务，约定期限内一般不予退股，以保证基金会的资金有一定的稳定性。会员股金，参照银行同档利率保息分红。基金会投放资金，除股金外，还有以下几方面来源：1. 乡镇企业上交集体经济组织尚未分配的各种规费、利润；2. 乡（镇）村农业合作发展基金；3. 农村合作养老基金；4. 乡（镇）事业单位的部分资金；5. 有关部门的扶持资金；6. 基金会自身积累资金。基金会资金投放以保证资金安全为原则，以短期小额投放为主，大额资金投放的总和不得超过股金总额的 30%。投放资金有偿使用费参照农业银行、信用社的贷款利率作适当浮动。1998 年，境内 4 家基金会可融资金总额达 1821 万元，全年投放余额 1398 万元。1999 年 2 月末，合作基金会股金余额：别桥 884 万元，后周 402 万元，绸缪 91 万元，古渎 46 万元。

【清理整顿】 农村合作基金会在成立初期，对农村经济的发展起到一定的促进作用，吸收股金利率和放款利率也基本正常。其后，不少基金会由于经营混乱，无序竞争，利率远远高出银行同档次正常水平，资金投放把关不严，资金回笼情况较差，回收率低，会员到期股金兑付矛盾突出，扰乱了正常的金融秩序，影响社会稳定。

1998年，溧阳市政府按照“压缩总量，盘活存量，优化结构，抓紧对债权的清理和资金的清收，增强支付能力，防止支付危机，在确保支付的前提下，逐步缩小经营规模”的指导思想，积极稳妥地开展对合作基金会的清理整顿工作。

1999年，国务院下发《国务院办公厅转发整顿农村合作基金会工作小组〈清理整顿农村合作基金会工作方案〉的通知》。为确保农村合作基金会的平稳过渡，溧阳市成立了由市领导、市委农工部、组织部、纪委、法院、检察院、人民银行、审计局、公安局、财政局、工商局等相关方面负责人组成的清理整顿领导小组。做到既坚持政策，又维护地方社会经济稳定的大局，对照有关政策，认真清产核资。1999年3～6月，古渎乡基金会、绸缪乡基金会，完成歇业并账工作，银行账户注销，空白票据由农工部统一收回，原基金会债权、债务归并后由所在乡经管站负责，原账户余额全部并入经管站的相应账户。基金会自歇业之日起不再吸纳股金，原有会员股金由经管站负责到期支付本息，投放资金仍由投放责任人负责回收。2000年12月，后周镇基金会完成清盘关闭工作。2001年，别桥镇基金会完成清盘关闭工作。境内4家基金会入股资金清偿完毕，投放资金也逐步清收到账。

二、溧阳市华盛农村小额贷款有限公司

溧阳市华盛农村小额贷款有限公司是隶属于江苏华鹏变压器集团有限公司的民营企业。2011年8月28日正式营业，办公地址在别桥集镇兴城西路华盛综合大楼。公司坚持“以诚待人、以信服人、以情感人；服务中小企业、服务三农、服务地方经济”的宗旨，为中小企业和农村种植户、养殖户发放贷款，解决融资困难。2011年发放贷款1.8亿元，其中种植业、养殖业1000万元；2012年发放贷款6亿元，其中种植业、养殖业3000万元；2013年发放贷款6.5亿元，其中种植业、养殖业3200万元。2013年年末有工作人员9名。

附：搭会、高利贷

【搭会】 是别桥地区民间自发互助性借贷形式，集镇上居民“搭会”现象较多。先由急需用钱者发起，称“会头”，邀请亲朋好友参加，一般10人。时间有按月、按季、按年不等。每次按事先商定的搭会金额，轮流交由1人使用。首次一般是发起人所得，其余按入会者的经济状况排定收会先后顺序，不计利息。也有采取“摇会”式，除会头外，其他入会者摇骰子以点子多寡决定收会顺序。收会日，由收会者备酒饭招待，饭后交齐会款。也有搭“米会”“麦会”“纱会”等。至20世纪70年代，搭会形式消失。

【高利贷】 是新中国成立前境内贫苦百姓被迫选择的一种借贷。债主大部分是农村的地主、富农和城乡中的豪绅、富商，债户大多数是陷于典当无物、借贷无门的极度贫困农民。高利贷利息一般要4～5分，有的7～8分，甚至十几分，几十分。境内高利贷形式名目繁多，常见的借贷形式有：借物还物、印子钱、拿包钱、青苗钱、忙工钱、以物换物、土地抵押等。计息方法连本滚利，春季借稻谷1担，夏收时还麦2担，本息翻滚。后周大地主陆芷信施行的一种高利贷称“滚滚利”，又名“陆芷信式”。利用粮食的季节差价进行剥削。麦收时，100市斤麦只值50市斤稻钱，而收稻时，

100市斤稻只值50市斤麦的钱。春天借100市斤稻，至麦收时变成200市斤麦，如还不起，到稻场时又变成400市斤稻。投机奸商还乘物价飞涨、货币贬值之机，采取“以物换物”的方式进行盘剥。秋季纱贵米贱，就以纱换米，借1包纱要还3担稻；到第二年春天，米贵纱贱，1担稻折成1包纱。一年之间，纱换米，米换纱，1包纱就变成3包纱。新中国成立后，人民政府坚决打击高利贷剥削。

第五节　保　险

一、财产保险

1988年3月，溧阳市人民保险公司在别桥镇、湖边乡、古渎乡、绸缪乡和后周乡设立（乡）镇保险服务所，工作人员共计10人，开办企业财产保险、家庭财产保险、各种机动车辆保险、船舶险、简易人身险、养老金保险等业务。1992年，别桥服务所改为别桥办事处，管理湖边、古渎、绸缪服务所的业务和员工，后周服务所归竹箦办事处管理。1997年，撤销乡镇保险服务所。2003年8月，中国人民保险公司进行股份制改革，中国人民保险公司溧阳支公司更名为中国人民财产保险股份有限公司溧阳支公司，别桥设立营业部。先后增设了产品责任险，校园方责任保险和水稻、小麦、油菜、能繁殖母猪的定点保险业务。2004年1月，别桥营业部撤销，主要保险业务由溧阳支公司负责。2008年后，别桥镇政府代办家庭财产保险。

2008～2013年别桥镇家庭财产保险投保理赔情况一览表

表13-7-7

年份	保费（万元）	理赔（万元）	赔付率（%）	年份	保费（万元）	理赔（万元）	赔付率（%）
2008	17.35	8.50	49.00	2011	19.10	9.17	48.00
2009	19.10	9.74	51.00	2012	19.10	9.93	52.00
2010	19.10	9.09	47.60	2013	19.10	8.08	42.30

二、中国人寿保险

1988年，别桥镇、湖边乡、古渎乡、绸缪乡和后周乡保险服务所开办老来福利终身寿险、步步高增额保险、福禄寿增额还本养老保险、少儿终身险、儿童综合险、特种医疗险等寿险业务。1996年5月实行产、寿险业分设，组建中保人寿保险有限公司溧阳支公司，别桥、后周设营业服务所，主要经营人寿保险、健康保险、养老金保险、意外伤害保险等业务。2003年8月进行股份制改革，中国人寿保险有限公司溧阳支公司更名为中国人寿保险股份有限公司溧阳支公司，别桥、后周设立营销服务部。2004年1月，别桥、后周营销服务部撤销。2008～2013年，别桥镇政府代办人身意外伤害保险。2012年投保金额31.47万元，理赔金额16.11万元，赔率51.2%；2013年投保金额26.47万元，理赔28.52万元，赔率107.8%。

第十四篇

经济综合管理

民国时期，国民党溧阳县政府设建设局，管理工商行政。民国30年（1941年），溧阳县设立日需品评价委员会。抗日战争胜利后，国民党溧阳县政府对工商企业的管理，皆通过商会和同业公会予以实施。民国36年（1947年），曾对全县工商企业进行全面登记，还组织评价委员会，实施价格管理。民国37年（1948年），又实行限价，并组织物价审查委员会。可是这些做法都未能奏效，仍然通货膨胀，货币贬值，商品匮乏，物价飞涨，投机倒把横行，市场极度混乱。

新中国成立后，溧阳县人民政府重视经济管理工作，遵照社会主义经济建设的要求，制定各个时期的国民经济计划，并加强管理，主要经济部门建立定期报表制度。1950年设溧阳县工商联合会别桥办事处，掌握和管理农村市场物价，并进行物价检查与审价。在国民经济恢复时期和第一个五年计划中，生产力发展较快，市场物价平衡，稳中有降。1958年，由于盲目冒进，计划严重脱离实际，商品供需失调，对集市贸易统得过死，管理过严，造成市场秩序紊乱。后经过三年调整，重大经济比例关系趋向协调，生产布局逐渐合理，同时政府采取多种手段平抑物价，使市场物价日趋平稳。“文化大革命”期间，经济管理工作再次遭到挫折。1978年中共十一届三中全会以后，经济管理工作渐趋正常化、制度化，充分发挥市场的调节作用。

统计工作日臻完善。1984年前，乡镇尚未有专职统计人员。1984年5月，别桥镇现境的5个乡配备专职统计人员。1987年后，成立乡（镇）计划统计站，党政办公室领导负责，经营管理站、工业公司、建安公司、供销社、粮油管理所等

统计人员负责统计业务工作，其他企事业单位、行政村的统计工作也规范起来，形成乡（镇）到各部门、企事业单位、行政村统计工作网络。统计工作包括各种统计报表的填报、统计调查、统计分析等方面的工作，及时编制乡（镇）社会经济的发展情况、统计分析资料与统计信息资料，提供给上级统计部门和乡（镇）领导，为政府决策提供参考。

财政管理促进经济和社会事业发展。1961年11月，设立别桥区中心财政管理所。1971年，别桥镇现境的原5个公社设立财政管理所。至1983年6月，公社财政管理所改为乡财政管理所，1991年称乡（镇）财政所。为适应社会经济发展，财政体制经历多次改革，财政管理办法也不断变更，促进经济和社会事业的发展。财政管理工作完成“扶持乡镇企业发展”“农村税费改革”“免征农业税”“涉农补贴”等重大举措，减轻农民负担，提高农民收入，促进农村经济的发展，也推动农村的改革。

税赋征收是国家和地方财政收入的主要来源，其方针是“取之于民、用之于民”。1950年，别桥区设立基层税务所。1964年以后，别桥税务所在溧阳县税务局的领导下，负责辖区内的税务工作。1994年1月，溧阳市成立国家税务局和地方税务局。别桥税务所相应改为国家税务分局和地方税务分局，分别承担国税和地税的征管工作。税种包含农业税和工商税两大类几十个税种。1986～2007年，深化财税体制改革，发挥其杠杆作用，维持经济秩序，采取多种举措，为财政收入的持续增长打下财源基础。2004年，取消对农民征收农业税。

工商部门在1978年以后，加强工商企业登记、商品注册、市场、个体经济、经济合同、物价等方面的监督检查，维护社会经济秩序。1990年，溧阳市消费者协会别桥、绸缪、后周分会成立，2007年10月合并为别桥分会，开展消费者权益保护执法工作，推进和完善消费维权体系建设，为消费者提供服务，打造别桥地区安全、健康、和谐的消费环境。

食品药品安全是重大民生问题。2006年，别桥、绸缪、后周3个镇成立食品安全工作领导小组。2007年，市政府与别桥镇政府签订食品药品安全责任书，坚持对食品加工企业、餐饮业、食品药品购销、卫生院、卫生室进行监督管理，保证境内居民饮食和用药安全，境内形成食品药品安全监管的工作格局。

经济管理乃是社会的重要管理，尤其是在市场经济的体制中，起着举足轻重的作用。在经济发展中，别桥的统计、审计、财税、工商行政等执法部门，积极发挥他们管理和监督职能，维护别桥的社会经济秩序，确保别桥社会和谐稳定发展。

第一章　财政　审计

第一节　机　构

新中国成立初，别桥各乡设财粮员1人。1958年，别桥公社、后周公社税务组兼管所在公社财政工作。1961 年 11 月，设立别桥区中心财政管理所。1971 年，别桥公社、湖边公社、古渎公社、绸缪公社和后周公社设财政管理所，除出纳会计外，其他职位由公社干部兼任。1983 年 6 月，公社改为乡建制，各公社财政管理所改称为乡财政管理所，设所长、副所长、主办会计、出纳会计岗位。1985 年，增设农业税征解会计（征收员）岗位。1991 年起称乡（镇）财政所。1992 年 9 月，湖边乡财政所并入别桥镇财政所。2000 年 5 月，古渎乡财政所并入绸缪镇财政所。2000 年 11 月，各镇财政所，实行以镇为主、条块结合、双重领导的体制。2007 年 3 月，别桥镇财政所、绸缪镇财政所、后周镇财政所合并为新的别桥镇财政所。2013 年年末，有在编人员 10 人。

第二节　财政收支

新中国成立初期至 20 世纪 70 年代，乡（公社）财政经费均由溧阳县财政局统一拨付，主要用于干部的工资、办公费用等。1982 年后，乡（镇）财政收入主要有农业税、耕地占用税、农业特产税、契税、防洪保安基金、建农基金、生猪发展基金、工企业上缴利润、工业管理费、教育事业费附加和国税地税分成等。财政支出主要用于工业投入、农业投入、文教卫生事业经费、乡（镇）、村基础建设经费、优抚救济经费、行政经费等。

1979 ～ 1983 年，别桥公社（乡）财政收入合计 94.46 万元，其中国家下拨行政经费 7.46 万元，下拨民政经费 1.27 万元，农业税征收 75.01 万元，社办企业上缴利润 10.72 万元；五年合计财政支出 36.79 万元，其中行政费用 7.44 万元，抚恤费 4.91 万元，社会救济款 5.85 万元，自然灾害救济款 1.22 万元，自筹资金支出 8.05 万元，农业税减免 9.32 万元。2001 年，别桥镇财政总收入 1797 万元，其中一般预算收入 1347 万元；财政支出总计 646 万元，其中一般预算支出 309 万元。2006 年，别桥镇财政收入合计 3913 万元，其中一般预算收入 1326 万元；财政支出总计 1552 万元，其中一般预算支出 697 万元。

2001 年，别桥镇、绸缪镇和后周镇三镇财政收入合计 4664 万元，其中一般预算收入 3360 万元；财政支出合计 1774 万元，其中一般预算支出 1055 万元。2006 年，三镇财政收入合计 11062 万元，其中一般预算收入 4474 万元；财政支出合计 4885 万元，其中一般预算支出 2666 万元。

2013 年，别桥镇财政收入合计 21570.51 万元，其中一般预算收入（公共财政预算收入）11950.81 万元；财政支出合计 11799.73 万元，其中一般预算支出（公共财政预算支出）7145.91 万元。在一般预算收入中，国税预算收入 3558.12 万元，地税预算收入 7967.56 万元，专项收入 423.46 万元，国有资源（资产）有偿使用收入 1.67 万元。在一般预算支出中，一般公共服务支出 1495.22 万元，公共安全支出 5 万元，教育支出 200 万元，科学技术支出 508.08 万元，文化体育与传媒支出 101.6 万元，社会保障和就业支出 1481.93 万元，医疗卫生支出 605.8 万元，节能环保支出 831.7 万元，城乡社区事务支出 118.68 万元，农林水事务支出 1554.88 万元，援助其他地区支出 50 万元，住房保障支出 193.02 万元。

2000～2006年别桥镇财政收支一览表

表14-1-1　　　　　　　　　　　　　　　　　　　　单位：万元

年份	财政收入					财政支出		
	收入总和	其中				支出总和	其中	
		上划中央收入	一般预算收入	基金预算收入	预算外收入		一般预算支出	预算外支出
2000	1109.00	—	—	—	—	573.00	—	—
2001	1797.00	—	1347.00	—	—	646.00	309.00	—
2002	1974.00	—	1393.00	—	—	778.00	341.00	—
2003	2126.00	—	1487.00	—	—	894.00	355.00	—
2004	2543.00	—	2156.00	15.00	372.00	837.00	532.00	295.00
2005	3201.00	1610.00	1194.00	27.00	370.00	974.00	681.00	293.00
2006	3913.00	1625.00	1326.00	30.00	932.00	1552.00	697.00	855.00

2000～2006年绸缪镇财政收支一览表

表14-1-2　　　　　　　　　　　　　　　　　　　　单位：万元

年份	财政收入					财政支出		
	收入总和	其中				支出总和	其中	
		上划中央收入	一般预算收入	基金预算收入	预算外收入		一般预算支出	预算外支出
2000	697.00	—	—	—	—	402.00	—	—
2001	1913.00	—	1609.00	—	—	556.00	505.00	—
2002	2128.00	—	1806.00	—	—	700.00	479.00	—
2003	2594.00	—	2118.00	—	—	1022.00	741.00	—
2004	2293.00	—	1911.00	6.00	376.00	983.00	546.00	437.00
2005	3632.00	1670.00	1400.00	24.00	538.00	1241.00	716.00	525.00
2006	4431.00	2002.00	1715.00	23.00	691.00	1694.00	972.00	722.00

2000～2006年后周镇财政收支一览表

表14-1-3　　　　　　　　　　　　　　　　　　　　单位：万元

年份	财政收入					财政支出		
	收入总和	其中				支出总和	其中	
		上划中央收入	一般预算收入	基金预算收入	预算外收入		一般预算支出	预算外支出
2000	253.00	—	—	—	—	380.00	—	—
2001	954.00	—	604.00	—	—	572.00	241.00	—
2002	925.00	—	522.00	—	—	753.00	354.00	—
2003	1107.00	—	716.00	—	—	701.00	363.00	—

续表 14-1-3　　单位：万元

年份	财政收入					财政支出		
	收入总和	其中				支出总和	其中	
		上划中央收入	一般预算收入	基金预算收入	预算外收入		一般预算支出	预算外支出
2004	1251.00	—	968.00	5.00	278.00	764.00	499.00	265.00
2005	1738.00	501.00	770.00	9.00	—	1018.00	576.00	442.00
2006	2718.00	618.00	1433.00	16.00	—	1639.00	997.00	639.00

2007～2013 年别桥镇财政收入一览表

表 14-1-4　　单位：万元

年份	财政总收入	其中	一般预算收入（公共财政预算收入）	其中		预算外收入
		税收收入		税收收入	上解市财政	
2007	8367.00（含一般预算收入和基金预算收入 63 万元）	4099.00	4204.00（本年在总收入中）	—	1984.26	1833.00
2008	10070.00	9759.00	5357.26	5127.00	2370.49	2200.00
2009	11384.00	11089.00	6403.54	6168.00	2611.28	2766.00
2010	14522.64	14239.20	7161.39	6877.95	3594.04	3244.76
2011	16299.08	15963.81	7227.14	6891.87	3005.14	1168.18
2012	18368.96	18052.39	9164.19（公共财政预算收入）	—	3535.66	789.14（财政专户收入）
2013	21570.51（含耕地占用税 641.03 万元）	21145.38	11950.81（公共财政预算收入）	11525.68	4804.90	—

2007～2013 年别桥镇财政支出一览表

表 14-1-5　　单位：万元

年份	财政总支出	其中	
		一般预算支出	预算外支出
2007	4473.00	2219.74	2253.26
2008	5962.00	2986.77	2975.23
2009	7466.00	3792.26	3673.74
2010	7150.04	3567.35	3582.69
2011	6228.85	4222.00	2066.85
2012	9556.12	5628.53（公共财政预算支出）	3927.59（财政专户支出）
2013	11799.73	7145.91	4653.82

第三节 财政管理

新中国成立初，别桥各乡设财粮员，负责管理全乡的财粮。1954～1957年，财政实行收入分类分成。1958年，实行收支下放、分类分成的办法。1959～1970年，实行收支下放、总额分成、超收分成的办法。1971～1978年，实行财政包干、多收多用、超支不补的办法。1979～1981年，把超收分成改为增长分成。1982～1985年，又改增长分成为全额分成。1980年，根据江苏省《关于行政机关、文教科学卫生事业单位预算包干试行办法》，对全额预算单位实行“总额包干、结余留用”的办法，对差额预算单位实行“定收入、定支出、定补助、包干使用、结余留归单位支配”的办法，对收入大于支出的单位，实行“定收入、定支出、定额上缴、结余留归单位使用”的办法。1984年，根据中共中央、国务院《关于实行政社分开建立乡一级财政和相应的预算制度，实行财政收入定项分成的通知》精神，别桥镇现境的5个乡建立乡一级财政和相应的预算制度，实行财政收入定项分成，年终统一结算；财政支出条块结合，财政直拨；国拨资金和乡有集体资金分开管理。1985年，实施乡镇财政预决算管理，实行“划分收入范围，确定收支基数、收支挂钩、比例分成、分段计算、超收奖励、一年一定”的政策。境内各乡镇财政每年编制预决算方案，提请乡（镇）人民代表大会审议后交财政所执行。1986年，对预算外资金实行专户储存与计划管理相结合的管理方式。1990～1991年，开展清理整顿行政事业费开支范围、项目和开支标准大检查，严格控制和节减财政支出。1992年，全面实行“确定基数、按定比递增、一定三年、收支挂钩”的财政包干体制。1994年实行“核定收入基数、地税超收分成、国地税短收赔补”和“核定支出基数、超支不补、政策性增支自行消化”的财政收支目标管理体制。1996年，对预算外资金实行“收支两条线”管理。2001年，溧阳市对各镇实行“划分收支范围、核定收支基数、实行收支挂钩”的分税制财政管理，扩大镇财政管理权限，调动镇发展经济、组织财政收入和当家理财的积极性。2006～2007年，实行“核定基数保稳定、增收分成促发展、转移支付扶贫困”的管理模式。

在乡镇企业改制中，境内各乡镇成立由财政所参加的清产核资和资产评估工作小组，开展以产权制度改革为核心的企业改制工作，保障乡镇集体资产保值增值。2002年起，实行镇级财务全面“零户统管”，镇属各单位所有收支纳入财政管理。2003年建立镇财政结算中心，形成镇财政对各类政府性资金的统一管理，提高镇级财政的调控力度和资金使用效益，促进经济和社会事业的发展。2007年4月，别桥镇、绸缪镇和后周镇合并后，别桥镇财政所对镇机关和镇属事业单位国有资产进行清理登记，对18个行政村的收支实行“村账镇管”“村有镇管”。

第四节 财政政策与调控

一、扶持乡镇企业发展

20世纪70年代末，境内5个公社财政安排专门资金作为周转金（无息贷款），扶持乡镇企业上马和技术改造，使其迅速发展。1977～1978年，5个公社财政所采取“五定到人、规划上马”的办法，促进社队办企业。别桥财政所“促产”效果显著，别桥公社从1976年的51个社队企业发展到1977年的66个，产值增长近一倍，上缴税金从1976年的6.7万元增长到1977年的16.4万元。2001年实行分税制分级财政体制改革，境内3个镇纷纷发挥本地优势，扶持工商业，使大批企业诞生。别桥镇、绸缪镇和后周镇的工业总产值2002年分别为66645万元、64035万元和23376万元，2006年分别为97572万元、98925万元和35200万元。2013年，别桥镇工业总产值达977994万元。企业的发展也成为乡镇财政的“聚宝盆”和“摇钱树”，2013年，别桥镇企业所得税843万元。

二、农村税费改革

2001年，根据国务院、省、市有关文件精神，境内原3个镇进行农村税费改革，从根本上治理对农民的乱收费，切实减轻农民负担并保持长期稳定，建立规范的农村分配制度，调动和保护农民生产积极性，促进农村社会稳定和经济发展。

图14-1　别桥镇2010年度经济工作会议

改革的内容：取消镇统筹等专门面向农民征收的行政事业性收费和政府性基金，取消农村教育集资，取消屠宰税；逐步取消劳动积累工和义务工（简称两工）；调整农业税及农业特产税政策；改革村提留使用办法。

农村税费改革切实减轻农民负担，让农民得到真正实惠。2000年，别桥镇农民负担总额为661.69万元，改革后为231.46万元，减少430.23万元，减负率为65%；改革前农民人均税收及合同外负担为235.81元，改革后人均负担为80元，人均负担减少153.81元，减负率为65.23%。绝大多数农户亩均负担也有较大幅度降低。对税费改革后纯农户、种粮大户有增加负担的部分，全部采取补助和社会减免。原由镇统筹和村提留支付的村干部报酬、村民小组组长补贴、村办公经费、民政优抚款、五保户供养费等几方面的支出，全部通过转移支付办法，由市、镇两级财政统筹解决，并全部纳入镇财政统一管理，确保乡镇财政供给人员工资按时兑现，确保农村五保户补助兑现，确保村干部报酬兑现，确保镇村组织的正常运行。2002年，别桥镇转移支付资金92.26万元。

农村税费改革达到党中央“减轻、规范、稳定”的要求，是中国继土地改革和农村联产承包责任制之后又一次重大改革，是党中央、国务院解决新时期农民问题的一项战略举措。

三、免征农业税

根据《中共中央、国务院关于促进农民增加收入若干政策的意见》和溧阳市人民政府《关于实施农业税免征政策的通知》精神，从2004年1月1日起，别桥镇、绸缪镇、后周镇执行农业税调低税率和全额免征政策，实现农民在农业生产环节上“零赋税”。农业税税率由7%调减为5%，调减税率后的应征农业税税额对农民实行全额免征。免征税额按原税率7%计算，减去常州市补贴后的余额，由溧阳市级财政承担60%，镇级财政承担40%。镇级财政按应承担的部分，夏季上解30%，秋季上解70%。

2005年2月，江苏省委、省政府决定从2005年起在全省免征农业税及其附加（含农业特产税及附加），取消农业税及其附加收入任务，农业税基数不再保留。至此，几千年来农民要交纳“皇粮国税”成为历史，新中国成立以来向农民征收55年的农业税、农业特产税及附加全部取消。按税费改革后的农业税税额计算，每年别桥镇免征217.83万元、绸缪镇免征164.67万元、后周镇免征174.75万元。

四、粮食直补、良种补贴和农资综合补贴

根据江苏省财政厅、农林厅、省农业税改革工作领导小组办公室《关于对农民实施粮食生产直接补贴的通知》精神，溧阳市从2004年起按水稻实种面积每亩补贴20元。2006年，在稳定水稻直补政策的同时，实行良种补贴，其标准是：水稻每亩15元、小麦每亩10元、油菜每亩10元。2007年，按照财政部关于做好对种粮农民直接补贴和农业生产资料增加综合直补工作的要求，水稻直补和良种补贴按实种面积补贴，补贴标准不变，增加农资综合补贴，按原计税面积每亩补贴30元。2008年和2009年，小麦、油菜没有良种补贴。2008年，农资综合补贴由每亩62元增加到69元，2011年每亩增加到81.5元，2012年和2013年每亩增加到103.4元。所有补贴资金一律通过银行的“一折通”直接兑付到农户手上。

2004～2006年，别桥镇、绸缪镇和后周镇粮食直补合计362.4567万元。2007～2013年，新别桥镇共补贴4908.1191万元，其中2013年粮食直补、良种补贴和农资综合补贴1294.5445万元。

2004～2013年别桥镇、绸缪镇、后周镇粮食直补、良种补贴、农资综合补贴一览表

表14-1-6

年份	镇名	粮食直补		良种补贴						农资综合补贴	
		面积（亩）	金额（元）	水稻面积（亩）	补贴金额（元）	小麦面积（亩）	补贴金额（元）	油菜面积（亩）	补贴金额（元）	计税面积（亩）	补贴金额（元）
2004	别桥	19273	385455	—	—	—	—	—	—	—	—
	绸缪	16282	325650	—	—	—	—	—	—	—	—
	后周	24906	498120	—	—	—	—	—	—	—	—
2005	别桥	19273	385455	—	—	—	—	—	—	—	—
	绸缪	16282	325650	—	—	—	—	—	—	—	—
	后周	24906	498120	—	—	—	—	—	—	—	—
2006	别桥	19117	382347	19117	286760	8115	81150	11002	110020	—	—
	绸缪	16282	325650	16282	244230	2883	28830	13399	133990	—	—

续表 14-1-6

年份	镇名	粮食直补		良种补贴						农资综合补贴	
		面积（亩）	金额（元）	水稻面积（亩）	补贴金额（元）	小麦面积（亩）	补贴金额（元）	油菜面积（亩）	补贴金额（元）	计税面积（亩）	补贴金额（元）
2006	后周	24906	498120	24906	373590	5343	53430	19563	195630	—	—
2007	别桥	62133	1242655	62133	931995	31572	315720	30561	305610	95220	618930
2008	别桥	62170	1243400	62170	932550	—	—	—	—	95235	6571215
2009	别桥	62170	1243400	62170	932550	—	—	—	—	98223	6777387
2010	别桥	62170	1243400	62170	932550	43774	437740	12744	127440	98275	6780975
2011	别桥	62170	1243400	62170	932550	47467	474670	10699	106990	98275	8009413
2012	别桥	62351	1247020	62351	935265	48666	486660	8571	85710	98275	10161635
2013	别桥	62350	1247000	62350	935250	53095	530950	7061	70610	98275	10161635

第五节　审　计

1958年后，境内各公社逐步重视对大队、生产队的财务清理。20世纪70年代起，境内5个公社组织财税、金融、粮食等部门的财会人员，对社办企业、生产大队、生产队的财务进行清理。成立工业公司和农村经济管理站（简称经管站）后，由财政所会同工业公司在年末或下一年年初对乡（镇）企业财务收支及其经济效益实行审计。村级财务的审计由财政所与经管站联合进行，或由经管站组织开展。2004年，别桥镇、绸缪镇和后周镇成立内审工作领导小组，组长由各镇镇长兼任，纪委、财政所和经管站为成员单位。是年，现境内3个镇设审计所，所长由各财政所所长或副所长兼任。审计所在镇党委、政府领导下开展审计工作，业务上接受溧阳市审计局的指导。

审计所会同溧阳市审计局，对镇主要领导干部进行经济责任审计。2002年，后周镇对党委书记周建彬进行任期经济责任审计；2004年，别桥镇对党委书记陈志达进行任期经济责任审计；2010年，对党委书记蔡金龙进行任期经济责任审计。2001年、2007年，别桥镇分别对党委书记陈兰生和党委书记陈志达进行离任审计；2002年，绸缪镇对党委书记李永生进行离任审计；2007年，后周镇对党委书记柳建平进行离任审计。通过离任审计，对领导干部任期经济责任作出客观公平的评价，为组织部门考察使用干部提供依据。

2012年，别桥镇审计所共完成26个项目审计工作，其中镇工业单位4个，农业水利工程4个，农村干部任期内审计18个。2013年，认真贯彻落实《中华人民共和国审计法》和《审计署关于内部审计工作的规定》等有关法律法规，坚持依法审计。主要发现下列问题：入账不及时，坐支收入及现金库存数额大的现象普遍存在；基建项目立项审批不规范；工程项目列支白条现象严重；村级招待费过多，资金使用不合理；村级杂工预提不合理，数额较大；涉农及征地款发放签代较多，村里没有公示；镇农业服务中心收取的双代管服务费没有列入镇零户统管账户管理。审计所督促相关单位提出整改措施，及时纠正解决。

第二章 税 务

第一节 机 构

1950年，建立溧阳县人民政府税务局，别桥设税务所，负责别桥区的税务征管工作。1958年，县税务局并入县财政局，1961年又复建县税务局，别桥税务所仍是县税务局下属的基层所。1971年，县税务局业务并入县财政局，1984年又重建县税务局。在此期间，别桥税务所的隶属关系也随之变更。1980年前，别桥税务所地址在别桥集镇镇西街16号，1980年迁到别桥集镇镇中（前）街46号。1994年分设国税所和地税所，两所办公地址不变。

一、国税第四分局

1994年9月28日，溧阳市国家税务局成立，同时设溧阳市国家税务局别桥税务所，负责别桥、古渎和绸缪3个乡镇的国税征管工作。1997年1月27日，改称溧阳市国家税务局别桥分局。2003年12月22日，原由城区分局管理的埭头镇和上黄镇的征管业务划归别桥分局管理，分局地址移至溧阳市国税局综合楼内。2004年1月，溧阳市国家税务局别桥分局改称为溧阳市国家税务局第四分局。2009年至2013年12月，分局地址移到埭头集镇前圩路10号。2013年年末，征管范围为别桥镇、埭头镇和上黄镇，有工作人员17人。

二、地税第六分局

1994年9月28日，成立溧阳市地方税务局别桥税务所，负责别桥、古渎、绸缪3个乡镇的地税征管工作。1997年9月，改称溧阳市地方税务局别桥分局，地址迁移到别桥镇兴城东路149号，征管范围为别桥、古渎、绸缪和后周4个乡镇。2004年5月，改称溧阳市地方税务局第六分局。2010年5月到2012年5月，地税第六分局地址在上黄集镇，征管范围为别桥镇、上黄镇和埭头镇。2012年5月到2013年12月，在地税竹箦分局办公，此时别桥镇属地税竹箦分局征管范围。2013年年末，有工作人员20人。

第二节 农业税

别桥地区自古是农业区，土地赋税是历代政府支撑经济的基础。明万历九年（1581年），实行赋税合一，计亩征银。清雍正元年（1723年），实行“摊丁入亩”征收田赋。民国元年（1912年）沿袭清制，向农民征收田赋，采取按田赋额征收货币（银元）的办法。规定的税目有地丁、漕粮、租课、差徭、垦务、杂赋、地方附税等。民国23年（1934年），国民政府设立粮食征收处，将田、地、山、塘分为四则，上等上则田每亩赋额0.6684元，上等中则田每亩赋额0.6492元，中等中则地每亩赋额0.2662元，下等下则山、塘每亩赋额0.0443元。按此标准计算出每户应纳税额，分夏、秋两季征收，夏季征40%，秋季征60%。抗日战争胜利后，改为秋季一次征收。民国30年（1941年）田赋改征实物。民国35年（1946年）每"赋元"征收正附税稻谷一斗九升六合（包括征借部分），另征积谷一升九合六。民国36年（1947年）每"赋元"征收二斗二升八合（其中：征实一斗一升，征借八升，公粮四升八合），另征积谷一升二合，附加六升，直至溧阳解放。新中国成立后，废除田赋制度，征收公粮。

1950年，取消1949年秋季采取的基本公粮和累进公粮的征收办法，改以农户为单位，按农业人口每人平均全年农业收入累进计征。共分40级，税率3%～42%。户人均农业收入75千克以下免征；75.5～95千克为一级，税率3%；255.5～275千克为十级，税率12%；575.5～615千克为二十级，税率22%；1055.5～1115千克为三十级，税率30%；1705.5千克以上为四十级，税率为42%。1951年土地改革后，改为以市亩为单位，划片分等评定常年产量，以每户核实的田亩计算每户的收入，仍以每户人均农业收入多寡，按照全年累进税率计征。1952年，把累进税率由40级改为24级，税率7%～30%。户人均农业收入在75千克以下免征，75.5～100千克税率为7%；975千克以上税率为30%。1956年，把全额累进税率改为比例税率征收。1958年人民公社化后，重新定产定率，实行比例税制，常年产量确定之后5年不变，增产不增税，依率计征，依法减免，按价计算，实物抵交。1958年人民公社化后到1961年，以生产大队为纳税单位；1962～1982年，以生产队为纳税单位。农业税平均税率1960年为17.83%，1961年为10.92%，1962～1985年为11.6%，2001年为5.93%。

1983年以后，农业税改由承包责任田的农户缴纳。1985年开始，农业税由征粮为主改为按粮食30%统购价和70%超购价征收代金。随粮食收购价格提高，农业税的征收价每担提高到16.065元。2011年，溧阳全市农业税税率统一为常年产量的7%。

2004年1月1日起，农民免征农业税，税款由镇市两级财政负担。2005年开始，取消征收农业税。

农业特产税。1987年3月，开始征收农林特产税，1994年改称农业特产税。农业特产税征收范围：园艺收入、林木收入、水产收入，其中水产收入包括淡水养殖、滩涂养殖等产品收入，税率为10%（1993年起调整为8%）。别桥地区开征范围主要是水产养殖、蚕桑，水产养殖（淡水、滩涂、围网），以定额税每亩30元计征额，围网养殖由财政所委托长荡湖管委会代征，年终结算；蚕桑以蚕种张数计税，每张5元计征额。后周地区开征茶叶和花卉苗木的农业特产税。

耕地占用税和契税。别桥地区从1987年4月1日开始征收耕地占用税。征税范围：凡在别桥境内占用国家和集体土地，（种植作物的耕地、鱼塘、茶地、园林）用于建房或其他非农业建设，都必须缴纳耕地占用税。占用耕地的单位或个人，是耕地占用税的纳税义务人。按实际占用面积计税，按规定税额一次性征收。别桥镇境内耕地占用税为每平方米4～5元。农村居民占用耕地新建住房可减半征收。契税，别桥地区于1993年开征，财政所委托房管部门代收，税率为交易总金额的6%～4%。2000年后，由溧阳市契税所统一征收。

1960～2004年部分年份别桥镇现境原五乡镇农业税征收一览表

表 14-2-1

年份	乡镇（公社）	农业税（万元）
1960	别桥	30.64
	后周	12.18
1970	别桥	14.75
	湖边	7.37
	古渎	6.36
	绸缪	7.42
	后周	14.29
1975	别桥	13.70
	湖边	6.83
	古渎	5.90
	绸缪	6.88
	后周	13.24
1977	别桥	13.69
	湖边	6.81
	古渎	5.85
	绸缪	6.87
	后周	13.22
1980	别桥	15.02
	湖边	10.12
	古渎	5.58
	绸缪	7.78
	后周	15.43
1985	别桥	15.01
	湖边	10.11
	古渎	8.95
	绸缪	10.45
	后周	20.76

年份	乡镇	农业税（万元）
1990	别桥	22.11
	湖边	13.69
	古渎	11.93
	绸缪	14.13
	后周	28.10
1995	别桥	77.60
	古渎	22.69
	绸缪	26.84
	后周	53.43
2000	别桥	108.94
	绸缪	70.15
	后周	75.55
2001	别桥	217.83
	绸缪	164.67
	后周	174.86
2002	别桥	217.85
	绸缪	164.68
	后周	174.82
2003	别桥	217.79
	绸缪	164.62
	后周	174.75
2004	别桥	0（免征）
	绸缪	0（免征）
	后周	0（免征）

第三节　工商税

民国23年（1934年）以前，别桥境内地方杂捐有房捐、茶捐、筵席捐、卫生照捐、稻业补助费、牛捐、屠宰特捐等23种。同年7月，溧阳县建立税捐稽征处，统一地方税收。另有契税、营业税、货物税、营业牌照税、使用牌照税、地价税、山地特产税、印花税、文化娱乐税等税种。

1949 年下期，别桥税务所征收所得税 10495400 元（旧币 1 万元相当于 1 元），折合米 52.48 石（每石 75 千克）。

新中国成立初期，废除苛捐杂税，暂时沿用营利事业所得税、存款利息所得税、财产租赁所得税、印花税、货物税、营业税、屠宰税、房捐、娱乐税、一时营利所得税、一时营业税、营业牌照税、使用牌照税、筵席税等 14 种旧税种。

1950 年 1 月，按《全国税收实施要则》，开征货物税、工商业税（包括所得税、营业税、临商税）、存款利息所得税、印花税、屠宰税、房产税、地产税、特种消费行为税、使用牌照税、交易税等 10 种税种。1950 年，别桥税务所征收营业税 117600000 元（同前），所得税 19815740 元（同前）。1950 年 7 月，降低所得税、房地产税等税种的税率。1951 年，别桥税务所征收营业税 147367000 元（同前），所得税 184149000 元（同前）。1953 年实施的税种有商品流通税、货物税、工商业税、印花税、牲畜交易税、屠杀税、城市房地产税、文化娱乐税、车船使用牌照税、利息所得税等。

1958 年简化税制，将工商企业原来缴纳的商品流通税、货物税、营业税、印花税 4 种税种，合并为工商统一税；将工商业税中的所得税改为一个独立的税种，称工商所得税。1959 年停征利息所得税。1962 ～ 1964 年开征集市交易税。1963 年，别桥税务所共征收工商税 19.52 万元，其中工商统一税 9800 元，工商所得税 3.65 万元，其他工商各税 2.92 万元，屠宰税 2.8 万元，城市房产税 1000 元，文化娱乐税 200 元，集市交易税 2300 元。1966 年停征文化娱乐税。到 1966 年，征收的税种有工商统一税、工商所得税、屠宰税、牲畜交易税、车船使用牌照税、城市房地产税。

1973 年，进一步改革工商税制，把原来对工商企业征收的工商统一税及其附加、城市房地产税、车船使用牌照税和屠宰税合并为工商税；保留城市房地产税、车船使用牌照税和屠宰税的税种，只对个人和房产部门征收；把原来工商统一税的 108 个税目简化为 44 个，并相应简化税率。

1984 年 10 月，国营企业全面试行利改税，并把工商税按照不同纳税对象，划分为产品税、增值税、盐税和营业税，把国营企业上缴的利润改征国营企业所得税和国营企业调节税，增加城市维护建设税。1985 年，征收的税种有产品税、增值税、营业税、屠宰税、城市房地产税、牲畜交易税、建筑税、城市维护建设税、国营企业所得税、国营企业调节税、国营企业奖金税、国营企业工资调节税、事业单位奖金税、集体企业奖金税、集体企业所得税等 15 种。1987 年，别桥税务所共征收税收 149.6 万元，省级税收 2.8 万元，教育附加费 12 万元，民政福利企业管理费 8400 多元，个体税收 16456 元，个人调节税 3085 元，村办企业征税 112192 元。1988 年，别桥税务所征收税额 146 万元，征收省级税收 4.93 万元，个人调节税 5300 元。

1994 年 9 月，国税和地税分设后，国税开征增值税、消费税、金融企业营业税和企业所得税；地税征收的税种有营业税、企业所得税、固定资产投资方向调节税、个人所得税、资源税、土地增值税、城镇土地使用税、房产税、车船使用税、车船使用牌照税、城市维护建设税、城市房地产税、印花税、屠宰税、江苏地方基金（防洪基金）等。

2003～2006年别桥、绸缪、后周镇工商税收入一览表

表14-2-2　　单位：万元

税种＼税额＼镇名＼年份	2003			2004			2005			2006		
	别桥	绸缪	后周	别桥	绸缪	后周	别桥	绸缪	后周	别桥	绸缪	后周
增值税	230.9472	320.7162	80.3582	335.1597	18.6440	69.3708	449.6569	413.9809	123.7079	440.7875	499.0962	125.4421
营业税	114.3265	172.6005	172.6789	251.1240	315.9089	347.3113	291.5008	448.1691	463.7848	361.4163	556.5562	971.3529
企业所得税	24.6918	14.7560	4.3912	94.7261	125.9504	54.8193	127.4157	125.5103	48.8272	135.9583	122.1990	89.5523
个人所得税	43.7056	141.0493	23.2266	40.3922	152.5251	34.9312	46.7231	159.7268	37.4402	66.1221	214.4252	74.4180
城市维护建设税	58.9970	59.5054	21.1889	82.9545	35.5872	31.3108	139.7467	119.2408	46.9316	146.9849	107.9516	77.6983
房产税	15.6109	14.6831	2.8864	5.0206	9.1334	6.1483	23.4676	29.9311	9.0009	31.4560	31.1163	19.0145
印花税	8.3173	8.7998	3.1393	9.9939	7.5502	4.5851	19.8104	17.8233	8.1442	22.6041	20.5947	17.5112
城镇土地使用税	4.9940	4.8810	1.2907	2.9153	4.3274	3.2714	8.5634	12.8617	3.0657	9.9100	14.0227	8.2639
车船使用和牌照税	0.4730	0.2552	0.1410	3.1526	1.8210	0.8973	1.8098	2.0156	0.7629	0.5891	0.4673	0.3700
耕地占用税	26.3768	67.5157	0.6000	4.2187	25.1000	—	—	—	1.0450	6.7160	83.2765	0.9420
契税	0.3200	—	—	—	—	—	4.1300	—	1.0450	17.3460	—	6.0080
资源税	—	—	—	—	—	—	—	—	—	—	—	—

2007～2013年别桥镇工商税收入一览表

表14-2-3　　单位：万元

税种＼税额＼年份	2007	2008	2009	2010	2011	2012	2013
增值税	4024.45	1034.76	1054.54	1718.58	2333.94	2074.69	3558.12
营业税	994.02	1990.46	2540.92	1365.44	1142.25	1743.61	2163.12
企业所得税	1571.68	548.45	719.83	899.28	956.58	1600.17	843.29
个人所得税	369.15	469.61	440.28	451.06	423.49	666.75	404.89
城市维护建设税	302.73	389.24	388.76	491.27	570.98	536.41	721.78
房产税	131.76	140.50	177.91	203.15	308.81	370.90	575.78
印花税	65.51	84.81	113.16	157.74	219.11	595.49	386.79
城镇土地使用税	2093.68	398.65	468.60	649.30	539.10	572.14	677.44
车船使用和牌照税	0.48	—	—	—	—	—	—

续表 14-2-3　　　　单位：万元

年份 税额 税种	2007	2008	2009	2010	2011	2012	2013
耕地占用税	1.58	49.47	261.13	462.31	311.79	126.98	641.03
契税	2.58	—	—	—	—	—	—
土地增值税	—	20.07	—	419.82	—	860.48	576.41
车船税	—	1.30	—	—	—	—	0.05

1995 ～ 2013 年别桥境内国税、地税税款征收一览表

表 14-2-4　　　　单位：万元

年份	国税收入	地税收入	年份	国税收入	地税收入
1995	683.50	96.29	2005	3660.40	2943.76
1996	784.50	134.11	2006	3882.60	3985.11
1997	946.50	159.15	2007	4203.46	4068.87
1998	1350.80	207.13	2008	4702.52	5224.53
1999	1453.20	263.27	2009	6967.13	6667.14
2000	1272.70	321.12	2010	8939.32	6891.32
2001	1673.80	692.12	2011	10664.56	7090.79
2002	2012.30	952.69	2012	10604.25	8509.25
2003	2447.30	1360.50	2013	12409.56	10509.25
2004	3048.50	2328.72			

说明：国税收入中，1995 ～ 2006 年不含后周镇

第三章　统　计

第一节　机构与队伍

1984年前，乡镇未设专职统计人员，统计工作由公社（乡）党委秘书或辅导会计兼管。1984年，《中华人民共和国统计法》和国务院《关于加强统计工作的决定》颁布实施。同年5月，各乡配备专职综合统计人员1名，乡镇统计工作趋于规范。1987～1988年，别桥镇、湖边乡、古渎乡、绸缪乡和后周乡分别成立计划统计站，站长由乡（镇）党政办公室秘书兼任，专职统计人员为副站长，其他组成人员是经营管理站、工业公司、建安公司、供销社、粮油管理所等部门的统

计人员，实行集中型分散办公。企事业单位和行政村的统计工作由财务会计兼管，形成乡（镇）到各部门、企事业单位、行政村的统计工作网络。1992 年，各乡（镇）专职统计人员被招聘为国家行政干部。1992 年、2000 年、2007 年 3 次行政区划调整，统计站也进行了 3 次合并。1992 年，湖边乡统计站并入别桥镇统计站；2000 年 1 月，古渎乡统计站并入绸缪镇统计站；2007 年，绸缪镇统计站和后周镇统计站并入别桥镇统计站。合并后别桥镇统计站有专职统计人员 4 人，其中统计助理 2 人，工业统计 2 人。2013 年年末，别桥统计站有统计人员 7 人。全镇有统计持证上岗人员 98 人，其中统计师 3 人，助理统计师 5 人。

第二节　统计报表

1985 年起，乡镇的定期报表有 43 种，其中月和季定期报表 15 种，年定期报表 28 种，分别统计工业、农业、建筑安装业及第三产业发展和人民生活水平等方面的情况。2007 年，镇统计定期报表由 43 种逐步简化为 36 种，增加特色农林牧渔生产情况、牧业抽样调查及固定资产投资情况 3 种统计报表。改进商业、饮食业及服务业统计方法，由原来的乡镇定报改为由溧阳市统计局直接抽样调查。工业报表完善年销售收入 500 万元以上规模工业企业统计。上报程序：由各基层填报，经主管部门审核后报镇统计站，再由镇统计站汇总上报溧阳市统计局。2012 年统计工作改革，“规模以上工业企业”标准由年销售收入 500 万元以上提高到 2000 万元以上，并由企业通过互联网直接报国家统计局信息数据库，同时也增加重点服务业、餐饮业网上直报工作。开展文化产业、新兴战略产业统计报表上报工作。统计站在做好各项统计数据上报工作的同时，开展统计调查分析，形成书面材料，为镇领导和有关部门的决策服务，为全社会服务。

第三节　统计调查

统计调查有普查、专项调查、抽样定点调查等。其中，普查有人口普查、农业普查、工业普查、第三产业普查、基本单位普查、经济普查、劳动力资源普查。专项调查有国民经济综合平衡、农村社会经济、工业、固定资产投资、贸易、物资与能源、劳动工资、科技调查。抽样定点调查有人民生活。

1950 年、1985 年、1995 年，别桥镇先后开展 3 次工业普查，1953 年、1964 年、1982 年、1990 年、2000 年、2010 年共进行 6 次人口普查。1955 年对私营工业、商业和手工业进行专门调查，1993 年完成第一次全国第三产业普查，2002 年完成第一次全国基本单位普查，1996 年、2006 年先后进行 2 次全国农业普查（2006 年 12 月 31 日为第二次普查标准时点，具体普查工作在 2007 年上半年进行）。2004 年第一次将工业普查、三产普查、基本单位普查合并为经济普查，2004 年、2008 年、2013 年共进行 3 次经济普查。

1988 年，别桥镇、湖边乡、古渎乡、绸缪乡和后周乡计划统计站对本乡镇工农业生产及社会经济发展情况进行统计调查，根据现存资料归类整理，编印了《1977～1986年社会经济主要资料统计》，为乡镇领导和各部门提供决策依据。

20世纪70年代中期到80年代中期，别桥公社（乡）马家大队被国家计划委员会抽选为农产量调查点。1990年后，中里村、西马村、湖塘村、马家村、两湾村分别被国家抽中为农村住户现金日记账调查户的调查点，每个调查点抽选10户农村住户，根据国家统一要求，对全年现金、实物收支等情况按日逐一作详细记录，细目达百余项，月终由调查点兼职辅导员汇总上报溧阳市统计局。2005年、2010年，杨家湾村和古渎村分别被国家抽中为农产量调查点。1990年以后，大部分村分别被省、县（市）统计局抽中为畜牧业生产调查点和农副产品出售调查点。

2005年，别桥镇伏申村、绸缪镇东溪村、后周镇西马村被溧阳市定为农村住户调查点。2007～2009年，别桥镇的西马村、中里村、东溪村被溧阳市定为农村住户调查点。2011～2012年，别桥镇马家村、湖边村被溧阳市定为农村住户调查点。2013年，两湾村被溧阳市定为农村住户调查点。

第四节　统计分析

1984年，别桥现境原五乡镇配备专职统计人员后，专职统计人员和统计站的工作，除以报表提供数据外，还根据统计报表的内容及社会经济发展情况开展典型调查，进行统计分析。统计分析有综合平衡、农业经济、工业经济、贸易与外经、社会事业、其他经济等分析。按照党和政府的方针、政策，将调查情况进行整理分析，总结先进典型，查找存在的问题及原因，写出统计分析资料，提出经济建设和社会发展的合理建议，形成正式的书面材料，报给上级统计部门和乡镇领导，为政府决策提供参考。2012～2013年，别桥镇统计站编写《别桥镇人民政府主要指标汇编》，内容包括：别桥镇国民经济和社会发展统计公报、别桥镇各项主要经济指标情况、地区生产总值完成情况、镇财政及各村收支情况、全镇人口情况、全镇耕地情况，农业、工业类情况，固定资产投资情况，为镇党委、政府提供有效的统计数据。1984～2013年，现境乡镇内统计站共撰写统计调查分析材料百余篇，部分统计分析资料被省、市统计部门和溧阳县（市）政府转发或录用。1989年，古渎乡统计站撰写的《农村工作的弊和利》在《江苏统计》杂志第4期上登载。2002年，绸缪乡统计站撰写的《农业税取消后》在常州统计协会《实践与应用》刊物第3期上登载。全镇被溧阳县（市）统计局转载的统计分析资料有20多篇。

图16-2　2013年5月别桥镇"百亿镇"创建总结表彰大会

第四章　工商行政管理

第一节　机构与管理

新中国成立初，设溧阳县工商联合会别桥办事处，负责别桥区个体私营工商业的申报、登记和管理等工作。1957年，境内各乡供销部门兼管集贸市场。1972年，别桥境内5个公社成立由供销社、粮管所、税务所、派出所等部门负责人组成的市场管理委员会（简称市管会），专管市场贸易，打击投机倒把和牟取暴利。1975年12月3日，溧阳县革命委员会工商行政管理局成立，同时设立别桥中心工商行政管理所，撤销市管会。1984年7月，更名为溧阳县工商行政管理局别桥管理所，管辖别桥、湖边、古渎和绸缪4个乡的工商行政管理所。1990年12月，溧阳撤县设市，更名为溧阳市工商行政管理局别桥管理所。2002年9月30日，改称为常州市溧阳工商行政管理局别桥分局。别桥分局下设综合管理组、巡查监管组和经济检查中队。先后获得“全省工商行政管理文明工商所”“江苏省工商系统筑牢红盾防线、维护食品安全集中执法行动先进单位”“全省工商行政管理系统廉政文化建设示范点”“江苏省合同格式条款专项整治先进单位”“常州市人民满意基层站所示范单位”“常州市先进集体”“溧阳市先进基层党组织”等荣誉称号。2013年年末在编干部职工7人，另有聘用人员2人，大专以上学历6人，分局地址在别桥镇兴城西路282号。

1975年别桥中心工商行政管理所成立后，对别桥、湖边、古渎和绸缪公社的工商企业及市场经济活动进行监督管理，保护合法经营，维护正常的经济秩序，积极培育各类市场主体，形成多种经济成分并存发展的格局。1984年后，坚持鼓励与依法登记相结合，组织实施对企业和个体工商户的登记注册、监督管理工作，依法审查核准进入市场的主体资格。不断改进服务和管理水平，支持国有企业、集体企业改制，积极引导个体经济发展。管理集贸市场，监督集市贸易活动；监督检查辖区内经济合同的订立和履行，调解经济合同纠纷；受理、初审、呈报个体工商户的开业、变更和注销的申请事项，并进行监督管理；指导企业单位和个体工商户正确申请商标注册，申报知名商标和著名商标，并对其使用进行监督管理，保护商标专用权；对辖区内设置、张贴的广告监督管理；宣传工商行政管理法律、法规和有关政策；查处和取缔无照经营行为，打击传销，收取、上缴各项工

图14-3　溧阳市场监督管理局别桥分局

商收费及罚没款物；维护食品安全，治理商业贿赂，促进公平交易；深入开展消费维护宣传教育，增强消费维权意识，推进“12315”进农村、社区、超市和学校，处理消费者的举报申诉。2012年，分局受理调解投诉5件，为消费者挽回经济损失4700元。2013年，受理消费申诉5件，办结5件；办理消费争议2件，调解成功1件，为消费者挽回经济损失450元。截至2013年12月，分局辖区共有“12315”联络站（点）18个，共处理消费者申诉、投诉、举报36起，为消费者挽回经济损失近85万元。

第二节　市场监管

【市场管理】 1949年11月，溧阳县成立粮食市场，严禁和取缔私商场外交易。1951年，溧阳县成立土布市场，由花纱布公司供应棉织业与农村机织户棉纱，百货公司负责收购成品，以调节供求，制止投机。1953年8月，实行生猪购销专业经营，统一收购价格，禁宰有生殖能力的雌、雄种猪。1953年11月，实行粮食统购统销。1954年2月，别桥集镇开办粮食交易所。1955年5月，县加强对蚕茧、土丝市场的管理，规定由供销社设专门机构统一收购，私商小贩不得收购和贩运。1956年11月，一类物资粮、棉、油由国家收购；二类物资麻类、蚕茧、生猪、废金属、茶叶、中药材、毛竹、木材等，由国营商业或供销社统一收购；三类物资蔬菜、鱼虾、鸡、鸭、鹅、蛋品、野禽、瓜果、柴草等，允许商贩自由买卖和农民自销。1957年8月起，严禁买卖粮票、食油票、布票、糖票、煤油票、粮食周转证，对贩卖者予以打击。1960年，开放集市贸易，市场管理实施“活而不乱、管而不死”的方针。每年定期不定期地检查商店小贩的度器、量器和衡器，对缺斤少两的行为，进行处罚。“文化大革命”期间，社员的家庭副业作为资本主义尾巴被砍，粮油市场名存实亡，传统集市被限制、取缔，全面开展打击投机倒把行为。中共十一届三中全会后恢复集市贸易，商品市场趋向活跃。到2013年年末，别桥镇有个体工商户1516户，企业485家，农贸市场3个。

从2012年开始，别桥分局的工作重点转向市场监管和行政执法。按照“规范持照亮照经营、查处无照经营行为”的思路，对无照经营户缺前置许可条件的，督促尽快办理相关手续，对不缺乏前置条件的，将监管与服务有机结合，引导其尽快领照，合法经营。2012年，报送市局抄告11户，下达催办通知书126户，办结无照经营24件，累计罚没入库16.1万元。辖区登记个体工商户验照1294户，验照率90.4%；企业年检359户，年检率94.8%。紧抓社会热点，查办违法案件，有效维护市场经济秩序。2012年，共查处各类违法案件28件，罚没款16.11万元。2013年开展“红盾维权百日会战”和各类专项整治活动，办结案件32件，罚没款26.06万元。在溧阳市局组织的“查假冒、保安全、树诚信”百日执法行动中，别桥分局检查经营户173户，查处制售假冒伪劣商品案10件，案值9.39万元。

开展流通领域农资商品质量监测。2012年，抽验各类食品192个批次，对101户乳制品经营户进行食品经营许可证、营业执照变更登记。2013年，及时对抽验不合格的3起农资经销案进行查处，并通过多种形式发布消费警示。以食品经营户为重点对象，严厉打击假冒伪劣食品等违法行为，切实规范经营行为，确保食品安全。

【企业登记】 1981年，别桥中心工商行政管理所对辖区内工商企业进行全面验照登记，并进行必要的整顿，核定经营范围，端正经营方向。1982年8月，对工业、建筑业进行复查登记，换发全国统一的营业执照，做到“企业名称”“招牌”“银行开户”“公章”四一致。建立《工商企业登记事项年检报告书》制度。至2000年，原别桥镇有企业55家，个体工商户124户。至2013年年末，别桥镇内资企业设立登记1375户，外资企业设立登记24户，注册资本459754.8万元，注销登记560户，吊销登记632户，全镇实有企业485家。登记的个体工商户1516户。受理登记的农民专业合作社65户，家庭农场3户。办理食品流通许可证的企业或个体户263家。

【商标管理】 新中国成立前后，境内的商品一般启用商号（商店名称），均属自行使用商标，曾产生商品应用信誉的价值效益。20世纪60年代后期至70年代中期，部分产品名称迎合政治潮流，习惯“商号”被当作“四旧”废除。1977年8月，溧阳县工商行政管理局鼓励实施商标注册。2003年以来，别桥分局围绕招商引资、项目推进和私营个体经济的发展，积极引导企业、个体工商户在筹建期申请商标注册，抢抓注册主动权；引导已具备一定生产规模和市场潜力的商品及时注册商标，用品牌带动发展；积极扶持具有地方特色的农副产品申请商标注册，“缪氏”大闸蟹成为常州市第一只属于农民专业合作社水产品的著名商标。通过采取上下联动、日常检查、市场巡查和专项整治等做法，开展打假保名牌工作，保护注册商标。

至2013年年末，别桥分局辖区内共有各类注册商标137个，其中江苏省著名商标3个，常州市著名商标11个。

2004～2013年别桥镇江苏省著名、常州市著名商标一览表

表14-4-1

商标名称	级　别	生　产　单　位	核定使用商品	获得时间	
				常州市	江苏省
山湖	省著名 常州市著名	江苏山湖电缆有限公司	第9类	2004.02	2009.12
力乐	省著名 常州市著名	江苏省溧阳市汽车座椅调角器总厂	第7类	2002.02	2010.12
富月	省著名 常州市著名	常州市富月砝码有限公司	第9类	2004.02	2009.12
JSPL	常州市著名	常州市华丰集团有限公司	第23类	2005.05	—
苏柴	常州市著名	溧阳市东风柴油机配件厂有限公司	第7类	2008.12	—
字母（及文字）	常州市著名	溧阳市华邦高分子材料有限公司	第1类	2010.12	—
三益	常州市著名	江苏三益化工有限公司	第1类	2010.12	—
万金（及图）	常州市著名	溧阳万金汽车配件有限公司	第12类	2011.12	—
宏豪（及图）	常州市著名	常州市宏豪制钢有限公司	第6类	2011.12	—
缪氏（及图）	常州市著名	溧阳市缪氏大闸蟹专业合作社	第31类	2011.12	—
XH（新华）	常州市著名	江苏新华机电设备制造有限公司	第7类	2012.12	—

第五章　食品药品监督管理

第一节　食品监管

20 世纪 60 年代，别桥地区对从事饮食服务行业人员进行健康检查，身体合格者发给健康卡片。70 年代，执行《溧阳县食品行业卫生管理暂行条例》，80 年代起执行《中华人民共和国食品卫生法》。1983 年 7 月，对别桥群乐饭店销售病死牛肉造成几十人食物中毒事件进行严肃处理。2005 年 6 月，溧阳市食品监管局成立，对食品药品进行综合管理和监督。是年，别桥镇、绸缪镇和后周镇成立食品安全工作领导小组。2006 年，3 个镇开展以农村食品安全监管责任网、群众监督网、现代流通网为内容的“三网”建设工作。在别桥卫生院、绸缪卫生院和后周卫生院防保科设食品药品安全监督员，形成食品安全监管工作格局。2007 年 4 月，建立完善食品药品安全地方政府负总责的责任制，市政府与镇政府签订食品药品安全责任书。年底，对别桥镇食品药品安全工作实施综合评价。同年 8 月，启动江苏省食品安全示范市创建工作。别桥镇成立创建活动领导小组，并下设办公室，做到“五有”：有办公场所、有专职人员、有举报电话、有活动经费、有基本台账。所有行政村均设立食品药品安全工作站。根据卫生部有关规定，对餐饮单位实行量化分级管理。至 2013 年年末，别桥镇内 52 家餐饮单位（含食堂、快餐店、小吃店）中，有 A 级单位 2 家，B 级单位 12 家，C 级单位 38 家。

别桥镇食品药品安全工作小组全面推进食品质量安全市场准入制度。至 2013 年，别桥镇符合条件的 52 家食品加工企业全部领取卫生许可证和生产许可证。镇内各卫生院对食品加工和餐饮服务业人员进行卫生防疫知识培训和年度健康检查，凡患有痢疾、伤寒、病毒性肝炎、活动性肺结核、化脓性或渗入性皮肤病以及其他有碍食品卫生疾病的人员，一律调离接触直接入口食品的工作岗位。食品经营单位必须领取“卫生许可证”后方可营业。

图14-4　2012年执法人员检查食品安全

别桥镇食品药品安全工作小组大力宣传食品药品监管法律法规，发放《食品药品安全手册》，增强广大居民食品安全意识。采用平时检查和突击抽查相结合办法，对炒货、饮用纯净水、肉制品、豆制品、糕点、保健食品等 10 余类食品使用食品快速检测箱快速检测。2012 年，共抽检各类食品经营户 550 余户次，各类食品 192 批次。对镇内 403 户食品经营户进一步检查，完善索证索票制度和进销台账制度，重新签订食品安全责任书。创建“食品安全示范店（街）”工作，用典型带动全面，确保境内居民饮食安全。

第二节　药品监管

药品安全是重大民生问题。新中国成立后，卫生部门加强对药品的监管。1974 年，别桥境内各公社医院设立药品监督员，查禁兽药厂生产的生物制品用于人体，查禁罂粟花，取缔制售假药，对麻醉药品实行“专人负责、专柜加锁、专用账册、专用处方、专项登记”。1982 年，国家出台《中华人民共和国药品管理法》，以法律形式加强对药品的监管。1985 年，别桥卫生院通过江苏省药品生产制剂许可证的验收。1989 年，别桥、绸缪、后周卫生院成立药事管理小组，由 5 ～ 7 人组成，分管药剂工作的副院长任组长，指导、检查临床合理用药，审定本院购药计划，收集药品毒副反应病例，监督检查本院和村卫生室药品质量，贯彻执行药政法规。1995 年，别桥日用化工厂非法生产药品被取缔。2001 年起，境内各村卫生室药品由各镇卫生院代购。2003 年起，别桥、绸缪、后周三镇卫生院所需药品、器械统一到溧阳市药品采购管理服务中心采购。2004 年，开展“规范药房”“合格药房”创建工作。别桥、绸缪和后周卫生院药房均配备空调、冰箱，更新货架、地架，“防虫、防鼠、防尘、防潮、防湿”五防措施到位。村卫生室药品贮存条件也明显改善。2005 ～ 2007 年，境内 3 家卫生院都达到“规范药房”标准，所有村卫生室药品贮存达到“合格药房”标准。2012 年，药事管理小组对全镇 16 家药店统一实行电脑信息化管理，对药品的购入、销售实行有效的监管，并定期检查处方药、精神药品的销售情况，确保用药安全。2013 年，境内 3 家卫生院实行药品统一采购，医院增加阴凉库和温控设备，加强对药品的保管。村卫生室药品实行专人负责，卫生院定期抽查药品和医疗器械保管、保养、贮存和使用等情况。

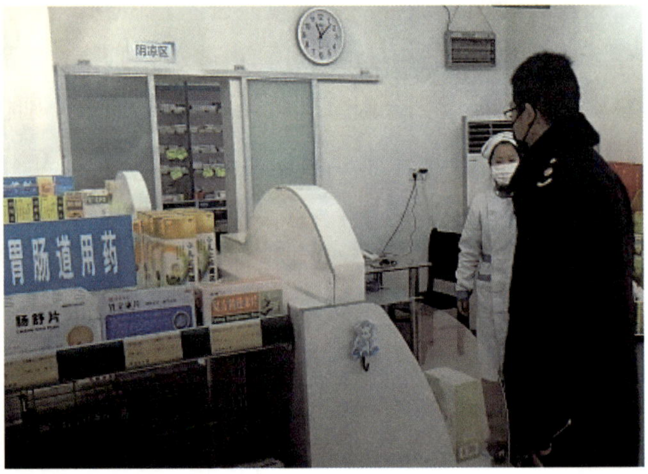

图14-5　2012年执法人员检查药品安全

第十五篇

中共别桥地区组织

民国 28 年（1939 年）5 月，中共后周区委员会（简称区委）在别桥镇境内成立。在朱义根、苏平陵等人的领导下，发展党员，建立党支部，广泛宣传抗日救国道理，建立抗日民族统一战线，积极配合新四军，与国民党顽固派、日伪军展开英勇不懈的斗争。后周地区成为茅山革命根据地的重要地区。民国 34 年（1945 年）10 月，江南新四军奉命北撤，中共后周区委虽然被迫停止活动，但少数党员骨干仍留守在茅山一带坚持革命斗争，直到溧阳解放。

溧阳解放后，在中共溧阳县委的领导下，别桥镇境内各级党组织相继建立，逐步健全，并按上级部署及时召开党员大会和党员代表大会，审议党的工作，选举产生新一届党组织的领导班子，保证党在社会主义革命和社会主义建设事业中的领导地位和领导作用。民国 38 年（1949 年）8 月，别桥区共有共产党员 45 人，其中女党员 3 人，有一个区机关党支部。1965 年年底，现境内原 5 个人民公社建立党的基层委员会，生产大队都建立党支部。至 2013 年年末，别桥镇有共产党员 3638 人，其中女党员 508 人，有 96 个基层党支部。

为了保持党的先进性、纯洁性，始终把党建设成为领导社会主义革命和社会主义建设的坚强核心，境内各公社（乡、镇）党委开展整党整风运动，加强纪检监察和各项宣传教育活动。1952 年 2 ～ 5 月，开展反贪污、反浪费、反官僚主义的“三反”运动。1957 年，开展反对官僚主义、反对宗派主义、反对主观主义的整风运动。1986 年 3 ～ 10 月，开展以“统一思想、整顿作风、加强纪律、纯洁组织”为主要任务的整党运动。1986 年起，党建工作坚持党要管党、从严治党的方针，推进党内廉政建设和反腐败斗争。加强乡（镇）党组织建设、思想作风建设，保持党的先进性，使基层党组织成为全面推进物质文明、精神文明、政治文明和生态文明建设的坚强核心。1994年，乡（镇）党委遵照市委《关于创建“团结、廉洁、开拓”的好班子活动的意见》，创建“好班子”总体目标，经过三年努力，别桥镇现境的原4个乡（镇）党委成为团结、廉洁、开拓，能够带领干部群众实现跨世纪宏伟目标的坚强集体领导。1995年，根据《溧阳市乡镇党委工作暂行条例》，乡（镇）党委的主要职责、领导原则、会议制度、请示报告、文件审批等工作得以规范和完善。在党建工作中，乡（镇）党委不断提高执政能力和领导水平。乡（镇）党委解放思想，创新发展理念，全面深化农村改革、经济开发、城乡一体化的发展战略，加快乡（镇）经济建设和农村发展的步伐。坚持把农村工作放在首要位置，稳定和完善农村基本经营制度，控制和减轻农民负担，保持农业稳定发展，不断开创农村工作新的局面。

围绕改革发展大局，加强党的基层组织建设，适时调整基层组织设置，完成基层组织换届选举。做好党员发展和管理工作，1986年以来，发展党员将优秀青年、妇女和生产、工作第一线骨干列为发展重点，不断改善党员队伍结构，提高新党员质量。1990年，严格按照省委组织部《发展党员工作程序》，紧紧抓住“着力培养、深入教育、精心考察、严格审批”等主要环节，始终把保证质量放在发展党员的首位。1994年，乡（镇）党委与有关行政村党支部落实发展党员计划，扭转少数村长期不发展党员的状况。2006年，遵照市委组织部《关于做好私营企业中发展党员工作的意见》，在乡（镇）私营企业主中发展党员。2007年，推行发展党员“两推一审”制度。

乡（镇）各党支部把“三会一课”与党员活动日相结合，注重党员教育管理的实效性。重视外出流动党员管理工作，使外出党员离乡不离党组织。开展联系户活动，1987年，别桥镇土山村党支部在党员联系户活动中，对党员交任务、定目标，年终实行考核评比。20世纪90年代后，开展民主评议党员，形成对党员经常性教育、管理和监督为一体的新机制。

2003年3～8月，境内有3199名党员参加保持共产党员先进性教育活动，对10名不合格党员进行组织处理。党委和党的纪律检查委员会开展一系列反腐倡廉、严肃党风党纪教育活动，营造风清气正的良好党内环境，严肃查处违法违纪问题。2007年3月至2013年12月，别桥镇纪委共查处各类违法违纪案件45件。

宣传教育工作历来是党建工作的重要内容，是党员、干部思想作风建设的有效措施之一。境内乡（镇、公社）、村（大队）党组织在不同的历史阶段，把握好舆论导向，在党员、干部中开展党的路线、方针、政策的宣传教育活动。尤其在中共十一届三中全会以后，以中共十一届三中、四中全会文件作为宣传教育的主要教材。开展“实践是检验真理的唯一标准”的学习讨论，学习邓小平建设有中国特色的社会主义理论，开展“三个代表”重要思想教育活动。2000年前后，以邓小平理论和“三个代表”重要思想为重点，开展致富思源、富而思进的“双思”学习教育活动。宣传学习市委宣传部的《坚定贯彻“三个代表”要求，为溧阳富民强市而努力奋斗》的资料，树立和落实科学发展观。中共十八大以后，镇党委组织党员、干部深入学习贯彻中共十八大精神和习近平总书记系列重要讲话精神。各项宣传教育活动使境内广大党员干部认清形势，明确方向，提高素质，与时俱进。

统一战线是中国共产党在新民主主义革命时期克敌制胜的重要战略措施。抗日战争时期，中共后周区委利用统一战线团结后周地区各方面力量成为茅山抗日革命根据地的桥头堡，为抗日战争的胜利做出贡献。统一战线在社会主义革命时期和社会主义建设时期仍有重要意义和作用，境内乡（镇）政府始终认真贯彻执行党在各个历史时期的统一战线方针政策。20 世纪 50 年代，实行“利用、限制、改造”的政策，引导工商业者自觉接受社会主义改造，参加社会主义建设事业。1964 ～ 1965 年，在各界党外人士中开展爱国主义、国际主义和社会主义教育。1978 ～ 1979 年，对境内 13 名错划的右派分子复查纠正，并按规定落实各项政策。1980 年 6 月，将 31 名小商、小贩、小手工业者从资本主义工商业者中区别开来，恢复劳动者身份。2007 年后，别桥镇党委进一步关心爱护侨胞、台胞、港澳同胞眷属，加强无党派人士和非公有制经济人士工作，鼓励他们参政议政，爱国敬业，积极参与社会公益活动。维护少数民族合法权益，帮助少数民族家庭提高收入。贯彻落实《宗教事务管理条例》，促进党同宗教人士统一战线的巩固和扩大。统一战线工作，为境内经济的快速发展、社会的和谐进步发挥作用。

第一章　组织机构

第一节　区委　区工委

一、中共溧阳县后周区委

民国 27 年（1938 年）12 月中共溧阳县工作委员会建立后，翌年 5 月 ，中共后周区委也随之建立，辖后周、绸缪、阴梓（阴山）、古渎等乡。朱义根、杨思瑞（女）、张一平（女）、苏平陵、周旋先后任书记，彭林任副书记。民国 32 年（1943 年）5 月，后周区委隶属中共金溧中心县委领导，书记张一平（女）。民国 34 年（1945 年）10 月，江南新四军奉命北撤，中共后周区委停止活动，部分人员留守黄金山一带，坚持革命斗争。

二、中共溧阳县洮南区委

民国 33 年（1944 年）6 月，后周区划成后周、洮南两区，先后任区委书记的是胡大兆、史子禄（代）、王明。

三、中共溧阳县别桥区委、区工委

民国 38 年（1949 年）4 月 25 日溧阳解放，5 月，中共别桥区委建立，办公地址在别桥集镇。是年 9 月，辖别桥、湖边、古渎、绸缪、后周等 12 个小乡。1956 年辖别桥、泓口、杨庄、古渎 4 个大乡。1957 年 8 月，别桥区委撤销。1961 年 6 月，设立中共别桥区工作委员会（简称区工委），工作区域为别桥、湖边、古渎和绸缪 4 个公社党委。1966 年 5 月“文化大革命”开始后，区工委工作被迫停止，机构自行消失。1979 年 6 月恢复别桥区工委，工作区域为别桥、湖边、古渎、绸缪、前马、余桥 6 个公社党委。1986 年 12 月，别桥区工委撤销。

1986 年 12 月设别桥巡视组，组长阮木斌，组员吴双正。工作区域为别桥、湖边、古渎、绸缪、余桥五乡镇，后周乡属竹箦巡视组。1988 年 5 月，别桥巡视组撤销。

1939 年 5 月至 1945 年 10 月中共后周区委书记任职更迭一览表

表 15-1-1

姓　名	任职时间	姓　名	任职时间
朱义根	1939.05 ～ 1940.10 ～ 1941.02	张一平（女）	1942.11 ～ 1943.12
		苏平陵	1943.12 ～ 1944.09
杨思瑞（女）	1941.09 ～ 1942	周　旋	1944.11 ～ 1945.10

1949 ～ 1986 年中共别桥区（工）委书记、副书记任职更迭一览表

表 15-1-2

职　务	姓　名	任职时间	职　务	姓　名	任职时间
区委书记	刘美焕	1949.05 ～ 1950.05	区工委书记	张振国	1961.08 ～ 1961.09
	卫前春	1952.06 ～ 1954.08		刘世孟	1961.09 ～ 1963.01
	崔昭明	1955.06 ～ 1956.10		王化彦	1965.03 ～ 1966.05
	姜志清	1956.10 ～ 1957.02		杨震元	1979.06 ～ 1983.07
	戴仁庆	1957.02 ～ 1957.08		李向东	1983.07 ～ 1985.11
区委副书记	王兴维	1950.05 ～ 1952.06		杨　柳	1985.11 ～ 1986.12
	滕旭华	1954.05 ～ 1956.02	区工委副书记	吴子杰	1961.09 ～ 1966.05
	丁孟轲	1955.04 ～ 1956.02		沈荷升	1979.06 ～ 1986.12
	陈保华	1956.02 ～ 1957.08			

第二节　乡党支部（总支）　乡镇（公社）委员会

民国 38 年（1949 年）5 月至民国 38 年（1949 年）9 月，中共别桥区委派指导员进驻辖区内各乡，中共竹箦区委也派指导员进驻后周乡，开展党的工作。1952 年起，中共别桥区委辖区内 12 个乡陆续建立党支部。1956 年 3 月，古渎乡、后周乡和西沈乡各建立党总支委员会（简称党总支）。1956 年 4 月，别桥乡建立党总支。1957 年 8 月，别桥乡和后周乡都建立乡党委会（简称党委）。1958 年 9 月改称公社党委。1961 年 8 月，别桥公社分为别桥、湖边、古渎、绸缪 4 个公社，分别建立公社党委。1966 年 5 月"文化大革命"开始，各公社党委受到冲击，工作日渐不正常。1967 年 1 月以后，各公社党委工作被迫停止。1970 年 10 月，后周公社党委恢复工作。1971 年 1 月，别桥公社党委恢复工作。1971 年 4 月至 6 月，湖边、古渎和绸缪 3 个公社党委相继恢复工作。1983 年 8 月，公社党委改称乡党委。1985 年 8 月，别桥镇建立镇党委。1992 年 9 月，湖边乡并入别桥镇，湖边乡党委撤销。1994 年 1 月，后周镇建立镇党委。2000 年 1 月，撤销古渎、绸缪乡党委，合并建立绸缪镇党委。2007 年 3 月，别桥、绸缪和后周三镇合并，建立新的别桥镇党委。

各个时期乡镇（公社）党的委员会（总支）组成人员不同。乡总支委员会设委员 5 ～ 7 人，其中书记 1 人、副书记 2 ～ 4 人，配组织委员和宣传委员。乡（公社）党委设委员 7 ～ 11 人，其中书记 1 人、副书记 1 ～ 3 人，配组织委员、宣传委员和监察委员。1961 年后，曾设第一、第二书记，1963 年 5 月后取消。1985 年后，镇党委设委员 9 ～ 11 人，其中书记 1 人、副书记 1 ～ 5 人。1990 年 10 月增设纪律检查委员会。2007 年配专职统战委员。2013 年年末，别桥镇党委有委员 10 人，其中书记 1 人、副书记 2 人，纪委书记 1 人，组织、宣传、政法和统战委员各 1 人。

1956 年 3 月至 1957 年 8 月各乡党总支委员会领导更迭一览表

表 15-1-3

乡　别	职　务	姓　名	任职时间	乡　别	职　务	姓　名	任职时间
别桥乡	书　记	谢和福	1956.04 ～ 1956.09	湖边乡	副书记	郑田锦	1956.03 ～ 1957.08
			1957.02 ～ 1957.08			刘金松	1956.03 ～ 1957.08
	副书记	马振达	1956.09 ～ 1957.08	西沈乡	书　记	肖锁庚	1956.03 ～ 1957.08
		徐富生	1956.09 ～ 1957.08		副书记	袁德松	1956.03 ～ 1957.08
		马金根	1956.09 ～ 1957.08			李锁坤	1956.03 ～ 1957.08
		唐庆保	1956.09 ～ 1957.08	后周乡	书　记	张锁荣	1956.03 ～ 1956.08
		吕汉章	1957.03 ～ 1957.08			刘良金	1956.08 ～ 1957.08
湖边乡	书　记	谢敖齐	1956.07 ～ 1956.12		副书记	高如德	1956.03 ～ 1957.08
		姜志清	1957.01 ～ 1957.08			朱金德	1956.03 ～ 1957.08
	副书记	史　金	1956.03 ～ 1957.08				

1957 年 8 月至 2013 年 12 月中共别桥镇（乡、公社）委员会书记、副书记更迭一览表

表 15-1-4

机构名称	职务	姓　名	任　职　时　间	机构名称	职务	姓　名	任　职　时　间
乡党委	副书记	陈保华	1957.08 ～ 1958.04	公社党委	书记	殷文章	1971.01 ～ 1972.12
		谢和福	1957.08 ～ 1958.08			杨震元	1972.12 ～ 1979.04
		姜志清	1957.10 ～ 1958.08			史金海	1980.03 ～ 1981.10
公社党委	书记	姜志清	1959.06 ～ 1960.03			史再根	1982.06 ～ 1983.07
		王连清	1959.08 ～ 1961.10（第二书记）		副书记	姜志清	1958.09 ～ 1959.06
		张振国	1961.02 ～ 1961.05			谢和福	1958.09 ～ 1962.08
		吴子杰（兼）	1961.01 ～ 1963.05			王连清	1959.06 ～ 1959.09
		吕炳南	1963.05 ～ 1966.05			陈庆良	1960.06 ～ 1961.08

续表 15-1-4

机构名称	职务	姓　名	任　职　时　间	机构名称	职务	姓　名	任　职　时　间
公社党委	副书记	张修三	1960.06 ～ 1961.01	镇党委	副书记	陈泉庚	1987.04 ～ 1991.08
		施生庚	1960.12 ～ 1961.08			陈振才	1992.09 ～ 1993.06
		唐友林	1961.07 ～ 1965.07			张跃庆	1992.09 ～ 1995.08
		刘腊保	1971.01 ～ 1981.04			吴春喜	1994.06 ～ 2001.01
		谢木庚	1974.11 ～ 1981.04			潘国民	1995.08 ～ 1998.04
		陈春龙	1976.10 ～ 1982.03			谢劳武	1995.08 ～ 2001.01
		吕树宝	1976.10 ～ 1981.01			袁　钢	1996.04 ～ 2001.10
		陈泉庚	1980.03 ～ 1983.05			陈志达	1998.04 ～ 2001.09
		史再根	1981.01 ～ 1982.06			石阿荣	2000.01 ～ 2004.08
		汤锁林	1982.04 ～ 1983.02			胡建坤	2000.01 ～ 2006.06
		吴福庚	1983.04 ～ 1983.07			翟德明	2001.09 ～ 2004.03
乡党委	书记	史再根	1983.08 ～ 1985.07			潘田庆	2001.10 ～ 2010.02
	副书记	马锁长	1983.08 ～ 1985.07			杨国平	2001.10 ～ 2006.06
		吴福庚	1983.08 ～ 1985.07			郑建新	2004.08 ～ 2006.06
镇党委	书记	史再根	1985.08 ～ 1986.05			钱庆芳（女）	2004.08 ～ 2010.02
		马锁长	1986.07 ～ 1988.03			宋益华	2007.03 ～
		季汉生	1988.03 ～ 1992.01			陈德明	2007.03 ～ 2010.05
		朱小庚	1992.01 ～ 1995.08			董光明	2007.03 ～ 2010.02
		陈兰生	1995.08 ～ 2001.09			王玉林	2007.03 ～ 2008.03
		陈志达	2001.09 ～ 2007.03			王耀庆	2007.03 ～ 2008.07
		蔡金龙	2007.03 ～ 2011.08			陆卫林	2007.04 ～ 2008.02
		唐洪祥	2011.08 ～			唐洪祥	2008.02 ～ 2011.08
	副书记	马锁长	1985.08 ～ 1986.07			强国民	2009.05 ～ 2010.05
		吴福庚	1985.08 ～ 1986.09			芮子遐（女）	2011.08 ～ 2013.07
		胡余金	1986.08 ～ 1992.09			赵　明	2013.07 ～

1961 年 8 月至 1992 年 8 月中共湖边乡（公社）委员会书记、副书记更迭一览表

表 15-1-5

机构名称	职　务	姓　名	任职时间	机构名称	职　务	姓　名	任职时间
公社党委	书　记	施生庚	1961.08 ～ 1966.05	公社党委	书　记	沈汉良	1983.05 ～ 1983.07
		王水金	1971.04 ～ 1979.06		副书记	郑田锦	1962.03 ～ 1966.05
		谢和福	1979.06 ～ 1982.12			王金保	1971.04 ～ 1983.02

续表 15-1-5

机构名称	职　务	姓　名	任职时间	机构名称	职　务	姓　名	任职时间
公社党委	副书记	朱殿忠	1973.07 ～ 1976.12	乡党委	书　记	彭全方	1986.04 ～ 1992.09
		阮木斌	1976.10 ～ 1981.07		副书记	马新保	1983.08 ～ 1989.09
		马锁长	1976.10 ～ 1983.05			陈泉庚	1983.08 ～ 1987.04
		沈汉良	1982.12 ～ 1983.05			史森华	1987.05 ～ 1990.01
		马新保	1983.05 ～ 1983.07			黄新保	1989.05 ～ 1992.08
		陈泉庚	1983.05 ～ 1983.07			张跃庆	1989.10 ～ 1992.08
乡党委	书　记	沈汉良	1983.08 ～ 1986.04				

1961 年 8 月至 2001 年 1 月中共古渎乡（公社）委员会书记、副书记更迭一览表

表 15-1-6

机构名称	职　务	姓　名	任职时间	机构名称	职　务	姓　名	任职时间
公社党委	书　记	王连清	1961.09 ～ 1964.09	乡党委	书　记	吴学群	1989.10 ～ 1995.08
		狄甫才	1965.12 ～ 1966.05			张跃庆	1995.08 ～ 1998.04
		李宗林	1971.06 ～ 1974.10			潘国民	1998.04 ～ 2000.01
		蒋敬法	1974.10 ～ 1978.01		副书记	史森华	1983.08 ～ 1987.05 1990.01 ～ 1992.09
	副书记	钱国良	1962.01 ～ 1966.05				
		陈全生	1971.06 ～ 1982.01			史志斌	1983.08 ～ 1984.03
		彭宗尊	1971.06 ～ 1975.01			谢富良	1984.03 ～ 1989.09
		陈忠明	1975.06 ～ 1983.07			陈振才	1984.03 ～ 1985.11
		史森华	1976.10 ～ 1983.07			吕树宝	1986.04 ～ 1990.01
		庄庆元	1977.11 ～ 1980.07			马新保	1989.10 ～ 1995.04
		郑田锦	1978.09 ～ 1982.09			吴福庚	1991.10 ～ 2000.01
		施目清	1980.03 ～ 1980.09			车庆华	1992.09 ～ 1995.08
		史志斌	1983.07 ～ 1983.08			沈国仁	1995.08 ～ 1998.04
乡党委	书　记	杨　柳	1983.07 ～ 1985.11			潘荣福	1995.08 ～ 2000.01
		陈振才	1985.11 ～ 1989.09			陈德明	1998.05 ～ 2000.01

1961 年 8 月至 2007 年 2 月中共䌷缪镇（乡、公社）委员会书记、副书记更迭一览表

表 15-1-7

机构名称	职　务	姓　名	任职时间	机构名称	职　务	姓　名	任职时间
公社党委	书　记	张治平	1961.08 ～ 1961.11	公社党委	书　记	姜荣金	1965.06 ～ 1966.05
		陈庆良	1961.11 ～ 1964.10			施生庚	1971.06 ～ 1975.11

续表 15-1-7

机构名称	职　务	姓　名	任职时间	机构名称	职　务	姓　名	任职时间
公社党委	书 记	戴新吾	1975.11 ～ 1983.07	乡党委	副书记	朱三保	1991.09 ～ 1992.09
	副书记	陈庆良	1961.09 ～ 1961.11			狄保龙	1992.09 ～ 1994.05
		姜荣金	1964.10 ～ 1965.06			潘国明	1994.06 ～ 1995.08
		徐孩根	1965.10 ～ 1966.05			童建平	1995.08 ～ 1998.08
		谢劳武	1971.06 ～ 1982.04			车庆华	1995.08 ～ 2000.01
		吴福庚	1971.06 ～ 1983.04			石阿荣	1995.08 ～ 2000.01
		周万全	1973.03 ～ 1978.10			吴法林	1998.05 ～ 2000.01
		谢和福	1978.10 ～ 1979.06	镇党委	书　记	李永生	2000.01 ～ 2001.09
		谢敖齐	1979.11 ～ 1981.11			朱洪伟	2001.09 ～ 2003.02
		吕树宝	1982.01 ～ 1983.08			潘荣福	2003.02 ～ 2007.02
乡党委	书　记	吕树宝	1983.08 ～ 1986.04		副书记	吴法林	2000.02 ～ 2004.08
		范锁海	1986.04 ～ 1992.09			潘荣福	2000.01 ～ 2003.02
		朱三保	1992.09 ～ 1993.06			刘学俊	2000.01 ～ 2000.10
		李永生	1993.06 ～ 2000.01			陈德明	2000.01 ～ 2007.02
	副书记	沈国仁	1983.08 ～ 1984.10			张云逸	2001.10 ～ 2004.08
		孙裕生	1983.04 ～ 1984.12			陆卫林	2003.02 ～ 2007.02
		袁清忠	1986.05 ～ 1989.09			郑跃进	2001.10 ～ 2004.08
		史志斌	1986.05 ～ 1995.08			董光明	2004.08 ～ 2007.02
		王爱棠	1987.11 ～ 1989.09			曹震鸣	2004.08 ～ 2007.02
		魏复新	1989.10 ～ 1990.08				

1957 年 8 月至 2007 年 2 月中共后周镇（公社、乡）委员会书记、副书记更迭一览表

表 15-1-8

机构名称	职　务	姓　名	任职时间	机构名称	职　务	姓　名	任职时间
乡党委	书　记	陆　明	1957.08 ～ 1958.08	公社党委	书　记	李全林	1972.02 ～ 1981.03
		宫焕盛	1957.12 ～ 1958.09（第二书记）			江登保	1981.03 ～ 1983.08
	副书记	刘良金	1957.08 ～ 1958.08		副书记	刘良金	1958.09 ～ 1961.09 1970.10 ～ 1977.02
公社党委	书　记	张振邦	1958.08 ～ 1962.09				
		陆　明	1962.09 ～ 1966.02			缪洪保	1959.03 ～ 1961.09
		俞　智	1970.10 ～ 1971.10			李小保	1960.03 ～ 1966.05

续表 15-1-8

机构名称	职　务	姓　名	任职时间	机构名称	职　务	姓　名	任职时间
公社党委	副书记	曹粉龙	1960.06 ～ 1962.12	镇党委	书　记	袁志平	1994.01 ～ 1999.05
		潘腊妹（女）	1960.06 ～ 1963.05			周建彬	1999.05 ～ 2003.02
		葛东升	1966.02 ～ 1966.05			柳建平	2003.02 ～ 2007.02
		刘锁富	1970.10 ～ 1983.07		副书记	吴春喜	1994.01 ～ 1994.06
		赵书成	1973.05 ～ 1979.03			季国芳	1994.01 ～ 1998.04
		袁清忠	1976.10 ～ 1979.05			程卫星	1994.06 ～ 2000.10
		江登保	1979.06 ～ 1981.02			王阿保	1995.03 ～ 1995.08
		陈振华	1981.04 ～ 1983.07			吴才保	1998.04 ～ 2001.09
乡党委	书　记	陈振华	1983.08 ～ 1985.11			王水林	1999.05 ～ 2001.10
		史留庚	1985.11 ～ 1989.05			刘学俊	2000.10 ～ 2001.09
		王阿保	1989.05 ～ 1992.09			王洪明	2001.09 ～ 2004.08
		袁志平	1992.09 ～ 1994.01			郑建新	2001.09 ～ 2004.08
	副书记	王阿保	1983.07 ～ 1989.05			董光明	2001.10 ～ 2004.08
		吴福庚	1986.09 ～ 1991.10			宋益华	2001.10 ～ 2007.02
		刘锁富	1983.08 ～ 1986.05			石东明	2001.10 ～ 2007.02
		吴春喜	1989.05 ～ 1994.01			王耀庆	2004.08 ～ 2007.02
		袁清忠	1991.10 ～ 1992.09			狄洪平	2004.08 ～ 2007.02
		季国芳	1993.06 ～ 1994.01				

第二章　党员大会　党代表大会

第一节　党员大会

【中共别桥区 12 个乡支部党员大会】 1954 年 10 月下旬，中共别桥区委所辖 12 个乡的支部分别召开党员大会。会议主要议题是传达贯彻中共溧阳县第一次代表会议精神。

【中共别桥、湖边、古渎、绸缪、后周公社党员大会】 1970 年 9 月至 1971 年 6 月相继召开、听取、审议、通过公社党委的工作报告，选举产生新一届公社党委。1971 年 1 月，别桥公社党员大会选举产生党委委员 11 人，选举殷文章为书记，刘腊保为副书记。1971 年 4 月，湖边公社党员大会选举产生党委委员9人，选举王水金为书记，王金保为副书记。1971年6月，古渎公社党员大会选举产生党委委员9人，选举李宗林为书记，陈全生、彭宗尊为副书记。1971年6月，绸缪公社党员大会选举产生党委委员9人，选举施生庚为书记，谢劳武、吴福庚为副书记。1970年9月26日，后周公社党员大会选举产生党委委员9人，选举俞智为书记，刘良金、刘锁富为副书记。5个公社党委会的重新建立，标志着自“文化大革命”以来一度停止的基层党组织的工作恢复正常。

【中共别桥、湖边、古渎、绸缪、后周公社党员大会】 1972年2月，别桥、湖边、古渎、绸缪、后周公社分别召开党员大会。会议主要议题：依据党章关于“党的基层组织，每年改选一次”的规定，改选公社党委。除后周公社的党委书记改选为李全林外，别桥、湖边、古渎、绸缪4个公社党委的原正副书记和后周公社党委的原副书记仍旧当选。

第二节　党代表大会

【中共别桥乡、后周乡第一次代表大会】 1957年8月召开。会议主要议题：听取、审议、通过乡总支委员会工作报告，选举产生中共别桥乡、后周乡第一届委员会，贯彻中共中央整风反右精神。别桥乡党代会选举陈保华、谢和福为副书记；后周乡党代会选举陆明为书记，刘良金为副书记。

【中共别桥公社、后周公社第二次代表大会】 1959年8月召开。会议主要议题：听取、审议、通过党委工作报告，选举产生中共别桥公社、后周公社第二届委员会；贯彻中共中央关于“整顿和建设人民公社”的批示。别桥公社党代会选举姜志清为书记，王连清、谢和福为副书记；后周公社党代会选举张振邦为书记，刘良金、缪洪保为副书记。

【中共别桥公社、湖边公社、古渎公社、绸缪公社、后周公社第三次代表大会】 1963年4月相继召开。会议主要议题：听取、审议、通过党委工作报告，选举产生中共别桥公社、湖边公社、古渎公社、绸缪公社、后周公社第三届委员会；学习贯彻中共八届十中全会精神、江苏省第四次党代表大会精神和中共溧阳县第三次代表大会精神，认真总结社会主义革命和社会主义建设的成就和失误，继续贯彻执行调整国民经济“八字”（调整、巩固、充实、提高）方针，纠正农业战线上实际存在的左倾路线。别桥公社党代会选举吕炳南为书记，唐友林为副书记。湖边公社党代会选举施生庚为书记，郑田锦为副书记。古渎公社党代会选举王连清为书记，钱国良为副书记。绸缪公社党代会选举陈庆良为书记。后周公社党代会选举陆明为书记，潘腊妹（女）为副书记。

【中共别桥、湖边、古渎、绸缪、后周公社第四次代表大会】 1973年3～4月相继召开。会议主要议题：听取、审议、通过公社党委工作报告，选举产生中共别桥、湖边、古渎、绸缪、后周公社第四届委员会。别桥公社党代会选举杨震元为书记，刘腊保为副书记。湖边公社党代会选举王水金为书记，王金保为副书记。古渎公社党代会选举李宗林为书记，陈全生、彭宗尊为副书记。绸缪公社党代会选举施生庚为书记，谢劳武、吴福庚、周万全为副书记。后周公社党代会选举李全林为书记，刘良金、刘锁富、赵书成为副书记。

【中共别桥、湖边、古渎、绸缪、后周公社第五次代表大会】 资料失考。

【中共别桥、湖边、古渎、绸缪、后周公社第六次代表大会】 1976年10月至1982年陆续召开。会议主要议题:听取、审议、通过党委工作报告，选举产生中共别桥、湖边、古渎、绸缪、后周公社第六届委员会。

别桥公社党代会　1976年10月召开。会议选举产生党委委员9人，选举杨震元为书记，刘腊保、谢木庚、陈春龙、吕树宝为副书记。

湖边公社党代会　1976年10月召开。会议选举产生党委委员7人，选举王水金为书记，王金保、阮木斌、马锁长为副书记。

古渎公社党代会　1976年10月召开。会议选举产生党委委员7人，选举蒋敬法为书记，陈全生、陈忠明、史森华为副书记。

绸缪公社党代会　1982年5月召开。会议选举产生党委委员9人，选举戴新吾为书记，吕树宝、吴福庚为副书记。

后周公社党代会　1976年11月召开。会议选举产生党委委员9人，选举李全林为书记，袁清忠、刘良金、刘锁富、赵书成为副书记。

【中共别桥公社、湖边公社、古渎公社、绸缪乡、后周公社第七次代表大会】 1982年4月至1986年9月陆续召开。会议主要议题：听取、审议、通过党委工作报告，进一步贯彻中央十一届三中全会精神，落实农业生产责任制。选举产生中共别桥公社、湖边公社、古渎公社、绸缪乡、后周公社第七届委员会。

别桥公社党代会　1983年5月28日召开，正式代表97人出席。会议选举产生党委委员9人，选举史再根为书记，吴福庚、马锁长为副书记。

湖边公社党代会　1983年7月25日召开，正式代表55人出席。会议选举产生党委委员7人，选举沈汉良为书记，马新保、陈泉庚为副书记。

古渎公社党代会　1983年7月29日召开，正式代表53人出席。会议选举产生党委委员8人，选举杨柳为书记，史志斌、史森华为副书记。

绸缪乡党代会　1986年9月17日召开，正式代表51人出席。会议选举产生党委委员9人，选举范锁海为书记，袁清忠、史志斌为副书记。

后周公社党代会　1982年4月10日召，正式代表81人出席。会议选举产生党委委员9人，选举江登保为书记，陈振华、刘锁富为副书记。

【中共别桥镇、湖边乡、古渎乡、绸缪乡、后周乡第八次代表大会】 1986年9月至1989年9月陆续召开。会议主要议题：听取、审议、通过党委工作报告，选举产生中共别桥镇、湖边乡、古渎乡、绸缪乡、后周乡第八届委员会。

别桥镇党代会　1986年9月27日召开，正式代表83人出席，选举产生8名党委委员，选举马锁长为书记，胡余金为副书记，万金富为纪检委员。

湖边乡党代会　1986年9月17日召开，正式代表51人出席。会议选举产生8名党委委员，选举彭金方为书记，陈泉庚、马新保为副书记，吕新法为纪检委员。

古渎乡党代会　1986年9月16日召开，正式代表51人出席。会议选举产生9名党委委员，选举陈振才为书记，史森华、谢富良、吕树宝为副书记，周洪富为纪检委员。

绸缪乡党代会 1989 年 9 月 14 日召开，正式代表 51 人出席。会议选举产生 9 名党委委员，选举范锁海为书记，魏复新、史志斌为副书记，史志斌兼纪检委员。

后周乡党代会 1986 年 9 月 28 日召开，正式代表 82 人出席。会议选举产生 7 名党委委员，选举史留庚为书记，王阿保、吴福庚为副书记，潘洪林为纪检委员。

【中共别桥镇、湖边乡、古渎乡、绸缪乡、后周乡第九次代表大会】 1989 年 9 月至 1992 年 10 月陆续召开，会议主要议题：听取、审议、通过党委工作报告，选举产生中共别桥镇、湖边乡、古渎乡、绸缪乡、后周乡第九届委员会。

别桥镇党代会 1989 年 9 月 8 日召开，正式代表 83 人出席。会议选举产生 9 名党委委员，选举季汉生为书记，胡余金、陈泉庚为副书记，万金富为纪检委员。

湖边乡党代会 1989 年 10 月 20 日召开，正式代表 51 人出席。会议选举产生 10 名党委委员，选举彭金方为书记，史森华、黄新保为副书记，虞洪海为纪检委员。

古渎乡党代会 1989 年 9 月 18 日召开，正式代表 49 人出席，列席代表 12 人。会议选举产生 9 名党委委员，选举吴学群为书记，吕树宝、马新保为副书记，周洪富为纪检委员。

绸缪乡党代会 1992 年 10 月 13 日召开，正式代表 51 人出席。会议选举产生 9 名党委委员，选举朱三保为书记，狄保龙、史志斌为副书记，选举王和福为纪律检查委员会书记。

后周乡党代会 1989 年 9 月 18 日召开，正式代表 77 人出席。会议选举产生 9 名党委委员，选举王阿保为书记，吴春喜、吴福庚为副书记，蔡士柱为纪检委员。

【中共别桥镇、古渎乡、绸缪乡、后周乡第十次代表大会】 1992 年 10 月至 1995 年 10 月陆续召开。会议主要议题：听取、审议、通过党委工作报告和纪委工作报告，选举产生中共别桥镇、古渎乡、绸缪乡、后周乡第十届委员会，选举产生纪律检查委员会。

别桥镇党代会 1992 年 10 月 18 日召开，正式代表 113 人出席，列席代表 19 人。朱小庚作党委工作报告，万金富作纪委工作报告。会议选举产生 11 人党委委员，选举朱小庚为党委书记，陈振才、张跃庆为副书记，选举万金富为纪律检查委员会书记。

古渎乡党代会 1992 年 10 月 19 日召开，正式代表 51 人出席，列席代表 25 人。吴学群作党委工作报告，虞洪海作纪委工作报告。会议选举产生 9 名党委委员，选举吴学群为党委书记，吴福庚、马新保为副书记，选举虞洪海为纪律检查委员会书记。

绸缪乡党代会 1995 年 10 月 6 日召开，正式代表 51 人出席，列席代表 15 人。李永生作党委工作报告，王和福作纪委工作报告。会议选举产生党委委员 9 人，选举李永生为党委书记，童建平、车庆华、石阿荣为副书记，选举王和福为纪律检查委员会书记。

后周乡党代会 1992 年 10 月 12 日召开，正式代表 77 人出席，列席代表 13 人。袁志平作党委工作报告，蔡士柱作纪委工作报告。会议选举产生党委委员 9 人，选举袁志平为党委书记，吴春喜为副书记，选举蔡士柱为纪律检查委员会书记。

【中共别桥镇、古渎乡、绸缪乡、后周镇第十一次代表大会】 1995 年 10 月至 1998 年 9 月陆续召开。会议主要议题：听取、审议、通过党委工作报告和纪委工作报告，选举产生中共别桥镇、古渎乡、绸缪乡、后周镇第十一届委员会、纪律检查委员会。

别桥镇党代会 1995 年 10 月 18 日召开，正式代表 102 人出席。陈兰生作党委工作报告，史许兴作纪委工作报告。会议选举产生党委委员11人，选举陈兰生为党委书记，潘国民、谢劳武、吴春喜为副书记，选举史许兴为纪委书记。

古渎乡党代会　1995年10月11日召开，正式代表55人出席。张跃庆作党委工作报告，潘荣福作纪委工作报告。会议选举产生党委委员9人，选举张跃庆为党委书记，沈国仁、潘荣福、吴福庚为副书记，选举潘荣福为纪委书记。

绸缪乡党代会　1998年9月29日召开，正式代表50人出席。李永生作党委工作报告，王和福作纪委工作报告。会议选举产生党委委员9人，选举李永生为党委书记，车庆华、石阿荣、吴法林为副书记，选举王和福为纪委书记。

后周镇党代会　1995年10月20日召开，正式代表77人出席。袁志平作党委工作报告，殷春华作纪委工作报告。会议选举产生10名党委委员，选举袁志平为党委书记，程卫星、季国方为副书记，选举殷春华为纪委书记。

【中共别桥镇、古渎乡、绸缪镇、后周镇第十二次代表大会】　1998年10月至2001年11月陆续召开。会议主要议题：听取、审议、通过党委工作报告和纪委工作报告，选举产生中共别桥镇、古渎乡、绸缪镇、后周镇第十二届委员会和纪律检查委员会。

别桥镇党代会　1998年10月9日召开，正式代表97人出席。陈兰生作党委工作报告，史许兴作纪委工作报告。会议选举产生党委委员11人，选举陈兰生为党委书记，陈志达、袁钢为副书记，选举史许兴为纪委书记。

古渎乡党代会　1998年9月28日召开，正式代表51人出席。潘国民作党委工作报告，陈德明作纪委工作报告。会议选举产生党委委员9人，选举潘国民为党委书记，陈德明、潘荣福为副书记，选举陈德明为纪委书记。

绸缪乡党代会　2001年11月3日召开，正式代表73人出席。朱洪伟作党委工作报告，张云逸作纪委工作报告。会议选举产生党委委员11人，选举朱洪伟为党委书记，张云逸、郑跃进为副书记，选举张云逸为纪委书记。

后周镇党代会　1998年10月16日召开，正式代表72人出席。袁志平作党委工作报告，殷春华作纪委工作报告。会议选举产生党委委员10人，选举袁志平为党委书记，程卫星、吴才保为副书记，选举殷春华为纪委书记。

【中共别桥镇、绸缪镇、后周镇第十三次代表大会】　2001年10月至2004年9月陆续召开。会议主要议题：听取、审议和通过党委工作报告、纪委工作报告，选举产生中共别桥镇、绸缪镇、后周镇第十三届委员会、纪律检查委员会。

别桥镇党代会　2001年10月29日召开，正式代表101人出席。陈志达作党委工作报告，潘田庆作纪委工作报告。会议选举产生党委委员11人，选举陈志达为党委书记，潘田庆、杨国平、胡建坤、翟德明为副书记，选举潘田庆为纪委书记。

绸缪镇党代会　2004年9月26日召开，正式代表71人出席。潘荣福作党委工作报告，陈德明作纪委工作报告。会议选举产生党委委员11人，选举潘荣福为党委书记，陆卫林、董光明、曹震鸣为副书记，选举陈德明为纪委书记。

后周镇党代会　2001年11月2日召开，正式代表71人出席。周建彬作党委工作报告，石东明作纪委工作报告。会议选举产生党委委员 9 人，选举周建彬为党委书记，宋益华、石东明、王洪明、郑建新、董光明为副书记，选举石东明为纪委书记。

【中共别桥镇、后周镇第十四次代表大会】 2004 年 9 月陆续召开。会议主要议题：听取、审议和通过党委工作报告、纪委工作报告，选举产生中共别桥镇、后周镇第十四届委员会、纪律检查委员会。

别桥镇党代会 2004 年 9 月 28 日召开，正式代表 103 人出席。陈志达作党委工作报告，潘田庆作纪委工作报告。会议选举产生党委委员 11 人，选举陈志达为党委书记，胡建坤、潘田庆、杨国平、郑建新、钱庆芳（女）为副书记，选举潘田庆为纪委书记。

后周镇党代会 2004 年 9 月 26 日召开，正式代表 68 人出席，列席代表 23 人。柳建平作党委工作报告，石东明作纪委工作报告。会议选举产生党委委员 9 人，选举柳建平为党委书记，宋益华、石东明、王耀庆、狄洪平为副书记，选举石东明为纪委书记。

【中共别桥镇第十五次代表大会】 2011 年 3 月 18 日召开，正式代表 150 人出席。会议主要议题：听取、审议和通过党委工作报告、纪委工作报告，选举产生中共别桥镇第十五届委员会、纪律检查委员会，选举出席中共溧阳市第十一次党代会代表。蔡金龙作党委工作报告，张荣作纪委工作报告。会议选举产生 10 名党委委员，选举蔡金龙为党委书记，唐洪祥、宋益华为副书记，选举张荣为纪委书记，选举出席中共溧阳市第十一次党代会代表 21 人。

图15-1　2011年3月召开的中共别桥镇第十五次党代表大会

2013 年 12 月别桥镇党委成员一览表

表 15-2-1

职　务	姓　名	任职时间
书　记	唐洪祥	2011.08 ～
副书记	宋益华	2007.07 ～
副书记	赵　明	2013.07 ～
纪委书记	张　荣	2010.06 ～
组织委员	范卫平	2010.06 ～
宣传委员	葛燕华（女）	2011.02 ～
政法委员	管文彪	2012.01 ～
统战委员	刘龚献	2012.12 ～
委　员	史志伟	2011.08 ～
委　员	濮和春	2011.08 ～

第三章　党务　党建

第一节　宣传教育

抗日战争时期，中共后周区委对党员、干部进行抗日重要性和必要性的教育，以增强党员、干部抗日的决心和抗日必胜的信心。广大党员、干部能在艰苦的条件下坚持斗争。通过布告、公告、群众大会、文艺演出等形式，向广大群众进行抗日宣传教育，提高广大群众的思想觉悟，人民群众拥护新四军，并积极参加抗日活动。

新中国成立后，党的宣传教育工作不断加强，在各个不同历史阶段，根据党的中心工作，结合乡（镇、公社）实际情况，运用多种工具和形式，利用各种阵地，对党员、干部进行党的方针政策、党的基本知识和时政等方面的教育。

1949～1952年，区、乡党员和干部赴县集训，参加报告会，学习共产党员标准的八项条件。中共别桥区委、别桥区公所学习宣传《中华人民共和国土地改革法》《发展农业生产十大政策》《中华人民共和国惩治反革命条例》《中华人民共和国婚姻法》，宣传“抗美援朝、保家卫国”的意义。农村党组织发动贫雇农在各种会议上诉苦，提高党员、干部、群众的阶级觉悟，推动土地改革运动的开展。1953～1955年，宣传党在过渡时期的总路线和总任务，学习党的互助合作和粮食统购统销政策，学习婚姻法、宪法（草案）、选举法等法律文件。1953年8月，互助组组长参加中共溧阳县委举办的第一期互助合作训练班。广大党员带头组织成立初级社、高级社。境内各乡政府选拔有一定文化基础、思想觉悟较高的人担任初级社和高级社干部。

1956年，各乡党总支建立“三会一课”（支部大会、支委会、党员组织生活会，党课）制度，定期对党员进行教育，主要学习中共七届六中全会决定、农业合作化问题和《农业发展纲要》。1958～1959年，宣传社会主义建设总路线、大跃进、人民公社三面“红旗”，学习社会主义建设总路线、大跃进和人民公社等方面的文件。1960年12月至1961年，组织党员、干部学习中共中央《关于农村人民公社当前政策问题的紧急指示信》《农村人民公社工作条例》，学习《社会主义的几个问题》《党的生活的几个问题》《论共产党员的修养》、国民经济“调整、巩固、充实、提高”的方针等文件。一批坚持实事求是、敢于讲真话的干部的处分得以纠正，一些党员、干部多吃多占、官僚主义、特殊化等问题得到解决。1964年至1966年5月，党员、干部参加群众性的学习毛泽东著作活动和社会主义教育运动（简称社教运动）。在社教运动初期，受“左”的思想影响，不少基层干部受到错误打击，直到“文化大革命”后期才得以平反。

中共十一届三中全会后，组织党员、干部学习中共中央十一届三中全会、四中全会有关文件，开展“实践是检验真理的唯一标准”的学习讨论。乡（镇）利用冬春农闲时间，每年举办一次冬训班，时间7～10天，参训对象是农村全体共产党员、乡镇干部、村民委员会委员、生产队长、集镇企事业单位车间主任以上干部、中小学校长。冬训内容分别为党的基础知识，中共十一届三中全会文件、《关于党内政治生活的若干准则》、中共中央《关于加强和完善农业生产责任制》《关于巩固完善农业生产责任制、推行以家庭联产承包为主的联产承包责任制》《关于当前农村经济政策若干问题》的指示、《关于1984年农村工作的通告》的指示、《关于进一步活跃农村经济的十项政策》。还以乡（镇）党校为阵地，组织党员、干部学习中共十二大文件、《邓小平文选》《陈云文稿选编》，学习中共中央关于整党的决定和新党章。

1984～1992年，45周岁以下、初中及以下文化程度的行政干部，分期分批参加溧阳党校举办的中专班学习，高中文化的可参加大专班学习，新任村党支部书记全部到县（市）委党校参加岗位培训。鼓励在职干部通过函授、自学考试等途径，不断提高自身的文化水平和理论素质。干部队伍的“四化”（革命化、年轻化、知识化、专业化）逐步落实。开展争创红旗乡（镇）党委、红旗村党支部活动。

1993年，以学习邓小平建设有中国特色社会主义理论为主要内容，境内各乡镇利用冬训班和党校，对全体党员进行培训，明确改革开放的重要意义，提高党员、干部的政治思想素质和适应新形势的工作能力。1995年起，坚持对党员、干部开展主题教育活动，充分发挥党员先锋模范作用，开展创建“五好”（好班子、好队伍、好路子、好体制、好制度）活动。2001～2002年，别桥镇、绸缪镇、后周镇党委在党员、干部中围绕全面建设小康社会，开展“三个代表”（即中国共产党始终代表中国先进生产力的发展要求，代表中国先进文化的前进方向，代表中国最广大人民的根本利益）重要思想教育活动，轮训党员，引导党员树立建设有中国特色社会主义的共同理想和正确的世界观、人生观、价值观。绸缪镇采取边训边改边做的办法，解决群众上访问题10多件，为贫困户提供致富就业信息90余条。2003年4～8月，按照中央、省委和常州市委的要求、部署，境内各镇开展保持共产党员先进性教育活动。别桥镇、绸缪镇、后周镇共有3199名党员参加这次活动。在思想发动、学习培训，党性分析、民主评议，抓好整改、巩固提高的三个阶段中，始终贯穿“三个代表”重要思想这一主线，突出加快发展这一主题，把握执政为民这一本质，使共产党员的先进性得到进一步的体现和发挥。对10名党员进行组织处理，其中开除党籍5人，劝退出党2人。2004年，围绕树立和落实科学发展观，实现全面建设小康社会的宏伟目标和溧阳市委提出的中心任务，开展主题教育活动。

2005年1～6月，按照“提高党员素质、加强基层组织、服务人民群众、促进各项工作”的总体目标，别桥、绸缪、后周3个镇的所有党支部和党员参加以实践“三个代表”重要思想为主要内容的保持共产党员先进性教育活动。

2007～2008年，围绕认真学习贯彻中共十七大精神，加快实现城乡经济社会发展一体化等4个主题开展冬训。宣传、组织、纪检等部门密切合作，形成合力，结合冬训开展“一述（领导干部述职）两评（评选先进党组织、评选优秀共产党员）”和党员廉政教育。进一步加强机关效能建设，以“创优美环境兴溧阳，提高效能促发展”为主题，建设“高效、民本、法治、清廉”政府。2009年，实现机关效能“零障碍”，严格执行“十条严令”，全面落实党风廉政建设制度，严格执行廉洁自律各项规定，努力打造一支人民满意的公务员队伍，树立政府清正廉洁的良好形象。2010～2011年，组织3389名党员参加“全力保增长、全面促发展”的主题教育活动，全面贯彻落实中共十七大、十七届四中全会和中央经济工作会议精神，推行依法行政，积极创新管理方式，全力推进经济转型发展，促进社会和谐进步。

第二节　干部队伍

在土地改革结束的基础上，从基层选拔培养一批土改积极分子担任乡、村干部，后陆续从贫下中农、复员军人、店员、徒工、小学教师中挑选年轻积极分子充实到干部队伍中来。至1954年8月，别桥区共有半脱产干部38人。

20世纪70年代初，党组织恢复正常活动后，党课教育以牢记党的宗旨，坚持社会主义，反对修正主义为主要内容，大力宣传农业学大寨、自力更生、艰苦奋斗的有关文件和精神。因地制宜，深入开展“农业学大寨”运动，将一些表现好的青年选拔到大队、公社和企业领导岗位。

在干部任用上重视德才兼备的标准，一些年纪轻、品质好、文化程度高、有实际工作经验的同志被选拔为公社（乡镇）领导干部，部分军队转业干部、退伍军人、大专院校毕业生充实到机关干部队伍。随着乡镇机构的增设，一些村干部、退伍军人、初高中毕业生进入事业单位，有的被招聘为干部。

2012年，强化党员、干部的公仆意识，倾听民声、体察民情、化解民忧。进行镇政府内部机构改革，因岗定员、竞聘上岗、优进劣退，部分机关党员、干部慵懒散漫、服务意识差、责任心不强、不思进取的落后面貌得到有效改善。对13名大学生村官加强教育管理，鼓励他们报考公务员，选拔符合条件的进村领导班子，鼓励和扶持他们自主创业。2013年，全面深入贯彻落实中共十八大文件精神和习近平总书记系列重要讲话精神，依法治党，从严治党，坚持不懈地用中国特色社会主义理论武装党员、教育干部、指导实践、推进工作、树立正气、改进作风。

行政村（大队）主要领导干部新中国成立后至1981年前由溧阳县委任免，1981～1984年由溧阳县委组织部任免，1984年后由乡（镇）党委任免。事业单位负责人在征求乡（镇）党委意见后，由有关县局调配。2001年，严格执行中央组织部监督局制定的《党委（党组）讨论决定干部任免事项守则》和中共溧阳市委制定的《镇党委议事规则》。2002年，贯彻实施中央《干部任用条例》，规范干部任用工作。2004年9月起，按溧阳市委《关于实行村定额补贴干部规范化管理的意见》精神，对行政村定额补贴干部从任用、培训、物质保障、目标考核、激励约束五个方面实行规范化管理，不断提高村干部队伍的综合素质，充分调动村

图15-2　别桥镇机关干部学习会

干部的工作积极性，为完成各项农村工作奠定坚实的组织基础。2011 年开始，鼓励村干部实行村支部书记和村主任两个职务"一肩挑"。别桥镇 18 个行政村中，实现"一肩挑"的 2010 年有 17 个，2011 年有 13 个，2012 年有 10 个，2013 年有 13 个。2013 年 12 月，别桥镇 14 个主要党政领导干部中，45 周岁以下的 9 人，占 64.29%；大专学历 2 人，本科学历 12 人，大专及以上学历人数为 100%。

2013 年年末别桥镇行政村党支部书记、副书记一览表

表 15-3-1　　单位：人

项目 \ 职务		党支部书记	党支部副书记
任职人数		18	18
性别	男	18	18
	女	—	—
年龄	25 岁及以下	—	—
	26 ～ 30 岁	—	—
年龄	31 ～ 35 岁	—	1
	36 ～ 45 岁	7	4
	46 ～ 55 岁	9	13
	56 岁及以上	2	—
文化程度	本科	—	—
	大专	2	1
	高中（中专）	14	12
	初中	2	5

第三节　纪检监察工作

1952 年，中共别桥区委根据中共溧阳县纪律检查委员会的部署，开展"三反""五反"运动，检查纠正党员、干部的各类违法乱纪错误。1956 年，查处犯有丧失立场、贪污挪用、生活腐化、强迫命令的党员、干部。1958 年 10 月，别桥公社、后周公社建立党的监察委员会，设专职或兼职监委书记。"文化大革命"开始后，监委工作停止。20 世纪 70 年代初党组织恢复正常活动后，由公社党委组织委员兼管纪检工作。1980 年 3 月后，根据中共中央《关于党内政治生活的若干准则》文件精神，严肃查处党员、干部中严重破坏党风、违反党纪的案件。1981 年 2 月，境内 5 个公社党委配兼职纪律检查员。5 个乡镇第八次党代会均设纪检委员。1984 年 3 月，遵照中共中央《关于打击经济领域严重犯罪活动的紧急通知》，认真查处党员干部中的严重经

济案件。1985 年 5 月至 1986 年 10 月整党中，别桥镇、湖边乡、古渎乡、绸缪乡、后周乡共有 23 名党员受到党纪处分，其中开除党籍 8 人，取消预备期 1 人，留党察看 7 人，严重警告 2 人，警告 5 人。1990 年 10 月，境内 5 个乡镇均设立党的纪律检查委员会（以下简称纪委），一般由 7 名委员组成，其中书记、副书记各 1 名，受同级党委和溧阳县（市）纪委双重领导。1995 年年底，乡镇政府设监察室，与乡镇纪委合署办公。2000 年 10 月，别桥镇、绸缪镇、后周镇纪委组织党员、干部观看反腐倡廉影片《生死抉择》，开展一系列反腐倡廉、严肃党风党纪教育活动。2004 年，别桥镇、绸缪镇、后周镇分别制定《党风廉政责任制建设考核细则》，3 个镇党委与所属行政村、企事业单位签订责任状，形成纵向到底、横向到边的责任体系。2005 ～ 2006 年，境内 3 个镇对全体党员、干部开展“立党为公”“执政为民”和“八荣八耻”主题教育，增强党员、干部“勤政、廉政、忧政”意识。完善、规范村级干部管理监督制度，加强对村干部的廉政教育。对行政村招待费实行限额管理，超过部分，由村书记、主任个人负担。2006 年 8 月，实施镇机关公务用车改革，遏制公车私用等不正之风。

2007 年，组织党员、干部观看《警钟长鸣》《失衡的权利》等警示教育片，以案说教，建立起“不愿为”的自律机制。2008 年开始，进一步加强对党员、干部作风的监督，执行党员、干部重大事项报告制度。要求党员、干部报告婚姻变化情况、持有因私出国（境）证件情况、子女和配偶出国留学情况等。监督形式由原来单一谈话、提醒警督向考察预告、任前公示、试用期、任期经济责任审计、谈话诫勉、来信回复、设立举报电话等多种形式的监督转变。监督的途径由原来的单一组织监督向执法执纪监督、班子内部监督、日常管理监督和群众监督等方面拓展。2009 年，制定行政村《杂工管理办法》《财务管理制度》，帮助村干部筑起“防腐墙”。建立和完善镇、村两级“重点工程招投标”和“土地使用权出让”的监督制度，做到“三有”：重大部署有跟踪督查，重点工程有专项督查，目标责任有绩效督查。贯彻执行“党要管党、从严治党”的方针，完善四个机制：明确责任，完善领导机制；夯实基础，完善保障机制；协调部门，完善案源机制；查处结合，完善效应机制。2011 年，加强监督问责机制的建设力度，建立健全党务政务公开和服务承诺制、公示制、首问负责制、限时办结制、职务（岗位）过错追究制等，努力营造清风正气的良好环境。2012 年，开展纪律教育学习活动，邀请市级领导进行廉政建设讲座，编发廉政短信，进行廉政知识测试。2013 年，将预防腐败工作及时拓展到镇政府投资工程中，认真落实廉政责任，加强风险排查，对工程建设实行“痕迹化”管理，建立“不能为”的防范机制，有效预防“工程建起来，干部倒下去”的问题出现。

自 2007 年以来，别桥镇纪委积极做好群众信访工作。加大信访工作力度，强化基层信访工作。围绕《信访条例》，不断完善信访工作机制、运作机制、约束机制和服务机制，向群众宣传信访知识。制定《别桥镇信访工作制度》，在党政领导每月一次轮流在信访部门接待群众来访，各行政村（社区）健全信访接待室，实施行政村（社区）负责人接待日制度。2008 年至 2013 年年末，累计受理信访 262 件次，全部办结。

2007 年 3 月至 2013 年 12 月，别桥镇纪委依法办案，累计查处各类违纪案件 45 件，其中经济案件 25 件，违反计划生育政策 4 件，失职行为 4 件，赌博 10 件，嫖娼 2 件。查处党员 45 人，其中开除党籍 4 人，严重警告 5 人，警告 26 人，免予纪律处分 10 人。

1992年11月至2013年12月别桥镇及境内其他三乡镇纪委书记任职一览表

表15-3-2

乡镇	姓名	任职时间	乡镇	姓名	任职时间
别桥镇	万金富	1992.11～1995.04	绸缪乡（镇）	王和福	1992.11～2000.01
	史许兴	1995.04～2000.01		史许兴	2000.01～2000.10
	潘田庆	2000.01～2010.02		张云逸	2000.10～2003.02
	张　荣	2010.06～2013.12		陈德明	2003.10～2007.02
古渎乡	虞洪海	1992.11～1995.08	后周乡（镇）	蔡士柱	1992.11～1995.08
	潘荣福	1995.08～1998.04		殷春华	1995.08～2000.01
	陈德明	1998.05～2000.01		石东明	2000.01～2007.02

第四节　统一战线工作

后周、绸缪是革命老区，具有统一战线的光荣传统。民国28年（1939年），张之宜、陆平东、朱义根、沈啸森等在后周一带发动群众，宣传抗日道理；召开地方开明绅士和知名人士座谈会，宣传中国共产党抗日救国的主张，团结争取他们为抗日效力。塘马村族长刘赦大，把村里的刘家祠堂让给新四军十六旅用作司令部，杨小妹把自家的茶室作为新四军的交通站。地方绅士刘秀全、刘赦大、蒋胜勇兄弟广散家财，支持抗战。不少保长在新四军的教育下，做到“白皮红心”，积极为新四军工作。陆平东、沈啸森等人及时纠正在减租减息工作中的过头问题，使减租减息工作顺利开展。地主刘秀金在缴公粮时还多缴几担米，另帮新四军贮藏公粮，筹集钱粮。新四军出版《火线报》，创办火线剧社，用活报剧、快板、歌唱等形式，在后周各地宣传抗日，揭露国民党假抗日真内战的阴谋。拯救想借日本侵略军之手打击新四军的顽军六十三师，并把收缴的武器和收容的人员送回六十三师，维护民族统一战线，使广大群众知道新四军是真正的抗日部队，拥护新四军，爱护新四军。抗日民主政府和区、乡基层党组织对后周、绸缪地区乡、保长区别对象，分化争取，使之支持、参与抗日工作。

新中国成立后至1956年，区、乡党组织和政府继承和发扬统战工作的优良传统，在土地改革、抗美援朝、镇压反革命、“三反”“五反”运动、恢复国民经济、建立人民政权和对私改造等各个重大政治运动和各项中心工作中，充分发挥统一战线作用，广泛深入动员区、乡各界人士协助党和政府做好工作，胜利完成从新民主主义向社会主义过渡的历史任务，为进行社会主义改造和社会主义建设奠定良好的基础。

20世纪50年代初，实行“利用、限制、改造”的政策，引导工商业者自觉接受社会主义改造，参加社会主义建设事业。1957年，组织原工商业者和各界民主人士学习《怎样正确处理人民内部矛盾》和中共中央《关于整风运动的指示》，进行整风运动教育，并组织他们开展整风运动。通过大鸣、大放、大字报、大辩论，使他们的政治立场和思想作风受到一次深刻教育。“大跃进”时期，组织学习社会主义建设总路线和《中共中央在农村建立人民公社问题的决议》，进行“三面红旗”（总路线、大跃进、人民公社）教育。60年代初的3年经济困难时期，针对原工商业者和各界民主人士产生的动摇性和悲观情绪，大力开展形势教育、政策教育和前途教育，帮助他们认清形势、稳定情绪，克服困难，继续前进，增强他们跟共产党走、走社会主义道路的信心。1964～1965年，在各界党外人士中开展以反修为中心的爱国主义、国际主义和社会主义教育。“文化大革命”中，统战工作遭到破坏。粉碎江青反革命集团后，由于受“左”的思想影响，统战工作只是在恢复中徘徊，未有大的活动。

中共十一届三中全会后，统战工作得到加强。1978年6月至1979年12月，根据江苏省委《关于贯彻中央通知精神全部摘掉右派分子帽子的通知》要求，本着实事求是、有错必纠的原则，境内13名错划“右派分子”经过复查，全部给予改正，撤销原来的处分决定，恢复政治名誉，并按规定落实各项政策。1980年3～6月，境内各乡执行中共中央和省委有关文件精神，将私营工商业社会主义改造时期进入公私合营的31名小商、小贩、小手工业者（“三小”），从资本主义工商业者中区别开来，恢复劳动者身份。未区别出来的9名原工商业者也按中共中央《关于对原工商业者的若干具体政策规定》落实有关政策。1977年后，别桥镇境内的5个公社（乡镇）都成立“三胞”（侨胞、台胞、港澳同胞）工作领导小组。1997年7月，5个乡党委宣传委员改称宣传统战委员，多渠道、多形式地增进与“三胞”的联系，交流感情，广交朋友，宣传政策，介绍别桥地区的投资环境，激发“三胞”爱国爱乡的热情和支援家乡建设的赤子之心。

2007年开始，别桥镇党委设专职统战委员，党委副书记分管统战工作，将统战工作纳入党委重要议事日程，把统战部门变为“团结之家、民主之家、交友之家、建言之家、温暖之家”。

别桥镇统战部门干部注重加强与“三胞”眷属的感情交流，了解他们的生活、生产、工作情况。党委分管统战工作副书记和统战委员每年走访“三胞”眷属，年底举行春节座谈会，与“三胞”眷属一起欢度佳节，共话祖国统一、发展大业，征求他们对“三胞”工作的意见，解决他们的实际困难。凡“三胞”眷属遇到为难之事，有关部门都根据政策妥善解决，并适当照顾。2013年12月，别桥镇共有“三胞”76户、“三胞”眷属86人。2011年，别桥镇尚存“黄埔同学”2人，别桥镇统战委员和有关村干部不定期走访他们，送上慰问品、慰问金，并帮助他们解决日常生活中的困难，鼓励他们“发扬黄埔精神，联络同学感情，促进祖国统一，致力振兴中华”。

2007年后，别桥镇党委、政府加强无党派人士、非公有制经济人士工作。经常召开无党派人士座谈会，向他们通报党委和政府工作，更好地知情出力，就政府部门工作、经济发展、精神文明建设、重大改革方案、廉政建设、征地拆迁等重大问题，征询意见，鼓励他们建言献策，推荐他们为市政协委员和市、镇人民代表候选人。2013年，别桥镇无党派人士中有溧阳市人大代表8人、溧阳市政协委员3人、别桥镇人大代表11人。

随着社会主义市场经济体制的逐步建立，所有制结构的调整，非公有制经济已成为社会主义市场经济的重要组成部分。关心非公有制经济的健康发展，加强对非公有制的引导和管理，做好非公有制代表人士的工作，是新时期统一战线工作的重要内容。别桥镇党委、政府解放思想，更新观念，并制定各项优惠措施，积极引导，加快发展私营经济。鼓励非公有制经济人士爱国、敬业、诚信、守法、奉献，积极参与社会公益活动，1999年，江苏力乐汽车部件股份有限公司董事长马金保出资30万元修筑圩堤的事迹被常州市委宣传部评为当年十佳好事之一。并帮助非公有制企业创造良好的发展环境，解决企业发展中的实际困难，协助非公有制企业在企业内建立健全党、工、青、妇组织。2011年，成立新的别桥商会，别桥镇党委书记兼商会名誉会长。别桥镇政府免费为商会提供价值600万元的土地，用于建设商会大楼，并无偿提供50万元作为新一届商会的启动资金。2013年3月15日成立光彩事业促进会别桥分会，当年分会成员捐款31.9万元，其中用于社会救助15.07万元。2013年，别桥镇非公有制经济人士中，有溧阳市人大代表8人、溧阳市政协委员6人、别桥镇人大代表17人；有中共溧阳市第十一届党代会代表6人；有别桥镇第十五届党代会代表40人，占全镇党代表的26.67%。

2013年，别桥镇共有19个少数民族281人。2006年以后，别桥镇党委、镇政府积极实施《江苏省少数民族权益保障条例》和常州市《关于在全市开展少数民族家庭脱贫致富的实施意见》，贯彻执行民族平等政策，维护少数民族合法权益，尊重少数民族风俗，促进民族平等、民族团结、民族进步。成立帮扶工作领导小组，实行扶贫与扶智相结合，扶贫与促富相结合，市场化扶贫与社会化扶贫相结合。2008年，在2001年成立的后周少数民族养羊生产基地（全省首批少数民族生产示范基地）的基础上，利用“基地＋农户”的形式，成立利民养羊专业合作社，带动境内少数民族家庭致富。

2009年，别桥镇政府资助黎族妇女王俊创办家庭工厂——裕林电器配件厂，固定资产达60多万元，全年销售80多万元，纳税3万多元，有10多名工人就业，其中少数民族妇女3名。对符合低保条件的少数民族家庭，按有关程序优先办理。至2013年，已有5户少数民族家庭办理低保；为1名符合中考优惠政策的少数民族子女更改民族；积极帮助技术培训，使每个少数民族家庭学会1～2门科学种养技术；有25人在企业上班。至2013年年末，85%的少数民族家庭人均收入达到全镇农民的人均收入水平。

依法加强宗教事务管理。境内宗教信徒主要信奉佛教、道教、基督教三大教。1986年，对基督教聚会点实行定固定地区、定固定地点、定固定宗教活动主持人的“三定”管理措施，别桥活动点位于别桥行政村的小舍头自然村，后周活动点位于西马行政村的下梅自然村。

2007年后，别桥镇党委和政府调整民族宗教工作管理小组，贯彻落实《宗教事务管理条例》，贯彻党的宗教信仰自由政策，加强同爱国宗教团体和宗教人士政治上的团结合作，尊重他们的宗教信仰，依法加强对宗教事务的管理，保证宗教活动场所在政策法律允许的范围内活动。引导宗教与社会主义社会相适应，促进党同宗教人士统一战线的巩固和扩大，信教与不信教群众在共同目标、共同利益基础上的团结。签订市、镇（区）、村三级宗教工作责任书，建立在职宗教人员信息数据库，各宗教团体（场所）建立统一的工作台账，规范宗教管理。镇宗教工作管理小组的成员每月至少一次深入活动点与宗教人士谈心，宣传政策，交流工作，沟通感情，帮助他们解决实际困难，把尊重民族宗教工作与为人民服务办实事、办好事结合起来。开展宗教“三乱”（乱建寺庙、乱设基督教活动点、假僧假道乱做佛事道场）治理整顿工作，加强宗教场所的管理和对信徒骨干的法律法规教育，及时制止、取缔利用宗教进行的迷信活动，打击披着宗教外衣骗取群众钱财及违法犯罪活动，提高人民群众识别和抵制邪教的能力。2012年12月，对现境内22座非法寺庙进行整治，封存10座，改为村民活动室12座。

第五节 党建工作

一、组织建设

【抗日战争时期】 民国28年（1939年）5月，中共后周区委建立后，积极发展党员，建立党支部。至民国34年（1945年）10月新四军北撤，先后建立7个党支部，约有党员92人。

中共梓村党支部 民国28年（1939年）5月建立，有党员5人，陈光和任书记。

中共诸社党支部 民国28年（1939年）5月建立，有党员6人，陈国昭任书记。

中共黄金山党支部 建立时间失考，有党员3人，徐锁田任书记。

中共下梅党支部 建立时间失考，支部书记盛怀清（盛家人）。

中共古渎榉树脚下特别党支部 民国28年(1939年)7月建立，支部书记姜洪才，有党员20人。

中共牌楼党支部 民国28年（1939年）7月建立，书记沈大全，有党员16人。

中共浪圩党支部 民国29年（1940年）3月建立，支部书记郑锁田，有党员15人。

境内中共地下党员中，王竹平（后周乡魏笪里村人）、王永廉兄弟及王竹平的儿子王明、王亮，均为革命壮烈献身，群众称之“一门四英烈”。

民国34年（1945年）10月新四军北撤后，在国民党顽固派的白色恐怖笼罩下，许多党员干部惨遭杀害，除少数党员转入艰苦的地下斗争外，大多数党员因与组织失去联系而被迫脱党，党的活动处于低潮。

【溧阳解放后】 民国38年（1949年）8月，别桥区共有共产党员45人，其中机关党员33人，农村党员12人。设区委机关党支部1个。45人党员中，男党员42人，女党员3人；抗日战争时期入党的16人，抗战胜利后入党的29人；文盲9人，初小文化程度21人，高小文化程度10人，初中文化程度5人。

1949年冬，原中共地下党员倪功勤到中共常州地委党训班学习，由党组织对其调查核实，重新办理入党手续。1950年4月，中共别桥区委配合常州地委整党工作组对郑锁田、郑锁法、戴志舫等20名原地下党员审查甄别，重新办理入党手续，恢复党籍。至1954年3月，别桥区有52名原中共地下党员重新办理入党手续，恢复组织关系。

1950年8月，谢咬齐、郑水林、谢木庚等15人参加溧阳县委党训班学习，先后加入中国共产党。1950年9～12月，中共别桥区委开办党训班2期，吸收一批积极分子入党。至1951年12月，别桥区共有正式党员73人，其中妇女党员2人。建立9个党支部，其中区机关支部1个，乡支部8个。

1953年后，结合互助组、初级社和高级社农业合作化运动，重视从经过考验、思想觉悟较高的乡村干部和贫雇农中发展党员。1953年11月，别桥区有110人党员，其中1952年1月后入党的37人。1955年12月，别桥区共有党员534人（预备党员156人），其中女党员16人，1949年10月后入党的492人。在534名党员中，文盲331人，初小文化程度的91人，高小文化程度的88人，初中文化程度的22人，高中文化程度的2人；工人2人，农民491人，职员40人，人民警察1人；25岁及以下的119人，26～45岁的409人，46岁及以上的6人。1956年3～4月，境内各乡都建立乡总支委员会。1957年8月，别桥乡（湖边乡、古渎乡、绸缪乡并入）和后周乡建立乡党委。1958年12月，别桥公社有正式党员315人，预备党员44人；后周公社有正式党员195人，预备党员15人。1961年，别桥、湖边、古渎、绸缪、后周公社有64个生产大队建立党支部。

图15-3　2009年6月，小石桥村党支部获“溧阳市先进基层党组织”称号

20世纪60年代初，根据中共中央《积极地较多地谨慎地吸收新党员》的指示，境内各公社党委加强党的组织建设。至1965年年底，别桥、湖边、古渎、绸缪、后周公社党员数分别为249人、111人、83人、111人、224人，合计778人（预备党员11人）。其中，女党员33人，占4.25%；民国26年（1937年）7月至民国34年（1945年）8月入党的5人，民国34年（1945年）9月至民国38年（1949年）9月入党的24人，1949年10月至1952年12月入党的52人，1953年1月至1957年12月入党的449人，1958年1月至1965年12月入党的248人；25岁及以下的5人，26～45岁的693人，46～60岁的77人，61岁及以上的3人；文盲121人，初小文化程度323人，高小文化程度243人，初中文化程度81人，高中文化程度7人，大学文化程度3人。

1970年起逐步恢复党组织的正常活动，党员的发展工作随之加强。1971年12月，取消党员预备期。至1976年年底，别桥公社有31个党支部，446名党员（女党员35人）；湖边公社有14个党支部，278名党员（女党员31人）；古渎公社有22个党支部，226名党员（女党员11人）；绸缪公社有15个党支部，224名党员（女党员19人）；后周公社有30个党支部，456名党员（女党员30人）。5个公社有112个党支部，党员1630人，其中女党员126人。

1976年别桥、湖边、古渎、绸缪、后周公社党员和党组织一览表

表15-3-3

项目＼公社		别桥（人）	湖边（人）	古渎（人）	绸缪（人）	后周（人）
党员总数		446	278	226	224	456
其中女党员数		35	31	11	19	30
年龄	25岁及以下	37	39	39	22	32
	26～35岁	148	94	69	58	133
	36～55岁	223	126	102	131	257

续表 15-3-3

项目 \ 公社		别桥（人）	湖边（人）	古渎（人）	绸缪（人）	后周（人）
年龄	56岁及以上	38	19	16	13	34
入党时间	1937.07～1945.08	2	—	—	—	—
	1945.09～1949.09	6	3	—	4	10
	1949.10～1966.04	221	112	92	121	225
	1966年5月以后	217	163	134	99	221
分布情况	工业	47	31	9	21	25
	交通运输业	4	—	6	—	—
	农林业	333	214	175	178	374
	商业、金融、生活服务	29	14	16	12	23
	科学研究、文教、卫生事业	16	7	11	2	16
	机关	17	12	9	11	18
职业	工人	43	49	4	34	41
	农民	361	177	180	161	345
	干部	18	28	16	22	41
	教职员工	8	13	8	6	10
	营业员、服务员	16	11	18	1	19
基层党支部数（个）		31	14	22	15	30

1978年恢复党员预备期，实行“积极慎重”的建党方针。1980年后，加强在中青年、知识分子和妇女中发展党员，重视培养发展第一线的优秀中青年骨干入党。1982年，境内5个公社共有党员2121人，其中妇女党员134人，占6.32%；45岁及以下的党员1328人，占62.62%；高中以上学历的（含高中）党员256人，占12.06%。

1982年别桥、湖边、古渎、绸缪、后周公社党员和党组织一览表

表 15-3-4

项目 \ 公社		别桥（人）	湖边（人）	古渎（人）	绸缪（人）	后周（人）
党员总数		586	351	299	284	601
其中女党员数		35	30	18	15	36
年龄	25岁及以下	37	14	8	23	22
	26～35岁	229	125	101	75	198

续表 15-3-4

项目 \ 公社		别桥（人）	湖边（人）	古渎（人）	绸缪（人）	后周（人）
年龄	36～45岁	108	96	76	81	135
	46～60岁	195	95	95	85	214
	61岁及以上	17	21	19	20	32
入党时间	1937.07.07～1945.09.02	2	—	—	—	—
	1945.09.03～1949.09	5	2	1	1	9
	1949.10～1966.04	241	114	84	110	215
	1966.05～1976.10	230	169	146	128	251
	1976年11月以后	108	66	68	45	126
文化程度	大　学	7	2	4	2	5
	中　专	20	4	7	—	3
	高　中	50	39	23	39	48
	初　中	211	119	98	83	227
	小　学	280	178	149	144	310
	文　盲	18	9	18	16	8
职业	工　人	113	77	32	63	116
	农、牧、渔民	359	216	200	166	375
	人民警察	2	—	—	—	—
	营业员、服务员	20	6	13	12	17
	农（林）技术工作者	2	—	—	2	—
	财会、统计工作者	6	6	—	—	10
	教育工作者	30	18	22	13	26
	医务工作者	5	4	4	3	2
	干　部	39	19	22	19	35
	退职、退休职工	10	4	6	5	18
	离休干部	—	1	—	1	2
基层党支部数（个）		42	21	26	22	33
党员培训人数（人）		545	351	299	284	601

1985年后，随乡镇企业的不断发展，企业党建工作加强。根据企业党员数和便于开展党建工作的原则，企业单独或联合建立党支部。1986年，溧阳县委组织部下发《关于进一步搞好农村党组织建设工作点的意见》，现境内原5个乡镇建立农村党建工作点。1991年，别桥镇、湖

图15-4　党委书记姚觉成慰问环卫工人

边乡、古渎乡、绸缪乡和后周乡共有党员2594人，其中妇女党员162人，比1982年增加20.9%，共有党支部175个，其中乡镇企业党支部44个。1992年，开展争创红旗乡（镇）党委、红旗村党支部竞赛活动。1995年，把开展创建“五好”（好班子、好队伍、好路子、好体制、好制度）村党支部活动作为1995～1997年农村党建工作的一项重要任务。1997年，着重从制度、活动、阵地、台账4个方面加强农村基层党组织规范化建设。

1998年10月，溧阳市委组织部在后周镇搞发展党员公示制试点。发展党员公示制要求在接收预备党员的前10天对计划发展对象进行公示，以接受群众监督，公示期为10天。公示内容包括计划发展对象的简历及现实表现等。公示期内个人或单位均可对计划发展对象的有关问题进行举报，一经查实，对照《中国共产党章程》和《中国共产党发展党员细则》予以相应的处理。试点工作结束后，溧阳市委组织部在全市推行，保证新党员的质量。这一年起，开展争创“六好”（好班子、好队伍、好路子、好制度、好作风、好格局）乡镇党委活动。

2001年，别桥镇党委在选拔村党支部书记时坚持“三优先”（经济能人优先、退伍军人优先、有工作实践经验的人优先），把有一技之长的年轻党员充实到村党支部书记队伍中来，促进农村经济发展。此做法得到溧阳市委组织部门的肯定，并在《常州日报》上登载。6月，中共别桥镇党委被评为溧阳市首批“六好”镇党委。2001年5月，境内3个镇结合行政村合并，将66个村党支部调整为33个。2006年12月，别桥镇、绸缪镇、后周镇分别有共产党员1516人、986人、828人，其中女党员352人。2007年3月，境内3个镇合并为新的别桥镇，建立新的别桥镇党委。2009年7月，行政村优化合并，别桥镇行政村党支部调整为18个。

2007年，在村党组织换届选举中，对新一届支部委员会候选人，尤其是党组织书记预备人选进行预审把关，使新一届党组织班子的整体素质得到提高，年龄、文化结构进一步改善。提倡村党组织书记通过选举兼任村委主任。是年3月开始，别桥镇党委坚持发展党员“四有制”（计划预审制、公示制、责任追究制、无记名票决制）和“两推一审制”（在入党申请人中推荐入党积极分子、在入党积极分子中推荐产生发展对象、支部审定前公示），推进党员发展的制度化建设。

2007年3月至2011年3月，别桥镇发展新党员391人，其中女党员108人。2010年，别桥镇有党员3389人，党支部95个。2012年3月，别桥镇有党员3502人，其中女党员411人。2013年年末，别桥镇有党员3638人。其中女党员508人，占13.97%；高中（中专）学历的1065人，大专学历的310人，本科学历的277人，研究生学历的11人；35岁及以下的562人，36～45岁的607人，55～59岁的471人，60岁及以上的1487人；非公有制单位党员368人。共有基层党支部96个，其中非公有制单位党支部43个。2013年，新发展党员26人，其中非公有制单位发展12人。26名新党员中，女党员7人，其中非公有制单位3人。

2013年，别桥镇党委对96个基层党支部进行分类定级，定为好的党支部42个，定为较好的党支部43个，定为一般的党支部10个，定为较差的党支部1个。对定为一般及较差的党支部，镇党委要求其积极落实整改提高、晋位升级工作，确保在下一阶段的分类定级活动中成功升级。

2008～2013年，别桥镇党委连续6年被溧阳市委评为“五好镇党委”（领导班子好、党员干部队伍好、工作机制好、发展业绩好、农民群众反映好）。

2013年别桥镇党员和党组织一览表

表15-3-5　　　　单位：人

项目		人数
党员总人数		3638
其中女党员		508
年龄	35岁及以下	562
	36～45岁	511
	46～54岁	607
	55～59岁	471
	60岁及以上	1487
入党时间	1937.07.07～1949.09.02	1
	1945.09.03～1949.09	1
	1949.10～1966.04	283
	1966.05～1976.10	709
	1976.11～1978.12	116
	1979.01～2002.10	1728
	2002.11～2007.10	341
	2007年11月及以后	459
文化程度	研究生	11
	本　科	277
	大　专	310
	中　专	210
	高中 中技	875
	初中及以下	1955

项目		人数
从业情况	公有制单位在岗职工	496
	非公有制单位在岗职工	368
	农牧渔民	2327
	离退休人员	431
	其他人员	16
本年党建情况	本年新发展党员	26
	本年预备期满党员	67
	本年预备期满转正党员	67
	本年发展对象	57
	本年入党积极分子	77
	本年参加评议党员	2875
	本年结束评议党员	2875
本年党员培训（冬训班除外）	农村党组书记培训	6
	新党员培训	26
	大学生“村官”党员培训	15
	党员创业就业技能培训	42
基层党支部情况	国有经济控制支部	1个
	集体经济控制支部	8个
	非公有经济控制支部	43个
	行政村支部	18个
	事业单位支部	21个
	机关单位支部	4个

二、整党整风

1951年，根据中共中央《关于整顿党的基层组织的决议》，中共别桥区委在对全体党员进行党员标准教育的基础上，对党的基层组织进行普遍整顿，克服党在某种程度上的组织不纯和思想不纯的问题。1952 年 2 ～ 5 月，根据中共中央《关于“三反”运动应和整风运动相结合的指示》和《关于在“三反”运动的基础上进行整党建党工作的指示》，中共别桥区委及所属乡党支部动员党员、干部积极投入反贪污、反浪费、反官僚主义的“三反”运动，检查党组织和党员、干部违法乱纪的情况，对运动中揭露出来的违纪行为，根据情节分别作了严肃处理，在整顿基层组织的同时，发展新党员。

1957 年，根据中共中央《关于整风运动的指示》，以正确处理人民内部矛盾为主题，开展反对官僚主义、反对宗派主义、反对主观主义的整风运动，并且首先从检查领导干部的思想作风开始。4 ～ 5 月，召开各种形式的座谈会，广泛征求党内外意见。10 月，党政机关、群众团体、文教界、工商界等分批参加整风学习，帮助党整风。广大干部、群众和爱国人士积极响应党的号召，向党组织和党员干部提出大量有益的批评和建议，对搞好整风，克服缺点和错误，改进作风，加强党和群众联系，起了重要的作用。年底，整风运动转入反右派斗争。1958 年上半年，又进行整风补课，一些干部受到不应有的批判和处分。这次整风运动，未能达到预期的目的。

1960 年 12 月至 1961 年 3 月，根据中共中央《关于农村人民公社当前政策问题的紧急指示信》，围绕如何巩固和发展人民公社这一问题，别桥公社党委和后周公社党委及两个公社所属生产大队，开展整风整社运动，纠正“共产风”、浮夸风、命令风、瞎指挥风、干部特殊化风。这次运动，对于提倡实事求是，一切从实际出发的作风，解决有些社队在经营管理方面存在的混乱现象，克服某些党员、干部中存在的多吃多占、官僚主义、特殊化等问题，起到一定的作用。但运动中扩大打击面，伤害一些好的和比较好的农村基层干部，使他们受到不应有的批判和处分。

1970 ～ 1971 年，根据中共九大路线，别桥、湖边、古渎、绸缪、后周公社进行“开门整党”。方法是“上挂下联”“群众评论”“吐故纳新”。从上到下批判所谓“阶级斗争熄灭论”“入党做官论”“唯生产力论”“利润挂帅”，把整党变成为整人，挫伤一批党员、干部的积极性。

1985 年 5 月至 1986 年 10 月，根据《中共中央关于整党的决定》和中共中央整党工作指导委员会《关于整党工作部署的通知》，在中共溧阳县委的统一领导下，别桥镇、湖边乡、古渎乡、绸缪乡、后周乡共 156 个党支部、2333 名党员分两批参加整党。这次整党分为学习文件、对照检查、整改三个阶段。组织党员学习《中共中央关于整党的决定》《关于党内政治生活的若干准则》《中国共产党章程》等文件，对党员进行党的宗旨、形势、政策、党风党纪等教育。运用批评和自我批评的方法，揭露和解决组织不纯和党员思想作风上存在的问题。通过整党，在思想上清理“文化大革命”“左”倾错误影响，在作风上揭露和纠正少数部门和少数党员借用手中的权力经商办企业等以权谋私的弊病。据统计，境内五乡镇受到党纪处分的党员共 23 人。同时，对党员进行一次全面登记。经过审查，对符合党员条件的准予重新登记，境内五乡镇准予登记的 2317 人，缓期登记的 7 人。1986 年后，不断加强党风廉政教育。结合第二批、第三批整党开展党风党纪教育，把县纪委编写的《加强纪律、端正党风》作为党课教材。1988 年，针对改革开放中党员、干部的思想问题，加强党性党风党纪教育，乡（镇）党委、各党支部认真组织广大党员、干部学习常州市委《蒋正国特大贪污案给我们的教训》的通报，观看《百万特大贪污案的反思》。1989 年，在现境内各个乡（镇）党员、干部中开展“顾大局、讲廉洁、守纪律”主题教育活动，利用党员、干部中违法乱纪等典型案例对党员、干部进行党风廉政教育。1991 年，现境内各乡

（镇）基层党组织，党员、干部学习溧阳市纪委下发的《党纪处分规定文件汇编》《党的纪律基础知识读本》。1993年，在现境内乡（镇）党员、干部中开展“廉洁从政、廉洁经营、廉洁为人”教育，学习常州市纪委编写的《坚持廉洁从政、为改革开放和经济建设服务》《廉政为人、保持人民公仆本色》等教育材料。1997年12月，现境内4个乡镇领导参观常州市倡廉反腐成果展览，接受党风廉政教育，组织党员、干部学习《中国共产党党员干部领导干部廉洁从政若干准则》《中国共产党纪律处罚条例》的文件。2013年，别桥镇有46个党支部2875名党员参加“民主评议党员”活动，2875名党员全部评议为合格党员。

附：中国国民党别桥地区组织

民国26年(1937年)4月，中国国民党组成溧阳县党部，下设3个区党部，别桥为第三区党部，有委员5人。别桥区党部推选陈培相（诸里村人）、郑炎昌（浪圩村人）、汪少卿（绸缪村人）3人成立执行委员会，陈南明任检查委员，执行委员会互推陈培相为执行常委，党员11人。区党部办公地点设在别桥集镇。民国28年（1939年）3月至民国29年（1940年）11月，陈培相任别桥区分部书记，陈东明任绸缪区分部书记。民国29年（1940年）11月至民国30年（1941年）11月，别桥为第二直属区分部，郑炎昌任书记。民国30年（1941年）11月至民国34年（1945年）9月，陈培相任别桥区分部书记，杨邦儒任下梅区分部书记。民国35年（1946年）9月至民国38年（1949年）4月，郑炎昌任别桥直属区分部书记。

民国38年（1949年）4月溧阳解放，中国国民党别桥地区组织彻底瓦解。

第十六篇

政权 政务

清光绪年间（1875～1908年），县以下行政机构为区、图制，是农村的基层行政组织。宣统二年（1910年），建市、乡自治公所，设议事会和参事会机构，乡设议长、乡董、乡佐等职，但封建官僚和地方豪绅操纵实权，本质未变，实质是绅治和官治相结合。乡自治公所下辖运、图（相当于现今的行政村）。民国初期，县以下政权体制沿袭清末体制。民国18年（1929年），建立区、乡（镇）、闾、邻体制。民国24年（1935年），撤并区、乡，废除闾邻制，实行保甲制。别桥区为溧阳县第二区，辖22个乡（镇），后周乡属竹箦区，即溧阳县第三区。民国36年（1947年），改区设署，别桥区（第二区）和竹箦区（第三区）合并建立绸缪区署，辖7个乡（镇）。民国37年（1948年）撤销区署，乡、镇直属溧阳县国民政府领导。乡（镇）保甲制一直延续到1949年溧阳解放。

民国27年（1938年）6月，陈毅司令员在竹箦一带开辟茅山抗日游击根据地，于民国30年（1941年）6月，建立溧阳县抗日民主政府，后周区抗日民主政府也随之建立，下辖后周乡、绸缪乡、阴梓（阴山）乡、下梅乡、古渎乡等7个乡抗日民主政府。至民国34年（1945年）10月，新四军奉命北撤，区、乡抗日民主政府终结。

民国38年(1949年)5月7日，随着溧阳县人民政府成立，各区、乡成立人民政府，各村也建立村人民政权，政权性质发生根本的变化。

乡（镇）人民政府是中国最基层的政权。新中国成立后至2013年，乡（镇）政府体制变化，基层政权组织名称也随之变化。1958年9月，乡人民政府成为政社合一的人民公社，村级行政机构也改为生产大队，这一体制持续25年之久。1982年制定的《中华人民共和国宪法》（简称《宪法》），规定农村设立乡人民政府。1983年5月，恢复乡（镇）人民政府，人民公社解体；生产大队改为行政村，建立村委会。1985 年 8 月，别桥镇人民政府成立。1994 年 1 月，后周镇人民政府成立。2000 年 1 月，绸缪镇人民政府成立。2007 年 3 月，别桥、绸缪、后周三镇人民政府合并成为新的别桥镇人民政府。

乡（镇）基层政权是由同级人民代表大会和人民政府组成，加强基层政权建设是加强整个政权建设不可缺少的重要部分。基层政权是党和国家各项工作的落脚点，最接近群众，直接肩负着发扬社会主义民主和加强社会主义法制的重任。

1953 年 2 月开始普选乡（镇）人民代表。选举工作根据《中华人民共和国全国人民代表大会和地方各级人民代表大会选举法》《中华人民共和国地方各级人民代表大会和地方各级人民政府组织法》《江苏省选举实施细则》有序进行。1954 年 3 ～ 4 月，各乡相继召开第一届人民代表大会。至 2012 年 3 月，共召开十六届乡（镇）人民代表大会。每届乡（镇）人民代表大会根据《宪法》，在不同的历史时期，贯彻党的路线、方针、政策和国家的法律、法令以及各个部门的工作任务，选举新一届乡（镇）人民政府领导工作人员。几十年来，乡（镇）人民代表大会制度日臻完善，对保证宪法和其他法律在全乡（镇）的贯彻实施，推进乡（镇）人民政府工作，保障乡（镇）农村改革、经济发展发挥重要的作用。

第一章　人民代表大会

第一节　人民代表选举

境内人民代表的普选工作始于 1953 年 2 月，至 2012 年 3 月共进行过 16 次。16 次普选，均根据《中华人民共和国全国人民代表大会和地方各级人民代表大会选举法》《中华人民共和国地方各级人民代表大会和地方各级人民政府组织法》和《江苏省选举实施细则》规定进行。坚持中国共产党领导，充分发扬民主，严格依法办事。为使选举工作有序进行，每次普选，乡（公社、镇）均成立选举委员会，下设选举办公室，负责选举事务。农村一般以行政村划为选区，集镇则以相同行业或区域划分选区，各选区均成立选举工作小组。经过宣传发动、办理选民登记、颁发选民证、组织选民提名推荐和酝酿协商代表候选人、投票选举等阶段，产生乡（公社、镇）人民代表。各选区代表名额一般为 1 ～ 3 人；选举办公室根据各选区具体情况确定名额，并明确代表人群类型。各选区代表候选人可由 10 名以上选民联名推荐，也可由党派群团

图16-1　2013年1月人民代表大会换届选举工作动员大会

提名，经过反复酝酿协商，根据多数选民的意见确定正式候选人，再由选民进行无记名投票，差额选举出人民代表。选民可投赞成票、可弃权，也可另选他人。1984 年后，坚持选举制度和选举方法的改革，重视优化代表结构，在代表素质上注重年轻化、知识化、专业化等。2007 年 12 月，在选出的 87 名镇人民代表中，年龄在 35 岁及以下的 16 人，36 ～ 55 岁的 62 人，56 岁及以上的 9 人。文化结构方面：大专、本科学历的 19 人，占 21.84%；中专、高中学历的 41 人，占 47.13%；初中学历的 25 人，占 28.74%；小学学历 2 人，占 2.3%。在代表中：农民 54 人，占 62.07%；非公经济人士 15 人，占 17.25%；机关行政人员 13 人，占 14.95%；文教卫生人员 5 人，占 5.75%。妇女 22 人，占 25.29%；群众 25 人，占 28.74%。2012 年 3 月，在 87 名镇人民代表中，年龄在 35 岁及以下的 16 人，36 ～ 55 岁的 63 人，56 岁及以上的 8 人。文化结构方面：大专、本科学历的 21 人，占 24.14%；中专、高中学历的 42 人，占 48.28%；初中学历的 22 人，占 25.29%；小学学历的 2 人，占 2.3%。在代表中：农民 52 人，占 59.77%；非公经济人士 16 人，占 18.39%；机关行政人员 13 人，占 14.95%；文教卫生人员 6 人，占 6.9%。妇女 24 人，占 27.59%；群众 26 人，占 29.89%。较好地体现人民代表的广泛性、先进性、代表性。从两届代表组成情况可以看到：大专、本科学历代表的比例，中专、高中学历代表的比例，非公经济人士代表的比例，文教卫生人员代表的比例，妇女代表的比例，群众代表的比例都有所提高。

第二节　历届人民代表大会

【第一届人民代表大会】 1954 年 3 ～ 4 月，别桥区 12 个乡分别召开。主要议题：以互助合作社为中心，把农民组织起来，开展爱国主义大生产运动；选举乡长。别桥乡选举聂泰富为乡长，前王乡选举王连清为乡长，诸里乡举行吕汉章为乡长，古渎乡选举沈裕生为乡长，道成乡选举姚锁洪为乡长，绸缪乡选举杨庆生为乡长，西沈小乡选举袁德松为乡长，石桥小乡选举王木金为乡长，后周乡选举万长洪为乡长，下梅小乡选举高如德为代乡长（1954 年 10 月为乡长）。

【第二届人民代表大会】 1956 年 11 月相继召开。主要议题：贯彻党中央实现农业合作化精神，选举乡长和副乡长。别桥乡选举绸国生为乡长，谢士进、李文华、王金林、吕汉章为副乡长。古渎乡选举施盘庚为乡长，史久新、童志春为副乡长。后周乡选举陈如荣为乡长，袁锁富、蒋洪法为副乡长。

【第三届人民代表大会】 1958 年 4 月相继召开。主要议题：认真贯彻《全国农业发展纲要（修正草案）》，选举乡人民委员会主任、副主任。别桥乡选举王连清为主任，黄学成为副主任。后周乡选举马甸麟为主任，缪洪保为副主任。

【第四届人民代表大会】 1961 年 12 月相继召开。主要议题：贯彻党中央《农村人民公社工作条例（修正草案）》（即农业六十条），选举公社管理委员会主任、副主任。别桥公社人民代表大会听取社长黄学成作的《公社大跃进以来的工作》的报告，选举黄学成为主任。湖边公社选举徐福生为副主任。古渎公社选举狄甫才为主任，朱庆根为副主任。绸缪公社选举王达为副主任。后周公社选举马甸麟为主任，缪元喜、王阿保为副主任。

【第五届人民代表大会】 1963年4～5月相继召开。主要议题：继续贯彻执行调整国民经济的“八字”（调整、巩固、充实、提高）方针，选举公社管理委员会主任、副主任。别桥公社选举谢和福为主任，狄欣堂为副主任。湖边公社选举史守法为主任，徐福生为副主任。古渎公社选举狄甫才为主任，奚渭明为副主任。绸缪公社选举吕志腾为主任，王达为副主任。后周公社选举马甸麟为主任，缪喜元、王阿保为副主任。

【第六届人民代表大会】 1965年12月相继召开。主要议题：听取和审议公社管理委员会工作报告，选举公社管理委员会主任、副主任。别桥公社选举谢和福为主任，狄欣堂、张锁荣为副主任。湖边公社选举史守法为主任，徐福生为副主任。古渎公社选举狄甫才为主任，奚渭明为副主任。绸缪公社选举陈瑞华为代主任，王达为副主任。后周公社选举马甸麟为主任。

【第七届人民代表大会】 1981年5～9月相继召开。主要议题：听取和审议公社管理委员会工作报告，选举公社管理委员会主任、副主任。

别桥公社人民代表大会 7月23～24日召开。正式代表64人出席，史金海作管理委员会工作报告。选举史金海为主任，陈春龙、吕树宝、王锁富、陈泉庚为副主任。

湖边公社人民代表大会 5月8日召开，正式代表56人出席。选举马锁长为主任，马新保为副主任。

古渎公社人民代表大会 8月28日召开，正式代表44人出席。选举史志斌为主任，陈全生、陈忠明为副主任。

绸缪公社人民代表大会 9月8～9日召开，正式代表51人出席。选举戴新吾为主任，谢劳武、吴福庚为副主任。

后周公社人民代表大会 9月1～2日召开，正式代表62人出席。选举江登保为主任，高如德、戎如金、杨国勤、刘锁富为副主任。

【第八届人民代表大会】 1984年7月相继召开。主要议题：听取和审议乡人民政府工作报告、财政预决算报告，选举乡长、副乡长。

别桥乡人民代表大会 7月28日召开，正式代表62人出席。选举马锁长为乡长，王锁富、吕兆荣、李田荣为副乡长。

湖边乡人民代表大会 7月26日召开，正式代表53人出席。选举陈泉庚为乡长，郑生娣（女）为副乡长。

古渎乡人民代表大会 7月22日召开，正式代表44人出席，陈振才作政府工作报告。选举陈振才为乡长，车庆华为副乡长。

绸缪乡人民代表大会 7月29日召开，正式代表50人出席。选举沈国仁为乡长，胡余金、陈全富为副乡长。

后周乡人民代表大会 7月26日召开，正式代表56人出席。选举王阿保为乡长，李永生、袁志平、杨国勤、戎如金为副乡长。

【第九届人民代表大会】 1987年3～4月相继召开。主要议题：听取和审议乡（镇）人民政府工作报告和乡（镇）人大主席团工作报告，审查乡（镇）财政预决算，选举乡（镇）长、副乡（镇）长。

别桥镇人民代表大会　3月28日召开，正式代表51人出席，马锁长作政府工作报告。选举胡余金为镇长，王锁富、李田荣为副镇长，共有代表提案6件。

湖边乡人民代表大会　4月25日召开，正式代表43人出席，陈泉庚作政府工作报告。选举史森华为乡长，郑生娣（女）、王锡之为副乡长。

古渎乡人民代表大会　3月26～27日召开，正式代表40人出席，吕树宝作政府工作报告。选举吕树宝为乡长，车庆华为副乡长。

绸缪乡人民代表大会　4月3日召开，正式代表41人出席，袁清忠作政府工作报告。选举袁清忠为乡长，陈敖齐为副乡长，大会收到代表提案7件。

后周乡人民代表大会　4月2日召开，正式代表52人出席，王阿保作政府工作报告。选举王阿保为乡长，戎如金、李永生为副乡长。

【第十届人民代表大会】　1990年3月～4月相继召开。主要议题：听取和审议乡（镇）人民政府工作报告，审查乡（镇）财政预决算，选举人大常务主席、乡（镇）长、副乡（镇）长。

别桥镇人民代表大会　3月26日召开，正式代表52人出席。选举季汉生为人大常务主席（兼），胡余金为镇长，谢劳武、王锁富为副镇长。

湖边乡人民代表大会　3月23日召开，正式代表42人出席。选举阮木斌为人大常务主席，黄新保为乡长，李田荣、陈小金为副乡长。

古渎乡人民代表大会　3月30日召开，正式代表45人出席。选举吴学群为人大常务主席（兼），史森华为乡长，车庆华、胡生庚为副乡长。

绸缪乡人民代表大会　4月7日召开，正式代表42人出席。选举范锁海为人大常务主席（兼），朱三保为乡长，陈敖齐为副乡长，大会收到代表提案5件。

后周乡人民代表大会　4月7日召开，正式代表52人出席。选举吴福庚为人大常务主席，吴春喜为乡长，季国方、戎如金为副乡长。

【第十一届人民代表大会】　1993年1月相继召开。主要议题：听取和审议乡（镇）人民政府工作报告、人大主席团工作报告，审查乡（镇）财政预决算，选举人大常务主席、乡（镇）长、副乡（镇）长。

别桥镇人民代表大会　1月9日召开，正式代表61人出席。谢劳武作政府工作报告，朱小庚作人大主席团工作报告。选举陈振才为人大常务主席，张跃庆为镇长，谢劳武、花晓网为副镇长。

古渎乡人民代表大会　1月11日召开，正式代表45人出席。车庆华作政府工作报告，吴福庚作人大主席团工作报告。选举吴福庚为人大常务主席，车庆华为乡长，陈咬齐、潘荣福、陈志达为副乡长。

绸缪乡人民代表大会　1月9日召开，正式代表43人出席。朱三保作政府工作报告，史志斌作人大主席团工作报告。选举史志斌为人大常务主席，狄保龙为乡长，王锁富、童建平为副乡长。

后周乡人民代表大会　1月13日召开，正式代表53人出席，列席代表27人。吴春喜作政府工作报告，王阿保作人大主席团工作报告。大会选举王阿保为人大常务主席，吴春喜为乡长，陆敖琪、季国芳为副乡长。大会收到代表提案5件。

【第十二届人民代表大会】 1996年1月相继召开。主要议题：听取和审议乡（镇）人民政府工作报告、人大主席团工作报告，审查乡（镇）财政预决算，选举人大主席、乡（镇）长、副乡（镇）长。

别桥镇人民代表大会 1月12日召开，正式代表82人出席，列席代表53人。潘国民作政府工作报告，吴春喜作人大主席团工作报告。选举吴春喜为人大主席，潘国民为镇长，曹震鸣、陈志达、吴全生为副镇长，大会收到代表提案11件。

古渎乡人民代表大会 1月16日召开，正式代表46人出席。沈国仁作政府工作报告，吴福庚作人大主席团工作报告。选举吴福庚为人大主席，沈国仁为乡长，俞为民、周作新为副乡长。

绸缪乡人民代表大会 1月16日召开，正式代表47人出席。童建平作政府工作报告，车庆华作人大主席团工作报告。选举车庆华为人大主席，童建平为乡长，范春明、郑跃进为副乡长。

后周镇人民代表大会 1月22日召开，正式代表48人出席。程卫星作政府工作报告，袁志平作人大主席团工作报告。选举袁志平为人大主席，程卫星为镇长，王阿保、陆敖琪为副镇长。

【第十三届人民代表大会】 1999年1月相继召开。主要议题：听取和审议乡（镇）人民政府工作报告、人大主席团工作报告，审查乡（镇）财政预决算，选举人大主席、乡（镇）长、副乡（镇）长。

别桥镇人民代表大会 1月8日召开，正式代表56人出席。陈志达作政府工作报告，吴春喜作人大主席团工作报告。选举吴春喜为人大主席，陈志达为镇长，周和福、万锁招、吴全生、王定华为副镇长。大会收到代表提案3件。

绸缪乡人民代表大会 1月4日召开，正式代表45人出席。石阿荣作政府工作报告，车庆华作人大主席团工作报告。选举车庆华为人大主席，石阿荣为乡长，郑跃进、谢逸娣（女）、王玉林为副乡长。

古渎乡人民代表大会 1月7日召开，正式代表43人出席。潘荣福作政府工作报告，吴福庚作人大主席团工作报告。选举吴福庚为人大主席，潘荣福为乡长，陈云辉、曹震鸣为副乡长。

后周镇人民代表大会 1月8日召开，正式代表46人出席。程卫星作政府工作报告，袁志平作人大主席团工作报告。选举袁志平为人大主席，程卫星为镇长，王阿保、王水林、陆敖琪为副镇长。

【第十四届人民代表大会】 2002年1月相继召开。主要议题：听取和审议镇人民政府工作报告、人大主席团工作报告，审查乡（镇）财政预决算，选举人大主席、副主席、镇长、副镇长。

别桥镇人民代表大会 1月6日召开，正式代表53人出席。翟德明作政府工作报告，石阿荣作人大主席团工作报告。选举石阿荣为人大主席，濮和春为人大副主席，翟德明为镇长，张金友、范国芝、操文杰为副镇长。

绸缪镇人民代表大会 1月7日召开，正式代表48人出席。潘荣福作政府工作报告，吴法林作人大主席团工作报告。选举吴法林为人大主席，潘荣福为镇长，万锁招为副镇长。

后周镇人民代表大会 1月3日召开，正式代表45人出席。王洪明作政府工作报告，郑建新作人大主席团工作报告。选举郑建新为人大主席，王阿保（出生地后周镇）为人大副主席，王洪明为镇长，王建生、吴全生、王耀庆为副镇长。

【别桥镇第一届人民代表大会】 2007年12月8日召开。正式代表87人，出席代表84人。陆卫林作镇人民政府工作报告，王玉林作镇人大主席团工作报告。选举王玉林为人大主席，濮和春为人大副主席，陆卫林为镇长，万如才、罗永德、周国秋、强国民、景茂松、虞水生为副镇长。大会收到代表提案7件。

图16-2　2014年4月第二届人民代表大会第三次会议

【别桥镇第二届人民代表大会】 2012年3月2～3日召开。正式代表87人出席。芮子遐作镇人民政府工作报告，强国民作镇人大主席团工作报告。选举强国民为人大主席，芮子遐为镇长，史志伟、景茂松、夏云锋、彭洪伟为副镇长。大会收到代表提案10件。

第三节　人大主席团

根据六届全国人大常委会第十八次会议修改通过的《中华人民共和国地方各级人民代表大会和地方各级人民政府组织法》（简称《地方组织法》）关于乡镇人民代表大会由本级人大主席团主持，并负责召集下一次本级人民代表大会会议的规定，1990年3～4月，别桥镇、湖边乡、古渎乡、绸缪乡和后周乡第十届人民代表大会第一次会议选举产生了人大主席团常务主席，在各乡（镇）人民代表大会闭会期间负责处理各乡（镇）人大的日常工作，由此掀开乡镇人大工作新的一页。根据八届全国人大常委会第十二次会议修改的《地方组织法》第十五条关于“乡、民族乡、镇的人民代表大会举行会议的时候，选举主席团，由主席团主持会议，并负责召集下一次的本级人民代表大会”的规定，1996年1月，别桥镇、古渎乡、绸缪乡和后周镇第十二届人民代表大会第一次会议选举产生主席团。其后，溧阳市人大常委会制定相应的乡（镇）人大主席团工作制度，乡（镇）人大工作逐步走上制度化、规范化的轨道。

乡（镇）人大主席团为乡（镇）人民代表大会常设机构，设主席、副主席及成员若干人。人大主席团把加强社会主义民主法制建设作为根本任务，履行宪法和法律赋予的职责。人大主席团负责筹备、召集和主持本级人民代表大会会议。闭会期间主要开展联系代表和选民、组织代表学习和视察、听取政府及政府部门的工作汇报、组织人大代表对政府工作进行监督和评议、督促办理代表议案和建议等活动。做到开展活动有阵地、联系群众有渠道、服务群众有窗口、执行职务有平台。

2007年行政区域合并以后，别桥镇人大主席团进一步完善和落实《镇人大主席团工作制度》《人民代表活动日制度》《信访接待制度》《代表学习宣传制度》《人民代表联系选民制度》。以代表小组为单位，建立5个“代表之家”，制定各项活动制度，广泛听取选民的建议意见，组织开展集体学习，提高人大代表素质，促进人大代表依法履行职责，积极参政、议政，更好地发挥代表作用。

2010年，加强“五五”普法宣传工作，重点对《宪法》修改内容和《中华人民共和国行政许可法》等法律法规进行宣传，并对贯彻实施情况适时检查督促。组织人大代表对工业园区、基础设施工程、塘马水库水源地、农村“三清一绿”等情况进行调查视察。参加视察的人大代表从不同角度提出建议，为镇经济社会建设建言献策，促进经济发展和社会稳定。充分发挥对政府的监督职能，听取和评议政府工作情况汇报。根据镇党委工作思路，针对政府职能部门工作中的薄弱环节和群众反映的热点、难点问题，列出监督重点事项，组织人大代表深入调研，开展讨论，形成书面纪要，作为重要建议交镇政府办理。对镇财政预算执行情况进行审查和监督，提出合理化建议。促进政府工作人员勤政廉政。

2007年12月召开的别桥镇第一届人民代表大会第一次会议，选举王玉林为人大主席，濮和春为副主席。收到代表建议、批评意见7件。一届四次会议收到代表提案20件。2012年3月召开的别桥镇第二届人民代表大会第一次会议，选举强国民为人大主席。收到代表提案10件。镇人大主席团均督促承办单位及时办理，并将办理结果及时公布。

别桥、湖边、古渎、绸缪、后周四乡（镇）人大主席、副主席、任职情况表

表16-1-1

乡（镇）名称	职　务	姓　名	任职时间	乡（镇）名称	职　务	姓　名	任职时间
别　桥	主　席	季汉生	1990.03～1992.01（兼）	绸　缪	主　席	范锁海	1990.04～1992.09（兼）
		朱小庚	1992.02～1993.01（兼） 1993.12～1994.07（兼）			史志斌	1993.01～1995.08
						车庆华	1995.08～2000.01
		陈振才	1993.01～1993.06			刘学俊	2000.01～2000.10
		吴春喜	1994.07～2000.01			吴法林	2000.10～2004.08
		石阿荣	2000.01～2004.08	后　周	主　席	石阿荣	2004.08～2007.02
		郑建新	2004.08～2007.02			吴福庚	1990.04～1991.10
		王玉林	2007.03～2008.04			袁清忠	1992.04～1993.01
		王耀庆	2008.04～2009.05			王阿保	1993.01～1995.08
		强国民	2009.05～2012.04			袁志平	1995.08～1999.05
		史志伟	2012.04～2013.12			吴才保	1999.05～2001.09
	副主席	濮和春	2001.10～2010.05			郑建新	2001.09～2004.08
湖　边	主　席	阮木斌	1990.03～1992.09		副主席	王阿保	2001.10～2003.10
古　渎	主　席	吴学群	1990.03～1992.03（兼）			柳建平	2004.08～2007.02
		吴福庚	1992.03～2000.01			吴全生	2004.08～2007.02

第二章 人民政府

第一节 别桥区人民政府 区公所

民国38年（1949年）5月，别桥区人民政府成立，设区长、副区长、农会主任和民政、公安、财粮、文教、生产建设等助理，区政府设在别桥集镇。1950年，别桥区辖后周乡、诸里乡、古渎乡、班竹乡、道成乡、别桥乡、夏庄乡、杨庄乡、湖边乡、前王乡、石桥乡和绸缪乡12个乡。1954年12月，别桥区人民政府改称别桥区公所。1955年，胥渚乡划归别桥区。1956年1月撤小乡建大乡，别桥区辖别桥、泓口、杨庄和古渎4个乡。5月2日，金坛县社头区湖荡乡的园上村划归别桥区领导。后周乡划归竹箦区管辖。1957年8月撤区并乡，别桥区公所撤销。1975年5月，设立古渎工作片，同年9月，改称别桥工作片，工作片区域为别桥公社、湖边公社、古渎公社、绸缪公社和余桥公社。1979年6月，别桥工作片撤销。

1949～1957年别桥区人民政府、区公所正副区长更迭一览表

表16-2-1

职　务	姓　名	任职时间	职　务	姓　名	任职时间
区　长	王兴维	1949.05～1950.05	副区长	张　斌	1951.03～1952.06
	徐先敬	1950.05～1951.05		王勇富	1952.03～1956.06
	卫前春	1951.05～1953.06		杨贻生	1952.06～1953.06
	杨贻生	1953.06～1956.03		杨　杰	1956.06～1957.08
	王连清	1956.03～1956.06		谢敖齐	1956.12～1957.08

1975～1979年别桥（古渎）工作片片长、副片长更迭一览表

表16-2-2

职　务	姓　名	任职时间	职　务	姓　名	任职时间
片　长	蒋品庸	1975.09～1979.06	副片长	蒋品庸	1975.05～1975.09
				张启群	1975.09～1978.03
				戴留影	1977.09～1979.06

第二节 人民政府

民国38年(1949年)5月，别桥乡人民政府成立，乡政府设在别桥集镇。同年7月，设长荡乡；

9月，长荡乡撤销。同年9月，别桥乡分设为别桥、诸里和前王3个乡人民政府。1956年3月，诸里乡、前王乡及绸缪乡的大部分并入别桥乡。民国38年（1949年）9月，湖边乡人民政府、道成乡人民政府和古渎乡人民政府成立，3个乡的前身都是永和乡的小乡。湖边乡原名洮西乡，1949年12月改称湖边乡，乡政府从浪圩村迁到闸口村。道成乡政府设在道成村，古渎乡政府设在古渎村。1956年3月，湖边乡、道成乡并入古渎乡，乡政府设在道成村。1957年8月，古渎乡并入别桥乡。1949年5月，后周乡人民政府成立，乡政府设在后周集镇。1949年9月，后周乡分设后周、石桥、西沈、下梅和绸缪5个乡人民政府。绸缪乡政府设在绸缪集镇。1956年3月，下梅乡并入后周乡，石桥乡并入西沈乡。1957年3月，西沈乡并入后周乡。各乡人民政府设乡长、农会主任和财粮员。同年8月撤区并乡，别桥现境内设别桥、后周2个乡，乡政府改称乡人民委员会，设主任、副主任和若干名委员。

1958年9月，乡改建为政社合一的人民公社体制，现境内成立别桥人民公社和后周（跃进）人民公社。1961年9月，别桥人民公社分为别桥、湖边、古渎和绸缪4个人民公社。公社设正副社长、秘书、会计等。1962年1月后称公社管理委员会，设主任、副主任和若干名委员。1968年4～5月，现境内各公社建立革命委员会（简称革委会），公社革委会设正副主任、秘书及治安、文卫、财经、生产等委员。1981年3月，公社革委会称公社管理委员会（简称管委会）。

1983年5月下旬，废政社合一的行政体制，恢复乡体制，以原公社区划成立别桥、湖边、古渎、绸缪、后周乡人民政府，设正副乡长、秘书、民政、司法、派出所（公安特派员）、人民武装、计划生育等干部。1985年8月，别桥乡人民政府改建为别桥镇人民政府。1992年9月，湖边乡并入别桥镇人民政府。1994年1月，后周乡人民政府改建为后周镇人民政府。1999年12月，绸缪乡和古渎乡合并，建立绸缪镇人民政府。2007年3月，别桥镇、绸缪镇和后周镇合并，建立新的别桥镇人民政府，镇政府设在别桥集镇兴城西路168号。

1949年5月至1958年9月境内各乡乡长、副乡长（主任、副主任）更迭一览表

表16-2-3

乡名	职务	姓名	任职时间	乡名	职务	姓名	任职时间
别桥乡	乡长	陈仁清	1949.05～1949.10	别桥乡	副乡长	吕汉章	1956.04～1957.08
		聂泰富	1949.10～1950.08			谢敖齐	1957.08～1958.04
		马金根	1950.08～1953.06		人民委员会副主任	杨天赦	1957.08～1958.02
		谢和福	1953.06～1953.10			史洪彬	1957.08～1958.09
		聂泰富	1953.10～1955.08			黄学成	1958.04～1958.09
		缪国生	1956.04～1957.08	长荡乡	乡长	郑希高	1949.07～1949.09
	人民委员会主任	陈保华	1957.08～1958.04	前王乡	乡长	梁生和	1949.10～1953.03
		王连清	1958.05～1958.09			张俊	1953.03～1953.10
	副乡长	谢士进	1956.04～1957.08			王连清	1954.01～1955.04
		李文华	1956.04～1957.08			李文华	1955.05～1956.03
		王金林	1956.04～1957.08	诸里乡	乡长	黄倩	1949.09～1951.01

续表 16-2-3

乡　名	职　务	姓　名	任职时间	乡　名	职　务	姓　名	任职时间
诸里乡	乡　长	马振达	1951.01 ～ 1953.04	下梅小乡	乡　长	马甸麟	1949.09 ～ 1950.01
		吕汉章	1953.04 ～ 1956.03			蒋洪法	1950.01 ～ 1953.04
古渎乡	乡　长	吕木清	1949.09 ～ 1951.05			高如德	1954.10 ～ 1955.12
		沈裕生	1951.12 ～ 1956.03			曹粉龙	1956.01 ～ 1956.03
		姜振兴	1956.04 ～ 1956.11	石桥小乡	乡　长	王公恕	1950.12 ～ 1951.10
		施盘庚	1956.11 ～ 1957.07			卞连芳	1951.10 ～ 1953.03
	副乡长	史久新	1956.03 ～ 1957.08			王木金	1953.03 ～ 1956.03
		童志春	1956.03 ～ 1957.08	后周乡	乡　长	陈远新	1949.05 ～ 1949.07
		阮洪林	1957.03 ～ 1957.08			蒋顺福	1949.07 ～ 1949.09
道成乡	乡　长	姚锁洪	1949.09 ～ 1955.02			李志远	1949.09 ～ 1950.03
		姜振兴	1955.02 ～ 1956.03			吴金保	1950.03 ～ 1950.08
绸缪乡	乡　长	王公恕	1949.09 ～ 1950.12			张小兰	1950.08 ～ 1950.12
		王建新	1950.12 ～ 1951.06			缪洪保	1950.12 ～ 1951.07
		石　成	1951.06 ～ 1951.12			葛汉荣	1951.07 ～ 1952.03
		石水才	1952.01 ～ 1952.12			张锁荣	1952.03 ～ 1952.06
		杨庆生	1953.01 ～ 1956.04			万长洪	1952.07 ～ 1954.07
西沈小乡	乡　长	王年保	1949.09 ～ 1949.10			曹粉龙	1956.03 ～ 1956.08
		盛延平	1949.10 ～ 1951.02			陈如荣	1956.08 ～ 1957.08
		吴定华	1951.02 ～ 1953.02		人民委员会主任	马甸麟	1957.08 ～ 1958.09
		袁德松	1953.03 ～ 1957.08				
	副乡长	芮水林	1956.04 ～ 1957.08		副乡长	袁锁富	1956.04 ～ 1957.08
		卞连芳	1956.04 ～ 1957.08			蒋洪法	1956.04 ～ 1957.08
		王木金	1956.04 ～ 1957.08		人民委员会副主任	缪洪保	1957.08 ～ 1958.09

1958 年 10 月至 2012 年别桥镇（公社、乡）人民政府领导更迭一览表

表 16-2-4

机构名称	职　务	姓　名	任职时间	机构名称	职　务	姓　名	任职时间
人民公社	社　长	王连清	1958.10 ～ 1959.06	人民公社管理委员会	副主任	狄欣堂	1963.05 ～ 1966.05
		黄学成	1959.06 ～ 1962.01			张锁荣	1965.11 ～ 1966.05
	副社长	黄学成	1958.10 ～ 1959.06	人民公社革命委员会	主　任	谢和福	1968.04 ～ 1969.08
		王　达	1959.07 ～ 1961.09			殷文章	1971.01 ～ 1972.12
		胡水林	1960.06 ～ 1961.09			杨震元	1972.12 ～ 1980.02
人民公社管理委员会	主　任	黄学成	1961.12 ～ 1963.04			史金海	1980.03 ～ 1981.02
		谢和福	1963.04 ～ 1968.03		副主任	杨震元	1970.06 ～ 1972.11

续表 16-2-4

机构名称	职务	姓名	任职时间
人民公社革命委员会	副主任	刘腊保	1971.01 ～ 1981.03
		马茂洪	1971.05 ～ 1976.12
		陈产法	1971.06 ～ 1973.09
		杨同昌	1972.02 ～ 1980.10
		陈春龙	1976.10 ～ 1981.02
		吕树宝	1976.10 ～ 1981.02
		陈泉庚	1980.03 ～ 1981.02
人民公社管理委员会	主任	史金海	1981.03 ～ 1981.10
		陈泉庚	1982.07 ～ 1983.08
	副主任	陈春龙	1981.03 ～ 1982.04
		吕树宝	1981.03 ～ 1982.06
		陈泉庚	1981.03 ～ 1982.07
		王锁富	1981.07-1982.08
		吕虎明	1983.04 ～ 1983.07
乡人民政府	乡长	马锁长	1983.08 ～ 1985.08
	副乡长	陈志芳	1983.08 ～ 1984.07
		王锁富	1983.08 ～ 1985.08
		吕兆荣	1983.08 ～ 1985.08
		李田荣	1984.07 ～ 1985.08
镇人民政府	镇长	马锁长	1985.08 ～ 1986.07
		胡余金	1986.07 ～ 1992.09
		张跃庆	1993.01 ～ 1995.08
		潘国民	1995.08 ～ 1998.04
		陈志达	1998.04 ～ 2001.09
		翟德明	2001.09 ～ 2004.03
		杨国平	2004.05 ～ 2007.03
		陆卫林	2007.03 ～ 2008.02（2007.03 ～ 2007.11 镇政府筹备组组长）
		唐洪祥	2008.02 ～ 2011.08
		芮子遐（女）	2011.08 ～ 2013.07
		赵 明	2013.07 ～
	副镇长	王锁富	1985.08 ～ 1992.09
		吕兆荣	1985.08 ～ 1987.03
		李田荣	1985.08 ～ 1990.01
		严阿金	1986.07 ～ 1987.03
		谢劳武	1990.03 ～ 1995.08
		花晓网	1991.02 ～ 1994.06
镇人民政府	副镇长	范春明	1993.12 ～ 1995.08
		陈广华	1992.09 ～ 1993.07（挂职）
		郭步兵	1993.08 ～ 1994.07（挂职）
		王定华	1995.03 ～ 2000.01
		曹震鸣	1995.05 ～ 1998.05
		陈志达	1995.08 ～ 1998.04
		吴全生	1995.08 ～ 2001.10
		万锁招	1998.05 ～ 2000.10
		周和福	1998.12 ～ 2000.06
		钱庆芳（女）	2000.01 ～ 2004.08
		杨国平	2000.10 ～ 2001.08
		秦超一	2000.10 ～ 2003.04
		张金友	2001.10 ～ 2004.08
		范国芝	2001.10 ～ 2004.08
		操文杰	2001.10 ～ 2004.08
		钱春宝	2004.08 ～ 2007.02
		虞水生	2004.08 ～ 2010.05（2007.03 ～ 2007.11 为政府筹备组副组长）
		周国秋	2004.08 ～ 2009.05（2007.03 ～ 2007.11 为镇政府筹备组副组长）
		罗永德	2007.03 ～ 2009.08（2007.03 ～ 2007.11 为镇政府筹备组副组长）
		景茂松	2007.03 ～ 2013.12（2007.03 ～ 2007.11 为镇政府筹备组副组长）
		强国民	2007.03 ～ 2009.05（2007.03 ～ 2007.11 为镇政府筹备组副组长）
		万如才	2007.03 ～ 2012.01（2007.03 ～ 2007.11 为镇政府筹备组副组长）
		史志伟	2009.10 ～ 2012.05
		夏云锋	2010.05 ～
		彭洪伟	2011.03 ～
		王伟峰	2012.10 ～

1961 年 9 月至 1992 年 9 月湖边乡（公社）人民政府领导更迭一览表

表 16-2-5

机构名称	职　务	姓　名	任职时间	机构名称	职　务	姓　名	任职时间
人民公社	副社长	徐福生	1961.09 ～ 1961.12	人民公社管理委员会	主　任	马锁长	1981.05 ～ 1983.04
人民公社管理委员会	主　任	史守法	1963.05 ～ 1968.03		副主任	马新保	1981.07 ～ 1983.03
	副主任	徐福生	1962.01 ～ 1968.03			黄惠清	1983.04 ～ 1983.07
人民公社革命委员会	主　任	施生庚	1968.04 ～ 1970.03	乡人民政府	乡　长	陈泉庚	1983.04 ～ 1987.05
		王水金	1970.03 ～ 1979.06			史森华	1987.05 ～ 1990.01
		谢和福	1979.06 ～ 1981.04			黄新保	1990.03 ～ 1992.09
人民公社革命委员会	副主任	王金保	1968.04 ～ 1976.10		副乡长	黄惠清	1983.08 ～ 1984.07
		徐福生	1968.04 ～ 1969.06			史忠林	1983.08 ～ 1984.07
		刘　达	1968.04 ～ 1972.03			郑生娣（女）	1984.06 ～ 1987.10
		史忠林	1971.08 ～ 1976.10			王锡之	1987.04 ～ 1987.10
		阮木斌	1976.06 ～ 1976.10			李田荣	1990.03 ～ 1992.09
		马锁长	1976.06 ～ 1976.10			陈小金	1990.03 ～ 1992.09

1961 年 9 月至 2000 年 1 月古渎乡（公社）人民政府领导更迭一览表

表 16-2-6

机构名称	职　务	姓　名	任职时间	机构名称	职　务	姓　名	任职时间
人民公社	社　长	狄甫才	1961.09 ～ 1961.12	乡人民政府	乡　长	史志斌	1983.08 ～ 1984.03
	主　任	狄甫才	1962.01 ～ 1965.12			陈振才	1984.03 ～ 1985.11
人民公社管理委员会	副主任	朱庆根	1961.12 ～ 1963.04			史森华	1985.11 ～ 1987.03
		奚渭明	1963.05 ～ 1968.04			吕树宝	1987.03 ～ 1990.01
人民公社革命委员会	主　任	陈祥荣	1969.07 ～ 1971.05			史森华	1990.03 ～ 1992.09
		李忠林	1971.04 ～ 1974.10			车庆华	1992.09 ～ 1995.08
	副主任	宋富全	1968.05 ～ 1969.05			沈国仁	1995.08 ～ 1998.04
		王水金	1969.06 ～ 1970.02			潘荣福	1998.04 ～ 2000.01
		彭宗尊	1970.11 ～ 1975.01		副乡长	狄保龙	1983.08 ～ 1984.07
		陈全生	1971.06 ～ 1981.02			陈振才	1983.10 ～ 1984.02
		黄水坤	1971.10 ～ 1974.03			车庆华	1984.08 ～ 1992.09
		郑田锦	1974.09 ～ 1978.09			胡生庚	1987.11 ～ 1992.01
		陈忠明	1975.06 ～ 1981.02			陈咬齐	1992.09 ～ 1995.08
		史森华	1976.10 ～ 1980.01			潘荣福	1992.09 ～ 1995.08
		庄庆元	1977.11 ～ 1980.07			陈志达	1994.12 ～ 1995.08
		施目清	1979.10 ～ 1980.03			何留庚	1992.11 ～ 1993.08
		史志斌	1980.04 ～ 1981.02			俞为民	1995.08 ～ 2000.01
人民公社管理委员会	主　任	史志斌	1983.07 ～ 1983.08			周作新	1995.08 ～ 1998.05
	副主任	陈全生	1981.03 ～ 1983.04			陈云辉	1998.05 ～ 2000.01
		陈忠明	1981.03 ～ 1983.07			曹震鸣	1998.05 ～ 2000.01

1961 年 9 月至 2007 年 3 月绸缪镇（公社、乡）人民政府领导更迭一览表

表 16-2-7

机构名称	职　务	姓　名	任职时间
人民公社	副社长	王　达	1961.09 ～ 1961.12
人民公社管理委员会	主　任	吕志腾	1962.04 ～ 1965.08
	代主任	陈瑞华	1965.11 ～ 1968.05
	副主任	王　达	1962.01 ～ 1966.05
		吴　智	1963.05 ～ 1964.05
		姜荣金	1963.05 ～ 1964.12
人民公社革命委员会	主　任	徐孩根	1968.05 ～ 1970.03
		施生根	1970.03 ～ 1975.11
		戴新吾	1975.11 ～ 1981.02
	副主任	陈瑞华	1968.06 ～ 1970.01
		王凤岐	1970.09 ～ 1971.11
		谢劳武	1971.06 ～ 1981.02
		吴福庚	1971.06 ～ 1981.02
人民公社管理委员会	主　任	戴新吾	1981.03 ～ 1982.06
	副主任	谢和福	1978.10 ～ 1979.06
		吕志腾	1980.04 ～ 1981.02
		沈国仁	1980.04 ～ 1983.07
		陈全富	1980.04 ～ 1983.07
		谢劳武	1981.03 ～ 1982.03
		吴福庚	1981.03 ～ 1983.04
乡人民政府	乡　长	沈国仁	1983.08 ～ 1987.04
		袁清忠	1987.04 ～ 1989.09
		朱三保	1990.04 ～ 1993.01
		狄保龙	1993.01 ～ 1994.05
		潘国民	1994.08 ～ 1995.08

机构名称	职　务	姓　名	任职时间
乡人民政府	乡　长	童建平	1995.08 ～ 1998.05
		石阿荣	1998.05 ～ 2000.01
	副乡长	胡余金	1983.07 ～ 1986.08
		陈全富	1983.08 ～ 1987.04
		陈敖齐	1987.04 ～ 1992.09
		王锁富	1993.01 ～ 1993.10
		童建平	1993.01 ～ 1995.08
		石阿荣	1994.08 ～ 1995.08
		范春明	1995.08 ～ 1998.05
		郑跃进	1995.11 ～ 2000.01
		谢逸娣（女）	1998.05 ～ 2000.01
		王玉林	1998.05 ～ 2000.01
镇人民政府	镇　长	潘荣福	2000.01 ～ 2003.02
		陆卫林	2003.02 ～ 2007.02
	副镇长	郑跃进	2000.01 ～ 2001.10
		谢逸娣（女）	2000.01 ～ 2004.08
		王玉林	2000.01 ～ 2001.09
		曹震鸣	2000.01 ～ 2004.08
		万锁招	2001.10 ～ 2004.08
		万如才	2004.08 ～ 2007.02
		范国芝	2004.08 ～ 2007.02
		罗永德	2004.08 ～ 2007.02

1958 年 10 月至 2007 年 3 月后周镇（公社、乡）人民政府领导更迭一览表

表 16-2-8

机构名称	职　务	姓　名	任职时间
人民公社	社　长	马甸麟	1958.10 ～ 1961.12
	副社长	缪洪保	1958.10 ～ 1959.03
		李小保	1958.12 ～ 1960.03
		缪元喜	1960.01 ～ 1961.12
		王阿保	1960.03 ～ 1961.12

机构名称	职　务	姓　名	任职时间
人民公社管理委员会	主　任	马甸麟	1962.01 ～ 1968.04
	副主任	缪元喜	1962.01 ～ 1965.01
		王阿保	1962.01 ～ 1965.10
人民公社革命委员会	主　任	俞　智	1969.02 ～ 1971.10
		李全林	1971.10 ～ 1980.10

续表 16-2-8

机构名称	职务	姓名	任职时间	机构名称	职务	姓名	任职时间
人民公社革命委员会	主任	江登保	1980.10～1981.02	乡人民政府	副乡长	李永生	1984.07～1990.01
	副主任	葛东升	1968.05～1972.10			季国芳	1990.04～1993.06
		刘锁锟	1968.09～1969.05			陆敖琪	1993.01～1994.01
		戴仲发	1969.07～1970.09			秦乐平	1990.08～1993.11（挂职）
		刘良金	1970.09～1977.02				
		刘锁富	1971.08～1976.10	镇人民政府	镇长	吴春喜	1994.01～1994.06
		陈光颢	1973.06～1979.02			程卫星	1994.10～2000.10
		袁清忠	1976.10～1980.09			刘学俊	2000.10～2001.09
		江登保	1978.04～1980.10			王洪明	2001.09～2004.08
		高如德	1979.05～1981.02			狄洪平	2004.08～2007.02
		戎如金	1980.07～1981.02		副镇长	陆敖琪	1994.01～2000.01
人民公社管理委员会	主任	江登保	1981.03～1982.05			王水林	1995.01～1999.05
		陈振华	1982.06～1983.07			王阿保	1995.08～2001.10
	副主任	高如德	1981.03～1982.02			陈云辉	2000.01～2000.10
		戎如金	1981.03～1983.07			丁建伟	2000.01～2001.10
		杨国勤	1981.03～1983.07			王建生	2001.10～2004.08
		刘锁富	1981.03～1982.05			吴全生	2001.10～2004.08
乡人民政府	乡长	王阿保	1983.08～1989.05			王耀庆	2001.10～2004.08
		吴春喜	1989.05～1994.01			强国民	2004.08～2007.02
	副乡长	袁志平	1983.08～1986.08			景茂松	2004.08～2007.02
		杨国勤	1983.08～1986.11			王　俊	2004.08～2007.02
		戎如金	1983.08～1992.09				

2008～2013年别桥镇镇长、副镇长一览表

表 16-2-9

年份	职务	姓名	任职时间	年份	职务	姓名	任职时间
2008	镇长	唐洪祥	2008.02～2011.08	2010	镇长	唐洪祥	2008.02～2011.08
	副镇长	虞水生	2004.08～2010.05		副镇长	景茂松	2007.03～
		周国秋	2004.08～2009.05			万如才	2007.03～2012.01
		罗永德	2007.03～2009.03			史志伟	2009.10～2012.05
2009	镇长	唐洪祥	2008.02～2011.08	2011	镇长	唐洪祥	2008.02～2011.08
	副镇长	虞水生	2004.08～2010.05		副镇长	景茂松	2007.03～
		景茂松	2007.03～			万如才	2007.03～2012.01
		万如才	2007.03～2012.01			史志伟	2009.10～2012.05

续表 16-2-9

年　份	职　务	姓　名	任职时间	年　份	职　务	姓　名	任职时间
2012	镇　长	芮子遐（女）	2011.08 ～ 2013.07	2013	镇　长	赵　明	2013.08 ～
	副镇长	景茂松	2007.03 ～		副镇长	史志伟	2012.03 ～ 2012.09
		夏云锋	2010.05 ～			景茂松	2012.03 ～
		彭洪伟	2011.03 ～			夏云峰	2012.03 ～
		王伟峰	2012.10 ～			彭洪伟	2012.03 ～

第三节　政府工作机构

新中国成立以来，为适应经济建设和社会事业发展，乡（公社、镇）政府下设机构和县（市）派驻机构经常调整。随区域撤并和体制改革，其隶属关系、名称、职能多有变更和调整。2007年年末，别桥镇人民政府下设机构 17 个；2013 年年末，别桥镇人民政府下设机构调整为“五大服务中心”。2013 年年末，溧阳市派驻别桥镇机构 30 个（其中常州市派驻 2 个）。

2007 年年末别桥镇人民政府下设机构一览表

表 16-2-10

机构名称	机构名称
人民武装部	农村经济管理服务站
政府办公室	水利农机管理服务站
民政办公室	城管监察中队
财政所	劳动保障服务所
监察室	计划生育服务站
司法所	建设管理服务站
社会治安综合治理办公室	文化体育工作站
统计站	成人教育中心校
农业综合服务站	

2013 年年末别桥镇人民政府下设机构一览表

表 16-2-11

机 构 名 称
农业服务中心
经贸服务中心
社会事务服务中心

续表 16-2-11

机 构 名 称
村镇建设服务中心
人力资源和社会保障服务中心

2013 年年末市派驻别桥镇工作机构情况一览表

表 16-2-12

机构名称	机构名称
国土资源局别桥中心国土资源所	工商行政局别桥分局
别桥镇交通运输综合管理所	别桥电信支局
别桥房产管理所	绸缪电信支局
环境监察大队别桥中队	后周电信支局
公安局别桥派出所	别桥镇畜牧兽医站
交警大队北山中队	中国农业银行股份有限公司别桥支行
塘马水库管理所	江南农村商业银行别桥支行
后周粮管所	中国邮政储蓄银行别桥支行
别桥供销社	中国邮政储蓄银行绸缪支行
缪绸供销社	中国邮政储蓄银行后周支行
后周供销社	溧阳市华盛农村小额贷款有限公司
别桥邮政支局	溧阳市供电公司别桥供电所
后周邮政支局	城市管理行政执法大队别桥中队
绸缪邮政所	常州市交警支队扬溧高速大队（常州市驻派）
别桥社区教育中心	扬溧高速公路后周收费站（常州市驻派）

第三章　其他政务机构

第一节　清晚期行政机构

清光绪年间（1875 ～ 1908 年），县以下行政机构称区、图。溧阳全县划分为 16 区 297 图。别桥属永定区；湖边大部分属永定区，一小部分属桂寿区；古渎属永西区；绸缪部分属来苏区，部分属永泰区；后周部分属永泰区，部分属永定区。区设区董，图设图董。宣统二年（1910 年），撤区改为市、乡制。溧阳全县设 3 市 4 乡，称市、乡自治公所。市设议长、副议长、总董、董事各1人，乡设议长、副议长、乡董、乡佐各1人。境内属来苏乡，乡自治公所地址在别桥集镇，辖111图。

第二节　民国政府区乡政权

民国初期，县以下政权体制仍沿袭清末体制，别桥设立乡自治公所，议长为石敬初。民国16年（1927年）7月，市、乡自治公所改称行政局，局长由县长选任。行政局设总务、财政、公安、建设4股，股长由行政局长委任。别桥行政局局长为吕伯荣。民国18年（1929年），废市（乡）行政局，建立区、乡（镇）、闾、邻体制，建立别桥区。区设区长，乡（镇）设乡（镇）长，闾设闾长，邻设邻长。建立区、乡（镇）公所，别桥镇、浪圩乡、古渎乡属别桥区，绸缪乡、后周乡属竹箦区。

民国24年（1935年）5月，撤并区、乡（镇），废除闾邻制，实行保甲制。保设保长，甲设甲长。实行“户户联保，连保切结”的连带责任制，强化统治。别桥区（第二区）辖别桥镇、浪圩乡、古渎乡等22个乡镇，区公所设立在别桥集镇；绸缪乡、后周乡属第三区，区公所设立在竹箦集镇。民国34年（1945年），别桥区（第二区）辖别桥镇、永西乡、洮西乡等10个乡镇，绸缪乡、后周镇属竹箦区（第三区）。民国36年（1947年）10月，改区设署，别桥区（第二区）和竹箦区（第三区）合并为绸缪区署，辖别桥镇、绸缪乡、永泰乡（后周）、竹安乡（竹箦桥）、来苏乡（前马）、永成乡（杨庄）、(㔾)山乡（坡圩里）7个乡镇，区署长陈粟荃，区署驻地在绸缪滩头村。民国37年（1948年）4月，撤销区署，乡（镇）直属于溧阳县政府领导。

自民国18年（1929年）别桥设区至民国36年（1947年）并入绸缪区署止，别桥区公所一直设立在别桥集镇城隍庙。历任别桥区（第二区）区长有周锡坤、陈金荣、周咬齐、尤介贞、闵兰英、马绥成、王荣生、陈再增、李普声等。

图16-2　保长纪念章

民国36年（1947年），别桥镇镇长为王裕隆，镇公所设在别集镇西关，有10保；德西乡（湖边乡）乡长杨宪，乡公所设在东杨庄杨光裕堂，有10保；永和乡（古渎乡）乡长金敬夫，乡公所设在东溪村陈氏宗祠，有9保；绸缪乡乡长汪少卿，乡公所设在滩头村孙氏宗祠，有9保；后周镇镇长王金书，镇公所设在后周申锡堂，有10保。

1947年3月别桥镇、德西乡、永和乡、绸缪乡、后周镇各保保长名单及办公地址一览表

表16-3-1

乡　镇	保　别	保长姓名	办公地址	乡　镇	保　别	保长姓名	办公地址
别桥镇	一	吕金祥	本保国民学校内	别桥镇	二	陈卓英	本保国民学校内

续表 16-3-1

乡　镇	保　别	保长姓名	办公地址	乡　镇	保　别	保长姓名	办公地址
别桥镇	三	马锁寿	本保国民学校内	永和乡	六	童振声	道成桥西来庵
	四	任玉景	别桥灵官堂		七	谢开贵	谢家坝国民学校
	五	陈恩年	别桥北关		八	周仁富	周家湾周氏宗祠
	六	王裕馥	第二中心小学内		九	吕金声	赵圩里吕孝思堂
	七	戴立邦	本保国民小学内	绸缪乡	一	范春留	新河埂汤公祠
	八	石晋瑶	石宗祠		二	刘甸才	绸缪范公祠
	九	李高群	本保国民学校内		三	滕云庚	东马万公祠
	十	梁锁法	东庄村		四	陈锁荣	西马村
德西乡	一	史梅青	东培国民学校内		五	王土庚	盛家盛公祠
	二	史悠年	夏庄史承德堂		六	杨义方	下梅杨大公祠
	三	史时杰	蒋巷里史荣报堂		七	宋书金	翰里宋宋敦叙堂
	四	狄火明	双牌蒋思成堂		八	王正才	魏笪里三圣寺
	五	杨裕兴	庄头		九	承育秋	东社村
	六	杨锁庚	西杨庄杨启佑堂	后周乡	一	陆妙才	后周葛氏宗祠
	七	杨逸群	东杨庄杨受训堂		二	王克荣	养财菴
	八	蒋锁海	浪圩村国民小学		三	刘木金	新店村积善庵
	九	阮殿忠	闸口村国民小学		四	马双金	西庄头广福寺
	十	史瑞隆	湖塘中心国民学校		五	陆洪春	虞家边国民学校
永和乡	一	庄树滋	西泗墩庄氏宗祠		六	李兆麟	小石桥张氏宗祠
	二	刘全保	斑竹里沈氏宗祠		七	刘洪皋	上印村国民小学
	三	谢锁庆	濑溪里谢氏宗祠		八	王秉梓	黄金山监生殿
	四	蒋怀芝	古渎里思本堂		九	李子信	后成村
	五	陈松富	东溪村国民学校		十	刘及鳌	下阮村阮氏宗祠

第三节　区乡抗日民主政府

民国 27 年（1938 年）6 月 12 日，陈毅率新四军一支队到达溧阳竹箦一带，开辟茅山抗日游击根据地。民国 30 年（1941 年）6 月，溧阳县抗日民主政府成立，后周区抗日民主政府也随之成立。民国 33 年（1944 年）6 月，后周区划分为两个区，以丹金溧漕河为界，河西为后周区，下辖后周乡、绸缪乡、阴梓（阴山）乡、下梅乡、古渎乡、余桥乡、濑阳乡；河东为洮南区。民国 30 年（1941 年）6 月至民国 31 年（1942 年）10 月，王明陶任后周区区长；民国 31 年（1942 年）10 月至民国 33 年（1944 年）4 月，沈啸森（又称萧森）任后周区区长；民国 33 年（1944 年）4 ～ 11 月，王明任后周区区长；民国 34 年（1945 年）1 ～ 8 月，张超任后周区区长；民国 34 年（1945

年）8～10月，王明任后周区区长。

后周区抗日民主政府成立后，逐步建立辖区内乡级政权，称乡公所，乡以下设若干个保。民国33年（1944年）撤销保甲制，建立新乡制，区政府派共产党员和农民积极分子担任乡长、村长、农救会主任等职。任抗日民主政府乡长的有：后周乡陈刚，古渎乡阚成杰，阴梓乡陈国昭，绸缪乡徐云山。

民国34年（1945年）10月，新四军奉命北撤，区、乡抗日民主政府终结。

第十七篇

群团组织

民国时期，别桥已有由商界头面人物出任会长的商会活动。抗日战争时期，后周区抗日民主政府所辖的乡、村，先后建立青年抗日救国会、农民抗日救国会、妇女抗日救国会。这些社会团体，为抗日救国做出了贡献。

新中国成立以后，在中国共产党的领导下，别桥区（乡）相继成立工人、农民、妇女、青少年、工商业等群团组织。各个群团组织积极完成党在各个时期的政治任务，为团结别桥地区人民群众，同心同德，建设别桥发挥重要作用。

中共十一届三中全会后，社会事业迅速发展，私营个体经济协会、科学技术协会、消费者协会、老年协会、残疾人联合会、计划生育协会、红十字会等群团组织组建成立。

工会组织长期以来围绕党和政府各个时期的中心工作，对职工进行思想教育，参与本单位的民主管理和民主监督，开展劳动竞赛，为困难职工排忧解难，协调劳资关系，维护职工的合法权益，强化工会组织的自身建设，推进以职代会为基本形式的民主管理制度体系建设，提高全镇职工队伍的素质，成为广大职工拥护信赖的群众团体。

共青团、少先队是青少年的团体组织。别桥镇（乡）团委始终牢记共青团是共产党的助手。在社会主义革命和社会主义建设中，组织青年突击队，开展农业生产试验，开展比、学、赶竞赛，涌现出一批新长征突击队和新长征突击手。改革开放的浪潮中，在青少年中开展思想教育活动、生产活动和健康有益的文体活动，激发团员和青少年投身到社会主义物质文明和精神文明建设中，开展“三争三创”活动，争当科技兴农的带头人、农业经纪人。助力“百亿镇”的创建，为建设和谐别桥贡献青春。坚持以服务大局、服务经济发展、服务青少年为工作宗旨，以塑造“有理想、有道德、有文化、有纪律”的“四有”新人为目标，带领全镇青少年开展各项主题活动，引导全镇青少年树立正确的世界观、人生观和价值观。

妇女联合会在20世纪50年代就带领妇女积极投身于社会主义革命和社会主义建设，参加各项农业生产、水利建设。改革开放后，坚持党的政策、路线、方针，全面履行职能，围绕经济建设中心，发挥妇女的智慧和潜力，建设社会主义新农村。维护妇女合法权益，远离家庭暴力。创建“五好家庭”，争当“三八红旗手”，开展“巾帼建功”活动，协调社会力量做好儿童工作，为儿童健康成长办实事、办好事。“双学双比”活动在境内产生社会效益，激发妇女们的创业热情，弘扬“自尊、自信、自立、自强”的精神。

商会（工商业联合会）的出现，有利于沟通城乡物资交流，促进生产发展，推动科学技术和民族工商业的进步和繁荣。在私营工商业社会主义改革中，团结教育私营工商业者爱国守法，接受党的教育，拥护社会主义改造，坚定走社会主义道路。80年代，商会恢复活动后，紧紧围绕镇（乡）的工作大局，紧扣民营经济发展这一主线，认真履行职能，开拓创新，在社会主义新农村建设、构建和谐社会中做出贡献。做大做强自身企业，推进扶贫帮困、爱心助学、爱老助老活动。培养和推荐非公有制人士担任省、市、县、镇人民代表、政协委员，为别桥经济建设进言献策。

境内其他群团组织都能服从和服务于改革、发展、稳定大局，按法律法规及各自章程进行组织建设，配合别桥镇党委和政府的中心工作，团结别桥的人民群众开展各项活动，成为政府与人民群众之间的桥梁和纽带，为别桥地区的政治、经济和各项社会主义事业做出应有的贡献。

第一章　工人与农民团体

第一节　工人团体

一、工会组织

民国38年（1949年）4月溧阳解放后，中共溧阳县委委派马沂清筹建工会，并帮助各乡镇建立基层工会。1950年，以别桥集镇为中心，成立别桥镇工会，镇工会办公室设在集镇西关至北巷村的大巷东端，镇工会主席陈嘉荣。镇工会下设店员工会、厂业工会、手工业工会、搬运工会、金融工会、教育工会。别桥镇工会辖包括杨庄、班竹、后周等12个小乡在内的基层工会。镇工会组织职工维护自身合法利益，组织纠察队防夜值勤，配合公安部门维持社会秩序。

1953年12月，《中华人民共和国工会章程》颁布实施。翌年，别桥、湖塘、古渎、绸缪小学分别建立教工工会。1955年，别桥区职工总数199人，有工会会员193人。1956年，私营工商业改造以后，别桥、后周供销社组建职工工会。1958年10月，别桥、后周初级中学建立教工工会。

1966年“文化大革命”开始后，工人代表大会（简称工代会）取代工会，工会活动停止。直至1973年5月，别桥镇现境内原5个公社的基层工会得以恢复。原别桥公社首先重建供销社工会，而后又恢复厂业工会。1980年前后，别桥、湖边、古渎、绸缪、后周的供销社、合作商店、粮管所相继组建工会。1983年，别桥乡有集体商业、合作商店、中教、小教、食品站、财经、粮站、财税、医药、邮电 10 个基层工会，各基层工会都有工会主席 1 人，共有工会会员 423 人。还设有组织、文教、劳保、财务等委员会，配不脱产工会干部。

1985 年，别桥镇现境内原各乡镇卫生院工会先后建立。1988 年，中学系统有教职工 235 人，192 人加入中教工会；小学系统 349 名教职工，279 人参加小教工会。商业系统，别桥、湖边、古渎、绸缪、后周供销社 280 名职工，254 人加入工会。别桥、后周商业公司 118 名职工，全部加入工会。

1994 年，别桥镇、古渎乡、绸缪乡、后周乡成立工会工作委员会，由党委副书记担任委员会主任。2000 年后，逐步建立各企业工会，乡镇也建立工会组织。

2007 年 3 月，绸缪、后周镇并入别桥镇，别桥镇配专职工会工作委员会副主任。2010 年 7 月 1 日，市总工会发文同意成立溧阳市别桥镇总工会。经过一年的筹备，别桥镇于 2011 年 7 月上旬召开别桥镇总工会第一届委员会第一次代表大会，出席会议的工会代表 72 人。会议选举产生别桥镇总工会第一届委员会主席范卫平、副主席王敏，委员 5 人；别桥镇总工会第一届经费审查委员会主任 1 人、委员 2 人；别桥镇总工会第一届女职工委员会主任 1 人、委员 4 人。

2013 年，全镇共建立基层工会 121 个，有工会会员 8683 人。其中，机关事业单位工会 50 个，工会会员 1152 人；企业工会 71 个，工会会员 7531 人。

二、主要工作和活动

1951 年，别桥镇工会发动职工开展“抗美援朝、保家卫国”的支前运动，签订爱国公约，厉行增产节约，号召工会会员“节约一分钱、一口粮”来支援前线。1952 年“三反”运动中，工会组织成为主力军。镇工会创办职工俱乐部，组织职工学习时事文化，许多职工参加工会举办的夜校，认字学文，摘掉文盲帽子。

“文化大革命”开始后，各单位工会活动停止。

1973 年工会组织恢复后，工会围绕党委和政府各个时期的中心任务，对职工进行思想教育，组织职工进行岗位培训；参与本单位的民主管理、民主监督；开展劳动竞赛、争先创优活动；互帮互助，为困难职工排忧解难；协调劳资关系，维护职工合法权益。

20 世纪 80 年代，别桥镇现境内原各公社（乡）的基层工会组织以开展职工民主管理，维护职工合法权益为工作重点，坚持职工代表制度作为职工民主管理的主要形式，坚持做好职代会的提案工作。1986 年起，境内各基层工会组织广泛开展“讲传统、明使命、当主人”为主题的教育活动和“争创学习型班组，争做知识型职工”等活动，引导鼓励职工提高自身素质。组织开展评选文明职工标兵等活动，涌现出一批市、镇级企业先进人物。

90 年代，以职代会为依托，推行厂务工作，按照“统一建立组织、统一公开内容、统一公开时限、统一公开程序、统一公开方式、统一档案管理”的要求，逐步走上制度化、规范化的轨道。1995 年，根据市总工会、市劳动局下发的有关文件，境内各企业工会做好集体合同的实施工作，把工资福利、劳动保护、安全生产、交纳保险金、维护职工特殊利益等职工关注的热点，纳入集体协商和集体合同范畴。至 2001 年年底，别桥、绸缪、后周镇的企业都签订区域性、行业性合同。

2010 年，别桥镇被江苏省总工会评为 2009 年度“江苏省工会工作模范乡镇”。

2013 年，别桥镇总工会以“强基层、增活力、转作风、办实事”为目标，针对不同行业、不同层面的职工群体、结构、岗位特点，开展一系列维护职工权益、困难职工帮扶、文艺演出等活动。建立帮困救助机制，落实职工生活福利设施及夏令防暑降温、冬季防冻保暖等工作。加强对特困职工生产、生活的了解，建立困难职工信息库，随时掌握他们的生活和思想动态。镇工会共帮扶困难职工 15 人，捐赠帮扶资金 2 万余元。开展“春送岗位”“夏送清凉”的服务活动，对困难劳模、因大病、子女上学和自然灾害的特殊原因导致生活特别困难的职工走访慰问，切实为他们排忧解难。深入单位企业，指导帮助职工与企业签订劳动合同，督促企业严格执行《女职工劳动保护特别规定》，为职工办理养老、医疗、工伤等社会保险。

“五一”期间，组织别桥镇木兰拳队参加市总工会举办的职工木兰拳比赛。组织“我为企业发展献一计”的活动，在职工中营造学先进、创一流、做贡献的良好氛围。江苏力乐汽车部件股份有限公司车间主任李维新 2013 年被评为江苏省劳动模范，还有两位企业工人被评为企业“创新能手”。江苏兴盛风能有限公司、江苏万兴特种建材有限公司被评为溧阳市“工人先锋号”。

至 2013 年，全镇 15 个企业工会有职工活动室，10 个企业工会有图书阅览室和宣传橱窗。54 个企业工会被市总工会评为合格“职工之家”。

第二节　农民团体

民国 30 年（1941 年）6 月，后周区抗日民主政府（辖后周、绸缪、阴梓、下梅、古渎、余桥、濑阳）辖区内的乡及各个行政村建立农民抗日救国会（简称农救会）。农救会在组织农民开展减租减息，为新四军、抗日民主政府筹粮筹款，动员青壮年参加新四军，开展拥军优属等方面起了重要作用。

11 月 28 日，发生震惊大江南北的塘马战斗。塘马战斗后，隶属于抗日游击区的后周区抗日民主政府的农民抗日救国会，主任由李东、陆萍（女）、陈广和（烈士）担任。组织会员支援部队，打击敌人；兼顾搞好治安、减租减息、发展生产、互助互济、改善生活等方面的工作。

民国 38 年（1949 年）5 月 7 日溧阳县人民政府成立后，建立农村政权，成立乡政府和乡农民协会，组织农民恢复生产，生产自救。

1950 年 10 月，溧阳县农民协会成立，别桥区所辖 12 个乡、82 个行政村农民协会（农会）相继成立。乡农会设主任 1 人，委员 5 ～ 7 人；村农会设农会会长 1 人，或农会组长 1 人。农会主要任务是组织农民开展大生产，贯彻党在过渡时期的总路线，征收公粮，支援抗美援朝，拥军优属，维护社会治安，处理民事纠纷等。农会在群众中享有较高的威信，土地改革运动中，提出“一切权力归农会”的口号。随着互助合作化运动的发展，1958 年，农会被农业合作化组织替代。

1964 年 3 月，境内农村开展社会主义教育运动（简称“社教”或“四清”运动）。6 月，中共中央颁布《中华人民共和国贫下中农协会组织条例（草案）》。在“社教”运动后期，别桥、湖边、古渎、绸缪、后周公社和所辖的 64 个大队成立贫下中农协会（简称贫协），生产队建立贫协小组。公社、大队贫协有主任、副主任；生产队贫协小组有贫协组长，或称贫协代表。贫协组织的职能是代表贫下中农的利益，动员各自的公社、大队、生产队的农民发展生产，备战、备荒，学习党的方针政策，积极参加社会主义教育运动，为加速建设社会主义新农村而奋斗。

1965年10月6～10日，溧阳县召开第一次贫下中农代表会议。“文化大革命”初期，各级贫协组织开展“忆苦思甜”教育和阶级教育。1968年，贫协组织管理农村学校、商业、合作医疗等。1974年10月，别桥、湖边、古渎、绸缪、后周公社分别召开第二次贫下中农代表大会。所辖大队于1975年组成第一届贫下中农协会，设主任1人，委员7～9人。

1976年后，贫协组织作用逐步弱化。1984年2月，溧阳县人民政府撤销贫下中农协会组织。此后不存在农民团体组织。

第二章 青少年与妇女团体

第一节 中国共产主义青年团

一、组织机构

抗日战争时期，后周区抗日民主政府及所辖的乡、村组建青年抗日救国会（简称青抗会），动员青年投入抗日活动，为新四军和地方抗日武装输送兵员。抗日战争胜利后，别桥区境内各乡镇成立青联会，动员并组织青年投身解放战争。

1950年上半年，中国新民主主义青年团（简称青年团）别桥区委员会成立，下辖12个小乡成立团总支，各单位、村建立团支部。1955年12月，别桥区有青年团团员688人。1956年撤区并乡后，别桥、古渎、后周三乡建立乡团委，下设团支部。

1957年5月，中国新民主主义青年团改称中国共产主义青年团（简称共青团）。是年8月，别桥、后周乡建立共青团乡委员会。1958年，别桥、后周乡团委改称公社团委。1961年6月，湖边、古渎、绸缪公社组建公社团委。

1966年“文化大革命”开始后，共青团组织活动中断，红卫兵取代共青团，红卫兵代表会议代替团代会。

1970年，共青团恢复组织活动，团组织得以发展。1971年1月18日，别桥公社召开共青团代表大会，出席代表147人。大会选举产生由11人组成的新一届中国共产主义青年团别桥公社委员会。湖边、古渎、绸缪、后周公社也先后召开共青团代表大会，各自选举产生新一届共青团公社委员会。

1973年4～6月，别桥、湖边、古渎、绸缪、后周五公社先后召开共青团代表大会，选举产生别桥13人，绸缪12人，湖边、古渎、后周各11人组成的各公社共青团委员会。

1980年3月，共青团别桥公社第十次代表大会在别桥集镇召开，大会选举产生由13人组成的共青团别桥公社第十届委员会，建立团总支1个，大队、企事业单位团支部32个，有团员693人。4月25日，湖边公社召开第十次共青团代表大会，大会选举产生由7人组成的共青团湖边公社第十届委员会，建立团支部18个，有团员368人。10月8日古渎公社召开第十次共青团代表大会，大会选举产生由10人组成的共青团古渎公社第十届委员会，建立团支部24个，有团员346人。同日，后周公社召开第十次共青团代表大会，大会选举产生由10人组成的共青团后周公社第十届委员会，建立团支部45个，有团员937人。绸缪公社第十次团代会无资料记载。1980年，绸缪公社团委建立团支部18个，501名团员。

1983年，现境内的原各公社团委更名为乡团委。1985年，别桥镇、湖边、古渎、绸缪、后周乡建立乡镇级团委5个、团总支3个、团支部107个，团员2708人，其中女团员1125人。

1987年10月，别桥中学团总支改为共产主义青年团别桥中学委员会，隶属于团县委领导。

1988年5月28日，共青团别桥镇第十二次代表大会召开，大会选举产生由11人组成的共青团别桥镇第十二届委员会。湖边、古渎、绸缪、后周乡相继召开共青团第十二次代表大会，选举产生各乡的共青团第十二届委员会。

1989年4月12日，别桥中学团委召开第二次共青团代表大会，出席代表35人，选举产生由9人组成的共青团别桥中学第二届委员会。1993年2月8日，别桥中学团委举行第三次共青团代表大会，会议选举产生由9人组成的共青团别桥中学第三届委员会。3月20日，团市委同意湖边中学成立团总支，隶属于别桥中学团委。

1993年3月26日，别桥镇团委召开第十三次共青团代表大会，大会选举产生共青团别桥镇第十三届委员会。

1993年，后周撤乡建镇，建立共青团后周镇委员会。2000年，古渎乡并入绸缪，建绸缪镇，建立共青团绸缪镇委员会。

2007年3月，绸缪、后周镇并入别桥镇。5月，共青团别桥镇第十七次代表大会在镇政府会议室召开，出席大会代表67人。大会选举产生由11人组成的共青团别桥镇第十七届委员会，下辖52个团支部。

2010年5月28日，别桥镇团委举行第十八次共青团代表大会和共青团别桥镇第十八届委员会第一次全体会议，大会应到代表51人，实到代表41人。大会选举产生由7人组成的共青团别桥镇第十八届委员会，选举出席共青团溧阳市二十二次代表大会代表10人。

图17-1　2010年5月共青团别桥镇第十八次代表大会

2013年4月11日，别桥镇第十九次共青团代表大会于在镇政府会议室召开。大会应到代表51人，实到代表45人。大会选举产生由7人组成的共青团别桥镇第十九届委员会，选举10人为共青团溧阳市二十三次代表大会代表。下设38个团支部，团员1347人，其中女性团员612人，少数民族团员6人。别桥中学团委有15个团支部，团员265人。

二、主要工作和活动

1950年后，别桥区团委、乡团总支发动团员青年投入土地改革、抗美援朝、镇压反革命、“三反”“五反”运动和社会主义改造等运动，充分发挥共产党助手的作用。在农业生产中，组织青年突击队，兴修水利、垦荒植树，除“四害”，开展农业生产试验。在企业中，动员团员青年参加民主改革，开展爱国增产节约运动。

1960～1965年，境内原各公社团委组织团员青年开展以种植为主要内容的活动，成立青年突击队86个，大战低产田，种好十边地（即村头、河埂、坟地等荒废地）。带领团员青年学习毛泽东著作，广泛开展学雷锋做好事的活动，发动团员青年参与社会主义教育运动，开展比、学、赶、帮竞赛。

1977年起，别桥、湖边、古渎、绸缪、后周公社团委组织各团支部、团员学习《毛泽东选集》第五卷，学习共青团全国十大会议精神，开展社会主义劳动竞赛，争当新长征突击手。1979年5月，别桥公社诸里大队团支部被团县委命名为新长征突击队，下尖圩大队团支书张彩英、后周公社西马大队团支书张小明被团县委、团省委命名为新长征突击手。

1981～1982年，在宣传开展“五讲四美三热爱”的过程中，别桥镇现境内的原5个公社涌现出一批先进集体和先进个人，受县表彰的先进团支部5个、先进个人14人。

1983～1984年，别桥、湖边、古渎、绸缪、后周乡团委在农村团员青年中开展“四提倡、四反对”（即提倡节俭，反对大办婚事；提倡男女平等，敬养老人，反对歧视虐待妇女老人；提倡相信科学，反对封建迷信；提倡健康的文化娱乐，反对赌博）的教育活动，使团员成为转变村风、民风、社会之风的先锋。

1985年，围绕党的中心工作，以“有理想、有道德、有文化、有纪律”为目标，别桥镇现境内原5个乡镇团委，积极开展团的思想教育活动、生产活动，活跃健康有益的文体活动，激发团员和青少年为建设社会主义物质文明、精神文明争做贡献。要求农村团员、青年开发农村经济、美化繁荣家乡、树立致富信念。后周、绸缪等革命老区的团组织开展以“抗战时期我的家”为主题的“寻根”纪念活动。

1986～1989年，别桥镇现境内乡镇企业团组织围绕“实行厂长负责制、增强企业活力”的主题，开展“三优”（即优质服务、优美环境、优良秩序）、“五小”（即小发明、小改造、小革新、小设计、小建议）竞赛、“双增双节”（增产节约、增收节支）等活动。农村团组织围绕“学技、致富、建功、成才”主题，开展“金钥匙”知识智力竞赛系列活动，举办各类实用技术培训。

20世纪90年代，别桥、古渎、绸缪、后周四乡镇团委、团支部广泛开展“学雷锋、树新风”、“学、比、争”（学先进、比贡献、争创文明岗位、争当文明青年）和“青年文明岗位”等活动，促进两个文明建设。农村团组织开展以“三争三创”（争当推广农业新科技带头人，创办项目示范基地；争当带领农民闯市场的带头人，创办营销服务实体；争当发展农业产业化经营的带头人，创办加工龙头企业）为主旨的青年兴农竞赛活动。推动科技兴农青年致富工作。1994年12月，后周镇团委“百亩抛秧示范方”入选溧阳市十大优秀科技工程，有一名团员被评为溧阳市优秀科技兴农带头人。

进入21世纪，别桥、绸缪、后周镇团委及下辖各个团支部组织团员、青年深入学习毛泽东思想、邓小平理论和“三个代表”重要思想，开展“十佳”青年和“十佳”青年创业者评选活动。以“八荣八耻”为主要内容，引导团员青年树立正确的社会主义世界观、人生观、价值观。举办以“反对邪教、破除迷信、崇尚科学、传播文明”为主题的反邪教活动，提高青少年明辨是非的能力。

2007至2010年5月，共青团别桥镇第十七届团委发动镇、村、单位团组织利用爱国主义教育基地，利用各纪念日，以爱国主义教育为抓手，开展“青年志愿者服务”“讲文明、树新风”的活动。

贯彻落实党中央《公民道德建设实施纲要》，倡导“爱国守法、明礼诚信、团结友善、勤俭自强、敬业贡献”的基本道德规范。动员团员、青年投身公益，融入社会服务，把学雷锋行动和青年志愿者活动融合。每年3月作为“青年志愿者集中服务月”，镇、村、单位团委（支部）组织团员、青年对本村、本单位的退休干部、职工以及孤寡老人、烈军属、五保户、残疾人员进行慰问，为其居室搞清洁卫生，洗衣洗被。镇团委在全镇的“一团一品”活动中，评选出镇“十佳”农村青年经纪人。希望工程圆梦行动中，境内30位贫困家庭学子经上级团委审核获得每人4000元的助学金。“捐献一张废纸、奉献一片爱心”活动中，为3名患病儿童申请了手术救助。

图17-2　2013年5月后周中学团活动

别桥镇团委围绕本镇的经济建设，以推动科技进步和造就担负跨世纪发展重任的高素质青年人才为立足点，开展农村青年“读书、学技、成才”和“三争三创”活动，以培训班形式培养“科技兴农产业化带头人”“农业经纪人”。一批团员青年领办科技推广项目，形成五大基地和五大合作社。

镇团委完善团组织管理，组建别桥镇大学生村官团支部，实现团省委关于大学生村干部“三个百分百”的要求。组织大学生村官志愿服务队去水西新四军江南指挥部纪念馆参观学习。

2010年5月至2013年3月，共青团别桥镇十八届委员会按照上级团委部署，围绕“农业稳镇、商业立镇、工业强镇、科教兴镇、人气旺镇”的指导思想，联合农科站、社区教育中心，组织农村团员、青年参加水产养殖、青年创业、花卉苗木、大棚蔬菜等培训班。在企业中，围绕建立现代企业制度的中心，以“五小”竞赛活动为载体，组织团员青年员工开展“实践育人”“青年岗位能手竞赛”“创新创效”评比等活动。

镇团委在政府网站“青年之家”板块中不断更换国内外新闻和资讯，每季度印发一期共青团工作简报，加强共青团工作的理论务实化和服务效率化。镇团委以寓教于乐、文化育人为宗旨，适应青年不断增长的文化需求，在“三八”妇女节、“五四”青年节、“六一”儿童节、国庆节、元旦举行主题鲜明、寓意深刻的活动。

2010年6月5日，镇团委带领20多名团员志愿者，与别桥村、合星村100余名留守儿童开展“爱国、尊老、自强”社会实践活动。9月1日，镇团委有关人员陪同镇政府领导走访7个希望工程圆梦行动受助学生家庭，发给每位受助学生3000元的助学金。

2011年8月25日，别桥镇团委负责人和市委组织部部长、团市委领导走访慰问别桥镇受助贫困大学生代表。

2013年，第十九届镇团委号召全镇团员青年积极投身“百亿镇”的创建活动，为建设“和谐别桥”起先锋作用。发动机关事业单位团员、青年为节能环保谋虑24个金点子，4名文明交通服务志愿者参与溧城城区交通文明劝导工作。

开展扶贫帮困爱心助学工作。2013年，镇团委为8位大学新生申请到市希望工程圆梦行动每人3000元的助学金。2004～2013年，共募集资金5万元，困难学生116人次得到资助。

2007～2013年，别桥镇境内涌现出一大批杰出青年人才：常州市科技兴农致富带头人5人，溧阳市科技兴农致富带头人9人，溧阳市新长征突击手5人，溧阳市青年岗位能手10人，青年志愿者先进个人25人。全镇共青团员中有46人被吸收为中共正式党员，8人为中共预备党员。

附：中国三民主义青年团别桥地区组织

民国29年（1940年）2月，中国三民主义青年团（简称“三青团”）骨干朱伯儒到溧阳以学校为阵地，进行三青团组织秘密活动。民国32年（1943年）10月溧阳第三次沦陷后，三青团组织停止活动。民国35年（1946年）1月，三青团溧阳分团在溧阳建立14个三青团区队、8个直属分队。时别桥地区的三青团为第十一区队，下辖3个分队。徐逢春为区队长，沈裕雅为副区长；第一分队长沈海松，第二分队长庄莹，第三分队长蔡恒法。1948年5月，根据国民党第六届中央执行委员会第四次全会关于国民党中央党部和三青团组织合并的决定，国民党溧阳县党部与三青团溧阳县分团合并，同时进行党团合并登记。凡登记的三青团员均转为国民党员，三青团组织不复存在。

第二节　中国少年先锋队

一、组织与队员

新中国成立前后，农村以行政村、集镇以街道为单位，普遍成立儿童团。1949年10月，团中央作出建立中国少年儿童队的决定，少年儿童队一般在学校内建立，社会上不再另行组织。1950年“六一”儿童节前，别桥、湖塘、古渎、绸缪、后周中心小学及部分村级完小都建立少年儿童队，教师担任辅导员。至1953年上半年，别桥区境内所有小学校均建立少年儿童队组织。同年8月，团中央又决定将中国少年儿童队的名称改为中国少年先锋队（简称少先队）。1954年，别桥、湖塘、古渎、绸缪、后周乡有36所小学建立少先队大队，以班级建立中队，每个中队分设2～3个小队。少先队员人数占在校少年儿童的25.2%，占在校队龄儿童总数的59.5%。少先队员佩戴红领巾。

1965年，别桥镇现境内原各公社54所小学和4所初级中学建立少先队组织。

“文化大革命”开始后，境内57所小学、初中建立红小兵组织，取代少先队。1975年，别桥公社有红小兵1567人，湖边公社有红小兵790人，古渎公社有红小兵856人，绸缪公社有红小兵946人，后周公社有红小兵2450人。

1978年10月，中国共产主义青年团十二中全会决定恢复中国少年先锋队的名称，红小兵组织随之消失。经过重新整组，少年队组织有新的发展。别桥公社有少先队员3085人，湖边公社有少先队员1523人，古渎公社有少先队员1464人，绸缪公社有少先队员1661人，后周公社有少先队员3417人。

1982年，别桥、湖塘、古渎、绸缪、后周境内所有初中、小学（含村级）都建立少先队组织，小学的队龄儿童全部加入少先队。5个公社有少先队大队63个、少先队中队276个、少先队队员9413人；聘请大队辅导员63人、中队辅导员276人，后周公社还聘请校外辅导员11人。

1986年，别桥镇现境内原5个乡镇有少先队队员8149人，组建53个少先队大队、268个少先队中队，聘请大队、中队辅导员321人。2007年，别桥、绸缪、后周3个镇有少先队队员3042人，少先队大队4个，少先队中队69个，聘请大队、中队辅导员73人。2013年，别桥镇有少先队队员2024人、少先队大队4个、少先队中队57个，大队、中队辅导员61人，校外辅导员15人。

二、主要活动

新中国成立前夕，儿童团团员在党的领导下，与青年团、民兵等组织紧密配合，开展宣传和站岗、放哨等活动，严防阶级敌人破坏，保卫胜利果实，充分发挥广大少年儿童的革命积极作用。

1953年中国少年先锋队组织建立后，别桥区境内各学校的少先队开展有益于少年儿童身心健康的活动，对少先队员进行爱祖国、爱人民、爱劳动、爱科学、爱护公共财物的“五爱”教育，还开展“小五年计划”活动。

队活动是少先队主要活动，以大队、中队或小队为单位进行，每次活动一般为一小时。活动形式：举行主题会、报告会，“五一”、“六一”、“七一”、国庆等节日庆祝会、读书会、故事会及上队课、入队和离队仪式，进行选举、参观访问、文体活动、科技作品制作、书法、绘画比赛、公益劳动、为群众做好事等。

20世纪60年代初，境内各学校少先队组织少先队员开展学雷锋、创“三好”（思想品德好、学习好、身体好）、互帮互学、尊敬师长的活动。

“文化大革命”期间，在极“左”路线的影响下，一些红小兵参与所谓“破四旧”、“立四新”、“四大”（大鸣、大放、大字报、大辩论）和学校“斗、批、改”运动，干扰了学校的正常教学秩序。在学校刮起“无政府主义”歪风，有些人损坏学校财物，心目中没有学校纪律，使教育事业蒙受极大的损失。1976年后，红小兵的活动内容和形式有所改进。

1978年10月中国少年先锋队恢复名称后，别桥、湖边、古渎、绸缪、后周公社境内的各学校的少先队组织少先队员开展“五讲四美三热爱”活动，进行热爱社会主义祖国、热爱共产党、热爱人民以及理想、前途、纪律、共产主义道德、学习目的性教育，并通过学习少先队知识和共青团的基本知识，开展文娱体育、科学技术、公益劳动等活动，培养少年儿童健康成长为有理想、有道德、有知识、有体力、守纪律的一代新人。

1978年，别桥镇现境内原各中小学少先队开展全国“创造杯”竞赛、好队长评比、勤巧小队等活动。后周公社境内的学校少先队组织获得29个“创造杯”竞赛奖，2名少先队干部被评为全国少先队好队长，教师罗金保被评为全国优秀少先队辅导员。

1980年，别桥中心小学少先队大队部要求每位少先队员“找一个岗位、学一门知识、掌握一项本领”，从中明白一个道理、培养一种美德、体验一种快乐，以全面提高在校少年儿童的基本素质。

1984年，后周小学少先队创建罗忠毅中队和廖海涛中队，聘请在后周战斗过的革命老先辈江渭清等7人担任校外辅导员，革命传统教育成为后周小学少先队组织教育少年儿童的主要内容。在1986年度全国少先队好队长评比中，后周小学少先队获全国少先队好队长“大雁奖”。罗忠毅、廖海涛中队在2002年5月被命名为江苏省英雄中队。

1987年，现境内各学校少先队开展“红领巾文明行动”活动，组织少先队员参加全国各族儿童“勤巧小队”友谊赛。

1988 年 5 月 25 日，别桥镇召开少年先锋队和少先队辅导员代表大会，大会表彰少年队先进集体 2 个、优秀辅导员 7 人、优秀少先队员 13 人。同年，共青团中央《关于开展优秀少先队中、小队活动决定》发布后，境内原 5 个乡的学校少先队开展“思想教育好”“活动开展好”“队的作风好”“队干部工作好”为内容的竞赛活动。活动中，境内有 3 个少先队中队被评为溧阳县优秀“四好”少先队中队。

1991 年，团市委围绕学习赖宁精神，在全市中小学少先队组织内发动“红领巾在行动”的小队活动竞赛。别桥、古渎、后周境内小学有 8 个少先队中、小队获“红领巾在行动”优秀小队称号。

1996 年，境内各学校少先队响应中国少年先锋队溧阳市第二次工作会议的号召，开展以“五自”（自学、自理、自护、自强、自律）为主题的学习实践活动，学习“五自”知识，掌握“五自”本领，开展“手拉手”互助，培养少年儿童高尚品质，培养少年儿童勤奋学习、刻苦钻研的精神，推进跨世纪少年雏鹰行动。后周中心小学少先队大队被团市委、教育局命名为“雏鹰红旗大队”。

2003 年，境内各学校少先队实施“新世纪青少年读书计划”，开展少年儿童主题读书活动。

2004 年，别桥、绸缪、后周镇境内各学校少年队坚持以爱国主义教育为核心，体验教育为途径，素质教育为导向，不断拓展少年儿童的综合素质。

从 2007 年起，别桥中心小学少先队大队，每年开展一次“安全、感恩、诚信、爱科学、礼仪文化”主题教育活动。2007 年，别桥、绸缪、后周小学少先队以“服务新农村，培养新农村建设者”为目标，开展“红领巾飘扬新农村”主题实践系列活动。2008 年，古渎小学少先队大队绿苗社团开展绿色环保系列活动。12 月，获“江苏省优秀红领巾社团”称号。

2010 年，为推动少先队员多元发展，成立乡村学校少年宫。乡村学校少年宫组织思想道德、艺术手工、学科拓展、体育竞技、校园特色等活动团队。

图17-3　2012年6月后周小学少先队活动

2012 年，团市委动员全市少先队员以志愿者和体验教育为主要形式，参与环境卫生整治工作。境内 4 所小学 1964 名少先队员成立“红领巾环境卫生监督队”“红领巾清洁服务队”，定期开展志愿服务和体验教育活动。

2013 年 9 月 13 日，别桥中心小学少先队员在江苏省乡村学校少年宫建设项目骨干人员培训班上，以生动的形式、独特的视角展示“水之韵”乡村学校少年宫活动成果，受到各级领导、培训人员的赞叹。

第三节　妇女团体

一、妇女组织

民国 30 年（1941 年），在中共溧阳县委的领导下，别桥区及下辖各乡组成妇女抗日救国会（简称妇救会）。

1953 年，别桥区及所辖 12 个乡相继成立民主妇女联合会，村组建妇女委员会。1957 年 9 月 9 日，民主妇女联合会改称妇女联合会（简称妇联）。“文化大革命”期间，妇女联合会工作处于停顿状态。1973 年，别桥、湖边、古渎、绸缪、后周公社恢复妇女联合会，各大队妇委会也改组成立。

1981 年，别桥、湖边、古渎、绸缪、后周 5 个公社分别召开第七次妇女代表大会，大会选举产生由 7 ～ 12 位妇联委员组成的各公社第七届妇女联合会。

1987 年，别桥镇现境内原 5 个乡镇先后召开第九次妇女代表大会，分别选举产生由 7 ～ 9 位妇联委员组成的各镇第九届妇女联合会。

1994 年，乡镇妇女联合会主任改称妇女联合会主席。

2002 年，别桥、绸缪、后周 3 个镇分别召开第十三次妇女代表大会，选举产生 3 个镇第十三届妇女联合会。

2007 年 3 月，绸缪、后周镇并入别桥镇。同年 6 月 6 日，别桥镇第十四次妇女代表大会在别桥镇政府会议室召开，出席大会的妇女代表 82 人，选举产生由 9 位妇联委员组成的别桥镇第十四届妇女联合会。

2012 年 7 月，别桥镇第十五次妇女代表大会在镇政府大楼召开，出席大会的妇女代表 78 人。大会听取并审议《围绕中心，服务大局，扎实推进妇女儿童事业又好又快发展》的工作报告。选举产生由 9 位妇联委员组成的别桥镇第十五届妇女联合会。

图17-4　2017年6月召开别桥镇第十六届妇女代表大会

2013 年，别桥镇妇女联合会下辖 51 个妇代会，其中村妇代会 18 个，企事业单位妇代会 33 个。

二、主要工作和活动

抗日战争时期，境内区、乡妇救会组织妇女参加抗日救亡活动，开展优待抗属，动员丈夫、兄弟参加新四军。民国 34 年（1945 年）2 月天目山反顽战斗时，湖边地区妇女做军鞋 100 余双，慰劳参加天目山战斗的新四军战士。

1953 年，别桥区及所属乡民主妇女联合会组织、带领妇女学习文化，学习政治，广泛宣传《中华人民共和国婚姻法》（简称《婚姻法》），动员妇女积极投身于社会主义革命和社会主义建设。

1966 年“文化大革命”开始后，妇联的专项活动停顿。

1973 年，别桥镇现境内原 5 个公社的妇女联合会、大队妇委会工作恢复。妇联组织广大妇女参加“农业学大寨”活动。在“农业学大寨”活动中，不少生产大队妇委会组织成立“铁姑娘”队、“八大嫂”队，“铁姑娘”“八大嫂”们巾帼不让须眉，参加县、公社大型水利、公路建设，投入格田成方、平整土地的农田基本建设。

1980 年，乡镇（公社）妇联组织妇女投入农村改革，围绕经济建设的中心，建设社会主义新农村，挖掘发挥妇女的智慧和潜力，开展多方位的工作和活动。

【维护妇女合法权益】 1986～1987年，别桥镇现境内原5个乡镇举办“九法一例”（宪法、刑法、刑事诉讼法、民事诉讼法、民法通则、婚姻法、继承法、兵役法、经济合同法和治安管理条例）培训班，各村、单位妇女干部参加培训。1989年开展“破四旧、立新风”活动，组织百名妇女参加全国法律知识竞赛。

别桥、绸缪、后周镇第十三届妇女联合会与司法部门配合，组织妇女学习新《中华人民共和国妇女权益保障法》（简称《妇女权益保障法》）、《婚姻法》和《溧阳市“十五”妇女儿童发展规划》等法律法规。2002年后的5年中，3个镇妇联举办法律培训班20多期，累计2000多人次参加培训。

2007～2012年，别桥镇妇联不断优化妇女儿童发展环境，把“三八”维权与“不让毒品进我家”“反家庭暴力”“预防艾滋病”等活动有机结合，举办多场法制讲座，印发《妇女权益保障法》《婚姻法》《新婚姻法释义》《婚姻法百问》、创造“平安家庭”日常用语、计划生育等宣传材料400多份，引领妇女学法、懂法、守法，提升妇女自我维权能力。建立巾帼维权岗，让妇女远离家庭暴力。

2013年，别桥镇妇联聘请司法所干部为农村妇女举行法律知识讲座，开展法律进家庭活动。为妇女群众答疑解难，接待来信来访8次，处理8次，结案率100%。

【创建“五好家庭”，争当“三八红旗手”】 1980年后，别桥、湖边、古渎、绸缪、后周乡镇（公社）妇联在境内妇女中开展争创“五好家庭”（遵守纪律好、执行政策好、努力学习好、参加社会活动好、计划生育好）活动，弘扬传统美德，促进社会主义风气好转。号召妇女争当“三八红旗手”。1986年，原别桥镇妇联表彰“五好家庭”61户、“三八红旗手”22人。后周卫生院张彩英于1983年12月荣获江苏省“三八红旗手”称号。1995年，陈巷村马山华被评为江苏省“三八红旗手”。

2002～2007年，别桥、绸缪、后周3个镇有市（县）、镇级“三八红旗手”53人。2010年“三八”妇女节，别桥镇评出镇级“三八红旗手”10人。2011年，别桥镇妇联在“三八”妇女节表彰镇级“五好文明家庭”90户、“五好文明家庭标兵”18户。2012年，全镇评选出“五好文明家庭”92户。2013年，全镇表彰镇级“五好文明家庭”108户。

【“巾帼建功”活动】 1991年，别桥、古渎、绸缪、后周4个乡镇妇联在各自乡镇开展“学政治、学文化、学科学、学技术、学管理，比思想、比质量、比服务、比成绩”竞赛活动（简称“巾帼建功”），号召广大镇、村妇女发扬自尊、自信、自立、自强的精神，在各自岗位建功立业。2002～2007年，别桥、绸缪、后周3个镇有“巾帼示范岗”28个，其中省级1个、常州市级6个、溧阳市级21个。

2011年，镇妇联组建“巾帼志愿者”队伍，全镇217名优秀青年妇女加入“巾帼志愿者”队伍。“巾帼志愿者”队伍服务活动包括扶贫帮困、权益维权、儿童教育、环境保护、社区服务、文化活动等。

【儿童工作】 2002～2007年，别桥、绸缪、后周镇十三届妇女联合会，协调社会力量做好儿童工作，重点围绕提高民族素质的目标，为儿童健康成长办实事、办好事。配合学校办好

“六一”儿童节庆祝活动，切实做好“爱心助学、捐资助学”工作，给特困学生赠送学习、生活用品，3 个镇有 100 多位特困儿童得到相应的扶持和帮助。

2007 ～ 2012 年，别桥镇妇联在全镇范围内开展温暖关爱活动，关心弱势儿童的成长，实施“春蕾计划”“关爱女孩行动”。开展结对助学、爱心助学，累计帮助 50 余名辍学学生、贫困儿童重返校园。关爱贫困留守儿童，对全镇贫困留守儿童逐一调查摸底，建立贫困留守儿童信息库，与学校、村委联系沟通，关心留守儿童身体、心理、生活、学习和情感状况。

2011 年 5 月，镇妇联进一步加强未成年人的思想道德教育建设，促进两代人共同成长，开展“爱与感恩，家庭美德的传承与发展”主题的亲子团训练活动。“六一”儿童节期间，组织有关家庭与别桥中心小学联合举行“家庭智慧大比拼”，激发每个家庭学知识、用知识，学科学、用科学的热情，推动素质教育向家庭延伸。

2012 年 10 月，镇妇联联合别桥商会，成立“爱心助学基金会”，发动全镇企业、爱心人士资助贫困学生，“爱心助学基金会”向境内 7 所学校 40 名学生捐赠助学款 4 万元。2013 年，镇继续开展“爱心助学”活动，成立溧阳市光彩事业促进会别桥分会，实施“牵手结对 1+1”活动，建立扶贫帮困、爱心助学的长效机制。从 2007 年开始，共资助贫困学生 40 人，捐赠助学款 16.4 万余元。

【“双学双比”活动】 1989 年，别桥镇现境内原 5 个乡镇在农村妇女中开展“学文化、学技术、比成绩、比贡献”竞赛活动（简称双学双比），组织开展适合妇女特点的生产竞赛，发展高产、优质、高效农业，立足科技兴农，为农村妇女提供社会服务，对妇女进行文化科技培训。

2002 ～ 2007 年，别桥、绸缪、后周三镇妇联根据农时季节，与农技服务站、农经站等部门联合举办夏熟作物田间管理、水产品高产技术、大棚蔬菜种植技术培训班，每期有 70 多名妇女参加。印发学习资料、技术资料 8300 份，征订农村妇女学习科普资料 800 多份，调动境内农村妇女学习运用科学技术，以科技兴农的热情。在活动中，石凤仙等 10 多位妇女脱颖而出，成为科学种养、劳动致富的带头人，42 名女生产能手受到镇政府表彰。

2013 年，镇妇联在境内农村妇女中树立科技致富带头人榜样，创建科技示范基地。女生产能手王秀珠种植、培育铁皮石斛、秋葵等名贵中草药 400 亩。女生产能手吴晓华总结成功的蔬菜种植技术，成立华生大棚蔬菜专业合作社，发展扶贫帮困协会 500 多人，大棚蔬菜基地面积 1500 亩，带领 200 余户农民脱贫致富。梁荣花的瑛磊农业专业合作社成为带领村民致富的领头羊，通过对农户进行技术辅导，为农户销售花卉树苗，帮助农户增加收入。镇妇联还采取“专家授课、现场指导、结对挂钩”的举措，培养水产养殖女能手。

1985 年后，境内有 6 位妇女被评为常州市劳动模范、1 位妇女被评为江苏省劳动模范。

【培养妇女干部】 镇妇联利用“三八”妇女节，举办妇女骨干培训班；“七一”前夕，会同镇党委组织科，举办农村妇女入党积极分子培训班，培养一批农村妇女骨干。

2013 年 4 月，镇妇联实施行政村妇代会主任竞聘上岗制度，将竞争机制引入村级妇女干部队伍建设中，通过笔试、面试、考察等程序，把真正能适合农村妇女工作的妇女能人选拔到妇代会主任的岗位上。到 2012 年年末，有 91 位农村妇女干部受到镇政府表彰。2013 年，20 位优秀妇女干部受到溧阳市委、市政府的表彰。全镇有 20 名妇女干部担任村党支部委员，有 9 人担任村级主要干部。

第三章 工商业团体

第一节 商会（工商业联合会）

一、商会（工商联）组织

【别桥商会】 民国时期，别桥建有商会，由商业界头面人物出任会长。1949年后，别桥商会曾停止活动。

1952年1月，县工商联成立。根据工商联部署和要求，成立溧阳县工商业联合会别桥办事处筹备委员会，丁竹青任筹委会主任。同年3月3日，别桥工商界第一次代表会议召开，溧阳县工商业联合会别桥办事处正式成立。会议选举出执行委员9人、常务委员7人、监察小组7人，朱庆寿任主任委员。4月下旬，进行同业公会整理工作，将原有的29个业次整理成茶浴饭馆业、鲜肉豆腐业、茶食面饼业、杂货土烟业、南货业、棉布百货业、服装理发业、牲畜地货业、竹木铁铺业9个同业公会及摊贩公会和民船公会，下设绸缪、后周2个工商小组。其后，别桥办事处领导成员有所变动，其所辖组织进行过改组。

1958年人民公社化后，别桥办事处撤销，成立别桥公社工商联，有184个会员。其中，公私合营3人，合作企业会员148人，分为13个会员小组。1959年，别桥公社工商联领导有正副主任3人，常务委员2人，执行委员6人，朱庆寿任工商联主任。

1966年“文化大革命”开始后，别桥公社工商联和工商小组停止活动。

1986年7月县工商联恢复活动后，为便于联合会员和开展活动，成立别桥联络组，组长宋火林，负责联系别桥镇、古渎乡、绸缪乡、余桥乡（现属竹箦镇）的会员。

1995年5月10日，根据溧阳市委办公室下发的《关于筹建乡镇商会的意见》，成立溧阳市别桥商会筹建领导小组，具体负责筹建工作。10月28日，在别桥镇机关会堂召开别桥商会第一次会员代表大会，出席大会代表69人。会议根据别桥商会筹建领导小组的推荐，选举产生由16人组成的别桥商会第一届理事会，王定华任会长，聘请陈兰生等5人任名誉会长。别桥商会下辖别桥镇、古渎乡、绸缪乡、余桥乡的会员。

2000年4月，鉴于别桥商会理事会部分成员工作变动，别桥商会所辖乡镇非公有制经济的发展现状，经市工商联、别桥镇党委、绸缪镇党委、别桥工商所、别桥商会研究，决定调整别桥商会第一届理事会。4月28日上午，别桥商会在别桥镇政府会议室召开一届二次理事会议，选举石阿荣任会长，调整部分理事，聘请新的名誉会长。

2006年9月8日，别桥商会召开第二次会员代表大会。大会选举产生由16人组成的第二届理事会，周国秋任会长，聘请别桥镇党委书记陈志达任名誉会长。

2011年9月6日，别桥商会召开第三次会员代表大会。大会选举产生第三届理事会，宋保兴任会长，理事30人。2013年，别桥商会有会员单位110个。

【绸缪商会】 2006年9月8日，绸缪商会第一次会员代表大会在绸缪镇政府会议室召开，绸缪商会成立。选举产生由9人组成的绸缪商会第一届理事会，曹震鸣任会长，聘请镇党委书记潘荣福任名誉会长。2007年，随着镇区划调整并入别桥商会。

【后周商会】 1959年，后周成立工商小组。1997年，隶属竹箦商会。2006年8月22日，后周商会第一次会员代表大会在后周镇政府大楼召开，后周商会成立。大会选举产生由9人组成的第一届理事会，王良炳任会长，聘请镇党委书记柳建平任名誉会长。2007年，随着镇区划调整，并入别桥商会。

二、主要工作和活动

民国时期商会的出现，促进一些古老的经营方式向近代化转变，清末时家庭作坊式经营渐被现代工商业行替代，如耀华电灯公司、元丰油坊等的崛起。为沟通城乡物资交流，商会定期举办庙会节场，促使购销两旺，促进生产的发展，推动近代科学技术和民族工商业的进步和繁荣。

1949年解放前夕，别桥商会在地下党组织的宣传和教育下，自发组织职工保厂护店，坚守岗位，维护治安秩序，为迎接解放尽责尽力。

1952年后，别桥工商联注重对私营工商业者的团结、教育、改造工作。积极响应党和政府的号召，教育私营工商业者守法经营，组织开展支前、支农、救灾活动。组织工商界人士学习《中国人民政治协商会议共同纲领》，发动工商界积极参加抗美援朝、镇压反革命、“五反”运动等。协助政府加强市场管理，踊跃认购人民胜利折实公债。1953年，别桥工商联团结教育私营工商业者爱国守法，接受党的教育，接受人民群众监督，拥护社会主义改造。为乡政府向工商界摊派捐费，验收度量衡器，维护商业秩序。1954年，对全镇私营工商业开展社会主义改造，至1956年，集镇所有私营工商业都成为公私合营或合作组织企业。

1957年，根据中共中央有关指示精神，别桥工商联广泛开展爱国主义、国际主义和社会主义的教育，对帮助原工商业者坚定走社会主义道路，加速自我改造，逐步成为自食其力的劳动者起到积极的推进作用。

1966年“文化大革命”开始，工商联受到造反派的冲击，停止活动和工作。

1987年别桥商会恢复活动后，商会在抓好自身建设的同时，认真贯彻党和国家的方针政策，坚持“团结、帮助、教育、引导”的方针，积极发展新会员，认真开展对会员的“爱国、敬业、诚信、守法、奉献”的教育，提升会员的素质，转变会员的经营管理理念，引导会员积极开展创建优秀企业文化，加强社会主义精神文明建设活动，加强对会员的“致富思源，富而思进”的教育。引导会员企业做大做强，动员会员积极参与扶贫帮困、爱心助学、爱老助老和社会主义新农村建设活动，为构建和谐社会做贡献。

1995年，别桥商会第一届理事会理事马山华捐助光彩事业“春蕾计划”5名失学儿童就学，经费每年1500元。继后，商会、商会会员每年出资帮困助学。至2013年，共向贫困学生捐赠5.4万元。商会还鼓励会员发挥桥梁作用，参与社会公益活动，为建设境内敬老院、慰问敬老院老人捐款11万元，为农村修筑圩堤、建设道路捐款280万余元。20家会员企业自2003年起的10年中，共慈善捐款580余万元。

别桥商会发掘、培养和推荐政治思想好、作风正派、懂经济、善管理，有一定经济基础的人担任各级人大代表、政协委员，适时组织开展调查研究活动，总结经验教训，反映情况，提出建议。别桥商会成员中，1 人被推选为江苏省第八、第九届人民代表大会代表，1 人被推选为常州市第十三届人民代表大会代表，17 人次被推选为溧阳市（县）第二届到第十三届人民代表大会代表，10 人次当选政协溧阳市（县）委员，8 位商会会员参加别桥镇人代会。他们积极参政议政，为别桥经济建设进言献策。

第二节　私营个体经济协会

随着改革开放的不断深入，个体私营经济日趋兴旺。1983 年年末，溧阳县个体劳动者协会别桥、湖边、古渎、绸缪、后周分会分别成立。它是个体工商业者自我管理、自我教育、自我服务的群众性组织，主要职责是认真宣传、贯彻党的方针政策，组织个体户学习国家的法律，教育会员守纪经营，勤劳致富，爱国敬业，协助工商部门及其他部门对个体户进行监督管理工作，维护个体户的合法权益。成员分布于商业、服务业、运输业、乡镇工业等个体私营企业。

1990 年 4 月，溧阳县个体劳动者协会第四届会员代表大会召开后，别桥镇现境内原 5 个分会重新改选新的领导。

1991 年 8 月 9 日，别桥个体劳动者业余学校成立。个体劳动者业余学校秉承教育为当地经济建设服务的宗旨，聘请退休教师、经商成功人士、运输（物流）专业人员担任学校兼职教师或作专题讲座。至 1996 年，学校开设文化班 22 个，学员 638 人次；运输（物流）理论班 8 个，学员 216 人次；采购销售入门、水产品贩卖等各类专业培训班 35 次，学员 916 人次。而后，乡镇成人教育发展迅速，学习内容丰富，个体劳动者业余学校有计划地安排原校学员过渡到成人教育中心学习，个体劳动者业余学校停办。

1996 年 12 月，别桥、绸缪、古渎、后周个体劳动者协会分会改称溧阳个体私营经济协会别桥、绸缪、古渎、后周分会，产生新一任分会会长。2007 年 10 月，别桥、绸缪、后周 3 个个体私营经济协会分会合并为溧阳市个体私营经济协会别桥分会。2013 年，别桥商会会长兼任溧阳市个体私营经济协会别桥分会会长。

别桥分会坚持“爱国、敬业、诚信、守法、奉献”的宗旨，围绕中心，积极组织会员努力发展经济，参与别桥地区的公益事业和光彩事业，起到党政联系非公有制经济人士的桥梁、纽带作用，并在加大对个体工商户和私营企业的职业道德教育、法制教育、技术培训，促进学习、交流、维权、做大做强企业等方面起到积极作用。

至 2013 年，分会及会员为境内学校建设、抗洪救灾、支持敬老院建设，捐款捐物达 50 余万元。

第三节　消费者协会

1990 年 12 月，溧阳市消费者协会（简称消协）别桥、绸缪、后周分会成立。3 个分会在市消协的领导下，不断推进和完善消费维权体系建设，充分发挥分会的调解作用，努力为消费者投诉维权提供细致周到的服务，全面推进消费维权各项工作的深入开展，尽力打造安全、健康、和谐的消费环境。

2007年10月，别桥、绸缪、后周3个分会合并为溧阳市消费者协会别桥分会。

2011年，溧阳市消费者协会别桥分会围绕“消费与民主”主题，在3月14～15日，采取社会互动、广泛参与等方式开展“3·15”纪念活动。活动现场设立别桥、后周2个咨询点，调派4名工作人员，接待消费者咨询68人次，受理投诉7起，为消费者挽回经济损失3350元。向消费者散发宣传资料300份，上报信息2篇。同年，别桥消费者分会在各行政村设立18个维权投诉站和“12315”联络站，覆盖面100%;举办“一会两站”(即《溧阳商会》，溧阳商会网站、会员企业网站）人员培训班1期，40余人参加培训。发放《中华人民共和国消费者权益保护法》(简称《消费者权益保护法》)、《江苏省消费者权益保护条例》及其他宣传材料120余份。通过“一会两站”，提高消费维权的办案效率，降低人民群众消费维权的成本，切实保障消费者的合法权益。是年，别桥分会共受理各类消费投诉13件，成功调处13件，办结率100%；共接受咨询、接待来访128人次，为消费者挽回经济损失1.52万元。

2012年，别桥分会对辖区18个消费者维权投诉站进行走访，组织1次有80多人参加的消费维权培训。利用“3·15”消费者权益日，发放宣传资料300多份，接受消费维权咨询100多人次，受理调解消费投诉5件，为消费者挽回经济损失4700元。

2013年，别桥分会在“3·15”期间，例行开展消费者维权的宣传活动，发放宣传材料，接待群众消费咨询60人次。5月，根据《中华人民共和国食品安全法》《消费者权益保护法》妥善处理顾客林某与别桥集镇一家饭店7元钱的消毒餐具和消毒纸巾的费用纠纷。是年，受理消费申（投）诉5件，办结5件，结案率为100%。办理消费争议调解2件，调解成功1件，为消费者挽回经济损失450元。

消协别桥分会受理的消费者申（投）诉均按相关规定的时间和程序逐件办理，对不属于分会职能范围的申（投）诉都按有关规定及时进行移送，无积压、瞒报和办理不彻底的情况。依法对商品质量、价格、售后服务等进行社会监督，保护消费者的合法权益，引导消费者科学、合理消费。发现消费纠纷及时调解，将消费纠纷化解在萌芽阶段。至2013年，挽回消费者损失2.37万元。

第四章　残疾人联合会　红十字会

第一节　残疾人联合会

一、镇（乡）村残疾人组织

1992年4月，溧阳市人民政府印发《关于组建乡镇残疾人联合会的通知》。12月，别桥镇、古渎乡、绸缪乡、后周乡成立残疾人联合会（简称残联）。4个乡镇残疾人联合会认真贯彻执行《中华人民共和国残疾人保障法》，以人道主义为旗帜，以“廉洁、务实”为职业道德，动员全社会发扬人道主义精神，理解、尊重、关心、帮助残疾人，营造浓厚的扶残助残氛围，促进残疾人平等参与社会生活，积极引导残疾人树立自尊、自信、自强、自立精神，扎扎实实为残疾人办好事、办实事。

2005年，别桥、绸缪、后周3个镇残联组织设专职干事1人。8月底，33个行政村组建残疾人协会。

2006年4月，市残工委印发《关于进一步加强镇残联、村（社区）残疾人协会组织建设的意见》，别桥、绸缪、后周镇健全残疾人组织。6～7月，3个镇先后召开各镇残疾人联合会第一次代表大会，出席大会代表共152人，分别选举虞水生、景茂松、罗永德担任残疾人联合会主席团主席。镇、村两级组织网络建设得到完善。

2007年，随着区划调整，成立新的别桥镇残疾人联合会，选举王春光担任残联主席。

2011年，江苏省、常州市残联要求及时完成镇、村两级残疾人基层组织规范化建设。根据《中国残疾人联合会章程》规定，7月30日，别桥镇召开残疾人联合会第二次代表大会，出席大会代表63人。大会选举景茂松担任别桥镇残联主席，王春光为执行理事会理事长，指定各行政村残协工作由村会计负责。

二、助残工作

1991年9月15日，实施《中华人民共和国残疾人保障法》（简称《残疾人保障法》），每年5月的第三个星期日为“全国助残日”。

1993年，别桥、古渎、绸缪、后周乡镇残联在全国助残日会同共青团、妇联等部门走访慰问残疾人。利用广播、黑板报、标语，广泛宣传《残疾人保障法》和《中国残疾人事业“八五”计划纲要》，开展社会与残疾人互帮互助活动。

1995～2013年，为肢体残疾人累计赠送轮椅580部。1997～2004年，现境内101户残疾人家庭泥草房、草危房得到改建，共建新房310间，建筑面积1100多平方米，总投资800万元，其中乡镇政府补助500万元，村及社会捐助300万元。2007～2013年，发放502人次残疾人临时补助款68万元。

2005年10月，别桥、绸缪、后周3个镇进行残疾人普查登记工作，3个镇共有残疾人员1829人，其中肢体残疾1168人、听力残疾4人、言语残疾4人、视力残疾302人、智力残疾258人、精神残疾93人。

别桥、绸缪、后周三镇残联会同医院为精神病患者治疗康复，至2004年3月，所有精神病患者均得到免费服药治疗。10月，为20多位白内障患者进行免费手术治疗。2007～2013年，给180人次残疾人发放医疗补助金81万元，实施救助709名重度残疾人员。

2007年9月，设在别桥镇第二小学校址的溧阳市培智学校开设弱智儿童辅读班，有16名弱智儿童参加学习。

2010～2013年，溧阳市残联与别桥镇社区教育中心联合举办12期农民残疾人实用技术和两期多媒体应用、网络实用技术培训班，参加培训达590多人次。通过培训，提高残疾人的动手生产能力，扩大残疾人的就业面。

2011年，根据市政府有关文件，别桥镇落实残疾人生活保障政策。境内符合条件的残疾人家庭全部纳入最低生活保障，并享受比其他低保对象高出20%的低保金待遇；纳入低保范围的残疾人家庭免缴新农合个人缴费部分；城镇三级（含三级）以上持证残疾人免缴居民医保个人缴费部分。制定城镇残疾人护理补贴政策，依据市政府下发的《关于对生活不能自理的贫困重度残疾人员发放补贴的暂行办法》，自7月1日起，对境内16～60周岁的一级重残人员发放护理补贴，城镇每人每月补贴100元，农村每人每月补贴50元。对纳入低保和重残救助后仍然生活困难的残疾人家庭酌情发放临时救助补贴。2013年起，对一户两残以上、依老养残的低保边缘家庭中的残疾人按低保标准的60%救助。

从2005年秋季学期起，实行就学补贴。农村义务教育阶段家庭经济困难的残疾学生实行“两免一补”（即免杂费、书本费、补助寄宿生生活费）政策。2007～2013年，21户残疾人家庭发放助学金12.6万元，对考取专科以上院校的残疾学生和困难残疾人家庭的子女给予奖励和救助。至2013年，境内残疾人家庭子女考取国家公办本科院校的有16名学生，每生每年发放救助金6000元。

图17-5　2013年5月别桥镇残疾人培训

2007年、2010年，别桥镇先后被评为溧阳市、常州市残疾人工作先进集体。

2011年起，新增交通补贴。凡是持证残疾人（包括来别桥务工的外地残疾人），均免费乘坐镇村公交车。对残疾人购买机动轮椅车发放燃油补贴。

2013年，别桥镇共有312户残疾人户列为最低生活保障户，享受低保总额185万元。发放重残救助金319.4万元，惠及691人。是年，镇域内残疾人总数1467人，其中视力残疾230人、听力言语残疾126人、肢体残疾840人、智力残疾200人、精神残疾71人。全镇有劳动能力的残疾人员725人，其中安置就业581人，自谋职业的83人，就业率为91.59%。

第二节　红十字会

1996年5月，别桥镇、古渎乡、绸缪乡、后周乡成立红十字会。4个乡镇的红十字会以保护人的生命和健康、发扬人道主义精神和促进和平进步事业为宗旨，深入学习、宣传、贯彻《中华人民共和国红十字会法》，抓好备灾救灾、卫生救护知识培训、社会服务，传播国际人道法及红十字运动基础知识，宣传红十字会的义务和章程，协助卫生部门宣传、动员群众无偿献血，推动红十字青少年道德教育，预防艾滋病等工作。2010年，别桥镇卫生院、别桥初中、后周初中、别桥中心小学成立红十字会，遵循市红十字会、市教育局联合颁发的《溧阳市中、小学校开展红十字工作办法》，规范和加强校红十字会青少年工作和红十字志愿服务工作。

乡镇红十字会组织卫生院医务人员深入敬老院、学校和贫困村提供义诊服务，为孤老伤残人员和患病特困户送医送药。村头巷口书写“预防艾滋病”“远离艾滋病”“日常生活接触不会传播艾滋病”等标语。在每月8日的慈善活动日（5月8日为世界红十字会纪念日）和卫生院医务人员下乡下村，为敬老院老人及其他服务对象义诊、送药。

2010年5月8日，镇红十字会会员和志愿者在别桥、绸缪、后周集镇开展《中华人民共和国红十字会法》宣传活动，发放宣传资料450份，悬挂宣传横幅8条，制作宣传展板6块，宣传“人道、博爱、奉献”的红十字精神。镇红十字会添置血压计、听诊器、拐杖、轮椅等器具，各村（居）民委员会设立红十字会服务站专用或合用场所，提供卫生保健咨询，免费测量血压、租借轮椅等便民利民服务。

镇红十字会还会同市红十字会做好特困家庭中肿瘤病患者、白血病患者、病重老人、遭遇意外伤害者等对象的救助工作。严格按照《李春平博爱救助资金管理和使用法》开展该项工作。2010年，向全镇30周岁以下贫困家庭白血病患者实施救助，每人发放救助金3000元。2011年，向15周岁以下的贫困家庭白血病患者每人发放救助金3000元。2013年12月26日，镇红十字会对4户0～10周岁患白血病儿童的特困家庭进行慰问，每户带去慰问金1万元。

第五章　其他群团组织

第一节　科学技术协会

1985年，别桥、后周成立科学技术协会（简称科协），有会员230多人。

20世纪90年代，后周镇党委、政府、镇科学技术协会把握农业、农村、农民三大要求，营造以镇科协挂帅，技术骨干带头，典型示范引路，科普网络传导知识和全民学科学、用科学、依靠科学致富的浓烈氛围。至2002年，举办实用技术培训班40多期，编写科技信息50多条，科普集市、咨询、下乡30多次，参加人数6000多人次。2002年，后周镇有科普网络10个，市级科技示范基地2个，实用技术推广点9个。引进并获得溧阳市级立项高效农作物新品种4个，推广先进养殖技术6项，培育农村专业技术示范户500多户，造就了一批传播科技致富的带头人。是年，被命名为溧阳市科普示范镇。

2004年5月15～21日第十六届科普周期间，别桥镇科协协助市科协、教育局联合举办的航天科普巡回展到别桥初中、别桥中心小学巡回展出，3600多名师生参观展览。6月29日的第一个全国科普日，围绕“科学普及——你我共参与”的主题，别桥、绸缪、后周三镇科协组织有关单位，开展到境内企业、行政村发放科技书籍、资料，在集镇张贴标语、悬挂横幅等科普宣传活动。同年，市科协批复成立别桥镇花木、水产协会。

2007年3月，别桥镇政府强化科协在实现“科教兴镇、创百亿强镇”这一目标中的作用，在建立健全镇级科协、村级科普组织的基础上，要求镇科协充分发挥“科学技术是第一生产力”的作用，为企业、种养殖户全方位提供科技服务。

2008年，溧阳市委办公室下发《关于做好镇（区）科协工作的通知》，别桥在8月26日前召开镇科协第六次代表大会，完成镇科协的换届工作，共选出镇科协会员260余人。镇科协下设工业学组、农副业学组、文教卫生学组、农村协会学组。建立以镇科协为枢纽，村科普协会、企业科协和农村专业技术协会为基础的基层科普网络，乡镇科普事业得以新的发展。镇区开设一个6米以上长的科普宣传专（兼）用画廊或黑板报，各行政村都有两块科普宣传画廊或黑板报。镇科协以镇党校、成教中心为培训基地，以农村党员、基层干部、青壮年农民为主要对象，开展多层次、多形式的实用技术培训工作。

根据中共溧阳市委办公室2010年7月发出的《加强对镇科协的领导，健全镇科协领导班子》文件精神，别桥镇于11月上旬完成镇科协换届工作。镇人大主席担任镇科协主席，分管科普工作的副职领导担任科协副主任，镇科协组织得到进一步的健全和加强。

2011年，别桥镇科协以社区教育中心为龙头，利用种植、养殖科教示范基地和其他培训示范基地，积极开展小麦、油菜田间管理技术、水产高产生态养殖技术培训工作。

2012年春节前夕，别桥镇科协围绕“紧跟苏锡常，同步现代化”的中心，积极开展科普活动，推动实施“科教兴镇，创百亿强镇”的各项工作。配合市科协在别桥镇举行农业、科技、教育、司法、医疗保健等方面的科技知识的咨询。活动中发放科技书籍2000多册，资料7500多份，展出图片、展板30多块，发放价值1500余元的实物，义诊400多人，接受群众咨询1000多人次。

2007～2013年，镇科协共举办科技培训30期，受训人员达5980人次；科普讲座12场，有2930人次参加听讲；组织青少年科技活动12次，2370人次参与；印发科普资料8700份。

2013年禽流感暴发期间，镇科协组织相关部门，会同镇卫生院将《禽流感病毒预防指南》及科学预防禽流感等宣传资料张贴、发放到社区、农村、学校。

2005～2013年，境内有江苏省“火炬计划（科技）”项目1个；江苏省科技厅认定的高新技术产品10个，高校农业科技产学研合作项目1个。2013年，全镇完成高新技术产值38.6亿元，比上年增长16.8%；完成专利申请175件，其中发明专利6件，专利申请授权量62件；完成省级海外引智项目3个，完成第四批龙城英才计划5个。

2013年，别桥镇科学技术协会有会员单位36个。

第二节　计划生育协会

1993年12月，别桥镇、古渎乡、绸缪乡、后周镇成立计划生育协会（简称计生协会）。而后，4个乡镇66个行政村相继成立计划生育协会，村支部书记兼任会长。

1994～2006年，别桥、古渎、绸缪、后周4个乡镇及所辖行政村陆续开办人口学校。

2007年，镇行政区划调整，新的别桥镇计划生育协会组建成立。协会依照《别桥镇计划生育协会章程》的宗旨和任务，贯彻“带头、宣传、服务、监督、交流”的五项职能。落实镇、村两级计划生育协会组织机构，健全协会组织网络，把一些有影响、有威信、热心计划生育工作的社会各界人士吸收到新一届计生协会队伍中来。是年，镇计生协会发展新会员253人，新增人才20人。年底，全镇有计划生育协会50个，其中镇级1个、行政村33个、居委会2个、企事业单位13个、流动人口1个。会员7560人，占全镇人口总数的10.84%。协会理事479人，其中女性221人。会员小组517个，宣传服务活动场所（阵地）49个。各行政村建有“会员之家”。计生协会做到有活动场所、有服务项目、有管理制度、有宣传队伍、有文体活动器械、有计生工作志愿者。

2007年，浪圩村获得常州计生协会先进“会员之家”称号，下梅村获得常州计生协会先进会员小组称号，2人获得常州计生协会先进会员称号。

2008年，镇计生协会进一步夯实行政村、单位计生协会的组织建设、队伍建设、工作能力建设，创建“学习型、研究型、创新型、有作为”的协会组织，开展“三争三创”活动。年终，评选出优秀会长2人、优秀会员3人、优秀志愿者2人、优秀村计生协会2家。

2012年，新一届镇计生协会于5月29日全国计生协会纪念日前，完成村级计生协会第八届选举工作。18个行政村、2个居委会顺利通过换届选举，健全组织网络，优化会员队伍，制定《别桥镇计划生育协会规章制度》。有计生协会会员6928人，占全镇人口总数的9.8%，其中女性会员3584人。年终，评选出优秀会员19人、优秀志愿者19人，6个村计生协会被评为先进计生协会。

2013年年末，别桥镇有计生协会27个，其中镇级1个、行政村18个、居委会2个、企事业单位2个、流动人员4个；协会专职工作人员27人，其中女性25人；协会理事376人，女性180人；个人会员7124人，会员小组520个；宣传服务阵地26处（个）。

计生协会有宣传服务活动制度，常年坚持开展计生工作宣传活动。每年“5·29”纪念日期间，张贴标语、悬挂横幅，组织会员集中开展内容丰富的宣传教育和服务活动。每年发放宣传资料1000余份。至2013年，镇、村两级计生协会举办培训班121期，参加培训达3827人次。

2007～2013年，镇计生协会为3户计划生育妇女发展项目从银行争取到6万元贴息贷款。“生育关怀”帮扶项目2个，帮扶资金2万元。为279户计划生育困难家庭提供帮扶和生活补助。为计划生育家庭办理“独生子女幸福家庭”“生育关怀”等系列保险，累计投保金额386.957万元。

第三节　扶贫帮困致富协会

2003年8月12日，溧阳市扶贫帮困致富协会别桥镇、绸缪镇、后周镇分会批准成立，翟德明、陆卫林、王洪明分别担任会长。2007年3月，三镇分会合并成立新的溧阳市扶贫帮困致富协会别桥镇分会，陆卫林任会长。扶贫帮困致富协会为贫困村、贫困户提供致富信息，辅之适当的经济和物质帮助，使贫困者早日脱贫致富。

2003～2005年，在市妇联开展的“巾帼献爱心，春风暖万家，社会妈妈助春蕾”活动中，别桥、绸缪、后周三镇共有45名贫困学生得到帮扶，帮扶金额3.5万元。

2006～2011年，由中共常州市委统战部、常州市财政局等14个单位共同组成扶贫帮困工作组，对茅山革命老区原后周镇、绸缪镇实施扶贫帮困工作，开展“党员进老区、万人帮万户”活动。各帮扶单位累计注入各类帮扶资金1000万元，其中党员捐款捐物200万元，帮扶一批低收入特困户。这两个镇的低收入特困户从2006年的1200户降到2008年的475户，2009年为216户，2011年为91户。扶贫帮困工作组在革命老区先后扶持农村各类社会事业项目、农田水利项目、农业致富项目等82个。此外，享受茅山革命老区政策，如农业贴息贷款、工业集中区建设、茅山老区搬迁补助、农村改水及低保金补助等资金，实际投入帮扶资金超过2000万元。

2011年，别桥镇扶贫帮困致富协会在扶贫帮困活动中，注重社会弱势群体的求助、救助工作，全镇发放各种优抚对象抚恤定补资金380多万元；发放低保金268万元、重残救助金140多万元、临时救助金38万元，惠及858人；救助低保边缘对象217户，发放救助金36万元；救助大病致贫对象105人，发放救助金34.35万元；用于一次性自谋职业补助金33万元，25人受益。

2012～2013年，常州市、溧阳市机关单位到别桥镇开展“百村帮扶、万户解困”活动，全镇有67户贫困户得到扶助，帮扶总额53万元，帮扶4个经济薄弱村浇筑村级沥青或水泥道路6.9千米，总额758万元。

2013年，别桥镇扶贫帮困致富协会加大对贫困群体的扶持力度，对贫困最低生活保障家庭进行合理调整，涉及74户。调整后，全镇最低生活保障家庭643户1236人，发放最低生活保障金365.9万元。对低保、贫困、残疾人家庭就读大学学生摸底排查，发放助学资金26万元，惠及46人。发放孤独救助金8.87万元，惠及11人。是年，镇党政领导、机关干部、大学生村官组织开展“走村入户进万家”“双解双促”“双挂双促”等活动，积极组织党员干部到农户家实地调查，把特困户、五保户作为扶贫对象，积极协调资金、提供技术，帮助其发展生产，争取早日脱贫致富，全年资助47户，资金20万元。

第四节　水产协会

2004年5月12日，别桥镇水产协会成立，有会员216人。水产协会为境内水产养殖户提供技术指导，帮助解决水产养殖过程中遇到的疑难问题，同时适时提供产销信息服务。是年，水产协会推广河蟹、鳜鱼，河蟹、青虾混合放养技术，以提高水产养殖的效益。2005年5月，别桥镇水产协会聘请南京农业大学养殖专家林乐峰教授、苏州大学水产系林长虹教授为协会首席顾问。

2006年，水产协会协同政府发展休闲渔业，实施高效生态养殖技术，推广“一村一品”养殖技术。

2007年6月，水产协会改建为溧阳市湖西水产专业合作社，承担全镇水产养殖技术指导。

2009年，水产协会会员单位的“缪氏大闸蟹”在宜兴市第六届“湖丰杯”评比中获“蟹皇”称号。同年，湖西水产专业合作社对政府承担的省级高效渔业项目“高品质中华绒螯蟹养殖示范基地”建设进行技术指导。还建立水产养殖病害基层测报点，组织养殖户进行技术培训，增强水产养殖过程中的疾病防治、科学用药、水质管理的能力。水产协会会员单位的“苗氏”牌甲鱼，经农业部连续9年，每年抽查3～4次，合格率达100%。2010年11月，经中国绿色食品发展中心审核，认定为绿色食品A级产品，有效期至2013年11月。

2012年，湖西水产专业合作社（水产协会）在湖边村千亩河蟹养殖基地，集成推广应用“蟹虾池塘微孔管道增氧技术”“生物制剂全程调水技术”“池塘水环境自动控制技术”等水产养殖技术，保证了生态养殖、健康养殖的实现。

图17-6　2012年湖边村获“江苏省现代渔业示范村”称号

2013年，溧阳市湖西水产专业合作社协同镇计划生育协会争取到常州市“生育关怀”帮扶项目“溧阳市北山高效生态养殖示范基地”，获得帮扶资金2万元。湖西水产专业合作社为项目无偿提供技术指导，帮助养殖户解决生态养殖中的困难，发挥水产协会在水产养殖户帮困脱贫中的桥梁作用。

第五节　溧阳市中药材协会

2002年6月8日，溧阳市中药材协会，即后周镇药材种植管理协会，经民政局批准成立。会长是黄金山村的药农黄三庚，成立时有会员118人。至是年7月，会员发展到168人。协会为药农提供产前、产中、产后一条龙服务，并帮助他们找市场、找技术，大力发展订单农业，做药农的经纪人和示范人。协会带领后周黄金山村及周边农民科学种植中药材，既致富了一方农民，也普及了中药材种植和应用的科技知识。

2003年2月，协会会址由后周黄金山迁至竹箦集镇南关。当年种植黄姜、白芍、丹参、牡丹、白术、天麻、杜仲、知母、太子参等48种中药材，面积176.7公顷。

2007年，有会员218人，中药材种植面积300公顷。4月，被江苏省民政厅评为省百强农村专业经济协会。2013年，有会员256人，中药材种植面积346.7公顷。

第六节　老年协会

1991年10月，别桥、湖边、古渎、绸缪、后周5个乡镇成立老年协会。由于镇行政区划调整，2007年年底，新的别桥镇老年协会成立。同时，33个行政村组建村老年协会分会，各由一名离职村干部担任分会会长。各村老年分会建有老年活动室，征订老年类报刊，供老年人阅读，丰富他们的文化生活和养生知识，为老年人老有所养、老有所为、老有所乐提供良好条件。老年协会宣传学习《江苏省保护老年人合法权益条例》，开展尊老敬老活动，形成良好风尚。2009年7月，别桥镇33个行政村调整为18个行政村，原33个老年协会分会随之组合成18个，各分会仍由一名离职村干部担任分会会长。

2010年，市委、市政府下发在全市开展“敬老月”活动的通知，镇党政领导、老年协会负责人到各村走访慰问90岁以上老人、贫困老人、五保老人，并为老人带去慰问金。“敬老月”活动期间，开展《中华人民共和国老年人权益保障法》的宣传教育活动，强化社会维护老年人合法权益的意识。镇、村老年协（分）会还确定专人接待老年人信访，解决赡养、继承等家庭纠纷，维护老年人合法权益。

2011年第二个“敬老月”活动期间，全镇免费为65周岁以上老年人进行体格检查和健康指导。此后每年为65周岁以上的老年人进行体格检查和健康指导，镇卫生院还为全镇65周岁以上老年人建立健康档案。

2012年，全面贯彻落实《江苏省老年人保障条例》，注重老龄干部队伍的建设，调动离退休老干部的积极性，在镇经济建设中当好参谋，发挥余热。镇政府指定专职干部任镇老年协会会长，并对18个行政村和2个社区老年协会进行登记备案。

2013年年末，全镇有65周岁以上老人11602人，占全镇总人口的16.52%，有75%的老人成为协会会员。

第七节　老年人体育协会

20世纪80年代后期，别桥镇现境内原5个乡镇成立乡镇老年人体育协会。由于镇行政区划调整，2007年3月，新的别桥镇老年人体育协会组建成立。8月，境内各行政村和别桥、绸缪、后周居民委员会也组建老年人体育协会分会，会长由村（总）支部书记或村（居）民委员会干部兼任。

老年人体育协（分）会成立后，别桥镇境内参加各类体育活动的老年人日益增多，晨练、健身舞、散步、长跑等成为老年人时尚的体育活动。有李家坝村老年舞蹈队、镇东老来乐健身队、木兰拳协会别桥分会等老年人体育活动组织，别桥、战胜龙灯队员以老人长者为骨干。

2000年、2004年，溧阳市第四、第五届运动会增设老年人部比赛，有五大项比赛项目，别桥镇老年人体育协会组织老年人体育爱好者参加比赛。

2004年5月，市政府办公室转发市体育局《关于进一步加强老年人体育协会组织建设的意见》。随着“百村体育健身工程”和镇全民健身中心的落成，境内老年人体育健身队伍迅速壮大，镇、村老年人体育协（分）会，开展多种多样的体育活动，增强老年人的体质。

2013年4月，在全国木兰拳比赛中，木兰拳别桥分会获团体第二名。9月13日，在溧阳市第七届运动会太极拳比赛中，协会会员陈霞、张金凤分别获第二名和第三名。

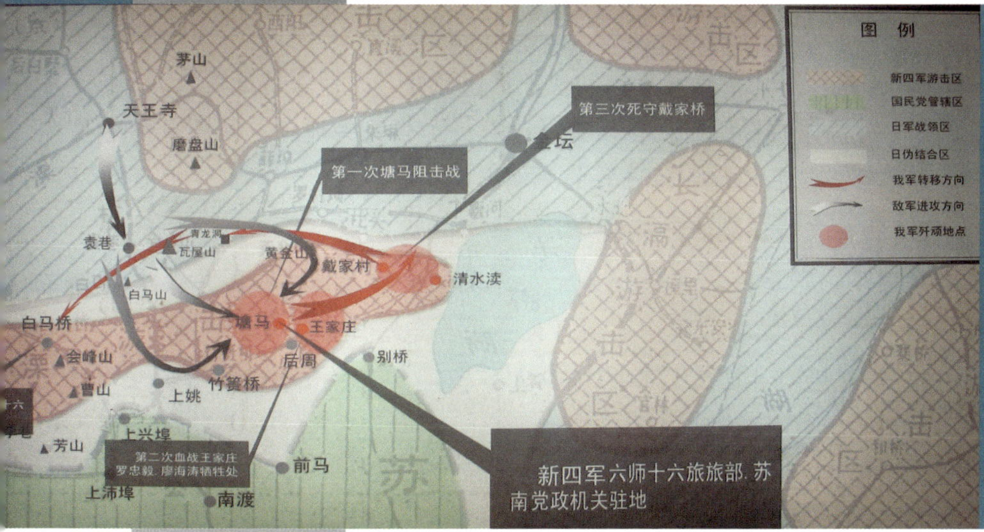

第十八篇

军　事

别桥镇自古为溧阳县邑北商业重镇，虽非军事要地，但也是失宜必争之地，尤其后周、绸缪地区，是具有光荣革命传统的茅山革命老区，发生过能载入溧阳史册的战事。

早在清咸丰十年（1860年），太平天国起义军侍王李世贤率太平军万余人由西关（高淳东坝）攻占溧阳，命佐将吴人杰留守，李世贤率主力攻金坛、常州，并以溧阳为基地指挥苏、浙、皖军事。太平军大本营设在溧城南门外（原省溧中校址），其部分别驻防在别桥、浪圩等地30多处。

清代为绿营兵制，溧阳营在别桥设汛，是千总、把总、外委所属防地。民国时期，国民党军队六十师、六十七师、六十三师先后驻军于别桥。民国5年（1916年），日本派遣军参谋本部陆地测量总局测绘《别桥镇》地图，标注公路、村庄、河流、要隘等，并印刷发行（现市档案馆保存原件一份），显示了日本军国主义本质。民国31年（1942年），日军占驻别桥土山。

民国30年（1941年）5月，新四军六师十六旅移驻黄金山一带。11月，十六旅旅部和中共苏皖区委、溧阳县委、县政府机关干部驻塘马。是年，后周区抗日民主政府建立区大队，是抗日民主政府的区乡武装。

后周地区独特的自然地理环境为新四军提供抗日战争和反顽战斗的军事舞台，有完整的记载发生在别桥镇现境这块土地上的各种战斗有18次。在黄金山三战三捷的反顽战斗和塘马战斗遗址，县、乡（镇）人民政府刻立碑文，成为全民国防教育基地。

民兵是不脱产的群众性武装组织。民国33年（1944年），时属抗日民主后周区政府阴梓（阴山）乡领导的上市村（现属合星行政村）就有民兵组织（游击小组），地方上的民兵自卫队、抗日救国会、大刀会等民众武装，后来都成为建立民兵组织的基础。新中国成立后，民兵组织逐步得到恢复和发展，1953年，溧阳实行普通民兵制。根据不同历史时期形势的需要，别桥民兵组织随之得以整顿改革，加强民兵训练，以提高民兵的军事技术和政治素养，使民兵在社会主义革命和社会主义建设中，既是物质文明建设中的一支生力军，又是政治文明建设和精神文明建设的一支重要力量。

1950年，国家实行志愿兵制度。1955年，国务院第一次颁发《中华人民共和国兵役法》，实行义务兵役制。1988年12月，中国人民解放军全面实行义务兵与志愿兵相结合的兵役制度。1957～2013年的24年中，别桥镇现境内共征集义务兵1379人。

第一章　军事机构

第一节　清朝与民国时期军事机构

清顺治七年(1650年),在溧阳设参将;康熙十三年(1674年),改设守备;雍正十年(1732年),改设都司；嘉庆十一年（1806年），溧阳都司辖区扩大至溧水、高淳、句容三县汛守。清代为绿营兵制，溧阳营管辖下设墩台27个汛，溧阳县境内设有10个汛，其中北路设别桥汛，离县城约36华里（18千米）。别桥汛砌有营房1间、披屋2间，设置瞭望木楼1座、烟墩3个，配置军人数名，用以掌管地方治安，政府每年供给10两1钱以上银两用于设置修缮。光绪十七年（1891年），别桥汛机构撤销。

民国30年（1941年）6月，溧阳县抗日民主政府设军事科，掌管抗日民主政府的地方武装。民国35年（1946年），溧阳县政府设军事科，掌管范围扩大至兵役及县保安队、民兵自卫队的训练。别桥区建有保安队，辖区内乡、村建有警卫股和乡丁队，区特设军事指导员1人，掌管辖区内的兵役、军训和治安等。

第二节　新中国成立后军事机构

1951年5月，别桥区建立人民武装部（简称人武部）。1957年8月，撤销区人武部，别桥乡、后周乡成立乡人武部。1958年9月，乡人武部改称公社人武部。1961年6月，别桥区工委成立时复设区人武部，建立别桥公社人武部;9月，绸缪、古渎、湖边公社成立人武部。1983年6月，公社人武部改称乡人武部。1985年6月，别桥镇人武部成立。1992年9月，湖边乡人武部撤销。1999年12月，古渎乡人武部撤销。2007年3月，后周、绸缪两镇人武部撤销，组建别桥镇人武部。2013年，别桥镇设人武部1个，配备专职人武干部2人。乡镇（公社）人武部为国家军事机关设于基层的准军事机关，是国防体制和基层政权的一个组成部分，是加强国防后备力量建设和实施战争动员的组成基础，接受县（市）人武部和乡镇（公社）党委、政府的双重领导，业务工作侧重于县人武部管理，组织人事和民兵兵力调配由党委、政府直接管理。

第二章　驻　军

第一节　清朝驻军

清嘉庆十一年（1806年），清军在现域内设别桥汛，汛属千总、把总、外委所属防地，驻地在别桥集镇，有数名军人把守。

清咸丰十年（1860年）四月，太平军大本营设在溧阳南门外（原省溧阳中学旧址），别桥、浪圩都有太平军驻扎防守，其中有马兵曾驻扎在别桥集镇之西荒地饲养战马，故该地有马场里之称谓。同治三年（1864年）三月，太平军佐将吴人杰降清，别桥、浪圩等地的外围太平军撤走。

第二节　民国时期驻军

一、国民政府驻军

民国21年（1932年），溧阳县政府组建保卫团，分驻全县9个区，第8区驻别桥。民国27年（1938年）1月，苏浙皖三省边区游击司令谢升标部1大队驻防别桥集镇；同年2月，国民党六十师180旅359团3营驻别桥集镇至马家一带。民国28年（1939年）1月，国民党挺进军独立第33旅1个连进驻别桥诸泗村。同年3月，国民党六十七师119旅397团1个营驻别桥，其中2营4连与诸泗村的33旅1个连换防。同年8月，国民党江苏省政府警卫大队大队长兼句容、金坛、镇江区民众自卫队指挥石佐民率部2000余人，分驻别桥、南渡及溧阳城区等地。民国29年（1940年）1月，国民党六十三师189团的1个连驻守别桥，集镇、诸泗、土山各驻1个排。民国30年（1941年）2月，国民党军四十师、挺进军第二纵队曾进驻别桥，5月初为新四军所逼逃进溧阳县城。

民国33年（1944年），伪第一方面军二师第6团团部驻溧阳县城，各营分别驻别桥、竹箦、上兴、上沛一线。

二、新四军驻军

民国30年（1941年）年5月，新四军六师十六旅旅长罗忠毅率旅部移驻别桥现境内的黄金山、玉华山一带；5月21日，苏南第六行政专员公署和保安司令部在别桥镇现境的玉华山、戴巷成立，朱春苑任专员兼保安司令，下辖武南、溧阳、溧水、金坛四县和宜武锡三县行政委员会、金丹武行政办事处。11月，新四军十六旅旅部和中共苏皖区委、溧阳县委、县政府机关驻别桥镇现境内的塘马。

民国32年（1943年）6月，新四军十六旅48团驻别桥镇现境内的下梅村。

民国33年（1944年）年初，从后周、指前标、西塘等区大队抽调人员（约100人），重新建立溧阳警卫连。是年夏，由后周、竹南等区乡武装扩编为溧阳警卫3连，计70余人。连长缪重光，指导员钱耀。10月，警卫3连建制撤销。

图18-1　塘马村新四军六师十六旅旧址

第三章　地方武装

第一节　国民政府驻别桥地区武装

民国21年（1932年），溧阳县政府组建县保卫团，设116甲552牌共6759人，有1622支枪，分驻全县9个区，第8区驻别桥。

民国37年（1948年）12月，溧阳县政府设总队，别桥设区队。

第二节　抗日民主政府区乡武装

民国30年（1941年）6月，溧阳县抗日民主政府成立后，原县警卫连扩编为警卫营。后周成立区大队，区大队长由萧森、王明等区长兼任，下辖多个游击小组。

民国33年（1944年）8月，后周区抗日民主政府设区大队，有联防队员20多人，隶属县联防大队。乡抗日民主政府设中队，队员10多人。

第三节　民间武装

【大刀会】 原是民间秘密结社、活动的团体。20世纪20年代，军阀混战，盗匪肆虐，现境内大的村庄自发组织大刀会，以防匪防盗，护卫村庄。民国17年（1928年），溧阳灾荒，国民党政府繁重的苛捐杂税压得民不聊生，别桥一带农民纷纷依附大刀会，利用手中的锄头钉耙和刀矛与国民党政府展开针锋相对的抗捐抗租斗争。抗日战争时期，大刀会成员在别桥地区随时参战，抗击日伪军。

【抗日自卫队】 民国26年（1937年）12月13日，日军进占南京城，制造震惊中外的大屠杀事件。境内居民预感到大难临头，相继成立10多个村级抗日自卫队，以抗御日本侵略军，保家护院。其结构大多以大的村庄为单位，领导人由村民推选，枪支和弹药大多是溃散军人抛弃后捡来或收缴的，少量是一些富户出资购买的。武器装备中，大刀、长矛占比较高。自卫队员们日夜轮流，在村口站岗放哨，防盗防兵，一有情况敲锣为号，各自卫队相互呼应支援。

第四章　民　兵

第一节　民兵组织

民国30年（1941年）6月，溧阳县抗日民主政府成立后，后周成立区大队，在辖区7个乡内以大的自然村为中心组建民兵游击小组。民国31年（1942年）6月，后周区及所辖乡分别增设武装民兵大队和武装民兵中队。民国34年（1945年）10月，因新四军北撤，境内民兵组织暂停活动。民国38年（1949年）4月，别桥地区解放。10月，境内区、乡先后组建民兵模范队、民兵自卫队等组织。

1951年，根据中央军委《关于加强民兵建设的指示》精神，对民兵组织进行调整，统一改称民兵。1952年11月，实行新的民兵组织编制，乡设民兵大队部，乡以下设民兵中队、分队、小队。1958年9月，按照毛泽东“大办民兵师，实行全民皆兵”的指示精神，民兵年龄由原来的18～40周岁调整为16～45周岁，公社成立武装委员会，组建民兵团；大队组建民兵营，配专职营长；生产队组建民兵排。民兵组织领导，有相应的党委书记、党支书记及其他领导担任。1961年11月，国务院颁布《民兵工作条例》，此后每年进行一次民兵组织的整顿。境内公社组建武装基干民兵连，公社人武部部长任连长，党委副书记任政治指导员。下设战斗排和通信班，配备步枪、轻机枪等常规武器。

1965年，对民兵组织又进行整顿，通过整顿健全公社、大队民兵组织。民兵组织分为武装基干、基干、普通民兵3种。1969年，为贯彻毛泽东关于“要准备打仗”的指示，国务院、中央军委颁布“县组建武装独立团的命令”。11月，溧阳县组建武装民兵独立团，下辖4个营，其三营由别桥区和上兴区组成，营长、教导员由公社人武部干部兼任。

1970年，别桥镇现境内5个公社各组建1个武装基干民兵独立连，1978年，在民兵组织整顿中重点抓武装基干民兵建设。

1981年，中共中央《关于调整民兵组织问题》的文件下发，民兵组织再次调整，将原来的普通民兵、基干民兵、武装基干民兵三种组织改编成普通民兵和基干民兵两种，并重新编组。普通民兵在农村以生产大队编营。男性公民参加民兵组织的年龄，由原来的16～45周岁调整为18～35周岁，基干民兵年龄调整到18～28周岁。将原来的武装民兵调整为基干民兵。

1985年，溧阳县委下发《关于贯彻中共常州市委〈批转市政府、常州军分区（关于加强民兵工作若干问题的暂行规定）的通知〉的意见》，根据《中共中央、国务院、中央军委批转总参谋部、总政治部〈关于当前和今后一个时期民兵、预备役工作的意见〉的通知》，全县民兵组织作进一步调整。乡（镇）、村、企业凡能坚持常年生产、经济效益较好、人员比较稳定、党团行政组织健全、适龄青年够组建一个20人以上民兵排的均应成立民兵组织。1986年7月，由乡镇人武部保管的武器移交县人武部集中管理。其后，民兵组织布局逐步调整。

1999年，溧阳市在民兵编组中坚持在乡（镇）、行政村，必须建立民兵组织；凡是党组织健全、生产较稳定、适龄青年够建一个基干民兵班的乡镇企业都要建立民兵组织。民兵组织严格按建制建立（班隶属于排，排隶属于连）。还须建立民兵应急分队，民兵应急分队实行统一编制、合成编制，单独组建，并注重向质量效能型发展。别桥镇组建30人的1个排，古渎、绸缪、后周各组建20人的应急分队。民兵应急分队在乡（镇）企业、交通要道、重要目标附近的行政村组建，队员从基干民兵中择优挑选，并注意所编人员能在应急分队保持3～5年的时间。

2000年，市人武部以镇为单位开展整编民兵组织活动。2013年，别桥镇有民兵营18个。全镇建制设连1个、排2个、班3个，任命排以上干部3人。基干民兵建设编制分为应急分队、抢险分队、防化连、东海舰队、步兵连等。

第二节　民兵训练

新中国成立之初，境内乡（区）每年春季组织民兵中队长以上干部进行军事训练，时间5～7天。训练内容为基本课目和民兵执勤看守等常识，同时完成1次实弹射击。1955年，民兵开始实行普训，基干民兵训练由乡（区）负责，放在农闲时进行，训练内容为政治教育和军事技术两个方面，政治教育结合当时的形势进行，包括怎样当个好民兵和如何站稳阶级立场、划清敌我界限等内容；军事训练为射击、投弹、战术等。溧阳县每年对民兵干部进行1次集训，每期30天，训练内容：民兵业务培训、共同科目及组织指挥训练、民兵执勤、看守常识、射击、投弹、战术等。每次集训，进行1次实弹射击。

1958年，民兵训练开始向正规化迈进。县每年下达训练任务，训练时间增至10～15天，对训练人数、对象都作出明确规定。训练方式也有较大改变：一是强调坚持劳武结合，采取分散训练和集中训练相结合的方法，分散训练以小型、就地、方便为宜，一般以大队为单位利用农闲时间进行；二是采取官教兵、兵教兵的群众练兵方式组织训练。1960年，民兵训练围绕公社制定的预战方案进行。预战方案大致包含“情况分析、任务及指导思想、组织指挥及兵力部署、信号及联络方法、战斗保障”等内容。1964年，民兵开展大练兵运动，在服从生产、围绕中心的前提下，抓住生产空隙有利时机进行训练，训练时间在60小时以上。

1969年，民兵训练得到强化，上级军分区每年对专职武装干部进行为期1个月的轮训。县人武部每年对民兵营（连）以上干部进行为期10～15天的集训。公社人武部每年组织普通民兵进行为期20天的集训。中央军委颁发《民兵训练1977～1980年四年纲要》，民兵训练再掀高潮。民兵营（连）长、教导员由县人民武装部集中训练，每期10～15天；民兵由各公社人民武装部组织训练，每期20天左右。1977年，别桥公社别桥大队武装排第三班被镇江军分区通令嘉奖，荣获集体三等功。1980年1月13～25日，别桥设训练点，对别桥、湖边、绸缪、古渎4个公社新任民兵连、排长89人进行集训。1981年始，民兵训练任务和训练人员渐减。1984年，别桥现境内原五乡（镇）民兵连、排长在燕山训练基地集训10天。1985年，境内别桥镇、湖边乡、古渎乡、绸缪乡、后周乡参训民兵训练效率和质量得到提升，把民兵干部的组织指挥和民兵的专业技术作为训练重点，增加民兵参加抗洪抢险、抗震救灾的预案演练，具有较强的针对性和操作性。

2000年，市人武部组织民兵连连长、排长集中训练，重点是指挥和教学法的训练，进一步提高基层民兵干部的军事素质、教学水平和组织指挥能力。2013年，民兵训练内容把应急、抢险、防化等应对突发性事件的能力放在首位。

第三节　社会贡献

抗日战争时期，境内民兵在侦探敌情、传递情报、护送伤员、配合新四军及地方部队打击日伪和国民党顽军、保卫家乡和地方治安等方面都发挥积极的作用。

民国30年（1941年）11月28日，塘马战斗发生，新四军十六旅旅长罗忠毅、政委廖海涛等270余名指战员壮烈牺牲。战斗刚结束，中共溧阳后周区委立刻布置后周附近的党组织，动员民兵抢救幸存的新四军伤病员。梓村的党员王木金从靠村、诸社、后周等地及时组织50多位民兵在后周王家庄、新典村一带寻找新四军伤员，到晚上10点多从血泊中找到24位受伤的战士。王木金和几名党员民兵立刻挑选48位身体好、思想觉悟高的民兵，用木棒等物做了24副担架，不顾危险、路远，及时将伤员送到陆笪新四军伤病员接收站。

民国31年（1942年）年9月，别桥土山据点日军到绸缪一带抢粮，游击小组组长蒋志健带领队员向敌发起突然袭击，夺回粮食，伤敌10余人。民国32年（1943年）6月，后周区民兵群众为切断日伪军从竹箦到溧阳城的水上通道，在区长王明带领下，堵塞下梅村南龙塘村河道。同年6月7日，顽军再次对新四军十六旅发动进攻，时48团驻后周下梅村，当即迎头痛击强于我方数倍的顽军并将其击退，但在战斗中有14名战士受重伤，急需离队休养。在游击队员的配合下，当晚将伤员由下梅移居后周北面的靠村，顽军来搜查，毫无收获，气得把靠村秦小洪、老廖和小姜3名队员关押2天，3人均遭受严刑拷打。民国33年（1944年），上市村（现属合星行政村）民兵组织（游击小组）属抗日民主后周区政府阴梓（阴山）乡领导，共有5人组成，他们的任务是保卫家乡、侦探敌情、传递情报，为部队行军做向导，协助区、乡武装对敌作战。

江南戰鬥回憶
血灑塘馬
紀念羅忠毅司令和廖海濤政委

图18-2　民国35年（1946年）6月14日延安《解放日报》刊载萧斌文章《血洒塘马》

民国34年（1945年）2月，天目山反顽战役打响后，有许多伤员急待分散转移。一天，新四军的一名女指导员来到古渎乡牌楼村，找到当时的保长沈大金，要他尽快组织人员到天目山前线接运伤员。沈大金接到任务后，立即组织12位民兵划着木船，由女指导员亲自带路，来到伤员驻地，将52名伤员接应上船。由于当时溧阳大部分地区在日伪统治下，为了不被敌人发觉，让伤员顺利到达目的地，民兵们只能在夜间划行，在第四天拂晓前，终于完成任务。民国35年(1946年）1月，后周民兵配合武工队和茅山工委武装，在后周镇压了当时罪大恶极的茅麓公司经理代理人郑廷瑞、申纪庚。

新中国成立后，在土改、镇压反革命运动中，民兵在保卫胜利果实、协助公安部门逮捕押解罪犯方面做了很多工作。在社会主义革命和社会主义建设中，广大民兵积极配合乡镇（公社）政府做好社会治安、水利建设、救火、抗震救灾、植树造林和助耕帮困等工作，是维持地方治安的可靠力量。在东坝引水河、沙河水库、大溪水库、塘马水库、谏壁翻水站、北环河、后周南北河、秦淮河、北河、中河等水利建设工程中，民兵做出贡献。

20世纪70年代，溧阳境内的上沛地区发生两次地震，广大民兵积极维护社会治安，开展灾后生产自救。1983年9月，在严厉打击刑事犯罪的活动中，基干民兵勇担重任，配合公安部门搜捕、看押犯罪嫌疑人。

1991年7月，境内遭受特大洪灾，广大民兵冲在保圩、保库的最前沿阵地。每年的植树节前后，乡（镇）都要组织民兵参与植树造林活动，为生态建设和美化家园出力流汗。农忙来临，乡（镇）都要组织民兵参与助耕帮困工作，为境内生产有困难的烈军属及一些孤寡老人排忧解难。别桥镇境内的民兵在参加社会主义物质文明、政治文明和精神文明建设等方面发挥很大的作用。

第五章　兵　役

第一节　征兵工作

【晚清民国时期】 清光绪三十一年（1905年）十月，别桥区（乡）指定专门人员配合溧阳官府做好境内招兵的事项。民国24年（1935年），别桥区（乡）特设军事指导员1人，协助保安管辖的团管区做好境内征兵工作的具体事项。民国37年（1948年），别桥区、乡、保设立相应的应征队或兵役互助小组，作为兵役机构的辅助组织，负责境内征兵工作。

【抗日战争时期】 抗日战争时期，为了配合新四军扩军工作，抗日民主后周区政府设立应征队，负责境内征兵工作。

【新中国成立后】 1954年至1980年,别桥镇现境内的原乡(公社)人民武装部配合县兵役局、兵役委员会负责乡（公社）域内的征兵工作。1981年，别桥、湖边、古渎、绸缪、后周人民公社建立征兵领导小组，并设置征兵办公室，领导和组织实施5个公社的征兵工作。1983年后，改称为乡、镇征兵领导小组。随着行政区划的调整，2007年，成立别桥镇征兵领导小组，设征兵办公室。2013年，别桥镇征兵领导小组承担境内征兵工作。

第二节　兵役制度

【清朝兵役制度】 清朝八旗兵和绿营兵均实行世袭兵役制（世兵制）。顺治元年（1644年），清军入关后，原有八旗兵力明显不足，便将投降的明军以省区为单位，编制成军，用绿旗为帜，故称绿营。绿营兵员补充主要来源于营内有兵籍之家的余丁，余丁不足也招募当地的汉人充任。清朝后期，因八旗兵、绿营兵腐败无能，无力镇压太平军，由地方兴起雇佣招收形式募集兵员，后被朝廷认可，世人称之为“募兵制”。辛亥革命后，溧阳县仍沿袭清代的募兵制，地方官府设招兵处，男性青壮年凡满16周岁的均可投军。官府根据需要，或长期募用，或随用随募，属雇用性质。

光绪二十一年（1895年）起，由于清军在与外国交战中屡战屡败，清政府即仿效德、俄等帝国主义列强编练新军，新军兵员主要是招募。首先将根据各地居民壮丁多少和军事需要确定募额，然后按规定募额和条件征募，合格者注册编伍，世人称之为“征募制”。

【国民政府兵役制度】 民国前期，军阀混战连年不断，统一政令无法实行，军队官员只能沿袭清朝的募兵制。民国10年（1921年），招（募）兵十分困难，于是政府改招（募）兵制为派兵制，以适应内战需要。派兵的办法是按人口抽丁，规定3丁抽1，5丁抽2，独子免抽，在校学生不抽。溧阳于民国26年（1937年）起，依据南京国民政府颁布的《征兵令》实施“征兵制”。以乡、保、甲按户调查，把适龄壮丁登记成册，编号公布。县根据年度应征兵额摊派到各乡，乡按各保甲实有适龄壮丁数摊名额编号抽签，即“抽壮丁”；中签壮丁不愿当兵的可出钱买人替代，即“买壮丁”；被买者即“卖壮丁”；无钱买壮丁而又不愿当兵的，只得自伤致残或者逃跑躲避，即有“抓壮丁”之举。抗日战争时期，国民党军队为了扩充兵源，施行新的征兵办法。民国38年（1949年）2月，部队因战时急补兵员，国民政府国防部颁发《戡乱期间志愿兵招募实施办法》，大肆许官募兵，规定凡募40人以上者任排长，100人以上者任连长，募兵4～5个连者任营长，以刺激青年招募入伍。

【新中国成立后的兵役制度】 新中国成立初期，仍沿用抗战时期抗日民主政府的办法，实行志愿兵役制度。1950年，响应“抗美援朝，保家卫国”的号召，现境内掀起轰轰烈烈的参军热潮，至1953年，有百余名青年志愿入伍，参加中国人民志愿军，赴朝鲜战场。1955年，《中华人民共和国兵役法》（以下简称《兵役法》）颁布，实行义务兵役制。1978年3月，实行义务兵与志愿兵相结合的兵役制度，规定少数服役期满五年的专业技术兵骨干可改为志愿兵。1984年5月，国家颁布第二部《兵役法》，规定义务兵服役期满，可申请并经上级批准后，继续留当志愿兵服现役，志愿兵服役年限至少8年，年龄不超过35岁。1988年12月起，部队全面实行义务兵与志愿兵相结合的兵役制度。

1984年10月起，实行民兵与预备役相结合的兵役制度，应征公民未被征集服役的，登记服士兵预备役，预备役年龄为18～35岁，退伍军人登记后加入预备役。

1955～2013年，除1967年、1971年、1988年计3年未征兵，其余年份都征集义务兵，其中1960年、1962年、1963年、1964年、1969年、1978年、1990年计7年分春、冬2次征兵，1961年、1965年、2013年计3年是夏季征兵，1968年、1989年计2年是春季征兵。

第三节　退伍军人预备役

1999 年 9 月 15 日，常州陆军预备役通信团第三营成立，营部设在市人武部，下设有线电、无线电、通信、接力连，计 3 个排 6 个班。有线电连和一排驻竹箦镇，二排、三排分驻后周镇、别桥镇，其中干部 8 人。兵员来自别桥、古渎、绸缪、后周等 9 个乡镇和正昌集团，90% 左右为退伍军人，10% 左右为电信专业技术人员和行政人员。每两年进行一次轮训，每年接受一次常州军分区、常州陆军预备役通信团的点验。遇到有险情，服从驻地党委调派。战时就地编入现役部队，保障通信畅通。

第六章　战　事

第一节　国民党军队的抗日战斗

【别桥遭遇战】 民国 28 年（1939 年）3 月 27 日，驻金坛、薛埠日军分两路进犯别桥，遭国民党挺进军独立 33 旅某连之痛击，击毙日军 4 人，生俘 1 人。

【黄金山战斗】 民国 28 年（1939 年）4 月 8 日，日军五一联队赤毛部队 600 余人，进犯黄金山，与国民党六十七师 379 团 1 营相遇，双方激战数小时，毙伤日军 20 余人，日军溃退到薛埠地区。

图18-4　黄金山战斗纪念碑

【黄金山之战】 民国 28 年（1939 年）8 月 1 日，日军步、骑兵 300 余人，携炮 2 门，分别由薛埠、朱林向黄金山进犯。国民党六十三师 187 团 1 营与之激战 2 小时，毙伤日军 30 余人，日军溃退。

【别桥保卫战】 民国 28 年（1939 年）8 月 10 日清晨 4 时，驻扎在金坛的日军 700 余人，携炮 10 余门，由水陆三路进犯别桥。6 时许，国民党六十三师 187 团第 8 连在别桥镇附近遭遇激战。后六十三师又调 1、2 两营，分路围攻日军。日军发炮 800 余发，并有 3 架飞机助战。激战至下午 4 时，日军突围北窜。六十三师副营长欧阳昆和 2 名排长阵亡，伤排长 2 人，伤亡士兵 98 人。毙伤日军近百人。当晚 10 时，由别桥突围的日军，分乘民船由长荡湖向金坛逃窜，被六十三师 189 团 1 营以小炮击沉民船 5 艘，溺死日军 80 余人。此战总计击毙日军 200 余人，内有军官 8 人。

【黄金山协同反击战】 民国 28 年（1939 年）9 月 18 日，进犯黄金山的日军 600 余人，与国民党政府军六十三师187团激战。187团陷于三面包围之中，撤至后周镇，相持到黄昏时分，遂发起反攻，均未奏效。后经新四军挺进军二纵队4团协同反攻，将日军击退，毙伤日军20余人，日军溃退至金坛罗村。

【反抢粮战斗】 民国29年（1940年）6月22日夜，溧水洪篮埠日伪军400余人，会同金坛日伪军700余人（伪军1/3以上），在溧水枫芝乡的杭村会合后，由日军池田联队长指挥，向后周、竹箦、上沛镇进犯。日伪军中有骡马300余匹，独轮小车300余辆，企图掳掠当地村民的财产与粮食。驻防该地区的国民党军四十四师119团（驻前马），获知这一敌情，事先作好战斗部署，决定伏击来犯之敌。团长朱恺仁亲自率3营在后周、下梅以西地带与日伪军展开激烈的战斗，粉碎了日伪军的进攻和掠夺，并截获被抢劫的全部粮食，击毙日军大队长儿太姣、中队长梅川及以下数十名官兵，生俘3人。

【黄金山保卫战】 民国29年（1940年）8月19日，驻薛埠、天王寺之日军步兵600余人，骑兵100余人，携炮数门，于当日拂晓先后向黄金山及其以东地区国民党军四十师120团阵地发起攻击。战斗异常激烈，120团伤亡较重，7时许，阵地被日军突破后，国民党军转移至黄金山以南地区与日军对峙。下午，主力部队休整后再向黄金山包围，激战至傍晚，收复失地，毙伤日伪军30余人。

【别桥战斗】 民国32年（1943年）1月25日，驻扎在别桥镇的日伪军300余人，携炮2门，向国民党挺进军二纵队杨庄阵地进犯，双方激战两小时，国民党军击毙日伪军12人，击退日伪军的进攻。

第二节　新四军的抗日战斗

【塘马战斗】 民国30年（1941年）11月28日凌晨，驻南京、句容、丹阳、金坛一带的日军南浦旅团3000余人，骑兵800余人，以“奔袭”“合围”的手段向塘马村进行“闪电式”袭击，包围驻塘马的新四军六师十六旅旅部和中共苏皖区委、中共溧阳县委、县政府机关。新四军六师十六旅旅长罗忠毅、政委廖海涛一方面迅速组织机关和后勤人员突围，另一方面率旅部特务连、48团2营和部分地方部队投入战斗，阻击日军。激战至下午3时左右，党政机关及旅部直属分队、教导大队及后勤人员计1000余人，在组织科科长王直带领下突出重围，转移到戴家桥。突围人员与追击的日军激战至天黑。由溧阳县县长陈练升带路，于当晚转移到黄金山和溧水附近，摆脱了日军的合围和追击。这次战斗由于众寡悬殊，新四军伤亡270余人，旅长罗忠毅、政委廖海涛壮烈牺牲，歼灭日伪军四五百人。战后，新四军军部通令全军，表彰罗忠毅、

图18-5　1941年11月塘马战斗前夕第十六旅旅部特务连在行军中

廖海涛忠勇抗战、为国捐躯的英勇业绩。

【阴山战斗】 民国33年（1944年）6月18日，驻后周玉华山的日伪军30余人，到阴山村（位于别桥与后周之间）一带抢粮，新四军十六旅46团某连投入战斗，县警卫连在县长徐公鲁的带领下进行密切配合，经过半个多小时的激烈战斗，打垮这股敌人，俘虏伪军团部副官1人、日伪军9人，缴获机枪1挺，步枪8支，余敌逃走。

【绸缪战斗】 民国33年（1944年）9月28日早晨，驻别桥土山的日伪军20余人，突然来到绸缪街进行烧杀抢掠，正在绸缪村帮助收割的后周区区大队长蒋廼健巧妙地躲过敌人耳目，立刻把情报报告给新四军部队，及时返回准备接应和配合新四军作战，不料刚走到八字桥时，由于汉奸告密，被日军抓住。敌人对他严刑拷打，他宁死不屈，敌人将他押到村外枪决。他刚倒下，接到情报的新四军指派的十六旅46团某连就赶到，向日军发起突然袭击，双方激战1个多小时，歼灭日伪军10余人，侥幸活着的日伪军逃回据点。

第三节 地方自发的抗日战斗

【孤身杀敌的抗日勇士】 民国27年（1938年）4月7日，4名日军从溧阳城来到方里村进行扫荡，其中一名日本兵曹长（小长官）胆大妄为，孤身一人跑到古渎村，企图奸淫妇女，正好被在田里耕作的村民王保章发现，当即义愤填膺，扛着当时劳作的锄头赶了过去。日本兵曹长看到有人追来，拔腿就向方里方向奔跑，没跑多远，便被身强力壮的王保章追上，不容分说就将锄头砸向日军曹长的脑袋，顿时倒地而死。

【别桥伏击战】 民国31年（1942年）9月25日，驻别桥土山的日军到绸缪一带抢粮。游击小组组长蒋志健得知后，带领几名队员埋伏在日军回去必经的路旁。下午3时许，当日军押着运粮民夫经过时，蒋志健一声令下，一齐朝敌人开火，打伤日军10多人。

【古渎反抢粮战斗】 民国31年（1942年）11月27日下午，驻别桥的日伪军为抢夺公粮，出动70余人，乘坐一艘汽艇，向古渎村扑来。古渎村中共地下党组织得知这一情报后，支书姜洪才立即召集姜志清、姜荣金等12人商量对策，大家认为，既要保护全村百姓的生命安全，又要保证粮食不落敌手，应立即将情报送到中共后周区委。于是他们一边组织村民埋藏粮食，一边派机勇双全的姜荣金到绸缪五家庄、坝头村一带寻找区委，请求决策。区长萧森接到情报后，立即带领区大队25人直奔古渎村，选择有利地形埋伏下来。日伪军闯入古渎村后，便分成几个小队只顾抢粮，区大队和姜洪才组织的农民队伍突然向日伪军发起攻击。日伪军被这突如其来的枪声吓得乱作一团，纷纷登船逃命。

第四节 反击顽固派战斗

【上市战斗】 民国30年（1941年）5月初，新四军十六旅在完成整编后，决定挥师西返。

先派46团回到溧阳北部地区，受到驻别桥地区顽军的阻击，46团在别桥上市与顽军接上火，消灭国民党顽军1个加强排，接着拟攻打别桥，迫使国民党四十师驻该地区的部队撤回溧阳县城。

【黄金山三战三捷】 民国30年（1941年）5月21日，国民党四十师118团和挺进队发动2个团计4个营的兵力，向新四军六师十六旅驻地黄金山进攻，新四军六师十六旅在师长谭震林、旅长罗忠毅的指挥下，上午9时与国民党军队接上火，双方激战约9个小时，将顽军击退。其中，钟国楚率领46团1部，一直将顽军追到余家桥才罢休。5月22日，国民党四十师由师长方日英亲自指挥，以同样的兵力，第二次向新四军十六旅驻地黄金山发动进攻。下午1时开始交火，激战至下午3时许，新四军将顽军全部击退。5月24日，国民党四十师又从其后方增调部队，兵力达7个营之多，分两路第三次向新四军十六旅驻地黄金山发动进攻，从上午11时一直激战到下午7时，又被新四军击退，并被驱逐到后周以南地区，至此新四军终于取得黄金山反顽战斗的三战三捷，共击溃国民党四十师7个营的兵力，歼灭其团长及以下官兵290余人，生俘20余人，缴获掷弹筒1具、重机枪1挺、轻机枪2挺、步枪130余支，炮弹和子弹万余发以及其他军用品一批。

【下梅战斗】 民国32年（1943年）6月7日，十六旅48团驻别桥下梅村。午后，顽军突然来进犯，团长刘别生和政委吴嘉民亲自指挥，当即将来犯之敌以迎头痛击。战斗进行一个多小时，歼灭顽军20余人，生俘30余人，其余的狼狈逃回驻地。

【北舍战斗】 民国34年（1945年）6月，溧阳警卫连随县委、县政府在后周北舍村一带活动，6月22日清晨，驻罗村坝伪军一个营约300人突然向北舍村进犯。溧阳警卫连（80余人）在指导员朱成法和副连长高钧的指挥下，乘敌人立足未稳，猛烈向敌人开火。激战数小时，将伪军3个连全部打垮，击毙伪连长及以下官兵20余人，生俘70余人，其余的狼狈逃回罗村坝。此次战斗缴获步枪70余支，小炮1门，枪榴弹筒1具和其他一批军用品。

附：

【戴巷会议】 民国30年（1941年）5月中旬，新四军六师十六旅旅长罗忠毅率其旅部及旅部特务营回到溧阳北部现别桥镇境内的戴巷村（玉华山行政村的一个自然村）一带，师长谭震林和中共苏皖区党委书记邓仲铭及苏皖区党委机关随部队同往，到达后开展一系列重大活动。部队在戴巷小学召开连以上干部会议，谭震林作当前形势与任务的报告。5月21日，苏南第六行政专员公署和保安司令部在别桥戴巷村成立，朱春苑任专员兼保安司令，下辖武南、溧阳、溧水、金坛四县和宜武锡三县行政委员会及金丹武行政办事处。6月，中共苏皖区党委开办青年训练班，为部队和地方培训基层干部，第一期在别桥戴巷村开学，由王健婴、张真、孙石负责，王健婴任主任，张真任指导员，来自上海、宜兴、武进、金坛和溧阳的100余名学员参加本期培训，其中溧阳籍的学员近30人，都是从光华中学和各区（乡）党支部挑选出的青年党员和少数非党积极分子。11月初，苏皖特委在别桥戴巷村召开第一次委员会议，决定委员分工，进行分区领导。特委由9人组成，欧阳惠林为书记，石坚为组织部长，李广为宣传部长。

【日军暴行】 民国26年（1937年）10月20日，一支60余人的日军队伍，从溧阳县城出发来到别桥，强行宿营于镇东头的民宅中。当晚，有两名日本兵来到镇西边的吕庄村，企图强奸民女，村民听到呼救，鸣锣聚众，追杀日军，两名日本兵闻声丧胆，拼命逃窜，险些丢了性命。为了保家护院，附近几村的村民集中在吕庄村东头的广惠寺内外，一面彻夜鸣锣，一面派出大刀会的人员巡街守卫。其中，紫金庵和尚吴亮与樊庄村村民王定国各持步枪一支，走上街道，时而带头呐喊时而向空中射击，以震慑日军，日军一整夜畏缩在房屋内，不敢有半点动静。可到了第二天早上，日本兵却大开杀戒，他们来到别桥镇西头，将广惠寺的主持僧法开等5位和尚和村上的两名塑匠、1名更夫、2个裁剪师傅计10人，赶进庙内开枪打死。日军在回镇东头宿营地的途中，遇见商人史才林和茶店3名挑水夫，也开枪把他们打死。在撤离别桥时还放火烧房，共烧毁沿河商店和民宅80余间。

民国27年(1938年)4月7日，古渎村村民王保章孤身一人将奸淫良家妇女的日本曹长打死，虽解了群众心头的一时之恨，可也遭来日本兵的野蛮报复。4月8日，日军从溧阳城区、别桥、仙人山三路来到古渎村，一些老人明知凶多吉少，仍含泪装笑迎在村头，但日军仍将3把雪亮的刺刀便刺进车洪锁、车坤培、姚乾齐的胸膛，三位老人顿时倒在血泊之中。走在后面的姚金生、史茂松等见势不妙，从小巷逃走。日军进村后见人便杀、见房便烧，顿时满村烟火冲天、惨不忍睹。车芝林的母亲躲在村东的坟地里，看到自己的房屋起火，怒火中烧，控制不住竟一时大哭大骂起来，被日军听到中枪后含恨死去。日军野性大发，连古渎村的邻村也不放过，一直烧杀到离古渎村三里多路的对河村，残酷施暴达8个小时，打死无辜百姓21人，将7名百姓打成重伤，烧毁房屋735间，328户房屋全部烧光。

民国31年（1942年）3月，日军的一个中队占据别桥土山。日军在土山脚下，开辟了一块数亩地大小的操场，场边竖起五根木桩，经常将被俘人员和被怀疑为新四军的无辜群众捆绑在木桩上，作训练时冲刺的目标，将其刺杀后便抛尸野外并任其腐烂。日军在占据土山长达3年多的时间里，时常下乡进行扫荡。一次，遇见东社村的王金銮，说他是新四军密探，将他押回土山，那时正是寒冬腊月，屋外滴水成冰，日军敲开水塘冰面，剥去他的衣服，用绳捆绑，将其投入冰窟窿，尔后拉上来再丢下去，反复多次，直至其断气后躯体僵硬才罢休。据不完全统计，抗战期间，境内被日军残杀的村民达193人，烧毁房屋达1850间。

【全民国防教育基地】

黄金山战斗纪念碑　1941年5月21～24日，新四军十六旅旅部率46团和特务营在黄金山地区击退国民党四十师的3次进攻，三战三捷。1996年4月，溧阳市后周镇人民政府在该镇立碑永志。

塘马战斗烈士陵园　位于溧阳市后周镇（现别桥镇后周行政村）东北部。20世纪50年代，溧阳县人民政府在塘马战斗遗址修建烈士陵园。园内立纪念碑，为方形宝塔顶，基座刻有塘马战斗经过。烈士墓分置在塔后和两侧。

图18-7　2017年4月，塘马战斗烈士陵园祭扫活动

第十九篇

政　法

民国30年（1941年）6月，溧阳县抗日民主政府设公安局，在后周、绸缪、古渎等地开展公安保卫工作。

民国38年（1949年）5月7日，县公安局挂牌办公。别桥设立派出所，次年5月撤销。1969年10月，别桥又设立派出所。1986年、1987年设立后周、湖边、绸缪派出所。由于乡镇区划变动，1992年4月至2012年8月，湖边派出所、古渎派出所、后周派出所、绸缪派出所相继撤销。

新中国成立初期，人民政府在境内开展剿匪肃特、镇压反革命活动。“五四”黄墟暴动中，别桥区梁田开等匪徒策划的前王乡的反革命暴动，被剿灭镇压。又镇压平息以陈金华为首组织的后周反革命暴动。1950年10月开始的镇压反革命运动历经3年，破获别桥地区“中华青年义勇护国军”反革命组织，查禁吸毒、赌博、嫖娼等社会痼疾，使社会秩序迅速安定、昌明，新生的人民政权得以巩固。1950年11月，别桥区设立土改法庭，翌年10月撤销。

1976年10月后，大力整顿和维护社会治安秩序，打击反革命和其他刑事犯罪分子的破坏活动，“文化大革命”中被破坏的社会秩序得到安定。1978年，逐步恢复完善乡镇治安保卫组织，社会治安进一步好转。1982年开始，境内开展普及法律和法律知识宣传，增强干群的法制观念，为社会治安根本好转奠定基础。1983年、1996年、2001年，3次大规模严打整治斗争，打击严重危害社会治安和人民生命财产的犯罪分子，摧毁犯罪团伙，捕办犯罪分子，社会治安形势明显好转，社会秩序趋向平稳。

1984年6月1日，溧阳县人民法院别桥法庭对外办公。2000年12月，别桥法庭撤销。

1985年5月，别桥镇现境的5个乡镇分别建立社会治安综合治理领导小组，1992年改为社会治安综合治理委员会。2008年，别桥镇建立集治安联防、矛盾联调、工作联勤、问题联治、人口联管、平安联创多职能于一体的政治综合工作中心。

2009年7月，溧阳市公安局北山交巡警中队成立，承担别桥、竹箦两镇所属全部区域及竹箦监狱地理区域（溧阳境内）的道路交通管理。

1981年4月，别桥镇现境的原5个公社设司法助理。2002年11月，别桥镇、绸缪镇、后周镇建立司法所。由于镇行政区划调整，2007年3月，建立新的别桥镇司法所。

派出所依法履行打击、管理和服务职能，强化治安防控体系建设，维护别桥地区的社会稳定。司法行政部门以别桥镇经济建设为中心，坚持“以防为主，调防结合”的方针，开展法制宣传教育活动，做好民事调解、安置帮教、社区矫正和法律援助等工作。别桥镇社会治安综合治理组织按照“打防结合、预防为主、专群结合、依靠群众”的社会治安综合治理工作方针，运用多种手段，围绕打击、防范、教育、管理、建设、改造等内容，落实各项工作措施，从根本上预防和治理违法犯罪，化解不安定因素，维护别桥地区社会治安持续稳定。

第一章　公　安

第一节　组织机构

民国30年（1941年）6月至民国34年（1945年）10月，溧阳县抗日民主政府设公安局，在所辖的后周、绸缪、阴山、下梅、古渎等地区，开展公安保卫工作。

民国38年（1949年）4月溧阳解放。5月7日，县公安局挂牌办公，随之别桥派出所设立。1950年5月，别桥派出所撤销。别桥区设公安助理员1人，各乡配治安员1人。1954年，区公安助理改称公安特派员。1957年后，乡（公社）设公安委员。1961年，以区建立特派员工作组，特派员分驻各个公社。1962年3月5日，公社仍设置公安特派员。1966年4月4日，镇江地委批准设立别桥派出所。1967年3月29日，成立中国人民解放军溧阳县公检法军事管制委员会，公安机关实行军事管制。“文化大革命”期间，别桥、湖边、古渎、绸缪、后周公社公安特派员称政法干事。1969年10月7日，别桥政法小组改为派出所，属溧阳县公安局派出机构。

1986年12月31日，江苏省公安厅批准设立后周派出所，1987年11月9日设立湖边、古渎、绸缪派出所。随着乡镇区划调整，1992年4月，湖边派出所撤销；2000年6月，古渎派出所撤销。

1989年7月10日，别桥镇治安联防队成立，有队员10人。湖边成立有4人组成的治安联防队，绸缪治安联防队有队员5人。1993年3月，后周镇治安联防队成立。2001年6月，根据溧阳公安局《关于联防队伍转变为保安队伍的实施意见》，别桥、绸缪、后周治安联防队改称保安中队，各保安中队队员数分别为12人、10人、11人。

2007 年 3 月，后周、绸缪镇并入别桥镇，但后周、绸缪派出所仍分设。2009 年 8 月，后周派出所撤销。2012 年 8 月，绸缪派出所撤销。2013 年，别桥派出所有警察 16 人，保安队员 26 人。

1973 ～ 2013 年别桥镇现境原五乡镇派出所领导更迭一览表

表 19-1-1

派出所	所　长	任职时间	派出所	所　长	任职时间
别　桥	狄林鸿	1973 ～ 1977	绸　缪	张德福	1987 ～ 1989
	郑水彬	1978 ～ 1979		谢庚林	1990 ～ 1993
	庄水保	1980 ～ 1982		陈求生	1994 ～ 1997
	史益民	1983 ～ 1984		钱宗福	1998 ～ 1999
	李柏年	1984 ～ 1992		史革新	2000 ～ 2001
	刘国富	1993 ～ 1997		管建中	2002 ～ 2007
	周和福	1998 ～ 1999		方建国	2008 ～ 2012
	秦超一	2000 ～ 2002	后　周	徐正栋	1987 ～ 1992
	李荣才	2003 ～ 2008		唐福保	1993 ～ 1994
	钱国财	2009 ～ 2012		胡全斌	1994 ～ 1997
	汤伟民	2012 ～		黄建喜	1998 ～ 1999
湖　边	谢庚林	1987 ～ 1988		周文福	2000 ～ 2001
	唐福保	1989 ～ 1991		吕三保	2002 ～ 2004
	谢庚林	1992		王　胜	2005 ～ 2009
古　渎	虞志松	1987 ～ 1991		—	—
	周锁福	1992 ～ 1996		—	—
	秦超一	1997 ～ 2000		—	—

附：国民政府警政

民国 34 年(1945 年)11 月，国民党县政府重建警察局。次年，县警察局下设别桥直辖分驻所，巡官戴达坤。别桥分驻所配置专职情报员，由书记吕洪涛负责，与县情报总站在区、乡建立的情报分站、支站，构成情报网络，竭力搜集共产党和新四军留守人员的活动情报。民国 35 年(1946 年)，县警察局及别桥、竹箦分驻所派出武装，配合县保安大队，在玉华山、溧（阳）金（坛）边境等处，进行军事“清剿”数次，企图剿灭共产党和新四军留守人员。

国民党政府的警政机构以执行公务为名，实际上暗中收捐纵容，借机敲诈勒索；利用权势诬良为盗，镇压群众的抗暴斗争，或者欺压善良平民。抗日战争期间，国民党的警政机构主要是镇压中国共产党领导的革命斗争。

第二节 打击犯罪与治安管理

一、锄奸除恶

民国32年（1943年）前后，溧阳县抗日民主政府公安局在别桥、绸缪、后周地区，依靠群众支持和掩护，坚持“打击镇压与争取教育相结合”的公安保卫工作方针，同敌、伪、顽展开针锋相对的斗争，除掉一批破坏抗战、坚持反共、群众深恶痛疾的汉奸、敌特恶霸和土匪头子。

民国31年（1942年），绸缪乡阴山保日伪保长殷锁财，思想反动，为敌效劳并和日伪军勾结，与共产党对抗。民国33年（1944年）5月，伙同后周乡日伪乡长马金荣，暗中刺探抗日民主政府后周区区长王明及大队长陶钱的抗日活动情报，报告与驻玉华山的日伪军，妄图借日伪军之手杀害王明和陶钱。溧阳县公安局局长带领短枪班战士，将两人抓获，予以枪决。

殷锁财妻子何来鹤，与丈夫沆瀣一气，极端仇视共产党，其丈夫被处决后，投靠日伪，任日伪情报组组长，捕杀共产党员和革命志士。民国34年（1945年），又投靠国民党，继续捕杀新四军留守人员和共产党员。新中国成立初，在组织武装匪特活动中，被国民党任命为中国民众反共救国总司部二十二团上校指导员。1951年5月21日在搞匪特活动途中，被公安战士抓获，在金坛县下新河处决。

二、剿匪肃特

民国38年（1949年）7月，溧阳县成立剿匪肃特委员会，在重点地区设立公安分局、派出所，各个区配备公安股员，各乡选派公安员，在当地区、乡党委的领导下，执行以“军事清剿，政治瓦解，发动依靠群众”三结合的方针政策，进行剿匪肃特斗争。在军事清剿中，别桥地区歼灭以曹小保为首的“中华青年义勇护国军”残余股匪。1950年5月4日，别桥区前王乡的梁田开等4人，配合严耕山组织的溧阳“五四”黄墟反革命暴动，在别桥前王乡策划暴动。“五四”黄墟反革命暴动平息后，梁田开等4人相继捕获，判处死刑。

国民党保安队长、还乡团长、双手沾满革命志士及贫困农民鲜血的陈金华（江苏海门县人）潜逃于后周，纠集王锁伦、王锁芳等7人组织“青年义勇护国军团”，1950年12月3日，在后周进行反革命暴动，杀害后周乡粮秣员徐贵生、银行农贷员徐夕锦、公安战士狄咬金、民兵周小马，砍伤民兵王夕芝。反革命暴动发生后，陈金华、王锁伦、王锁芳等8人先后被抓获，于1951年2月被人民政府镇压。

三、镇压反革命

1950年10月10日，中共中央指示，为了打击帝国主义的阴谋破坏和彻底消灭国民党残余匪帮，巩固和发展中国人民的胜利，必须彻底镇压一切反革命活动。依照中央指示，别桥镇现境范围内开展镇压反革命运动。镇压的主要对象是国民党党政军团骨干分子以及土匪、恶霸、特务等。整个运动历经 3 年。运动中，破获别桥地区“中华青年义勇护国军”反革命组织，先后逮捕、公审、镇压一批反革命分子、土匪、特务和恶霸。

其中有：伪区长李普声、陆芷信，伪国大代表张为公，反革命分子张云海，伪乡长杨午生，中统特务周梓文、陈辉等，还有一些反动组织的首要分子及船霸、渔霸。

四、摘帽与纠错“四类分子”

经土地改革、划分阶级成分和镇压反革命、农业合作化等政治运动的清理，对于地主分子、富农分子、反革命分子、坏分子（总称“四类分子”），大部分以教育改造为原则，交群众监督管制，就地改造。1956 年，对“四类分子”进行评审，表现好的吸收为农业合作社正式社员，一般的列为后补社员，差的不给社员资格。“文化大革命”中，“四类分子”普遍受到批斗。1979 年年初，遵照中央关于对已经改造好的绝大多数“四类分子”摘帽的指示精神，对“四类分子”进行复查和摘帽工作。至 3 月，对别桥公社 204 名、湖边公社 224 名、古渎公社 93 名、绸缪公社 116 名、后周公社 245 名“四类分子”给予摘帽和纠错。

1979 年别桥镇现境原五公社　“四类分子”摘帽、纠错情况统计表

表 19-1-2　　　　单位：人

公社名称	“四类分子”总数	其　中			
		地　主	富　农	反革命分子	坏分子
别桥	204	121	40	37	6
湖边	224	104	92	26	2
古渎	93	47	29	14	3
绸缪	116	63	27	23	3
后周	245	120	87	32	6
合计	882	455	275	132	20

五、禁毒 禁赌 禁娼

禁毒　民国时期，别桥、后周有抽吸鸦片者。1952 年，县成立禁毒办公室，政府开展肃毒运动，对吸毒者进行劝诫，收缴毒品、烟具，经过批评、教育、处理，吸毒者改过自新，主动戒毒，从而肃清烟毒。60 年代至 80 年代末，政府的禁毒工作得力，境内没有出现吸毒者。90 年代，有少数吸毒者，经教育后，也能戒毒。2000 年，别桥镇、绸缪镇、后周镇成立禁毒工作领导小组，标志着查毒、禁毒工作延伸到乡镇。2007 年吸毒现象露头，出现吸毒人员。至 2011 年，别桥、绸缪派出所查处涉毒案件 8 起，查获涉毒人员 16 人次，其中行政拘留 8 人次，强制戒毒 2 人。2012 ～ 2013 年，别桥派出所查处涉毒案件 8 起，抓获涉毒人员 19 人次，其中刑事拘留 2 人，逮捕 1 人，行政拘留 16 人次，强制戒毒 2 人，社区戒毒 5 人次。

禁赌　新中国成立前，集镇茶馆、庙会集市，聚赌参赌随处皆有，农村设赌参赌无法统计。

新中国成立后，政府发出通告，严禁赌博，教育赌徒，没收赌资，发动群众查赌抓赌，赌博行为一时销声匿迹。到20世纪80年代，赌风又起。政府虽多次发出禁赌通告，公安部门经常开展抓赌行动，但赌博风时衰时盛。一些赌徒常以娱乐为由暗下赌注，别桥有些赌头赌棍受到公安部门刑事处罚。2007～2011年，别桥、绸缪派出所共查处赌博案件46起，抓获涉赌人员326人次，追缴没收赌资408920元，行政拘留5人，罚款139500元。2012～2013年，别桥派出所共查处赌博案件25起，抓获涉赌人员161人次，其中行政拘留16人次，治安罚款145人次，追缴没收赌资487035元。2013年，派出所开展赌博机集中清查行动，出动警力10余人次，重点检查辖区网吧、超市等场所，查获各类赌博机9台，并进行处治。

禁娼 新中国成立后，人民政府严禁卖淫嫖娼，娼妓绝迹。改革开放以后，经济发展，流动人口逐渐增多，一些人利用伴舞、美容、按摩等职业为掩护进行色情活动，卖淫嫖娼又复萌。经公安部门多次打击，采取罚款、收押等处理，时有收敛。2007～2011年，别桥、绸缪两派出所，查处卖淫嫖娼案件12起，抓获涉娼人员24人次，其中收容教育4人、行政拘留13人次、罚款24人次。2012～2013年，别桥派出所共查处卖淫嫖娼案件31起，抓获涉娼人员62人次，其中行政拘留10人次、治安罚款52人次。

六、打击刑事犯罪

新中国成立后，经过剿匪肃特等工作，特别是经过3年大规模的群众性镇压反革命活动，社会治安良好，社会主义政权得到保卫，盗窃、抢劫、投毒、纵火、凶杀、强奸、流氓、诈骗等刑事案件虽偶有发生，但公安部门案发即查，打击有力。1976年10月以后，公安机关大力整顿和维护社会治安秩序，打击反革命和其他刑事犯罪分子的破坏活动，“文化大革命”中被破坏的社会秩序得到安定。1980年后，随着改革开放的深入发展，流动人口增多，人员结构复杂，各类刑事案件不断增加，公安机关先后于1983年、1996年、2001年开展三次大规模严打整治斗争，组织反盗窃、打“两抢”“打黑除恶”、禁毒禁赌等一系列专项行动。打击严重危害社会治安和人民生命财产的犯罪分子，摧毁犯罪团伙，捕办犯罪分子。2010年，别桥、绸缪、后周3个派出所共接处警4850起，辖区共立刑事案件589起，其中八类案件6起，共侦破138起，抓获违法犯罪人员566人，其中刑事拘留99人次，逮捕66人，行政拘留120人次，其他处理347人次。

2013年，别桥派出所共接处警1406起，其中立刑事案件190起、八类案件4起，侦破刑事案件31起，抓获违法人员198人，其中刑拘25人次，逮捕15人，行政拘留25人次，其他处理148人次。

第三节　综合治理

1985年5月，别桥镇、湖边乡、古渎乡、绸缪乡、后周乡分别建立社会治安综合治理领导小组，由乡（镇）长或党委副书记任组长，宣传委员及公安派出所、司法、民政、共青团、妇联、文化、教育等部门负责人为成员。1986 年起，在党委、政府的统一领导下，按照“打防结合、预防为主、专群结合、依靠群众”的社会治安综合治理工作方针，落实各项工作措施，从根本上预防和治理违法犯罪，化解不安定因素，维护辖区内社会治安持续稳定。1991 年，境内各乡镇建立综治办。1992 年，5 个乡（镇）综合治理领导小组撤销，成立乡（镇）社会治安综合治理委员会（简称综治委），乡（镇）长或党委副书记兼任主任。1997 年，依据《溧阳市 1997 ～ 2000 年依法治市计划》，境内 75% 的村、80% 的中小学校和 40% 的集镇企业依法开展治理活动，开展安全文明村镇、安全文明单位活动，加强治安防范。1998 年，在乡（镇）行政编制中选配 1 名专职综治干部担任综治委副主任，负责日常事务和工作协调。1999 年，对村党支部书记、村委会主任开展依法治村教育。乡（镇）机关各部门结合农村工作实际开展学法用法教育，提高依法行政的自觉性。2001 年 4 月，别桥、绸缪、后周三镇内的各村、社区成立综治办。

2002 年，别桥镇、绸缪镇、后周镇党委、政府与市委、市政府签订年度社会治安综合治理责任书，将综治、平安建设纳入镇年度目标管理考核体系。2003 年 9 月至 2005 年 12 月，开展“建设平安溧阳，创建最安全地区”活动，安全镇、安全村、平安企业、平安校园、平安医院、平安市场、平安金融网点、平安工地、平安拆迁、平安单位、平安农机、平安交通、平安家庭、平安娱乐场所、平安宗教场所等平安创建活动在境内各镇、村开展。

2006 年 4 月，境内原 3 个镇开展村（社区）综治办规范化建设，明确村（居）综治办主任由村（居）党支部书记或村（居）委会主任担任，副主任由社区民警、治保主任、调解主任担任。村（居）综治办负责治保、调解、警务、治安联防、信访接待、暂住人口管理、预防青少年违法犯罪、刑释解教人员安置帮教、社区矫正、禁毒等工作。2006 年、2007 年，深化新一轮平安法治建设活动，在依法打击刑事犯罪活动的同时，加大防范、打击经济犯罪力度，加强从源头防止违法犯罪行为的工作。2007 年年末，境内设立 36 个村（社区）综治办，专兼职综治人员 35 人。

2008 年，根据市综治委要求，别桥镇建立集治安联防、矛盾调解、工作联勤、问题联治、人口联管、平安联创多职能于一体的政治综合工作中心，成员单位 28 个。联合开展平安家庭、平安市场系列平安建设活动，不断推进平安法治创建活动向纵深发展，打造现代化社会治安防控体系，提升基层综治组织规范化建设水平。

2013 年，全镇有 18 个行政村和 6 所学校、5 家企业建立警务室，组建季节性村级联防组织，建立信息点 58 个，布建固定或临时治安卡点 5 个，安装摄像头 36 个，配置与 110 联动的 CK 报警设施，配备用于工作的汽车 6 辆、警摩 9 辆。

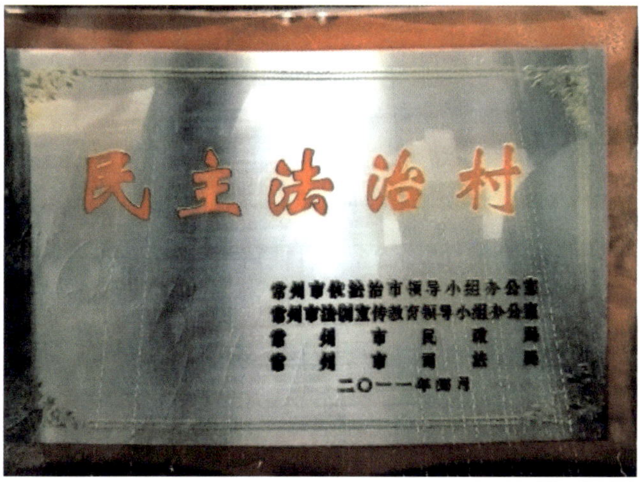

图19-1 2011年4月北山村获“常州市民主法治村”称号

对149名重点人员实行一人一档，加强管理，并确定矫正对象101人。2013年，派出所围绕“设防城市”建设规划，提前布局，着力构建以派出所为龙头，覆盖路面、社区、单位、技防、虚拟社会管理、警务协作等社会防控的网络，形成统一指挥，运转高效，协调有序，反应灵敏的社会治安防控体系。

自2007年以来，别桥镇历年被中共常州市委、常州市政府授予“社会治安安全镇”称号，2013年被命名为常州市“平安镇”。2007～2013年中3次被评为溧阳市社会治安综合治理先进集体，受表彰的综合先进个人7人，记三等功1人。至2013年年末，全镇18个行政村被溧阳市综治委命名为“平安村”，其中小石桥村被评为“平安创建示范村”。

第四节　户籍管理

自民国起，户籍制度乃是政府管理民众、维持社会治安的有效措施之一。民国15年（1926年）6月实行闾邻制（与保甲制均是旧时户籍编制制度），民国24年（1935年）5月改为保甲制。

1950年，人民政府通过户口民主改革，废除保甲制，户口管理在城镇以街道居民委员会为单位，在农村以行政村为单位，对人口的迁进、迁出、出生、死亡、暂居、寄住等变动，进行专项登记和统计。1951年秋进行户口核对普查，发放户口簿。1953年，对民船及船民进行登记造册。1958年，根据《户口登记条例》规定，设有派出所的乡镇（公社），户口由派出所管理，未设派出所的，户口由所在乡镇（公社）政府办公室管理。1987年1月，后周乡户口为所在派出所管理。1988年1月，湖边乡、古渎乡、绸缪乡的户口分别归所在派出所管理。

1958年8月25日开始，对由国家定量供应粮食的城镇居民确定为非农业户（称供应户），农村户口为农业户。2003年户籍制度改革后，分别称非农业家庭户和农业家庭户。1963年产生介于供应户、农业户之间的定销户，人员主要为县社合办企业人员、信用社脱产干部、农村联合诊所专业医生、民办教师、水利农机人员和以工代干者等。1961年，中共溧阳县委制定《关于减少城镇统销人口精减职工工作中若干问题的规定》，开展职工和城镇居民（供应户）精简下放，从1961年1月1日始持续到1965年6月，一大批企业职工及城镇居民下放农村，成为农业户。

1985年，根据《国务院关于农民进入集镇落户问题的通知》，对到镇区务工、经商和办服务业的农民或家属，在镇区有固定住所的，公安部门准予办理入户手续。是年，别桥镇47户、后周镇8户居民领取了《自理口粮户口簿》。1988年12月，别桥、湖边、古渎、绸缪、后周乡镇16周岁以上居民领取居民身份证。1989年，常州市成立户粮办，将1961年至1965年下放职工、城镇居民及其子女全部就地将农业户口转为城镇户口。别桥、古渎、绸缪共有648人享受这一政策待遇。1990年起，加强对外来暂住人口管理，外来人口凭身份证到暂住地派出所进行登记，领取“暂住证”，2010年，别桥镇境内暂住人口845人，2011年为5206人，2012年为1917人，2013年为1575人。1998年，为加快集镇发展，别桥镇试行小城镇户籍管理制度改革，将农业户口转为小城镇户口。1998～2004年，别桥镇办理农转非户口1137人，后周镇办理农转非户口 244 人，古渎、绸缪乡镇办理农转非户口 119 人。

2005 年 12 月起，换发第二代居民身份证。2010 年，别桥、绸缪两派出所发放二代居民身份证 2985 张，2011 年两派出所发放二代居民身份证 3439 张，2012 年两所发放 2300 张。2013 年，别桥派出所发放 206 张。至 2013 年年末，别桥派出所共发放第二代居民身份证 58707 张。（后周派出所 2009 年 10 月前发放的居民身份证数据失查）

第五节　消　防

新中国成立之前，别桥街上有义务消防组织，是由商会牵头，商家、店铺捐款，购置消防器材，有人工压力灭火车、水枪、皮管、木梯、柳条编制的太平水桶、太平灯、太平铜锣等。新中国成立后，义务消防组织还延续存在，灭火车等器材放置于别桥街西关淇园茶馆东侧的一个小古庙内，称之“水龙馆”。1960 年，在原消防组织的基础上重建专业义务消防队。队员主要是供销社、农具厂、米厂等单位中身强力壮的中青年职工，由供销社一名干部负责，并添置备全消防器材。一遇火警，鸣锣呼喊，传递信息，队员跑步集合，拉拖灭火车，奔赴火灾现场扑救。每年农历六月十三日（传说中的龙王节），都要进行灭火演练，整修、晾晒灭火器材，一直到“文化大革命”期间才中断。后周集镇在 20 世纪 60 年代也有义务消防队，消防器材放置在街中小石桥桥堍。1981 年，别桥、湖边、古渎、绸缪、后周公社曾配消防员。20 世纪 90 年代，别桥成立消防队，派出所所长兼任队长，数名联防队员兼消防员。粮管所、供销社等部门备有灭火器具。2013 年，别桥派出所消防队拥有消防车 1 辆，兼职消防员 12 人，消防服 5 套，水枪、皮管等消防器材。镇境内有二级重点防火单位 6 个，工厂、企业、娱乐场所配有各种灭火器。派出所定期检查，杜绝消防隐患，并组织警力，采用多种形式进行防火灾宣传。

图19-2　2008年6月别桥小学消防知识进校园

第六节　道路交通管理

2009 年 7 月，溧阳市公安局北山交巡警中队（简称北山中队）成立。建队初借用原后周镇政府办公楼作临时办公场所，2012 年 9 月迁至别桥集镇原别桥派出所内办公。2013 年年末，北山中队共有民警 8 人、辅警 13 人，警用车辆 4 辆。服务范围含别桥、竹箦两镇所属全部区域及竹箦监狱地理区域（溧阳境内），辖区总面积 353 平方千米，人口 12 万余人。辖区别桥镇境内主干道上上线 9 千米 +900 米至 30 千米 +95 米，241 省道 82 千米 +350 米 -91 千米 +100 米，缃缪线中的缃缪集镇内，总长 37 千米。各行政村之间 4 米宽水泥道路 57 条。全镇道路交通安全设施有红绿灯 3 盏，斑马线 68 条，减速条 22 条，让行、禁停、禁行、分流、导向等交通标记 330 个。

一、道路安全宣传

2009 年北山中队成立后，常年开展以“关爱生命，文明出行”为主题的交通安全宣传活动。以《中华人民共和国道路交通安全法》、公安部 2012 年颁布的《机动车驾驶证申领和使用规定》和《公安部关于修改〈机动车登记规定〉的决定》为宣传教育主线，围绕“倡导六大文明交通行为”“摒弃六大交通陋习”“抵制六大危险驾驶行为”等内容，通过剖析典型事故案例，分析常见重点交通违法行为危害等形式，为广大居民和驾驶人上交通安全宣传课；利用媒体、标语宣传，号召全镇机动车驾驶人共同参与文明交通，营造平安畅通的交通环境。

图19-3　溧阳市公安局交通警察大队别桥中队

加强对学生接送车辆驾驶的安全管理，提高驾驶人安全责任意识，消除学生接送工作存在的安全隐患。组织辖区中小学领导及校车驾驶人共同学习《校车安全管理条例》。2009 年 8 月与学校领导签订《校车安全行驶责任书》，并深入学校，在学生中开展以“文明交通，从我做起，交通安全，人人有责”为主题的专题讲座。

贯彻公安部关于进一步加强酒后驾驶专项整治工作精神，打击和遏制酒后驾驶的违法行为，保障驾驶员、乘车人和交通参与者的人身安全。秋收季节，北山中队民警提前研判以往秋收季节事故发生情况，深入田间地头，对从事收割作业的农民群众与收割机操作人员进行安全宣传，对个别占据道路进行打谷晒场的群众，进行耐心细致的劝阻教育。

二、道路安全隐患排查整治

2009 ～ 2013 年，北山交巡警中队毫不松懈地开展道路安全隐患整治工作，尤其是在集镇范围内的道路。每年 6 月，集中排查道路安全隐患。一是加强值班备勤，确保有充足的警力应对各类突发警情并及时上报；二是加强巡逻管控，重点针对隐患路段 24 小时不间断巡逻，并利用车载喊话器提醒司乘人员注意行车安全；三是启动应急预案、备足应急物资，积极做好路面除冰防滑预防工作；四是落实交通事故快速处理机制，对无人员伤亡仅造成财产损失的交通事故快速反应、快速处置，避免因交通事故造成拥堵情况发生。

三、道路安全保卫任务

2012 年 5 月 5 日，中华户外网瓦屋山大学生拓展活动在瓦屋山风景区举行，来自华东六省一市近千名大学生参加此次活动。北山中队组织警力，提前勘察活动路线及场地，整改勘察中发现的交通安全隐患。活动当日，执勤民警严格落实各项交通安全保障措施，做好活动现场及活动沿线各主要路段路口的交通秩序维持和保卫工作，确保了活动的顺利进行。

是年，瓦屋山宝藏禅寺举行庙会。北山中队向党委政府提前汇报沟通，制定交通安保预案，并在活动当日增派警力，维护活动现场良好的交通秩序。

12 月 1 日世界艾滋病日，为宣传“治疗与预防同步”“关艾计划”主题，2012 年 11 月 30 日，省公安厅、卫生厅领导到常州监狱艾滋病监区帮教基地指导。为保障活动期间道路交通安全，北山中队实地勘察、提前部署，在沿线重点路段路口安排警力，定岗定责，圆满完成交通安保任务。

2013 年，瓦屋山宝藏禅寺举办一年一度的庙会，近万余人参与此次活动，为确保活动顺利进行，北山中队提前对活动现场的交通设施、交通流量状况进行实地勘察，加强沿线交通巡逻管控力度，维护好上山通道和停车场的通行秩序，对接送香客的客运车辆和自驾车辆载客情况进行严格检查，防止车辆超员违法，同时对途径执勤点的车辆进行减速慢行、注意安全的友情提醒，圆满完成此次活动的交通安保工作。

四、道路交通管理新模式

2013 年，北山中队道路交通管理以追求安全、畅通，遇到事故能够及时快速出警，准确公正执行为目标，实施网格化管理。这种管理是依托统一的城市管理数字化信息平台，将城市管理辖区按照一定的标准划分成为单元网格，把人、地、物、事、组织等内容全部纳入其中，实施精细化、信息化、动态化社会服务管理。北山中队也将通过网格化把辖区进行细分，乡镇到行政村再到自然村，形成机动性的“1+1+N”（即镇—行政村—自然村）的管理模式，责任落实到人。

第二章　法　庭

第一节　土改法庭　巡回法庭

1950 年 11 月，为配合农村土地改革和镇压反革命运动，别桥区设立土改法庭，庭址在别桥集镇，庭长由区委书记担任。对恶霸地主和破坏土地改革的罪犯进行调查核实并依法审判。随着农村土改运动结束，1951 年 10 月 3 日，土改法庭撤销。1954 年，配合普选工作，全县成立 3 个巡回法庭，别桥区属第一巡回法庭管辖。

第二节　别桥法庭

1983年年底筹建别桥法庭，1984年6月1日，溧阳县人民法院别桥法庭对外办公。法庭地址在别桥区工委前新建的3间二层楼房，1986年迁至原别桥公社院内办公。管辖别桥、湖边、绸缪、古渎四乡镇的民事案件、经济案件，并依法审判（后周乡属竹箦法庭管辖）。2000年12月，别桥法庭撤销。

别桥法庭在审判中贯彻“依靠群众，调查研究，着重调解，就地办案”的方针，1986～1989年，共受理民事诉讼案件360件，经济纠纷案件110件；1994～1999年，受理民事诉讼案件1233件，经济纠纷案件273件，均予裁定、判决、结案。

在审理民事案件中，最为典型的是1997年审理年近90岁的姚老太赡养案。法庭人员多次留姚老太吃饭，赠送零用钱，又从实际出发，不辞劳苦做工作，姚老太的3个子女深受感动，出钱把姚老太送进敬老院安度晚年。这一案例已载入1997年的《溧阳市法院志》。

链接：检察工作

别桥镇未曾建立过检察室。绸缪、古渎、后周3个乡镇的经济犯罪、刑事犯罪案件由1994年7月成立的竹箦检察所审理，别桥镇的经济犯罪、刑事犯罪案件由1995年5月成立的上黄检察室审理。2010年3月，南渡检察室恢复设立，别桥镇的经济犯罪、刑事犯罪案件归其受理、审查、起诉。

第三章　司法行政

第一节　机　构

1981年1月15日，溧阳县建立司法局，全县始有司法行政的专设机构。是年4月，别桥、湖边、古渎、绸缪、后周公社设司法助理员，由民政助理员兼任，别桥公社为郝全才，湖边公社为谢全富，古渎公社为周洪富，绸缪公社为童锁才，后周公社为梁田裕。1982年起，各公社陆续配备专职司法助理员，专司民事调解和法治宣传工作。2002年11月，别桥镇、绸缪镇、后周镇建立司法所。司法所工作职责是：指导管理人民调解工作，参与调解疑难、复杂民间纠纷；承担社区矫正日常工作，组织开展对社区服刑人员的管理、教育和帮助；指导管理基层法律服务工作；协调有关部门和单位开展对刑释解教人员的安置帮教工作；组织开展法制宣传教育工作；组织开展基层依法治理工作，为乡镇人民政府依法行政、依法管理提供法律意见和建议；协助基层政府处理社会矛盾纠纷；参与社会治安综合治理工作；完成上级行政机关和乡镇人民政府交办的维护社会稳定的有关工作。2013 年，别桥镇司法所有司法人员 3 人。

1984 年 11 月，省召开政法工作会议，会上宣传乡镇可以成立法律服务机构。县司法局首先在后周乡试办法律服务所。1985 年 1 月，别桥法律服务所成立。1987 年 7 月后，湖边、古渎、绸缪都成立法律服务所。法律服务所是县司法局领导下的为基层经济建设提供法律服务的乡办事业单位，不是一级行政机构。1999 年 3 月 27 日起，乡镇法律服务所转为中介服务机构，人员工资、办公经费与镇财政脱钩。随着乡镇撤并，湖边、古渎法律服务所分别于 1992 年、2000 年并入别桥、绸缪法律服务所。

第二节　法律宣传教育

新中国成立初，人民政府利用夜校授课、会议、印发宣传材料和文艺演出等形式进行法制宣传教育，重点宣传《中华人民共和国土地改革法》《中华人民共和国宪法》《中华人民共和国婚姻法》《惩治反革命条例》等法律法规。1983 年开始，中小学开设法制课，进行法律常识教育。1984 年，别桥乡党委把法制宣传教育工作列为党的政治思想工作的重要内容，乡党委和村委成立法制宣传小组，形成一个有 100 余名骨干组成的法制宣传网络。1986 年开展“一五”普法教育，乡镇成立普法教育办公室，向各单位分发《普及法律常识读本》，别桥镇共发放 250 本，并办起业余法制夜校，每周上一次法制课，近 2 万人参加普法学习。1988 ～ 1989 年，绸缪乡法律服务所围绕法制宣传教育，出黑板报 25 期，举办培训班 7 次，受训人员达 500 人次。1991 年起，连续开展“二五”至“六五”普法宣传教育，内容有《中华人民共和国宪法》《中华人民共和国义务教育法》《中华人民共和国土地管理法》《江苏省计划生育条例》《社会主义法制建设基础理论》（干部读本）《社会主义市场经济与现代企业制度法律知识读本》《中华人民共和国公务员法》《中华人民共和国环境保护法》《中华人民共和国行政诉讼法》《中华人民共和国刑事诉讼法》《中华人民共和国行政处罚法》《中华人民共和国未成年人保护法》《中华人民共和国义务教育法》《中华人民共和国消费者权益保护法》《中华人民共和国道路交通安全法》等法律法规。1996 年，古渎乡党委组织工人、农民、知识分子、干部、企业事业单位的管理人员、学生、个体劳动者、外来人员等，开展“三五”普法宣传教育活动，针对不同对象，学习各种相关的法律法规。别桥镇司法所每年

图19-4　普法在别桥小学校园

年初制定法制宣传工作要点，按照要点举行形式多样的普法宣传活动：法律知识讲座，法律咨询，发放法律宣传小册子，展出法律宣传板报和挂图，每年常规性的组织开展“12·4”法制宣传活动。2005年，小石桥行政村被评为常州市民主法制示范村。2011年，别桥镇司法所制定并组织“六五”普法宣传教育规划和年度工作计划，开展5次大型法律宣传活动，普法培训4次，发放宣传材料1000余份，制作普法宣传版面120余块，接受法律法规宣传教育人数达3万余人次，教育面75%。2011年，别桥镇司法所被常州市委、常州市人民政府评为2006～2010年法制教育宣传教育工作先进集体。

2012年，别桥镇深入开展“法律援助服务为民创先创优年”主题实践活动，通过普法宣传，提升群众对生活的满意度。是年，境内18个行政村聘请18位法制副村长。

2013年，别桥镇政府会同司法所开展法制宣传教育，着力提升境内居民法律素养，举行8次法律宣传活动，普法培训4期（次），发放宣传材料2000余份。在政府大楼前广场安放法律课本塑雕，命名为“法制广场”。中小学举办法制法规知识竞赛，对公务员进行法治理念主题培训，推广小石桥村创建常州市民主法制示范村的经验，开展争创市、省级法制示范村活动。

第三节　法律服务

别桥境域内乡镇法律服务所成立后，坚持为单位、企业和人民群众提供法律服务，包括民事诉讼代理、代写法律文书、法律咨询以及和乡镇企业订立法律顾问联系户，为县公证处协办公证，民事纠纷的调解等。法律服务所以服务农村经济、服务人民群众为宗旨，不断拓宽服务领域，使法律服务工作向多方向、高层次方向发展，法律服务所在发展中努力成为农业和农村经济工作的服务职能部门。1985年为别桥法律服务所成立的第一年，共调解民事纠纷61起，协办公证102件，审查完善合同82份，法律咨询150人次，代写法律文书10次，调解经济纠纷7起，避免经济损失15万余元，代理收回欠款8.7万余元，担任常年法律顾问3家。1989年，绸缪法律服务所调解民事经济合同34份45起次，挽回经济损失20多万元，代书法律文书12次，解答法律咨询38人次，代理民事诉讼案件24次，担任法律顾问4家，协办公证20件，督证5件。1997年，别桥镇、绸缪乡法律服务所被评为常州市司法行政工作先进集体。法律服务所自2001年3月改成社会中介机构后，主要由司法局承担管理职能。

境内的法律社会中介机构有工作人员5人，受理调解民间借贷、赡养、婚姻、宅基地及土地承包、道路交通事故、建筑工程合同等方面的民事纠纷诉讼案件。至2013年，每年调解辖区内民事纠纷160多件，担任法律顾问20多家，协办公证25件。

第四节　人民调解

旧社会，宗族、家庭矛盾纠纷一般由同族长辈或宗族中长辈进行调解，社会民间纠纷则由各地方老者绅士中威信较高、德行好的出面调解。

新中国成立初期，党和政府高度重视民间纠纷的调处工作，各区、乡成立民调组织——人民调解委员会。1952年，整顿、巩固、健全区乡民事调解组织。1956年，民调组织与治安组织合并，建立“治安民调”委员会。1965年，随着民事纠纷的增多，上半年，公社、生产大队成立人民调解委员会。“文化大革命”中，调委会受到冲击，几乎不复存在。1977年，别桥、湖边、古渎、绸缪、后周公社及所属62个生产大队恢复建立民事调解组织。1983年政治体制改革，乡、镇不设调解委员会，只在农村、集镇、居委会、工厂企业单位设立调解委员会。1985年，行政村设立村调解委员会。1984年，别桥镇谢家坝村、后周乡后周村被评为溧阳县调解工作先进集体，别桥镇诸里村调解委员会被评为县级调解工作先进集体。

1989年，绸缪阴山村调委会先后调解重大疑难纠纷28起，调解率100%，成功率95%以上，防止民转刑案件2起3人，防止纠纷激化，避免可能发生服毒自杀事件3起3人。原后周乡观阳村调解委主任罗小毛自1985年起连续被评为省、市、县调解先进个人。1992年，绸缪法律服务所石小毛获常州市司法局防激化二等奖。

2004年8月，别桥、绸缪、后周镇分别成立社会矛盾纠纷调解处理中心（以下简称调处中心），形成以党委、政府统一领导，综治委牵头协调，依托司法所，综治办、派出所、民政、妇联、环保、劳动保障等部门各司其职，全社会共同参与和对社会矛盾纠纷统一受理，集中梳理，归口管理，依法调处，限期办结的大调解机制。

2013年，别桥镇有村级人民调解委员会21个，调解员110人。镇、村、企业调解民事纠纷106起，其中由镇调处中心调解的纠纷80起，占75%；法律服务所、派出所、村和企业调解纠纷26起，占25%。在调解的民事纠纷中，婚姻家庭纠纷占10%，土地承包纠纷占44%，邻里纠纷占11%，赔偿纠纷占22%，劳企及其他纠纷占13%。

第五节　社区矫正和安置帮教

社区矫正　2005年1月，最高人民法院、最高人民检察院、公安部、司法部联合下发《关于扩大社区矫正试点范围的通知》，社区矫正是将判处管制、宣告缓刑、裁定假释、暂予监外执行和剥夺政治权利并在社会上服刑的五类罪犯置于社区内，矫正其犯罪心理和行为恶习，并促使其顺利回归社会的非监禁性刑罚执行活动。别桥镇社区矫正工作始于2005年5月，是江苏省第一批试点乡镇之一。

2013年，别桥镇社区矫正对象共101人，已期满办理解教手续的67人，现在册的34人。根据各人的实际情况，每一位矫正对象都建立完整的矫正档案。社区服刑人员中有的成为无偿献血者，有的成为爱心志愿者。

安置帮教　为贯彻落实省委、省政府《关于进一步加强我省刑满释放解除劳教人员安置和帮教工作意见》，做好刑释解教人员安置帮教工作，1999年，别桥镇成立安置帮教领导小组，并在镇司法所设安置帮教工作站。

2012年，别桥镇接收刑释解教人员17人。2013年，接收刑释解教人员29人，给予安置帮教，帮教率达100%。在安置帮教中落实“三帮一”制度，明确监管责任人职责，做到不脱管、漏管，用真情与爱心去帮教，做刑释解教人员的知情人、贴心人，关心他们的生活，帮助他们解决生活上的一些实际困难，真情换回“浪子回头”，换回社会治安的稳定。

第二十篇

政务综合管理

新中国成立以来，政治、经济、社会不断变革和发展，别桥的基层事业机构随之增设、调整，职能逐步扩大、细化，机构性质、编制、隶属关系不断改变。1997 年 10 月，根据市委、市政府《溧阳市乡镇党政机构改革的意见》，别桥、古渎、绸缪、后周 4 个乡镇党政机构进行调整。2000 年 12 月，别桥、绸缪、后周 3 个镇的事业单位进行机构改革和人事制度改革。遵照中共溧阳市委、溧阳市人民政府《溧阳市机构改革实施意见》的精神，2001 年 11 月，别桥、绸缪、后周 3 个镇再次实施党政机构改革，围绕建立社会主义市场经济体制，加强和改善党的领导，转变政府职能，调整组织机构，精简人员编制，完善运行机制。

社会综合行政管理也与时俱进，逐步建立并完善与国民经济、社会发展相适应、依法行政、服务民生的综合行政管理体制。严格机构和人员编制管理，规范公务员、事业单位工作人员管理。

由于农村富余劳力走向各类企业就业，劳动用工制度也不断改革。政府确立劳动者自主择业、市场调节就业、政府促进就业的机制，形成积极的就业扶持政策，采取多种形式拓宽就业渠道和增加就业岗位。企业单位按照《中华人民共和国劳动合同法》与职工签订劳动合同，维持劳企双方就业与用工的正常秩序。随着乡镇企业的增加，政府发展社会保障事业，保护劳动者合法权益，加强安全生产监督管理，保持别桥镇安全生产平稳态势。

1982 年，后周茅山老区列入溧阳市扶贫单位。2000 年后，结对帮扶工作作为关心和支持老区的一项实事工程、民心工程。至 2006 年，溧阳市劳动保障局、财政局、园林局、住建委、统战部、妇联分别与茅山老区的西庄村、玉华山村、下梅村、小石桥村、杨家湾村、后周村、绸缪村等建立结对帮扶，走访贫苦家庭，出资扶贫，促进茅山老区农村经济发展。常州市委、市政府在茅山老区实施“党员进老区、万人帮万户”“百千万”工程。2006年后的7年中，常州市财政局扶持两湾村帮困资金166万元，帮扶项目15个，加快两湾村的建设步伐，增加农民收入，低收入农民基本脱贫。

镇党委、政府加强行政村民主自治、优抚安置、社会救助、社会福利、老龄事业、社会服务等六个方面的体系建设，并取得显著成效，促进社会的和谐稳定。

第一章 机构改革

第一节 党政机构改革

一、机构设置

1997年10月，根据市委、市政府《溧阳市乡镇党政机构改革的意见》，乡镇党政机构设置组织人事办公室、纪检监察室、党政人大办公室、财政经济管理办公室（增挂“财政所”牌子）、社会事务办公室（增挂“社会治安综合治理办公室”牌子）、村镇建设办公室、农副业办公室、工业贸易办公室和乡（镇）人民武装部。

2001年11月，按照《溧阳市机构改革实施意见》精神，别桥镇、绸缪镇和后周镇再次实施党政机构改革。改革的目的是认真贯彻党中央关于地方机构改革的方针和原则，围绕建立社会主义市场经济体制，加强和改善党的领导，转变政府职能，调整组织机构，精简人员编制，完善运行机制。

别桥、绸缪、后周3个镇各设置5个办公室：党政人大办公室（并入组织人事职能），经贸财政办公室（挂“财政所”牌子，并入经贸职能），农副业办公室，建设管理办公室，社会事务办公室（挂“社会治安综合治理委员会”“计划生育办公室”“司法所”牌子）。镇人民政府设置监察室，与镇纪委机关合署办公，一个机构、两块牌子。镇人民武装部保留。

二、各办公室职位设置

党政人大办公室设党政秘书、人大秘书、组织人事、宣传、统战、工会、共青团、妇联等职位。

经贸财政办公室设工业、环保、外经、三产、科技、劳动安全、财政、审计、物价、统战等职位。

农副业办公室设农经、农副业等职位。

建设管理办公室设国土建设、城管等职位。

社会事务办公室设综合治理、民政、司法、计划生育、文教卫生等职位。

镇纪检监察机构、镇人民武装部按有关规定各设置一个职位。

各办公室设置的职位，根据各职位的实际工作量在编制限额内实行一人一职或一人多职。

三、镇领导职数设置和机构编制

机构改革后，设党委书记1人，党委副书记2～3人，镇长1人，副镇长3～4人，人大主席、副主席1～2人，纪委书记1人。

党政行政机构改革前，绸缪镇、后周镇和别桥镇分别有行政工作人员40人、34人和48人，机构改革后，三镇核定编制数分别为40人、30人和44人，在职人数分别为38人、30人和44人。2007年合并为别桥镇，2008年年末行政编制数110人，实际上岗人数70人。2013年年末行政编制数69人，实际上岗人数56人。

第二节　事业单位机构改革

一、2000年机构改革

1. 调整机构设置

2000年11月，按照溧阳市委、市政府《关于镇事业单位机构、人事制度改革的意见》和溧阳市编制委员会《关于核定事业单位编制的通知》精神，别桥镇、绸缪镇和后周镇对镇事业单位（不含教育、卫生系统）进行机构改革和人事制度改革。改革的目的是贯彻中共十五大和十五大以来历次会议精神，根据农村民主法制建设和税费改革要求，遵照“脱钩、分类、放权、搞活”和“精简、统一、效能”的原则，调整机构设置，减缩人员编制，理顺管理体制，推行竞争上岗，减轻财政和农民负担，提高基层站（所）队伍整体素质，促进农业和农村现代化事业健康发展，促进农村社会长期稳定。

2001年，别桥镇、绸缪镇和后周镇各原有镇管理事业单位15个，改革调整为：水利管理服务站和农机管理服务站合并为镇水利农机管理服务站；合作经济经营管理站与乡镇企业管理服务站、科技人才服务站、劳动管理服务所、农村社会养老保险服务站合并为镇农村经济管理服务站（含农保职能）；农业技术推广站与多种经营综合服务站合并为镇农业综合服务站；文化站与广播电视站合并为镇文化广播电视站；镇建设监察和环卫职能并入镇建设管理服务所；保留计划生育服务站；法律服务所转为中介组织，不核编制；镇党校职能移交镇党政人大办公室，与工会工作委员会在一起，兼设岗位。镇管事业单位机构由15个调整为6个。

2. 缩减编制

机构改革前，绸缪镇、后周镇和别桥镇镇管事业单位在职人数分别为68人、42人和57人；机构改革后，三镇核定编制分别为41人、35人和44人，三镇合计减少编制47人，减缩28.2%。

3. 实行聘任制

2000年12月，别桥、绸缪、后周三镇在溧阳市机构编制委员会核定的编制数中，留用10%作为控编数，对原镇管事业单位人员通过文化考核、民主测评、个人述职，竞争上岗，实行全员聘任制和岗位聘任制。岗位聘任期限一般为一年，岗位聘任工作根据年度考核结果实行末位调整竞争上岗制。3 个镇的核编人数为 120 人，实际定岗 105 人，定岗人数占核编人数的 87.5%。对竞争上岗落聘者（包括无正当理由不服从安排和竞岗的），实行待岗，待岗期为一年。待岗期间，可重新参加竞岗。对未能竞聘上岗的，待岗期满即予解聘，其人事关系转市人才服务中心托管，并由各单位采取各种措施妥善解决好他们的分流和就业。

此次改革于 2001 年 3 月结束。

二、2010年机构改革

2010 年，别桥镇根据经济建设和社会发展的需要，将镇管事业单位机构调整为五大中心：农业服务中心、经贸服务中心、社会事务服务中心、村镇建设服务中心、人力资源和社会保障服务中心。2013 年，核定编制 110 人，上岗人数 88 人，上岗人数占编制人数的 80%。

2001 年 3 月绸缪镇、后周镇、别桥镇镇管事业单位机构改革情况表

表 20-1-1　　单位：人

调整后机构名称	原在职人数			新核编制			新在职人数		
	绸缪	后周	别桥	绸缪	后周	别桥	绸缪	后周	别桥
农村经济管理服务站	15	12	14	11	9	12	10	9	11
农业综合服务站	15	12	19	9	9	11	9	8	7
水利农机管理服务站	25	6	9	9	7	9	8	4	6
计划生育服务站	6	5	6	4	3	4	4	3	4
文化广播电视站	4	4	6	5	4	5	4	4	5
建设服务管理所	3	3	3	3	3	3	3	3	3
合计	68	42	57	41	35	44	38	31	36

2013 年别桥镇镇管事业单位机构和人员编制情况表

表 20-1-2　　单位：人

机构名称	核定编制数	上岗人数		
		合　计	行政管理人员	专业技术人员
农业服务中心	57	48	11	37
经贸服务中心	14	9	4	5
社会事务服务中心	20	18	5	13
村镇建设服务中心	11	9	5	4
人力资源和社会保障服务中心	8	4	4	—
合　计	110	88	29	59

第二章　安全生产监管

第一节　管理机构

1981年前，别桥公社、湖边公社、古渎公社、绸缪公社和后周公社在安全生产、劳动保护方面没有设立专门机构，各企业由一位副职干部分管。1983年3月，现境内原5个公社都设防火员，在派出所或工交办公室办公，负责安全生产工作。1984年，别桥乡、湖边乡、古渎乡、绸缪乡和后周乡的工业公司设立安全环保科。1985年5月，现境内原5个乡都设立安全监察科，专门负责安全生产的监督检查工作。1986年后，别桥镇、湖边乡、古渎乡、绸缪乡和后周乡都成立安全生产领导小组，由各乡（镇）党委副书记或副乡（镇）长任组长，各企业也以企业整顿、创建质量管理达标单位为契机建立安全生产管理组织，配备专兼职安全管理人员。2002年1月，别桥镇、绸缪镇和后周镇配安全生产助理，300人以上企业、36个村（居）委会成立安委会。2007年5月，合并后的别桥镇成立安全生产委员会，镇长陆卫林任组长。2008年12月，组建别桥镇安全生产监督管理站，承担别桥镇安全生产委员会办公室的日常事务。

第二节　安全生产宣传

1986年以来，现境内原5个乡镇安全生产领导小组、安全生产委员会每年组织各企业单位领导干部和安全管理人员培训或开会，研究部署全年安全生产工作，每年对电工、司炉、电焊工、行车司机等特殊工种操作人员进行培训、教育，做到持证上岗。新职工进厂、老职工换岗、请假超过1个月复工者，都由工厂、企业进行安全教育。

各企业根据各自的生产特点开展多种形式的安全宣传活动。把每年5月定为“安全生产月”，开展各种形式的安全生产宣传教育，演讲比赛，《中华人民共和国安全生产法》《江苏省安全生产条例》法律法规知识竞赛，并通过有线电视、广播、录像、黑板报和标语横幅向全社会宣传安全生产知识。

第三节　安全监管

1978年后，别桥镇现境原5个公社（乡、镇）各企业逐步重视安全防护工作。车间设有通风设备和防暑降温设备，建立健全安全生产规章制度和操作规程，发放必要的劳保用品并要求员工正确使用。对全体职工进行安全生产知识培训和教育，特别是对新职工进行“三级教育”培训。随着经济的发展和科技的进步，工业行业的自动化程度不断提高，安全生产和劳动防护有了明显改善。

1989年后，乡（镇）政府每年与各企业法人代表签订安全生产目标责任书，定管理目标、工作要求和奖惩制度。各企业每年年初制订安全生产执法计划，并按计划逐项落实。安全生产检查工作实行重点检查与平时督查相结合，集中整治和专项整治相结合，企业自查与政府督查相结合。重点加强对锅炉和压力容器安装、使用、维修、改造的监督检查，实行限期报废制度。制定安全事故应急处理预案，每年组织一次演练。2013年年初，别桥镇政府与各行政村签订《安全生产责任状》，对各企业发放《告知承诺书》，完善横向到位、纵向到底的安全生产责任网络。每月严格按年度安全执法计划开展安全生产检查，每逢春节、“五一”劳动节、国庆节等重大节日，镇安全生产委员会都组织安监、派出所等相关职能部门联合开展安全生产大检查。春节期间，开展烟花爆竹安全生产、销售检查整治。2013年，共检查企业257家（次），其中化工企业36家（次）；查出安全隐患513处，其中重大隐患1处；现场整改347处，下发责令限期整改通知书38份。对重大隐患实施领导挂牌督办。对25家规模企业开展三级安全生产标准达标创建工作，建立和完善企业标准化评级的申请、受理、辅导、考评、审核、核准、公告以及授牌等程序和制度，确保创建质量。有29家高危行业投保安全生产责任保险。

2007年以来，别桥镇多次被溧阳市安全生产委员会评为先进集体，2013年3月被评为常州市安全生产长效管理先进集体，2013年度获常州市“平安镇”称号。

第四节　伤亡事故

1995年8月26日上午8时30分，溧阳市化工六厂（古渎乡）一台1000升反应锅在生产过程中发生爆炸后引起火灾，当场死亡1人，烧伤1人（后抢救无效死亡）。2013年12月16日，溧阳市星耀机械有限公司在装卸钢管过程中发生安全事故，造成1人当场死亡。

第三章　劳　动

第一节　管理机构

1980年前，现境内原5个公社（乡）劳动管理没有常设机构，由各公社（乡）民政兼管。1969～1977年，现境内原5个公社都建立知识青年上山下乡办公室，负责接收、安置常州等城市及本县的知识青年，还接收、安置干部、职工等其他下放人员。后按“就地安排、城乡配合、多种渠道、统筹解决”的方针，逐步安排就近就业或回城就业。20世纪80年代至90年代中期，现境内原5个乡（镇）建立劳动服务公司或服务站。1998年，别桥镇、古渎乡、绸缪乡和后周镇建立劳动管理服务所，为劳动力的岗位培训和流动等方面提供服务。2001年3月，镇管事业单位机构改革，别桥、绸缪、后周镇劳动管理服务所并入镇农村经济管理服务站。2003年4月，别桥镇、绸缪镇和后周镇建立劳动保障服务所，履行劳动监察、职工社会保险、职工福利、调解争议、帮助就业和组织职工技能培训等职责。2007年5月，别桥、绸缪和后周三镇劳动保障服务所合并为别桥镇劳动保障服务所，2011年并入别桥镇人力资源和社会保障服务中心。

第二节　农村劳动力

一、劳动力总量

民国36年（1947年），别桥镇、永和乡（古渎乡）、德西乡（湖边乡）、绸缪乡和后周镇共有青壮男劳力7181人。1958年，别桥公社劳动力11296人，后周公社劳动力7767人。1965年，别桥、湖边、绸缪、古渎和后周公社的农村劳动力分别为6389人、3405人、3782人、3054人、7169人；1975年分别为9669人、3971人、4539人、4229人、8318人。1985年，别桥镇、湖边乡、绸缪乡、古渎乡和后周乡的农村劳动力分别为9578人、4907人、5553人、4456人、11579人；1995年，别桥镇、绸缪乡、古渎乡和后周镇的农村劳动力分别为15539人、5878人、4887人、12127人。2005年，别桥镇、绸缪镇和后周镇的农村劳动力分别为13212人、9067人、10153人。2013年，别桥镇农村劳动力36048人，其中外出劳动力13863人，主要从事建筑安装业等，以到上海、北京、南京、成都、兰州、广州、苏州、无锡、常州等大中城市和沿海地区为多。出境劳务主要在韩国、日本、越南、俄罗斯、利比亚、赞比亚、毛里求斯等国。

1984～1999年别桥、湖边、古渎、绸缪、后周乡（镇）农村劳动力一览表

表20-3-1　　　　单位：人

年份	别桥	湖边	古渎	绸缪	后周	合计
1984	8943	4720	5425	4360	9769	33127
1985	9578	4907	5553	4456	11579	36073
1986	10108	4231	5964	4735	11702	36740
1987	10492	5271	6048	5031	11841	38683
1988	10871	5400	6111	5091	12214	39687
1989	8442	4184	5353	4974	11844	34797
1990	9212	4293	5429	4912	12426	36272

续表 20-3-1　　单位：人

年份	别桥	湖边	古渎	绸缪	后周	合计
1991	9187	4338	4863	5082	13245	36715
1992	14405	—	5234	4547	12097	36283
1993	15039	—	5931	4805	12171	37946
1994	15249	—	5657	4608	12385	37899
1995	15539	—	5878	4887	12127	38431
1996	15746	—	5856	4855	12135	38592
1997	15068	—	5903	4835	12567	38373
1998	15179	—	5871	4887	12198	38135
1999	14816	—	5861	4716	12074	37467

2000～2013年别桥镇、绸缪镇、后周镇农村劳动力情况表

表 20-3-2　　单位：人

年份	别桥	绸缪	后周	合计
2000	14191	9422	11163	34776
2001	14362	9291	11060	34713
2002	13862	8779	10765	33406
2003	13665	8505	10578	32748
2004	13404	9060	10374	32838
2005	13212	9067	10153	32342
2006	13122	9293	9732	32147
2007	32441	—	—	32441
2008	33186	—	—	33186
2009	34502	—	—	34502
2010	34653	—	—	34653
2011	34658	—	—	34658
2012	35325	—	—	35325
2013	36048	—	—	36048

二、劳动力就业

民国38年（1949年）前，县城、乡镇集镇工商业职工由业主雇佣，工资报酬由劳企双方商定。小手工业实行学徒契约制，以师带徒，艺徒学艺结束，一般都自谋职业。

新中国成立初，对私营企业职工、学校教员，以“包下来”的形式，统筹安排就业，后按政策成为固定工，社会失业人员招进工商企业为临时工。

1958 年受“大跃进”的影响，国民经济失调，劳动计划失控，导致连续几年企事业单位一部分职工精简下放。20 世纪 60 年代，又实行亦工亦农，农忙务农，农闲做工，工资报酬企业与生产队结算。

农村劳动力基本在生产队（大队）参加集体劳动，男劳力全年定基本投工约 300 天，女劳力 205 ～ 280 天。有事不能出勤，要生产队长（大队长）批准方可。少数“五匠”（竹匠、木匠、铁匠、泥水匠、石匠）离开公社从事个体手工业劳动，由生产队（大队）按外出时间和从事工种的统一工价实行交钱记工，年终参加生产队（大队）分配。20 世纪 70 ～ 80 年代，部分企业征用土地，由被征地生产队安排劳动力进企业工作，称作土地工。公社（乡）社办企业招收职工，由公社（乡）党委、政府将招工指标下达到大队，大队和生产队把人员名单上报，公社（乡）政府出具介绍信到招工单位工作。1983 年前后，农村富余劳动力逐渐向非农产业转移，大量农民跨地区（县）流动就业，由生产队、大队和公社（乡）政府出具“三级证明”；1984 年后，由乡（镇）劳动服务公司出具“务工许可证”。1996 年起，发放全省统一的“外出人员登记卡”，乡（镇）劳动管理服务所登记备案。2005 年取消这一制度。

20 世纪 90 年代起，境内各种企业发展壮大，私营工商业发展加快，职工需求量增加，大批农村劳动力转向第二、第三产业，用工单位和就业人员实行双向选择。私营业主与职工之间又成雇佣关系。各乡（镇）劳动服务所（劳动保障服务所）组织劳务洽谈会，开办就业技术培训班，积极转移农村劳动力。政府确立劳动者自主择业、市场调节就业、政府促进就业的机制，不断拓宽就业渠道和增加就业岗位，完善以职业介绍、就业培训、失业保险和用工企业空岗备案四大支柱组成的服务体系，扩大就业服务覆盖面，提高服务质量。2008 年，别桥镇从事第二产业人员为 17297 人，2009 年为 18826 人，2012 年为 23224 人，2013 年为 23613 人。

第三节　劳动管理

劳动管理主要包括劳动合同管理、劳动争议调解等。

【劳动合同管理】 1986 年，贯彻执行国务院《关于发布改革劳动制度四个规定的通知》，境内各乡（镇）企业招工由原来的录用制改为试行劳动合同制。1987 年 1 月 1 日，劳动合同制工人开始缴纳养老保险。1996 年后，逐步深化企业改革，企业一般都与职工签订劳动合同。1998 年起，境内各乡（镇）劳动管理部门重视劳动合同管理工作，规范劳动合同的订立、履行、变更、解除和终止行为。2003 年 12 月执行《江苏省劳动合同条例》，劳动合同鉴证从强制鉴证转变为自愿申请鉴证。2007 年，《中华人民共和国劳动合同法》颁布实施。至 2013 年 12 月，别桥镇有 150 家企业与 6182 名职工签订劳动合同，34 家规模以上企业全部与职工签订劳动合同。

【劳动争议调解】 境内各镇劳动管理服务所成立后，会同司法所、工会和工商行政管理部门进行劳动争议调解处理。2003 年 4 月至 2007 年 2 月，境内三镇处理劳动争议 103 起，其中工资争议 91 起，工伤争议 8 起，其他争议 4 起。2011 年，别桥镇人力资源和社会保障服务中心处理劳动争议 30 件，完成争议仲裁 11 件，涉及职工 30 多人，涉及金额 100 多万元；2012 年处理劳动争议 27 件，完成争议仲裁 18 件，涉及职工 46 人，涉及金额 48 万元；2013 年受理劳资纠纷 31 起，涉及职工 980 人，监督用人单位按时足额发放工资 500 多万元，妥善解决了江苏宏阳钢结构有限公司拖欠农民工工资问题。

第四节　职工技能培训

【在职职工技能培训】 2008 年前，境内企业职工培训一般都由企业单位自行组织，2008 年开始，别桥镇劳动管理服务所有计划地组织在职职工技能培训。2008 ～ 2013 年，共组织培训 112 班次（期），培训人数 3761 人次，其中企业领导培训 255 人次。培训内容有电工、电焊、钳工、车工、纺织、缝纫、计算机、微小企业创业等。

图20-1　2013年8月别桥镇农业信息技术培训

【就业前技能培训】 2008 年后，别桥镇劳动管理服务所按照“以需定培”的思路，积极开展农村劳动力转移培训工作。2008 ～ 2013 年，共培训 60 班次（期），培训 2058 人次。培训内容有电焊、纺织、钳工、缝纫、机械、初级办公自动化及平面设计等，有 1710 人被相关企业录用。

2008 ～ 2013 年别桥镇企业职工（含领导）技能培训情况表

表 20-3-3

年份	培训内容	培训班次（期）	培训人次（人）
2008	电焊、纺织、钳工	14	500
2009	电焊、机械、《中华人民共和国劳动合同法》	11	460
2010	电工、电焊、平面设计、《中华人民共和国劳动合同法》	21	605
2011	电焊、电脑操作、微小企业创业	22	681
2012	电工、机床、缝纫、《中华人民共和国劳动合同法》	16	655
2013	电焊、纺织、网络实用技能、微小企业创业	28	860

2008～2013 年别桥镇农村劳动力就业前技能培训情况表

表 20-3-4

年份	培训内容	培训班次（期）	培训人次（人）	劳动力转移人数（人）
2008	电焊、纺织	13	600	456
2009	电工、电脑、缝纫	10	300	234
2010	电焊、机械	10	300	270
2011	电焊、纺织、计算机	10	300	250
2012	电工、机床、缝纫	10	300	250
2013	电焊、纺织、计算机	7	258	200

第五节　工　资

民国时期，别桥地区手工艺作坊、商店职员工资有计日制、计时制等形式。学徒学艺期间仅供食宿，不付工资，有的给少量零用钱。

新中国成立初期，别桥地区机关工作人员为供给制，学校教职工实行工资制，也有部门和单位实行补贴制或以粮代薪。1951 年，华东军政委员会对基层供销社干部工资规定为三等五级，月工资一级 20 元，五级 12 元，每个级差 2 元。1952 年 3 月以后，供给制改为包干制。1955 年 7 月，国家机关工作人员由供给制改为工资制。1956 年 8 月工资改革，实行等级工资制。国家机关、党群团体、银行、文教卫生等部门工作人员月平均工资由 34.96 元提高到 42.71 元，公私合营企业基层单位人均月工资由 31.27 元提高到 37.53 元。1978 年，公社机关干部工作人员月工资一般在 36～72 元之间。1985 年进行第二次工资改革，国家机关、事业单位实行以职务工资为主要结构的工资制，人均月工资由 65.91 元提高到 88.02 元；企业单位实行职工工资总额同企业经济效益按比例浮动和自费工改的办法，全民企业人均月工资增加 15.82 元，集体企业人均月工资增加 14.92 元。1993 年，机关事业单位进行工资改革，工资由职务工资、岗位津贴和几类补贴组成。2006 年 7 月，国家公务员和事业单位工作人员工资套改，公务员工资由职务工资、级别工资、生活补贴和工作性补贴四部分组成，事业单位工作人员工资由职务岗位工资、事业津贴、岗位津贴、综合补贴等部分组成。2007 年，公务员实行“阳光工资”，取消奖金。2009 年，事业单位工作人员实行“绩效工资”，取消奖金。企业单位退休人员从 2005 年至 2013 年，养老金每年按 10% 递增，人均月养老金从 2004 年的 647 元提高到 2013 年的 1882 元。国家机关和事业单位离退休人员 2012 年 3 月按离退休前原职务（技术职称）和工龄提高生活补贴标准。

公社（乡镇）办的企业职工的工资标准，由公社（乡镇）党委办公室出具的介绍信上注明，职工调整工资，由公社（乡镇）党委集体讨论决定。1982 年，别桥、湖边、古渎、绸缪和后周公社社办企业职工年平均工资约 462 元。1986 年，乡（镇）企业职工工资改革和调整，有 15 年工龄的月工资为 53～58 元，有 9 年工龄的为 45～49 元，有 4 年工龄的为 34 元。1997 年，乡（镇）企业职工年平均工资，别桥镇为6484元，古渎乡为4914元，绸缪乡为6493元，后周镇为6135元。企业改制、劳动力市场开放后，职工工资由劳企双方商定，实行计件工资、计日工资和绩效工资等多种形式。

2004年开始，溧阳市实施每月最低工资标准和每小时最低工资标准，2004年分别为500元/月、4.2元/小时；2007～2009年分别为700元/月、5.9元/小时；2013年分别为1280元/月、11元/小时。别桥镇企业执行这个最低工资标准。2013年，别桥镇企业在岗职工平均年工资为35658元。

2004～2013年别桥镇月最低工资标准、小时最低工资一览表

表20-3-5

年份	每月最低工资标准（元）	每小时最低工资标准（元）	年份	每月最低工资标准（元）	每小时最低工资标准（元）
2004	500.00	4.20	2009	700.00	5.90
2005	550.00	4.60	2010	790.00	6.40
2006	620.00	5.20	2011	930.00	7.50
2007	700.00	5.90	2012	1100.00	9.60
2008	700.00	5.90	2013	1280.00	11.00

第四章　民　政

第一节　机　构

民国期间，溧阳县政府设民政科，主要业务范围：为政府起草文件，掌管行政文献，处理民政事务，主管行政区划、管理户政，执行有关禁政，负责救灾救济，抚恤军属，优待烈属、残疾人员等。

抗日战争时期，溧阳县抗日民主政府设民政科，主管减租减息、生产支前和拥军优属工作。1949年4月，溧阳县解放，5月设溧阳县民政科，别桥区设民政助理（干事）。1958年，别桥公社和后周公社设民政委员。1979年6月，别桥公社、湖边公社、古渎公社、绸缪公社和后周公社都配备民政助理，主管优抚安置、救灾救济、社会福利、婚丧管理和推进基层政权建设等工作。2003年，别桥镇、绸缪镇、后周镇设民政办公室。2005年6月，别桥镇、绸缪镇和后周镇民政办公室规范化建设通过溧阳市人民政府考核验收。2013年，别桥镇民政办公室设主任1人，办事员4人。民政办坚持“以民为本、为民解困、为民服务”的方针，在民政工作上取得较好成绩。2010年、2012年和2013年，别桥镇民政办公室被溧阳市政府授予“民政工作先进集体”称号。

第二节　优抚安置

一、拥军优属

【拥军】 抗日战争时期，境内的百姓和民兵积极配合新四军部队，袭击侵驻别桥、指前标等地的日伪据点，拆毁碉堡、工事，堵塞竹簀南边的河道，打击日军的嚣张气焰。青壮年响应后周区抗日民主政府的号召，踊跃参加新四军，出现父母送子女、妻子送丈夫和兄弟争当新四军的动人场面。下梅村王菊仙不忍儿子被国民党抽壮丁，抢先叫儿子去水西参加新四军。

民国 32 年（1943 年），阴山村殷大龙冒着生命危险，掩护抗日民主政府后周区区长沈啸森脱险。上市村梁虎获悉日军集中 150 人的兵力，准备偷袭在别桥、社头一带招兵的新四军，便步行三十里，及时把情报送到新四军江南指挥部，受到陈毅司令员的称赞。民国 32 年（1943 年）6 月 7 日下梅战斗后，靠村附近的几户农民，冒着生命危险将几十名新四军伤员分散隐藏，躲过日军的搜查，用船将伤员全部运送到安全地区。

塘马地区的地方绅士刘敉大、刘秀全、刘正兴、刘正法广散家财，支持抗战。周家湾村的陈良荣，一次就捐献给新四军留守处和武工队糯米近二十担。民国 32 年（1943 年）端午节，新四军十六旅 48 团在后周中梅村一带活动，后周区政府发动群众，挑着几百斤的粽子和鸡蛋等食品慰劳部队。民国 34 年（1945 年）春，新四军天目山反顽战役打响，湖边乡地下党员倪功勤等人发动群众，筹粮 1500 余公斤，做军鞋 100 多双，支援新四军天目山战役部队。别桥地区数百名民工车推肩担，将一百多担粮食、大批军鞋和副食品送往天目山前线，有力地支援了反顽战役。1950 ～ 1953 年，为了抗美援朝，保家卫国，境内有 136 名青壮年积极参加中国人民志愿军赴朝作战。广大人民捐钱捐物，支援中国人民志愿军。在抗日战争、解放战争和抗美援朝时期，境内有 119 位革命烈士为国捐躯，其中别桥乡 24 人、湖边乡 11 人、古渎乡 11 人、绸缪乡 14 人、后周乡 59 人。

新中国成立后，境内五公社（乡、镇）领导始终把拥军工作放到重要议事日程上。每逢春节、“八一”建军节，公社（乡、镇）、大队（村）干部都登门走访慰问烈军属、革命残疾军人和复员退伍军人，赠送慰问品和慰问金。20 世纪 70 年代，下梅村被评为溧阳县拥军优属工作先进单位。1990 年，别桥镇、后周乡成立双拥（拥军优属、拥政爱民）工作领导小组，把双拥共建纳入党委、政府工作常抓不懈。1993 年，别桥镇人民政府和后周镇人民政府被评为溧阳市双拥工作先进单位；2010 年、2012 年和 2013 年，别桥镇被评为溧阳市拥军优属工作先进单位。

1955 年实行义务兵役制后，境内各公社（乡、镇）都成立征兵工作领导小组，每次圆满完成输送兵源任务，其中从 1999 年至 2013 年为部队输送优质兵源 572 人。

【优属】 烈属、军属和残疾、复员、退伍、转业军人历来受到党和政府的关怀，受到人民群众的尊重。自 1951 年春耕生产起，别桥地区对烈军属和革命残疾军人耕种的土地，实行群众代耕制度。凡居住农村年满 17 ～ 50 周岁的整半劳动力都担负有代耕义务。享受代耕的对象是贫苦而缺乏劳动力的烈属军属和特等、一等、二等革命残疾军人。1951 年平均每户代耕 1.53

亩，1953年平均每户代耕2.85亩。1956年农业合作化后，代耕改为优待劳动日，按全社（农业生产合作社、生产大队）整劳动力的平均劳动日数减去优抚对象本人所做的劳动日数，不足部分，由农业生产合作社（生产大队）予以优待。1957年平均每户优待43.6个劳动日，1965年平均每户优待127个劳动日。至1981年，保证烈、军属每人的口粮不低于生产队每人的平均口粮。1981年农村实行家庭联产承包责任制后，优待劳动日改为优待金。1982年平均每户优待金174.67元。1985年以乡镇统筹，统一发放，平均每户优待278.52元。根据江苏省人民政府《关于义务兵家属优待办法》的规定，义务兵家属的优待标准逐步提高。城镇、农村的优待标准1986年分别为280元/户、205元/户；1995年分别为1200元/户、1100元/户；2005年分别为2800元/户、3800元/户；2008年分别为4200元/户、5600元/户。2010年实行退役士兵城乡一体化安置和城乡义务兵家庭一体化优待，优待标准为6200元/户年，约达到上年度全溧阳市城镇居民人均可支配收入的30%。2013年，别桥镇共发放2012年一次性经济补偿金76万元，发放义务兵优待金109万元。

二、抚恤补助

【定期补助】 20世纪50年代起，政府对优抚对象给予适当的定期定量补助。1961年，别桥地区（公社、乡、镇）年人均补助17.38元，1982年年人均补助109元，1983年年人均补助121元。1984年，按照常州市《关于调整优抚对象定补问题的通知》精神，经复核，有的扩大定期补助面，有的提高定补标准。1985年，将享受定补的革命烈士家属、因公牺牲和病故军人家属（合称“三属”）改为发放定期抚恤金，月人均23.76元，其他优抚对象仍享受定期补助。在乡复员军人定期补助标准按抗日战争时期、解放战争时期和解放后入伍区分，每人每月1983年分别为9元、8元、8元，1995年分别为67元、57元、57元，2000年分别为164元、155元、146元，2007年分别为466元、418元、389元。带病回乡退伍军人的定补标准：1986年每人每月6元，1995年每人每月42元，2000年每人每月111元，2007年每人每月255元。孤老优抚对象的定补标准略高于其他人员。2008年7月1日起，调整部分优抚对象抚恤补助标准，确保与当地人民生活水平同步提高。在乡烈属最高补助每人每月1119元，在乡复员军人最高补助每人每月1193元，带病回乡退伍军人定补每人每月401元。

【牺牲、病故抚恤】 民国时期，别桥地区对因战因公牺牲的军人实行抚恤。新中国成立后，革命军人、革命工作人员、参战的民兵和民工牺牲或病故后，别桥境内各公社、乡镇人民政府除对其家属生活困难予以照顾外，还发放一次性抚恤金。1953年以前发放抚恤粮，标准较低。以后改发抚恤金。抚恤标准到1984年有过7次调整。1984年因公牺牲的一次性抚恤金标准为：军队干部、志愿兵和机关工作人员，按其牺牲时的工资计发20个月，病故的按其病故时的工资计发10个月，但最高数额不得超过3000元；义务兵、参战民兵、民工和工资低于部队二十三级正排职干部的军队院校学员、志愿兵牺牲的，均按军队二十三级正排职的工资计发20个月，病故的计发10个月。被军委或大军区授予英雄模范称号的军人因公牺牲或病故，增发应领抚恤金的三分之一；荣立二等功以上的军人牺牲或病故，增发应领抚恤金的四分之一。1986年，军队干部、志愿兵、机关工作人员批准为烈士的，其抚恤金按其牺牲时的工资计发40个月；

义务兵、参战民兵、民工和工资低于部队二十三级正排职干部的军队院校学员、志愿兵批准为烈士的，其抚恤金按军队二十三级正排职的工资计发 40 个月。1985 年，将“三属”改为定期抚恤。2010 年，别桥镇“三属”17 人，抚恤总金额 225144 元，人均 13243 元；2011 年 14 人，抚恤总金额 211440 元，人均 15102 元；2012 年 14 人，抚恤总金额 239232 元，人均 17088 元；2013 年 14 人，抚恤总金额 276300 元，人均 19735 元。

【残疾抚恤】 抚恤对象是参战或因公负伤致残的革命军人（包括中国人民解放军和中国工农红军、八路军、新四军以及共产党领导的其他人民武装部队）、人民警察、革命工作人员、参战民兵民工。根据不同的伤残原因和伤残程度，划分为特等、一等、二等甲级、二等乙级、三等甲级、三等乙级等四等六级，发给“残疾（废）抚恤证”，实行终身抚恤。因战伤残抚恤高于因公伤残抚恤标准，在乡无固定收入的抚恤标准高于在职伤残抚恤标准。

残疾（废）抚恤金的标准自 20 世纪 50 年代以来，随着国民经济的发展和人民生活水平的提高，曾作多次调整，逐步提高。1986 年，对一等以上的革命残疾军人的粮油副食品一律按当地干部的定量标准，由国家供应；在乡的完全丧失劳动能力、生活不能自理的，每人每月所发的护理费标准，由原先的 42.5 元调整到 51 元。境内有 7 人享受，其中原别桥镇 2 人，原绸缪乡 1 人，原后周乡 4 人。二等以上革命残疾军人享受公费医疗。对在乡残疾军人发放副食品价格补贴，特等、一等每人每月 5 元；二等每人每月 3 元；三等每人每月 2 元。

2005 年进行伤残等级套改，共分为十级。对一至四级残疾军人按季度发放护理费，一至六级残疾军人实行公费医疗保障。从 2008 年 7 月 1 日起，一级在乡残疾军人每年最高抚恤金 31716 元，每年护理费 12828 元。

2013 年年末，别桥镇共有残疾军人 41 名。其中，三级 4 人，发放抚恤金 28.9 万元；五级 6 人，发放抚恤金 20.3 万元；六级 18 人，发放抚恤金 41.1 万元；七级 7 人，发放抚恤金 10.2 万元；十级 1 人，发放抚恤金 0.9 万元。合计发放抚恤金 101.4 万元。到 2013 年年末，别桥镇为残疾军人改造草危房 337 间。

图18-6　别桥遇难同胞纪念碑

三、烈士褒扬

发扬革命斗争的光荣传统，缅怀先烈，教育后代，现境内为在抗日战争时期为国捐躯的革命烈士，先后兴建陵园二处。塘马战斗中牺牲的罗忠毅、廖海涛两位烈士原安葬在别桥乡培阳村。新中国成立后，溧阳县政府为两位烈士的墓进行修缮，建成两个直径有 3 米的水泥坟墓，墓前有两块高 2.5 米、宽 1.5 米的碑石，碑石上分别刻着两位烈士的生平事迹。陵园占地约 0.5 亩。1973 年 3 月，溧阳县革命委员会重新为两位烈士撰写碑文。1983 年 10 月，溧阳县人民政府将两位烈士墓移到占地面积 95.89 亩的西山烈士陵园。为了纪念在塘马战斗中牺牲的其他革命烈士，1964 年，溧阳县人民委员会在塘马战斗的主战场王家庄修建后周革命烈士纪念塔，并于1976年、1984年和1996年三次重建。1996年4月，别桥镇人民政府立“侵华日军暴行别桥遇难同胞”纪念碑。1941年5月21～24日，新四军十六旅旅部率46团和特务营在黄金山地区击退国民党四十师的3次进攻，三战三捷。1996年4月，后周镇人民政府刻立黄金山战斗纪念碑，为革命烈士建墓立碑，供后人悼念瞻仰。每年的清明节期间，广大干部、职工、学生和其他人民群众，抬着花圈，手捧花篮，庄严肃穆地步入墓园，进行祭扫活动。烈士墓园成为爱国主义和革命传统教育的基地。

1984年4月，共青团溧阳县委在后周中心小学少先部，命名成立“罗忠毅中队”和“廖海涛中队”，中共中央顾问委员会原委员、江苏省委原第一书记江渭清于1994年11月为这两个中队队旗书写队名。

图18-3　2011年11月纪念塘马战斗70周年

1981年11月28日，溧阳县委、县政府召开纪念塘马战斗死难烈士殉国40周年大会，县委书记吴华生主持会议，江苏省副省长李执中、南京军区政治部顾问陈茂辉在会上讲话，各界代表1300多人参加。1986年，溧阳县委、县政府举行黄金山反顽战斗45周年座谈会。1991年11月28日，溧阳市委、市政府举行纪念塘马战斗50周年活动，省委党史工委副主任叶绪昌代读原新四军苏皖特委书记欧阳惠林的书面报告。2011年11月28日，江苏省新四军研究会和溧阳市委、市政府共同主办纪念塘马战斗70周年活动，在塘马烈士陵园祭扫塘马战斗烈士墓，举行《罗忠毅传》《廖海涛传》《风云塘马》《血战塘马》《新四军在江南》等新书首发仪式。

四、退伍军人安置

1958年，别桥开始接收安置退伍军人。退伍军人安置的原则是“从哪儿来，到哪里去”。对他们的工作安排、疾病治疗、住房紧缺等问题，本着实事求是的精神，由国家、集体和个人三方面共同解决。城镇的退伍军人，实行“按系统分配，包干安置”的办法。20世纪80年代起，现境内原5个乡（镇）为解决义务兵退伍后的安置，在新兵征集时，就一并落实好服役期间的优待和退伍后的安置。服役期间立功、获奖的退伍军人，回乡后优先安排进乡（镇）企业工作。回乡无房和缺房的，溧阳县人民政府拨经费扶持他们建房修房。企业改制后，城镇退伍军人和超期服役士官转业实行“导向安置、自主择业”的原则，自主择业的发放安置费。2003年起一律实行货币安置。

1994年的退伍军人王海斌，于2006年创办溧阳市海斌农机专业合作社成绩斐然，先后被评为常州市劳动模范、常州市社会主义新农村建设模范带头人。2013年3月被江苏省人民政府授予“全省种粮售粮大户”光荣称号。

第三节　社会救助

一、救灾

民国23年（1934年），别桥境内遭受特大旱灾，入夏后百日无雨，河道干涸，长荡湖可行人，田地龟裂，粮食绝收。江苏省赈灾委员会急赈灾民平均每人每天麦子半斤，地方政府赈少量豆饼给灾民充饥，当地开明士绅、富户也施粮赈灾。

1960年7月7日、7月12日、7月13日，后周公社连遭暴风雨、冰雹袭击，倒塌房屋90多间，毁坏房屋500多间。镇江行政专员公署下拨救灾款4000多元，木材10多立方米，以解决受灾户的燃眉之急。

1962年9月11日，皇圩因昌口闸漏水决口，8828亩稻田受淹，损失粮食约126.5万千克。溧阳县委、县人委紧急组织人员抢救，于9月27日完成堵口复堤，10月18日排完积水，便于适时秋播；拨救灾款6万多元，救灾粮7.5万千克，被淹田块农业税全部减免。

1979年7月9日，溧阳上沛发生6级地震，湖边、绸缪、古渎、后周4个公社属受灾比较严重的公社，各级政府积极赈灾。境内5个公社合计转发救灾款133.09万元，木材704立方米，钢材124吨，水泥872吨，玻璃4670平方米，石灰2883吨，八五砖1179万块，平瓦38万张，塑料薄膜32吨，油毛毡1200卷，芦菲19000张，各类衣裤1191件。

1980年7月14日，别桥公社和湖边公社境内的诸里、联星、土山、中里、湖塘等12个大队在长荡湖里的6300多亩芦苇遭受蝗虫危害，土山大队的10亩黄豆、5亩水稻被全部吃掉。溧阳县革命委员会成立治蝗专业队，用两天时间将蝗虫扑灭，投入经费7600多元。

1991年7月，别桥现境发生特大洪涝灾害，各级政府积极救灾，现境内原5个乡镇转发救灾款24.95万元，钢材25吨，水泥250吨，大米72500千克，柴油机15台，拖拉机5台，各类衣裤695件，救助建房灾民433户。

2008～2013年，别桥镇每年发放救灾款分别为46.2万元、54.6万元、61.9万元、75.3万元、90.67万元和106.33万元，6年共计发放救灾款435万元。

1979年别桥、湖边、古渎、绸缪、后周公社地震救灾款、物资发放情况表

表20-4-1

公社名称	救灾款（万元）	木材（立方米）	钢材（吨）	水泥（吨）	玻璃（平方米）	石灰（吨）	八五砖（万块）	平瓦（万张）	塑料薄膜（吨）	油毛毡（卷）	芦席（张）
别桥	29.64	173	30	216	1140	719	290	7	10	300	3000
湖边	14.29	53	9	66	350	272	100	3	5	200	3000
古渎	27.68	134	23	164	850	497	210	9	5	200	4000
绸缪	25.60	156	28	193	1050	610	260	8	5	200	7000

续表 20-4-1

公社名称	救灾款（万元）	木材（立方米）	钢材（吨）	水泥（吨）	玻璃（平方米）	石灰（吨）	八五砖（万块）	平瓦（万张）	塑料薄膜（吨）	油毛毡（卷）	芦席（张）
后周	35.88	188	34	233	1280	785	319	11	7	300	2000
合计	133.09	704	124	872	4670	2883	1179	38	32	1200	19000

1980 年 12 月别桥、湖边、古渎、绸缪、后周公社救灾衣裤等物资发放情况表

表 20-4-2

公社名称	棉衣裤（套）	绒上衣（件）	绒裤（条）	绒背心（件）	被面（床）	男棉上衣（件）	男棉裤（条）	女棉上衣（件）
别桥	40	39	18	3	12	60	60	12
湖边	20	19	9	3	13	65	65	13
古渎	19	18	8	3	11	55	55	11
绸缪	20	19	9	3	13	65	65	13
后周	43	42	19	3	78	70	70	28
合计	142	137	63	15	127	315	315	77

1991 年别桥镇、湖边乡、古渎乡、绸缪乡、后周乡洪涝救灾款、物资发放情况表

表 20-4-3

乡镇名称	救灾款（万元）	钢材（吨）	水泥（吨）	大米（千克）	柴油机（台）	拖拉机（台）	各类衣裤（件）	灾民建房救助		
								户数（户）	金额（万元）	钢材（吨）
别桥	9.65	8	80	15000	5	1	470	105	7.98	13
湖边	2.37	3	30	10000	4	1	50	59	4.49	5
古渎	3.95	3	30	15000	2	1	50	72	5.48	6
绸缪	3.61	3	30	15000	2	1	55	67	5.10	6
后周	5.37	8	80	17500	2	1	70	130	9.88	11
合计	24.95	25	250	72500	15	5	695	433	32.93	41

二、救济

新中国成立后，对城乡贫困户、困难户实行救济补助。社会救济总的方针是坚持贯彻生产自救、互帮互助的精神，依靠人民群众自己的力量，逐步克服困难和摆脱贫困。1950 年 2 月春荒，县节约救灾委员会来别桥灾区慰问，发放救灾大米 2250 千克。在不同的历史阶段，救济的侧重点有所区别。

【临时救济】 对因灾、因病、缺劳动力的困难群众，公社（乡、镇）民政部门用上级所拨

的农业税减免金和救济款等资金发放临时救济金。2007 年新别桥镇成立后，临时救济款的发放为：2008 年 11 万元 312 人次，2009 年 17 万元 411 人次，2010 年 22 万元 491 人次，2011 年 27.36 万元 548 人次，2012 年 36 万元 654 人次，2013 年 37.8 万元 732 人次。6 年共为 3148 人次发放临时救济金 151.16 万元。

【精简退职老职工补助】 对 1961 ～ 1965 年精简退职的老职工给予生活补助。1986 年平均每人每月 5 元，1995 年每人每月 75 元，2005 年每人每月 168 元，2007 年每人每月 405 元。至 2013 年，全镇尚有补助对象 15 人，每人每月补助 841 元。

三、最低生活保障

20 世纪 90 年代中期，政府对城镇居民人均月收入不足 120 元，农村居民人均月收入不足 100 元的家庭实施最低生活保障，进行差额补助。后根据溧阳全市人均生活水平的提高幅度，提高保障标准，对享受最低生活保障的对象，根据享受条件的变化，实行动态管理。1998 ～ 2013 年，按照“低标准起步、小范围保障、逐步推进完善”的思路，有序稳步推进城乡居民低保扩面工作，基本实现城乡居民低保“横向到边、纵向到底”的全覆盖和应保尽保的目标。其间，别桥镇先后对城镇低保标准作了 8 次调整，由初期的每人每月 120 元提高到 317 元；农村居民低保标准进行了 8 次调整，由初期的每人每月 85 元提高到 242 元。至 2013 年年末，别桥镇纳入城镇低保的有 40 户 68 人，纳入农村低保的有 607 户 1181 人，支出城乡居民低保金 30.7658 万元。

2007 ～ 2013 年别桥镇城乡居民最低生活保障情况一览表

表 20-4-4

年份	合计			城镇居民			农村居民		
	户数（户）	人数（人）	金额（万元）	户数（户）	人数（人）	金额（万元）	户数（户）	人数（人）	金额（万元）
2007	840	1694	29.3070	48	101	2.4360	792	1593	26.8710
2008	829	1652	28.9200	47	99	2.3600	782	1553	26.5600
2009	758	1480	26.2600	45	91	2.2100	713	1393	24.0500
2010	772	1513	26.5720	47	97	2.3020	725	1416	24.2700
2011	756	1455	30.5330	47	95	2.5760	709	1360	27.9570
2012	751	1443	30.9200	46	94	2.6830	705	1349	28.2370
2013	647	1249	30.7658	40	68	2.1595	607	1181	28.6063

第四节　扶　贫

1978 年 9 月，第七次全国民政会议提出“扶贫”这一要求。后周、缪缪等茅山革命老区所属的乡村，由于缺乏劳力、资金、生产技术等多种原因，生产发展缓慢，农民生活仍很贫困，扶贫显得十分迫切和需要。1982 年，后周公社列入溧阳县扶贫单位。

2006 年 9 月前，溧阳市劳动保障局领导带领 80 多名党员干部，先后 2 次到后周镇的西庄村、玉华山村、下梅村调研，走访群众，与村干部共商致富途径，为 85 户贫困户送上 2 万元慰问金和慰问品。溧阳市财政局全体局领导和党员代表 30 余人到绸缪镇的杨家湾村、绸缪村进行调研，走访 21 户贫困户，送去 3.36 万元慰问金和价值 7500 元的日用品。溧阳市委统战部在市政协领导的带领下，组织 30 多名党员到后周镇小石桥村 20 户贫困户家庭走访慰问。市妇联全体领导到后周镇结对帮扶 16 户贫困户家庭走访慰问，为其中有子女读书的 5 户家庭另外送上助学资金。溧阳市园林局捐资 13.6 万元支持后周村修建水泥路和灌溉渠。

图20-2　后周某农户危房改造前后

2009 年，溧阳市住建委等单位挂钩帮扶别桥镇经济薄弱村，帮助完成塘马、西马、玉华山等 5 个村 2900 多亩土地流转工作，为村增加收入 30 万元。协助绸缪村建设标准化厂房和综合楼，出资 38 万元，帮助该村浇筑水泥路面 1600 米，安装路灯 30 多盏。

2010 年，竹篑兴竹畜禽养殖研究中心向后周 14 户贫困农户发放苗鸡 2 万余只，并无偿提供部分养殖设备、苗鸡饲料、防病疫苗、技术培训等各种形式帮扶，使这些贫困农户平均年增加收入 6000 元以上。

常州市委、市政府于 2006 ～ 2008 年在茅山革命老区启动实施“党员进老区、万人帮万户”的活动。常州市百货公司、进出口商品检验公司等 8 个单位资助绸缪镇 2 个项目计 20 万元。

2009 ～ 2012 年，常州市委、市政府继续开展帮扶茅山革命老区重点经济薄弱村活动。2012 年开始实施新一轮结对帮扶茅山老区的“百村创业、千项帮扶、万户致富”工程（简称“百千万”工程）。七年来，常州市财政局共扶持两湾村帮困资金 166 万元，帮扶项目 15 个。在帮扶资金和项目的引领、带动和促进下，加快两湾村的基础建设步伐，促进产业结构调整，增加农民收入，低收入农民基本脱贫。其中，36 万元扶持基础建设和公共事业建设，20 万元为牌楼自然村修建 600 米长的防洪墙，15 万元为北河杨家湾地段修筑圩堤护坡 300 米，8 万元为周家湾修建一座排灌站，30 万元浇筑绸缪—贺家一般家长 1600 米、宽 4 米的水泥路，10 万元建造一幢建筑面积 500 平方米的三层楼综合服务中心，13 万元新建 120 平方米的村卫生室，10 万元用于村庄整治工作。七年中，慰问贫困户 210 户（次），发放慰问金、捐助衣被、生活用品计 15 万余元。

2012 年，常州市国检局扶持绸缪村 8 万元在东川圩兴建码头，每年可为该村增加收入 10 万元。

市财政局投入45万元，为两湾村修建一条总长3200米、宽1.2米的高标准U形渠道，解决700亩农田灌溉排涝问题。政法委扶持10万元，支持合星村建成1400平方米四层楼的村综合服务中心。

四、慈善捐赠、救助

1996年7月，后周镇王志林为重建塘马烈士陵园捐款15万元。

2001年，溧阳民族宗教事务所等部门捐资40多万元，为后周镇建立全镇首家宗教事务养羊基地，后周镇70多户少数民族家庭从这里脱贫致富。

至2013年，别桥镇商会（工商业联合会）会员企业为农村道路建设捐资50余万元，为修建敬老院捐资8万元。至2013年年末，溧阳市私营个体经济协会别桥分会为学校建设、抗洪救灾捐款、捐物（折价）共50万元。

2013年12月26日，别桥镇红十字会向4户0～10周岁患白血病的儿童特贫家庭，每户送去慰问金1万元。2013年，别桥镇民政办公室向11位孤儿发放孤儿救助金8.87万元。

五、医疗、教育救助

20世纪60～70年代，溧阳县人民委员会（革命委员会）拨专款免费为血吸虫病患者、浮肿病患者和子宫下垂的妇女治疗。1958年，湖边乡一个村发生血吸虫病7例，治疗7人。1959年，别桥、后周两公社浮肿病人共1030例，得以治疗的有718人，死亡3人。1959～1962年，别桥境内原5个公社妇女子宫下垂发病2120人次，给予治疗1712人次。2004年3月，别桥镇、绸缪镇有38名精神病患者得到免费服药治疗。2004年实行新型农村合作医疗后，大病患者除按规定政策报销住院医疗费外，还得到大病救助。2010年，别桥镇救助404人，救助金额80万元；2012年救助490人，救助金额30万元。

1995～2013年，现境内原4个乡镇为肢体残疾人赠送轮椅580部。2000～2013年，现境内原4个乡镇为300名白内障患者免费进行复明手术。

2007～2013年，别桥镇残疾人联合会为21户残疾人家庭子女发放助学金12.6万元。至2013年，别桥镇民政办公室为低保家庭及贫困、残疾人家庭子女考取国家公办本科的46名学生，发放救助金26万元。

第五节　社会福利

一、“五保”供养

新中国成立后，人民政府对无依无靠的鳏、寡、孤、独人员，动员群众互助互济，政府给予必要的救济。1956年农业合作化后，实行“五保”供养制，由所在生产队集体负责“保吃、保穿、保住、保医、保葬”（简称“五保”），对学龄“五保”人员“保教”。当时的“五保”标准为：年人均口粮稻谷200～250千克，柴草600～800千克，食油1～2.5千克，新衣1套，零用钱每月3～5元，死亡丧葬费33元，孤儿上学免交学杂费，并补助书籍簿本费5元。

农村实行家庭联产承包责任制后，“五保”供养改为乡（镇）统筹，统一供养标准，统一发放生活费。2001年实行农村税费改革后，“五保”人员的供养资金纳入镇财政预算管理，在镇财政转移支付中列支。随着供养标准的不断提高，“五保”人员的生活得到保障和改善。“五保”人员敬老院集中供养和在家散养的供给标准：1986年分别为400元、300元，1995年分别为1250元、950元，2005年分别为2400元、1800元，2007年分别为3000元、2000元，2011年分别为4400元、3000元，2013年分别为5400元、4000元。2013年，别桥镇有“五保户”231户，其中集中供养66户、分散供养165户，供养资金合计为101.64万元。

二、敬老院

别桥敬老院兴办于1988年，地址在当时的别桥集镇西关、别桥中学北面，建有平房11间，建筑面积270多平方米，有2名工作人员，入院16人。湖边敬老院兴办于1990年，地址在湖边闸口村，建筑面积400多平方米，有2名工作人员，入院10人。1997年11月，别桥敬老院与湖边敬老院合并，称别桥镇敬老院，院址在原湖边乡政府内，入院25人，有工作人员4人。

古渎敬老院兴办于1989年，地址在古渎集镇东边原复合肥厂旁边，建筑面积900多平方米，入院8人，有工作人员2人。绸缪敬老院兴办于1989年，地址在绸缪集镇，入院8人，有工作人员2人。2003年6月，绸缪敬老院合并到古渎敬老院，称绸缪镇古渎敬老院。后周敬老院兴办于1987年，地址在后周中学西边，有平房22间，建筑面积500多平方米，入院8人，1994年入院11人，有工作人员3人。1995年，后周镇政府拨款5万元重新翻修一次。2007年5月，合并到古渎敬老院。

2008年5月，古渎敬老院合并到别桥镇敬老院。2010年，别桥镇政府为别桥镇敬老院新建一幢1100平方米的多功能综合楼，新建食堂，有床位136张，生活设施齐全。2009年入院71人，2010年、2011年入院65人，2013年入院56人。2013年有工作人员5人。

别桥镇敬老院1998年被评为常州市文明敬老院和江苏省文明敬老院，2010年被评为常州市文明敬老院。

三、敬老优待

尊老、敬老是中华民族的传统美德。1986年，现境内原5个乡（镇）都成立老龄问题工作委员会，1990年5月更名为老龄工作委员会。1991年10月，别桥镇、湖边乡、古渎乡、绸缪乡和后周乡都成立老年人协会。1996年10月1日起施行《中华人民共和国老年人权益保障法》，老年人的权益得到法律保障。2006年，绸缪镇和后周镇开展“敬老先进单位、先进个人、好儿媳”评选活动。2007年年底，成立别桥镇老年人协会，各行政村选定一名离职村干部任分会会长。各村建立老年活动室，征订老年类报刊，丰富老年人文化生活。学习和宣传《江苏省保护老年人合法权益条例》，开展各项尊老敬老活动，每逢敬老日（农历九月初九）、春节，乡（镇）、村干部都走访、慰问一些老年人。

1998年，对全镇60周岁以上老人发放老年人优待证。60～69周岁的老年人乘溧城镇城区内公交车，付半价车费，70周岁以上老年人免费。2002年4月，在免费游公园、半价乘公共汽车等12个方面对老年人实行优先优惠服务。在镇卫生院住院，床位费优惠20%。

1998年1月1日起，别桥镇向60周岁以上的老年居民发放生活补贴，每人每月30元。从2008年开始，对年满60周岁、个人无养老保障收入、成年子女（除在校学生）都参加社会保险的居民发放老年居民养老补贴，也称老年居民基础养老金。资金由溧阳市财政承担70%，镇财政承担30%。2008～2010年，每人每月30元；2011年，每人每月60元；2012年，每人每月70元；2013年，每人每月80元。2013年年末，别桥镇享受补贴人数8638人。

2013年年末别桥镇老年居民养老补贴人数一览表

表20-4-5

村委会（居委会）名称	人数（人）	村委会（居委会）名称	人数（人）
马家	473	绸缪	566
镇东	504	北山	598
别桥	467	黄金山	301
前程	380	玉华山	324
湖边	949	小石桥	306
合星	666	塘马	304
古渎	407	后周	444
道成	491	西庄	321
两湾	523	西马	532
别桥居委会	44	后周居委会	38

2008～2013年别桥镇老年居民养老补贴发放情况表

表20-4-6

年　份	人　数（人）	发放金额（万元）		
		总　计	其　中	
			市财政	镇财政
2008	11136	33.4080	23.3856	10.0224
2009	11142	33.4260	23.3982	10.0278
2010	10926	32.7280	22.9446	9.8184
2011	10544	63.2640	44.2848	18.9792
2012	10145	71.0150	49.7105	21.3045
2013	8638	69.0896	48.3728	20.7168

2011年起，给80周岁以上老人发放尊老金。80～89周岁老年人每人每月50元，90～99周岁老年人每人每月100元，100周岁以上老年人每人每月600元。2013年，别桥镇共有80周岁以上老年人2564人，全年发放尊老金176.96万元。

2012 年开始，每年为 65 周岁以上老年人免费体检一次，并建立个人健康档案。2013 年，为 70 周岁以上贫困空巢老年人安装“一键通”。

四、福利生产

1986 年，现境内原 5 个乡镇兴办福利企业 6 家，分别是别桥镇羊毛衫厂、别桥电器厂、古渎彩印厂、绸缪钢窗厂、湖边轻工机械厂和后周石油机械厂。6 家福利企业有职工 340 人，其中残疾人 264 人，占 77.6%，年销售额 212 万元，利润 21 万元。2013 年，别桥镇福利企业有溧阳市万兴特种建材有限公司、溧阳市华邦高分子材料有限公司、常州市富月砝码有限公司。3 家企业有职工 369 人，其中安排残疾人 192 人，占 52%。所安排的残疾人根据各人的身体状况及特长上岗，同工同酬，多劳多得。2013 年，溧阳市万兴特种建材有限公司年销售收入 6.6 亿元，残疾人平均年工资 5 万元；常州市富月砝码有限公司年销售收入 1450 万元，残疾人年平均工资 4 万元；溧阳市华邦高分子有限公司年销售收入 3200 万元，残疾人年平均工资 3.62 万元。

五、残疾人职业技能培训

别桥镇社区教育中心，本着“先培训、学知识、懂技术、再就业”的理念，为残疾人进行免费培训。从 2012 年开始，每年一期。至 2013 年，有 491 位残疾人参加培训。培训的内容有办公自动化、平面设计、电脑操作、水产养殖、家禽饲养技术、水稻小麦种植技术、网络实用技术等。

六、福利彩票

1998 ～ 2013 年，现境内福利彩票销售点：别桥集镇 4 个，绸缪集镇 1 个，后周集镇 2 个。2012 年，现境内 7 个彩票销售点共销售彩票 220 万元，2013 年共销售彩票 236 万元，两年为“扶老、助残、救孤、赈灾、济困”积累资金近 50 万元。

七、农村草危房改造

根据江苏省和溧阳市人民政府有关文件精神，1997 ～ 1999 年，属于茅山革命老区的绸缪乡、后周镇实施泥草房改造。从 2003 年起，别桥镇、绸缪镇和后周镇实施草危房改造工程。至 2013 年，境内改造草危房 1318 间，其中残疾军人 337 间，低保户 620 间，残疾人 361 间，建筑面积 33216 平方米，投入改造资金 1663.61 万元，659 户 2056 人得以安居。

第六节　村（大队）级自治

民国 38 年（1949 年）5 月，废除旧保甲制度，建立村人民政权，设农会主任、村长等。1950 年，别桥区管辖 82 个行政村，西沈、下梅管辖 14 个行政村，均有村级行政机构。1956 年建立高级农业生产合作社，村政务由高级社主任负责。1958 年 9 月后在人民公社体制下设生产大队（先前称管理区），生产大队设正副大队长，会计；生产大队下设生产队，建立队委会，生产队设正副队长、会计。别桥、后周公社分别有生产队73个、53个。1961年，别桥、湖边、古渎、绸缪、后周公社分别有生产大队20个、7个、9个、9个、19个。1968年4～6月，生产大队建立革命委员会，设正副主任和会计。1981年3月后，生产大队革命委员会改称管理委员会。1983年6月，生产大队改称行政村，生产队改称村民小组。行政村成立村民委员会，别桥、湖边、古渎、绸缪、后周乡分别有村民委员会18个、7个、11个、9个和17个，设主任、副主任、会计；村民小组设组长。1990年起，贯彻落实《中华人民共和国村民委员会组织法》，依法进行选民登记和民主选举，建立和完善村民委员会工作制度，制定村规民约。对村民委员会的工作实行“民主管理、民主监督和民主测评”。建立健全村务公开制度，设立“内容、程度、时间、阵地、管理”五规范和公开结果群众满意的村务公开栏。成立有老共产党员和村民代表参加的“民主理财会”和“议事会”，压缩非生产性开支，控减农民负担，密切干群关系。实施基层民主“票决制、双票制、参事制”。2001年4月，境内有66个行政村。2001年5月，行政村合并，调整为33个行政村。2007年，又称行政村，村民委员会简称“村委”。由村民投票选举村主任、副主任、委员等村委班子。2009年7月行政村优化合并，调整为18个行政村。

图20-3　2016年4月别桥村获“江苏省生态村”称号

2011年，按照《常州市农村和谐示范社区标准》，从社区组织管理、硬件设施、民主建设、治安管理等方面加强农村社区建设，村社区建成以“为民、利民、便民”为宗旨的一站式服务中心。村服务中心做到“五有”：1.有持续稳定的集体收入；2.有功能齐全的活动阵地；3.有先进适用的信息网络；4.有群众拥护的“双强”带头人；5.有健全规范的民主管理机制。

2002年，创建村民自治模范单位的活动走向法制化、制度化、规范化。至2005年年末，33个行政村通过村民自治复查验收，全部达标。

镇东村2004年获“江苏省卫生村”称号。小石桥村2005年度获常州市“民主法治示范村”称号，2010年度获江苏省“康居示范村”称号，2012年度获常州市“廉政示范点”称号。前王村2008年度获“江苏省小康家园示范村”称号，2009年度获“江苏省特色村”称号。北山村2012年度获常州市“示范妇女儿童之家”称号，2013年度获“常州市幸福家园”称号和江苏省“民主法治示范村”称号。前程村2013年度获“江苏省卫生村”称号。马家村和别桥村在2011年度和2012年度分别被评为“江苏省卫生村”。2013年，别桥镇被国家环境保护部授予“2010—2011年度国家生态乡镇”称号。

1986年2月8日、1998年12月25日，分别成立别桥镇、后周镇居民委员会。2000年1月，成立绸缪镇居民委员会。别桥镇居民委员会主任先后由马岳林、吕伟奇、张建平、王阿明担任；后周镇居民委员会主任先后由万金龙、杨年中、吕地生、陈彩霞（女）担任；绸缪镇居民委员会主任由程镇元担任。

2013年年末，别桥镇有村民委员会18个、村民小组598个，有居民委员会2个。

1949年5月至2013年12月境内行政村调整一览表

表20-4-7

1949年5月至2001年4月行政村（大队）名称	2001年5月至2009年6月行政村名称	2009年7月至2013年12月行政村名称
闸口、长桥	湖边	湖边
湖塘	湖塘	—
浪圩、双桥	浪圩	—
培阳（桥东）、诸泗	镇东	镇东
土山、水产	土山	—
中里	中里	—
诸里、园上	诸里	马家
马家	马家	—
符家、昌口、金家桥	符家	道成
道成、对河、横河	道成	—
战胜（前程棚）	战胜	合星
上市、三村、西浦	团结	—
合星、农场	合星	—
前程	前程	前程
下尖圩、谢家坝	伏申	—
别桥、陈巷	别桥	别桥
前王、樊庄	前王	—
古一、古二、董家舍	古渎	古渎
东溪	东溪	—
周家湾、郝家、赵圩	周家湾	两湾
杨家湾、牌楼	杨家湾	—
绸缪、文巷、玉溪、坝头	绸缪	绸缪
阴山	阴山	北山
东马	东马	—
诸皋、槎溪	皋溪	—
西马、新民、水产	西马	西马
下梅	下梅	—
黄金山	黄金山	黄金山
玉华山、西沈	玉华山	玉华山
小石桥、梓村	小石桥	小石桥

续表 20-4-7

1949 年 5 月至 2001 年 4 月 行政村（大队）名称	2001 年 5 月至 2009 年 6 月 行政村名称	2009 年 7 月至 2013 年 12 月 行政村名称
塘马、观阳	塘马	塘马
后周、诸社、东胜、靠村	后周	后周
西庄、魏笪	西庄	西庄

第七节　婚姻登记　收养　殡葬管理

一、婚姻登记

新中国成立前，现境内的婚姻是经媒人说合，男女双方父母同意的封建包办和买卖婚姻。1950 年 5 月 1 日，首部《中华人民共和国婚姻法》（简称《婚姻法》）颁布实施，废除包办买卖婚姻，实行男女婚姻自由、一夫一妻和男女平等的婚姻家庭制度，并规定最低结婚年龄为男 20 周岁，女 18 周岁。根据《婚姻法》，溧阳县建立婚姻登记制度，别桥区以下机关干部、职工、人民群众结婚、离婚由别桥区公所办理。1955 年按内务部公布的《婚姻登记办法》规定，结婚登记由乡政府办理，凡符合法定婚姻年龄的别桥、湖边、古渎、绸缪、后周等乡男女自愿结合者，亲自到乡人民政府办理结婚登记手续，领取结婚证。凡夫妻双方自愿离婚的，首先由所在乡（公社）负责调解，经调解难以和好的，按规定手续报县民政科（局）审查批准。

1981 年 1 月 1 日实施的《婚姻法》规定，最低结婚年龄为男 22 周岁，女 20 周岁，民政部 1980 年 11 月 11 日发布的《婚姻登记办法》中指出，结婚、离婚、复婚都要到当地人民政府婚姻机关登记，办理婚姻登记统一使用由民政部门印发的“结婚证”、“离婚证”、《夫妻关系证明书》、《解除夫妻关系证明书》。别桥、湖边、古渎、绸缪、后周公社管理委员会办理婚姻登记。男女双方离婚后自愿要求复婚的，必须重新办理结婚登记手续。对包办、强迫、买卖婚姻、直系血亲或医学上鉴定不应结婚的，一律不予办理婚姻登记。1983 年 6 月 1 日起，婚姻登记由别桥、湖边、古渎、绸缪、后周乡人民政府办理，涉外婚姻由县民政局办理。1985 年，别桥镇现境内的原 5 个乡镇的婚姻登记工作改为乡镇民政助理办理，还统一启用省民政厅印制颁发的婚姻登记专用钢印。1983 ～ 1985 年，境内共有 2216 对男女青年结婚登记。1986 年 12 月，湖边乡谢全富被评为县优秀婚姻登记员。

2003 年 10 月，《婚姻登记条例》施行。2004 年 4 月 1 日起，别桥镇人民政府民政办公室停止办理婚姻登记，婚姻登记全部由溧阳市民政局婚姻登记处统一集中办理。婚姻登记都必须双方自愿到场，出具本人户口簿、身份证。

二、收养管理

民国时期，受封建思想影响和生活所迫，弃婴现象严重，溧阳有育婴堂收养弃婴，让城乡无子女民众领养。1950 年，溧阳县人民政府为保护婴幼儿健康成长，设置弃婴所，为民政科管理。

1960年5月改设婴儿院，专事收容抚养社会弃婴，是年共收养婴儿476例。婴儿院有保育员25人、护士1人、兼职医生1人。至1965年，共收养弃婴1134例，平均每年收容90例左右。弃婴收容后，部分由育婴所（院）抚养，部分由民政科负担育婴费，分散给城乡居民寄养。1965年国家提倡和推行计划生育，婴儿院随之撤销。1966年，计划生育全面推开，弃婴现象基本杜绝。

1985年，别桥镇境内规定：婚后5年未育且确无生育能力者可收养1个孩子，收养时应经县计划生育委员会审核批准。1992年1月，别桥镇境内实施《中华人民共和国收养法》（简称《收养法》），收养不得违背计划生育的法律、法规，同时应具备无子女、有抚养教育被收养人的能力、未患有在医学上认为不应当收养子女的疾病、年满30周岁等收养条件。至此，收（抱）养婴幼儿按《收养法》规定办理。2000～2013年，别桥镇共收养婴幼儿104例。

2000～2013年别桥镇现境（含原绸缪镇、后周镇）收养婴幼儿一览表

表20-4-8

年份	收养婴幼儿（例）	年份	收养婴幼儿（例）
2000	12	2007	11
2001	3	2008	6
2002	8	2009	8
2003	10	2010	10
2004	5	2011	4
2005	6	2012	9
2006	7	2013	5

三、殡葬管理

直至20世纪70年代，境内人死后，都以棺成殓、垒坟土葬，既浪费木材，又占地甚多。1981年12月，别桥、湖边、古渎、绸缪和后周公社深入宣传贯彻全国和省殡葬改革工作会议和溧阳市人民政府《关于推行殡葬管理暂行办法》的精神。1984年4月，别桥乡、湖边乡、古渎乡、绸缪乡和后周乡都成立殡葬改革领导小组，并对殡葬作出相关规定，要求全面推行火化，废除用棺木土葬。1985年，境内基本实行遗体火化。1986年，遗体火化率达100%。

2011年，别桥镇在马家园上村建立生态安葬区，占地10多亩，墓葬穴位3600个。前程村用8亩旱田，建有1500多个墓葬穴位的公墓。别桥村用旱地5亩，建有1100多个墓葬穴位的公墓。合星村用地5亩建有1000多个墓葬穴位的公墓。境内其他村还安排一些小规模的安葬集中地。火化后土葬，每冢坟约占地5平方米；安葬到公墓，每个墓葬穴位约占地1.5平方米。

2013年9月1日开始，对每位死者免除灵车费、火化费和价格在300元以下的骨灰盒费，合计约1400元。至2013年，火化后分散垒坟占地，砌亭造墓的现象仍很严重。"该给子孙留沃土，不叫死人争土地"是今后殡葬改革的重要任务。

第二十一篇

教　育

别桥地区人民自古崇文重教，官学私学相存。明清两代，原别桥乡境内，科举考取状元1人，进士、举人及秀才多人。据清《(嘉庆）溧阳县志》，马家、前王、樊庄等村庄有多人载入官宦篇。

清末，境内民间私塾16所、小学堂1所。民国元年（1912年），境内有人办学校。民国5年（1916年），别桥集镇创办1所七年制完全小学。民国35年（1946年），后周创办私立永泰初级中学。民国36年（1947年），别桥现境内小学有乡镇中心国民学校6所、保国民学校36所。

新中国成立后，人民政府接管学校，逐步建立社会主义教育体系。1958年，国家实行“公办、民办并举”的办学方针，境内教育事业迅速发展。别桥公社（时含湖边、古渎、绸缪）有初级中学1所，有公办、民办小学校29所，幼儿园37所；后周公社有初级中学和农业中学各1所，公办、民办小学校25所，幼儿园14所。

20世纪60年代，别桥镇现境内原5个公社又增办小学13所、耕读小学46个(班)、初中3所。1962年，境内中小学贯彻执行《全日制小学暂行工作条例（草案)》和《全日制中学暂行工作条例（草案)》，明确中小学校教育任务是“为社会主义建设事业培养劳动后备力量和为高一级学校培养合格新生”，强调“学校必须以教学为中心，课堂教学是教学之工作的基本形式，教师在教学活动中起主导作用”，教育曲折发展中走上正轨。1963年、1968年，古渎农中、绸缪农中先后改办为初级中学。1968年、1971年，别桥、后周初级中学先后办成完中。1971年7月，县革命委员会在别桥土山办起别桥矿校。

“文化大革命”期间，境内教育事业受到严重破坏，正常的教育秩序被打乱，教学质量严重下降。

1970年，在全县普及教育、小学办到村、初中办到大队、高中办到公社甚至大队的口号下，境内完全小学、原初级中学纷纷“戴帽”办成七年制（小学五年、初中二年）学校，或九年制（小学五年，初、高中各二年）学校。境内出现完中、独立初中、七年制学校、九年制学校，完小、初小并存的办学格局。

中共十一届三中全会后，境内根据“调整、改革、整顿、提高”的八字方针，对中小学布局有步骤地进行调整，中小学的学制及中等教育结构有计划的进行改革，将七年制学校的初中班脱帽，压缩高中招生，停办初级中学的高中班。1982年年末，现境内的原5个公社有65所小学，9所中学（包括2所完中），1所后周农中。

1986年，根据《中共中央关于教育体制改革的决定》，按照教育加快、优先发展的总体要求，实施教育改革，境内五乡镇成立教育管理委员会，试行分级办学、分级管理，农村初级中学和小学以乡（镇）办、乡（镇）管为主。至1993年，5个乡镇都通过九年制义务教育合格乡镇验收。

从1995年，境内各乡镇（学校）启动教育现代化工程。至1999年，别桥镇、绸缪乡、后周镇通过常州市和江苏省教育现代化验收，被评为江苏省实施教育现代化工程先进乡镇。

1998年，依据《溧阳市教育基本实现现代化规划》，别桥镇、古渎乡、绸缪乡、后周镇把学校布局调整纳入乡镇建设规划，制定学校布局的调整总体目标及每年的工作进程。至20世纪末，境内撤并34所小学校。2008年再次撤并小学校28所。2009年，别桥镇内有初级中学3所、中心小学1所、非建制镇小学3所。85.1%以上的小学生在乡（镇）小学就读，98.85%的初、高中生在城镇学校就读。

至2013年年底，别桥镇有初级中学2所，含初中教育的实验学校1所，共有初中教学班30个，学生841人，从事中等教育的教职工169人。全镇中心小学1所，单列完全小学2所，含小学教育班的实验学校1所，在校小学生1972人，小学教职员工181人（含内部退养人员），其中专任教师175人。

1958年，境内开始有幼儿教育，社社队队开办幼儿园。“文化大革命”期间，境内幼儿教育处于停顿状态。1977年逐渐恢复幼儿教育。1983年后，境内小学附设幼儿园或以乡镇成立中心幼儿园。1995年，境内有私人开办幼儿园。2002年9月，对私人幼儿园清理整顿。至2013年，境内有别桥中心幼儿园、3所校属幼儿园，全镇幼儿接受学前教育率达100%。

第一章　私塾　学堂

第一节　发展概况

明成化八年（1472年），溧阳县令靳璋在县城建造社学的同时，有志兴办乡社学校。由城镇到乡村，学校年年增加，月月加多，几乎百里之内没有一个村社没有社学，大部分儿童都入学。

从成化到嘉靖年间，别桥境内科举出现缪梼、马性鲁、缪希亮、马从谦、马一龙等一批进士。

清代，别桥境内就有私人开办学馆（称私塾）。清朝末年，乡村办的私塾很多，别桥境内谢家坝、马家、后周西庄、后周西下梅就各办有 1 所私塾。后周创办永泰学堂（后周小学前身）。马一之在马家创办学堂。清代，别桥地区出了状元马世俊，进士魏麟征、沈元炼、缪汪筱等，举人沈廷藻、马彭年、缪梓、缪巩等。明清两朝，别桥现境出了秀才 22 人，举人 33 人。

民国时期，别桥地区开办私塾（学堂）13 所，有塾师 16 人，学生约 500 人。

清末、民国期间别桥境内乡村私塾、学堂一览表

表 21-1-1

名称	地　址	创办时间	塾师	学生数（人）	备注
西庄私塾	后周马家祠堂	清　末	马满金	12	创始人马大元，报县教育部门
道成私塾	道成村	清　末	丁　某	20 多	—
谢家坝私塾	别桥谢家坝虞氏宗祠	光绪二十六年（1900 年）	童小虎	20	报县教育部门
马家私塾	别桥马家休敦堂	光绪三十一年（1905 年）	—	12	马敬培、马夕康、马洪金创办，报县教育部门
下梅私塾	后周西下梅	光绪三十四年（1908）	杨锡嘏	43	报县教育部门
虞缪村私塾	别桥虞缪村	清末民国初	虞浚川	20 ～ 80	—
东陈家私塾	两湾东陈家	民国初期	张浩峰	10 多	—
史家祠堂私塾	湖塘村史家祠堂	民国元年（1912 年）	史可信等 4 人	50 多	后改称学校
前程棚私塾	前程棚村	民国期间	孙永平	20 ～ 30	—
吕义祠私塾	诸泗村	民国期间	吕锦森	50 多	—
茶亭庵私塾	阴山村	民国期间	汤　某	7 ～ 8	—
涧生殿私塾	黄金山村	民国期间	吴子良	10 多	—
古渎村私塾	古渎村	民国 20 年（1931 年）	姜献之	15	后改称为小学堂
塘马村私塾	塘马村	民国 24 年（1935 年）	郎先生	30 多	郎先生是村民刘全高父亲
浪圩村私塾	浪圩村	民国 25 年（1936 年）	郑　进	不详	—
园上村私塾	园上村	民国 27 年（1938 年）	陈　某	25	塾师俗名“崔宝只”
同善社洋学堂	小石桥村	民国 30 年（1941 年）	陈氏夫妇	80 多	1 ～ 4 年级复式

明、清别桥境内秀才、举人一览表

表 21-1-2

乡名	秀 才	举 人
别桥乡	吕炳荣 吕汉荫 马家骏 马锡赓 马敬培 马家麟 王志清 王洪金 王仁庚 王洪金 王如大	马 英 陈 璞 史 篁 史 伋 马有骓 马震伯 滕养志 虞国儒 马 御 吕俊民 马伏授 马彭年 吕 端 马 镇 缪 梓 缪 巩 马震述 马文复(武)
湖边乡	史 熙	—
古渎乡	姚 群 姜锡旺	沈 诚 吕 和 吕 旻 沈 浚 钱特简 姚继绪 姚景夔 沈廷藻 姜凤辉 童以洁 沈樾(武)
绸缪乡	石文汉	钱 敏 钱美中 石 铭 缪举(武)
后周乡	葛秀文 杨永濂 杨少庵 杨仲连 杨志坚 杨汝霖 万德勤	—

说明：上表，秀才名单中不含后来中举者，举人名单中不含后来中进士者

第二节 教学形式与内容

别桥现境内私塾有两种形式：一是落第秀才或地方文人在家中开设私塾，收教学童，名额不等，有几人或数十人，如虞缪村私塾、道成私塾；二是官宦、绅商、地方富户延聘教师到家中坐塾，学生多是自己孩子或亲戚家孩子，如两湾东陈家私塾、茶亭庵私塾。由于思想封建，女孩入学很少。

私塾教育，一塾一师，学生年龄不一，班级人数不限，文化基础不齐，混编成班。私塾无规定的学习年限，无系统的教材，无教学计划。私塾每年农历正月半开学，至腊月半放假。

别桥地区私塾教学内容：先读《百家姓》《三字经》《千字文》《大学》《中庸》《论语》《孟子》，以后逐步加深，读《幼学》《左传》等。珠算、毛笔字是学生的必修课业，以忠孝为敷教之本，以礼教为训俗之方，以算学、格致等致用治生之具，以求学应举为入士之径。民国时期，受新学影响，境内大多私塾进行改良，发展国文、算术、尺牍等课程。

教学方法：以教读为主，一般不讲解，教完后学生朗读，至会背诵。塾师认为“教不严、师之惰”，体罚现象普遍。

第二章 学前教育

第一节 发展概况

别桥现境内的幼儿教育始于 1958 年。1958 年上半年，南京师范学院教育系学前教育专业的师

生配合教育行政部门，深入社队宣传发动，大办幼儿教育，对幼儿老师及幼儿教养员进行业务辅导。当时，别桥办幼儿教育的热情高涨，形成社社队队办幼儿园的热潮。1958 年下半年，别桥公社、大队办幼儿园 37 所、49 个班，入园幼儿 1602 人，教养员 49 人。后周公社及大队办幼儿园 14 所、23 个班，入园幼儿 462 人，教养员 23 人。这一时期，幼教事业的发展速度超越了经济建设的承受能力。1961 年，社、队幼儿园（班）先后停办。

图21-1 板车上的童年（黄金山村，1975年）

“文化大革命”期间，幼儿教育处于停顿状态。1977 年以后开始恢复和发展。是年，县革命委员会成立幼托办公室，由县妇联主任兼任办公室主任，公社成立幼托领导小组，由公社分管文教工作的副书记任组长，每个公社配备 1 名幼师辅导员，别桥、湖边、古渎、绸缪、后周中心小学各设 1 名兼职幼教辅导员。1978 年，别桥公社诸泗小学附设 1 个幼儿班，入园幼儿 30 人，幼儿教师 1 人；马家小学附设 1 个幼儿班，入园幼儿 35 人，教师 1 人。湖边公社的湖边小学、浪圩小学各附设 2 个幼儿班，中里小学、闸口小学、双桥小学各附设 1 个幼儿班，共附设 7 个幼儿班，入园幼儿 305 人，教师 7 人。绸缪公社玉溪小学附设 1 个幼儿班，入园幼儿 32 人，教师 1 人。后周公社下梅小学附设 1 个幼儿班，入园幼儿 30 人，教师 1 人。是年，溧阳县革命委员会幼托办公室在绸缪公社玉溪大队召开全县幼托教育工作现场会暨幼托教育工作经验交流会，肯定玉溪大队依靠群众办园的办法。会议指出，幼儿教育是教育事业的一部分，是小学教育的基础，是关系到千家万户的公共事业。会议要求，每个公社要重视幼托教育事业，克服困难，全力办好幼托教育事业。由此，幼托教育事业的发展步入快车道。1979 年 3 月 16 日，县妇联、教育局向县革委会上呈的关于幼儿教育的报告中指出，1975 年后的 3 年中，幼儿教育办得较好的是别桥片，尤其是湖边和绸缪公社，各大队都办起幼儿园（班）。1980 年，别桥小学幼儿园幼儿班 8 个，有幼儿 262 人，专任教师 8 人；湖边小学附设幼儿班 9 个，有幼儿 305 人，专任教师 9 人；古渎小学附设幼儿班 9 个，有幼儿 234 人，专任教师 9 人；绸缪小学附设幼儿班 8 个，有幼儿 250 人，专任教师 8 人；后周小学附设幼儿班 10 个，有幼儿 291 人，专任教师 10 人。1982 年，农村多数生产大队再度开设幼儿园或幼儿班。1983 年，别桥乡有 12 所小学附设幼儿园，有 12 个幼儿班，14 名专任幼儿教师，在园幼儿 510 人。湖边乡有 7 所小学附设幼儿园，有 9 个幼儿班，9 名专任幼儿教师，在园幼儿 326 人。古渎乡有 9 个幼儿班，9 名专任幼儿教师，在园幼儿 163 人。

1986 年，别桥镇、湖边、古渎、绸缪、后周乡相继成立中心幼儿园，隶属于所在乡镇中心小学。村办幼儿园（班），归属当地村小管理，接受中心幼儿园业务指导。中心小学配设专（兼）职幼教辅导员，负责全乡（镇）幼儿园（班）的业务指导。1991 年起，各乡镇小学布局调整，农村小学逐渐撤并，所属幼儿班师生并入中心幼儿园。1992 年，湖边中心幼儿园改称湖边幼儿园，隶属别桥中心幼儿园。

20 世纪 90 年代中后期，别桥镇现境内出现私立幼儿园。1993 年 2 月，市政府颁发《关于改进和加强幼儿教育工作意见》，幼儿教育实行当地政府负责、分级管理和有关部门分工负责的管理体制。同年10月，市教育局颁发《关于实施＜江苏省幼儿园（班）等级注册办法＞的通知》，对符合条件的幼儿园(班)发放《江苏省常州市幼儿园(班)注册证书》。2002年9月，市教育局出台《关于清理和整顿幼儿园（班）的通知》，对全镇私立幼儿园（班）进行清理整顿。

图21-2 别桥中心幼儿园活动室

1999年8月，别桥中心幼儿园更名为幼教中心。2001年9月，古渎中心幼儿园更名为古渎幼儿园，隶属于绸缪中心幼儿园。

2007年别桥镇幼儿园注册情况表

表21-2-1

单 位	性 质	注册证号	评估等级
别桥小学幼儿园	集体	02009	省级示范性实验幼儿园
绸缪小学幼儿园	集体	02010	溧阳市一类幼儿园
古渎小学幼儿园	集体	02011	溧阳市一类幼儿园
后周小学幼儿园	集体	02017	溧阳市一类幼儿园

2013年8月，别桥幼教中心更名为别桥中心幼儿园；9月，绸缪幼儿园隶属于绸缪实验学校。年末，全镇4所幼儿园，其中别桥、后周、绸缪实验小学幼儿园为省优质幼儿园，在园幼儿1029人，教职工82人，全镇幼儿接受学前三年幼儿教育率达100%。

1958年、1980年、2013年别桥现境内幼儿教育情况表

表21-2-2

乡镇/类别/数量/年份	别桥镇（公社）			湖边乡（公社）			古渎乡（村）（公社）			绸缪镇（集镇）（公社）			后周镇（集镇）（公社）		
	班级（个）	幼儿（人）	教职工（人）	班级（个）	幼儿（人）	教职工（人）	班级（个）	幼儿（人）	教职工（人）	班级（个）	幼儿（人）	教职工（人）	班级（个）	幼儿（人）	教职工（人）
1958	49	1602	49	—	—	—	—	—	—	—	—	—	23	462	23
1980	8	262	8	9	305	9	9	234	9	8	250	8	10	291	10
2013	9	450	31	—	—	—	3	70	7	5	165	14	9	344	30

说明：1.1958年，湖边、古渎、绸缪同属别桥人民公社

2.2013年，别桥中心幼儿园各项统计数据含湖边

第二节　保育与教育

1952 年，溧阳县制定颁发《幼儿园暂行规程（草案）》，分六章 41 条，其中第 15 ～ 18 条对幼儿园教养原则、教养活动项目作出明确规定。幼儿园教养活动项目有：体育（包括日常生活、卫生习惯、体操、游戏、演唱和律动等），语言（包括谈话、讲述故事、歌谣、谜语），认识环境（包括日常生活环境、社会环境、自然环境），图画、手工（包括图画、纸工、泥工其他材料作业等），音乐（包括唱歌、表情唱歌、听音乐乐器表演），计算（包括认识数目、心算度量）。幼儿园不进行识字教学，不举行测验。1958 年，农村生产大队办幼儿园（班），无规定课程，师资薄弱，其任务是确保幼儿平安。

1973 年，别桥小学幼儿班在设置生活习惯、体育活动、语言、常识、音乐、美术等传统教养内容的基础上，增设游戏、汉语拼音等课程。1982 年，中心幼儿园的教育教学中，一度存在小学化倾向。

境内幼儿园（班）保育水平普遍较低，村办幼儿园（班），仅把确保幼儿平安作为主要保育职责。1986 年，学校开始对在职幼儿教师进行培训和考核。溧阳县教育局贯彻《江苏省幼儿教育暂行条例》，要求全县幼儿园根据保教结合、保教并重的幼儿教育原则，通过游戏、体育活动、上课、观察、劳动、娱乐和日常生活对幼儿实施教育，注意克服“小学化”倾向，统一开设生活习惯、体育活动、思想品德、语言、常识、音乐、美术等课程。1988 年 9 月，别桥幼儿教育由小班、大班两年制，改为小班、中班、大班三年制。

1993 年，根据溧阳市教育局《关于加强幼儿教育工作的意见》，各幼儿园实施保教结合、保教并重，为幼儿健康成长、升入小学打好基础。1995 年，市教育局举行全市幼儿园“半日活动”评优活动，别桥中心幼儿园获二等奖。别桥中心幼儿园根据溧阳市教育局、卫生局、妇联联合下发的《关于加强幼儿园卫生保健工作的意见》，率先配备保健设施、设备和保健教师。1996 年起，境内各幼儿园统一使用南京师范大学组织编写的《幼儿园课程指导》（教师用书）。幼儿园教育内容统一为健康、社会、语言、科学、艺术 5 个方面；课程统一设体育、常识、语言、计算、音乐、美术 6 科；每节教学时间为：小班 10 ～ 15 分钟，中班 20 ～ 25 分钟，大班 25 ～ 30 分钟，大班末期（“六一”儿童节后）可延长 5 分钟。

图21-3　幼儿园小朋友快乐成长

1997 年起，别桥现境内幼儿园相继实行“两点一餐”（上下午各一次点心和午餐）制度。

2001 年 9 月，境内幼儿园贯彻教育部颁发的《幼儿园教育指导纲要（试行）》，明确幼儿教育的内容是广泛的、启蒙性的，在教育中应注重幼儿知识、技能、情感、态度等方面的教育，为幼儿成长奠定良好的素质基础。

2003年，境内各幼儿园均具备幼儿平卧午睡和流水洗手设备，完善晨检、幼儿操、“两点一餐”、午睡、户外活动和每年“六一”儿童节前幼儿体检制度，并开设家长学校，开辟家长园地，让幼儿在家长的配合下体、智、德、美得到全面的发展和健康的成长。是年11月，境内幼儿园举行“动手做、游戏乐”评比活动。2004年以后，境内幼儿园相继获得市妇联、市妇幼保健院、市卫生防疫站、市教育局颁发的《江苏省托幼机构卫生保健标准》合格证书。

2013年，境内幼儿园完善“以园为本”教研制度建设，各园根据自园特色，结合实际情况，开展“以园为本”、以幼儿为主体的幼儿教育教学研究，积极参加市先进园的评比。

第三节　幼儿园选介

【别桥中心幼儿园】 创建于1976年8月，前身是别桥中心小学的幼儿班，园址位于别桥老镇区镇西爱国路西侧。1999年8月，幼儿园迁址镇东上湖路1号重建，并改名为别桥幼教中心，隶属于别桥中心小学。新园按省级示范性幼儿园标准建设，占地面积6000平方米，建筑面积3015平方米，绿化面积2019平方米，户外活动场地面积3120平方米。园内建有九曲长廊、袖珍人工湖、蘑菇亭、六角亭等。幼儿活动区域，设有大型滑梯、爬网、晃桥等幼儿运动器械。园内建有2幢二层办公、教学用房，设9个儿童活动室和配套午睡室、卫生间，配有保健室、舞蹈房、图书室、科探室、阅览室、多功能室等。每个班级配有空调、电脑、电视机。有投影仪、DVD、摄像机、数码相机、实物投影仪、钢琴、电子琴等现代化教学设备。午睡室配置紫外线消毒灯、空气清净器。

2001年3月，别桥幼教中心被评为江苏省示范性实验幼儿园。2004年、2008年，两次顺利通过省示范性实验幼儿园的复查、验收。2010年2月被评为省级优质幼儿园。2000～2013年，别桥幼教中心（中心幼儿园）先后被评为溧阳市绿色幼儿园、溧阳市巾帼示范岗、溧阳市示范性家长学校、溧阳市托幼机构卫生保健一类单位，获溧阳市幼儿园育人环境评比一等奖、溧阳市创造性游戏评比一等奖等荣誉。

2012年12月，别桥镇幼教中心易地重建，2014年8月搬迁新园址，园址别桥镇中心街199号，更名为别桥中心幼儿园，成为独立幼儿园。年末，有大、中、小班各3个，在园幼儿450人，教职员工31人，其中专任教师24人。教师学历全部达标，其中本科学历9人、大专学历6人。

【绸缪幼儿园】 坐落在绸缪集镇建设北路，始建于1978年。1998年独立开办，隶属于绸缪小学，占地面积2300平方米，建筑面积1310平方米，绿化面积308平方米，户外活动面积910平方米，软地活动面积910平方米。园内设有活动室、盥洗室、保健室、资料会议室、多功能室、游戏室等。各班配置开放式玩具柜，有26种桌面玩具，有电视机、录音机、DVD、电子钢琴、空调、安全卫生的饮水设备等。户外大型玩具3件，中小型体育器械12件。

2010年9月，绸缪幼儿园被评为常州市示范幼儿园，2013年5月被评为江苏省优质幼儿园。

2013年年末，绸缪幼儿园共有5个教学班，在园幼儿165人，教职工14人，其中专任教师10人。别桥学区骨干教师1人，具有中学高级教师职称的1人，小学高级教师职称的（职工）1人。教师学历全部达标，其中本科学历4人、大专学历5人。保健教师、保育员均受过专业培训，取得相关的上岗证。

【后周幼儿园】 坐落后周集镇万泰街。始建于1976年，隶属于后周小学，其前身是后周小学幼儿班。占地面积3800平方米，建筑面积2120平方米，绿化面积1323平方米，软地活动面积2933平方米。2003年3月，通过溧阳市一类幼儿园的验收。2004～2009年，后周幼儿园先后获得常州市巾帼示范岗、常州市示范幼儿园、溧阳市巾帼示范岗、溧阳市托幼机构卫生保健示范单位、溧阳市合格家长学校、溧阳市文明单位等称号。2010年2月，通过江苏省优质幼儿园的评估验收。

2011年以来，后周幼儿园先后投入50多万元，优化育人环境。对幼儿园内的场地、围墙、走廊等进行改建、软化（铺设PVC），新建宽敞的建构室、多功能室、科探室和角色游戏室等。每个班配置电视机、DVD、钢琴、电子琴、录音机、投影仪、玩具柜、分类架，图书室藏有幼儿图书2.3万册。另外还添置数码投影仪、数码相机等信息化设备。

2013年，幼儿园有9个班，其中大班3个，中班3个，小班3个。在园幼儿344人，教职工30人，其中别桥学区教学骨干1人，具有小学高级教师职称的1人。教师学历全部达标，其中本科学历3人，本科在读3人，大专学历14人，大专在读2人。

第三章 初等教育

第一节 概 况

清代，别桥镇境内就有人开办学馆（私塾）。清末民国初，境内有17所私塾和小学堂。民国2年（1913年）开始，境内热心于教育人士纷纷创办小学校。民国时期，境内近20个村办起小学校。民国29年（1937年），小学改称国民学校或中心国民学校。民国36年（1947年），别桥地区有乡镇中心国民学校6所、保国民学校36所，在校学生2821人，教师91人。

新中国成立前，别桥、湖边、古渎、绸缪、后周五乡镇有小学26所。新中国成立后，人民政府接管全部小学，别桥地区的农村小学教育有了较大发展。20世纪50年代，又增加小学19所。

1958年，教育实行“公、民办并举”的方针，别桥、后周两个公社有44所公办、民办小学校。1964年，为了满足农村儿童入学需求，还举办耕读班。1965年，别桥镇现境内原5个公社有58所小学校。1969年后，小学校办到村，5个公社有61所小学223个教学班，七年制学校12所75个小学教学班。

“文化大革命”中，小学一度停课，教育工作混乱，学年度起讫时间改变，课程设置变化大，六年的小学学制改为五年。

中共十一届三中全会后，根据“调整、改革、整顿、提高”的方针，别桥镇现境的各公社对小学布局逐步调整。至1982年年末，现境内5个公社有65所小学、273个教学班。1986年，按照教育加快、优化发展的要求，境内各乡镇成立教育管理委员会，农村小学以乡镇管理为主。1998年，根据溧阳市教育基本实现现代化规划，现境内乡镇把学校布局调整纳入小城镇建设规划。至20世纪末，别桥现境内各乡镇先后撤并小学校34所，2008年又撤并小学28所。2009年，别桥镇有中心小学1所、单列完全小学3所，在校小学生2057人，85.1%以上的小学生在乡（镇）小学就读。

2013年年底，别桥镇有中心小学1所、单列完全小学2所，含小学教学班的实验学校1所，在校小学生1972人，小学教职工181人，其中专任教师175人。

民国36年（1947年）别桥现境国民学校一览表

表21-3-1

乡　镇	校　名	校　址	学生（人）	教师（人）
德西乡	德西乡第三中心国民学校	湖　塘	196	8
	德西乡第八保国民学校	浪圩里	116	4
	德西乡第九保（一）国民学校	双　桥	38	1
	德西乡第九保（二）国民学校	缪基庵	39	1
	德西乡第九保（三）国民学校	闸　口	36	1
	德西乡第十保（一）国民学校	昌口里	32	1
	德西乡第十保（二）国民学校	李家坝	55	2
别桥镇	别桥镇第一中心国民学校	别　桥	235	7
	别桥镇第二中心国民学校	前王村	146	6
	别桥镇第一保国民学校	诸泗村	42	1
	别桥镇第二保国民学校	诸里村	64	3
	别桥镇第三保国民学校	河东村	61	3
	别桥镇第七保国民学校	前程村	36	1
	别桥镇第八保国民学校	玉溪村	36	1
	别桥镇第九保国民学校	槎溪村	52	1
	别桥镇第十保（一）国民学校	上市村	101	3
	别桥镇第十保（二）国民学校	西神圩村	30	1
永和乡	永和乡中心国民学校	古渎里	169	7
	永和乡第五保（一）国民学校	东溪村	44	1
	永和乡第五保（二）国民学校	五荡湾村	38	1
	永和乡第六保（一）国民学校	符家村	37	1
	永和乡第六保（二）国民学校	道人桥	44	1

续表 21-3-1

乡　镇	校　名	校　址	学生（人）	教师（人）
永和乡	永和乡第七保国民学校	谢家坝	49	1
	永和乡第八保国民学校	周家湾	49	1
	永和乡第九保（一）国民学校	牌楼下	32	1
	永和乡第九保（二）国民学校	赵圩里	40	1
绸缪乡	绸缪乡中心国民学校	绸　缪	170	6
	绸缪乡第三保国民学校	幽栖观	57	2
	绸缪乡第四保国民学校	窦巷里	56	2
	绸缪乡第六保（一）国民学校	下梅蒋家	42	1
	绸缪乡第六保（二）国民学校	下梅杨家	73	2
	绸缪乡第九保（一）国民学校	东　社	39	2
	绸缪乡第九保（二）国民学校	诸　社	35	1
后周镇	后周镇中心国民学校	后　周	190	7
	后周镇第二保（一）国民学校	梓　村	46	1
	后周镇第二保（二）国民学校	靠　村	33	1
	后周镇第三保国民学校	塘马村	35	1
	后周镇第四保国民学校	西庄村	35	1
	后周镇第六保国民学校	戴巷里	41	1
	后周镇第七保国民学校	七寸庵	41	1
	后周镇第八保国民学校	黄金山	69	1
	后周镇第九保国民学校	王家头	42	1

2007 年别桥镇小学分布情况表

表 21-3-2

学　校	校　址	班级数（个）	学生数		专任教师（人）
			总数（人）	女生（人）	
别桥中心小学	别桥集镇镇东	28	1312	680	81
后周小学	后周集镇	20	974	449	54
绸缪小学	绸缪集镇	11	436	188	27
古渎小学	古渎村	10	318	128	27

第二节　境内各乡镇（公社）初等教育

一、别桥镇（乡、公社）小学教育

民国 2 年（1913 年），别桥前王村王芹生、王志清在前王村王氏宗祠敦睦堂创办槐荫小学（后来称前王小学)。民国4年(1915年),别桥集镇在城隍庙创办初等学校,诸泗、诸里、谢家坝等村也相继创办小学校。民国5年(1916年)秋,马家村马敬培(厚之)在别桥镇西大庙(广惠庵)之东创办溧阳县第四高等学校,吕伯镛任校长。民国11年(1922年),改称县立第四高小。民国15年(1926年),城隍初等学校并入第四高等学校,更名为溧阳县别桥小学,新建校舍24间。民国19年(1930年),全县举行小学毕业生会试,全校总成绩名列全县第四名,许殿荣、张庚保为个人成绩优良者,由郑县长给奖(公安局局长代)。民国21年(1932年)时称县立第四小学校(别桥小学),校长马海庚,有11位教职员工、175个学生。民国26年(1937年),学校已有校舍3排、45间。此时,境内的前王、诸里、马家、诸泗、湖塘、浪圩等村庄也办起初级小学。

抗日战争期间,别桥曾一度被日本侵略军侵占,学校停办。民国27～30年(1938～1941年),别桥小学迁至前程村马氏宗祠。民国30年(1941年)冬,别桥又被日本侵略军侵占,别桥小学及各村校被迫停课。民国34年(1945年),抗日战争胜利后,别桥小学复课,借集镇观音堂、缪家祠堂和理堂3处复课,各村小学也相继复课。民国36年(1947年),别桥镇境内有中心国民学校2所,保国民学校8所,在校学生803人,教师27人。民国37年(1948年),别桥小学在原校址废墟上重建平房26间,作教学和办公用房。

1956年,拆除赵圩、马家等祠堂的材料用于建设别桥小学校舍;又拆了广惠庵,新建别桥小学大礼堂,扩建运动场,成为全县规模较大的一所完全小学。入学年龄为7周岁,学制六年,学龄儿童入学率上升到74.8%。

1958年,别桥公社(时含湖边、古渎、绸缪)大部分农村初级小学办成完全小学,土山、杨家湾、郝家、周家湾、赵圩等村办起民办小学(民办公助)。别桥公社有公、民办小学29所,教职工131人。1959年,别桥公社(含湖边、古渎、绸缪)有公、民办小学25所,有教学班109个,在校学生4650人,其中女生1927人,教职工133人。1960年,别桥小学因办学成绩突出,被评为江苏省先进集体,受到江苏省人民政府的嘉奖。

1964年,别桥公社兴办半日制、巡回班形式的耕读班9个。1965年,别桥公社有学龄儿童2708人,有别桥、谢家坝、诸泗、诸里、马家、园上、西神圩、前王、上市等15所全日制公、民办小学,在校小学生1875人,耕读小学在校学生495人,学龄儿童入学率85.6%。

1966年,"文化大革命"开始,学校一度停课。1968年逐步复课后,学校批判"智育第一",各年级只设政治、语文、数学、文艺、体育、劳动等课程,以学习《毛泽东语录》和参加生产劳动为主,学制改为五年。耕读小学并入或改为全日制小学。从办学性质来看,仍分公办、民办两种。

1969年后,在"读初中不出大队""读高中不出公社"的口号下,采取小学"戴帽"办初中,部分完全小学先后增设初中班,改为七年制学校(小学5年、初中2年)。诸里、诸泗、前王、合星、上市等完全小学附设初中班。

1971年,别桥公社小学有教学班74个,其中复式班10个,有学生3006人。1973年,别桥公社五年制小学有15所,有60个教学班,学生2478人,其中女生1071人。七年制学校有诸里、前王、合星、上市4所学校,小学班级30个,学生1346人,其中女生418人。1976年秋,诸里、合星等小学在附设初中班后,相继增设高中班(仅办一届)。

1978年,别桥有中心小学1所、七年制学校5所、完全小学8所、初级小学4所,共有教学班 81 个，在校学生 3085 人，其中女生 1477 人；教职工 129 人，其中公办教师 45 人、民办教师 84 人。

1980 年后，小学“戴帽”初中班停办，学制也由原来的五年恢复为六年，合星、诸里“戴帽”学校进行中小学分离，初中部改为独立初中。别桥小学更名为溧阳县别桥中心小学。别桥公社有水产、土山、诸里、园上、马家、诸泗、前程、战胜、下尖圩、谢家坝、农场、前王、樊庄、合星、上市 15 所小学，共 80 个教学班，其中复式班 5 个。在校学生 2882 人，其中女生 1375 人；教职工 108 人，专任教师 106 人。

1982 年别桥公社小学分布情况表

表 21-3-3

校　名	班级数（个）	学生数（人）	教职员工数（人）	校　址
别桥小学	13	558	30	别桥集镇西
上市小学	8	244	11	上市村
前王小学	7	219	7	前王村
合星小学	5	166	7	西神圩村
诸里小学	5	206	7	诸里村
马家小学	5	237	7	马家村
谢家坝小学	5	173	5	谢家坝村
土山小学	5	135	6	土山村
战胜小学	5	140	6	战胜村
园上小学	3	106	4	园上村
下尖圩小学	2	57	2	下尖圩村
前程小学	4	88	5	前程村
诸泗小学	5	134	7	诸泗村
农场小学	4	116	5	五里亭村
樊庄小学	2	52	2	樊庄村
水产小学	1	6	1	渔民新村

1985 年，园上小学并入诸里小学，下尖圩小学并入谢家坝小学。1986 年，樊庄小学并入前王小学。1986 年，贯彻《中共中央关于教育体制改革的决定》，别桥镇成立教育管理委员会，试行分级办学、分级管理。1990 年 8 月，前程小学并入别桥中心小学，水产小学并入土山小学。1990 年 9 月，别桥镇通过九年制义务教育合格镇验收。1994 年，农场小学并入别桥中心小学。1998 年 8 月，前王小学并入别桥中心小学。1999 年 8 月，土山小学、诸泗小学、诸里小学、马家小学并入新建的别桥中心小学。1999 年 11 月，别桥中心小学顺利通过常州市和江苏省现代化教育验收。

2002 年 8 月，符家小学、谢家坝小学并入别桥中心小学，合星小学并入别桥第二小学。全镇形成 1 所中心小学、3 所完全小学(别桥第二小学、湖边小学、上市小学)的格局。2003 年 11 月，别桥中心小学顺利通过省级实验小学的评估检查验收。

2004年8月，上市小学并入别桥第二小学。2005年8月，湖边小学整体并入别桥中心小学。2007年8月，别桥第二小学并入别桥中心小学。2013年9月，别桥中心小学有教学班23个，学生总数851人，其中女生421人。

1985～2007年原别桥镇（乡、公社）境内小学创办、撤并情况表

表21-3-4

学校名称	创办时间	办学地点	办学规模	撤并时情况				
				班级数（个）	学生数（人）	教师数（人）	撤并时间	并入学校
诸泗小学	民国期间	诸泗村	完小	4	95	4	1999.08	别桥中心小学
土山小学	1958.09	庄　上	完小	5	92	5	1999.08	别桥中心小学
水产小学	1965.09	水　产	村小	1	29	1	1990.08	土山小学
诸里小学	新中国成立前	诸里村	完小	6	268	9	1999.08	别桥中心小学
马家小学	清末（1910年）前	马家村	完小	4	128	6	1999.08	别桥中心小学
园上小学	新中国成立前	园上村	完小	5	198	4	1985.08	诸里小学
前王小学	民国2年（1913年）	前王村王氏宗祠	完小	4	95	4	1998.08	别桥中心小学
樊庄小学	1964.09	樊庄村王氏宗祠继善堂	村小	1	30	1	1986.08	前王小学
前程小学	1952.02	前程村	村小	2	35	1	1990.08	别桥中心小学
战胜小学	1964.07	战胜村	村小	2	77	4	1998.08	别桥中心小学
谢家坝小学	新中国成立前	灵官庙	完小	2	15	2	2002.08	别桥二小
合星小学	1949.09	西神圩庙堂	完小	2	56	2	2002.08	别桥二小
上市小学	民国23年（1934年）	梁家祠堂	完小	3	123	5	2004.08	别桥二小
下尖圩小学	1965	北　棚	村小	2	11	2	1985	谢家坝小学
别桥第二小学	1999	桥　西	完小	13	482	32	2007.08	别桥中心小学
农场小学	1962.09	五里亭	村小	1	28	1	1994.08	别桥中心小学

说明：此表摘录自《溧阳教育志（1983～2007）》

二、湖边乡（公社）小学教育

民国元年（1912年），湖塘人史可信在湖塘村史家祠堂创办小学，时有学生50余人，教师4人。后来，浪圩、双桥、闸口等村也先后创办小学校。民国26年（1937年），溧阳被日本侵略军侵占，学校被迫停课。时隔一年多，学校恢复上课。民国33年（1944年），办在湖塘村史家祠堂的小

学迁至湖塘村阮家祠堂，湖塘小学成为完全小学，有复式班3个，小学生120余人，教师6人。民国36年（1947年）上半年，定名为洮西乡国民中心小学，后更名为德西乡第三中心国民学校，还有保国民学校6所，在校学生512人，教师18人。

新中国成立后，学校改名为湖塘中心小学。1951年，增设初中补习班1个。1956年，学校更名为湖边中心小学。1958年9月，学校又迁至史家祠堂，新建校舍20间。1958年，成立别桥人民公社，湖边中心小学更名为湖边小学。1961年8～9月，湖边人民公社成立，湖边小学又命名为湖边中心小学。

1964年，湖边公社境内共创办耕读班6个。1965年，湖边公社有学龄儿童1296人，有湖边、浪圩、长桥、符家、李家坝、北堰6所全日制公、民办小学，在校学生723人，耕读小学在校生273人，学龄儿童入学率76.9%。1968年，小学学制改为五年。耕读小学并入全日制小学。1971年，湖边中心小学附设初中班，改为七年制学校。是年，湖边公社有教学班35个，学生1586人。1973年，全公社有五年制小学4所，教学班14个，学生569人，其中女生276人；七年制学校有湖边、浪圩、符家、双桥4所，小学教学班32个，学生1543人，其中女生553人。

1971年秋季，中里、浪圩、符家等完小都附设初中班，符家同时增设高中班（仅办一届）。1978年，湖边公社有中心小学1所、完全小学3所、初级小学1所、七年制学校3所，共有教学班35个，在校小学生1523人，其中女生809人；教职工58人，其中民办教师39人。1979年，“戴帽”初中停办，初中班全部并入湖边中学。

1980年，湖边公社有中心小学、符家、闸口、中里、双桥、长桥、浪圩7所小学，共有34个教学班，其中复式班4个。在校学生1357人，其中女生765人；教职工50人，专任教师46人。

1982年湖边公社小学分布情况表

表21-3-5

校 名	班级数（个）	学生数（人）	教职员工数（人）	校 址
湖边小学	7	285	16	湖塘村
浪圩小学	6	285	7	浪圩村
符家小学	5	226	7	符家村
中里小学	5	138	6	中里村
长桥小学	3	96	3	长桥村
双桥小学	2	84	3	双桥村
闸口小学	4	112	5	闸口村

1988年，湖边中心小学（即湖塘小学）新建教学楼1幢，计10间，新建教工住宅楼1幢，重建学校食堂。1990年8月，双桥小学并入闸口小学。1992年，湖边乡并入别桥镇，湖边中心小学更名为湖边小学。1998年8月，长桥小学并入闸口小学。1999年8月，湖边（湖塘）小学迁至原湖边初中旧校址内，闸口小学并入湖边小学。2005年8月，湖边小学整体并入别桥中心小学。

1990～2005年原湖边乡（公社）境内小学创办、撤并情况表

表21-3-6

学校名称	创办时间	办学地点	办学规模	撤并时情况				
				班级数（个）	学生数（人）	教师数（人）	撤并时间	并入学校
湖塘小学（湖边小学）	新中国成立前	湖塘村	完小	6	250	15	2005.08	别桥中心小学
浪圩小学	19世纪30年代初	郑家祠堂	完小	6	285	9	2002.08	湖边小学
符家小学	民国36年（1947年）	符家村	完小	4	140	5	2002.08	别桥中心小学
中里小学	1970年	中里村	完小	2	61	3	1999.08	别桥中心小学
闸口小学	新中国成立前	闸口马家祠堂	完小	4	138	9	1999.08	湖边小学
长桥小学	民国33年（1944年）	庙头村庙堂	村小	2	32	3	1998.08	闸口小学
双桥小学	1950年	双桥村	完小	1	18	2	1990.08	闸口小学

说明：此表摘录自《溧阳教育志（1983～2007）》

三、古渎乡（公社）小学教育

古渎的小学教育，历史久远。民国20年（1931年），姜献芝于姜氏宗祠创办姜家小学。9年后，更名为古渎初级小学。民国35年（1946年），古渎初级小学已发展成完全小学，有学生120余人。民国36年（1947年），古渎乡改名永和乡，境内有永和乡中心国民学校1所，保国民学校8所，在校学生502人，教师15人。

新中国成立后，校址迁到姚家宗祠沁一堂，校名为溧阳县古渎小学。1956年前后，古渎乡有古渎、赵圩、周家湾、道成4所完全小学。1964年，古渎公社境内创办耕读班3个。1965年，古渎公社有学龄儿童1158人，全日制公、民办有古渎、道成、五荡湾、周家湾、赵圩5所小学，在校学生722人，耕读小学在校学生121人，学龄儿童入学率72.9%。

1968年，古渎公社内的小学六年学制改为五年，耕读小学并入或改为全日制小学。1969年，部分完全小学附设初中班，成为七年制学校。1971年，古渎公社有小学教学班29个，学生1365人。1973年，五年制小学校有13所，教学班38个，学生1450人，其中女生668人。1972年1月，古渎初中与古渎小学合并，更名为古渎中小学。1973年9月，古渎初中分开，搬入新建的校舍，小学更名为古渎中心小学。

1978年，古渎公社共有中心小学、董家舍、郝家、牌楼、赵圩、周家湾、道成、东溪、五荡湾9所小学，中心小学、周家湾、道成和赵圩4所完小附设初中班。全公社共有小学教学班37个，在校学生1464人，其中女生678人；教职工53人，其中民办教师35人。20世纪80年代初，小学附设的初中班全部并入古渎中学。1984年，古渎公社小学有教学班33个，学生1288人，教职工36人，专任教师35人。

1982 年古渎公社小学分布情况表

表 21-3-7

校　名	班级数（个）	学生数（人）	教职员工数（人）	校　址
古渎小学	10	392	19	古渎村
道成小学	5	196	7	道成村
周家湾小学	5	173	7	周家村
赵圩小学	4	162	5	赵圩村
东溪小学	4	120	5	东溪村
郝家小学	2	86	2	郝家村
牌楼小学	2	70	2	牌楼村
五荡湾小学	2	68	2	五荡湾村
董家舍小学	1	31	1	董家舍村

20 世纪 80 年代末，古渎乡有古渎中心小学、赵圩、周家湾和道成 4 所完全小学，有东溪、牌楼、五荡湾、郝家、董家舍 5 所初级小学。1991 ～ 1992 年，古渎中心小学建成 1 幢面积 1800 平方米的教学楼。1993 年，古渎乡通过九年制义务教育合格乡镇验收。1995 年，古渎中心小学启动教育现代化工程。至 1998 年，古渎乡撤并董家舍、郝家、牌楼、东溪、五荡湾小学，保留周家湾、道成、赵圩 3 所完小和东溪教学点。1999 年，除中心小学外，全乡只剩下赵圩小学。2000 年，古渎小学通过溧阳市教育初步现代化验收。2001 年 8 月，赵圩小学并入古渎小学后，全乡所有村小撤销，原古渎乡小学生进入古渎小学就读，时有班级 18 个，学生 800 余人。

2000 年，古渎乡并入绸缪镇，学校更名为溧阳市古渎小学，有教学班 6 个，学生 183 人。2013 年，古渎小学有教学班 6 个，在校学生 169 人，其中女生 79 人。

1998 ～ 2001 年原古渎乡（公社）境内小学创办、撤并情况表

表 21-3-8

学校名称	创办时间	办学地点	办学规模	撤并时情况				
				班级数（个）	学生数（人）	教师数（人）	撤并时间	并入学校
赵圩小学	—	赵圩村	完小	4	72	4	2001.08	古渎小学
东溪小学	—	东溪村	村小	3	54	2	1998.08	古渎小学
周家湾小学	—	周家湾村	完小	4	88	4	1999.08	古渎小学
道成小学	—	道成村	完小	4	116	5	1999.08	古渎小学
郝家小学	—	郝家村	完小	4	44	2	1998.08	古渎小学
牌楼小学	—	牌楼村	村小	2	36	2	1998.08	赵圩小学
五荡湾小学	—	五荡湾村	村小	1	21	1	1998.08	东溪小学
董家舍小学	1955.08	董家舍村	村小	1	18	1	1998.08	古渎小学

说明：此表摘录自《溧阳教育志（1983 ～ 2007）》

四、绸缪镇（乡、公社）小学教育

绸缪的小学教育始于民国 26 年（1937 年），在绸缪集镇上街的范家祠堂，创办后周区绸缪初级小学，校长陈仁富，有校舍 16 间，教学班 5 个，学生 80 余人，教师 9 人。民国 29 ～ 32 年（1940 ～ 1943 年），学校停办。民国 33 年（1944 年）8 月复课。民国 34 年（1945 年），学校更名为别桥区绸缪小学。民国 36 年（1947 年），绸缪乡境内有中心国民学校 1 所，保国民学校 6 所，在校学生 472 人，教师 16 人。

新中国成立后，绸缪小学改名为溧阳县绸缪小学校。1961 年 9 月开始，绸缪小学为公社中心小学。绸缪公社除中心小学外，还有杨家湾、坝头、文巷、玉溪、金星、东马、阴山、诸皋 8 所完全小学。1964 年，绸缪境内兴办耕读班 5 个。1965 年，绸缪公社有学龄儿童 1401 人，有绸缪、阴山、诸皋、玉溪、金星、东马 6 所全日制公、民办小学，在校学生 739 人，耕读小学在校学生 131 人，学龄儿童入学率 62.3%。

1968 年小学逐步复课。1971 年，绸缪公社有小学教学班 39 个，学生 1774 人。1973 年有五年制小学 8 所，教学班 27 个，学生 1036 人，其中女生 500 人；七年制学校有绸缪、金星、阴山 3 所，小学教学班 30 个，学生 1239 人，其中女生 422 人。9 月，绸缪中心小学迁至绸缪集镇东户头，新建平房校舍 2 排，校舍东面有篮球场兼操场，有学生 500 余人，教职工 25 人。1974 年 9 月，绸缪初级中学并入绸缪小学，称绸缪中小学。

1977 年，绸缪中心小学及阴山、玉溪、金星小学附设初中部。1978 年，绸缪公社共有 1 所中心小学、4 所七年制学校、4 所完全小学、2 所初级小学，共有小学教学班 46 个，在校学生 1661 人，其中女生 794 人；教职工 73 人，其中民办教师 55 人。

1979 年 9 月中小学分设，中学迁到绸缪集镇北侧森巷里村，“戴帽”初中停办，小学初中班全部并入绸缪中学。小学更名为溧阳县绸缪中心小学。1980 年，绸缪公社有教学班 45 个，其中复式班 3 个；在校学生 1510 人，其中女生 714 人；教职工 72 人，其中专任教师 69 人。1984 年，绸缪乡有诸皋、东马、阴山、金星等 4 所完全小学，有玉溪、坝头、杨家湾、文巷等 4 所初级小学。

1982 年绸缪公社小学分布情况表

表 21-3-9

校　名	班级数（个）	学生数（人）	教职员工数（人）	校　址
绸缪小学	10	400	21	绸缪集镇
金星小学	5	114	6	槎溪村
东马小学	5	176	9	幽栖观
文巷小学	5	140	7	滩　头
玉溪小学	5	120	7	玉　堂
阴山小学	5	764	8	阴山村
诸皋小学	3	50	4	诸皋村
坝头小学	2	47	2	上周公村
杨家湾小学	1	22	1	贺家村

1988年8月，杨家湾小学并入中心小学。1990年7～9月，绸缪小学改建1000多平方米的二层教学楼。是年12月，学校更名为溧阳市绸缪中心小学。1992年，绸缪乡通过九年制义务教育合格乡镇验收。1993年8月，诸皋小学撤并于绸缪小学。1995年，征地6600平方米，新建1幢三层的教学楼，建筑面积1300平方米，建成1个有200米环形跑道、两个篮球场的操场。同年，绸缪中心小学启动教育现代化工程，并于1999年通过常州市和江苏省教育现代化验收。1999年8月，再次撤并玉溪、金星、坝头小学于绸缪小学。是年，建造1幢三层综合楼，增添并装备各种功能室。2003年8月撤并所有村校，学生到中心校就学。当年有教学班15个，学生900余人。2009年，学校更名为溧阳市绸缪小学。2011年下半年，绸缪小学顺利通过常州市优质学校的评估验收。

2011年11月，学校占地面积1.34万平方米，建筑面积4560平方米，绿化面积4536平方米，有教学班10个，学生337人，教职工33人。2013年3月，与绸缪初级中学合并为绸缪实验学校。

1988～2003年原绸缪镇（乡、公社）境内小学创办、撤并情况表

表21-3-10

学校名称	创办时间	办学地点	办学规模	撤并时情况				
				班级数（个）	学生数（人）	教师数（人）	撤并时间	并入学校
东马小学	1952.09	幽栖观	完小	2	36	1	2003.08	绸缪小学
阴山小学	1954.09	阴　山	完小	2	47	2	2003.08	绸缪小学
文巷小学	1950.09	滩　头	完小	4	50	2	2002.08	绸缪小学
玉溪小学	民国35年（1946年）8月	玉　溪	完小	2	29	1	1999.08	绸缪小学
金星小学	民国25年（1936年）2月	槎　溪	完小	4	56	2	1999.08	绸缪小学
坝头小学	1968.09	上周公	村小	2	30	1	1999.08	绸缪小学
诸皋小学	1952.02	诸　皋	完小	2	18	1	1993.08	绸缪小学
杨家湾小学	1958.10	贺　家	完小	2	26	1	1988.08	绸缪小学

说明：此表摘录自《溧阳教育志（1983～2007）》

五、后周镇（乡、公社）小学教育

清朝末年，后周集镇创办永泰学堂，民国26年（1937年）更名为后周中心小学，学制六年。其后，后周境内部分村庄相继兴办小学。民国29年（1940年），后周中心小学改称后周镇中心国民学校，各村学校也相应改称为后周镇第某保国民学校。民国36年（1947年），后周境内共有9所小学校，在校学生532人，教师15人。

1959年，后周公社有公办、民办小学15所，其中完全小学5所，教学班共69个，在校学生2539人，教职工81人，学校数、学生数和教职工数分别是1947年的4.56倍和4.77倍、5.4倍。1964年，后周公社境内兴办耕读班23个。1965年，后周公社有学龄儿童2976人，全日制公办、民办小学在校学生1731人，耕读小学在校学生698人，学龄儿童入学率81.6%。

1968年，耕读小学停办，或并入全日制小学。1969年开始，一些完全小学附设初中班，改为七年制学校。后周小学实行九年一贯制教育（小学五年制、初中二年制、高中二年制）。直至20世纪80年代初，初、高中撤销，恢复为完全小学。1971年，后周公社有小学教学班71个，学生3168人。1973年，有五年制小学25所，教学班84个，小学生3536人，其中女生1653人。七年制学校有下梅1所，小学教学班4个，学生456人，其中女生161人。1976年，有小学教学班106个，学生4058人。1978年，后周公社有中心小学1所，七年制学校5所、完全小学9所、初级小学或教学点9个，共有小学教学班89个，在校学生3407人，其中女生1657人；教职工125人，其中民办教师103人。

20世纪70年代末，后周公社有26所小学，分别是中心小学、戴巷、西庄、小石桥、诸社、观阳、梓村、塘马、西马、和平和黄金山11所小学（并附设初中班），另有小坝、巷上、前云、永隆、五棚、新典、西沈、新民、靠村、东胜、长河、魏笪、下梅、西窑、颜笪15所完全小学和初级小学。其间，后周中心小学、小石桥小学和西马小学还办起二年制高中。80年代初，撤并西窑、颜笪、永隆小学，全乡剩下23所小学，分别是小坝、巷上、前云、五棚、新典、西沈、新民、靠村、东胜、长河、魏笪、下梅、戴巷、西庄、小石桥、诸社、观阳、梓村、塘马、西马、和平、黄金山及后周中心小学。1980年，后周公社小学有教学班94个，其中复式班19个；在校学生3261人，其中女生1483人；教职工122人，其中专任教师120人。1984年，全乡各小学的初中班全部并入后周中学。

图21-4　革命先辈为后周小学题词

1982年后周公社小学分布情况表

表21-3-11

校　名	班级数（个）	学生数（人）	教职员工数（人）	校　址
后周小学	14	592	27	后周村
诸社小学	4	108	5	诸社村
塘马小学	6	214	8	塘马村
西庄小学	3	66	3	西庄村
永隆小学	1	24	1	龙梢头
前云小学	1	18	1	前云村
新典小学	1	33	1	新典村
长河小学	2	70	2	长河村
魏笪小学	2	54	2	魏笪村

续表 21-3-11

校　名	班级数（个）	学生数（人）	教职员工数（人）	校　址
东胜小学	1	36	1	东胜村
靠村小学	2	72	2	靠村村
黄金山小学	7	230	10	黄金山村
西沈小学	5	138	6	西沈村
观阳小学	4	140	6	观阳村
小石桥小学	4	116	5	小石桥村
和平小学	4	141	5	和平村
梓村小学	5	146	6	梓村村
小坝小学	1	30	1	小坝村
戴巷小学	1	32	1	戴巷村
五棚小学	2	79	2	五棚村
巷上小学	1	44	1	巷上村
下梅小学	6	254	7	下梅村
西马小学	4	106	6	西马村
新民小学	5	136	5	新民村

80 年代中期，中心小学在原址新建 1 幢 2 层 12 间的教学楼。观阳小学建造 1 幢教学楼。80 年代末，后周乡有后周中心小学、前云、西马、新民、下梅、新典、塘马、黄金山、五棚、戴巷、小坝、小石桥、和平、西沈、观阳、梓村、小石桥、靠村、诸社、东胜、长河、魏笪、西庄 23 所小学。

1990 年 12 月，后周小学更名为溧阳市后周中心小学。1991 年，后周乡通过九年义务教育验收。

1997 年，部分村校撤并后，境内还有西马、下梅、黄金山、和平、塘马、观阳、梓村 7 所完全小学，长河、东胜、新民、小石桥、靠村、诸社、魏笪、西庄 8 所初级小学或教学点。1999 年，小学教育布局调整，境内有后周中心小学、黄金山小学两所完全小学，西马、塘马、下梅、梓村、和平、观阳 6 所初级小学。11 月，后周中心小学通过常州市和江苏省教育现代化工程验收。2005 年，后周镇有黄金山、和平两所初级小学。2007 年，后周全镇适龄儿童全部就读于后周中心小学，时有班级 19 个，学生 841 人。.

2007 年，后周镇并入别桥镇，学校更名为溧阳市后周小学。2009 年 9 月，后周小学有教学班 18 个，学生 672 人。九年制义务教育巩固率 100%，外来民工子女随班就读，同享一切教育权利。

20 世纪 80 年代初，在全国少先队“创造杯”竞赛活动中，后周公社（乡）获得“创造杯”竞赛奖 29 个，2 名少先队干部被评为全国少先队好队长，教师罗金保被评为全国优秀班主任、全国优秀少先队辅导员。1991 年，后周镇九年义务教育通过溧阳市验收。1994 年，顺利通过省“两基”验收。

2013 年 9 月，后周小学有教学班 18 个，学生 667 人，其中女生 335 人。

1986～2008年原后周镇（乡、公社）境内小学创办、撤并情况表

表 21-3-12

学校名称	创办时间	办学地点	办学规模	撤并时情况				
				班级数（个）	学生数（人）	教师数（人）	撤并时间	并入学校
黄金山小学	民国35年（1946年）	黄金山	完小	2	25	2	2008.08	后周小学
和平小学	1958年	和平村	完小	4	74	3	2005.08	后周小学
西马小学	1949年前	西马村	完小	4	76	4	2003.08	后周小学
下梅小学	1949年前	下梅村	完小	4	81	5	2003.08	后周小学
塘马小学	1949年前	塘马村	完小	2	28	2	2003.08	后周小学
梓村小学	1949年前	梓村村	完小	4	72	2	2003.08	后周小学
观阳小学	1955年	后观阳村	完小	2	29	3	2003.08	后周小学
魏笪小学	1949年前	魏笪村	村小	2	12	2	1998.08	后周小学
长河小学	1949年前	长河村	村小	1	19	1	1998.08	新民小学
东胜小学	1964年	东胜村	村小	1	18	1	1998.08	西马小学
诸社小学	1949年	诸社村	村小	2	49	2	1998.08	后周小学
靠村小学	1949年前	靠村村	村小	1	31	2	1998.08	后周小学
小石桥小学	1950年	小石桥村	村小	2	39	2	1998.08	梓村小学
西庄小学	1949年前	西庄村	村小	1	18	1	1998.08	后周小学
新民小学	1956年	新民村	村小	1	15	1	1998.08	下梅小学
西沈小学	1971年	西沈村	完小	2	40	2	1997.08	观阳小学
新典小学	1964年	新典村	村小	1	7	1	1990.08	塘马小学
五棚小学	1968年	五棚村	村小	2	26	1	1991.08	黄金山小学
前云小学	1964年	前云村	村小	1	7	1	1989.08	诸社小学
戴巷小学	1949年前	戴巷村	村小	1	27	1	1992.08	和平小学
巷上小学	1964年	巷上村	村小	1	27	1	1988.08	观阳小学
小坝小学	1967年	小坝村	村小	1	19	1	1986.08	和平小学

说明：此表摘录自《溧阳教育志（1987～2007）》

第三节　教育教学

民国初期，现境内的小学校均为初级小学，学制四年，高等小学为三年。废除读经课。课程设置修身、国文、算术、历史、地理、唱歌、体操、格致（后称理化）等。后增设自然、园艺、卫生、公民、艺术、形象艺术等课目。民国11年（1922年）实行新学制，初高级实施“四二”学制，取消修身课，增设公民课，改国文为国语，提倡白话文。民国17年（1928年），增设“三

民主义”(后称党义课)、童子军、图画等课程,每周授课时间为21～26课时。民国30年(1941年),抗日民主政府编印抗日课本作为后周抗日民主区政府辖区内小学的教材。民国33年(1944年),各校根据苏南区小学课程时间分配表组织教学。民国36年(1947年),别桥境内的中心国民学校均为完全小学,采用四、二学制,课程设置与抗日战争前相同。

民国33年(1944年)苏南区课程时间分配一览表

表21-3-13　　单位:分钟

科　目	低年级		中年级		高年级
	一年级	二年级	三年级	四年级	
公民训练	60	60	100	100	60
国　语	420	420	420	420	420
常　识	180	180	210	210	300
算　术	60	150	180	210	210
图　画	60	60	90	90	90
体　育	120	120	120	150	180
唱　歌	120	120	120	120	90
总　计	1020	1110	1240	1300	1350

新中国成立后,小学学制不变,废公民、党义、童子军等课程,开设政治、国语、算术、常识、体育、音乐、美工7门课程,五、六年级增设历史、地理两门课程,使用苏南行署选定的教科书。1952年,贯彻德、智、体、美全面发展的教育方针,试行五年一贯制,1953年9月停止。各学校广泛学习苏联凯洛夫教学法,注重运用启发式、谈话式组织教学,实行五级记分(不久又改为百分制),同时使用国家统编教材。是年下半年起,小学一至四年级开设课程有语文、算术、体育、音乐、美工5门,五、六年级增开自然、历史、地理3门课程。1955年,小学减少语文教学课时,增设手工劳动课程,加强生产劳动教育。同年,贯彻《小学生手册》,实施操行评定。加强集体主义、舍己为人的共产主义教育。1956年,小学入学年龄为7周岁,学制六年。各小学贯彻“教育为国家建设服务,学校为工农开门”和“德育、智育、体育、美育全面发展”的方针,建立早会、课间操、课外活动制度,统一使用部颁新编中小学十二年制教材。1957年,重视思想政治教育和劳动教育。1958年,贯彻“教育为无产阶级政治服务,教育与生产劳动相结合”的方针,强调学生要德、智、体全面发展,各年级增设周会课和1节手工劳动课,五、六年级还增设农业常识各1节。而后,中、高年级的手工劳动课改为生产劳动课。1961年,贯彻《中小学暂行工作条例》。1963年,各校掀起学雷锋高潮。

1966年“文化大革命”开始,教育秩序遭破坏,学校批判“智育第一”。1968年,学校停止使用部编教材,小学各年级设政治、语文、数学、文艺、体育、劳动等课程,四、五年级增开科学常识课,以学习《毛泽东语录》和参加劳动为主。学制改为五年,取消考试和升留级制度,取消学生学籍管理制度。1975年,小学一年级开始推广汉语拼音基本式教学。

1958 年别桥现域内小学教育课程、科目与时间一览表

表 21-3-14　　　　单位：课时

课　程	一、二年级	三、四年级	五、六年级
语　文	12	12	10
算　术	6	6	6
自　然	—	—	2
地　理	—	—	2
历　史	—	—	2
农业常识	—	—	1
手工劳动	1	1	1
体　育	2	2	2
唱　歌	1	1	1
图　画	1	1	1
周　会	1	1	1

1977 年，恢复考试和升留级制度。1978 年，重新贯彻“德、智、体全面发展”的方针，实施《全日制十年制中小学教学计划（试行草案）》，课程设置作了调整，改政治课为思想品德课，文艺课改为音乐、美术两门课，四、五年级增设自然、地理、历史、劳动课程。一年级开始使用部编全日制十年制中小学新教材，小学学制开始由五年过渡为六年。1983 年秋，小学学制完成由五年到六年的过渡，课程执行部颁《全日制六年制小学暂行教学计划（试行草案）》。

图21-5　古渎小学的学生参加课外实践活动

1978 ～ 1985 年，境内中小学贯彻以课堂为基地，以教学为中心，根据不同学科，采用讲授、谈话、自学指导、演示、参观、实验、实习与练习等教学方法，提高了教学质量。

1982 年别桥现域内小学教学课程、科目与时间一览表

表 21-3-15　　　　单位：课时

科目 \ 课时 \ 年级		一	二	三	四	五	备　注
思想品德		1	1	1	1	1	—
语　文	小　计	11	12	11	9	9	—
	讲　读	10	11	8	6	6	—
	作　文	—	—	2	2	2	—

续表 21-3-15　　　　单位：课时

科目＼课时＼年级		一	二	三	四	五	备　注
语　文	写作指导	1	1	1	1	1	—
数　学		6	6	6	7	7	—
自　然		—	—	2	2	2	—
地　理		—	—	—	2	—	—
历　史		—	—	—	—	2	—
体　育		2	2	2	2	2	—
音　乐		2	2	2	2	2	—
美　术		2	2	2	1	1	一、二、三年级为美工
劳　动		—	—	—	1	1	—
并开科目		6	6	7	9	9	—
每周总课时		24	25	26	27	27	—
自　习		3	3	3	3	3	每天 20 分钟
课外活动	科技文娱活动	2	2	2	2	2	—
	体育活动	2	2	2	2	2	—
	周会班队活动	1	1	1	1	1	—
	晨会或夕会	1.5	1.5	1.5	1.5	1.5	每天 10 分钟
	早操课间操	3	3	3	3	3	每天共 20 分钟
	眼保健操	1.5	1.5	1.5	1.5	1.5	每天两次，共 10 分钟
每周在校活动总量		38	39	40	41	41	—

1986 年，境内小学课程按国家教委颁布的《全日制六年制小学暂行教学计划（试行草案）》设置，课程分学科和课外活动两部分。学科课程设思想品德、语文、数学、体育、音乐、美术，四年级起增设自然和劳动，五年级增设地理，六年级增设历史；课外活动包含自习或写字、科技文娱活动、周会和班会活动、晨会、早操或课间操、眼保健操。1987 年开始，着眼学生整体素质提高，重视课堂教学改革，提高课堂教学效果，注意学科之间的横向联系和相互渗透，减少学生作业负担，增加课外活动、体育活动、社会实践活动时间和内容。1988 年，按国家教委制定的《全日制小学劳动课教学大纲（试行草案）》，从三年级起每周开设 1 节劳动课。

1993 年 9 月，境内各小学起始年级及起始学科实施《溧阳市九年制义务教育全日制小学课程计划（试行）》，执行新大纲，使用新教材。小学课程分为学科和活动两部分。一至三年级学科设思想品德、语文、数学、自然、体育、音乐、美术、劳动 8 科；四至六年级增设社会，计 9 科；各年级每周在语文学科内设 1 课时的写字课。活动部分由晨（夕）会、广播操、眼保健操、班队活动、体育活动组成。每周二、五的晨（夕）会用于健康卫生教育。1995 年，依据省教委《关于认真组织江苏省新编九年制义务制教育小学语文教材实验的意见》，组织语文新教材实验。1997 年，境内小学五、六年级放农忙假 1 周，不再设劳动课。

1993年别桥现域内义务教育全日制六年制小学课程安排一览表

表21-3-16

<table>
<tr><th colspan="3">周课时 年级
科目</th><th>一</th><th>二</th><th>三</th><th>四</th><th>五</th><th>六</th><th>备注</th></tr>
<tr><td rowspan="13">学科</td><td colspan="2">思想品德</td><td>1</td><td>1</td><td>1</td><td>1</td><td>1</td><td>1</td><td>—</td></tr>
<tr><td rowspan="5">语文</td><td>小计</td><td>10</td><td>10</td><td>9</td><td>8</td><td>7</td><td>7</td><td>—</td></tr>
<tr><td>讲读</td><td>8</td><td>8</td><td>6</td><td>5</td><td>4</td><td>4</td><td>—</td></tr>
<tr><td>说话</td><td>1</td><td>1</td><td>—</td><td>—</td><td>—</td><td>—</td><td>—</td></tr>
<tr><td>作文</td><td>—</td><td>—</td><td>2</td><td>2</td><td>2</td><td>2</td><td>—</td></tr>
<tr><td>写字</td><td>1</td><td>1</td><td>1</td><td>1</td><td>1</td><td>1</td><td>—</td></tr>
<tr><td colspan="2">数学</td><td>4</td><td>5</td><td>5</td><td>5</td><td>5</td><td>5</td><td>—</td></tr>
<tr><td colspan="2">社会</td><td>—</td><td>—</td><td>2</td><td>2</td><td>2</td><td>2</td><td>—</td></tr>
<tr><td colspan="2">自然</td><td>1</td><td>1</td><td>1</td><td>1</td><td>2</td><td>2</td><td>—</td></tr>
<tr><td colspan="2">体育</td><td>2</td><td>2</td><td>3</td><td>3</td><td>3</td><td>3</td><td>—</td></tr>
<tr><td colspan="2">音乐</td><td>3</td><td>3</td><td>2</td><td>2</td><td>2</td><td>2</td><td>—</td></tr>
<tr><td colspan="2">美术</td><td>2</td><td>2</td><td>2</td><td>2</td><td>2</td><td>2</td><td>—</td></tr>
<tr><td colspan="2">劳动</td><td>1</td><td>1</td><td>1</td><td>1</td><td>1</td><td>1</td><td>—</td></tr>
<tr><td></td><td colspan="2">周学科课时</td><td>24</td><td>25</td><td>24</td><td>25</td><td>25</td><td>25</td><td>—</td></tr>
<tr><td rowspan="7">活动</td><td colspan="2">晨（夕）会</td><td>1.5</td><td>1.5</td><td>1.5</td><td>1.5</td><td>1.5</td><td>1.5</td><td>每天10分钟，每周二、五为健康卫生教育</td></tr>
<tr><td colspan="2">广播操</td><td>3</td><td>3</td><td>3</td><td>3</td><td>3</td><td>3</td><td>每天2次，共20分钟</td></tr>
<tr><td colspan="2">眼保健操</td><td>1.5</td><td>1.5</td><td>1.5</td><td>1.5</td><td>1.5</td><td>1.5</td><td>每天2次，共10分钟</td></tr>
<tr><td colspan="2">班队活动</td><td>1</td><td>1</td><td>1</td><td>1</td><td>1</td><td>1</td><td>班会、队活动，间周开展</td></tr>
<tr><td colspan="2">体育活动</td><td>2</td><td>2</td><td>2</td><td>2</td><td>2</td><td>2</td><td>—</td></tr>
<tr><td colspan="2">科技文体活动</td><td>2</td><td>2</td><td>2</td><td>2</td><td>2</td><td>2</td><td>—</td></tr>
<tr><td colspan="2">周活动课时</td><td>11</td><td>11</td><td>11</td><td>11</td><td>11</td><td>11</td><td>—</td></tr>
<tr><td colspan="3">周课时总量</td><td>35</td><td>36</td><td>35</td><td>36</td><td>36</td><td>36</td><td>—</td></tr>
</table>

1997年9月，根据市教委转发省教委《关于在全省中小学实施素质教育的意见的通知》和《关于严格执行全日制中小学课程（教学）计划的通知》，境内各小学实施素质教育，执行小学课程（教学）计划。1998年9月，五年级开设英语课，中心小学四、五年级开设计算机课，每周1课时。取消农忙假，恢复劳动课。2001年9月，境内小学起始年级、起始学科参加江苏省基础课程改革实验，使用课程改革版新教材，三年级增设英语课和综合实践课程。境内各小学均开设校本课程，别桥、绸缪、后周中心小学分别开设“水产养殖”“乡韵”“永远的红色”等校本课程。

2013 年别桥镇九年义务教育一～六年级课程（教学）计划安排一览表

表 21-3-17　　　　单位：周课时、%

<table>
<tr><th colspan="2">课程门类</th><th>一年级</th><th>二年级</th><th>三年级</th><th>四年级</th><th>五年级</th><th>六年级</th><th>各学科课时数</th><th>占总课时比例</th></tr>
<tr><td colspan="2" rowspan="2">品德类课程</td><td colspan="2">品德与生活</td><td colspan="4">品德与社会</td><td rowspan="2">420</td><td rowspan="2">6.9</td></tr>
<tr><td>2</td><td>2</td><td>2</td><td>2</td><td>2</td><td>2</td></tr>
<tr><td colspan="2">语　文</td><td>8</td><td>8</td><td>7</td><td>7</td><td>6</td><td>6</td><td>1470</td><td>24.2</td></tr>
<tr><td colspan="2">数　学</td><td>5</td><td>5</td><td>4</td><td>4</td><td>5</td><td>5</td><td>980</td><td>16.2</td></tr>
<tr><td colspan="2">外　语</td><td>—</td><td>—</td><td>3</td><td>3</td><td>3</td><td>3</td><td>420</td><td>6.9</td></tr>
<tr><td colspan="2">科　学</td><td>—</td><td>—</td><td>2</td><td>2</td><td>2</td><td>2</td><td>280</td><td>4.6</td></tr>
<tr><td colspan="2">体　育</td><td>4</td><td>4</td><td>3</td><td>3</td><td>3</td><td>3</td><td>700</td><td>11.6</td></tr>
<tr><td colspan="2">音　乐</td><td>2</td><td>2</td><td>2</td><td>2</td><td>2</td><td>2</td><td>420</td><td>6.9</td></tr>
<tr><td colspan="2">美　术</td><td>2</td><td>2</td><td>2</td><td>2</td><td>2</td><td>2</td><td>420</td><td>6.9</td></tr>
<tr><td colspan="2">信息技术</td><td>—</td><td>—</td><td>1</td><td>1</td><td>—</td><td>—</td><td>70</td><td>1.1</td></tr>
<tr><td colspan="2">综合实践活动</td><td>—</td><td>—</td><td>2</td><td>2</td><td>3</td><td>3</td><td>350</td><td>5.8</td></tr>
<tr><td colspan="2">地方校本课程</td><td>3</td><td>3</td><td>2</td><td>2</td><td>2</td><td>2</td><td>490</td><td>8.1</td></tr>
<tr><td colspan="2">周学科课时数</td><td>26</td><td>26</td><td>30</td><td>30</td><td>30</td><td>30</td><td>30</td><td>—</td></tr>
<tr><td rowspan="3">活动</td><td>晨会（夕会）</td><td colspan="8">每天 10 分钟</td></tr>
<tr><td>体育活动</td><td>1</td><td>1</td><td>2</td><td>2</td><td>2</td><td>2</td><td>—</td><td>—</td></tr>
<tr><td>周活动课时数</td><td>1</td><td>1</td><td>2</td><td>2</td><td>2</td><td>2</td><td>—</td><td>—</td></tr>
<tr><td colspan="2">学年总课时数</td><td>910</td><td>910</td><td>1050</td><td>1050</td><td>1050</td><td>1050</td><td>6020</td><td>—</td></tr>
</table>

2007 ～ 2013 年别桥中心小学、古渎小学素质教育成果一览表

表 21-3-18

<table>
<tr><th rowspan="3">项　目</th><th rowspan="3">级别</th><th colspan="4">别桥中心小学</th><th colspan="4">古渎小学</th></tr>
<tr><th colspan="2">获　奖</th><th colspan="2">发表习作</th><th colspan="2">获　奖</th><th colspan="2">发表习作</th></tr>
<tr><th>等次</th><th>人数</th><th>人数</th><th>篇数</th><th>等次</th><th>人数</th><th>人数</th><th>篇数</th></tr>
<tr><td rowspan="4">科技竞赛</td><td rowspan="3">省</td><td>一</td><td>23</td><td>—</td><td>—</td><td>一</td><td>—</td><td>—</td><td>—</td></tr>
<tr><td>二</td><td>42</td><td>—</td><td>—</td><td>二</td><td>3</td><td>—</td><td>—</td></tr>
<tr><td>三</td><td>54</td><td>—</td><td>—</td><td>三</td><td>1</td><td>—</td><td>—</td></tr>
<tr><td>常州</td><td>三</td><td>—</td><td>—</td><td>—</td><td>三</td><td>3</td><td>—</td><td>—</td></tr>
<tr><td rowspan="3">发表习作</td><td rowspan="2">国家</td><td>一</td><td>5</td><td>—</td><td>—</td><td>一</td><td>—</td><td>—</td><td>—</td></tr>
<tr><td>三</td><td>13</td><td>—</td><td>—</td><td>三</td><td>—</td><td>—</td><td>—</td></tr>
<tr><td>常州</td><td>—</td><td>—</td><td>—</td><td>—</td><td>—</td><td>—</td><td>19</td><td>19</td></tr>
<tr><td rowspan="4">读书竞赛</td><td rowspan="3">省</td><td>一</td><td>23</td><td>—</td><td>—</td><td>一</td><td>—</td><td>—</td><td>—</td></tr>
<tr><td>二</td><td>98</td><td>—</td><td>—</td><td>二</td><td>—</td><td>—</td><td>—</td></tr>
<tr><td>三</td><td>102</td><td>—</td><td>—</td><td>三</td><td>—</td><td>—</td><td>—</td></tr>
<tr><td>常州</td><td>一</td><td>32</td><td>—</td><td>—</td><td>一</td><td>—</td><td>—</td><td>—</td></tr>
</table>

续表 21-3-18

项目	级别	别桥中心小学				古渎小学			
		获奖		发表习作		获奖		发表习作	
		等次	人数	人数	篇数	等次	人数	人数	篇数
读书竞赛	常州	二	152	—	—	二	—	—	—
		三	203	—	—	三	—	—	—
作文竞赛	国家	一	5	—	—	一	—	—	—
		二	11	—	—	二	—	—	—
		三	23	—	—	三	—	—	—
	省	一	10	—	—	一	—	—	—
		二	23	—	—	二	—	—	—
		三	31	—	—	三	1	—	—
	常州	一	32	—	—	一	—	—	—
		二	46	—	—	二	—	—	—
		三	58	—	—	三	2	—	—
发表习作	国家	—	—	15	15	—	—	—	—
	省	—	—	21	21	—	—	—	—
	常州	—	—	46	48	—	—	—	—

2007～2013 年后周小学、绸缪实验学校素质教育成果一览表

表 21-3-19　　单位：人、篇

项目	级别	后周小学				绸缪实验学校（小学部）			
		获奖		发表习作		获奖		发表习作	
		等次	人数	人数	篇数	等次	人数	人数	篇数
科技竞赛	省	一	15	—	—	一	—	—	—
		二	21	—	—	二	—	—	—
		三	32	—	—	三	—	—	—
	常州	一	21	—	—	一	—	—	—
		二	25	—	—	二	—	—	—
		三	31	—	—	三	4	—	—
读书竞赛	省	一	15	—	—	一	—	—	—
		二	23	—	—	二	—	—	—
		三	36	—	—	三	—	—	—
	常州	一	31	—	—	一	8	—	—
		二	40	—	—	二	5	—	—
		三	48	—	—	三	11	—	—
作文竞赛	常州	一	3	—	—	一	—	—	—
		二	—	—	—	二	8	—	—

续表 21-3-19 单位：人、篇

项 目	级别	后周小学				绸缪实验学校（小学部）			
		获 奖		发表习作		获 奖		发表习作	
		等次	人数	人数	篇数	等次	人数	人数	篇数
作文竞赛	常州	三	—	—	—	三	28	—	—
发表习作	省	—	—	14	14	—	—	7	7

第四节 学校简介

【别桥中心小学】 民国 5 年（1916 年）创办，七年制完全小学。嗣后，改为溧阳县第四高等小学，校址在别桥虞缪村西的大庙（广惠庵）。民国 36 年（1947 年）为别桥镇第一中心国民学校。1950 年后，先后称别桥小学、别桥中心小学。1956 年，扩建新校舍，建造大礼堂。1960 年，因办学成绩突出，被评为江苏省先进集体，受到江苏省人民政府嘉奖。

1976 年秋，曾附设初中班，直至 1980 年撤销，恢复为别桥中心小学校。1982 年，学校面积由原来的 2000 平方米扩大到 7000 平方米，同时征用农田 0.266 公顷，建造 1 幢 32 间的教学楼，有教室 16 个。是年，学校有教学班 13 个，学生 558 人，教职员工 30 人。1983 年 12 月 27 日，通过常州市普及初等教育检查验收。

1998 年，学校易地至诸泗村东（老溧金公路旁），占地面积 3.93 万平方米，建筑面积 10786 平方米，绿化面积 8025 平方米，投资 1600 余万元。有 24 个教学班，配备电脑室、图书室、舞蹈室、标本室、自然室、电教室、音乐室、美术室、书画室，还有阶梯教室、标准化科技实验室。有运动场 1 块，篮球场 3 块，排球场、足球场、羽毛球场各 1 块，有一条 250 米环形跑道（2009 年改建成塑胶跑道）。1999 年 9 月，新校开始招生上课。

图21-6 别桥中心小学教学楼

2000 年，学校通过江苏省教育现代化验收。2004 年 6 月，确定为江苏省实验小学，获江苏省科技特色学校、江苏省素质教育先进集体荣誉称号。学校拥有现代化教学楼，如江苏省标准化实验室、常州市示范图书馆、计算机网络教室、现代化报告厅、标准化运动场、器乐室、舞蹈房和书画室。

别桥中心小学围绕“让孩子拥有美好童年，让老师品味幸福人生”的办学理念，确立“以人的健康发展为本”的教育思想，面向全体学生，建设“开放、多元、向上”的校园文化。设立读书节、科技节、艺术节、体育节、英语节五大节，举办“常规教育周、安全教育周、感恩教育周、诚信教育周、礼仪文化周”等主题周活动，成立洮湖文学社、洮湖环保社、洮湖爱心社等学生社团。

2010年，学校成立乡村学校少年宫，创建41个科技艺体社团，905名学生参与，而后被中央文明办授予“乡村学校少年宫”称号。2012年6月，被中央文明办确定为中央彩票公益金支持单位。学校先后获得常州市德育先进学校、溧阳市学校管理特色优秀项目学校等20多项荣誉。

2011年，溧阳市首批中小学名师成长工作室（小学信息技术）在别桥中心小学成立。

2012年12月，在别桥新镇区中心街199号新建别桥中心小学，占地面积4.28万平方米，建筑面积23200平方米。新建校区现代化教育设施设备齐全，硬件环境均按江苏省中小学教育技术装备一类标准配置。2014年8月，别桥中心小学整体搬入。校名由全国政协副主席马培华书写。

2013年年末，别桥中心小学有教学班23个，在校学生851人，教职工77人。专任教师本科率达62.7%。教师中具有小学高级老师职称的51人，中学高级职称的8人，常州市、溧阳市“四类”优秀教师26人。

2000～2013年别桥中心小学集体主要荣誉称号一览表

表21-3-20

荣誉称号	级　别	获得时间
江苏省实验小学	江苏省级	2004.06
江苏省科技教育特色学校	江苏省级	2004.06
江苏省实施素质教育先进单位	江苏省级	2004.06
溧阳市体育传统项目学校	溧阳市级	2008.08
常州市文明单位	常州市级	2008.12
常州市绿色学校	常州市级	2008.12
常州市生态园林单位	常州市级	2008.12
溧阳市语言文字规范化示范校	溧阳市级	2008.12
常州市平安校园	常州市级	2009.09
常州市艺术特色学校	常州市级	2009.12
江苏省园林式单位	江苏省级	2010.12
常州市体卫艺工作先进集体	常州市级	2011.09
江苏省平安校园	江苏省级	2011.12
常州市第二批语言文字规范化示范校	常州市级	2011.12
常州市第二批青少年科学教育特色学校	常州市级	2011.12
江苏省绿色学校	江苏省级	2012.03
溧阳市学校体育工作先进单位	溧阳市级	2013.03
常州市优秀少先队大队	常州市级	2013.11
常州市中小学德育特色学校	常州市级	2013.12

【古渎小学】 创建于民国20年（1931年）2月，系该镇学者姜献芝筹措创办，始名姜家小学，校址在古渎村西的敦本堂。民国29年（1940年），设1～4年级复式教学，学生31人，更名为古渎初级小学。校址迁至古渎史家祠堂树德堂，校长丁保胜。抗日战争时期，校址先迁至姜家思本堂、观音堂，后又迁至车家祠堂。民国35年（1946年），古渎小学由建校时的初级小学发展为高级小学，有学生120余人。1949年，校址迁至姚家祠堂沁一堂，校名为古渎小学。20世纪20年代初校长为彭夕林。

新中国成立后，先后拆除旧祠堂，翻建成平房教室两幢。1972年1月，古渎初中与古渎小学合并，更名为古渎中小学。1973年9月，古渎初中搬入新建校舍，与小学分设，学校更名为溧阳县古渎中心小学。1990年12月，更名为溧阳市古渎中心小学。1991～1992年，学校建成1幢2层1800多平方米的教学楼。2000年，全乡小学生全部进入古渎中心小学就读，全校有18个教学班，800多名学生。

2000～2001年，古渎中心小学建成面积1612平方米的三层综合楼1幢。2000年，古渎乡并入绸缪镇，学校更名为溧阳市古渎小学，有教学班6个，学生183人，在职教师37人。学校在“一切为了学生发展”的办学理念引领下，坚持“办人民满意的教育，做人民满意的教师”，以“立德、求知、健体、创新”为校风，以“爱生、博学、敬业、善教”为教风，以“勤学、善思、乐学、进取”为学风，坚持以法治校、科研兴校，深入实施素质教育，全部推进教育现代化。

2000～2013年，学生在美术、音乐、体育、科技等竞赛中，80多人次获奖；教师40余人次上过溧阳市级以上的公开课，10余人次在溧阳市级以上教学基本功竞赛中获奖，23人次获江苏省、常州市、溧阳市各级各类的表彰，有5名老师分别被评为常州市、溧阳市“四类”优秀教师。学校先后被评为溧阳市依法治校先进单位、溧阳市规范收费单位、溧阳市德育先进学校、溧阳市档案建设先进单位、溧阳市安全文明单位、常州市实验室建设先进单位、常州市小学示范图书馆、常州市绿色学校、江苏省工人先锋号等。

2013年年末，学校占地面积7100平方米，建筑面积3736平方米，绿化面积1200余平方米，设有图书室、自然实验室、美术室、音乐室、电教室、少先队活动室、阶梯教室、多媒体室、多功能室。有教学班6个，学生169人，教职工29人，专任教师24人，其中具有小学高级教师职称的18人、中学高级教师职称的3人。

2000～2013年古渎小学集体主要荣誉称号一览表

表21-3-21

荣誉称号	级　别	获得时间
溧阳市优秀家长学校	溧阳市级	2002.06
溧阳市德育先进学校	溧阳市级	2005.12
溧阳市绿色学校	溧阳市级	2009.01
常州市小学示范图书馆	常州市级	2010.11
江苏省工人先锋号	江苏省级	2012.04
常州市绿色学校	常州市级	2012.12

【后周小学】 创建于清宣统三年（1911 年），始名永泰学堂，位于后周集镇东端。民国 26 年（1937 年），更名为后周中心小学。占地面积约 5000 平方米，有教室 6 间，办公用房 2 间，学生 130 余人。民国 36 年（1947 年），后周中心小学更名为后周镇中心国民学校。

1949 年新中国成立后，改称后周小学。

20 世纪 60 年代末至 70 年代，学校实行九年一贯制教育（小学五年制，初中二班年制和高中二年制）。20 世纪 80 年代初，初、高中撤销，恢复为完全小学。1990 年 12 月，学校更名为溧阳市后周中心小学。1995 年，学校移至后周北环路边重建。1996 年 4 月，学校整体搬迁入新校，校名为后周中心小学（由中共江苏省委原书记、原中顾委委员江渭清于 1994 年到后周小学时亲笔题写）。1995 年，启动教育现代化工程。2000 年，扩建校园 4478 平方米，新建校舍 1313 平方米。2004 年下半年，学校创建成省级实验小学。2009 年 9 月，有教学班 19 个，学生 672 人，在职教师 60 人。学校占地面积 2.4 万平方米，建筑面积 8737 平方米。学校配备常州市合格图书馆、溧阳市合格实验室、计算机网络教室、标准化运动场、篮球场、阶梯教室、革命传统教育室、舞蹈房、美术教室、科学探索室和 3 个多媒体教室等。学校教育信息化建设全面达标，计算机网络系统、闭路、电视系统、音响广播系统、科室计算机系统等一应俱全。

学校确立以学生的学业成绩、道德品质、心理素质、发展能力等要素内在的，以培养创新精神和实践能力为核心的，促进人的全面发展的综合质量观。学校始终坚持“德育为先”的素质教育，依托革命老区丰厚的德育资源深入开展革命传统教育，努力培育红色文化特色。1976 年 1 月，著名教育家斯霞到后周小学听课、调研、传经送教。1984 年 5 月，后周小学少先队在溧阳团县委的支持下，以罗忠毅和廖海涛两位先烈的名字命名建立两个少先队中队，围绕“革命传统教育”开展形式多样、丰富多彩的活动。学校先后聘请原中顾委员江渭清、王必成和江苏省人大原副主席钟国楚、江苏省政协原副主席欧阳惠林、中共江苏省纪委原书记朱辉、福州军区原副政委王直等曾经参加过塘马战斗的新四军老战士做校外辅导员并为活动题词、赠书。江渭清、王直、朱彪、钟国楚于 20 世纪 90 年代初专程到校看望并慰问全体师生，江渭清不仅为学校题写校名，还欣然写下“教员善教、学生好学”八个大字。革命传统教育已成为后周小学的一大特色。2002 年 5 月，罗忠毅、廖海涛中队被命名为江苏省英雄中队。学校还先后开发校本课程“永远的红色”和“红色的嘱托”，组织开展红色文化月活动，学生在各种活动中素质得到全面提升。此后随着队员的升级，每学年都举行英雄中队交接仪式，一批批队员在英雄精神的感召下茁壮成长，学生

图21-7 后周小学教学楼

获溧阳市级奖以上 100 余人次。学校先后被评为江苏省实验小学、江苏省红旗大队、江苏省二级档案室学校、常州市文明单位、常州市德育先进学校、常州市少先队“红旗大队”、常州市示范图书馆、常州市实验室建设先进单位、常州市依法治校先进学校、常州市绿色学校、常州市平安校园、常州市国际“动漫人才培养计划”实验学校、溧阳市少先队“十佳”大队、溧阳市参加江苏省第十七届运动会先进单位、溧阳市“中小学文明单位和温馨家园阳光驿站结对”先进单位等。

2013 年，全校有教学班 18 个，学生 667 人，教职工 52 人，其中专任教师 50 人。具有小学高级教师职称的 30 人，具有中学高级教师职称的 6 人。本科及以上学历的比例达 74.5%，市、县两级“四类”优秀老师 9 人。

2000 ～ 2013 年后周小学集体主要荣誉称号一览表

表 21-3-22

荣誉称号	级　别	获得时间
江苏省实验小学	江苏省级	2004.06
江苏省科技教育特色学校	江苏省级	2004.06
江苏省实施素质教育先进单位	江苏省级	2004.06
常州市 2005 年度中小学德育先进学校	常州市级	2006.12
常州市绿色学校	常州市级	2008.12
常州市平安学校	常州市级	2009.12
常州市文明单位	常州市级	2010.12
江苏省平安校园	江苏省级	2011.12
常州市中小学德育建设特色学校	常州市级	2013.12

【绸缪实验学校】 创建于 2013 年，由溧阳市绸缪小学和溧阳市绸缪初级中学合并而成的一所九年制实验学校。

2013 年 7 月，为调整学校布局，整合教育资源，经溧阳市教育局和别桥镇政府确定，原绸缪初级中学搬入位于绸缪集镇东户头村的绸缪小学，两校再次合并，并更名为绸缪实验学校。

绸缪实验学校以原绸缪小学为基础，占地面积 1.34 万平方米，建筑面积 4563 平方米，绿化面积 6447 平方米，校园内布局合理，环境洁静，按省教育现代化标准建设，配备图书馆及实验室、计算机网络教室等教学设备。学校本着“为学生未来奠基，为教师的发展服务”的办学理念，坚持以“建一流师资、育一流新人、创一流学校”为办学目标，以“励志、明礼、笃学”为校训，以“团结、奋进、勤学、守纪”为校风，以“敬业、奉献、善教”为教风，以“好思、求真、活泼、进取”为学风，努力用文化铸造个性和风范，打造特色品牌。

2013 年年末，学校有教学班 14 个（含小学、初中），学生 422 人，教职工 56 人，专任教师 54 人。其中，具有本科学历的 49 人，具有中学高级职称的 15 人、小学高级职称的 17 人。有 16 位教师分别被评为常州市、溧阳市“四类”优秀教师。

2000～2013年绸缪实验学校（小学部）集体主要荣誉称号一览表

表21-3-23

荣誉称号	级　别	获得时间
溧阳市德育先进学校	溧阳市级	2006.12
常州市文明单位	常州市级	2006.12
常州市小学示范图书馆	常州市级	2009.12
溧阳市示范家长学校	溧阳市级	2010.06
江苏省工人先锋号	江苏省级	2011.05
常州市绿色学校	常州市级	2012.12
江苏省二星级档案室	江苏省级	2012.12

2000～2013年绸缪实验学校（初中部）集体主要荣誉称号一览表

表21-3-24

荣誉称号	级　别	获得时间
溧阳市合格家长学校	溧阳市级	2002.06
溧阳市绿色学校	溧阳市级	2002.12
溧阳市优秀家长学校	溧阳市级	2004.05
溧阳市德育先进学校	溧阳市级	2006.12
常州市德育先进学校	常州市级	2007.12

第四章　中等教育

第一节　发展概况

民国26年（1937年）12月，溧阳沦陷，溧阳稻业私立同济初级中学迁至古渎乡古渎村。

民国35年（1946年）9月，后周镇创办私立永泰初级中学，校长先为陆芷信，后为狄炳坤。规模最大时有3个班级，94名学生。民国38年（1949年）4月溧阳解放时，仍是溧阳7所中学之一。由于处于西北丘陵地区，人民生活贫困，学额不足，经费困难，于1950年上半年停办。

1958年8月，别桥、后周分别创办别桥初级中学、后周初级中学。别桥初中有教学班2个，在校学生126人，教职工5人。后周初中有教学班2个，在校学生128人，教职工6人。后周农中教学班2个，在校学生110人，教职工3人。

1963年，古渎初级中学创建。首届招收初一新生40人，配教职工5人。“文化大革命”期间，开设高中。

1968 年 9 月、1971 年 9 月，别桥初中、后周初中改办为完全中学，分别改称为别桥中学、后周中学。别桥中学招收高一新生 100 人，2 个教学班；后周中学招收高一新生 62 人，1 个教学班。其间，部分小学开始附设初中班，成为七年制学校（时初、高中学制均为二年）。1971 年，别桥公社有初中教学班 14 个，学生 648 人；湖边公社有初中教学班 6 个，学生 216 人；古渎公社有初中教学班 5 个，学生 188 人；绸缪公社有初中教学班 6 个，学生 223 人；后周公社有初中教学班 13 个，学生 722 人。至 1973 年，别桥公社有诸里、前王、合星、上市 4 所七年制学校，初中教学班 8 个，学生 402 人；湖边公社有湖边、浪圩、符家、双桥 4 所七年制学校，8 个初中教学班，学生 424 人；绸缪公社有绸缪、金星、阴山 3 所七年制学校，8 个初中教学班，学生 403 人；后周公社有下梅 1 所七年制学校，2 个初中教学班，学生 124 人。独立初中有古渎、后周初级中学（即后周农中），共有教学班 9 个，学生 438 人。完中有别桥中学、后周中学，共有初中教学班 13 个，学生 731 人；6 个高中教学班，学生 363 人。

1973 年 2 月，创建湖边初级中学，分别于湖塘中心小学、浪圩小学各设初一班级 1 个。翌年，新校址在前庵，占地面积 1.82 万平方米，2 个初中班搬入湖边中学，时有教学班 4 个，学生 200 余人。1975 年 9 月，附设高中班，招收高一年级新生 2 个班。

1976 年 9 月，别桥公社有诸里、诸泗、前王、合星、上市、中心小学 6 所七年制学校，附设初中班。其中，合星、诸里七年制学校附设高中班（二年制，仅办一届）。后周公社七年制学校发展到中心小学、小石桥、和平、下梅、西马 5 所，有 7 个初中教学班，学生 513 人。后周中学有初中教学班 12 个，学生 720 人；高中教学班 4 个，学生 247 人。

1979 年秋季，别桥公社还有 5 所“戴帽”初中，14 个教学班；湖边公社有 3 所“戴帽”初中，6 个教学班；古渎公社有 1 所“戴帽”初中，2 个教学班；绸缪公社有 3 所“戴帽”初中，6 个教学班;后周公社有 5 所“戴帽”初中，14 个教学班。别桥中学有 7 个初中班、5 个高中班，学生 858 人；湖边中学有 5 个初中班、4 个高中班，学生 485 人；古渎中学有 9 个初中班、5 个高中班，学生 394 人；绸缪中学有 5 个初中班、2 个高中班，学生 340 人；后周中学有 11 个初中班、6 个高中班，学生 1006 人。

从 1983 年开始，逐步调整中小学布局，有计划地对“戴帽”初中和“戴帽”高中进行脱帽。学制也由初、高中各二年向三年制过渡，中学教育逐步走向正规。古渎、绸缪、湖边的附设高中分别于 1980 年、1981 年、1983 年撤销。所有七年制学校的初中班相继并入公社所在地的初级中学。

1988 年、1989 年，别桥镇先后撤销合星、诸里 2 所初级中学，并入别桥中学。1995 年，后周中学高中停办。1997 年，后周农中并入后周中学，更名为溧阳市后周初级中学。1998 年，别桥中学高中停止招生。1999 年 9 月，湖边初级中学并入别桥中学，同时更名为溧阳市别桥初级中学。2009 年 9 月，古渎初中并入别桥初级中学。是年末，别桥镇境内有初级中学 3 所，学生 1580 人，占全市初中在籍学生的 6.59%。

2013 年 7 月，撤销绸缪初中，与绸缪小学合并，组建成为九年一贯制（小学 6 年，初中 3 年）的绸缪实验学校。

2013 年年末，别桥镇有初级中学 2 所、实验学校 1 所，共有初中教学班 30 个，学生 841 人，从事中等教育的教职工 169 人。

1982年别桥、湖边、绸缪、古渎、后周公社中等教育情况表

表21-4-1

公社	校名	班级（个）	学生数（人）	教职工数（人）	公社	校名	班级（个）	学生数（人）	教职工数（人）
别桥	别桥中学	17	1044	40	古渎	古渎中学	8	352	24
	诸里初中	3	147	9	后周	后周中学	16	843	41
	合星初中	3	180	7		下梅初中	4	192	9
湖边	湖边中学	8	506	25		梓村初中	4	145	8
绸缪	绸缪中学	9	481	23		后周农中	8	362	20

2008年别桥镇初级中学情况表

表21-4-2

学校	校址	类别	创建时间	班级数（个）	学生数（人）	教职工数（人）	
						总计	专任教师
别桥初中	别桥集镇西南面	省级示范	2003	22	1111	47	33
绸缪初中	绸缪集镇	—	—	8	369	32	22
古渎初中	古渎集镇东面	—	—	8	364	30	24
后周初中	后周集镇	—	—	17	867	65	53

2013年9月别桥镇初中教育情况表

表21-4-3

校名	班级（个）	学生（人）		教职员工（人）	
		总数	其中女生	总数	其中：专任教师
别桥初级中学	14	407	185	90	71
绸缪实验学校	5	137	58	27	27
后周初级中学	11	297	131	52	40

第二节　普通中学教育教学

民国29年（1940年）“现行学制”规定，中学分初级中学及高级中学，修业年限各为3年，收受12足岁至18足岁的青少年。

1958年，别桥、后周初中学制为三年，教育教学按1953年教育部《普通中学教学计划》（修正草案）规定，初中设语文、算术、代数、几何、物理、化学、植物、动物、卫生常识、中国古代史、自然地理、中国地理、体育、图画等课程。每周教学时间初一年级是30课时，初二、初三年级是33课时。后来贯彻中共中央、国务院提出的“教育为无产阶级政治服务，教育与生产劳动相结合”的教育方针，将生产劳动课列入教学计划，各年级安排2课时。初三年级每周

增设政治课和工农基础知识课程。

1961 年以后，初三年级每周设农业基础知识 1 节。每周教学时间初一、初二年级调整为 23 课时，初三年级为 24 课时。

1962 年，学校注意加强基础知识和基本技能训练的“双基”教学，提倡老师认真备课、认真上课、认真布置批改作业、认真辅导、认真成绩考查，提高教育质量。

1962 年别桥现域内初级中学教学科目及时间一览表

表 21-4-4　　单位：课时

科　目	初一	初二	初三
政　治	3	3	3
语　文	7	6	5
外　语	3	3	3
数　学	4	4	5
物　理	—	2	3
化　学	—	—	3
生　物	2	2	1
生产劳动	2	2	2
体　育	2	2	2
音　乐	1	1	—
图　画	1	1	—
总　计	25	26	27
全年体力劳动天数	—	—	14

1963 年，贯彻中央制定的《全日制中学暂行工作条例（草案）》（简称五十条），明确中学教育的任务是“为社会主义建设事业培养劳动后备力量和为高一级学校培养合格新生”。强调学校必须以教学为主，课堂教学是教学工作的基本形式，教师在教学活动中起主导作用。老师要坚持“少而精”的教学原则，运用“启发式”组织教学。

1966～1976 年“文化大革命”中，学制缩短，初、高中学制均改为二年制。招生时间秋变春、春变秋。课程设置变动频大，教学计划随意变更，政治学毛泽东语录、语文学社论；物理以“三机一泵”（电动机、拖拉机、抽水机、水泵）代替；化学学化肥农药、土壤分析；数学学生产队会计、测量；外语形同虚设。考试开卷，成绩互评，大搞所谓“开门办学”，使教者欲教不能，学者想学不成。

1967 年 10 月“复课闹革命”以后，按上级关于“课程设置要精简”“课程要砍掉一半”的指示精神，中学只开设语文、数学、工业基础知识、农业基础知识等几门课程，体育改成军体课，音乐改成革命文艺课，其他课程全部砍掉。1968 年秋季，别桥中学招收高一新生，课程按教育行政部门规定设置。

1971 年，根据镇江专区《中学各年级每周教学时间安排》的规定，初中设政治、语文、数学、外语、工基、农基、历史、地理、文艺、体育、劳动等课程，高中减少历史、地理两门。每周教学时间初一、高一年级为29课时，初二年级为31课时，高二年级为27课时。

1971年溧阳县中学课程设置一览表

表21-4-5　　单位：课时

年级 课时 科目	初中		高中	
	一	二	一	二
政治	3	3	3	3
语文	6	6	6	6
数学	6	6	6	6
外语	4	4	4	4
物理	—	3	3	3
化学	3	3	2	2
农基	2	2	2	2
地理	2	2	2	—
历史	—	—	—	2
音乐	1	1	—	—
美术	1	—	—	—
军体	2	2	2	2
合计	30	32	30	30

1977年秋季，高考制度恢复，中学的教育教学及规章制度逐步恢复健全。1978年，根据教育部颁布的《全日制中小学教学计划试行草案》，初中课程设置为政治、语文、数学、外语、物理、化学、地理、历史、农基、体育、音乐、美术12门课程，高中减少地理、音乐、美术。每周教学时间为初中28课时，高中29课时。1980年，初中增设动物、植物、生理卫生等课程，高中逐步增设生物、地理学、人口学3门课程。

1981年9月起，中学课程执行教育部颁发的《全日制六年制中学教学计划（试行草案）》，根据调整中学学制由四年分批过渡为六年（当年初中学制改三年制）的实际情况，逐年对教学计划作出具体安排。中学贯彻实施部颁《中学生守则》，开展学习雷锋、张海迪和“五讲四美三热爱”（讲文明、讲礼貌、讲卫生、讲秩序、讲道德；心灵美、语言美、行为美、环境美；热爱祖国、热爱社会主义、热爱中国共产党）活动。1982年秋季，高中招收的高一新生学制为三年，实行三年教学计划。中学实施教育部颁布的新教学计划，初、高中均设政治、语文、数学、外语、物理、化学、历史、地理、生物、体育等课程，初中增设音乐、美术，初三年级增设生理卫生，使用部编十二年制新教材。

1985年，中学加强法制教育和坚持四项基本原则教育。1986年9月，高中执行教育部颁发的全日制三年制高中教学计划。高级中学试行高二年级文、理科分科教学。1990年9月取消。

1986年全日制三年制高中教学计划一览表

表21-4-6

周课时 年级 / 课程		高一	高二			高三	
			不分科	文科	理科	文科	理科
政治（含一节时政课）		3	3	3	3	4	4
语文		5	5	5	5	6	5
数学		5	6	6	6	6	6
英语		5	5	5	5	6	6
物理		4	4	3	5	—	5
化学		3	4	3	4	—	4
历史		3	—	2	—	5	—
地理		—	2	3	1	4	—
生物		—	2	1	2	—	2
劳动技术（农知）		2	2	2	2	2	2
体育		2	2	2	2	2	2
并开科目		9	10	10	10	8	9
每周总课时		32	35	35	35	35	36
课外活动	自修	4	4	4	4	4	3
	体育活动	2	2	2	2	2	2
	科技文娱	1	1	1	1	1	1
	周班会、团队活动	2	2	2	2	2	2
	课间操	2.67	2.67	2.67	2.67	2.67	2.67
	眼保健操	1.33	1.33	1.33	1.33	1.33	1.33
每周在校活动总量		45	48	48	48	48	48

1991年9月，高级中学执行江苏省普通高中毕业会考制度，高三学生3月参加全省政治、语文、数学会考，高二学生学年末参加全省历史、地理、生物、化学、外语会考及物理、化学、生物实验操作考查。是年秋季，初中每天下午课前安排20分钟写字或自习，列入课程表；高中从高一年级开始执行国家教委颁布的《现行普通高中教学计划的调整意见》，调整后的课程结构由学科和活动两部分组成。学科课程采取必修课和选修课两种形式，活动包括课外活动和社会实践活动（含农忙假）。思想政治课由每周2课时改为3课时，其中的1课时用于时事政治教育。1992年秋，高一年级开设世界史，高二年级开设中国近代史、现代史，每周2课时。

1992年6月，首次对中考达重点中学、中专录取分数线的考生进行体育考试。考试内容为50米跑、立定跳远、铅球（3千克）3项，每项20分，作为录取参考分。

1993年秋季，初中从起始年级开始执行国家教委《九年义务教育全日制初级中学课程计划（试行）》和《九年义务教育全日制初级中学课程方案（试行）意见》，开设思想政治、语文、数学、外语、历史、地理、物理、化学、生物、体育、音乐、美术、劳动技术13科，初三还开设短期职业指导课。初三年级的数学教学内容分必修和选修两部分，准备毕业就业的学生只学必修部分。职业指导课（除初三分流教学班）放在中考后“两后培训”中进行。高中全面实施国家教委颁布的教学计划调整意见，执行常州市教委下达的《1993学年普通高中教学计划的实施意见》。

1993年溧阳市初中课程计划一览表

表21-4-7

课程 \ 周课时 \ 年级		初一	初二	初三
学科	思想政治	2	2	2
	语　文	6	6	6
	数　学	5	6	6
	外　语	4	5	5
	物　理	—	3	3
	化　学	—	—	4
	生　物	3	2	2
	历　史	2	2	—
	地　理	3	2	—
	体　育	2	2	2
	音　乐	1	1	1
	美　术	1	1	1
	劳动技术	2	1	1
	学科周课时	32	33	33
活动	班团队活动	1	1	1
	体育锻炼	2	3	3
	科技文体活动	1	1	1
	活动周课时	4	5	5
周课时总量		36	38	38

1994年秋季，初中在科技文体活动中安排0.5课时用于健康教育；高一年级必修课程中增设艺术欣赏课，每周1课时。1995年，执行新工时制。初二年级物理、初三年级化学每周各设

1 节实验课。高中的时事教育、国防教育、环保教育不再单独设课，一律安排在选修课和活动课程时间进行。1996 年秋季，初中外语按水平Ⅱ开设。初中各年级周学科教学时间每周最高时数为 30 课时，周活动总量为 33 课时以下。高中各年级学科教学每周最高时数为 30 课时，周活动总量在 35 课时以下。高中一年级地理每周安排 3 课时，一学年完成教学，学年末参加省统一组织的高中地理会考。

1997 年 8 月，市教委转发常州市教委《关于严格执行全日制中小学课程（教学）计划的通知》，所有中学均按常州《课程（教学）计划》执行。初一年级的科技文体活动课从每周 3 课时调为 1 课时，初二年级的物理课从每周 2 课时调为 3 课时，初三年级的化学课从每周 3 课时调为 4 课时。因每学期放一周忙假，劳动技术课每周改为 1 课时，另 1 课时加在语文课时内。1998 年，初中英语按水平Ⅰ开设，有条件的学校每周设计算机 1 课时（至 1999 年，境内高中停办）。

2000 年 5 月，实施初中毕业生英语口语等级测试。秋季始，初中取消农忙假。2001 年，初中每课时按 45 分钟安排，各年级开设信息技术课，从初一年级开始开设综合实践活动课。

2002 年秋季，初中的起始年级、起始学科参加省级课程改革实验。别桥、绸缪、后周 3 所初中分别开设“别桥地方史”“种植与养殖”“永远的红色”校本课程。2004 年，初中英语每周安排 5 课时进行教学。各年级进入课程改革实验。

2007 年，义务教育七至九年级（初中）课程为学科类和活动类，其中学科类开设思想政治、语文、数学、外语、历史、地理、物理、化学、生物、体育与健康、音乐、美术和信息技术、综合实践以及地方和学校课程。初中阶段总课时 3502 节。其中，体育与健康每周增加到 3 节，信息技术每周 1 节，初中阶段用 70 个学时完成信息技术教学任务，有条件的学校在完成 70 个学时教学任务后，继续使用综合实践活动、校本课程的时间开展信息技术教学。

2013 年溧阳市义务教育七～九年级（初中）课程计划一览表

表 21-4-8　　单位：周课时、%

学科类课程	七	八	九	初中阶段总课时数	各科占学科类课程总时数百分比	占活动总量的百分比
思想政治	2	2	2	206	6.5%	5.8%
语　文	5	5	5	515	16.3%	14.7%
数　学	5	5	5	515	16.3%	14.7%
外　语	4	4	4	412	13.0%	11.6%
历　史	2	2	2	206	6.5%	5.8%
地　理	2	2	—	140	4.4%	3.9%
物　理	—	3	3	204	6.4%	5.8%
化　学	—	—	4	132	4.1%	3.7%
生　物	3	2	—	175	5.5%	4.9%
体育与健康	3	3	3	241	7.6%	7.6%

续表 21-4-8 单位：周课时、%

学科类课程		七	八	九	初中阶段总课时数	各科占学科类课程总时数百分比	占活动总量的百分比
音　乐		1	1	1	103	3.2%	2.9%
美　术		1	1	1	103	3.2%	2.9%
信息技术		1	1	—	70	2.2%	1.9%
综合实践		2	1	2	239	7.5%	6.8%
地方和校本课程		3	2	2	241	7.6%	6.9%
周学科课时数		34	34	34	—	—	—
活动	班（团）队活动	1	1	1	—	—	—
	体育活动	2	2	2	—	—	—
	周活动课时	3	3	3	—	—	—
学年总课时数		1190	1190	1122	3502	—	—

第三节　中等职业教育

1958 年，县委、县人民委员会根据第四次全国教育行政会议关于“必须大力举办农业中学、工业中学和手工业中学，把高小毕业生培养成为有社会主义觉悟、有文化，又有一定生产技能的劳动者。同时要发展普通中学，提高教育质量，以适应培养专门建设人才和提高国家文化科学水平的需要”的精神要求，坚持群众路线，发动群众自筹资金和设备，在全县范围内办起一批农业中学。是年 3 月，后周农中创办。有初一年级 2 个班级，学生 110 人，教师 3 人，开设政治、语文、数学、农业知识等课程，并有校办农场、高产试验田、饲养场等。师生半天上课，半天劳动（或隔日制），做到教学与生产劳动、理论与实践相结合。1958 年，别桥公社（含湖边、古渎、绸缪）共办起 8 所农中，共有 9 个班级，学生 326 人，教师 18 人。

1962 年，因事业调整，全县只保留后周等 4 所农中。1965 年 8 月，后周农中发展成农业高中。境内又创办前王、诸里、合星、古渎、湖边、绸缪、阴山、下梅 8 所农中。

1966 年“文化大革命”开始，“两种教育制度”遭到错误批判，农业职业教育被冲垮，有的停办，有的改为普通中学，中等教育形成了单一结构。

中共十一届三中会以后，国务院批转教育部、国家劳动总局《关于中等教育结构改革的报告》。根据上级有关指示精神，溧阳县对中等教育结构单一化、与国民经济发展需要严重脱节的状况进行改革，使农业职业教育得到恢复和发展。1980 年 9 月，后周农中恢复。1985 年，后周中学曾附设职高班。1989 年 9 月，后周农中高中班停止招生。1997 年 8 月，后周农中撤销。

经县革命委员会决定，1971 年秋季，别桥矿校在土山铁矿（土山脚下）创办，招收学生 100 人，2 个教学班，教职工 5 人，开设语文、数学、政治、物理、化学、矿物学 6 门课程。学制两年半。

学校隶属溧阳县矿山指挥部领导。学生每人每月发伙食费 12 元，伙食费及办学经费由县矿山指挥部拨发。1973 年 12 月，矿校毕业生均分配在县铁矿、县水泥厂、化肥厂、轧钢厂等县属厂矿当工人。一届学生毕业后，别桥矿校停办。

第四节　学校选介

【别桥初级中学】 位于别桥集镇爱国路西侧，1958 年创办，始名溧阳县别桥初级中学。初建时，学校仅有两排平房，各 6 间，一排为教室，一排为办公用房。校舍内地面、操场均是泥地。当年招收初一新生 124 人，2 个教学班，有教职工 5 人。1959 年，又建 2 排平房。随后逐年增建校舍、大礼堂、厨房。1960 年，有初中教学班 6 个，学生 270 人，教职工 9 人。

1968 年，增办高中部，招收 2 个班 100 名高一新生，成为一所完全中学，称溧阳县别桥中学，有教学用房 5 排 60 间。

1976 年秋，有初中教学班 8 个，学生 368 人；高中教学班 4 个，学生 202 人。1982 年，初、高中教学班共有 16 个，学生 1054 人，其中高中生 350 人，教职工 48 人。

1985 年，学校新建 1 幢两层的教学实验楼，初中配备理化实验设备。1987 年、1988 年，先后新建师生食堂餐厅和男生宿舍楼。1989 年，建造教工宿舍和一幢三层的教工住宅楼。1991 年再建女生宿舍楼。1992 年，改建学校行政办公楼。1997 年，建造 1 幢三层综合大楼，内有计算机室、音乐室、舞蹈室、美术室、理化生实验室、形体健身室、阶梯教室。1999 年拆除原师生食堂，新建 1 幢三层学生餐厅和宿舍楼。

1988 年 8 月，合星初级中学的 2 个教学班 76 名学生并入别桥中学初中部；1989 年 9 月，诸里初级中学的 2 个教学班 86 名学生并入别桥中学初中部。1998 年，别桥中学高中停止招生。第二年，高中学生并入埭头高中。同时，湖边初中并入别桥中学，学校更名为溧阳市别桥初级中学。

2000 年，推倒旧教学楼，新建 1 座四层的教学大楼，有 32 间教室。2002 年 12 月，成功创建为江苏省示范初中。2003 年，学校基本具备现代化办学条件，达到江苏省二类学校标准。

2009 年，古渎初中并入别桥初级中学。学校有教学班 20 个，学生 880 人，教职工 106 人。

2013 年，学校占地面积 4.54 万平方米，校舍建筑面积 16728 平方米，绿化面积 1.99 万平方米，体育活动场地面积 2.04 万平方米，其中有足球场 1 块、篮球场 3 块、排球场 3 块和 250 米环形塑胶跑道及单双杠场地、投掷区、乒乓球场地等。学校拥有微机房 2 个，多媒体教室 1 个，图书室藏书 38652 册。2013 年年末，学校有教学班 14 个，学生 407 人，在职教职工 90 人，其中专任教师 71 人，本科率达 94.2%，具有中学高级职称的 27 人，常州市级、溧阳市级“四类”优秀教师 12 人。

学校先后获江苏省示范初中、江苏省平安校园、常州市德育工作先进学校、常州市依法治校先进单位、常州市关心下一代先进单位、常州市绿色学校、溧阳市校本培训先进单位、溧阳市示范家长学校等称号。

2000～2013年别桥初级中学集体主要荣誉称号一览表

表21-4-9

荣誉称号	级　别	获得时间
常州市先进团组织	常州市级	2001.12
江苏省示范初中	江苏省级	2002.12
溧阳市德育先进学校	溧阳市级	2004.12
常州市德育先进学校	常州市级	2005.01
溧阳市教科研基地	溧阳市级	2006.09
溧阳市示范家长学校	溧阳市级	2007.12
溧阳市“二条一规”优秀学校	溧阳市级	2008.11
江苏省二级档案室	江苏省级	2008.12
常州市示范图书馆	常州市级	2009.12
溧阳市绿色学校	溧阳市级	2010.01
全国作文教学先进单位	国家级	2010.06
溧阳市教科研优秀成果评比二等奖	溧阳市级	2010.12
常州市教育系统共青团工作先进集体	常州市级	2011.05
常州市先进团支部	常州市级	2011.05
常州市少先队大队（学校）团体奖三等奖	常州市级	2011.06
第六届常州少年儿童书信文体活动比赛团体三等奖	常州市级	2011.06
溧阳市中小学弘扬和培育民族精神月活动为特色活动奖	溧阳市级	2011.12
常州市教育系统五四红旗团支部（总支）	常州市级	2012.05
常州市绿色学校	常州市级	2012.11
江苏省平安学校	江苏省级	2012.11

【后周初级中学】 位于后周集镇文化路1号。前身是民国35年（1946年）创办的永泰中学，1958年重建，校名为溧阳县后周初级中学。1971年创办高中部，更名为溧阳县后周中学。1971年秋季，学校有初中教学班10个，学生564人；高中教学班1个，学生62人。1973年，有初中教学班7个，学生343人；高中教学班2个，学生119人。1976年，有初中教学班12个，学生720人；高中教学班4个，学生247人。1977年，下梅农中的高中学生并入后周中学就读。1979年，有初中教学班11个，学生622人；高中教学班6个，学生384人。

1979～1981年的高考，学校文科考生达线率连年高居全县第一，办学进入高峰时期。当年，有初中教学班20个，学生1150人；高中教学班5个，学生324人。

1984年，七年制“戴帽”初中停办，后周乡初中学生进入后周中学就读。1990年秋季，下梅初中并入后周中学。1995年8月，高中停办。1997年，后周农中并入后周中学。1999年，学校更名为溧阳市后周初级中学。2010年12月被评为常州市优质学校。

图21-8 后周中学教学楼

2013年，学校占地面积1.36万平方米，建筑面积8528平方米，绿化面积7416平方米，运动场地面积5000平方米，并拥有常州市级以上一级校园网、先进实验室、示范级图书馆(120平方米、藏书13500册)、A级食堂等一流的教育教学配套设施。2013年年末，学校有11个教学班，学生297人，教职工52人，其中专任教师40人。教师本科学历40人，专任教师学历达标率100%，具有中学高级教师职称的9人，常州市级、溧阳市级“四类”优秀教师8人。

学校形成自身特有的“吃苦耐劳，自强不息”的精神，提炼出“让每一位学生都成为最好的自我”办学理念，并成功打造了“挖掘老区红色底蕴，争做最好自我”的德育品牌。

学校先后被授予全国作文教学先进单位、江苏省冬季三项锻炼先进单位、江苏省二星级档案室、常州市现代教育技术实验学校、常州市优质学校、常州市平安校园、常州市德育特色学校、溧阳市依法治校先进单位、溧阳市校本培训先进单位等称号。

2000～2013年后周初级中学集体主要荣誉称号一览表

表21-4-10

荣　誉　称　号	级　别	获得时间
全国作文教学先进单位	国家级	2007.06
溧阳市德育先进学校	溧阳市级	2008.12
常州市绿色学校	常州市级	2009.12
江苏省二级档案室	江苏省级	2009.12
常州市现代进行教育技术实验学校	常州市级	2010.10
常州市优质学校	常州市级	2010.12
常州市平安学校	常州市级	2011.02
常州市教育技术装备工作先进集体	常州市级	2011.05
溧阳市人民政府教育督导评估优秀单位	溧阳市级	2011.06
溧阳市教育系统行风建设群众满意示范学校	溧阳市级	2012.01
常州市第四批德育特色学校	常州市级	2013.05

2007～2013年别桥初级中学、绸缪实验学校、后周初级中学素质教育成果汇总一览表

表21-4-11　　　　单位：人、篇

项目	级别	别桥初级中学				绸缪实验学校（初中部）				后周初级中学			
		获奖		发表习作		获奖		发表习作		获奖		发表习作	
		等次	人数	人数	篇数	等次	人数	人数	篇数	等次	人数	人数	篇数
科技竞赛	常州	三	—	—	—	三	4	—	—	三	—	—	—
读书竞赛	常州	一	2	—	—	一	—	—	—	一	—	—	—
		一	5	—	—	二	5	—	—	二	6	—	—
		三	9	—	—	三	11	—	—	三	6	—	—
作文竞赛	国家	一	5	—	—	一	—	—	—	一	—	—	—
		一	23	—	—	二	—	—	—	二	6	—	—
		三	34	—	—	三	—	—	—	三	18	—	—
	省	一	3	—	—	一	—	—	—	一	—	—	—
		一	7	—	—	二	—	—	—	二	—	—	—
		三	9	—	—	三	—	—	—	三	—	—	—
	常州	一	6	—	—	一	—	—	—	一	—	—	—
		一	9	—	—	二	8	—	—	二	4	—	—
		三	15	—	—	三	28	—	—	三	5	—	—
发表习作	省	—	—	—	—	—	—	7	7	—	—	—	—
	常州	—	—	—	—	—	—	19	19	—	—	5	5

【溧阳县后周农业中学】 1958年3月，溧阳县后周农业中学（以下简称后周农中）借后周小学校舍、设备创办，招收初一新生2个班，学生110人，配备教师3人，校务由后周小学代管。

1958年9月，校址迁至青龙坝，又招初一学生2个班，教学班增至4个，学生204人，教职工6人，借民房为校舍，课桌凳由学生自带。学校的办学方针是通过文化知识课学习，提高学生的文化、理论、知识水平。通过学习性实训和实践性实训，培养学生的职业基本技能。

1959年年初，校址迁至姜庄，学校隶属于溧阳县文教局管理。为了改善办学条件，将以前积累的资金购买群众草屋30间、瓦屋3间，政府支持资金新建瓦屋24间、草屋6间。后周农中办学出色，教学、劳动成绩显著。1959年上半年，《文汇报》对后周农中勤俭办学、教学劳动双丰收的情况作过长篇报道。

图21-9　1961年的后周农中

根据中共中央关于农村人民公社12条、60条的精神，学校于1961年年初将占用的土

地全部退还给生产队，1961 年 9 月学校第三次迁至观阳大队巷上村。到 1965 年，学校发展为 5 个班级，有学生 212 人，教职工 15 人。有校舍 36 间，水稻田 8 亩，山地 37 亩，育油桐 100 亩，其他杂树林 205 亩，生产农具一应俱全，已是名副其实的农业中学。

1966 年“文化大革命”中，农业中学全部停办，后周农中也改名为后周一中，办成普通初级中学。1973 年 9 月又与后周中学合并，为后周中学分校，有初中 6 个班级和高中 1 个班级，学生 280 人，教职工 23 人。

1978 中共十一届三中全会以后，溧阳县进行中学教育结构改革，重新发展农业职业教育，溧阳县人民政府于 1980 年 9 月决定把后周中学分校恢复原学校名称——溧阳县后周农业中学，并增设高中班。除开设文化基础课外，还开设作物栽培、植保、林果水产等专业课。

1983 年冬，学校为了给高中班水产专业创造实习基地，修筑两个相毗连的水库，水库面积 30 亩。

1985 年年底，全校共有初中班 6 个，高中职业班 2 个，学生 429 人，教职工 21 人，农业工人 8 人。有可供教学、生活用房 61 间，生产实验园地 50 亩，校办工厂 1 个，还有小水库 2 座，另有果园 5 亩。还增添部分图书和理化实验仪器，已成为一所初具规模、环境优美的山区农业职业中学。1989 年 9 月，停止高中招生。1992 年 9 月，学校又更名为溧阳市后周农业初级中学。1997 年 8 月，后周农业中学撤销，整体并入后周初级中学。

1958～1985 年后周农业中学的规模、学制及课程设置情况表

表 21-4-12

时　间	校　舍	农场（亩）	班级数（个）	学生数（人）	教职工数（人）	学　制	学习方式	课程设置
1958.03～1958.09	在后周小学	—	2	110	3	三	半日制	语文、数学、政治、农知
1958.09～1959.02	借用民房	—	4	264	6	三	半日制	语文、数学、政治、农知
1959.02～1961.01	瓦屋 29 间 草屋 42 间	144	4	145	11	三	半日制 农忙 隔日制	语文、数学、政治、物理、化学、农知
1961.01～1963.01	瓦屋 29 间	144	4	139	12	三	半日制 农忙 隔日制	语文、数学、政治、物理、化学、农知
1963.02～1971.07	瓦屋 36 间	350	5	212	15	三	初中半日制 高中半日制	初中同上 高中增开农机、土壤
1971.07～1973.07	瓦屋 36 间	148	3	140	12	二	全日制	增开作物栽培 同上

续表 21-4-12

时　间	校　舍	农场（亩）	班级数（个）	学生数（人）	教职工数（人）	学　制	学习方式	课程设置
1973.09～1983.07	瓦屋 56 间	48 水库 1 个	7	280	23	二	全日制	初中增开外语 同上
1983.07～1985.12	瓦屋 61 间	同上	8	429	28	初中三年 高中二年	全日制	初中同上 高中增设水产

第五章　特殊教育

第一节　随班就读和培智班

20 世纪 80 年代，溧阳县特殊教育以乡镇中心小学附设培智班和普通小学随班就读为主要形式。“八五”教育规划，市政府将残疾儿童少年教育纳入普及九年制义务教育的实施目标，建立市、乡镇、学校三级管理网络，形成以聋哑学校或培智学校为骨干，以普通小学随班就读为主体的特殊教育格局。

除聋哑外，大部分弱智障儿童在普通小学就读。学校随班就读，招生主要对象为盲童或低视力儿童、轻度或中度弱智儿童(50～75)、重听或二级聋的儿童少年。随班就读学生人数每班以 1～2 人，最多不超过 3 人。入学年龄同普通儿童相同，延缓入学需办理延缓入学手续。不宜随班就读的学生动员进入特殊学校学习。1980～1988 年，别桥中心小学每学年招收的弱智障学生 2～3 人，分散在相应班级随班就读。弱智障学生虽然少，但学校要求有弱智障学生班级的任课教师，在教育教学工作时，应因人施教。在生活上对他们要给予特殊照顾。弱智障学生突然发病，任课老师负责送往医院治疗或购买药品给发病学生口服，控制病情。随班就读的残疾儿童少年一般不留级，与普通学生同步学习，个别学生可放慢进度，用 6～9 年时间学完小学阶段课程，发给毕业证书或修业证书，并创设条件使他们接受中等义务教育或中等职业技术教育。

1989 年，别桥中心小学建立培智班，有学生 8 人。

第二节　培智学校

2007 年 9 月，市教育局在原别桥镇第二小学校址创办溧阳市培智学校，开设弱智儿童辅读班。配备康复室、感统训练室、心理咨询室、计算机室、家政室、音乐室、劳技室和阅读室。有教学班2个，学生16人，教师2人，皆具备本科学历。实行寄宿办学，在校学生实行免费教育，免书费、杂费、住宿费和伙食费。配备护工，管理弱智障儿童的生活。在教育教学方面，智培学校老师遵循弱智障儿童的个性差异，因人施教，因势利导，发挥弱智障儿童的个性特长，进行个性化教育。2010年8月，学校迁至溧城镇北河沿21号原溧阳市社区培训学院内。

第六章　成人教育

第一节　识字扫盲

别桥境内农民业余识字教学始于民国时期。民国36年（1947年），德西乡第三中心国民学校（湖塘）、别桥镇第一中心国民学校（别桥）、永和乡中心国民学校（古渎）、绸缪乡中心国民学校（绸缪）、后周镇中心国民学校（后周）设有民教部，以识字教学为主，时有学员286人，教员7人。

新中国成立初期，为了提高广大劳动人民的科学文化水平，以适应形势发展的需要，开始在居民比较集中的农村集镇（区所在地）创办农村俱乐部，挑选一批教师担任俱乐部的专职干部（也称社教干部），开办冬学民校，开展农民（识字）教育。

1950年县冬学师资培训班后，别桥地区各乡纷纷兴办夜校，利用当地小学、民房、祠堂作为课堂，以识字教学为主，结合宣讲时事政策，学员以乡村干部和农民积极分子中的文盲（半文盲）为主，教师由小学教师和社会知识青年担任。1951年4月冬学结束，境内村、乡、区开展总结评模工作，别桥区召开表彰大会，表彰区级学模41人，教模11人；县奖模大会表彰县级学模16人，教模4人。根据冬学基础和条件，冬学、夜校转为常年民校，配有专职教师和群众教师，形式有课堂教学、互帮互学、包教包学等。至1952年5月，别桥境内82个行政村，平均每个行政村有1～3个民校班，学员6570余人，每个乡都有专职民师，采取农闲多学、农忙少学、集中与分散相结合的学习方法。

1955年上半年，村村有民校。参加农民业余学习的有200余人，参加扫盲班学习的约1630人，占农村人口的18%。

1957年农业合作社后，别桥境内有农民业余学校109所（班），参加学习的人数有4370多人。

1959年，别桥境内农民业余教育又出现新的高潮，别桥、后周两公社青壮年文盲（半文盲）入学率达90%以上。1960年进行扫盲考核，有98%达到脱盲标准。1961年，民校处于停顿状态。1964年上半年，别桥境内农民业余教育有所恢复，有160多个冬学、民校（班）。

1966年“文化大革命”开始，农民业余教育遭到破坏，冬学、民校再次停办。1979年，民校恢复，并得以发展。

1983年，别桥、湖边、绸缪、古渎乡成立成人教育中心学校（简称乡镇成校）。1984年，后周乡成人教育中心校成立。5个乡镇强化扫盲措施。1983～1985年，5所乡镇成校共办扫盲班173个，有学员1815人，包教包学1681人。1984年，别桥乡、湖边乡、古渎乡通过脱盲验收。1985年，绸缪乡、后周乡通过脱盲验收。

第二节 农村实用技术培训

20世纪80年代开始，为满足农民在改革开放后对文化和工业、农业、畜牧业生产技术知识的需求，农村的成人教育逐步转向学习农业生产技术为主，兼学文化。1983～1985年，别桥镇境内原5个乡镇的成人教育中心校共开办文化班56个，学员1503人；文技班162个，学员4029人；农技班97个，学员2951人；其他各类专业培训班102个，学员3125人。

1987年2月，根据国家教委“关于改革和发展成人教育的决定”的精神，别桥镇境内成人教育坚持以农为本、为农服务、为农育人、为农致富的宗旨，充分发挥乡镇成校多功能作用，组织青壮年农民、基层党员干部、残疾人员、脱盲人员等参加农村实用技术培训，使新的农业科学技术和新品种得以推广运用，许多农民利用学到的科学技术知识成为种养殖专业户，走上致富的道路。1989年，溧阳县逐步实施农村教育为当地经济服务的“燎原计划”。1993年，别桥化纤厂的纺织帆布、帘子布和水产养殖2个实施项目被纳入别桥镇成人中心校的“燎原计划”。

进入90年代，境内乡镇成校以农村基层干部、种养殖专业大户、科技骨干等为主要培训对象，开展以高效农业、名特优产品、大棚蔬菜、丘陵山区开发、茶林果种植技术等为主要内容的实用技术培训。

1991年，5所成校共聘请兼职教师55人，举办工、农应用技术培训班162期，参训人员达9816人次。是年，别桥镇成校被评为常州市扫盲先进集体、常州市农村教育先进集体。1998年10月，常州市教育局在天目湖召开农村实用技术培训经验交流会，别桥镇分管教育的领导在会上作了交流发言。

2000年后，别桥、绸缪、后周3所乡镇成校与镇劳动保障服务所、农村经济管理服务站、农业综合服务站、文化体育工作站、计划生育服务站等职能部门联合举办各类专业技术培训班230余期，参训人员1.5万余人次。2002年10月，别桥镇特种水产养殖场被评为江苏省农科教示范基地，获得奖金8万元。

2010～2013年，与溧阳市残疾人联合会联合举办12期农村残疾人实用技术培训班，共培训510人。2013年，别桥镇社区教育中心（别桥镇成人教育中心校）与镇劳动保障服务所举办5期农村劳动力转移培训班，培训1053人，就业率90%；与农业综合服务站联合举办农业种植、畜禽养殖、水产养殖、农机应用技术等培训班26期，参训人员2800余人次。

2013年12月，别桥镇社区教育中心举办的残疾人培训被评为2013年常州市农村社区教育特色培训项目一等奖。

第三节　学校介绍

别桥镇社区教育中心位于别桥镇兴城西路160号，即原别桥镇成人教育中心校，1983年创办，2007年改为现名。原湖边乡成人教育中心校、古渎乡成人教育中心校、绸缪镇和后周镇成人教育中心校先后于1992年、2000年、2007年并入别桥镇社区教育中心。学校占地面积1500平方米，建筑面积1016平方米，集办公、教学、电脑室、图书室、阅览室、多媒体教室于一幢楼。现有成教专职干部4人，兼职教师25人，下辖18所行政村村民学校，教育服务对象为全镇农民和乡镇职工。

图21-10　别桥镇社区教育中心

建校以来，坚持“以农为本、为农服务、为农育人、为农致富”的办学宗旨和“实际、实用、实效”的办班原则，充分利用本镇教育资源，常年举办多专业、多层次、多形式的长、短期实用技术培训班，参训人数4万余人次，其中2000～2007年，农村劳动力转移培训380人，下岗职工再就业培训410人。成校先后获常州市扫盲先进集体、常州市农村教育先进集体、常州市示范成校、江苏省示范乡镇社区教育中心、全国示范乡镇社区教育中心等荣誉称号。

第七章　教育教学研究

第一节　教学科研活动

1966年“文化大革命”前，别桥境内中小学校的教学科研活动甚少。1972年上半年，县教育局恢复教研室，教研工作逐步走上正轨。中小学主要学科组建教研组，建立健全乡（镇）、校、学科教研组三级教学科研网。1977年后，高校招生制度改革，别桥镇境内中小学教师针对新的教学目标，着重研究教材教法。

1978年后，中小学开始使用全国统一的新编教材，新编教材内容深，要求高，而当时境内教师队伍中民办教师多，新教师多，没受过专业教育的多。为适应新的教育教学形势，中小学教师积极参加教研室、教师进修学校举办的各种培训班，在日常教学工作中把学习教学大纲，钻研教材的重点、难点作为经常性的教研内容。1980 年开始，在县教育局教研室的指导下，各中小学围绕备课、教课、辅导、批改作业 4 个环节，每个教师进行教学基本功和教学方法的探索。坚持科学性教育的原则，坚持理论联系实际的原则，坚持直观性教学的原则，坚持量力性和循序渐进的原则。中小学组织全体教师在学习教学理论的同时，开展群众性的“三个一”的教研活动，即人人备好一节课，上好一堂公开课，写好一篇教学心得。1982 年年底，县教育局教研室又提出“新三个一”的教研要求。境内中小学组织每名教师精心设计一章或一单元的教案，上好一单元的试验课，写好一份有质量的教学经验总结。

1983 年，境内初中数学组织“平几入门”教学研讨活动，语文根据教材特点，进行“单元教学”的研究和实践。同时依据“以学生为主体，以教师为主导，激发学生兴趣，提高课堂教学效益”为目标，进行“课堂教学结构改革”的研讨活动。

1988 年，古渎乡郝家小学的复式教学被国家教委认定为全国性复式教学研讨活动点。

1989 年，境内小学举行“转变教育思想提高教学效益”教学研讨活动。11 月，小学参加县举行的小学学科教学中培养学生合作学习能力教研活动，就小学语文、数学、思想品德学科学生合作学习的方式、途径等进行研讨。

1990 年 4 月，举行初级中学“中考复习课课堂教学效益的提高”研讨活动。此后，每年上半年集中或分散开展这一研讨活动。是年，县教育局原局长、离休干部崔同沛在湖边乡闸口小学试点主持的复式课堂结构改革实验获省教育委员会组织的教育教学研究优秀成果二等奖。12 月，教育部师范教育司在溧阳召开复式教学管理研讨会。会后，复式课堂辅助教材出版发行，在全市小学推广使用。1991 年 9 月，闸口小学复式课堂录像向亚太地区转播。翌年，在中央电视台教育二频道播放。

1996 年 10 月，境内小学校长、分管语文的教导主任参加溧阳市小学写字教学现场会。

2005 年 3 月，境内中小学英语教师参加市举行的义务教育阶段学校“中小学英语衔接教学研究”的调研。

2006 年 6 月，境内小学领导及高年级教师参加全市小学复习教学专题调研暨“基于问题解决的小学互动互助教学”学术沙龙活动。9 月 24 ～ 25 日，各小学选派语文教师参加市教育局在实验小学举办的“新课程新语文”全国小学语文名师教学观摩活动。

1991 ～ 2007 年，境内小学先后举行“课堂教学中学生有效学习策略研究”“引导自主参与、提高课堂教学效率”“体验教育在小学教育中实践与研究”等教科研活动。小学语文学科实施“一课带多课扩大阅读量”“单元整体教学”，总结出扩大式、捆绑式、注释式、举例式、对照式、集装式、资料库式、荐读式 8 种阅读方式、方法，并开展小学语文习作观摩活动。中学重点组织“构建探讨学习模式、提高课堂教学效率”“课堂教学中自主探究性学习的研究与实践”“课堂中教师教学行为的研究”“构建开放型教育模式让学生自主发展”等研讨活动。开展初中英语“教学资源与综合语言技能培养”训练模式的研讨。举行初中“提高中考复习课课堂教学效益”的研讨活动。

2007 ～ 2013 年，市教育局教研室组织全市青年教师教学基本功竞赛、优秀课评选、“减负增效”优秀教师评比等活动，境内中小学教师 18 人次获奖。

为提高别桥地区全体教师教科研水平，别桥境内各学校每学期至少安排 1 次校际间教科研活动，相互听课、研讨、学习，或进行课题研究专题交流。2004 ～ 2013 年，绸缪初中组织校际课题研究专题交流 14 次，26 位教师参与。境内各学校每学期制定校本培训计划，并选择自己学校在教学中遇到的共性或典型性问题，联系实际，申请课题立项，进行专题研究或培训。教学常规培训每学期期初、期中各安排 1 次，假期中根据需要临时安排。

2007 年，别桥初中物理教研组被评为溧阳市优秀教研组。2009 ～ 2011 年，别桥小学高年级语文教研组、数学教研组，古渎小学数学教研组，绸缪小学语文教研组，后周小学语文教研组、英语教研组，别桥初级中学数学教研组，后周初级中学语文教研组、英语教研组等被评为溧阳市优秀教研组。2012 年，别桥小学高年级语文教研组、英语教研组，古渎小学语文教研组，绸缪小学英语教研组等被评为溧阳市优秀教研组。2013 年，别桥初中语文教研组被评为常州市优秀教研组。2010 ～ 2013 年度，别桥初级中学教科研基地被市局教研室评估为全市合格教科研基地。

2013 年别桥镇各校教研组组成情况表

表 21-7-1　　单位：人

组别＼学校	小学				中学		
	别桥中心小学	古渎小学	绸缪实验学校（小学部）	后周小学	别桥初级中学	绸缪实验学校（中学部）	后周初级中学
语文组	24	6	10	18	10	7	9
数学组	20	6	10	14	8	8	9
英语组	9	4	5	6	8	8	9
理化生组	—	—	—	—	12	—	9
政史地组	—	—	—	—	11	—	4
音体美组	8	2	—	8	—	—	6
综合组	6	—	3	—	18	3	—

第二节　课题研究

20 世纪 50 年代至 60 年代中期，别桥镇境内中小学课题研究服从于教学业务的学习，课题研究较少。1966 年“文化大革命”开始，课题研究处于停顿状态。到 70 年代后期，课题研究在学校兴起。1999 年上半年，市教育局下发《关于对全市教育教学研究课题实施统一管理的通知》，下半年制定《溧阳市教育教学研究课题管理办法》。2001 年上半年，又下发《关于进一步规范课题管理的通知》，别桥镇境内各学校在市教育局规范管理下，教育教学课题研究实现有序化、常态化。

【别桥中心小学】 1999～2013年，承担省、常州市、溧阳市三级研究课题56项，其中省级5项、常州4项，参加课题研究的教师累计550人次。省级课题“构建活动课程体系，全面推进素质教育”“信息技术与活动课程的有效整合”获三等奖；常州市级“运用信息技术、提高活动课程教学质量”获二等奖；溧阳市级“课堂创新性教学的研究”“校本课程的开发及实施策略的研究”获一等奖，“提高小学语文识字教学的研究”获教科研成果二等奖。

图21-11 别桥中心小学的学生在操作无人机飞行

【古渎小学】 2002～2013年，承担常州市级、溧阳市级研究课题7项，其中常州市研究课题2项，参加课题研究59人次。“走进生活激活兴趣开发学生潜能的研究”获溧阳市教科研成果二等奖。

【绸缪实验学校小学部】 2006～2013年，承担省、常州市、溧阳市研究课题10项，其中省级2项、常州市级3项，参与课题研究91人次。“小学生‘研究性学习’有效性研究”获常州市教科研成果二等奖；“构建多项互动式阅读教学模式的研究”获溧阳市教科研成果二等奖。

【后周小学】 1999～2013年，承担省、常州市、溧阳市级研究课题（含备案课题）33项，其中省级1项、常州市级6项。“拓展学生学习空间，促进学生自主发展”获省教育学会二等奖；“少先队主体活动研究”获溧阳市德育科研成果一等奖；“小学数学引探式教学的研究”获溧阳市教学科研成果二等奖;“小学英语开放性课堂教学的研究”获溧阳市教学科研成果三等奖。“小学语文教学迁移式研究”“农村开展青少年科技活动的思路与方法”“多媒体辅助教学软件的开发和应用”获溧阳市教科研成果三等奖。

【别桥初级中学】 1998～2013年，承担省、常州市、溧阳市研究课题33项，其中省级1项、常州市级10项，参与研究课题76人次。“初中物理自主学习课堂教学模式的构建与实践”“新课程实施中学生学习分式的研究”获溧阳市教科研成果一等奖；“指导后进生学习物理的策略研究”“英语课堂教学中教师主导性和学生主体性关系的研究”获溧阳市教科研成果二等奖；“英语课堂教学中教师主动作用和学生主体性关系的研究”“愉快教学在语文教学中的尝试”“学困生及其转化策略研究”“减轻学生课业负担与增加课堂效率的研究”“对学生英语学习策略再研究”获溧阳市教科研成果三等奖。

【绸缪实验学校初中部】 2005～2013年，承担溧阳市级研究课题8项，参与课题研究教师28人次。

【后周初级中学】 2004～2013年承担省、溧阳市研究课题11项，其中省级1项，参与课题研究教师85人次。“课外阅读与作文教学相结合的创新模式的研究”“把语文课堂作为学生人性养育的圣殿”获溧阳市教科研成果二等奖。

1998 年～ 2013 年别桥镇镜内各学校获奖研究课题一览表

表 21-7-2

学　校	获奖研究课题	获奖时间	授奖单位	起讫时间
别桥中心小学	构建活动课程体系，全面推进素质教育	2004.12	省教育学会	2001.11 ～ 2004.11
	信息技术与活动课程的有效整合	2005.12	省教育科学研究院现代技术教育研究所	2003.06 ～ 2005.12
	运用信息技术，提高活动课程教学质量	2005.12	常州市教育局教科室	2002.12 ～ 2005.11
	课堂创新性教学的研究	2004.12	溧阳市教育局教科室	2002.09 ～ 2006.06
	校本课程的开发及实施策略的研究	2007.04	溧阳市教育局教科室	2003.06 ～ 2006.09
	提高小学语文识字教学效率的研究	2004.12	溧阳市教育局教科室	2002.09 ～ 2005.09
古渎小学	走进生活激活兴趣开发学生潜能的研究	2004.06	溧阳市教育局教科室	2002 ～ 2003
绸缪实验学校小学部	小学生“研究性学习”有效性研究	2011.02	常州市教育局教科室	2009 ～ 2010.08
	构建多项互动式阅读教学模式的研究	2011.07	溧阳市教育局科教室	2007 ～ 2011.01
后周小学	拓展学生学习空间，促进学生自主发展	2005.12	江苏省教育学会	2001.04 ～ 2005.06
	少先队主体活动研究	2004.07	溧阳市教育局科教室	2000.09 ～ 2004.01
	小学教学引探式教学的研究	2004.07	溧阳市教育局科教室	2000.09 ～ 2004.01
	小学英语开放性课堂教学的研究	2004.07	溧阳市教育局科教室	2000.09 ～ 2004.01
	小学语文教学迁移式研究	2003.06	溧阳市教育局科教室	1999.09 ～ 2002.12
	农村开展青少年科技活动的思路方法	2004.07	溧阳市教育局科教室	2000.09 ～ 2004.01
	多媒体辅助教学软件的开发与应用	2004.07	溧阳市教育局科教室	2000.09 ～ 2004.01
别桥初级中学	初中物理自主学习课堂教学模式的构建与实践	2005.06	溧阳市教育局科教室	2001.11 ～ 2004.12
	新课程实施中学生学习分工的研究	2008.05	溧阳市教育局科教室	2004.10 ～ 2007.11
	指导后进生学习物理的策略研究	2002.06	溧阳市教育局科教室	1998 ～ 2001.12

续表 21-7-2

学　　校	获奖研究课题	获奖时间	授奖单位	起讫时间
别桥初级中学	英语课堂教学中教师主导性和学生主体性关系的研究	2004.06	溧阳市教育局科教室	2000.10 ～ 2003.11
	英语课堂教学中教师主动作用和学生主体性关系的研究	2005.06	溧阳市教育局科教室	2001.11 ～ 2004.12
	愉快教学在语文教学中的尝试	2013.06	溧阳市教育局科教室	2009.12 ～ 2012.12
	学困生及其转化策略研究	2008.06	溧阳市教育局科教室	2007.10 ～ 2007.11
	减轻学生课业负担与增加课堂效率的研究	2013.06	溧阳市教育局科教室	2009.12 ～ 2012.12
	对学生英语学习策略再研究	2012.06	溧阳市教育局科教室	2009.11 ～ 2011.12
后周初级中学	课外阅读与作文教学相结合的创新模式的研究	2008.03	溧阳市教育局科教室	2005.03 ～ 2007.09
	把语文课堂作为学生人性养育的圣殿	2012.06	溧阳市教育局科教室	2008 ～ 2011.12

第三节　科研论文

1990 年前，对教育、教学论文的评比没有一定的参考标准。1991 年 6 月，市教育局教研室制定《溧阳市教育学会关于年会和优秀教育教学论文评比管理办法》，教师论文评比有了具体的管理制度和操作规范。1992 ～ 2007 年，市教育局共组织各级各类论文评比 70 多次，内容涉及中小学各学科以及素质教育、德育工作、学校管理等各个方面。撰写论文已成为境内中小学教师总结教育教学经验、提高自己的理论水平和教育教学工作能力的自觉行为。

2008 ～ 2013 年，别桥中心小学教师发表教育教学论文 273 篇，获奖论文 214 篇。其中省级一等奖 1 篇、二等奖 4 篇、三等奖 23 篇，常州市级一等奖 2 篇、二等奖 3 篇、三等奖 5 篇，溧阳市级一等奖 44 篇、二等奖 64 篇、三等奖 68 篇。

2004 ～ 2013 年，古渎小学教师发表教育教学论文 65 篇，获奖论文 60 篇。其中获国家级奖 13 篇、省级奖 40 篇、常州市级奖 7 篇。

2008 ～ 2013 年，绸缪实验学校小学部教师发表教育教学论文 235 篇，获奖 166 篇。其中获国家级奖二等奖 1 篇、三等奖 1 篇，省级一等奖 3 篇、二等奖 8 篇、三等奖 23 篇，常州市级一等奖 2 篇、二等奖 4 篇、三等奖 5 篇，溧阳市级一等奖 37 篇、二等奖 46 篇、三等奖 36 篇。

2008 ～ 2013 年，后周小学教师发表教育教学论文 409 篇，获奖论文 305 篇。其中获国家级二等奖 2 篇、三等奖 3 篇，省级一等奖 7 篇、二等奖 18 篇、三等奖 34 篇，常州市级一等奖 1 篇、二等奖 3 篇、三等奖 5 篇，溧阳市级一等奖 64 篇、二等奖 92 篇、三等奖 76 篇。

1999 ～ 2013 年，别桥初级中学教师发表教育教学论文 538 篇，获奖论文 423 篇。其中获国家级一等奖 2 篇、二等奖 3 篇、三等奖 7 篇，省级奖 205 篇，常州市级奖 45 篇，溧阳市级奖 161 篇。

2001～2013年，绸缪实验学校初中部教师发表教育教学论文42篇，获奖论文13篇。其中获国家级一等奖1篇，省级二等奖1篇，常州市级一等奖1篇，溧阳市级一等奖3篇、二等奖6篇、三等奖1篇。

2006～2013年，后周初级中学教师发表教育教学论文131篇，获奖论文120篇。其中获省级三等奖2篇，溧阳市级一等奖23篇、二等奖38篇、三等奖57篇。

第四节　参加各级教育学会活动

1981年10月5日，溧阳县成立教育学会以来，境内教育工作者，积极申请加入各级各类教育学会。至2013年年底，境内中小学校参加各级教育学会的教育工作者193人。其中参加江苏省学会40人、常州市教育学会32人、溧阳市教育学会121人。

加入各级各类教育学会的教育工作者，不断总结教育教学工作中的经验，积极撰写教育教学论文，在提升自己教育教学理论水平和工作能力的同时，为发展别桥地区教育事业，活跃别桥地区教育教学科研氛围、促进学术交流、普及和繁荣教育科学、提升教育教学质量做出一定的贡献。

2013年别桥镇教学工作者参加各级教育学会情况表

表21-7-3　　　　单位：人

教育学会	学校 科目	别桥中心小学	古渎小学	绸缪实验学校小学部	后周小学	别桥初级中学	绸缪实验学校初中部	后周初级中学
江苏省教育学会	语文	11	—	5	—	—	—	—
	数学	9	—	4	1	—	—	—
	英语	6	—	3	1	—	—	—
常州市教育学会	语文	7	—	2	—	—	—	—
	数学	6	—	3	—	2	—	—
	英语	5	—	2	1	—	—	—
	化学	—	—	—	—	2	—	—
	美术	—	—	—	—	1	—	—
	历史	—	—	—	—	1	—	—
溧阳市教育学会	语文	14	1	8	2	11	4	3
	数学	12	1	7	1	4	5	2
	英语	8	1	3	1	6	5	2
	化学	—	—	—	—	3	2	1
	物理	—	—	—	—	2	2	2

续表 21-7-3　　　　　　　　　　　　　　　　　　　　　　　　　　　　单位：人

教育学会	学校 科目	别桥中心小学	古渎小学	绸缪实验学校小学部	后周小学	别桥初级中学	绸缪实验学校初中部	后周初级中学
溧阳市教育学会	美术	—	1	—	1	—	1	1
	音乐	—	1	—	1	—	1	1

第八章　教　师

第一节　教师队伍

一、教师的性质与数量

民国初期，别桥现境内学校皆为私立小学，校长由校董事会聘任，教员由校长聘用。公立小学出现后，校长由县教育局（科）任免，教员由校长聘用，呈报县教育局（科）审查备案。民国 36 年（1947 年），别桥境内学校共有教员 91 人，数量很少，质量也不高。当时对教师的资历虽有一定的要求，但实际很难达到。

新中国成立后，教师队伍随着教育事业的发展而扩大。教育行政部门采取各种措施，使教师队伍的素质和结构有了变化。根据“公办民办并举”的办学方针，时有公办、民办两种不同性质的学校与教师。1958 年，别桥、后周公社有公、民办小学专任教师 199 人，中学专任教师 7 人。1968 年后，农村教育事业进一步发展，大批知识青年、复退军人、农村初高中毕业生担任民办教师。1971 年，别桥、湖边、古渎、绸缪、后周公社小学有公办教师 129 人，民办教师 149 人；中学有公办教师 42 人，民办教师 49 人。“文化大革命”中，小学下放到公社、大队管理，学校发展过快，从农村中吸收一批自办、民办公助教师。1977 年，中小学教师达 603 人，其中民办教师 354 人。1983 年后，县政府针对公办教师严重缺员、民办教师较多等情况，加快“民转公”步伐，县（市）教育局每年通过考核，从民办教师中选招公办教师。1989 年，小学共有公办教师 260 人、民办教师 75 人；中学有公办老师 187 人、民办教师 21 人。至 1997 年，别桥镇、古渎、绸缪、后周乡中小学的民办教师全部转为公办教师。

1995 年，溧阳市开始实行教师资格证书制度。2002 年 6 月，又对 1993 年 12 月以后进入教师队伍的教师进行首次教师资格认定。至 2007 年，境内小学教师资格合格为 98.7%，中学教师资格合格为 92.6%。

2013 年，全镇共有小学专任教师 175 人，中学专任教师 138 人。

二、教师学历

民国 19 年（1930 年），县规定小学教师必须是师范本科或高中师范毕业者。民国 21 年（1932

年），县规定初中教师必须是国内外大学本科、高等师范本科或专修科毕业者，高中教师必须是国内外师范大学毕业者。

新中国成立后，县对教师的文化程度规定为：小学教师具有中等师范学校毕业以上学历，初中教师为大学专科毕业以上学历，高中教师为大学本科毕业以上学历。境内教师的学历未能全部达标，仍有初中文化的人员被聘用为教师。20 世纪 60 年代，逐年有少量师范院校毕业生到各校任教，但难满足农村教育事业发展的需要，境内各乡镇选招一批初、高中毕业生充实教师队伍。“文化大革命”时期，小学下放到公社、大队管理，教育事业管理失控，民办教师队伍扩大，教师队伍整体素质下降。1980 年，别桥中学高中专任教师本科学历合格者占 20.8%，初中专任教师大专学历合格者占 5.41%；后周中学高中专任教师本科学历合格者占 46.35%，初中专任教师大专学历合格者占 19.27%；湖边、绸缪、古渎 3 所初级中学专任教师大专学历平均率为 13.48%；小学专任教师中师学历合格者占 15.63%；幼儿教师幼师学历者不足 1%。教师学历严重不达标。

1978 ～ 1996 年，幼儿教师通过中师、幼师函授，中小学教师通过中师、大专、本科函授、自学考试提升学历，大批师范院校毕业生到校任教，教师学历结构得到优化。1996 年，高中专任教师本科学历者占 56.8%，初中专任教师本科学历者占 1.88%，大专学历者占 74.2%；小学专任教师大专学历者占 8.7%，中师学历者占 83.18%。

随着教师学历要求高移，教师学历进修自觉性、积极性提高。至 2013 年年末，全镇初中专任教师本科学历者占 92.7%，大专学历者占 7.3%；小学专任教师学历全部达标，其中本科学历者占 78.7%，大专学历者占 12.3%；幼儿教师本科学历者占 33.8%，大专学历者占 48.5%，中师、幼师学历者占 17.7%。

三、教师职称

1988 年，溧阳县教师专业技术初级职务评审委员会成立，启动全县教师技术职务评审聘任工作。中学教师职称有中学高级教师（副高级），中学一级教师（中级），中学二、三级教师（初级）；小学教师职称有中学高级教师（小中高），小学高级教师（中级），小学一、二级教师（初级）。

1990 年，境内各中小学成立由优秀教师组成的专业技术职务晋升推荐小组。1992 年下半年，中小学教师专业技术职务评聘工作步入正常化、经常化轨道。1995 年，境内各校根据市教育局下达的职务晋升推荐限额，结合教师年度考核、职能部门提名、个人述职、民主测评情况，提出职务晋升推荐名单，交市教育局审核，评审委员会评审，由溧阳市、常州市、江苏省职务评审委员会评审后公布结果。2003 年起，教师晋升职务的要求逐步提高。申请晋升者必须参加职称外语、职称计算机考试并取得有效成绩，必须参加每年不少于 48 学时的继续教育学习，必须通过常州市级论文鉴定、课堂教学能力考核和所任班级学生满意度测评。2005 年始，对中小学教师晋升中、高级专业技术职务实行多元评价，取消论文鉴定，改为教育理论和教科研水平考试。申请晋升者必须经过职前培训考核（教育理论考试，拟升中学高级教师者必须经过上课考核）。

2013 年年末，全镇教师中具有中学高级教师职称的 83 人、中学一级教师职称的 71 人、小学高级教师职称的 118 人。

四、名师培养工程

1997年，溧阳市逐步建立省、市、辖市、学区（校）的四级优秀教师的梯队队伍，从学区（校）开始评选校一级的学科带头人、骨干教师、教学能手、教坛新秀，推荐参加辖市、市一级的“四类”优秀教师评选，对业务出类拔萃、师德高尚的，推荐参加常州市特级教师后备人才和江苏省中小学特级教师的评选。是年9月，溧阳市教委下发《关于评选溧阳市中小学（幼儿园）教坛新秀、教学能手和学科带头人的意见》，要求片视导组（后称学区）、乡镇两级及直属中小学（幼儿园）参照文件精神，制定符合本片（学区）级、本乡镇（校）的具体情况的教坛新秀、教学能手和学科带头人的评选条件和实施细则，报教育部门备案。此项评选活动每两年举行一次。文件还确定了激励政策：凡评为市级教坛新秀、教学能手和学科带头人，在评优、职评、聘任等方面将优先考虑；凡评为市（县）级、片（学区）级、乡镇（校）级的教坛新秀、教学能手、学科带头人的，分别由市（县）教委、片（学区）、乡镇中学、中心小学或直属分校颁发荣誉证书，发给一定的津贴。经过十多年的培养，别桥镇境内优秀教师群体不断壮大，至2013年年底，“四类”优秀老师占全镇教师总数的20%以上。

1997～2012年，经历10批次“四类”优秀教师评选，别桥中心小学有常州市级学科带头人3人、教坛新秀3人，溧阳市级学科带头人7人、骨干教师7人、教学能手13人、教坛新秀10人。

古渎小学有常州市级教学能手1人、教坛新秀2人，溧阳市级学科带头人1人、骨干教师3人、教学能手8人、教坛新秀5人。

绸缪实验学校小学部有溧阳市级骨干教师2人、教学能手10人、教坛新秀6人。

后周小学有常州市级教坛新秀2人，溧阳市骨干教师1人、教学能手35人、教坛新秀21人。

别桥初级中学有常州市级教学能手2人，溧阳市级学科带头人3人、骨干教师6人、教学能手27人、教坛新秀13人。

绸缪实验学校初中部有常州市级教坛新秀1人，溧阳市级骨干教师4人、教学能手6人、教坛新秀1人。

后周初级中学有溧阳市级骨干教师10人、教学能手19人、教坛新秀7人。

2013年，别桥中心小学教师中有溧阳市级学科带头人1人、骨干教师3人、教学能手6人、教坛新秀3人。古渎小学教师中有溧阳市级骨干教师1人、教学能手4人、教坛新秀1人。绸缪实验学校（小学部）有溧阳市级骨干教师2人、教学能手2人、教坛新秀1人。后周小学有溧阳市级学科带头人1人、教学能手4人。别桥初级中学有溧阳市级学科带头人1人、骨干教师1人、教学能手6人、教坛新秀3人。绸缪实验学校（初中部）有溧阳市级骨干教师2人、教学能手2人、教坛新秀1人。后周初级中学有溧阳市级骨干教师1人、教学能手3人、教坛新秀1人。

第二节　继续教育

一、函授进修

民国后期，在职教师以参加教学研究会、暑期讲习会或短期训练班、教学相互参观等形式进修。

1950年后，在职教师的进修工作主要由县进修学校负责。自1953年3月起，主要抓小学教师的进修，形式以自学为主，函授和定期面授相结合。面授辅导每月一次，每次2天，课程为语文、数学，采取单科独进。

1958年2月至1962年年底，教师进修学校根据教学中遇到的实际情况，采取“教什么，学什么，缺什么，补什么”的教学方法授课。1960年，改为以区设点，面授时间为每两周1次，每次1天，由进修学校老师巡回辅导。1962年又改为以公社为单位设立面授点，并增设语文、数学教材教法课，学制六年，单课独进，语文、数学各三年。“文化大革命”初期，教师进修一度中断。1971年3月起，教师进修学校对招收的高中毕业的青年充任教师的人员每年培训半年。同年11月，集训新吸收的民办老师。1976年下半年，举办初中数学、物理、化学、语文教师4个培训班。

1978年，县组织在职的初中教师参加南京师范学院的高师专科函授学习，有中文、数学、物理、化学4个专业。1978年9月，招收中师函授学员，以公社为单位设立面授点。

从1982年起，县教师进修学校组织在职教师参加镇江地区教师进修学院举办的高师中文、数学函授学习，还与丹阳师范学校联合举办中师语文函授。

1983年暑假，常州市教师进修学院与县教师进修学校联合举办高师函授班，有政治、中文、英语、数学、体育、物理6个专业。1984年，常州市教育学院第二次在境内招收高师函授学员，有中文、英语、数学3个专业。

1987年起，境内各中心小学每年选派2～3名教师报考常州教育学院举办的小学教育专业高师函授班。1992年起，幼儿教师参加溧阳市教师进修学校组织的幼师函授。1994年，教师学历要求高移，部分小学教师报考常州教育学院大专函授班。1995年9月起，部分中小学教师参加江苏教育学院溧阳函授站举办的本科函授和大专函授。2003年起，部分已取得大专学历的小学教师参加江苏教育学院和江苏省电大分别举办的小学教育专业本科函授学习。

二、自学考试

1993年前，有少量教师通过全国自学考试取得大专、本科学历。1993年，各校根据《江苏省自学考试暂行办法》，组织教师参加江苏省中小学教师大专、本科自学考试。至2013年，全镇在职教师共有283人通过函授与自学考试取得大专及以上学历，其中169人取得本科学历。

三、业务培训

【新教师岗位培训】 1992年起，对当年任教的中师毕业生进行上岗培训，年培训学时数不少于120课时。1993年起，新分配的师范院校毕业生均须参加“一、三、五”（一年教学入门，三年教育教学基本功达标，五年教育教学研究能力达标）教学达标活动。

1996年，教育局出台新教师培训方法、内容、考核办法和组织管理规定，新教师岗位培训工作逐步走向正常化、规范化、制度化。1997年6月，境内学校上岗三年的新教师参加市中小学教师培训中心和市教委人事科组织的上岗三年考核。同年11月，市教委除对新教师在教育教学业务进行考核的同时，还对新教师每年的听课、上汇报课、课题研究、论文撰写、计算机操作作出明确的规定。1998年起，改革以听课、检查备课笔记为主的考核方式，采用逐年考核新教师自学、参加面授、调研、讲座情况及教育、教学、班主任工作的办法，综合评定等级。2000年起，各校开展“青蓝工程”师徒结对活动。岗前培训、上岗三年考核和“青蓝工程”有效地缩短青年教师的成长周期。基本达到一年上岗、三年合格、五至七年成骨干教师的目标要求。

【职务胜任培训】 1990年起，境内中小学选派教师参加市教师进修学校举办的小学自然、体育、音乐、美术、英语培训班，初中历史教师转岗培训班，英语初级上岗证书培训班，幼儿园保健医生（教师）、少儿舞蹈教师培训班，小学班主任研讨班。2003～2005年，境内各校对拟晋升中学高级、中学一级、小学高级教师的人员参加市教育局组织的专题集中培训。信息化素质培训作为所有专业技术人员晋升职称、聘任的必要条件，集中培训时间为32小时。2005～2007年，别桥镇境内中小学班主任分初级班、中级班进行轮训。2007～2008年，对班主任进行省级网络培训。2005～2013年，境内学校组织班主任参加全市班主任轮训。

【骨干教师培训】 1989～1990年，别桥、湖边、绸缪、古渎、后周5所中心小学共选调20名教师参加县教师进修学校举办的小学语文、小学数学教学研究班培训。1997年，别桥、绸缪、古渎、后周中心幼儿园共选调10名幼儿教师参加市幼儿园骨干教师培训班。1999年起，境内每所学校“四类”优秀教师参加市“四类”优秀教师两年内32课时的任期培训。

【现代教育技术培训】 1998年，境内每个学校选派1名教师参加市多媒体辅助教学课件制作培训班。1999年，境内每校选派1名骨干教师参加市现代教育技术骨干教师培训班。1999～2005年期间，别桥镇境内中小学教师均通过江苏省第一、二、三轮信息技术与教育考核。2007年，每学校选派一名骨干教师参加市教师进修学校组织的全国中小学教师现代教育技术初级水平培训，并由骨干教师对其本校教师进行全员培训。至当年末，别桥镇教师均通过全国中小学教师现代教育技术初级水平的考试。2008～2013年，参加教育工作的新教师都要参与中小学教师现代教育技术培训，并要通过现代教育技术初级水平的考试。

【校本培训】 根据2001年市教委下达的《溧阳市中小学教师校本培训实施意见》，境内中小学校结合本校实际，开发、整合自身资源，开展校内多种形式的培训活动。培训内容涵盖师德、教学业务、教育科研和现代教育技术。培训方式为：举办专题培训班，开展有目的、有计划的专题教学研究、课题研究活动，交流教师撰写的论文和经验总结。2008年1月，别桥中心小学获溧阳市教师继续教育优秀培训基地和校本培训先进单位称号；别桥初级中学和后周小学被评为溧阳市校本培训先进单位。2013年12月，绸缪实验学校、别桥中心小学、后周小学、别桥初级中学、后周初级中学获溧阳市教师继续教育校本培训先进单位称号。

第三节 教师待遇

一、政治待遇

民国时期，小学教员社会地位低下，职业无保障，时有“家有三斗粮，不做孩儿王”的说法。

新中国成立后，中小学教师社会地位逐步提高，享受国家干部的政治待遇，被誉为“人类灵魂的工程师”。1949 年 10 月，在学校逐步建立中国新民主主义青年团支部，1951 年中小学分别成立教师联合会，1953 年成立教育工会，教师成为工人阶级中的一员。学校成立中共党支部，吸收优秀教师入党。教师队伍中的先进人物不断涌现，并得到各级政府的表彰奖励。1960 年，别桥中学教师丛茂泉出席省文教群英会。1964 年，别桥初级中学的周树范当选溧阳县第五次人民代表大会代表。1966 年，别桥小学的史福海和别桥中学的徐光辉当选为溧阳县第六次人民代表大会代表。

1957 年“反右”斗争扩大化，别桥、后周乡共有 9 名教师被错划为右派分子。“文化大革命”期间，部分学校领导和教师遭到批斗和迫害。1979 ～ 1983 年，冤假错案得到平反，受害者名誉得到恢复。

1978 年 3 月，党中央再次肯定知识分子是工人阶级的一部分。1985 年，国务院规定每年 9 月 10 日为教师节，大力提倡尊师重教。境内中小学校每年教师节前评选一次优秀教师和优秀教育工作者。1986 ～ 1997 年落实知识分子政策，将中级及以上职称教师的农业户口配偶及未婚子女转为城镇居民户口。

1985 ～ 2013 年，现境内中小学教师中有 4 人被评为全国优秀教育工作者，有 4 人被评为江苏省优秀教育工作者、优秀班主任、优秀少先队辅导员，有 55 人次被评为常州市优秀教育工作者、优秀班主任、优秀少先队辅导员，有 19 名党员教师获常州市优秀共产党员称号。2013 年 12 月，全镇 6 个学校党支部共有 170 名共产党员。

1980 ～ 2013 年，现境内中小学教师有 16 人次当选溧阳县（市）人大代表，6 人次当选溧阳县（市）政协委员。2012 年，5 位教师当选别桥镇（2007 年后的）第二届人民代表大会代表，6 位党员教师当选别桥镇第十五次党代会代表。

二、经济待遇

清代末年和民国初期，境内公立中小学教员的薪水，主要靠收取学费（部分是学生家长以轮流供饭的形式抵充学费），其次是政府拨款。私塾和私立中小学教师的“束修”（即工资），主要靠收取学费，也有以供饭形式来维持的，辅之以公产公款补助。民国 19 ～ 21 年（1930 ～ 1932 年），小学、中学教员的工资分别是 10 ～ 33 元和 40 ～ 90 元不等。抗战胜利以后，物价波动。民国 34 年（1945 年）、民国 35 年（1946 年）小学、中学教员工资分别为 50 ～ 200 元和 160 ～ 360 元不等。教师在经济上十分拮据，难以养家糊口，流传着“十只黄猫九只雄，十个先生九个穷”的说法。

新中国成立初期，人民政府为保障教师生活不受物价变化影响，工资以折实单位计算折币发放。小学教师每月 36 ～ 71 个折实单位，初中教师每月 56 ～ 86 个折实单位。1954 年，教师工资改用“工资分”为单位计算发放。一个“工资分”为人民币 0.2463 元，小学教师月平均 130 个工资分，中学教师每月平均为 220 个工资分。1952 年 6 月，公办教师实行公费医疗制度。1955 年，公办教师实行病产假和退职退休制度。1956 年实行工资改革，改工资分制为货币工资制，中小学公办教师月平均工资增长 6.79 元和 9.61 元。民办教师工资采取“民办公助，以生养师”的原则，工资主要来源于学费，国家辅之定期补助。1959 年，民办教师实行固定工资制。小学民办教师月薪为 20 ～ 30 元，中学（含农中）民办教师月薪为 24 ～ 35 元。1963 年，部分中小学公办教师调整工资，升级面分别为 61.8% 和 60.5%。

1971 年和 1974 年 5 月，先后为低工资公办教师和中小学民办教师增加工资。1977 年 10 月，60% 的中小学公办教师增长一级工资。1979 年 11 月，40% 的中小学公办教师增长一级工资。

1981 年，别桥境内中小学公办教师普加一级工资。1985 年下半年工资改革，别桥境内教师工资由基本工资、工龄工资、教龄工资三部分组成。中小学公办教师月平均工资为 79.6 元和 80.5 元。1987 年，完中教职工奖金人均 394 元，初中人均 300 元，小学人均 260 元。1988 年 5 月，境内中小学教师月工资上浮 10%。1989 年 10 月，境内教职工（含离退休人员）普增一级工资。

1993 年，别桥境内学校再次进行工资改革，教师工资由基础工资和津贴工资两部分组成，规定两年考核合格者，工资自然晋升一级。1994 年 8 月，境内学校试行《中小学教职工津贴发放的实施办法》，发放教师课时补贴、领导职务补贴、工人岗位津贴，离休干部发放夏令慰问费每人 160 元，在职人员发放夏令降温费 160 元。1995 年 1 月，别桥境内农村中小学教师享受乡村教师岗位津贴，职务工资上浮一档。

2002 年 6 月起，别桥境内中小学教师工资按规定由市财政部门统一发放。2003 年，在职教职工享受每月 300 元的岗位考核奖，退休人员享受每月 240 元的生活补贴。2005 年开始，市人民政府开始发放在职教职工年终奖和退休人员年终生活补贴。2007 年，别桥境内在职人员年终奖为 6000 元，退休人员年终生活补贴为 4000 元。2008 年，在职教职工达到人均 11000 元，退休人员年终生活补贴 7000 元。

2009 年 1 月，义务制教育阶段教师实行绩效工资制。境内义务制教育阶段初中教师月基本工资平均 1186 元，月绩效工资平均 4153 元，全年工资收入达 64068 元；小学教师月基本工资平均 1186 元，月绩效工资平均 4237 元，全年工资收入达 65076 元。

2013 年，境内中学教师月基本工资平均 1284 元，月绩效工资平均 4279 元，全年工资收入 66762 元；小学教师月基本工资 1630 元，月绩效工资平均 4433 元，全年工资收入达 72756 元。

第九章　办学条件

第一节　经　费

抗日战争期间及其胜利后，办学经费困难，各校均赖收学米代金和地方公产公款补助；私立学校经费靠私人资助为主。

1950 年，教育经费纳入政府财政预算。学校经费除收取学费外，主要靠国家拨款。1958 年，教育事业迅速发展，公社主办的农中、民办小学的经费主要靠学校、公社、大队解决，县教育行政部门只有少量经费资助。1970年后，中小学民办教师工资实行民办公助，教育经费有所增加。

1986年后，教育经费初步改变财政拨款单一投入的状况，形成财政拨款为主，多渠道筹措的格局，征收的教育费附加、收取的学杂费、筹集的教育基金、捐赠的款项、校办企业的资助与财政拨款共同保证学校的正常运转。乡镇开始征收教育费附加。1989年，县政府同意教育局《关于要求同意征收人民教育基金的请示》，当年向学生家长征收人民教育基金，境内每个学校每生每学期10元。2006年秋季，义务教育阶段学生免收学杂费，惠及别桥、绸缪、后周镇6552名初中生、小学生，其资金70.41万元由市财政划拨到学校。2007年，市财政局、审计局、监察局、教育局对全市义务教育阶段学校在2006年12月31日前为创建教育现代化工程所欠债务进行审核、确认，由市财政为别桥镇境内学校偿还债务1140.21万元，确保学校正常运行。

2013年，境内中小学公用经费由市财政拨款，学前教育每生210元，小学每生610元，初中每生850元。

第二节　设施设备

民国时期，现境内小学大多以祠堂、寺庙作为校舍，除黑板外，几乎无其他教学设备。

新中国成立初期，多数学校沿用原校舍，民办小学则借用集体仓库或民房作教室。1958年，新创办的别桥、后周初级中学校舍为砖木结构平房，仍无教学设备。20世纪60～70年代，部分校舍翻建、新建，但均为砖木结构平房。1979年，别桥、湖边、绸缪、古渎、后周公社73所小学占地面积12.9万平方米，建筑面积22346平方米（含危房3870平方米），部分村小学生需自带凳子上课；5所中学占地面积8.45万平方米，建筑面积18216平方米（含危房2143平方米），图书、仪器缺少。

1984～1987年，中小学逐步实现“一无两有”（学校无危房、班级有教室、学生有课桌椅）。中学及中心小学利用简单设备开展实验教学，“两机一幕”（录音机、投影仪、屏幕）走进教室。1989年，为推进“普九”工程，学校布局进行调整。部分规模过小、生源少、周边环境差的学校被撤并，教育资源得到优化配置。1989～1993年，各乡镇政府及学校加大教育投资力度，学校办学条件达到九年制义务教育标准。别桥镇、后周乡、绸缪乡获省九年制义务教育先进单位称号。1999年，别桥、绸缪、后周三乡镇启动教育现代化工程。11月，绸缪乡、别桥镇、后周乡先后通过常州市和江苏省教育现代化验收，确定为常州市第四批教育基本现代化乡镇。2000年6月，省教育厅公布这3个乡镇为江苏省教育现代化工程先进乡镇。2000年，古渎乡通过乡镇（学校）实现教育现代化验收。至此，现境内各校校园面积、建筑面积、体育活动面积及普教、电教、实验中心（室）、音体美设备设施、图书资料均达教育现代化建设标准。

2000年，中心小学建有计算机教室，小学三年级以上全面开设信息技术教育课程；多媒体辅助教学覆盖境内中小学教育的全部学科。别桥中心小学建立自己的网站和主页，“校校通”工程的实施水平明显提高。

2001～2007年，在市局统一部署下，市政府投资境内中小学建设成省标准化学校，彻底改善各学校实验、体育、艺术、图书、信息、技术等设施设备，基本达到省标准化建设水平。

2008～2012年，别桥镇境内各学校在教育现代化建设取得阶段性成果的基础上，对照江苏省学校教育教学现代化建设标准，再接再厉，查漏补缺，进一步完善现代化教育教学设备设施。2013年年末，全镇学校共占地面积14.32万平方米，建筑面积53078平方米，中小学校现代化教育教学设备设施达到省优质学校标准。

第二十二篇

医疗卫生

新中国成立前，别桥地区居民治疗疾病以崇尚中医为主，没有专门的医疗卫生机构，只有少数私人诊所及为数不定的游医（郎中），且医疗技术有限，药物稀缺，收费较高。私人开设药店，凭中医开具的药方，药店撮药、煎药。民间还流传草药为治病方式，甚至迷信巫医、神佛治病，以香灰为灵丹妙药，贻误人命。“穷人不害病，等于交大运”，“农民生病有钱钱担当，生病无钱命担当”。一些传染病难以控制，患病率、伤残率、死亡率均高。

新中国成立后，党和人民政府制定“面向工农兵、预防为主、团结中西医、卫生工作与群众运动相结合”的卫生工作方针，指导别桥地区开展卫生防疫、医疗保健、爱国卫生运动等工作。

1951年秋，以别桥区为单位，建立别桥联合诊所。1958年，联合诊所改为民办医院。人民公社成立后，又改为人民公社医院。别桥、后周人民公社医院在闸口、古渎、绸缪、黄金山设立医疗站。1961～1962年，湖边、古渎、绸缪公社医院相继成立。别桥公社医院改称为别桥区中心卫生院。

1985年，别桥中心卫生院、湖边、古渎、绸缪、后周卫生院的工作人员由1951年的10余人发展到77人，其中卫技人员62人，开放病床78张。1990年后与市二甲医院合作，成功完成一些高难度的外科手术。2000年4月，别桥中心医院改称为别桥镇卫生院。

2013年，别桥镇境内有别桥镇卫生院，后周、绸缪分院，共有卫生技术人员108名。17个社区卫生服务站(村卫生室)有具有乡村保健医生资格的乡村医生49人。全镇平均每千人有卫技人员2.24人，是1951年的5.74倍。

农村合作医疗是市（县）、镇、村“三级医疗卫生网”的基础，在改变农村缺医少药状况、开展农村防病治病中起到重要作用。1968年，从果园半农半医学校培训的赤脚医生回到各自大队，为大队办起合作医疗。至1970年，别桥、湖边、古渎、绸缪、后周五公社54个大队建立卫生室，实行合作医疗。合作医疗的基金由社员个人交筹和生产队的公益金交纳，社员在本大队卫生室看病，除交挂号费外，不收药品费。1979年，又增加3个大队实行合作医疗。2004年1月，别桥、绸缪、后周3个镇农村实行新型农村合作医疗保险制度，农村居民自愿参加这一新型农村合作医疗保险。2013年，新型农村合作医疗保险基金为425元，参保人员每人仅交纳110元，其余为各级财政资助。别桥镇55680人参加新农合医疗保险。

1951年2月，国家颁布工作劳动保险条例，原供销社、邮电、信用合作社、粮油管理所、别桥米厂等单位职工享受劳保医疗。1952年，国家对境内国家行政、事业单位的正式工作人员、中小学公办老师实行公费医疗预防疾病制度。至2001年1月1日，以上两种医疗制度取消，原享受这两种医保的所有人员全部参加城镇职工医疗保险。

境内卫生机构从1951年开始就重视妇女保健，检查治疗妇女病。1951年，7岁以下儿童免费接种牛痘疫苗,开启了境内儿童的预防接种和计划免疫工作。几十年来,儿童的预防接种从未间断。2013年，别桥镇卫生院为全镇儿童接种乙肝疫苗、卡介苗、糖丸等11种疫苗，接种率达99%。

1952年后，别桥镇现境内原医疗单位每年在“六一”前夕，对所辖地区儿童进行一次健康检查。此后，儿童保健项目增加，有免费驱虫（体内寄生虫）治疗、营养不良症儿童免费治疗，用氟离子导入法在幼儿园进行口腔保健、血红蛋白检测等。2013年，儿童保健项目有体弱儿童检查、定期体检、建立保健卡、系统管理、入托园健康档案的建立。

爱国卫生运动是具有中国特色的卫生工作方式，半个多世纪来，随着爱国卫生运动的深入开展，唤起别桥镇境内人们的现代卫生健康意识，促进大卫生观念的形成。开展创建卫生镇、卫生村、卫生单位活动，除“四害”成为境内群众的自觉行动。1996年，原别桥镇灭鼠效果达到国家规定标准，被市爱卫会评为“灭鼠先进镇”。以改水、改厕和健康教育为重点的爱国卫生工作向别桥境内集镇、农村辐射，全镇普及天目湖水和塘马水库的清洁饮用水。2006年5月，别桥镇被江苏省爱委会评为“江苏省卫生镇”。2013年，境内3个集镇有19座冲水式公厕，224座农村公厕。18个行政村开展以“清洁村庄、清洁家园、清洁河道”为目标任务的农村“三清”工作，改善了农民群众的人居环境。

第一章　医　疗

第一节　机　构

一、卫生管理机构

1955年前，别桥镇（地区）没有设立单独的管理卫生的行政机构。

1956年，县卫生科在别桥设区卫生所，配所长（吴锦）、管理员各1人，管理全区卫生行政事务。1963年4月，别桥区卫生所撤销，卫生行政事务由各公社管理。同年，别桥公社医院改称别桥中心卫生院，对湖边、古渎、绸缪三卫生院进行指导。1968年“文化大革命”中，别桥中心卫生院改名别桥医药系统革命委员会。1978年12月始，公社（乡镇）卫生院履行区域内的卫生行政职能，处罚权属县（市）卫生局。1985年，别桥中心卫生院管辖湖边、古渎、绸缪、前马、余桥卫生院，后周卫生院属上沛中心卫生院管辖。

1987年，境内卫生系统体制改革，实行院长、所长负责制，岗位责任制。院长由卫生局任命，医院中层干部由各院（所）研究决定，报卫生局备案。1989年，境内乡镇卫生院实行分级管理，人事任免由县卫生局与乡镇党委、政府协商后，由市（县）卫生局决定。乡镇卫生院由市（县）卫生局管理，区域环境卫生事务由乡镇政府职能部门管理。

1999年，溧阳市实行乡（镇）两级医疗机构一体化管理，建立社区卫生服务体系。2000年，境内乡（镇）医疗卫生机构布局和管理体制进行调整，保留别桥镇、绸缪镇、后周镇卫生院，负责辖区内的医疗卫生事务。

二、医疗卫生机构

【私人诊所】 民国35年（1946年）前，别桥镇现境内有郎中、游医、巫医，极少有私人诊所及职业医生。境内行医者以中医为主，或居家坐诊，或在药店坐堂开方。私人诊所主要开设在别桥、绸缪、后周集镇以及湖塘、浪圩、金星、西马等地。1951年，随着联合诊所创办，私人诊所逐步消失。2007年2月8日，古渎村委会桥北村获准成立溧阳市绸缪小艳诊所，2010年10月申请注销。2013年，别桥集镇有1家私营口腔门诊部。

【义务诊疗所】 民国35年（1946年）4月5日，溧阳县成立义务诊疗所，设立溧阳县义诊委员会，下设别桥、后周和城区、戴埠4个义诊所。5月1日起开始医疗业务，以施诊为主，遇到赤贫者斟酌情形，给予中药治疗。

别桥、后周义诊所遵循溧阳县义诊施行规则：一、本诊所纯属慈善性质，免费诊治病人。二、来诊病者必须遵照本所一切规定办理。三、本所限于经费，暂以施诊不施药为原则（俟有经费后再行施药），但对赤贫者斟酌处理（限于中药），对于老病及长期病不在施药之例。四、来诊需先挂号（不收分文），依次诊察，对急诊可提前诊察。五、概不出诊。六、日常业务由轮值医生诊察。七、对花柳病概不诊治。

【联合诊所】 1951年，以别桥区为单位，由当地医生祝铭、程达、朱秉贤、赵小坤、陈炳元、王金生、张子仪、张慕农、朱正荣、狄进堂及县城调配来的医生11人，组成联合诊所。狄进堂任所长，所址在别桥集镇桥西桥堍下。1956年，境内中西医生20余人，组织起来加入联合诊所，所址迁至别桥西关理堂内，即别桥医院旧址所在地，成为别桥区别桥联合诊所。1958年，联合诊所改建为民办医院，9月，民办医院改称为别桥人民公社医院。

【卫生院、中心卫生院】 1958年9月，别桥人民公社医院在闸口、古渎、绸缪设医疗站；后周人民公社医院在黄金山设医疗站。1961年10月11日，古渎公社、绸缪公社卫生院成立。1963年别桥人民公社医院改成别桥中心卫生院。时别桥中心卫生院，古渎、绸缪、后周公社医院有人员55人。各医院除医疗、防保工作外，还承担农村保健员、卫生员的培训工作。1962年5月，湖边公社医院成立。1978年12月，公社医院改称为公社卫生院。1984年8月，公社卫生院改称为乡卫生院。1993 年、2003 年，后周、绸缪卫生院先后改称后周镇、绸缪镇卫生院。2000 年 4 月，别桥中心卫生院改称别桥镇卫生院。2012 年，后周、绸缪镇卫生院分别改称为别桥镇卫生院后周、绸缪分院。

1977 年别桥镇现境内原各公社卫生院、床位、人员情况表

表 22-1-1　　　　单位：张、人

<table>
<tr><td colspan="3" rowspan="2">卫生院 / 床位数量 / 人员类别及数量</td><td>别桥</td><td>湖边</td><td>古渎</td><td>绸缪</td><td>后周</td></tr>
<tr><td>25</td><td>10</td><td>9</td><td>12</td><td>18</td></tr>
<tr><td rowspan="17">人员总数</td><td colspan="2">总　数</td><td>38</td><td>16</td><td>14</td><td>16</td><td>22</td></tr>
<tr><td rowspan="14">卫生技术员</td><td>合　计</td><td>29</td><td>10</td><td>11</td><td>11</td><td>16</td></tr>
<tr><td>中　医</td><td>1</td><td>—</td><td>2</td><td>1</td><td>3</td></tr>
<tr><td>中药人员</td><td>—</td><td>1</td><td>—</td><td>—</td><td>—</td></tr>
<tr><td>西医师</td><td>3</td><td>1</td><td>1</td><td>1</td><td>—</td></tr>
<tr><td>医　生</td><td>6</td><td>2</td><td>2</td><td>—</td><td>3</td></tr>
<tr><td>护　士</td><td>3</td><td>2</td><td>1</td><td>—</td><td>4</td></tr>
<tr><td>助产士</td><td>2</td><td>2</td><td>—</td><td>1</td><td>2</td></tr>
<tr><td>药剂师</td><td>2</td><td>—</td><td>—</td><td>—</td><td>—</td></tr>
<tr><td>其他技工</td><td>—</td><td>—</td><td>—</td><td>4</td><td>3</td></tr>
<tr><td>护理员</td><td>4</td><td>—</td><td>—</td><td>2</td><td>—</td></tr>
<tr><td>药剂员</td><td>—</td><td>—</td><td>1</td><td>—</td><td>—</td></tr>
<tr><td>检验员</td><td>1</td><td>—</td><td>1</td><td>1</td><td>—</td></tr>
<tr><td>其他初级卫生技术人员</td><td>7</td><td>1</td><td>3</td><td>1</td><td>1</td></tr>
<tr><td colspan="2">行政管理人员</td><td>7</td><td>5</td><td>2</td><td>4</td><td>4</td></tr>
<tr><td colspan="2">工作人员</td><td>2</td><td>1</td><td>1</td><td>1</td><td>2</td></tr>
</table>

1985 年别桥中心卫生院、湖边、古渎、绸缪、后周乡卫生院基本情况表

表 22-1-2

<table>
<tr><td colspan="3">卫生院 / 数量 / 项目</td><td>别桥中心卫生院</td><td>湖边乡卫生院</td><td>古渎乡卫生院</td><td>绸缪乡卫生院</td><td>后周乡卫生院</td><td>合计</td></tr>
<tr><td rowspan="2">人员数（人）</td><td colspan="2">卫技人员</td><td>30</td><td>7</td><td>6</td><td>10</td><td>9</td><td>62</td></tr>
<tr><td colspan="2">行政勤杂人员</td><td>4</td><td>2</td><td>3</td><td>2</td><td>4</td><td>15</td></tr>
<tr><td colspan="3">床　位（张）</td><td>30</td><td>10</td><td>8</td><td>12</td><td>18</td><td>78</td></tr>
<tr><td colspan="3">固定资产（万元）</td><td>10.96</td><td>1.93</td><td>2.90</td><td>7.68</td><td>9.03</td><td>32.50</td></tr>
<tr><td colspan="3">房产总面积（平方米）</td><td>1697</td><td>415</td><td>300</td><td>762</td><td>1114</td><td>4289</td></tr>
<tr><td rowspan="4">按用途分</td><td colspan="2">业务用房（间）</td><td>1393</td><td>345</td><td>150</td><td>499</td><td>826</td><td>3213</td></tr>
<tr><td rowspan="2">生活福利</td><td>小计（间）</td><td>233</td><td>70</td><td>90</td><td>263</td><td>288</td><td>944</td></tr>
<tr><td>其中住宅（间）</td><td>233</td><td>—</td><td>—</td><td>100</td><td>177</td><td>510</td></tr>
<tr><td colspan="2">其他用房（间）</td><td>72</td><td>—</td><td>60</td><td>—</td><td>—</td><td>132</td></tr>
</table>

2007 年别桥镇、绸缪、后周卫生院设施设备情况一览表

表 22-1-3

名 称	建筑面积（平方米）	开放床位（张）	固定资产总值（万元）	3 万元以上诊疗设备台（套）
别桥镇卫生院	4609	40	486.6	8
绸缪卫生院	1500	10	132.0	3
后周卫生院	2929	22	249.0	3

2007 年别桥镇现境内原医疗机构一览表

表 22-1-4

医疗机构名称	地 址
溧阳市别桥镇卫生院	别桥集镇
溧阳市古渎医院	古渎集镇
溧阳市绸缪镇卫生院	绸缪集镇
溧阳市后周镇卫生院	后周集镇镇前街 60 号
溧阳市别桥镇卫生院桥东门诊部	别桥集镇兴城东路
溧阳市别桥镇卫生院湖边门诊部	别桥镇湖边村

2007 ～ 2013 年别桥镇卫生院、绸缪、后周卫生院（分院）医护情况表

表 22-1-5　　单位：人次

类别 / 卫生院 / 数量 / 年份	门 诊			住 院			手 术			床位使用率（%）			处方合格率（%）			医疗事故发生率（%）		
	别桥	绸缪	后周	别桥	绸缪	后周	别桥	绸缪	后周	别桥	绸缪	后周	别桥	绸缪	后周	别桥	绸缪	后周
2007	30925	20391	20089	749	539	581	180	57	68	53	51	53	98	97	97	0	0	0
2008	30071	20817	20019	102	634	691	300	103	87	65	67	69	97	98	98	0	0	0
2009	36168	29871	29937	932	728	689	344	121	93	81	63	61	98	96	96	0	0	0
2011	30800	21895	23008	628	521	537	169	99	101	67	61	60	100	95	95	0	0	0
2012	30787	24578	21895	726	563	584	193	81	30	69	60	61	98	97	97	0.13	0	0
2013	45516	20987	21354	806	607	613	232	69	10	70	63	63	97	96	96	0	0	0

【村卫生室（社区卫生服务站）】 1966 年，别桥公社的上市、湖边公社的湖塘、古渎公社的道成、绸缪公社的金星、后周公社的塘马、黄金山等大队设有医疗站。为建立县、公社、大队三级医疗卫生网，县人民委员会于 1966 年 9 月在南京大学果园分校举办二年制半农半医训练班，境内原 5 个公社每个大队选送 1 名学员参加学习。学习结束后，回原大队成为赤脚医生（1984

年，根据卫生部统一规定，改称乡村医生）。1968年年末至1969年年初，别桥、湖边、古渎、绸缪、后周公社依靠这批结业的学员建立大队卫生室，实行合作医疗制度。1970年，五公社有54个大队成立卫生室，占大队总数的90%，有赤脚医生73人。1976年，实行社队联办合作医疗，五公社有60个大队成立卫生室，有赤脚医生122人。1977年，境内原各大队配足2～3名赤脚医生，其中有1名女性医生。

1981年后，农村实行经济体制改革，村卫生室因失去集体经济的支撑难以维持，村办卫生室趋向萎缩，农村出现多样化的办医形式。境内大多数赤脚医生将村卫生室设在家中，实行收费治疗，义务承担村域内的公共卫生及防疫保健任务。虽县（市）政府、卫生主管部门多次发文强调村卫生室必须坚持集体办医的原则，实行“一村一室、集体办医、集资办医、村办乡管”的体制，但收效甚微，以家代室仍是境内村卫生室的主要形式。

1981年8月，为恢复巩固合作医疗，稳定赤脚医生队伍，整顿合作医疗，以适应生产责任制改变后的农村医疗、卫生新形势，县卫生局抽调合作医疗专职干部，在别桥公社进行合作医疗整顿试点，总结在改革开放的新形势下，如何巩固合作医疗，取得新的经验。

1987年下半年，县卫生局组织人员，分6个调查组，对全县39个乡镇、198个村卫生室进行调查，对卫生室进行分析，提出整顿、建设村卫生室的具体意见。1990年10月，市委农工部、市卫生局联合发文《关于抓紧村级卫生机构整顿建设的通知》，境内五乡镇根据“通知”精神，全部实行“一村一室、集体办医、集资办医、村办乡（镇）管”的农村医疗卫生体制。别桥镇现境内原五乡镇的村卫生室覆盖率达98%。1997年，经市卫生局三轮评审，别桥镇9个村卫生室、绸缪乡3个村卫生室、古渎乡3个村卫生室、后周镇7个村卫生室达到甲等卫生室标准。

2004年，村卫生室实行“二证、三制、五统一”的管理制度。“二证”是卫生室的执业许可证、乡村医生执业证书；“三制”为乡村医生聘任制、工资制、养老退休制；“五统一”为统一村卫生室行政管理、统一乡村医生人员管理、统一业务技术管理、统一财务管理、统一药品调拨管理。市初级卫生保健委员会统一下发初保系列台账，每年组织专题督查和重点抽查，对管理“滑坡”质量下降的村卫生室暂缓发证，限期整改，整改仍不合格的停业整顿。2005年，境内3个镇22个村卫生室全部通过常州市初级卫生保健先进乡（镇）评审达标验收。

2006年5月，根据《江苏省农村社区卫生服务中心和服务站建设标准》《江苏省示范社区卫生服务中心评估标准》两文件精神，别桥镇、绸缪镇、后周镇卫生院，积极做好村卫生室向社区卫生服务站转型的工作。根据3000～5000人口设1个社区卫生服务站的标准，别桥镇在浪圩、湖塘、中里、战胜、合星行政村设社区卫生服务站；绸缪镇在东马、阴山、绸缪、赵圩、道成行政村设社区卫生服务站；后周镇在后周、黄金山、玉华山、小石桥、下梅、西马、塘马行政村设社区卫生服务站。镇卫生院对各镇社区卫生服务站实行分类指导，积极拓宽社区卫生服务站的服务功能，逐步完善集医疗、预防、保健、康复、健康教育和计划生育指导“六位一体”的服务，使农村社区卫生服务逐步走向规范化、正规化。

2013年年末，别桥镇17个社区卫生服务站（村卫生室）共有卫生技术人员49人，均具有乡村保健医生资格。

第二节　医疗队伍

新中国成立前，境内医务人员以中医为主，西医极少。从医者皆为祖传、师传中医，其中不乏名医。清康熙年间（1662～1722年），道成村眼科名医童广儒在溧阳南门大街开设私人诊所，他是童氏眼科著名传人。童广儒博览医药经典文献，广收先贤万书，精心研究且融会贯通，治眼疾以“辨证析明、方剂求证、选药认真、配置维勤”十六字为准则，治病明确病因病机，处方务实药症相投，用药选择地道药材，配制研磨功夫到家，虔制的眼药有聚光珍珠散、去腐解毒珠黄散、祛阏生新推云散、消翳除障磨翳丸等贝壳眼药，驰名宁沪各地，甚至远销南洋。民国10年（1921年），曾参加南洋华侨举办的劝业会展览，经过试用评定获得奖状。童广儒排行老二，故世称“童二房眼药”。三百年来，童氏眼科代代相传。

民国时期，在别桥地区行医的中西医医生有王荣金、焦田保、陈友只、陈保华、陈炳元、高洪德、祝铭、程达、达川保、陈坤法、张浩峰、马坤生、李华富、姜商宾、葛保中等人。新中国成立后，曾任别桥区联合诊所所长、别桥公社医院院长的狄进堂，是一位有名的中医，行医敦厚持重，诊病仔细周到。民国21年（1932年），别桥城乡伤寒湿温流行，向狄进堂求医者踵接，治愈者也众。祝铭的妇产科医疗技术胜人一筹。

新中国成立后，个体开业医生、部分游医、郎中响应政府号召，组织起来走集体化道路，祝铭、朱秉贤等10位医生，在狄进堂的带领下，组建成别桥区联合诊所，成为集体所有制医疗单位的卫生技术人员。1951年，现境内有卫生技术人员18人，平均每千人拥有卫生技术人员0.39人。党和政府十分重视卫生医疗队伍的建设，通过各种渠道培训医疗人才。后经培训及卫生学校毕业生的充实，1965年，境内有卫生技术人员58人。

卫生医疗队伍的建设也出现过一些波折。1958年“大跃进”期间，先后吸收一些单位医生和非卫技人员，这些人业务水平低，难以胜任医疗工作。“文化大革命”时期，由于人事管理失控，一部分非卫技人员通过各种途径安排到公社卫生院，充当医技人员和行政人员，致使卫技人员和行政人员比例失调。1969年后，农村赤脚医生加入医疗队伍，虽然境内每千人拥有卫技人员的人数增加，但卫生医疗队伍的整体素质却有所下降。

1980年，经考核和定职，别桥、湖边、古渎、绸缪、后周5所卫生院有医师（含中医师）10人，医士12人，护士3人，卫生技士1人，护理员9人，药剂员7人，检验员3人，其他初级卫生技术人员14人。57名赤脚医生经考核取得资格证。

1984年别桥现境内中心、乡卫生院“三配套”情况表

表22-1-6　　　　单位：人、%

单位	职工总人数	其中			性质		文化		年龄分组			
		行政	卫技	工勤	全民	集体	大专	中专	25岁以下	26～30岁	31～45岁	46～60岁
别桥中心卫生院	36	1	33	2	19	17	10	12	4	12	11	9

续表 22-1-6　　单位：人、%

单位		职工总人数	其中			性质		文化		年龄分组			
			行政	卫技	工勤	全民	集体	大专	中专	25岁以下	26～30岁	31～45岁	46～60岁
湖边乡卫生院		12	1	10	1	1	11	1	4	1	2	7	2
古渎乡卫生院		8	—	7	1	1	7	1	1	—	—	7	1
绸缪乡卫生院		12	2	10	—	2	10	—	1	1	3	7	1
后周乡卫生院		12	2	9	1	3	9	—	3	3	2	7	—
合计		80	6	69	5	26	54	12	21	9	19	39	13
百分比	占总人数	100	7.50	86.25	6.25	32.50	67.50	15.00	26.25	11.25	23.75	48.75	16.25
	占卫技人员	—	—	—	—	—	—	17.00	30.00	—	—	—	—

1985 年年初，考核合格的赤脚医生改称乡村医生。随着医学院校毕业生不断进入乡镇卫生院及在职医务人员通过各种形式培训、进修，医疗队伍人员的整体文化、理论、业务素质都不断提高。1993 年 7 月，经过溧阳市卫生进修学校 3 年的学习，毕业考试获得乡村医生专业（中专）学历的 5 人，分别进入别桥、绸缪、后周卫生院。1996 年，别桥、古渎、绸缪、后周卫生院有医师（含中医师）25 人，护师 10 人，检验师 1 人，药师 5 人；医士 25 人，护士 15 人，助产士 2 人，药剂士 3 人，检验士 3 人，其他卫生技士 1 人；护理员 2 人，检验员 2 人，其他初级卫生技术人员 11 人。

2013 年年末，全镇有卫生院 1 所，以及下设的 2 个分院，有卫生技术人员 108 人。其中，本科学历以上的 9 人，大专学历的 33 人；副高职称的 4 人，中级职称 45 人，初级职称的 30 人。民营医院（古渎医院）1 所，有卫生技术人员 10 人。其中，大专学历以上的 8 人，取得中级职称的 3 人，初级职称的 7 人。在岗乡村保健医生 49 人。全镇平均每千人有卫生技术人员 2.24 人，是新中国成立初期的 5.74 倍。

第三节　医疗技术

清末民国时期，中医名人姜立卿（诨名姜三胖子），竹篑人，是孟河御医马培之的弟子，诊病用药常有独到之处，能治当时的风痨臌膈四大绝症。其长子澄秋继承父业，迁到别桥行医。

民国时期，别桥地区境内行医者主要是中医，从事医道者的医疗技术是祖传或师传。医者以问诊为主，辅以按脉察舌，依据经验辨证论治的方法，使用中药验方治疗疾病。

新中国成立前后，有中医针灸、伤科、牙科等个体行医者。

1951 年，别桥区联合诊所成立，只设中医、西医两科，为患者治病，凭医生的临床经验。1956 年，诊所增加一些医疗人员，增添显微镜 1 架，检查寄生虫卵和疟原虫，开始分设内科、外科、中医、针灸、妇产、伤科等科室。1958 年，诊所改为别桥公社医院，以西医为主，医疗设备、医疗业务日趋正规，能治疗内科、外科的常见病、多发病，开展外科丁类项目中的部分手术。

1960年，别桥公社医院建立化验室，能为患者化验大小便、血常规。1966年，别桥中心卫生院建立外科手术室，能施行下腹部手术和妇产科的一般手术。1975年，别桥中心卫生院建立X光透视室，购置50毫安X光机一架，能透视肺、胃、骨折等。外科、妇产科能施行男、女结扎手术。1977年能拍摄X光片。1980年开始，利用心电图和超声波检查病情。1983年，能培养医学细菌，能自制葡萄糖、医学盐水。在诊治科目上分内科、外科、中医科、针灸科、五官科、妇产科、透视、心电图、超声波、外科手术、注射和抢救等科室。1986年，别桥中心卫生院设立综合内科病区，所有住院的内科病人收入综合内科治疗，设立儿科专业。化验方面除大小便、血常规外，还能做肝功能、生物化验。

1990～1995年，随着高等医科院校毕业生陆续补充到乡镇卫生院医疗队伍，加之增添先进的医疗设备，别桥中心卫生院的医疗技术有显著的提高。内科可以进行呼吸系统、消化系统、内分泌系统、心血管系统、神经系统和儿科常见病的急救和诊治。普外科、泌尿科、骨外科、妇产科、五官科不仅可以开展丁类项目的全部手术，而且普外科可以开展丙类项目中的胃部及十二指肠手术、右半结肠切除术、肝损伤急诊处理；泌尿外科、骨科可以开展丙类项目全部手术。妇产科能开展丙类项目的全部手术和乙类项目中的子宫肌瘤剔除术、产后阴道大血肿切开缝合术、三度会阴裂伤缝合术。五官科可以开展丙类项目中的白内障囊外摘除、复杂窦肉切除术、眼中异物取出术、气管切开术、口腔颌面软组织清仓术（大）、疑难阻生牙拔除术。1996年后，别桥中心卫生院先后与溧阳市人民医院、溧阳市中医院建立协作关系，在本院成功地完成25例胆总管切开取石手术、6例胃癌根治手术、5例脾脏切除手术。

2000年后，别桥镇卫生院先后增设消化内科、心血管内科、内分泌科、神经内科。

2000～2003年，卫生院先后选派医务人员到江苏省人民医院、南京一院、常州一院、常州中医院等医院进修学习，经过学习、实践，积累丰富的临床经验，外科能开展肝、胆、脾、胰、肾、前列腺、子宫切除等高难度的手术。内科能抢救农药中毒、脑血管意外、消化道出血等急重危病人。妇科微波治疗室能利用先进技术治疗盆腔炎、宫颈息肉等妇科疾病。口腔科能开展全口牙拔牙、镶牙、补牙、洁牙、牙齿矫正等项目。放射科有500毫安遥控遥蓝X光机，能开展胃、肠造影等检查项目。检验科能开展血脂分析、二对半、肝肾功能、尿液分析血球计数等项目。2001年，能开展输尿管结石切开取石、前列腺摘除、肾切除术等项目。

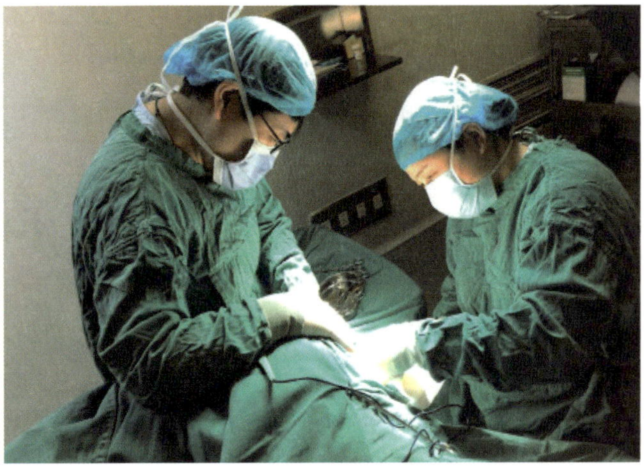

图22-1 患者在别桥卫生院手术治疗

2007年，别桥镇卫生院先后与溧阳市两所二甲医院建立协作关系，在别桥镇卫生院成功完成20例骨科手术、5例前列腺摘除手术、2例人工股骨头置换手术。2013年，别桥镇卫生院先后与溧阳市人民医院、溧阳市中医院、常州市第一人民医院、镇江江滨医院建立协作关系，在别桥镇卫生院成功完成2例全髋关节置换手术、15例疝气补片修补手术、3例人工股骨头置换术。

第四节 医疗设备

20世纪50年代前，别桥区域内行医者主要是中医，中医诊断病情靠望、闻、问、切，医疗设备甚少。1951～1955年，别桥区的联合诊所医疗设备简陋，仅有听诊器、体温表、压舌板、血压计、注射器及简单的外科手术器械。1956年联合诊所扩大，添置1台显微镜，供检查寄生虫卵和疟原虫。1958年，别桥联合诊所改为别桥公社医院后，购置建立化验室所需的仪器设备。1966年，别桥中心卫生院建立外科手术室，购置开展手术所需的刀具、手术台。1975年，别桥中心卫生院购置50毫安X光机1台。1977年添置1台X光摄片仪器。1980年增添心电图机、B超诊断仪。1983年，配置电冰箱、烘干箱、培养箱；有立式高压消毒器，外科手术无影灯和万能手术床，自制葡萄糖、盐水的蒸馏设备。

2000～2003年，别桥镇卫生院又配置心电监护仪、呼吸机、洗吸机等抢救设备。新建微波治疗室，添置先进的牙科治疗设备，500毫安遥控遥蓝X光机，尿液分析仪，进口胃镜1台。2004年购置彩超1台，2007年1月添置500毫米光机1台，9月添置酶表仪1台。2007年9月至2010年5月，连续购置救护车3辆。

2013年年末，别桥镇卫生院有单价3万元以上的医疗设备15台（套），救护车3辆；绸缪分院有单价3万元以上的医疗设备6台(套)；后周分院有单价3万元以上的医疗设备12台(套)；古渎医院（民营）有单价3万元以上的医疗设备4台（套）。

2013年别桥镇卫生院3万元以上设备情况一览表

表22-1-7

设备名称	单 位	数 量	金额（万元）	购置时间
彩超	台	1	61.50	2004.11
500毫安X光机	台	1	27.50	2007.01
酶表仪	台	1	3.87	2007.09
救护车	辆	3	26.20	2007.09～2010.05
全自动生化仪	台	1	34.43	2008.09
心电图机	台	2	82.30	2010.10～2013.08
电子胃镜	台	1	27.49	2010.12
全能麻醉机	台	1	15.00	2010.12
血流变	台	1	5.68	2011.08
DR机	台	1	44.50	2012.01

续表 22-1-7

设备名称	单　位	数　量	金额（万元）	购置时间
全自动血细胞分析仪	台	1	10.00	2012.01
电子阴道镜	台	1	3.98	20130.1
电刀	台	1	7.80	2013.07
迈瑞监护仪	台	1	6.90	2013.07
腹腔镜	台	1	42.00	2013.12

2013 年绸缪分院 3 万元以上设备情况一览表

表 22-1-8

设备名称	单　位	数　量	金额（万元）	购置时间
超声诊断仪器	台	1	16.50	2000.03
X 光机	台	1	5.47	2003.05
全自动血球仪	台	1	11.90	2004.05
彩超	台	1	21.33	2010.05
全能麻醉机	台	1	4.50	2010.09
全自动生化仪	台	1	16.80	2011.04

2013 年后周分院 3 万元以上设备情况一览表

表 22-1-9

设备名称	单　位	数量	金额（万元）	购置时间
半自动血细胞分析仪	台	1	9.37	1998.10
半自动生化分析仪	台	1	3.20	2001.12
X 光机	台	1	16.88	2004.01
全自动血球仪	台	1	11.90	2004.05
超声诊断仪器	台	2	36.00	2005.08 ～ 2012.01
酶表仪	台	1	3.50	2007.07
电解质分析仪	台	1	3.30	2007.07
全能麻醉机	台	1	4.10	2009.03
胃镜	台	1	40.00	2009.06
X 光洗片机	台	1	3.00	2009.10
血流变	台	1	5.68	2011.06

2013 年古渎医院（民营）3 万元以上设备情况一览表

表 22-1-10

设备名称	单　位	数　量	金额（万元）	购置时间
超声诊断仪器	台	1	16.50	2000.03

续表 22-1-10

设备名称	单　位	数　量	金额（万元）	购置时间
X 光机	台	1	5.47	2003.05
全自动血球仪	台	1	11.50	2004.05
全能麻醉机	台	1	4.50	2010.09

第五节　医疗制度

一、公费医疗

20 世纪 50 年代初，政府对境内国家行政、事业单位的正式工作人员，实行公费医疗预防疾病制度。1952 年 9 月，溧阳县成立公费医疗预防实施管理委员会。县公费医疗预防实施管理委员会根据县政府制定的《溧阳县公费医疗预防实施暂行办法》，给别桥地区每个享受公费医疗的国家工作人员发给公费医疗证，规定人均每月按 2 元幅度开支。1962 年，县人民委员会下发《关于改进公费医疗管理问题的通知》，完善有关公费医疗管理办法。“文化大革命”中，公费医疗管理制度松弛，经费严重超支。

根据溧阳县革命委员会 1972 年 1 月《关于整顿公费医疗问题的通知》精神，县卫生局下达《关于公费医疗实行县、社分级管理的几个具体问题的通知》，其主要办法为按照别桥地区各公社享受人数的公费定额，除由县提留极少部分作统一掌握使用外，其余全部按别桥地区现境内原 5 个公社享受公费医疗待遇的人数拨付到公社，由公社自行掌握管理。1978 年 10 月，根据《江苏省公费医疗管理办法》的精神，调整公费医疗制度，制定别桥、湖边、古渎、绸缪、后周享受公费医疗待遇人员的范围、经费开支、药品使用及门诊、住院、会诊、转院、疗养等有关规定，享受公费医疗人员经费提高到每月 2.5 元。

1988 年 1 月起，别桥镇境内公费医疗经费定额标准为：在职人员 35 周岁以下每人每年 50 元，36 ～ 50 周岁每人每年 70 元，51 ～ 70 周岁每人每年 90 元；离退休干部、职工和在乡二等乙级以上残废军人（不含企业单位人员）医疗费用由县公费医疗办公室按实列支。超过定额医疗经费的部分由个人负担 20%，结余部分奖励个人 40%。从 1988 年 1 月起，享受公费医疗人员在单位特约医院就诊。

1989 年，公费医疗管理办公室根据各部门情况采取不同的管理方式：境内教育、卫生系统的公费医疗费除每人每季度留 1 元在公费医疗办公室作为病人转往外地住院备用金外，其余按季度拨给主管局掌握使用，超支部分在系统内自行解决。交通、商业、基本建设单位的公费医疗费也有具体做法，其他单位的公费医疗经费由县公费医疗管理办公室统一掌握使用。

1993 年 3 月，境内公费医疗包干范围是享受公费医疗人员发生的医疗费用（包括门诊费用和住院费用）全部包干到单位。包管标准：在职人员每人每年 180 元，其中按年龄分三个档次，35 周岁以下 120 元，36 ～ 50 周岁 160 元，51 周岁以上 200 元，总包数剩余部分由单位统一用于重病人开支；退休人员（不包括副县级以上人员）每人每年 600 元，离休干部、享受副县级以上待遇的退休干部分三类，即地市级以上每人每年1200元，县团级每人每年1000元，其余每人每年800元；在乡的二等乙级以上残废军人每人每年1400元。

境内机关事业单位从保障每个职工身体健康、堵塞不必要的漏洞、节约开支的前提出发，结合本单位的实际情况，制定一些新的规定。凡本单位职工，住院费及各种检查费、手术费全部由医院承担，药费、输血费超过全年包干费部分的按比例由个人承担，节余不奖励。包干经费由各包干单位统一安排使用，节余留用，超支财政不再弥补。

2001年1月1日，取消公费医疗，境内机关事业单位人员全部参加城镇职工基本医疗保险。

二、劳保医疗

1951年2月，国家颁布工作劳动保险条例。别桥镇现境内原供销社、邮电、信用合作社、粮油管理所、国营别桥米厂等单位的职工均享受劳保医疗。职工就诊时，除挂号费外，药费全部由单位报销。20世纪50年代末，别桥镇现境内原全民和集体企业参照公费医疗的管理办法，由本单位划拨职工工资总额的5%作为医疗经费，逐步实行劳保医疗制度，并与就近医院建立特约医疗关系。职工凭单位介绍信到特约医院就诊，除挂号费外不付现金，由医院与单位结账，医药费由单位全额支付。1980年后，由于医药费严重超支，境内各企业视自身经济效益的优劣，自定药费的报销比例。

2001年1月，境内各企业取消劳保医疗，员工参加城镇职工基本医疗保险。

三、城镇职工基本医疗保险

2001年1月，溧阳市取消公费医疗和劳保医疗制度，境内原享受上述两种待遇的对象全部参加溧阳市城镇职工基本医疗保险。根据溧阳市政府《溧阳市城镇职工基本医疗保险制度实施办法》文件精神，成立溧阳市医疗保险基金管理中心，开始全面实施城镇职工基本医疗保险制度。投保人每月按工资额的10%缴纳医疗保险金（个人缴2%，单位缴8%），离退休干部、职工免缴。市医保结算中心每月按投保人工资比例（36岁以下工资额的3.9%，37～46周岁工资额的4.4%，47周岁以上工资额的5.2%，退休者养老金的6.5%），将门诊医疗费划拨到投保人的医疗保险卡上。投保人除患特殊慢性病或大病，年门诊费用超千元者，可向市医保中心提出门诊报销申请，获准者可报70%。一级医院住院费用超过400元以上部分、二级医院住院费用超过500元以上部分可报销85%，1万～2.5万元部分可报销90%，2.5万～6万元部分可报销95%，超过6万元部分可申请医疗救助金，年住院报销总额以25万元封顶。

四、农村合作医疗

1968年，在各级领导的重视下，境内原各公社生产大队先后办起大队合作医疗。

合作医疗是广大农民依靠集体力量建立起来的具有互助性质的新型医疗保健制度，是县、乡、村三级医疗卫生网的基础。它在改变农村缺医少药状况，开展农村防病治病，实行计划生育，开展爱国卫生运动，保障人民健康，发展农业生产等方面起着重要的作用。凡属农村社员，自己要求，都可以参加合作医疗。医务人员主要是1966年溧阳县半农半医训练班学习结业的乡村医生（赤脚医生），公社卫生院负责对他们进行定期业务辅导，其任免由大队支部研究报请公社审批，并制定合作医疗章程和管理制度。合作医疗一实行就深受广大农民群众的欢迎。1970年，境内别桥、湖边、古渎、绸缪、后周五公社54个大队建有卫生室，实行合作医疗。合作医疗制度规定，每人每年缴纳医疗费2元（1元从生产队公益金中列支）。社员到卫生室就诊时，只需付0.05元挂号费，医药费全免。

为解决大病转院的病人的费用困难，1976年，境内实行社队联办合作医疗制度，转院病人可按一定的限额报销医疗费用。

1975年、1978年、1979年、1988年别桥镇现境内原各公社（乡）合作医疗情况一览表

表22-1-11

年份	公社（乡、镇）	赤脚医生（人）		建立合作医疗大队（个）	备　注
		总数	其中女性		
1975	别桥	29	15	18	1974年治疗131400人次
	湖边	14	7	7	1974年治疗88000人次
	古渎	20	10	11	—
	绸缪	19	9	7	2个大队未建立
	后周	27	15	16	1个大队未建立
1978	别桥	30	14	18	会接生的8人
	湖边	14	7	7	会接生的5人
	古渎	15	6	11	会接生的6人
	绸缪	18	7	9	会接生的7人
	后周	36	15	16	1个大队未建立 会接生的15人
1979	别桥	31	15	18	会接生的8人
	湖边	14	7	7	会接生的5人
	古渎	14	6	7	会接生的3人
	绸缪	20	9	9	会接生的8人
	后周	25	7	16	会接生的9人
1988	别桥	27	13	—	—
	湖边	8	3	—	—
	古渎	13	4	—	—
	绸缪	14	4	—	—
	后周	25	7	—	—

1977年4月，溧阳县委批转《批准全县各级医疗单位实行医务人员与大队乡村医生定期轮换制》的文件，在不断提高乡村医生医疗业务水平的前提下，使农民不出村、不进城镇也能分

享到优质医疗卫生资源的服务。1981 年，农村进行经济体制改革，实行家庭联产承包责任制，境内合作医疗失去集体经济的支撑难以为继，趋于解体。

1997 年 3 月，市政府出台《溧阳市农村合作医疗大病保险暂行办法》，着眼于解决农民看大病的费用问题。1998 年 6 月，市政府印发《溧阳市农村合作医疗（住院）保险试行办法》，把农村合作医疗作为建立和完善社会保障机制，控制和缓解农民因病致贫或因病返贫现象的一件实事、好事来抓。别桥、古渎、绸缪、后周成立以镇（乡）长为组长的合作医疗管理委员会，以镇（乡）政府文件形式下发《农村合作医疗保险制度管理章程》，对新型农村合作医疗制度进行可行性探索，本着“因地制宜、实事求是”与“低水平、广覆盖”的原则，结合本镇（乡）实际情况，灵活机动地加以推广。农村合作医疗基金的筹集：(1) 市财政每人每年 1 元；(2) 镇（乡）财政每人每年 1 元；(3) 村集体扶持每人每年 3 元；(4) 参保人员每人每年 10 元。参保者全年住院医药费在 501 ～ 10000 元的部分由乡镇级基金补偿，1 万元以上部分由市级基金补偿，补偿标准采用分段分层次的方式，市、镇（乡）补偿累计最高限额为 1 万元。

2004 年，别桥、绸缪、后周实行新型农村合作医疗制度。

五、新型农村合作医疗

2003 年 11 月，市政府下发《关于建立健全新型农村合作医疗制度的实施意见》，明确建立健全新型农村合作医疗制度的目标、任务和要求。市政府同时印发《溧阳市新型农村合作医疗保险管理暂行办法（试行）》，确立新型农村合作医疗实行全市“统一管理、统一筹集、统一使用、征监管分离、专款专用、收支平衡”的原则，境内 3 个镇设立定点医院和农村医保专管员。补偿标准也相应提高，全年补偿标准最高限额为 2 万元。

2004 年 1 月，别桥、绸缪、后周开始实行新型农村合作医疗保险制度，参加对象为没有参加城镇职工基本医疗保险的农村居民及外地在 3 个镇境内务工的居民。保险基金征缴标准每人每年 40 元。其中，市、县、镇级财政按参保人数每人每年资助 20 元。绸缪镇的原绸缪乡、后周镇属茅山革命老区，加省财政按参保人数每人每年补助 10 元，参保人个人每年缴费 20 元，茅山革命老区参保人个人每年缴费 10 元，农村低保家庭、“五保户”个人缴费部分由村民委员会解决，外地来别桥、绸缪、后周务工人员如参保，每人每年缴纳 40 元，不享受各级财政补贴。2004 年，现境内原别桥镇参保 22506 人，参保总额 45.012 万元；原绸缪镇参保人数 14003 人，参保总额 20.47 万元（茅山革命老区 7536 人，参保金额 7.536 万元；非茅山革命老区 6467 人，参保金额 12.93 万元）；原后周镇全部是茅山革命老区，参保人数 15108 人，参保金额 15.11 万元。

图22-2　2012年4月别桥卫生院为老年人健康检

合作医疗基金主要用于大病医疗统筹和

住院医疗补偿，普通门诊不予补偿。

参保人员的每次住院医疗费用补偿，采取分段计算、累计限额办法。具体标准为：200元以下不予补偿，201～2000元的部分补偿20%，2001～5000元的部分补偿40%，5001～10000元的部分补偿50%，1万元以上的部分补偿55%，2万元以上的部分补偿60%，全年最高补偿额为2万元。

2004年7月1日起，取消定点医院的逐级转诊限制，参保人员可自主选择全市范围内的各级定点医院就医，在全市各级报点均可办理补偿手续，补偿比例不变。2004年，境内新型农村合作医疗原别桥镇获医疗补偿363人次，补偿金额15.20万元；获医疗救助383人，救助金额25.29万元。原绸缪镇获医疗补偿296人次，补偿金额9.24万元；获医疗救助269人，救助金额15.37万元。原后周镇获医疗补偿342人次，补偿金额10.21万元；获医疗救助287人，救助金额16.97万元。

2005年1月起，将新型农村合作医疗基金分为大病医疗统筹、个人医疗保健账户、医疗救助资金三部分。个人缴纳部分年人均10元记入个人医疗保健账户，用于个人门诊医药费用支付；省、常州市、溧阳市和镇级补助资金的10%～15%作为医疗救助专项资金；其余部分作为大病医疗统筹，用于住院医疗补偿；取消最高补偿限额标准，实行补偿上不封顶。同年6月10日起，补偿标准除200元以下不予补偿保留外，其余各段调整为：201～2000元的部分补偿30%，2001～5000元的部分补偿50%，5001～10000元的部分补偿60%，1万元以上的部分补偿65%，2万元以上的部分补偿70%。增加特殊病种门诊医药费补偿项目，尿毒症血液透析费、恶性肿瘤门诊化疗或放疗费按30%给予补偿。

2005年，现境内原别桥镇参保人数20768人，参保金额41.54万元。原绸缪镇参保人数12690人，参保总额18.49万元（茅山革命老区参保人数6891人，参保金额6.89万元）。原后周镇全部属茅山革命老区，参保人数13976人，参保总额13.98万元。是年，住院医疗补偿金最高限额是4.5万元。2005年，新型农村合作医疗境内原别桥镇获医疗补偿756人次，补偿金额48.23万元；获医疗救助574人，救助金额13.20万元。原绸缪镇获医疗补偿592人次，补偿金额29.47万元；获医疗求助316人，救助金额8.07万元。原后周镇获医疗补偿687人次，补偿金额32.46万元；获医疗救助341人，救助金额8.88万元。

2006年，新型农村合作医疗筹资标准为每人每年60元，其中参保人员每人每年缴20元不变，其余部分由市、镇财政补贴。

2006年1月1日起，将住院医疗费用200元以下的部分纳入30%的补偿范围，其他分段补偿标准不变。同年7月1日起，再次提高住院医疗费用补偿标准：2000元以下部分、5001～10000元的部分、1万元以上部分比原补偿标准提高10%，2001～5000元的部分比原补偿标准提高15%，全年累计补偿封顶8万元。在溧阳市级医院、溧阳市以外二级以上医院诊治的补偿标准，由2004年实行的按镇级医院诊治补偿标准的70%、50%分别提高10个百分点，补偿范围中再增加239种药品和中药饮片、中医技术。

2006年，域区内原别桥镇参保人数22110人，参保总额44.22万元。原绸缪镇参保人数13736人，参保总额20.25万元（茅山革命老区参保人数7219人，参保金额7.22万元；非茅山革命老区参保人数 6517 人，参保金额 13.03 万元）。原后周镇全部是革命老区，参保人数 15308 人，参保总额 15.31 万元。当年，新型农村合作医疗境内原别桥镇获医疗补偿 1269 人次，补偿金额 93.85 万元；获医疗救助 423 人，救助金额 14 万元。原绸缪镇获医疗补偿 893 人次，补偿金额 58.28 万元；获医疗救助 262 人，救助金额 8.7 万元。原后周镇获医疗补偿 1015 人次，补偿金额 64.95 万元；获医疗救助 294 人，救助金额 9.67 万元。

2006 年 12 月，市政府印发《溧阳市新型农村合作医疗管理办法》，从 2007 年 1 月 1 日起，新型农村合作医疗基金人均筹资标准提高到 90 元，其中溧阳市财政对境内参保人数每人每年补助 30 元，镇财政按域区内参保人数每人每年补助 15 元。参保人个人缴费：绸缪、后周茅山革命老区每人每年 20 元，非革命老区每人每年 30 元。省、常州市财政对参保人员给予一定补助。与 2006 年 7 月 1 日起实行的补偿标准相比，2000 元以下部分提高 15%，其他各段分别提高 5%。2007 年，别桥镇（含原绸缪镇、后周镇）参保人数 56357 人，参保总额 162.18 万元。境内农村居民参保率达 100%。全镇获医疗补偿 3669 人次，补偿金额 407.52 万元；获医疗救助 746 人，救助金额 36.22 万元。

2008 年 1 月起，新型农村合作医疗基金人均筹资增至 120 元，各级财政对境内参保居民人均补助 80 元，个人缴费：茅山革命老区每人每年 30 元，非茅山革命老区每人每年 40 元，取消 10 元入个人账户用于门诊。

2008 年，参保人员的每次住院医疗费用补偿，分段计算，累计补偿，标准是：200 元以下部分补偿 15%；201 元以上至 2 万元的部分补偿 75%；20001 元以上的部分补偿 80%。尿毒症门诊血液透析费、腹膜透析费、器官移植后抗排斥反应治疗费、恶性肿瘤门诊化疗（药品目录范围内）或放疗费按 50% 给予补偿。以上补偿个人全年累计最高可达 10 万元。普通门诊医药费用补偿只限于在本市范围内，被市合管会确认的定点一级医疗机构和社区卫生服务站而发生的医药费用，按有效门诊（电脑打印）金额补偿 15%，全年个人累计最高 200 元。是年，全镇参保人数 58933 人，参保总额 317.64 万元。获医疗补偿 3672 人次，补偿金额 416.32 万元；获医疗救助 612 人，救助金额是 40.55 万元。

2009 年 1 月，新型农村合作医疗保险基金人均筹资增至 180 元，各级财政对境内参保居民人均补助 120 元。参保个人缴费：茅山革命老区每人每年 50 元，非茅山革命老区每人每年 60 元。境内茅山革命老区参保人数 29938 人，参保金额 149.69 万元；非茅山革命老区参保人数 27469 人，参保金额 164.81 万元；外来人员参保 3 人，每人 180 元，参保金额 540 元。全镇参保人数 57410 人，参保总额 314.56 万元。

2009 年，参保人员的每次住院医疗费用补偿：300 元以下不予补偿；市内一级医院 301 元以上部分补偿 75%，市内二级医院 301 元以上部分补偿 63%，市外二级或二级以上公立医院 301 元以上部分补偿 48%。参保人员在住院期间使用的中药饮片（药品目录范围内）按医院的不同级别相应提高 10 个百分点给予补偿。尿毒症门诊血液（腹膜）透析费、器官移植后抗排斥反应治疗费、恶性肿瘤门诊化疗（药品目录范围内）或放疗费按 50% 给予补偿。以上补偿个人全年累计最高不超过 10 万元。普通门诊医药费用补偿只限于在本市范围内，被市合管会确认的定点一级医疗机构和公立社区卫生服务站而发生的溧阳市新农合药品目录范围内医药费用，补偿标准为25%，全年个人累计最高200元。全镇获医疗补偿2813人次，补偿金额38.55万元；获医疗救助586人，救助金额41.05万元。

2010年1月起，新型农村合作医疗保险基金人均筹资增至220元，各级财政对境内参保居民人均补助145元。参保个人缴费：茅山革命老区每人每年65元，非茅山革命老区每人每年75元。门诊报销比例不变，住院医疗费报销比例标准提高至38%。境内参保居民57677人，参保总额404.26万元。全镇获医疗补偿305人次，补偿金额306.01万元；获医疗救助404人，救助资金80万元。

2011年1月起，新型农村合作医疗保险基金人均筹资增加到240元，各级财政对境内参保居民人均补助160元。参保个人缴费：茅山革命老区每人每年70元，非茅山老区每人每年80元。是年，境内茅山革命老区参保居民28227人，参保金额197.59万元；非茅山革命老区参保居民29463人，参保金额235.70万元；外来人员参保5人，参保金额1200元。全镇参保居民57695人，参保总额433.41万元。2011年11月1日起，国家将治疗糖尿病、高血压共110种的药品（国家基本药物范围内）的参保居民新型农村合作医疗补偿比例从25%提高到45%。

参保人员符合补偿范围的每次住院费用，按规定补偿：市内一级医院300元以上部分补偿75%；市内二级医院500元以上部分补偿63%；市外政府举办的医院800元以上部分补偿63%。参保人员在住院期间使用的中药饮片（药品目录范围内）按医院的不同级别相应提高10个百分点给予补偿。尿毒症门诊血液（腹膜）透析费、器官移植后抗排斥反应药品费、恶性肿瘤门诊化疗（药品目录范围内）或放疗费按60%给予补偿。如这三类特殊病种住院治疗，则按住院补偿规定执行。以上补偿个人全年累计最高不超过10万元。2011年，全镇获医疗补偿296人次，补偿金额93万元；获医疗救助451人，救助资金50万元。

2012年1月起，新型农村合作医疗保险基金人均年筹资增至310元，其中各级财政对境内参保居民人均补贴220元。参保人员缴费：茅山革命老区每人每年80元，非茅山革命老区每人每年90元。门诊报销比例不变动，住院医疗费报销标准提高至45%。境内茅山革命老区参保居民27927人，参保金额223.43万元；非茅山革命老区参保居民28618人，参保金额257.56万元；外来人员参保14人，参保金额4340元。全镇参保56561人，参保总额481.43万元。2012年起，重大疾病保障病种增加到8类，不受医院级别限制，均按定额费用的70%补偿。2012年，全镇全年补偿249人次，补偿金额30万元；获医疗救助490人，救助金额30万元。

2013年1月起，新型农村合作医疗保险基金人均筹资增至425元，各级财政对境内参保居民人均补助315元，参保人个每人每年缴费110元，省政府取消省财政对茅山革命老区参保人均补助10元的优惠政策。门诊报销比例为25%，住院医疗费报销提高至48%，年度个人门诊最高补偿封顶额为200元，取消医疗补偿和医疗救助，个人全年累计报销最高不超过12万元。在8类重大疾病基础上再新增12类重大疾病保障病种，不分就诊医院的级别，医疗报销比例统一按定额或限额的70%报销。新型农村合作医疗住院医疗费报销比例，从2004年的20%提高至48%。2013年，境内参加新型农村合作医疗保险55677人（含医疗救助对象1068人），参保金额612.47万元；外来人员参保3人，参保金额1275元。合计参保55680人，参保总额612.60万元。

2004～2013年别桥现境新型农村合作医疗缴费及报销额度变化情况一览表

表22-1-12

时　间	保险基金人均年筹资（元）	各级财政人均补助（元）	老区省财政人均补助（元）	参保人缴保费（元）	其中入个人医疗账户，用于门诊（元）	门诊报销比例（%）	住院报销比例（%）
2004年1月始	40	20	10	20	—	—	20
2005年1月始	40	20	10	20	10	—	23
2006年1月始	60	20	10	20	10	—	28
2007年1月始	90	60	10	30	10	—	30
2008年1月始	120	80	10	40	—	25	34
2009年1月始	180	120	10	60	—	25	36
2010年1月始	220	145	10	75	—	25	38
2011年1月始	240	160	10	80	—	25	41
2012年1月始	310	220	10	90	—	25	45
2013年1月始	425	315	—	110	—	25	48

2004～2013年别桥现境新型农村合作医疗参保情况一览表

表22-1-13

年份	镇别	参保人数（人）	参保总额（万元）	年份	镇别	参保人数（人）	参保总额（万元）
2004	别桥	22506	45.01	2006	后周	15308	15.31
	绸缪	14003	20.47	2007	别桥	56357	162.18
	后周	15108	15.11	2008	别桥	58933	317.64
2005	别桥	20768	41.54	2009	别桥	57410	314.56
	绸缪	12690	18.49	2010	别桥	57677	404.26
	后周	13976	13.98	2011	别桥	57695	433.41
2006	别桥	22110	44.22	2012	别桥	56561	481.43
	绸缪	13736	20.25	2013	别桥	55680	612.57

2004～2013年别桥现境新型农村合作医疗补偿、救助情况一览表

表22-1-14

年　份	镇别	补　偿		救　助	
		人数（人）	金额（万元）	人数（人）	金额（万元）
2004	别桥	363	15.20	383	25.29
	绸缪	296	9.24	269	15.37
	后周	342	10.21	287	16.97
2005	别桥	756	48.23	574	13.20
	绸缪	592	29.47	316	8.07

续表 22-1-14

年份	镇别	补偿		救助	
		人数（人）	金额（万元）	人数（人）	金额（万元）
2005	后周	687	32.46	341	8.88
2006	别桥	1269	93.85	423	14.00
	绸缪	893	58.28	262	8.70
	后周	1015	64.95	294	9.67
2007	别桥	3669	407.52	746	36.22
2008	别桥	3672	416.32	612	40.55
2009	别桥	2813	38.55	586	41.05
2010	别桥	305	306.01	404	80.00
2011	别桥	296	93.00	451	50.00
2012	别桥	249	30.00	490	30.00

说明 ：2013 年起，取消医疗补偿和医疗救助

第六节　卫生院简介

【别桥镇卫生院】 其前身是 1951 年以别桥区为单位，由当地医生和县城调配来的中西医生共 11 人组成的别桥联合诊所。租用 4 间民房，所址在别桥集镇大桥西桥堍下。1956 年，别桥地区所有中西医组织起来，加入联合诊所，联合诊所职工扩展到 32 人，所址迁至别桥集镇西关的理堂内，借用公房 6 间，即原别桥医院的所在地，称为别桥区别桥联合诊所。1957 年始，医院在理堂处建造前后 2 幢平房，占地面积 1456 平方米，建筑面积 576 平方米。1958 年，联合诊所改为民办医院，9 月，民办医院改为别桥人民公社医院，建造门诊室和病房 10 间。而后，随行政区的变化，又称为别桥区中心卫生院。1960 年，有床位 16 张，职工 38 人，卫技人员 34 人，建立化验室。1961 年，别桥人民公社医院改为别桥中心卫生院，并对湖边、古渎、绸缪 3 个医院进行指导。1966 年，扩建病房 10 间，建立外科手术室，病床增加到 24 张。

1968 年“文化大革命”中，别桥中心卫生院改名“别桥医药系统革命委员会”。1975 年，扩建医用楼房 1 幢，购置 50 毫安 X 光机 1 架，建立 X 光透视室。

1978 年，改称别桥中心卫生院，拥有 X 光机、普通手术床、高压消毒器、氧气瓶等器械。1980 年，医院增添心电图机、超声波机等医疗设备。1983 年，医院添置外科手术无影灯、万能手术床等比较完善的化验、医疗设备。

1984 年 8 月，别桥中心卫生院，有职工 36 人，其中卫技人员 33 人；大专文化 17 人，中专文化 10 人。1986 年，卫生院占地面积 3869 平方米，在原址翻建楼房，建筑面积 2912 平方米。开放床位 30 张。职工总数 40 人，其中卫技人员 36 人，全部为初级卫技人员。设立综合内科病区。1989 年，别桥中心卫生院有职工 51 人，医院内设行政、业务科室 8 个。

1992 年 8 月，湖边乡卫生院并入别桥中心卫生院。同年，别桥中心卫生院新建住院部大楼

1幢，建筑面积1224平方米。期间，医院先后征地2157平方米，新建制剂楼和职工生活配套用房。医院开放病床40张，职工总数79人，其中中级专业技术人员10人。1994年，为常州市第一批一级甲等医院。

1995年，别桥中心卫生院占地面积4500平方米，建筑面积4300平方米。共有医疗用房2138平方米（住院楼1幢1250平方米，门诊楼一幢880平方米），非医疗用房有制剂室1幢600平方米，住宅楼1幢724平方米，宿舍楼1幢745平方米。有正式在编人员70人，其中大专以上文化16人，中专以上文化44人。中级职称者11人，师级职称者20人，士级职称者30人。卫技人员中，中西医师、士29人，护理人员19人，检验人员2人，放射人员3人，药剂人员4人。防保服务人群3.2万人，配备专职防保人员5人，兼职防保人员4人。

2000年4月4日，别桥中心卫生院改称为别桥镇卫生院。2000～2003年，卫生院在别桥集镇兴城东路开设桥东门诊部，在湖边闸口村开设湖边门诊部。2006年，医院占地面积4669平方米，固定资产总值486.8万元，其中房屋232万元、设备254万元。2008年，别桥镇卫生院异地重建。新院址选在别桥集镇兴城西路南侧99号。占地面积1.29万平方米，建筑面积5130平方米，绿化面积率41%，总投资1600万元，服务人口2.85万余人。

2013年年末，别桥镇卫生院有职工51人，其中卫技人员48人，卫技人员中，副主任医师4人，主治医师等中级职称31人。全院职工中，本科学历6人、大专学历28人。卫生院拥有DR机、全自动生化分析仪、进口东芝彩色B超、500毫安X光机、Pentax（潘太克斯）1500C电子胃镜等医疗设备；设内科、外科、妇产科、儿科、眼科、耳鼻咽喉科、口腔科、麻醉科、医学影像科、医学检验科、中医科、预防保健科12个科室，开放病床48张。是年12月，被江苏省卫生厅评为江苏省示范乡镇卫生院。

【绸缪卫生院】 1961年建立。1986年，绸缪乡卫生院占地面积620平方米，在编职工13人，其中卫技人员7人，床位10张，固定资产23万元。卫生院行政科室设有院长室、会计室、防疫科；业务科室有内科、外科、妇产科、五官科、放射科、检验科、B超室等。1995年，绸缪乡卫生院被常州市卫生局确认为一级乙等医院。2003年，更名为溧阳市绸缪镇卫生院。同年，古渎乡卫生院并入绸缪镇卫生院，设立古渎门诊部。2004年上半年，古渎门诊部改制为民营医院，脱离医院管理。2006年年底，绸缪镇卫生院在编职工22人，固定资产132万元，3万元以上医疗设备3台（套）。2007年6月，绸缪镇卫生院更名为别桥镇绸缪卫生院。2012年7月，改称为别桥镇卫生院绸缪分院。2013年，绸缪分院设病床9张，有内科、外科、口腔科、医学影像科、医学检验科等科室。

【后周卫生院】 1957年建立，时有职工13人，其中卫技人员9人。1986年，后周乡卫生院占地面积574.3平方米，职工15人，其中卫技人员12人，床位18张。行政科室有院长办公室、会计室、防疫科，业务科室有内科、外科、妇产科、中医科、五官科、放射科、检验科。20世纪90年代后，先后建造门诊楼、病房楼等医疗用房1793平方米，卫生院总面积2928.94平方米。1993年12月，后周撤乡建镇，卫生院更名为后周镇卫生院。1995年，后周镇卫生院被常州市卫生局确认为第二批一级甲等医院。2006年年底，卫生院有床位22张，在编职工23人，固定资产249万元，其中房屋137万元、设备122万元，3万元以上的医疗设备3台（套）。2007年

6月，后周镇卫生院更名为后周卫生院。2012年，改称别桥镇卫生院后周分院。2013年，后周分院设病床20张，设有内科、外科、妇产科、医学影像科、医学检验科、口腔科等科室。

第二章　防疫　保健

第一节　预防接种和计划免疫

预防接种、计划免疫是人们提高群体免疫力、减低发病率、控制传染病的发生和流行的重要举措。民国初至20世纪50年代前，社会上的慈善机构和个别医疗单位，在传染病流行季节，进行少量的预防接种，其接种面不广。由于疫苗稀少、价格昂贵，难以达到有效控制传染病的发生和流行。

1951年开始，随着预防医药的不断发展，各种预防疫苗问世及生产规模的扩大，为每年大规模地开展预防接种创造了条件。境内医疗机构每年为现域内7岁以下儿童免费接种牛痘疫苗。1956年后，为预防小儿结核病，境内首次开展普种卡介苗。1959年，别桥公社境内种牛痘3854人，后周公社境内种牛痘2200人。1961年，为预防流行性脑膜炎的发生，采用民间土方、土法，用芦根煮汤、陈稻草煮荸荠等口服。1965年，别桥、湖边、古渎、绸缪、后周5个公社2500人接种牛痘疫苗。1972年，为新生婴儿和规定年龄组的儿童接种麻疹疫苗，并提供口服脊髓灰质炎糖丸。

从1979年起，现境内各公社卫生院建立免疫预防接种登记表，实行计划免疫制度，按国内颁布的卡介苗、麻疹疫苗、小儿麻痹糖丸、百白破三联疫苗、流脑疫苗、乙脑疫苗6种疫苗的实施方案。对7岁以内的儿童，实行计划免疫，逐年按期进行接种，提高基础免疫力，增强儿童健康。

1981年，境内各公社卫生院为儿童全面进行卡介苗、麻疹疫苗、脊髓灰质炎糖丸及百白破混合疫苗“四苗”接种。别桥公社卫生院防疫接种卡介苗775人、四联苗注射156人、麻疹疫苗419人、牛痘疫苗747人、服小儿糖丸1653人。

1982年4月，县成立预防接种异常反应诊断小组，负责全县预防接种异常反应的诊断和处理。同年，为防止在接种过程中发生交叉感染，要求实行接种一人一针一筒，由县卫生防疫站分批配备各公社卫生院预防接种器材。

1985年，别桥中心卫生院、湖边、古渎、绸缪、后周卫生院实行门诊接种日制度。11月，对“四苗”接种覆盖率进行调查，其中常州市卫生防疫站防疫科调查10个村、70名儿童；县卫生防疫站调查20个村、140名儿童。调查1983年11月12日至1984年11月11日出生儿童的接种情况，现境内绸缪乡“四苗”接种覆盖率达100%。

1986年，别桥镇现境内原各乡镇在预防接种工作中，加强对学龄儿童和流动儿童的接种管理，6 种疫苗总全程接种率在 95% 以上。1988 年，为加强流动儿童转卡、学龄儿童预防接种管理，境内所有小学、幼儿园实行凭预防接种证入学入园。11 月，上级卫生防疫部门检查“四苗”覆盖率，别桥镇现境内原各乡镇均达常州市计划免疫标准。是年，7 种疫苗总全程接种率 96% 以上。新生儿建账率、人证相符率均为 100%。1989 年，溧阳县农村卫生抽样调查组在原别桥镇调查 40 名周岁儿童“四苗”接种情况，建卡率、“四苗”覆盖率均为 100%。1990 年，别桥镇、古渎乡、绸缪乡、后周乡“单苗”接种率、“四苗”覆盖率均达 96%。1994 年，别桥中心卫生院、古渎乡、绸缪乡、后周镇卫生院计划免疫门诊规范化率达 100%。

1995 年，后周镇卫生院计划免疫工作，全年完成接种 8564 人次，其中卡介苗 1011 人次、小儿糖丸 1123 人、百白破 688 人、乙脑 1542 人次、流脑 1404 人、精白 359 人、白破 280 人、麻疹苗 618 人、甲肝 1223 人、乙肝 316 人。“单苗”接种率 98% 以上，“四苗”覆盖率 97% 以上，“四苗”及时率 65%，“五苗”覆盖率 75%。

2002 年，别桥中心卫生院、绸缪镇、后周镇卫生院实施计划疫苗电脑化管理。学龄前儿童领 IC 卡率达 100%，“五苗”覆盖率在 98% 以上。2003 年，计划免疫 IC 卡实现全市联网。2004 年，别桥镇、绸缪镇、后周镇新生儿 IC 卡持卡率达 95%。新生儿乙肝疫苗接种纳入计划免疫管理，各单苗接种率均达 96%。2005 年，市防疫站对别桥镇流动儿童计免调查，防止计免空白点。

2011 年，别桥镇卫生院为原别桥镇（不含绸缪、后周镇）儿童预防接种乙肝疫苗、卡介苗、糖丸、白破二联等 11 种疫苗，应种人数 1689 人次，实种 1683 人次，接种率为 99%。

2012 年，别桥镇卫生院为原别桥镇（不含绸缪、后周镇）儿童预防接种乙肝疫苗、卡介苗、糖丸、白破二联等 11 种疫苗，应种人数 1285 人次，实种 1274 人次，接种率为 99.1%；流动人口应种人数 237 人次，实种 235 人次，接种率为 99%。

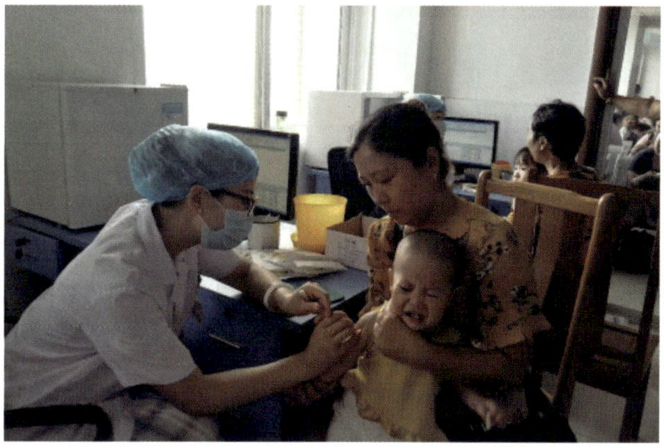

图22-3　2013年6月别桥卫生院为儿童接种疫苗

2013 年，别桥镇卫生院为全镇儿童预防接种乙肝疫苗、卡介苗、糖丸、白破二联等 11 种疫苗，应种人数 3588 人次，实种 3557 人次，接种率为 99%；流动人口应种人数 646 人次，实种 630 人次，接种率为 97.5%。

第二节　麻风病、血吸虫病防治

一、麻风病防治

民国初期，别桥、古渎、绸缪、后周即有发生麻风病患者，绸缪村的万仕佐自己患麻风病还在外行医；古渎村的姚保伢的祖父患麻风病，还在街上设摊售物。当时政府既不过问，也无防治措施，对人民身体的健康漠不关心。

20世纪50年代前，麻风（俗称大麻风）病是一种严重危害劳动人民身体健康的慢性传染性皮肤病，每年都有发病。麻风病人得不到隔离治疗，被周围人视为不治之症，广受歧视。民众中普遍存在对麻风病的恐惧心理。

新中国成立后，在全国农业发展纲要中，提出要消灭麻风病的任务。县政府、卫生部门为了做好麻风病的防治工作，1958年4月，在别桥乡陆家湾村建立溧阳县麻风村，全县麻风病患者集中到陆家湾麻风村治疗。麻风村建立后，先后两次进行全县性的麻风病的普查工作，普查结果，别桥乡麻风病人较多，有12例，占全县病人总数的12.5%。1960年，麻风病村先后迁至平桥公社中田大队唐界小湾村、陆笪公社的青龙大队和瓦屋山林场的曹山管区。

1964年上半年，全县普查麻风病，有现症病人170例，占全县总人数的3.34/1万。境内原别桥、古渎（杨庄、城南、庆丰）是全县发病较多的5个公社。1966年4月10日，溧阳县人民委员会《关于收容麻风病员进村治疗》的通知，要求各公社务必加强说服教育，按通知名单，动员前去治疗。通知名额中，别桥公社有5名患者，占全县动员进村治疗病人总数的12%。1974年4月15日溧阳县曹山麻风防治院麻风病复查核实后统计报表显示，1973年年底，别桥公社有麻风病人16例，其中L级病人5例、T级病人11例。湖边公社有麻风病T级病人8例。古渎公社有麻风病人11例，其中L级病人2例、T级病人7例、B级病人1例、I级病人1例。绸缪公社有麻风病人6例，其中L级病人3例、T级病人3例。后周公社有麻风病人8例，其中L级病人3例、T级病人5例，另有可疑观察病人1例。后经复核检查，排除13例。5个公社实有麻风病人36例，其中L级病人13例、T级病人21例、B级病人2例。36例麻风病人中，已住院治疗17例、应收治11例、门诊8例。1982年，全县尚有26例现症病人散在分布于16个公社，境内原别桥、绸缪公社有少数现症病人。1983年，全县有19例病人在常武麻风病防治院治疗。其中别桥乡2例，绸缪乡1例。

1985年，县皮肤病防治站开展皮肤病门诊，全年门诊22867人次，未发现新的麻风病人。

二、血吸虫病防治

1955年在全县兵役体检工作中发现血吸虫病后，引起各级领导的重视。1956年，通过查螺、查病，西沈乡（2013年属黄金山村）有血吸虫病分布。

1955年冬，根据中共中央发出的“一定要消灭血吸虫病”的号召和1956年中央颁布的全国农业发展纲要中关于消灭血吸虫病指示，1956年5月1日，成立溧阳县血吸虫病防治站，领导全县开展血吸虫病的防治工作。在各流行乡、镇（公社）建立防治血吸虫病的领导小组，大队、生产队也建立相应的组织，医院也调配专职血防医务人员，指导所属地区的血吸虫病的防治工作。县卫生防疫部门每年都组织专职血防医务人员和乡村查螺员，在流行地区或非流行地区进行螺情、病情调查。1959年春季，由县专职血防医务人员带队，对境内长荡湖芦滩全面进行钉螺大普查，经过普查、复查、抽查，未发现钉螺。1966～1969年“文化大革命”期间，血防工作处于低潮，查钉螺工作一度停滞。

1976年上半年，在县血吸虫病防治站的统一部署下，由县卫生防疫部门、别桥、湖边公社医院专职血防医务人员带队，组织濒临长荡湖边的几个大队的赤脚医生以及2～3名查螺员组成查螺小组，于5月12日开始，对别桥公社的诸泗滩、湖滩、斗安滩等芦苇滩，5月16日开始对湖边公社的杨家湾滩、湖塘滩、荒田滩（又称嫁妆滩）、二百亩滩、北滩、中滩等芦苇滩进行自查、复查、抽查，未发现钉螺。

1978年春季，县血防站、别桥、湖边公社医院专职血防医务人员、临湖大队赤脚医生、各大队选派的查螺员28人，分成2个查螺小组，在长荡湖芦滩进行查螺，查螺的第2天，在湖边公社的乌风洞滩发现5颗钉螺，面积10000平方米。随即组织人员，对发现钉螺的芦苇滩，用五氯酚钠与水按一定比例掺和，配制成药液全滩喷洒，进行药物浸杀灭螺。对相关人群进行查病，了解情况，对湖区流动人口在水上作业人员做皮试，对皮试阳性人员作粪检查病，未发现血吸虫病人。境内属有螺无病区域。此后几年，连续对长荡湖芦苇滩进行钉螺复查。

1985年，湖边乡有一个行政村有血吸虫病流行。7～9月，县防疫站集中力量完成湖边等乡的病情清理。

1986年春季，县卫生防疫部门组织74人对境内长荡湖芦滩逐块进行普查、复查、抽查，未发现钉螺。

1983年，别桥镇组织村查螺员20多人、市血防专职医务人员3人、镇医务人员及乡村医生6人，对境内别桥、农场、前王3个非流行村开展查螺工作。此后每年都进行自查。从1983～1993年，境内对非流行村连续查螺11年，每年通过自查、互查、抽查，均未发现钉螺。近20多年来，坚持以查螺灭螺为重点，并与查病治病相结合，至2013年，别桥全镇范围内，没发现钉螺和血吸虫病人。

第三节 地甲病防治

地甲病即地方性甲状腺肿大病，严重影响人们的身体健康，女性患者生下的小孩，会造成智力低下，严重的可能得克丁病（呆小病），群众传称“一代粗、二代傻、三代连根拔”。1980年，溧阳开始进行地甲病的调查工作，确定别桥地区有地甲病流行。1981年开始供应碘盐。1982年、1983年，中央地方病办公室组织专家教授先后两次来考核复查，抽查中小学生，经过反复调查，溧阳县地甲病流行范围广。

1984年，在别桥镇现境内原各乡7～14岁中小学生开展地甲病普查，湖边乡甲状腺肿大率＜20%，未列入地甲病区；别桥、古渎、绸缪、后周乡甲状腺肿大率＞20%，被划为地甲病区。

1986年，复查湖边乡中小学生地甲病情况。复查中小学生1001人，其中甲状腺肿大239人，肿大率23.89%；患病65人，患病率6.49%。湖边乡也被划为地甲病区。是年，为甲状腺肿大的中小学生口服碘油丸。

1988年，常州市对原别桥镇进行地甲病防治达标考核，别桥镇各项指标达到控制指标。

1990年，在原别桥镇开展地甲病病情监测，调查7～14岁中小学生909人，甲状腺肿大91人，肿大率10.01%；调查居民1257人，患病5人，患病率0.4%。别桥、湖边、古渎、绸缪、后周乡（镇）

内所有在校中小学生普服碘油丸。

1991 年，根据江苏省统一部署，在别桥镇监测点开展 7 ～ 14 岁中小学生甲状腺情况调查，查 958 人，肿大 98 人，肿大率 10.23%。采集检测盐库、销售点、居民点及监测点碘样品 154 份，合格 107 份，合格率 69.48%。碘盐定性测定全年检测 944 份，全部有碘，合格率 100%。

1992 年，在监测点别桥镇中小学生进行监测调查，查 881 人，甲状腺肿大率为 8.63%，患病率为 0.68%。别桥镇现境内原各乡镇的在校中小学生口服碘油丸。

1993 年，在别桥镇对 7 ～ 14 岁中小学生 1042 人进行甲状腺肿大率进行调查，查出甲状腺肿大Ⅰ度以上病人 13 人（均为女性），患病率 4%。健康成人尿碘监测 45 份，均在正常范围内。

1994 年，别桥镇 1253 名 7 ～ 14 岁中小学生接受甲状腺肿大调查，查出甲状腺肿大者 190 人，肿大率为 15.16%。中小学生进行口服碘油丸补碘。0 ～ 2 周岁幼儿、孕妇和新婚育龄妇女服药补碘。

1995 年，后周镇卫生院完成甲低筛查 98 人。碘盐测定销售及居民各 5 户，碘油丸特需人群发放 186 人。

1995 ～ 2013 年，境内中小学生都接受甲状腺肿大调查，新生儿甲低筛查，新婚育龄妇女和孕妇的甲状腺进行调查，均给予特需人群口服碘油丸补碘。

第四节　“非典”防控

2002 年 11 月，国内局部地区发生急性非典型性肺炎（以下简称“非典”）疫情。根据溧阳市人民政府、溧阳市卫生局统一部署，现境内原别桥镇、绸缪镇、后周镇人民政府和所属卫生院分别成立“非典”防治工作领导小组和防治小组。2003 年 4 月下旬，三镇“非典”防治工作领导小组要求各村委会每日调查返村人员和外地来村人员的情况，并于当日向领导小组报告（实行零报告制度）；返村、来村人员必须当日或次日到镇卫生院接受体检，劝告居民不要赴外省市探亲、打工；必须外出者需签订协议书，接受体检和经审批后方能出行。别桥、绸缪、后周卫生院相继开设发热门诊和观察室，负责诊治、观察发热病人和返乡、外来、外出人员的体检工作。5 月，三镇卫生院组织成立流动调查消杀组，各村委会、居委会成立流动调查消杀配合组。4 ～ 6 月，中小学及幼儿园坚持每日晨检，测量学生、幼儿体温，实行教室消毒和疫情零报告制度。6 月 8 日，“非典”防控进入常态管理，三镇未发生“非典”疫情。2003 年 12 月，别桥、绸缪、后周三镇卫生院，被溧阳市委、市政府授予防治“非典”工作先进集体称号。

第五节　初级卫生保健

初级卫生保健是指最基本的、人人都能得到的、体现社会平等权利的、人民群众和政府都能承担得起的卫生保健服务。初级卫生保健主要有八项内容：（1）改善食品供应，保证人体所必需的营养。（2）提供安全卫生水和基本卫生环境。（3）加强妇幼保健和计划生育工作。（4）对传染病进行预防接种工作。（5）预防和控制地方病。（6）推行健康教育，提高自我保健能力。（7）妥善治疗常见病和伤残。（8）建立健全基层卫生保健网，能提供基本药物。

1987年，县卫生局对别桥镇现境内原5个乡镇的部分村卫生室开展调查，提出整顿建设的意见。1989年4月，别桥、湖边、古渎、绸缪、后周卫生院配备村级卫生组织专职管理人员1人，负责村卫生室的整顿建设和乡村医生管理工作。

1990年7月，根据县初级卫生保健委员会下发的《关于切实加强农村卫生工作，全面实施初级卫生保健的意见》，别桥、湖边、古渎、绸缪、后周乡（镇）实行“一村一室、集体办医、集资办医、村办乡管”的体制。至1991年年底，5个乡（镇）有村卫生室63个，覆盖率达98%。是年，绸缪乡成立初级保健委员会，制定初级卫生保健规则，并于1月26日召开初保委第一次会议，明确初保委的任务和目标。各行政村相继成立初保领导小组，召开村委、乡村医生会议，参观观阳村卫生室。乡卫生院组织16名医务人员分成8个小组到行政村指导督促农村初级保健工作。1992年12月，别桥、湖边、古渎、绸缪、后周乡（镇）执行江苏省人民政府《关于进一步加强农村卫生工作的通知》。

1995年7月，溧阳市人民政府颁发《溧阳市实施农村初级卫生保健暂行办法》，把农村初级卫生保健工作纳入地方政策法规。别桥镇现境内原4个乡（镇）的村卫生室坚持“集体办医、一村一室、集资办医、村办乡管”的原则。至1997年1月，经市卫生局评审，别桥镇、古渎乡、绸缪乡、后周镇有22个村卫生室达到甲等卫生室标准，颁发医疗机构执行许可证。

1998年9月，市政府下发《溧阳市乡（镇）、村两级卫生机构实行一体化管理试行办法》，别桥、古渎、绸缪、后周开展乡（镇）、村卫生机构一体化管理。结合居民居住密度、地理位置、交通条件、群众就医流向等实际情况，调整村卫生室布局，合理确定村卫生室的数量与地点，打破原来的“一村一室”的格局，其服务半径一般在1.5千米左右，服务对象划定在3000人以上。调整后，别桥镇有6个村卫生室，古渎乡有3个村卫生室，绸缪乡有3个村卫生室，后周乡有7个村卫生室。

2004年，启动农村“合格药房”的创建工作，别桥镇现境内原3个镇建成“合格药房”5个。同年，由中国初级卫生保健基金会无偿提供药具和技术、溧阳卫生部门选派医务人员配合，免费对别桥、绸缪、后周三镇境内30岁以上和部分30岁以下农民进行上消化道疾病普查。

2005年8月，别桥、绸缪、后周3个镇境内社区卫生服务站全部统一挂牌。“合格药房”数量占药房总数的98%。3个镇全部通过常州市初级卫生保健先进镇评审达标验收。

2006～2007年，依据《江苏省农村社区卫生服务中心和服务站建设标准》《江苏省示范社区卫生服务中心评估标准》，别桥、绸缪、后周镇实行分类指导，完善“六位一体”服务体系；组织实施农民健康工程，完成对25周岁以上参加新型农村合作医疗农民的免费体检，体检率89.7%，体检结果归入个人健康档案。

2012年，对境内农村65周岁以上老人免费体检，别桥镇卫生院体检人员9123人，后周卫生院体检人数2773人。2013年，别桥镇卫生院为7794位65周岁以上老人免费体检。

第六节 妇女保健

一、新法接生

1950年前，境内农村妇女生养小孩只能是顺其自然，听天由命，有的婆婆帮媳妇接生，自己家里人包扎而已；有的则请当地接生婆接生。她们既无医学助产知识，更无科学助产技术，遇到难产，凭主观硬揪蛮干，经常造成不幸，轻则损害产妇、婴儿的健康，重则殒命，故孕产妇、新生婴儿发病率和死亡率较高。

1951年，人民政府首先对老法接生婆分批进行技术培训，使她们逐步成为境内农村实施新法接生的一支有生力量。1952年，县卫生主管部门积极宣传、推广无痛分娩的新法接生，不断培训新法接生员，1956年，别桥区联合诊所就设立妇产科。1957年，对全县的新法接生队伍进行整顿。1958年人民公社化，乡联合诊所改为公社医院，公社医院设有简易的产科床位，别桥、后周公社医院均由新法接生员接生，未发生一例婴儿破伤风病案。1958年9月，后周公社医院设立妇产科，别桥、后周两医院的妇产科分清工作范围和明确分工。1960年，别桥、后周公社医院新法接生员参加县短期培训，新法接生开始普及，别桥公社有接生员10人。1962年，县对各医院新法接生员进行复训，别桥、后周公社医院新法接生员大多数都能单独进行新法接生。

1975年，县卫生局对各大队女赤脚医生进行新法接生培训。1976年，又重新整顿接生员队伍，为接生员配备接生用具和产包。1978年，别桥、湖边、古渎、绸缪、后周公社的赤脚医生中有接生人员45人。

1980年开展孕产系统管理工作，产妇产前检查率和住院分娩率逐年提高。据1985年统计，大部分孕产妇在产前检查5次以上，在产后访视3次以上。1992年，使用江苏省围产保健记录卡、册，孕产妇保健保偿投保率80%。1994年12月5日，后周卫生院妇产科张彩英被国家计生委、卫生部评为计划生育万例手术无事故先进个人。1995年，别桥中心卫生院妇产科新法接生率100%，产前检查100%，产后随访率90%。后周镇卫生院妇产科新法接生数148人，产前检查5～8次201例，3次产后随访215例。

2013年年末，别桥镇卫生院、绸缪、后周分院妇产科共有6名妇产科专业医护人员，产妇住院分娩率达100%，新生儿死亡率为零。

二、妇女病防治

新中国成立前，境内大多数农村妇女不同程度患有阴道炎，或宫颈炎，或子宫下垂，或月经不调等妇科常见病，尤以二度、三度子宫下垂症严重危害妇女身心健康。由于受经济条件限制和封建思想束缚，妇女病患者讳疾忌医，严重影响身体、生活。

新中国成立后，人民政府非常重视妇女病的防治。1958～1960年，由于农村妇女从事农业生产，劳动时间长、强度大，加之口粮不足，营养欠佳，导致健康素质下降，从而患妇女病者逐渐增多，以子宫下垂和闭经较为突出。溧阳县1959～1962年调查表明，别桥公社妇女病情况严重。当时采用中医药疗法，但疗效不明显。

1971 年，县卫生局抽调医护人员组成小分队，到别桥、湖边、古渎、绸缪、后周公社对妇女病患者采用综合疗法，对查出的妇女病患者作全面治疗。1971 年以后，防治宫颈癌成为妇女病防治工作的重点。1979 ～ 1980 年，县组织手术组深入农村，采用县人民医院祝铭医师创导的改进阴道前后壁修补术，对子宫下垂的患者进行手术治疗，治愈率 92.4%。到 1980 年底，境内子宫下垂病人基本治愈。

2002 年起，别桥镇卫生院、绸缪、后周卫生院每两年进行一次妇女病防治工作，普查内容：妇科门诊、宫颈刮片、乳房手查、滴虫急霉菌淋病，对查出上述妇女病患者进行治疗，并跟踪疗效。2002 年，别桥中心卫生院普查 2109 人，查出妇女病患者 902 人，患病率 42.7%；治疗 859 人，治疗率 95%。绸缪镇卫生院普查 1035 人，查出妇科病患者 403 人，患病率 39%；治疗 380 人，治疗率 94%。后周卫生院普查 1108 人，查出妇女病患者 453 人，患病率 41%；治疗 440 人，治疗率 97%。

2006 年，市卫生局依据《江苏省职工劳动保护条例》和《江苏省妇幼卫生规划目标管理方案》精神，又一次下发《关于开展妇女病普查普治工作的通知》，以防“两癌”（宫颈癌、乳腺癌）为重点，防治结合，早诊断，早治疗，每两年普查一次。别桥镇卫生院普查 2452 人，查出妇女病患者 910 人，患病率 37%；治疗 910 人，治疗率 100%。绸缪镇卫生院普查 1115 人，查出妇女病患者 318 人，患病率 29%；治疗 318 人，治疗率 100%。后周镇卫生院普查 1205 人，查出妇女病患者 405 人，患病率 34%；治疗 405 人，治疗率 100%。

2010 年，别桥镇卫生院普查 2690 人，查出妇女病患者 1076 人，患病率 40%;治疗 1052 人，治疗率 98%。绸缪分院普查 1058 人，查出患有各种妇女病患者 273 人，患病率 26%;治疗 252 人，治疗率 92%。后周分院普查 1267 人，查出患有各种妇女病患者 285 人，患病率 23%；治疗 263 人，治疗率 91%。

2013 年，别桥镇卫生院对 60 周岁以下妇女进行以防“两癌”为重点的普查工作，普查人数 1500 人，查出患有各种妇女病患者 581 人，患病率 38.7%；治疗 525 人，治疗率 90%。镇计划生育服务站为育龄妇女病患者提供门诊服务。

2002 ～ 2013 年别桥镇卫生院、绸缪、后周镇卫生院（分院）妇女病防治情况一览表

表 22-2-1

项目／数量／年份	普查人数			患有各种妇女病人数			患病率（%）			治疗人数（人）			治疗率（%）		
	别桥	绸缪	后周	别桥	绸缪	后周	别桥	绸缪	后周	别桥	绸缪	后周	别桥	绸缪	后周
2002	2109	1035	1108	902	403	453	43	39	41	859	380	440	95	94	97
2003	2250	1058	1125	1107	415	470	49	39	42	969	405	450	88	98	96
2004	2351	1118	1198	1350	450	486	57	40	41	1268	408	452	94	91	93
2005	2532	1025	1126	1506	415	501	59	40	44	1459	410	450	97	99	90
2006	2452	1115	1205	910	318	405	37	29	34	910	318	405	100	100	100

续表 22-2-1

项目 数量 年份	普查人数			患有各种妇女病人数			患病率（%）			治疗人数（人）			治疗率（%）		
	别桥	绸缪	后周	别桥	绸缪	后周	别桥	绸缪	后周	别桥	绸缪	后周	别桥	绸缪	后周
2007	2708	1052	1310	805	285	369	30	27	28	805	272	312	100	95	85
2008	2805	1120	1230	285	297	310	28	27	25	285	265	293	100	90	95
2009	2707	1236	1408	1065	306	352	39	25	25	1065	287	331	100	99	94
2010	2690	1058	1267	1076	273	285	40	26	23	1052	252	263	98	92	91
2011	2930	1198	1370	750	289	325	26	24	24	750	265	297	100	91	92
2012	2472	1390	1521	534	312	372	22	22	24	475	298	344	89	96	93
2013	1500	0	0	581	0	0	18	0	0	525	0	0	90	0	0

三、婚前保健　孕产妇保健

1958 年，别桥、后周公社医院成立妇幼保健院（后改称为妇幼保健科），担负所属地区的妇幼保健指导工作，开展妇女疾病的检查和防治工作。

1960 年，别桥镇现境内原公社农村推行“三调三不调”规定：即月经期调干不调湿的劳动、怀孕期间调轻不调重活、哺乳期调近不调远的路程，建立月经卡和月经来潮挂牌制度。

1969 年，别桥、湖边、古渎、绸缪、后周公社医院开展“四期”（月经期、怀孕期、产褥期、哺乳期）保护卫生宣传教育活动，定期开展妇女病检查及治疗。

1980 年，贯彻实行围产期保健工作，对计划内的孕妇，建立产妇登记卡，定期作产前检查。从怀孕到分娩，要求检查 5 次以上，及时处理妊娠中毒症之先兆征象和动员住院分娩。加强产后访视，进行产褥期卫生指导。是年，后周公社卫生院与乡村医生对 2 个大队开展妇女病检查。

1983 年，别桥中心卫生院、湖边、古渎、绸缪、后周乡卫生院设妇保专职或兼职医生，开展经常性的妇女保健工作。

1989 年，别桥乡对孕妇施行围产保健管理，开展“三网”（出生缺陷、孕产妇死亡、5 岁以上儿童生命）监测工作。

1989 年溧阳县农村卫生抽样调查别桥镇孕产妇系统管理抽样调查情况表

表 22-2-2　　单位：人

孕产妇人数	产前检查人数	首次产前检查孕月			检查次数				接生地点						接生者				产后访视次数				系统合格管理人数
		三个月以内	三至七月	八个月以上	一至二次	三至四次	五至七次	八次以上	家中	乡卫生院	中心卫生院	县医院	外地医院		未训练者	接生员	乡村医生	医院医生	〇次	一至二次	三次	四次以上	
													乡级	县市级									
45	40	3	28	9	13	16	11	—	7	1	31	5	1	—	1	1	5	38	26	10	8	1	1
占比（%）	88.80	6.66	62.20	20.00	28.88	35.55	24.44	—	15.55	2.22	68.86	11.10	2.22	—	2.22	2.22	11.10	84.00	57.77	22.22	17.77	2.22	—

1991年，依据常州市卫生局和民政局联合下发的《关于加强婚前医学检查单位管理的通知》，别桥中心卫生院成为婚检医疗单位。

2001年11月、2002年11月，别桥中心卫生院的婚保医生参加常州市卫生局举办的婚保工作培训班。2001年，常州市卫生局和民政局颁发《关于确认常州市婚前医学检查技术服务单位的通知》，再次确认别桥中心卫生院为合法的婚保工作单位。2003年，境内婚前医学检查率达81%。别桥中心卫生院产科达到“三室一房”（诊断室、治疗室、观察室、产房）合格产房标准。妇幼保健工作服务信息实行网上直报。至2013年，境内婚前医学检查率已达98%。

2005年，别桥镇卫生院执行《溧阳市剖宫产管理方案》，开展剖宫的医疗条件和医务工作资格均符合方案规定。至2007年，别桥镇卫生院助产技术通过复评，全部合格，助产专业技术人员全部持证上岗。孕产妇保健覆盖率为92.3%，孕产妇系统管理率达99.2%。

2013年，别桥镇卫生院在孕产妇保健工作中强化妇幼卫生法律和产科资料知识的宣传工作，开展产前筛查，对孕妇进行系统管理，系统管理率为93.5%。对全镇孕产妇实行分片包管，及时入乡建卡，早孕建卡率达94.0%，产前5次检查率为100%。产后2次访视率99.5%。对新婚怀孕妇女采取补服叶酸，降低出生缺陷的发生率。孕产妇进行传染病三项测定。坚持抓好“爱婴医院”的长效管理，全年母乳喂养100%。

第七节 儿童保健

1951年起，政府就开始对新生儿和规定年龄组儿童进行有关的预防注射、接种等工作。1952年，县委要求别桥镇现境内原各医疗单位，每年在“六一”前夕，对所属地区进行一次儿童健康检查。1956年，县举办保教人员训练班，现境内有关医院、小学都选派医务人员和小学教师参加培训。1958年，别桥、后周两公社大队办幼儿园的教养员参加保教人员培训。

1959年、1961年，两次组织别桥、后周医疗单位普查所属地区内的小儿营养状况，对普查中发现营养不良症的小儿进行免费治疗。

1979年“六一”国际儿童节，现境内医疗单位，全面开展1～7周岁儿童一次性免费驱虫治疗。别桥、湖边、古渎、绸缪、后周五公社儿童排虫率达80%。

1980年，后周公社卫生院与乡村医生对学龄前儿童进行健康检查。

1985年，现境内别桥中心卫生院、湖边、古渎、绸缪、后周卫生院对所属区域内0～7岁儿童全面体检，对儿童龋齿抽样调查，龋齿患病率12.5%。1986年，开始对别桥现境内原各个托儿所、幼儿园的儿童和工作人员进行定期体检。1987年，对境内0～6岁儿童建立系统保健管理，建立0～7岁儿童系统管理和体弱儿童管理两本台账。1989年8月，县组织医疗卫生人员在后周丘陵地区进行儿童体格发育、儿童喂养、血红蛋白、家庭环境等情况进行抽样调查，结果表明，丘陵地区儿童发育水平低于省农村儿童平均水平。

1991年，溧阳被定为“加拿大中国儿童健康基金会项目县”，别桥列为试点乡。12月，组织培训乡镇儿保人员、医院儿科医生、防保专干和乡村幼儿专干。

1992年3月至1994年4月，市儿童保健医疗队下乡为儿童保健诊疗服务，接受儿童保健咨询，对儿童进行驱虫治疗、口腔氟离子导入法保健等，境内部分儿童享受免费治疗。

1996年，市妇女联合会、教育局、卫生局联合发文，要求认真贯彻《江苏省托儿所、幼儿园卫生保健管理办法实施细则》。1997年11月至1998年3月，市卫生部门对别桥现境内原4个乡镇卫生院、村卫生室的儿童保健工作以及3岁以下儿童系统管理情况进行调查，调查结果表明，现境内农村儿童保健工作已基本形成散居儿童定期系统体格检查及指导，眼、身及口腔的保健，“少儿四病防治”，体弱儿童管理和集体儿童的定期体格检查，对儿童生长发育进行监测与儿童综合疾病防治等工作模式。7岁以下儿童保健覆盖率98.5%。

1999年，别桥中心卫生院、古渎乡、绸缪乡、后周镇卫生院配合市防疫站、市妇幼保健院对开伙的幼儿园进行膳食营养指导和检测。依据卫生部《托儿所、幼儿园卫生保健管理办法》《江苏省托儿所、幼儿园卫生保健合格标准评审细则》，对现境原各乡镇幼儿园进行检查评审。2000年，别桥、绸缪和后周中心幼儿园分别被评为溧阳市托幼机构卫生保健示范单位和一类单位，古渎中心幼儿园被评为合格单位，儿童健康建档率均达100%，从这年起，为集体儿童每年进行一次血红蛋白检测，了解儿童的贫血患病率。

2002年9月，江苏省卫生厅下发《江苏省妇幼卫生“三网”监测暨年报》指导手册，全市“三网”监测工作逐步走上正轨。自2003年起，别桥镇卫生院、绸缪、后周卫生院对妇幼保健服务信息实施网上直报制度。2004年，别桥、绸缪、后周镇境内幼儿园均配备幼儿保健设备和经过专业训练的保健教师，完善晨检、午睡、户外活动制度，各小学开设健康课。2005年，市卫生局、市妇幼保健院规范集体儿童及保教人员健康体检工作，保教人员体检统一到市妇幼保健院。经市卫生局、教育局、妇幼保健院联合检查评审，别桥、绸缪、后周镇境内小学、幼儿园卫生保健合格率为100%，儿童健康档案建档率100%。

2007年后，别桥镇卫生院、绸缪、后周卫生院加强对0～6岁儿童的保健工作，每年筛检体弱儿，为婴儿建卡，为0～6岁的儿童定期体检，实行系统管理，建立入托入园儿童的健康档案。

2011～2013年别桥镇（不含绸缪、后周）儿童保健情况一览表

表22-2-3　　单位：人

年份	体弱儿		42～60天建卡			0～1岁定期体检			0～2岁系统管理			3～6岁定期体检			0～6岁系统管理					符合4.2.1系统管理				0～2岁小儿生长监测情况			入托园健康建档人数
																				0～3岁		0～6岁					
	筛检人数	筛检率（%）	建卡人数	体检人数	体检率（%）	应查人数	实查人数	体检率（%）	应查人数	实查人数	系统管理率（%）	应查人数	实查人数	体检率（%）	应管人数	实管人数	管理率（%）	覆盖人数	覆盖率（%）	人数	管理率（%）	人数	管理率（%）	人数	符合当年监测人数	符合“五三二”全程人数	
2011	47	11.4	127	127	100	127	127	100	412	412	100	624	622	99.7	1036	1034	99.8	1034	99.8	412	100	1034	99.8	412	412	412	138
2012	46	11.8	115	115	100	115	115	100	390	385	98.7	606	601	99.2	606	601	99.2	601	99.2	385	98.7	601	99.2	390	390	390	156
2013	42	10.4	156	156	100	156	156	100	404	402	99.5	593	593	100	997	997	100	997	100	402	99.5	995	99.8	404	404	404	135

第三章　公共卫生

第一节　环境卫生

民国时期，别桥、绸缪、后周等集镇，曾建立民间卫生组织。民国35年（1946年）7月，溧阳县政府在卫生实施中规定：各季开展清洁运动，要求各机关、学校按期进行清洁活动。饬警察局在集镇严厉取缔露天厕所及冷饮摊。别桥、后周集镇各设1名长期清道夫，负责打扫街道和清运垃圾。

新中国成立后的较长时间里，境内集镇配清洁工1～2人。1951年，别桥现境内原各乡政府、人民群众遵照毛泽东主席关于“动员起来、讲究卫生、减少疾病、提高健康水平”的号召，开展爱国卫生运动，集镇开始建造公共厕所，粪便垃圾定人清理，区域内环境卫生得到改善，人民健康水平不断提高。1952年，溧阳县成立防疫委员会，领导全县开展环境卫生工作。翌年6月30日，奉中央防疫委员会指示，改称溧阳县卫生委员会。12月31日，根据中央人民政府政务院指示，又将卫生委员会改称为溧阳县爱国卫生运动委员会（简称“爱卫会”），在全县范围内全党动员、全民动手，开展以反对美国细菌战为中心的爱国卫生运动。此后每年在“五一”、“七一”、国庆节、元旦、春节等节日前，别桥地区开展以“除四害”、讲卫生为中心的爱国卫生突击活动，把搞好环境卫生运动与生产劳动、积肥造肥相结合，建立制度，定期检查评比，爱国卫生运动成为经常化、制度化。消灭大量的“四害”[即苍蝇、蚊子、老鼠、臭虫（开始为麻雀，后改为臭虫)]，消除传染病的传播媒介，使一些传染病得到控制。

1955年，溧阳县爱国卫生运动委员会整顿和健全乡镇级爱国卫生运动委员会，别桥、后周乡爱国卫生运动委员会具体指导所辖农村的爱国卫生运动的开展。

1958年2月18日，中共溧阳县委发出《关于开展除“五害”、实现“五无”县的通知》，别桥、后周公社范围内，大搞突击活动消灭“五害”（“四害”加钉螺），当时还提出消灭“八害”（即苍蝇、蚊虫、老鼠、麻雀、钉螺、蟑螂、臭虫、毒蛇）。别桥、后周公社开展消灭“八害”的运动，取得一定的成果，对预防疾病、保护人民身体健康起到一定的作用。

1960年，在县爱国卫生运动委员会的部署下，别桥现境原各公社范围开展除“五害”活动，发动群众在露天粪缸四周刨土灭蝇蛹，清除集镇边缘地带、村庄边的垃圾，搞好环境卫生。1964年，开展以“二管四灭”（管水、管粪、灭血吸虫、疟疾、钩虫、蛔虫病）为重点的爱国卫生运动。

1979年6月23日，县防疫指挥部发出《关于大力开展以防治急性肠道传染病为中心的夏季爱国卫生运动的通知》。9月7日，县革委会颁发《集镇卫生管理暂行条例》，根据条例精神，别桥、湖边、古渎、绸缪、后周集镇街道卫生分段归有关单位包干，集镇街道、里巷环境卫生工作制度化，逐步搞好农村集镇环境卫生，杜绝“脏、乱、差”现象发生。1982年，别桥集镇有公厕2座，清洁工增至3人；后周集镇有公厕1座，清洁工2人。

为贯彻江苏省爱卫会《关于开展灭鼠突击活动的通知》，1985年底溧阳县政府专门下发《关于开展冬春爱国卫生运动的通知》。1985年、1986年组织在全县范围内开展大规模灭鼠行动。1986年11月，县政府下发《关于全县今冬明春灭鼠工作的通知》，对全县冬春的灭鼠工作作了部署。12月，后周乡开展全乡灭鼠突击月活动。1987年春季，把4月定为全县灭鼠突击月。别桥镇、绸缪乡进行全境统一灭鼠，对室内及农田统一投放敌鼠钠盐灭鼠药，毒杀老鼠，降低鼠密度。1996年3月，别桥镇的灭鼠效果达到国家规定标准，被溧阳市爱卫会命名为“灭鼠先进镇”。

1988年12月，别桥镇成立城管监察分队，负责管理镇容镇貌和环境卫生，并与集镇企业、事业单位、个体工商户签订“门前三包”（包卫生、包绿化、包秩序）责任书。

1996年4月10日，由市爱卫会、农工部、市计委、市建委、市土管局、市财政局、市卫生局、市农村能源办等八部门联合下发《关于加强农村改厕粪管工作的通知》，别桥镇现境内各乡镇农村改厕工作开始启动。1999年，绸缪乡、后周镇分别成立城管监察分队。

2003年8月6日，别桥镇成立创建省卫生镇领导小组，镇党委书记陈志达任组长，确定43个治理建设项目，创建工作全面启动。至2004年4月，共投入资金360万元，在集镇周边取缔露天粪缸150多个，新建水冲式公厕11座，放置垃圾箱85个，新增绿地面积870平方米，铺设人行道道板3670平方米。5月，经省爱国卫生运动委员会验收，命名别桥镇为“江苏省卫生镇”。

2005年起，别桥、绸缪、后周镇成立镇长任组长的“三清”工作领导小组，各村开展“三清”（清洁家园、清洁村庄、清洁河塘）工作。2005年11月16日，常州市政府副秘书长沈汉平带领有关部门负责人来溧阳督查农村“三清”工作，实地察看后周镇西庄村的“三清”工作现场。12月29日，市委书记高清、副市长张艳实地察看后周镇西庄村的“三清”工作情况，就“三清”工作提出要求。别桥、绸缪、后周镇把改厕工作纳入“三清”工作范畴，加快境内农村改厕工作的进度。至2005年年底，别桥镇三格式改厕1747户、二格式改厕1082户，配套抽水马桶2829座，无害化户厕率31.2%；绸缪镇三格式改厕563户、二格式改厕645户，配套抽水马桶1208座，无害化户厕率20.6%；后周镇三格式改厕735户、二格式改厕893户，配套抽水马桶1628座，无害化户厕率22.1%。

2007年2月21日，别桥镇成立环境卫生管理所，4月12日成立城镇管理监察中队。5月，镇财政投入资金120万元，在后周集镇和别桥镇的土山村分别建造垃圾中转站，实施镇村垃圾统筹处理。在镇政府统筹安排下，2007年，别桥镇完成涉及29个行政村的149条（个）河塘整治，整治土方39.35万立方米。其中，整村推进河塘整治67条（个），整治污泥土方2.05万立方米。2008年，完成涉及11个行政村、92条（个）河塘清淤整治，整治污泥土方22.37万立方米。2012年完成涉及10个行政村的32条（个）河塘的清淤整治任务，整治污泥土方13.82万立方米。2013年，完成涉及8个行政村的84条（个）河塘的整治清淤任务，整治污泥土方25.8万立方米。

2012年，全年共完成113个自然村生态环境治理任务，涉及18个行政村。全镇被评为常州市级三星级康居乡村2个、星级康居村试点村1个、二星级康居村24个、生态环境整洁村86个。

2013年上半年，完成141个自然村的村庄生态环境治理工作，涉及14个行政村。其中，常州市级二星级康居乡村3个，环境整洁村138个。6月底，全镇18个行政村中254个自然村完成生态环境治理任务，通过上级考核验收合格。至2013年，现境内共清淤、整治村基塘、沿村河、自然塘坝、圩中内河357条（个），清淤土方101.35万立方米，清运垃圾5310吨。

2013年，别桥集镇配备道路清洁工8人，垃圾运输车7辆，放置垃圾桶60个，有冲水式公厕11座；绸缪集镇配备道路清洁工4人，垃圾运输车3辆，放置垃圾桶25个，有冲水式公厕3座；后周集镇配备道路清洁工7人，垃圾运输车5辆，放置垃圾桶50个，有水冲式公厕5座。别桥镇境内277个自然村全部消灭露天粪缸，建农村公厕224座，配备清扫保洁员126人，垃圾收集员9人，建立垃圾房123座，放置垃圾桶104个。全年清运垃圾1.36万吨。

第二节 饮水卫生

别桥镇现境内的大村落居民500多年前就开始凿井取水，井口上的道道绳索痕迹就是历史见证。据记载，境内现有古井13座，其中“一龙井”建于明嘉靖十九年（1540年）。马家的荷花井、诸里42号宅井、上市井、后梁井、玉堂井、东下梅井、西下梅井，井水甘甜，终年不枯，至今村民仍在使用。直至20世纪50年代前，别桥、后周境内居民饮用水以浅井水、河水、塘水、涧沟水为主。

50年代中期，开始少量使用农药、化肥，水质逐渐受到污染。随着农药、化肥使用量的逐年增加，饮用水污染日趋严重，胃肠道疾病患者逐渐增多。70年代中后期，打井用水居民增多。1979年，绸缪公社境内有水井402口，后周公社境内有水井531口。卫生院坚持为农户水井加放漂白粉，消毒井水。至80年代，别桥镇现境内的5个公社有85%农户打井取水。溧阳县农村卫生抽样调查组在原别桥镇调查278户农户，饮用浅井水212户，饮用地面水66户。

图22-4 农民在家门口清澈的池塘淘米

别桥镇现境内改水始于80年代后期。1988年2月，湖边乡打深水井，投资30多万元建自来水厂，开始日供水2000立方米，仅供3000多户居民用水，1万余人饮用自来水，占境内总人口的11.3%。1989年，别桥建成自来水厂，让部分居民饮用自来水。1990年，绸缪建成自来水厂，开始日供水600多立方米，仅供应绸缪集镇范围内居民饮用水。1991年，湖边自来水厂网管延伸到浪圩村，浪圩村民吃上自来水。

别桥自来水厂相继完成水厂二期工程，增加日供水能力。1992年，湖边自来水厂管网继续延伸，新增受益群众1500多人，至此湖边全乡居民都饮用自来水。

1991年，后周乡卫生院召开3次乡村医生会议，布置饮用水消毒工作，派出8名医务人员定点包片检查督促。发放用于饮水消毒的漂白粉200公斤、漂白粉精100公斤，组织2次全乡性饮水消毒工作检查评比。1993年5月8日，后周自来水厂开始供水，日供水100多立方米，后周乡境内占总人口39.9%的居民受益。

1995年5月，古渎乡自来水厂建成供水，日供水量200余立方米，仅供800多户居民用水。同年，绸缪自来水厂扩建完成，满足绸缪乡居民、企事业单位用水。1996年，别桥自来水厂扩建，改水受益28543人。古渎自来水厂扩建后，保证古渎乡居民和企事业单位的用水。1996年，后周自来水厂水源移至塘马水库。别桥现境内原各乡镇自来水普及率达86.5%。

别桥镇现境内的原各自来水厂加强水质监测工作，认真做好每天常规项目的监测，记录完整。1996年后每年的2月、8月，市卫生站都要对境内自来水厂进行水质监测，及时通报结果。这一举措使境内各自来水厂加强自身的卫生管理，建立健全各项卫生管理制度，完善消毒及检验实施，严禁使用无卫生许可证的净水剂，严禁不消毒供水。

1997年，后周自来水厂完成水厂扩建工程，日供水量增加到1000多立方米，基本满足后周镇居民及企事业单位的用水。别桥自来水厂完成扩建工程，别桥镇境内自来水入户率达98%。1999年6月30日，市卫生防疫站对别桥、后周自来水厂进行汛期饮用水监督检查，现场监测出水厂余氯指标能达到每升0.5毫克以上，水质浑浊度合格。2006年，按照《江苏省农村用水水质监测实施方案》，对别桥、后周两镇水库集中式供水进行监测采样，检测结果上报省卫生监督部门。1999年，绸缪镇自来水厂接通天目湖水源管网，绸缪镇饮用天目湖水。

2009年12月，别桥万顺自来水有限公司改用穿孔漩流沉淀组合池，水质浑浊度由3度以内降至1度以内。自来水厂设专职水质检验员，一日两次检测水质，建立规范的水质档案。

2013年，经溧阳市疾病预防控制中心4次检测，塘马水库水源符合GB 3838—2002《地表水环境质量标准》要求；水厂供出的末梢水所检总大肠菌群、浑浊度、臭和味、pH值、氯化物等32个项目，均符合GB 5749—2006《生活饮用水卫生标准》要求。

第三节　饮食卫生

饮食、食品卫生是保障人们饮食安全、预防消化道传染病和食物中毒的一项关键措施。新中国成立后，各级卫生部门十分重视饮食卫生工作。1960年，县卫生部门分期培训公共食堂炊事员，别桥、后周公社境内公共食堂都订立卫生公约，对食堂炊事员全部进行健康检查，更换有疾病的炊事人员。

根据县卫生部门1961年发出的《关于做好饮食卫生、服务行业工作人员健康检查的通知》精神，对别桥镇境内原集镇饭店、小吃店、熟食店、糕饼坊、烧饼店、茶馆、酱坊、豆腐店、零售食品门市部、浴室、理发店、旅馆等直接参加生产或营业人员进行健康检查，受检合格者，由医院发给带有照片的健康卡。

1979 年，别桥公社卫生院配合县防疫站、公社爱卫会切实做好饮食服务行业的卫生工作，对集镇各个单位食堂进行饮食卫生检查，给从业人员讲授饮食卫生预防方面的理论，贯彻“五四”（四不：采购员不进，保管员不收，食品加工员不做，服务员不卖腐败变质的食物。四隔离：生熟隔离，成品与半成品隔离，食品与杂物隔离，食品与天然水隔离。四过关：一洗、二刷、三冲、四消毒。四定：定人定物、定时间、定划片分工、定包工负责。个人卫生四勤：勤洗手、勤剪指甲、勤洗澡理发、勤洗洗衣服被褥、勤换工作服。）制，把好病从口入关。发现别桥集镇营业食堂马某某患肺结核病，立即将其调离岗位。绸缪公社卫生院发现加工厂炊事员患有肺结核病，也立即将其调离岗位。

1986 年 5 月 3 ～ 21 日，溧阳县人民政府组织卫生局、爱卫办、防疫站的负责人，食品卫生监督员以及区乡卫生院防疫医生，对别桥、湖边、古渎、绸缪、后周境内的食品生产经营企业和食品商贩户进行卫生检查，餐具采样送检合格率为 27.33%，食品采样送检查合格率为 77.95%。本着教育改进为主、处罚为辅的精神，对违章户进行行政处罚。10 月，别桥中心卫生院、湖边、古渎、绸缪、后周卫生院防疫医生和院长参加县防疫站组织的业务培训，经卫生局审查合格后，确定为食品卫生检查员，负责所在乡镇的食品卫生检查和业务指导。

1983 年 5 月，贯彻执行《中华人民共和国食品卫生法》（以下简称《食品安全法》），食品卫生管理制度逐步规范、完善。7 月，别桥群乐饭店在集市购买病死的牛肉 55 千克，未听卫生防疫部门劝阻，造成 49 人食后中毒事件。为严肃执行《食品卫生法》，剩余的牛肉在卫生防疫部门的监督下全部销毁，饭店停业 4 天，进行整顿消毒，罚款 200 元，承担防疫费 144 元，不听防疫劝阻的职工罚款 50 元。

1983 年，县卫生防疫站在别桥中心卫生院、湖边、绸缪、古渎、后周乡卫生院协助下，对区域内的餐饮、食品加工单位实施监督、检查，对从业人员进行卫生知识培训和体检，向合格单位和人员发放卫生许可证和健康证，两证均在次年复核年审。县卫生防疫站每年不定期到餐饮、食品加工单位进行食品、餐具采样检测，向被检单位发送卫生监督意见书。县卫生部门向别桥中心卫生院常年派驻卫生防疫监督员，负责所在地区的食品、药品的卫生督查。

1991 年，后周乡卫生院对集镇内经营食品的单位每月检查不少于 4 次，覆盖率 100%。

1992 年 8 月 27 日，古渎乡道成村一农户在家中请客，17 人用餐，其中 14 人食用变质红烧鱼，造成细菌性食物中毒。

1996 年 4 月 10 日、22 日、26 日，组织别桥、绸缪、后周、古渎乡镇内食品生产经营行业（包括饮食业、食品加工业、副食品商店、粮油商店、农贸市场固定食品摊点、集体单位食堂、茶厂、茶场）和公共场所（包括旅馆、自来水厂、影剧院、歌舞厅、录像厅、商场、浴室、理发、茶水）等行业人员体检。

1998 年 6 月，市卫生局与市教委联合组成检查组，按照《学生集体用餐卫生监督办法》的要求，对别桥、湖边、古渎、绸缪、后周境内的供餐学校及幼儿园进行全面检查，检查内容包括：食品从业人员两证情况、食品加工场所和设施的卫生状况、管理人员的卫生知识及食品采购渠道 4 项 20 个方面。检查结束后，市卫生局、教委联合召开供餐学校校长会议，通报情况，提出整改要求。同月，实施“放心肉”工程，境内在别桥、湖边、古渎、绸缪、后周集镇设屠宰点。屠宰点的猪肉须经镇、乡畜牧兽医站检疫合格后方可上市销售。2000年，湖边屠宰点并入别桥，古渎屠宰点并入绸缪。2008年7月，改设别桥镇一个集中屠宰点，实行生猪定点屠宰行业标准化、规范化管理，以确保人民群众吃上“放心肉”。

2002年后，市教育局、卫生防疫站加大对中小学、幼儿园食堂的卫生监督、监察力度，规定学校食堂不同功能的水池不能混用，生、熟菜刀具、案板分开，食材原料必须定点采购，供方须提供商品的检疫、检测合格证明。

2007年，全镇餐饮从业人员体检合格率99.5%。2013年，全镇餐饮从业人员体检合格率99.8%，不合格者均调离食品生产、经营岗位。

第二十三篇

文化　体育

千年古镇别桥，文化底蕴深厚，钟灵毓秀，人才辈出。隋朝以后，经济文化逐步发展，唐、宋、元、明、清各个朝代，著名文人吟诵赞美别桥，留下不朽诗篇。明代进士、南京国子监司业马一龙、清顺治十八年（1661年）状元、翰林院侍读马世俊有很多优美诗篇问世，其书法也堪称盖世之作。

抗日战争前后，樊庄籍王平陵发表文学作品60多部，包括短篇、长篇小说、散文、诗歌及戏剧本。著名学者缪钺长期在外地从事文化研究和创作。原籍塘马村的中年作家刘志庆，以后周革命老区为题材，写出长、短篇小说和传记文学、报告文学数十篇。中国作家协会会员李金芳的文学著作涉猎诗歌、散文、报告文学、电视剧剧本等多个领域。别桥这一块文明沃土，哺育出一批批文学之士。

出生于湖塘村的阮荣春，出版了多部中国画（山水）画集，举办多次个人画展和联展。中国戏剧“梅花奖”、上海戏剧“白玉兰”奖得主史敏，是从长荡湖畔的长桥村飞出的戏剧骄子。

别桥地区的民间文艺源远流长，龙灯、马灯、跳狮子、舞马叉，寄托别桥人民对太平、兴旺、幸福的企盼。战胜村的龙灯起源于清光绪二十六年（1900年），已列为溧阳市首批非物质文化遗产。别桥的非物质文化遗产有7个门类20个项目，每年的农历七月三十日，丹金溧漕河的“放荷灯”颇为壮观，参与和观看者达千人。

别桥历史文存丰厚，1985年在后周观阳出土新石器时代的石凿、玉华山出土西周时代的原始瓷缸，就是别桥古代文明的见证。现保存在市文体广局的别桥镇现境范围内出土的文物达112件。《淳化阁帖》石刻、《重修广惠庵碑记》石刻列为省、市（县）级文物保护单位。2000年4月，在后周黄金山村发现马一龙于嘉靖二十五年（1546年）为承事郎史朴菴撰写的墓志铭，是马一龙楷书手迹的发现，同时还发现清代武乡试头号乡试石。

别桥籍体育运动员高海玉、芮留铭、沈铎获得奥运项目及其他体育项目的世界比赛金牌。全国最佳体育教师、优秀教练员陆凤鸣是马家村人。别桥镇体育代表队参加市（县）全民运动会，多次获农民部比赛团体总分第一名。1985年，后周中学（田径）被定为省级体育传统项目学校，一批批学生在全国、省、地运动会上屡创佳绩。1987年，别桥镇获“全国群众体育先进单位”称号，其后又被评为江苏省体育先进镇，江苏省、常州市全民健身活动先进单位。

中共十一届三中全会以来，乘着改革开放的春风，别桥镇的文化事业发展迅速，群众文化体育活动更加活跃，文化市场的发展更加健康有序，丰富人民群众的精神文化生活。

第一章　机构与设施

第一节　文化体育工作站　文化中心

一、文化体育工作站

1951年，别桥区建立俱乐部，设文化专职干部2人。1952年10月改称别桥区文化站，受区政府领导，人事、经费属县文教科管理，业务受县文化馆指导，工作人员为王振元、姜士生。文化站租用两间二层木结构民房作活动室，设备简陋，仅有幻灯机、黑板和少量报刊。主要工作除指导全区乡、村俱乐部开展活动外，还配合中心工作出黑板报、放幻灯片和组织业余文艺宣传队演出。1958年，各公社建立民办文化馆，后改为民办文化站。1961年，民办文化站全部撤销，保留公办文化站。

别桥文化站是国家设在基层的文化事业机构，是溧阳8个公办文化站之一。2002年以前行政属于县（市）文化局领导，2007年7月以后行政归镇领导。古渎乡、湖边乡、绸缪乡、后周乡文化站始建于1975年5月，属民办文化站，实行民办公助，人员工资由县财政下拨，活动经费由乡镇自筹。随着形势发展变化，区域调整，基层文化站也相应进行拆并。1992年9月，湖边乡文化站拆并于别桥文化站。2000年1月，古渎乡文化站拆并于绸缪镇文化站。2001年3月，镇事业单位机构改革，乡镇文化站与广播电视站合并，形成别桥镇文化广播电视站、绸缪镇文化广播电视站、后周镇文化广播电视站，其行政归镇政府领导，经费大部分由镇财政拨给，市财政给予一定补贴，部分靠自身文化经营创收。2003年11月，各镇文化站与广播电视站分设，还原镇文化站。2004年7月，根据溧阳市机构编制委员会《关于各镇（区）文化站统一更名为文化体育工作站的通知》精神，各镇（区）文化站统一更名为文化体育工作站，形成别桥镇文化体育工作站、绸缪镇文化体育工作站和后周镇文化体育工作站。工作职能为辅导辖区内文艺爱好者业余文艺创作，组织和开展群众文体活动，管理和开放图书、报刊阅览。2007年3月，乡镇区划再次调整，绸缪镇、后周镇合并于别桥镇，文化体育工作站也相应合并，成立别桥文化体育工作站，有工作人员4人。2009年，别桥文化体育工作站被江苏省文化厅评为省优秀文体站，同年被评为江苏省全民健身活动先进单位、常州市全民健身活动先进单位。2013 年被评为全国一级文化体育工作站（2014 年 6 月颁证）。

二、文化中心

1980 年，为统一管理全乡各项文化事业，绸缪乡率先建立文化中心。1983 年，湖边乡和古渎乡相继建立文化中心。1985 年，别桥镇和后周乡也完成文化中心的建立任务。5 个文化中心共有房屋面积 4000 余平方米，建有图书室、阅览室、乒乓室、桌球室、棋牌室、录像放映室、影剧院等文体设施，开辟画廊、黑板报等宣传园地。后因乡镇行政区域调整，5 个文化中心相应拆并。2007 年，省、市、县三级政府资助别桥建立文化中心大楼，建筑面积 1080 平方米，内设图书阅览室、舞蹈排练室、健身房、棋牌室、老年活动室、电子阅览室、体质监测站、乒乓球室。

第二节　影剧院　电影放映队

一、影剧院

1954 年 6 月，在别桥集镇西建别桥剧院，占地面积 1200 平方米，建筑面积 950 平方米，置长凳可坐 920 人。首场演出是金坛群星锡剧团演出的《龙凤呈祥》。溧阳县锡剧团、金坛县锡剧团、镇江市京剧团、郎溪县锡剧团等外省、县的剧团来别桥演出。金坛县锡剧团的“江南猴王”崔龙海多次来表演“猴戏”；誉满江南、被称为“小王彬彬”的著名锡剧表演艺术家蒋盘芳，多次来领衔主演《珍珠塔》等剧目。1978 年，改建为影剧院，成为县影剧公司直属影剧院。1981 年，县影剧公司从县电影院调配一批设备，将长凳改为编号翻转椅，共 900 座。电影放映机也随年代逐步更换，20 世纪 80 年代前用 2 台 16 毫米轻四型放映机，80 年代初改用 2 台 35 毫米解放 103 型放映机，1985 年至 90 年代后期又改用 2 台松花江 5502-X 座机。后周乡影剧院，属乡镇办影剧院，位于后周集镇闹市区，原后周镇政府对面。1983 年筹建，1984 年试放映，1985 年正式对外放映。占地面积 900 平方米，建筑面积 1160 平方米，编号翻转椅，共 943 座。放映机刚开始用 16 毫米轻四型，后改用 35 毫米井冈山 104-2X 提包机。70 年代，绸缪公社建起配有 654 座翻椅的影剧院，放映机为 F16-42 型。湖边、古渎公社建立大会堂，兼作放映、演戏场所。

1994 年，电视在农村的普及，娱乐方式的多样化和文化生活的丰富，电影放映市场受到很大冲击，基层影剧院相继移作他用。

二、电影放映队

1970 年，社办电影放映队迅速发展。1971 年春，湖边公社、后周公社成立电影放映队（简称电影队），各有 8.75 毫米放映机 1 台、汽油发电机 1 台、放映员 2 人。1974 年 12 月和 1975 年 8 月，别桥、绸缪公社相继成立电影放映队，各有 16 毫米放映机 1 台、汽油发电机 1 台、放映员 2 人。1975 年 10 月，古渎公社电影放映队成立，时有 8.75 毫米放映机 1 台、汽油发电机 1 台、放映员 2 人。是年，黄金山组成大队电影放映队。70 年代后期，湖边、古渎、后周公社电影队也改用 16 毫米放映机。

1971 ～ 1980 年，电影队主要在其公社境内流动露天放映。遇有佳片，邻近公社电影队相互支援，跑片放映。各队年放映 280 天左右，放映费由生产队公益金支付。其间，电影队也在公社影剧院、公社会堂放映，观众购票观看。

1981 ～ 1983 年，电影队相继与影剧院合并，人事、经费由公社管辖，业务由影剧公司安排和指导，以影剧院放映为主，也到集镇较远的自然村放映，但次数较少。1994 年后，电影市场逐步萎缩，电影队改制给个体经营。2000 年后，电影放映队被市场淘汰。

第三节　书店　图书室（书屋）

一、书店

图23-1　别桥新华书店

1958 年，新华书店苏南分店溧阳支店在别桥设立图书发行室，委派 1 名发行员来别桥，先后租用区政府、房管所房屋、民宅作为发行室。20 世纪 70 年代，在镇西街与北关街交会处建 1 幢二层小楼，作为别桥书店。1988 年 6 月，在镇中街 26 号新建 3 间二层小楼，改称溧阳县别桥新华书店。农村图书发行，坚持两条腿走路。别桥、湖边、古渎、绸缪、后周供销社设有图书发行专柜。别桥新华书店发行图书种类较多，涵盖政治、经济、科技、法律、教育、卫生、文艺等类；供销社图书发行专柜发行图书品种较少，一般在 500 种左右，每柜备货一、二千元不等，年销售 5000 ～ 10000 元左右。1990 年，别桥新华书店实际完成图书销售额 11.2 万元，其中书店销售 5.83 万元；1994 年实际完成图书销售额 25.2 万元，其中书店销售 20 万元。

1998 年后，供销社图书发行专柜逐步撤销。个体书店、其他系统办书店取而代之。2007 年 9 月，溧阳新华书店改制为常州新华书店责任有限公司溧阳分公司，别桥新华书店受其管辖。2013 年，别桥新华书店全年图书销售额为 16.3 万元。有个体书店 6 家。

2013 年别桥镇个体书店一览表

表 23-1-1

经营单位名称	经营地址	法人代表	注册资本（元）	经济性质	经营范围
溧阳市别桥文教书店	溧阳市别桥集镇镇中街 11 号	陈　俊	5000	个体	书报刊零售
溧阳市古渎文教书店	溧阳市古渎育才路 18 号	阮益明	20000	个体	书报刊零售
溧阳市别桥绸缪国民百货商店	溧阳市绸缪集镇	孙国民	10000	个体	书报刊零售

续表 23-1-1

经营单位名称	经营地址	法人代表	注册资本（元）	经济性质	经营范围
溧阳市后周文教育才书店	溧阳市后周集镇镇新街 5 号	陈　俊	5000	个体	书报刊零售
溧阳市后周土根学生用品商店	溧阳市后周集镇北环路 29 号	葛土根	15000	个体	音像制品零售、出租
溧阳市强玉国音像制品点	溧阳市别桥集镇镇中街 16 号	王玉琴	10000	个体	书报刊、音像制品零售

二、图书室（书屋）

图23-2　农村书屋

1985 年，后周乡创办文化站图书室，藏书 2000 余册。1990 年，湖边乡由政府投资 8 万元新建 500 平方米的文化站，建有 2000 册藏书的图书室。1998 年，由上级政府及文化部门资助，新建古渎文化站、绸缪文化站，分别建有 3000 余册和 5000 余册藏书的图书室。1999 年，古渎乡文化站撤并于绸缪镇文化站，绸缪镇文化站藏书 1 万余册。2007 年 3 月，乡镇区域再次调整，绸缪镇、后周镇合并于别桥镇，在省、市、县三级政府的资助下，别桥镇建立文化中心大楼，建有超万册藏书的图书室和 10 台电脑的电子阅览室。

2002 年，黄金山村、前王村、前程村、马家村、浪圩村、周家湾村先后创办“农家书屋”流动图书服务店，溧阳市图书馆向每个服务店提供 200 册图书，每半年更换一次。2007 年，全镇各村都建立“农家书屋”，共计藏书达 3.1 万余册，并配有 100 张光盘和一些专用书柜，供村民借阅。别桥镇社区教育中心图书室藏书 1 万余册，每年有 300 多人持证借阅。

全镇各中小学均有图书室，藏书 49.11 万册（含电子图书），其中别桥中学、别桥小学、古渎小学、绸缪实验学校、后周小学图书室被评为常州市中小学示范图书室，后周中学图书室被评为常州市教育技术装备工作先进集体。

第二章　群众文化

第一节　群众业余文化活动

民国 27 ～ 30 年（1938 ～ 1941 年），新四军战地服务团经常与后周、黄金山、塘马等地的群众一起排练演出《送郎参军》《放下你的鞭子》《活捉鬼子兵》等小型抗日活报剧。

1950年冬，常州地委文化服务团来别桥区公演，别桥乡群众自动捐献火油、布幕、锣鼓、乐器等物，自愿捐款280万（旧币），作为剧团活动经费。文化服务团在前王、石桥、后周、诸里、绸缪5个乡，演出《打渔杀家》《小放牛》《大秧歌》《打莲香》等，观众达5.5万人次。

别桥业余剧团在别桥区俱乐部（后称文化站）的指导下，为宣传《中华人民共和国婚姻法》及配合土地改革、镇反肃反等中心工作，编演小型文艺、曲艺节目。1951年，别桥业余剧团以时事材料为素材编了快板，以“西洋镜”的形式出演，还编了《麦克阿瑟下台》曲艺剧目。

以虞缪村、北巷村为中心的别桥业余小剧团，从20世纪50年代开始，办得轰轰烈烈。演员以青年人为主，不图报酬，肯吃苦，演出热情高。在文化站工作人员的组织下，春节期间、主要节日排演锡剧《双推磨》《秋香送茶》《庵堂相会》《打面缸》，京剧《借东风》《打渔杀家》，现代戏《中秋之夜》等和自编、自导的小型曲艺节目，到周边乡村演出，到修坝、开河工地上慰问民工。多次参加县、地文化部门组织的群众文艺汇演，颇有影响。1958年人民公社成立后至“文化大革命”前，别桥镇现境内的群众文艺活动十分活跃，各公社都成立公社文艺宣传队，各大队也有文艺宣传队，在文化馆（站）的业务指导下（由县文化馆发宣传资料），配合当时形势，常年开展文化活动。演出样板戏的片断以及说唱、歌舞类节目。古渎文艺宣传队创作的锡剧《接班》，在溧阳县文艺汇演中获得创作奖；快板《喜看家乡变了样》《道成在前进》（歌舞）参加镇江地区文艺汇演。“文化大革命”期间，公社、大队文艺宣传队改称“毛泽东思想文艺宣传队”，公社每年集中汇演一次，而后由公社选调节目，组成2小时左右的一台戏参加县汇演。演出内容大部分是样板戏《沙家浜》《红灯记》《智取威虎山》《龙江颂》的折子戏和宣传毛泽东思想的歌舞节目。80年代，一些业余爱好者自发组织小型剧团，开展文艺活动，一些传统戏也开放了，有《十五贯》《珍珠塔》等。改革开放后，电视和卡拉OK在农村普及，自唱自乐和小型演唱会在农村也成了群众性业余文艺活动的内容。1994年，原别桥镇被江苏省文化厅命名为省第二批群众文化先进乡镇。1996年，被评为全国群众文化先进集体。2005年，战胜村被命名为首批“溧阳市群众文化活动基地”。2008年4月，别桥、后周等村中老年妇女音乐舞蹈活动队成立，在全镇一些庆典活动中演出。2012年8月，别桥老年艺术团成立，在业余时间开展排练、演出活动。排演锡剧《珍珠塔》《玲珑女》《五女拜寿》等剧目。

至2013年，别桥镇有群众业余舞蹈队、健身队18个。别桥镇文化站常年组织开展群众性文化、文体活动，2009～2013年，开展多项文化、体育活动51场次。2009年8月18日，后周小马灯参加省旅游节开幕文艺汇演。2013年11月23～24日，别桥镇创作的少数民族舞蹈作品《苗山情》，作为常州市的代表队参加在南京举行的江苏省第二届少数民族文艺调演，新颖的创意和精彩的演出赢得观众的阵阵掌声，彰显了别桥镇在发展民族事业和民族文化艺术方面的魅力和风采。

第二节　家庭文化

北山行政村诸皋自然村人滕春芳家庭，是闻名溧阳的一个文化家庭，一家3口，多才多艺，会多种乐器，善于表演。2002年11月，市委宣传部、市文化局等6个单位联合举办“电信杯”家庭才艺表演赛，滕春芳家庭获特等奖。2003年12月，滕春芳家庭赴京参加由全国妇联、宣传部、中央电视台文艺部联合举办的《神州大舞台·家庭风采》节目录制，获该栏目第8期第一名。次年3～4月，中央电视台第三频道分期播出他们的表演。2005年1月，滕春芳一家3口再次赴京参加《神州大舞台·全国魅力家庭秀》表演，获优胜奖。是年9月，常州电视台为滕春芳家庭制作的专题片《心中有爱》先后在常州电视台、江苏省电视台、美国斯科拉电视台、欧洲有线电视网播出。

第三章　文学艺术

第一节　文艺创作

一、诗文 书画

别桥镇境内的文学创作，具有悠久的历史。近两千年来，人才辈出，著作颇丰，影响弥广。从盛唐到清代，张籍、黄洵、吕绍谦、缪樗、狄斯彬、彭九龄、严瑄、符观、朱多灿、邢昉等文人先后在别桥留下赞美本地山水和人物的优美诗文。唐代张籍有“长荡湖，一斛水中半斛鱼，大鱼如柳叶，小鱼如针锋，浊水谁能辨真龙”（清《(嘉庆）溧阳县志》)。文字浅近自然，诗意清晰，脍炙人口。明清两朝，别桥马一龙、马从谦、马世俊、马宥、马容等都有诗文专集行世。马一龙《玉华子游艺集》、马从谦《竹湖遗稿》、马世俊《匡庵诗集》《匡庵文集》等流传百世。抗日战争前后，别桥樊庄村的王平陵发表了不少长篇、短篇小说和剧本、散文、诗集。短篇小说集《期待》《归来》，长篇小说《茫茫夜》，散文集《雕虫集》，诗集《狮子吼》，戏剧《自由魂》。

江苏省作家协会会员、中年作家刘志庆，生长在革命老区后周塘马，为了缅怀先烈，著有长篇小说《幻情》《风云塘马》《血战塘马》，传记文学《罗忠毅》《罗忠毅传》《廖海涛传》，报告文学《水西女杰》，并发表短篇小说多篇。2012年8月，《风云塘马》获江苏省近代史学会第三届学术研究优秀成果一等奖，《罗忠毅》获二等奖。2012年11月，他的《风云塘马》获常州市“五个一”工程奖。改革开放后，别桥还涌现出李金堂、姚爱娟等文学创作者，为别桥文学创作翻开新的一页，文学爱好者队伍不断壮大，文学创作骨干脱颖而出，创作出许多具有特色，反映家乡新人新事新风尚，歌颂祖国改革开放以来大好形势的文学作品。

图23-3　湖边书画院

别桥镇境内的书法，就全国而言在历史上也颇有影响。明清两代的书法大家马一龙、马世俊被后人广为传颂。马一龙的书法功底扎实，雄浑有力，世称“梅花体”“龙蛇体”，字迹狂放奔突，直抒胸臆，随心所欲，无法得法，在当时影响很大。据北京图书馆内珍藏的古籍《马一龙文集》（共 26 卷，1460 页）中记载：马一龙在京城翰林院时被委派参与泰山祭祀，现泰山顶上的《至此始奇》和《岩气象》两处石刻均为马一龙所书。今别桥小学内保存的《重修广惠庵碑记》也为马一龙所书。他的书法在古人的基础上不断创新，与张汝弼、杨秘图等名流风格相近，形成独特的流派，当时对全国书坛影响极大。作字悬腕运肘，落管如飞，顷刻满幅，浓淡大小，错综不可识，折看亦不成章，后人评论其为书法怪才。马世俊工于诗文，兼长书画，笔画架势，功力深厚。鉴赏家对他有“二右”之名，说他书法如右军（王羲之），绘画如右丞（王维）。

新中国成立后，别桥的书法爱好者也不断涌现。2007 年 2 月，马家村马春福书法作品在纪念邓小平同志逝世 10 周年和纪念香港回归 10 周年全国书画大赛中荣获金奖；2008 年 10 月，他的作品获得全国书画艺术大展赛一等奖（书法类）。

二、歌曲创作 摄影

别桥镇文体站缪丽娟摄影作品《雾海弄舟》2007 年获江苏省文化干部摄影大赛佳作奖，《竹海瑞雪》2013 年度获溧阳市文学艺术成果三等奖，《安塞雄风》2013 年 11 月获美丽中国全国群众文化摄影作品大展铜奖。

北山行政村诸皋自然村人滕春芳的歌曲《观西北坡》2011 年获溧阳市文学艺术创作类鼓励奖。

第二节　民间文体活动

一、龙灯舞

龙灯舞起源于清光绪二十六年（1900 年），至今已有 124 年历史，在合星的战胜村、别桥村流传很盛，在溧阳市境内最有特色。战胜龙灯已被列为溧阳市非物质文化遗产。新中国成立以来，战胜传统的龙灯活动得到市（县）、镇（乡）政府的重视和赞誉，因此大型活动都少不了龙灯队。1949 年 10 月 1 日共庆祖国成立，龙灯队赶去县城庆国庆；1996 年战胜龙灯队到天目湖茶叶节上表演；1997 年香港回归，龙灯队去溧阳比赛，荣获一等奖；2009 年常州举行世界小商品博览会，龙灯队也被特邀参加；2000 年 10 月市十三届中小学生运动会，龙灯队参加了开幕式。别桥村的双龙舞还在 2009 年庆祝中华人民共和国成立 60 周年、溧阳市首届民间艺术节上大放光彩，赢得一片赞声。

图23-4　别桥龙灯、龙船

一支龙灯队包括舞龙的、敲锣鼓的、

勤杂人员、领队等约40人。龙灯一般为龙头、龙尾各一节。龙体分为13节。龙皮是白色的，贴上金纸为龙鳞，用竹子、铅丝、麻线扎起。舞龙时每人举一节，另有一人执长柄彩珠球，上下左右舞动，在前引路，长龙即随彩球翻腾飞转。定点在广场表演时，则有叠罗汉、撬荷花、舞四门等多种舞式，并以打击乐器伴奏。夜里龙肚内装电珠，作为夜光，舞起来活灵活现，像一条真龙。

随着时代的发展，人民文化生活的改变，龙灯的装饰也有改善。龙皮备有两张，一张是淡绿色上贴有金纸作为龙鳞，另一张为白色上贴有金纸作为龙鳞。锣鼓也从一班小锣鼓发展为两班：一班大锣鼓，一班小锣鼓。龙灯队员也穿上统一的服装，老年班全身黄色，青年班全身绿色，每人各戴黄帽一顶。

二、跳马灯

起源于明朝末年，流传于古渎村和后周下梅村。下梅马灯被列为溧阳市非物质文化遗产，逢重大节日或庆祝活动时表演。表演者化装成古代不同角色。马灯以竹篾扎成，用各色花布蒙住，分前后两截，分别系在表演者身前后腰间。经过几百年来民间艺人的不断修饰、加工、发展。表演道具有连星1个、大刀4把、马叉4把、旗纛1面、牌灯4盏、多种乐器。表演者30余人，化装成不同角色，分别系戴马灯。其中表演男马5匹（5人）、马夫5个（5人）；女马5匹（包括凤阳婆1匹，5人）、领马1匹（1人）；还有扮演牛2头（2人），举旗纛者4人，饰凤阳婆、颂王只各1人，表演连星、大刀、马叉者9人。在广场演出时，队形有“穿8字”“游四门”“螺丝结”等，以“火连星”开场，有一丑角，自称“颂王只”，起串戏作用，说笑话、吉利话，逗人发笑。如在晚上演出，则在马身上点燃烛火，以打击乐器伴奏，也吹“招军”。跳马灯是民间自编、自导、自演、自乐的娱乐活动，马灯也称之谓太平灯、兴旺灯、幸福灯。马灯只有受人之邀方能上演。2007年4月28日，下梅马灯参加第十届中国溧阳茶叶节开幕式，受到日本友人赞赏，并与马灯队合影留念。2013年，下梅马灯、古渎马灯春节期间仍活跃在别桥镇及周边地区。

三、舞狮

在别桥地区较为普遍，前王、合星、泗渎港、诸里、东桥等村都有。狮以木雕头，以布作身，布上网一层用不同色染成的麻，有黄色、蓝色、红色等。每年春节期间开展活动。表演时狮子大都为两人，穿上缀有狮毛的套裤和狮爪鞋，一人舞狮头，一人充当狮身，外披狮皮，称为“双狮”。也有一人表演的，称为“单狮”或“小狮”。狮子舞模仿狮子的动作，有翻滚、蹦跳、卧虎、登高、俯冲等。如定点在场地表演，最惊险的是跳三桌半，叠三张八仙桌，上加一张椅凳，狮子从下盘到上面，到了上面作各种各样的惊险动作，再从高处跳下。表演时以打击乐器伴奏。

四、舞马叉

流传于前王、古渎、下梅村一带。清代末年兴起，赶庙会时表演。每次少则十余人，多则数十人，每人手舞马叉，形式有背绞花、胸轮、耍花、抛叉（单抛、对抛）等。使马叉柄连续滚动旋转于左右臂，时而用臂将叉抛向高空，再用臂轻巧接住，急转不停，时而使叉柄滚绕转动于胸、背、颈项及头、脚部位，颇为惊险。

五、农村评话

“文化大革命”前，评话（俗称“说书”），是别桥镇现境范围内集镇常年性的文艺活动，都在茶馆内表演。评话艺人多数来自外地，别桥集镇有贺少堂以此为生，属扬州评话。此人技艺较高，善说《济公传》和《小五义》。到别桥镇的评话艺人一般开讲《七侠五义》《岳飞传》《说唐》《杨家将》《薛仁贵征东》《薛丁山征西》《罗通扫北》《月唐传》《隋唐传》等，说《三国》《水浒》的比较少。还有马和富、蒋忠芳所表演的“三跳”。有 2 个人表演，分上、下手，上手说书定音，下手拖调过门，上手执云板和锉齿板。“三跳”常用调门 18 种，常用韵脚 17 个半。书目多，为传奇故事，如《天宝图》《金台传》等。但还有少许艺人为糊口而说一些怪异小说以及一些低级趣味的黄色东西。农村中也不乏技艺高的评话人，不以此为业，农闲时集一村之人偶然讲讲，绘声绘色，很受村民欢迎。此类活动，“文化大革命”中停止。

第三节　民谣　民间故事

别桥地区历史悠久，文化源远流长。自古至今，别桥人民在创造物质财富的同时，也创造、吸收并流传着许多民间传说、歌谣、谚语和歇后语。1950 年后，县文化馆、乡镇文化站进行过多次采集。1988 年，别桥镇、湖边、古渎、绸缪、后周乡文化站对流传于现境内的民间传说、民间歌谣、民间谚语、民间歇后语进行广泛的征集，征集民间传说 105 篇，其中有人物、史事、地方、动植物、土特产、风俗等传说，幻想、狐鬼妖精、生活等故事及寓言、笑话等；民间歌谣 78 首，其中有劳动歌、时政歌、仪式歌、情歌、儿歌等；民间谚语、民间歇后语 186 条。这些传说、民谣、谚语、歇后语，从各个侧面反映了别桥人民的生活、生产和思想情感。

民谣的内容十分广泛，有传递情意的情歌，有消闲解乏的田歌，有斗智发难的盘歌，也有打情骂俏的谐歌等。境内河南客籍农民，在车水、栽秧、耘田时有唱民歌的习惯。他们传承河南民歌，由一位嗓门洪亮的歌手领唱，众人和唱，歌声嘹亮，高低起落，或张或弛。内容是古人、古俗和情歌。既能解累解乏，又能活跃田间气氛。

一、民谣

长荡湖里山歌多

长荡湖里什么多？
鱼多，虾多，芦苇多。
不，鱼多虾多没有山歌多。
装装足有十万八千箩。
箩箩装的什么歌？
新四军歌声震山河啊！

小小扁担两头晃

小小扁担两头晃，挑担稻子去交粮。
（白）交的啥咯粮？交的建国粮，
建国粮来建国粮，巩国政权万年长。
小小扁担两头晃，挑担稻子去交粮。
（白）交的啥咯粮？交的爱国粮，
爱国粮来爱国粮，国家建设富又强。

就怪情哥带联我

我在家里洗中锅，郎在田里栽秧棵，
我对窗口唱山歌，风又大来雨又大，
哎哟哟，他哪里听到我唱歌，我怪情哥难为我。
我在家里洗中锅，郎在外面唱山歌，
我望青天侧着耳朵，锅沿台上叭嘀嗒，
哎哟哟，打碎一只江西莲花碗，就怪情哥带联我。

农夫种田跟季节

春夏秋冬四季天，家家户户喜连连。
三十六行赚饭吃，种田农夫万万年。
堎沟要撩立春天，垩肥要垩雨水前。
未到惊蛰要作埂，春分菜花满野遍。
清明男女罱河泥，谷雨浸种做秧田。
立夏一到大麦黄，小满采桑蚕结茧。
芒种收麦欢喜天，夏至插秧绿满田。
小暑农夫渔水乐，大暑耥稻又削棉。
一到立秋秋风起，处暑豆棉收到边。
小月闻香飘白露，交到秋分稻穗鲜。
寒露男女家家忙，霜降一到稻收遍。
立冬农夫三元报，甩稻牵磨小雪天。
满园白米大雪起，渔翁冬季望江边。
小寒喜度长生乐，大寒家家过新年。
一年过来一年去，个个节气记心间。
世人勤俭有饭吃，合家大小喜连天。
农夫种田跟季节，五谷丰登万万年。

小姑嫌少心不愿

新娘子，会切麺，切在锅里一条线。

公一碗，婆一碗，两个小姑两半碗。

小姑嫌少心不愿，爹娘面前说长短。

说的嫂嫂在碗橱下层藏一碗，还打碎一个小小红花碗。

公拿棍，婆拿鞭，新娘子吓得叫皇天。

大姑说：嫂嫂你莫叫，难逃我俩四只眼。

小姑说：嫂嫂你莫哭，妈妈顷刻咬你肉。

男女婚姻自当家

我姐姐，年十六，媒人时常到我家，我妈想替她许人家。

“妈妈别睬她，男女婚姻自当家。姐看郎俊就嫁他，

郎看姐俏就娶她。自工作，自当家，不要媒人两头夸。”

月亮渐渐高

月亮渐渐高，挂在柳树梢，小娘子坐空房，心中多苦恼。

（白）苦恼什么呢？

想起我的郎，死得真冤枉。东洋鬼子丢炸弹，丢在郎身上。

（白）那你怎么办呢？

心中想报仇，脚小不能走，怀抱着郎照片，眼泪往下流。

（白）要报仇？

我上有二公婆，孩子拉我手，我要报仇去，家里怎么丢？

（白）参加妇救会，

我与姐和妹，组织妇救会，做袜又做鞋，慰劳新四军。

（白）好办法。

他到前方去，消灭东洋鬼，生活才安宁，夫仇也清算。

二、民间故事

皇圩的传说

相传很久以前，别桥这地方，年年发大水，农田、房子三年两头被水吞没，致使土地荒芜，百姓苦不堪言。

有一年，朱元璋皇帝察访民情，路过别桥。一路看到百姓跪在地上，烧香敬佛，求天拜佛，大哭小喊，便问身边侍从为何喧闹，侍从禀报：“只因这一带年年闹水灾，百姓苦得不得了，只好在没发水前，求天拜神，祈求平安。”朱元璋听说后便带大臣侍从一班人，沿着别桥土山一带地方转了一个圈。回来便对跪在地上的百姓讲：“尔等不要求天拜神，只要构筑一道圩埂，就可

免遭水灾之苦。”众人听说朱皇帝喊筑圩，大家讲：“好是好，但铜钿哪里来？”朱皇帝讲：“这个不要紧，拿出我丫头的胭脂花粉钱就够了。”又说：“不过，你们要把土山筑在里面，我三年后再来看。”

三年后，圩是筑好了，因为是皇帝叫筑的，故定名皇圩。但是有一点没照皇帝的话做，就是没把土山筑在里面。有人认为，东边紧靠长荡湖，要筑高一点，西边没湖没水，就筑低一点不要紧。

朱元璋来别桥一看，就对百姓说：“东边不要紧，西边筑得太低。东边不倒西边倒，皇圩是把锁，土山是扇门，你们不听我的话，没拿土山筑在里面，五百年后肯定要倒。”

结果，五百年后，皇圩真的就破了。现在还是东边靠长荡湖的圩堤，因为湖宽水深，没有发生破堤现象，而皇圩西边因为河水急，经常决口。

绸缪地名的传说

清顺治年间，在溧阳境内古渎、后周、余桥三乡的交界处，有位好中医余仲明，娶了一位精明贤能的妻子名叫秋菊。据说秋菊娘家上代人做过专管钱粮的大官，为此秋菊嫁到余家后，余家更加兴旺发达。为乡里人修桥铺路，救济贫民，做了不少善事，也是积善积德，秋菊四十岁时才生下一子，取名寿茂。孩子自小生性孝顺，凡父母讲的话百依百顺。至十九岁时父亲去世。二十岁时母亲重病不起。一日，秋菊喊儿到床前说：“寿茂我儿，你快把媳妇娶进门吧！娘活不长了，临终前有三件大事嘱儿千万记住：一、出门须防天时变，雨伞常年不离肩；二、丰年要防灾难年，积谷防荒好赈济;三、盛夏莫忘弹棉絮，半世人生睡床被。春施谷，夏施粥，秋施衣，冬施被，望儿善事做周全，娘死安然口眼闭。”

秋菊问：“儿都记住了吗？”寿茂点头说都记住了。不久母亲去世，为守孝三年，唯此不从母亲遗训，决意推迟娶亲。父母双亡寿茂当然悲痛，因而平素寡言少语。每当出门就连晴天，总是雨伞不离身，到了伏天盛暑，人家歇凉，而他却重金聘来弹棉絮师傅，到他家弹被授资。秋谷登场总是四出收进粮谷、囤谷于家屋，人们背后议论说：“莫非这寿茂公子得疯病了！”

这一年的大伏天，正当杭州翰林朱元阶奉命出任溧阳知县，陪同来的又正巧是溧阳人氏翰林院编修史鹤龄大人（即史贻直祖父）。上任第一天，由史大人一同出游余桥、古渎等地。这天正值中午，赤日炎炎，骄阳似火，加之天又干旱，蝉鸣鼓噪，树枝分毫未动，所到之处，无有人能在烈日下干活，都躲在树荫下摇扇歇凉。然而，最使县令感奇的是：唯独余寿茂肩背雨伞，手捧棉絮一条又一条由屋内搬上晒场暴晒，人已是汗流浃背了，可还是干的那么认真。

知县朱元阶不禁轻声问史大人：“此人莫非神经失常？”

史大人当即摇头说：“非也！”

朱知县转身吟问寿茂道：“骄阳如火天晴晴，肩背雨伞不相称。若说今日天有雨，又晒棉絮太矛盾？”

寿茂笑言：“新任县大人，你有所不知啊！母亲遗训儿铭心，常年雨伞随我身，自古棉絮暖寒骨，盛夏岂忘寒冬临。”

朱县令又问史大人，其母为人如何？

史鹤龄道：“其母在世治家有方，寿茂是位孝子，朱大人欲知此家底细不妨‘请’！”朱知县相谦说："史大人请！"朱元阶一脚踏进门槛，不觉一愣，这么大的厅屋，都囤满了积谷，少说也有几万斤之数，知县问："一人之家却为何囤谷如此之多？莫非……"

寿茂紧接道："是为了积谷防荒，母训难违啊！"

朱元阶不觉一阵脸红，歉意道："唉哟！我误会，误会了，早闻说溧阳乐善好施之辈，济济有人，请问尊姓大名？"

"在下姓余名寿茂"

史鹤龄大人趁此连声说道："好！好！好！妙！妙！妙！此实乃未雨绸缪也。"

朱县令愣了一下，才如梦初醒地赞颂寿茂说："对！对！对！这殷富之家一切围绕着这未雨绸缪之格言，在行善积德呢！"

因这方土，这方人受两位名人的赞颂，从此就有了"绸缪"这地名。

掩皇桥和将军井的传说

远在东汉年间，阴山村的前面，沿大路往东走二百步的地方，有一座石桥，再向东走一百多步路就有一座小庵，这个庵叫茶亭庵。

传说有一年，刘秀兵败，被王莽的兵追到这茶亭庵的地方，眼看追兵已近，刘秀手下一位大将急忙说："主公，追兵已近，我们很难跑出去，你不如把衣服鞋帽换给我穿，你先到东边芦塘中躲藏一下，我来把他们引开。"说着拿过刘秀衣裳鞋帽就闯进了庵里。

刘秀刚走，追兵已赶到茶亭庵门前，看到一个人影闪进庵里，王莽一脚踢开庵门，口中高声喊："刘秀，你往哪里逃？"刚进庙的那位将军听到喊声，知道此庵已被追兵团团围住，没有办法脱身，看见庵里有一口井，急中生智，便将刘秀鞋只往井台上一放，就朝井里跳。

王莽刚入庵里就听到一声惨叫和井里的"扑通"声，他走近井前一看，只看到井里泛着水泡，井台上放着刘秀的一双鞋子。他略一思量，刘秀自寻，为什么不连鞋子跳井，分明是调虎离山之计，于是急命追兵继续搜寻。

刘秀藏在芦塘里，眼看王莽带着追兵搜来，急忙穿塘而过，往东逃去，逃到前面石桥上，两腿酸麻，四肢没力，心想："王莽在芦塘里搜不到，肯定要沿路追来，我还不如先到桥底下躲避一下。"他手抓藤茎，刚到桥洞中藏好，追兵已到桥上，王莽命部下到桥洞中搜寻。一个追兵手抓藤茎，正要下去，忽然一对白鸽从桥洞中飞出，王莽说："不用下去了，刘秀已经跑过桥了。"说着带领部下向东追去。追了好多辰光，还是不见刘秀的人影。心想：刘秀追得一点力都没有了，估计不会跑得太远！他肯定还在茶亭庵的附近，于是他又带领追兵回过头来搜寻。

这时，刘秀见追兵远了，赶紧爬出桥洞，到庵里去寻找将军，左寻右寻还是寻不到将军的踪影，正想出庵，突然王莽带着追兵又向庵里追来。刘秀在庵里急得团团转，情急之下就藏在菩萨身后，说句迷信话，刘秀命不该绝，那菩萨后面的蜘蛛迅速吐丝，把破开的蛛网又补好了。

王莽的追兵在庵里搜寻，到处都搜遍了，最后来到菩萨后面。王莽一看，蛛网没有被动过的痕迹，就赶紧带着兵马离开了庵到别处搜查去了。

据说后来刘秀得势，做了皇帝，老百姓就把藏过刘秀的这座桥改名叫"掩皇桥"，茶亭庵改成了"隐龙庵"。庙里的井改叫做"将军井"，一直流传到今。

第四章　广播电视　通讯报道

第一节　广　播

1956年，别桥乡通广播，借用电话线路，输送溧阳有线广播站广播讯号。一架扩音机，把信号输送到社（高级社）。1959年，建立别桥广播放大站。放大站设备有发电机、话筒、扩音机等，信号输送到各大队，大队和30%的生产队装了喇叭。1961年3月贯彻国家经济调整方针，公社广播放大站全部停办。1963年以后，广播事业全面恢复和发展。利用毛竹、木桩架线把信号输送到各大队，播放溧阳县广播站的节目，每日3次。湖边、古渎、绸缪、后周等公社都同时建立广播放大站。别桥公社广播放大站使用的是300瓦立式扩大器，其他4个公社放大站使用是150瓦扩大器。用户安装的是舌簧喇叭。有84%的大队、70%的生产队通了广播，装上喇叭。从1965年起，广播与电话开始分杆分线。1970年，掀起大办广播的热潮，各站除增添收音机、录音机等设备外，湖边、古渎、绸缪、后周站改用250～300瓦扩大机，别桥站改用550瓦扩大机。到1974年年底，单独架设县广播站到各公社放大站的信号专线，完成了县内广播独立的讯号传输系统。各广播放大站每天3次转播县广播站的节目，还播送会议通知、公社领导的讲话、大队通讯组撰写的新闻稿件。别桥站还不定期地播送自办节目《别桥新闻》。原5个公社区域内广播入户率达85%以上。1975年后，公社至各大队广播干线用水泥杆替换竹木广播线杆。1980年以后，又全部换成5米水泥方杆。公社广播网络基本达到“五有”化标准（用户喇叭有开关、有木壳、有挂流电阻、有避雷器、有良好的电线）。1985年后，收音机、电视机在农村普及，户装有线广播逐步淘汰。

图23-5　溧阳市广电网络公司别桥服务大厅

第二节　电　视

1982年10月，溧阳县电视差转台转播信号有效覆盖半径约50千米，电视机开始进入现境内家庭，终端用户逐年增多。原别桥镇于1989年利用卫星接收器开通有线电视。1992年，乡、镇广播放大站改称广播电视站。

1993年8月，别桥广播电视站率先通过光缆传输信号开通有线电视，组建工程队把有线电视信号输送到各村用户，次年，70%的村开通有线电视。是溧阳最早建立有线电视站的乡镇和最早开通光缆的乡镇。

1993年，后周广播电视站安装卫星接收天线，开通12个频道（11个转播频道、1个自办节目频道），时主馈线通达集镇及70%的村，终端用户300余户。1996年，绸缪广播电视站安装卫星接收天线，开通12个频道（11个转播频道、1个自办节目频道）。时主馈线通达集镇、诸皋、槎溪、东马、玉堂等村，终端有250余户。1997年，古渎广播电视站安装卫星接收天线，开通12个频道（11个转播频道、1个自办节目频道）。时主馈线通达集镇、古一、古二、东溪村，终端用户250余户。

1999年，全市光缆联网，别桥镇现境的原4个乡镇中70%的村开通有线电视。2000年，古渎广播电视站并入绸缪广播电视站，称绸缪广播电视站。2003年10月，镇广播电视的人事、业务、经费改由市广播电视局主管。2007年，别桥、绸缪、后周3个乡镇合并，溧阳市广播电视局别桥广电站为一级站，绸缪站、后周站仍分设为二级站，由别桥广电站统一管理。电视信号为光缆输送。是年，别桥镇境内277个自然村均开通有线电视，终端用户13400户。

2008年，投入150多万元新建别桥广电大楼，大楼5间三层，建筑面积660平方米。光缆直通到每个自然村，光信号直接进村。2011年年底，完成模拟信号整转为数字信号的工作。原先老旧的模拟信号全部更换成先进的数字信号，用户收看的频道由原来的不到30个台，提高到每户有基本频道65个台。同时收看质量全面提升，由原先的模拟信号程度，提高至基本台480P的清晰程度。2012年5月，绸缪广电站投资30万购置两湾村委会原4间两层200平方米办公用房作为广电站大楼。2013年，别桥广电站又开展高清数字机顶盒的更换工作，从原先的65套基本频道增加到130个台，内含25套高清节目，高清台的清晰度达720P，契合时代的发展，完成视听质的飞跃。

2013年，别桥镇广电站有数字电视用户14550户，其中别桥站为6580户，绸缪站为3850户，后周站为4120户。

第三节　通讯报道

1956年，《溧阳报》创刊，在别桥镇现境内的各乡先后培养数十名业余通讯员，为报纸写稿。1970年前，别桥、绸缪、湖边、古渎、后周公社均有兼职通讯员，经常向各级报刊、广播电台发稿，及时报道本公社新闻、信息。1971年，各公社革委会成立通讯报道组，每组有专、兼职通讯员2～3人。

通讯报道组成立后，通讯员深入基层采访，抓住典型事例和人物，及时写稿、发稿。1971～2013年，别桥镇区域内出现了数位优秀通讯报道员。吴启洪，后周黄金山人，他在绸缪镇、古渎乡工作期间，深入基层，细心观察，抓住典型事例和人物，及时写稿，积极主动向相关新闻媒体投稿。至2013年，累计投稿3018篇，被各级报刊（杂志）、广播电台（电视台）、网络等媒体用稿2595篇（含一稿多用），其中《溧阳市汽车座椅调角器总厂依靠专利产品打开市场》等10篇稿件被《中国专利报》等国家级媒体采用，《以信誉拓市场，三年翻三番》《单打争冠军，规模出效益——溧阳市绸缪乡工业经济步入发展快车道》等86篇稿件被《新华日报》等省级媒体采用，常州市级采用325篇，溧阳市级采用2174篇。获奖稿件25篇，其中《架起奔小康的金桥》《“富庙”里的“廉方丈”》《调整结构切忌“跟风”》分别于1996年、2000年、2003年获常州市新闻二等奖；《工会代表常任制工作初探》于2004年获常州市工会理论研讨成果一等奖。先后被农业部《农村工作通讯》《乡镇企业》《江苏工人报》《常州日报》《常州工人》《溧阳日报》、溧阳广播电台（电视台）等单位聘为特约记者或通讯员。曾先后11次被《江苏工人报》《常州工人》《溧阳日报》、溧阳广播电台（电视台）等单位评为优秀或积极通讯员。

第五章　文物古迹　旅游景点

第一节　石刻碑记

一、《淳化阁帖》石刻

淳化阁帖，被誉为“法帖之祖”。原为宋太宗赵炅于淳化三年（992年）命侍书学士王著，将内府收藏的历代墨迹，甄选编次摩勒上石。帖分10卷，卷首为《历代帝王帖》，二、三、四卷为《历代名臣帖》，五卷为《诸家古帖》，六、七、八卷为《东晋王羲之帖》，九、十卷为《王献之帖》。

明万历四十三年（1615年），肃宪王朱绅尧邀请温如玉、张应召将所藏《淳化阁帖》重摩上石，世称“肃府本”。虞氏藉此重刻。这组刻石，于咸丰十年（1860年）战火中受损，尚存完好的47石，破碎的71石。民国25年（1936年），虞氏家族整修所有石刻，计完者42石，碎者73石，连同《跋淳化阁帖》《珍藏淳化阁帖》3石，共118石，分上下六层，用水泥嵌于祠堂廊屋东南三面墙上。刻石均长0.8～0.82米，长0.3～0.32米，厚0.11～0.14米。

这组石刻卷后，仍保留“淳化三年十一月四日奉圣旨模勒上石”和“万历四十三年乙卯八月九日草莽臣温如玉、张应召奉肃藩王令旨重摩上石”原题刻5处，1982年采取化学加固，1993年对廊屋维修，1982年被公布为江苏省第三批文物保护单位。

二、《重修广惠庵碑记》石刻

系原广惠庵遗址中的碑刻一道。广惠庵始建于宋代，明嘉靖三十一年（1552年）重修。清咸丰十年（1860年）庵毁，仅存一碑。碑文为草书，末署“赐进士及第翰林院少史孟河马一龙书”。

《重修广惠庵碑记》石刻，阴文草书体，碑高 2.47 米、宽 1.1 米、厚 0.23 米，青石质材。主要记述广惠庵的兴废，庵与人才盛衰的相互联系。由马一龙书丹、缪希亮撰额，嘉靖岁壬子（1552 年）孟夏海州道人施圆正立石，锡山何富篆刻，现存原别桥小学内，2006 年 9 月被公布为溧阳市文保单位。

三、《承事郎史朴菴墓志铭》石刻

2000 年 4 月，在后周镇黄金山村发现马一龙于明嘉靖二十五年（1546 年）为承事郎史朴菴撰写墓志铭一道。为青石质，长 1.56 米，宽 0.67 米，厚 0.2 米，行文 20 行，满行 48 字，全文 688 字，缺 30 字，字径 0.025 米。缪希亮撰文，马一龙书丹，张翰翔篆额。石刻受“文化大革命”中“破四旧”浩劫，残成五块。现收藏于溧阳市文化局。

四、鱼跃龙门石刻

位于古渎周家湾村卫生服务站后（赵圩村 58 号屋西塘边）。该石刻原为明永乐年间的鱼跃龙门牌坊构件，现仅存两段，一段长 2.47 米，宽 0.3 米，厚 0.33 米；另一段长 2.25 米，宽 0.25 米，厚 0.27 米。雕刻栩栩如生，工艺精致。

五、东马石刻

位于原东马村委会门前。石刻顶部已毁，呈六角形柱墩状，青石质，柱墩每个面都雕有“双龙戏珠”纹饰，高 0.91 米，径长 0.56 米。为唐代石刻。

六、《泰山石敢当》石刻

位于别桥诸里村 288 号北约 20 米处。青石质，长 0.61 米，宽 0.29 米，厚 0.12 米。据考证，清光绪年间，诸里村民将刻有“石敢当”的石牌（或石人）立于桥道要冲或砌于房屋墙壁，可以禁压不祥之俗，保道路家宅平安。

七、石路码头碑记

位于合星村委会战胜村东 20 米处。碑刻为青石质，长 1.2 米，宽 0.66 米，厚 0.2 米。碑文讲述当地村民修码头铺路的经历。为民国庚申年（1922 年）石刻，今仅存碑刻一通。

八、吕氏祠堂碑记

位于古渎周家湾村卫生服务站（赵圩村 58 号）门前 10 米处。该碑刻立于明万历年间，为青石质，碑身长 2.45 米，宽 1.04 米，厚 0.29 米。今祠堂已不存，仅存碑刻一通。

九、重建董家舍桥碑记

位于古渎董家舍村南边渎溪河边。石刻高 2 米，厚 0.267 米，宽 1.15 米。据清嘉庆《溧阳县志》记载：董家舍桥距离县城二十里，康熙年间（1662 ～ 1722 年）筑起石垛，架木为桥。

乾隆四十年（1775 年），监生姚拔，生员姜丙暄、姜于孝等人倡议募捐，重建此桥。现桥毁，仅存碑刻一通。

十、《溧阳诸吕吕氏世系之图》碑

位于古渎周家湾村卫生服务站（赵圩村 58 号）门前 10 米处。该碑刻立于明万历年间，为青石质，碑身长 2.46 米，宽 1.04 米，厚 0.29 米。今祠堂已不存，仅存碑刻。

第二节　遗物　遗址

一、遗物

玛瑙竹叶依门石　马家村马家祠堂门口两侧有玛瑙石一对，系明代遗物，配有青石基座，通高 1.89 米，长 2.63 米，厚 0.3 米。此玛瑙石有竹叶花纹，故又称竹叶玛瑙。竹叶形象逼真，色呈暗红淡黄，光滑细腻。2001 年 7 月被公布为溧阳市文保单位。

乡试石　长 0.7 米，宽 0.34 米，厚 0.25 米，青石质，当属清代武乡试头号权。2000 年 4 月在后周黄金山村被发现。清代武举考试有弓、刀、石等科目。弓：有 8 力、10 力、12 力（即头号力），超过 12 力为出号力。力量较优者可加 2、3 力，以 15 力为则。刀：有 80 斤、100 斤、120 斤。石：有 200 斤、250 斤、300 斤，各以 3 号、2 号、头号分等试之。黄金山村发现的“乡试中闱叁佰五拾斤”，当属头号石。现收藏于溧阳市文化局。

图23-6　清乡试石

二、遗址

诸阳村李家祠堂遗址　位于别桥诸阳村 10 号院中。现仅存一对石狮，均系镂雕而成，始建年代不详，坐北朝南，一公一母成对。其中，公狮踩绣球，母狮抚小狮，形象逼真，但公狮嘴部已残，小狮基本已毁，石狮通高 1.05 米左右，基座砌于院中。据村民介绍，原系当地李家祠堂所有。

葛家祠堂　位于后周集镇永泰街老街西侧。该屋系清代建筑，坐北朝南，三开间面阔 13.3 米，进深 10.2 米，脊高 11 米，系硬山两面坡屋砖木结构，四大梁架木刻浮雕，做工考究，用料硕大，整体完好。

吕家祠堂牌坊遗址　位于古渎周家湾村卫生服务站（赵圩村 58 号）门前 10 米处。为青石凿成，石长 1.3 米，石高 0.44 米，石厚 0.12 米。构件底座部分现已不存。牌坊石柱为青石质，柱长 3.83 米，柱宽 0.47 米，柱厚 0.22 米。石柱有多处裂痕，牌坊其他部分现已不存。

琉璃会所遗址　位于湖边原浪圩村村委会内。据会所碑刻所载：琉璃会兴盛于乾隆年间（1736 ～ 1795 年），为当地百姓敬佛礼佛捐资建立。今仅存碑刻。碑长 1.41 米，宽 0.7 米，厚0.32米。

恩坊遗址 位于别桥马家村原村委会屋旁。牌坊早年已毁，现仅存石刻一段，阴刻行书从右向左“永恩坊”三字，石刻长3.1米，宽0.83米，厚0.14米。

双桥遗址 位于湖边双桥村东面约50米。据碑刻所载：双桥又名利济桥，县治以北二十里，始建年代不详，为溧阳金坛之通衢往来，明万历年间（1573～1619年）续修，后又多次修缮。桥早毁，仅有碑刻长2.04米，宽0.9米，厚0.26米。

马家宗祠遗址 位于别桥马家村188号沈国兴屋旁。原马家宗祠早年已毁，现仅存依门石基座1对。马氏在溧阳是旺姓之一，汉代时马氏从山西上党南下迁移襄阳，晋代迁至溧阳后周车门里（窦巷里村之北）定居，至今1700多年，人才辈出。

第三节　古墓　古井

一、古墓

诸里土墩墓 位于别桥诸里村西约350米，地处平原田间。墩高约2米，底径约14米。地面曾采集到原始瓷、印纹硬陶、夹砂红陶、泥质灰陶残片。该土墩墓因2006年年底秋收秋种时被平整。

黄金山土墩墓群 位于后周黄金山村东北350～450米，有3座封土墩。地处低丘岗沿，呈东西向排列。墩高均3～4.5米，底径18～22米。地面偶见印纹硬陶等残片。现今尚存。

玉华山土墩墓 位于后周玉华山村，有2座封土墩。皆地处低丘岗沿，其中1座位于村北，另1座位于村东南。墩高约3米，底径17～18米。地面可见纹饰为席纹、回纹、折线与回纹组合的印纹硬陶残片。由于农耕开土方，村东南土墩顶部封土虽流失严重，但现还保留；村北1座由于通路扩建削为平地。

后陈土墩墓 位于后周黄金山村后陈村，有2座封土墩。其中，一座位于村西，地处低丘岗沿；另一座位于村北（又称乌鸦墩），地处低丘岗脊。土墩规模较大，均高约6米，底径28～30米。地面曾采集到原始瓷、印纹硬陶、夹砂红陶、泥质灰陶残片。现今尚存。

姜庄土墩墓 位于后周姜庄村西250米，地处平原田间。墩高约2.6米，底径16米。地面可见纹饰为席纹、折线纹、印纹硬陶残片以及夹砂红陶鼎足等。现今尚存完好。

沟北土墩墓 位于后周小石桥村沟北墩村（即沟东村）北约80米，地处低丘岗背。该土墩原来规模较大，后因取土修路面积减小，现墩高约2米，底径约16米。地面偶见印纹硬陶残片。现今墩墓尚存。

后巷土墩墓 位于后周塘马村后巷村北150～300米，有2座封土墩。地处低丘岗沿，呈南北向排列。墩高约2.5米，底径15～16米。地面可采集到印纹硬陶坛、罐、瓿及原始碗的残片。2013年因旅游开发需要，已平整。

岗土墩墓 当地又称娘娘墩，位于后周西庄曼岗村（即副业队）南100～200米，有2座封土墩。地处低丘岗沿，呈东西向排列。墩高2.1～2.7米，底径15～16米。曾采集到夹砂红陶鬲足，泥质灰陶盘、罐及原始瓷豆的残片。现今尚存完好。

西观里土墩墓 位于后周西观里村北约100米，四周为一片农田。墩高约3米，底径约18

米。曾采集到印纹硬陶罐、坛、瓿的残片，纹饰有折线纹、方格纹、回纹等。顶部封土局部流失，其余尚存。

前疁土墩墓　位于后周黄金山前疁村南 250 ～ 300 米，有 2 座封土墩。地处低丘岗沿，呈东西向排列。墩高 2 ～ 3 米，底径 15 ～ 17 米。地面曾采集到原始瓷、印纹硬陶、夹砂红陶、泥质灰陶残片。现今尚存于低丘路沿。

西沈土墩墓　位于后周玉华山西沈村西约 100 米，地处低丘岗沿。墩高约 4 米，底径约 20 米。曾采集到夹砂红陶鬲足、泥质灰陶盘、罐及原始瓷豆的残片。现今在低丘岗沿仍能见到。

张家土墩墓　位于后周塘马张家村南约 200 米，地处低丘岗沿。墩高约 4 米，底径约 20 米。地面偶见夹砂红陶鼎足、鬲足、泥质灰黑陶及印纹硬陶的残片。现今尚存。

二、古井

一龙井　建于明嘉靖戊申年（1548 年），井栏外方内圆，青石质，栏长 0.74 米，栏宽 0.54 米，高 0.54 米，井口直径 0.34 米。井栏侧面有阴刻草书体马一龙手迹，约 60 字，介绍凿井的时间和意义，井壁平砖圈砌。现存于别桥镇马家村。2000 年 7 月被公布为溧阳市文保单位。

玉堂井　位于绸缪玉堂村石荣山家旁，太平天国年间开凿。井栏为青石质，呈圆形，口径 0.72 米，高 0.5 米，厚 0.08 米，井深约 15 米，井口有 34 道绳索痕迹。该井现仍在使用。

图23-7　玉堂村古井

窦巷井　位于西马窦巷村 28 号，始建年代不详。井栏为青石质，呈圆形，口径 0.61 米，高 0.43 米，厚 0.14 米，深 10 米。该井现已弃用，井栏上方用平砖圈砌。

诸里 292 号宅井　该井位于别桥诸里村 292 号，开凿于太平天国前。井栏为火成岩凿成，呈圆形，直径 0.62 米，高 0.45 米，厚 0.11 米。1994 年浇场地时，用砖圈砌于井栏上。

窦巷 61 号宅井　位于后周西马窦巷村 61 号旁，始建年代不详。青石质，呈圆形，口径 0.6 米，露出地面高 0.16 米，厚 0.2 米，井栏壁口有 10 道绳索痕迹。该井现已废弃。

荷花井　位于别桥马家村 178 号旁，始建年代不详，一直供村上居民日常用水。井栏外壁呈莲花瓣状，形象逼真，直径 0.68 米，高 0.48 米，厚 0.22 米。井水甘甜清澈，终年不枯。

西下梅井　位于后周西下梅村 13 号，始建年代不详。井栏为青石质，呈圆形，口径 0.56 米，高 0.42 米，厚 0.08 米，井深 10 米，井口有绳索痕迹 27 道。该井现仍在使用。

后梁井　位于别桥上市后梁村 48 号，汉代开凿始建。井栏为青石质，呈圆形，口径 0.6 米，高 0.53 米，厚 0.13 米，井深 18 米。该井现已弃用。

诸里 288 号宅井　位于别桥诸里村 288 号，开凿太平天国前。井栏为青石质，呈圆形，口径 0.53

米，高 0.32 米，厚 0.11 米，井深 10 米。井栏置于两块条石上，条石长 1.53 米，宽 0.53 米。该井现仍在使用。

东下梅井 位于后周东下梅村 97 号，始建年代不详。井栏为青石质，呈六边形，边长 0.25 米，口径 0.31 米，高 0.57 米，井口有 25 道绳索痕迹。井水甘甜，终年不枯。

上市井 位于别桥上市村 57 号戴国志屋前 20 米处，始建明代中叶。井栏为青石质，呈圆形，外径 0.65 米，内径 0.4 米，高 0.52 米，厚 0.11 米。井水甘甜，终年不枯。

诸里 42 号宅井 位于别桥诸里村 42 号，始建年代不详。井栏为青石质，呈圆形，口径 0.54 米，高 0.45 米，厚 0.08 米。该井仍在使用。

滩头井 位于绸缪滩头村滩后北面高背上，清代末年开凿。井栏为青石质，呈圆形，口径 0.58 米，高 0.4 米，厚 0.1 米，井栏置于长 0.85 米、宽 0.87 米、厚 0.2 米的青石板上。现仍在使用。

第四节 革命纪念胜地

一、塘马战斗烈士陵园

塘马战斗烈士陵园位于别桥镇塘马村东北部，系为纪念民国 30 年（1941 年）的塘马战斗而建。塘马战斗是我新四军在苏南与日作战中规模最大最为残酷的一次战斗。陵园在 20 世纪 50 年代由溧阳县人民政府始建，2009 年被公布为溧阳市文物保护单位。2011 年以来，别桥镇人民政府先后投入 300 余万元对烈士陵园进行扩建、整修，修葺一新的烈士陵园显得格外庄严肃穆。

整修后的塘马战斗烈士陵园占地面积 8000 平方米，陵园内纪念碑为方形宝塔顶，基座刻有塘马战斗经过，两侧分置罗忠毅、廖海涛烈士的事迹碑。罗忠毅、廖海涛是新四军对日作战牺牲者中职务最高的将领，两人牺牲前分别任新四军六师参谋长兼十六旅旅长、十六旅政治委员兼政治部主任，被收录于第一批著名抗日英烈和英雄群体名录中。新中国成立 60 周年时，罗忠毅被评为 100 位为新中国成立作出突出贡献的英雄模范人物之一。

二、黄金山战斗纪念碑

1941 年 5 月 21 ～ 24 日，新四军第十六旅旅部率 46 团和特务营在黄金山地区击退国民党四十师的 3 次进攻，三战三捷。1996 年 4 月，溧阳市后周镇人民政府在黄金山村村东立碑永志。

1980 ～ 2012 年别桥镇境内出土文物一览表

表 23-5-1

文物品名	文物时代	文物质地	数量（个）	出土时间	出土地点	备注
石 锛	新石器	石	1	1980.06.20	别桥马家村	—
带柄镜	宋	铜	1	1982.12.20	别桥砖瓦厂	—
鎏金头簪	宋	铜	1	1982.12.20	别桥砖瓦厂	戴爱英交

文物品名	文物时代	文物质地	数量（个）	出土时间	出土地点	备　注
银　筷	宋	银	2（双）	1982.12.20	别桥砖瓦厂	戴爱中交
金发簪	宋	金	1	1982.12.20	别桥砖瓦厂	戴爱中交
银发簪	宋	银	1	1982.12.20	别桥砖瓦厂	戴爱中交
银手镯	宋	银	2	1982.12.20	别桥砖瓦厂	戴爱中交
断柄镜	宋	铜	1	1982.12.20	别桥砖瓦厂	戴爱中交
四系盉瓶	宋	陶	1	1983.10.28	别桥团结大队古井	—
四系釉陶壶	宋	陶	1	1983.10.28	别桥团结大队古井	—
盉　瓶	宋	陶	1	1983.10.28	别桥团结大队	—
盉　瓶	宋	陶	1	1983.10.28	别桥团结大队	—
盉　瓶	宋	陶	1	1983.10.28	别桥团结大队	—
盉　瓶	宋	陶	1	1983.10.28	别桥团结大队	—
云乌镜	清	铜	1	1985.01.22	后周日用电器厂	—
元丰通宝	宋	铜	1	2003.06.15	后周西庄窑厂	苏林章交
石　凿	新石器	石	1	1985.01.23	后周观阳	蒋志平交
石　凿	新石器	石	1	1985.02.24	后周文化站	郝金洪交
原始瓷缸	西周	瓷	1	1985.01.23	后周玉华山	苏林章交
铜　矛	清	铜	1	1986.03.15	湖边乡农民开圩发现	—
弦纹灰陶罐	汉	陶	2	1986.04.17	古渎乡	文化站收缴
四系陶罐	宋	陶	1	1991.08.16	古渎乡观音桥南商业楼出土	文化站收缴
弦纹陶罐	汉	陶	1	1986.07.29	古渎乡	史森华交
铜　戈	战国	铜	1	1986.09.06	别桥收购站收	—
铺首铜环	西周	铜	1	1986.09.06	别桥收购站收	—
器皿柄	宋	铜	1	1986.09.06	别桥收购站收	—
器皿座	清	铜	1	1986.09.06	别桥收购站收	—
花瓶铜饰件	宋	铜	1	1986.09.06	别桥收购站收	—
银　匙	宋	银	1	1991.09.19	别桥砖瓦厂	宋墓出土
琥珀辟邪	东晋	玉	1	1991.09.19	别桥砖瓦厂	—
莲花形铜镜	宋	铜	1	1991.09.19	别桥砖瓦厂	—
莲花形铜镜	宋	铜	1	1991.09.19	别桥砖瓦厂	—
青瓷酒盅	宋	瓷	1	1991.09.19	别桥砖瓦厂	—
青瓷酒盅	宋	瓷	1	1991.09.19	别桥砖瓦厂	—

续表 23-5-1

文物品名	文物时代	文物质地	数量（个）	出土时间	出土地点	备　注
白瓷盖罐	宋	瓷	1	1991.09.19	别桥砖瓦厂	—
白瓷贝器罐	宋	瓷	1	1991.09.19	别桥砖瓦厂	—
耳　环	清	玉	1	1991.09.19	别桥砖瓦厂	—
铜　环	宋	青铜	1	1991.09.19	别桥砖瓦厂	—
香　瓶	宋	铜	1	1991.09.19	别桥砖瓦厂	—
酒　壶	宋	铜	1	1991.09.19	别桥砖瓦厂	—
烛　托	宋	铜	1	1991.09.19	别桥砖瓦厂	—
烛　托	宋	铜	1	1991.09.19	别桥砖瓦厂	—
铜　盏	宋	铜	1	1991.09.19	别桥砖瓦厂	—
铜　盏	宋	铜	1	1991.09.19	别桥砖瓦厂	—
铜　盏	宋	铜	1	1991.09.19	别桥砖瓦厂	—
水　盂	宋	铜	1	1991.09.19	别桥砖瓦厂	—
盘	宋	铜	1	1991.09.19	别桥砖瓦厂	—
盘（平口沿）	宋	铜	1	1991.09.19	别桥砖瓦厂	—
镂空鸡心饰件	宋	铜	1	1991.09.19	别桥砖瓦厂	—
铜　碗	宋	铜	3	1991.09.19	别桥砖瓦厂	—
碟	宋	铜	4	1991.09.19	别桥砖瓦厂	—
方圆环	宋	铜	1	1991.09.19	别桥砖瓦厂	—
碗	宋	铜	1	1991.09.19	别桥砖瓦厂	—
盖	宋	铜	1	1991.09.19	别桥砖瓦厂	—
金发簪	宋	金	2	1991.09.19	别桥砖瓦厂	宋墓出土
银发簪	宋	银	2	1991.09.19	别桥砖瓦厂	宋墓出土
鸡心饰件	宋	铜	2	1991.09.19	别桥砖瓦厂	宋墓出土
头饰件	宋	铜	1	1991.09.19	别桥砖瓦厂	宋墓出土
骨耳坠	宋	骨角	1	1991.09.19	别桥砖瓦厂	宋墓出土
铜　剑	战国	铜	1	1991.09.19	别桥砖瓦厂	宋墓出土
天禧通宝	宋	铜	1	1986.09.06	别桥砖瓦厂	宋墓出土
圣宋通宝	宋	铜	1	1991.09.19	别桥砖瓦厂	宋墓出土
政和通宝	宋	铜	1	1991.09.19	别桥砖瓦厂	宋墓出土
太平通宝	宋	铜	1	1991.09.19	别桥砖瓦厂	宋墓出土

续表 23-5-1

文物品名	文物时代	文物质地	数量（个）	出土时间	出土地点	备　注
木耳坠	宋	木	1	1991.09.19	别桥砖瓦厂	宋墓出土
元佑通宝	宋	铜	1	1991.09.19	别桥砖瓦厂	宋墓出土
蓝色耳坠	宋	玻璃料	2	1991.09.19	别桥砖瓦厂	宋墓出土
银头钗	宋	银	1	1991.09.21	别桥砖瓦厂	李宝法交
漆　奁	宋	木	1	1991.09.27	别桥砖瓦厂	宋墓出土
漆　盒	宋	木	4	1991.09.27	别桥砖瓦厂	宋墓出土
漆　板	宋	木	1	1991.09.27	别桥砖瓦厂	宋墓出土
陶　瓶	宋	陶	1	1993	别桥	—
铜　盘	明	铜	1	1995.01.11	别桥诸泗	—
四系盉瓶	宋	陶	1	1995.01.11	别桥诸泗	—
花　瓶	明	铜	1	1995.01.11	别桥诸泗村	派出所收缴
银　碗	宋	银	1	1995.01.11	吕荣海宅基	—
皇宋通宝	宋	铜	2	1995.01.11	吕永海私掘	派出所收缴
景祐元宝	宋	铜	1	1995.01.11	吕永海私掘	派出所收缴
元丰通宝	宋	铜	1	1995.01.11	吕永海私掘	派出所收缴
祥符元宝	宋	铜	1	1995.01.11	吕永海私掘	派出所收缴
熙宁通宝	宋	铜	1	1995.01.11	吕永海私掘	派出所收缴
元佑通宝	宋	铜	1	1995.01.11	吕永海私掘	派出所收缴
开元通宝	宋	铜	1	1995.01.11	吕永海私掘	派出所收缴
皇宋通宝	宋	铜	3	1995.01.11	吕永海私掘	派出所收缴
元丰通宝	宋	铜	1	1995.01.11	吕永海私掘	派出所收缴
熙宁通宝	宋	铜	1	1995.01.11	吕永海私掘	派出所收缴
元丰通宝	宋	铜	3	1995.01.11	吕永海私掘	派出所收缴
嘉定通宝	宋	铜	1	1995.01.11	吕永海私掘	派出所收缴
政和通宝	宋	铜	1	1995.01.11	吕永海私掘	派出所收缴
天禧通宝	宋	铜	1	1995.01.11	吕永海私掘	派出所收缴
皇宋通宝	宋	铜	1	1995.01.11	吕永海私掘	派出所收缴
方　镜	宋	铜	1	1995.01.13	别桥诸泗	—
小　盂	宋	铜	1	1995.01.13	别桥诸泗	—

续表 23-5-1

文物品名	文物时代	文物质地	数量（个）	出土时间	出土地点	备　注
碗	—	陶	1	2001.03.30	后周派出所交	—
罐	—	陶	1	2001.03.30	后周派出所交	—
钗	—	银	2	2001.03.30	后周派出所交	—
银币	—	银	293	2001.08.20	后周派出所交	—
漆　缸	宋	铜	1	2003.06.15	后周西庄窑厂	—
绍圣元宝	宋	铜	1	2003.06.15	后周西庄窑厂	—
钱　币	宋	铜	2	2003.06.15	后周西庄窑厂	—
景德元宝	宋	铜	1	2003.06.15	后周西庄窑厂	—
铜　镜	宋	铜	1	2012.05.29	东马村古墓	派出所收缴
铜　镜	宋	铜	1	2012.05.29	东马村古墓	派出所收缴
盏　托	宋	银	1	2012.05.29	东马村古墓	派出所收缴
盏　托	宋	银	1	2012.05.29	东马村古墓	派出所收缴
银　盅	宋	银	1	2012.05.29	东马村古墓	派出所收缴
银　盂	宋	银	1	2012.05.29	东马村古墓	派出所收缴
葵口盘	宋	银	1	2012.05.29	东马村古墓	派出所收缴
葵口碗	宋	银	1	2012.05.29	东马村古墓	派出所收缴
葵口碗	宋	银	1	2012.05.29	东马村古墓	派出所收缴
葵口碗	宋	银	1	2012.05.29	东马村古墓	派出所收缴
银　碗	宋	银	1	2012.05.29	东马村古墓	派出所收缴

第五节　非物质文化遗产

至 2013 年，别桥镇境内有溧阳市级非物质文化遗产 3 类 5 项。

别桥镇溧阳市级非物质文化遗产项目一览表

表 23-5-2

序　号	类　别	名　称	分布区域
1	岁时节令	放荷灯	别桥镇
2	传统舞蹈	下梅马灯	下梅村

续表 23-5-2

序　号	类　别	名　称	分布区域
3	传统舞蹈	古渎太平马灯	古渎村
4	传统舞蹈	舞龙灯	别桥镇
5	民间文学	马一龙的传说	别桥镇

第六节　旅游景点

一、长荡湖

长荡湖，又名洮湖，春秋时即有洮湖之名。韦昭在《两朝御批历代道鉴辑览》中注系古太湖分化湖之一。古时水面较大，周 150 里。该湖位于别桥集镇东部，距集镇 3 千米，附近部分水域归属别桥镇管理，为江苏十大淡水湖之一。

长荡湖水势平稳，水清可掬。神来天镜照天空，镜中云卷云舒，湖若天空。人、鸟、鱼共舞，好一派天、地、人、山为一体的和谐共生景象。长荡湖水草丰茂，螺蚬、鱼类繁盛，曾有“一斛水中半斛鱼”“日出斗金夜斗银”之美誉。湖中芦苇遍遍，荷叶连连，黄雀、獐鸡、野鸭等自由栖息，其景如渔家民谣所唱：“飞起不见天，落下盖湖面；天寒三日冻，一塘数百连。”清乾隆初年，邑人史贻直，官居文渊阁大学士，为官出任异乡多年，未能及时品尝家乡风味，因寄遐思，曾以家乡名特产，写七绝一首，其中“黄雀青鱼白壳虾”，指的是长荡湖特产。长住在长荡湖周围的乡民之间，也广为流传赞美湖中四季特色食品的诗句：“春潮白壳虾，夏鲳白嫩傻。秋雀蟹黄满，冬鸟味更佳。”

2013 年，以生态长荡湖为基础，突出航空文化、美食文化、寻根文化、时常文化、运动文化等内涵，将休闲度假与其他产业紧密融合，打造长荡湖全方位休闲体系。

二、塘马水库水利风景区

塘马水库水利风景区地理位置优越，紧邻扬溧高速后周道口，南接天目湖、南山竹海，西临瓦屋山，距溧阳城区 25 千米，距常州市区 75 千米，距南京市区 110 千米。1959 年 12 月，因地形之利，集北山地域 39 平方千米源远流长之水，塘马水库大坝土方开工。塘马水库水利风景区是依托塘马水库和塘马湿地形成的水利风景区。

据历史传说，春秋战国时期，楚将伍子胥奔吴，路经溧阳，随行马匹被楚平王追兵杀死于此地水塘，故名塘马。依水库南面而居的塘马村是抗日战争时期的红色革命根据地，震惊大江南北、气壮山河的塘马血战在此打响。20 世纪 50 年代，溧阳县人民政府在塘马村东北郊、塘马战斗遗址修建烈士陵园。2009 年 9 月由溧阳市人民政府公布为市级文保单位，如今成为后人凭吊先烈、寄托哀思和青少年的爱国主义教育基地。

塘马水库风景区四季分明，雨水充沛，光热充足。景区植物主要有桂花、香樟、广玉兰、红叶石楠、罗汉松、樱花等，野生鱼类主要有青鱼、白鱼、鳜鱼、鲶鱼、甲鱼、螃蟹、虾等多个品种，以水环境为主的野生动物主要有鹭、鸥、雁、野鸭等几大门类。水库中坐落两座小岛，岛上树木郁郁葱葱，常年栖居成群白鹭，早晚时成群飞舞，蔚为壮观。置身塘马水库风景区，水库碧波荡漾，绿岛成荫，百鸟争鸣，尤其是夕阳西下，余晖中白鹭翻飞，野鸭游弋，水天一色。在水库周边形成了自然的垂钓区，是游人休闲娱乐的好地方。游玩休息之余，在大坝的右侧有餐饮服务区，可享受独有的农家风情，品尝到具有特色的“塘马鱼”宴。

2013 年 12 月 17 日，塘马水库水利风景区通过省级水利风景区专家评定，成为集观赏、垂钓、休闲、娱乐、度假为一体的江苏省水利风景区。

三、古村浪圩

浪圩村位于 241 省道旁，距溧阳市区 10 千米，2013 年有 990 余户居民，8 万多平方米建筑，是常州市境内 6 个 2000 人以上大村之一。

早年，浪圩写作浪屿，是浩淼长荡湖里的一块高地。水中高地，古语称屿。后围湖筑圩，筑出个浪圩村。浪圩村，有一条南北走向的活水河，名龙溪，北接古漕河，南连古胥河，约 3 华里长。龙溪上曾有 6 座青石砌筑的古桥，如今，桥已改建，仅存古老桥石散见桥塊。龙溪长年清澈，春夏绿如蓝，秋冬静如墨。

龙溪西畔有一条 3 华里长的青石板路，长条青石，经历风霜雨雪，岁月磨砺，虽光滑发亮，却大多断残碎裂，平平仄仄。溪畔有 36 道码头，青石筑成层层台阶。村庄的房屋都挨着路靠着河，一家接一家，一幢接一幢，形成 72 条东西横贯、宽宽窄窄、深深浅浅的巷子。古村南北长 1500 多米。石库门、石门槛、雕花的依门石静静地立着，把人们带进永远的记忆。

古村浪圩有蒋郑谢范四姓，郑家是东汉末年经学大师郑玄之后。谢家则是东晋时的政治家、军事家谢安之后。蒋姓在南首龙头，范姓在北端龙尾。龙溪西畔曾有蒋郑谢范四姓礼堂，如今族人只知祖训地，只见幸存的残缺石刻上的祥云双鹿石榴树仍依稀可辨。

2013 年，“浪圩古村”成为别桥镇打造的八大文化旅游名片之一。

四、私家园林“耕渎庐”

“耕渎庐”位于两湾村境内，溧竹公路、溧后公路交叉处，是一家私人仿古园林，院落式、水寨式、农合式融为一体。2009 年始建，园区分东湖、中园、西廊三个部分。东湖以古渎至绸缪近千米自然河道，建造湿地公园，开发传统文化旅游及野钓和龙舟等水上活动项目。中园为耕渎园林，经营文化旅游、艺术品展览，举办各种高层次文化论坛，由精品陈列馆、邵雍纪念馆、耕渎书院、牡丹花花园组成。

图23-8　耕读庐

西廊为耕渎农业观光走廊，成立观光农业合作社。是一处文化收藏与文化经营相结合的场所。

园林藏有书画、奇石、红木等艺术佳品，园内亭台楼阁，雕梁画栋，曲轩回廊，匠心独具，既有园林的建筑特色，又尽显江南园林景致风韵。中华传统文化、普世价值观融入园林的整体建筑和布局之中，踏入“耕渎庐”，既是走进一个雅致园林，也是迈进了一个精神乐园。

第六章　体　育

第一节　概　况

篮球运动是别桥镇境内传统的体育活动。1969 ～ 1971 年，境内有很多农民篮球队，水平较高的有战胜、诸皋、新民篮球队。20 世纪 70 年代，境内就有篮球场 23 个。乒乓球与中国象棋也是频受境内群众欢迎的运动项目，农闲节日、茶余饭后人们都爱打打乒乓球，下下象棋。集镇茶馆中、下午就有多对棋手在博弈。80 年代，境内农民篮球这项体育活动普及农村，经常与邻县、邻乡开展比赛，参加县篮球比赛，多次荣获冠军。

1995 年开始，贯彻实施《中华人民共和国体育法》《全民健身计划纲要》，加强体育设施建设，开展全民健身活动，推动全镇体育的社会化进程。2007 ～ 2013 年，每年体育事业经费达 100 万元。镇有健身中心，村有健身苑（点），通过了省体育局组织的江苏省体育强镇的验收。

在群众体育活动蓬勃开展的同时，别桥籍的体育精英在国内外赛场，奋力拼搏，争金夺银。合星行政村战胜村人高海玉，1998 年 10 月获亚洲军人运动会射击冠军。后周诸社村人芮留铭，2013 年 5 月在哈萨克斯坦亚洲技巧锦标赛（四人制）上获成年组比赛冠军。祖籍前程谢家坝的沈铎，获第二届夏季青奥会游泳比赛 6 项冠军、仁川亚运会游泳比赛 4 项冠军。体育传统项目学校不仅在比赛中屡创佳绩，而且为常州市、省专业队及体育学校输送体育后备人才。1997 年，别桥镇（原）获全国群众体育先进单位称号。2007 年，别桥镇被评为江苏省体育先进镇。2009 年，别桥镇文体站被评为“江苏省优秀文化体育工作站”，被省体育局、常州市体育局评为“江苏省、常州市全民健身活动先进单位”，被溧阳市文广体局评为“文化体育先进工作站”。别桥镇体育代表队获溧阳市第六届（2009 年）、第七届（2013 年）全民运动会奖牌总数第二名、体育道德风尚奖。

图23-9　2014年10月别桥镇全运会篮球比赛

第二节　体育设施

一、学校体育设施

新中国成立前，学校仅有泥土操场和皮球、跳绳、毽子等简单的运动器具。

1950～1983年，别桥镇现境内的原中小学校体育设施设备简陋、陈旧，仅有泥土运动场和篮球场、攀梯、滑梯等。20世纪80年代，境内中小学校依靠师生整修操场和自制体育器材，体育设施设备缺乏活力。

90年代，在学校现代化建设的进程中，政府加大经费投入，逐步加强体育设施设备的建设，中学、中心小学翻建煤渣地面的环形跑道和水泥地面的篮球场，制作水泥乒乓球台、联合练习器械，村级小学仍是泥土运动场，极少有运动器具。2000年后，境内中小学校翻建塑胶环形跑道，篮球场配用移动篮架和有机玻璃篮板，品种繁多的小型体育练习器材进入校园。学校体育设施设备发生质的飞跃，展现出现代化的校园体育文化氛围。

至2013年，别桥中学有250米环形塑胶跑道田径运动场1个、篮球场3个、排球场2个、羽毛球场3个；别桥中心小学有250米环形塑胶跑道田径运动场1个、篮球场3个、排球场2个、羽毛球场1个、足球场1个；后周中学、绸缪实验学校、后周小学、古渎小学分别有200米、250米、200米、180米塑胶跑道田径运动场，并有篮球场、排球场、羽毛球场等。各中小学均有乒乓球室和单、双杠，爬杆等户外运动器材。

图23-10　农村健身点

二、全民健身点

1999年，别桥镇启动全民健身苑（点）建设。2004年，绸缪、后周镇建成省级全民健身点，配置健身器械60多件。2007年，每个行政村拥有省二类标准健身场地。2013年，全镇村、单位建一类、二类篮球场33个，18个行政村中有15个村建有健身路径25套，8个村的乒乓球室有9张乒乓球台，12个村有健身广场（场地）18处。

2013年别桥镇中小学主要体育设施情况一览表

表23-6-1

学校名称	操场规模及结构	乒乓球台（副）		室外篮球场（个）	室外排球场（个）	室外羽毛球场（个）	足球场（个）	其他体育设备
		室内	室外					
别桥中学	250米塑胶跑道	2	13	3	2	3	—	单杠　双杠　标枪　铅球　手榴弹　山羊　跳箱　联合器械　沙坑

续表 23-6-1

学校名称	操场规模及结构	乒乓球台（副）		室外篮球场（个）	室外排球场（个）	室外羽毛球场（个）	足球场（个）	其他体育设备
		室内	室外					
别桥小学	250米塑胶跑道	—	5	3	2	1	1	单杠 双杠 标枪 铅球 山羊 跳箱 手榴弹 沙坑
后周中学	200米塑胶跑道	1	5	2	—	—	—	单杠 双杠 标枪 铅球 山羊 跳箱 手榴弹 沙坑
后周小学	200米塑胶跑道	1	12	2	—	—	—	单杠 双杠 山羊 跳箱 标枪 铅球 手榴弹 沙坑
绸缪实验学校	250米塑胶跑道	2	6	2	1	1	—	单杠 双杠 山羊 跳箱 标枪 铅球 手榴弹 沙坑
古渎小学	180米塑胶跑道	—	5	2	—	—	—	单杠 双杠 山羊 跳箱 标枪 铅球 手榴弹 沙坑

2013年别桥镇村、企事业单位体育设施一览表

表 23-6-2

单位名称	篮球场（个）	乒乓球台（副）	健身路径（套）	健身广场（个）	羽毛球场（个）	备注
镇东村	5	—	2	1	—	包括三人制篮球场
马家村	1	—	—	—	—	—
湖边村	3	1	4	2	—	—
前程村	4	1	—	1	—	包括三人制篮球场
合星村	2	1	1	—	—	—
玉华山村	1	—	1	1	—	—
小石桥村	1	—	2	—	—	另有棋牌室一处
西马村	3	1	2	2	—	健身步道
塘马村		1	1	2	—	健身步道
黄金山村	1	1	3	1	—	—
后周村	—	—	—	2	—	—
古渎村	2	—	1	2	—	—
道成村	1	—	1	1	—	—
绸缪村		—	1	—	—	垂钓中心一处
别桥村	2	2	3	1	—	—

续表 23-6-1

单位名称	篮球场（个）	乒乓球台（副）	健身路径（套）	健身广场（个）	羽毛球场（个）	备注
北山村	2	1	3	2	—	—
镇社会事务中心	1	—	3	1	—	另有健身房、武术房各一处
北山中队	1	—	1	—	—	—
派出所	1	—	—	—	—	—
江苏兴盛重工	1	—	—	—	1	—
万兴特种建材	1	—	—	—	—	—
海斌农机	—	—	1	—	—	—
合　计	33	9	30	19	1	—

三、镇体育馆

别桥镇体育馆位于镇中心街南侧，和别桥中心小学相邻。于 2013 年 6 月 18 日正式动工，2013 年 12 月 20 日落成，投入资金 1200 多万元，总建筑面积 3110 平方米。该馆造型独特新颖，美观大方，属柱式混凝土建筑结构，四周为玻璃幕墙，馆内设备先进，功能齐全，建有标准塑胶篮球场、羽毛球场、乒乓球场地等，可满足多项目的室内训练和比赛。

体育馆于 2014 年 9 月投入使用，实行全面对外开放，为广大群众提供健身锻炼服务。体育馆聘请专人定岗负责管理，坚持定时对外开放，节假日不休息，每天吸引数百名体育爱好者前来健身锻炼。

第三节　群众体育

民国时期，武术是别桥、后周乡镇的农民喜爱的体育项目，习武普遍，有全家习武，代代相传的习俗。另外，较盛行的还有举石担、甩石锁、抓石笋及寓体育于娱乐之中的舞青狮、跳马灯和舞龙灯等。

图23-11　石锁

新中国成立后，篮球运动成为农民普遍喜爱的体育活动。1969 年以后，境内有 10 多支农民篮球队。每逢农闲季节，大队篮球对抗赛、邀请赛、较大规模的锦标赛频繁举行。1971 年，战胜村“群风队”代表别桥公社参加溧阳县农民篮球赛，获冠军。1970 ～ 1985 年，战胜村“群风队”曾与宜兴县农村冠军队“小红鹰”队、金坛县农村篮球赛“登冠队”、溧阳县代表队开展过多次锦标赛，并参加溧阳县首届农民“丰收杯”篮球赛。绸缪诸皋篮球队，在1985年、1986年、1987年溧阳县“丰收杯”农民篮球比赛中连夺三冠。20世纪70年代初，前王篮球队也活跃在周边地区，与金坛县的“登冠队”和儒林公社篮球队进行过邀请赛，与溧阳县上兴、余桥、后周、上黄、埭头等公社篮球队开展过多次对抗赛，并取得较好成绩。改革开放后，由于集体打谷场的消失，篮球运动一度从农村淡出。2006年后，一些村委会建起了篮球场，篮球运动在农村再度活跃起来。

1988年4～10月举行的溧阳县第一届运动会农民部比赛是溧阳有史以来第一次农民体育盛会，比赛设田径、篮球、乒乓球、游泳、中国象棋5个大项，40个乡镇组团参赛，运动员逾千人。别桥镇代表团获农民部团体总分第一名。1992年举办的第二届运动会农民部比赛，有36个代表团参赛，别桥镇代表团再获农民部团体总分第一名。

乒乓球和弈棋也是农民茶余饭后、农闲季节开展的体育活动。1985～1995年，别桥、湖边、绸缪、古渎、后周文化站（文化中心）每逢佳节都举办乒乓球和中国象棋赛。1987年，别桥镇的刘志新、狄平川代表溧阳县参加常州农民中国象棋赛，获得团体冠军；同年又代表常州市参加江苏省农民中国象棋赛，再获团体第一名，刘志新获个人冠军。1989年，刘志新、狄平川代表江苏省参加全国农民中国象棋赛，获团体第五名。从1988年溧阳县（市）举办的四年一届运动会起，刘志新连续4届摘取中国象棋（男子组）的冠军。2000年后，各类健身运动在现境内兴起。2009～2013年，别桥镇文体站组织全民健身活动启动仪式、健身联谊会7次，有18支农村健身团队。晨练、健身舞、散步成为中老年人的时尚活动，舞青狮、跳马灯和舞龙灯等传统体育活动得到传承和发展。2006年后，学校体育设施节假日向社会开放，为群众体育活动提供方便。

2009～2013年别桥镇群众体育开展情况一览表

表23-6-3

年　份	日　期	内　容
2009	4～10月	参加市全运会篮球赛、乒乓球赛、羽毛球赛、武术赛、象棋赛、大众体育等
	8月26日	少儿跆拳道汇报表演
	10月2日	“迎国庆”农民篮球赛
	10月17日	少儿跆拳道参加市全运会开幕式演出
2010	7月15日	别桥镇社区围棋赛
	7月28日	别桥村篮球友谊赛
	8月26日	跆拳道汇报表演
	9月17日	参加2010“正昌杯”溧阳市第二届木兰拳大赛
	9月28日	“迎国庆、庆国庆”篮球友谊赛
	10月30日	参加苏浙皖边界友好城市第一届太极拳武术交流展示大会
	11月6日	别桥镇机关篮球友谊赛

续表 23-6-3

年份	日期	内容
2011	1月8日	“云源杯” 篮球赛
2012	5月28日	跆拳道汇演暨别桥镇全民健身活动启动仪式
	7月	别桥村篮球友谊赛、别桥镇社区围棋赛
	8月	跆拳道汇报表演
	9月	“迎国庆、庆国庆”篮球友谊赛
	10月	农民运动会
	11月	别桥镇机关篮球友谊赛
2013	3月	机关乒乓球赛

第四节　学校体育

一、体育教学

晚清，境内初、高等小学开体操课程。民国12年（1923年），贯彻《新学制课程标准》，体操课改为体育课。内容有体操、田径、球类、国术和游戏。民国37年（1948年），小学低年级体育课和音乐课合并为唱游课，中、高年级开设体育课，初中（永泰中学）设体育课。

新中国成立后，人民政府重视学校体育工作，根据教育部颁布的《教育计划》中有关规定，中小学校体育发展迅速，扩建操场，增添体育设备，充实体育师资队伍，建立县、区、乡三级体育教研组织，“两课、两操、两活动”（即每周2节体育课、每天2次广播操，每周2次课外活动）在各小学实行。冬季开展踢毽、跳绳活动。以后又增设每天两次眼保健操。1954～1955年，境内中小学先后推行第一套少年儿童广播体操，至今已推行至第八套广播体操。1956年小学开始进行《准备劳动与保卫祖国体育制度》（简称《劳卫制》）要求的少年体育锻炼活动。1956年贯彻教育部《关于改进小学体育工作的指示》，试行《小学体育教学大纲》（草案）。1958年，中学推广《劳卫制》达标锻炼。1960～1962年，体育课改为保健课，学生体育和体育竞技水平有所下降。1963年《全日制中小学暂行工作条例》颁布后，各校开设体育课、课间操和课外体育活动课。1966年以后，体育课改为军体课。1975年国家正式公布《体育锻炼标准条例》，县教育部门把“达标”作为评选三好学生的条件之一（特殊学生除外）。

1977年起，学校体育趋于正常，体育老师培训和体育教研工作得到加强。1986年，境内中学和小学配备专职体育教师。1991年起，市教育局每年举办暑期体育教师业务培训班，组织校、片、市中青年体育教师基本功竞赛。1989年，后周小学教师戴秋芳被评为江苏省体育先进工作者。同年9月，境内中学执行江苏省教育委员会颁发的《江苏省中学体育教学基本要求》（试行草案），规范体育教学。1989年9月，境内初中、小学各年级体育课均使用省编体育教科书（试用本）。1997年9月，中小学将健康教育纳入课程计划，使用省教委教研室编写的新的体育课本。2002 年 9 月至 2013 年，中小学校根据《体育与健康》（教育参考书）的内容与要求组织体育课教育。

1980 年贯彻《中小学体育工作暂行规定》（试行草案）、《中小学卫生工作暂行规定》（草案）。1985 年，境内中小学施行体育锻炼达标活动，小学生达标率占应测适龄学生数的 87.3%。其中优秀率 6.4%。是年 6 月，后周小学（田径）被定为常州市级体育传统项目学校，徐洪春被批准为省级优秀选手。中小学达标率占应测适龄学生数的 84.64%，其中优秀率 10.9%。后周小学（田径）被定为省级体育传统项目学校，1982 年向江苏省队输送优秀篮球运动员王彩英。1992 年，别桥小学、别桥中学（篮球）被定为溧阳市体育传统项目学校。1997 年，别桥中心小学（田径）被定为溧阳市体育传统项目学校。

1986 年，学校体育围绕《国家体育锻炼标准》，实施“两课、两操、两活动”制度。境内中小学生体育锻炼达标率为 91.3%，优秀率为 12.42%。1987 年，中学正式开始执行国家教委下发的《中学生体育合格标准的试行办法》，第二年，又依据江苏省教委制定的《江苏省中学生体育合格标准试行办法》的实施细则，规范学生参加课外体育锻炼的时间、内容与要求。1995 年，境内中小学校开展冬季跳绳、踢毽、长跑三项活动。是年，境内所有中小学施行《国家体育锻炼标准》。2003 年，境内中小学全面实施《国家学生体质健康标准》。2007 年 9 月，根据中共中央、国务院下发的《关于加强青少年体育、增强青少年体质的意见》，开展阳光体育运动，确保学生每天参加大课间体育锻炼 1 小时。所有学校实施《国家学生体质健康标准》。是年，境内中小学合格率为 89.9%，优秀率为 9.3%。

1992 年，市教育局首次组织中考达重点学校、中专录取分数线的考生参加体育考试，项目为 50 米计时跑、立定跳远和掷铅球，每个项目满分是 20 分，考试成绩作为录取参考分。1993 年，实行初中毕业生升学体育考试制度，项目及计分方法不变，成绩纳入考生考试总分。1999 年起，体育考试项目有了变化，有中长距离跑、篮球、排球、跳绳、实心球、仰卧起坐等。体育总分既有考生平时的体育成绩，又有中考体育考试成绩。2002 年开始，体育总分以平时成绩 10 分、统一考试成绩 30 分，合计 40 分，计入中考总分。2013 年，境内初中毕业生参加体育考试，平均成绩 39.7 分。

2012 年别桥镇境内中小学生实施《国家学生体质健康标准》情况一览表

表 23-6-4

<table>
<tr><th>学　校</th><th>合格率（%）</th><th>优秀率（%）</th><th>学　校</th><th>合格率（%）</th><th>优秀率（%）</th></tr>
<tr><td>别桥小学</td><td>96</td><td>9</td><td>别桥初中</td><td>98</td><td>13</td></tr>
<tr><td>绸缪小学</td><td>100</td><td>46</td><td>绸缪初中</td><td>89</td><td>5</td></tr>
<tr><td>古渎小学</td><td>96</td><td>27</td><td rowspan="2">后周初中</td><td rowspan="2">93</td><td rowspan="2">3</td></tr>
<tr><td>后周小学</td><td>98</td><td>11</td></tr>
</table>

二、体育竞赛

从 70 年代后期起，境内中小学校每年举行一次学校田径运动会，并于秋季组队参加市（县）中小学田径运动会，在田径比赛和专项比赛中屡创佳绩。

1980～1985年别桥镇现境内获全国性比赛前三名、省级比赛第一名的优秀运动员一览表

表 23-6-5

年份	姓名	性别	学校名称	运动会名称	项目	成绩	名次
1984	唐根喜	男	后周中学	九省市“长江杯”田径赛	400 米	56″ 2	第二名
1985	唐根喜	男	后周中学	九省市“长江杯”田径赛	200 米	24″ 4	第二名
					400 米	54″ 8	
1980	王彩英	女	后周中学	江苏省中学生田径运动会	少年组女子标枪	41.18 米	第一名
1983	唐小福	男	后周中学	江苏省田径分区赛（徐州赛区）	青年组男子铁饼	38.1 米	第一名
1983	王苗英	女	后周中学	江苏省田径分区赛（徐州赛区）	青年组女子 400 米	1′ 2″ 1	第一名
1983	唐小福	男	后周中学	省青少年田径选拔赛	铁饼		第一名
1984	唐根喜	男	后周中学	省体育传统学校田径赛（武进）	少年男子乙组全能 E	1972 分	第一名
1984	唐根喜	男	后周中学	省体育传统学校田径赛（武进）	少年男子乙组 400 米	56″	第一名
1984	倪金仙	女	后周中学	省体育传统学校田径赛（武进）	少年女子乙组 400 米	1′ 2″ 8	第一名
1984	张锡凤	女	后周中学	省体育传统学校田径赛（武进）	少年女子甲组铅球	12.79 米	第一名
1985	张锡凤	女	后周中学	江苏省县级田径赛（沙洲）	少年女子甲组铅球	12.95 米	第一名
1985	张锡凤	女	后周中学	江苏省县级田径赛（沙洲）	少年女子甲组标枪	37.8 米	第一名

1980～1985年别桥镇现境内中小学生田径运动最高纪录一览表

表 23-6-6

级别	项目	成绩	创造者	学校名称	时间及运动会名称	地点
成　年男子组（18岁以上）	标枪（700 克）	52.18 米	魏保生	后周中学	1980 年溧阳县部分中小学生田径运动会	县中
	标枪（800 克）	61.18 米	徐俊华	后周中学	1985 年江苏省第三届中学生田径运动会	南京
成　年女子组（18岁以上）	400 米	1′ 0″ 7	王苗英	后周中学	1981 年省第十届运动会	靖江
	800 米	2′ 20″ 5	王苗英	后周中学	1981 年省中学生田径运动会	常熟
	1500 米	4′ 58″ 9	王苗英	后周中学	1981 年镇江地区中小学生田径赛	镇江
少　年男子组（15～17岁）	3000 米	9′ 49″ 3	陈小平	古淩中学	1980 年镇江地区中小学生田径运动会	宜兴
	5000 米	17′ 12″ 8	胡洪明	后周中学	1983 年镇江地区中长跑比赛	镇江
	10000 米	36′ 1″ 4	胡洪明	后周中学	1983 年镇江地区中长跑比赛	镇江

续表 23-6-6

级别	项目	成绩	创造者	学校名称	时间及运动会名称	地点
少　年 男子组 （15～17岁）	撑竿跳高	3.1 米	杜春生	后周中学	1982 年镇江地区第七届运动会	镇江
	铁饼（1 千克）	51.29 米	魏保生	后周中学	1980 年溧阳县部分中小学田径运动会	县中
	铁饼（1.5 千克）	46.32 米	唐小福	后周中学	1982 年镇江地区第七届运动会	镇江
	标枪（700 克）	57.22 米	徐俊华	后周中学	1984 年省中学生田径运动会	扬州
少　年 男子乙组 （13～14岁）	400 米	56″	唐根喜	县中 （后周人）	1984 年省体育传统学校田径赛	武进
	4×100 米接力	47.4	唐根喜	县中 （后周人）	1984 年省体育传统学校田径赛	武进
少　年 女子甲组 （15～17岁）	200 米	27″ 4	倪金仙	后周中学	1982 年镇江地区第七届运动会	镇江
	铅球（4 千克）	12.95 米	张锡凤	后周中学	1985 年江苏省县级组田径赛	沙洲
	标枪（600 克）	41.18 米	王彩英	后周中学	1980 年省中学生田径运动会	南京
	手榴弹 （500 克）	54.05 米	王彩英	后周中学	1980 年县部分中小学生田径运动会	县中
少　年 女子乙组 （13～14岁）	200 米	27″ 4	倪金仙	后周中学	1982 年镇江地区第七届运动会	镇江
	400 米	1′ 3″ 7	倪金仙	后周中学	1982 年镇江地区第七届运动会	镇江
	3000 米	11′ 29″ 8	王苗英	后周中学	1980 年镇江地区中小学生田径运动会	宜兴
	铅球（3 千克）	12.24 米	陆胜美	后周中学	1985 年常州市田径分龄赛	常州
	铅球（4 千克）	11.15 米	张锡凤	后周中学	1982 年县第十届中小学生田径运动会	县中
	铁饼 （1 千克）	26.76 米	承文娟	后周中学	1981 年镇江地区中小学生田径运动会	镇江
	标枪 （600 克）	30.97 米	刘芬英	后周中学	1980 年县部分中小学生田径运动会	县中
	手榴弹 （500 克）	38.64 米	刘芬英	后周中学	1982 年县第十届中小学生田径运动会	县中
儿　童 男子组 （11～12岁）	跳高	1.31 米	袁建刚	别桥小学	1983 年县中小学生田径运动会	省溧中
	跳远	4.88 米	王洪伟	后周小学	1984 年县第十四届中小学生田径运动会	县中
	三项全能	571 分	蔡国民	后周小学	1983 年常州市体育传统学校田径赛	溧阳
儿　童 女子组 （11～12岁）	铅球 （3 千克）	9.03 米	蔡玉勤	后周小学	1983 年县第十三届中小学生田径运动会	县中
	三项全能	484 分	蔡玉勤	后周小学	1983 年常州市体育传统学校田径赛	溧阳

1982年别桥镇现境内中小学校参加省各项比赛前六名运动员一览表及镇江地区、溧阳县比赛优胜者名单

表 23-6-7

运动会名称	姓名	学校名称	项目	名次
江苏省第十届运动会	王苗英	后周中学	4×100 米接力	第三名
	唐小福	后周中学	铁饼	第四名
	杜春生	后周中学	撑杆跳高	第五名
镇江地区春季长跑比赛	倪金仙	后周中学	800 米	第三名
镇江地区第七届运动会	魏保生	后周中学	标枪	第二名
	李旺英	后周中学	铁饼	第一名
	杜春生	后周中学	撑杆跳高	第一名
	唐小福	后周中学	铁饼、标枪	第一名、第二名（破地区纪录）
	殷海莺	后周中学	200 米、100 米	第一名、第三名
	倪金仙	后周中学	200 米、400 米	第一名
	张锡凤	后周中学	铅球	第一名
溧阳县基层中小学校篮球赛		别桥中学	男子甲级队	第二名
		后周中学	女子甲级队	第二名
		别桥战胜小学	男子乙级队	第一名
溧阳县第十二届中、小学校田径运动会		后周中学	少年甲组团体总分	第一名
	戴荣庆	别桥中学	3000 米栏	第一名
	袁小平	别桥中学	跳远	第一名
	徐俊华	后周中学	铁饼	第一名
	倪金仙	后周中学	200 米、400 米	第一名
	马惠芳	别桥中学	跳高	第一名
	张锡凤	后周中学	铅球	第一名
	李旺英	后周中学	铁饼	第一名
	刘芬英	后周中学	标枪	第一名
	唐根喜	后周中学	400 米、800 米	第一名
	孙玉英	后周中学	铅球	第一名
	徐红春	后周中学	800 米、1500 米	第一名
	蔡玉琴	后周中学	铅球	第一名
		后周小学	小学组团体总分	第一名

1986～2007 年别桥籍运动员参加省级以上运动会比赛金牌榜一览表

表 23-6-8

时间	运动会名称	比赛地点	姓名	性别	项目
1986.07	第三届全国体育传统项目学校“长江杯”田径比赛	湖南株洲	孙彩英	女	铅球、铁饼
1986.07	第三届全国体育传统项目学校“长江杯”田径比赛	湖南株洲	马杰	男	4×100 米接力
1998.04	江苏省青少年田径运动会	锡山	李红芳	女	100 米栏
2000.08	江苏省第一届中学生田径运动会（苏南片）	江苏省常州中学	宋银梅	女	400 米
2001.05	江苏省青少年田径运动会	丹阳	魏巍	男	标枪
2001.08	江苏省第二届中学生田径运动会（苏南片）	南京市雨花台中学	宋银梅	女	400 米
2002.10	江苏省第十五届运动会田径比赛	苏州	宋银梅	女	400 米
2003.07	江苏省第四届中学生田径运动会（苏南片）	昆山中学	宋银梅	女	200 米、400 米
2006.07	江苏省青少年田径运动会	南通	曹梦娇	女	射击
2007.05	江苏省青少年田径运动会	南京	杨奇原	男	射击

2000～2013 年别桥镇现境内各中小学校体育获奖情况一览表

表 26-6-9

学校名称	时　间	奖　项　内　容
别桥中学	2000.07	溧阳市中学生篮球赛初中男子组第一名
	2000.07	溧阳市中学生篮球赛初中女子组第一名
	2000.07	溧阳市中学生足球比赛男子组第二名
	2000.07	溧阳市中学生篮球比赛男子组第七名
	2000.12	溧阳市初中生广播操比赛三等奖
	2001.04	溧阳市中小学生象、围棋赛团体总分第七名
	2001.07	溧阳市中学生足球赛男子组第一名
	2001.07	常州市中学生足球比赛第四名
	2001.08	溧阳市初中篮球比赛男子组第六名
	2001.10	溧阳市第三届教工篮球比赛第二名
	2001.10	溧阳市中学生田径运动会团体总分第二名
	2002.07	溧阳市初中生足球赛男子组第一名
	2002.08	常州市中学生足球比赛第三名
	2002.10	溧阳市中学生田径运动会初中组团体总分第四名

续表 26-6-9

学校名称	时　间	奖　项　内　容
别桥中学	2003.07	溧阳市中学生足球赛初中组男子第二名
	2003.08	江苏省“可口可乐杯”青少年足球联赛第五名
	2003.12	溧阳市学区级跳绳、踢毽比赛团体总分第一名
	2004.03	溧阳市中小学生象围棋学区级比赛团体总分第一名
	2004.07	溧阳市中小学生排球比赛女子组第三名
	2005.07	溧阳市中小学生排球比赛女子组第三名、男子组第二名
	2006.07	“新江南商城杯”排球比赛初中男子、女子组第二名
	2007.07	溧阳市中学生排球赛获男子组、女子组第二名
	2008.07	溧阳市中学生排球赛男子组、女子组第二名
	2008.10	溧阳市中小学生田径运动会初中甲组团体总分第三名
	2009.07	溧阳市第六届运动会排球比赛初中男子组第二名
	2010.04	溧阳市中小学生象围棋比赛初中乙组第三名
	2010.08	溧阳市初中排球比赛男子组第二名
	2010.05	溧阳市中小学生乒乓球比赛初中 B 组第一名
	2011.03	溧阳市第七届“鑫隆杯” 中小学生象围棋比赛初中乙组团体第一名
	2011.07	溧阳市中小学生排球比赛初中男子组、女子组第二名
	2012.07	溧阳市中小学生排球比赛初中男子组、女子组第二名
	2013.09	溧阳市中小学生羽毛球比赛初中乙组第四名
后周中学	2000	溧阳市初中足球比赛女子组第二名
	2002 ～ 2003	溧阳市“冬季三项”百日锻炼先进学校
	2004 ～ 2005	江苏省开展“冬季三项”百日锻炼先进学校
	2008 ～ 2009	溧阳市体育工作先进学校
	2009.07	溧阳市第六届运动会学生部象围棋赛初中乙组第二名
	2009.07	溧阳市第六届运动会学生部篮球赛初中男子第四名
	2010	溧阳市中小学生篮球赛初中男子组第四名
	2008 ～ 2011	溧阳市学校体卫艺工作先进集体
	2011.03	溧阳市第七届“鑫隆杯” 中小学生象围棋比赛初中甲组团体第四名
	2012.10	溧阳市中小学生田径运动会初中乙组团体总分第五名
绸缪实验学校	2009.10	溧阳市中小学生田径运动会中学乙组团体总分第一名
	2010.04	溧阳市第一届“促进会”杯羽毛球赛团体第六名
	2010.11	溧阳市第二届“促进会”杯羽毛球赛团体第五名

续表 26-6-9

学校名称	时　间	奖　项　内　容
增缪实验学校	2011.12	溧阳市中学生踢毽比赛团体第二名
	2011.11	溧阳市中学生（乙组）乒乓球赛团体第一名
	2012.11	溧阳市中学生（乙组）乒乓球赛团体第六名
	2012.05	溧阳市中学生象围棋赛团体第六名
	2012.04	溧阳市第四届“促进会”杯羽毛球赛团体第四名
	2012.11	溧阳市中学生（乙组）羽毛球赛团体第五名
	2012.10	溧阳市中小学生田径运动会中学乙组团体总分第四名
	2013.05	溧阳市中学生象围棋比赛团体第五名
别桥小学	2006.07	溧阳市“新江南商城杯”中小学排球比赛男子组第一名
	2006.07	溧阳市“新江南商城杯”中小学排球比赛女子组第一名
	2007.07	溧阳市中小学生排球比赛小学男子组第三名
	2007.07	溧阳市中小学生排球比赛小学女子组第二名
	2007.07	溧阳市“全民健身、喜迎奥运”教职工集体操比赛一等奖
	2008.11	溧阳市大课间评比一等奖
	2009.10	溧阳市第六届运动会暨第三届全民健身节学生部排球比赛小学男子组第二名
	2009.10	溧阳市第六届运动会暨第三届全民健身节学生部排球比赛小学女子组第五名
	2010.04	溧阳市中小学生第三套广播操竞赛活动二等奖
	2010.07	溧阳市中小学生排球比赛小学男子组第一名
	2010.07	溧阳市中小学生排球比赛小学女子组第二名
	2008 ～ 2010	常州市学校体卫艺工作先进集体
	2011.09	溧阳市中小学生男子排球比赛第二名
	2011.09	溧阳市中小学生女子排球比赛第四名
	2011.12	溧阳市第二轮大课间评比一等奖
	2012.07	溧阳市中小学生男子排球比赛第二名
	2012.07	溧阳市中小学生女子排球比赛第五名
	2012.10	溧阳市中小学生田径运动会小学乙组团体总分第二名
	2013.03	2012 年度溧阳市学校体育工作先进单位
	2014.02	2013 年度溧阳市学校体卫艺工作先进单位
后周小学	1981	溧阳县小学女子篮球比赛第四名
	1982	溧阳县小学女子篮球比赛第四名

续表 26-6-9

学校名称	时　间	奖　项　内　容
后周小学	1983	溧阳县小学女子篮球比赛第四名
	1982.10	溧阳县中小学生田径运动会小学组团体总分第一名
	1983.10	溧阳县中小学生田径运动会小学组团体总分第一名
	1984.10	溧阳县中小学生田径运动会小学组团体总分第一名
	1985.10	溧阳县中小学生田径运动会小学组团体总分第一名
	1983.11	常州市中小学生田径运动会小学组团体总分第二名
	1984.11	常州市中小学生田径运动会小学组男子团体总分第二名，女子团体总分第四名
	1987.10	溧阳县中小学生田径运动会小学组团体总分第三名
古渎小学	2006	溧阳市中小学校冬季体育锻炼先进学校

第二十四篇

社会生活

新中国成立前，大部分农村居民租种地主的土地，生产落后，加之天灾人祸，民不聊生。遇到旱涝灾害，生活更是雪上加霜。

新中国成立后，在中国共产党和人民政府的领导下，发展工农业生产，境内人民的生活逐步好转。至1957年，农村居民已解决温饱。到1965年，境内5个公社农村居民人均纯收入75.45元，比1957年增加67.8%。中共十一届三中全会后，改革开放调动了广大农村居民的生产积极性。1983年实行家庭联产承包责任制，发展乡镇工业，允许农村居民经商办企业，农村居民生活明显改善。到1986年，境内原5个乡镇农村居民人均收入达550元。进入20世纪90年代，境内经济迅速发展，人民生活水平不断提高。1994年，5个乡镇农村居民人均纯收入超过国家总体小康标准。2013年，全镇农村居民人均纯收入达17188元，居民人均储蓄存款达8200元。2007～2012年，农村居民居民生活消费支出呈持续增长的趋势。2012年，人均消费支出13575元。2013年人均消费支出达14249元。教育文化娱乐类消费成为消费的第二主项，2013年比2009年增长4%左右。

从20世纪80年代开始，别桥镇形成以基本养老、基本医疗、最低生活保障为重点的社会保障体系。2013年纳入农村低保家庭有607户1181人，发放城乡居民低保金30余万元，有3024人进入被征地农村居民基本生活保障体系。

别桥镇境内人民自古“敦厚朴实，勤劳恭谦”，各种风俗沿袭至今，并发扬光大。建祠堂、修家谱，改革开放后悄然兴起。新风美德正在形成。人们生活习俗趋向时尚，中国传统节俗和外来节俗相融共存，为民俗风情注入新的文化内涵。

宗教事业在境内得到良性发展，宗教信仰受到尊重和保护。2013年，境内有2个基督教聚会点，佛教活动所12处，信教人员达2000余人。

别桥境内居民语言以溧阳话为主，还有操苏北话、河南话和江阴话的居民，形成多种方言混杂的语言结构。随着普通话的普及和影响，20 世纪 90 年代后出生的别桥人的语言又明显趋向普通话。

第一章　居民生活

第一节　收入与支出

1949 年前，境内农村居民生活大多极为贫困。占总人口不足 5% 的地主，却占有土地总量的 20% 以上；而占总人口 50% 以上的贫农，只有不足 20% 的土地。无地、少地的贫困农村居民只能租种地主、庙宇、祠堂的土地，受地主剥削。若遇灾荒，贫雇农啼饥号寒，苦不堪言。民国 20 年（1931 年）7 月，溧阳大水灾，圩堤全部破漫，别桥镇境内除后周地区外，其他地方尽成泽国，水稻等农作物颗粒无收，灾情奇重，灾民逾万人。民国 23 年（1934 年），溧阳大旱，河塘干涸，稻田龟裂，饥民以草根、“观音粉”（一种白色嫩石）充饥，外出乞讨灾民不计其数。当时流传古渎地区的民谣足以反映农村居民生活实情：“古渎濑溪锅底塘，十年倒有九年荒，不是讨饭就是逃荒。”1949 年前，别桥乡农村居民被雇佣达 703 户，讨饭 354 户，卖儿鬻女 80 户 83 人。

1949 年后，在中国共产党和人民政府领导下，经过土地改革，农业合作化，农业生产逐步发展，农村居民生活也不断得到改善。至 1957 年，农村居民的温饱问题得以基本解决。1958 ～ 1961 年，受“大跃进”运动产生的高指标、瞎指挥、浮夸风、“共产风”及三年自然灾害的影响，农业总产值每年递减 8%。1959 ～ 1961 年，农村居民年人均分配收入较之 1958 年下降 10 元左右，温饱得不到保障，人均口粮 159.5 千克、食油 150 克、布票 10 市尺。1961 年后，贯彻“调整、巩固、充实、提高”方针和《农村人民公社工作条例》，经过三年的调整，农、林、牧、副、渔各业生产在调整中逐步恢复、发展，农村居民分到了自留地，加上农贸市场开放，收入开始提高。别桥、湖边、绸缪、古渎、后周五公社 1965 年人均分配收入比 1957 年增加 67.8%，加上社员自营产品销售收入，农村经济状况和农村居民生活有了明显改善。

“文化大革命”期间，农业总产值平均每年递减 2% 左右。1975 年，五公社农村居民年人均集体分配收入比 1965 年减少 14.22 元（1965 年和 1975 年人均集体分配收入分别为 75.45 元和 61.23 元）。受“割资本主义尾巴”的影响，农村居民人均自营农副产品收入大幅度下降，副业收入 1970 年只有 13 元。

中共十一届三中全会后，农村实行经济体制改革，农村居民人均年收入有了持续大幅度提高。1979 年人均收入达 120 元，1986 年超 550 元。1990 年后，务工和外出劳务人员增多，农村居民收入显著增加，1995 年人均收入达 2530 元。2000 年实行农村税费改革，2004 年后实行免缴农业税、粮食直补和农资综合补贴等一系列惠农政策，增加了农村居民收入。2007 年，别桥镇农村居民人均收入达 8016 元。2012 年，全镇农村居民人均收入达 15346 元，居民人均存款 8400 元，农村居民人均消费支出 13575 元。

2013 年全镇农村居民人均纯收入达 17188 元，人均消费支出 14249 元，年末居民储蓄存款达 5.74 亿元，人均存款 0.82 万元。

1963～2013 年别桥镇现境原五乡镇农村居民人均纯（分配）收入情况一览表

表 24-1-1　　　　单位：元

乡镇 / 人均收入 / 年份	别桥镇（乡、公社）	湖边乡（公社）	古渎乡（公社）	绸缪镇（乡、公社）	后周镇（乡、公社）
1963	59.00	69.00	62.00	70.60	60.20
1964	74.21	86.00	73.00	71.30	69.00
1965	79.20	83.00	71.30	77.30	66.45
1966	83.00	85.00	72.00	83.00	62.70
1967	68.00	105.00	82.00	92.30	76.00
1968	91.21	111.15	94.00	102.26	92.32
1969	73.05	87.86	77.24	72.61	62.23
1970	62.40	70.97	60.30	63.20	52.00
1971	82.30	84.00	68.63	74.44	83.65
1972	87.88	92.00	73.00	85.00	95.00
1973	75.56	88.00	63.00	76.37	74.00
1974	78.51	85.43	76.37	82.88	101.13
1975	59.18	63.00	56.00	60.00	68.00
1976	86.00	89.00	83.00	80.00	84.00
1977	70.00	57.00	65.00	62.00	64.00
1978	100.00	117.00	105.00	100.00	106.16
1979	115.84	135.00	125.58	104.12	121.00
1980	132.00	134.00	120.00	83.00	119.00
1981	156.00	200.00	205.00	143.00	147.00
1982	254.00	305.00	311.00	236.00	275.00
1983	356.00	360.00	355.00	321.00	362.00
1984	528.10	529.80	470.70	470.50	499.80
1985	528.10	532.10	480.90	473.60	502.50
1986	580.60	578.80	532.10	526.00	537.00
1987	694.00	659.00	586.00	586.00	590.00
1988	731.00	696.15	634.00	635.00	683.00
1989	741.00	756.69	675.00	673.00	696.00

续表 24-1-1

单位：元

乡镇 / 人均收入 / 年份	别桥镇（乡、公社）	湖边乡（公社）	古渎乡（公社）	绸缪镇（乡、公社）	后周镇（乡、公社）
1990	770.71	797.36	703.22	708.17	710.70
1991	770.71	797.36	725.46	708.17	710.70
1992	1065.52	—	1025.40	1023.33	1079.38
1993	1451.14	—	1398.47	1378.36	1396.20
1994	2308.41	—	2258.29	2228.88	2321.63
1995	3319.83	—	2859.03	3311.65	3166.57
1996	3880.30	—	3420.88	3806.98	3569.94
1997	4074.32	—	3591.92	3894.21	3748.44
1998	4108.00	—	3852.00	3920.00	3757.00
1999	4067.00	—	3803.00	3916.00	3721.00
2000	4189.00	—	—	3998.00	3852.00
2001	4380.00	—	—	4203.00	4086.00
2002	4450.00	—	—	4446.00	4378.00
2003	5003.00	—	—	5050.00	4909.00
2004	5771.00	—	—	5960.00	5662.00
2005	6638.00	—	—	6680.00	6325.00
2006	7302.00	—	—	7516.00	7275.00
2007	8099.83	—	—	—	—
2008	8816.66	—	—	—	—
2009	9721.38	—	—	—	—
2010	10730.50	—	—	—	—
2011	12886.11	—	—	—	—
2012	13781.88	—	—	—	—
2013	17188.00	—	—	—	—

2007～2012 年别桥镇各行政村农村居民人均收入一览表

表 24-1-2

单位：元

年份 / 人均收入 / 行政村	2007	2008	2009	2010	2011	2012
镇东村	8293	8911	9794	10769	14097	13983
马家村	8040	8604	9733	10681	12758	12930
别桥村	8205	8647	9798	10777	12880	14893

续表 24-1-2 单位：元

年份 / 人均收入 / 行政村	2007	2008	2009	2010	2011	2012
前程村	8022	8477	9703	10672	12757	13224
合星村	7997	9228	9482	11503	13235	13378
湖边村	8301	8930	9812	10795	13717	12785
古渎村	8055	8932	9805	10800	12908	14541
道成村	8105	9439	9494	10442	12476	13911
两湾村	7992	8638	9789	10768	12869	14558
绸缪村	8227	8950	9880	10864	12982	14803
北山村	7665	8782	9639	10591	12657	14625
黄金山村	8017	8132	9448	10332	12389	14595
玉华山村	8220	8807	9858	10724	12815	12740
小石桥村	8238	8938	9736	10709	12800	11939
塘马村	8029	8758	9732	10613	12684	14228
后周村	8004	8966	9673	10715	12804	15252
西庄村	8273	8980	9792	17085	12560	12098
西马村	8114	8581	9655	10538	12562	13591

根据市统计局在别桥镇湖边村、中里村、马家村、东溪村、两湾村、西马村等村百户农户调查，2009～2013年，农村居民生活消费呈持续增长的趋势，其中增长最明显的是文化教育娱乐消费支出，2013年比2007年增长4%左右。

1988年后周杨笪、后周一队农村居民生活消费支出情况一览表

表 24-1-3

项目	后周杨笪		后周一队	
	金额（元）	占生活消费支出的比重（%）	金额（元）	占生活消费支出的比重（%）
食品消费支出	465.6	45.1	498.4	42.7
衣着消费支出	48.8	4.7	65.3	5.6
住房消费支出	241.2	23.3	397.5	34.0
燃料消费支出	30.3	2.9	30.0	2.6
文化及生活服务支出	41.7	4.1	45.2	3.8
用品及其他支出	206.1	19.9	132.3	11.3
合计	1033.7	100	1168.7	100

说明：资料来源于溧阳县《社会经济统计资料》

2009～2013年别桥镇农村居民生活消费支出情况一览表

表24-1-4　　单位：元

年份	生活消费支出项目								合计
	食品消费支出	衣着消费支出	居住消费支出	家庭设备用品消费支出	医疗保健消费支出	交通和通讯消费支出	文化教育娱乐消费支出	其他商品和服务消费支出	
2009	3798.45	948.27	1076.36	625.78	582.31	1435.32	1446.48	192.40	10105.37
2010	4198.95	1063.93	1332.40	486.02	691.37	1508.97	2040.45	220.33	11542.42
2011	4540.63	1142.40	1379.60	791.10	801.07	1640.81	2330.37	233.41	12859.39
2012	4601.00	1781.00	1250.00	830.00	821.00	1680.00	2369.00	244.00	13575.00
2013	5001.00	1285.00	1412.00	871.00	945.00	1821.00	2605.00	309.00	14249.00

第二节　生活消费

一、服饰

1949年前，境内农村居民衣服面料多为自织土布，以蓝、青、灰、黑色居多，也有一些花样布，制作中式服装。男人穿对面开襟短衫、长衫、棉袍、戴瓜皮帽，夏天赤脚或穿稻草做的草鞋，冬天着稻草芦花蒲鞋；女人穿大襟布衫、棉衣，脚着布袜布鞋，冬天头包方巾，老年妇女裹八字头箍，也有戴黑色绒帽。雨天男女外出穿钉鞋（即布鞋，擦上桐油，防湿，鞋底钉钉齿，防滑）。男女下装都是大腰裤子。贫民一身衣服要穿多年，“新三年、旧三年、缝缝补补又三年”和“老大穿新、老二穿旧、老三穿补丁”就是形象的写照。富户人家男人穿长袍、马褂，脚着胶鞋、皮靴，头戴礼帽（俗称铜盆帽）；女人穿绸袄、旗袍，脚着绣花布鞋，也有戴耳环、金戒指、银镯子的。

1949年后，别桥地区干部及一般男女青年穿灰色、蓝色的布中山装、列宁装，农村居民仍穿旧时服式。随着物质的丰富，人们的衣着也有所改变。1954年，境内棉布实行计划供应，由省统一印发布票，凭票供应棉布。1954～1958年，每人每年发布票20～30市尺。1959～1961年，人均年发10～15市尺。1962年下半年每人只发1.6市尺。1964年，每人每年发8市尺，后增至11.2市尺（非农业人口发17市尺）。1969年起不分农业与非农业人口，每人每年发布票16市尺。1983年，境内棉布敞开供应。20世纪60年代，中山装和西装裤子普及别桥地区乡村，“的确良”（涤棉布）为普遍的穿着布料。70年代起，灯芯绒成为制衣的上等布料，化纤织品替代棉纺织品，人们穿衣面料大都是涤卡、的确良等。80年代中后期，别桥地区农村居民穿着讲究质地与款式，面料向呢绒、毛织品、真丝品发展，兴起穿西装热。男青年上着茄克，下穿喇叭裤、牛仔裤；女青年穿连衫裙、喇叭裤、牛仔裤、风雪衣。春夏以纺丝绸、乔其纱、花瑶、真丝为主，秋冬以绸缎、毛呢、华达呢为主，内衣普及绒线衫、羊毛衫。成衣购置比例扩大。皮鞋、胶鞋、塑料鞋替代布鞋。进入90年代，境内农村居民对衣着要求趋高，面料选购向高档次发展，颜色分不同年龄段选择。款式选择挑剔，追逐时装，成衣购置比例超过自请裁缝制作数量。茄克衫、皮茄克、羽绒衫、T 恤衫等常换常新，健美裤受到女士青睐。布鞋、胶鞋、塑料凉鞋被各式皮鞋、旅游鞋、休闲鞋、保暖鞋替代。21 世纪初，境内居民一年四季穿着都有不同的流行款式，短短裤、超短裙、铅笔裤、休闲装、羽绒服不断更新。女士着装不仅追求品牌和款式，还偏好麻料、真丝、全棉织品，择衣上趋向成衣化和高档化。80 年代开始，别桥地区农村女子逐渐开始兴戴耳环、戒指，挂项链、玉坠，别胸花，男青年也有戴戒指、手链的。2000 年后，购买饰物追求铂金和钻石，结婚时，新郎、新娘交换戒指成为时尚。

二、食品

民国 20 年（1931 年），水灾，民国 23 年（1934 年）又旱灾，别桥全境河道干涸，田地龟裂，禾苗枯竭，触火即焚。农户十室九空，外出乞讨求生的灾民无数。灾民中有的以树叶、观音粉吞食充饥，腹胀而死者为数不少。年成稍好，夏食麦面，秋食稀粥，荒三春苦七月，杂粮糠菜相代，一年难有几顿饱饭。佐饭之菜，自制咸菜萝卜干为主，少见油腥，鱼肉为稀罕物。

图24-1　1975年别桥街头小吃

新中国成立后，境内农村居民口粮、食油得到基本保证。1956 年，别桥地区年人均口粮 269 千克，但提倡“忙时吃干、闲时吃稀”，杂粮、粗粮搭配，仍过着节俭的生活。1959 ～ 1961 年，粮食歉收，口粮不足，别桥现境内原各乡政府号召农村居民广种十边隙地，以瓜菜代粮食，政府下拨粮食、山芋、混合粉，城镇居民定量供应，一般居民每月供应 12 千克粮食，度过了 3 个荒年。1964 年，境内农村居民年人均口粮上升到 300 千克。以后，口粮和食油标准处于平稳阶段，逢年过节，亲友上门买些荤菜，平时以素食为主。20 世纪 80 年代起，粮食丰足，境内农村居民食品结构开始发生变化，主食以粳米煮饭、粥为主，面粉辅之；副食品种增多，鱼、肉、禽、蛋消费量增大。不仅荤素皆备，还讲究营养丰富，味道可口。旧社会只是听说的山珍海味，过年过节，餐桌上都能经常见到。《溧阳县商业志（清末—1985）》记载：1962 年，别桥食品站在集镇每天杀、售 2 头生猪；1992 年，别桥食品站每年杀、售 1.2 万头生猪，平均每天 30 头。90 年代后期，人们饮食理念发生变化，讲究营养保健，广选绿色、无公害食品。主食粗细搭配，副食少荤多素，多吃水果，控制饮食，合理调节，强身益寿。2007 年，全镇农村居民人均消费粮食 155.8 千克，蔬菜 75.4 千克，植物油 8.4 千克，猪肉 18 千克，牛羊肉 2.4 千克，家禽 12 千克，蛋类 9 千克，鱼类 21 千克，水果 15 千克，食糖 1.5 千克，酒 13 千克。2009 年，全镇农村居民人均消费粮食 188.57 千克，油脂类 4.8 千克，蔬菜 188.7 千克，豆制品 7.3 千克，瓜类 16.5 千克，水果类 13.5 千克，肉禽类 45.63 千克，蛋类 9.5 千克，水产品 16.54 千克，奶和奶制品 14.39 千克，茶叶 0.25 千克，食糖 1.5 千克。

1988年后周杨笪、后周一队农村居民平均生活消费量一览表

表24-1-5

项目	单位	后周杨笪	后周一队
粮食	千克	301.6	322.1
蔬菜	千克	113.0	134.1
植物油	千克	7.6	6.0
猪肉	千克	14.8	10.6
牛、羊肉	千克	0.2	0.5
家禽	千克	4.4	3.3
蛋类	千克	3.3	3.7
鱼虾	千克	3.7	8.5
食糖	千克	1.3	2.4
卷烟	盒	54.6	32.9
酒	千克	11.4	11.6
棉布	米	1.5	2.5
化纤布	米	2.4	2.9
绸缎	米	—	0.2
毛线及其织品	千克	0.1	0.1
尼龙、棉毛衫裤	件	0.1	0.4
肥皂	块	2.5	0.1
洗衣粉	千克	1.1	1.4
柴草	担	5.0	4.8

三、住房

1949年前，别桥地区农村居民历代多住泥墙草房，人畜混居。初来现境定居的客民，一般搭“滚龙棚”或“茅舍”居住。上塘棚、史家棚、杨家棚、王家棚等村名，即由此而来。无房户以庙宇、祠堂栖身。为数不多的富户住青砖瓦屋、木结构楼房，宽敞舒适。20世纪50年代，境内农村居民住房条件仍旧极差，有几十户人家的自然村没有一块砖瓦。而后，以翻建草房为主，人均居住面积12平方米左右。60～70年代后期，随着生产发展，收入增加，境内镇、村旧草房大部分翻建成砖瓦平房，一般为三间一轩，中间为堂屋，边间做房间，轩屋作厨房。80年代中后期起，境内镇、村掀起造楼热，大多为二层或二层半式楼房，泥草房绝迹。考究的墙角立钢筋防震柱，基础及层间围钢筋腰箍，屋面盖平瓦、琉璃瓦。1985年，原别桥镇人均居住面积13.3平方米。1988年，统计部门在后周杨笪、后周一队百户农户调查，平均每人使用房间为1.3间29.3平方米。90年代中期起，境内居民建房注重房屋装潢，改木质门窗为铝合金、塑钢防盗

门窗，用铝合金、塑钢窗封闭阳台，外墙贴瓷砖，内墙喷塑或使用立邦涂料粉刷，地面做水磨石或铺地砖、大理石，楼上房间铺实木地板或木质复合地板，95% 以上的住房有卫生沐浴设施。有的建起别墅式住宅楼，如两湾村的 11 个自然村，均有 1～3 户农村居民建造了别墅式楼房，后周、塘马、古渎等村都有农村居民建起较豪华的小别墅式楼房。户内装饰考究，不亚于城市住户装修。2007 年，别桥镇农村居民住房 107275 间，其中楼房 73160 间，总户数 24017 户，户均 4.47 间。农村人均居住面积 37.9 平方米。2013 年，全镇农村共有别墅 375 套 56250 平方米，楼房 115878 间 3337286.4 平方米，砖瓦平房 4923 间 106336.8 平方米。农村人均居住面积为 53.03 平方米。

图24-2　后周龙城花园

四、日用品

新中国成立前，别桥地区农户家具简陋，通常为一床一桌一箱，长凳、小竹凳数张，用菜油灯盏照明，瓦罐温水。新中国成立后，热水瓶、搪瓷盆、“美孚”灯等进入农户。20 世纪 70 年代中后期，半导体收音机、钟表、缝纫机逐步普及。80 年代，境内各乡农户堂屋放置长条供桌、八仙桌、长条凳，卧室大多放木板床、竹床、衣橱、衣柜、五斗橱，厨房多使用烧柴土灶头，放水缸、碗橱等。80 年代中后期，境内普通农户开始拥有电风扇、收录机、黑白电视机、固定电话。90 年代，堂屋放置靠背椅、长条凳、方凳，卧室置木板床、组合式移门橱、沙发。液化气灶、电饭煲、彩电、影碟机、洗衣机、冰箱、席梦思等进入别桥地区寻常百姓家。2000 年后，境内居家对家用电器开始更新换代，冰箱要大容量的，彩电要平板大屏幕的，洗衣机要全自动的，液晶彩电、移动电话、石油液化气、微波炉、电磁炉、空调、太阳能热水器已成为家居必用品，电脑开始进入家庭，拥有者逐年增多。2012 年年末，全镇每百户拥有电话（含移动电话）164 部，家用电脑 25 台，空调机 99 台、彩电 141 台。2013 年，全镇家用洗衣机、电冰箱各 19360 台，空调 18040 台，吸油烟机 13420 台，微波炉 16060 台，热水器 19360 台（太阳能热水器 19140 台），彩色电视机 21560 台（全部接入有线电视网），照相机 1980 台，家用计算机（即电脑）8140 台（接入互联网的 7920 台）。

别桥镇（含原 5 个乡镇）部分年份每百户农户家庭日用品情况一览表

表 24-1-6

家庭日用品名称	单位	1988 年	1998 年	2000 年	2007 年	2013 年
自行车	辆	135	149	165	121	67
摩托车	辆	—	—	17	69	43

续表 24-1-6

家庭日用品名称	单位	1988 年	1998 年	2000 年	2007 年	2013 年
缝纫机	架	60	50	—	—	—
收音机	台	95	42	—	—	—
录音机	台	10	37	—	—	—
录像机	台	—	—	4	—	—
收录机	台	6	—	17	—	—
电视机	台	65	136(彩电 67)	120(彩电 73)	127(彩电 121)	98(彩电)
电风扇	台	115	200	—	—	—
钟表	个	330(手表 285)	236	—	—	—
冰箱	台	—	29	27	82	88
洗衣机	台	—	65	80	92	88
吸尘器	台	—	—	4	—	—
大型家具	件	38	60	573	—	—
空调机	台	—	—	4	75	82
微波炉	台	—	—	—	45	73
吸油烟机	台	—	—	—	—	61
影碟机	台	—	—	—	44	—
电话机	部	—	—	—	90	174(移动 92)
热水器	台	—	—	—	79	88(太阳能热水器 87)
照相机	台	—	—	—	—	9
家用计算机(电脑)	台	—	—	—	—	37
汽车（生活用）	辆	—	—	—	—	12

说明：1988年为后周杨笪、后周一队的百户农户调查

五、代步工具

1949年前，境内农村居民出门或上集镇徒步行走。后周一带，老人坐独轮车让人推着上街。富户、乡绅、官员享用轿子。1949年初，境内农村居民出门仍以步行为主，或坐班船进城，远行则搭乘轮船。20世纪60年代，境内农村自行车少见，进县城及周边县城，全是搭乘轮船，班船成为古董，邮电所投递员使用自行车。70年代，境内企事业单位备有少量公用自行车，私人自行车逐渐增多。80年代，道路状况改变，全境主干框架道路形成，砂石铺面，自行车趋向普及，摩托车开始进入境内居民家庭，远行乘坐汽车为主，轮船客运衰退。进入90年代，自行车、摩托车成为别桥地区中青年、少年主要交通工具，老年人多用三轮车代步，助力车有替代自行车之势。电动自行车（电瓶车）问世，受到人们青睐。2000年后，别桥地区电动自行车成为主要的代步工具。家用汽车逐渐增加，汽车的牌子和价位也有所讲究。自行车、摩托车用量有所下降，远行乘汽车、高铁、动车人数增多。2012年，全镇每百户有电动自行车120辆，摩托车68辆，汽车（生活用）6辆。2013年，全镇共有自行车14740辆，摩托车9460辆，电动自行车17258辆，汽车（生活用）2640辆。

1978 年和 1987 年古渎乡农村居民家庭生活条件变化对照表

表 24-1-7

类别　数量　年份	1978	1987
楼房（间）	16	1317
自行车（辆）	71	2327
黑白电视（台）	0	705
彩电（台）	0	62
收录机（台）	3	341
电风扇（台）	4	1760
洗衣机（台）	0	19
冰箱（台）	0	7
手表（个）	84	5083
沙发（个）	0	1655
缝纫机（台）	232	1170
轻骑（辆）	0	13
运输三卡（辆）	0	13
农村居民人均收入（元）	105	586
“五保户”生活水平（元）	150	300

说明：资料来源于古渎乡政府1987年档案资料

第二章　社会保障

第一节　养老保险

一、企业职工养老保险

1984 年，溧阳县试行养老金社会劳动保险。1987 年 1 月起，别桥镇现境的 5 个乡镇施行《溧阳县企业职工退休养老费用社会统筹暂行办法》，境内市属、县属全民所有制企业、集体所有制企业以及中外合资企业的固定职工和劳动合同制工人列入保险范围。养老金的缴纳标准按照劳动合同制工人退休养老金与固定职工的离、退休费统筹基金合并一个比例提取，全民企业按企业职工工资总额加离、退休费统筹项目费用之和的 18% 缴纳统筹金，集体企业按 21.5% 缴纳。1989 年，境内对劳动合同制工人养老金缴纳作了补充规定，单位和个人分别按每月 15 元、1.5 元的标准缴纳。1993 年，境内全面实施职工养老保险手册记载制度。1994 年起，每两年提高个人缴费比例 1%，至 8% 止。1995 年 5 月起，贯彻实施《溧阳市企业职工养老、工伤、生育社会保障暂行办法》，境内职工养老保险金征收率为企业缴费基数的 18.5%，其中个人缴费 3%。1998 年 1 月起，企业缴费比例为 17%，个人缴费为 5%。2000 年，市政府制定《溧阳市扩大企业职工基本养老保险覆盖面工作意见》，将市内的工商户及其雇工，私人企业、外商投资企业、股份制企业及其职工，国有和集体企业的临时工以及自由职业者纳入缴纳养老保险范围。2001 年 1 月，全镇职工养老保险费按照统一缴费基数，合并统一征收的办法改由地方税务部门征缴，社保经办机构每月 28 日向地方税务部门提供次月缴费单位应缴养老保险费的具体数据。2002 年，市政府将扩面征缴工作列入各镇、部门年终考核内容。2007 年 1 月，境内企业职工养老保险、城镇职工医疗保险、失业保险、工伤保险、生育保险实行“五险”合一，统一征收。至 2013 年年末，别桥镇有 4467 人参加企业职工养老保险，退休人员月平均养老金为 1300 元左右。

二、农村社会养老保险

1992 年 5 月，溧阳启动农村社会养老保险工作，并在民政局成立农保处。市政府印发《溧阳市农村社会养老保险暂行办法》，将溧阳市境内农村居民、乡（镇）、村办企业职工，招聘干部、职工、民办教师以及其他农村户口的劳动者列为保险对象，保费月标准为 4、6、8、10、12、14、16、18、20 元共 9 个档次，供乡（镇）、村、企业和投保人选择。1994 年，别桥镇现境内的 5 个乡镇启动农村社会养老保险工作，成立劳保所。1995 年 4 月，市政府修订《溧阳农村社会养老保险暂行办法》，对投保范围和对象、投保人年龄、缴费标准、领取养老金等作补充完善。2001 年 12 月起，农村社会养老保险划归市劳动和社会保障局登记。至 2013 年，别桥镇有 12218 人参加农村社会养老保险，每人平均每月领取养老保险金 232 元。

三、居民基础养老保险

2009 年 1 月 1 日，溧阳市实施居民基础养老保险（又称新农保）。居民基础养老保险，是完善农村社会养老保险体系，保障城乡居民年老后的基本生活，促进城乡统筹与和谐发展，建设高水平小康社会的一种新型的社会保障体系。

参保对象是别桥镇行政区域内除机关事业单位在编人员、已参加（含应参加）企业职工基本养老保险人员、已按溧阳市政府规定参加被征地农村居民基本生活保障的人员、全日制在校学生外，年满 16 周岁、未满 60 周岁的所有城乡居民。符合参保条件的参保对象，必须以家庭为单位，整户参保。父母、子女及其配偶符合参保范围的，必须同时参保。参保人员每人每年缴费 580 元，缴满 15 年合计 8700 元。市、镇财政按每人每年 580 元标准补贴。

参保人员年满 60 周岁，按月领取养老金。养老金由两块组成。一块是每月 60 元的基础养老金，另一块是个人账户的全部储蓄除以 150 的个人账户养老金。养老金还根据全溧阳市经济发展水平和生活费用价格指数变动进行适当调整。2009 年 7 月，每月 132 元；2010 年 7 月，每月 170 元；2011 年 7 月，每月 180 元；2012 年 7 月，每月 190 元；2013 年 7 月，每月 200 元。

参保人员和领取养老金人员死亡的，从统筹账户中按照每缴费 1 年支付抚恤费 50 元，一次性支付个人账户中实际缴纳的储存款或余额给参保人员家属或法定继承人。

2013 年年末，别桥镇参保人数 15875 人，参保率 100%，有 4035 人领取养老金。

2013 年年末别桥镇居民基础养老保险情况一览表

表 24-2-1

村委（居委会）名称	参保人数（人）	领取养老金人数（人）	村委（居委会）名称	参保人数（人）	领取养老金人数（人）
马家	937	272	北山	882	217
镇东	1075	205	黄金山	659	210
别桥	1011	228	玉华山	617	180
前程	724	177	小石桥	452	125
湖边	1791	467	塘马	657	165
合星	1141	284	后周	713	189
古渎	865	207	西庄	611	142
道成	820	227	西马	1055	260
两湾	941	226	别桥居委会	19	6
绸缪	858	236	后周居委会	47	12

第二节　医疗保险

一、城镇职工医疗保险

2001 年 1 月起，依照《溧阳市建立城镇职工基本医疗保险制度实施办法》，别桥地区城镇所有用人单位及其职工全部参加基本医疗保险，实行属地管理；保险费由用人单位按上年职工工资总额的 8% 缴纳，其中 70% 用于建立统筹基金，30% 划入个人账户；职工按上年本人工资收入的 2% 缴纳。统筹基金的最高支付限额为溧阳市上年度职工年工资的 4 倍，超过最高支付限额至 10 万元以内的医疗费用，主要由参保人员缴纳的医疗救助基金解决。同年 12 月，市政府印发《关于已参加医疗保险的职工失业后参加城镇职工基本医疗保险管理暂行办法》，对已参加城镇职工养老保险、医疗保险，按规定办理劳动、人事挂靠代理手续的人员参加基本医疗续保的缴费基数、比例、方法、就诊方式以及享受医疗保险等作出明确规定。境内执行市政府 2002 年 12 月 25 日下发的《关于调整基本医疗保险住院起付标准，救助基金最高支付限额及增加门诊特殊病种的通知》，调整城镇职工基本医疗保险住院起付标准、救助基金最高支付限额。2004 年 5 月，市政府出台《溧阳市城镇灵活就业人员参加城镇职工基本医疗保险暂行办法》，将参加城镇职工养老保险的个体经营者及其从业人员、自由职业人员及非全日制、临时性和弹性工作等灵活工作就业人员，按规定办理劳动、人事挂靠代理手续的人员纳入社会医疗保障体系，以上年溧阳市全部在岗职工社会平均工资的 80% 为缴纳基数，缴纳比例为缴纳基数的 10%，连续缴纳至法定退休年龄，享受城镇退休职工基本医疗保险待遇。2006 年 4 月，市政府办公室印发《关于城镇职工基本医疗保险费用报销范围和自费范围管理的实施意见》，对城镇职工基本医疗保险统筹基金部分的支付诊疗服务范围作出明确的规定。5 月，市政府办公室下发《关于城镇职工基本医疗保险特殊病种、特殊医疗、特殊检查管理的实施意见》。至 2013 年年末，别桥镇有 4384 人参加城镇职工医疗保险。

二、农村合作医疗保险

见《医疗卫生》篇第一章《医疗》第五节《医疗制度》。

三、新型农村合作医疗保险

2004年1月1日始，别桥镇实行新型农村合作医疗保险（简称“新农合”）。参保对象为没有参加城镇职工医疗保险的居民。“新农合”采取个人缴费和政府财政补助相结合的筹资方法，筹资标准随着经济的发展逐年提高。2004年，个人缴费10元，各级财政人均资助30元；2009年，个人缴费60元，各级财政人均资助120元；2011年，个人缴费80元，各级财政人均资助195元；2013年，个人缴费110元，各级财政人均资助315元。资金由溧阳市新型农村合作医疗保险管理委员会统一管理和安排，主要用于住院补偿和大病救助。在溧阳市乡镇卫生院住院补偿的比例高于在溧阳市市级医院住院补偿的比例。住院补偿类的药品逐步增多，住院补偿的比例逐年提高。溧阳市政策范围内的住院补偿比例2009年为40%，2010年为43.5%，2011年为47.34%。2012年和2013年，市内一级医院300元以上部分补偿80%，市内二级医院500元以上部分补偿68%，市外公立医院800元以上部分补偿53%。2012年开始，在村卫生室或乡镇卫生院（市内一级医院）门诊治疗，每次可按有关规定适当补偿，每人每年最多可补偿200元。

2008～2013年，别桥镇每年参保率均为100%。“新农合”有效控制和缓解农村居民因病致贫、因病返贫现象的发生，提高了农村居民的健康水平，促进农村经济发展和社会稳定。

第三节　生育保险

1984～1994年，别桥镇现境内原5个乡镇女职工生育享受国家规定的假期和报酬待遇。1995年1月1日起执行的《溧阳市企业职工养老、工伤、生育社会保险暂行办法》规定，凡符合国家计划生育政策，领取生育证后生育的企业女职工，均可享受生育社会保险待遇。生育社会保险费全部由企业负担，统一按企业全部职工工资的1%征收；并根据国家、省有关规定，女职工生育期间的产假工资和医疗费用列入生育保险基金的支付范围。2004年，市劳动局制定《溧阳市城镇企业职工生育保险暂行办法》，对符合计划生育政策的职工因实行计划生育，相关医疗费用列入生育保险基金定额补偿范围。至2013年年末，别桥镇有3243名女职工参加生育保险。

第四节　失业保险

1993年1月，别桥镇现境原各乡镇执行市政府《关于完善溧阳市职工待业保险制度的实施意见》，待业保险基金的筹集范围扩大到外商投资企业及其中方职工，劳动就业服务机构所属企业和乡（镇）企业及其职工，基金按企业全部职工工资总额的1%征收。按照市政府《关于提高失业保险基金征收比例和实行个人缴费的通知》规定，1999年起，现境内各乡镇提高失业保险基金征收比例，实行个人缴纳失业保险费制度，单位和个人的缴纳比例分别为职工工资总额的2%、1%。

2000年1月，《溧阳市城镇事业单位全面实施失业保险办法》施行。2002年，市政府办公室下发《关于切实做好失业保险扩面征缴工作意见》，别桥域内国有企业、城镇集体企业、外商投资企业、港澳台商投资企业（不含外商、港澳台商人员）、城镇私营企业和其他城镇企业及其职工全部列入失业保险范围，实行强制征缴，并纳入政府目标责任考核。2003年7月1日起，别桥地区失业保险金由每人每月195元调至220元。2005年7月1日起，失业保险金标准调整为每人每月300元，并规定失业人员在领取失业保险金期间，按其领取失业保险金10%的标准按月领取医疗补助金；调整农村户籍职工参加失业保险办法，按照城乡统筹的要求，由用人单位按照工资总额的2%、职工按本人工资的1%缴纳失业保险费；职工失业后符合申领失业保险条件的，失业保险待遇的计发标准、发放办法与城镇失业人员相同。至2013年年末，别桥镇有3600人参加失业保险。

第五节　被征地农民社会保障

一、缴费标准和保障待遇

为了保障被征地农村居民的基本生活，维护被征地农村居民的合法权益，促进社会和谐稳定，溧阳市人民政府从2011年开始实施《被征地农村居民社会保障办法》。

别桥镇保障对象是由被征地的农村经济组织根据国土资源部门确定的征地数量提出名单，对照有关政策张榜公示后确定的农村居民。

在2011年3月31日前被征地的保障对象每人缴纳2万元，在2011年3月31日后被征地的保障对象每人交纳2.5万元，纳入社会保障个人账户；其余保障资金由市、镇财政承担，纳入社会统筹账户。两方面的资金组成被征地农村居民社会保障资金专户。

别桥镇被征地保障对象分为4个年龄段。第一年龄段为16周岁以下以及16周岁以上的在校学生。第二年龄段为男16周岁以上至50周岁，女16周岁以上至45周岁。第三年龄段为男50周岁以上至60周岁，女45周岁以上至55周岁。第四年龄段为男60周岁以上，女55周岁以上。根据不同的年龄段，分别实行不同的社会保障办法。别桥镇实行的是第二、三、四年龄段保障办法。第二、三年龄段人员，参加企业职工基本养老保险，其在劳动年龄内征地前农村生产劳动时间折算为可补缴12年的企业职工基本养老保险费，到达规定退休年龄且缴费年限满15年以上的，按企业职工基本养老保险规定享受养老待遇。其中在办理企业职工基本养老保险的次月起，第二年龄段人员按月领取生活补助费160元，期限2年；第三年龄段人员按月领取生活补助费140元;第四年龄段人员从实行社会保障的次月起，按月领取养老金。2001年每月170元，2012年每月212元，2013年每月420元。

参保对象死亡，其社会保障个人账户中的本息余额一次性支付给法定继承人或指定受益人。

2013年年末，别桥镇参保3406人，其中第四年龄段人员471人。

2013年年末别桥镇被征地农村居民社会保障情况一览表

表24-2-2

村委名称	参保人数	第四年龄段人数(人)	村委名称	参保人数	第四年龄段人数(人)
马家	150	15	道成	4	—
镇东	242	29	两湾	202	25
别桥	224	17	绸缪	345	32
前程	86	6	北山	736	110
湖边	16	—	小石桥	93	3
合星	141	21	塘马	85	13
古渎	385	65	后周	653	123
西马	28	10	西庄	16	2

二、被征地农村居民基本生活保险

2005年2月，别桥镇、绸缪镇、后周镇执行溧阳市政府制定《溧阳市被征地农村居民基本生活保障试行办法》，明确被征地农村居民基本生活保障由个人保险和政府保养两部分组成。个人保险由被征地农村居民自愿参加，资金来源为安置补助费，一次性交费标准为5000元，到养老年龄时享受政府保养金和个人保险养老金，政府保养金按每人每月60元发放。2007年，政府保养金调到每人每月80元，个人保险养老金按保险公司保险费率测算。全镇逐步建立健全长效管理制度，完善被征地农村居民入保、退保的申请、审核、审批手续，对进入被征地农村居民基本生活保障人员实施动态审核管理。被征地农村居民基本生活保障个人保险部分由保险公司承办，个人账户由保险公司管理，政府保养金由保险公司代发。2008年7月14日，市政府发行《溧阳市被征地农村居民基本生活保障办法（试行）》，对被征地农村居民基本生活保障作了具体细致的规定。2011年7月，市政府下发《溧阳市被征地农村居民社会保险办法》和《溧阳市被征地农村居民社会保险办法实施细则》两个文件，规范被征地农村居民社会保障工作，被征农村居民的社会保障有了更具体的政策。至2013年，别桥镇共有3024人进入被征地农村居民基本生活保障体系，每人每月可领取保障金120～1000元。

2007～2013年别桥镇社会保障情况一览表

表24-2-3

年份	企业职工保险		农村养老保险		城镇职工医疗保险		生育保险		失业保险累计参保（人）	进入被征地农村居民生活保障体系累计人数(人)
	当年参保（人）	累计参保(人)	当年参保(人)	累计参保(人)	当年参保（人）	累计参保（人）	当年参保(人)	累计参保（人）		
2007	0	3011	0	0	0	2732	0	1798	1894	582
2008	284	3295	0	0	159	3015	252	2050	2350	578
2009	208	3503	4174	4174	273	3288	282	2332	2603	572
2010	217	3720	5772	9946	195	3483	251	2583	2920	562

续表 24-2-3

年份	企业职工保险		农村养老保险		城镇职工医疗保险		生育保险		失业保险累计参保（人）	进入被征地农村居民生活保障体系累计人数（人）
	当年参保（人）	累计参保（人）	当年参保（人）	累计参保（人）	当年参保（人）	累计参保（人）	当年参保（人）	累计参保（人）		
2011	267	3987	733	10679	328	3811	215	2798	3197	1645
2012	244	4231	284	10963	288	4099	234	3032	3385	2898
2013	236	4467	1355	12218	285	4384	211	3243	3600	3024

第三章　民　俗

第一节　生产习俗

一、农业习俗

别桥地处太湖流域，土地肥沃，水源充足，向以种植水稻为主。在播、插、管、收各个阶段形成了一些习俗。

【播种】 播种前先浸种（一般早稻在谷雨前后，中晚稻在小满头），大户人家先在灶阁上用酒杯装上稻种加上水，祈求灶家菩萨保佑出好芽，预兆全年丰收。1950 年后，集体生产中此习俗自行消失。

【插秧】 早稻小满插秧，中晚稻夏至插秧。插秧的第一天要“开秧门”，东家要备酒肉、香烛敬土地神，祈求保佑丰收。插秧结束称“关秧门”，吃满锅摊（麦粉做的饼子），此习俗已消失。

插秧时，通常由大伙计（大表兄或插秧能手）第一个下田，最后一个也是插秧能手。这样前后夹击的安排，可促使其他人加快插秧速度。插秧时，前人被后人赶上叫“包馄饨”，带有挖苦、嘲笑之意。插秧忌插“烟筒头”（秧苗根部弯曲）、“车板秧”（4 个指头插秧）。扎秧把的草箍要放在自己插的秧行间，秧苗过长要打头，打的头要埋在上行的空隙里。丢秧把时，忌丢在人身上，秧把不能用手接，接了不吉利。夏至“开秧门”，通常要插秧 15 天，到小暑前结束，其中每 5 天称一个“莳”，15 天为三个“莳”。这 15 天还称“做黄梅”。黄梅结束，即栽插结束，东家要给伙计一点慰劳，休息一天。公社化时，生产队集体种田，黄梅结束，生产队举行一次聚餐。

【培管】 水稻培管期间主要是调节水稻田用水。过去多为人工车水。龙骨水车分 5 人轴、7 人轴等，配上长短不等的槽筒，用时因地制宜。车水人打号子，叫做“数双”或“喊双”，由一人领号，其他人和调。一转（指槽筒里的连头）为“一双”，依此类推。实现机电灌溉后，旧式水车淘汰。

耘田除草，主要采用“乌头”，一种农具，在小暑季节中，耘田两次。大暑中，拉草爬行除草，排干田中的水，进行烤田。

【收割】 农历七月收割早稻，中晚稻在农历九月至十月下旬收割。俗云："重阳没老少，霜降一齐倒。"秋收后，一般要做戏敬神，叫社戏，以庆贺丰收。农村家庭联产承包责任制实行后，早稻不再种植，后周地区尚种植少量中籼稻，绝大部分是种植晚粳稻，收获相应推迟到霜降后一周左右。

二、渔业习俗

渔民一般在河港内捕鱼。夏天，从晚上7时至次晨7时驾船拖鱼，其他季节则在白天。放丝网的，如果同时有2条船以上，要一网一网依次轮放，不能一船独放几网。放鱼鹰的，一般上午8时驶船放鹰。放鹰前，先喂豆腐或猪肉给鹰吃，默嘱鱼鹰竭力多捉，祈求丰产。下午，同在一起放鹰的几只船，按鱼鹰优劣，计算产量分成。渔民在生产和生活中有很多忌讳：不准在船头上撒尿；妇女在清晨不能与男人说话，不准撒开头发梳头，捉鱼时要站在男人后面。新中国成立后，歧视妇女的习俗已逐渐消失。

三、匠工习俗

新中国成立前，年轻人学生意或学手艺均须拜师。学徒（包括木工、泥工、裁缝）投师，由学徒的家长办拜师酒，行跪拜礼，有的设酒筵，宴请师傅、师兄。写"投师纸"，纸中规定，师傅在传授技艺时，可以打骂徒弟，家长不得干涉。学徒期间（一般三年），师傅供吃，不发工资。满师时，家长要办酬师酒，师傅当场发还"投师纸"。满师后，徒弟可以自寻活计。1950年以后，进工厂的学徒工由车间指定师徒关系，无拜师礼仪，逢喜庆事，师徒间必须贺礼。20世纪90年代后，师傅除供吃以外，还视徒弟学徒时间的长短及技艺，另发一部分零用钱给徒弟。满师后，师傅赠送一套工具给徒弟。

第二节　岁时习俗

【春节】 农历正月初一，俗称"大年初一"，又叫"过年"。清晨，由男主人开门放鞭炮，迎接新年的开始。一家人穿新衣、着新鞋，晚辈向长辈拜年，长辈给小孩压岁钱。邻居、熟人相见，互道"恭喜发财""身体健康"之类颂语吉言。是日，不准说不吉利的话，不能向外扫地、向门外泼水、倒垃圾（意为不让家财外流）。串门互访，有糖果、瓜子、香烟等招待。正月初二外甥给舅舅拜年，女婿给岳父母拜年。初三起给其他亲戚拜年或访友，互贺新禧。旧时拜年礼物中必有两条长糕，对方收下后回赠一对长

图24-3 欢欢喜喜过大年

糕，寓意“高来高去”。此俗已不多见。20世纪80年代走亲访友，一般携带干果、糕点、糖包。90年代起，礼品档次提高，除营养补品外，还有烟酒;给高寿长辈拜年，都赠礼金。初一至初三，商家停业习俗逐步淡化，许多商店、饭店抢抓“商机”，照常营业。通常，拜年一直延续到正月半，亲朋好友互邀吃饭，热闹祥和。也有“拜年拜到二月八，不杀鸡来杀只鸭”之说。

【元宵节】 农历正月十五，又称“正月半”“上元节”。此日，各家吃汤圆，有的还做团子和各种形状（如家畜、家禽、稻囤）的糕点。晚上四邻八乡放鞭炮、烟火，祈求当年丰收。农村跑马灯、舞龙灯、跳狮子等表演活动众多，热闹非凡，故有“小小年初一，大大正月半”的说法。这些习俗仍在。域内河南籍居民送灯到祖坟、祭奠祖先和辞世亲人的习俗尚存。

【清明节】 二十四节气之一，公历4月4日或5日。清明前几天，除宗族集体在祠堂祭祖外，各家还在家“请祖宗”，上祖坟飘纸钱、修坟墓。每家在门旁和灶间插柳枝。文人喜欢在清明前后春游，称“踏青”。2000年后，大宗族宗祠祭祖逐渐恢复。各家各户祭祖、扫墓。机关、学校、群众团体组织祭扫革命烈士活动，献花圈，凭吊缅怀革命先烈，进行革命传统教育。

【乌饭节】 农历四月初八称乌饭节。溧阳民间有为纪念孝子目莲救母，各家有吃乌饭的习俗。乌饭，是用一种野生常绿灌木的叶子（《本草纲目》称南烛树叶，别桥俗称乌饭草，后周一带丘陵上生长）捣碎，掺水滤汁，加入少许明矾，浸泡糯米，米呈黑色后，捞出洗净，蒸煮成饭。乌饭色泽黑亮，清香可口，人人喜食。此俗在境内盛行。

【端午节】 农历五月初五称端午节。各家用芦苇叶、糯米包粽子，有赤豆粽、蛋黄粽、火腿粽等。此俗传说是为了纪念投江的爱国诗人屈原。是日，许多人家在门上挂菖蒲、艾草。中午喝雄黄酒，还用雄黄酒在孩子额头写“王”字或涂手心、脚心，以驱“五毒”。女婿在端午节前要备鲞鱼、咸鸭蛋、黄鱼、绿豆糕、枇杷、烟酒等礼物携妻子探望岳父母，俗称“张端午”。现喝、点雄黄酒的习俗已弃，其他习俗仍在。

【夏至节】 二十四节气之一，公历6月21日或22日。夏至是一年当中白昼最长的一天。旧时，农户通常在夏至节开始插秧，各家吃馄饨，取“饨”谐音，寓意粮食“横一囤，竖一囤”，企盼当年丰收。另有一说，夏天吃了馄饨不“疰夏”，意即夏天不生小毛病。夏至吃馄饨的习俗，仍在境内流行。

【乞巧节】 农历七月初七，又称七夕节。传说此夜喜鹊搭桥，牛郎织女相会。习俗吃“巧云”（一种油氽的面食品）。看牛郎星、织女星的习俗已不流行。2006年，七夕节列入国家非物质文化遗产名录后，渐成中国情人节，境内一些年轻人以西方情人节的方式欢度七夕。

【七月半】 农历七月十五，传说是“鬼节”，又称“中元节”。各家在七月十五前备酒菜、冥纸“请祖宗”，有的还在室外烧化纸钱，周济“孤魂野鬼”，祈求合家平安。此俗仍存。

【放荷灯】 放荷灯的习俗在别桥历史悠久。

丹金溧漕河是境内的一条交通水运繁华的河道。农历七月三十日（或二十九日），河道东西临近集镇居民自发的在河上放荷灯，以保佑来往船只顺利平安，祈盼未来美好生活，寄托美好的情思。

荷灯制作先用竹子劈成篾丝，扎成多种类型的灯架，糊上各种颜色的纸，制作成龙灯、凤凰灯、天王宝塔灯、荷花灯、宝莲灯、鲤鱼灯、元宝灯，灯上写着“风调雨顺、国泰民安、人民幸福、国家富裕、出入平安”等祝福语，灯上插上点燃的蜡烛。七月三十日黄昏投放入河面上，载着别桥人民的愿望飘向远方。

每年参与荷灯投放的人有数百人，围观群众数千人。放荷灯的同时，还有龙灯、龙船、锣鼓、腰鼓等辅助活动助阵。

放荷灯的习俗，经久不衰，成为了联络人们情感的载体。2009年9月，被列为溧阳市非物质文化遗产。

【中秋节】 农历八月十五，称中秋节，俗称“八月半”，家家吃月饼、喝“团圆酒”。有人家用面粉或糯米粉做成芝麻饼或油酥饼。富户晚上赏月，且焚香点烛，以月饼、藕、菱供月。中秋前，女婿必须置备月饼、烟酒等礼品赴岳父家“张八月半”，小辈要向长辈赠送月饼等礼物。现供月活动已无，其他习俗仍盛。商家供应月饼品种多，质量上乘。

【重阳节】 农历九月初九称重阳节。古以九为阳，九月初九是阳月阳日，故称“重阳”。因民间有登高习俗，或爬山，或登塔。“高”与“糕”同音，所以重阳节也以吃重阳糕替代“登高”。1989年，国家把重阳节定为老人节，社会各界均组织开展敬老活动。

【十月朝】 农历十月初一，太阳升起前，子女要哭着到去世未满三年的长辈墓前，用糍团、米粽供祭。此习俗在境内仍流行。

【冬至节】 二十四节气之一，公历12月21日或22日。旧时，各氏族开祠堂祭祖，吃“公堂酒”，各户备香烛、纸钱、酒菜在家祭祖。新中国成立后，已无宗族祭祖活动，民间在冬至前仍保留在家祭祖的习俗。21世纪以来，有的氏族新建祠堂后，也开祠堂祭祖，吃“公堂酒”。

【腊月初八】 农历十二月初八。相传是岳飞遇难的日子。是日，为纪念岳飞，民间盛行吃“腊八粥”。通常用粳米加黄豆、蚕豆、花生米、油豆腐、山芋、芋头、红枣、白果、蔬菜等，煮咸粥为餐，别有风味。此习俗至今未变。

【送灶节】 农历十二月廿四为送灶节。传说灶神在此日上天奏事，各家在灶神前焚香点烛，供糯米饭或糯米粉团子，俗称送灶，请灶神“上天言好事，下界保平安”。此俗已不见。

【除夕】 农历十二月卅日（小月为十二月廿九），俗称“年三十夜”或“大年夜”。在此数天前，宗族开祠堂祭祖，各家也备香烛、纸钱、酒菜“请祖宗”。是日中午，盛行吃馄饨或团子。黄昏，在大门、房门上贴春联。晚饭合家团圆，围桌而食，菜肴比较丰盛，俗称吃“年夜饭”。进入21世纪，有些居民在酒家、饭店安排年夜饭。深夜不睡，围坐“守岁”的习俗渐被全家收看中央电视台春节联欢晚会所替代。睡前放爆竹、烟火，然后关闭大门，俗称“封财门”。

新中国成立前，欠债人因当年无力还债，经常“廿三、廿四，推三阻四；廿五、廿六，说有着落；廿七、廿八，逼我无法；廿九、三十，推车撞壁”。躲过年卅，此债来年再还。

宗族祭祖已不存在，其他习俗仍盛行。

第三节　礼仪习俗

一、婚嫁

新中国成立前，男女婚姻是“父母之命、媒妁之言”的封建包办婚姻。在门当户对的前提下，男女“八字”相配，由媒人说合，男女双方无选择自由。女家送“庚帖”至男家，如果“八字”无碍，媒人说合彩礼聘金，择日下聘订婚（俗称“下定”或“除口”）。婚前，男方请算命先生择喜日，议定结婚日期，并宴请媒人送“日子”至女方。结婚前一天，男方办“待媒”酒款待媒人。结婚当天男方备还娘席、坐轿肉、鲤鱼、长糕、糖果、花生、鞭炮、抱轿段（给抱新娘上轿的内兄弟的喜钱）等礼物，随花轿至女方。女方鸣鼓放鞭炮，清点礼物，开宴款待。宴后，由男方领亲队伍抬嫁妆，新娘不穿鞋，由自己兄（弟）抱上轿（寓意不带娘家一点土），在鞭炮声中由兄弟姐妹伴送至新郎家，两个有“福气”的妇女（俗称“全福太太”或“添瑞娘娘”）引导，“拜堂”成亲。第三天夫妻同往娘家（俗称“三朝回门”），当天太阳落山前返回。新婚未满一月，女儿不能在娘家住宿。结婚当年，男方送猪腿、烟酒给媒人，以表谢意。从送“庚帖”到“回门”，双方频繁设宴，招待亲友，加上各种财礼，耗费颇多，贫家往往负债。

民国期间，曾提倡过“文明结婚”，但仅仅在上层人物和知识界中举行过在结婚证书上盖章、合影留念等，大部分人家仍按照陈规陋习办婚事。

清代末年和民国期间，还有童养婚、抢亲、换亲等陋俗。

1950年后，随着《中华人民共和国婚姻法》的宣传贯彻，青年男女的婚姻逐渐由父母包办转为婚姻自主，实行一夫一妻制。但无论自由恋爱还是媒人介绍，一般仍有提亲、定亲、聘礼、迎亲、婚礼等程式。合意的男女双方达法定婚龄，到民政部门登记领证，即成合法夫妻。20世纪80年代，单身男女经婚姻介绍所牵线或经媒体征婚而相识相爱成为眷属的已不再鲜见。结婚必备物品从“三转一响”（自行车、缝纫机、手表、收音机）向彩电、冰箱、洗衣机、空调、手机、电脑、房子、汽车等“八大件”“十大件”发展，家境一般的不堪重负。90年代起，流行拍婚纱照，婚纱店服务从拍摄结婚相册到新娘化妆、出租婚纱礼服、婚礼录像等。家境较好的农村居民要在宾馆、酒店举办婚礼仪式，请婚庆公司策划、主持婚礼。一般农户在男方住宅设宴举办婚礼。进入21世纪，婚礼更为气派，男方领亲车队，要十多辆清一色的奥迪、宝马等名车，仪式一般在宾馆、酒店由婚庆公司操办。

二、生育

在女儿产期前月余，母亲置办红糖、雄鸡、筷子、草纸等物馈赠怀孕女儿，称“催生”。生孩子以后，要给岳父家、亲戚家送红蛋，俗称“报喜”，生男孩送红蛋3个，生女孩的送红蛋2个。第三天“做三朝”，十天左右“斋监生”（俗称专管妇女生育的女神为“监生娘娘”），孩子出生满月剃去胎发，置办“满月酒”，招待前来贺喜的客人。亲友送给产妇的礼物，过去一般是红糖、馓子、烧饼、鸡蛋、鸡，20世纪80年代后增送奶粉、麦乳精、饼干，还有钱等。外婆家还要送孩子的穿戴，有条件的人家要送金银首饰，如项圈、锁片、手镯、脚镯。孩子满月时，外婆家要送一担糯米粉团子、粽子、馒头等“糕粽团圆”，俗称“满月担”。产妇回娘家住一个月。这些习俗，农村仍较盛行。进入21世纪，生孩子“满月酒”都到酒店、宾馆操办，店堂内外投放祝贺小孩的字幕。将小孩抱给亲戚看，长辈要给小孩“红包”，生小孩的人家要给贺喜人发礼包，内有红蛋、糖果。外婆送童车为礼物。

新中国成立前，重男轻女思想严重。因妻子只生女孩、未育男婴而导致夫妻不和、家庭破裂的事时有发生，有的甚至抛弃或溺死女婴。新中国成立后，政府保护婴儿，情况有所好转，但重男轻女思想并未消除。20世纪60年代提倡计划生育以来，仍有为生育男孩而超生的现象发生。90年代后期，随着物质生活的丰富和妇女在社会及家庭中地位的提高，绝大多数家庭已接受生男生女都一样的观念。无论生男生女，设酒筵宴请亲友之隆重丰盛胜于旧时。此外男女双方更多关注孕妇健康，定期检查胎儿发育情况，重视胎教。

三、寿辰

给老人做寿，一是讲究男虚女实，即男逢九做十。一般定在当事人50、60、70、80周岁的前一年，如男性虚龄59岁，子女要为他做60大寿。二是做七不做八，即八十岁不做寿。做寿时，子女、侄儿女、外甥男女等晚辈要赠送老人衣帽、鞋袜、寿桃、寿面、蛋糕，放鞭炮、烟火，以示祝贺，亲友也有来送礼祝寿的。寿星在接受儿孙们跪拜祝贺后，设宴款待子女、孙辈及亲友，煮熟的长寿面送至全村或近邻。父母66虚岁时，女儿家要送猪肉给老人，俗称“六十六，要吃女家肉。”现生活水平提高，女儿家除送肉外，还为老人添置衣衫。这些习俗仍在。

新中国成立前，地方上有恶势力的人，往往也借机做寿收礼，俗称“打秋风”。

2000年起，祝寿之风盛行，子女为父母祝寿，热闹不减旧时。

四、过生日

小孩满周岁、十周岁，家中设宴庆贺，为小孩过周岁、做十岁，外婆家赠送压岁钱，送童装、首饰等礼物。除做大寿外，家中有人过生日，一般备些酒菜，全家共贺。在大蛋糕上插上红烛，共唱生日歌，过生日人默默许愿，吹灭蜡烛后分食之。20世纪90年代后期，青年人也流行生日派对，朋辈相聚共餐，热闹一番，以减轻工作和学习压力，增进友谊。也有通过打电话、发短信、送生日贺卡、点歌等方式，对家人、朋友、同学的生日表示祝贺。

五、建房上梁

建房前，先请“风水先生”察看风水、门向，选择开工吉日和上梁黄道吉日。上正梁时，主妇的娘家挑来糕团（后改为面包）、猪头“三牲”（猪头、雄鸡、鲤鱼），还备有糖果、被面，上盖万年青、紫竹，并制作四个特大的馒头，上面赫然写着“东、南、西、北”字样。梁上贴红纸横联“吉星高照”“紫气东来”等贺词，柱上贴红纸对联“上梁喜逢黄道日，竖柱巧遇紫微星”等吉祥语。吉时一到，工匠师傅宣布忌讳生肖之人必须回避，爆竹齐鸣，然后上正梁，说一席吉利话“脚踏楼梯步步高、手攀杨枝采仙桃”“千年松柏两边栽、百年逢春花正开，金枝玉叶布锦绣、屋上花果送福来”，然后，把写有“东、南、西、北”的馒头分别抛向四方，邻近村庄的男女老幼即在新屋四周抢拾抛散的物品，尤其是“东方”馒头，抢拾者被视为回去后要建新房、交好运、发财。主人家在梁下拉开被面，师傅抛下糕、粽、糖果等物品，称之“接宝”。整个新屋周围欢声笑语，热闹非凡。当天中午或晚间，主人家则要办宴席款待亲友和工匠。

六、丧葬

死者临终前，儿女子孙应及时赶到见最后一面，称“送终”。去世后，亲属向亲友报丧，至亲好友闻讯，携带花圈、黄裱、祭幛、香烟、礼金等尽速赶来，称“奔丧”。跪拜死者，佩戴黑纱或白布孝帽。遗体安放正庭，挂白幔、设灵台、置遗像、焚香烛、点油灯、化纸钱，亲属守灵。小辈要戴孝，儿女辈头戴白布孝帽、扎孝巾，身穿白孝衣（有的儿女及媳妇身披麻衣、麻衫），脚穿白布孝鞋；孙辈戴白布孝帽，曾孙辈戴黄布孝帽，第五辈戴红布孝帽。亲友来去，孝子要磕头，女眷要大放哭声。

20世纪80年代，遗体用棺木盛殓入土安葬。死者入殓称“下材”，亲人向遗体告别。一般为三朝（第三天）出殡，出殡又称“出材”，由女婿（若干女婿，该由大女婿）或一亲属手捧灵牌，撑着黄布雨伞，在前引路，后随灵幡、花圈、吹鼓手、灵柩、送葬家属、亲友。途中三次停灵，家人跪拜。第三次停灵时，家属向送葬亲友磕头，称“谢孝”。此时，亲友择他路返回。家属们送灵柩至墓地，待抬棺者鸣放鞭炮，动土开穴，挖穴人口念“一锹金、二锹银、三锹四锹聚宝盆”等吉语，将前几锹土由儿、媳们兜捧着捷奔回家，称“回丧”，意为“跑得快、发得快”。出殡毕，送葬人抵家门先“跨火”，然后喝糖茶、吃云片糕、梳头；儿、媳们脱去孝帽、孝衣、孝巾，按长幼次序挂放在梯子或节节高（竹篙）上。从死亡之日起，子女每 7 天祭祀一次亡灵，共 7 次，俗称“做七”。

1981 年开始改土葬为火葬，骨灰用红布包裹后装入骨灰盒，或埋于祖坟地或葬于公墓，但丧葬习俗未改。90 年代起，农村出现丧葬乐队，专为丧家吹奏哀乐，“八音”、擂鼓鸣锣为死者送葬。陪葬的有纸质“金童”“玉女”“楼房”“汽车”等。高龄者去世，家属会丧事喜办，“出材”前一天晚上放电影或唱戏招待乡邻，出殡当日向来客发“老寿碗”“利市包”；一些邻舍也前来讨要“老寿碗”，期望子孙后代健康长寿。

2000 年后，农村丧葬礼仪仍沿旧时习俗。民间丧葬乐队发展至全程配套服务，从寿衣、寿帽、冥纸、餐具、台凳提供，到灵车准备、摆设灵堂、搭棚、炊事等，都能安排妥当。

逝世者生前有公职，死后在殡仪馆或在出殡时举行追悼会，由遗属或逝世者原所在单位操办。

七、祭祀

1949 年前，各宗族集体在宗祠内祭祀祖先。每年清明、冬至前，在宗祠祖先神龛前陈设祭品、焚香点烛、吹奏鼓乐，由主祭人、陪祭人、赞礼人带领族人叩拜。开祭日要大办筵席，俗称“公堂酒”。富裕的宗祠连续设宴数日，经费在宗祠田产收入中列支。

别桥地区的家庭在清明、农历七月十五、冬至、除夕祭祀祖先，俗称“请祖宗”“做羹饭”（河南籍居民冬至不祭祀，正月半祭祀）。

祭祀通常在祭祀日提前几天。清明在早上祭祀，冬至在晚上祭祀，有“早清明、晚冬至”之说。各家各户的祭祀仪式各有特色，一般将八仙桌置放堂中，上方摆两张椅子或一条长凳，左右各放一条长凳，下方不放凳子；桌前放蒲团，用于磕头，放一个瓦盆或搪瓷盆，用来燃烧纸钱；桌上摆三素三荤 6 个菜碗（豆腐、餐条头鱼不可少）；上方摆 2 个酒杯，左右各摆 3 个酒杯，上方、左右都摆放筷子，下方不摆酒杯；席位下首放香炉 1 个，燃 3 炷香，两旁点蜡烛。敬酒、上饭时不得碰桌子。祭祀时保持安静、肃穆，家人穿戴整洁，酒过三巡后上饭，饭只能盛一勺，不得加添。趁祖宗“吃饭”间隙，家中主人烧纸钱、祈祷，其后家人一一叩拜。祭祀仪式完毕，默告祖宗，收碗收筷。

20 世纪 90 年代后，很多氏族重建宗祠，在清明、冬至，族人集中到宗祠祭祀的习俗重现。

第四节　休闲娱乐

一、上网

20 世纪 90 年代末，别桥集镇第一家网吧开业，自此，别桥地区出现网民，一些年轻人以上网冲浪为时尚。随着网络技术的发展和家庭电脑的增多，网民上网可以建立自己的博客和网站，可以在网上聊天、游戏、购物、缴费、交易股票、上银行等。一些中老年人通过学习上网，可以足不出户在网上浏览新闻时事、观看文学影视、玩牌下棋等。上网成了别桥人民生活的新内容。

二、健身

90 年代后，境内镇村开辟健身场所，设置多种健身器材，供村民活动健身。中老年人早晨、傍晚在健身场所开展多种健身活动。随着物质生活的丰富，中老年人把健身活动作为健康长寿的手段，同时又增添了生活的情趣。

图24-4　群众广场舞

三、打麻将　玩扑克　抓纸牌

80 年代开始，境内农村居民休暇时打麻将、玩扑克、抓纸牌成为最普遍的娱乐休闲活动，场所通常在民宅。90 年代后，别桥、绸缪、后周等集镇有私人开设茶庄、娱乐室，浴室、饭店也备有自动麻将桌，农村小店兼设桌椅，或设自动麻将机较为普遍，供人打麻将、玩扑克。多数为“小来来”，一次输赢几十元钱，人员也相对固定，一般在下午玩 2 ～ 3 小时。玩扑克时兴四副打升级，也有“争上游”“斗地主”的。纸牌的玩者主要是老年妇女，有见花斤、十二将等玩法。

第五节　新风美德

一、新风

【老有所养】 俗谚“养儿防老，积谷防荒。”新中国成立前，境内有不少年老丧失劳动力的人，无依无靠，孤苦伶仃，乞讨谋生。

1950 年后，别桥同其他地区一样，党和政府对无依无靠的老弱孤寡和病残人实行“五保”（保吃、保穿、保医、保住、保葬）。2013 年，对全镇 231 名“五保”老人按照集中供养每人每年5400元、分散供养每人每年4000元的标准落实五保供养政策，老人们过着幸福的晚年生活。2011年起，别桥镇政府给80周岁以上老人发放尊老金，80、90、100周岁老人每人每月分别发放50元、100元、600元。

【男女平等】“男尊女卑”是几千年封建制度所形成的封建人伦思想。“三从四德”束缚着千万妇女的手脚，使她们成为男人的附属品，传宗接代，整天围着锅台转。民国期间，国民政府也曾提倡过男女平等，但只有极少数的上层妇女享有此权。

1950年后，别桥地区的妇女才真正获得解放，走向社会，形成一支不可低估的劳动大军，她们在各条战线上，尽心尽责，对社会主义新农村建设起到应有的作用。陈巷的马山华、陆家湾的王庚娣，分别被评为常州市、江苏省劳动模范。2013年，全镇有女性共产党员508人。2013年，担任村级副书记、会计的女性有6人。

【精神文明户、五好文明户】 从20世纪90年代开始，境内原4个乡镇每年开展“精神文明户”“五好文明家庭”评选活动。分为常州市级、溧阳市级、别桥镇级三个层次。乡镇政府及妇联组织加强领导、精心组织、严格程序、坚持标准，扎扎实实做好评选工作。通过活动，涌现出一批以德治家、创业富家、文明立家、学习兴家、平安保家、健康乐家、廉洁守家、以爱暖家、勤俭持家的家庭典型，涌现出许多好婆婆、好媳妇、好子女、好妯娌、好邻居。通过宣传“五好文明家庭”的先进事迹和家庭美德的内容，实现了全镇居民家庭美德知晓率达80%以上，形成良好的社会、家庭文明新风。2010～2013年，别桥镇评选出常州市幸福家庭92户、溧阳市幸福家庭30户；别桥镇精神文明户102户；常州市“五好文明家庭”2户，溧阳市“五好文明家庭”401户。并给评为精神文明户和“五好文明家庭”的发给荣誉牌子，悬挂门上，有的村还给予优惠待遇。

此外，如婚姻自主、互助互济、殡葬改革等新风，在全镇也较普遍。

二、美德

【舍己救人】 **左全保**　1983年，后周乡东沟村李兆华等4人，驾着拖拉机到粮站交售粮食，不料在过小石桥时，连车带人翻入河中。正在附近劳动的左金保听到呼救声，飞快跑到桥头，和衣跳入河中，使出全身力气将4人救上岸。

周俊（1988—1997）　合星行政村战胜自然村人，别桥小学二年级学生。1997年9月6日下午4时许，周俊与6名同伴在别桥前程砖瓦厂河塘边玩耍，小伙伴陶晖不慎落水，周俊跳入水中施救。陶晖得救了，周俊却英勇献身。他被省政府授予“见义勇为小英雄”称号，并被追认为革命烈士。

【见义勇为】 **缪小福**　1947年12月出生，绸缪村人，家住溧城镇景盛苑。2012年11月29日早晨7点20分，65岁的缪小福和老伴在家中，忽听外面有惊呼吵闹声。他穿着拖鞋出门一看，三楼窗户上挂着一个女人，整个身子都已探出窗口，一名男子强拉着她的一只手，女子挣扎着要往下跳。

“救人要紧！”是缪师傅当时唯一的念头。他径直冲到窗台区下方，打算接住跳楼女子，他刚刚张开双臂，女子就从高处落下，缪师傅一把抱住她先落下的双腿。随后，缪师傅夫妇拉出自己的电瓶三轮车，将女士送到溧阳市人民医院救治。经 CT 检查和住院治疗，女子除头部被刮出一条一寸多长的口子外，并无大碍。而老缪也只是胸腔被撞得发闷。缪小福当选为 2012 年度“中国好人”。

【养老敬老】 **王红芳** 别桥村人，一名普通妇女。一个人照顾两位七旬老人，一个卧病在床，一个行动不便。

2009 年 8 月的一天傍晚，母亲因感冒躺在卫生室床上输液，突然全身抽搐、口吐白沫、嘴歪眼斜，还拼命地咀嚼自己的舌头。陪伴在身旁的王红芳见状，连续用毛巾塞进母亲嘴里，以免舌头造成更大的伤害。又害怕引起窒息，只好抽出毛巾，用手指掰开母亲牙齿，让呼吸系统保持畅通。母亲不自主的咀嚼还在继续，王红芳的手指很快就被咬破了，十指连心，痛彻心扉，可是再痛也抵不过对母亲的孝心爱意，她坚持着，直到 120 救护车到来。

这年，母亲又患上脑梗塞，她一直在医院守护在母亲身边。在母亲病情稳定的一年多时间里，她自己为母亲购买治疗高血压、脑血栓的药物。她用轮椅推着母亲，访遍当地知名的内科医生，请教许多老中医，查阅许多治疗脑梗塞的资料，希望通过中西医结合的方法使母亲的病情得以好转。王红芳喂老人吃喝，帮她接屎接尿，在多方治疗和她的精心护理下，老人的双脚奇迹般的站立起来了。

2010 年，一向健康的父亲又患中风导致瘫痪。除了照顾 73 岁的母亲，还要照顾 77 岁的父亲，在父亲瘫痪的几年里，时常大小便失禁，尾骨患上褥疮，王红芳没有嫌脏臭，每天数次给父亲翻身擦洗、按摩、敷药等。在王红芳的精心照顾下，父亲的尾骨褥疮好了。但胃口还很差，她就绞尽脑汁烧制开胃口的菜肴，糕点、水果常备。只要老人想要吃的，她都想方设法给取来。

在平时，王红芳舍不得多花一分钱，可在孝敬父母身上，她却非常的大方。

汤志平 1963 年生，小石桥行政村村民。他和妻子两个人三十年如一日，无私赡养 89 岁的后周村姜家人王正明。特别是在王正明后来双目失明的六七年里，依然坚持不懈、毫无怨言的照顾他。为了让老人能够安享晚年，得到更好的照顾，他们夫妻二人还将老人接来和自己家人同吃同住，一起生活。拆洗的尿褥子晒不干，就只能在锅里炒沙子，用热沙子把褥子烘干。为照顾好老人，夫妻俩在老人床边搭木板床守护，晚上轮流看护，没有睡过一个囫囵觉，直到老人康复。老人年岁大了，行动不便，只能床上吃、床上拉，汤志平每天为老人洗脸擦身，做可口的饭菜，还经常请医生、护士上门为老人诊病治病。为了给老人增加营养，特地为老人买来西瓜、葡萄等水果和饮料供老人享用，并且每餐之间还另加一袋鲜牛奶。汤志平不厌其烦地变着法为老人调剂伙食。老人想吃鸡腿，他惟恐自己炖的不香，专门从烤鸡店买五香鸡腿；老人说嘴里没味，他就买来山楂糕喂给他吃。

管保伟 1966 年生，前程行政村村民。管保伟本人患有先天性心脏病，不能从事重体力活；长女在高一下半年患红斑狼疮病，已有六年多时间了；次子还在上高中。全家仅靠妻子照料，家庭经济十分困难。母亲在 2013 年查出脑瘤后，管保伟还是义无反顾的承担起照顾母亲的担子。母亲经常头痛，管保伟就帮母亲做头部按摩。一开始母亲还能下床，他就经常搀扶着母亲走动走动，但是不能使用正常的厕所、马桶，管保伟就自制了一个特殊的马桶。母亲患病后视力模糊，不能自己吃饭，他就用勺子一勺一勺地喂。冬天的时候，饭菜总是吃不到几口就冷了，管保伟就放微波炉热了再喂，一餐饭总是要反反复复热七八次，要两个小时才吃完一餐。

【公益善举】 **邵余福**　1965年出生，两湾村人。溧阳市政协委员、民建会员。

1996年，邵余福的一位好友车祸身亡，他不忍其家人孤苦无依，出资扶持好友家庭整整20年，直到好友之子成家，他才终止帮助。他说："孩子有能力撑起这个家，我也就放心了。"自2010年起，逢年过节，邵余福给村里的高龄老人送去1000余元的接济款。村上谁家有困难，他都会帮助，年年如此。2013年，邵余福目睹一场车祸，了解到车祸中受伤的两个女孩家庭经济条件不好，他为她俩每人捐款2000元的同时，还找到女孩所在的村委，发动村民捐款接济。2015年，为别桥中学一患白血病的学生送去5000元现款。

"只要我知道的，我都会去帮。这么多年，我一共帮助过多少个人，捐助过多少钱，我不记得了。"邵余福如是说。

杨粉娣　女，江苏金坛人，中共党员，生于1967年2月，生前为解放军镇江舰艇学院图书馆技术七级馆员（副师级），2012年5月病故。她初中就读于别桥中学（1979.09～1982.07）。遵照杨粉娣的遗愿，2013年在别桥中学设立杨粉娣励志奖学金。每年3万元，连续10年用于奖励学习刻苦、成绩优良、品德高尚的同学，以激励他们勤奋学习，努力进取，回报社会。

王志林　魏笪里人，中共党员。20世纪60年代，溧阳县人民政府在"塘马战斗"的发生地后周修造了烈士陵园。风雨沧桑数十年后，原远离集镇的烈士陵园已被新集镇所包围，影响交通、集镇的发展，再则陵园破旧不堪。1996年年初，后周镇政府决定搬迁、重建烈士陵园。王志林闻讯后，决定捐资修建烈士陵园。王志林和家人商量后，捐资10万元重建一座崭新的革命烈士陵园，并向领导提出两个"附加条件"：一是烈士陵园务必造得好一些，咱们日子好了，不能亏待先烈；二是捐资纯属本人自愿，既不要向外宣传，更不要立什么功德碑。

烈士陵园新址选定后，王志林专门聘请建筑专家精心设计、督促施工，严格把好质量关，确保新陵园经受岁月考验。

第六节　陋　习

一、迷信活动

据清《（嘉庆）溧阳县志》载："南宋嘉定年间，百姓迷信鬼神，祭祀各种鬼神的风气盛行。"知县陆子遹曾大力破除迷信，效果显著。到明代中期，迷信鬼神的风气，又有所蔓延。清乾隆二年（1737年），百姓相信鬼神之风又盛行于社会。庙里塑的鬼神，状貌狰狞。愚昧的人民受其迷惑，不惜花费钱财去"媚鬼"。县令吴学濂为整顿社会上的不良风气，首先毁掉五猖塑像，并惩罚那些以迷信欺骗百姓的奸民，刹住了这股歪风。

清代末年以及民国期间，人民头脑中的迷信观念，又死灰复燃。当时几乎村村有寺庙，里面供奉着各种各样、奇形怪状的泥塑木雕偶像，用来迷惑群众。当人生病时不去求医服药，只相信巫婆神汉的弄神作鬼的活动，不到人死不止。有时祈求鬼神的仪式未完，人已死去。巫婆们却说祭品不净，对鬼神不虔诚，故遭此惩罚。死去的人无可悔恨，活着的人更加惶惑，愈加祀奉鬼神。

新中国成立后，人民政府大力破除封建迷信，在加强思想教育和提高医疗水平的同时，打击神汉巫婆，禁止占卜算命，迷信活动销声匿迹。20世纪80年代后，境内老年人求神拜佛之事时有出现，少数青年人也混杂其中；瞎子算命、拆字看相屡有目见。2000年后，人们的文明程度提高，迷信活动、求神拜佛、看相算命等陋习，很少发生。

二、赌博

赌博，借用赌具，拿财物作注比输赢。赌博形式各异，有抓纸牌、掷骰子、推牌九、摇摊、搓麻将、搓鸡、二十一点、“童子功”等，其中以牌九、摇摊输赢最大。此陋习境内古已有之。虽有古训“十赌九输”“十赌九空”，然因赌博有强烈的刺激性和诱惑力，故多人深陷其中，不能自拔，轻则影响家庭生活，重则倾家荡产，妻离子散，甚至沦为盗贼，危害社会。民国时期虽禁赌，但名禁实纵，别桥警察派出所，在赌场茶馆抽赌税以肥己，偶尔捉赌，则掩人耳目而已，故赌风极盛。

新中国成立后，人民政府明令禁赌，一面加强宣传教育，一面采取严厉打击，境内赌风逐渐消失。从20世纪70年代后期起，赌风又有所抬头。政府及公安部门采取措施进行查处，对涉赌人员依法处置。

三、裹足

清朝时期，境内妇女流行裹足，“三寸金莲”成为美称，大脚姑娘遭人鄙视。民国开始，反对封建制度，然而对裹足未采取任何反对措施，不少人沿用旧习，继续裹足。“五四”运动批判封建主义，提倡男女平等，反对裹足，这一习俗逐渐停止。

四、吸毒

民国时期，别桥、后周有抽鸦片烟者。鸦片有毒，成瘾后不吸会涕泪直流，四肢无力，筋骨疼痛，身体逐渐衰弱，意志衰退，人称“鸦片鬼”。1952年，县成立禁毒办公室，政府开展肃毒运动，肃清了烟毒。2007年后，境内吸毒现象露头。

五、关亡

家属亲人出于对亡故亲人的怀念，或遇有不测之事，请“关亡婆”关亡。“关亡婆”点燃清香，装成亡故亲人模样，以讨口气形式说出亲属关系、亡人在“阴间”的情况，指点亲属应注意什么事项等等，从而收取钱财。20世纪80年代后少量出现。

六、念佛

家有不幸，请“佛头”通知讲经人及念佛人念佛，由讲经人诵经，老太跟着“和佛”，户主在一旁定时磕头，昼夜连续。“念佛”花费较大，要买糖果糕点、素斋、香炉纸马，付讲经费、结缘费等等，此俗在新中国成立后禁止。中共十一届三中全会后，党的宗教政策发生变化，境内居民家有不幸请和尚念佛诵经的现象时有发生。

七、夜啼郎

小孩整夜啼哭不止，即用 24 开或 16 开红纸一张，用毛笔写上“天皇皇，地皇皇，家中出了个夜啼郎，人人走过念一遍，一觉睡到大天亮”。张贴在村头、街头、路口等公共交通场所，意在小孩不再整夜蹄哭。现今很少出现。

八、姜太公在此百无禁忌

用毛笔在红纸上写“姜太公在此百无禁忌”，然后张贴在门口、猪圈或其他一些地方，意能去邪除灾，确保平安。70 年代后，不再出现。

九、祭供观音

把婴幼或常生病的婴幼过继给“观音”，以保佑孩子健康成长。每逢农历 2 月 19 日、6 月 19 日、9 月 19 日，要在清晨祭供“观音”，家人置备馒头、面条、水果、糖果供奉，户主磕头，放三枚炮竹。至 2013 年，这一陋习境内农村依旧常见。

第四章　宗　教

第一节　概　况

别桥地区的宗教有佛教、道教、天主教、基督教。20 世纪 50 年代，宗教影响趋弱。“文化大革命”期间，宗教活动场所被毁或占用，僧尼道士纷纷转业，神甫被逐，宗教活动停止。中共十一届三中全会后，党的宗教工作方针政策逐步得到落实。1980 年开始，别桥镇恢复宗教活动。2013 年，全镇有批准开放的基督教活动场所 2 处，教职人员 6 人。还有佛教活动场所 12 处。

第二节　佛　教

约在三国孙吴时期(222～280 年)传入溧阳。相传溧阳佛教属于禅宗和华严宗。别桥广惠庵，建于宋朝，时为别桥地区佛教分会理事会所在地，法开和尚为住持僧，任分会理事长。境内的万善寺、三官殿、致敬庵都是佛教寺庙，有数十名僧尼。三官殿由月高和尚住持，有 3 名僧人；致敬庵住持僧为吴亮，有 2 名僧人。据民国 35 年（1946 年）12 月 31 日统计，后周乡有佛教寺庙 22 所，僧尼 25 人；绸缪乡 28 所，僧尼 34 人。古建寺庙，由于屡遭战火，大多毁圮。1950

年后，经过土地改革和民主改革，废除寺庙的地租剥削和封建压迫。僧尼纷纷还俗，大部分回到原籍，一部分就地成家。1980 年以后，正常的佛教活动得到恢复。

别桥马家一龙家庵始建于 1993 年，1995 年重新修建，改名为“一龙禅寺”，有 2 名法师长期从事佛事、法会活动。供奉弥勒佛、四大天王、释迦牟尼、南海观音、十八罗汉、文殊、地藏王等，念《弥陀经》。

至 2013 年，别桥镇现境内有佛教活动场所 12 处，信教人员达 2220 人。上市等自然村有数十名青年出家为僧，分别在九华山、天宁寺及溧阳境内寺庙从事佛教事业。

第三节　道　教

约在三国孙吴至西晋时传入溧阳。据清《(嘉庆) 溧阳县志》记载：黄鹤真人于孙吴赤乌年间避居小茅山，至西晋时修炼成功，后来的黄山观就是他修炼得道的地方；还有李盘白于西晋初年，在观山（大溪乡）筑室修炼丹药。以后历代修建了一些道观，包括别桥镇独秀山（土山）白龙道院，建于南朝梁代普通二年（521 年）的原绸缪乡的幽栖观，均是道教观。

白龙道院，明朝修建，坐落在别桥集镇东南独秀山（土山），抗战期间被毁于战火。现院基地已不存。

1978 年后，道教又复活，境内农村做道场时有出现。

第四节　天主教

约在清光绪年间（1875 ～ 1908 年）由溧水传入溧阳，教徒都是渔民和船民。民国初年，教会划归丹阳教堂管辖。民国 9 年（1920 年）前后，又划归宜兴教堂管辖。宜兴神甫张梦溪曾来后周任教，并且在后周办了一所小学（抗战时停办）。新中国成立初期，别桥、后周仍有天主教教徒，都是渔民。每年逢宗教节日集中做 4 次大礼拜，每 10 天各自在船上做 1 次小礼拜。“文化大革命”期间，教会停止活动。1980 年恢复活动。至 1987 年，全县共有教徒 400 余人，分布在别桥、上黄、埭头渔民聚居地区。多数人到宜兴天主堂过宗教生活。每年圣诞节和复活节分别为适龄教徒举行订婚和结婚仪式。

第五节　基督教

于民国 9 年（1920 年）前后从上海和南京传入溧阳，先后有监理会、圣公会、使徒信心会、长老会 4 个教派，在县城、别桥、戴埠、周城、马垫等开展宗教活动。“文化大革命”期间宗教活动停止。中共十一届三中全会以后，重申宗教信仰自由政策，1980 年开始恢复活动。1987 年，经县政府批准，设立别桥基督教聚会点。1993 年，后周基督教聚会点建成。

别桥基督教聚会点 1985 年成立，起初在别桥老轮船码头租了 2 间房屋，教徒甚少。新教堂坐落在别桥行政村小舍头自然村西，2000 年建造，有正殿 7 间，生活用房 3 间，占地面积 666 平方米。至 2013 年，有教徒 200 余人。教堂每周日举行讲道 2 次。每年圣诞节还邀请其他点的人员组织纪念活动。别桥活动点先后由虞玉仙、史红仙负责。

后周基督教聚会点 1986 年建立，当时有教徒 8 ～ 10 人，活动聚会都在私人民宅中进行。1993 年 8 月，经溧阳市政府批准，由活动点积余 1.6 万元，美籍华人朱荣高赞助 3.3 万元，在西马行政村下梅自然村村北建造教堂。有正殿 4 间，生活用房 2 间，仓库 1 间，厕所 2 间。教徒 120 余人。教堂每周日举行讲道 2 次，每年圣诞节组织纪念活动。负责人是王太仙，教职人员 2 人。

第六节 庙 宇

广惠庵 坐落于别桥集镇之西，在原别桥小学校址的西北部。乡里人称之大庙。庵建于宋朝，明嘉靖年间重建，庵为乡里之最，并为别桥地区佛教分会理事会所在地。该庵前住持僧法开和尚，曾为分会理事长。庙宇建筑有大雄宝殿和侧殿，僧房 35 间，诸佛塑像，如来佛、文殊、普贤以及千手观音各具姿态，栩栩如生。该庵有僧 6 人，常年香火不断。据重修广惠庵碑文记载，别桥镇明代进士马一龙、缪希亮等都曾在寺内攻读。民国 26 年（1937 年）日军首次侵入别桥镇，和尚 6 人被杀。民国 30 年（1941 年），日军长期侵占别桥镇，大庙房屋大部分被日军拆去筑工事。1950 年后，余下房屋拆建为别桥小学校舍。

白龙道院 坐落独秀山（土山）腰。建于明代，是别桥地区道教庵观。时有房屋数十间，道士二、三十人，山脚下东面有一池塘，叫道士塘。道院规模不大，处于湖光山色之中，景色优美，气温宜人，特别是夏天，寺内清凉爽人，为乡里避暑之地。古人咏独秀山诗有“观水上层楼”，清咸丰年间被毁一次。抗战前还曾保留 10 多间房屋，有道士 4 个。民国 30 年（1941 年）被日军所拆，道院被日军拆毁前，已无层楼。

万善庵 坐落于别桥镇诸里村之东，濒洮湖之滨，环境优美。庵建何时已失考。清乾隆四年（1739 年），申报上官招僧住持，知县吴学濂给以“入不二门”的匾额。该庵为别桥地区规模较大的寺庙，宇屋 99 间，有僧 13 人，庵毁于太平天国兵燹。新中国成立前巨大的基地犹存，庵被毁后，重建新庙一座，房 5 间，坐落废址之北。“文化大革命”中庙被拆毁。

三官殿 庙址在前程村之东南三官殿村，该村因庙得名，村名与庙名同。有宇屋三进 9 间，供奉着天官、地官、水官，故名三官殿。该庙颇有田产。新中国成立前为不守佛规的风流和尚月高主持，他既有妻室，也混迹地方恶势力，生活腐化，是一个违反释教教义的浪荡和尚。新中国成立后，三官殿被拆毁。

致敬庵 庵址在樊庄村之西，寺庙规模不大，住持僧吴亮。此和尚年轻时曾为报其师被日军杀害之仇，毅然从军，参加过游击队、区大队。但抗战后，堕落为汪伪保安大队的中队长，横行乡里，作恶多端。1949年后潜逃外地。新中国成立后，致敬庵被拆毁。

城隍庙　太师庙　两庙并列于别桥集镇之南，即原公社、乡政府所在地。两庙皆无和尚，民国以后，为区、乡公所办公用。1950年后，两庙拆建为乡人民政府办公用房。

幽栖观　据清《（嘉庆）溧阳县志》载，在县城北面三十五里，有幽栖柏祠堂。宋朝绍兴年间，县尉朱大廉记载说：幽栖观，从前，南朝梁普通二年（521年），有隐士号称幽栖柏，修炼仙丹成功，全家白昼升天。他的住宅，居住着道士们，梁代用他的称号，取名幽栖观。基地绵延三十亩，周围有田有园，广约半顷。幽栖观，清朝前有碑，许坚题诗的石刻还存在。清嘉庆年间，石碑、石刻已不存在。民国初年，幽栖观已毁。

其他庙宇

湖塘庵，又名湖荡庵。在县城北面二十里湖塘村西面，马世俊有《湖庵西禅堂题词》《步腐铁上人钧》，潘如俨有《和吴邑侯湖荡寺韵》。

法云寺在下梅村。

隆义庵在赵圩村。

龙溪庵在别桥。

福善庵在西诸巷。

宝成庵在湖塘村东北面。

茶庵在别桥西面。

大圣寺在下梅村。

以上庙宇在新中国成立前，陆续拆除。

图24-6　一龙禅寺

一龙禅寺　坐落于别桥马家村北部。1993年新建，原名为“一龙家庵”。1995年又重新进行扩建，占地面积20余亩，大小3个殿，另有一套4间生活用房，改称为“一龙禅寺”。2013年，有2名法师在寺内从事佛事活动。

2013年别桥镇现境宗教寺庙一览表

表24-4-1

寺庙名称	寺庙所在地	建造年代	占地面积（平方米）	建筑面积（平方米）	宗教信仰	信众（人）
诸里庙	马家行政村诸里村	20世纪40年代	350	150	佛教	40
幽楼观	北山行政村滕家庄	新中国成立前	300	200	佛教	150
龙溪禅寺	湖边行政村浪圩村	1986年	800	400	佛教	200
宝灵寺	道成行政村虞家坝	1988年	800	600	佛教	400
太师庙	湖边行政村湖塘村	1988年	300	150	佛教	30

续表 24-4-1

寺庙名称	寺庙所在地	建造年代	占地面积（平方米）	建筑面积（平方米）	宗教信仰	信众（人）
隆义庵	两湾行政村赵圩村	20 世纪 90 年代	500	350	佛教	400
太师庙	西马行政村窦巷村前南	1998 年	250	150	佛教	130
太师庙	西马行政村下梅村	2000 年	150	100	佛教	120
西来庵	道成行政村道成村桥东	2001 年	400	350	佛教	150
太师庙	古渎行政村古渎桥	2001 年	200	180	佛教	180
老爷庙	西马行政村西马村东南	2001 年	200	100	佛教	120
华光庙	两湾行政村周家湾村	2010 年	400	300	佛教	300

说明：资料由溧阳市民族宗教事务局提供

第七节　庙　会

祠山庙会　该庙始建于原别桥小学地段，何时建庙已失考证。祠山庙会是别桥集镇规模较大的庙会，每年农历正月十五日为庙会日。相传祠山为夏禹治水有功，人民敬而供之。每次庙会，项目颇多，有狱官堂、五福堂、圣王堂、灵官会，还有民间音乐（丝弦）队、高跷、马灯等，队伍长达许里。夜间在广场演戏。其目的是祈神收灾降福。直至抗日战争开始，庙会才停止。新中国成立初也出会一次，以后又停止，至 2010 年前后再次恢复。

第五章　方言俚语

第一节　别桥境内语言概况

别桥地处苏浙皖三省交界，历史上有“吴头楚尾”之称。居民乡音浓重，语言地域色彩分明。溧阳话是别桥镇主要方言，属于吴语太湖片毗陵小片方言。历史上由于战争、灾害等原因，造成人口迁移，加上改革开放后经济活动带来人员交流，境内有大量外来人口涌入，形成了以本地方言溧阳话为主，多种方言混杂的语言格局。

据统计，境内溧阳话人口约占别桥镇总人口的 82.9%。别桥镇境内溧阳话也有一些差异，主要表现在：北河沿岸、西北部的村庄，与邻县（市）、乡相接的乡镇溧阳话口音上的变化。

第二节　溧阳话的声韵调系统

一、溧阳话的声母

溧阳话 27 个声母（不包括零声母）一览表

表 24-5-1

p 八兵奔北	P‘ 派片喷批	b 爬病皮别	m 麦明买门	f 飞风副蜂	v 胡饭味问
t 多东单登	t‘ 讨天梯铁	d 甜毒藤地			l 脑南老连
ts 资早竹纸	ts‘ 刺寸抽初	dz 茶池直状		s 丝三双手	z 贼坐床十
ʧ 租酒主九	ʧ‘ 清轻吃巧	d 柱权桥琴	年泥热软	ʃ 酸想书响	全谢船齐
k 高滚歌国	k‘ 开去昆克	g 共葵掼跪	η 熬硬额咬	x 好灰婚花	活县魂狭
安温恩衣					

说明：1. [n]、[1] 不分。[n] 在洪音前读 [1]，在细音前读

2. 溧阳话中相当于北京话舌面音的声音是舌叶音

3. 用下划 “_” 表示白读音，用下划 “_” 表示文读，以下同

二、溧阳话的韵母

溧阳话 42 个韵母（包括自成音节的 [m] 和 [ ]）一览表

表 24-5-2

	师丝试自	i	米戏二飞	u	苦乌故图		猪雨书驴
a	带山唱牌			ua	关筷坏歪		
	宝饱到讨		笑桥表摇				
	茶牙瓦巴	io	靴写借谢				
		I	盐年变面				
	南半短官						权专泉远
ε	开赔对梅	iε	响秧枪娘	uε	鬼挥块跪		
ei	豆走偷留						
	歌坐过婆		油九修有				
m	姆						
	五						
	而						

续表 24-5-2

	寸春灯硬		心新病星		滚横昏昆		均群训云
	糖床双讲		旺		王广荒矿		
	东通空冲		兄用穷荣				
aʔ	盒塔鸭八	iaʔ	药脚削略	uaʔ	刮挖划括	yaʔ	曰
əʔ	十直白尺		贴急热七		活骨国阔		月血菊
oʔ	学北谷六	ioʔ	肉欲月				

说明：1. [i]较闭，摩擦明显
　　　2. [y]较闭，有摩擦
　　　3. [ ]有时略有动程
　　　4. [o]有时略有动程

三、溧阳话的声调

溧阳话 8 个声调一览表

表 24-5-3

调类代码	调类	调值	例字	调类代码	调类	调值	例字
1	阴平	44	东该灯风通开天春	2	阳平	213	门龙牛油铜皮糖红
3	阴上	52	懂古鬼九苦讨草短	4	阳上	35	买老五有我女染
5	阴去	523	冻怪半四痛快寸去	6	阳去	231	卖路硬乱洞地饭
7	阴入	5	谷百搭节急吸竹笔	8	阳入	23	哭拍塔刻六麦毒白

说明：1. 阴平略有上升
　　　2. 阴上高峰短促
　　　3. 古次清入声读阳入

四、溧阳话的声韵拼合关系

溧阳话声韵拼合关系一览表

表 24-5-4

四呼声母	开口呼	齐齿呼	合口呼	撮口呼
pp‘b	+	+	+	—
m	+	+	—	—
fv	+	+	+	—
tt‘d	+	+	+	—
l	+	+	+	—
tsts‘dzsz	+	—	-	—
tɕtɕ‘dɕɕʑ	—	+	—	+
kk‘gxɦ	+	—	+	—
ŋ	+	—	—	—
	+	+	+	+

第三节　溧阳话的特征

溧阳话是吴语的一个分支，既具有吴方言的基本要素，同时又具有自己明显的特征。

一、语音

溧阳话比较完整地保留了汉语中古时代（隋唐）的语音系统。

普通话有21个辅音声母，而溧阳话的声母27个（不含零声母）。普通话的声母有翘舌音（一般发成平舌音，即舌尖前音），而溧阳话没有翘舌音。这既是溧阳话与普通话在声母上的最大区别之一，也是溧阳人学习普通话的难点之一。溧阳话在很多字上的读音上，与普通话的声母有很大的差异。命名：溧阳话里“王”（wang）、“黄”（hang）不分，都读成wang;“吴”（wu）、“胡”（hu）不分，都读成wu；“旁”（pang）读成bang；“台”（tai）读成dai等。

普通话有35个韵母（6个单韵母，13个复韵母，8个前鼻韵母，8个后鼻韵母），而溧阳话里的韵母有40个。溧阳话里有很多字的读音不分前、后鼻韵母。例如:“宾”（bin）、“兵”（bing）不分，都读成bin;“今”（jin）、“睛”（jing）不分，都读成jin;“喷”（pen）、“烹”（peng）不分，都读成pen;“跟”（gen）、“庚”（geng）不分，都读成gen。这也是溧阳人学习普通话的难点之一。

在很多字的读法上，溧阳话与普通话是同声母、异韵母。例如:“打”(da)，溧阳话读do;“他”（ta）读成to；“风”（feng）读成fong；“蹦”（beng）读成bong。还有相当一部分字，溧阳话读法所采用的声母、韵母与普通话完全不同。例如：“爬”（pa），读成bo；“查”（cha），读成zo；“馔”（zhuan），读成zang；“张”（zhang），读成za；“长”（chang），读成za；“拿”（na），读成lo等。

唐代诗人杜牧有诗“远上寒山石径斜，白云生处有人家。停车坐爱枫林晚，霜叶红于二月花。”其中“斜”不念xie，念xia；“晚”不念wan，念a。其读音与溧阳话的读音是相同的。类似这样同于隋唐时代的例子不胜枚举。

二、声调

溧阳话的声调完整地保存了中古时代的四声（平、上、去、入）的分野，并且根据声母的清浊各分阴阳（阴平、阳平、阴上、阳上、阴去、阳去、阴入、阳入），共8个声调。由于溧阳话的去声、入声调多，故溧阳话显生硬，与吴侬软语有很大差异。

三、文白异读

部分字在溧阳话里存在文读音和白读音。例如:“孵”文读fu（孵化），白读bu（孵坊）;“教”文读jiao（教育），白读gao（教书）；“儿”文读er（儿童），白读ni（儿子）等等。溧阳话里的文读音，主要是受书面语、北方官话的影响造成的，故读音与普通话接近；而白读音则是地地道道的溧阳方言，它保存在一些原有的溧阳方言词语中，并保留了古语发音的特征。

四、词汇

【溧阳方言中的俗语】 在溧阳方言中，有很多溧阳独有的俗语。这些用溧阳话读起来朗朗上口的俗语，用普通话来读却非常拗口。例如:“一夹捺白”（脸色白得难看）、“彻斯烂毛”（很毛）、“纯斯烂黄”（很黄）、“彻得烂乱”（很乱）、“炯得烂光”（很光）、“彻骨粉嫩”（很嫩）、“滚得烂圆”（很圆）等。这些溧阳方言中的俗语，连没读过书的溧阳人也经常使用，形成了溧阳方言独特的文化特色。

【普通话中已消失的词】 溧阳话里的一些常用词，在普通话中已消失。例如：溧阳话中的“园”“鲎”“厣”“瀴”分别表示普通话中“藏”“虹”“鳞”“冷”的意思。

【词素顺序与普通话相反的实词】 溧阳方言中有许多实词的词素顺序正好与普通话相反。如:普通话中的“月亮”“好像”“螺蛳”“热闹”,溧阳话分别讲成“亮月”“像好”“蛳螺”“闹热”。

【有音无字】 溧阳方言中有许多有音无字的情况。例如:溧阳人把“吃饭”讲成“□食禄”，这个“□”读 ben，已有音无字。

【保留的古汉语词汇】 溧阳方言中保留了大量的古汉语词汇。例如：渧（音帝），指液体一滴一滴往下掉。溧阳话讲“泷通水渧”，是指全部被水浸透了，水都滴下来了。溧阳话把收割麦、稻讲成鼼麦、鼼稻,“鼼”在《现代汉语词典》中已不收录,但在《康熙字典》中有处可查。“鼼”xiao，解释为“择也、取也、拭也”。其读音及字义与溧阳方言大致是相同的。

【〈现代汉语词典〉收录的溧阳方言】 《现代汉语词典》收录了部分溧阳方言。例如：“覅”，fiao〈方〉不要；“□”jiao〈方〉只要。其中“覅”在《现代汉语词典》中连同音字都没有。

【词汇选例】 收录别桥地区广泛使用的有地方特色的词语，大致按内容分类排列，先列词条，再列解释。如有几个方言词语意义相同的，并列在同一行，中间用“|”隔开。有的词语写的是同音字，不一一注明。有些有意无字或难以找到相当同音字的，用“□”代替，后面注音。少数字有特殊读音的，亦加注音，音标右下角数字为调类代号。

一、气象时间

日头：太阳。

日旺：日光。

双旺日头 | 毒日头：大太阳。

荫头窠里：蔽阴处。

瀴：冷。

亮月：月亮。

亮星夜：有月光的夜。

阵头：雷。

豁闪：闪电。

鲎：虹。

旧年：去年。

着前年：大前年。

今朝：今天。

明朝：明天。

后朝：后天。

昨日［zɔ^{24}ȵiI^{31}］：昨天。

前夜子：前天。

点心辰光：中午。

日脚：日子。

格歇：现在。

格枪岁里：这一阵子。

开烊：冰雪融化。

作冷头：冷空气到，天气转冷了。

作天色：天气反常。

夜头蛮间：晚上。

□［tɕiɔ^{44}dei］头：今天。

一早起：整个早晨。

一天到夜：形容整个一天。

大伏里：指三伏的那些日子。

小阳春：旧称农历十月。

大天白亮：形容天色大亮。

日朝岁长：时间很长。

西晒日头：午后的太阳，一般指房屋等西边所照射到的太阳。

过辰光：以前那时候，前些时候。

还潮：返潮。

夹霜瀴［in］：下霜的早上遇到阴天，特别冷。

二、植物动物

莴笋：莴苣。

芦粟：玉米。

茭手：茭白。

乡瓜：南瓜。

梨瓜：香瓜。

田鸡：青蛙。

众牲：牲畜。

猪郎：种猪。

猪婆：母猪。

飞关：翅膀。

火焰虫：萤火虫。

蛆拱头：蛆。

孵鸡婆：孵小鸡的母鸡。

癞勃稿：癞蛤蟆。

蛳螺：螺蛳。

作蛛：蜘蛛。

和蟮：蚯蚓。

蚂米：蚂蚁。

杨牛：天牛。

鱼厣：鱼鳞。

鞋爬乌：蝌蚪。

四脚蛇：守宫、壁虎。

鮟［an］公：一种淡水小鱼，无鳞，鳍硬而尖，会发出叫声。

刀鳅：似泥鳅，体细长而嘴更尖，脊鳍坚硬而锋利，如刀。

土鬼蛇：背上土灰色的有毒蝮蛇。

刺毛：刺蛾的幼虫，身上有毛刺，其毛沾上的皮肤，就会感到奇痛奇痒。

落苏：茄子。

香椿［çiɛ^{44}ts‘ən^{44}(tɕ‘yən)dei^{312}］头：香椿树的嫩枝叶，有香味，可食。

菖蒲［ts‘aŋ^{44}bu^{312}laŋ^{312}］郎：菖蒲，端午节悬于门，避邪。

嘉庆子：李的一个品种。

瘪虱：臭虫。

鲶［ni］娃络：鲶鱼。

田腻：地衣。

三、房屋器具

明堂：天井。

灶披：灶屋。

混堂：浴室（服务行业）。

锅窔：锅盖。

蒜帚：洗锅的刷子。

绞布：抹布。

薄刀：菜刀。

引线：缝衣针。

垫撮［diI^{312}ts‘əʔ^{5}］：畚箕。

洋垫撮：白铁皮做的畚箕。

猪囤：猪圈，猪粪。

囤底：大竹匾。

团篮：边比囤底稍高的竹匾。

簸匾：可簸糠屑的小竹匾。

针小匾：存放针线活的竹匾。

针箍：套在手指上的顶钉环。

门臼：托住门转轴的墩子，形状像臼。

斛桶：掼稻用的大木桶。

乌头：禾苗行间除草的农具。

秧塳：下稻种的畦。

四、亲属人品

嗲嗲：爸爸。

嗯娘：妈妈。

亲娘 | 孃孃：祖母。

老子：父亲。

女女：女儿。

男女：儿女。

男佬：称已婚男子。

女佬：称已婚女子。

姊妹：姐妹，同胞兄弟姐妹。

阿伯：称丈夫的哥哥。

阿叔：称丈夫的弟弟。

姑娘：称丈夫的姐妹。

阿姆：称丈夫的嫂子。

阿婶：称丈夫的弟媳。

八八：姑姑。

连襟：姐与妹的丈夫之的亲戚关系。

老倌：丈夫。

老嬷：妻子。

蛮娘：后娘。

寄爷：后父，岳父，过寄的父亲。

寄娘：后娘，岳母，过寄的母亲。

老渣儿子（女女）：最小的儿子（女儿）。

老娘家：对老年男子的尊称。

细佬：小孩。

奶花：吃奶的婴儿。

舍姆婆：产妇。

软脚蟹：不能吃苦的人。

白脚花狸猫：喜东奔西跑的人。

八搭：喻各方面都能懂一点做一点的人。

老木拖：做事总是落在后面的人。

太公、太婆：曾祖父、母。

太公公：外曾祖父、母。

来煞：能干。

温吞水：办事不爽快。

毛脚女婿：订了婚还没结婚的女婿。

滑头：油滑不老实的人。

木夯［$mɔʔ^{23}haŋ^{44}$］：蠢笨的人。

房份：堂房关系。

五、身体疾痛

枯郎头：脑袋。

光郎头：光头。

秃驴头：秃头。

面婆子：脸型。

剜里眼：眼睛凹下。

突额头：前额突出。

豁耙齿：有脱落的牙齿。

扎耙齿：牙齿外翻。

螺：圆形指纹。

箥：箥形指纹。

猪狗臭：狐臭。

兴痒子：肿大的淋巴结。

蒿欠：哮喘。

田鸡风：腮腺炎。

其蛾：扁桃腺肿。

偷针果：麦粒肿。

豁嘴：兔唇。

瘸手：手畸形不能正常活动。

济手：左手。

膝头馒：膝。

脚骨郎：腿。

脚跟乌珠：踝骨。

甲痣斑：雀斑。

折［$zəʔ^{23}tɕiaʔ^{5}$］脚：瘸腿。

瘫巴：瘫痪。

对交寒：疟疾。

癖：痂。

勃瘰头：疖子。

督舌头：舌头不灵活发音不清楚。

漆垦：皮肤上的污垢。

馋吐：唾沫。

天宝疮：传染性皮肤病。

闪腰：腰部扭伤。

奶毒：急性乳腺炎。

打节歌：打嗝。

羊癫疯：癫痫、猪癞憨、羊癞憨。

肉老鼠：孩子腮帮肉块。

饭疗：疣，一般长在手上。

颈梗：脖子。

仙人头：瞳孔。

出瘀瘀：患麻疹。

六、穿戴饮食

绑身：棉袄。

馋加袋：围嘴儿。

手叶子：手帕。

纽头：扣子。

爬郎：耳挖子。

凉帽 | 芦菲冠头：芦菲帽。

饭米糁：饭粒。

咸粥：菜粥。

生果：花生。

生果肉：花生仁。

蹄胖 | 肘胴：猪肘子。

焙米茶：大米经过焙炒后再煮的粥。

伙仓：伙食。

子饺：蛋饺。

司围套、司围裤：卫生衫、卫生裤。

加布衫：布衣罩衫。

头绳衫：毛线衣。

扣肉：大肉。

汤圆：糯米粉做的圆形食品，较小，没有馅。

连锅冻：上一餐未吃完的食物放在锅里不盛起来，留着下餐吃。

油绳：麻花。炖咯咯：打和后放盐放水蒸熟的蛋。

米角嘴：大米尖端上的圆粒。

鸡子 | 阁阁［kɔ^{31}kɔ］：鸡蛋。

利市饭：丧事办后的“豆腐饭”。

七、动作状态

胡嘲：瞎说。

凿顶宫：手指节骨打人头。

呵男泡：拍马。

皮［bi^{312}］：嬉闹。

遣［tɕʻiI^{423}］：玩。

弄怂：作弄。

亢：藏。

肖书：翻书。

潽：溢出。

隐：火灭。

标：喷射。

变相：改变常态（贬语）。

变死相：自甘堕落变坏。

擞［pʻiəʔ^{5}］开：分开。

拨：给。

滗：把水沥去。

上戗头：为自己而跑在前头。

□［hæi］：很多。

踊：蹲伏。

合仆［ɦəʔ^{31}bɔʔ^{23}］：俯卧。

掩：躲藏。

□［tʻin^{423}］下来：剩下来。

统［tʻoŋ^{52}］：移动。钝：羞。

呐：反复说同一件事。

□［ɕiaɤ^{423}］：用细长物搅动。

筹：拉（线或藤）。

绽：颗粒饱满。

攮［ȵiaŋ^{312}］：推。

葡：抚摸。

撩：捞。

海伟：夸大。

秋：不好。

□［mən^{24}］：密。

扎制：坚固结实，很，相当。

上座头：主座。

写意：舒服、惬意。

搛［tɕiɪ^{44}］：夹菜。

阛［iaɤ^{52}］：折叠。

一丝眼泪：形容很少。

仇寇：仇恨、怨仇。

气数［tɕ‘i^{423}su^{423}(ɕy423)］：表示失望、指责、鄙视等情绪。

勿晓则：不知道。

勿见则：不一定。

雪薄纸消：很稀，很薄。

韧［ȵin^{31}］：糯，不易分开。

蒿：涩（喉咙）。

□［p‘ɔʔ^{5}］：（萝卜）失去水分而成絮状。

铁驳硬：很硬。

匹饱：很饱。

赤软：很软。

出趟：大方。

促掐|出欠：阴促，使坏。

糜烊：（织物）久磨变薄快破。

花依思：挠人的胳肢窝使人难受。

澥［ga^{24}］：（粥等）失去粘性，做事松懈。

霍：靠近，贴住。

木笃：反应不灵敏，笨。

登鼓样：矮而壮实。

搭浆：马虎。

推板：差劲。

劈哨：说话做事利索。

空串：不着实际。

赅：拥有。

瓮懂：内心固执，不明白事理。

作孽：可怜。

结棍：厉害，壮实。

锤：显示自己的财势。

半头发难：事情做到一半。

死揪烂挽：尽力，无赖。

八、人物代称

□［ŋɔ³¹］：我们。

□［ȵiɔ³¹］：你们。

强佬：这样。

过佬：那样。

监头：这里。

过头：那里。

奈点格：怎样。

点格：什么。

齐头好 | 齐将好：正好。

作兴：也许。

原讲：本来认为。

怪不知道：怪不得。

一间间：一会儿。

拢共 | 一搭刮子：总共。

第四节　境内溧阳话的差异

别桥镇现境内有 5.8 万余人讲溧阳话，占人口总数的 82.9%。从溧阳的地理环境的角度，以溧城镇为中心，溧阳话的分布形式成东西两片。湖边（部分）、古渎、绸缪（部分）等村庄属东片，别桥、后周属西片。两片交界不等于行政区划的界线，并非截然分开。在别桥镇现境内的溧阳话大致可分为“圩乡话”和“高乡话”，后周、黄金山、玉华山、小石桥、西庄等村属“高乡话”，其余村均属“圩乡话”。湖边南面村庄和古渎紧靠溧城镇，所说的溧阳话与溧城镇的溧阳话很接近。境内的溧阳话，次浊声母的阳声调明显趋向阴声调，如“梅、煤、马、麻、忙、馒、芒、年、娘、念、缆、来、篮”等字。“圩乡话”的主要差异表现在否定副词“勿”与“不”的分野，如“勿会”“勿好”“勿对”“覅”，其他村用“不”“不会”“不好”“不对”“不要”等。别桥集镇及周边村庄，把“特别”说成“对乖”，把“确实”说成“和可”；后周一带把“哭”说成“□ h”，把“打”说成“□ ha—1”（有音无字）。“弄”字成了多功能字，如“今天在家里弄点格”，“点心在格头弄口饭”。

境内溧阳话的差异也体现在年龄不同上，70 岁以上的人，当时贫穷、落后和封闭，接受正规教育少，交流、交际的机会少，至今仍讲的老派溧阳话。30 岁以下的人，受教育年龄正好是改革开放以后，普通话的大力推广与普及，社会经济、文化诸方面的开放与拓展，使他们的语言明显趋向普通话，对新词的接受及时，经常出现在口头。如“摆平、蒸发、粪到则、猪到则、酷（英语 COOL 的音译）、yes（是）、bye（再见）、粉丝（英语 fans 的音译）等，70 岁以上的人很少使用。

别桥方言中部分称谓和代词与普通话的差异一览表

表 24-5-5

一般称谓	普通话	男人（们） 女人（们） 小孩（们） 男孩（们） 女孩（们） 老头 老太 新郎 新娘
	别桥话	男佬（家） 女佬（家） 细佬（家） 伢（家） 丫头（家） 老头只 老嬷嬷 新郎官 新娘子
父辈祖辈称谓	普通话	爸爸 妈妈 岳父 岳母 伯父 伯母 叔叔 婶婶 姑妈 舅舅 舅母 姨妈 姨夫 祖父 祖母 外祖父 外祖母
	别桥话	嗲嗲 嗯娘 丈人 丈姆娘 伯伯 姆姆 叔叔 婶婶 八八 舅舅 舅姆 阿姨 姨夫 鸦鸦 孃娘 公公 婆婆
子女辈称谓	普通话	儿子 媳妇 女儿 女婿
	别桥话	倪子 新妇 女女 女婿
同辈称谓	普通话	哥哥 嫂子 弟弟 弟妇 姐姐 姐夫 妹妹 妹夫 丈夫的哥 丈夫的嫂 丈夫的弟 丈夫的弟妇 妻弟
	别桥话	哥哥 嫂嫂 弟子 弟娘子 姐姐 姐夫 妹子 妹夫 阿伯 阿姆 阿叔 阿婶 阿舅
第一、第二、第三人称	普通话	我 我们 你 你们 他 他们 大家 谁
	别桥话	我 我答 你 你答 他 他家 大家 哪家
疑问、指示代词	普通话	哪里 这 这里 这些 这样 那 那里 那些 为什么 什么 怎么样
	别桥话	哪头(点) (间)格 个格头 格头 介佬 过 个过头 过点 过酿佬 做点格 点奈 吊奈 奈酿佬
时间	普通话	今天 现在 早上 上午 下午 黄昏 晚上 刚才
	别桥话	佳(今夜合音)头 咯歇 早起头 上半天 下半天 起暗 夜里 在眼

第五节 境内其他方言的种类与分布

清光绪年间至民国时期，先后有河南、苏北、江阴等客籍灾民相继来别桥境内垦殖定居。北河、丹金溧漕河及支流等沿河滩涂地区、后周丘陵地区成为客籍人居住之地。沿河地区的客籍居民的祖辈是摇着船来的，主要是苏北等地的居民，别桥地区说苏北话的，大都居住在北河沿岸的村庄。丘陵地区的客籍居民的祖辈是挑着担子来的，主要是河南、江阴等地的居民。客籍居民的这种相对集中和稳定，形成了别桥镇内部的许多方言区。其后，随着各方面交际和交流的需要，以及溧阳话作为当地话的势力影响，他们（以年轻人为主）逐步学会溧阳话，两种语言（原籍话和溧阳话）同时使用，产生了双语区。

别桥镇现境内除溧阳话外，存在另外三种方言。较多的是苏北话和河南话，其次是江阴话。境内说苏北话人较多，且居住相对集中。他们中有许多年轻人和孩子，原籍话仍然非常纯正，溧阳话却说得欠佳。境内的苏北话并非指苏北某一处方言，而为来自苏中、苏北地区方言的统称。

境内所属沿北河、丹金溧漕河一带来自苏北的移民多，如别桥村的老卜墩、太师庙村庄，镇东村的土山、泗渎港、庄上、陈家棚村庄，湖边村的陆家湾、长桥庵村庄，合星村的战胜、杨家棚、史家棚村庄，前程村的伏申、北山村的白土棚、范家、董家棚村庄，后周村的姚家、西王、东头、毛家、周烈庵村庄，两湾村的杨家湾、新河埂、尖只、湾只、贺家、东陈家、贺家、北陈埂、殷家村庄，绸缪村的东舍、北舍、闸头上、俞家、上周公、西土桥村庄，西马村的东埂、王家、顾家、尖只里、罗笪里、牛郎庙、汤家、南头、岗头、朱家村庄，黄金山村的桃园、西窑头、大涧西、上涧西、建园、金星村庄，小石桥，西庄村的龙梢头村庄。这些自然村的村民都以苏北话交流，约10880人，占全镇总人口数的15.5%。

说河南话的有合星村的前马场、五里亭、上塘棚村庄，塘马村的巷上、前巷、黄涯村庄，黄金山村的五棚、小后畻，约1140人，占全镇总人口数的0.16%。他们以河南话为主，年轻人同时也能使用溧阳话。

江阴方言岛，境内后周村的王家、刘家、渔码头（龚姓），西庄村的新建，玉华山村的老棚，小石桥村的吴家，约800人，占全镇总人口数的0.11%。

第六节　谚语　俗语　歇后语

一、谚语俗语

（一）事理类

先国后家，先人后己。

好儿不嫌母丑，好男不嫌国贫。

国以民为本，民以食为天。

得民心者得天下，失民心者失天下。

民意不可悔，民心不可缺。

水能载舟，水能覆舟。

月是故乡明，水是家乡甜。

穷家难舍，热土难离。

宁得家乡一撮土，不爱他山万两金。

出门遇到家乡人，不是亲来也是亲。

放虎归山，必有后患。

狗走千里吃屎，狼行万里吃人。

吃饭先尝一尝，做事先想一想。

未行其事，先思其果。

事不三思，终有后悔。

看在眼里，想在心里。

看了她娘脚后跟，知她女女二三分。

不上高山，不知平地。

眼见为实，耳听为虚。

点起一支烛，照亮三间屋。

勿当家，勿晓则柴米价。

勿怕家里穷，就怕出懒虫。

勿识货，货比货。

跟好样学好样，跟则要饭佬学讨饭。

荒年饿不煞手艺人。

家没主，苕帚丁倒竖。

金窠篓银窠篓，勿如自家格破窠篓。

久病没孝子。

看日不如撞日，撞日不如当日。

冷粥冷饭好吃，冷言冷语难听。

没油没盐勿吃冬瓜，没娘没爷勿住娘家。

娘有爷有，勿如自有。

人怕凶，鬼怕恶。

人往高处走，水往低处流。

十个手指头伸出来有长短。

十网九网空，一网就成功。

死猪不怕开水烫。

天冷冷格风，人穷穷格债。

先长格眉毛不如后长格胡则。

小洞勿补，大洞吃苦。

小洞里爬不出大蟹来。

小头里看看，到大一半。

乡下狮子乡下跳。

一分洋钱一分货。

一块馒头搭块糕。

一瓶水勿晃，半瓶水咣当。

一夜想则千条路，明朝过来还是磨豆腐。

有钱三十好充老，没钱八十要推车。

有屋住千间，没屋住半间。

一钱逼煞英雄汉。

十败命就怕死来做。

十二扇篷扯到顶。

七个升箩八个命，升箩满则要害病。

人算不如天算。

三代勿念书，就像一圈猪。

三朝里的新妇，月子里的伢。

小船勿可重载。

天亮来还撒泡尿床上。

牛扣勒桩上还是老。

乌眼睛看着白铜钱。

不蒸馒头蒸（争）口气。

勿晓则哪家羊子吃哪家的麦。

心勿定，钱送命。

打则勿罚，罚则勿打。

田鸡要命蛇要饱。

只有生相，呒则改相。

只愁勿做，勿愁勿破。

只见长只多穿布，不见矮只少走路。

丢辣则青竹棒，忘煞则叫街时。

白鸭插勒鹅道里。

远路没轻担。

老鸦看不见背上乌。

有一棵草就有一滴露水提。

扫地扫壁根，洗面洗颈根。

吃着碗里，霸着锅里。

吃则灯草，讲则轻巧。

吃则五谷，没则勿生灾。

吃生米佬碰到吃毛稻佬。

羊毛出勒羊身上。

赤膊雄鸡替鸭愁。

远捉鱼勿如近扒虾。

拆屋卖瓦，先顾眼下。

浑身挂则刀，当你修脚佬。

破布烂麻袋，一代顾一代。

家有黄金，外有戥秤。

黄猩子拣病鸡拖。

做贼偷菜起，赌铜钱跌背起。

筷只头上出逆子，棒梗头上出孝子。

箩里拣花，拣则眼花。

聪明一世，木笃一时。

县管不如现管。

大路不平众人踩。

（二）修养类

江山易变，本性难移。

地有肥劲百花鲜，人有理想可胜天。

壮志面前钱如泥。

宁可身冷，不可心冷。

人小志不小，人老心不老。

树怕没皮，人怕没志。

得志一条龙，失志一条虫。

吃人家嘴软，拿人家手软。

打出油来吃油。

勿怕一万，就怕万一。

人争一口气，佛争一炷香。

心急吃勿成热粥。

忠厚忠厚，终归有后。

一只耳朵进，一只耳朵出。

一缸黄鳝害条鳅。

一代贪官，十代为倡。

勿像一家人，勿进一家门。

人要衣装，佛要金装，马要鞍装。

人心勿足蛇吞象。

大是大，小是小，房是房，灶是灶。

礼多人勿怪。

死要面子活受罪。

吃食赖食，狗都不值。

吊煞鬼不认亲人。

好汉不打上门客。

多一事勿如少一事。

会讲格讲圆则，勿会讲格讲歪则。

会做新妇两头瞒，勿会做新妇两头搬。

话到嘴边留半句，事到临头忍三分。

药人的东西勿吃，犯法的事勿做。

量气要大，待人要诚。

瘌痢头儿子自要好。

不听老人言，吃亏在眼前。

（三）社交类

三个臭皮匠，顶个诸葛亮。

公不离婆，秤不离砣。

一个篱笆三根桩，一个好汉三人帮。

人抬人高，水涨船高。

一个和尚挑水吃，两个和尚抬水吃，三个和尚没水吃。

跌倒扶起，不如自己爬起。

不怕人家看不起，就怕自家不争气。

病从口入，祸从口出。

见人讲人话，见鬼讲鬼话，见则菩萨讲神话。

叫花则看不则讨饭佬。

亲眷巴好，房份巴倒。

亲兄弟，明算账。

人熟礼不熟。

一句话讲则人笑，一句话讲则人跳。

一人勿吃酒，二人勿赌钱。

一碗来，一碗去，一碗浅点勿来去。

吃则对门谢隔壁。

亏众不亏一。

穷不搭富，绸不搭布。

人情大于债，头顶锅只卖。

卖勿辣只要贱，打勿过只要缠。

吃则好，讲则好，饭碗一摆就拉倒。

只有仁义过天，没则英雄盖世。

又做山人（巫师）又做鬼。

认理勿认人，帮理勿帮亲。

打来骂来，折本勿来。

端板凳拨人家坐，就是端拨自家坐。

出门看天色，进门看脸色。

（四）生活类

不求吃鱼吃肉，只求安安乐乐。

人往高处走，水往低处流。

知足常乐。

少年夫妻老来伴。

吃饭看来方，穿衣看家当。

吃勿穷，穷不穷，算计不到一世穷。

蛮人有蛮福，烂泥菩萨住瓦屋。

千层单勿敌一层棉。

少吃有滋味，多吃嗳呼气。

赊一千勿如现八百。

有钱难买老来瘦。

早早睏，早早起，鼻头眼睛都欢喜。

一世当着两世活。

一被窠盖不出两样人来。

春二八月乱穿衣。

见食勿吃，到老勿长。

有则樱珠剥皮，没则草鞋塌泥。

宁死做官的老只，不能死讨饭的娘。

自家吃，垩屎缸；人家吃，传四方。

身上穿则绸披披，家里没则夜饭米。

人生在世，吃穿两字。

客来扫地，人走烧茶。

伤筋动骨一百天。

（五）自然类

打了春，赤脚奔。

吃了端午粽，才把棉衣送。

冷在三九，热在三伏。

月到中秋分外明。

月半十六两头红。

雨中知了叫，预告晴天到。

东北风，雨祖宗。

八月八，蚊子大如鸭；九月九，蚊子叮石臼。

处暑处暑，热煞老鼠。

春冷多雨水。

干冬至，湿年朝。

久晴必有久雨，久雨必有久晴。

立冬干，一冬干；立冬晴，一冬晴。

两春夹一冬，没被暖烘烘。

六里盖絮被，有稻还没米。

梅里西风莳里雨，莳里西风当时雨。

日头反照，明朝热则鬼叫。

四季东风四季晴，就怕东风刮倒人。

十月中，梳头吃饭都是工。

三月三，冻则翻白眼。

干苍蝇，水蚊子。

小暑头上打一雷，半个月黄梅倒转来。

小暑起西北（风），鲤鱼跳过屋；小暑起西南（风），老龙奔深潭。

勿怕清明满天雨，就怕黄明一夜雨。

日落乌云涨，半夜听雨响。

六月不热，五谷不结。

东南阵发一发，滂辣碌碡淹煞鸭。

东风东落，西风西落，没风直落。

立夏东风，小麦撞钟；立夏西风，小麦罄空。

立秋之后分早夜。

发尽桃花水，必是旱黄梅。

圩乡就怕送三莳，高乡就怕拦莳雨。

落得早，勿湿草。

雨夹雪，落勿歇。

春霜隔夜必有雨。

春分起大风，连到四月中。

秋雨隔根绳。

亮月揹枷，风雨探家。

黄梅天，十八变。

寒露天晴冷则早。

人热则跳，稻热则笑。

三莳三送，圩田白种。

清明断雪，谷雨断霜。

重阳无雨看十三,十三无雨一冬晴。

处暑难逢十日阴，白露难逢十日晴。

霜打南风连夜雨。

（六）农事类

一年红花草，三年田脚好。

二月二，香瓜葫芦齐下地。

九成熟，十成收；十成熟，三分丢。

三月清明勿用忙，二月清明下旱秧。

干干湿湿长好稻。

干断麦根，牵断磨心。

干勿煞芝麻，淹勿煞丝瓜。

小暑栽秧同吃饭，半夜里睏觉同天亮。

稻上场，麦进仓，黄豆扛勒肩骱上。

梅里芝麻莳里豆，小暑里种红赤豆。

小暑里的乌头，寒食里的锄头。

四月芒种麦在后，五月芒种麦在前。

白露鸡毛菜，秋分正好栽。

白露三朝稻莠齐。

处暑萝卜白露菜。

过则清明草芽动，扛把锄头到田中。

麦种两头尖，月月要见天。

麦老要抢，稻老要养。

没酒勿请客，没灰勿种麦。

重阳没老少，霜降一齐倒。

大伏不烤田，立秋勿要怨天。

夏至栽秧分日夜，小暑栽秧分时辰。

茄栽花，瓜栽芽。

尺麦怕寸水。

烂耕烂种，减产祖宗。

九九满，麦起杆。

疏田不疏稻，猛则多樵樵。

清明踏白田，谷雨连成片。

二、歇后语

十五人相骂——七嘴八舌

三个指头捏田螺——稳笃定

大呆子帮忙——越帮越忙

小和尚照镜子——光对光

马桶头上贴喜字——死（屎）要取兆

乡下人挑粪——两头死（屎）

六月里格臭腌菜——一端就出（很容易）
拾到鸡毛当令箭——神气活现
骆驼翻跟头——两头勿着靠
放屁怕腰痛——懒
老病鬼开药店——带吃带卖
西边出日头——不可能
叫化子做亲——只讲吃经
丫枝大于本身——本末倒置
三亲娘拜年——多谢
瘌痢头上的虱——明摆着
瘌痢头做和尚——现成江山
乡下人吃海参——头一回
廿一天勿出小鸡——坏蛋
车水落雨——双着杠
六月里穿絮鞋——好热脚
乌龟吃大麦——瞎糟粮食
叫化子籴米——一升（身）头
老豆腐切边——做嫩
老嬷嬷烧窑——歇火
呆杀鬼打面粉——死要面子
关着房门看老嬷——自我欣赏
江北佬杀乌龟——没处下手
苍蝇掐辣着头——没主意想
两个哑巴睏一头——没话讲
青石板上掼乌龟——硬碰硬
松板夹骆驼——死路一条
顶着石臼唱戏——吃力不讨好
茶壶里煮馄饨——有货倒勿出
邋泥菩萨过河——自身难保
荷叶包野鸡菱——包勿住
屙屎拔茅针——一当两便
鸭吃砻糠——空欢喜
蛇吃黄鳝——硬挺
棺材里伸手——死要
蜻蜓吃尾巴——自吃自
痴姑养伢——众人帮衬

寡妇死倪子——没指望

瞎子吃百叶——心里有数

瘌痢头上的头发——它勿长，我也勿想

爬在树顶上屙屎——假清趣

城楼辣葛麻雀——吓则葛惯

嘴上拓石灰——白讲

小葱拌豆腐——一青二白

不识锅盖——客气

苋菜烧团鱼——一盅

黄泥萝卜——揩一段吃一段

钥匙挂在胸口上——开心

第六章 姓氏 家谱

第一节 姓 氏

别桥全镇共347姓，王姓为第一大姓。2000人以上的姓氏有王、陈、马、张、李、史、吕7个姓；1000～1999人的姓有周、杨、刘、徐、沈、朱、谢、赵、虞、蒋、吴、郑12个姓；千人以上的19个姓共有41491人，占全镇总人口的59%；500～999人的有姜、孙、黄、盛、阮、姚、殷、戴、范、万、滕、胡、陆、丁、石、潘、葛、钱、金、梁、唐、高22个姓，共14557人，占总人口的20%；100～499人的有36个姓；10～49人的有82个姓；10人以下的有188个姓。

2013年别桥镇居民姓氏一览表

表24-6-1

姓氏	人数	姓氏	人数	姓氏	人数	姓氏	人数	姓氏	人数
王	5507	陈	5048	马	3084	张	2894	李	2788
史	2529	吕	2394	周	1999	杨	1904	刘	1891
徐	1857	沈	1652	朱	1379	谢	1282	赵	1124
虞	1065	蒋	1041	吴	1038	郑	1015	姜	936
孙	858	黄	848	盛	774	阮	757	姚	734
殷	695	戴	690	范	685	万	679	滕	651

续表 24-6-1

姓氏	人数	姓氏	人数	姓氏	人数	姓氏	人数	姓氏	人数
胡	623	陆	609	丁	602	石	598	潘	591
葛	572	钱	571	金	527	梁	526	唐	523
高	508	宋	432	董	432	顾	406	许	394
何	386	童	386	承	370	车	347	龚	342
曹	332	缪	296	卢	293	罗	292	贺	262
邵	258	汤	246	陶	245	卞	243	倪	240
蔡	223	颜	204	袁	201	汪	200	韩	200
郝	186	彭	183	俞	179	芮	167	管	165
魏	155	江	151	田	146	强	139	狄	137
季	135	冯	132	严	119	薛	118	程	116
于	111	余	107	易	107	花	105	窦	104
邹	104	夏	102	方	96	毕	94	祁	90
庄	89	仇	86	施	82	沙	82	房	81
闵	80	常	80	孔	79	郭	70	秦	68
毛	68	芦	68	肖	67	付	67	谈	66
任	66	邓	65	向	64	焦	61	苏	57
苗	57	路	56	申	55	曾	54	樊	54
吉	54	柯	53	成	52	鲍	51	尚	50
韦	48	华	47	左	47	林	46	束	46
崔	45	杜	44	居	44	梅	43	嵇	43
尤	42	叶	41	商	41	时	39	柏	38
能	37	孟	37	鲁	37	符	35	聂	35
翁	34	胥	34	官	34	钟	33	殷	33
廖	32	伍	32	康	30	郎	30	枝	30
禹	30	黎	29	龙	29	宋	27	傅	27
宦	26	甘	26	乔	26	贾	25	充	24
詹	24	卜	24	桂	24	佘	24	绪	23
洪	23	仲	22	侯	22	诸	22	郁	22
邱	21	桑	21	皋	21	全	21	费	20
匡	20	查	19	戎	18	喻	18	包	17
浦	17	戚	17	印	16	单	16	章	15
耿	15	凌	15	晏	15	邢	14	武	14

续表 24-6-1

姓氏	人数	姓氏	人数	姓氏	人数	姓氏	人数	姓氏	人数
偶	13	欧	13	霍	12	舒	12	达	12
沐	11	瞿	11	莫	11	骆	11	雍	11
储	9	偰	9	闻	9	宁	9	屈	9
刁	8	腾	7	契	7	覃	7	饶	7
计	7	祝	7	臧	7	扈	7	令	7
明	7	庞	7	赖	7	鞠	6	冉	6
戈	6	圣	6	涂	6	杭	6	裴	6
练	5	屠	5	柳	5	文	5	岳	5
阚	5	从	5	於	4	荆	4	娄	4
闫	4	未	4	凡	4	兰	4	厉	4
谷	4	穆	3	靳	3	辛	3	班	3
司马	3	鲜	3	帅	3	冀	3	弗	3
过	3	有	3	邸	3	倴	3	奚	3
岑	3	项	3	郈	3	谌	3	褚	3
艾	3	普	2	栾	2	操	2	相	2
牛	2	伊	2	安	2	巫	2	齐	2
郜	2	敖	2	牟	2	成	2	燕	2
蒯	2	羊	2	蒲	2	仁	2	淡	2
密	2	党	2	蔺	2	茆	2	淮	2
度	2	敬	2	陀	2	未	2	度	2
蹇	2	淳	2	戊	2	占	2	茅	2
解	1	连	1	荀	1	宜	1	惠	1
邬	1	迟	1	鄢	1	晋	1	纽	1
蓝	1	简	1	关	1	睦	1	湛	1
智	1	开	1	司	1	咸	1	卫	1
都	1	怀	1	宿	1	宫	1	萧	1
藏	1	阳	1	渚	1	壮	1	曲	1
菅	1	皮	1	来	1	伟	1	银	1
寿	1	步	1	隆	1	楼	1	昝	1
扉	1	索	1	星	1	甄	1	赛	1
税	1	顺	1	旷	1	洗	1	镇	1
枝	1	乌仁	1						

第二节　家　谱

一、概况

家谱，又称宗谱、谱牒。始于周、秦，兴于汉、唐，盛于两宋。家谱本应是直系宗族内的本家之谱，但后来，绝大多数是同一区域内的同一先祖的各分支后裔的共同谱牒，统称为家谱。

别桥，人杰地灵，不乏名门望族。据收集到的家谱记载，前王、樊庄王氏，马家村马氏，别桥虞氏，后周葛氏均为官宦后裔。其祖先或避战乱，或慕山水，在境内择里而居，世族繁衍。千百年来，各宗族为寻根溯源，尊祖敬宗，倡导忠孝，崇尚节义，世次有序，联络亲属，均编修了族谱，一般隔20年予以续修。惜这些珍贵资料在战乱和“文化大革命”中散失、被焚众多，存留无几。

2000年后，诸多氏族欲乘盛世弘修宗谱，以达聚人心倡导忠孝，集众力振兴经济，留谱牍知己根底，记家园不忘大义之目的。20世纪末到21世纪初，前王、樊庄村王姓，马家村马姓，虞庄村虞姓，绸缪村石姓，后周村葛姓，湖边村的史姓、阮姓、马姓，谢家坝村的谢姓，姚家桥的姚姓，古渎村姜姓、姚姓、史姓、车姓等参与了原籍通修。

部分氏族宗谱序

平陵王氏谱序

尝谓家之有谱，犹国之有史也，史以载国之政绩，谱以溯子孙之源流。史也、谱也，家国虽异，而其所系之重则一也，谱可以不明乎。吾观王氏，自周灵王太子晋王子敬宗官至司徒，时人号曰王家子，遂以王为姓，王氏之得姓由此也。自周、秦、汉、晋，代有显人，若王烛之忠于齐，王祥之孝于晋，王恺之富，王導之贵，王珪之勋业，王勃之才华，历隋唐之间，不可枚举。至于宋则王曾之正色立朝，王祐之手植三槐，而有王文正公旦，则真朝之元老也。传至神朝，有师闵公出，则以进士中刑法科，授颖州司法参军，居开封府祥符县乐安乡昭庆坊，再传而有承信郎郭，靖康中白身效用，屡捍金贼，毅勇血战，奋不顾身，勋臣奏授保义郎。建炎中扈驾南渡，偕宫教公郛、宣教公節始居溧阳之樊川、前川，实为樊川前川始祖。至我国朝，则学正公纲，洪武六年任归德、历嘉兴等处教职三十余年，人才举出其门，公之子珏，永乐五年，近侍以才学钦荐，授汀州府连城县尹，子瓛笃学不仕，聘而不出者也。他如知县公颐，长史公可贞，大参公琳，广州府香山知县公能，建宁府政和县知县公鉴一时簪笏盈门，夫保义公以武功而显于宋，诸公以文章而显于大明，文武并美，王氏之盛莫有过焉。奈何景泰间遭回禄之变，谱系文翰悉毁无几，所余者师闵公官诰，保义公赏功牒而已。隆庆己巳公之十五世孙思仁、思惠、思文、任贤等，偕子彦臣相于而言曰：谱序之不立，家之所以不齐，伦理所以不明也，于是嘱余序。余观溧邑族属贵显莫有过于王氏，而诗礼之传，亦莫有过于王氏者。为之察其源流，列其支派，虽世代迁徙不一，而实始于开封，奠居于樊川、前川，显于宋者虽特出于元丰靖康，而国朝诸公视前尤有光焉。于以稽其名号居处，于凡子女行实、生死寿考，莫不备录。为子孙者，虽有隆替，而所以上承祖宗之教，下开孝义之门者，不可不以祖宗为心，当思支派虽繁而木本水源则始于一人。以一人之心，推而为千万人之心，则无彼此，无贫贱富贵，而一视同仁。凡所以明伦理，笃恩义，而成礼仪之俗者，皆在于此。是为序。

隆庆三年岁次己巳正月望日

南昌后湖萧时措书于东庵书院

甓溪马氏宗谱序

人之宗系，自高祖以下，吾身以上，有从曾祖之派焉，有以祖之派焉，又有从父之派焉。从曾祖之派，服止四世，故三从兄弟之子，于吾为无服；从祖之派，服止四世，故再从侄之子，于吾为无服；从父之派服，亦止四世，故从侄孙之子，于吾亦无服。是皆亲尽，故服穷如此。然五世之族，亲适尽，服适穷，或居处之远、会合之疏，已有情意漠然，途人相视。凶丧不以讣吊，冠婚不以告庆者，况亲尽服穷之愈久者哉？其支派益殊子姓益繁，终其身。音问不相及，颜面不相觌，一邂逅之交，鲜不途之人，而兽之行。揆其所由，皆因族属疏远，世代莫别，无所统一，日渐暌违之故也。统族纪世之道，敦伦合暌之术，孰有要于谱牒者哉！噫！此我宗之谱所由作欤。马氏之先自服君为赵将军，而马氏之姓始著自训公，为晋太守。而金渊之支派始延，自周迄今，其世代相禅之祥，著诸旧谱者备矣，其宗派分别之精，列诸旧谱者明矣。故不悉赘，独怪世之人祥于谱而不祥于情，重于利而遂忘夫义，犹无谱也。吾欲无谱外之言得乎？夫世之崇谱者，孰不曰：由吾之谱可以联吾之族焉，可以敦吾之亲焉。此谱之所重于世也。予独曰：谓之志族，可也，非所以语联；谓之别亲，可也，非所以语敦。每见世人于产业之间，芥粟之利，遂有手足之情、骨肉之亲，至死而不相往来者，况九族之外，袒免之疏者哉！是故门庭之间，藩篱自异；族属之亲，吴越相观。昭穆虽详于谱牒，情意实乖于心胷，故谓徒谱不可以联族而敦亲也。以此欲联族而敦亲者，其必明吾之谱伸吾之情欤！凡同谱者，每遇族人，必相曰，此吾从父之亲，而恩所当重也。曰，此吾从祖之亲，而情所当洽也；曰，此吾从曾祖之亲，而义不可以遽衰也；曰，此吾祖免之，亲疏远之，族分虽杀而亲，亲之义不可以遽泯也。喜与之同忧，与之共收，其孤而赈，其贫甚者。有力之家不使文正之义田，陆沉于今也，是乃心谱也，非徒谱也。予故为谱外之言，以告吾族。凡例名于谱者，其尚无以予言为忘哉。

四十一世孙一龙撰

甓溪虞氏宗谱序

馀姪文焕，曙卿虞翁半子也。近携虞氏宗谱示馀，馀谛视之，知甓溪虞氏，自唐之文懿公传十余世，至敦素公讳维者，始卜居甓溪焉。屈指计之，由宋而元而明，迄於今六百有余岁矣。其间支分派别一丝不紊，若黄沂坝、昇平、张渚、甓溪、金沙、社川、无锡等，但一开卷，便自了然。设非代有仁人孝子，奉此兢兢，安得世世守之。无斁至其发，凡起例不以散徙而疏之，不以附近而收之，不以寒微而外之，以云敦叙九族，洵不诬也。噫修明族谱，谁不以为萃，涣合离然，惟笔之也。严斯传之也，信传之也，信斯子姓之相亲也。无穷不然，彼逢逢华胄，虽为俗子惊，每为识者叹，如欲兹谱之，久而弥真，岂近今之多得者乎。爰不揣而为之序。

旹在

康熙癸未孟夏
赐进士第翰林院编修
潘从律顿首拜撰

玉溪石氏重修四宗合普序

石氏四宗同父周亲宋李，扈从高宗南渡分居溧宜，迄今皆称名族。自二十七世玉隐公联合四宗作谱以来，又二十余世。宗分而谱合，其间沧桑几易，变乱几经，无门户之见，无盛衰之分，敬爱相尚亲睦可风。自必代有闻人谆谆垂诫。相继修辑，不愆不忘，以至今日泱泱大观，洵为氏族所僅见。谨按：石氏四宗隶于溧邑者，曰玉溪，曰梅庄，曰南北溪。隶于宜邑者，曰芝果里。推而上之，四宗皆为建阳公一线所沿，故以建阳公为一世祖，而各宗自建阳公下二十传。思义公居玉溪；思贤公居黄鹤山，后世徙梅庄；思冕公居南北溪；思和公居芝果里；遂为四宗始迁祖。四宗不以始迁祖为一世祖，而皆同祖于建阳公者，则是玉隐公作谱之始，推本旁源，联四宗而一之，不使各祖其祖有分门别户之现象也。其识远，其肯深矣。上届之修，复堂公暨哲嗣孝廉怀觐与遇福先生实主持之。今承矮寇八年侵扰之余，各宗谱牒难免有损失摧残者，修已愆期，安能再事延缓？玉溪支祭酒，遇福先生为是亟焉，集合各宗会讨办法，筹备通修，佥以为然，无有異议。遂于丁亥秋收以后，集中经济，购办材料。至戊子春，局设于玉溪崇先堂月余，断手回忆。日军盘踞土山时，余因避地至其里，与先生始相识，为老年契友。兹乃徵序于余，再辞未获。煌华乘历，经渊博名流叙述綦详，余赘言之，能无贻勦说雷同消耶？先生矍然曰："否，凡宗谱一修，即有一修之序。序者，叙也。所以敷陈其事，俾后人知斯修之情形也，历传如是。先生毋以此为虑焉，可矣。"余于是悬揣玉隐公联合四宗之始意，四宗同声同气团合至今数百年之久与。夫愚福先生以今日耄耋之年，竭忱倡首，再事重修，不以为劳、不以为难者，历历推详。

岂非石氏之宗功祖德凛凛不衰，曷克臻此？且观在局诸君子：玉溪支瑞生、友松、晉瑶、孟新，梅庄支明远，南北溪支荣庚、宝琪、炳熙、庚清、贞宝，芝果里支宝金、云飞辈，分责任事，秩然井然，督率者遇福先生。则今兹之修，曷难媲美前人耶？谨缀里言，聊以应命。

民国三十七年戊子春

清廪贡生纯甫史同寅撰

葛氏第七次续修宗谱序

呜呼，涉汉涉沔而茫然莫辨也，溯诸蟠冢焉可尔；涉潜涉沱而茫然莫辨也，溯诸岷山焉可尔。不然粤稽尧典，奚言九族是亲，载读礼经，胡以二宗为重，诗赓常棣，急难栖扶。传记葛藟本根常庇，服属易疏，夏候亶不忍言族；义田独置，范文正弗敢离宗；无如五服既穷，众情遂涣，潢污与行潦共荐，谁能饮水知源？邢、毛偕凡蒋同居，孰克探源立论分处？异地族人遂若途人，宛徒出乡同井，每伤背井。任、薛之为昏非，古论见文中，石、刘之称姓失真，讥贻欧、史，盖时代谢斯本源淆矣。是以宗支易乱，谱系必修。魏晋以还特重过江望族，欧苏嗣起遂为立说名家。杜公辟(辟)伧荒之名，朝分南北；裴氏处燕凉之地，眷列西东。鱼川李集得数千家，宗主独推显甫，雁门郭兴于后五代，祖茔不弃汾阳。芝草无根究为妄说，禾苗有种宜切孝思。此所以绳其祖武，贻厥孙谋，欲礼教行必先使宗法立也，欲宗法立必先使谱学明也。然而家谱肇兴，姓源转混，尝见势分强弱、支别荣枯，或大宗压制小宗，或嫡出欺凌庶出。安余贫素，道北胜嘲生此寒门，巢南寄恨强宗敢附罗隐伤，血脉之同房分何殊元源？痛清途之隔，谢宏微禄宜分送，北舍难沾，杜正伦谱愿同修，南城不许，是谓弃亲，其弊一也。抑或螟蛉争窠，鸟鼠同穴，无势则为邶鄘两国，有钱则合秦越一家，河北石苞甘与羯胡栖羼，山东李揆忍为阉监所轻。狄梁公留得画图，后竟向他人献媚，李义府叙来家世时，竞将族谱求通，卅载同修，异同不问，五方羼聚，真伪弗知，是谓渎祖，其弊二也。又如赝鼎手摹，机彀强袭，远宗莫考，几曾曰不失亲？旧典无存，每致数而忘祖，四知百忍，两家之署户皆同。五柳三槐，二氏之名堂靡异。刘讵同源，悉称汉后；李多赐姓，尽祖唐宗？证以地则郡名弗实，稽其时则世次栖差，是谓失实，其弊三也。尤如本出寒微，兢矜显赫，远年君栖，俨然礼以千秋，昔日名人靡不引为一脉。马服君之马，并将司马搜来；羊石氏之羊，且以公羊揽入。网罗几尽，史册何证？赵氏三忠，图与像反藏他族；元遗八姓，普与偰岂必同宗？是谓乱真，其弊四也。绝此四弊，始可言纯。

我族家乘初创于康熙之际，迭修于雍正以还，经细心人拾遗补阙，由大手笔钟事增华。始由季宋发祥，芳流百世。嗣自上元别派，鼎立三分，奚尝附攀名流？不事铺张门第，虽其后一支异见，两次分修，隙启后周，缺留前代而参稽有素，谱已展也大成。订正无讹法，尤灿烂全备。洎乎粤匪肆扰，氏族摧残，汉法三章不约先收图籍，楚人一炬，但看偏起烽烟，或则只字无存，或则残编有缺，或则颓垣满目，捡来灰烬之中，或则覆瓿惊心，拾得秽污之里，甚至祠中神主木朽虫雕出上，墓碑藓封蜗蚀。独余敝族独获全书，诸处所藏虽悉毁于兵焚，斯文弗坠。几亘类于灵光，晏子凿楹栖如完璧。此虽珍藏勿坏，赖海风叔侄之功，而实呵护有灵。由累世祖宗之泽，迨夫风云变态，天日重光，黄鸟急哀，乡俱还旧，红羊历劫。谱复翻新，倡修督修，两先生心力交瘁，昭属穆属，三大分情谊复亲。山擘华峰，土仍同脉；河经碣石，水复合流。回忆海风、子祥二公，念切本宗，不失亲亲之意，识超庸俗，弗存利利之心。熄合族之浮言，弥前人之遗憾，功固大矣，德何厚哉？今者，先志是承，后修宜续，历年已久，纪世殊难。岁月迁流，各分之成丁不少晨星寥落，当年之遗老无多，欲广见闻必征文献，稗谌草创，爰立始基。汲冢竹书，克遵遗典。学标、之干二老倡议于前，玉振、铭俊诸翁赞成于后。分纂分校不少文人，同力同心几多佳士。而族中建议格外求全，遣使持书央余秉笔。顾余也学业荒疏，才思谫陋，胸无成竹，心有塞茅，闻此款言亘欲汗流浃背，况他务尤难，漠不经心，任匪易膺，命何敢受？无奈却之益力，挽之愈坚，族谊难违，攸关一本，众情栖洽，不合再辞，终言九藏。虽抱歉于前辈，以匡不逮。幸获赖于诸君，式欲增新，规宜仍旧。观诸丁丑之谱，莫赞一辞；及此甲辰之修，已经七次，望尘弗及，敢媲修凤之才。易地以观，恐致续貂之诮。曰合三十年为一世，于后另立一编，爰分十六卷，为两函，与前要无两例。列系表法欧苏也，作传记从韩柳也。生卒虽繁，必载慎始终也，迁居虽远，必书重根本也。详茔墓惧湮也，别支房恐杂也；妇曰配曰娶示，敌体不可轻也，子曰嗣曰明继，体系不容混也。女详所适言有归也，子载所殇异无出也，功名必记录贵也，节义特详尚德也。至于身经革出必削其名，妇已改适不书其氏，忘故乡则曰流寓，从释道则曰出家。谱例綦严，既作者谨其笔削，宗规共懔，庶阅者知所劝惩。隋经籍谱，录百家良有以也，唐艺文谱分一类，岂徒然哉？吁，读有用之文，书藏抱朴，守无欺之学，像仰昭动，世德绵长，将见人丁日盛，家声丕振，奚须科甲云连？能孝弟力田优称美德，识诗书执礼即是完人。景仰眉山例言可考，载瞻髻岭秀气常钟。从此仁里聚居，英贤继起，奋俗或仍守朴。后来应若积薪，纵谱具规模敢曰津梁后学，而仁根孝弟愿毋河汉。余言谨序。

峕维

光绪三十年岁在阏逢执徐律中无射
禀贡生后选训导小山支裔怀文顿首拜撰
邑庠生十九世孙庇根薰沐敬书
（菊庵氏章印）

姜氏续修宗谱序

古渎里姜氏为吾邑望族。明季迁自丹阳之滕邨。历数百年，代有闻人。迨同光之间，如海山、崧圃诸先生，道德文章卓然，为人伦之表属。在卑幼未获亲聆謦欬。先君子尝举其为人，小之识之，至今不敢忘若。啸泗则与余同出丹徒尹师门下；时枚则与余有同舟之雅；介弟荫球亦定交有年。之三子者，克承先绪，不愧明达之士。而姜氏世德，由是知之益审。古渎，距邑治十八里，丙申春尝一至其地，赭乱后，衡宇未复旧观。其规模宏敞，基址犹存，恍睹其盛时。而颓垣败宇之中，弦诵之声依然不辍，古渎之名有由来矣。邑志初名古渎，盖其地低洼，为邑西北河流所汇，田禾患潦，动以灾闻。然人文之盛，初不以此而少衰。盖古渎就地势而言，易渎而读，殆徵之人事欤。兹以姜氏续修宗谱，啸泗、时枚属余序，用缀数语以志钦慕之忱。至于迁徙分合之详，及谱例族规之所，垂载在旧牒，无俟赘言。此次编辑，承光绪乙丑之后，成若干卷附前谱之末，是则续修之义也。时在民国十六年，夏正丁卯孟夏之月。

清优廪生世晚宋葆麒顿道拜撰并书

第二十五篇

人物

别桥历史悠久，人杰地灵，自古迄今涌现出大批名闻遐迩的志士仁人。既有为国捐躯的不朽英烈，又有守卫祖国的勇士猛将；既有科举及第的举人进士，又有科技攻关的知识精英；既有自成一格的艺术大师，又有摘金夺银的体坛明星；既有身居要职的党政领导，又有卓尔不群的各界人士；既有无私奉献的先进劳模，又有钻研创新的能工巧匠。

在古代先辈中，有人义举千古，有人科举登顶，有人出任朝廷文官武将，有人著书立说，成为永载史册的名人。明代国子监司业马一龙，多才多艺，是当时著名的农学家、书法家、诗人。他根据多年农业生产实践写出的《农经》(也称《农说》)一书，是我国古代农学思想的扛鼎之作。清代状元马世俊，淡泊明志，著书立说，奖掖后辈。还有缪樗、王琳等，为别桥历史增光添彩。本志收集了23位古代俊贤。

民国期间，童氏眼科童广儒，文学创作领域著作颇丰的王平陵，从事文学研究的著名学者缪钺等知名人士相继出现。

新中国成立后,有别桥籍人士担任国家高级领导干部。其中有吉林省委原书记，中共十五届、十六届中央委员王云坤，全国政协副主席马培华。军队中，授予大校军衔的有雍志义、陈和明、徐万华、陈志洪等。

全国劳动模范孔云生是塘马下林桥人，马家诸里村李建卫被评为全国粮食生产突出贡献农业科技人员，享受全国劳动模范待遇。本志收集了常州市级及以上的劳动模范23位。

一方水土养育一方人，从别桥走出去的数十位科学技术界人才，成为各自研究领域的翘楚。有中国工程院院士程顺和，有国际知名生物分子簇研究专家、现代“茶叶之父”王志远，有获美国“青年科学家总统奖”的葛力明，有国际密码学与信息安全专家郑玉良，有与邓稼先等在一起从事核武器研究38年的史求深，还有国际光学和生物医学专家王瑞康，等等。

从抗日战争、解放战争、抗美援朝到对越自卫反击战，有许多别桥人民的好儿女为国捐躯。英烈们抛头颅、洒热血，在生与死、血与火的考验面前展现了英雄本色。他们为人民的利益和美好的未来鞠躬尽瘁，死而后已，用自己宝贵的生命在别桥革命发展史上谱写了光辉的篇章。依据市民政局革命烈士英名录，本志收录124位革命先烈（传略中6位），烈士们崇高的爱国主义精神、优秀的思想品质和高尚的道德情操是后人学习的榜样。

本志选择收集了274位入志人物，已故人物入传略，在世人物入人物简介。人物简介按人物不同的工作性质，归类分述。人物传略、人物简介均以人物出生年月先后排序。

第一章　人物传略

第一节　革命烈士

王竹平（1897 ~ 1938）西庄行政村魏笪村人。1937年12月溧阳沦陷后，竹箦、后周一带土匪横行。1938年春，土匪头目许中堂的手下在后周街上抢劫了一个老太的钱财后，又纵火烧毁了她的住房，把她活活烧死。私塾教师王竹平义愤填膺，怒斥土匪罪行。许中堂得知，对王怀恨在心。不久，王竹平与中共上级党组织取得联系，在本地组织游击队，活动于下梅一带。是年6月，王竹平在村后被乔装打扮的土匪枪杀身亡。

罗忠毅（1908 ~ 1941）族名罗宗禹，湖北襄阳人。1927年考进冯玉祥部第14路军12师开办的中山军事政治学校，后被分配到骑兵连当兵。1931年随国民党军第26路军到江西，同年12月参加宁都起义，编入中国工农红军第5军团。1932年6月加入中国共产党。1933年被选送进瑞金红军学校学习，后调入福建军区司令部任参谋、作战科长、副司令员兼参谋长。1934年红军主力长征后，罗忠毅奉命在福建坚持游击战争，率部粉碎了敌军的多次清剿。1938年1月任新四军2支队参谋长，6月率部挺进苏南敌后，与2支队副司令粟裕会合，从事以茅山为中心的苏南抗日根据地的创建工作。1939年11月任新四军江南指挥部参谋长，陈毅、粟裕率苏南新四军主力部队北渡长江后，罗忠毅在苏南坚持敌后斗争。1940年11月任2支队司令员，在溧阳、溧水地区坚持斗争。1941年1月转移部分皖南事变突围人员安全到达苏北抗日根据地，是年3月任新四军6师参谋长，4月兼任十六旅旅长，5月取得黄金山反顽三战三捷，6月率部移驻溧阳塘马。以此为基地先后恢复了溧水、茅山、江宁、句容等地区原有根据地。是年秋冬，苏南党政机关和十六旅旅部集中在塘马一带开展军政训练。11月28日凌晨，日军步、骑、炮兵3000余人、伪军800多人，分东北、西北、西南三路进攻苏南党政机关和新四军十六旅旅部驻地塘马。罗忠毅和旅政委廖海涛指挥部队阻击敌人，掩护机关人员转移，歼敌数百人。

战斗中罗忠毅不幸头部中弹，以身殉国。苏南党政机关和十六旅旅部千余人安全转移。2009 年罗忠毅被评为“100 位为新中国成立作出突出贡献的英雄模范人物之一”。被收录于全国第一批著名抗日英烈和英雄群体名录中。

廖海涛（1909–1941）　福建上杭县人。1928 年 3 月加入中国共产党。1929 年 5 月领导上杭县溪口乡大岭下农民武装暴动。1933 年 9 月至 1935 年 4 月期间，先后任中共代英县委副书记、县苏维埃政府主席、闽西南军政委员会委员、杭代县军政委员会主席等职。廖海涛带领红军游击队开辟游击根据地，在上杭双髻山地区坚持艰苦卓绝的 3 年游击斗争，其间，其母亲、儿子被敌人残忍杀害，妻子被关进监狱。1938 年 1 月任新四军 2 支队四团政治处主任，8 月率部进入江宁、句容、溧水、溧阳地区开展工作。1940 年 4 月任 2 支队副司令员。1941 年 4 月任新四军六师十六旅政委兼政治部主任。与罗忠毅一起，率部与日、伪、顽军血战数十次，恢复并建立了以茅山和溧阳、溧水地区为中心的苏南抗日根据地。1941 年 11 月 28 日，在塘马战斗中为掩护苏南党政军机关人员转移，廖海涛壮烈殉国。被收录于全国第一批著名抗日英烈和英雄群体名录中。

王永廉（1914 ~ 1942）　原名王纪庚，西庄行政村魏笪村人，王竹平的弟弟。1939 年加入中国共产党，在当地开展党的活动。1942 年 7 月任后周区中队长期间，与中队指导员沈咬齐接到护送新四军的通知，部队到达后，二人发现是国民党顽军，便设法摆脱，但为时已晚，王永廉腰间仅有的 1 颗手榴弹也被搜去。当晚，二人被关押在前马村一祠堂内，沈咬齐发现祠堂内有木匠工具，用一把利斧砍死 1 名看守后逃出，隐蔽在庙桥附近的稻田中。翌日早晨被追捕的顽军发现，被抓回前马村，第三天，王永廉和沈咬齐被顽军杀害于前马荡。

王　明（1921 ~ 1945）　原名王大明，西庄行政村魏笪村人，王竹平长子。王明自父亲牺牲后弃医从军，1938 年 10 月在新四军教导队学习期间加入了中国共产党。1939 年 4 月分配到溧阳工作，先后任后周区宣传股长、区长，洮南区、西塘区区长。当时，这 3 个区是游击区，形势复杂，斗争艰苦。王明经常只身穿插于敌伪据点之间，深入群众中开展工作。1944 年的一天，他组织游击队把金坛土山伪军据点周围的木桥全部拆除，伪军区常备队队长王志贤（又名王腊子）率兵逃往金坛县城。这样，游击队不费一枪一弹拔掉土山据点，这一带的抗日活动得以迅猛发展。他还对 10 个伪保长进行分化瓦解，使他们摆脱日伪控制，为抗日民主政府服务。他还组建农救会，建立游击小组，站岗放哨、监视敌伪、传递情报，日伪下乡“扫荡”次次扑空，中共领导的游击活动得以发展。1945 年 10 月新四军奉命北撤，王明在渡江时船沉遇难。

王　亮（1927 ~ 1945）　西庄行政村魏笪村人，王竹平幼子。在新四军开办的金坛张溪中学读书时加入青年团，1944 年参加新四军，加入中国共产党。曾先后任洮南区宣传委员、后周区文书、溧阳警卫团一营三连文书。1945 年 10 月新四军奉命北撤，王亮在渡江时船沉遇难。

第二节　古代俊贤

王　贞（1346 ~ 1433）　字可贞，别桥行政村樊庄村人。明洪武初年（1368 年）以明经授任溧阳训导，共 8 年，后入翰林院参与编纂经籍。永乐初年（1403 年）任鲁王府纪善，永乐七年（1410年）随鲁王到分封之国，写信给鲁王，陈述应当戒除“废问学、溺宴安、徒听纳、失轻重、纵顽恶”五点。鲁王接受。宣德元年（1426年），王贞因年老辞职，鲁王向皇上进言，认为王贞对王府裨益极多，请求提升他为长史，退职后仍留教书。皇上批准。一年后，王贞告老还乡。王贞为人清介，平易正直且谨慎，不一味钻研词章之学，明于事理，表意畅达，是一位纯粹的儒者，以学识行为在鲁王府中受到尊重。与解缙、金幼孜、曾棨、梁潜、胡俨、杨溥、杨士奇等都有交往。与他结交并赞扬他、佩服他的人几乎遍及全国各地。学者称其为“正固先生”，亦是鲁王赐给他的称号。墓在别桥金庄村。

王　琳（1380～1454）字用衡，号节庵，别桥行政村樊庄村人。明永乐二十二年（1424年）进士，宣德三年（1428年）授行人，后升为御史、北直隶提学、山东参政。正统九年（1444年）升江西道监察御史，巡按浙江、山西等处。又提督顺天等八郡学政。景泰元年（1450年）升山东右参政，任职两年退休回乡。墓在樊川西。

史　彬（1381～1446）字惟中，号尚友，马家行政村义亩头村人。明永乐二年（1404年）进士，被选为庶吉士，出任山东平原知县。永乐十三年（1415年）任广东乐昌知县，重修城郭，兴办学校，建希圣亭，聚集当地贤才，在亭中讲授六艺，平定山贼，政绩显著，百姓生活安定美好。后任云南赵州同知、河南陕州知州、山东宁海知州、河南郑州知州。清乾隆《郑州志》赞其“抚字有方，精通明夬，百废俱兴。”史彬一生清介自持，剔弊正俗，喜读书，谈正学，寒暑不释卷。退休后去世，墓在义亩头村东。

缪　樗（1445～1493）字全之，别桥行政村虞缪村人。明成化十一年（1475年）进士，成化十四年（1478年）任浙江东阳知县。有刁滑者隐瞒田地以逃避赋役，他依法清理丈量田亩，确定赋役。缪樗为人刚直果断，公正无畏，百姓拥戴，赞其清官。任满，升任南京陕西道监察御史。对违法乱纪、玩忽职守的官吏，一律予以弹劾。他直言太监蒋琮横行不法之事，明宪宗严厉惩办了蒋琮。缪樗被贬山东莒州判官后，审理冤案，为民惩恶。他关切国家安危，弘治初年（1488年），上疏“时政八事”，又因弹劾大学士尹直等朝廷重臣，时号“敢言”。去世后，在乡贤祠供奉。墓在舍头村。

马性鲁（1469～1529）字进之，号碧溪居士，马家行政村马家村人。明弘治二年（1489年）举人，正德六年（1511年）进士，初任兵科给事中，后因言事获谴平阳县（今属浙江）县丞，正德十三年（1518年）升顺昌县（今属福建省）知县。嘉靖四年（1525年）升任寻甸府（今云南省寻甸县）知府。嘉靖六年（1527年），少数民族酋长安铨因官府征税过急，集兵抗税，兵备副使周奎率官军镇压，肆意杀掠，安铨率兵攻入府城，周奎逃，诿责于马性鲁，被明世宗诏捕下狱，后病死狱中。曾编写正德《顺昌邑志》。

缪希亮（1479～1553）字思忠，别桥行政村虞缪村人，御史缪樗子。缪希亮无意为官，在母亲一再要求下才考功名，明嘉靖四年（1525年）中举，嘉靖八年（1529年）登进士第，不参加廷对就回乡。侍奉母亲十分孝顺，母亲去世后，以身体有病为由，不再出任。与唐顺之、王畿、钱德洪等人以研究王阳明学说互相勉励。马一龙私谥为“贞孝先生”，尚书刘麟在他的墓碑上题刻着“皇明第一高士”来歌颂他。祀于乡贤祠。

马从谦（1491～1552）字益之，号竹湖，马家行政村马家村人。明嘉靖十年（1531年）解元，嘉靖十四年（1535 年）进士，授工部主事。奉命治理黄河，政绩卓著，名闻于徐州、梁州地区。后调礼部任主客司主事。嘉靖十七年（1538 年）升任尚宝司丞，掌内阁制诰事（天子的诏令，称制诰）。后升光禄寺少卿兼翰林院五经博士，仍掌制诰。嘉靖二十九年（1550 年）八月，皇帝有旨向群臣询问俺答、吉囊侵掠北方之对策，从谦写了一篇 2000 多字的抗疏。嘉靖三十一年（1552 年）十二月，从谦弹劾宦官杜泰侵吞巨款以及严嵩贪奸误国，并规谏世宗罢斋醮。杜泰等反诬从谦诽谤大臣，世宗命廷杖八十发配烟瘴之地戍边，从谦死于杖下。万历十八年（1590 年），被追赠为太常寺少卿，赐祭葬。马从谦著作甚多，有《四子书心得》《尚书日记》《毛诗日记》《礼记同兰集》各若干卷，《丝纶稿》四卷、《应制稿》二卷及《诗文集》十八卷，均散佚。至清嘉庆年间，马从谦子马有骅所辑《竹湖遗稿》始传世。

马一龙 (1499 ~ 1571)　字应图，一作负图，号孟河，别号玉华子，马家行政村马家村人，马性鲁之子。明嘉靖七年 (1528 年) 解元，嘉靖二十六年 (1547 年) 进士，官至南京国子监司业兼祭酒。其父马性鲁在寻甸知府任上因安铨之乱蒙冤入狱，时为国子监学生的他上疏为父奔走申冤。马一龙任职未久，因母亲年老多病，请准辞官回乡侍养。他在玉华山构筑馆舍，读书著述，并与胥渚狄斯彬、别桥缪希亮等互相唱和。他关心桑梓，阻止了全县漕粮改地兑运一事，重视农业生产和水利、教育、救济等事，曾捐资设置义田，恢复盘龙堰 (在塘马村境内)，改筑盘龙桥，重建尊经阁等，受到人们的称颂。马一龙工于诗文，擅长书法，其著作有《农说》《字帖》及《玉华子游艺集》24 卷。《农说》现存南京图书馆，诗文散见清嘉庆《溧阳县志》。草书“梅花体”见《重修广惠庵碑记》石刻。2000 年 4 月在黄金山村发现马一龙为承事郎史朴菴撰写的楷书墓志石刻，其书法艺术显现“颜体”笔韵，端庄秀丽，气势开张，凌然如其品格。入祀乡贤祠和忠孝祠。

马震章（1501 ~ 1564）　字国华，马家行政村马家村人。明嘉靖二十三年（1544 年）进士，授刑部主事。为尚书郑晓所赏识，上书所提八条建议均被刑部规定的制度。后升员外郎，审查与登记河南省监禁犯人，救活不该判死刑的罪犯几百人。担任彰德知府时辖区内秩序井然。东副使。时山东巨盗李邦珍带领党羽沿途袭掠，将近河南，巡抚采纳其建议，成功捕捉李邦珍。遇水患，停止境内驿传，收集一切可节省费用的余额，召集百姓购买谷麦贮藏在预备仓内，所属境域无人饿死。升山东副使，因劳累过度患病，辞职回乡，不久病故。墓在马巷茔。

张翰翔（生卒年不详）　字汝升，玉华山行政村木库村人。明嘉靖三十八年（1559 年）进士，嘉靖三十九年（1560 年）授浙江秀水县知县，嘉靖四十五年（1566 年）擢户部主事，后升广东按察使司兵备佥事、奉政大夫。

马有骅（1541 ~ 1603）　字德良，马家行政村马家村人，马从谦第五子。马从谦受宦官诬陷，被廷杖至死，时年马有骅 11 岁，仰天号啕大哭，并说：“唉！忠心的人反而被杀，这个冤什么时候才能洗刷得清呢？”隆庆初年，马有骅入国子监学习，期满后授鸿胪寺序班，官至鸿胪寺司仪署署丞。马有骅坚持上疏为父申冤，终于万历十八年（1590 年）其父得以平反昭雪。马有骅为就近养母请求调任南京，后又因母病请求归养，在家尽心侍奉母亲，并奉养守寡的姐姐和外祖父母。他倡议修筑皇甫圩（皇圩），有烧掉债券救济贫苦人等义举。

吕昌期（1554 ~ 1626）　号兰谷，镇东行政村诸泗村人。明万历二十六年（1598 年）进士，授南京户部主事。任浙江严州知府时，免除地方苛捐杂税。所识拔的才士方逢年、宋贤等，后都名列公卿，辅弼朝政。升任山东参政，不因征发而加重百姓的负担，声威卓著，百姓感恩戴德。魏忠贤得势掌权后，吕昌期叹息道："大丈夫宁能事阉竖乎？"当即辞官回乡。被供奉于严州名宦祠。修编有《续修严州府志》24卷。祀于乡贤祠。墓在黄鸟山。

马成名（1601～1643） 字骏如，马家行政村马家村人。明崇祯四年（1631年）进士，授嘉善知县，以严刑峻法治理，全县秩序井然。后历任莱州府推官、刑部主事、兵部职方员外郎、密云兵备佥事。驻防密云时，严厉处治枉法的得势宦官。每军兴大议，主持的人必先向其征询意见，以决定是否可行。崇祯十四年（1641年）冬以右佥都御史巡抚永平，后因清军破蓟州，被崇祯以贻误战机罪斩于西市。

马　梓（生卒年不详） 字尔俊，马家行政村马家村人，明崇祯四年（1631年）武进士，任扬州守备，昌平副总兵。

史　泰（生卒年不详） 字扶九，道成行政村对河村人。清顺治九年（1652年）进士，授徐沟知县，居官清廉谨慎。后因勘察灾情超过期限，降职为福建副理问。

马世杰(1608～1672） 字万长，马家行政村马家自然村人。与弟马世俊共以文学闻名江南，时称"二马"，比作陆机和陆云两兄弟。清顺治八年（1651年）岁贡，因耳朵患病，淡于仕途，在南山教书，闭门著书，闲暇赋诗饮酒，遨游山林，为读书人所尊崇。著有《欹斋集》。

马世俊(1609～1666) 字章民、甸臣，号匡庵，马家行政村马家自然村人，清顺治十八年（1661年）状元。廷试对答"帝王以天下为家，不应显示差异"，"如果能完全抛弃满人与汉人的区别对待，都纯洁一心，能达到最好的统治"，被清世祖赏识。授翰林院修撰，康熙三年(1664)升为侍读，任会试同考官，重视人才选拔。马世俊专心读书，不爱迎来送往。在任所去世后，行李萧然，只有图书数卷。善诗文，工书画，有"二右"之誉，即书如右军(王羲之)、画似右丞(王维)。清代画家张庚在《国朝画征续录》中赞扬："溧阳马世俊，善山水，好作巨幛，不专师法，而自出杼轴，耸拔夺目。"著有《匡庵诗集》《匡庵文集》《理学渊源录》《十三经汇解》《禹贡注》《李杜诗汇注》《华阳游志》等。墓在西马窦巷东门茔。

魏麟征（生卒年不详） 字苍石，西庄行政村魏笪村人。11岁时被督学李来泰选拔为博士弟子员，博涉经史，握笔数千言立就。清康熙六年（1667年）进士，授中书，升典籍，康熙二十年（1681年）任顺天乡试阅卷官。出任山东登州同知，受到百姓崇敬，称"卓异第一"。升杭州知府，遏止贿赂之风，清理积弊，玉洁霜棱。任邵武知府，政绩优异。著有《石屋诗钞》，另有《四书精义》《唐诗汇选》等未付印。

马　宥（1632～1697） 字书渊，马家行政村马家自然村人，马世俊子。小时候受父亲马世俊家学，广博通达，其文"纡余条畅，有欧阳修、曾巩揖让的风度"。他写的诗也爽朗显露，不作涂饰，风格自然高超，在京城有很大的名声，但是一直没能中举，时人都表示惋惜。著有《砚畴集》《溧诗近选》《纲目广论》。

沈元炼（1669～1751） 字天石，号珊圃，两湾行政村牌楼村人，清康熙三十八年（1699年）举人，康熙四十二年（1703年）进士，初任中书舍人，后授江西建昌府泸溪知县。

马受曾(？～1730） 字念功，号石崖，前程行政村前程村人，清康熙四十八年(1709年)进士。

康熙五十七年（1718 年）任浙江象山知县，作出不少善政。康熙六十年（1721 年）发动社会捐款修建丹山书院，聘请名师教育士人。开浚河道，使地方免除干旱。公平判案，鼓励农民搞好生产，赈济饥民，设立义渡以便群众往来。雍正七年 (1729) 主修《象山县志》。在任上去世，入祀名宦祠。著有《尝胆斋诗集》。

缪汪筱（1684 ~ 1754） 字怀禹，别桥行政村虞缪村人，清雍正八年（1730 年）进士。雍正十年（1732 年）任江西乡试阅卷官，乾隆三年（1738 年）任凤阳府教授，注重培养有真才实学的人，贬黜华而不实的人，因此读书人的风气为之一变。辞官后闭门著书，惜皆散佚。

颜允璨（生卒年不详） 字孚中，号西崖，黄金山行政村颜家村人。清嘉庆元年（1796 年）进士，任内阁中书、军机章京协办、侍读、文渊阁校理。

缪 梓（1807 ~ 1860） 字南卿，别桥行政村虞缪村人。清道光八年（1828 年）举人，大挑知县，历任仙居、石门、奉化县知县，绍兴、宁波、杭州知府，杭嘉湖道兼任盐运使、按察使、金衢严道。咸丰十年(1860 年)守杭州抗击太平军，城破后力战而死。赠太常寺卿，入昭忠祠祭祀，并建专祠，授予骑都尉世职，谥武烈。左宗棠评价缪梓做官廉洁干练，临难悲惨壮烈。有《缪武烈公遗集》，现存国家图书馆。

附：始迁

万 彧 溧阳万氏始祖万修，字君游，东汉大将，封造义侯、槐里侯，因奉命征讨，改封溧阳，子孙遂居丹阳之濑水。至万彧时迁居檀石桥之观阳村。万彧，字文彬，东吴末期大臣，初为乌程令，后累迁左典军、散骑中常侍，右丞相。万氏分布于观阳、上市、东马、黄金山、木库、诸里、东庄，还分布于墅塘、栢家山、南山西岕、西岗、高淳等地。

马 训 字汝迪，号程斋，又号南平，扶风人。晋元帝时任南海太守，在江都郡平陵县建江都村(今别桥镇后周村周烈庵)，随驾出征战死，封忠顺侯，赐葬渚杰村西(今西马村窦巷里西)。

滕 斐 字文彬，号静斋，宋天圣八年（1030 年）举人，景祐四年（1037 年）除授溧阳学正，致仕后卜居邑北之桂里（东马村）。后世居诸皋、吕庄、东马、白土、永嘉、东森、南洲、香草、茅山下等地。

王 郭 字佰威，祥符人。宋靖康年间因收复光州有功，授保义郎。后与弟诸王宫教授王郛及宣教郎王节随从高宗南迁，在樊川（今樊庄）、前王安家。王郭的堂弟，永州知州王端朝，在溧阳任职时爱上此地风土，定居绸缪文巷。

石思义 字雅宜，兖州奉符人。跟从宋高宗南迁，在玉溪里（今绸缪村玉堂）安家。官任右迪功郎。

刘 序 世居北直河间府河间县，宋建炎年间，明州市舶提举刘锡跟从宋高宗南渡，由会稽到溧阳来苏上周之地（今绸缪村上周公），其子刘序居于相距十余里之塘马，刘序为塘马刘氏始迁祖，其后刘氏从塘马分居师古桥、陈塘岗、刘家头、胡家墩等地。

虞 维 字敦素，宋宣议郎。祖居浙江上虞，南宋绍兴年间由丹徒黄沂坝迁居甓溪(今别桥)，别桥虞氏始迁祖。

史士衡 字允平（溧阳侯史崇三十六世孙），号德轩，漳州府判。南宋时由湖埭（埭头）迁居河阳（义亩头）。义亩史氏主要分布于义亩、黄金山、诸史、诸阳、湖塘、魏笪、戴圩、金坛等地。

吕宣问 字季通（北宋宰相吕蒙正堂弟吕蒙亨第四代孙），任陕西池阳录事参军、湖北峡州推官、蕲春县令。北宋由河南开封府徙居溧阳永定乡，世居独秀山（土山）西北隅（诸泗村）。土山吕氏族人现分布于诸泗村、培阳村、前程村、赵圩村，还外迁到戴埠、平桥等地及散居海外。

钱 诚 溧阳钱氏以吴越王钱镠为一世祖，十世孙钱昌祖宋绍兴四年（1134 年）从台州迁居溧阳，为溧阳钱氏始迁祖。十四世孙钱诚，字友常，国子监学正，南宋时买田安家于丫溪渡（道成桥）。

梁 洽 祖居浙江丽水，宋建炎初年（1127 年）梁汝嘉任常州武进知县，后任常州通判，五世孙梁洽从武进始迁溧阳别桥上市，子孙世居。

沈 悦 溧阳沈氏始迁祖为南宋曾任芜湖县令、衡州知州的沈端节，其偕弟端范、端彦寓居溧阳。因战乱，沈端节之侄，御史沈昭 4 子与其兄沈晦 4 子 8 人逃亡至溧阳、宜兴等地。沈晦七世孙沈悦，字本乐，由人材科任长沙府尉，迁居别桥牌楼（度尊圩）村。沈氏现分布于牌楼、大沈家、小沈家、昌口里、东埂等地。

孙君啓 溧阳始迁祖孙旭（宋龙图阁大学士孙罼九世孙），字晴初，南宋嘉熙二年（1238 年）进士，随宋室南渡。其五子君啓，字敬五，迁居绸缪孙巷，为绸缪始迁祖。孙氏主要分布于绸缪森巷、滩头、窦巷等地，还分布于溧阳的石塘、斑竹、北埂、界溪、河头、梅园等地。

缪贵一 南宋时缪五迁居奉安里三板桥（在今上沛），其九世孙迪功郎缪贵一卜居溧阳绸缪村，十五世孙缪京（字周民）从绸缪迁居甓桥，其后世主要分布在别桥、绸缪、涧西、薛城等地。

范 谦 范仲淹长子纯佑支，七世孙范克家于宋嘉定八年 (1215 年) 由湖州调任金坛县丞，十二世时分居周边各地，十四世孙范谦于明成化年间迁居绸缪。范仲俺三子纯礼支，三世孙范直彦（范邦彦）南宋初任镇江通判，二十世孙范元吉于明末清初由靖江迁居浪圩。

第三节 近现代知名人士

童广儒（生卒年不详） 清末眼科专家、童氏眼科初期传人，道成行政村童家村人。清康熙年间，童氏眼科就在溧阳南门大街开设诊所。童广儒博览医学经典文献，广泛搜集先贤方书，悉心钻研，融会贯通，治眼疾以“辩证析明、方剂求证、选药认真、配制维勤”十六字为准则，自制眼药有聚光珍珠散、去腐解毒珠黄散、祛阏生新推云散、消翳除障磨翳丸等，一般贮存在鹅毛管内，似粗香一炷，长约寸许，用时取出，蘸以清水，点入病人眼睑。还有贝壳眼药，贮存于贝壳内。这些眼药，新中国成立前驰名宁沪各地，远销南洋。民国 10 年（1921）曾参加南洋华侨举办的劝业会展览获奖。

王平陵 (1898 ~ 1964) 原名仰嵩，曾用笔名西冷、史痕、草莱、疾风、秋涛等，别桥行政村樊庄村人。县立第一高等小学毕业后考入浙江省立第一师范学校，师从李叔同。1918 年李叔同出家前将自己的全部文学论著转赠王平陵。1920 年在《时事新报》副刊《学灯》发表短篇小说《雷峰塔下》，在《妇女杂志》登载独幕剧《回国以后》。师范毕业后，先后在沈阳美术学校、溧阳同济中学、南京美术专科学校任教。1924年主编《时事新报》副刊《学灯》。1928年任上海暨南大学教授。1929年主编《中央日报》副刊《大道》与《清白》。1930年，与黄震遐等人提倡民族主义文艺运动，发表《三民主义文艺建设》等文。《文艺月刊》编委、主要撰稿人。1938年任中华全国文艺界抗敌协会常务理事、组织部主任，兼《抗战文艺》编委，发表抗战文学作品。后到重庆任《扫荡报》编辑。1943年为商务印书馆主编《大时代文艺丛书》20册。抗日战争胜利后任巴蜀中学教员。1949年去台湾。1952年主编《中国文艺》月刊。1955年赴曼谷任《世界日报》总编辑。1959年赴菲律宾马尼拉华侨师专任教，并为《大中华日报》主撰文艺专栏。1961年任台湾政工干校教授。主要作品有短篇小说集《期待》《归来》，长篇小说《茫茫夜》，散文集《雕虫集》，诗集《狮子吼》，戏剧《自由魄》，另有《西洋哲学概论》等，共60余部。

朱文甫（1901～1992）　小石桥行政村北舍村人，中共党员，教授。复旦大学新闻系毕业，后进入中央日报社工作，曾任上海《大公报》主笔，离休前为河南省中牟农校教授，参与过胡乔木主持编纂《中国大百科全书》的工作。

缪　钺（1904～1995）　字彦威，别桥行政村虞缪村人，历史学家、文学家、教育家。出生于河北迁安，五岁随家侨寓保定。1923年考入北京大学文预科，翌年因父逝世辍学，教书养家。曾任保定私立培德中学、志存中学国文教员，后历任河南大学中文系教授、广州学海书院教授兼编纂、浙江大学中文系教授、华西协合大学中文系教授兼中国文化研究所研究员、四川大学历史系教授，曾任国务院古籍整理出版规划小组顾问、中国魏晋南北朝史学会理事、中国唐史研究会理事、中国唐代文学学会理事、中华诗词学会顾问等职。缪钺长期从事中国古代史、中国古典文学、历史文献学教学与研究，治学注重文史结合，博通与专精结合。1981年被国务院学位委员会批准为首批博士生导师。主编《唐诗精华》《中国野史集成》等，出版有《中国史上之民族词人》《元遗山年谱汇纂》《诗词散论》《杜牧诗选》《三国志选》《读史存稿》《杜牧传》《杜牧年谱》《冰茧庵丛稿》等专著，另有旧体诗词集《冰茧庵诗词稿》《缪钺全集》8卷。1989年获国家教育委员会颁发的普通高等学校优秀教学成果奖特等奖。与叶嘉莹合撰的《灵谿词说》1995年获国家教育委员会颁发的全国高等学校首届人文社会科学研究优秀成果一等奖。

陆平东（1910～1992）　小石桥行政村人。1926年参加溧阳县二区农民协会，当选协会委员。1927年“四一二”事变后，因躲避国民党当局通缉，到上海做码头工人。1933年省立无锡师范学校毕业后回溧阳任教。1937年在南昌参加新四军。1938年2月加入中国共产党，9月受新四军一支队司令部指派，到镇江县总队负责部队巩固和统战工作，年末参与筹建中共溧阳县工作委员会。1939年3月任中共溧阳县委民运部长，7月任县委书记，11月起历任中共溧阳中心县委书记，中共路南特委副书记兼组织部长，中共苏南区区委敌工部长兼新四军十六旅敌工委员会主任，中共茅山地委宣传部长，中共苏南二地委宣传部长兼专署秘书主任、文教处长，新四军北撤新兵支队司令等职。1946年3月起，历任山东胶东东海专署、南海专署专员，常州专署专员，中共中央华东局党校胶东部秘书主任等职。新中国成立后，历任福建省航务局副局长，福建省农林厅副厅长，华东农林水利局副局长、党组副书记，农业部粮食生产局副局长，农垦部热带作物局、生产局局长，农业部种子局负责人、顾问等职。

孙　惠（1919 ~ 2011）女，别桥集镇人。1938 年 11 月参加新四军一支队，随后赴皖南泾县云岭新四军教导总队学习。皖南事变前夕奉调淮南新四军部队，后改为新四军二师罗炳辉部，历任文化教员、宣传干事、医政股长。1943 年加入中国共产党。1946 年随部队北撤山东，编入解放军华野二纵。1950 年 11 月任志愿军九兵团直属医疗队队长赴朝鲜参战。回国后就读于中国协和医学院，1955 年毕业后任中国人民解放军第八一医院医务部主任，同年被授予少校军衔，成为新中国开国女校官，获三级独立自由勋章和三级解放勋章。1958 年转业任南京医学院医疗系主任兼任省工人医院副院长，离休后享受副省级医疗待遇。

滕金海（1920 ~ 1988）马家行政村诸里村人。1938 年参加革命，1939 年加入中国共产党。1940 年参加黄桥战役。1947 年 5 月参加孟良崮战役。1953 年参加抗美援朝战争。1954 年在朝鲜被邀参加“五一”劳动节国宴。归国后任铁道兵第十一师五十一团、五十三团团长。1955 年“五一”劳动节和 1963 年、1966 年、1967 年、1970 年国庆节在天安门参加观礼。1968 年 8 月毛泽东主席在北京接见全军团以上干部，滕金海受邀参加。

陈国昭（1921 ~ 2004）北山行政村阴山村人，中共党员。25 岁在诸社小学做教员，兼任地下党后周乡乡长，后任地下党溧城镇镇长。1945 年奉命北撤至苏北一带，在山东、徐淮一些重大战役中屡立战功，曾任中国人民解放军某团团长、某师副师长等职。1949 年后在唐山某部队工作，后转常州市公安局工作。

沈明法（1926 ~ 2006）北山行政村阴山村人，中共党员。1941 年加入新四军，后任班长，参加过塘马战斗。1945 年抗战胜利后奉命北撤，后在某空军部队工作。新中国成立后，先在杭州干部疗养院工作，而后又到苏北某空军部队工作，期间曾任空军某团团长、副师长等职，后转浙江省地方工作直至离休。

李庆华（1929 ~ 2004）玉华山行政村玉华山村人，中共党员，教授。唐山铁道学院毕业，毕业后留校执教。

第二章　人物简介

第一节　军政界

沈啸森　又名沈锁林、沈逸俊、萧森，1920 年 5 月生于溧阳城区东门大街。少年时在苏州织绸厂做徒工。1938 年 2 月在南昌参加中国共产党，后在江西、湖北、湖南、浙江、江苏等国民党统治区从事地下工作。1942 年 2 月到达溧阳抗日游击区，担任抗日民主后周区区长。1946 年 1 月任溧阳县特派员兼武工队队长。后历任常州军管会秘书，金坛县副县长，江阴县县长、县委书记，苏州地区水利局副局长，苏州地区农工部部长，昆山县委书记，吴县革委会副主任，苏州行政公署副专员，苏州市人民政府顾问等职。1985 年 12 月离休于苏州。

魏　宏　原名魏福富，1927 年 10 月生，西庄行政村魏笪村人。1945 年 2 月加入中国共产党，7 月参加新四军，同年 9 月起先后在新四军第 1 纵队政治部组织科、新四军第 6 师政治部组织部、华东野战军第 6 纵队 16 师任组织干部兼秘书等职。参加过苏中战役、涟水保卫战、莱芜战役、孟良崮战斗、沙土集战役、豫东战役、淮海战役、渡江战役。1949 年后在第三野战军第 8 兵团、华东军政大学、第三高级步校、总高级步兵学校等单位做政治工作。1958 年后任国防部五部参谋、国防科委副处长。1971 年调任国防科委一局（计划局）副局长，1984 年 5 月离休。

陈怀琦　1931 年 11 月生，别桥镇人，中共党员。1949 年 8 月在南京参加中国人民解放军，1951 年由部队送入北京大学化学系读书。1954 年大学毕业后分配至防化研究所工作，先后任助理研究员、研究室主任、副研究员、防化研究院科技部副部长。立三等功 2 次。参与科研的项目被评为国家级科技二等奖及全军科技一等奖。

张水坤　1940 年 10 月生，镇东行政村北堰村人，中共党员。曾任溧阳市供电局局长、党委书记。1977 年被评为江苏省劳动模范。

王云坤　1942 年 12 月生，别桥行政村前王村人。中共第十五届、十六届中央委员，第九届全国人大代表，第十一届全国人大常委会委员。1966 年毕业于天津大学无线电系，同年加入中国共产党。1968 年 7 月～ 1988 年 5 月，历任吉林省化学工业公司化工机械厂工人、技术员，党委办公室干事、副主任，厂党委宣传科科长、代理副书记，吉林化学工业公司炼油厂、研究院、有机合成厂政治部副主任、主任、党委副书记，吉林化学工业公司团委书记，吉林市副市长、代市长，中共吉林市委常委、副书记，吉林市市长，吉林省机械电子工业厅厅长、党组书记，吉林省国防工办主任、经济体制改革委员会主任。1988 年 5 月～ 2006 年 12 月，历任吉林省人民政府秘书长、吉林省副省长、中共长春市委书记、中共吉林省委常委，中共吉林省委副书记、吉林省副省长、代省长、省长、中共吉林省委书记、省人大常委会主任。2006 年 12 月任吉林省人大常委会主任。2008 年 3 月任第十一届全国人大农业与农村委员会副主任委员。

狄贻新　1947 年 5 月生，别桥行政村北巷村人，中共党员。1989 年任马垫乡乡长时，被评为常州市劳动模范。

陈和金　1948 年 10 月生，马家行政村诸里村人，中共党员。1965 年 9 月入伍，1976 年调南京军区司令部管理局政工科（后改为政治处）任副营、正营职干事，1983 年任政治处副主任（副团）主持工作，1985 年调任南京军区华东饭店副政委、政委、党委书记。1990 年转业到江苏省侨务办公室，历任机关党委副书记、人事秘书处处长、国外工作处处长、文化宣传处处长、外联经科处处长，江苏省海外交流协会二、三届秘书长。2005 年被国家人事部、国务院侨办评为“全国侨办系统先进工作者”。

马培华　1949 年 8 月生，马家行政村马家村人。研究员，博士生导师，第九届全国人大代表，第十届全国政协委员，十一届全国政协常务委员、十二届全国政协副主席。1968 ～ 1973 年，西北冶金地质八队、青海山川机床铸造厂工人。1973 ～ 1976 年，东北工学院学习。1976 ～ 1999 年，历任中科院青海盐湖研究所研习员、助理研究员、所长助理、副研究员、副所长、常务副所长、研究员、博士生导师，其间四次到日本理化学研究所参与合作研究，1993 年获日本京都工芸纤维大学研究生院无机化学专业理学博士学位。1999～2013年，历任青海省省长助理、盐湖研究所所长、青海省副省长、民建青海省主委、民建中央副主席、民建中央常务副主席（按部长级待遇）、十一届全国政协副秘书长（兼职）、中华全国总工会副主席（兼职）、中华职业教育社副理事长、十二届全国政协副主席。马培华在盐湖资源综合利用、分离科学与技术、无机材料科学与技术、激光化学领域的核心学术刊物上发表论文150多篇，被SCI收录。获授权发明专利16项。主持完成国家重大高新技术产业化示范工程“青海盐湖提锂及资源综合利用”项目，并建成了具有自主知识产权的我国盐湖锂盐产业，成果获青海省重大科技贡献奖。完成国家科技攻关计划项目3项，国家863计划1项，中国科学院知识创新工程重要方向项目2项，青海省重大科技攻关项目2项。获中国科学院自然科学奖二等奖1项、青海省科技进步奖一等奖2项、“九五”国家科技重点攻关优秀奖、“十五”国家科技重点攻关优秀奖。1992年获中国科学院有突出贡献中青年专家称号，享受国务院政府特殊津贴。

雍志义　1949年12月生，别桥行政村北巷村人，中共党员，大校军衔。1969年12月入伍，1978年参加空军岗位练兵比武竞赛获同类专业第一名。1984年起历任空军地空导弹兵旅司令部副参谋长、15旅参谋长、5师参谋长。曾参与空军地空导弹兵军事训练大纲编写工作。立三等功2次。被空军评为“优秀参谋长”。

朱　华　1949年12月生，后周行政村葛家村人，中共党员，大校军衔。1969年12月入伍，1979年起历任陆军第113师作训科参谋、337团营长，陆军第38集团军作训处参谋、副处长，总后勤部军事交通运输部正团职秘书、副师职助理、副部长。立三等功1次。

陈和明　1951年8月生，马家行政村诸里村人，中共党员，大校军衔。1968年3月入伍，次年9月选入空军第九航空学校。1977年3月调入空军34师，历任飞行员、机长、副团职参谋、正团职副科长、正师职飞行员(技术五级,享受副军级待遇)。共飞行7000多小时,立二等功2次、三等功2次，获金质奖章一枚，受到过国家领导人接见，执行过多种军事运输任务和接送党和国家领导人专机任务。

吕建民　1954年1月生，两湾行政村赵圩村人，中共党员。1972年～1978年历任部队战士、班长、排长。1978年～1991年历任江西弋阳武装部参谋、干事，政工科副科长、科长。1991～2013年历任江西鄱阳县委常委、武装部长，南昌市郊区区委常委、武装部长，南昌市政法委副书记、常委纪委书记，南昌市司法局局长、党组书记，劳教所第一政委，律师协会会长，调研员。立三等功5次。获全国抗洪抗旱模范、全国五五普法先进个人、江西省五讲四美三热爱先进个人、江苏省军区优秀共产党员、江西省优秀武装部长等荣誉称号。

王全生　1954年10月生，镇东行政村土山村人，中共党员。1972年12月入伍，历任战士、班长、排长，军分区参谋、科长，团长、党委书记。所任团被南京军区评为“十个先进旅团”之一，获集体三等功。被南京军区评为“好干部”。1997年被选为南京军区党代表。

童林坤　1956年10月生，道成行政村童家村人。中共党员，别桥镇人民政府统计站站长。2001年和2011年分别被评为第五次、第六次全国人口普查省级先进个人，2008年获国家统计局、国务院第二次全国农业普查领导小组办公室联合授予的第二次全国农业普查先进个人称号，2013年被江苏省统计局和江苏省人力资源社会保障厅评为全省统计系统先进工作者。

李永生 1956年12月生，西马行政村西马村人。中共党员，绸缪镇原党委书记。2001年被评为江苏省劳动模范。

郝成岐 1957年出生，两湾行政村郝家村人，中共党员，大校军衔。1976年入伍，后任南京军区联勤部某处处长。

曹震鸣 1957年12月生，溧城镇人。中共党员，别桥镇政府调研员。1986年被评为常州市劳动模范。1996年获江苏省科委表彰"在创建'江苏省科技工作先进乡镇'活动中成绩突出"。

徐万华 1958年4月生，小石桥行政村小石桥村人。中共党员，大校军衔。1976年11月入伍，历任39940部队飞行员、中队长、副大队长，39943部队副部队长、部队长，95661部队副部队长，空军拉萨指挥所副司令员，重庆市国资委主任助理、党委委员等职。

郑阿宝 1961年生，北山行政村方里村人。中共党员，博士，研究员级高级工程师。江苏省林业局造林绿化管理处处长、省绿委办公室综合组组长。1984年南京林业大学毕业，2000年获南京林业大学博士学位。主要从事森林生态研究、森林经营和造林绿化管理。先后发表江苏省森林资源消耗量调查方法、栎林蒸腾研究、江苏省主要造林树种抗逆性研究、森林生态系统不同碳库的碳储量估算方法综述、苏北沿海不同林龄杨树林土壤洗性碳的季节变化等论文20多篇。获国家林业局优秀设计成果二等奖和三等奖各2次，获梁希林业科学技术奖二等奖1次，获省政府科技进步奖三等奖2次。

蔡金龙 1964年9月生，玉华山行政村坛石桥村人。中共党员，溧阳市人民政府副市长。2004年被江苏省委授予江苏省优秀党务工作者称号。

刘粉林 1964年12月生，黄金山行政村黄金山村人，中共党员。解放军信息工程大学教授，博士生导师。1986年毕业于解放军信息工程学院获学士学位，1991年毕业于哈尔滨工业大学研究生院获硕士学位，2000年毕业于东北大学研究生院获博士学位。先后主持国家重点研发计划、国家自然科学基金、国家863计划、国家密码发展基金、河南省科技创新杰出人才计划以及河南省杰出青年基金等项目20余项。授权发明专利4项。获军队、河南省科技进步二等奖3项。2009年被评为全军优秀教师，2010年获军队院校"育才金奖"，2013年获解放军信息工程大学研究生教育成就奖。

陈志洪 1967年5月生，镇东行政村中里村人。中共党员，大校军衔。1985年6月从别桥中学被空军航空大学录取，同时入伍。历任排长、副连长、代理指导员、干事，军事检查院检查员、代处长、处长等职。2005年、2006年被中国人民解放军总政治部分别授予全军保卫工作先进个人、全军侦察工作先进个人。4次获总参授予的中国人民解放军优等指挥员称号，2009年被评为31集团军优秀党委书记，2010年被南京军区评为优秀党委书记。立三等功6次。

周玉萍 女，1968年11月生，中共党员，前马人。1994年在别桥税务所工作时，被评为常州市劳动模范。

王东浩 1972年5月生，别桥行政村前王村人。中共党员，溧阳市应急管理办公室副主任。2000年被评为江苏省人民满意警察，记三等功2次，2003年被公安部评为全国优秀人民警察，2006年被江苏省人民政府评为省先进工作者。

范建忠 1972年8月生，合星行政村万家村人，中共党员，溧阳市环保局宣教法制科科长。

被评为2009年度全省环保执法工作先进个人。

万靓军 1979年9月生，后周行政村后迈村人。中共党员，农学博士，研究员。农业部农产品质量安全中心审核处副处长，国务院质量工作考核组专家、绿色食品和有机农产品认证评审专家及多个学术期刊论文审稿专家，主要从事农产品质量安全研究管理工作。主持和参与完成农业部948、国家863等多个重点项目课题研究，参研编制《国家质量发展纲要》等多项重大规划，参与修订《中华人民共和国农产品质量安全法》。在全国中文（科技）核心期刊发表研究论文30余篇。获农业部直属机关2010～2011年度优秀共产党员称号。

第二节 科教界

一、科研院所和高校

石守钊 1922年10月生，绸缪村玉溪（堂）人，美国西弗吉尼亚大学研究员。浙江大学农学学士，美国西弗吉尼亚大学生理硕士、哲学博士。曾任四川省农业改进所技士、台湾糖业试验所技师。1978年任台湾糖业研究所所长。曾获聘“国家科学委员会”评议委员、“教育部”大学评审委员。长期致力于作物育种及遗传学研究，曾获“教育部”1972年度农科学术奖，1981年度“行政院”杰出科技贡献奖（杰出科技人才奖）。

徐达人 1927年12月生，古渎行政村五荡湾村人。中共党员，海军工程学院教授，中国内燃机学会测试技术专业委员会委员，湖北省暨武汉市内燃机学会测试技术专业委员会副主任。1948年考入厦门大学土木系。1950年初经组织选调，进入大连海军学校学习，毕业后留校执教。在国家级学术期刊上发表《四冲程涡轮增压柴油机波动背压特性的试验研究》《涡轮增压四冲程柴油机水下工况的工作过程研究》《涡轮增压柴油机在潜艇的应用》等多篇论文，著有《船用柴油机测试技术》一书。

刘文亮 1932年2月生，两湾行政村胡家墩村人。中共党员，教授。1957年山东大学生物系毕业后留校执教，1978年调南京中医学院任讲师，先后任学院中药系教工党支部书记、教研室主任、硕士生导师、副教授、教授，兼任全国高等医学院校中药专业教材编委。发表论文《苏北淮河下游植物的过渡性问题》《宜溧山区几种药用植物简介》《胡颓子属七种植物形态、组织及化学成分比较研究》《苏浙皖三省交界地区的药用蕨类植物资源》等。著有《学习植物图册》《药用植物学野外实习指导》，参与编写《中华本草》《山东经济植物》《药用植物学》等书。

邹敖齐 1936年5月生，别桥集镇人，教授。1960年毕业于上海同济大学，留校任教。1983年赴北也门共和国援助教学3年。1989年获国家测绘局颁发的长期从事测绘事业荣誉证书。1991年被国家建设部与人事部评审为国家级监理工程师，参与上海南浦大桥、上海立交桥等国家重点项目的监理。1996年被上海监理公司聘为监理总监。与人合著有《测量学》（1990年版）一书。

方道斌 1939年5月生，别桥集镇人。中共党员，教授，硕士生导师。1962年毕业于天津大学化学工程系高分子专业，留校任教。退休前为天津大学应用化学系高分子化工教研室副主任兼环境工程药剂室主任。全国聚丙烯酰胺行业组副组长，全国塑料标准化技术委员会物理力学试验方法分会委员。主要从事高分子化工专业的教学和水溶性高分子的合成、性能与应用，液—液和液—固分散体系的稳定与分离的研究和有机相分散聚合—聚合物聚醚多元醇的研究。主编《高分子物理》一书，参与全国高等工科院校统编教材《高分子物理学》的编写，与他人合著《丙烯酰胺聚合物》。有专利“咔唑二硫代甲酸酯 RAFT 试剂的制备方法与应用”，有18篇专业论文在国家级、省级专业期刊发表，其中有6篇被 EI 收录。有4项科研成果获天津市、黑龙江省、国家科技进步奖或突出贡献奖。参加或承担天津市、国家科研项目11项。

程顺和 1939年9月生，古溇行政村五荡湾村人。研究员、博士生导师，九三学社第十届中央委员，第十届全国政协委员。1962年南京农学院遗传选种专业毕业后在泰兴县稻麦良种场从事稻麦良种繁育和小麦育种工作。1966年调入扬州农业学校任教，1972年调入扬州专区农业科学研究所（今江苏里下河地区农业科学研究所）工作。1972～1998年，参与扬麦3号、4号育种研究，主持育成扬麦5号、6号、扬麦158等小麦新品种。扬麦3号、4号分别获1982年农牧渔业部技术改进一等奖和1987年国家科技进步三等奖。1990年、1991年，扬麦5号分别获农牧渔业部技术进步一等奖和国家科技进步一等奖。1997年、1998年，扬麦158先后获农业部科技进步一等奖和国家科技进步一等奖。后又育成抗白粉病小麦新品种扬麦10号、11号、12号等。扬麦11号获江苏省科技进步二等奖。“小麦抗病生物技术育种研究及其应用”获国家科技进步二等奖。扬麦13获农业部神农中华农业科技二等奖。1992年被评为国家有突出贡献中青年专家，享受国务院政府特殊津贴。1994～1996年，先后获王丹萍科学奖、首届中华农业科教基金奖、何梁何利基金科技进步奖、国家“八五”科技攻关先进个人。1997年被江苏省人民政府记一等功，并被列为江苏省“333”跨世纪学术技术培养工程第一层次培养对象。1999～2002年，先后被评为大北农科技进步奖、国家863计划十五周年先进个人、江苏省劳动模范、江苏省首批四名农业科技功臣之一。2005年12月当选中国工程院院士。2009年获新中国成立60周年江苏省“十大杰出科技人物”称号。2012年获“江苏省科学技术突出贡献奖”。

曹阿金 1940年1月生，北山行政村曹夹村人，研究员级高级工程师。1964年毕业于南京航空学院自动控制系，曾任中国航空工业（集团）总公司贵州天义电工厂设计研究所副所长、总工程师。获建设贵州航空功勋奖。1992年10月起享受国务院政府特殊津贴。

胡汉才 1941年1月生，两湾行政村胡家墩村人。中共党员，教授，曾任南京工程学院教研室主任。1960年考入武汉测绘学院，1965年入伍总参三部，1978年转业到江苏省测绘局，1980年在江苏省计算机研究所任工程师，后调入南京电力学校任教至退休。曾兼任江苏省中专计算机教研会第一届理事会理事长、中国计算机教学会教育与培训专业委员会第六届专业委员会委员。著有《单片机原理及其接口的技术》《高档 AVR 单片机原理及应用习题与实验指导》。

史求深 1941年3月生，北山行政村白土村人。中共党员，中国工程物理研究院第九研究所研究员、教授，国家科技进步奖一等奖获得者。1967年毕业于中国科技大学应用数学系物理数学专业，分配到二机部九院从事国防科技工作。从事核武器研究38年，科研成果获核工业部一、二、三等奖各1次、国防科工委二等奖2项、国家科学技术委员会一、二等奖各2项。1992年被国家保密局授予全国保密工作先进工作者称号。

刘志祥 1943年12月生，塘马行政村塘马村人。中共党员，正高级工程师。国家建设工程一级项目经理、国有注册监理工程师、国家注册岩土工程师。毕业于南京大学地理系地貌专业，曾在江苏煤田勘探队工作。从事煤田地质勘探、岩土工程勘探、岩土工程治理工作40余年。著有《镇江地理探究》。

王志远 1944年8月生，镇东行政村东关村人，教授，生物分子簇研究专家。1963年考入南京化工学院无机系，1978年考取北师大环境与肿瘤专业研究生。1983年任中国茶叶技术开发公司总经理。1986年获劳动人事部研究成果三等奖。1987年在杭州第一次国际茶叶与健康学术会议上宣布茶叶抗癌变实验动物结果。1995年被哥伦比亚大学直接聘为研究副教授，茶叶防癌研究项目被哥伦比亚大学1997年年报列为杰出研究成果。1998年获中国卫生部研究成果三等奖。曾任美国新泽西理工大学教授、生物信息与系统研究中心副主任，国际茶业科学文化研究会常务副会长，先后从事药学、生物学、环境、癌变机理及肿瘤防治研究，致力于茶叶的科学研究，推广中华茶叶文化。

许津恕 1945年9月生，别桥行政村虞缪村人，教授。1968年毕业于大连工学院，后入大连轻工业学院工作。1983年赴加拿大多伦多大学机械系为访问学者，从事机构理论及有限元方法两方面的研究。1985年回大连轻工业学院任教授。1988年应邀赴多伦多大学任机械学教授、博士生导师。加拿大安大略省注册职业工程师。

吕德雄 1951年8月生，合星行政村人，中共党员，教授。1977年毕业于南京大学政治系哲学专业。1999年11月任金陵职业大学党委书记，2000年3月～2011年8月任南京晓庄学院党委书记，曾兼任南京社科联副主席、市哲学学会副会长、中国陶行知研究会秘书长。

马相武 1958年2月生，马家行政村马家村人，中国人民大学教授、博士生导师，文艺评论家。1982年毕业于北京大学中文系，1988年获北京大学中文系当代戏剧专业硕士学位，1991年获当代文学专业博士学位，是年任教于北京大学文学院。长期从事当代文化研究与文艺评论，著有《二十一世纪文化观察》《中国当代戏剧讲演录》《旋转的第四堵墙（欧美戏剧史话)》等，编及主编有《季羡林散文集》《阿尔卑斯的黑发》《东方生活流一新写实小说精选》《吾城——文化名人眼中的乡土之城》《五洲华人文学概观》等，发表《论文艺原创性》等学术论文数十篇。

陈家骅 1960年4月生，别桥集镇人，加拿大英属哥伦比亚大学教授。1978年考入中国科技大学数学系。1982年考入中国科学院系统科学研究所攻读数理统计，获硕士学位，留所工作两年。1990年获美国威斯康星大学数理统计博士学位。1996年在加拿大滑铁卢大学从事博士后研究，任教于统计与精算学系，2001年获终身教授职位。2005年当选国际数理统计学会会士、获加拿大统计学会年度奖CRM-SSH Prize。任2005～2006年泛华统计协会主席。2007年被英属哥伦比亚大学聘为加拿大一级讲座教授。2009年当选美国统计协会会士。有70多篇论文在国际顶级学术期刊发表。

郑玉良 1962年2月生，湖边行政村浪圩村人。美国北卡罗来纳大学夏洛特分校教授、信息安全与保障中心主任，国际密码学与信息安全专家，重要密码体制签密方案的奠基者。1982年毕业于南京工学院计算机专业。1988年获日本横滨国立大学硕士学位，1991年获密码学博士学位。先后在澳大利亚 Wollongong 大学和 Monash 大学任教。2001 年以全球前十位信息安全专家身份受聘为北卡罗来纳大学夏洛特分校教授。2009 年被聘为山东大学长江学者。国际重要五大密码会议之一 PKC 的两个发起人之一，兼任多个密码学与信息安全国际会议的主要策划者和学术组织者，国际期刊 Computer Journal 副主编、IEEE Transactions on Information Theory 特邀编辑。

吕忆农　1962 年 7 月生，镇东行政村诸泗村人。中共党员，南京工业大学教授、博士生导师。南京工业大学材料科学与工程学院党委书记、材料化学工程国家重点实验室副主任、南京工业大学现代分析中心常务副主任，兼任江苏省电子显微学会理事长、江苏省分析测试协会常务理事和电镜专业委员会主任、江苏省硅酸盐学会工艺岩石物理化学测试专业委员会主任等职。1982 年南京化工学院本科毕业后留校工作，1987 年获硕士学位。2000 ～ 2001 年日本静冈大学高级访问学者。主要科研项目有江苏省环保基金项目《环境协调型无铅铁电压电陶瓷的研制与开发》、国家重大基础研究计划“973”项目子课题《高介稳阿利特微结构和熟料矿物相组成优化—阿利特微结构演变规律与调控》、江苏省高校重大自然科学研究项目《钙钛矿型无铅压电陶瓷微结构与性能关系基础研究》。获多项授权专利。1993 年获国家教委科技进步一等奖、江苏省优秀教学成果二等奖，2003 年获国家航海学会科技进步二等奖，2008 年获江苏省科技进步一等奖，2013 年获国家科技进步二等奖。

陈庆生　1962 年 8 月生，马家行政村诸里村人。中共党员，园艺专业硕士研究生，研究员。江苏省林业科学研究院院长、党委书记，江苏省林学会副理事长，《江苏林业科技》主编。主要从事园艺及林木遗传育种研究，获国家科技进步奖二等奖 1 项、农业部科学技术推广奖二等奖 1 项、农业部农业丰收奖一等奖 1 项、省农业技术推广奖一等奖 2 项。

童志伟　1962 年 8 月生，道成行政村童家村人。淮海工学院化学工程学院院长、教授。2000 年毕业于日本爱知工业大学应用材料专业，获工学硕士学位。2003 年毕业于日本名古屋大学结晶材料专业，获工学博士学位。曾任日本学术振兴会（JSPS）和日本科学技术振兴机构 (JST）博士后研究员、首都大学东京客座教授。中国科技部国际合作项目同行评审专家，连云港市化学化工学会理事长。江苏省“蓝青工程”中青年学科带头人、全国优秀教师、江苏省有突出贡献中青年专家、江苏省第四期“333 高层次人才培养工程”第二层次培养对象，连云港市“五一劳动奖章”获得者、连云港市“劳动模范”。在国际权威杂志发表学术论文数十篇。2008 年获国家自然科学基金项目资助，教研成果获中国商业联合会 2013 年全国商业科技进步三等奖。

高福荣　1962 年 8 月生，前程行政村下尖圩村人。香港科技大学讲座教授、博士生导师。1985 年毕业于华东石油学院自动化系，1989 年和 1993 年分别获麦吉尔（McGill）大学硕士、博士学位，后任澳大利亚 Moldflow 国际股份有限公司高级研究工程师。1995 年起受聘于香港科技大学。2007 年任香港科大霍英东研究院高分子成型过程及系统中心主任。2010 年当选美国塑料工程师协会（SPE）会士。2011 年任香港科大霍英东研究院副院长兼先进制造与自动化研究所所长。担任多个国际会议主席和多种国际著名期刊编辑、编委。在相关领域发表 SCI 论文 160 多篇，多次获不同国际会议和期刊的最佳论文奖。带领团队开展的项目“批次过程高性能控制系统基础理论研究”获教育部2012年“高等学校自然科学奖一等奖”。

谢科进 1962年10月生，前程行政村谢家坝村人。中共党员，教授，产业经济学硕士生导师，扬州大学商学院党委书记。兼任中国商业统计学会常务理事、中国世界经济学会理事、江苏省国际经济贸易学会常务理事、江苏省世界经济学会副会长、扬州市统计学会副会长、扬州市卫生经济学会副会长等职。主持和参与省部级科研项目5项，主编和参编教材5部，在《管理世界》《国际贸易问题》《财经研究》《世界政治与经济论坛》等专业杂志上发表论文30多篇。曾获江苏省优秀教育工作者、全国首届统计分析报告与论文评比二等奖、江苏省优秀教学质量二等奖、江苏省优秀二类课程奖、江苏省青年创业导师等奖励和荣誉称号。

马建富 1962年12月生，别桥行政村樊庄村人。中共党员，教授，硕士研究生导师，江苏理工学院人文社科处处长，南京师范大学兼职教授。1986年毕业于南京师范大学教育系。江苏省高校教学名师、江苏教育咨询委员会委员、江苏省职业技术教育学会学术工作委员会委员、江苏省决策咨询研究基地专家、江苏省“333高层次人才培养工程”首批中青年科学技术带头人、江苏省重点培育学科“职业技术教育学”学科方向带头人、常州市“五一劳动奖章”获得者。主持国家、省部级课题6项、厅级课题18项，发表学术论文120多篇。著有《社会转型与中国农村职业教育发展道路的选择》及主编《职业教育学》等十余部。负责的“职业教育学”被评为国家精品资源共享课、江苏省高校一类精品课程，《职业教育学》教材被列为全国“十一五”规划教材、江苏省高校精品教材。2次获江苏省高校优秀教学成果二等奖，负责的团队被评为江苏省高校优秀教学团队，获江苏省第十二届、十三届哲学社会科学优秀成果三等奖、江苏省第二届教育科学优秀成果三等奖。

陈建明 1963年1月生，镇东行政村中里村人。中共党员，硕士生导师，徐州工程学院商学院党委书记、教授。徐州市优秀专家，兼任中国企业管理研究会常务理事、江苏省生产力学会常务理事、江苏省会计教学研究会副会长、徐州市管理学会常务副会长、徐州金融发展研究中心常务副主任、徐州中小企业发展研究中心主任、江苏省徐州中小企业培训基地主任。在《经济动态学》《经济管理》等经济管理类期刊上发表学术论文40余篇，出版专著5部、编写教材7部，主持省部级课题7项、市厅级课题12项、横向课题9项。获省部级优秀科研成果一等奖1项、二等奖2项、三等奖5项，获市厅级优秀科研成果一等奖2项、二等奖5项、三等奖6项。

童　玉 女，1963年8月生，道成行政村童家村人。卫星导航技术专家、美国迈阿密大学工学院教授。1983年毕业于南京大学物理系。1985年赴美国留学。1991年获美国宾夕法尼亚大学电机博士学位、密执安大学空间和物理实验室博士后。1999年被迈阿密大学工学院聘为终身教授。美国导航学会（ION）卫星部副主席、全球华人导航定位协会（CPGPS）主席。主持2011美国导航学会第24届全球卫星导航系统年会（ION　GNSS）。在2013第四届中国卫星导航学术年会上，童玉作了名为“电离层和空间气象对GNSS的影响—从干扰到机会信号”的特邀报告。

万定生 1963年9月生，玉华山行政村西沈村人。河海大学计算机与信息学院教授、硕士生导师，河海大学计算机与信息学院副院长、水资源高效利用与工程安全研究中心副主任。先后主持和参与了国家973、863计划、国家科技支撑计划、水利部948和水利信息化科研专项等

20多项大型科研项目的研发和推广应用。在国内外学术期刊和国际会议上发表学术论文40多篇。参与的项目“葛洲坝水力发电厂水库调度业务综合系统”获2001年河海大学科技进步一等奖，“江苏省水利基础数据库系统总体详细设计报告”获2006年全国优秀工程咨询成果三等奖、江苏省优秀工程咨询成果一等奖，“江西省水文水资源科学数据共享平台”获2013年赣鄱水利科学技术奖二等奖，“水文时间序列数据挖掘研究及应用”获2013年江苏省水利科技优秀成果奖二等奖，“全国水利普查空间信息系统构建与应用”获2013年中国测绘科技进步奖特等奖。

朱国强　1964年3月生，合星行政村后马场村人。中共党员，教授，博士生导师，扬州大学兽医学院预防兽医学系主任。山西大学客座教授。第一届全国动物防疫专家委员会大动物病专家组副组长，江苏省规模猪场建康养殖公共技术服务中心副主任，动物重大疫病研究教育部创新团队主要骨干成员，世界禽病学会会员，美国微生物学会会员，科技部国际科技合作同行专家，教育部留学回国人员科研启动基金评审专家，中国博士后基金评审专家。《中国兽医学报》《中国预防兽医学报》《中国家禽》杂志编委。曾任中国农科院家禽研究所客座研究员，美国宾夕法尼亚大学兽医微生物学博士后研究员、高级访问学者，加拿大麦基尔大学和北美奶牛乳房炎研究协会兼职助理研究员，马里兰大学高级访问学者，南爱荷达州立大学传染病研究中心主任和疫苗中心高级访问学者。1998年被评为江苏省普通高校优秀青年教师，江苏省六大高峰人才，2000年被评为江苏省高校产业先进个人，2013年当选江苏省百篇优秀博士论文指导教师、扬州大学高端人才支持计划首批领军人才。获江苏省农业科技进步奖一等奖4次，江苏省科技进步奖二等奖2次，林业部科技进步奖三等奖1次。

宋贵宝　1964年10月生，绸缪行政村绸缪村人。中共党员，硕士生导师，海军航空工程学院飞行器工程系导弹总体教研室教授、海军导弹技术发展研究室主任、管理科学与工程一级学科硕士点负责人，海军战术导弹可靠性工作专家组成员，军队科技进步奖海军导弹装备组评审专家。1986毕业于海军航空工程学院导弹总体工程专业，留校工作。2004年获航空工程硕士学位。长期从事海军战术导弹武器系统的论证、维护保障、作战使用、效能评估和全寿命管理等方面的教学和科研工作。发表学术论文150余篇。获全军育才奖银奖，海军优秀课程二等奖1次、院校级教学成果奖2项，军队科技进步奖一等奖2项、二等奖3项、三等奖12项。立三等功2次。出版专著1部，主编教材5部、参编教材10部，获海军优秀教材一等奖1部、二等奖2部。

陆克寒　1964年12月生，后周行政村人。中国民主同盟盟员，常州工学院人文学院副院长、教授，文学评论家。江苏省作家协会会员，江苏省中国现代文学学会常务理事，江苏省瞿秋白研究会常务理事、学术委员会委员，常州市作家协会副主席兼秘书长，常州市文艺评论家协会副主席，常州市科普创作协会理事长，扬州大学兼职硕士生导师。长期在高校从事中国现代文学的教学、研究工作，校重点学科中国语言文学学科带头人。著有《“文人”：启蒙与革命—瞿秋白的思想个案》《李伯元评传》等学述论著。在全国中文核心期刊发表学术论文40多篇。创作小说、散文60余篇。3次获江苏省哲学社会科学优秀成果奖三等奖，1次获江苏省文学评论三等奖。

葛力明　1965年2月生，后周行政村东头村人。中共党员，博士生导师，美国新罕布什尔大学终身教授，中科院数学与系统科学研究院研究员。1984 年毕业于北京大学数学系获学士学位。1987 年获曲阜师范大学数学系硕士学位，考取中国科技大学博士研究生。1995 年获美国宾西法尼亚大学数学系博士学位。曾获美国 NSF 博士后基金资助。1998 年获美国“青年科学家总统奖”。应邀在 2002 国际数学家大会（ICM）上作 45 分钟报告。2000 年入选中国科学院“百人计划”。2004 年度北京大学长江学者特聘教授。

童　平　女，1965 年生，道成行政村童家村人，医学博士。1985 年毕业于南京药学院，就职于解放军 302 医院药物研究室，任助理研究员。1993 年赴美留学，先后就读于美国托莱多大学、威斯康星大学，获博士学位。2000 年后就职于美国伊利诺伊州雅培药业公司，先后任研究员、资深研究员、主任研究员，负责高难度新药药物制剂研究课程攻关。在美国药学尖端文献上发表科研论文十余篇，获得多项技术专利。

王瑞康　1968 年 6 月生，黄金山行政村黄金山村人。博士生导师，美国华盛顿大学（西雅图）生物工程系和眼科学系终身教授，东北大学秦皇岛分校兼职教授。1988 年获天津大学精密仪器工程系学士学位，1990 年获硕士学位，1995 年获英国格拉斯哥大学博士学位并进行两年博士后研究，先后担任基尔大学医学院生物成像科学讲师和高级讲师。2001 年度天津大学长江学者特聘教授。2002 年作为英国克兰菲尔德大学生物医学光学首席教授创立了生物光子成像实验室。2005 年受聘为美国俄勒冈医科大学终身教授。美国光学学会 (OSA)、国际光学工程学会 (SPIE) 和美国医学及生物工程研究院会员（Fellow)。长期从事生物医学光学检测技术及其临床应用的研究工作。担多个任国际重要学术刊物特邀编委。获多项国际发明专利。

杨容伟　1969 年 5 月生，西庄行政村龙梢头村人。博士生导师，美国纽约州立大学奥尔巴尼分校数学统计系教授。上海科技大学本科毕业，复旦大学研究生毕业。1998 年获美国纽约州立大学石溪分校数学博士学位，1998 至 2001 在美国佐治亚大学攻读博士后。研究领域为多变量算子理论、泛函分析、多变量复分析等。

马晓红　女，1970 年 2 月生，黄金山行政村人，美国宾夕法尼亚大学教授。1991 年、1994 年分获中国药科大学中医系学士、硕士学位，1997 年获南京医科大学博士学位并在药理系工作。后为中国药科大学中医系讲师，中国医学科学院北京协和医学院药物研究所药理学博士后、副教授。2000 年 12 月起，先后在纽约州立大学布法罗分校生理学系工作，宾夕法尼亚大学神经科学系工作，宾大费城儿童医院小儿科神经生物学部从事神经科学研究。

吴福保　1972 年 2 月生，北山行政村曹夹村人。中共党员，硕士生导师，博士，研究员级高级工程师。2000 年获东南大学控制理论与控制工程博士学位，后进入国电自动化研究院工作，2012 年进入中国电力科学研究院工作。曾任中国电力科学研究院新能源研究所副所长，2013 年任中国电力科学研究院南京分院南京综合管理中心副主任。江苏省“333 高层次人才培养工程”首批中青年科学技术带头人，全国电力系统管理及其信息交换标准化技术委员会委员、全国电力储能标准化技术委员会委员、中国电机工程学会能源系统专业委员会委员。在国内外核心刊物发表论文 40 余篇，申请多项专利，牵头和参与多项国家标准和行业标准的编制。曾获江苏省科技进步奖一等奖、国家电网公司科技进步奖一等奖、三等奖，中国电工技术学会二等奖，吉林省科技进步奖三等奖，南京市科技进步奖一等奖。

陈润锋　1977年1月生，马家行政村诸里村人。中共党员，博士生导师，南京邮电大学信息材料与纳米技术研究院/材料科学与工程学院教授，有机电子研究所所长。1995年至2002年就读于同济大学材料学院，先后获得高分子材料科学与工程学士和材料学硕士学位。2002年至2003年在中科院上海有机所做研究工作。2006年获复旦大学物理化学专业理学博士学位。2006年至2007年在新加坡南洋理工大学做博士后研究。2006年起任教于南京邮电大学。2012年至2013年新加坡国立大学访问学者。在国际期刊发表70余篇SCI学术论文。获授权国家发明专利7件。主持多项国家级、省级科研项目。江苏省杰出青年基金获得者、江苏省“333高层次人才培养工程”第二层次培养对象、江苏省六大高峰人才、江苏省“青蓝工程”中青年学术带头人。2008年获江苏省科技进步二等奖，2011年被评为南京邮电大学先进工作者，2013年获江苏省教学成果奖一等奖。

二、中小学校

杨定浩　1936年8月生，西马行政村下梅村人，小学高级教师。1981年12月在竹箦中心小学任教时评为江苏省优秀少先队辅导员。

阮道金　1941年11月生，湖边行政村闸口村人。中共党员，原溧阳市湖边乡闸口小学校长。1993年被评为全国优秀教师。

罗金保　1945年6月生，塘马行政村观阳村人。中共党员，小学高级教师，曾任溧阳市教育局副局长。1983年在后周乡巷上小学任教时被评为全国优秀班主任，获金质奖章。1984年7月获全国优秀少年先锋队辅导员称号。

孙仁华　1947年10月生，小石桥行政村小石桥村人。中共党员，中学高级教师。曾兼任江苏省教育学会理事、考试专业委员会副秘书长。1989年9月任竹箦中学校长时被评为全国优秀教育工作者。

吕　芳　1950年4月生，塘马行政村新典村人。中共党员，原后周中学体育老师，后任溧阳市体育运动委员会主任、体育局局长。1981年获江苏省优秀教练员、江苏省优秀园丁称号。1982年6月被评为常州市劳动模范。1985年5月被评为江苏省优秀教育工作者。

戴秋芳　1952年10月生，后周行政村戴家村人，小学高级教师。1989年10月在后周小学任教时被评为江苏省体育先进工作者。

焦裕庆　1959年8月生，后周行政村靠村村人。中共党员，小学高级教师。1989年10月在后周小学任教时被评为江苏省优秀教育工作者。

王定新　1962年7月生，后周行政村诸社村人。中共党员，中学高级教师。江苏省常州高级中学校长、党委副书记、常州市教育局副局长。常州市政协委员，常州市“831工程”科学技术带头人，江苏省“333高层次人才培养工程”首批中青年科学技术带头人，江苏省有突出贡献中青年专家，国家级骨干教师培养对象。

童春芳　女，1968年12月生，道成行政村童家村人。中共党员，中学高级教师。1997年9月在古渎中心小学任教时被评为江苏省中小学优秀班主任。

周雨明　1969年7月生，两湾行政村周家湾村人。中共党员，中学高级教师。2013年8月调入溧阳市教师发展中心工作。参与《名师同步教学设计》等多本图书的编写，60 多篇论文在《中国教育学刊》《江苏教育研究》等刊物上发表或各类评比中获奖。1999 年 12 月参与省级“三类课程优化组合，全面提高学生素质”获常州市一等奖。2001 年 9 月获常州市科研成果一等奖。获“江苏省青年教师新秀”称号。2002 年 3 月获全国中小学德育论文评选一等奖，获江苏省优秀教育论文二等奖。2005 年 9 月成为常州市“831 工程”二期培养对象，2008 年 8 月被评为江苏省第十批语文特级教师，2009 年 11 月成为常州市“831 工程”科学技术带头人。

史珍芳 女，1972 年 3 月生，别桥集镇人。中共党员，小学高级教师，别桥中心小学教导处副主任。2009 年 9 月被评为全国优秀教师、全国中小学优秀班主任。

第三节 文体卫生界

一、文化界

阮荣春 1950 年生，湖边行政村湖塘村人。中共党员，画家、美术史论家、教授、博士生导师，中国美术家协会会员。1974 年毕业于南京师范大学美术系，1985 年获南京艺术学院硕士学位，1998 年获日本早稻田大学文学博士学位。历任南京艺术学院副院长、上海大学艺术研究院院长、华东师范大学艺术研究所所长。兼任国务院学位委员会第六届学科评议组成员，《画院》《中国美术研究》杂志主编，中国艺术家协会理事。出版《中国美术史》《中国美术考古学史纲》《丝绸之路与石窟艺术》《佛教南传之路》《中华民国美术史》《佛陀世界》等专著 20 余部。出版《仁智之乐 -- 阮荣春的艺术世界》《气韵格法 -- 阮荣春中国画集》等多部画集。参加“中国首届十大山水画家作品展”“阮荣春中国画全国巡回展”“江南行 -- 新院体中国画师生四人展”等个展及联展。1998 年起享受国务院政府特殊津贴。2004 年获江苏省政府哲学社会科学先进工作者称号。

姚卫伟 1955 年 2 月生，后周行政村周家背村人。中共党员，江苏教育出版社编审，《全国优秀作文选》《全国中学生作文精品分类大全》主编。江苏省教育学会常务理事、江苏省教育学会校园文学专委会理事长、江苏省考试研究会副会长。发表教育评论、文学鉴赏、散文、报告文学、新闻特写等 500 余万字。著有《当代中学生道德世界》《作文真说》《姚卫伟百场写作辅导精华》《一路风景》《闪亮的日子》《姚卫伟散文精选百篇》。主持包括《中国当代散文大系》（五卷本）等多种文化工程的编纂工作。

李金芳 1964 年 7 月生，后周行政村诸社村人。中共党员，江苏省书法院常务副院长、江苏省文化厅艺术处副调研员。1982 年入伍，1991 年毕业于解放军艺术学院文学系，服役期间立二等功 2 次、三等功 10 次。曾任武警江苏总队新闻站站长、中央电视台《中国武警》栏目编导、中国电视艺术家协会纪录片委员会理事。2009 年转业。

史　敏 女，艺名史依弘，1972 年 6 月生，湖边行政村长桥村人。国家一级演员，第十、十一届上海市政协委员，第十二届全国政协委员。1989 年毕业于上海戏曲学校。1990 年进入上海京剧院。1991 年以《火凤凰》获全国中青年京剧演员电视大赛优秀表演奖。1993 年被评为首届上海十佳优秀青年演员。1994 年以《扈三娘与王英》中扈三娘一角获第十一届中国戏剧“梅花奖”，获第五届上海戏剧“白玉兰奖”，被评为首届“中国京剧之星”。1995年被评为国家一级演员。1996年进入首届中国京剧优秀青年演员研究生班，1999年毕业。1998年获首届“上海文化新人”称号。1999年获第六届“上海十大杰出青年”称号。2007年获“上海领军人才”称号。2009～2010年度上海市“三八红旗手标兵”。获评2011年度“上海市优秀中青年艺术家”称号。2012年被评为全国“三八红旗手”。

二、体育界

陆凤鸣　1951年12月出生，马家行政村北杨庄村人。中共党员，光华中学高级教师。1980年被评为篮球国家一级裁判，1992年被国家体委评为最佳体育教师，2005年被国家体育总局评为优秀教练员。

李　敏　女，1976年2月生，古渎行政村董家舍人（婚嫁）。中共党员，高级教练员。6岁进入业余体校学游泳。1993年进入国家花样游泳队并获全国花样游泳赛规定动作B组冠军；1994年全国花样游泳锦标赛双人赛冠军、广岛亚运会花样游泳双人赛亚军；1995年德国花样游泳公开赛双人赛亚军、全国花样游泳双人赛冠军、亚特兰大奥运会花样游泳赛团体第七名；1996年全国花样游泳赛规定动作个人冠军；1997年全国花样游泳冠军赛规定动作A组个人冠军、第八届世界杯花样游泳赛团体第四名、第八届全运会花样游泳赛女子单双人全能冠军；1998年珀斯世界游泳锦标赛花样游泳双人赛第六名、纽约第四届世界友好运动会花样游泳赛团体第六名、全国花样游泳锦标赛A组双人冠军、曼谷亚运会花样游泳双人赛季军；2000年悉尼奥运会花样游泳双人第七名；2001年九运会花样游泳个人单项亚军。2013年任北京花样游泳队和中国花样游泳队教练。

高海玉　女，1979年2月生，合星行政村战胜村人。1994年作为射击运动员被南京军区射击队特招入伍，从事女子移动靶专项训练，10月在济南举行的全军射击比赛中获女子10米移动靶冠军、立三等功1次；1995年在安徽合肥举行的华东射击比赛中获女了移动靶冠军，在西宁举行的全国个人赛中获女子10米移动靶亚军，在河北举行的全国射击锦标赛中获女子移动靶亚军，在昆明举行的全军射击比赛中获女子移动靶冠军、立三等功1次；1996年在沈阳举行的全军射击比赛中获女子10米移动靶第四名、立三等功1次；1999年在徐州举行的全国射击比赛中获女子移动靶亚军。

芮留铭　1995年2月生，后周行政村诸社村人。2006年进入溧阳市少体校练举重，2008年进入常州技巧队转项练技巧，2011年进入江苏省技巧队训练。2009年获全国技巧冠军赛青少年组第二名，2010年获江苏省运会第二名和全国技巧冠军赛青少年组冠军，2011年获全国技巧冠军赛青少年组冠军，2012年获全国技巧冠军赛青少年组冠军，2013年获全国技巧锦标赛成年组亚军，获在哈萨克斯坦举行的亚洲技巧锦标赛男子四人组冠军。2013年7月被国家体育总局授予运动健将称号。

沈　铎　女，1997年6月生，前程行政村谢家坝村人。2003年进入常州少体校训练。2010年获省运会50米、100米自由泳、400米个人混合泳和100米仰泳金牌，是年进入江苏省游泳队；2012年全国游泳冠军赛100米自由泳成绩达伦敦奥运会A标，被国家体育总局授予运动健将称号；2013 年获全国游泳冠军赛女子 200 米自由泳亚军并达到世锦赛 A 标，获第十二届全运会女子 200 米自由泳亚军，是年入选国家队，获全国游泳锦标赛女子 200 米自由泳冠军。

三、医疗卫生界

沈云志 1946 年 10 月生，镇东行政村中里村人。常州市第一人民医院消化内科主任、教授、主任医师，苏州大学博士生导师，享受国务院政府特殊津贴。1970 年毕业于南京医学院。江苏省中西医结合学会消化系统专业委员会副主任委员、中华医学会江苏省消化分会委员、常州市医学会理事、常州市消化内镜学会主任委员。江苏省、常州市科技评审委员，苏州市科技评审特聘专家。擅长消化系统，重症胆管炎、胰腺炎、胆道结石的内窥镜治疗。《中华消化内镜杂志》《江苏临床医学杂志》《重庆医学》编委，《国外医学 · 消化系疾病分册》《中华腹部疾病杂志》特邀编委。科研课题“胆道子母镜临床应用研究”获 1999 年国家级国防科学技术奖二等奖，“内镜综合治疗难治性多发性胆管结石”获 2004 年获江苏省卫生厅一等奖、个人排名第一，“食管静脉曲张破裂大出血的急诊硬化治疗”获 2005 年江苏省卫生厅一等奖、个人排名第三。常州市第五届科学技术杰出贡献奖、常州市科技之星获得者。

石勤生 1947 年 10 月生，绸缪行政村玉堂村人。中共党员，主任中医师。1975 年毕业于江苏新医学院，1986 年调入溧阳市中医院工作。江苏省中医药学会第二届老年医学专业委员会委员，常州市中西医结合老年病专业委员会委员。擅长肝胆疾病的中西医诊治及中医内科杂病诊治。撰写的《补中益气汤临床运用举隅》《眩晕从脾论治》等多篇论文在国家级、省级专业期刊发表。1993 年被评为江苏省中医药系统先进工作者。

李扣娣 女，1948 年 2 月生，绸缪行政村玉堂村人（婚嫁）。主任中医师。1975 年毕业于江苏新医学院，1983 年调入溧阳市中医院工作。长期从事中医妇科专业，在省级医学期刊发表专业论文多篇。1998 年被评为江苏省中医药科技教育先进工作者。

阮敖林 1950 年 1 月生，湖边行政村闸口村人。中共党员，主任中医师。1975 年毕业于江苏新医学院，1981 年后历任中医院副院长、院长、党总支书记。曾兼任江苏省中医药学会第八届理事会理事、常州市中医药学会妇科分会主任委员、溧阳市中医学会会长。擅长治疗各种妇科疾病。在省级医学期刊发表论文多篇。溧阳市十二届人大代表。

马菊红 女，1950 年 7 月生，湖边行政村中观里村人。中共党员，主任医师。退休前在溧阳市疾控中心工作。1978 年毕业于苏州医学院。长期从事基层卫生管理、妇儿保及血寄地防工作。在国家、省级医学期刊发表论文多篇。

王玉芬 女，1961 年 6 月生，别桥行政村前王村人。中共党员，主任医师。1983 年调入溧阳县人民医院工作，后任儿科副主任、主任。常州市医学会儿科学组委员。撰写的《小儿哮喘误诊为反复呼吸道感染 37 例》《小儿溺淡水 43 例救治体会》《肝素雾化吸入佐治婴幼儿哮喘 60 例疗效观察》等多篇论文在国家、省级专业刊物发表。

张彩英 女，1962 年 1 月生，后周集镇人。中共党员，后周卫生院医师。1983 年获江苏省三八红旗手称号，1994 年被评为全国计划生育万例手术无事故先进个人。

徐云芳 女，1962 年 3 月生，古渎行政村五荡湾村人。中共党员，教授，主任医师。1985

年毕业于南通医学院，同年分配到溧阳县人民医院从事儿科医疗工作，后任儿科主任。常州市医疗事故鉴定专家库成员、常州市计划生育病残鉴定专家组成员、常州市医学会儿科学会委员、常州市医学会新生儿分会副主任委员。自1997年起率先在二甲医院中创建新生儿无陪病房以来，用CPAP、静脉营养等技术成果抢救了数千例危重新生儿及早产儿、极低体重儿的生命。撰写的《早期应用微小剂量肝素预防危重新生儿并发DIC的临床探讨》《新生儿窒息后血糖异常临床意义探讨》《危重病儿合并低钠血症58例临床分析》等10余篇论文在国家、省级专业刊物发表。

马忠平　1964年11月生，湖边行政村湖塘村人。中共党员，主任医师、教授。1987年毕业于徐州医学院临床医学系。溧阳市人民医院妇产科主任、产科急救中心主任。江苏省抗癌协会妇科肿瘤专业委员会委员、常州市医学会妇产科专业委员会副主任委员、常州市卫生科技管理专家、常州市医疗事故技术鉴定专家、常州市"831"工程第一层次培养对象、溧阳市医学会妇产科专业委员会主任委员，溧阳市围产协作组组长。由他主持的"中国围产儿出生缺陷监测及高危发生缺陷的病因学探讨"项目获1995年国家科技进步奖三等奖，"经腹semi式子宫切除术的改进"获2004年江苏省医学新技术引进一等奖，"改良的经阴道次全子宫切除术"获2005年江苏省医学新技术引进二等奖。在国家、省级刊物发表医学论文30余篇。获常州市卫生科技之星、溧阳市"十佳"优秀科技工作者、溧阳市专业拔尖人才等称号。享受溧阳市政府津贴。

陈欣杰　1966年4月生，绸缪行政村森巷村人。溧阳市中医院副院长、主任中医师。江苏省中西医学会骨伤科专业委员会委员、常州市医学会医疗事故技术鉴定专家，常州市第十四届政协委员、溧阳市无党派代表人士联席会会员。擅长中西医结合手段治疗骨伤科疾病。完成省级科研1项。《锁骨钩钢板治疗肩锁关节脱位并锁骨外侧端骨折13例》等20余篇论文在国家、省级专业刊物发表。

孙菊娣　女，1966年4月生，绸缪行政村滩头村人。主任医师。1991年毕业于南京医学院，分配到溧阳市中医院工作，后担任儿科主任。常州市医学会儿科学分会和新生儿科学分会委员、常州市医学会医疗事故技术鉴定专家、常州市孕产妇死亡和5岁以下儿童死亡评审专家。擅长儿童性早熟、矮小症、婴幼儿喘息性疾病、儿童哮喘、腹泻等疾病的诊治。《不同年龄组小儿肺炎支原体肺炎的临床特点及其相关分析》等10余篇论文在国家、省级医学期刊发表。

车志豪　1970年11月生，古渎行政村车家村人。杭州市第一人民医院神经外科主任医师。1993年毕业于苏州医学院临床医疗系，2000年获神经外科硕士学位。曾在上海神经外科研究所广东脑科医院学习和工作。擅长颅内各部位肿瘤和动脉瘤的显微手术、癫痫的外科治疗和立体定向技术在神经外科的应用。《鞍区肿瘤术后低钠血症临床诊断和处理》等数十篇论文在国家、省级医学期刊发表。

第四节　工商业、农业界

马时中　1932年3月生，马家行政村马家村人。中共党员，中国纺织机械工业总公司教授级高级工程师，兼任中国纺织工程学会染整专业委员会顾问。1954年毕业于华东纺织工程学院印染机械系，分配到纺织部机械局设计公司工作，后转入纺织工业部研究院。1965 年调入纺织机械工程总公司，长期从事印染和机械设备的设计。60 年代初研究超声波在纺织工业上的应用，获 1965 年全纺纺织工业部成果奖。获 1990 年度纺织工业部双文明建设先进个人。编著有《轧洗烘蒸单元机械—设计制造与使用》，在《纺织机械》《北京纺织》等期刊发表论文数十篇。

杨凤英 女，1933 年 1 月生，别桥行政村北巷村人。1988 年 4 月被评为常州市劳动模范。

吕兆荣 1939 年 10 月生，镇东行政村诸泗村人，中共党员。1984 年在任溧阳县别桥电缆厂厂长时被评为常州市劳动模范。

缪小福 1946 年 12 月生，绸缪行政村东马村人。获“溧阳市 2010 年度感动之星”称号，并被评为常州市见义勇为先进分子。2012 年被中央文明办秘书局、中国文明网评为“中国好人”。入选“常州好人榜”、“江苏好人榜”、江苏省见义勇为先进分子。

雍志仁 1947 年出生，别桥行政村北巷村人，中共党员。1984 年在任别桥粮油管理所办事员时被评为常州市劳动模范。1984 ～ 1986 年，连续三年被江苏省粮食厅评为先进工作者。

符炳川 1948 年 7 月生，道成行政村符家村人，中共党员。1999 年被评为常州市劳动模范，2001 年被评为江苏省劳动模范。

戴富庆 1949 年 10 月生，前程行政村前程村人。中共党员，曾任别桥镇农业技术推广站站长。1999 年被评为全国农业技术推广先进工作者。

金训华 1951 年 12 月生，道成行政村金家桥人，中共党员。1988 年 4 月被评为常州市劳动模范。

葛小桥 1952 年 12 月生，后周行政村葛家村人。1999 年 4 月被评为常州市劳动模范。

石小毛 1953 年 1 月生，绸缪行政村玉堂村人，中共党员。1996 年 5 月被江苏省司法厅评为防止民间纠纷激化先进个人。

顾金龙 1954 年 9 月生，绸缪行政村文航（巷）村人，中共党员。1984 年被评为常州市劳动模范。

王庚娣 女，1955 年 5 月生，湖边行政村陆家湾村人。1985 年 3 月被评为江苏省劳动模范。

马山华 女，1955 年 8 月生，别桥行政村陈巷村人。1994 年、1996 年被评为常州市劳动模范，1995 年被评为江苏省三八红旗手，江苏省第八届、第九届人大代表。

陈志达 1957 年 10 月生。古渎行政村东溪村人，中共党员。1994 年任古渎乡东溪村党支部书记时被评为常州市劳动模范。

何木林 1957 年 10 月生，后周行政村葛家村人，中共党员。1988 年 4 月被评为常州市劳动模范。

王球娣 女，1958 年 7 月生，别桥行政村虞缪村人。1990 年 4 月在别桥丝织地毯厂当工人时被评为常州市劳动模范。

徐小林 1961 年 2 月生，塘马行政村观阳村人。中共党员，高级工程师，常州东风农机集团有限公司总经理，常州市人大代表。2013 年被中国农机流通协会授予全国农机流通行业“终身荣誉奖”，是年 7 月被评为江苏省优秀企业家，“2013 年度常州市五一劳动奖章”获得者。

李建卫 1961 年 6 月生，马家行政村诸里村人。中共党员，农业技术推广研究员，溧阳市农林局作物栽培技术指导站站长。2003 年被常州市政府授予 2001—2002 年度常州市中青年专业技术拔尖人才称号；2007 年入选江苏省“333 高层次人才培养工程”首批中青年科学技术带头人；2008 年被评为全国科技减灾促春耕先进个人；2009 年被评为全国粮食生产先进工作者，江苏省优秀科技特派员；2012 年被评为全国粮食生产突出贡献农业科技人员（享受全国劳模待遇）；在《中国稻米》《上海农业科技》等国家、省级期刊发表论文十余篇。获江苏省农业技术推广奖二等奖 1 次、三等奖 1 次，农业部丰收奖三等奖 3 次，省丰收奖二等奖 1 次、三等奖 3 次。拥有专利 3 项。

焦裕松　1962 年 4 月生，后周行政村靠村人。中共党员，研究员、硕士生导师。1982 年毕业于哈尔滨工业大学液压专业，1988 年西北工业大学硕士研究生毕业，2010 年西北工业大学博士研究生毕业。历任中国航空研究院 609 所设计员、研究室副主任，609 所副总工程师、总工程师、所长，中航工业金城集团董事长、总经理等职。主持完成的综合空中模拟变稳系统总体设计、技术攻关获航空部一等奖。主持“八五”预研和飞机主动控制技术试飞演示验证立航空部二等功 2 次。主持完成的操纵系统先进部件研究获集团司科技进步三等奖、国防科工委科技进步二等奖。2003 年起享受国务院政府特殊津贴。2007 年 4 月被确定为江苏省“333 高层次人才培养工程”首批中青年科技领军人才。

孔云生　1965 年 1 月生，塘马行政村下林桥村人。中共党员，高级工程师。1986 年毕业于南京工学院，先后在常州衡器公司、江苏正昌集团公司、江苏保龙农牧机械有限公司、布勒（常州）机械有限公司工作，兼任全国粉尘防暴标准化技术委员会委员。主编《饲料制料技术》《饲料加工设备维修》，获 4 项发明专利和 15 项实用新型名称专利。先后被评为常州市劳动模范、江苏省劳动模范、江苏省中青年有突出贡献专家、江苏省“333 高层次人才培养工程”首批中青年科学技术带头人、全国饲料工业科技进步先进工作者。2000 年 4 月被评为全国劳动模范。

李维新　1968 年 7 月生，竹箦洙汤清水塘人。江苏力乐汽车部件股份有限公司车间主任。2013 年 4 月被授予江苏省五一劳动奖章。

王雪洪　1971 年 7 月生，镇东行政村东关村人，中共党员。2002 年 4 月在别桥镇镇东村党支部书记任上被评为常州市劳动模范。

王海斌　1972 年 9 月生，玉华山行政村玉华山村人。中共党员，溧阳市海斌农机专业合作社理事长。2009 年被评为全国粮食生产大户；2011 年被评为常州市劳动模范；2012 年被评为常州市社会主义新农村建设模范带头人，是年 3 月被授予“全省种粮售粮大户”荣誉称号(享受省劳模待遇)。

第三章　烈士英名录（不含立传烈士）

史锁财　1902 年生，湖边行政村闸口村人。1944 年 3 月参加革命，溧阳后周区大队战士，

1944年3月在溧阳石塘桥因战牺牲。

郑留保 1909年11月生，湖边行政村浪圩村人。1945年5月入伍，华中野战军1师3旅8团3营9连战士，1946年7月在如皋加力因战牺牲。

马求法 1913年8月生，湖边行政村闸口村人。1945年入伍，新四军48团战士，1947年2月在莱芜战役牺牲。

刘清华 1922年6月生，湖边行政村长桥史家人。1940年3月参加革命，苏南茅山游击队队员，1942年在金坛张桥村因战牺牲。

丁琴仙 女，1926年4月生，湖边行政村浪圩村人。1944年10月参加革命，溧阳后周区大队民政干部，1945年10月北撤时因战牺牲。

张如保 1926年生，湖边行政村斗门湾村人。1946年8月入伍，华中野战军1师3旅8团3营9连战士，1946年在泰兴黄桥因战牺牲。

赵达保 1928年9月生，湖边行政村双桥村人。1950年5月入团，1953年2月入伍，志愿军24军70师208团7连战士，1953年6月在朝鲜二七五高地因战牺牲。

马香保 1931年10月生，湖边行政村闸口人。1950年3月入伍，志愿军68军204师610团6连战士，1953年7月在朝鲜金城因战牺牲。

范尧清 1933年4月生，湖边行政村浪圩村人。1953年2月入伍，是年6月入团，志愿军24军70师208团8连战士，1953年7月在朝鲜因战牺牲。

王田光 1926年7月生，湖边行政村王家头村人。1947年1月入伍，中国人民解放军第二野战军4兵团政治部战士，1950年1月在西藏剿匪战斗中牺牲。

姚锁芳 1909年生，镇东行政村土山村人。1939年参加革命，溧阳竹南区区大队战士，1945年在金坛因战牺牲。

胡洪林 1919年生，镇东行政村泗渎港村人。1945年入伍，中共党员，新四军6师十六旅46团3营9连战士，1946年在泰兴因战牺牲。

刘保林 1922年生，马家行政村马家村人。1938年入伍，新四军68团副连长，1945年在浙江天目山因战牺牲。

陈洪金 1924年生，马家行政村诸里村人。1945年8月入伍，中共党员，华东野战军4纵12师63团1营班长，1948年11月在淮海战役八家洋战场牺牲。

刘德昌 1925年生，马家行政村前园村人。1945年7月入伍，中共党员，华东野战军4纵12师36团特务营1连1排战士，1947年10月在滕县因战牺牲。

陈招龙 1928年生，马家行政村东桥村人。1948年入伍，新四军十六旅战士，在苏中因战牺牲。

史瑞洪 1928年生，马家行政村义亩头村人。1953年2月入伍，志愿军24军72师215团9连战士，1953年7月在朝鲜注字洞因战牺牲。

马坚白 1929年生，马家行政村马家村人。1949年2月入伍，第四野战军排长，1950年在柳州因战牺牲。

王炳法 1925年生，别桥行政村樊庄村人。1941年8月入伍，新四军十六旅48团1营2

连1排副班长，1945年2月在浙江孝丰石灰岭因战牺牲。

陈海虎　1925年生，别桥行政村太师庙村人。1945年入伍，志愿军20军59师175团1连副班长，1950年在朝鲜因战牺牲。

金富根　1926年生，别桥行政村老卜墩村人。1945年入伍，新四军1师3旅9团1营1排2班战士，1946年7月在泰兴宣家堡因战牺牲。

丁如建　1926年生，别桥行政村前王村人。1951年入团，1953年2月入伍，志愿军24军70师208团8连战士，1953年6月在朝鲜因战牺牲。

陈永福　1928年生，别桥行政村北巷村人。新四军后周区绸缪乡民兵通讯员，1945年5月在绸缪因战牺牲。

陈锁生　出生年月不详，别桥行政村别桥村人。1945年入伍，新四军某部战士，1946年在苏北因战牺牲。

李锁富　1916年生，合星行政村滩头村人。1942年入伍，新四军46团3营战士，1945年10月北撤时因战牺牲。

刘松林　1921年生，合星行政村上市村人。1941年12月入伍，新四军某部战士，1945年8月在溧水白马桥因战牺牲。

周阿义　1925年生，合星行政村西神圩村人。1942年入伍，新四军十六旅班长，1945年在浙江天目山因战牺牲。

赵志忠　1933年生，合星行政村西神圩村人。1955年参加工作，青海玉树藏族自治州囊谦县检察院文书，1960年8月在囊谦县扎曲因公牺牲。

金正才　1934年生，合星行政村后马场村人。1953年2月入伍，志愿军24军70师208团8连战士，1953年6月在朝鲜因战牺牲。

周　俊　1988年7月生，合星行政村战胜村人，学生。1997年9月在战胜村砖瓦厂附近为救落水同学牺牲。省政府追授其“见义勇为小英雄”称号，并被追认为革命烈士。

马凤鸣　1922年生，前程行政村前程村人。1940年入伍，新四军江南指挥部警卫连通讯员，1943年在镇江因战牺牲。

马荣金　1928年生，前程行政村前程村人。1945年入伍，华东野战军4纵12师1营班长，1947年在合肥因战牺牲。

史学巧　1929年生，前程行政村北棚村人。1944年入伍，新四军48团2营4连2排战士，1946年4月在涟水因战牺牲。

戴裕林　1929年生，前程行政村前程村人。1953年入伍，志愿军24军70师208团7连战士，1953年在朝鲜275高地因战牺牲。

马前春　1930年生，前程行政村前程村人。1951年3月入伍，志愿军炮7师41团1营1连战士，立三等功1次，1953年5月在朝鲜因战牺牲。

姜小伢　1912年生，古渎行政村古渎村人。1945年入伍，华东野战军6纵16师48团4连战士，1947年2月在莱芜吐丝口因战牺牲。

姜柏林（姜中庚）　1917年生，古渎行政村古渎村人。1937年参加革命，新四军2支队4

团1营1连战士，1939年在句容天王寺因战牺牲。

姜和庚 1921年生，古渎行政村古渎村人。1939年入伍，新四军1师战士，1945年在南通县石港因战牺牲。

姜青松 1924年生，古渎行政村古渎村人。1944年10月入伍，华东野战军4纵排长，1947年2月在莱芜战役中因战牺牲。

陈留伢 1925年生，古渎行政村古渎村人。1944年参加革命，新四军十六旅战士，1946年在兴化因战牺牲。

姜焕明 1947年12月生，古渎行政村株树脚下村人。1965年10月入伍，1968年入党，8671部队技术员，1971年6月在湖北兴化县因公牺牲。

姚生根 1929年1月生，道成行政村姚家桥人。1949年4月入伍，志愿军73师218团6连战士，1953年7月在朝鲜上甘岭因战牺牲。

吕云康 1916年生，两湾行政村赵圩村人。1938年入伍，新四军51团参谋，1944年在金坛社头西岗因战牺牲。

周志田 1922年生，两湾行政村周家湾人。1941年参加革命，溧阳后周区财粮股长，1945年10月在北撤因战牺牲。

沈洪明 1923年生，两湾行政村牌楼村人。1945年入伍，新四军十六旅48团4连高射机枪手，1948年在山东蒋王庄因战牺牲。

沈如林 1923年生，两湾行政村坝头村人。1941年入伍，华中野战军8纵70团排长，1946年7月在泰兴宣家堡因战牺牲。

张　平 1924年生，两湾行政村坝头村人。1945年1月入伍，中共党员，新四军十六旅46团副班长，1947年2月在鲁中太平庄因战牺牲。

梁玉红 1925年生，两湾行政村东陈家村人。1944年入伍，华中野战军1师3旅特务连副班长，1946年7月在如皋鬼头街因战牺牲。

徐老虎 1925年生，两湾行政村新河埂村人。1945年入伍，1946年8月入党，一分区特务营3连战士，1948年11月在淮海战役八家洋战场牺牲。

郝老虎 1925年生，两湾行政村郝家村人。1944年入伍，新四军十六旅48团5连战士，1946年在泰州因战牺牲。

胡光荣 1926年生，两湾行政村胡家墩村人。1945年入伍，新四军十六旅48团2营6连2排6班战士，1947年在莱芜吐丝口因战牺牲。

王咬齐 1926年生，两湾行政村新河埂村人。1949年5月入伍，志愿军某部班长，1951年1月在朝鲜失踪，后被追认为烈士。

蒋迺健 1917年生，绸缪行政村绸缪村人。1941年参加革命，溧阳后周区大队长，1944年9月在绸缪贺家村被国民党杀害。

石晋荣 1921年生，绸缪行政村玉溪村人。1939年参加革命，新四军后周区绸缪乡乡长，1947年在镇江因战牺牲。

石孝春 1937年2月生，绸缪行政村玉溪村人。1956年3月入伍，中共党员，汽车42团后勤处处长，1976年在四川江油县因公牺牲。

周锁保　1940年生，绸缪行政村玉溪村人。1964年3月入伍，中共党员，昆字902部队班长，1966年10月在云南边境援越抗美牺牲。

李阿保　1947年6月生，绸缪行政村森巷村人。1970年3月入伍，中共党员，1242部队副班长，1971年8月因公牺牲。

汪才富　1915年生，北山行政村施家村人。1944年入伍，新四军某部战士，1945年10月北撤时因战牺牲。

陶　善　1922年生，北山行政村东社村人。1942年参加革命，溧阳后周区农救会主任，1945年10月北撤时因战牺牲。

滕运云　1924年生，北山行政村诸皋村人。1943年参加革命，溧阳县财经股长，1945年10月北撤时因战牺牲。

王志中　1927年生，北山行政村西诸巷村人。1951年10月入伍，志愿军20军60师180团后勤处担架连战士，1951年4月在朝鲜因战牺牲。

杨开庚　1911年生，黄金山行政村建国村人。1938年参加革命，新四军竹南区大队工作人员，1946年在溧阳前马被捕牺牲。

张正福　1911年生，黄金山行政村涧西村人。1938年入伍，新四军6师十六旅46团战士，1946年7月在泰兴黄桥因战牺牲。

周如惠（周如虎）　1911年生，黄金山行政村黄金山村人。1944年12月入伍，中共党员。新四军十六旅46团3营7连副班长，1946年12月在涟水战役中牺牲。

孙锁喜　1919年8月生，黄金山行政村涧西村人。1943年入伍，中共党员。新四军6师十六旅46团5连1排班长，1946年7月在泰兴黄桥因战牺牲。

高德明　1920年5月生，黄金山行政村后陈村人。1942年入伍，中共党员。新四军6师十六旅46团战士，1945年在浙江天目山因战牺牲。

李洪孝　1920年生，黄金山行政村颜家村人。1943年7月入伍，新四军某团特务连战士，1946年7月在如皋鬼头街因战牺牲。

刘永成　1922年生，黄金山行政村前畴村人。1940年入伍，中共党员，新四军金坛县指前区农会主任，1945年在金坛湖滩头因战牺牲。

黄万庆　1923年生，黄金山行政村后陈村人。1938年入伍，新四军6师十六旅46团战士，1940年在句容曹家塘因战牺牲。

刘小旺（刘小明）　1924年生，黄金山行政村黄金山村人。1942年入伍，新四军6师十六旅46团战士，1946年7月在泰兴黄桥因战牺牲。

胡小庚　1925年生，黄金山行政村后陈村人。1942年入伍，中共党员。新四军6师十六旅46团5连班长，1946年10月在涟水战役中牺牲。

史书金　1927年7月生，黄金山行政村前畴村人。1943年入伍，新四军1师3旅9团2营5连通讯员，1946年在涟水因战牺牲。

罗锁金　1927年生，黄金山行政村前畴村人。1945年入伍，中共党员。新四军1师3旅9

团1营1连战士，1947年1月在枣庄因战牺牲。

蒋小龙 1929年10月生，黄金山行政村五棚村人。1945年入伍，华中野战军1师3旅7团1营战士，1946年在盐城因战牺牲。

黄小龙 1920年生，玉华山行政村戴巷村人。1940年入伍，新四军溧阳县独立团班长，1941年10月在后周戴巷村因战牺牲。

承　普 1923年生，玉华山行政村西沈村人。1942年参加革命，中共党员。溧阳县竹南区大队司务长，1943年6月在金坛薛埠因战牺牲。

王全清 1934年8月生，玉华山行政村戴巷村人。1953年2月入伍，志愿军23军67师201团3营9连战士，1953年7月在朝鲜上甘岭因战牺牲。

龚锁财 1936年5月生，玉华山行政村坛石桥村人。1956年3月入伍，中共党员。兰州军区292部队6小队班长，立三等功1次，1958年9月在甘肃东乡县因战牺牲。

徐志文 1905年生，小石桥行政村唐家山村人。1945年10月北撤渡江时牺牲。

邵其康 1914年10月生，小石桥行政村沟西村人。1939年参加革命，中共党员。新四军竹南区区大队侦察员，1946年在后周西马被国民党杀害。

邵　辉 1916年5月生，小石桥行政村沟西村人。1945年参加革命，中共党员。新四军竹南区后周乡中队长，1946年在后周西马被国民党杀害。

唐春庚 1921年生，小石桥行政村前塘村人。1940年参加革命，中共党员。竹南区后周乡乡农会主任，1944年在前马船埠头因战牺牲。

管荣成 1921年生，小石桥行政村小石桥村人。1948年11月入伍，中共党员。志愿军3团3营9连班长，1953年6月在朝鲜因战牺牲。

张毛小 1922年7月生，小石桥行政村梓村西舍人。1943年入伍，新四军1师3旅9团战士，1946年在苏北茭陵因战牺牲。

陈小锁 1923年12月生，小石桥行政村小石桥村人。1945年7月入伍，中共党员。华中野战军1师3旅警卫连战士，1946年9月在泰兴宣家堡因战牺牲。

马掌如 1895年生，塘马行政村塘马村人。1927年参加革命，中共党员。红14军1师战士，1928年在江阴东周庄因战牺牲。

马海林 1919年生，塘马行政村邵笪村人。1945年入伍，中共党员。华东野战军4纵20师36团1营1连副班长，1947年在枣庄因战牺牲。

李桂生 1922年生，塘马行政村新典村人。1939年入伍，新四军十六旅46团3营侦察连侦察员，1943年11月在高淳漆桥因战牺牲。

赵汉忠 1928年生，塘马行政村巷上村人。1945年8月入伍，中共党员。新四军6师48团3连副班长，1946年11月在涟水因战牺牲。

吴恩义 1931年9月生，塘马行政村巷上村人。1950年2月入伍，共青团员。志愿军7师班长，1952年5月在朝鲜因战牺牲。

蒋求荣 1933年5月生，塘马行政村大塘头村人。1953年1月入伍，中共党员。志愿军68军204师6100团战士，1953年7月在朝鲜上甘岭因战牺牲。

熊双喜　1907年生，后周行政村姜家村人。1938年入伍，独立2团1营2连战士，1945年在溧水白马桥因战牺牲。

刘金林　1916年8月生，后周行政村姜家村人。1938年入伍，中共党员。新四军政治部通信连指导员。1945年在安徽上姚因战牺牲。

高志忠　1916年生，后周行政村葛家村人。1938年入伍，新四军某部战士，1945年8月在句容因战牺牲。

左小春　1919年生，后周行政村诸社村人。1939年入伍，新四军十六旅48团警卫连战士，1943年在竹箦棠荫村因战牺牲。

葛　和　1919年生，后周行政村姜庄人。1939年入伍，新四军20团战士，1946年在茅山因战牺牲。

朱良生　1921年生，后周行政村诸社村人。1938年入伍，中共党员。新四军1师老2团2营医务队员，1940年4月在茅山因战牺牲。

沈夕明　1921年7月生，后周行政村前云村人。1942年入伍，解放军某部机械科运输员，1948年在淮海战役中牺牲。

孙木根　1921年生，后周行政村葛家村人。1945年8月入伍，中共党员。16师48团3营7连副班长，1948年11月在淮海战役中牺牲。

沈一幸　1921年生，后周行政村后周村人。1945年1月入伍，中共党员。新四军46团7连班长，1946年在苏中宋家桥因战牺牲。

徐锁林　1922年7月生，后周行政村刘家村人。1945年入伍，新四军6师十六旅46团9连战士，1946年7月在苏中宋家桥因战牺牲。

沈荣根　1923年生，后周行政村毛家棚村人。1944年11月入伍，中共党员。新四军6师十六旅46团1营2连副班长，1948年7月在豫东战役中杨拐战场牺牲。

王东生　1923年8月生，后周行政村后东村人。1943年入伍，新四军独立3团2营6连2排5班战士，1945年6月在安徽郎溪因战牺牲。

陶惠泉　1924年4月生，后周行政村姜家村人。1945年入伍，华东野战军6纵16师48团3营9连1排1班战士，1947年2月在莱芜战役牺牲。

施小才　1925年6月生，后周行政村人。1945年7月入伍，中共党员。华东野战军某部2营4连副班长，1948年6月在豫东战役中杨拐战场牺牲。

王金林　1928年2月生，后周行政村诸社村人。1939年入伍，中共党员。溧阳县公安局通讯员，1948年在后周诸社因战牺牲。

徐桂生　1928年1月生，后周行政村诸社村人。1948年参加革命，溧阳竹南区后周乡财粮员，1949年在后周因战牺牲。

姜　鼎　1929年3月生，后周行政村姜家村人。1945年入伍，中共党员。华东野战军4纵12师36团卫生员，1948年7月在豫东战役中牺牲。

王庚龙　1936年12月生，后周行政村刘家村人。1956年入伍，团员。兰州军区292部队6小队战士，1958年9月在甘肃东乡县因战牺牲。

王荣廉 1908年生，西庄行政村魏笪村人。1940年参加革命，中共党员。县情报战地下工作者，1941年在后周周烈庵因战牺牲。

王锁庚 1915年生，西庄行政村龙梢头村人。1941年入伍，中共党员。新四军溧阳县大队排长，1946年在兴化因战牺牲。

沈洪生 1920年11月生，西庄行政村高家村人。1944年入伍，新四军1师3旅9团1营1连战士，1946年在泰兴宣家堡因战牺牲。

赵炳荣 1925年生，西庄行政村西庄村人。1945年4月入伍，中共党员。志愿军23军69师205团高炮连副连长，1952年12月在朝鲜上甘岭因战牺牲。

潘习炳 1925年12月生，西庄行政村龙梢头村人。1943年入伍，中共党员。解放军某部特务连连长，1949年在荷塘镇因战牺牲。

陈光和（陈广和） 1900年生，西马行政村窦巷里人。1939年参加革命，中共党员。溧阳县抗日民主政府后周乡乡长、后周区农救会主任、溧阳县抗日民主政府财经股长及竹南区农会主任，1946年2月在前马被国民党杀害。

张小南 1922年生，西马行政村西马村人。1944年入伍，华东野战军4纵12师36团1营1连战士，1946年8月在陇海路运河车站因战牺牲，并获“战斗英雄”称号。

杨仁庚 1924年3月生，西马行政村下梅村人。1944年11月入伍，华东野战军6纵16师46团3营8连战士，1947年6月在山东临朐县因战牺牲。

吕云生 1954年生，西马行政村西马村人。1976年3月入伍，中共党员。广州军区53360部队战士，立二等功1次。1979年在对越自卫反击战中牺牲。

附录

一、重要文件辑存

新四军溧阳留守处公告

金溧地区国民党军政当局破坏停战命令，继续容奸反共。我们接到了1月10日所颁发之停止冲突命令以后，连应有的自卫行动多停止了，但是在特工头子李乙飞专政下的溧阳地区和反共专家胡筱溪统治下的金坛地区对该项命令仍置若罔闻。兹将1月13日（停火日）在金溧地区国民党军政当局破坏停战命令继续容奸反共之事实择其荦荦大者例举如左：

（一）驻黄金山之溧阳保安队公开抢劫前塘蓬子留守人员陈小宝同志家庭，声称没收其财产并捕捉其弟复员军人王福田同志，当场用枪在腿上打了一枪，并将该同志押往溧阳城。王福田同志抗战数年而残废也该有罪吗？

（二）驻黄金山之溧阳保安队公开抢劫小庄头村留守人员施文国同志家庭，毒打其母亲将其弟威胁至死。施文国家也该有罪吗？

（三）驻黄金山之溧阳保安队至东官里村农民魏小登家说，他家中住过匪军，结果将其财物全部抢光并受毒打。新四军住过地方的老百姓也犯罪吗？

（四）驻陆笪里之溧阳保安队至青龙洞刘家蓬，将开油坊的老板刘老六先生捉去说他通匪，结果花去700万元了事，原因是新四军住在他家附近。新四军住过的地方附近的老百姓犯罪吗？

（五）驻竹箦桥之溧阳保安队进攻驻于西吴村的溧阳留守处捉去炊事员陆金木一名，至今未放。停止冲突了，为什么还要进攻新四军呢？

（六）驻上兴镇之57师一部进攻住于傅尔山的溧阳留守处捉去我短枪队员李殿芝同志一名，当场毒打，遍体受伤，现已解往南京。堂堂的正规军也该破坏停战命令吗？

（七）驻于后周的溧阳保安队至邓家庄枪杀我复员军人陶国成同志。新四军的复员军人也该有罪吗？

（八）驻于前马的溧阳保安队诱杀贤德乡乡农救主任邵辉同志及其胞兄邵其康先生。农救主任该杀吗？

（九）驻于社头之57师一部至下陈庄村将曾服务于民主政权之农民秦桂生、朱有喜家中财物全部抢光，捉去无辜居民二人。这样做与土匪有什么分别呢？

（十）驻社头之常德部队至墩上村捉我留守人员李光武同志家属。留守人员的家属也该捉吗？

（十一）驻社头之尚义部队至西城村公开抢劫我复员军人戴东升同志家庭，口称逆产要充公。新四军人员的家庭也该是逆产吗？

（十二）驻社头之尚义部队进攻我驻于花园村之溧阳留守处。尚义部队应该破坏停战命令吗？

右例十二项仅仅是在溧阳二、三、四区和金坛四区、五区所发生者，其余各区类似之行动尚未列入。凡我金溧地区公正人士当能有目共睹，右侧各项皆是铁的事实，决非国民党军政当局花言巧语能掩饰。我们现在再度慎重忠告金溧地区国民党军政当局，立即实行本处所发快邮代电所举的八项要求，以建设和平民主团结的苏南农村，舍此别无他途。如再执迷不悟，专事反共，本处为生存计将采取适当之自卫措置。届时造成金溧地区之混乱局面，当由李乙飞、胡筱溪负责。

溧阳县留守处启

一九四六年

江苏省人民政府关于同意调整溧阳市部分镇行政区划的批复

苏政复［2007］16号

2007年3月17日

常州市人民政府：

你市《关于溧阳市行政区划调整的请示》（常政发［2007］22号）悉。经研究，批复如下：

……

八、同意撤销溧阳市别桥镇、绸缪镇、后周镇，将原三镇所辖区域合并设立新的别桥镇，镇政府驻别桥集镇。行政区划调整后，别桥镇行政区域面积128.3平方公里，人口6.98万，辖3个居委会、33个村委会。

行政区划调整工作涉及面广，政策性强，望你市切实加强领导，精心组织，周密部署，确保社会稳定。

常州市人民政府文件

常政发［2007］44号

市政府关于同意调整溧阳市镇行政区划的通知

溧阳市人民政府：

你市《关于调整溧阳市镇行政区划的请示》（溧政发［2007］11 号）收悉。根据省政府苏政复［2007］16 号批复，同意调整溧城镇等行政区划，现将有关事项通知如下：

……

八、同意撤销别桥镇、绸缪镇、后周镇，将原三镇所辖区域合并设立新的别桥镇，镇政府驻别桥集镇。行政区划调整后，别桥镇行政区域面积 128.3 平方公里，人口 6.98 万人，辖 3 个居委会、33 个村委会。

行政区划调整涉及面广，政策性强，望你市切实加强组织领导，精心安排，周密部署，妥善处理好行政区划调整涉及的组织人事、资金资产和债权债务等问题，确保调整过程中各项工作的连续性，保持社会稳定。

常州市人民政府

二 00 七年三月二十一日

溧阳市别桥镇总体规划

（摘录部分内容）

第一章　总　　则

第 1 条　溧阳市别桥镇总体规划是别桥镇镇域及镇区各项建设的指导性文件。为适应别桥镇经济发展和城市化进程加快的需要，根据《中华人民共和国城乡规划法》等法律、规范编制本规划。

第 2 条　本规划是对 2002 年编制的《别桥镇总体规划》进行修编，凡在本规划批准前编制的各项规划与本规划矛盾的，均应以本规划为准。

第 3 条　需单独编制的详细规划及市政工程设计等均应按本规划的要求进行。

第 4 条　本规划经别桥镇人大通过并报市人民政府批准后，即具法律效力。若对本规划有大的修订必须经市人民政府批准。

第 5 条　本规划所称“镇域”指别桥镇行政辖区；“镇区”指镇政府所在地从事非农产业活动人口聚集的场所；“村”指农村村民居住和从事各种生产的聚居点。

第二章　城镇发展的指导思想、规划原则及发展目标

第 6 条　规划编制目的

为了贯彻中央“五个统筹”和江苏省实现“两个率先”的发展目标，实施溧阳市城市发展战略，适应市域行政区划和空间结构调整要求，加快别桥的城镇化进程，科学引导和规范各项建设，特编制《溧阳市别桥镇总体规划（2009-2020）》（以下简称本规划）。

第 7 条　规划依据

1、政策性依据：

（1）、《中华人民共和国城乡规划法》；

（2）、建设部《村庄和集镇规划建设管理条例》；

2、技术性依据：

（3）、《镇规划标准》；

（4）、建设部《村镇规划编制办法》（试行）；

（5）、《江苏省村庄建设规划导则》（2006 版）；

（6）、《溧阳市城市总体规划（2008-2020）》；

（7）、《溧阳市别桥镇镇村布局规划》

（8）、《溧阳市别桥镇总体规划》（2001 年 -2015 年）；

（9）、《溧阳市别桥土地利用总体规划（2007-2015）》；

（10）、《溧阳市原绸缪镇镇村布局规划》

（11）、《溧阳市原后周镇镇村布局规划》

（12）、国家及省相关法律、法规、规范、标准。

第 8 条　指导思想

全面贯彻落实“五个统筹”的战略思想，以科学发展观指导别桥镇的发展和建设，加大区域发展的统筹协调力度，大力推进“三集中”，切实保护耕地和集约使用建设用地，通过规划的实施，促进“三农”问题的有效解决。

规划创意上有特色、有文化、有品位，延续历史、创新形象。空间布局上考虑“远近结合、新老结合、与自然结合”。

第 9 条　规划重点

1、从区域协调发展的角度出发，研究别桥镇在溧阳市北部的地位和作用，明确产业发展方向，协调产业发展与镇区空间布局。

2、依据溧阳市城镇体系规划及别桥镇近几年的发展情况和发展机遇，科学合理确定城镇规模。

3、明确镇区职能，重新界定镇区建设用地的范围及用地性质，完善镇区路网，并理顺发展时序。

4、加强镇区基础设施与区域基础设施的连接，形成区域基础设施共建共享的格局。

第 10 条　规划区范围

本规划涉及的范围是整个别桥行政辖区，总面积 131.3 平方公里。

第 11 条　规划期限

近期：2009-2013 年；远期：2014-2020 年；远景展望至本世纪中叶。

第 12 条　强制性内容

文本中“加粗黑体字”为本规划的强制性内容。

第 13 条　规划原则

1、要素集聚，集约发展

正确引导、妥善安排，合理规划，促进多项产业要素的合理集聚，积极引导“工业进园、住宅进区、商业进场”。

2、宏观着眼、区域协调

对别桥镇在溧阳市域位置进行区域分析，在超越别桥镇域范围进行资源配置、产业布局和重要基础设施建设的协调和规划。

3、节约用地、合理布局

合理利用土地资源，确保城镇空间布局紧凑，既使各项城镇功能有效运转，又能节约土地资源。

4、突出服务，完善功能

基础设施和公共服务向镇区集中，满足城镇居民及周边农村地区日益提高的物质和精神生活的需求，促进政治、经济、文化中心的形成。

5、保护生态、改善环境

注意生态环境的保护和居住环境的改善，防治污染，防止环境恶化，实现城镇可持续发展。

6、因势利导、分期建设

正确处理好“远期合理和近期现实，普遍提高和重点突破”的关系，以长远合理布局为战略目标，因势利导，兼顾各分期目标的现实推进和可持续发展。

第 14 条　城镇发展总目标

至规划期末别桥镇将建设成为布局合理、设施完善、功能齐全、环境优美、经济发达、社会和谐的现代化城镇。为此，规划必须体现前瞻性、克服无序发展和资源浪费，选择投资省、用地紧凑、资源节约的空间布局和可持续发展的环境容量。

第 15 条　经济发展目标

1、国内生产总值 (GDP)2013 年达 45 亿元左右，2020 年达 85 亿元左右。

2、人均地区生产总值 (GDP)2013 年达 6 万元，2020 年达 12 万元。

第 16 条　生活水平目标

1、人均可支配收入 2013 年达 10000 元左右，2020 年达 20000 元左右。

2、居民恩格尔系数 2013 年≤ 35%，2020 年≤ 30%。

3、平均预期寿命，2013 年 75 岁，2020 年 76 岁。

4、每万人拥有大专以上人口，2013 年达 300 人 / 万人，2020 年达 500 人 / 万人。

5、每千人拥有卫生技术人员数：2013 年达 2 人 / 千人，2020 年达 2.5 人 / 千人。

第 17 条　社会发展目标

1、城市化水平，2013 年达 55.5%，2020 年达 65.9%。

2、登记失业率 2013 年控制在 4% 以下，2020 年控制在 1% 以下。

3、医院病床2013年达到2张/千人，2020年达3张/千人。

4、社会保障覆盖率2013年达95%，2020年达100%。

5、全社会教育支出占GDP比重，2013年达2%，2020年达3%。

第18条　城镇建设目标

1、镇区人均住房建筑面积2013年达30平方米，2020年达40平方米。

2、供水普及率，2013年达100%，2020年达100%。

3、镇区绿地率，2013年达35%，2020年达40%。

4、镇区人均公共绿地面积2013年达8平方米，2020年达9平方米。

5、污水集中处理率2013年达70%，2020年达85%。

第19条　生态环境目标

1、环保投资占GDP比重，2013年达2%，2020年达3%。

2、空气污染指数平均值，2013年＜100，2020年＜100。

3、城镇污水排放达标率2013年达90%，2020年达95%。

4、生活垃圾无害化处理率2013年达60%，2020年达95%。

第三章　空间利用与开发建设管治

第20条　空间管治目的

立足提高土地使用效率，处理好优先发展地区、农业空间、生态空间之间的关系，确保区域生态系统保持平衡和镇域建设空间布局合理。

第21条　空间管治建设分区

全镇域空间氛围（塘马水库水源保护区）禁建区、（镇域东侧靠近长荡湖区域、西侧水厂养殖区、北部农业产业区）限建区和（镇区、绸缪、后周社区、工业园区和村庄）适建区，分别对这些区域内的开发活动进行差别化的控制引导。

1、塘马水库禁建区：加强水土保持，禁止开山采石，开发山区特色农业，旅游开发应注重生态环境保护。同时保护水源的生态环境，禁止水源受污染。

2、限建区：注重保护水产养殖业，保护基本农田和永久农田，发展生态农业，杜绝有污染的企业进驻。

3、别桥镇区适建区：主要向西发展，适当向南向北发展，控制向东发展”，严禁发展三类企业，打造溧阳市北部以轻纺、机电为主导产业的工商型城镇。

4、绸缪化工园区适建区：重点向西发展，发展二、三类工业，以化工、精细化工化学工业门类为主。

5、后周社区适建区：适当向东、向北发展，发展一、二类工业，是别桥镇的商业文化配套完善的居住社区和机械产业园区。

绸缪社区适建区：在保持现状的基础上完善公共服务设施和基础设施，零星工业逐步向别桥工业园区集中，是别桥镇的商业文化配套完善的居住社区。

6、村庄适建区：在规划94个村庄保留点的基础上，重点发展居住和特色产业，形成各具特色的农村庄园。

二、农学理论著作

农　说

【明】马一龙

刻《农说》序：孟河子曰：力田养母，此吾今日第一义也。家贫亲老，屡疏乞恩侍养归，而无所取，备以供甘旨，上负吾君，下负吾母，皇皇然不能一朝宁处也。昔吾有先君大艰，外兄史玉阳氏及二杨子怜吾贫，助之金帛百余，不足，复继之粟。及是捐其偿，乃与田老讲求资身充养之计。众指荒蔓一区曰：是田也，统顺至于今不耕，民以赋税累，而逃亡者殆尽，得是可耕，亦可富矣。众争归之，罄将前玉阳所遗物，易大武十元，约佣耕者，各取田收之半，一岁尽垦而大有获焉。日共诸佣在畎亩，视其所为，则皆农也。视其所为事，皆非农者也。农不知道，知道者，又不屑明农。故天下昧昧不务此业，而他图贾人之利，率为世途闾阎之间，力倍而功不半，十室九空。知道者之所深忧。就田庐，作《农说》一章，以示佣之人。书生言过文致逐条，更为详说。好事者多来索书，因命工刻版，布诸乡人之有志于农者。

农为治本，食乃民天。天畀所生，人食其力。

《周书·无逸》曰：君子所其无逸，爰知稼穑之艰难，则知小人之依。故圣人治天下，必本于农。神农之教，历山不改其业。禹稷之后，莘野犹振其风。盖斯民之生，以食为天，而人无谷气，七日则死者，其天绝也。天之生人，必赋以资生之物，稼穑是也。物产于地，人得为食，力不致者，资生不茂矣。故世有浮食之民，则民穷而财尽，况以供无厌之欲，而欲天下安生乐业以无叛也，得乎？古者，一夫授田百亩，不夺其时，仰事俯育，皆有赖也。其上不求，其民不争，以力足食而已。至于后世，人皆厌于力食，而务以其力食人，是以兽相食矣，而天下常不治。呜呼，君以民为重，民以食为天，食以农为本，农以力为功。所因如此，而司农之官，教农之法，劝农之政，忧农之心，见诸诗书者，惓惓焉。

力不失时，则食不困，知时不先，终岁仆仆尔。故知时为上，知土次之，知其所宜，用其不可弃，知其所宜，避其不可为。力足以胜天矣。知不逾力者，虽劳无功。

此总言用力体要。政典曰：先时者杀无赦，不及者杀无赦，时其可失乎？时一失，则缓急先后之序，皆倒行而逆施矣，安得顺畅而不困苦哉？困者，无所舒展之意，仆仆者，瞢然无知，手忙脚乱，不得休息也。然时言天时，土言地脉，所宜主稼穑，力之所施，视以为用不可弃。若欲弃之而不可也，不可为亦然。合天时地脉物性之宜，而无所差失，则事半而功倍矣，知其可不先乎？故儒者之学，亦必先于致知，否则发不中节，其缪千里，劳无功者，以足仆仆之义。

故畜阳不极，发生乃微。

此以下详说。知时之义，皆用不可弃，避不可为之事，上云时者，主阴阳之候而言。阳主发生，阴主敛息，物之生息，随气升降。然生物之功，全在于阳。阳之生物，欲盛必畜，畜之极而通之大盛，而后始衰者，气之终也。不然，散漫游佚之精，安能萃而基命。根苗花实之体，无所待而成物矣。故冬至之后，一阳起于下，则群阴推而渐出，寒凝固结于上，所以遏其泄耳。及阳气出地，物生呈露，流衍布濩而不穷，畜之盛大致然。使冬不寒凝，气无所畜，安得盛大流行而发生万物哉？是以桃李冬花，无冰不杀草。春秋纪之，以病愆阳。农家者有云：冬耕宜早，春耕宜迟。云早，其在冬至之前，云迟，其在春分之后。冬至前者，地中阳气未生也，春分后者，阳气半于土之上下也。其意皆在阳荣阴卫，欲使微阳之气不泄，求其壮盛而已。于此不知所避，一则初升而踣其踵，一则方启而裂其肤，岂非童而牿，未壮而先亢者乎。亢则害，牿则亡。伤气殆尽，其生安得不微。□畜阳之意，不止于冬。凡日为阳，雨为阴；和畅为阳，冱结为阴；展伸为阳，敛诎为阴；动为阳，静为阴；浅为阳，深为阴；昼为阳，夜为阴。繁植之道，惟欲阳含土中，运而不息，阴乘其外，谨毖而不出。若阳泄于外，而阴实其中，生机转为杀机矣，说见下文。

凝阴在土，其气固啬。

阴阳往复无停机，进退乘除，流行者，未尝断续，充塞者，未尝空缺。大而天地之全体，小而一物之微区，无不皆然。故阳泄殆尽，而阴即凝其中矣，何以言之。冬至一阳生于地中，阴气尽在外也。时当寒凝而反和畅，则固闭不密，阳气发泄。阳泄一分于外，阴入一分于中，生机与杀机并藏而覆与培者同出矣。夫大块生物之功，以太和流行耳，其间直遂而施，翕合而受，必阳居阴中，乃能健运清虚之神，煆炼阴精以成形质，反是则敛而固啬。固者，滞而不通。啬者，吝而不与。而欲物各付物，遂其畅茂条达之性，以成丰亨裕大之体，得乎。是以小人之使为国家，亦必以公灭私，不能开诚以通天下之志，徇利忘义，不能舍己以广天下之业。否泰之义，复姤之几，圣人所以示训也，严矣。□岁久不耕之地，纯阴固结，非假太阳之力追摄，何以得散。又冬春二时，不见天阳，亦犹是耳。今夫图埴之土，未尝生物，正以内不含阳，阴不外固，而火煆之地藏冰不融者，绝其地脉，而中无阳气来至也。窃窥神化之妙，阳根阴物之所以生也，阴根阳物之所以成也。生者谓之化，成者谓之变，下详之。

诸阳皆生者，阳自下起，发其内之，一本以出于外。诸阴皆死者，阴自下起，敛其外之，散殊以入于内。

此二气分布，一元循环，六卦相乘，万汇始终之定理也。诸阳，谓自复以至夬也。复，十一月之卦也，夬，三月之卦也。十二月为临，正月为泰，二月为大壮。复自坤中来，一阳始生。成，位于冬至，至泰而开，开而壮，壮而夬。四月复全乎乾矣。诸阴，谓自姤以至剥也。姤，五月之卦也，剥，九月之卦也。六月为遯，七月为否，八月为观。姤自乾中来，一阴始生。成，位于夏至，至否而塞，塞而观，观而剥。十月复全乎坤矣。上下者，乾坤分列之位；升降者，阴阳往来之气；内外者，神化合辟之妙；敛发者，万物生成之机；出入者，循环无穷之端。一本散殊相禅，以为始终者也。夫一元之气，升则为阳，降则为阴，进则为阳，退则为阴，初非截然二物，故一日之间，子前为阳，日进而上升，午后为阴，日退而下降。今言阴阳，皆自下起，盖乾坤互相为物之用，反覆道也。大抵二气阴阳之至，当主日月为义。春秋二分，昼夜相半，气之平也。春分后，昼渐永，日在地下之刻少。秋分后，夜渐永，日在地下之刻多。阴阳消长，系于是矣。太虚生物之功，不过日月之代，明四时之错行，水火相射，五行杂揉，而万物之为物也，无尽藏。观乾坤所乘四子，以周一岁之气，而坎离不与焉，日月之职大矣哉。故冬至井汲则温，夏至井汲则寒，其实如此，内之出于外，外之入于内者，亦非臆说。万物不离乎阴阳，阳为乾，阴为坤，乾体一，坤体二，乾主辟，坤主合。一故神，两故化，辟户自内而出于外也，合户自外而入于内也。验之物理自然，阳道生，阴道成，剥之既尽，生者一终矣。致成于坤，而旋生于复，成者，至是又基其始也。故谷种之生，色虽未见，而生理已完具于其中。厥后散殊于外，不减旧物，不过自其中之一本者发之耳，及其成也复如之。夬之既尽，成者一终矣。致生于乾，旋成于姤，生者，至是又基其始也。故归根之状，虽未形，而杀机已窥伺于其外。厥后根本于中，浑然全体，不过自其外之散殊者敛之耳，及其生也复如之。

阳上而不抑，遂以精泆。阴下而不济，亦难以形坚。

损有余，补不足，则精不泆，而形可坚矣。天地之间，阳常有余，阴常不足。故医家补阴之论，后世本之。然扶阳抑阴，古圣至言，言不师古，君子不以为妄乎。《易》曰：亢龙有悔，又曰：下济而光。以是见阳之精泆，由于不抑。阴之形脆者，由于无所济也。今有上农，土地饶，粪多而力勤，其苗勃然兴之矣。其后徒有美颖而无实粟，俗名肥臈，此正不知抑损其过，而精泆者耳。其法何？以断其浮根，剪其附叶，去田中积污，以燥裂其肤，理则抑矣。及其总秸俱成，农功已毕，或土力既衰，润滋不继，淫浊未去，清气有伤。此正不知补助，故粒米有空头，枯干粉黛诸病也。

是故含生者，阳以阴化，达生者，阴以阳变。察阴阳之故，参变化之机，其知生物之功乎。

此言阴阳变化之殊，以足上文生成之义。化者，化生也，变者，变易也。阳变阴化，气之定分。儒者论著详矣。生则化，成则变，然必成而后有生，阳根阴也，生而后有成，阴根阳也。成者谓之变，脱其本根，易其故体。生者谓之化，融液所畜，畅茂其绪。夫生者，阳也。生不自生，而含于成物之生也。阳含阴中，阳虽总生，而实以阴化为质。本于所成者，阴耳。成者，阴也。成不自成，而达之自于生物之成也。阴代阳体，阴虽总成，而实以阳变立命，本于所生者，阳耳。故冬至之后，生意皆含，夏至之后，生色皆达。含者，化之机，达者，变之渐。阴阳互为其根，求其所以然，微妙而难悉也。一化一变，理不尽显，物自相形，机缄所存。非审察参详，则天地生物之功，莫之有知矣。□含生者，先天也，以后天为之体。达生者，后天也，以先天为之神。养生家，欲求先天之气，当思化里一变，非化不能变，非变则化者，终于化矣。推之事理亦然。凡事之立，其始甚几微，充广必盛大，盛必衰，衰必敝，敝则变，不变则毁，毁则熄。此知道者之所深忧乎。图善变而不毁者，其诸取法于农。

故圣人推日星定四时，分节候而示民以则。

阴阳列于四时，早晚见于节候。岁气系于日星，期三百有六旬有六日也。日穷于次，月离于纪，星回于天，此一岁之终也。日行速而月迟，故有余日，而以闰月收之。天行健而日月不能及，故有岁差，而以六十年约之。一岁之中，春而夏，夏而秋，秋而冬，四时顺布也。四时有八节，立春、春分、立夏、夏至、立秋、秋分、立冬、冬至也。冬至以后，阳渐长。立春，阳之出也。春分，阳气之中也。立夏，得阳三之二，至夏至而极矣。夏至以后，阴渐长。立秋，阴之出也。秋分，阴气之中也。立冬，得阴三之二，至冬至而极矣。尧命羲和，日中，星鸟，以殷仲春；日永，星火，以正仲夏；宵中，星虚，以殷仲秋；日短，星昴，以正仲冬。不详其余者，以一中一极，前后测之耳。冬至一阳生，主生，主长。夏至一阴生，主杀，主成。故曰：生者，阳也，成者，阴也。含虽未见其生，达虽未见其杀，而几已在矣。《易》曰：知几，其神乎神者，造化之良，能妙万物而为言者也。得之可以把握阴阳，主张造化而无难矣。焉□发其生者，与其晚也宁早。收其成者，与其早也宁晚。此阳进而前，阴退而后之道也。故九为老阳，七为少阳，八为少阴，六为老阴也。

众知膏瘠不如原隰，众知芜平不如浅深。

肥饶为膏，砂瘦为瘠，高者为原，下者为隰，芜荒而不治者也，平成熟也。农家栽禾启土，九寸为深，三寸为浅，土之生物，膏则茂，瘠则不茂。而人之相地，成熟则美，荒废则不美，此皆易知而莫不知也。至如地之高下，有气脉所行，而生气钟其下者，有气脉所不钟，而假天阳以为生气者。故原之下多土骨，而隰之下皆积泥。启原宜深，启隰宜浅。深以接其生气，浅以就其天阳。盖土骨如人身之经络，而积泥如人身之余肉耳。经络者，气血流行之所。余肉者，块然附赘之区也。

常治者，气必衰，再易者，功必倍。患因无备，命在有滋。将衰而沃之，助其力也，欲倍而壮焉，收其全矣。沃莫妙于滋源，壮须求其固本。

此因土材，而以人力辅相之。衰者，土力衰也，倍者，所获倍也。患言水暵虫伤之类，沟堰陂洫，桔槔蓑笠，润燥以时，济及浚筑，制造为之。预者，则有备而无患矣。命言生发收藏之元，所滋之事有二，以人力者，灌溉锄耘涂荡也。以物力者，泥粪灰粈稿卉也。禾苗资土以生，土力乏则衰，沃之所以助土力之乏。易田并两岁之力，不壮则不能兼收所生，以致倍。然沃助其衰，壮求其倍，势也。犹有不待其衰，未禾而先沃之白块之间者，此《素问》所谓滋化源之意耳。滋其衰者，过滋或至于不能胜而病矣。滋源则无是也。固本者，要令其根深入土中，法在禾苗初旺之时，断去浮面丝根，略燥根下土皮，俾顶根直生向下，则根深而气壮，可以任其土力之发生，实颖实粟矣。

亢而过泄者，水夺。

此谓独阳不长者，济之以阴也。何为亢，如既获之后，犁土在田，冬春二时皆无雨雪，太阳燥烈，破块之间，尽为枯体。阴不外周，阳不内畜，气之过泄矣。水夺者，以水夺之也。夺其过泄之阳，藉其润泽之液，包含融结，以成发生之功。盖天一生水，水为阴气之微，遇火俱化，化则合并为用，不惟不为害，而反为利焉。故君子贵不骄，富不侈，贤智不先人，处崇高而忧，履盛满而戒，不待以水夺之而自能不至于亢也。

敛而固结者，火攻。

此谓独阴不生者，济之以阳也。何为敛，失于锄垦，芜翳蔽其天阳，污浊淫其肤理，阴冱久而不开，生意塞而不达，气之固结矣。火攻者，以火攻之也。攻其固结之阴，假其焚燎之力，疏导蒸腾，以宣发育之气。盖地二生火，火为阳气之微，遇水俱变，变则转易死气以为生，亦不害矣。水云夺者，必久浸，而后可夺。火云攻者，必猛烈，而后可攻。然夺之，欲其过泄于外者，返而攻之，欲其固结于内者去也。阴阳善恶，其用舍去留之分，有不可诬者如此。

镃基寸隙，不立一毛，郁蒸所至，并钟五贼。

此又揭工力时气所害为甚者言也。镃基寸隙，垦之不遍也，虽所余径寸，他日禾根适当之，则诘屈不入，叶虽丛生，亦必以渐消尽，而至于濯濯然。今俗云缩科是已。故犁锄者，必使翻抄数过，田无不耕之土，则土无不毛之病。五贼，食禾之虫也。热气积于土块之间，暴得雨水，酝酿蒸湿，未经信宿，则其气不去，禾根受之，遂生蟊。烈日之下，忽生细雨，灌入叶底，留注节干，或当昼汲太阳之气，得水激射，热与湿相蒸，遂生蟹。朝露浥日，濛雨日中，点缀叶间，单则化气，合则化形，遂生螣。热踵根下，湿行于稿，夹日与雨，外薄其肤，遂生螟。岁交热化，不雨不旸，昼晦夜暍，而风气不行，遂生□。五贼不去，则嘉禾不兴。故灌田者，先须以水遍过，收其热气，旋即去之。然后易以新水，栽禾无害，不过一遍。易去者，虽久浸不免。日中雨露，或以长牵，或以疏齿，披拂勿令凝著，则虫不生。近者田家治虫之法，多以石灰桐油布于叶上，亦可杀也。

知天之时，识地之宜，昧其苞命，亦无以善其后。

此承上以起下也，苞命见下。

故祖气不足，母胎有亏，其踵不踵，胎气不完，其胎不胎，虽成必败。盖亲下之本，既久去地，而伤母之体，岂能全天哉？祖气主谷子之在秸者言也，母胎主谷子之脱秸者言也。祖气不足，谓未及冬至而先刈者，其一成之气既未充足，以之为种，母胎有亏矣。草木之生，其命在土，生成化变，不离土气，踵踵相接，生生无已焉。若脱土久，气不连属，生之虽具于胎，成之则不全其数，或半途而剥，或成穗而秕。故收种者当于冬至之后，熟治高土，散布其上覆以疏草，障蔽鸟雀，壅以畚灰滋润燥枯。至清明时，沃之使芽，除草濩粪，频助其长，此第一义也。其次，草裹美穗，县之风篖。季春之始，置诸深汪，勿令近泥，半月气足，布地而芽，此虽不伤，已落第二义矣。但世俗浸种，昼沉夜晾，畚酿郁蒸，逼之使速，胎中受病，拔不可去，长芽嫩脆，抛撒下田，跌蹼拆损，种种不免，迷而不悟，不知何见耳。

夫善本者，斯图末，虑终者，贵谋始。推陈而致新气，以交并积盛，脱胎而洗髓精，以剥换化生。

上言天时、土性、人力、谷种备矣，此下言治禾也。种得水始芽，芽得土始苗，移苗置之别土，二土之气交并于一苗，生气积盛矣。然其始不脱，则陈腐之体犹存。髓不洗，则浊淫之气终在。欲其稚而壮，壮而盛，盛而不衰也得乎。故天地之间，气之积盛者，力在交并，精之化生者，功在剥换。不然，同类而异形，一本而殊末，果何故哉？此在交并与剥换者，得、不得之差耳。

达顺则丰，覆逆乃穚，纵横成列，纪律不违，密疏为俦，尺寸如范。

栽苗者当如是也，先以一指搪泥，然后以二指嵌苗置其中，则苗根顺而不逆，纵横之列整，则易于耘荡。疏密各因其地之肥瘠为俦，疏者每亩约七千二百科，密则数踰于万。地肥而密，所收倍于疏者矣。

但害生于稂莠，法谨于芟耘，与其滋蔓而难图，孰若先务于决去。故上农者治未萌，其次治已萌矣，已萌不治，农其农何。

稂莠，恶草之害苗者，芟耘，皆去草之事。蔓草之延生也，滋益甚也，蔓难图也。出《左氏》，皆务决去而求必得之。亦古语引此，以见恶不可纵、渐不可长之意。上农，深于农理，勤于农事者也。未萌，根株在土也。上农者，智力兼至，知稂莠之害苗，不惟不容其延蔓，于根芽未萌之时，先有以治之矣。是以用力少而成功多，不使其害。及于苗所养至，而所以生全者，大也。已萌而治之，其功次于是矣。已萌而不治者，必至于蔓而不可图。为农也，何以谓之农哉？叹而哀之之词。知道者可以深长思也。

夫薙草之法，数与草齐。南秔北黍，天所生、地所宜、人所赖以养者，种之良也。物之良者必贵，贵非贱等，良畏恶朋。

薙，治也，恶草之害苗者，不可胜数，而其为物也，尤易生焉，所治之法不多，则不可去。南秔以下，原其当治之，故盖贵贱殊类，善恶不可同居，同居则善者必为恶者所害矣。天生五谷，所以养人，可贵之物也。贵者难成而易伤，贱者易起而难制，于此辨之不早，竢其潜滋暗长而后治之，则其根株深固，枝叶畅茂，盘结而辅翼者，势盛于苗矣，虽有上农，亦无如之何。

故农家者流，思其力不足以尽图之，备假诸物。其始也，直木而耒；其次也，横木而耜；又其次，偏木而齿。曲木末而铲，凿木首而锄，继之以掇，终之以涂，无不加以铁焉，以木直而铁坚也，攻之无遗类矣。

草之滋生无穷，而人之用力有限，不能不假于物，以为力胜之具耳。今之耒而耕者，有大耕小耕，开挑罨伦，大抵勤与惰之殊也。翻抄遍过之说，已见于前。其耙者，亦多不求细熟、平整、粗块、臃泥。凸则曝日先燥，洼则注水过深，是以一坵之间，禾之丰瘁顿异，且又妙在旋抄旋耙。旋耙旋莳，则燥湿和均，浑水澄泥，聚于根坎，有壅培之力也。移苗新土，黄色转青，乃用捂荡。捂荡虽以去草，实以固苗，盖田之浮泥易行浮根，而下之实土难入顶本。顶本入土不深，横根布于泥面，则得土之生气不厚，枝叶虽繁，抽心不茂矣。捂欲断其泥面横根，使其顶根入土深，受积厚多生之气，其后抽心始高而结穗长硕也。铲锄，皆削草器，掇以手拾去余草，涂以泥壅蔽田，皮既掇，则泄去多水，留少水在田，夹泥为涂，涂时以手捻去禾心宿水，候田中有燥裂，即上水灌之，禾心宿水既去，燥时免其湿酿，渍入新水，又助润滋清气矣。养苗至此，除草已尽，物不能再假，力不可再加，然意外之虞，尚不保其无也。

如是而犹有存者，可不畏夫。

此又申言稂莠之难去，可畏之甚也。盖恶草贱而易生，有一根踵遗于地，忽不觉其蔓矣。

卫生固难，成功亦不易。华而欲实，风雨不作，时将获矣，燥则多损，浸以成腐。

此言养之系于人，而成之系于天也。稻花必在日色中始放，雨久则闭其窍而不花，风烈则损其花而不实，二者皆秕谷之患也。及其成谷将获，土太燥则米粒干损，水多而过浸则斑黑成腐，二者又皆毁成之病也。阴晴燥湿，是岂人力可致哉？农家至此，犹不得自尽。况以委之芜藭，而求其不败也可乎？

故可贵之物，不产非时，不安非类。欲其至足，以遂斯民之天，而农也，如之何不力。

此总结通篇旨意，盖谷不足则食不足，食不足则民之所天不遂。物之可贵如此，苟非顺时调护，何以得之。农者当知自力矣。

三、咏别桥诗文选录

长荡湖

【唐】张　籍

长荡湖，一斛水中半斛鱼，大鱼如柳叶，小鱼如针锋，浊水谁能辨真龙？

长荡湖

【元】严　瑄

远水长天入望赊，有人当槛岸乌纱。
八风不动飞孤鹜，万顷无垠浴落霞。
渔父垂纶秋练净，商人倚棹夕阳斜。
直疑身在冰壶里，孺子歌残兴未涯。

放鹤亭晴眺

【明】马从谦

积雨开新霁，山灵信有知。
台虚迎早日，花冷报春迟。
谁放神仙鹤，空留学士诗。
斜阳重回首，残碣俯清漪。

于玉华山筑八角亭

【明】马一龙

寻得蟠龙堰上湖，天留此地与狂夫。
山围四面如城廓，水绕孤亭在画图。
未翦春萝花自发，欲沽美酒鸟先呼。
只缘野老闲来往，犹带红尖到碧芜。

洮　湖

【明】狄斯彬

𠀤峰松石瞰长湖，万顷烟光似有无。
鸟去远山随树没，渔依古埭向人酤。
片帆风驶惊涛涌，斜日僧归断浦呼。
如在画图行未了，扁舟早已入平芜。

林下偶行

【明】吕昌期

一望春芜烟景低，携尊重过野桥西。
风敲脆竹琼琚碎，露浥繁花锦绣齐。
白日偶闲新解组，青山应笑旧留题。
柴门寂寂无车马，只有空林鸟乱啼。

甓桥舟中别友

【明】邢　昉

款款园田留，漠漠新秋夜。
夜露湿莎鸡，流连语初罢。
解缆一挥手，惆怅月明下。
岸回林木重，犹似见君舍。
少壮各饥寒，残年操杷桠。
涂田岁不登，岂遂薄躬稼。

独秀山

【清】吴　桂

春花春草满山径，与客寻幽乘石磴。
一拳孤绝秀无双，翠压明湖气欲降。
山中不觉春日永，归时恰趁斜阳影。

缪性元诗选

洮湖秋水

一鑑澄清澈，寒光漾碧天。
楼空朝蜃息，珠冷夜龙眠。
岛屿千年寺，风波万里船。
欲寻疏凿处，禹贡竟无传。

幽栖仙观

楼阁凌香汉，蓬瀛隔世间。
石田生玉白，伏药出金丹。
檄雨龙应起，传书鹤未还，
吹箫明月夜，仙客醉瑶坛。

广惠禅庵

地僻人稀到，柴门尽未开。
世情炎似火，禅性冷如灰。
布衲悬山树，天花雨石苔。
老僧飞锡去，游食夜归来。

甓溪酒旆

青旗云水外，锦字俨成行。
花柳翻春色，溪山映夕阳。
偏牵诗兴动，解饮客愁长，
多少醒醒士，相招入醉乡。

周渎渔灯

一点临沙渚，孤星照夜长。
鱼龙吞静影，鸥鹭借余光。
老妇勤针线，闲翁事酒觞。
相看明未灭，云水正茫茫。

大浮山

【明】缪 樗

湖心涌出大浮峰，一朵青莲落镜中。
老树夹云秋唳鹤，悬崖堕石夜惊龙。
波涛远接天边尽，日月潜行地底空。
心想禅关阻登眺，隔川遥听夕阳钟。

赠吕月山

【明】缪希亮

长荡湖边水接天，独秀山下草如烟。
正是湖山最佳处，茆堂好着两三椽。

念奴娇•咏葡萄

缪 钺

大宛嘉果，向中原移植，几千寒暑。疏架柔条栽易活，遍历人家庭户。玄圃灵根，醴泉润液，钟会传佳赋。数枝亲赠，甘凉如饮仙露。

争忍回首当年，无情风雨，摧落花无数。幸有东君深意在，朝夕殷勤调护。傲骨凌霜，清标绝俗，谁识芳心苦。钧天传语，春韶千古长住。

冬 夜

王平陵

冬夜，海一般深了！
吵闹的风声，
反增加孤凄的静。
面前的群山，脚底的大江，
遮断云雾里的乡井，
遮不断渴望的心。
绵长的时辰，
是怀乡者额上的皱痕，
祖宗的坟茔，
谁去存问？
转瞬又近年边，
乡关到处烽烟，
路尸无人收殓，
蓬蒿高出房檐，
场圃上怎还有饱食的鸡，

枯桑的枝头飘飞撕破的血衣，
日光暗淡清凄，
刚照到穷僻的大地，
又倏忽向西，
噫！岁云暮矣！
我渐感到冬夜的寒冷，
天上看不见星星，
楼下传来打更的声音，
远远地括动山岗的路灯，
隐约闪现熟睡的荒村，
揩一揩朦胧的倦眼，
云雾盖满山城，
无限茫茫的愁思，
困恼着疲乏的身，
我的心，像飞到云雾入外的乡井。

四、红色诗文选录

纪念塘马血战五十周年

钟国楚

今年11月28日，是塘马血战50周年纪念日。

50年前的塘马血战，发生在溧阳西北20公里的后周乡塘马村一带。当时，我苏皖区党委机关、十六旅旅部以及后方医院、被服厂、旅教导大队等驻扎在以塘马为中心的19个村庄。1941年11月28日，日伪军3000余人突然向塘马地区奔袭合围。新四军六师参谋长兼十六旅旅长罗忠毅、十六旅政委廖海涛立即指挥部队迎战，与日伪军展开顽强的拼杀。同时，命令苏皖区党委机关和十六旅旅部向长荡湖方向转移，将部队收拢到王家庄一线，形成一个拳头，阻滞敌人前进，保证领导机关的安全转移。

在王家庄的血战中，罗司令、廖政委谁也不愿离开战场，身先士卒，号召部队狠狠地打。廖政委小腹被打中，用手捂住伤口，继续指挥部队集中火力，一次次打退日军步、骑兵的联合进攻。战场上出现无数悲壮事例，一直战斗到天黑。天黑后，我奋战终日的部队转移到溧水地区与四十六团会合。日伪军也不敢在塘马久留，分别撤回据点。血战中，罗司令、廖政委及270余位指战员流尽了最后一滴血，长眠在塘马大地。日军伤亡近300人。

塘马血战，粉碎了日军妄图一举消灭我苏南党政军首脑机关的阴谋，是新四军坚持茅山地区抗日斗争中，与日本侵略军进行的一场最为悲壮的大血战，也是我军在极为不利的形势下进行的一场扭转苏南战局、稳住苏南抗日阵线的大血战。它的历史功绩不容低估。当时，日伪军兵力八倍于我塘马地区的部队，武器精良，并配备骑兵、炮兵，可激战9小时，敌人只推进了9公里且伤亡惨重，也未能占领我旅驻地。我军再创了以少胜多、以弱胜强的光荣范例。特别是党政军领导机关的安全转移，对尔后坚持苏南抗日斗争，保卫苏中、皖中抗日根据地的两翼安全，为二旅南下准备良好条件，都发挥了极其重要的作用。

塘马战斗后，谭震林师长赶来，领导部队总结经验教训，重组旅部领导班子，军部任命谭师长兼任旅长，我也从四十六团调来旅部任政委兼政治部主任。十六旅继续战斗在苏南，一次又一次地挫败了敌伪顽对我们的夹击，直至抗战的最后胜利。

塘马血战50周年前夕，我怀着无比崇敬的心情，重访了塘马旧战场，凭吊了溧阳城西罗忠毅、廖海涛烈士陵园和塘马王家庄烈士陵园。我欣慰地得知，这两座烈士陵园已成为人民学先烈、学传统的庄严课堂，当地人民从中受到极为生动的教育。我相信，溧阳人民通过学先烈、学传统的活动，一定会激发更大的热情，建设更加美好的家园。

血战塘马之歌

田芜

敌人的步骑炮兵，
纷纷地向着塘马进攻，
我们顽强战斗，
英雄冲锋，
不怕骑兵冲，
不怕炮兵轰，
死守戴家桥，
血战王家庄。
发扬了勇猛顽强的精神，
粉碎了敌人的进攻，
粉碎了敌人的进攻。

坚持江南抗敌军

廖海涛

坚持江南抗敌军，日寇惊呼胆寒心。
赤山之战缴敌炮，茅山烽火震南京。

念奴娇
——怀念罗忠毅、廖海涛同志

李　广

1941年11月28日，苏南抗日根据地发生塘马战斗，激战终日。罗忠毅、廖海涛同志身先士卒，坚守阵地，为国捐躯，距今已逾四十年。追忆往事，悼念先烈，谨赋此阕。

大江南北，起烽燧，痛国破藩篱失。东进长驱路漫漫，挥利刃歼强敌。捷报纷飞，频年奋战，倭寇忧心戚。尽施凶暴，黔驴穷技无策。

忽报弹雨阵阵，黄金山下，厮杀喧声急。冲出重围天地湆，却道罗廖殉职。气壮山河，血祭忠骨，千古英雄德。忆当年事，步司马掌史笔。

一九八二年清明节

杂　记

重修广惠庵碑记

施道人重修广惠庵成，南村先生请孟河马子作记。初能集事者，道人也。作记，记其废兴，与人才盛衰相关者，缪氏与吾也。庵不知建自何时，释家像而僧人居之，有殿宇，有方丈，树门垣，室甚幽。南村与其先公，先子与余，皆尝读书庵中，父子相继，后先发科第。人谓庵中能出文章、显贵人，此执其小者言也。缪公为侍御史，论宦官蒋琮窃弄威柄，先子为司谏，击权贵。今侍御公有子而才，竟以孝养，老春官进士。余虽不能比芳（方）先子两魁天下，然登名甲榜，亦不敢虚辱天子之史臣，退而家食，以求寡过。庵以此至今存者，两家犹有世德在大气间流行，夹介而未尽耳。异端之学，儒者以为乱道，然相传几千百年，其言浸润愚夫愚妇之心，大人君子亦不免周旋于世，非无斯人之与，要诸魑魅魍魉所作而化俗也。天地之大，万物悠然，其中无非至道，安得可量剂，辄去其异己者哉。先子平生不喜佛老，正直方刚，庶几于侍御公。至如静修晦养，皆在此庵，固当因之不朽矣。今且颓然向敝，南村先生虑无以起乃公之后，见道人有诚心，众乐施与，以礼致之庵下。一月集众思，越月抡众材，又越月，讫众工，告成于斯。至道人虽诚心，天人之助，未必至此。先生不仕，居于乡，乡之人无远近、少长，咸知为有道之士，风声所被，固有先意而承志者。庵之兴，实由先生，以非吾事也，记其能于道人。

赐进士第、翰林院少史、孟河马一龙书。春官进士南村缪希亮篆额。右碑记孟河太史书也，草法入神，难以辨识，因以真本录于下方，以便观览。弦斋史春芳顿首私记。

嘉靖岁壬子孟夏既望，海州道人施圆正立石，锡山何富镌。

清世祖顺治十八年（1661）辛丑科
会试试题

四书义

知止而后有定，定而后能静，静而后能安，安而后能虑，虑而后能得。

夫子之文章，可得而闻也。夫子之言性与天道，不可得而闻也。

易其田畴，薄其税敛，民可使富也。食之以时，用之以礼，财不可胜用也。

殿试策问

[顺治十八年四月二十五日，策试天下贡士] 制曰：朕惟帝王平治天下，开创守成，其道并

隆。缔造维艰，缵承匪易。政治修明，群黎安遂。文德覃敷远迩，武功克奏敉宁。乃可祗绍先猷，茂登上理。朕以冲龄，诞膺丕绪，仰惟太祖太宗肇开大业，逮我世祖式廓鸿图，亦既治定功成，显垂谟烈矣。朕兹欲绍述祖宗，必何如而后可以乂安海宇欤？继治之道，首重典章。今纪纲法度，虽已彰明，然因革损益，岂无顺时制宜者？何以酌定章程，以为万世之规欤？闾阎愉悴视吏治污隆，何以示之激扬，以奠民生欤？风俗淳漓由人心邪正，何以使之朴诚，以敦教化欤？至於底定四方，赖师武臣力，然必赏明罚当，而后可以鼓励勋庸。凡行间功罪，宜如何清叙以昭劝惩欤？尔多士蕴怀有素，各抒所学，毋泛毋隐，详著於篇，用裨维新之治。朕将亲览焉。

殿试对策　　臣　马世俊

臣对：臣闻治天下者，当全盛之时而为善建不拔之计，非破庸俗之论，以鼓豪杰之心，则其道无由。昔唐太宗与房、魏论创业守成之难易，而曰："与我取天下者，知创业之难；与我安天下者，知守成之难。"《周书》曰："若昔大猷，制治于未乱，保邦于未危。"今天下正所谓兼创垂之盛，而持危乱之防者也。人才不可谓不盛，而未尽所以取才之方；吏治不可谓不肃，而未尽所以驭吏之道；惩贪不可谓不严，而未尽所以止贪之术；俗尚亦数变矣，而未尽所以靖俗之谋；兵制亦甚精矣，而未尽所以弭兵之要。故有谓今天下为已安已治，遂可晏然无事者，皆庸俗人之论也。臣窃尝见夫古来全盛之时，不可以数遇，而往往弊之所伏，即伏於其盛。而又窃尝慕夫贾谊之策，陆贽之议，苏轼之对，皆能举一代之治，而断其何以治，何以乱，何以治而不乱，何以乱而复治。盖有一代之治，必有一代之才以应之。臣有志焉而欲陈久矣，今当拜献之始，岂可自诬其所学乎！

钦惟皇帝陛下，翠妫承符，紫微正象。协运而兴辛壬，肇四日之祥矣，拟乎敬承之世，岂止四百载，而颂吾君之嗣，实赖启贤；体元以御子丑，正三才之统矣，媲乎中乂之朝，何啻三十世，而考昭子之刑，咸称诵圣。克艰厥后，敦茂质於冲龄，汝翼汝为，汝明汝听，济济然见安止弼直之休；无竞惟人，树弘规於首出，有辅有弼，有疑有丞，秩秩然成无为至正之范。今且晋此多士，询以纶言，岂非已治而益求其治，已安而益求其安者欤？《礼记》曰："文王以文德，武王以武功。"《汉书》曰："功莫大於高，德莫大於文。"周之兴也先文，汉之兴也先武。我国家文武并济，以有天下。太祖之肇基启祚，太宗之积功累仁。至於世祖，以沉毅之姿而兼以明断之识，以恢廓之度而兼以绥辑之才，一年而平兖豫，一年而下江淮，一年而定荆襄，一年而檄巴蜀，不数年而五岭望风，滇南稽颡，此开辟以来所未有之盛也。

天下文武之臣，莫不愿毕志竭忠以待用。人才亦已辐辏矣，而臣独谓未尽所以取才之方者，何也？古者人才既用，而尝有未用者存於既用之外。故《尚书》曰："有三宅，有三俊。"而《诗》曰："赳赳武夫，公侯干城。"今天下岩野川泽之中，其隐然备公辅之器者，谁耶？泛然而取之，泛然而应之，又泛然而任之。取之者不知其何以取，应之者不知其何以应，任之者不知其何以任。欲兵则兵，欲刑则刑，欲钱谷则钱谷。古之圣人一人止任一事者，今则以一庸人兼之而有余。古之圣人终身不易其官者，今则一旦应之而亦无不足，是亦理之所难信也。今即不必用九品四科之制，而州郡之荐举，将帅之徵辟，似亦不可少也。若乃掣签而使，按资而升，贤愚同科，茫然无据，彼论而后官，量而后入，独不可稍存其万一乎？

程才莫先於计吏，而臣谓未尽所以驭吏之道者，何也？古者亲民之官，莫重於二千石，有以公卿而为之者。唐宰相出为刺史，李泌、常衮皆然。若夫守令，尤为亲民，不可不择。今之郡县官，大抵如传舍，与民情漠不相接。监临使者，顾盼威动，所荐未必贤，所纠未必不肖，其趋谒勤者即为才，其应对捷者即为敏，则何若专重郡县之责。外听责成於督抚，内听考核於铨部，而用唐虞三载之法以黜陟之。彼监临之所荐所纠，不亦可以已乎？

且今天下可汰之吏亦甚多矣，势有不能尽汰者，虑庸人之无所容耳。夫不虑庸人之无所见，而反虑庸人之无所容，此从来之积弊也。即以今日之计吏言之，亦莫亟於惩贪矣。而臣谓未尽所以止贪之术者，又何也？凡人之溺於赇赂而不能脱者，大抵有田园妻子之见以惑其中也。故有昔居环堵，而今则拥甲宅；昔泣牛衣，而今则列姬姜；昔无半顷，而今则连阡陌。诘其所从来，不贪何以有是耶？诚能稍限其田宅媵妾之数，而为之禁，其有敢於踰禁者，即坐以僭肆不敬之罪。彼有私金於筐箧，而受贪墨无耻之名，虽愚者亦必自笑其所为矣。

臣尝见败坏风俗之事，必自卿大夫开之，而后愚民从而效之。此臣所谓靖俗之谋犹有未尽者。巫风淫风，有一於身，家必丧。今之卿大夫，多为淫靡无益之事，煽惑愚民，而后倀儿舞女之装，宝马画船之饰，探丸跳剑之侠，刺猴刻楮之巧，靡所不至。甚且富者必有术以求其贵，贵者必有术以求其富，而圣人驭富驭贵之权，皆何所施乎？今富者之必贵，既有严谴以禁之。而贵者之必富，独相习而以为固然。如是而欲风俗朴厚，教化兴起，不可得也。

且夫天下驯服於教化而不能变者，无事则赖文，有事则赖武。今日师武臣之力，亦可谓肤功毕奏矣。而臣独谓用兵虽精，未尽所以弭兵之要，此又非无说也。处今日而欲如古者遂人治野之法，鄮长旗鼓之节，藏兵於民则诚迂。然必使兵与民习，民与兵习，一旦有事，毋论兵勇於斗，而民亦有各护其田畴庐井之心，此不战而自胜者也。今则兵之所轻者民，而民之所畏者兵，一旦有事，则民自为民，兵自为兵。天下未有民自为民、兵自为兵而能久安长治者也。宋艺祖留意赏罚，平蜀之役，赏曹彬而罚全斌。夫亦赏其与民相安，罚其与民相扰者而已矣。行间之功罪，即以此定之可也。

凡此者，皆臣所谓当已安已治，而亟亟焉为善建不拔之计者也。虽然，治天下有本有末，得其本而治之，则无不治矣。所谓本者何？即制策所云纪纲法度是也。司马相如曰："风轨简易，易遵也；湛恩庞鸿，易丰也；垂统理顺，易则也；宪度著明，易继也。"尝取历代之典章，而考之其可得而损益者，不过质文之异其尚耳，不过隆杀之异其制耳，不过宽猛竞絿之异其用耳。若夫纪纲法度者，不可得而损益者也。纪纲法度治，则吏治以肃，民俗以淳，文德於焉诞敷，武功於焉赫濯，创之有其基，而守之亦有其渐者也。纪纲法度乱，则吏治以乖，民俗以坏，文德伤於优游，武功失於争竞，创不可以宪后，而守亦不可以承前者也。故曰纪纲法度者，不可得而损益者也。

我国家之典章，至简便而至精详，至严明而至仁厚，似无以加矣，而臣尤有进者。唐贞观时，天子问山东关中之同异，而其大臣曰："王者以天下为家，不宜示同异於天下。"裴度既平蔡，即用蔡人为牙兵，而曰："蔡人即吾人。"今天下遐迩倾心，车书同轨，而犹分满人、汉人之名，恐亦非全盛之世所宜也。诚能尽捐满汉之形迹，莫不精白一心，以成至治，则赞赞者皆皋益之选也，桓桓者皆方召之俦也。将见江南静横海之戈，而冀北息桃林之乘，即以跻於唐虞三代之盛，亦何难乎！

臣草茅新进，罔识忌讳，干冒宸严，不胜战栗陨越之至。

臣谨对。

后 记

盛世修志，志载盛世，“以史为鉴，可以知兴替”。《别桥镇志》的编撰人员接受了党委、政府的委托，于 2013 年 10 月义无反顾地开始志书的编纂工作。参加培训、制订纲目、查阅档案、选读书籍、访问座谈、征集资料、初撰长编、几度会审，历时六个寒暑，九易其稿，终成斯志。

编写志书是追溯历史、服务当代、惠及后世之举。《别桥镇志》是别桥地区有史以来首部地方性志书，展现了别桥数千年的历史，它集别桥历史沿革、政治经济、文教医卫、社会生活、自然环境、风土人情、名人事迹于一体，是了解别桥的一部“百科全书”，翻阅志书，别桥人民沿着历史发展的轨迹，一步一步坚实地脚印清晰可见。存史备志，稽前得失，启迪当代，重鉴后世是志书问世的意义所在。

六年的修志，编撰人员深深体会到“修史之难，莫过于志”，望着案头的叠叠文稿，酸甜苦辣难以言表。编撰人员学中撰，编中学。广泛搜集资料，精心选择归类，准确翔实掌握演变规律，为此不辞辛苦，不惧烦难，长时间埋头在市档案馆和镇档案室的档案纸堆中，查阅近万卷宗卷，选读上百种书籍史料，深入退休人员、耄耋居民、经历多次运动的干部职工中，以保证镇志编纂所需的资料。遵循地方志编纂的原则和规矩，客观真实地编撰成书。

在征集资料和志书撰写过程中，市档案馆、图书馆提供种种方便，市地方志办公室人员和《竹箦镇志》编写人员热诚的关心和指导，市有关部委办局和别桥镇各村、各部门单位鼎力支持，尤其是江苏省地方志办公室专家先后 2 次审阅修改，使镇志更臻完善，《别桥镇志》出版之际，我们致以衷心的感谢。

《别桥镇志》内容时间跨度大，境内区划调整频繁，史实涉及面广量大，有些资料难以齐全，又囿于编志人力少，尽管编者在撰写中感觉已勉力尽量，但自身才、识、学诸方面局限，志书中疏漏及欠妥之处实在难免，敬请领导、社会贤达、各界有识之士阅后不吝赐教雅正。

《别桥镇志》编撰组

2019 年 10 月